Mühlweg

Brühl

altenthal

Hanf

Möglingen

Kirchäcker

Möglingen

Pforte zum Strohgäu

Unübersehbares Symbol der Ortskernsanierung: Das neue Möglinger Rathaus im Jahr 1975.

Albrecht Gühring

Möglingen
Pforte zum Strohgäu

Mit Beiträgen von

Dr. Susanne Arnold, Rolf Bidlingmaier,
Prof. Dr. Gerd Brucker, Klaus Herrmann MdL, Joachim Jehn,
Dr. Robert Kretzschmar, Ruth Mäule, Heinrich Raiser,
Dr. Jutta Ronke, Adolf Seybold † und Dr. Ingo Stork,
sowie Friedrich Freiherr von Gaisberg-Schöckingen,
Gerhard Giek, Otto Salzer †, Martin Schreiber,
Martha Schüle, Dr. Erich Schulze, Manfred Wagner
und den Möglinger Vereinen

Möglingen 2000

Vorderes Umschlagbild:
Die Handwerkergasse 1954
Fotografie von Heinz Geiger, Möglingen

Hinteres Umschlagbild:
Kolorierte Federzeichnung von Andreas Kieser, 1682

Ein ganz herzliches Dankeschön gilt den folgenden Spenderinnen und Spendern (alphabetisch) sowie auch denjenigen, die nicht genannt werden wollen, die mit einer Spende von mindestens 100,– DM die Herstellung des Heimatbuchs unterstützt haben (falls nicht anders angegeben: Möglingen):

Wir danken für Spenden:

Autotechnik Sulzberger
Bohn, Iris u. Jürgen
Brosi, Werner
Cersowsky, Rudolf
Country Freunde Möglingen
Däuble, Hans
Freie Wählervereinigung e. V.
Fröhlich, Albrecht, Ludwigsburg
Geiger, Heinz
Gühring, Albrecht
Gühring, Fritz
Gymnastikgruppe Else Bauer
Haspel, Dr. Christel
Hehr, Lothar
Herrmann, Klaus, MdL, Ludwigsburg
Hess, Erika u. Frank
Hüttner, Friedrich
Hutzler, Hans-Peter
Jäckh, Klaus
Jopp, Andreas u. Helmut

Lichtblau, Werner
Mäule, Ruth
Metzgerei Judex, Thomas
Michel, Hans-Peter
Möglinger Seniorenrat
Mösche, Klaus
Motz, Ella
Müller, Andreas
Mundorf, Edeltraud
Netzsch, Franz
Obstmayer, Karl
Ostertag, Ferdinand
Pflugfelder, Albert
Pflugfelder, Lotte, Witwe des Fleischbeschauers Hermann Pflugfelder
Raiser, Eberhard
Raiser, Heinrich
Rathaus-Apotheke (Mauthe, Götz-Georg)
Reichert, Marcelina, Ochsenhausen

Reichert, Werner
Richter, Helmut
Rödig, Renate u. Eduard
Salzer, Doris u. Walter, Ludwigsburg
Schanz, Magdalene
Seybold, Rosemarie
Stauss, Gerhard, Gartenbaubetrieb
Stier, Ingrid
Treffinger, Elisabeth
Tröster, Annemarie
USU Softwarehaus Unternehmensberatung AG
Volz, Alfred
Wegmer, Dieter
Wegmer, Jürgen
Wegmer, Michael
Wenzelburger, Alfred
Wirth, Joachim
Wörn, Günter
Zweirad-Blank

Redaktion: Albrecht Gühring
Herausgeber: Gemeinde Möglingen
© Gemeinde Möglingen 2000
Alle Rechte vorbehalten
Nachdruck oder sonstige Vervielfältigung, auch in Auszügen, nur mit schriftlicher Genehmigung des Herausgebers
Gesamtherstellung: Offizin Chr. Scheufele, Stuttgart
ISBN 3-923107-09-9

Inhaltsverzeichnis

Geleitwort des Bürgermeisters 11
Eberhard Weigele

Vorwort des Redakteurs 12
Albrecht Gühring

Naturraum – Kulturraum
Gerd Brucker

1. Möglingen liegt im Teich 15
2. Ein kleines Kapitel Geologie oder wieso Möglingen so reichlich mit Naturgütern gesegnet ist 17
3. Löss, das Kapital der Landwirte 19
4. Möglinger Raritäten 21

Aus der Vor- und Frühgeschichte Möglingens
Ingo Stork

1. Einleitung 25
2. Altsteinzeit und Mittlere Steinzeit 26
3. Die Jungsteinzeit 26
4. Kupfer- und Bronzezeit 27
5. Die Urnenfelderzeit 28
6. Die Hallstattzeit 29
7. Die keltische La Tène-Zeit 30
8. Die Römerzeit 32
9. Die Alamannische Zeit 33

Möglinger Nachbarn und seltsame Heilige – das mittelalterliche Dorf Vöhingen bei Schwieberdingen
Susanne Arnold

1. Einführung 35
2. Kirche und Kirchhof 36
3. Die Siedlungsbefunde 39
4. Die Funde 40
5. Ausblick 41

***Spolie Hirsch* oder: *Dass die Götzen ja nichts schaden!*
Fakten, Hintergründe und Analysen zum Möglinger Viergötterstein**
Jutta Ronke

1. Fakten und Hintergründe 43
2. Analysen 45

Vöhingen im Mittelalter – die geschichtliche Überlieferung
Joachim Jehn

1. Sachstand 49
2. Wann war die erste schriftliche Erwähnung Vöhingens? 49
3. Das Spätmittelalter: Die Verhältnisse werden besser erkennbar 51
4. Das Ende der Besiedlung: Ungeklärte Fragen 52

Der Streit um die Vöhinger Markung in der Neuzeit 53
Albrecht Gühring

Möglingen im Mittelalter und zu Beginn der frühen Neuzeit
Robert Kretzschmar

1. Die Ungunst der Quellenlage 57
2. 1275 – ein Eintrag im *Liber decimationis* des Bistums Konstanz 57
3. Baden, die Grafen von Asperg und Württemberg 60
4. *In Megningen miner herren nütze und gelt* – Höfe, Abgaben und Stiftungen 65

5. Möglingen im württembergischen Amt Gröningen 71
6. Möglingen und die *große Politik* 82
7. Ein schreibunkundiger Mesner, ein Prediger in Haft und ein Pfarrer auf Badekur – Möglinger Kirchendiener um die Mitte des 16. Jahrhunderts 87

Vom Regierungsantritt Herzog Christophs bis zum Ausbruch des Dreißigjährigen Krieges (1550–1618)
Albrecht Gühring

1. Verwaltungs- und Besitzverhältnisse
   a) Einbindung in das Amt Markgröningen und Nachwirkungen des Schmalkaldischen Krieges 91
   b) Die Abgaben an die Kellerei Markgröningen 93
   c) Die sog. Freihöfe als Streitobjekt 95
2. Verwaltung und Aufgaben der bürgerlichen Gemeinde
   a) Schultheiß, Gericht und Rat 96
   b) Pflichten der Gemeinde 98
3. Kirchliche Verhältnisse in der zweiten Hälfte des 16. Jahrhunderts
   a) Das Stuttgarter Katharinenspital als maßgebliche geistliche Institution 100
   b) Widdumhof, Pfarrhaus und Heiligenscheuer 101
   c) Die Pfarrei Möglingen und ihre Geistlichen 103
   d) Die Pfarrkirche Sankt Pankratius 106
   e) Die Geistliche Verwaltung Markgröningen und andere ehemals geistliche Herrschaften in Möglingen 108
4. Die Anfänge der Schule
   a) Frühmesse und Mesnerei als Grundlage der Schule 111
   b) Die Schulmeister von 1554 bis 1615 .. 112
5. Die Landwirtschaft dominiert
   a) Ackerbau, Weinbau und Viehhaltung . 114
   b) Möglinger Wald innerhalb und außerhalb der Markung 116
6. Handwerker, Wirte und Müller 116
7. Soziale Verhältnisse
   a) Schuldner und Arme 117
   b) Vergehen und Verbrechen 118
   c) Krankheit und Tod 118
8. Die Bevölkerung
   a) Bevölkerungsentwicklung, Bürgerrecht und Leibeigenschaft 119
   b) Beispiele für Möglinger Vor- und Familiennamen in der zweiten Hälfte des 16. Jahrhunderts 120
   c) Familien im Tauf- und Ehebuch bis 1618 121
   d) Die Familien Häcker, Imlin, Kienzle, Reichert und Pflugfelder 124

Krieg und Frieden im 17. Jahrhundert (1618–1692)
Albrecht Gühring

1. Kriege und ihre Folgen
   a) Der Dreißigjährige Krieg 129
   b) Die Folgen des Krieges 133
   c) Neue Kriege kündigen sich an 135
2. Die Verwaltung der bürgerlichen Gemeinde 136
3. Die kirchliche Verwaltung in schweren Zeiten
   a) Die Pfarrei Möglingen und das Hospital Stuttgart 138
   b) Die Pfarrer von 1609 bis 1703 139
4. Schule in Kriegs- und Nachkriegszeit 141
5. Niedergang und Wiederaufbau der Landwirtschaft
   a) Kriegsschäden und Unwetter 143
   b) Wieder Streit mit den *Freimaiern* der Lehenhöfe 144
   c) Möglinger Bürger leisten Aufbauhilfe in Pflugfelden 145
   d) Der getauschte Wald 146
6. Handwerker, Gastwirte und Müller 148
7. Bedrückende soziale Verhältnisse und schlechte Sitten
   a) Armut nach dem Krieg und zahlreiche Strafen wegen skandalösen Verstößen gegen Moral und Sitte 150
   b) Gesundheit, Krankheit und Tod 151

8. Bevölkerung, Bürgerrecht und Leibeigenschaft
   a) Einwohner, Bürger und Beisitzer 152
   b) Der Freikauf von der angeblichen Leibeigenschaft 155
   c) Zuzug und Auswärtige im Dreißigjährigen Krieg 157
   d) Langsame Wiederbevölkerung durch neue Familien 157
   e) Die Familien Mo(t)z, Blank, Wintterlin und Jopp 160

Im Sog von Ludwigsburg (1693–1762)
Albrecht Gühring

1. Kriegerische und politische Ereignisse
   a) Der Franzoseneinfall von 1693 und seine Folgen 163
   b) Weitere kriegerische Ereignisse bis 1762 167
   c) Nachteile durch den Bau von Ludwigsburg 169
2. Verwaltung und Aufgaben der Gemeinde
   a) Kommunale Ämter und Dienste 171
   b) Eigentum, Größe und Pflichten der Gemeinde 175
3. Die Kirchengemeinde im 18. Jahrhundert
   a) Wechsel zwischen den Dekanaten ... 178
   b) Die Heiligenpflege 178
   c) Die Pfarrer von 1651 bis 1763 180
   d) Neue Glocken, Orgel und Uhr; Sanierung der Kirche 181
   e) Schlechte Instandhaltung der Gebäude des Stuttgarter Hospitals in Möglingen 183
4. Keine Verbesserung der Schule
   a) Die Schulmeister von 1693 bis 1762 .. 183
   b) Schülerzahlen und Schulhaus 185
5. Landwirtschaftliche Verhältnisse
   a) Die Lehenhöfe 185
   b) Fortschritte in Weinbau, Landwirtschaft und Viehzucht 188
   c) Schäferei und Wald 189
6. Blühendes Gewerbe
   a) Zunahme der Handwerkerzahl und erste Händler 190

   b) Schild- und Gassenwirtschaften 192
   c) Mühle 192
7. Soziale Verhältnisse
   a) Armut und Bettelei 194
   b) Strafen und Vergehen 195
   c) Verbesserung der lokalen medizinischen Versorgung 196
8. Einwohnerzahlen, Erbhuldigung, Bürgerrecht und neue Familien 198

Erste Jahrzehnte im Amt Ludwigsburg (1762–1805)
Albrecht Gühring

1. Politische und militärische Ereignisse
   a) Der Wechsel zum Oberamt Ludwigsburg 201
   b) Der Revolutionskrieg 202
   c) Die napoleonischen Kriege bringen größte Not 204
2. Die Verwaltung der Gemeinde
   a) Das Personal 206
   b) Größe der Gemeinde; Feuerwehr, Brunnen, Straßen und Wege 208
3. Endgültig im Dekanat Ludwigsburg
   a) Dekanatswechsel und Pfarrer 208
   b) Größere Umbauten an der Kirche und ein unfähiger Uhrmacher 209
   c) Umfangreiche Bautätigkeit des Stuttgarter Hospitals 212
4. Verbesserung der Schule
   a) Schulmeister, Provisoren und Schulkinder 212
   b) Der Neubau des Schulhauses 213
5. Die Landwirtschaft im Umbruch
   a) Weitere Zerstückelung der Lehenhöfe . 214
   b) Neu angebaute Früchte verursachen Zehntstreitigkeiten 215
   c) Ackerbau, Weinbau, Viehzucht und Schäferei 216
   d) Große Waldverkäufe 217
6. Gastwirtschaften und Mühle
   a) Die Wirtschaften Lamm, Rose und Ochsen 217
   b) Mauschelei in der Mühle 219

7. Soziale Verhältnisse
   a) Vermögensverhältnisse anhand der Inventuren und Teilungen 219
   b) Zunahme der Armut und des Gassenbettels 223
   c) Kleinere Vergehen und die Fälle Stähle und Kienzle 224
   d) Medizinische Versorgung, Epidemien und Unglücksfälle 225
8. Sprunghafter Anstieg der Bevölkerung
   a) Bevölkerungsentwicklung und Struktur 228
   b) Neue Familien und erste Auswanderer . 228

Aus der Geschichte der Gemeindeverwaltung
Klaus Herrmann

1. Die Gemeindeverwaltung bis 1818 231
2. Die Gemeindeverwaltung 1818 – 1918 ... 231
3. Wer durfte wählen 233
4. Möglinger Gemeinderäte 1849 bis 1919 .. 233
5. Der Bürgerausschuss 234
6. Wahl des Schultheißen 236
7. Gemeinderäte in Möglingen 1849 bis 1945 (alphabetisch) 237

Möglingen im Königreich Württemberg (1806 – 1871)
Rolf Bidlingmaier

1. Ein neuer Staat entsteht 239
2. Die Napoleonischen Kriege 240
3. Hungerjahre 1816/17 241
4. Umbau der Gemeindeverwaltung 243
5. Die Gemeinde und ihre Bürger 245
6. Kirche 249
7. Schule 251
8. Landwirtschaft, Forst und Jagd 253
9. Die Revolution von 1848/49 256
10. Bauernbefreiung und Ablösung der bäuerlichen Lasten 258
11. Auswanderung 260

Auswanderer aus Möglingen 1782 – 1938 267
Heinrich Raiser

Möglingen im Kaiserreich (1871 – 1918)
Rolf Bidlingmaier

1. Der Deutsch-Französische Krieg 1870/71 .. 281
2. Die Gemeinde und ihre Bürger 283
3. Feuerwehr 289
4. Wasserversorgung 290
5. Anschluss an die Eisenbahn 297
6. Stromversorgung 300
7. Verkehr. 301
8. Kirche. 305
9. Schule 309
10. Kleinkinderschule 312
11. Landwirtschaft, Gewerbe und Weinbau 313
12. Vereine. 316
13. Der Erste Weltkrieg 317

Die Gefallenen und Vermissten im Ersten Weltkrieg (1914 – 1918) 321
Heinrich Raiser

Die Zeit der Weimarer Republik und der nationalsozialistischen Herrschaft (1919 – 1945)
Albrecht Gühring

1. Politische und militärische Verhältnisse
   a) Der Umsturz und die Weimarer Republik 323
   b) Die nationalsozialistische Herrschaft bis zum Beginn des Zweiten Weltkriegs .. 325
   c) Im Zweiten Weltkrieg 334
   d) Die letzten Kriegswochen und das Kriegsende 339
2. Die Verwaltung in der Zeit der Weimarer Republik und des NS-Regimes
   a) Bürgermeister und Gemeindeverwaltung 343
   b) Der Gemeinderat 346
   c) Besitz und Versorgung der Gemeinde; Feuerwehr 348
   d) Verkehr und Kommunikation 351

3. Schwerer Stand der Kirchengemeinde
   a) Nach der Trennung von Kirche und Staat 355
   b) Die Kirchengemeinde zwischen 1933 und 1945 358
   c) Das Kirchengebäude und seine Ausstattung 360
4. Die von der Kirche getrennte Schule
   a) Die Lehrkräfte der Möglinger Schule .. 363
   b) Verbesserung der Schulverhältnisse ... 364
   c) Die Sonntagsschule 365
5. Beginnender Rückgang der Landwirtschaft
   a) Flurbereinigung und Feldbau 366
   b) Weinbau und Forstwirtschaft 369
   c) Viehhaltung 370
6. Gewerbe, Handwerker und Arbeiter
   a) Handwerker als Arbeiter und Gewerbetreibende 371
   b) Die Schuhfabrik Kleinheinz als erster Industriebetrieb 375
7. Soziale Verhältnisse
   a) Arbeitslosigkeit und Wohnungsnot ... 376
   b) Öffentliche Ordnung und Fürsorge ... 377
   c) Vereinstätigkeit 1919 bis 1945 378
8. Bevölkerung 381

Erinnerungen von *Flakhelfern* auf der Stammheimer Höhe 383
Friedrich Freiherr von Gaisberg-Schöckingen, Martin Schreiber, Erich Schulze, Manfred Wagner

Die Gefallenen und Vermissten im Zweiten Weltkrieg (1939–1945) 395
Heinrich Raiser

Politische Wahlen nach dem 2. Weltkrieg 401
Klaus Herrmann

Die Entwicklung der Gemeinde seit 1945
Albrecht Gühring

1. Neubeginn der Verwaltung in den ersten Nachkriegsjahren
   a) Unter französischer und amerikanischer Militärregierung 403
   b) Evakuierte, Flüchtlinge und Heimatvertriebene 407
   c) Kontinuität und Neuanfang der Gemeindeverwaltung 408
   d) Einsetzung eines demokratischen Gemeinderats und erste Wahlen 410
2. Gemeinderäte von 1945 bis heute 411
3. Die Gemeindeverwaltung seit 1950
   a) Bürgermeister, Personal und Haushaltsvolumen 416
   b) Behauptung der Selbstständigkeit bei der Gemeindereform 420
   c) Hochbautätigkeit der Gemeinde 421
   d) Feuerwehr; Ver- und Entsorgung 423
   e) Verkehr und Kommunikation 425
   f) Kultur, Sport und soziales Engagement 430
4. Bevölkerungsbewegungen 433
5. Die Glaubensgemeinschaften 434
6. Kindergärten und Schulen 438
7. Wohnbebauung an der Peripherie 442
8. Industrie und Gewerbe
   a) Spar- und Darlehenskasse, Handwerk und Handel 444
   b) Großbetriebe und Gewerbegebiete ... 448
9. Entwicklung der Landwirtschaft und Bau der Aussiedlerbetriebe
   a) Vom wichtigsten Wirtschaftszweig zum Höfesterben 452
   b) Flurbereinigung und Aussiedlung als Musterobjekte 454
10. Die grundlegende Ortskernsanierung 456

Evangelische Kirchengemeinde Möglingen 1950–2000
Ruth Mäule

1. Zahlen und Personal 461
2. Gebäude und Räume 463
3. Gottesdienste 464
4. Sondergottesdienste 465
5. Kinderkirche und Kindergarten, Religions- und Konfirmandenunterricht .. 466

6. Evangelisches Mädchenwerk 467
7. Christlicher Verein Junger Männer (CVJM) 471
8. Posaunenchor 473
9. Stadtranderholung 474
10. Jugendevangelisationen, Woche der Verkündigung und Religionsunterricht für Erwachsene 475
11. Kirchenmusik 475
12. Offener Abend, Seniorenarbeit, Urlaub ohne Koffer, Besuchsdienst und Hauskreise 477
13. Landeskirchliche Gemeinschaften 479
14. Ökumene 480

Möglinger Marginalien
Adolf Seybold †

1. Als die Nachtwächter in Möglingen noch ihre Stundenrufe sangen 483
2. Die Möglinger Mühle im 19. Jahrhundert 488
3. Das Möglinger Backhaus im 19. und 20. Jahrhundert 491
4. Rodung, Verkauf und Verpachtung des Kallenbergwaldes 495
5. Der ehemalige Möglinger See 497
6. Das Möglinger Hasenkreuz 498
7. Gruhen, Grugstätten oder Ruhebänke in Möglingen 502

Aus den Erinnerungen des aus Möglingen stammenden Rennfahrers Otto Salzer 505
Otto Salzer †; mit einer Einleitung von Adolf Seybold †

7000 Jahre Säen und Ernten im Langen Feld 513
Gerhard Giek

Die alten Möglinger Trachten (Gedicht) 517
Martha Schüle; bearbeitet von Gertrud Pflugfelder

Die Möglinger Vereine 519
Alphabetisch nach Angaben der Vereine

Rückblick auf das Möglingen von einst (Gedicht) 545
Martha Schüle

Anmerkungen 547

Verzeichnis der Autoren 573

Abkürzungen und Zeichen 575

Maße, Münzen und Gewichte 576

Quellen und Literatur 578

Abbildungsnachweis 586

Orts- und Personenregister 587

Geleitwort des Bürgermeisters

Es ist für mich eine große Freude, dass zum 725-jährigen Jubiläum der erstmaligen urkundlichen Erwähnung der Gemeinde Möglingen das Heimatbuch über die Entwicklung unserer Gemeinde fertiggestellt werden konnte.

Jahrzehntelang haben Möglinger Bürgerinnen und Bürger sowie der Gemeinderat und die Verwaltung immer wieder neue Anläufe unternommen, die Geschichte unserer Gemeinde in einem Heimatbuch zusammenzufassen.

Gerade für Möglingen, das sich nach dem Zweiten Weltkrieg von einem kleinen beschaulichen Dorf, vor allem durch das starke Wachstum in den siebziger Jahren, sehr schnell zu einem lebendigen Gemeinwesen mit über 10 000 Einwohnern entwickelt hat, ist es wichtig, sich darauf zu besinnen, wo die geschichtlichen Wurzeln unserer Gemeinde liegen.

Viele, für die Möglingen in den letzten Jahrzehnten zur neuen Heimat geworden ist, interessieren sich für die Historie unserer Gemeinde. Außer einzelnen Aufsätzen und ab und zu einmal einer Veröffentlichung, war jedoch bisher keine fundierte Quelle vorhanden, die die gesamte Entwicklung der Gemeinde wiedergab.

Dieses Heimatbuch hilft sicher dabei, Bewusstsein zu schaffen und zu vertiefen und dadurch zu verstehen, wie wertvoll diese Fläche von 1000 ha Fläche im Landkreis Ludwigsburg ist. Es ist nicht nur der Boden auf dem wir leben, sondern den auch unsere Kinder und die nachfolgenden Generationen erben werden.

Leider sind in Möglingen nur wenige historische Gebäude erhalten geblieben und deshalb ist es um so schwieriger, Geschichte im täglichen Leben erleben zu können. Um so wichtiger war es deshalb, dieses Heimatbuch zu verfassen.

Mein ganz besonderer Dank gilt unserem Mitbürger und Stadtarchivar der Stadt Marbach am Neckar, Herrn Albrecht Gühring, für sein herausragendes Engagement für das Möglinger Heimatbuch, sowie allen, die die Herausgabe dieses Heimatbuches durch ideelle oder materielle Unterstützung überhaupt erst ermöglicht haben.

Eberhard Weigele
Bürgermeister

Vorwort des Redakteurs

Vor 725 Jahren wurde Möglingen erstmals urkundlich genannt. Diese Erwähnung ist eher zufälliger Natur, denn tatsächlich reicht die Geschichte der menschlichen Siedlungsspuren auf unserer Markung mehrere Jahrtausende zurück. Der Inhalt dieses Buches führt noch weiter in die Vergangenheit. So spannt sich der Bogen zunächst von der Entstehung der fruchtbaren Lösslandschaft des Langen Feldes und deren Flora und Fauna über die Steinzeitmenschen, Kelten, Römer und Alamannen der Vor- und Frühgeschichte bis hin zum Einsetzen der ersten schriftlichen Quellen über Möglingen. Einen interessanten Ausflug dürfen wir dabei nach Vöhingen, der bereits vor rund 700 Jahren verlassenen Siedlung zwischen Möglingen und Schwieberdingen, machen. Beide Kommunen verteidigten jahrhundertelang ihre Rechte an dessen Markung und es scheint eher zufällig, dass die ehemals besiedelte Fläche, die durch jüngste Ausgrabungen wieder ins Blickfeld gerückt ist, heute auf Schwieberdinger Markung liegt.

Während Vöhingen bereits wenige Jahre nach der ersten Erwähnung Möglingens im Jahr 1275 verlassen war, entwickelte sich unser Dorf kontinuierlich weiter. Die ehemals freie Reichsstadt Markgröningen, die als württembergische Amtsstadt *kleine Hauptstadt* für Möglingen war und die in Kriegszeiten gefährliche Nähe zum Hohenasperg prägten die Geschichte unseres Heimatortes durch die Jahrhunderte. So war Möglingen, wie alle anderen Gemeinwesen rund um die Festung, im Bauernkrieg 1519, im Schmalkaldischen Krieg 1546/47, im Dreißigjährigen Krieg 1618/48 und vor allem bei den Franzoseneinfällen 1688 und 1693 im Brennpunkt des Geschehens. Zahlreiche Zerstörungen, Durchmärsche und Einquartierungen, von denen der Inhalt dieses Buches zeugt, geben davon Kunde. Dann geriet das Land um den Asperg in den Einzugskreis der neuen Hauptstadt Ludwigsburg. Auch Möglingen war Spielball widerstreitender politischer Interessen und wurde 1762 endgültig vom Markgröninger ins Ludwigsburger Oberamt umgegliedert. Markgröningens Stern war verblasst, aber auch Ludwigsburg verlor im 19. Jahrhundert endgültig seinen Hauptstadt- und Residenzrang.

Der Übergang ins 19. Jahrhundert stürzte durch mehrere Kriege und Missernten in der napoleonischen Zeit unser Heimatdorf in größte wirtschaftliche Not. Die allmähliche Ablösung der Zehnten und Personallasten brachte zunächst kaum Besserung, ebensowenig die Revolution von 1848/49. Zahlreiche Wirtschaftsflüchtlinge, auch aus Möglingen, suchten Mitte des 19. Jahrhunderts ihr Glück in der Auswanderung, hauptsächlich in die Vereinigten Staaten von Amerika. Ein umfangreiche Auswandererliste sowie ausgewertete Auswandererbriefe zeugen davon. Nach dem siegreichen Deutsch-Französischen Krieg 1870/71 und der Bismarck'schen Reichsgründung gewann Ludwigsburg als Militärstandort an Bedeutung. Auch auf der angrenzenden Möglinger Markung fanden zahlreiche große Manöver, manchmal in Anwesenheit des Königs von Württemberg und des Deutschen Kaisers, statt. Damit rückte Möglingen öfters in den Mittelpunkt des Geschehens, hatte aber auch zahlreiche Flurschäden zu verkraften. Stromanschluss und Wasserleitung sowie der Eisenbahnanschluss markierten den Eintritt ins technische Zeitalter.

Der Erste Weltkrieg 1914/18 beendete jäh den sozialen und wirtschaftlichen Aufschwung. Teuerung und Inflation schwächten in den zwanziger Jahren auch die Möglinger Wirtschaftskraft erheblich. Arbeitslosigkeit und Armut waren der ideale Nährboden für die nationalsozialistische Bewegung, die, wie zu lesen ist, auch in Möglingen bald Fuß fasste. Der von ihr entfesselte Zweite Weltkrieg brachte unsägliches Leid über Millionen von Menschen. Wie schon im Ersten Weltkrieg verloren viele Möglinger Einwohner ihr Leben. Gefallenen- und Vermisstenlisten der beiden Weltkriege, aber auch Zeitzeugenberichte von *Flakhelfern* auf der Stammheimer Höhe berichten davon. Flucht und Vertreibung raubten vielen Menschen Hab und Gut. Um so dankbarer müssen wir sein, dass wir in der zweitlängsten Friedensperiode des letzten halben Jahrtausends leben, die wir für Möglingen und Mitteleuropa kennen. Nur zwischen ca. 1550 und 1620 ruhten die Waffen länger.

Zögerlich folgten seit Ende der 1940er Jahre Währungsreform und Wirtschaftsaufschwung in der jungen Bundesrepublik. Für unser heutiges Möglingen waren die letzten 50 Jahre prägend. Das ehemals beschauliche Bauerndorf wuchs ungewöhnlich rasch; zahlreiche neue Wohn- und Gewerbegebiete entstanden. Die Aussiedlung und darauf folgende Ortskernsanierung werden als markantes Beispiel gewertet. Auch Zusammenstellungen der Wahlergebnisse und Listen der Gemeinderäte wurden erstellt. Bewusst wird dieser neueste Zeitabschnitt so ausführlich wie möglich bis zur Gegenwart, die bekanntlich morgen schon Geschichte ist, beschrieben. Eine historische Wertung kann hier leider nicht erfolgen, zumal viele einschlägige Akten noch der 30-jährigen Sperrfrist unterliegen und aufgrund von Personen- und Datenschutzvorschriften manch Interessantes und mancher Name verborgen bleiben musste. Hier stellen sich Aufgaben für künftige Generationen.

Allen Mitautoren sei herzlich gedankt für ihre mühevolle Arbeit, ebenso den zahlreichen Spendern, die die Herausgabe dieses Buches unterstützten. Dank gilt Herrn Heinz Geiger, der großzügig einen Großteil der Fotografien dieses Buches aus seinem Möglinger Bildarchiv zur Verfügung stellte, aber auch Herrn Rudolf Cersowsky und den zahlreichen Möglinger Bürgerinnen und Bürgern, die Fotografien beisteuerten. Dank zu sagen ist vor allem Herrn Bürgermeister Eberhard Weigele, der von Anfang an die Idee zur Herausgabe dieses Buches unterstützte, aber auch seinen Mitarbeiterinnen und Mitarbeitern im Rathaus, die stets ein offenes Ohr für meine Anliegen hatten. Allen voran ist zu nennen Herr Hauptamtsleiter Herbert Maier, der das Projekt von der Verwaltungsseite aus betreute, sowie Frau Brigitte Beck, Frau Heike Lünow und Frau Inge Wein. Für praktische Hinweise und Beratung danke ich Herrn Prof. Dr. Paul Sauer, Tamm. Mein Dank gilt ebenso den Kolleginnen und Kollegen des Hauptstaatsarchivs Stuttgart, des Staatsarchivs Ludwigsburg und des Landkirchlichen Archivs in Stuttgart sowie den dortigen Benutzer- und Magazindiensten. Genannt seien stellvertretend Frau Gabi Benning, Frau Judith Bolsinger, Frau Birgitta Häberer, Frau Dr. Barbara Hoen, Herr Michael Bing und Herr Dr. Albrecht Ernst. Im Ev. Pfarramt Möglingen standen mir neben Pfarrer Kurt Leitlein stets die hilfsbereiten Damen Frau Irmgard Geiger und Frau Hedwig Hillig zur Verfügung, ebenso von der katholischen Kirchengemeinde Frau

Ingrid Bernthaler. Für eine solide und kompetente Fachbetreuung bei der Herstellung des Buches danke ich Herrn Klaus Golderer und Herrn Peter Keidel von der Offizin Scheufele, Stuttgart. Besonderer Dank für das Korrekturlesen gilt Frau Brigitte Blanz, Stuttgart-Botnang, Frau Karen Veihelmann, Gerlingen und Herrn Prof. Dr. Paul Sauer, Tamm. Für aufmunternde Unterstützung danke ich meiner Frau Julia Martina Blanz, die manche Stunde auf mich verzichten musste.

Ich wünsche allen Leserinnen und Lesern, dass dieses Buch zu einer engen Bindung an ihre Heimatgemeinde beiträgt und dass sie gerne ihr Wissen und Können einsetzen, um unser Möglingen lebens- und liebenswert zu erhalten und zu gestalten. Dabei möchte ich nicht verschweigen, dass durch die Arbeit an diesem Buch auch für mich selbst Möglingen noch mehr ein Stück Heimat geworden ist.

Diese Buch ist den Nestoren der Möglinger Heimatgeschichte, Pfarrer Adolf Rentschler (1870–1950) sowie Landwirt Hermann Seybold sen. (1896–1988) und dessen Söhnen Hermann jun. (1925–1998) und Adolf (1928–2000) gewidmet.

Möglingen, im Juni 2000
Albrecht Gühring

Möglingen von Osten als Pforte zum Strohgäu (im Hintergrund). Aufgenommen um 1950 von Adolf Seybold von einem Überlandleitungsmasten aus.

Naturraum – Kulturraum

Gerd Brucker

1. Möglingen liegt im Teich …

Möglingen liegt im Teich,
Pflugfelden wär gern reich,
Asperg ist ein kropfigs Nest,
Tamm sitzt gar im Dreck so fest.

Ältere Mitbürger kennen diesen Spruch noch. Wenn er auch unangenehm für die Nachbargemeinden klingen mag, so kennzeichnet er doch in schwäbischer Direktheit zutreffend die erdgeschichtlichen Grundbedingungen für Möglingen und Umgebung. So finden sich heute noch viele Hinweise für den ehemaligen Wasserreichtum der alten Gemeinde Möglingen; sie hatte in der Tat einen Teich; und die Ackerschätzzahl ist für weite Gebiete um den Ort ungewöhnlich hoch, zum Teil höher als die Werte um Pflugfelden. Diese Zahl kennzeichnet den ursprünglichen Ertrag des Lössbodens; ohne die heute gewohnte Düngung. Dies war den Möglingern wohlbekannt, deshalb spotteten sie über die Nachbarn im Langen Feld.

Der jodarme Gipskeuper in Asperg schließlich führte früher aufgrund der fehlenden Lössauflage wirklich zu lästigen Kropferkrankungen – damals, als das Wasser noch lokal aus dem Grundwasser gewonnen wurde. Die epidemisch auftretenden Schilddrüsenvergrößerungen blieben den Nachbarn nicht verborgen; genausowenig wie die tonig-klebrigen und dichten Bodenschichten in Tamm – eben »Dreck«, wie die Möglinger die Gipskeuperverwitterung am nördlichen Hangfuß des Hohen Aspergs benannten. Wie wir sehen werden, sind allerdings gerade solche Tonschichten als Wassersperrschichten unter dem Lösslehm für Möglingens Wasserreichtum verantwortlich gewesen.

Lassen wir deshalb die Quellen im ursprünglichen Sinne sprechen. So liegt die Sonnenbrunnenhalle und das Stadion im Gebiet eines Quellhorizontes, der aus dem Wollenberg und Löscher gespeist worden ist. Der Autor griff 1967 selbst noch Kaulquappen, Grasfrösche und Libellenlarven aus den Tümpeln des Sonnenbrunnengebietes. Und in den fünfziger Jahren gehörten die laut meckernden Laubfrösche zum Ortsbild an den Blättern der alten großen Obstbäume, denn sie konnten sich noch in den ruhigen Gumpen der Möglinger Bäche entwickeln. Der Oberacker-See, der sich dem Sonnenbrunnengebiet ortseinwärts anschloss, war in kalten Wintern *das* Paradies für die Schlittschuh fahrende Jugend.

Selbst das künstlich in die Landschaft gesetzte Ludwigsburg erhielt sein Wasser ursprünglich einmal aus Möglingen. Der Ludwigsburger Marktbrunnen wurde aus Möglingen gespeist; hölzerne Wasserleitungen führten dorthin. Das große Mühlrad, das die Mühle mit Leudels-

Regenrückhaltebecken,
Teichgebiet am unteren Eselsfeld.

bachwasser auf dem heutigen Anwesen der Besenwirtschaft Häcker (früher Ladner) in der Asperger Straße antrieb, wurde gleichzeitig für ein Wasserhebewerk verwendet, sodass sich ein ausreichendes Gefälle vom Löscher aus für die Versorgung von Ludwigsburg mit Möglinger Wasser ergab. Die Hanfbachstraße und die Brunnenstraße sowie der Gewannname Löscher verweisen auf den früheren Wasserreichtum.

Furt- und Hanfbach bezogen ihr Wasser aus der Hanglage, die heute südlich der Landesstraße nach Schwieberdingen und Markgröningen verläuft. Sie speisten den Leudelsbach. Dass Möglingen tatsächlich »im Teich« lag, wurde deutlich, als die Sanierung südlich des Rathauses durchgeführt worden ist, denn nach dem Abbruch der alten Gebäude breitete sich das Grundwasser wie ein alter Ortsteich wieder aus. Dieser Teich befand sich früher unterhalb des alten Pfarrhauses, gegenüber dem höher angelegten Bauerngarten aus der Barockzeit.

Diese so genannte Wette wurde als Pferdeschwemme und Feuerlöschteich gleichermaßen genutzt. Nun ist der Teich überbaut und die alten Bachreste im Ortskern sind verdolt. Der ursprüngliche Verlauf der Leudelsbachäste ist bis heute noch einigen Mitbürgern bekannt.

Ein Teil des Baches kam nach der Vereinigung mit dem Hanfbach aus dem Ortskern. Der Rest tritt heute nach der Verdolung beim Kleeblattheim neben dem Spielplatz wieder ans Tageslicht. Der ursprüngliche Lauf im Ortskern ist an manchen Stellen noch zu erahnen.

Den ehemaligen Wasserreichtum lässt auch der Doppelbrunnen des Ortes erkennen, der sich noch in den späten Dreißigerjahren schräg gegenüber dem alten Rathaus oder dem heu-

Der ehemalige Doppelbrunnen Maulbrunnen wurde 1934 wegen Erbauung der Milchsammelstelle entfernt. V.l.n.r.: Amtsdiener Fritz Eisele, Friedrich Hirsch jr., Hermann Seybold, Karl Stähle, Friedrich Hirsch sen., Fronmeister Adolf Sülzle (Aufnahme 1934).

Noch heute existierender alter barocker Bauerngarten.

tigen Optikergeschäft Muth befand. In seinen Trögen wurde das Vieh getränkt. Die denkmalgeschützte Gaststätte *Brunnenstüble* verweist noch auf diesen ehemaligen Brunnen auf dem Hofgelände hinter dem Haus.

Ein anderer Leudelsbachrest kommt aus der Osterholzregion. Er mündet vor dem in Stein gefassten Quellhorizont des Eselsfelds (Unterer Esler) in den Regenrückhaltesee unterhalb des Löscher.

Die heutige Bahnhofstraße war der Mühlweg, der auf die frühere oben genannte Mühle in der Leudelsbachsenke zuführte. Am Rande des heutigen Eselsfelds oder des Eslers befand sich die Weidefläche der Esel der Müller sowie der Pfad, auf dem die Esel in Richtung Asperg ihre schweren Säcke schleppten. Die Nachbargemeinde erhielt den Esel dann sogar als regionales Wappentier zugesprochen, sodass die Asperger bis heute den Beinamen *Esel* haben, und dies wird mit Humor getragen, denn schließlich kamen ja die geduldigen Tiere einmal aus Möglingen. Doch früher wurden die jungen Asperger schon wütend, wenn ihre Möglinger Altersgenossen beim Ährenlesen die Hosentaschen als Eselsohrensymbole aus den Hosen zogen.

2. Ein kleines Kapitel Geologie oder wieso Möglingen so reichlich mit Naturgütern gesegnet ist

Unser ganzes Gebiet wurde zwischen 200 und 150 Millionen Jahren vor unserer Zeitrechnung immer wieder großflächig von Meeren überspült, deren mächtige Ablagerungen noch aufzuspüren sind. So finden sich die Schichten der Muschelkalkmeere, je nach Hebung und Absenkung mehr oder weniger deutlich sichtbar, an den Uferhängen des Neckars, der Enz, an den Leudelsbachhängen am Rotenacker Wald bei Markgröningen. Auf dem Langen Feld sind sie jedoch weit nach unten verlagert.

Raumbild mit Schichtenfolge in unserer Region. Veränderte Abb. nach Wagner.

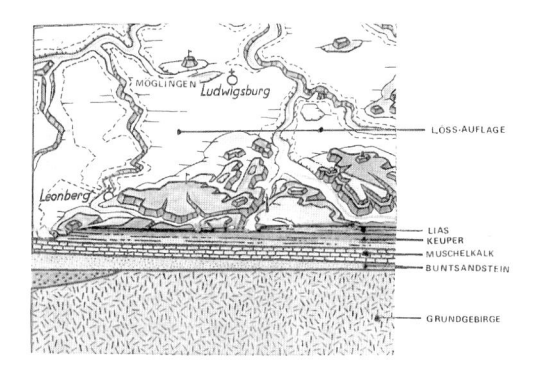

Keuperschwemmfächer im Langen Feld zeigen, dass der Möglinger Sandstein vor allem durch riesige Flüsse aus dem Norden entstanden ist. Veränderte Abb. nach Behmel.

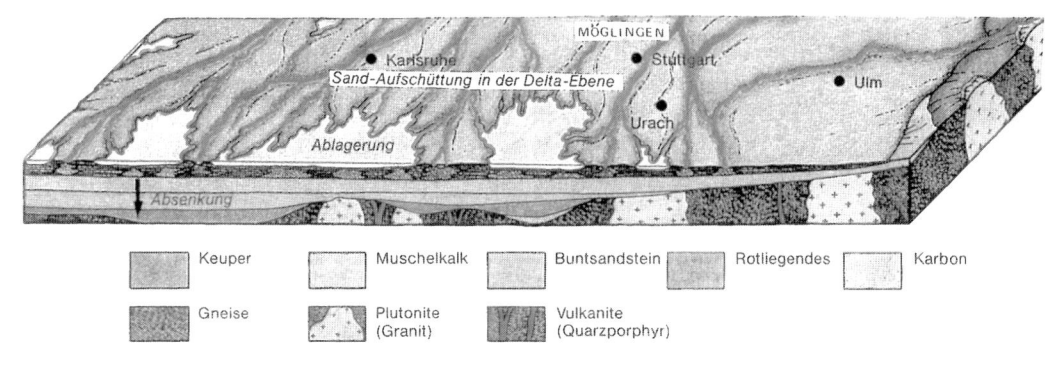

Flußdelta zur Keuperzeit

Als das letzte Muschelkalkmeer allmählich verlandet war, wurde aus dem Norden, etwa aus der Region des heutigen Finnland feiner Sand in ein riesiges Flussdelta eingeschwemmt. Dieses schob sich langsam mit der Aufschüttung nach Süden. Daraus entstand der feinkörnige, gut bearbeitbare Sandstein des Lettenkeuper, der in dem Steinbruchrest hinter dem CVJM-Haus und der Reithalle zu Tage tritt.

In Möglingen wurde er gerne zum Bau der Häuser und zur Herstellung von Viehtrögen verwendet. Auch Gesimse alter stattlicher Häuser und ornamental gestaltete Ofensteine sowie Grabdenkmale wurden daraus hergestellt. Die angesiedelten römischen Legionäre verwendeten sie bereits, wie Steine aus dem im Dreißigjährigen Krieg zerstörten Vöhingen beweisen, die nicht nur dort, sondern später auch in Möglingen verwendet worden sind. Der Grabstein des Schultheißen Wintterlin an der Pankratiuskirche ist ebenso ein Zeugnis für die Bearbeitung dieses beliebten Steines, wie es die gotischen Bögen und sichtbaren Turm- und Mauersteine der alten Wehrkirche sind.

Als das Meer vom Südwesten her immer wieder in die flache Senke vorstieß, in der sich unsere Region befand, wurden tonig-mergelige Schichten mit hohem Gipsanteil eingeschwemmt. Der in der Schwäbisch-Fränkischen Senke liegende Hohe Asperg ist mit seiner Schilfsandsteinbedeckung und dem gipshaltigen Untergrund und den Tonböden ein Zeuge hierfür. Diese unteren Keupertonschichten sind nun Sperrschichten und damit Quellhorizonte für das eingesickerte und zum Grundwasser gewordene Regenwasser. Sie befinden sich geologisch aufgewölbt an den Möglinger Ortsrändern, sodass die Quellen, Bäche und Brunnen in Möglingen, wie oben beschrieben, unter der darüber liegenden Lösslehmschicht nur so hervorsprudelten.

Die abgelagerten Schwarzjura-Meeresschichten, die weit über unser Gebiet bis über das Bottwartal hinweggingen, wurden im Verlauf der Jahrmillionen genauso durch Flusssysteme ausgeräumt und wieder abgetragen wie die Schichten des oberen Keuper, die sich noch um Stuttgart, im Bottwartal und im Stromberggebiet finden lassen.

Schauen wir ein Bild vom Bau der Schnellbahntrasse Stuttgart–Mannheim an, so lassen sich unten in dem ehemaligen riesigen Einschnitt die im Wechsel grün und dunkel gefärbten, wellig verlaufenden, tief abgesenkten Tonschichten des wasserundurchlässigen Gipskeupers erkennen. Darüber jedoch liegt der zweite natürliche Reichtum von Möglingen, nämlich die im Langen Feld mächtige, bis zu zwanzig Meter dicke, fruchtbare Lössauflage.

In dem Grocker (in den Flurbüchern auch *Grockert* genannt), dem heutigen Gartenhausgebiet und im Landschaftsschutzgebiet Eselsfeld liegen die Keuperschichten höher aufgefaltet; der Löss bildet dort nur einen dünnen Schleier über dem unteren Keuper. Aus diesem Grund sind dort heute noch die alten Obstbaumgebiete und am Rande die nach Süden

Wellig verformte Keuperschichten (linker Bildrand) unter ca. 20 Metern Löss waren beim Bau der Schnellbahntrasse 1986 sichtbar.

gelegenen aufgelassenen Weinberge von Möglingen zu finden, denn Obstbäume und Weintrauben konnten auch auf den weniger fruchtbaren Flächen des Gipskeuper-Pelosolbodens angepflanzt werden. Die ertragreichsten Äcker liegen somit auf den dicken Lössschichten.

3. Löss, das Kapital der Landwirte

Genauso wie der Möglinger Sandstein ehemaliger Auslandsimport ist, so ist auch der Löss Importware. Doch kam dieser vorwiegend nicht aus dem Norden, sondern vor allem aus dem Südwesten. Er ist erdgeschichtlich sehr jung. Als Staub wurde der Möglinger Löss zwischen den Eiszeiten, die vor zwei Millionen Jahren begonnen und immer mit Warmzeiten abgewechselt hatten, aus den Geröllhalden des vom Eise zerriebenen und nach Nordwest mitgeschleppten Alpengesteins durch starke Winde ausgeblasen und auch hier bei uns abgelagert. Vor allem auch beim Verschwinden der letzten Eiszeit vor ungefähr 12–10 000 Jahren hatte der mächtige Rheingletscher eine große Menge Geschiebe und Feinmaterial auf dem Gebiet der heutigen Schweiz und im Rheintal abgelagert. Der schwerere Sand blieb schon im Rheintal liegen, der fruchtbare Feinstaub jedoch gelangte zu uns. Gräser hielten das feine Bodenmaterial Schicht für Schicht fest und bildeten mit den ausgewogen eingemischten Mineralien eine fruchtbare Humusbildung, die heute noch an vielen Stellen aufgrund ihrer grau-schwärzlichen Färbung erkennbar ist.

Der hohe Kalkanteil des Staubes flockte die im Geschiebe der Gletscher entstandenen Tonteilchen mit den vielen anderen Mineralien nach der Ablagerung aus und stabilisierte dadurch den Boden zum fruchtbaren Mineralienlieferanten, sodass alle anspruchsvollen Kulturpflanzen bis heute davon profitieren – und damit natürlich auch die Produzenten, die im Dauereinsatz zwischen Getreide und Zuckerrüben wechseln. Im süddeutschen Raum übertraf nur das Schmidener Feld bei Fellbach mit seiner Löss-Schwarzerde die zentralen Möglinger Böden, da dieses noch mehr Humus ge-

Die Siedlungsflächen (schwarz) der Region 1935 und 1978. Grafik des Autors in Kennzeichen LB.

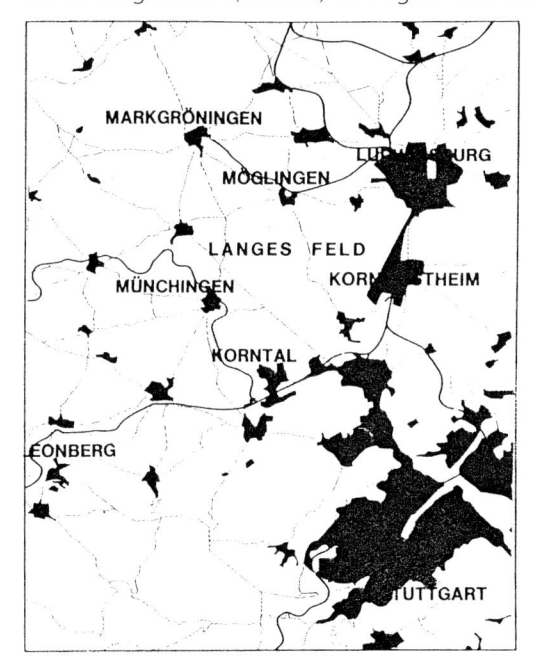

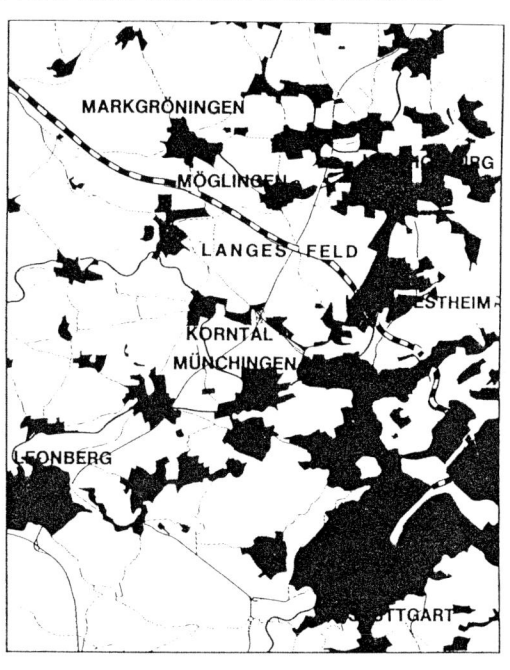

Rübenernte des innerörtlichen Großbetriebes Hirsch in früheren Zeiten und das moderne Pendant mit dem Rübenvollernter bei den Aussiedlern Lörcher und Gühring um 1970.

bildet hatte. Inzwischen ist dieses jedoch unwiederbringlich großflächig mit Siedlungen und Gewächshausbauten bedeckt – eine Mahnung für die Anteilseigner des Langen Feldes, denn die Siedlungsgebiete drängen immer weiter gegen das Lange Feld vor.

Getreide und Zuckerrüben wurden schon seit langer Zeit angebaut; der fruchtbare Boden gab das her. Die dichte Fruchtfolge von Sommergetreide (z. B. die zwei- und mehrzeilige Gerste als Braugerste für Stuttgart), Wintergetreide (Weizen, allerdings erst nach dem Verschwinden des Dinkelanbaues) und Hackfrüchten (Zuckerrüben, bzw. Kartoffeln) war durchaus üblich. Schließlich brachten vor allem die Zuckerrüben mit ihrer Masse Geld in die Kasse der Anbauer. Die Senkung der EU-Vergütungen für landwirtschaftliche Produkte bringt viele Landwirte bis heute zur Steigerung des Intensivanbaues. Was früher vier schwere, kaltblütige, starke Pferde und elf landwirtschaftliche Arbeitskräfte leisteten, wird heute von einem Traktor und ein bis zwei Arbeitskräften übertroffen.

Während in den dreißiger Jahren durchschnittlich 17,8 Tonnen Zuckerrüben pro Hektar erwirtschaftet werden konnten, sind es heute rund 60 Tonnen! Ohne Zwischenfrucht und Gründüngung würde dies selbst der fruchtbare Lössboden nicht durchhalten, da der Humusgehalt rapide durch solche Intensivkulturen abnimmt. Auch der heute angebaute Silage-Mais für die Viehfütterung spielt dabei eine beherrschende Rolle. Die Erosionsrate beträgt nach Messungen des Autors bei leicht hanglagigen Mais- und Rübenäckern 10–12 Tonnen Humusboden pro Hektar und Jahr, eine Menge, die zwar optisch nicht sehr ins Auge fällt, doch ohne die genannten Maßnahmen auf Dauer kritisch zu beurteilen wäre.

Als weiterer Schutz haben einzelne Landwirte zur Schädlingsabwehr die Anbauabstände zwischen ein und derselben Frucht vergrößert. Dass dies sinnvoll ist, lässt in besonderem

Maße der Biolandbetrieb Motz im Langen Feld erkennen, der eine bis zu neungliedrige Fruchtfolge praktiziert. Die mikro-fluoreszenz-mikroskopische Fotografie des dort untersuchten Löss zeigt die lockere, humusreiche, gerundete Schwammstruktur, die von einer Vielzahl von Regenwürmern zustandegebracht worden ist. Dazwischen breiten sich die zahlreichen Mikroorganismenkolonien aus, die den erwünschten Humus bei ausreichender Fütterung mit organischer Masse im Löss erzeugen. Die Erweiterung der Fruchtfolge durch Gründüngung sowie der Gemüseanbau in Mischkulturen hungern zudem Schadorganismen, zum Beispiel bestimmte Mikropilze aus, sodass es nicht zum Legen des Getreides durch derlei Parasiten (z. B. durch Pilze der Schwarzbeinigkeit) kommt.

Die Äcker des heute bebauten *Heuleger* in Ortskernnähe waren jedoch nicht so fruchtbar wie die des eigentlichen Langen Feldes. Sie wurden vorwiegend zum Anbau der Hackfrüchte und des Gemüses (Kartoffel, Salate, Kraut u. a.) verwendet. Sie mussten mit der Hacke – schwäbisch *Häule* – bearbeitet werden. Das waren also die so genannten Möglinger Häuleäcker des zuerst bebauten Heulegerabschnittes. Womit klar sein dürfte, dass der Heuleger nichts mit Heu oder Heulegen zu tun hat, sondern mit den früher kleineren Flächen geringeren Ertrags am Ortsrand, die mit kleinen Hacken bearbeitet worden sind. Der karge, mergelige Keuperhorizont des Friedhofs ließ nur Weidewirtschaft zu. Darauf verweist der alte Flurname den der neuere Friedhofsabschnitt trägt. Die ehemalige Kuhhälde dort war örtlicher landwirtschaftlicher Gemeinschaftsbesitz. Auch der Gewannname Goldäcker in Richtung Markgröningen führt in die Irre. Diese Äcker waren nicht fruchtbarer als die Flächen mit den mächtigen Lössauflagen, im Gegenteil. Ihren Namen erhielten diese vielmehr deshalb, weil man dort die so genannten goldenen Regenbogenschüsselchen, nämlich das hochgewölbte Goldgeld der Keltensiedlungen sowie Münzen aus dem alten Griechenland, zum Teil mit dem Kopf Alexanders, des Großen, gefunden hat. Der Möglinger Siedlungsraum lag somit früher schon zentral an den alten europäischen Handelsstraßen der Kelten.

Um die Fahrtwege ins fruchtbare Anbaugebiet möglichst kurz zu halten, wurde 1960 eine großflächige Flurbereinigung durchgeführt. 22 Betriebe siedelten in der Folge aus und wurden direkt in die Produktionsflächen verlegt. Außerdem erfolgte die Konzentration einiger durch die schwäbische Realteilung bei der Erbfolge verursachten aufgesplitterten Besitzverhältnisse. Diese bundesweit erstmals so durchgeführte Maßnahme galt als Musterflurbereinigung für ganz Westdeutschland. Hinzu kamen noch sechs Gärtnereien. Als der Schnellbahntrassenbau einige Betriebe besonders hart traf, entschlossen sich manche Landwirte zum Wegzug.

Durch diese Maßnahme verschwanden natürliche Grenzflächen und so genannte Anwenden zwischen den Äckern, auf denen der früher noch von Hand geführte Pflug gewendet wurde. Gerade diese so genannten Saumbiotope boten mit ihren Wildkräuterbeständen den davon abhängigen Rebhühnern und Wachteln sowie zahlreichen Schmetterlingen und anderen Insekten ausreichende Ernährungs- und Vermehrungsmöglichkeiten. Heute versuchen einzelne Landwirte bei der landesweit in Gang gesetzten Biotopvernetzung mit Hilfe des Ackerrandstreifenprogramms wieder einen gewissen Ausgleich zu den verloren gegangenen Wildflächen zu schaffen.

4. Möglinger Raritäten

Die alte Pferdekultur in Möglingen ist heute noch lebendig. Zwar findet man die alten schweren Kaltblüter, die Belgier, aus der pferdeabhängigen Landbewirtschaftung nicht mehr, doch der örtliche Reitverein lässt erkennen, dass die alte reiterische Tradtion einiger alter Möglinger Familien im modernen Reitsport breiten Anklang gefunden hat. Dieser Tradition hat sich auch die Kunstschmiedewerkstatt Hiesinger verschrieben.

Schmied Hiesinger beschlägt Pferde.

Als gern gesehene Kulturfolger fliegen jedes Jahr pünktlich am 1. Mai laut pfeifend die Mauersegler in Möglingen ein. Sie jagen die mit dem Wärmestrom des aufgeheizten Ortes aufsteigenden Insekten, allerdings nur bis zum 1. August; danach erfolgt bereits wieder der Flug in den Süden. Sie nehmen das bebaute Jagdgebiet ebenso an, wie die Turmfalken, die sich auf den Hochhäusern des Löschers ab und zu Ausguck auf die Felder oder Brutmöglichkeiten verschaffen. Die zahlreichen Mäusebussarde kreisen ebenfalls an sonnigen Tagen im Möglinger Wärmestrom. Ihr miauender Schrei ist dann oft zu hören. Selbst Dohlen fliegen vom Hohen Asperg her ins Möglinger Ortsgebiet ein. Dort suchen sie jedoch nur größere Gärten mit großem Baumbestand auf, um die auf die Ausflüge mitgenommenen Jungvögel zu füttern.

Weitere Kulturfolger sind seit Jahrhunderten bereits die an Häusern nistenden Mehlschwalben. Diese haben sogar erfolgreich versucht, sich nach der Ortskernsanierung am Rathausplatz wieder anzusiedeln. Allerdings sind in Möglingen offene Lehmpfützen für den Nestbau selten geworden, sodass der Bestand weiter sinkt. Auch die in den Ställen früher gerne gesehenen Rauchschwalben sind durch EU-Vorschriften zur Stallhygiene zum Aussterben verurteilt, es sei denn die Landwirte lassen weiterhin die preiswerteste Methode zum Fliegenfang im Stall zu, indem sie die Fenster für die Rauchschwalben offen halten und das Nisten im Stall zulassen.

Als Wintergäste in sehr kalten Wintern fallen riesige Kolkraben aus Sibirien in den Ortskern ein. Wintergoldhähnchen sind ebenfalls jeden Winter in den Gärten um den Ortskern zu finden. Allerdings werden sie, ebenso wie die Zaunkönige im Ort, durch die große Anzahl streunender Katzen stark dezimiert.

Feldgehölzzonen, Wegraine und Uferbereiche im Leudelsbachtal werden bis zum CVJM-Haus, wenn auch sehr spärlich, noch von Distelfinken, Girlitzen, Goldammern, Fitislaubsängern, Bach- und, sehr selten, von Schafstelzen aufgesucht. Weidenlaubsänger, ab und zu auch einmal eine Schar Wacholderdrosseln, Mönchs-, Garten- und Klappergrasmücken dringen unüberhörbar auch bis in die wenigen größeren, naturnahen, innerörtlichen Flächen vor. Elstern haben sich dagegen als Jungvogelräuber neben den Katzen massiv im Ortskern etabliert. Elsternnester sind nun, im Gegensatz zu früher, innerörtlich leider überall zu finden.

Steinmarder sind als Kulturfolger in Möglingen weiterhin häufige Jäger im Ortskern. Verschwunden sind dagegen Wiesel, Mauswiesel, Iltis und Schleiereulen. Deren Jagdreviere fielen innerörtlichen Sanierungsmaßnahmen und Verkehrsschneisen zum Opfer. Als Wintergäste kommen sie nur noch in sehr kalten Wintertagen, ebenso wie hungrige Füchse, aus der ferneren Umgebung in größere Gärten der Ortsmitte.

Dass es sich lohnt, Wildkräuterbestände zu erhalten und zu erweitern, beweisen die jährlich nur einmal gemähten Straßenböschungen der Landkreisverwaltung. Flächen der Wilden Möhre sowie Brennnesselfluren und ungedüngte Grasraine lassen die Vermehrung von Schmetterlingen wieder zu. Als innerörtliche Besucher sieht man deshalb an den kleinen Blüten der Sommerfliederbüsche ab und zu Schwalbenschwänze, die kolibriähnlich fliegenden Taubenschwänzchen, den Admiral und das Landkärtchen trinken.

Auch die Blutströpfchen oder Widderchen vermehren sich wieder stärker auf ungenutzten, ungedüngten und nicht gespritzten trockenen Randflächen. Es lohnt sich also, gezielt linien- und flächenhaft Verbindungen zwischen ungenutzten Grenzflächen auszuweiten, ein Ziel das für Möglingen langfristig im Rahmen der Agenda 21 realisiert werden kann. Auch die innerörtlichen Grünflächen sollten dabei miteingeschlossen werden, denn kleine, zerstückelte Inselflächen dienen ohne Außenverbindungen und Nachbarflächen weitgehend nur der Optik.

Die intensive Verkehrsentwicklung der letzten Jahre hat die Gesundheit der Bürger geschädigt und die Tierwelt aus dem Ort gedrängt. Das lassen nicht nur die selten gewordenen größeren Säuger erkennen, sondern auch die Bestände bestimmter Insekten und Insektenjäger. So unterliegen die Möglinger Igel dem ständig wachsenden Verkehrsdruck ebenso wie Haus-, Garten- und Zwergspitzmäuse. Auch die an der Asperger Straße abends unter den Straßenlaternen jagenden Zwergfledermäuse sind extrem zurückgegangen. Diese vor allem um die Büsche im Leudelsbach jagenden Kleinsäuger ziehen sich in alte Spechthöhlen oder ausgefaulte Hohlräume in alten Obstbäumen zurück. Gerade alte, morsche Baumveteranen sind somit eine wichtige Grundlage für selten gewordene Tiere.

Unter den Großinsekten sind die innerörtlichen Laufkäferbestände verschwunden. Selbst der früher an feuchten Stellen häufig auftretende Lederlaufkäfer ist durch den Verkehr radikal dezimiert worden. Die lange Zeit innerörtlich abends nicht zu überhörenden großen, grünen Singschrecken sind ebenfalls in ihren Ausbreitungsmöglichkeiten stark eingeschränkt worden.

Am Artenrückgang ändern auch die gefundenen Möglinger Highlights nichts mehr, die als Indikatororganismen vom Autor belegt werden können:

Am Steinbruch, nur noch unzugänglich auf wärmere Stellen begrenzt, treten die seltenen Machiliden (Borstenschwänze) auf – springende, flügellose Urinsekten. In der Nähe, nur noch an einer bestimmten überhängenden, regengeschützten Hangkante, können Ameisenlöwen ihre Fangtrichter graben, und so entwickeln sich aus diesen Netzflüglerlarven dann die so genannten Ameisenjungfern, die auf den ersten Blick Kleinlibellen ähnlich sehen.

Als vor einigen Jahren noch alte hohe Weidenbäume im Leudelsbachtal vorkamen, hatten sich dort immer auch Bienenschwärme eingenistet. Als von den Bienen ungebetene Gäste dieser alten verwilderten Bienenstöcke fanden sich die zu den Buntkäfern gehörenden schwarz-rot gefärbten, seltenen Bienenwölfe ein. Die wunderbaren jahrhundertealten, morschen riesigen Palmostbirnbäume auf Möglinger Gemarkung ließen die Engerlinge der eher in Südeuropa vorkommenden Riesenrosenkäfer (Potosia) gedeihen. Sie zeigten ebenfalls noch ungestörte Biotopflächen und das bevorzugte ausgeglichene, warme Möglinger Klima an.

Die Intensivierung des Anbaus und der Freizeitnutzung im so genannten Gartenhausgebiet des Möglinger und Markgröninger Grockert auf der Höhe zwischen Möglingen und Asperg haben solche Flächen weiter schrumpfen lassen. Dies ist bedauerlich, zumal auch die Freizeitnutzung des Landschaftsschutzgebiets Esler einen Ausgleich dafür nicht ermöglichen kann.

Dass die alten Baumbestände sich wieder größerer Wertschätzung erfreuen, zeigt die Möglinger Apfelsaftaktion. So ist zu hoffen, dass auch künftig noch Renetten vom Zabergäu, Öhringer Blutstreiflinge, die großen Jakob-, Fischer-, Brettacher-, Gravensteiner-, Gewürzluiken-, Boskoop-, Josef Musch-, Cox Orange-, Bittenfelder-, Krummstiel- u. a. Äpfel auf unserer Gemarkung erhalten und durch Reiser auf entsprechenden Unterlagen weitervermehrt werden. Stellen diese alten Sorten doch teilweise Kulturrelikte aus den Zeiten König Friedrichs, König Wilhelm I. und König Karls dar, aus Zeiten, als Könige per Erlass den Anbau von Most- und Tafelobst zwecks Festigung von Straßenböschungen und Wiesenhängen zur Erosionsverhinderung anordnen konnten. Heute bleibt der Erhalt den engagierten Möglingern überlassen.

Obstbaumgürtel um Möglingen.

Aus der Vor- und Frühgeschichte Möglingens

Ingo Stork

1. Einleitung

Die Gemarkung Möglingens liegt auf dem Langen Feld, einem der fruchtbarsten Lössgebiete Deutschlands. Sie weist deshalb eine große Zahl archäologischer Fundstellen auf, denn seit dem 6. Jahrtausend v. Chr. bildete die Landwirtschaft die Hauptlebensgrundlage des Menschen. Gemessen an dem langen Zeitraum, den wir hier behandeln, sind die bis heute bekannt gewordenen 35 Fundplätze aber eine eher geringe Anzahl. Wie dicht die Besiedlung in vor- und frühgeschichtlichen Zeiten tatsächlich war, zeigte beispielhaft der Bau der Schnellbahn Mannheim–Stuttgart in den Jahren 1986/87. Siedlungen verschiedener Epochen, die in nur 200 m Abständen lagen, fielen ihm zum Opfer. Die meisten Zeugnisse des antiken Menschen in der Gemarkung Möglingen liegen noch unerkannt, aber keineswegs ungefährdet, im Boden. Vieles ist auch bereits ohne Dokumentation zerstört. Deshalb behandelt dieser Beitrag nicht *die* Vor- und Frühgeschichte, sondern wir wollen hier, unserem Kenntnisstand entsprechend, aus diesen Zeiten berichten.

Die Wissenschaft der Vor- und Frühgeschichte beschreibt das Leben und die Geschichte von Menschen, die entweder keine oder nur spärliche schriftliche Überlieferungen hinterlassen haben. Hierfür bedient sie sich archäologischer Methoden, in erster Linie der Ausgrabungen. Archäologische Quellen sind Siedlungs-, Grab- und Einzelfunde sowie Horte. Viele Erkenntnisse lassen sich aus den ausgegrabenen Funden gewinnen, noch mehr aber aus den Umständen unter denen sie angetroffen werden, den Befunden. Hierzu ein Beispiel: Bodenverfärbungen der Pfostengruben eines keltischen Hauses ergeben zusammengenommen den Hausgrundriss, viele solcher Häuser das Aussehen eines Dorfes. Es handelt sich um Befunde. In den Pfostengruben liegen Scherben von Tongefäßen, die auf Grund ihrer Form, Verzierung und Machart zeitlich eingeordnet und damit in unserem Beispiel in keltische Zeit datiert werden können. Es handelt sich um Funde. Fund und Befund ergänzen einander. Auch Tierknochen oder Pflanzenreste sind Funde. Sie können Aufschlüsse über die Tierhaltung, den Anbau von Nutzpflanzen und die antike Umwelt liefern.

Der allgemeine Ablauf der Vor- und Frühgeschichte Baden-Württembergs ist in früherer,[1] vor allem aber auch in neuerer[2] Zeit vielfach beschrieben worden. Gerade für den Kreis Ludwigsburg liegen moderne Zusammenfassungen vor.[3] Jüngere Ortschroniken berücksichtigen in der Regel auch die archäologisch erschließbare Geschichte.[4] Sinnvoll erscheint dies vor allem dann, wenn neue Ausgrabungsergebnisse den Bürgerinnen und Bürgern vor Ort bekannt gemacht werden sollen. Darüber hinaus bietet sich hier die Möglichkeit, sie zu informieren und das Verständnis für die Belange der Archäologischen Denkmalpflege zu fördern. Zufällige archäologische Entdeckungen sind vielerorts und auch dem Laien möglich. Zu neuen Erkenntnissen führen sie aber nur dann, wenn sie der Denkmalpflege gemeldet werden.

Unsere Kenntnis der archäologischen Quellen der Gemarkung Möglingens beruht auf vielen Fundmeldungen. Die meisten davon verdanken wir wenigen Personen. Zu nennen sind hier der Lehrer Wilhelm Müller (1878–1959) aus Zuffenhausen der in den zwanziger und dreißiger Jahren intensiv Feldbegehungen durchführte.

Nach dem Zweiten Weltkrieg waren es vor allem die Möglinger Landwirte Adolf und Hermann Seybold, die Funde meldeten und bargen. Auch dem Landwirt Gerhard Giek verdanken wir wichtige Entdeckungen. Beim Bau der Schnellbahn Mannheim–Stuttgart haben er und der ehrenamtliche Beauftragte für Archäologische Denkmalpflege Werner Schmidt aus Ditzingen vieles dokumentiert und der Wissenschaft gesichert.

2. Altsteinzeit und Mittlere Steinzeit

Aus der Altsteinzeit,[5] der längsten Epoche der Menschheitsgeschichte, die im Kreis Ludwigsburg u.a. durch den weltberühmten Fund des 250 000 Jahre alten Schädels des Steinheimer Urmenschen belegt ist, sind von der Gemarkung Möglingens Knochen eines eiszeitlichen Bisons zu nennen. Sie kamen 1986 beim Bau der Schnellbahn in der Flur *Streitäcker* unter 3,25 m dicker Lössbedeckung zu Tage. Hinweise auf die Anwesenheit des Menschen, wie geschlagene Steingeräte, fanden sich aber nicht. Sowohl der Steinheimer Homo erectus, als auch der Neandertaler und frühe Homo sapiens sapiens, der heutige Mensch, lebten jedoch im Kreisgebiet und zwar keineswegs nur in Höhlen, sondern auch in Freilandstationen. Die Ernährungsweise des Jägers und Sammlers erforderte ein Ziehen mit dem Wild, beispielsweise den Rentierherden. Die Wohnplätze waren daher temporär aufgesuchte Jagdcamps. Die altsteinzeitlichen Geräte bestanden aus zu Werkzeugen geschlagenem Feuerstein, Knochen und selbstverständlich auch Holz, das sich nur in rarsten Glücksfällen erhalten hat. Für die Bekleidung dürfen wir Leder, Felle und geflochtene Pflanzenfasern annehmen.

Nach dem Ende der letzten Eiszeit, um 10 000 v. Chr., erfolgte durch die Erwärmung ein grundlegender Wandel des Landschaftsbildes. Zunehmende Bewaldung und damit einhergehend das Aussterben der eiszeitlichen Tierwelt erforderten eine Reaktion des Menschen, der sich nun zunehmend auf Sammlertätigkeit von Waldfrüchten umstellte, und um das jetzt schwieriger zu erjagende Wild zu erbeuten, seine Jagdwaffen verfeinerte. Verschiedene spezialisierte Formen von Pfeilspitzen sowie in Knochen- und Holzgeräte eingesetzte, mitunter nur Millimeter große Steinspitzen, so genannte Microlithen, sind für die Epoche bis zum 6. Jahrtausend v. Chr. typisch. Aus dieser Zeit, dem Mesolithikum oder Mittleren Steinzeit, liegen aus Möglingen keine Funde vor.

3. Die Jungsteinzeit

Kaum ein Wandel in der Menschheitsgeschichte war so tiefgreifend und in seinen Auswirkungen bis heute spürbar wie der von der Mittleren zur Jungsteinzeit oder anders gesprochen, vom Jäger und Sammler zum sesshaften Ackerbauern. Die Anstöße dazu kamen von außen. Im Verlauf des 6. Jahrtausends v. Chr. wanderten Menschen aus den fruchtbaren Tiefebenen des Karpatenbogens nach Mittel- und Westeuropa ein. Sie brachten Kulturleistungen, die letztlich aus dem Nahen Osten stammen: Ackerbau und Viehzucht. Der Feldbau setzt Sesshaftigkeit voraus. Geeignete Ackerflächen, in erster Linie die Lössgebiete müssen gerodet, die Hölzer für die Häuser geschlagen werden. Wie wir heute wissen, wurden auch komplizierte Holzverbindungen beherrscht. Saatgut erfordert Vorratswirtschaft. Schweine, Rinder, Schafe und Ziegen wurden als Schlachttiere gehalten. Daneben gab es natürlich auch Milchviehhaltung. Als Getreidearten kannte man Emmer und Einkorn, antike Weizenvarianten sowie Gerste. Neben den südosteuropäischen Einwanderern waren an der Neolithisierung Mitteleuropas in geringerem Maße auch Gruppen aus Südwesteuropa, die so genannte *La Hoguette-Kultur*, beteiligt. Ob die mittelsteinzeitlichen Jäger und Sammler kulturell aufgesogen, verdrängt oder gar ausgerottet wurden, ist bis heute umstritten. Fest steht, dass um die Mitte des 6. Jahrtausends v. Chr. ein einheitlicher Kulturkreis von Zentralfrankreich bis Polen, von Holland bis zu den Alpen entstanden ist. Nach der einheitlichen Verzierung der nun neu auftretenden Tongefäße wird er als *Bandkeramik*-Kultur bezeichnet. Die Übereinstimmungen beruhen aber nicht nur auf der Keramik, sie umfassen ebenso den Hausbau mit bis zu 60 m langen, stets NW-SO ausgerichteten Häusern für die Großfamilien und das Vieh. Einzelhöfe, Weiler und ganze Dörfer, wie in Vaihingen-Ensingen, sind bekannt. Auch die Wirtschaftsweise und religiöse Vorstellungen waren zunächst einheitlich. Die Bestattung erfolgte mit angezogenen Armen und Beinen in Schlafhaltung, *Hockerlage*. Die ersten Bauern waren auf die fruchtbaren Lössböden angewiesen. Mit Zunahme der Bevölkerung führte dies zwangsläufig zur gewalttätigen Auseinandersetzung mit feindlichen Eindringlingen. In Talheim, Kreis Heilbronn, wurde die Bevölkerung eines ganzen Weilers erschlagen aufgefunden. In Vaihingen-Ensingen oder Bissingen errichtete man Dorfbefestigungen mit Palisaden, Wall, Gräben und Toren. Zu Beginn des fünften Jahrtausends v. Chr. zerbricht der bandkeramische Kulturkreis in zahlreiche regionale Einzelgruppierungen mit anderer Wirtschaftsweise und Hausbau. Bandkeramische Siedlungen sind wegen der Lössböden im Kreis Ludwigsburg zahlreich vertreten, infolge tiefgreifender moderner landwirtschaftlicher Nutzung und Erosion aber nur noch selten so gut erhalten wie dies beispielsweise in Vaihingen-Ensingen der Fall ist. Von der Gemarkung Möglingen sind Siedlungen dieser Zeit durch Lesefunde aus den Gewannen *Schwieberdinger Straße* und *Hinten im Feld* belegt.

In der mittleren Jungsteinzeit, dem vierten Jahrtausend v. Chr., begegnen wir regionalen Gruppen unterschiedlicher Art. Im Mittleren Neckarraum wären etwa *Großgartach* oder *Rössen* (nach einem Fundort bei Merseburg) zu nennen. Das Spätneolithikum ist gekennzeichnet durch das weitgehende Fehlen von Hausgrundrissen, d. h. die Bauweisen müssen sehr leicht und oberflächennah gewesen sein. Kulturgruppen wie *Schwieberdingen* und *Schussenried* kennzeichnen es im Neckarraum. Die *Michelsberger Kultur*, genannt nach dem Michaelsberg bei Untergrombach, Stadt Bruchsal, ist ein überregionales Phänomen. In diese Zeit gehören mächtige Erdwerkbefestigungen von mehreren Hektar Innenfläche, die vor allem auch aus dem Kreis Heilbronn bekannt sind. Ihre Entstehung als großartige Leistungen von mehr als nur Dorfgemeinschaften zeigt die Notwendigkeit und den Willen, sich zu verteidigen. Die Ausdehnung der mit Wällen, Gräben und Palisaden umgebenen Anlagen braucht den Vergleich mit römischen Kastellgräben und mittelalterlichen Stadtbefestigungen nicht zu scheuen: Ausdruck einer Zeit von Angst und Unsicherheit. Aus Möglingen sind jungsteinzeitliche Siedlungen, die nicht näher eingeordnet werden können, von der *Stammheimer Höhe*, den *Goldäckern*, vom *Einzechter Baum*, der *Mittleren Höhe* und vom *Zwerrweg* bekannt. Eine spätneolithische Kulturschicht aus der Zeit der Michelsberger Kultur wurde in Flur *Seite* beobachtet.

Jahrtausende vergehen, bis der Boden Möglingens der Archäologie wieder etwas freigegeben hat. Dies bedeutete aber keineswegs, dass diese Jahrtausende der fruchtbare Boden unbesiedelt gewesen wäre. Die Zufälligkeiten von Überlieferung der Quellen und Fundmeldungen zeigen sich hier nur besonders krass.

4. Kupfer- und Bronzezeit

Das Ende der Jungsteinzeit zwischen 3400 v. Chr. und dem Beginn des 3. Jahrtausends v. Chr. ist in unserem Raum weithin durch eine Forschungslücke gekennzeichnet. Seicht fundierte Bauweisen, die Wahl des Siedlungsplatzes in feuchten Auen wie in Stuttgart-Stammheim sowie unscheinbare, schwer datierbare und spärliche Keramik mögen Gründe dafür sein. Seit der Michelsberger Kultur tritt Kupferschmuck in Form von Spiralröllchen auf. Die weit verbreiteten kupferführenden Kulturen der Schnurkeramik und der Glockenbecherkultur sind im Neckarland ausschließlich durch Grabfunde belegt. Für die schnelle Ausbrei-

Fundstücke aus Möglinger Alamannengräbern, wohl des 7. Jahrhunderts. Fundort: Hinter Gebäude Seybold, Schwieberdinger Str. 45.

anteil, die leichter gießbar sind, ermöglichten auch verbesserte Gussverfahren. Die Bestattungen erfolgten in Grabhügeln, weshalb auch von *Hügelgräberbronzezeit* gesprochen wird. Regional unterschiedliche Trachtprovinzen treten deutlich hervor. Aus diesen Epochen sind aus Möglingen bislang noch keine Funde bekannt geworden.

5. Die Urnenfelderzeit

Am Ende der Hügelgräberbronzezeit lässt sich ein von außen, nämlich vom südosteuropäischen Raum, angestoßener tiefgreifender Wandel der Bestattungssitten und auch der geistig-religiösen Kultur feststellen. Die Toten wurden auf dem Scheiterhaufen verbrannt, Knochenreste, Asche, verschmolzene Trachtbestandteile in Urnen beigesetzt. Hinzu kamen je nach gesellschaftlichem Rang unverbrannte Tongefäße, die Speise und Trank für das Jenseits enthielten oder symbolischen Charakter besaßen. Entsprechend diesem Brauch wird von der Urnenfelderkultur gesprochen. Sie dauerte vom 13. Jahrhundert bis um 750 v. Chr. Im Gegensatz etwa zu Südbayern, von wo ausgedehnte Begräbnisplätze mit mehreren hundert Gräbern bekannt sind, treffen wir in Württemberg nur kleine Grabgruppen mit weit auseinander liegenden Bestattungen an. In der materiellen Kultur lässt sich eine kontinuierliche Weiterentwicklung von der Bronzezeit her verfolgen, sodass von Bevölkerungskontinuität auszugehen ist. Die Zeit war kriegerisch. Höhen wurden aufgesucht und mit mächtigen Wall-Grabenanlagen befestigt. Auch an den Seeufern suchte man Schutz hinter Palisadenwerken, wofür die *Wasserburg Buchau* am Federsee ein Beispiel ist. Die Keramik dieser Zeit ahmte südliche Metallvorbilder mit scharfen Profilierungen nach und verlieh ihnen

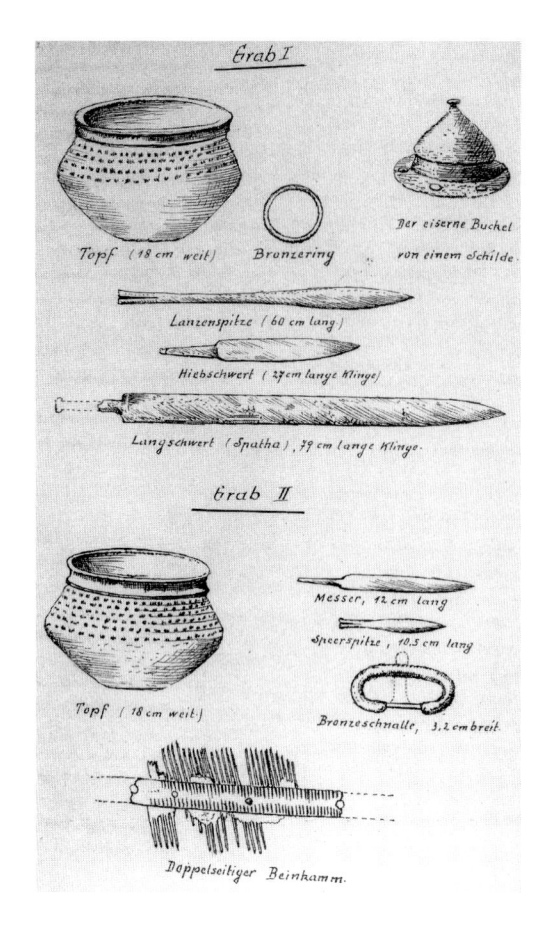

tung der Kupfertechnologie mag auch die Domestikation des Pferdes zu dieser Zeit mit beigetragen haben.

Am Ende des dritten Jahrtausends erfolgte ein ungeheurer Technologieschub: Der Mensch lernte, durch Zulegierung von 5 % Zinn zu Kupfer die leichter zu Schmuckformen zu verarbeitende Bronze herzustellen.[6] Da Württemberg keine Rohstoffvorkommen besitzt, mussten diese von außen, das Kupfer aus den Alpen, importiert werden. Die Entstehung des spezialisierten Handwerks der Bronzegießer und Schmiede führte zu einer Differenzierung der Gesellschaft. Wer sich das neue Material leisten konnte, hob sich durch seinen Bronzeschmuck von der übrigen Gemeinschaft, selbst noch im Grab, ab. In der ersten Hälfte des zweiten Jahrtausends wurde die Technologie verfeinert, Zinnbronzen mit 10 bis 15 % Zinn-

durch glänzende Politur metallischen Glanz. In Möglingen wurde eine Siedlung dieser Zeit im Gewann *Löscher*, heute Bereich der Hohenstaufenstraße, Ende der siebziger Jahre weitgehend unbeobachtet überbaut. Auch aus der Flur *Einzechter Baum* liegen Lesefunde einer Siedlung vor.

6. Die Hallstattzeit

Ende des achten vorchristlichen Jahrhunderts tauchte in Mitteleuropa ein neuer Werkstoff auf: das Eisen. Zwar hatte es bereits in der Urnenfelderkultur vereinzelt eiserne Schmuckstücke gegeben, doch setzte sich die Eisentechnologie erst mit dem Aufkommen eiserner Schwertklingen, Einflüssen aus dem Karpatenraum, durch. Gerade Württemberg war hier wegen der vorhandenen Rohstoffe, so Bohnerze auf der Schwäbischen Alb und vom Schwarzwaldrand, der neuen Technologie schnell aufgeschlossen. Der Besitz und die Beherrschung der Herstellung des begehrten Metalls führten zur Herausbildung einer zunehmend mächtigeren Oberschicht. Nach dem berühmten Fundort Hallstatt im Oberösterreichischen Salzkammergut wird diese Epoche als Hallstattkultur[7] bezeichnet. Sie dauerte etwa von 750 bis 450 v. Chr. Der Wohlstand, der sich an den Grabausstattungen des Hallstätter Friedhofs manifestiert, beruhte dort auf dem Salzbergbau. Aber auch Württemberg besitzt Salzvorkommen. In Bad Friedrichshall und Bad Mergentheim wurden diese wohl schon in der Hallstattzeit ausgebeutet. Das im Siedeverfahren gewonnene Friedrichshaller Salz wurde in dickwandigen groben Tongefäßen, so genannter *Briquetage*, im Mittleren Neckarraum verbreitet und gelangte so auch nach Möglingen.

Die Bestattungssitte der Hallstattkultur war wiederum die Beerdigung in Grabhügeln, zunächst als Brandbestattung, dann ab dem späten siebten Jahrhundert v. Chr. als Körperbeerdigung. Die Hügel, die zunächst für Einzelpersonen angelegt worden waren, konnten danach auch Familienangehörige und im Falle mächtiger Persönlichkeiten auch die ganze Sippe oder Gefolgschaft aufnehmen. In den intensiv landwirtschaftlich genutzten Lössgebieten, und damit auch in Möglingen, sind die meisten Hügelnekropolen durch jahrhundertelanges Überpflügen zerstört oder unkenntlich gemacht. Grabhügel die mutmaßlich in die Hallstattzeit gehören, gibt es aber noch in den Fluren *Bühl* und *Hintere Weingärten*. Einer der beiden Hügel im *Bühl* besaß 1940 noch einen Durchmesser von 40 m bei einer Höhe von 2 m. Es könnte sich dabei um einen der unten beschriebenen Großgrabhügel handeln. Ein weiterer Hügel am *Siechenberg* hatte eine Höhe von 1,5 m bei einem Durchmesser von 25 m. Nähere Untersuchungen der Grabhügel haben bisher nicht stattgefunden, sodass ihre Ansprache mit Unsicherheiten behaftet ist. Schon Oscar Paret war aufgefallen, dass sich die viel späteren Gemarkungsgrenzen der heutigen Dörfer mitunter an der Lage von Grabhügeln orientieren. Dies ist gerade für den nördlichen Verlauf der Möglinger Markung zu Asperg hin der Fall.

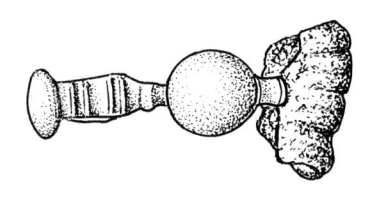

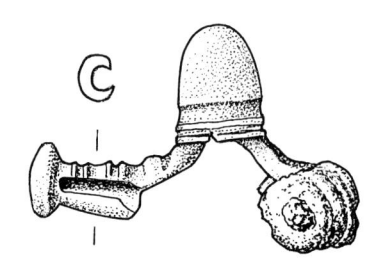

Gegossene Paukenfibel (Gewandspange) aus Bronze, spätes 6. Jh. v. Chr. Maßstab 1:1. Fundort: Möglingen, Hinten im Feld.

Im Verlauf des sechsten vorchristlichen Jahrhunderts bildete sich von Südwestdeutschland bis Burgund eine mächtige Dynastenschicht heraus, deren Bedeutung jeden lokalen Rahmen sprengte. Ihre Zentren waren burgartig befestigte Berge, von denen die Heuneburg an der oberen Donau bei Riedlingen das wohl bekannteste und am besten erforschte Beispiel ist. In Nordwürttemberg wird der Hohenasperg seit langem als derartiger Fürstensitz angesehen, auch wenn von dort wegen der jüngeren Bebauung durch die neuzeitliche Festung nur wenige Scherben vorliegen. Die Deutung stützt sich hier auf die umliegenden prunkvollen Gräber: den *Grafenbühl*, das *Kleinaspergle*, den *Römerhügel* von Ludwigsburg-Pflugfelden, den *Biegel* des bekannten *Keltenfürsten von Hochdorf* und andere. Gemeinsam ist diesen Bestattungen, dass sie sich unter mächtigen Grabhügeln von 40 und mehr Metern Durchmesser befanden denen der Volksmund später diese Namen gab. Die Toten lagen in großen Grabkammern, angetan mit goldenen Halsreifen und anderem Goldschmuck, kostbaren Textilien, für das Jenseits versehen mit Bronzegeschirr aus dem etruskischen Italien, den griechischen Koloniestädten Unteritaliens oder, wie im Kleinaspergle, griechischer Keramik aus Athen selbst. Eisenbeschlagene, vierrädrige Wagen waren zu Lebzeiten Statussymbol und spielten dann bei den Bestattungsfeierlichkeiten eine gewichtige Rolle. Wem solch eine Grablege bereitet wurde, der besaß Macht über viele: die Bauern, die die Versorgung und das Personal der Bautrupps stellten, die hochspezialisierten Handwerker, die Händler des Umlands, die planenden *Konstrukteure*, *Bauaufseher* und die *Organisatoren*, in denen wir wohl Familienangehörige vermuten dürfen. Faszinierend ist der Gedanke, welche Gegengaben wohl für die Südimporte geleistet wurden: Textilien? Eisen? Sklaven? Derartige Machtentfaltung setzt ein dicht besiedeltes Umland mit Abhängigkeitsstrukturen voraus. Tatsächlich finden wir im sechsten und fünften Jahrhundert v. Chr. in unserem Raum eine enorme Dichte offener ländlicher Siedlungen. In Möglingen sind zu nennen: Siedlungsbefunde im Gewann *Löscher* im Bereich der Teckstraße, die 1972 überbaut wurden sowie Oberflächenfunde in der Flur *Hinten im Feld* (s. Abb.). Hochkarätige Befunde fielen dem Bau der Schnellbahn 1986/87 zum Opfer: Siedlungen im *Mittlerer Teich*, in den *Streitäckern* und dem *Stammheimer Weg*. Vor allem die beiden letztgenannten waren allem Anschein nach noch gut erhalten gewesen und haben aus den Baugrubenwänden eine Reihe interessanter Funde geliefert. Neben Briquetagestücken und Feinkeramik sind vom *Stammheimer Weg* Bruchstücke eines auf der Töpferscheibe gedrehten, gerieften Zylinderhalsgefäßes (s. Abb.) zu nennen. Derartige frühe Belege scheibengedrehter Keramik würden auf der Heuneburg oder dem Hohenasperg nicht erstaunen, um so mehr aber in einer offenen Siedlung in Sichtweite des Berges. Kam dieser Siedlung besondere Bedeutung, etwa als Zuliefer- oder Verteilerstation zu? Wir werden es nie mehr erfahren. Die Archäologische Denkmalpflege hätte, wenn die Befunde zuvor bekannt gewesen wären, hier sicherlich Flächengrabungen durchgeführt, die das Verhältnis zwischen *Fürstensitz* und *Umland* hätten klären können.

7. Die keltische La-Tène-Zeit

Die jüngere Eisenzeit wird seit 1878 nach dem Fundort La Tène (*Die Untiefe*) im Neuenburger

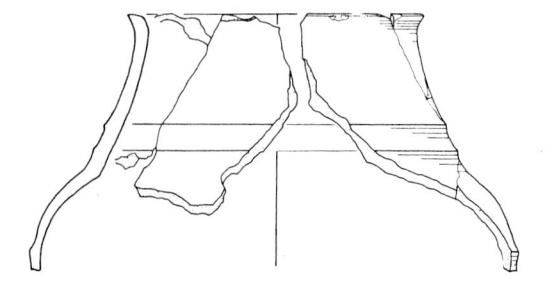

Auf der Töpferscheibe gedrehtes Zylinderhalsgefäß des späten 6. oder 5. Jh. v. Chr. Fundort: Möglingen, Stammheimer Weg.

See benannt. Sie umfasst den Zeitraum von 450 v. Chr. bis Christi Geburt. Auf Grund der nun vorhandenen historischen Überlieferung (Herodot, Livius, Caesar u. a.) sowie der übereinstimmenden Sachkultur dieser Zeit können wir auch in Südwestdeutschland von Kelten sprechen. Hinzu tritt der charakteristische keltische Kunststil, der uns in Württemberg mit am eindrucksvollsten an der goldenen Fibel (Gewandspange) und den Trinkhornbeschlägen aus der 1878 von Oskar Fraas ausgegrabenen Nachbestattung des Kleinaspergle begegnet. Zwischen der späten Hallstatt- und der frühen La-Tène-Zeit gibt es in unserem Gebiet keinen Kulturbruch. Wie das Kleinaspergle zeigt, reicht der Hohenasperg als Fürstensitz in die Folgeepoche hinein. Auch die offenen Siedlungen bestanden weiter. In den Keramikformen machte sich nur ein langsamer Wandel bemerkbar. Aus diesen Gründen hat man die späte Hallstattzeit auch als *frühkeltische* Zeit bezeichnet.

Gravierende Änderungen traten erst mit den keltischen Wanderungen nach 400 v. Chr. ein. Die Sitte, sich in Grabhügeln bestatten zu lassen, verlor zugunsten von Flachgräberfeldern stark an Bedeutung. Seit dem dritten Jahrhundert v. Chr. wurden Brandbestattungen zur Regel.

Im zweiten Jahrhundert v. Chr. entstanden stadtartige, befestigte Großsiedlungen wie sie Caesar für Gallien in seinen *commentarii belli Gallici*, von den Gallischen Kriegen, beschreibt und dort als *oppida* bezeichnet. Da Übereinstimmungen mit ähnlichen Anlagen weit über Gallien hinaus evident sind, werden diese auch bei uns so genannt. Eines der bekanntesten Oppida Südwestdeutschlands ist der Heidengraben bei Bad Urach. Daneben gab es auch unbefestigte Großsiedlungen, die Marktfunktionen besaßen. Die so genannten *Viereckschanzen*, von Wall und Graben umgebene, viereckige zumeist ein Hektar große Denkmäler, wurden in der Forschung seit hundert Jahren kontrovers diskutiert. Nachdem seit den fünfziger Jahren ihre Deutung als Kultplätze festzustehen schien, ist auf Grund von neueren Grabungen in Bopfingen, Riedlingen und vor allem Nordheim im Kreis Heilbronn, eine profane Funktion als befestigte Gutshöfe wieder zu betonen. In spätkeltischer Zeit, dem späten zweiten und ersten Jahrhundert v. Chr., bestand ein reger Warenaustausch über weite Distanzen der z. B. an Amphoren, die importierten Wein aus Italien enthielten, offenkundig wird. Seit dem dritten Jahrhundert v. Chr. prägten die Kelten Münzen nach griechischen und römischen Vorbildern. Neue Technologien wie die Herstellung bunter Glasarmringe fanden weite Verbreitung. Erstaunlicherweise gibt es aus Süddeutschland für diese Zeitphase so gut wie keine Gräber, obwohl die Oppida tausende von Menschen beherbergt haben müssen. Bestattungssitten, die sich dem archäologischen Nachweis entziehen, sind daher zu vermuten. In der zweiten Hälfte des ersten Jahrhunderts v. Chr. setzen auch die Siedlungsfunde aus. Die Bevölkerung dürfte sich durch Abwanderung reduziert haben. Es ist jedoch kaum anzunehmen, dass beste Ackerflächen des Mittleren Neckarraumes über 100 bis 150 Jahre bis zur Ankunft der Römer unbesiedelt geblieben wären. Hier liegen auch zukünftig Aufgaben der Forschung.

Aus Möglingen kennen wir aus der Früh-La-Tène-Zeit Siedlungsplätze aus Flur *Hinten im Feld*, wo offenbar die späthallstattzeitliche Siedlung fortgeführt wird, und aus dem Bereich der Wagnerstraße. Eine in ihrer Erhaltung und auch vom Fundmaterial her wichtige Siedlung der Mittel-La-Tène-Zeit im Gewann *Schänzle* wurde 1985 beim Bau des Schnellbahntunnels unter der A 81 zerstört (s. Abb. S. 32). In Flur *Ammertal* stellte man 1962 beim Bau der Ortsumgehung eine La-Tène-zeitliche Kulturschicht mit leider kaum schärfer datierbaren Tongefäßscherben fest. Auch der schon mehrfach genannte Bereich *Beim einzechten Baum* lieferte nicht näher klassifizierbare Scherben der La-Tène-Zeit.

Bevor wir die als *vorgeschichtlich* bezeichnete Zeitepoche verlassen, sei noch darauf verwiesen, dass es aus Möglingen darüber hinaus eine Anzahl nicht nach Perioden einzuordnender Funde gab, die vielleicht durch Neuentdeckungen näher eingegrenzt werden können. Die meisten Altfunde der Vorkriegszeit sind heute nicht mehr vorhanden. Folgende Gewanne mit Siedlungsfunden sind zu nennen: *Binsach, Löscher* (s. auch oben), *Schluttenbach, Gröninger Straße/Innere Kirchhöhe, Porzellangrube/Seite/Ammertal, Sailer* sowie aus der Baugrube des Kindergartens am Hölderlinweg. Die Fundstellen *Stammheimer Weg* und *Schnittpunkt Autobahn/Straße nach Stammheim* gehören sehr wahrscheinlich in die oben beschriebenen Zusammenhänge.

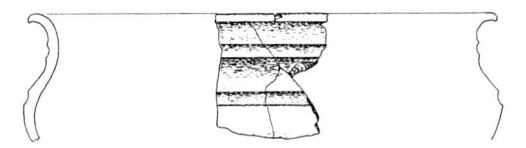

Auf der Töpferscheibe gedrehte Schale des späten 3. Jh. v. Chr. Fundort: Möglingen, Schänzle.

8. Die Römerzeit

In den achtziger Jahren des ersten Jahrhunderts n. Chr. gelangte das Mittlere Neckarland unter römische Herrschaft.[8] Das Ziel der militärischen Besetzung dieses Raumes bestand vor allem darin, die Wege zwischen den Rhein- und Donauprovinzen, Obergermanien mit der Hauptstadt Mainz und Raetien mit dem Zentrum Augsburg, entscheidend zu verkürzen. Entlang des linken Neckarufers entstand der *Neckarlimes*, eine Kastellkette von Köngen über Bad Cannstatt, Benningen, Walheim, Heilbronn-Böckingen, Bad Wimpfen bis Neckarburken. Sie setzte sich nach Norden als Odenwaldlimes fort. Im Gefolge des Militärs schritt der Straßenausbau voran. Dreh- und Angelpunkt des Straßennetzes war Bad Cannstatt, wo sich die Nord-Süd- und die West-Ost-Verbindungen trafen. Das Land wurde vermessen und zur landwirtschaftlichen Nutzung zunächst an Veteranen verteilt. Neben den Kastellen entstanden zivile Lagerdörfer, *vici*, die sich zu Marktorten mit Handel und Gewerbe entwickelten. In den dortigen Tempeln wurden die verschiedenen Gottheiten des römischen Weltreichs verehrt. Die Besiedlung des Landschaftsraumes war seit dem Beginn des zweiten Jahrhunderts n. Chr. geprägt von Gutshöfen. Diese bestanden aus einem großen Wohnhaus des Gutsbesitzers oder Pächters, Wirtschaftsgebäuden sowie, je nach Größe, einem Badehaus, eventuell einem kleinen Tempel oder Werkstätten. Umgeben wurde das Ganze von einer Hofmauer. Das Hauptgebäude besaß in der Regel eine mit einem Säulengang (Portikus) besetzte Eingangsfront, an die sich turmartige Eckbauten, Risalite, anschlossen. Dahinter befanden sich an einem rechteckigen Innenhof angeordnete Wohntrakte. In unseren Breiten können die Innenhöfe auch überdacht gewesen sein. Außerhalb der Hofmauer lag die Feldflur und der Begräbnisplatz. Die landwirtschaftlichen Produkte der Gutshöfe stellten nicht nur den Eigenbedarf, sondern auch die Nahrungsversorgung der vici und Kastelle sicher. Friedhöfe mit Brandbestattungen lagen stets außerhalb der Siedlungen an den Ausfallstraßen.

Zwischen 150 und 160 n. Chr. wurde der Neckarlimes aufgegeben und auf die 30 km östlich gelegenen Waldberge von Welzheim bis zum Main bei Miltenberg vorgeschoben. Diese Linie wurde in der Folgezeit mit Palisaden, später mit Wall und Graben befestigt. Neben den Kastellen sicherten Beobachtungstürme die Militärgrenze. Die im Vorfeld des Limes lebenden Germanen waren wohl durch Verträge an Rom gebunden. Die Kastelle sicherten das römische Hinterland, der Limes selbst war eher eine Machtdemonstration. Die zivilen Siedlungen am Neckar bestanden auch nach Abzug der Truppen weiter. Im dritten Jahrhundert kam es seit 213 n. Chr. zu Einfällen von germanischen Gruppen aus weiter entfernten Gebieten des Elberaums. Gutshöfe und Dörfer wurden gebrandschatzt und geplündert. Das von ständigen Militärerhebungen um den Kaiserthron im Inneren zerrüttete, militärisch im Osten durch den Großangriff der Neuperser geschwächte römische Weltreich konnte trotz zahlreicher Germanensiege das Limeshinterland, die *Agri decumates*, auf Dauer nicht behaupten. Das nicht mehr verteidigte Gebiet wurde spätestens nach 259/60 n. Chr. vom Großteil seiner provinzialrömischen Einwohner verlassen.

Auf der seit jeher intensiv landwirtschaftlich genutzten Gemarkung Möglingens waren die Steinruinen der römischen Bauten stets ein Hindernis der Bewirtschaftung. Es verwundert daher nicht, dass sie schon seit dem 19. Jahrhundert Zug um Zug abgetragen wurden. Aus dieser Zeit stammen erste Nachrichten über Gebäudereste eines Gutshofs in Flur *Sailer*. Nördlich dieser Anlage ist auch der zugehörige Friedhof durch den Fund eines Urnengrabes im Jahr 1937 lokalisiert. Weitere römische Siedlungsreste liegen aus Flur *Ammertal* sowie von *Einzechter Baum* vor. Die Herkunft des einst in der Kirche des abgegangenen Orts *Vöhingen*, Gemarkung Schwieberdingen, vermauerten Viergöttersteins, der später nach Möglingen gelangte, ist unbekannt (s. S. 43 ff.).

9. Die Alamannische Zeit

Die in kleinen Gruppen nach und nach einwandernden Germanen stammten aus verschiedenen Gebieten des großen elbgermanischen Raumes, der von Böhmen bis Mecklenburg reicht. In diesen Landschaften siedelten suebische Stämme, ein Name, der sich in *Schwaben* bis heute erhalten hat. Die Landnahme in Südwestdeutschland war kein einmaliger Vorgang, sondern ein lang andauernder Prozess. Im Jahr 289 n. Chr. werden diese Germanen von den Römern erstmals sicher *Alamannen*[9] genannt. Es handelt sich dabei um eine Selbstbezeichnung, die soviel wie *Alle Männer* bedeutet. Für die Römer waren sie *zusammengelaufene und vermischte Menschen*, was insofern zutrifft, als die Herkunftsgebiete verschieden waren und sich eine Gemeinschaft erst allmählich herausbildete. Im vierten Jahrhundert wechselten kriegerische Auseinandersetzungen mit dem spätrömischen Reich an der Rhein- Iller- und Donaugrenze ab mit Zeiten friedlicher Koexistenz. Ein alamannischer Landnahmeversuch im Elsass wurde 357 n. Chr. von Kaiser Julian mit der Schlacht bei Straßburg abgewendet.

Frühalamannische Siedlungen lagen häufig neben den Ruinen der Gutshöfe, die auf brauchbares Altmetall *ausgeschlachtet* wurden. Die Wirtschaftsweise war nicht wie in römischer Zeit auf Überschussproduktion ausgerichtet. Die aus Holz erbauten Gehöftsiedlungen bestanden nur wenige Jahrzehnte, d. h. sie wurden immer wieder verlegt. Zentralörtliche Funktion besaßen befestigte Höhensiedlungen wie der Runde Berg bei Urach. Die verschiedenen Teilstämme beherrschten Kleinkönige, die sich in wechselnden Koalitionen verbündeten. Im Jahr 410 zog der römische Oberbefehlshaber Stilicho, ein Germane, die Truppen der Rhein- und Donaugrenze zur Verteidigung Italiens weitgehend ab. Trotzdem kam es erst ab 500 n. Chr. zu alamannischen Landnahmen zwischen Donau und Iller, in der Nordschweiz und dem Elsass. Die Alamannen der Frühzeit übten wie in den Herkunftsgebieten zunächst die Sitte der Leichenverbrennung. Allmählich setzte sich, ausgehend von der Oberschicht, die Körperbeerdigung nach spätrömischem Vorbild durch.

Nach der Mitte des fünften Jahrhunderts erfolgte eine Ausweitung des alamannischen Machtbereichs rheinabwärts nach Norden. Dies führte zwangsläufig zum Konflikt mit den Franken und ihrer Königsdynastie, den Merowingern. In der Schlacht von Zülpich am Niederrhein verlor 496/97 n. Chr. der alamannische König sein Leben, Alamannien die Unabhängigkeit. Nach 500 n. Chr. wurde es dem fränkischen Reich eingegliedert. Der Frankenkönig Chlodwig bekehrte sich aus Anlass der Schlacht zum katholischen Christentum, das ab dem Ende des sechsten Jahrhunderts zunehmend auch bei den Alamannen Einzug hielt. Um 600 n. Chr. erfolgte die Gründung des Bistums Konstanz. Das älteste alamannische Volksrecht, der *Pactus Alamannorum* entstand. Ende des siebten, anfangs des achten

Jahrhunderts entwickelten die alamannischen Herzöge ein zunehmendes Bestreben nach Eigenständigkeit. Den politischen Konflikt lösten die fränkischen Hausmeier letztlich durch das *Blutbad von Cannstatt*, in dem der oppositionelle alamannische Adel 746 hingerichtet wurde. Das alte Herzogtum hörte auf zu bestehen. In der Archäologie wird die Zeit vom späten fünften bis frühen achten Jahrhundert als Merowingerzeit bezeichnet. Ortsfeste Siedlungen mit z. T. großen, mehrere hundert Gräber umfassenden Friedhöfen, den *Reihengräberfeldern,* entstanden. Da die Wohnplätze, wenn sie nicht im Fortgang des Mittelalters wüst fielen, weiter besiedelt blieben, bilden die außerhalb gelegenen Gräber die Hauptquelle dieser Zeit. Weil die Toten in ihrer Tracht, versehen mit Beigaben ihres sozialen Standes beerdigt worden sind, werden die Bestattungen archäologisch und historisch auswertbar. Die Friedhöfe geben Auskunft über das Alter eines Ortes, seine Größe, die Herkunft und soziale Struktur der Bevölkerung. Glaube und Aberglaube werden ebenso fassbar wie die Anfänge des Christentums.

Das Gebiet Möglingens wird beherrscht vom Hohenasperg, für den eine fränkische Burg ab der Zeit um 500 n. Chr. zwar angenommen, aber bisher archäologisch nicht belegt ist. Da der Ort mehrere Gräberfelder besitzt, muss er aus verschiedenen Siedlungskernen entstanden sein. Leider liegen auch die Bestattungsplätze heute im überbauten Ortsbereich, sodass nur punktuelle Aufschlüsse bestehen und vieles unbeobachtet zerstört wurde. Ein großes Ortsgräberfeld befand sich in der früheren Flur *Mühlweg*, heute der Bahnhofstraße. Von ihm sind über 50 Gräber des sechsten und siebten Jahrhunderts n. Chr. nachweisbar. Ein weiterer Friedhof bestand am Westrand des Orts im Bereich Schwieberdingerstr. 45, Anwesen Seybold. Auch dieses Gräberfeld setzt schon im sechsten Jahrhundert ein. Ein großes Holzkammergrab mit Glasbecher belegt eine wohlhabende Bevölkerung. 1960 wurden bei Bauarbeiten am Wiesenweg 2 zwei Gräber des späten siebten Jahrhunderts angeschnitten. Sie dürften zu einem im Zuge des Landesausbaus entstandenen Gehöft gehört haben. Als Einzelfund ist eine ebenfalls späte Lanzenspitze, die um 1970 in einem Baumgrundstück in Flur *Bühl* gefunden wurde, zu nennen. Es ist anzunehmen, dass auch sie zu einem Grabfund gehört hat. Nicht hier anschließen möchten wir ein beigabenloses Skelett aus dem Bereich Rosenweg 2–6, dessen Datierung ungeklärt ist.

In der Zeit um 700 n. Chr. bricht die Belegung der meisten Gräberfelder in Süddeutschland ab. Man verlegte sie zu den Kirchen, wo hinfort beigabenlos bestattet wurde. Dies dürfte auch in Möglingen der Fall gewesen sein.

Möglinger Nachbarn und seltsame Heilige –
das mittelalterliche Dorf Vöhingen bei Schwieberdingen

Susanne Arnold

1. Einführung

Etwa ½ Stunde östlich vom Ort [Schwieberdingen] *stand auf der freien Hochebene, die noch »zu Vöhingen« genannt wird, der längst abgegangene Weiler Vöhingen, von dem noch vor etwa 60 Jahren Ruinen der ehemaligen Kirche vorhanden waren. Jetzt lassen nur noch einige künstlich angelegte Ackerraine (Terrassen) die ehemalige Ortslage vermuthen. An der Stelle der ehemaligen Kirche ziehen noch Reste eines alten Hohlewegs vorüber, der nach der Sage ein Wallfahrtsweg gewesen sein soll.*

Derart wird die Lage des abgegangenen Dorfes Vöhingen auf der Gemarkung Schwieberdingens in der Oberamtsbeschreibung Ludwigsburg[1] beschrieben.

Flurnamen wie *Vöhinger Kirchle* oder *Vöhinger Seite* haben sich bis heute erhalten und bezeugen, dass das Wissen um das mittelalterliche Dorf in der Nachbarschaft von Möglingen noch immer präsent ist, wie auch eine Gedenktafel beim Naturdenkmal *Pappelgruppe* in der entsprechenden Flur beweist.

Zahlreiche Beiträge zur Geschichte Vöhingens vor allem in der Beilage der Ludwigsburger Kreiszeitung *Hie gut Württemberg* in den fünfziger Jahren durch Gerhard Heß und Willi Müller[2] sowie Überlegungen durch den Möglinger Pfarrer Rentschler[3] und Beobachtungen zur Lage der Kirche Vöhingens im Zuge der Verlegung der Bodenseewasserversorgung in den sechziger Jahren durch Willi Müller und seine Rückschlüsse, die er auch im Heimatbuch *Schwieberdingen – Das Dorf an der Straße*[4] niedergeschrieben hat, sprechen für die Faszination, die die verschwundene Siedlung immer wieder auf lokale Heimatforscher ausgeübt hat.

Davon ließ sich auch der ehrenamtliche Mitarbeiter des Landesdenkmalamtes, Werner Schmidt, anstecken, der in den achtziger Jahren oft über die Fluren Vöhingens lief, Fundstücke, die beim Pflügen an die Oberfläche befördert worden waren, aufsammelte und ihre Lage kartierte. Auf diese Weise erhielt man, schon bevor der Spaten zum ersten Mal angesetzt wurde, wichtige Aufschlüsse über die ungefähre Zeitstellung und die Ausdehnung der Siedlung, deren Fläche sich auf etwa 2 ha belief. Weitere Prospektionen wurden 1990 durch H. von der Osten durchgeführt,[5] die mit Hilfe der Geophysik klären sollten, wie Kirche und Kirchhof lokalisiert werden können. Diese Baulichkeiten ließen sich auch bei Befliegungen durch den Luftbildarchäologen Otto Braasch anhand von unterschiedlichen Bewuchsmerkmalen feststellen.

Diese umfangreichen Vorinformationen zusammen mit der Tatsache, dass durch die intensive landwirtschaftliche Nutzung der betreffenden Fluren im sog. *Strohgäu* mit seinen fruchtbaren Lössböden die Befunde des mittelalterlichen Dorfes nach und nach der Zerstörung anheim fallen, gaben den Ausschlag, die archäologischen Untersuchungen dieses Denkmals zu einem Schwerpunkt im Bereich der Mittelalterarchäologie im Regierungsbezirk Stuttgart des Landesdenkmalamtes Baden-Württemberg zu machen.

Wie Joachim Jehn (s. S. 49) und Albrecht Gühring (s. S. 53) ausführen, sind die schriftlichen Überlieferungen zu Vöhingen nicht gerade umfangreich und lassen doch, vor allem auch in Bezug auf die Zeitspanne seiner Existenz, verschiedene Fragen offen. Die erste gesicherte Erwähnung stammt aus der Zeit um 1210, als dem Kloster Bebenhausen eine Güter-

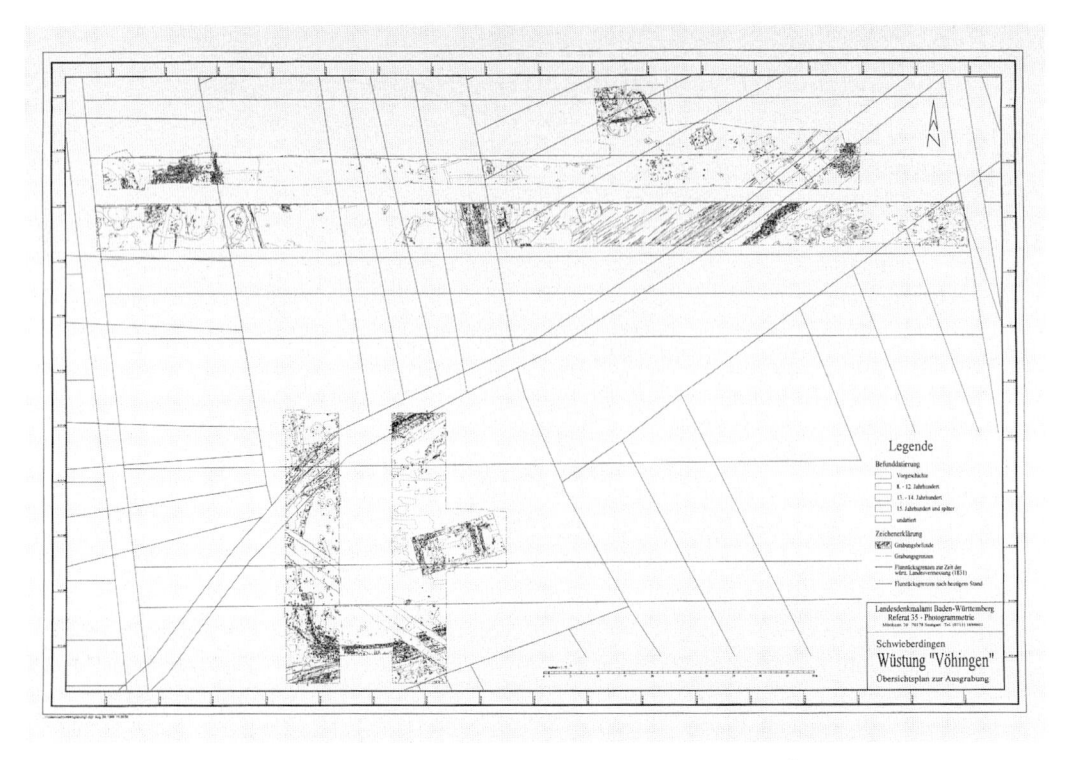

Umzeichnung aller bis 1999 freigelegten Befunde des Dorfes Vöhingen. Die Überlagerung von Urkataster und Grabungsbefund der Kirche und des Kirchhofes ergibt, das letztere in einem von Wegen gebildeten Dreieck lagen. Im Norden zahlreiche Siedlungsbefunde und weitere Wegeführungen.

schenkung in Vöhingen bestätigt wird. 1356 lässt eine Nachricht darauf schließen, dass der Ort zumindest z. T. bereits verlassen war.

Mit den archäologischen Grabungen wurde 1990 begonnen. Seither konnten zwei Bereiche aufgedeckt werden: Zum einen eine größere Siedlungsfläche mit entsprechenden Befunden, die Rückschlüsse zur ländlichen Bebauung zulassen, zum anderen ein größerer Teil des ehemaligen Kirchhofs mit etwa 550 Bestattungen und den Resten der Kirche.[6]

2. Kirche und Kirchhof

Die Existenz der Vöhinger Kirche ist anhand von Urkunden und Flurnamen bezeugt. Durch die geophysikalischen Messungen konnte deren Lage genau bestimmt werden, und es zeigte sich, dass sie in dem Flurstück lag, das in der Karte der ersten württembergischen Landvermessung von 1831 ein von Wegen umschriebenes Dreieck bildet (s. Abb. S. 52). Die Kirche war den orientalischen Soldatenheiligen Sergios und Bacchos geweiht – ein in dieser Gegend ungewöhnliches Patrozinium. Erklärt werden kann es durch die historischen Verbindungen, die das Gebiet um den Asperg zum heutigen Elsass hatte: 840 ließ Otgar, der Erzbischof von Mainz, die Gebeine dieser beiden heiligen Männer in das Kloster Weißenburg (Elsass) bringen. Dort wurden sie bis 1252 als Hauptreliquien in der dortigen Peter- und Paulsbasilika verehrt. Der auf dem Asperg gelegene Herrensitz wiederum kam zu Beginn des 9. Jh. an Weißenburg, und aufgrund dieser Verbindung wird auch das seltene Patrozinium der Vöhinger Kirche erklärlich.

Die ältesten Spuren der Kirche konnten anhand von acht Pfostenlöchern nachgewiesen werden, die Zeugen für eine Holzkirche von etwa 7 × 3,3 m darstellen (s. Abb.). Dass es sich hier bereits um ein Gotteshaus gehandelt hat, beweisen zwei Kindergräber, die aufgrund ihrer Lage eindeutig zu diesem Bau gehört haben. Das darauffolgende Gebäude besaß ebenfalls einen rechteckigen Grundriss (sog. Saalkirche), jedoch mit etwa 0,60 m breiten steinernen Fundamenten. Dies lässt zwei Rekonstruktionsmöglichkeiten zu: Die oberen Wandpartien könnten ebenfalls aus Stein errichtet gewesen sein (was die Fundamentbreite zulassen würde) oder auch in Fachwerkkonstruktion. An diesen Bau wurde später eine innen halbrunde Apsis angefügt. Die darauf folgende Phase bereitet einiges Kopfzerbrechen: Eine nicht ganz rechtwinklig zur Außenmauer verlaufende Querwand, etwa 1,5 m vor der Apsis, kann in ihrer Funktion nicht eindeutig benannt werden. Denkbar wären ein Spannfundament für einen Chorbogen oder eine nachträglich eingebaute Chorstufe. Leider befriedigen diese Erklärungsversuche nicht. Am wahrscheinlichsten ist, dass es sich um eine Abmauerung des Chorbereichs handelt, um ihn vor Verfall oder Vandalismus zu schützen. Dies stünde im Zusammenhang mit einem partiellen Wüstfallen der Kirche, denn im Langhaus wurde ein hoher Humusanteil, vermischt mit Fragmenten von bemaltem Wandputz, festgestellt. Anschließend daran ist dann das Gotteshaus nochmals umfassend verändert worden: Die alten Fundamente wurden abgetragen, um neue größeren Ausmaßes einzubringen. Das Langhaus erstreckte sich in einer Größe von 9,5 × 5 m, dann folgte eine massive Quermauer, die den Ostteil von 3 × 5 m abtrennt. Die Mächtigkeit der Fundamente legt nahe, dass der rechteckige Chorbereich überwölbt war und sich darüber ein Turm erhob (sog. Chorturmkirche). Dies ist das letzte Erscheinungsbild der Vöhinger Kirche, und dieser Bau kann wohl mit der Überlieferung in Zusammenhang gebracht werden, dass die Nippenburger, die ein Drittel des Zehnten in Vöhingen innehatten, die Kirche 1481 neu erbaut hätten.[7] Von den Resten dieser Kirche berichtet die anfangs zitierte Oberamtsbeschreibung.

Leider lassen sich die vorangegangenen Phasen des Gotteshauses nicht eindeutig datieren. Aufgrund der seit dem Mittelalter stark fortgeschrittenen Erosion waren keine ehemaligen Fußböden mehr vorhanden, alle freigelegten Teile der Kirche befanden sich unterhalb dieses Niveaus, Funde waren so gut wie nicht vorhanden. So kann man nur die stratigraphische Abfolge zur Kenntnis nehmen und konstatieren, dass das Patrozinium vor der Mitte des 9. Jh. nicht denkbar ist, und spätestens dann die Kirche bestanden haben muss. Ein älteres Entstehungsdatum ist jedoch auch denkbar (dann wohl mit einer anderen Dedikation), da die ältesten Funde (6./7. Jh.) und der Ortsnamenstypus (Personenname mit -ingen-Endung) ein Bestehen der Siedlung bereits in alamannischer Zeit nahelegen.

Ein von Nord nach Süd verlaufendes Profil durch den Friedhof und die Kirche macht anschaulich, wie weit die Erosion bereits fortgeschritten ist (s. Abb.). Von der Terrassierung, von der noch in der Oberamtsbeschreibung die Rede ist, ist nichts mehr zu erkennen. Die Reste etlicher Bestattungen liegen direkt unter der heutigen Ackerkrume. Berücksichtigt man, dass die ursprüngliche Grabtiefe etwa einen Meter betragen haben dürfte, so ist mit mindestens ebensolchen Verlusten durch Ab-

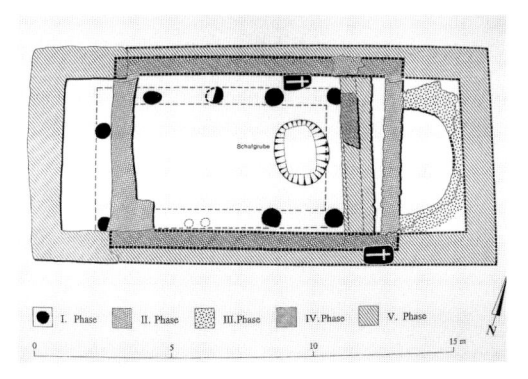

Umzeichnung der einzelnen Bauphasen des Vöhinger Kirchles mit zwei Kindergräbern und der Grube mit Schafskeletten.

schwemmung von Boden und wohl auch durch Maßnahmen wie Flurbereinigung (in den dreißiger Jahren des 20. Jh.) zu rechnen. Einen merkwürdigen Befund stellt eine 1,70 m tiefe Grube dar, die mittig im Langhaus unweit des Chors lag. In ihr, in der man aufgrund der Lage eventuell ein Stiftergrab o. ä. vermutet hätte, fanden sich die Reste wohl zweier Schafskelette (s. Abb.). Es handelt sich nach Auskunft von M. Kokabi um weibliche, ca. acht bis zehn Jahre alte Tiere, die nicht etwa verendet und verlocht, sondern, anhand der Schnittspuren feststellbar, bewusst getötet wurden. Bei einem Tier fehlt der rechte Schenkel vom Schienbein bis zum Fuß, bei dem anderen das linke Sprunggelenk bis zu den Klauen.

Leider ist auch die Datierung ebenso wie die Deutung dieses Befundes völlig unklar. Das Schaf spielt in Brauchtum und Aberglauben eine große Rolle, vor allem in Hinblick auf Fruchtbarkeitsriten und in diesem Zusammenhang auch mit Erntedank, Bitte um reiche Ernte etc. Hier sei vor allem der Schäferlauf im nahegelegenen Markgröningen erwähnt.[8] Eine skandinavische Zeitschrift[9] berichtet über das *Kirchenlamm*, das einer dänischen Tradition nach das Gespenst eines Tieres war, das in Zusammenhang mit der Errichtung oder der Einweihung der Kirche lebendig begraben wurde. Funde von Schafbeinen (!), die in den Dachböden zweier Kirchen gefunden wurden, scheinen reale Hinterlassenschaften dieses überlieferten Brauchs. Inwieweit dieser nach Vöhingen übertragen werden kann, muß offen bleiben. Offen bleibt auch die Frage, ob die Grube samt ihrem merkwürdigen Inhalt noch während oder nach der Kirchennutzung angelegt wurde.

Gräber aus der Frühzeit der Siedlung, als die Verstorbenen mit Tracht, Waffen oder Schmuck bestattet wurden, konnten bisher nicht nachgewiesen werden. Diese Friedhöfe sind in der Regel in einer Entfernung von etwa 400 m zum Ort zu suchen. Willi Müller konnte bei seinen Beobachtungen im Zuge der Bodenseewasserversorgung Gräber beobachten (wobei allerdings keine Beigaben gefunden wurden), die südlich des Kirchhofes lagen.[10] Ob es sich hierbei um den frühmittelalterlichen Bestattungsplatz handelt, wird im Lauf der Zeit noch zu prüfen sein.

Der die Kirche umgebende Kirchhof war mit einer Mauer befestigt. In diesem Bereich konnten bisher um 550 Gräber freigelegt werden. Berücksichtigt man den ergrabenen Friedhofsausschnitt mit den hier angetroffenen Bestattungen, so lässt sich hochrechnen, dass noch etwa zweimal so viele Gräber vorhanden sein

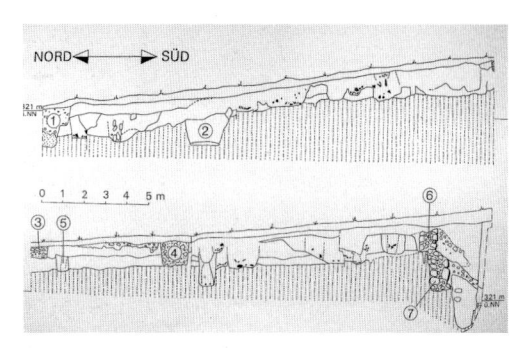

Zweifach überhöhtes Nord-Süd-Profil durch den Kirchhof: 1 nördliche Kirchhofmauer, 2 prähistorische Grube, 3 u. 4 Fundamentmauern der Kirche, 5 Pfostenstandspur, 6 u. 7 zweiphasige Südmauer des Kirchhofs.

Foto der Grube mit den Schafskeletten im Langhaus der Vöhinger Kirche.

müssen. Leider lassen es die Mittel des Landesdenkmalamtes derzeit nicht zu, hier weiter tätig zu werden.

Von den im Urkataster dieses Flurstück umgebenden Straßen konnten die südliche und die nördliche archäologisch nachgewiesen werden. Jenseits dieser Wege schlossen sich Siedlungsbefunde an.

3. Die Siedlungsbefunde

Die nach dem Plan aus der ersten Hälfte des 19. Jh. östlich des Kirchhofs verlaufende Straße konnte in ihrer Verlängerung nach Norden festgestellt werden. Die tief eingeschnittene Trasse, die heute noch als *Vöhinger Graben* überliefert ist, wies in ihrer Verfüllung als frühestes Fundmaterial karolingische Scherben mit Rollstempeldekor auf, die jüngsten Relikte sind Becherkacheln des 13. Jh. Weitere Wegeführungen, die wohl untergeordnete Bedeutung besaßen, konnten ebenfalls freigelegt werden.

Reste von ebenerdiger Bebauung sind bis dato leider spärlich. Dies liegt hauptsächlich an den nur schmalen Grabungsschnitten, die bis jetzt im Siedlungsbereich zur Verfügung standen. Mit Sicherheit haben sich Teile eines Pfostenbaus im Nordosten der Untersuchungsfläche erhalten, die sich jedoch noch nicht sinnvoll zu einem Gebäude zusammenfügen. Eine zwischen den Pfosten festgetretene Lehmschicht kann als wahrscheinlicher Laufhorizont im Gebäudeinnern angesprochen werden.

Ein weiter westlich gelegenes Steinfundament gehörte zu einem Bau, dessen aufgehende Wände wohl eher in Fachwerk errichtet waren, da die Breite der Fundamente für ein Steinhaus als zu schmal angesehen werden kann. Hier hat sich eindeutig der alte Benutzungshorizont erhalten. Dieser enthielt Funde des 10. Jh., die sich darüber erstreckende Abbruchschicht barg Keramik des 11./12. Jh. Leider ragt auch dieses Gebäude in noch nicht untersuchten Bereich, sodass seine Ausmaße oder Hinweise auf eine Binneneinteilung nicht ermittelt werden konnten.

Ein weiterer, in der Fläche leicht zu erkennender Befund, der in Siedlungen sehr häufig angetroffen wird, ist der eines Grubenhauses. Es handelte sich hierbei um eine in den Boden eingetiefte Hütte, in der, wie zahlreiche Webgewichte und Abdrücke von an die Wand gelehnten Webrahmen beweisen, hauptsächlich der Textilverarbeitung nachgegangen wurde. In der Konstruktionsweise konnte sie leicht variieren, meistens wiesen sie Eckpfosten auf, oft auch Firstpfosten, dazwischen spannten sich Flechtwerkwände, die hinterfüllt wurden. Bisher wurde auch ein Grubenhaus mit Steinwänden aufgedeckt; es ist denkbar, dass diese Befundgattung Vorläufer für die ab dem 13. Jh. auftretenden Keller ist.

Unklar ist, ob die Dächer auf der Erdoberfläche auflagen, oder ob sie allein auf den Konstruktionshölzern bzw. den steinernen Wänden ruhten. Die ältesten Exemplare dieser eingetieften Hütten datieren in die karolingische Zeit, die jüngsten in das 12. und 13. Jh. Speicherbauten, die sich anhand von im Viereck oder im Rund sich abzeichnenden Pfostenstellungen überliefern, konnten bis jetzt in Vöhingen nicht nachgewiesen werden.

In der bis jetzt aufgedeckten Siedlungsfläche sind noch wenig Aussagen über handwerkliche Produktion möglich. Dank der Fundprospektion durch Werner Schmidt konnten Konzentrationen von Schlacken im Bereich östlich der Pappelgruppe beobachtet werden; sie lassen auf Metallverarbeitung schließen. Reste einer Ofenkonstruktion mit davorliegender Bedienungsgrube, jedoch ohne typischen Produktionsabfall sprechen wohl für einen Backofen. Der Durchmesser der Feuerstelle betrug etwa 0,75 m, um sie herum waren Steckenspuren festzustellen, anhand derer die Kuppelkonstruktion aus Flechtwerk errichtet wurde. Das Ganze war mit Lehm verschmiert und hatte zur Bedienungsgrube eine Öffnung. Sowohl durch Funde als auch durch eine naturwissenschaftliche Messung konnte die Anlage in das 9. Jh. datiert werden.[11]

Entsprechende Experimente mit nach dem Originalbefund nachgebauten Exemplaren lieferten nach einigen Versuchen gute Ergebnisse, zumal es dem Paläobotaniker des Landesdenkmalamtes, M. Rösch, gelang, die ehemals in der Vöhinger Flur angebauten Getreidesorten zu bestimmen und diese Zusammensetzung dann die Beschaffenheit des Teiges lieferte. Besucher der Ausstellungen über die bisherigen Untersuchungen zu Vöhingen in Schwieberdingen 1998 und in Kornwestheim 2000 konnten die Backerzeugnisse nach dem *Originalrezept* testen – und sie wurden für gut befunden!

4. Die Funde

Die Grabungen förderten zahlreiche Funde zutage.[12] Wie in einer ländlichen Siedlung zu erwarten, sind sie nicht *spektakulär* oder besonders *wertvoll*, Eigenschaften, die immer wieder mit archäologischen Hinterlassenschaften verbunden werden. Der Fachmann sieht dies mit Skepsis, da die Gegenstände von ihm nicht nach ihrem *Geldwert* beurteilt werden, sondern nach der Aussagekraft in Bezug auf die Menschen, von denen sie hergestellt und benutzt wurden. Da die Existenz des Dorfes nicht durch ein katastrophales Ereignis wie einen Brand oder einen feindlichen Überfall beendet, sondern es wohl eher nach und nach verlassen wurde, blieben natürlich nur diejenigen Gegenstände zurück, die im neuen Heim nicht mehr brauchbar waren. Im Anschluss seien nur exemplarisch einige wenige Funde angesprochen (s. Abb.).

Wie bereits eingangs erwähnt, datieren einige Stücke in die Merowingerzeit. Neben der entsprechenden Knickwand-Keramik mit Rollstempeldekor sind dies einige Bestandteile der weiblichen Tracht wie eine bronzene Nadel (1), die als Haarpfeil zum Feststecken eines Haarknotens diente oder ein bronzenes, silbertauschiertes Schnällchen mit dreieckigem Beschlag (2), das ehemals zu einer Wadenbindengarnitur gehörte. Alle diese Fundstücke sind jedoch vergesellschaftet mit solchen, die aus jüngerer Zeit stammen. Sie beweisen aber, dass mit einer Besiedlung dieses Platzes wohl ab der zweiten Hälfte des 6. Jh. zu rechnen ist. Neben der für die Gegend typischen Keramik des Hoch- und Spätmittelalters sei ein Exemplar hervorgehoben. Es handelt sich um ein Fragment eines bräunlich bemalten Behälters, der als bisher einziger Fernimport angesprochen werden kann: Der Scherben der sog. Pingsdorfer Ware (3) stammt aus dem Niederrhein-Gebiet um Köln-Bonn und wurde im Hochmittelalter nach Vöhingen verhandelt. Bemerkenswert sind auch Fundstücke von rotbemalter Feinware, die aus dem Töpferzentrum von Remshalden-Buoch stammen. Sie

Umzeichnung verschiedener Fundstücke aus den Grabungen in der Wüstung Vöhingen (s. Text).

werden in der Regel an Fundplätzen mit einem gewissen Wohlstandsanspruch wie z. B. auf Burgen angetroffen. Hier sei vor allem auf das Fragment eines bemalten Aquamaniles verwiesen (4), das üblicherweise als Gießgefäß zum Waschen der Hände bei Tisch verwendet wurde. Sein Vorkommen lässt auf den Einsatz in einem sozial höher stehenden Haushalt, der demnach in Vöhingen vorhanden gewesen sein muss, schließen.

Zu erwähnen seien noch die aufgefundenen Becherkacheln, die für das Vorhandensein von Kachelöfen sprechen (5–6). Sie datieren nicht vor das 12./13. Jh. Spätere Formen wie z. B. Schüsselkacheln fehlen im Fundgut, neben anderen Indizien ein Hinweis, dass um 1300 das Wüstfallen der Siedlung seinen Anfang nahm. Von den Metallfunden sei noch eine Scheibenfibel erwähnt (7), deren farbige Emaileinlagen leider nicht mehr vorhanden sind. Exemplare dieser Gattung sind in Südwestdeutschland rar, vor allem aber ist die zentrale Darstellung des gekreuzigten Heilands einmalig. Diese Gewandschließe stammt wohl aus dem südostalpinen Raum.

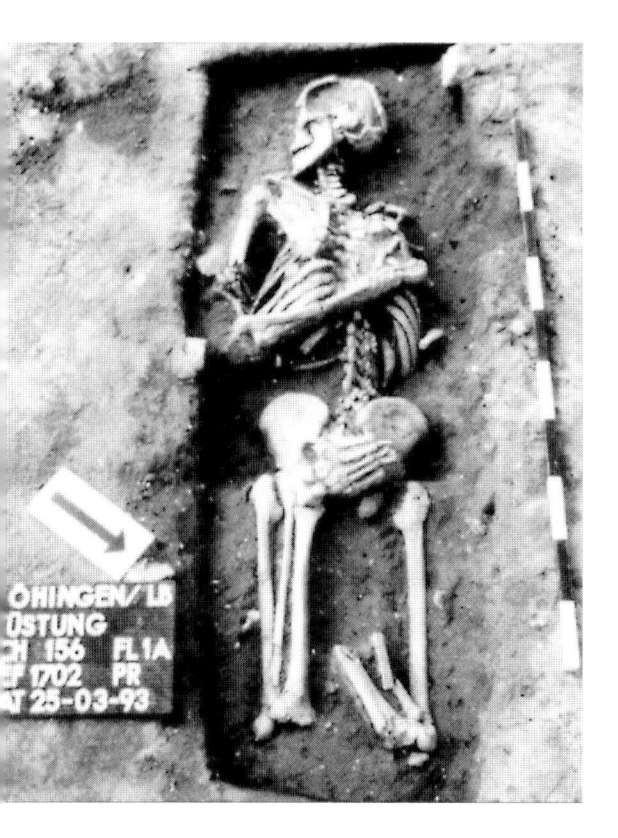

5. Ausblick

Den Grabungen in den Jahren 1990 bis 1997 mussten – nicht zuletzt aufgrund von finanziellen Engpässen – zwei Jahre ohne archäologische Aktivitäten in Vöhingen folgen. Da die dortigen Untersuchungen nur immer einen Teil der Unternehmungen des Referats für Archäologie des Mittelalters darstellen können, war von Anbeginn an klar, dass auch mit Unterbrechungen gerechnet werden muss.

Umso erfreulicher ist, dass für die Jahre 2000 und 2001 das Arbeitsamt Ludwigsburg eine Arbeitsbeschaffungsmaßnahme bewilligen konnte, die die Forschungen in der ländlichen mittelalterlichen Siedlung Vöhingen zumindest in naher Zukunft ermöglichen. Die im Lauf der Jahre gemachten Beobachtungen bezüglich der fortschreitenden Bodenerosion machten deutlich, dass archäologische Befunde an diesem Fundplatz akut gefährdet sind und ein Einschreiten der Denkmalpflege, das ja eine Gefährdung des Denkmals juristisch voraussetzt, notwendig ist, sollten nicht die Nachrichten aus dem ehemaligen Nachbardorf von Möglingen für immer verstummen.

Grab vom Vöhinger Kirchhof. Ungewöhnliche Bestattung eines 30- bis 40-jährigen Mannes auf dem Bauch mit stark angewinkelten Unterschenkeln, die vielleicht mit einem ebenfalls gefundenen Schnällchen fixiert waren. Vielleicht wollte man sich durch diese Art der Grablegung vor Wiedergängertum schützen.

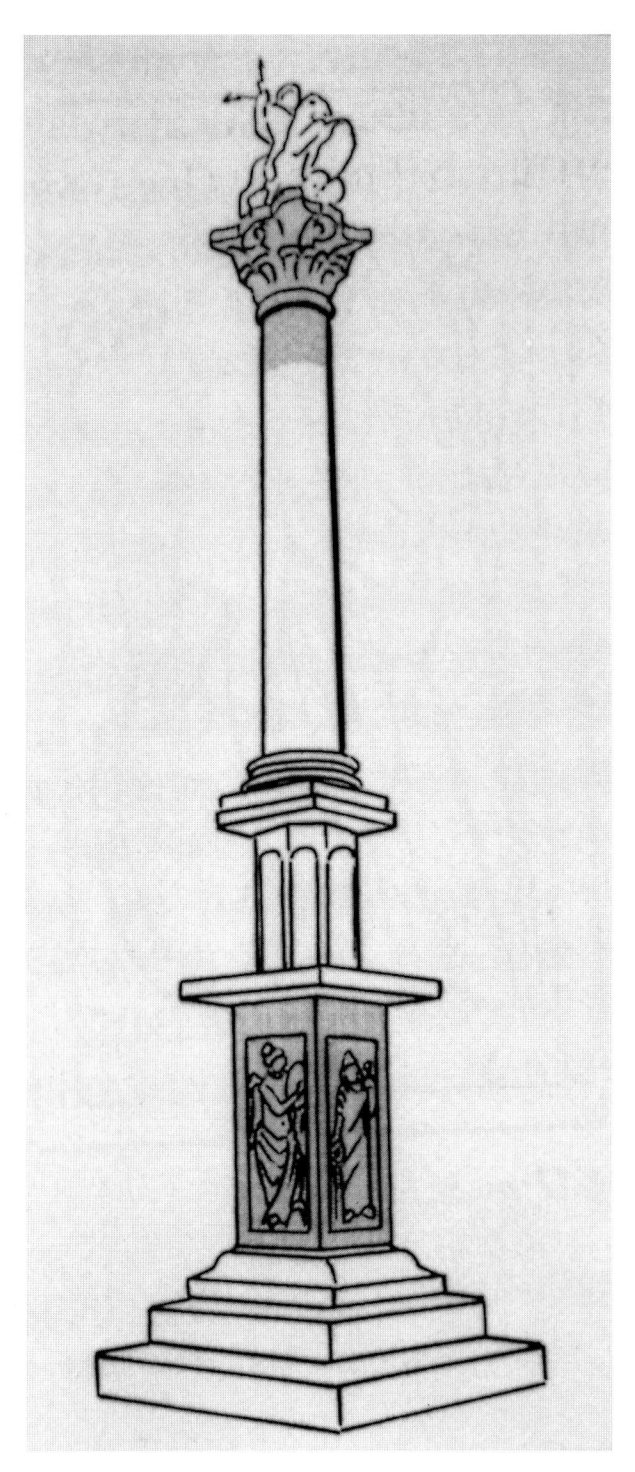

Iuppitergigantensäule. Rekonstruktion in Anlehnung an die Säule von Hausen a.d. Zaber. Der untere Steinblock mit Figuren entspricht dem Möglinger Viergötterstein. Zeichnung v. Th. Schwarz.

Spolie Hirsch oder: *Dass die Götzen ja nichts schaden!*[1]
Fakten, Hintergründe und Analysen zum Möglinger Viergötterstein

Jutta Ronke

1. Fakten und Hintergründe

Die Römer, welche sich in den Neckar- und unteren Enzgegenden so vielfältig angesiedelt hatten, haben auch im diesseitigen Bezirk (d. h. im Oberamtsbezirk Ludwigsburg, d. Verf.) *eine Menge Spuren von ihrem ehemaligen Aufenthalt hinterlassen.*[2] Unter diese von Eduard Paulus erwähnten Relikte der Römer rechnet beispielsweise der Möglinger Viergötterstein, der heute im Depot des Württembergischen Landesmuseums in Stuttgart aufbewahrt wird.[3] Es ist Ziel der nachfolgenden Ausführungen, zum einen den kultur-, sozial- und kunstgeschichtlichen Stellenwert des reliefierten Quaders aufzuzeigen und ihn zum anderen auf die Hinweise zu befragen, die er bezüglich der römischen Besiedlung dieses Teiles des Glemsgaus bzw. der frühen Ortsgeschichte Möglingens zu geben in der Lage ist.

Ein Viergötterstein, so benannt nach den entsprechenden Darstellungen auf den Seitenflächen eines hochrechteckigen Reliefblocks, bildete das erste reliefgeschmückte Bauglied einer Iuppitergigantensäule (s. Abb.). Der Name des Gesamtmonuments ›Iuppitergigantensäule‹ leitet sich übrigens von der sie bekrönenden Gruppe ab: den über einen gestürzten Giganten, einen erdgeborenen Riesen der antiken Sage, reitenden höchsten römischen Staatsgott Iuppiter.[4] Diese Säulenmonumente sind ein charakteristisches Element der Denkmallandschaft der römischen Provinzen Germania superior und inferior; sie waren auch in Teilen der Gallia verbreitet. Im mittelmeerischen Kerngebiet des Imperium Romanum dagegen fehlten derartige Denkmale. – Sie konnten in Aussehen und Größe leicht differieren: So betrug die Höhe der Iuppitergigantensäule von Ladenburg 4,13 m, die der Walheimer 6,50 m und die der Säule aus Hausen a.d. Zaber 7,35 m. Errichtet wurden sie, ein höchst aufschlussreiches Faktum, als private Weihungen zu Ehren des Kaisers, der Götter – oder um Kaiser und Götter gemeinsam zu huldigen.[5]

Beim Möglinger Viergötterstein, für den ich aus später noch näher auszuführenden Gründen die Kurzbezeichnung *Spolie Hirsch* einführen möchte, fallen zunächst einmal Größe und ausgesprochen schlechter Erhaltungszustand ins Auge. Es erscheint also durchaus nachvollziehbar, wenn der Betrachter auf den ersten Blick dazu tendiert, dem hochrechteckigen Quader ob seines trümmerhaften Aussehens keine besondere Aufmerksamkeit zu schenken. Dabei steht, und dieser Vorgriff auf spätere Ergebnisse sei mir an dieser Stelle gestattet, die miserable Erhaltung in lebhaftestem Kontrast zum kultur- und kunstgeschichtlichen Stellenwert des steinernen Geschichtszeugen: Vermag doch gerade er – wenn auch schlaglichtartig – die Geschichte des untergegangenen Dorfes Vöhingen unter dem Blickwinkel der antiken Ortsgeschichte zu erhellen, also unter einem Aspekt, der bislang in Anbetracht der Fundlage, die wegen des Fehlens erhaltener und damit aussagekräftiger Monumente wenig befriedigend schien, eher vernachlässigt werden musste – und vernachlässigt worden ist. Überhaupt darf der Möglinger Viergötterstein bis in die jüngere Vergangenheit als materieller Reflex der Zeitläufte betrachtet werden.

Anders als beim mutmaßlich demselben Monument zuzuordnenden, 1814 gefundenen Büstenkapitell, das anscheinend vom *Vöhinger Pfad* stammt,[6] ist der genaue Fundort der *Spo-*

43

lie Hirsch nicht mehr zu ermitteln.[7] Gesichert ist, dass der Stein 1785 in das *Waschhaus im Hof beim Haus neben der Gassen* des späteren Schultheißen Hirsch vermauert wurde (s. S. 207). Der Name dieser ortsansässigen Familie von bäuerlichen Handwerkern, die Gemeinderäte und Schultheißen stellte, lieferte mithin die Grundlage für die im Titel eingeführte Kurzbenennung. Nachdem der Stein 1859 als eine *Merkwürdigkeit von hier im Quartier liegenden Offizieren* entdeckt wurde, ist er mit Zustimmung des Besitzers, wohl des gleichnamigen Enkels, des Bäckers Philipp Jakob Hirsch d. J. (1808–1878) entfernt worden und fand Eingang in die Württembergische Altertümersammlung in Stuttgart, das nachmalige Württembergische Landesmuseum.[8]

Das Grobgerüst der skizzierten Vorgänge lässt sich folgendermaßen ergänzen: Ende des 18. Jh. bzw. 1785 verwendete der spätere Schultheiß Philipp Jakob Hirsch d. Ä. (1757–1805)[9] letzte Trümmer des noch 1756 sichtbaren lokal äußerst bedeutsamen *Vöhinger Kirchle* (s. S. 53) zum Bau der vorerwähnten Waschküche neben seinem neuen Wohnhaus (s. o.).[10] Unter dem zweitverwendeten *Baumaterial* befand sich auch jener *merkwürdige Denkstein* (…), der u. a. als Altar des besonders in Kreisen des römischen Militärs verehrten orientalischen Lichtgottes Mithras gedeutet worden ist.[11] Bereits 1891 hatte G. Haug den hochrechteckigen Block allerdings richtig als Viergötterstein, mithin auch als Bauglied einer Iuppitergigantensäule, mit den Darstellungen von Iuno (und weiter n. l.) Victoria, Hercules und Minerva interpretiert.[12] Abweichend hiervon identifizierte Peter Goessler,[13] seinerzeit *Vorstand* des Württembergischen Landesamtes für Denkmalpflege in Stuttgart, 1931 die Seiten jenes hochrechteckigen Blocks mit den Darstellungen der vier römischen Gottheiten Iuno – Merkur (im Unterschied zu Haug und Hertlein) – Minerva – Hercules.[14] Er las sie also im Sinne der Haugschen Normalreihe.[15] Die Säulenmonumente waren übrigens, nach damals herrschender Lehrmeinung, zur Abwendung von Witterungsunbilden wie Blitz- und Hagelschlag errichtet worden.[16] Was sich unter den Aspekten Darstellung bzw. Funktion beim gegenwärtigen Forschungsstand als richtig bzw. unzutreffend erweisen sollte, sei nachfolgend dargelegt.

Der Stein ist aus Stubensandstein gefertigt,[17] 108 cm hoch, 52 cm breit und 48 cm tief. Mit einem Breiten-Höhen-Verhältnis von 1 : 2 weist er die charakteristisch schlankgestreckten Proportionen vieler Viergöttersteine auf. Alle Personen haben ihren Platz innerhalb eines hochrechteckigen, leicht muldenförmig eingetieften, von einem glatten rechteckigen Profil gerahmten Bildfeldes. Trotz seines ausgesprochen schlechten Erhaltungszustands lassen sich die wesentlichen Züge des Darstellungsspektrums klar umreißen:

Zwei einander gegenüberliegende Flächen sind nahezu vollständig abgemeißelt worden. Eine der Seiten zeigt eine frontal dargestellte Figur. Ihr Umriss lässt jedoch noch deutlich erkennen, dass es sich um eine weibliche Gestalt matronalen Charakters gehandelt haben wird. Dies geht zum einen aus dem langen Gewand, vor allem aber aus dem Kopfschleier hervor. Mit ihrer rechten Hand opfert sie auf einen Altar, von dem eine Flamme züngelt, sie führt also ein Brandopfer durch.[18] In der Linken mag sie, wie sich im Zusammenhang eines unblutigen (Brand-)Opfers anbietet, ein Weihrauchkästchen gehalten haben – oder auch ein Szepter. Unzweifelhaft dürfte Iuno, die mächtigste Göttin der latinisch-römischen Götterwelt, dargestellt gewesen sein.[19] Unter dem Aspekt des ›Ranges‹ (Iuno als Gemahlin des Iuppiter und machtvollste Göttin) müsste die am stärksten verstümmelte Seite demnach als Vorder- bzw. Hauptansichtsseite des Steines und Ausgangspunkt der Betrachtung zu begreifen sein.

Verfolgt man das Darstellungsspektrum weiter linksläufig, begegnet auf der anschließenden, etwas schmaleren Seite eine im Dreiviertelprofil nach rechts gezeigte, fast nackte, jugendliche weibliche Gestalt mit Flügeln. Bekleidet ist sie mit einem Mantel, den sie so um Hüften und Beine geschlungen hat, dass er gerade noch die Scham bedeckt. Eine Stoffbahn fällt in relativ geraden Falten vom linken Oberschenkel nach vorn herab. Der linke Fuß ist auf eine Erhöhung gestellt.[20] Die linke Hälfte der Gestalt ist also die Spielbeinseite. Das rechte (Stand)Bein ist durch eine gerade Meißellinie, eine Schattenrille, vom Bilduntergrund geschieden.[21] Die rechte, leicht angewinkelte Hand ist vor den Oberkörper gelegt und in Richtung eines Gegenstandes geführt, den sie in der Linken aufzustützen und zu halten scheint.

Auf der Gegenseite der matronalen Person, in gleicher Weise abgearbeitet wie diese, findet sich eine männliche Gestalt in bewegtem Ausfallschritt nach links. Ihr Umriss ist zwar kaum erhalten, aber dennoch unverkennbar. Rechts zu ihren Füßen kauert ein Begleittier mit Bockshörnern.

Das letzte noch zu beschreibende Reliefpaneel nimmt eine jugendlich-schlanke, weibliche Person mit langem, unter der Brust gegürtetem Gewand ein. Der Kopf scheint, dem konischen oberen Abschluss nach zu schließen, mit einem Helm gerüstet gewesen zu sein. Die rechte erhobene Hand der Standbeinseite wird einen Speer oder ein Szepter gehalten haben. Die gesenkte Linke hielt wahrscheinlich einen auf dem Boden stehenden Schild, über dem eine Eule sichtbar wird.

Aus der Beschreibung lässt sich klar erschließen, dass hier die Götterfolge Iuno – Victoria – Hercules – Minerva vorliegt. Wie eingangs bereits erwähnt, stellten diese und vergleichbare, fallweise auch leicht variierte Reihen den üblichen Dekor eines Viergöttersteines dar, jenes ersten reliefgeschmückten Bestandteiles einer Iuppitergigantensäule als Bau. – Wie ausgeführt, kann die matronale Gottheit der Vorderseite nur Iuno, Gemahlin des Iuppiter und Himmelskönigin (Iuno Regina), gewesen sein, gefolgt von (n.l.) Victoria, die im bekannten Typus der schildbeschreibenden Victoria von Brescia dargestellt war,[22] Hercules[23] und Minerva.[24]

2. Analysen

Während Minerva statisch-repräsentativ abgebildet ist, lässt die dramatische Bewegtheit des Hercules darauf schließen, dass der Halbgott bei der Wiedergabe einer seiner zwölf kanonischen Taten gezeigt wird.[25] Die Darstellung ist zu schlecht erhalten, als dass sich die Arbeit des Heros näher bestimmen ließe. Das Körpermotiv, sein weiter Ausfallschritt, die Armhaltung und das am Boden in die Knie gebrochene Tier legen aber nahe, dass hier wohl die Bezwingung der Kerynitischen Hirschkuh, eines mythischen Untiers, durch Hercules gemeint gewesen sein dürfte.

Abgesehen von der Wiedergabe eines Hercules-Abenteuers, das in szenisch-konkreter Form aufgefasst ist, weist die *Spolie Hirsch* weitere drei Besonderheiten auf:

- Mit der Einbeziehung von Victoria weicht sie von der sog. Normalreihe der Viergöttersteine ab, die an dieser Stelle Merkur vorsieht.[26]
- Unter dem Aspekt der Abfolge nimmt die ohnehin unkanonische Victoria eine ungewöhnliche Stelle in der Götterreihe ein. Wenn sie überhaupt dargestellt wird, wäre ihr üblicher Platz auf der Seite, die bei der ›Spolie Hirsch‹ Minerva innehat.
- Sodann scheint sie dermaleinst im sog. Vöhinger Kirchle vermauert gewesen zu sein. Ob das Stück aus den Fundamenten oder aus dem aufgehenden Mauerwerk stammt, muss allerdings Objekt der Spekulation bleiben.

Damit gehört der Möglinger zu den ca. 21 % der bekannten Viergöttersteine, die in und bei Kirchen – und zwar überwiegend in deren Fundamenten – vermauert gewesen sind.[27] Neben dem bereits eingangs erwähnten Viergötterstein aus dem Fundament der Kirche von Güglingen stammt z. B. auch der Viergötterstein aus der Remigiuskirche in Nagold aus deren Grundmauern.[28] Im Fundament der Kirche von Niefern (Enzkreis) befindet sich noch heute ein solcher Stein.[29]

Wie generell die Zerstörung dieser für unser Gebiet überaus charakteristischen römischen Säulenmonumente und deren Deponierung in Kirchenfundamenten oder Brunnen[30] und speziell das Abschlagen der Gesichter und der Genitalien der dargestellten Götter belegen, sollten die alten heidnischen Götter rituell unschädlich gemacht werden: Indem man wichtige Partien der Darstellungen zerstörte und die Fragmente des Gesamtmonuments unerreichbar in Brunnen versenkte oder in Substruktionen von Sakralbauten inkorporierte,[31] unter Umständen auch in sakral genutzte Gegenstände umwandelte,[32] glaubte man die antiken Götter ihrer Kraft beraubt und sie solchermaßen gebannt, für die gegenwärtige Existenz unschädlich gemacht zu haben: ... *damit die Götzen ja nichts schaden* ....

Der römische Beitrag zur Gattung der Iuppitergigantensäulen scheint mittlerweile unbestritten.[33] Ein gewisser Klärungsbedarf besteht noch hinsichtlich ihrer außerordentlichen Beliebtheit in bestimmten Bereichen Germaniens und Galliens; zur Zeit lassen sich allein aus diesem Gebiet Reste von über 300 Säulen feststellen. Dabei handelt es sich mehrheitlich um private Weihungen ausgesprochen monumentalen Charakters. Sie fanden sich in Heiligtümern, überlicherweise aber in Gutshöfen auf dem Land, was der Viergötterstein aus Möglingen belegt, seltener in Städten.[34]

An welchem Platz standen sie und wie waren sie in ihre Umgebung eingepasst? Nur bei wenigen Iuppitergigantensäulen sind wir über die ursprünglichen Aufstellungsumstände genauer informiert. Dies verhält sich so, weil nur in Ausnahmefällen Säulenreste direkt am Standort gefunden worden sind. Gewöhnlich wurden die Fragmente nach der Zerstörung der Säule verschleppt, wohl auch über ein beträchtliches Areal verteilt; ein großer Teil von ihnen hat, wie die ›Spolie Hirsch‹, eine zweite Verwendung gefunden, ist also – modern gesprochen – recycelt worden. – Vor oder neben den Iuppitergigantensäulen standen Altäre, die dem Iupiter Optimus Maximus, dem höchsten römischen Staatsgott, geweiht waren.[35] Es darf also mit Fug und Recht von einem Votivensemble gesprochen werden, mit dem die jeweiligen Stifter einerseits zwar ihre Loyalität gegenüber den Göttern, zum anderen aber ihren Reichtum und Einfluss demonstrieren wollten.

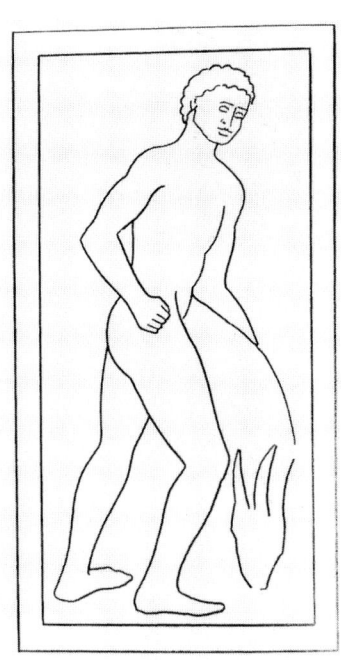

Original und Umzeichnung von Th. Schwarz der vier Seiten des Möglinger Viergöttersteins: Iuno, Victoria, Hercules, Minerva.

In Anbetracht vor allem des Erhaltungszustands des Möglinger Stückes erweist sich seine zeitliche Einordnung als schwierig und kann nur sehr grobrastrig erfolgen. Da nicht beurteilbar, muss das Zusammenspiel von Beurteilungskriterien wie Stil und Figurenauffassung für chronologische Rückschlüsse entfallen. Es erscheint gerechtfertigt, zunächst einmal den allgemein üblichen chronologischen Ansatz für Viergöttersteine (späteres 2. Jh. bis

47

Mitte 3. Jh.n. Chr.; ca. 170–250) in Erwägung zu ziehen. Als einziger Datierungsanhalt vermag hier trotz der auf zwei Seiten nur flüchtig erhaltenen Umrisse die Figurenanlage herangezogen werden: Die chronologische Verankerung hat unter Berücksichtigung der allgemeinen Körperproportionen zu geschehen. Wichtiger Orientierungspunkt ist dabei der sog. spätantoninische Stilwandel vom Ende des 2. Jh.n. Chr., der Jahre 170/ 190 n. Chr. Ungefähr von diesem Zeitpunkt an sind die Figuren gekennzeichnet durch bis in die Details hinein sehr langgestreckte Proportionen in flüssig wiedergegebener Körperhaltung, ehe sie mit Beginn des 3. Jh. wieder gestaucht-gedrungener dargestellt werden. Entsprechend gelängte Proportionen bzw. Gestalten finden sich z. B. auf der Victoria- und Minerva-Seite des Möglinger Viergöttersteins (Abb. 5 u. 9), der sich demnach – mit dem üblichen Spielraum der Unsicherheit – dem ausgehenden, vielleicht auch noch dem frühen 3. Jh.n. Chr. zuweisen lässt.[36]

Man nimmt an, dass im heutigen Südwestdeutschland die das Gebiet besetzenden Alamannen die Göttersäulen als Beweis des Sieges über die ehemals herrschenden Römer zerstört haben. Vorstellbar wäre auch, dass die Säulen als Zeugnisse heidnischen Kultes von Christen überhaupt beseitigt worden sind. Dass man diese Absicht z. B. im 4. Jh. im linksrheinischen Gallien verwirklicht hat, belegen frühchristliche Schriftquellen.[37]

Wir sehen, dass dieser Stein, unsere *Spolie Hirsch*, der im Verlaufe der Geschichte nachweislich zwei Mal üble Zerstörungen erlitten haben wird, gerade daraus seine Qualität als Geschichtszeuge, als materieller Beleg für die Zeitläufte ableitet: Er erteilt Auskunft darüber, dass sich ein ausdrucksvoll hohes, zu Ehren des obersten römischen Staatsgottes errichtetes Säulenmonument ausgangs des 2. Jhs. n. Chr. auf einem Landgut befunden haben dürfte, auf dessen Gelände sich nachmals das Dorf Vöhingen erstreckte. Nachdem das Christentum seinen Siegeszug angetreten hatte, wurde die Iuppitergigantensäule zerstört: Die Götter der Antike mussten sich anschicken, ihren Abschied zu geben. In der Folge hat man die Fragmente als Baumaterial zugerichtet und in der Dorfkirche verbaut. Dies gilt zumindest für den Viergötterstein, dem wahrscheinlich zu diesem Zweck zwei Seitenflächen abgeschlagen wurden. Es lässt sich nicht genau entscheiden, ob die Abarbeitung aus dem Bewusstsein resultierte, dass es sich hierbei u. a. um die Iuno-Seite gehandelt hat – eher zufallsbedingt dürfte die Wahl auf zwei gegenüberliegende Seiten gefallen sein, um solchermaßen die Stabilität des Mauergefüges sicherzustellen. Schließlich bediente man sich nach dem *Tode* Vöhingens des Vöhinger Kirchles als bequemen Steinbruchs. Auf diese Weise gelangte auch der Viergötterstein in die Mauern des Waschhauses der Familie Hirsch, um dort als steinerner Zeuge die römische Vergangenheit des Glemsgaus und speziell des Gebietes Vöhingen – Möglingen zu dokumentieren: Es hatte sich, in Abhängigkeit von städtischen und militärischen Zentren, eine gewisse ländliche Kultur entwickelt, die ihren nicht unbedeutenden Beitrag zum kulturellen Besitz unseres Landes lieferte und – man ziehe allein die entsprechenden Teilaspekte der Arbeit der Archäologischen Denkmalpflege in Betracht – sicher auch weiterhin liefern wird. Derartige materielle Belege einer vergangenen Kultur begegnen uns in den ehemals römischen Gebieten noch heute hautnah und vermitteln eine von rationalisierter Faszination getragene Begegnung mit den vorhergehenden Bewohnern.

Gleichzeitig erweist sich, dass ein Monument keinesfalls so verfallen, unbedeutend oder klein sein mag, als dass es nicht doch einer Betrachtung wert zu befinden wäre: Richtig befragt und informativ aufgearbeitet setzt es uns vielmehr in die Lage, neue Erklärungen und Einsichten zu gewinnen – wie uns das Beispiel der *Spolie Hirsch* deutlich zeigt.

Vöhingen im Mittelalter – die geschichtliche Überlieferung

Joachim Jehn

1. Sachstand

Durch die Ausgrabungen des Landesdenkmalamtes Baden-Württemberg im Gebiet des bereits im Mittelalter verlassenen Dorfes Vöhingen, die 1990 begonnen wurden, stieg auch das Interesse an der geschichtlichen Überlieferung, d. h. an den Informationen, die man aus Schriftquellen über diesen Ort erhalten kann, um aus archäologischen Ergebnissen und schriftlichen Nachrichten ein möglichst vollständiges Bild der Vergangenheit zu erreichen. Ein Problem bei der Beschäftigung mit den Schriftquellen besteht darin, dass es zwar in den fünfziger und frühen sechziger Jahren mehrere Veröffentlichungen gab, die sich mit der Geschichte Vöhingens befassten,[1] in denen die Verfasser aber nicht erwähnten, woher sie ihr Wissen bezogen, wodurch die in diesen Aufsätzen gemachten Angaben nicht zu überprüfen sind. Dieses ist aber für die wissenschaftliche Arbeit unbedingt notwendig, da erstens die in den damaligen Veröffentlichungen gemachten Angaben teilweise sehr kurz und somit aus den mittelalterlichen Ursprungstexten noch weitere Informationen zu erwarten sind und zweitens historische Quellen im Laufe der Zeit anders interpretiert werden können, was dann wieder zu anderen Ergebnissen führt. Trotz einer erneuten Zusammenfassung der bekannten Vöhinger Geschichte anlässlich einer Ausstellung in Schwieberdingen im Jahre 1998[2] steht der Abschluss der wissenschaftlichen Aufarbeitung der schriftlichen Nachrichten zu Vöhingen aber noch aus. Auch hier kann nur als vorläufiges Ergebnis der bisherige Stand der laufenden Untersuchungen wiedergegeben werden.

2. Wann war die erste schriftliche Erwähnung Vöhingens?

Wie bei allen Orten ist auch bei Vöhingen eine der am meisten gestellten Fragen die nach der ersten urkundlichen Erwähnung. Für Vöhingen ist diese Frage allerdings besonders schwer zu beantworten, da sich wegen der im Mittelalter nicht zu unterscheidenden Schreibweise der Namen der drei Orte Vöhingen, Vaihingen an der Enz und Vaihingen auf den Fildern eine Nennung in einer Urkunde ohne weitere Informationen nicht sicher auf einen dieser drei Orte festlegen lässt.

Die erste mögliche schriftliche Erwähnung Vöhingens, bei der dieses Problem zutage tritt, beruht auf einer Schenkung an das Kloster Fulda aus dem Jahre 779.[3] Ein Graf Kunibert, der mit dem Geschlecht der Grafen von Calw in Verbindung gebracht wird,[4] schenkte damals seine gesamten Güter in mehreren Orten unter dem Vorbehalt der Nutzung auf Lebenszeit. In dieser Schenkungsurkunde, die nicht im Original, sondern nur in verschiedenen hochmittelalterlichen Abschriften überliefert ist, wird auch ein Ort namens *Feinga* erwähnt. Aufgrund dieser Urkunde lässt sich jedoch nicht entscheiden, ob damit Vöhingen oder das nur etwa 13 Kilometer entfernte Vaihingen an der Enz gemeint ist. Die letztere Möglichkeit scheint wahrscheinlicher zu sein, da die Grafen von Calw später Besitz in Vaihingen an der Enz und anderen Orten, die bei der Schenkung genannt werden, z. B. Ingersheim oder Markgröningen, hatten.[5] Diese Folgerung ist allerdings auch sehr unsicher, da hier die Gefahr eines Zirkelschlusses besteht: Der Grund für die Zuordnung des Grafen Kunibert zum Geschlecht der Grafen von Calw wird nicht genannt, sie könnte also deswegen erfolgt sein, weil er Besitz in Orten hatte, in denen später die Grafen von Calw begütert waren. Mit dieser Zuweisung könnte die Identifikation des Kunibert dann also auch auf der Deutung des Ortsnamens *Feinga* als Vaihingen an der Enz beruhen und würde somit natürlich als Entscheidungskriterium zur Bestimmung des gesuchten Ortes ausfallen. Es bleibt also festzustellen, dass eine sichere Zuordnung nicht getroffen werden kann.

Sicherer festzustellen ist der Einfluss des Klosters Weißenburg im Elsass, das seit dem 9. Jahrhundert auf dem Asperg einen Herrenhof und zwei Kirchen besaß.[6] Nur durch den Einfluss dieses Klosters ist das in Württemberg einmalige Patrozinium der Vöhinger Kirche, die den orientalischen Soldatenheiligen Sergius und Bacchus geweiht war,[7] zu erklären. Die Reliquien dieser beiden Märtyrer wurden nämlich in Weißenburg verehrt. Schriftliche Belege für diese Beziehung gibt es allerdings nicht.

Für die ersten sicheren schriftlichen Erwähnungen Vöhingens hielt man bisher zwei Listen vom Anfang des 13. Jahrhunderts bzw. aus dem Jahre 1229,[8] in denen Besitzungen des Klosters Bebenhausen aufgezählt werden. Auch hier besteht jedoch das oben geschilderte Problem der möglichen Verwechslung mit anderen Orten. Es ist allerdings bei einigermaßen systematisch nach geographischen Gesichtspunkten aufgebauten Besitzlisten häufig die Identifikation eines Ortsnamens durch andere, eindeutig bestimmbare Orte, die direkt vor oder hinter dem fraglichen Ortsnamen auftauchen, zu erreichen. Diese Methode kann vor allem bei der älteren Liste, die vom Anfang des 13. Jahrhunderts stammt, angewandt werden, da sie sowohl systematischer als auch genauer ist. Sie erwähnt häufig nicht nur den Ort, sondern auch die Art der Erwerbung durch das Kloster Bebenhausen und die Vorbesitzer. In dieser Liste steht nun der Ortsname *Vehingen* zwischen den Orten Ittings-

Älteste Abschrift der Urkunde mit der Nennung von Feingen im Jahr 779.

hausen (ehemals zwischen Plieningen und Degerloch gelegen), Holzgerlingen oder Gerlingen, Plieningen, Böblingen und Altdorf, die alle im Bereich der Fildern und des nördlichen Schönbuchs liegen. Deshalb ist es wahrscheinlich, dass mit diesem *Vehingen* Vaihingen auf den Fildern gemeint ist.

Die erste wirklich sichere Nennung Vöhingens fand also zu einem noch späteren Zeitpunkt statt; sie erfolgte erst im Jahre 1286. In diesem Jahr schenkte Wolfram von Frauenberg, genannt von Hailfingen, dem Kloster Weiler bei Esslingen seinen Hof in Vöhingen samt allen Rechten und Leuten, behält sich aber den lebenslänglichen Nießbrauch vor.[9] Auch die Urkunde von dieser Schenkung kann nur wegen einer weiteren Urkunde aus dem Jahre 1296[10] auf Vöhingen bezogen werden.[11] In dieser jüngeren Urkunde wird ein Rechtsstreit um den von Wolfram von Frauenberg geschenkten Hof geregelt. Dabei wird erwähnt, dass der fragliche Ort *Vehingen* zur Diözese Speyer gehört, weshalb es sich nicht um Vaihingen auf den Fildern handeln kann. Außerdem sind die Abgaben an das Kloster Weiler nach Markgröninger Maß zu messen. Da Vaihingen an der Enz aber ein eigenes Maß besaß, während Vöhingen in dem Gebiet lag, in dem das Markgröninger Maß verwandt wurde, ist in dieser Urkunde Vöhingen erstmals eindeutig zu identifizieren.

3. Das Spätmittelalter: Die Verhältnisse werden besser erkennbar

Im 14. Jahrhundert werden die schriftlichen Nachrichten über Vöhingen häufiger. Es lässt sich nun die Struktur des Dorfes genauer erfassen, die unter anderem eine Aufteilung auf mehrere verschiedene Inhaber von Herrschaftsrechten zeigte.

Im Jahre 1302 schenkte die verwitwete Irmgard Neu von Markgröningen einen Hof an das Kloster Bebenhausen, sie behält sich aber auch eine lebenslängliche Rente vor.[12] Dieser Hof blieb mindestens bis 1356 in Bebenhäuser Besitz, er war damals aber nicht mehr bewohnt, sondern wurde von Münchingen aus bewirtschaftet, wie aus einem Bebenhäuser Besitzverzeichnis hervorgeht.[13] Hierin zeigt sich ein erstes Anzeichen des Wüstungsprozesses, d. h. des Verlassens des Dorfes durch seine Bewohner. Aus den genauen Beschreibungen des Bebenhäuser Güterverzeichnisses lässt sich auch erschließen, dass zu dieser Zeit ein Hof in Vöhingen im Besitz eines Heinrich von Aldingen war[14] und dass außer dem Bebenhäuser Besitz noch weitere Teile der Ackerfläche bereits von Nachbarorten aus bewirtschaftet wurden, vor allem von Möglingen und Markgröningen aus, wie durch die Benennungen der Ackerbesitzer deutlich wird.

Die oben als Schenkerin erwähnte Irmgard Neu von Markgröningen war angeblich die Schwester der Herren von Münchingen, die die Vogtei und zwei Drittel des Zehnten von Vöhingen inne hatten.[15] Diese Rechte gingen in der Folgezeit an die Familie Welling über, die zu den führenden Familien in Stuttgart gehörte. Diese Familie hatte ihre Rechte in Vöhingen als Lehen der Grafen von Württemberg, wie die mindestens bis 1478 wiederholt stattfindenden Verleihungen des Vöhinger Lehens an Mitglieder der Familie Welling zeigen.[16] Dennoch behielt diese Familie ihre Rechte nicht in vollem Umfang, es kam zu einer weiteren Zersplitterung. Es wird berichtet, dass 1368 Zehntanteile an Johann von Schlettstadt[17] und dann 1392 an Heinrich von Schlettstadt gelangten, der sie wiederum 1408 an seinen Schwager Gumpold von Kröwelsau weitergab. Dieser besaß sie 1446 zusammen mit Ernst von Kröwelsau. Der Anteil des Letzteren wurde 1454 von seiner Witwe und seinem Sohn an das Stuttgarter Spital verkauft. Dieses Spital hatte bereits 1435 Anteile von Hans Welling erworben.[18]

Ein zweiter großer Komplex der Herrschaftsrechte über Vöhingen lag in der Hand der Nippenburger. Sie besaßen das dritte Drittel des Vöhinger Zehnten und hatten das Recht, den Pfarrer einzusetzen.[19] Die Nippenburger ließen noch 1481 die Vöhinger Kirche erneuern,[20] was durch eine Inschrift belegt wurde. Als dann 1488 der Ortspfarrer starb, wurden jedoch die beiden Pfarreien Nippenburg und Vöhingen vereinigt, allerdings wurden auch danach noch Messen in Vöhingen gelesen.[21]

Weniger bedeutende Besitzungen sind nachgewiesen für das Esslinger Spital,[22] das 1304 von Ludwig von Pulverdingen und Margward von Gröningen Erträge von einigen Äckern in Vöhingen bekam, für die Johannes-Pfründe in Markgröningen,[23] die Ackerland und einen Garten besaß, und für die ebenfalls Markgröninger Heilig-Kreuz-Pfründe. Gegen Ende des 14. Jahrhunderts wurde nochmals ein Vöhinger Hof von einem Markgröninger Priester als Lehen vergeben.[24] Daneben waren wohl auch die Herren von Riexingen hier begütert.[25]

4. Das Ende der Besiedlung: ungeklärte Fragen

Bis heute nicht zu beantworten sind einige Fragen, die mit dem Ende der Besiedlung in Vöhingen im Zusammenhang stehen. Hinweise darauf ergeben sich nur aus dem oben genannten Bebenhäuser Besitzverzeichnis von 1356 und aus der Auflösung der eigenständigen Pfarrstelle im Jahre 1488, was wohl den Endpunkt der Entwicklung darstellte, da sich kirchliche Strukturen im Mittelalter nur sehr zögerlich den Veränderungen der Siedlungsstrukturen anpassten. Der Verlauf des Entvölkerungsprozesses ist aber unbekannt. Ebenso verhält es sich mit den Gründen, die zum Verlassen des Dorfes führten, über sie kann nur spekuliert werden.[26]

Weiters auffällig ist besonders bei kirchlichen Institutionen, die normalerweise über eine relativ gute schriftliche Überlieferung verfügen, dass häufig die Nachrichten über Vöhingen ohne Hinweise auf Verkauf oder sonstigen Verlust der jeweiligen Besitzungen enden. Eine Möglichkeit, dies zu erklären, wäre, dass die Güter, die nun vollständig von Nachbarorten aus bewirtschaftet wurden, trotz des Fortbestehens der Vöhinger Gemarkung bis weit in die Neuzeit, auch unter diesen Nachbarorten verzeichnet wurden. Eine eingehendere Untersuchung dazu steht aber noch aus, sodass sich auch hier noch keine sicheren Aussagen treffen lassen.

Insgesamt lässt sich sagen, dass die geschichtliche Entwicklung Vöhingens im Mittelalter, genauso wie bei den meisten anderen Dörfern in unserer Gegend, nur bruchstückhaft erkennbar ist. So ist erst am Ende des 13. Jahrhunderts die erste sichere urkundliche Erwähnung festzustellen und ab dem Beginn des 14. Jahrhunderts tritt dann eine deutliche Verbesserung der Quellenlage ein. Es zeigt sich die Aufteilung Vöhingens unter verschiedenen Eigentümern, und schon wenig später gibt es die ersten Hinweise auf die Entvölkerung des Ortes. Damit hängt wohl auch der im ausgehenden Mittelalter stattfindende, sonst unübliche Rückgang der schriftlichen Überlieferung zu Vöhingen zusammen. Sehr wichtige Fragen, z. B. zu Beginn und Ende der Besiedlung, sind also bisher aus historischen Quellen nicht zu beantworten. Hier sind noch weitere Forschungen notwendig, gerade auch in enger Zusammenarbeit mit der Archäologie.

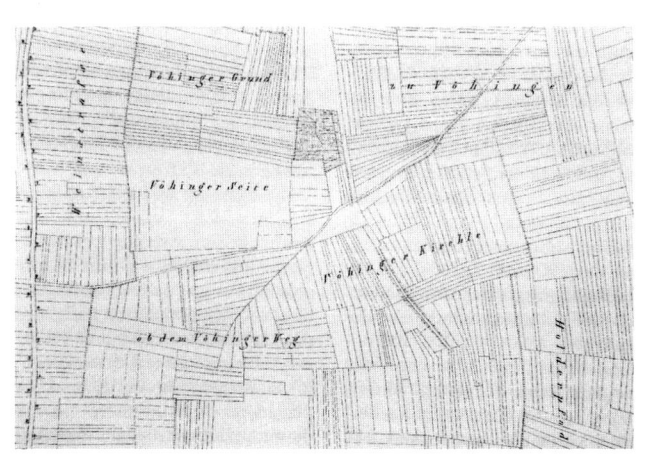

Flurkartenausschnitt von 1831 (NO 3504) mit dem Bereich der ehemaligen Siedlung Vöhingen.

Der Streit um die Vöhinger Markung in der Neuzeit

Albrecht Gühring

Die Landwirtschaft bildete bis weit ins 19. Jahrhundert fast die ausschließliche Grundlage der Ernährung. Daher wurden die Gemeindemarkungen exakt gegen die Nachbarn abgegrenzt und wo immer möglich erweitert. Eine solche Gelegenheit zur Erweiterung der landwirtschaftlichen Nutzfläche bot die Markung der ehemaligen Gemeinde Vöhingen, die an Möglingen, Schwieberdingen, Münchingen und Markgröningen grenzte und von diesen Orten aus bewirtschaftet wurde.[1] Obwohl der spätestens in der ersten Hälfte des 14. Jahrhunderts abgegangene Ort Vöhingen heute amtlich zu Schwieberdingen gerechnet wird, hielten die Möglinger an ihren Ansprüchen auf die fruchtbaren Felder des einstmals blühenden Gemeinwesens über Jahrhunderte fest. Mit der Geschichte Vöhingens haben sich 1930/31 Pfarrer Rentschler[2] und in den fünfziger und sechziger Jahren Gerhard Heß[3] und Willi Müller[4] ausführlich beschäftigt und die Grundlagen für weitere Forschungen gelegt.

1555 berichtete der Markgröninger Vogt, dass die Kapelle zu Vöhingen einen Inschriftstein von 1481 und einen ummauerten Kirchhof aufweise, dessen Mauer ebenso wie das Kirchendach schadhaft seien. Die Kirche befand sich sonst in gutem Zustand.[5] Ludwig von Nippenburg beanspruchte bei der Renovation der Güter 1557 das Patronatsrecht als Kastvogt weiterhin allein.[6] Noch 1590 stand die Kirche, sie verfiel aber im Lauf der Jahre und wurde vielleicht sogar bewusst zerstört und dann als Steinbruch missbraucht. Bis dahin scheint sie trotz einer Verordnung Herzog Christophs, einzelstehende Kapellen abzureißen, regelmäßig als Feldkirche genutzt worden zu sein.[7] Mauern der Vöhinger Kirche, so Heyd 1829, waren noch 1756 zu sehen.[8] Bei den Flurbereinigungsarbeiten in den zwanziger Jahren unseres Jahrhunderts waren *die Spuren des Vöhinger Kirchleins bzw. ihrer Mauern noch gut zu erkennen*.[9]

Die Steuern der Bauern, welche die Vöhinger Güter bewirtschafteten, wurden im 16. Jahrhundert von Möglingen aus eingezogen. Erbschenk Friedrich von Nippenburg, der Anrecht auf rund ein Drittel des Vöhinger Zehnten hatte, geriet in Streit mit dem Möglinger Schultheißen, der die rund 290 Morgen Vöhinger Güter des Nippenburgers *in die Steuer gezogen* hatte. Die Bauern, die das Land bewirtschafteten, baten den Adligen als Zehntherren um Unterstützung. Der in Stuttgart 1590 geschlichtete Streit brachte keinen Erfolg und die Pächter mussten künftig eine jährliche Steuer von 27 ℔ 18 ß Heller entrichten.[10] Ein dazu 1590 verfasster Bericht des Markgröninger Vogts besagt, dass die Vöhinger Markung den Schwieberdingern gegeben worden sei und diese auch die Marktgerechtigkeit sowie die Übertriebs- und Untergangsrechte hätten. Zudem hüte der Schwieberdinger Schütz das Vöhinger Feld, und Gütergeschäfte dieser Markung würden auf dem Schwieberdinger Rathaus getätigt.[11]

So war der nächste Streit zwischen Möglingen und Schwieberdingen vorprogrammiert. Er fand 1599 statt, weil die Möglinger, die noch immer rund 290 bis 300 Morgen des Vöhinger Felds bewirtschafteten, das Pförchrecht, also den Schafübertrieb, auf diesen Gütern beanspruchten, den sie bereits 30 Jahre, nach Meinung der Schwieberdinger allerdings unrechtmäßig, ausübten. Zur Begründung wurde angeführt, dass das gesamte Vöhinger Feld auf Schwieberdinger Markung liege. Den Zehnten davon zogen damals das Spital Stuttgart und

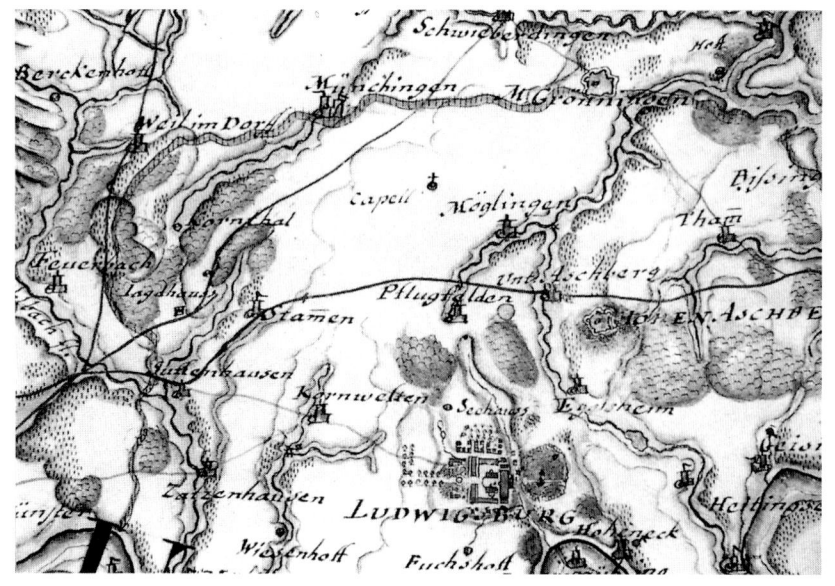

Ausschnitt aus der Karte »Theatrum Belli Rhenani« von Cyriak Blödner, 1702/13 (oben ist Westen). Dies ist die bisher einzig bekannte Karte, auf der das damals noch stehende Vöhinger Kirchle (Capell) eingezeichnet ist.

Wilhelm von Nippenburg ein.[12] Ein Viertel des Zehnten aus bestimmten Vöhinger Gütern, die von Schwieberdinger und Möglinger Bauern bewirtschaftet wurden, beanspruchte die Geistliche Verwaltung Markgröningen, die zur Verbesserung dieser Äcker den Bauern, beispielsweise für das Mist fahren, Geld zahlte.[13] Bei einer Besichtigung vor Ort im Jahr 1626 wurde festgestellt, dass die besondere Versteinung des Vöhinger Feldes keine Markungsgrenze, sondern eine Zehntgrenze bezeichnete. Da die Nippenburger den größten Teil des Zehnten beanspruchten, wurde folglich auch der größere Teil des Feldes zu Schwieberdingen geschlagen. In einem Vergleich von 1629 verpflichtete sich Möglingen zudem, jährlich zehn Pfund Heller als Beihilfe nach Schwieberdingen zu bezahlen. Dies waren pro Morgen fünf Kreuzer. Die Schwieberdinger bewirtschafteten 1629 109 Morgen und die Möglinger 102 Morgen 3 Viertel zehntpflichtige Güter in Vöhingen.[14] Nach Gerhard Heß wurden 1628 von der gesamten Markung Vöhingen mit rund 1000 Morgen je 400 von Schwieberdingen und Möglingen, 150 von Münchingen und 50 von Markgröningen aus bewirtschaftet.[15]

Nach den Steuerakten von 1652 nutzten die Möglinger Bauern allerdings nur 343 Morgen 1½ Viertel im Vöhinger Feld,[16] hingegen sprechen die Quellen 1655 wieder von 102 Morgen 3 Viertel von Möglingen aus bebauten Äckern. Damals war bezüglich des Münchinger Teils mit 109 Morgen unklar, ob die Güter, deren Zehnt den Herren von Stockheim als den Nachfolgern der Nippenburger und dem Spital Stuttgart zustand, von Württemberg besteuert werden durften. Die Möglinger Äcker im Vöhinger Feld wurden inzwischen regulär besteuert.[17] Schon 1650 waren erneut Zweifel an der Steuerfreiheit der Güter aufgekommen, die das Stuttgarter Spital und die Gebrüder von Stockheim auszuräumen suchten. Auch Hans Pflugfelder, der den Schorndorfer Spitalhof in Möglingen bewirtschaftete und ebenfalls Güter im Vöhinger Feld hatte, wehrte sich gegen die Besteuerung und nahm Bezug auf den Vergleich mit Schwieberdingen im Jahr 1629.[18]

Bei der Steuerneueinschätzung 1725 versuchten die Schwieberdinger, zunächst ohne Erfolg, Steuern von den Vöhinger Gütern einzuziehen, die zu einer *allda gestandenen Kirche und Capell* gehört hatten.[19] Ein Befehl von

1728, den ein Reskript von 1738 erneuerte, besagte jedoch, dass die jetzt als Zehnt- und nicht als Markungsbezirk angesehenen Güter nicht nur nach Schwieberdingen steuerbar waren, sondern auch dem allgemeinen Steuereinzug unterlagen. Zugleich wurde festgeschrieben, dass das Vöhinger Feld zur Schwieberdinger Markung komme und daher von dort aus die Steuer eingetrieben werden solle.[20]

Bei der nächsten Schätzung kam es 1737 bis 1739 zu Streitigkeiten zwischen dem Schwieberdinger Pfarrer und den Möglinger Bauern. Pfarrer Schäfer war der Meinung, dass ihm die Bauern einen Anteil des kleinen Zehnten, der zu seiner Besoldung gehörte, aus dem Vöhinger Feld schuldig seien. Seither hätte kein Anspruch bestanden, da die Möglinger Bauern erst seit einigen Jahren Früchte des kleinen Zehnten, nämlich Rüben, Hanf und Flachs, dort anbauten. Die Möglinger aber behaupteten, höchstens den Herren von Wallbrunn, inzwischen Nachfolger der von Stockheim, etwas schuldig zu sein. Dem schloss sich der Herzog an, denn das Lagerbuch der Geistlichen Verwaltung Markgröningen sprach diesen Ertrag der Kaplanei der Schwieberdinger St. Barbara Pfründe und nicht der lokalen Pfarrei zu. Den Nutzen dieser Pfründe hatten aber die Schwieberdinger Edelleute.[21] Noch aus dem Jahr 1756 datiert ein letzter Widerspruch Möglingens gegen die Einverleibung der Vöhinger Markung nach Schwieberdingen, die doch de facto längst vollzogen war. Die Möglinger waren der Überzeugung, dass die Markung weder zum einen noch zum anderen Ort gerechnet werden dürfe.[22]

1744 stand der Vöhinger Zehnt zu vier Neunteln der Geistlichen Verwaltung Markgröningen, zu drei Neunteln den Herren von Wallbrunn und zu zwei Neunteln dem Hospital Stuttgart zu.[23] 1791 erfahren wir, dass der Große Fruchtzehnt aus dem Vöhinger Feld, das zwar auf Schwieberdinger Markung lag, aber zum Teil nach Möglingen zehntbar war, zu zwei Dritteln dem Stuttgarter Hospital und zu einem Drittel der Kammerschreiberei Stammheim gehörte. Da man sich über die genaue Trennung nicht einig war, wurde das 673 Morgen große Gebiet 1792 neu vermessen und unter den beiden Zehntbeziehern aufgeteilt und versteint.[24]

Ein letzter Vertrag von 1838 datiert aus der Zeit der Zehntablösung und regelt die Vereinigung der Steuergrenze mit der Markungsgrenze zwischen Möglingen und Schwieberdingen. Möglingen trat rund 15 Morgen, auf denen Schwieberdingen schon das Markungs- und Weidrecht innehatte, mit Besteuerungsrecht ab. Dabei handelte es sich um einen letzten Rest der ehemaligen Vöhinger Markung, Vöhinger Zehnt genannt, die jahrhundertelang Anlass zu Streit gegeben hatte. Zehntherr dieses Gebiets war neben dem Hofkameralamt Stammheim für den ehemals adligen Teil noch immer das Spital Stuttgart. Möglingen erhielt dafür von Schwieberdingen rund 27 Morgen im Schluttenbach. Die größere Fläche wurde mit der niedrigeren Besteuerung und des wegen des weiten Weges kaum ausübbaren Weiderechtes der Schwieberdinger begründet.[25] Endgültig wurden die letzten Sonderrechte der separat versteinten Markung Vöhingen erst mit der Zehntablösung Mitte des 19. Jahrhunderts beseitigt.[26]

Die Pankratiuskirche um 1920 – Symbol des mittelalterlichen Möglingen.

Möglingen im Mittelalter und zu Beginn der frühen Neuzeit

Robert Kretzschmar

1. Die Ungunst der Quellenlage

Die mittelalterliche Geschichte Möglingens erhellt sich später als die vieler Orte des heutigen Landkreises Ludwigsburg, für die sich schon aus dem früheren oder dem hohen Mittelalter Belege in den Traditionsnotizen bedeutender Klöster wie Lorsch, Weißenburg oder auch Hirsau finden.[1] Das erste schriftliche Zeugnis für Möglingen stammt aus dem Jahr 1275 und damit erst aus dem späteren Mittelalter. Die Zeit davor liegt im Dunkeln und lässt nur Spekulationen zu. Paul Sauer, der die ersten urkundlichen Erwähnungen des ausgehenden 13. Jahrhunderts eingehend untersucht hat, sprach zu Recht von der *Ungunst der Quellenlage*.[2]

Auch im 14. und 15. Jahrhundert fließen die Quellen noch spärlich; und auch hier sind es vor allem Urkunden, aus denen wir einige – eher schlaglichtartige – Einblicke in die Herrschafts- und Besitzverhältnisse am und im Dorf gewinnen; dazu kommen einige wenige Eintragungen in Urbaren, die in derselben Hinsicht aufschlussreich sind. Die Menschen, die in Möglingen lebten, sind seit dem ausgehenden 15. und im 16. Jahrhundert in verschiedenen Verzeichnissen greifbar, die der entstehende Territorialstaat für seine Bedürfnisse anlegte: in Musterungsregistern, Steuer- und Schatzungsbüchern. Die kirchliche Überlieferung setzt später ein; die Serie der Taufbücher beginnt erst 1558, die der Ehebücher 1566, das Totenbuch gar erst 1626.[3] Akten als Dokumentation ganzer Vorgänge, die das Dorf betreffen, gibt es in unserem Zeitraum kaum. Und selbst wenn der *Mantel der großen Geschichte* in den Geschehnissen um Herzog Ulrich die Gemeinde gestreift hat, so sind doch nur wenige Quellen dazu erhalten. Herausragend ist allerdings eine Zeichnung Dürers von der Beschießung des Hohenasperg, in der Möglingen zu sehen ist. Für das Mittelalter fehlt es an bildlichen Darstellungen völlig. Steinerner Zeuge des Mittelalters ist freilich die Kirche St. Pankratius mit einer wohl mittelalterlichen Glocke und wertvollen Wandmalereien, die nicht nur im Erscheinungsbild des Dorfes, sondern auch als unmittelbarer Überrest darin bis heute überragend ist.

2. 1275 – ein Eintrag im *Liber decimationis* des Bistums Konstanz

Als dörfliche Siedlung mit eigener Pfarrkirche ist Möglingen bereits in seinem ersten Zeugnis greifbar – in einem Steuereinzugsregister des Bistums Konstanz für das Jahr 1275 mit folgendem Text:[4]

Megemingen. Vicarius ibidem pro rectore iuratus dicit XL libras in redditibus Hallenses, solvit primo termino duas libras Hallenses in decima. Item post sentenciam promulgatam duas libras Hallenses et sic solvit totum hoc anno.

Was besagt dieser Eintrag und was können wir daraus ableiten? Er hält fest, dass der Vikar zu Möglingen anstelle des Pfarrherren unter Eid die Einkünfte der Pfarrei Möglingen auf 40 Pfund Heller jährlich bezifferte und zum ersten Termin zwei Pfund Heller entrichtete. Ebenso bezahlte er nach einer Bannandrohung zwei Pfund Heller und entledigte sich so seiner ganzen Schuldigkeit für das Jahr 1275.

Die Stelle bietet zunächst einen Einblick, wie das Bistum Konstanz seine Einnahmen aus der

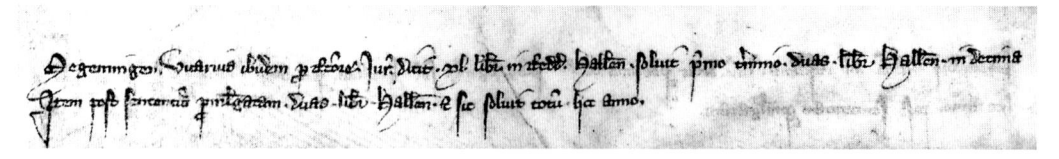

Erste Nennung Möglingens (1275) im Liber decimationis.

Pfarrei Möglingen verwaltete. Der volle Titel unserer Quelle lautet *Liber decimationis cleri Constantiensis pro papa de anno 1275*; es handelt sich um ein heute im Erzbischöflichen Archiv in Freiburg[5] verwahrtes Buch über den Zehnt des Klerus in der Diözese Konstanz und stellt das erste erhaltene Verzeichnis dieser Einnahme für alle Pfarreien im Jahr 1275 dar. Angelegt wurde es, um Papst Gregor X. die Finanzierung des auf dem Konzil von Lyon 1274 beschlossenen Kreuzzugs zur Verteidigung der christlichen Positionen im Heiligen Land zu ermöglichen. Nicht nur im Bistum Konstanz, sondern im ganzen Abendland wurde der gesamte Klerus mit einer – wie wir heute sagen würden – Sondersteuer belegt. Sechs Jahre lang von 1274 bis 1280 war jeweils der zehnte Teil der Einkünfte als Kreuzzugszehnt an den Heiligen Stuhl zu entrichten. Die Abgabe wurde halbjährlich auf der Grundlage einer eidlichen Selbstangabe über die Höhe der Gesamteinkünfte erhoben. Als Kollektoren traten die Kapitelsdekane unter der Aufsicht der Archidiakone auf.

Betroffen von der Zehntsteuer war auch der Inhaber der Pfarrstelle in Möglingen, die im Jahre 1275 von einem namentlich nicht bekannten Vikar versehen wurde. Wie alle anderen Stelleninhaber hatte auch der Möglinger Vikar 1275 unter Eid seine jährlichen Einnahmen angegeben und die erste Teilzahlung für dieses Jahr geleistet. Die zweite Zahlung war dann erfolgt, nachdem der Bischof von Konstanz allen Säumigen – zu denen offensichtlich auch der Möglinger Vikar zählte – den Kirchenbann angedroht hatte. Der Hinweis auf die Bannandrohung in unserem Text bezieht sich freilich nicht nur auf ihn, denn der Bann war allgemein zur Sicherung der Einnahme angedroht worden, nachdem es vielerorts zu Verzögerungen und Verweigerungen der Abgabe gekommen war. Wie wir sehen, hat man in Möglingen 1275 schließlich den Kreuzzugszehnt ordentlich bezahlt. Die jährlichen Einnahmen der Pfarrei, die der Abgabe zugrunde lagen, weisen sie – wie Paul Sauer aufgrund eines näheren Vergleichs mit anderen Pfarrstellen im *Liber decimationis* formuliert hat – als eine »ländliche Durchschnittspfarrei« aus, die dem Pfarrer »eine bescheidene, wenn auch bestimmt keine üppige Lebenshaltung« ermöglichte.[6]

Der Mantel der großen Geschichte – der Kampf zwischen dem Islam und den christlichen Kreuzfahrern im Heiligen Land – hat also 1275 das Dorf Möglingen gestreift und uns eine erste Nachricht zu ihm überliefert. Durch sie wissen wir, dass Möglingen zum Bistum Konstanz gehörte, an dessen nördlicher Grenze es lag; die benachbarten Pfarreien Asperg und (Mark-)Gröningen gehörten bereits zur Diözese des Bischofs von Speyer. Verwaltungstechnisch war die Pfarrei Möglingen dem Dekanat Grunbach im Remstal zugeordnet, dem unter anderem auch Schorndorf, Beutelsbach, Cannstatt, Stuttgart, Feuerbach, Zuffenhausen, Münster, Ditzingen, Münchingen, Poppenweiler, Pflugfelden, Waiblingen und Winnenden unterstanden.[7]

Aber noch etwas wissen wir durch den Eintrag von 1275 – nämlich wie der Ort damals hieß: *Megemingen*. Die Entwicklung von mittelhochdeutsch Megemingen (1275) neben Megeningen (1278, 1296, 1304, 1327) zu Meglingen (1393) bzw. daraus dann frühneuhochdeutsch Möglingen[8] lässt sich sprachgeschichtlich problemlos nachvollziehen.[9] Möglingen ist einer der vielen Orte im deutschen

Südwesten, deren Name auf -ingen endet, womit die Zugehörigkeit der an dem Ort lebenden Menschen zu einer Person angezeigt war. Möglingen ist so – ausgehend von dem Beleg *Megemingen* im *Liber decimations* – sprachgeschichtlich als »Siedlung der Leute des *Magino*, des Mächtigen, des Kraftvollen« zu deuten, denn *Magan* hat im alemannischen Dialektbereich die Bedeutung Macht, Kraft, Tüchtigkeit.

So plausibel sich der Ortsname auch deuten lässt, so unbekannt bleiben doch die Anfänge von Möglingen. Wann und wie aus der nach einem adeligen Grundherrn bzw. dessen Geschlecht benannten Siedlung das Dorf entstand, welche Entwicklung es bis zu seinem ersten Beleg im *Liber decimationis* im Jahr 1275 durchlaufen hatte, all dies bleibt angesichts des Fehlens weiterer Quellen bis dahin im Dunkeln. Und Spekulationen auf der Grundlage späterer Zeugnisse führen nicht allzu weit.[10]

Mit einiger Sicherheit ist davon auszugehen, dass schon im frühen Mittelalter zu Möglingen ein Adelsgeschlecht saß, das als Grundherr Herrschaftsrechte innehatte, das Macht ausübte und zu unbestimmter Zeit eine Burg baute. Aber wer alles im Wandel der Zeiten in dieser Burg lebte und als »Ortsadel« präsent war, das wissen wir nicht. Alles was wir wissen ist, dass in einem um 1350 angelegten württembergischen Urbar ein *Burgstall* erwähnt ist, worunter ein Platz zu verstehen ist, an dem einmal einst – 1350 also bereits nicht mehr – eine Burg stand.

Item der jung Hertliep git 5 ß 5 hünre uz aim garten, lit an dem burgstal. Item Haintz der Suterin sun git 4 ß und 4 hunre uz aim garten, lit ouch neben dem burkstal, lautet der Beleg.[11] Der Burgstall ist hier zur näheren Lokalisierung von Gärten genannt, aus denen Abgaben an Graf Eberhard den Greiner von Württemberg zu entrichten sind.

Allenfalls eine Ruine dürfte es gewesen sein, was um 1350 noch von der Burg vorhanden war. Ihr Schicksal und das ihrer Herren ist uns verborgen. Immerhin wissen wir, dass das Erscheinungsbild des Ortes im früheren Mittelalter von einer Burg bestimmt gewesen sein muss.

Anders als die Burg hat die Kirche von Möglingen die Zeiten überdauert. Mit dem Pfarrhaus und der Zehntscheuer bildet sie heute den historischen Ortskern, der infolge des rapiden Wachstums zum modernen Wohn- und Industrieort an den Rand gerückt ist.[12] Die Pfarrkirche St. Pankratius ist eine typische Wehrkirche, deren wehrhafter Charakter auch heute noch an der exponiert erhöhten Lage im Dorf, am trutzigen Turm und an der sie umgebenden Mauer deutlich zu erkennen ist. Dass Kirchen im Mittelalter der Landbevölkerung als Zuflucht bei Bedrängnis dienten, war durchaus üblich. Da Teile des frühgotischen Westturms und des Schiffs aus dem 13. Jahrhundert stam-

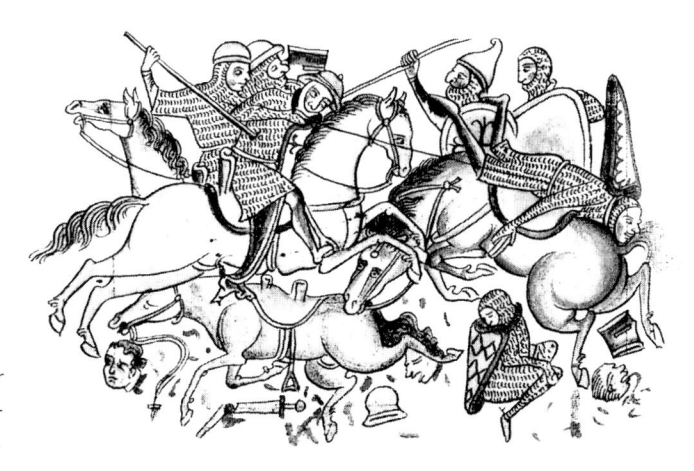

Kämpfende Kreuzfahrer um 1200 in einer zeitgenössischen Darstellung.

men, ist es nicht unwahrscheinlich, dass wir hier bauliche Überreste eben jener Möglinger Pfarrkirche haben, wie sie 1275 bereits bestand.[13] Jüngst ist sogar vorgeschlagen worden, dass die undatierte Glocke der Kirche mit der Inschrift + S + LVCAS + S + MARCVS + S + MATEV + S· IOHANNES/ in gotischer Majuskel[14] ebenfalls dem späteren 13. Jahrhundert entstammt.[15] Für unseren namentlich unbekannten Vicar aus dem *Liber decimationis* hätte sie dann schon geläutet.

3. Baden, die Grafen von Asperg und Württemberg

Dass die Kirche dem Heiligen Pankratius geweiht ist, einem römischen Märtyrer aus der Zeit der Christenverfolgungen Kaiser Diokletians und mit seinem Todestag 12. Mai einem der »Eisheiligen«, deutet auf einen nicht unmaßgeblichen Einfluss der Markgrafen von Baden in Möglingen hin. Die Markgrafen verehrten St. Pankratius ganz besonders. In ihrem Einflussbereich ist er Patron zahlreicher Kirchen. Auch das von ihnen gegründete Stift Backnang, das ihnen lange als Grablege diente, ist ihm geweiht.[16]

Dass die Markgrafen tatsächlich Rechte in Möglingen wahrnahmen und Besitz dort hatten, ist nun zweifelsfrei aus einer Urkunde belegt, die am 19. Februar 1296 ausgestellt wurde und im Hauptstaatsarchiv Stuttgart erhalten ist.[17] Mit ihr überträgt Markgraf Rudolf von Baden Konrad Harder von Sachsenheim sowie dessen Söhnen und Töchtern ihre Lehen, im Einzelnen wie insgesamt, in Möglingen. Die Harder waren ein Zweig der Herren von Sachsenheim, die später durch den Dichter Hermann von Sachsenheim (gestorben 1458) Berühmtheit erlangen sollten. Offensichtlich waren sie 1296 schon seit längerer Zeit im Besitz eines bedeutenden Hofs, der ihnen nun erneut verliehen wurde.[18] Wenn dieser Lehenskomplex von den Markgrafen von Baden als Lehen vergeben wurde, dann wäre dies ein weiterer Beleg für eine starke Position der Markgrafen in Möglingen.[19]

Die älteste Möglinger Glocke – ein Werk des 13. Jahrhunderts?

Bekanntermaßen hatten die Markgrafen von Baden im hohen Mittelalter am mittleren Neckar reichen Besitz in ihre Hände gebracht, der auf vielfältige Weise erheiratet und erworben war.[20] Stuttgart, Besigheim und Hoheneck sind ihre Gründungen. In zahlreichen Dörfern waren sie begütert. Ihr Besitz in Möglingen war also Teil des badischen Streubesitzes in der Gegend. Wann und wie er an die Markgrafen, die schon seit dem 11. Jahrhundert am mittleren Neckar nachweisbar sind, gekommen war, wissen wir mangels Quellen nicht.

Die Badener waren freilich nicht die einzigen, die Ende des 13. Jahrhunderts über Eigentum und Rechte in dem Dorf verfügten. Aus einer Urkunde, die am 7. November 1278 – also drei Jahre nach dem Eintrag im *Liber decimationis* – ausgestellt wurde, geht hervor, dass die

Grafen von Asperg Hoheitsrechte in dem Dorf wahrnahmen und das Esslinger Katharinenspital dort begütert war. Denn mit dieser Urkunde befreit Graf Ulrich von Tübingen, genannt von Asperg, gegen die Zahlung von 142 Pfund Heller die Güter des Esslinger Katharinenspitals sowohl im benachbarten Münchingen als auch in Möglingen nebst ihren Insassen von der Vogtei und allen Diensten und Steuern.[21] Ausdrücklich verzichtet der Graf auf alle Rechte an den in Möglingen gelegenen Gütern des der heiligen Katharina geweihten Spitals in Esslingen, alle gerichtsherrlichen Befugnisse, alle Ansprüche jeder Art, jede Form der Besteuerung, jede Dienstbarkeit und alle wie auch immer bezeichneten Verwaltungsbefugnisse, auf die er aufgrund der Vogtei herkömmlich Anspruch hat. Kurzum: ein Rundumverzicht auf alle obrigkeitlichen Rechte.

Freilich war dies kein außergewöhnlicher Vorgang. Entsprechende Befreiungen von Gütern, die Kirchen, Klöstern oder Spitälern geliehen waren, waren im Mittelalter üblich. Sie dienten dem Seelenheil derer, die den Verzicht übten, und sie ließen die geistlichen Institutionen wirtschaftlich erstarken. Das in der ersten Hälfte des 13. Jahrhunderts gegründete Esslinger Katharinen-Hospital hatte daher umfangreichen Besitz auch außerhalb der Reichsstadt, aus dem es reiche Einkünfte bezog.[22] In einem 1304 angelegten Urbar des Hospitals sind 110 Orte, vor allem im Remstal sowie im Neckarbecken und besonders im Strohgäu verbucht, in denen das Hospital Fuß gefasst hatte.[23] Dass es auch in Möglingen begütert war, überrascht also nicht. Auch hier wissen wir indes nicht, wann und auf welche Weise dieser Besitz in seine Hände gekommen war. Wie Herbert Raisch jedoch gezeigt hat, vollzog sich der systematische Erwerb der Güter außerhalb der Stadtmauern Esslingens vor allem in der zweiten Hälfte des 13. Jahrhunderts; die Belege stammen aus den siebziger Jahren.[24] Dies legt den Verdacht nahe, dass das Spital die Möglinger Güter gerade erst kurz vor ihrer Befreiung von der Vogtei erworben hatte.

Im Urbar des Spitals, das von 1304 bis 1334 geführt wurde, findet sich nun folgender Eintrag:[25]

In Megeningen.

Dicta Gnistin legavit hospitali duo iugera agrorum dicta Rinwinsagger, de quibus dantur quarta pars fructuum. Eadem Gnistin dedit 2 iugera agrorum, contiqua predicto agro, de quibus dantur 12 sumerina fructuum.

Item dictus Hardilin de Hemmingen legavit 1 iugerum agri dictum Herdilinsagger, situm in loco dicto Hamelsberg, de quo dantur 2 maltera fructuum hyemalium et 1 malterum fructuum estivalium, annis illis, quibus ager produxerit fructus eosdem.

Immerhin wissen wir so, dass eine Dame namens *Gnistin*, die dem Spital auch anderswo liegende Güter übertragen hatte, ihm zwei

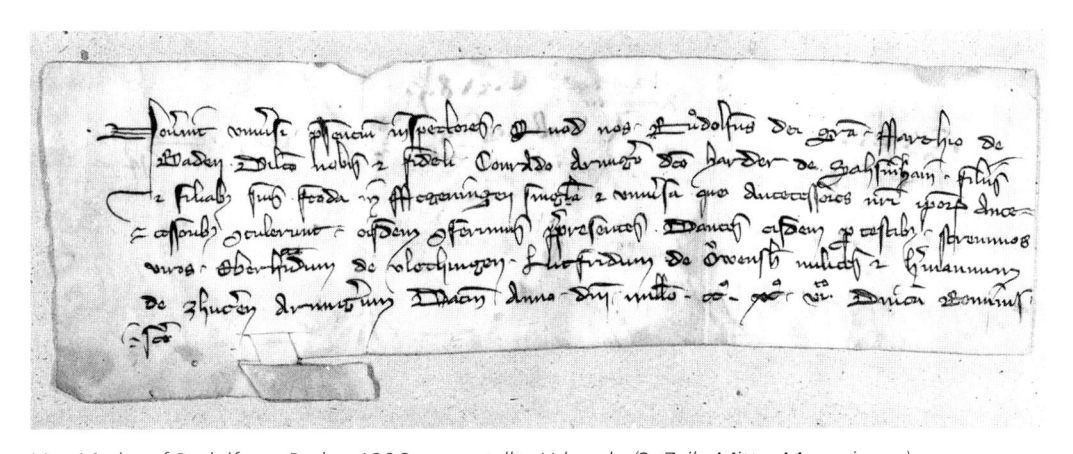

Von Markgraf Rudolf von Baden 1296 ausgestellte Urkunde (3. Zeile Mitte: Megeningen).

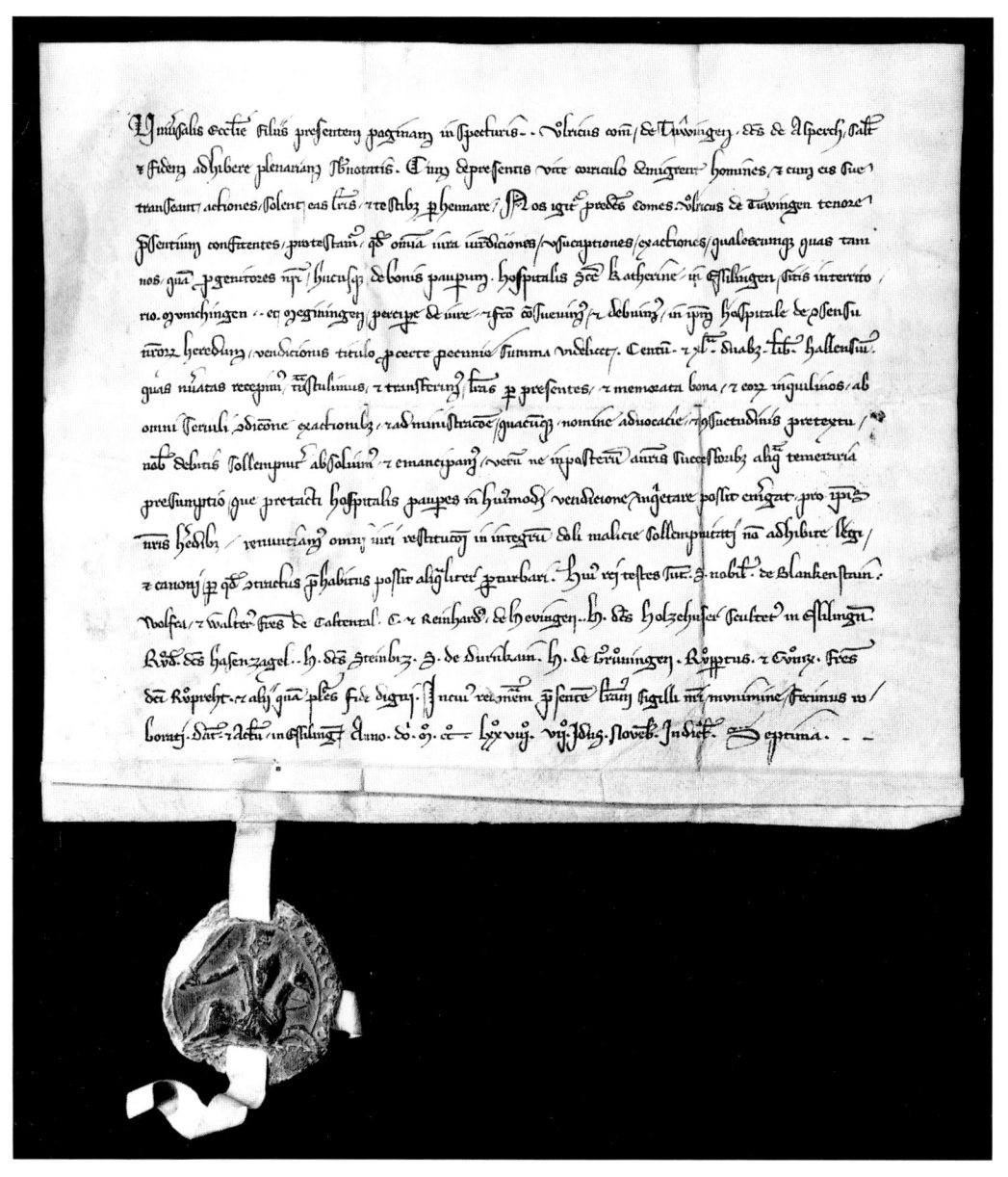

Die 1278 von Graf Ulrich von Tübingen, genannt von Asperg, ausgestellte Urkunde mit seinem Reitersiegel (6. Zeile 4. Wort Megininingen).

Morgen Acker mit dem Flurnamen *Rinwinsagger* sowie zwei benachbarte weitere Morgen zugewendet hat. Aus den ersten beiden Morgen war der vierte Teil der Frucht, aus den zweiten 12 Simmer Frucht zu entrichten. Des weiteren war dem Spital von Hardilin von Hemmingen, der ebenfalls auch an anderen Orten das Spital beschenkt hatte, ein Morgen Acker mit dem Namen *Herdilinsagger* übereignet worden, der am *Hamelsberg* lag und aus dem im Wechsel zwei Malter Winter- und ein Malter Sommerfrucht bei Bebauung abzugeben waren. Bei Gnistin und Hardilin von Hemmingen dürfte es sich um Mitglieder niederadeliger Familien handeln, die dem Spital zu ihrem Seelenheil die beschriebenen Liegenschaften als Schenkung hatten zukommen lassen. Der Besitz des Spitals in Möglingen hat sich freilich nicht auf diese Anzahl Morgen beschränkt. Vielmehr ist davon auszugehen, dass er wesentlich umfangreicher war und einen Hof mit ausgedehntem Grundbesitz umfasste.[26]

Doch kehren wir zur Urkunde von 1278 zurück. Wenn die Güter des Klosters von den umfänglichen vogteilichen Rechten Graf Ulrichs von Asperg befreit werden, dann ist im Umkehrschluss daraus abzuleiten, dass der Graf vor Ort Gerichts- und Besteuerungsrechte sowie Ansprüche weiterer Art auf Dienste und Leistungen besaß. Der Graf hatte somit in Möglingen die Ortsherrschaft inne. Und auch dies verwundert nicht. Die Grafen von Asperg – als solche seit 1228 belegt – waren eine Seitenlinie der Pfalzgrafen von Tübingen und nahmen als deren Rechtsnachfolger im Asperger Raum weitgehende Hoheitsrechte wahr. Auf dem Hohenasperg hatten sie eine Burgstadt angelegt, die dann in der ersten Hälfte des 16. Jahrhunderts an den Fuß des Berges verlegt wurde.[27] Möglingen in der unmittelbaren Nachbarschaft war in den Hoheitskomplex der Grafen im Glemsgau einbezogen. Die Befreiung der Güter des Esslinger Spitals bedeutete nun, dass diese Hoheitsrechte auf ihnen nicht mehr beansprucht werden konnten. Sie waren nun »frei«, ein Status, den sie auch in späterer Zeit behalten sollten.[28] Für die Grafen bedeutete das Rechtsgeschäft freilich einen Verlust an Macht im Ort. Möglicherweise standen finanzielle Nöte bei der Aufgabe der Rechte im Hintergrund; die Summe von 142 Pfund

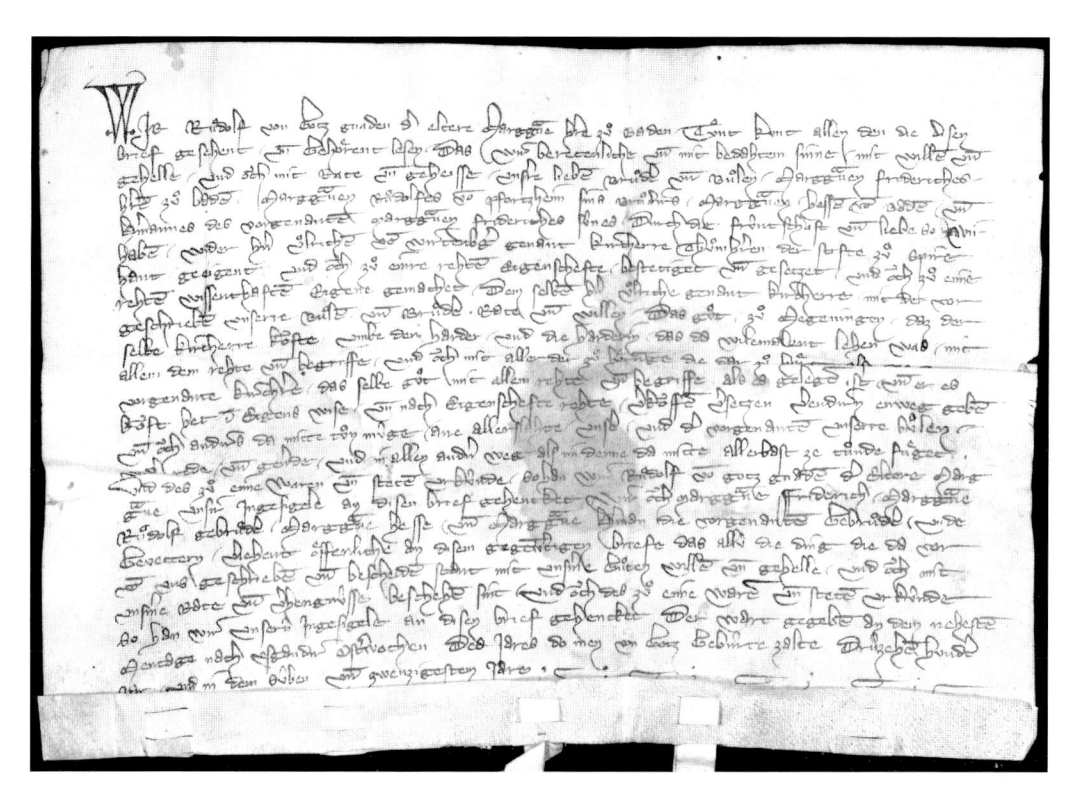

Die Urkunde von 1327 bedeutete den Rückzug Badens aus Möglingen (9. Zeile drittletztes Wort Megeningen).

Heller, die sie im Gegenzug erhielten, war immerhin beträchtlich. Vielleicht kann man den Verzicht auf die Vogteirechte als Teil eines Prozesses betrachten, an deren Ende die Grafen – wie wir sehen werden – die Grafschaft insgesamt verloren.

Anhand der wenigen Dokumente, die zur Möglinger Geschichte im 13. Jahrhundert erhalten sind, kann man nachvollziehen, dass dort zwei Hochadelsgeschlechter – die Markgrafen von Baden und die Grafen von Asperg – präsent waren. Des weiteren war in dem Ort das Esslinger St.-Katharinen-Hospital begütert; und die Harder von Sachsenheim hatten darin von den Markgrafen von Baden ein Lehen inne. Wir treffen damit Inhaber von Rechten an, die auch sonst in der Gegend Rechte wahrnahmen und Besitz hatten.

Das beginnende 14. Jahrhundert bringt Möglingen dann eine Veränderung, die für die Entwicklungen im Raum insgesamt ebenfalls typisch ist. Württemberg tritt auf und wird dominant. Die Grafen von Asperg treten ab, die Markgrafen von Baden den Rückzug an.

Das zentrale Datum: 1308. In jenem Jahr erwerben die Grafen von Württemberg die Grafschaft Asperg und damit auch die gräflichen Herrschaftsrechte in Möglingen.[29] Die Erwerbung ist eine von vielen, mit denen die Württemberger ihre Position im Raum systematisch ausbauen. Möglingen wird damit in die Geschichte Württembergs einbezogen, seine Geschichte wird Teil dieser.

Parallel zum Ausbau der württembergischen Herrschaft in unserer Gegend erfolgte der Rückzug Badens. So auch in Möglingen. Am

Der alte Möglinger Ortskern 1961 mit Zehntscheune und Pankratiuskirche sowie am rechten Bildrand im Hintergrund Mesner- und Pfarrhaus.

20. April 1327 übereignet Markgraf Rudolf der Ältere von Baden Ulrich von Württemberg, der Domherr und Probst von St. Guido in Speyer und ein illegitimer Sohn Graf Eberhards des Erlauchten von Württemberg war, sein Gut zu Möglingen (s. Abb. S. 63).[30] Dabei handelt es sich um eben jenes Gut, das die Markgrafen 1296 den Harder von Sachsenheim als Lehen übertragen und diese zwischenzeitlich an Ulrich von Württemberg veräußert hatten. Wenn es Ulrich von Markgraf Rudolf übereignet wird, bedeutet dies, dass die Markgrafen auf alle Rechte daran verzichten. Das Gut war nun in württembergischen Händen. Die Markgrafen von Baden sollten – ebenso wie die Harder von Sachsenheim – in der Geschichte Möglingens keine Rolle mehr spielen.

4. *In Megningen miner herren nütze und gelt* – Höfe, Abgaben und Stiftungen

1308 hatte Graf Eberhard I. von Württemberg mit der Grafschaft Asperg Rechte in Möglingen an sich gebracht, auf deren Grundlage das Dorf Möglingen in den entstehenden Territorialstaat Württemberg einbezogen werden konnte. Der 1327 vom Speyrer Probst Ulrich von Württemberg erworbene Hof[31] ist über Ulrich dann an die regierenden Grafen gelangt; jedenfalls zählt er später zu den herrschaftlichen Gütern. Es ist auch vermutet worden, dass über den illegitimen Spross des Hauses Württemberg das Patronat der Möglinger Kirche von den badischen Markgrafen an Württemberg übergegangen ist, in dessen Besitz es im 14. Jahrhundert ist.[32] Immerhin hat Ulrich auch 1332 von dem Edelknecht Albert von Ekke das Patronatsrecht der Kirche in Affalterbach und 1346 von Graf Hugo von Reichenberg und dessen Frau Katharina dasselbe Recht an der Kirche in Benningen gekauft;[33] im Besitz beider Patronate war dann später das Grafenhaus. Ulrich war 1348 verstorben. Im bereits erwähnten württembergischen Urbar aus der Zeit Eberhard des Greiners, das um 1350 angelegt wurde,[34] hat dieses bereits das Patronatsrecht in Möglingen inne. *Item min herren lihent die kirchen da selben,* können wir darin in dem Abschnitt über Möglingen lesen.[35]

Das Urbar gibt überhaupt einen sehr guten Einblick in die wahrnehmbaren Rechte und Einnahmen der Württemberger in »ihrem« Dorf Möglingen.[36] *In Megningen miner herren nütze und gelt,* ist der Abschnitt in dem Lagerbuch überschrieben.[37] Möglingen zählt damit zu den württembergischen Orten, die schon sehr früh bei der systematischen Aufnahme aller nutzbaren Rechte, wie sie in den immer wieder aktualisierten Urbaren erfolgt ist, erfasst wurden.

Als allgemeine Steuer (*stiurkorn*) hatte die Gemeinde (*die von Megningen*) nach Ausweis des Urbars 20 Malter Roggen an Michaelis (29. September) zu entrichten, also keinen Geldbetrag, sondern eine Natural- bzw. Getreidesteuer.[38] Ferner war sie 18 *Sump Vogthaber* schuldig; die Abgabe des Vogthabers war in Württemberg mit der Anerkennung der Gerichtshoheit gleichbedeutend. An Pfingsten waren des weiteren noch 3 Pfund Heller für *wayd rinder* fällig; hier war die ursprüngliche Naturalabgabe von einem oder mehreren Rindern bereits in Geld umgewandelt.[39] Wie die Steuer und die weiteren Abgaben innerhalb der Gemeinde umgelegt wurden, wissen wir nicht; jedenfalls gab es in Möglingen bereits um 1350 eine allgemeine Steuer, für die das Dorf als Gesamtheit aufzukommen hatte.[40] 1380 belief sich die Steuer auf 20 Pfund 15 Schilling Heller, 104 Malter Weizen sowie 263 Malter Hafer.[41]

In dem Urbar von ca. 1350 sind neben der allgemeinen Steuer und den vom Dorf als Gesamtheit zu erhebenden Abgaben auch alle Gülten aufgeführt, die an die Württemberger im Einzelnen zu entrichten waren.[42] Die Summe aller Einnahmen belief sich auf 8 1/2 Pfund 3 Schilling Heller *mit den wissen hellern*, 3 Pfund Heller *für wayd rinder*, 20 Malter Steuerkorn, 18 *Sump Vogthaber*, 47 Geldhühner, 17 Vogthühner sowie schließlich 12 Fastnachtshühner *von liben*, also von Leibeigenen. Als das Lagerbuch angelegt wurde, waren

Der Abschnitt über Möglingen im Urbar aus der Zeit um 1350. In der 7. u. 8. Zeile ist der Burgstall erwähnt.

12 Leibeigene in dem Dorf ansässig, die als Rekognitionsabgabe Fastnachtshühner zu geben hatten.

Die übrigen Abgaben sind detailliert einzelnen Höfen, Hofstellen (*Hofraytin*), Gärten, Scheuern, Wiesen und sonstigen Flurstücken zugeordnet. 12 Hofstellen sind es insgesamt, die abgabepflichtig waren. Auch alle Höfe, aus denen die Württemberger Einnahmen bezogen, sind einzeln aufgeführt, lokalisiert und hinsichtlich der aus ihnen zu entrichtenden Abgaben und zu leistenden Dienste näher beschrieben. Es sind dies *Des Herters* Hof, *Hertlieps* Hof, *Lutzen Maygers* Hof und *Hegenachs* Hof, der geteilt war. Dazu kommen vier Höfe, zu denen ausdrücklich vermerkt ist, dass sie *mit dem dorfe alle stiure geben und allen dienst tun* mussten, dass sie also nicht – wie die Güter des Esslinger Katharinen-Hospitals[43] – von Steuern und Diensten befreit waren. Es waren dies ein Hof der Herren von Frauenberg, die auf einer abgegangenen Burg bei Feuerbach saßen, der Herter von Herteneck sowie zwei weitere württembergische Höfe. Als besonderen Dienst hatten diese vier Höfe einen Karren zu Transportzwecken zu stellen, wann immer und wie oft die Herrschaft auch eines solchen bedurfte (*wenne min herren wellen und als dicke sie sin bedürfen*). Und noch zwei weitere Höfe sind in dem Urbar genannt: der des Bernolt von Urbach mit dem Beinamen »der Seidene« (*her Bernolt von Urbach der Sidin*), der ebenfalls früher zuammen mit dem Dorf steuer- und dienstbar, einschließlich der *karenfürung*, aber vor *vil jar* davon befreit worden war. Und ein Hof, den der Herr von Yberg (bei Stetten im Remstal) erst vor kurzem gekauft hatte und der ebenfalls frei (*fri*) war – zusammen mit elf dazugekauften Morgen, die Graf Eberhard auch ihrer Steuern und Abgaben *fri gelauzzen* hatte.

In dem Urbar sind nicht nur das Steuer- und Abgabewesen sowie die Dienstpflichten greifbar, sondern auch zahlreiche Menschen, die in Möglingen lebten. Auch wenn wir wenig über sie erfahren, so begegnen wir hier doch erstmals der dörflichen Bevölkerung: einzelne Namen sind genannt und Hofstellen, Gärten und anderen Liegenschaften zugeordnet. Greifbar sind folgende Personen: die Suterin; Bentz Spittaller; der Linke; Spiegels Tochter; der Route; der junge Hertliep; Haintz, der Suterin Sohn; der Schneider (*Snider*); die Zimmermännin; Ütze; der Oeude Mayger; Birhtel; die Haynoltin; die Hartmännin; Contz der Spittaler; Appe der Mayger; Schokwibelin; der Cruse; Hertliep; der Riem; Lutz, des Mayger sun; Wernher Küning; Haintz Küning; Hegenach; Bentz, der Mann von dessen Tochter; der Janer selig; Clain Conrad.

Erstmals ist hier auch ein Schultheiß als *schulthaizz Albreht* belegt. Bei dem *Pfaf Herman*, der eine Hofstelle hat, wird es sich um den Pfarrherrn handeln. Der als *Janer selig* erwähnte verstorbene Janer sowie *Clain Conrad* haben Funktionen für die Herrschaft wahrgenommen, indem sie Fuhrdienste mit dem Karren organisierten. Der erstgenannte war auch einst als Zeuge darüber vernommen worden, wie die Fuhrdienste von den vier Höfen traditionell zu leisten waren. *Der Linke* könnte identisch mit jenem *Heinz den Linggen* von Möglingen (*Megningen*) sein, der in einer Urkunde vom 17. April 1365 mit seinem Sohn, der ebenfalls den Namen Heinz hatte, als Bürge auftritt.[44]

Das Urbar vermittelt uns einen querschnittartigen Einblick in die dörflichen Verhältnisse um 1350 aus der Perspektive des Abgabeneinzugs und der Dienstpflichten, soweit Württemberg betroffen ist. Der von allen Lasten und Abgaben befreite Hof des St.-Katharinen-Hospitals in Esslingen ist in ihm folgerichtig nicht erfasst.

Ausgehend von dem Urbar kann man die Geschichte der einzelnen Höfe hypothetisch teils sogar noch ein Stück weiter zurück verfolgen.[45] Bei Lutz Maiers (*Maygers*) Hof könnte es sich um den ehemaligen Herrenhof des Ortes handeln, also das Zentrum einer ehemaligen Grundherrschaft, von deren Existenz wir vor dem Hintergrund der allgemeinen Entwicklung ausgehen müssen, über die wir jedoch mangels Quellen nichts wissen. Dafür spräche schon allein die Größe des Hofes, die 236 Morgen umfasste. Als ehemaliger Herrenhof käme aber auch der Hof des Yberg in Frage, da er im Urbar von 1350 ausdrücklich als *fri* – also von Diensten und Abgaben befreit – ausgewiesen ist und eine Urkunde, in der auf entsprechende Rechte verzichtet wird, für diesen Hof nicht bekannt ist. Dies legt die Vermutung nahe, dass er als Herrenhof von Anfang an abgaben- und dienstfrei war. Die zugehörigen Äcker waren rund um das Dorf verteilt.

Den Yberger Hof verkaufte Anselm von Yberg dann an den gräflichen Schreiber Heinrich Currifex von Münsingen, wobei von den Grafen Ludwig I. und Ulrich V. die althergebrachte Freiheit von Abgaben und Diensten am 5. Dezember 1436 erneut bestätigt wurde.[46] Anselm von Yberg ist in einer weiteren Urkunde vom 23. Dezember 1440 belegt, mit der er Hans Schuhmacher, Bürger zu Markgröningen, 4½ Malter Korngült aus Gütern zu Möglingen für 37 Gulden verkauft.[47] Den Yberger Hof veräußert dann später Hans Belz, der Sohn des Heinrich Currifex, für 1400 Gulden an das Schorndorfer Spital;[48] am 16. April 1487 bestätigt Graf Eberhard V. die Freiheit von Abgaben und Diensten in gewohnter Weise.[49] Zwei Jahre zuvor hatte allerdings das gräfliche Hofgericht festgestellt, dass der Hof von allen gewöhnlichen Abgaben unbeschwert sei, aber zu außerordentlichen Besteuerungen bis zu 5 Schilling herangezogen werden könne. Nachdem der Hof in Besitz des Schorndorfer Spitals gekommen war, bürgerte sich für ihn der Name *Schorndorfer Hof* ein, als der er dann in den Quellen erscheint.

Das Spital kaufte einen zweiten Hof in Möglingen im Jahre 1500 von den Vettern Bernhard und Sebastian Schenk von Winterstetten für 950 Gulden; dabei handelte es sich um jenen Hof, der im Urbar von ca. 1350 als *Frauenhofer Hof* bezeichnet ist. Möglicherweise war der so genannte *Adelberger Hof*, den die Schenken zwei Jahre zuvor an das Kloster Adelberg veräußert hatten, von diesem ehemaligen Frauenhofer Hof abgetrennt worden.

Das Schorndorfer Spital war wichtiger Grundherr in Möglingen. In der abgebildeten ehemaligen Spitalmeierei in Schorndorf wurden auch die Möglinger Einkünfte verwaltet.

Bernolt von Urbach, der im Urbar von 1350 als Hofinhaber genannt ist, schenkte 1359 seinen Hof der Pfarrei Geradstetten; dies erklärt den Hofnamen *Geradstetter Hof*. Der Herterhof kam nach 1350 von den Herter von Herteneck an den Frühmesser von Großingersheim, der die Abgaben daraus bezog; aus dem Jahre 1535 ist ein Revers des Thomas Schaber von Möglingen erhalten, dem der Hof von der Frühmesse als Erblehen geliehen wurde.[50] Einen weiteren Hof, der vielleicht von ihrem Hof abgeteilt worden war und zu diesem Zeitpunkt zur Pfandschaft Herteneck gehörte, verkauften die Herter in Gestalt von Hans Herter und seiner Ehefrau Anna Nothäftin am 22. September 1393 an den Marbacher Bürger Heinz Frölich für 230 Pfund Heller;[51] dieser Hof, für den sich der Name *Frölich-Hof* einbürgerte, kam dann an die Pfarrei Marbach und die Möglinger Frühmesse; am 5. Mai 1472 wurde auch er durch eine Urkunde Graf Eberhards V. von Württemberg von allen Steuern, Abgaben und Diensten befreit.[52]

Lutz Maiers (*Maygers*) Hof mit 236 Morgen, Hegenachs Hof mit 162 Morgen und Hertlieps Hof mit 119 Morgen gehörten dem gräflichen Haus. Vermutlich waren sie – wie die anderen

Besitztitel der Württemberger im Dorf – mit der Grafschaft Asperg an Württemberg gekommen. Hertlieps Hof gab 1350 das *halptayl* – also die Hälfte der Ernte – an die Herrschaft *mit schaden*; die Herrschaft hatte die Hälfte des Samens zu stellen und sich an den Kosten für die Ernte zu beteiligen. Die beiden anderen Höfe gaben den dritten Teil der Ernte ohne Schaden. Hegenachs Hof war geteilt; einen Teil bebaute er mit Bentz, dem Mann seiner Tochter, den anderen Teil bebauten Wernher und Haintz Küning. Die zu entrichtenden Abgaben aus den genannten Höfen wurden im Laufe der Zeit wiederholt neu geregelt, was in den späteren Urbaren nachvollziehbar ist.

Wie sich gezeigt hat, gab es um und nach 1350 neben den württembergischen Höfen eine ganze Reihe anderer Höfe im Ort. Und es gab neben dem Hof des St.-Katharinen-Hospitals weitere Höfe, die von Lasten befreit waren. Man darf sich die rechtlichen, wirtschaftlichen und sozialen Gegebenheiten, die das Leben der bäuerlichen Bevölkerung prägten, folglich nicht einheitlich vorstellen. Und auch nicht konfliktfrei: 1379 entscheiden Friedrich, Pfalzgraf bei Rhein, und Ulrich Besserer mit vier weiteren Schiedsleuten über eine Reihe von Klagen Esslinger Bürger gegen die Herrschaft Württemberg, ihre Beamten und Untertanen, darunter auch über die Klage des Esslinger Bürgers Ulrich der Glöckner, dass man ihm neun Morgen Ackers zu Möglingen entfremdet habe.[53]

In der zweiten Hälfte des 15. Jahrhunderts bestand auch eine Reihe von Stiftungen im Dorf, vielleicht auch schon früher, aber belegt sind sie erst in dieser Zeit. Vermutlich abgetrennt vom Yberger Hof hatten die Herren von Yberg das so genannte Yberger Lehen im Umfang von 23 1/2 Morgen, das 1440 von den Herren von Yberg an einen Markgröninger Bürger verkauft wurde. 1453 wird dieses Lehen dann im Zusammenhang mit der Stiftung einer Frühmesspfründe am Marienaltar in der Pfarrkirche diesem gewidmet.

In der Urkunde vom 24. November 1453, mit der Schultheiß, Gericht und Gemeinde zu

Das Haus Pflugfelder gehörte zum Großen Schorndorfer Hof. Aufnahme um 1920.

Möglingen dem Bischof von Konstanz die Stiftung einer Frühmesspfründe an diesem Altar anzeigen und um Bestätigung bitten, begegnen wir erstmals in dieser Kombination den Gemeindeorganen als Aussteller einer Urkunde.[54] Der Schultheiß vertrat einerseits die Herrschaft im Dorf, nicht zuletzt beim Einzug der Steuern und Abgaben, war andererseits aber auch der Repräsentant und Interessenvertreter der Gemeinde, an deren Spitze er stand. Das Dorfgericht war für kleinere Vergehen – Ordnungswidrigkeiten, wenn man so will – und die Angelegenheiten der freiwilligen Gerichtsbarkeit zuständig.

Zur Frühmesse und dem Frühmesser ist eine ganze Reihe weiterer Urkunden erhalten. Schon 1440 verkaufen Oswald Dock und Genossen an die Frühmesse Unserer lieben Frau zu Möglingen ein Drittel eines Hofs daselbst und das Losungsrecht der beiden anderen Drittel für 230 Gulden.[55] Hans Wachtel, Bürger zu Marbach, verkauft am 14. Dezember 1465 dem Frühmesser zu Möglingen etliche kleine Zinseinnahmen für 2½ Pfund Heller.[56] Und am 25. Februar 1471 freit Graf Eberhard V. alle Zinsen, Gülten und Güter der neuen Frühmesse zu Möglingen von allen Steuern, Schatzungen, Diensten und anderen Lasten (vgl. auch S. 111 f.).[57]

Die Abgaben aus einem *Siechenlehen* waren für das Stuttgarter Stift vorgesehen, das sie für die Stuttgarter Sondersiechen, also Aussätzige, zu verwenden hatte. Bis zur Reformation bestand als *Leonberger Lehen* eine Stiftung zugunsten der St. Nikolauspfründe von Höfingen, die – so ist vermutet worden – die Truchsessen von Höfingen gegründet hatten.[58]

1453 treten erstmals Schultheiß, Gericht und Gemeinde von Möglingen als Aussteller einer Urkunde auf (Letztes Viertel der 1. Zeile).

1308 soll nach Forschungen aus dem Jahr 1858 der Möglinger *Widdumhof* des Stuttgarter Spitals erstmals verliehen worden sein; eine Erneuerung der Zehntrechte des Spitals in Möglingen wird dabei auf 1350 datiert.[59] Das Spital wurde allerdings erst um 1365 gegründet. Die Anfänge des Widdumhofs, der nach seinem Eigentümer auch *Spital* genannt wurde, liegen daher im Dunkeln. In der Geschichte Möglingens kommt freilich dem Spital eine besondere Bedeutung zu, da die Patronatsrechte an der Kirche St. Pankratius noch im Mittelalter an das Spital übergegangen sind; wann genau wissen wir indes nicht.[60] Sicher geschah dies aber vor der Mitte des 15. Jahrhunderts. In einer Urkunde vom April 1393, von der noch zu sprechen sein wird,[61] ist bereits von den Rechten des Stuttgarter Spitals am Kirchensatz die Rede.[62] Und in einer Urkunde vom 6. Dezember 1411 ist schon *des Spitals Kasten* zu Möglingen belegt.[63] Bei einem Streit über die Auswahl und Einsetzung des Möglinger Pfarrers nahm die Stadt Stuttgart 1741 schließlich Bezug auf eine Urkunde der Brüder Ludwig und Ulrich von Württemberg aus dem Jahr 1441, die dem Spital zu Stuttgart die *Ersetzung der Pfarr und Bestellung der Kirchen zu M[öglingen] mit all deren Rechten, Nutzbarkeiten und Zugehörungen* zuwies.[64] Aus der zweiten Hälfte des 15. Jahrhunderts sind dann zum Spital einige Urkunden erhalten, in denen Möglingen berührt ist. So verkaufen am 28. August 1467 Vogt und Gericht von Stuttgart auf Veranlassung ihres Spitals der Frühmesse zu Möglingen drei Malter Korngült zu Eglosheim und eine Gült von 7½ Schilling Heller aus einem Garten zu Möglingen für 34 Schilling Heller.[65] Am 30. Juli 1484 freien die Grafen Eberhard V. und Eberhard VI. die drei Unterpfleger des Stuttgarter Spitals zu Möglingen, Renningen und Gerlingen für die Zeit ihrer Pflegschaft von allen weiteren Ämtern, Leibdiensten, Fronen und Wehrpflichten (*reisen*).[66]

Zu den Pfarrern von St. Pankratius sind im 14. und 15. Jahrhundert kaum Zeugnisse erhalten. Lediglich in einer Urkunde vom 10. Dezember 1466 treffen wir den »ehrsamen Priester« Hans Käß, Pfarrer zu Möglingen, an. Ihm verkauft Pfaff Hans Liepman, Frühmesser zu Stuttgart, in Vollmacht Doktor Martin Källins von Weil dessen Gülten zu Möglingen für 6 Schilling Heller.[67]

Das Jahreseinkommen der Pfarrei betrug im 15. Jahrhundert durchschnittlich 28 Gulden,[68] womit Möglingen zu den »armen Kirchen« des Konstanzer Bistums zählte. Der Befund ist gleichwohl nicht überzubewerten, denn dieser Kategorie waren 70 Prozent aller Pfarreien in der Diözese zuzurechnen.[69]

Auf recht ärmliche Verhältnisse insgesamt im Dorf weist allerdings noch eine Quelle vom Ende des 15. Jahrhunderts hin. Durch sie ist zugleich erstmals Schafzucht in Möglingen belegt, für die sich etwa im Urbar von ca. 1350 keinerlei Hinweise finden. Am 12. Januar 1490 erlaubt Graf Eberhard V. denen von Asperg, Bietigheim, Tamm, Bissingen und Möglingen ihrem Herkommen gemäß Zaupenschafe (*zuppenschaff*) zu halten.[70] Obwohl der Graf von seinen Schäfern ausdrücklich gewarnt worden war, dass die eher minderwertige und leicht räudige Rasse der Zaupenschafe[71] seinen Schafherden und denen anderer schädlich sein könnte, hatte er seine Bedenken zurückgestellt und das Herkommen sowie die *notdurfft* der Gemeinde, solche Schafe zu halten, anerkannt.

5. Möglingen im württembergischen Amt Gröningen

Wenn auch Möglingen seit 1308 zur Grafschaft Württemberg gehörte und – nicht zuletzt das Urbar aus der Zeit um 1350 bezeugt es – verwaltungstechnisch in das entstehende Territorium der Grafen integriert wurde, so gab es doch Momente in seiner »politischen« Geschichte, die eine Unterbrechung der unmittelbaren Herrschaft Württembergs bedeuteten.

Mit einer Urkunde[72] vom 21. April 1393 wurde das *Dorf Möglingen*, wie man es darin ausdrücklich bezeichnet hat, Eberhard von Urbach als Leibgeding übertragen – von Graf

Eberhard III. für die Dienste, die der Urbacher seinem »Ahnherrn« Graf Eberhard II. und seinem »lieben Vater« Graf Ulrich erwiesen hatte. Eberhard von Urbach war damit auf Lebenszeit Nutznießer aller Rechte und Dienste, die die Württemberger in Möglingen hatten. Ausdrücklich festgehalten wurde jedoch, dass er die Leute und Güter zu Möglingen, so lange er sie innehaben sollte, nicht über die gewöhnlichen Dienste, Steuern, Zinse und Gülten hinaus besteuern oder *bedrengen,* auch die Hölzer und Wälder, die dazu gehörten, nicht über seinen tatsächlichen Bedarf hinaus *abhauen* durfte. Explizite ausgenommen blieb aber auch der Kirchensatz von dem Leibgeding, über den im Revers Eberhards von Urbach festgehalten ist: *Ouch sol ich mit dem kirchensacze daselbs nichczit ze schaffen han, wann der vorgenannt min gnediger herre* – gemeint ist Eberhard III. von Württemberg – *im und seinen erben und dem spittäle ze Stuggartden ire recht daran behalten hat.*[73]

Wie es dem Dorf und seinen Einwohnern unter Eberhard von Urbach tatsächlich ergangen ist, dazu sind keine Quellen erhalten. Nach seinem Tod wird es wieder an Württemberg zurückgefallen sein; freilich ist auch dieser Vorgang nicht dokumentiert.

Aus dem Jahre 1399 ist dann eine Urkunde erhalten, mit der Eberhard III. von Württemberg die Verleihung eines Hofs zu Möglingen an Heinrich Räth, Sohn des Embhard Räth, bestätigt, die der Vogt zu Stuttgart und der Keller von Urach vorgenommen hatten.[74] Und am 10. März 1432 wurde das gesamte Dorf wieder verpfändet – von Graf Ludwig I. von Württemberg an Melchior von Gültlingen, der bei ihm in Diensten stand, und seine Frau Agathe von Mannsberg für 1400 Gulden und ebenfalls zum lebenslänglichen Genuss zu vergleichbaren Bedingungen, wie es 1393 an Eberhard von Urbach gekommen war. Aus der Urkunde[75] wissen wir, dass das Dorf zuvor in gleicher Weise an Heinrich von Nippenburg verpfändet gewesen war.

Als die Grafschaft Württemberg 1442 geteilt wurde, fiel das noch verpfändete Möglingen nach dem Landesteilungsvertrag als ablösliche Pfandschaft in Graf Ludwigs – also den Uracher – Teil.[76] Möglingen gehörte hier bereits zum Amt Gröningen mit der Amtsstadt Gröningen (heute Markgröningen), die 1336 an Württemberg gekommen war und sich in dem entstehenden Territorium zum Mittelpunkt eines Verwaltungsamts entwickelt hatte.[77]

Im ca. 1350 angelegten Urbar der Herrschaft Württemberg war Möglingen noch dem Amt Asperg zugeordnet, das daneben noch Asperg, Kornwestheim, Eglosheim, Pflugfelden, den abgegangenen Ort *Brauchat*, Heutingsheim, Tamm, Bissingen, Beihingen, Benningen, Murr, Steinheim, Rielingshausen und Kirchberg umfasste.[78] Freilich war die Ämtereinteilung noch lange im Fluss. In einem 1380 aufgestellten Verzeichnis der Einkünfte der Grafen von Württemberg in den Ämtern Bietigheim, des Zabergäus und im Amt Marbach, das anlässlich der Widerlegung des Heiratsguts der Antonia Visconti bei ihrer Eheschließung mit Graf Eberhard dem Milden entstanden ist, erscheint Möglingen unter den Einkünften aus dem Amt bzw. der Vogtei Marbach (*officii seu advocatie in Marpbach*).[79] Inwieweit hier tatsächlich ein »Amt« im eigentlichen Sinne als Verwaltungsmittelpunkt greifbar ist oder ob nicht vielmehr nur von Marbach aus in dieser Zeit die Einnahmen aus bestimmten Orten verwaltet wurden, lässt sich nicht eindeutig sagen.

Die erste umfassende Übersicht über die Ämtereinteilung findet sich erst in den Akten zur Landesteilung von 1442. Das Amt Gröningen war zu diesem Zeitpunkt eines von insgesamt 38 Ämtern.[80] 1448 umfasste es außer der Amtsstadt selbst die Orte Möglingen, Münchingen, Oßweil, Tamm, Schwieberdingen, Bissingen, Eglosheim, Pflugfelden, Unterriexingen, Heutingsheim, Geisingen, Bietigheim und Löchgau.[81]

Aus der Zeit der Teilung sind ein *Schatzungsbuch im ampte Gröningen* von 1448 sowie ein weiteres von 1471 überliefert, in denen zu Steuerzwecken Angaben über die Bevölkerung

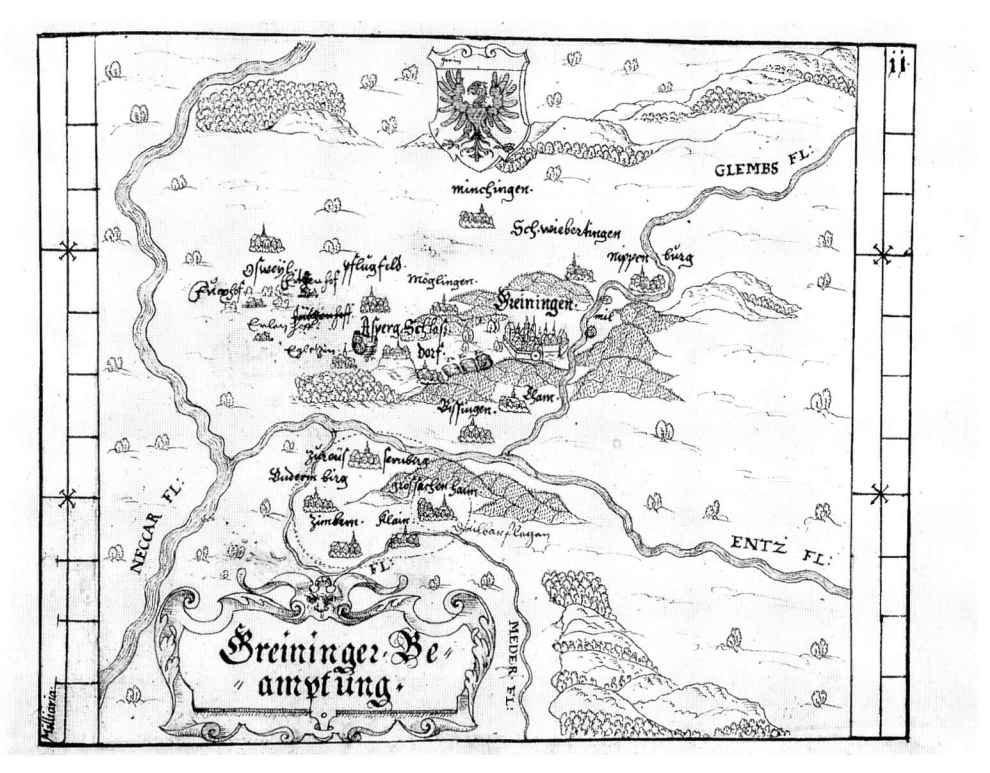

Das Amt Gröningen in einem Heinrich Schickhardt zugeschriebenen Atlas aus der Zeit um 1600.

erfasst sind.[82] Das Buch von 1448 für das Amt Gröningen ist überhaupt das älteste Schatzungsbuch dieser Art, das für Württemberg erhalten ist.[83] In beiden Schatzungsbüchern finden sich auch Daten zu Möglingen.

Bei den Schatzungen von 1448 und 1470 (zu der letzteren sind 1471 die Aufzeichnungen erfolgt) wurde eine außerordentliche Steuer erhoben – als Quotitätssteuer von jedem einzelnen Einwohner auf der Grundlage seines Vermögens, von dem der 20. Pfennig bzw. fünf Prozent des Wertes zu zahlen waren. Betroffen waren hiervon sowohl die bewegliche als auch die unbewegliche Habe und die Kapitalwerte der Zinsen und Gülten; steuerfrei blieben nur Waffen und Kleider.[84] In den Schatzungsbüchern sind zunächst alle steuerpflichtigen Einwohner vor Ort aufgeführt, sodann unter der Überschrift *Ußstur*, also »Aussteuer«, Steuerpflichtige, die als so genannte Ausleute in der Gemeinde Güter und Einkünfte hatten, ohne dort selbst zu leben, danach die Knechte und Mägde, die im Amt in vorübergehenden Dienstverhältnissen standen, und zum Schluss die dem Amt zugehörigen Leibeigenen, die sich auf fremdem Gebiet aufhielten.[85] Bei der Schatzung von 1470 entfiel jedoch diese letzte Kategorie.

In Möglingen wurden bei der Schatzung von 1448 insgesamt 66 steuerpflichtige Personen vor Ort erfasst; dazu kamen zwei Knechte und zehn Mägde.

Das höchste zu versteuernde Vermögen hatte *Conrat, des alten schultheissen* Sohn, mit 314 Gulden. Überhaupt zählte die Familie *Schultheiss*, bei der das Amt wohl den Familiennamen ergeben hatte, zu den reichsten Familien vor Ort. Greifbar sind unter anderem in unserem Schatzungsbuch folgende weitere Personen, die ihr zuzuordnen sind: *der alt schultheis* (132 Gulden), bei dem es sich wohl um den früheren Schultheiß handelt, *Conrat Schult-*

heiss (213 Gulden) und schließlich *Adam Schultheiss* (61 Gulden). Bei den beiden letztgenannten ist es durchaus wahrscheinlich, dass einer der beiden zur Zeit der Besteuerung auch Inhaber des Schultheißenamtes war, dass hier also Amtsbezeichnung und Familienname identisch sind. Das Amt des Schultheißen wäre dann um 1450 wohl über eine längere Zeit hinweg von derselben Familie wahrgenommen worden.

Aber auch andere Einwohner Möglingens mit hohem Vermögen treffen wir an. *Cleinhans* versteuert 309, *Claus von Meglingen*, dessen Name wohl als reiner Herkunftsname und nicht als Indiz niederadeliger Herkunft zu deuten ist, 307 Gulden – die zweit- bzw. dritthöchsten Summen. Alle weiteren hohen Einkommen bewegen sich in der Größenordnung zwischen 100 und 150 Gulden: *die Wissin* (196), *Conrade* (144, 1 Ort), *Brotbeck* (117), *Leonhart* (122), *Wilhart* (107). Die Mühle, die in dem Schatzungsbuch erstmals belegt ist, wird auf den Wert von 100 Pfund geschätzt.[86] Nicht völlig steuerfrei gingen die Knechte und Mägde aus. Bei ihnen wurde der Lohn besteuert, bei den Mägden meistenteils zusätzlich ihre Fahrhabe an einigen Ellen Leinentuch.

Die *Ußstur* war von den Inhabern verschiedener Höfe und sonstiger Einkommen zu erbringen, die zu Esslingen (das Spital und Pfaff Riem von Gröningen), Stammheim, Münchingen, Marbach, Pflugfelden, Gröningen, Bissingen, Kröwelsau (bei Merklingen) und Asperg saßen; unter dieser Rubrik ist auch die Frühmesse zu Gröningen veranschlagt.

Bei der Schatzung von 1470 sind 61 steuerpflichtige Haushaltsvorstände aufgeführt. Wie auch in anderen Orten des Amts ist also gegenüber 1448 ein geringfügiger Rückgang der Bevölkerung zu verbuchen.[87] Die Spitzenvermögen sind gegenüber 1441 ganz erheblich angewachsen. *Ella Schultheissin*, also wiederum ein Mitglied der Familie Schultheiß, hat 645 Gulden zu versteuern, *alt Claus* gar 1006, *Engelhart* 420, *Gnapper* 255, *Kleinheuslerin* 380, *jung Heintz* 350, *Lienhart* 200. Das Schultheißenamt hat in dieser Zeit Heinrich Schuhmacher (*Schüchmacher*) inne, der 160 Gulden versteuert. Als Ausleute sind hier Inhaber von Vermögenswerten in Urach, Stammheim, Gablenberg, Westheim, Asperg, Münchingen, Schwieberdingen und Marbach genannt. Es fehlen die Angaben zu auswärtigen Leibeigenen, Knechten und Mägden.

Anhand der überlieferten Zahlen zu den Haushaltsvorständen sowie den Knechten und Mägden kann man – freilich jeweils als nur sehr groben Annäherungswert – die Zahl der Einwohner für 1448 auf rund 210 bis 270, für 1470 auf rund 200 bis 260 Personen berechnen.[88]

Eine umfassende Auswertung der in den Schatzungsbüchern greifbaren Daten, die in vielfältiger Weise für die Einwohnerschaft Möglingens und ihre Bevölkerung aussagekräftig sind, aber zum Beispiel auch eine Fülle an Namen und weiteren Informationen zu den verschiedenen Höfen und Stiftungen bieten, kann freilich im Rahmen einer Ortsgeschichte nicht erfolgen.[89] Wichtig ist in unserem Zusammenhang jedoch noch der Befund, dass 1448 Möglingen mit einem zu versteuernden Gesamtvermögen von 5274 1/2 Gulden, 763 Pfund aus der Reihe der Amtsorte das dritthöchste Steueraufkommen aufweist – nach Bietigheim, das hier mit 30 543 Gulden, 3 Ort, 91 Pfund und 1 Schilling verbucht ist, sowie Münchingen mit 8773 1/2 Gulden, 1719 Pfund und 14 Schilling 6 Heller;[90] die Amtsstadt Gröningen selbst hatte 55 873 Gulden, 3 Ort, 2275 Pfund und 7 1/2 Schilling zu versteuern. Auch 1471 stand Möglingen im Steueraufkommen des Amts mit einem Anteil von 496 Gulden 4 Schilling Heller an dritter Stelle, wiederum nach der Amtsstadt und Münchingen.[91] Diese Befunde bleiben freilich ebenfalls in eingehenderen Untersuchungen noch näher zu interpretieren.

Wie sehr das Dorf Möglingen in dieser Zeit in das Amt Gröningen hineingewachsen war, zeigen anschaulich Eintragungen in den Amts- und Landschadensbüchern aus dem ausgehenden 15. Jahrhundert. Die ältesten stammen aus dem Jahr 1481 und damit ebenfalls –

gerade noch – aus der Zeit der Teilung, die ja bekanntermaßen 1482 mit dem Münsinger Vertrag ihr Ende fand.[92]

Der Land- und Amtsschaden war eine Besonderheit der württembergischen Verfassungs- und Steuergeschichte, die um 1425 neben den ordentlichen und außerordentlichen Steuern als Repartitionssteuer eingeführt worden war.[93] Beim Landschaden wurden nachträglich die Aufwendungen, die für das ganze Land entstanden und in den Jahresrechnungen verbucht waren, auf die einzelnen Ämter umgelegt, die die von ihnen zu erbringende Summe nun wiederum als Umlage bei den einzelnen Amtsorten erhoben. Entsprechend wurde mit den Aufwendungen, die von den Ämtern selbst bestritten werden sollten, innerhalb dieser verfahren; auch hier wurden die Kosten, die vor allem für Wehrbauten, Wach-, Boten- und Fuhrdienste anfielen, auf die Amtsorte umgelegt. Verantwortlich war dafür ein Gremium, das aus einigen Verordneten des Gerichts der Amtsstadt und einigen Dorfschultheißen unter der Leitung des Vogts bestand.

Die Amts- und Landschadensrechnungen des Amts Gröningen, die aus dem ausgehenden 15. Jahrhundert erhalten sind,[94] dokumentieren anschaulich die Beiträge Möglingens zum Amts- und Landschaden. 1481 finden wir für den Amtsschaden zum Beispiel folgende Eintragung:

Meglingen

Item die von Meglingen hond gefurt XXXVIII malter kernen von Groningen gen Berg; von aynem malter zu lon XVIII heller. Item gefurt kelter holtz von Stutgart gen Asperg IIII wagen, aynem wagen zu lon XII ß. Item gefurt zymmerholtz ußer dem Oßterholtz[95] gen Asperg X wagen, aynem wagen zu lon IIII ß. Item und II wagen ußer dem Osterholtz zu dem Asperger see, aynem wagen zu lon IIII ß. Item gefaren an den Asperger see mit karchen V fart, von ayner fart zu lon II ß. Item ziegel gefurt von Groningen gen Asperg VIII karch, aynem karch zu lon III ß. Item an der keltern zu Asperg gefarn I tag mit aynem karch, zu lon V ß. Item II karch mit hünr gen Stutgarten, aynem karch zu lon V ß. Item I karch mit I roß mit lern vassen[96] von Meglingen gen Stutgart, zu lon V ß. Item zway große vaß von Marppach gen Asperg und

Das stattliche Markgröninger Rathaus aus dem späten Mittelalter war Machtsymbol der Amtsstadt.

zway sudwagen[97] *vaß ouch von Marpach gen Asperg, davon zu lon XXX ß.*
Summen XI lb XVI ß III heller.

Wie man aus dem Text ersehen kann, waren es vor allem Fuhrdienste, die beim Amtsschaden verrechnet wurden. Die Einträge der folgenden Jahre bestätigen dieses Bild.

In den Aufzeichnungen zum Landschaden aus derselben Zeit[98] sind ebenfalls in starkem Maße Fuhrdienste verbucht. Das Transportgut bestand auch hier vor allem aus Holz, Hühnern und Getreide. Hier finden sich aber auch Eintragungen zu Kosten für den *raisswagen*; also Beiträge, die das Dorf für das militärische Aufgebot des Landes, für die Ausrüstung der Reisknechte zu erbringen hatte. *Item Wernher und Xanderen I lb IIII ß von I wagen und II pferd in die rais zu faren,* hat man etwa 1489 notiert. In eben jenem Jahr 1489 ist übrigens von Graf Eberhard V. eine Amts- und Landschadensrechnung erlassen worden, in der die zu verrechnenden Posten näher geregelt sind. Diese Ordnung, die wohl für das gesamte – nunmehr wieder vereinte – Württemberg galt, ist als Anweisung an den Vogt zu Gröningen überliefert.[99] Für Möglingen sind also Daten aus den ersten Jahren der Amts- und Landschadensordnung erhalten.

Der Beitrag Möglingens zum Landesaufgebot[100] ist noch in einer anderen Quelle dokumentiert. In den so genannten Musterungslisten, die man nach Ämtern führte und die das Hauptstaatsarchiv Stuttgart verwahrt, sind die wehrhaften Männer mit Namen aufgeführt, die Möglingen zu stellen hatte. Hier setzt die Überlieferung jedoch erst 1523 ein – in Gestalt einer einfachen Namensliste mit folgender Überschrift:[101]

Erkundigung personen zu krieg vermugenlich von XVII jarn biss uff LX dess ampts Gröningen in der wochen Johannis Baptiste anno XXIII.
Moglingen
Valterus Kieser; Allexannder Kieser; Michel Pur; Jerg Gaymer; Jerg Schmautz; Joachim Gaymer; Hans Gaymer; Mull Hanns; Conrat Schmalstain; Allexannders Conrat; Lentzin Weber; Wenndel Scheffer; Hans Strobel; Wernher Schnyder; Wenndel Jouss; Alber Heger; Sixt Schmid; Othmar Fuchs; Allexander Schmautz; Hans Echtertinger; Hans Schneller; Hans, Paulin Mayers son; Basti Fry; Hainrich Zainer; Conratt Blomenstill (blomen still); Balthas Kern; Bernhart Gnapper; Peter Schwindelin; jung Clauss; Endris Muren; Jerg Scheble; Bernhart Zech; Luxen Michel; jung Hans Zainer; Luxen Hans; Rieben Hans; Jeronimus Fritz; Lip Hansel; Friderich Remeld[102]*; Jerg Hack; Hans Zan; Jerg Ruff; Pangratz Schwindelin; Hans Vogel; Jerg Vilhacker; Hans Keym; Jouss Zainer; Mattiss Contzlin; Conrat Schuchmacher; Benedict Schuchmacher.*

Genau 50 Männer waren es in Möglingen, die im Alter von 17 bis 60 Jahren wehrtauglich waren. Innerhalb des Amts Gröningen als Wehrbezirk stellte Möglingen damit nach der Amtsstadt selbst und Münchingen das drittgrößte Aufgebot. Denn bei der Musterung von 1523 sind folgende Zahlen für das Aufgebot der einzelnen Amtsorte dokumentiert:

Gröningen 147
Pflugfelden 9
Münchingen 97
Schwieberdingen 14
Oßweil 27
Eglosheim 22
Tamm 39
Bissingen 45
Metterzimmern (*Zymbern*) 8
Großsachsenheim 6
Kleinsachsenheim 16

Weitere Musterungslisten liegen für die Jahre 1536 und 1546 vor. Das Musterungsregister von 1536[103] weist eine Neuerung auf: Hier sind nicht nur die Namen der wehrhaften Männer aufgeführt, sondern auch ihre Ausrüstung. Wir wissen so, wer mit Harnisch, wer mit dem Spieß, wer mit der Axt, wer mit der Hellebarde und wer mit der Büchse zu Felde zog. 1536 beläuft sich die Zahl der wehrhaften Männer nunmehr auf insgesamt 71. Am Ende der Liste ist ihre Verteilung wie folgt summiert: mit Spießen 60,[104] mit Hellebarden (helempten) 8, mit Büchsen 4, mit der Axt 1. Dass ein solches

Aufgebot der Ämter auch wirklich immer wieder zum Einsatz kam, belegt das Beispiel des Schwabenkriegs von 1499, in dem Württemberg König Maximilian gegen die Schweizer Eidgenossen unterstützte und das Amt Markgröningen eine Mannschaft mit 120 Spießen, 90 Büchsen und 30 Hellebarden sowie ferner für 12 Reiswagen die benötigten Wagenknechte und Pferde zu stellen hatte.[105]

Im Jahr 1546 wurde kein vollständiges Musterungsregister angelegt, sondern nur ein Verzeichnis, *was für wörhaffter personen im furstenthumb Wirtemberg ym monat septembris anno viertzig sechse yber die jenigen, so hievor hinaus gezogenn, weiter gewolt und beschriben werden.* [106] Dies waren 3 Büchsen, 13 Spieße mit Rüstungen, 3 *bloße* Spieße ohne Rüstung und 1 Hellebarde, deren Träger jeweils namentlich genannt sind.

Selbstverständlich war das Amt Gröningen auch Gerichtsbezirk.[107] Wie in anderen Ämtern seit der ersten Hälfte des 15. Jahrhunderts war das unter dem Vorsitz des Vogtes mit Angehörigen der so genannten Ehrbarkeit besetzte Stadtgericht der Amtsstadt (Mark-)Gröningen in der Strafgerichtsbarkeit erste und letzte Instanz; es konnte dabei auf Todes-, Leibes-, Geld- und Ehrenstrafen erkennen. Auch für zivilgerichtliche Verfahren war es zuständig, doch konnte man hier in nächster Instanz an die Obergerichte Tübingen und Stuttgart, ab einem gewissen Streitwert gar an das Hofgericht appellieren. Zugleich war das Stadtgericht Appellationsgericht für die Dorfgerichte des Amts und damit auch für Möglingen (s. auch S. 118).

Leider sind aus dem 15. und der ersten Hälfte des 16. Jahrhunderts kaum Unterlagen aus dem Bereich der Gerichtsbarkeit für Möglingen erhalten. Nicht einmal eine so genannte Urfehde aus der Bauernkrieg, deren Teilnehmer für viele Orte durch solche Urfehden belegt sind, lässt sich für Möglingen im einschlägigen Bestand des Hauptstaatsarchivs Stuttgart nachweisen. Lediglich aus dem Jahr 1521 liegt eine Urfehde vor, in der Walpurga, Tochter des Xander Kieser, Urfehde schwört. Sie

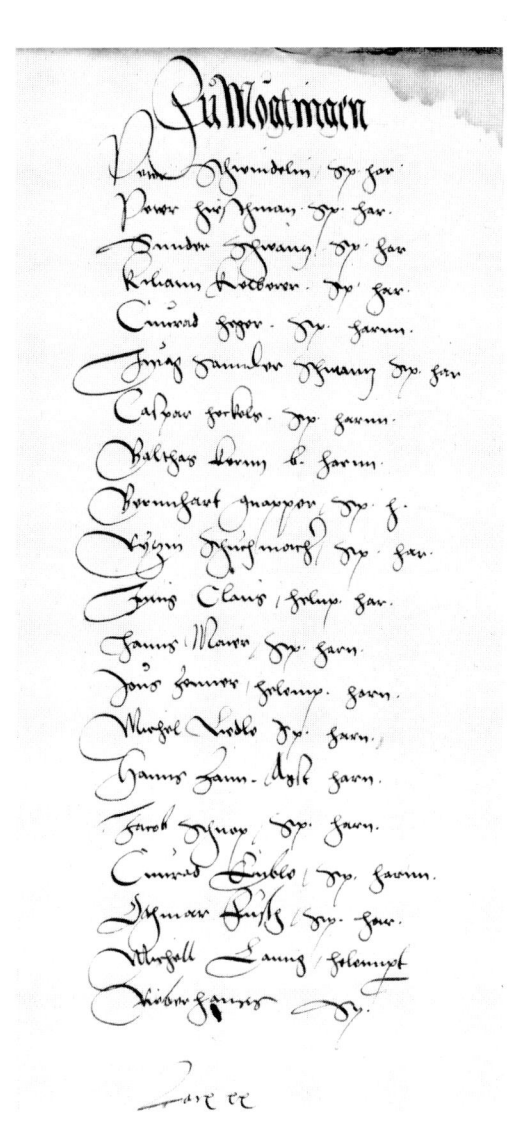

Erste Seite der Möglinger Musterungsliste von 1536.

war wegen Diebstahls, den sie vor Gericht gestanden hatte, im Gefängnis der Amtsstadt eingekerkert worden. Sie schwört, über den Rhein zu gehen, also das Land zu verlassen, und nie wieder zurückzukehren.[108] In einem weiteren Dokument dieser Art aus dem Jahr 1554 schwört ein Jörg Kress von Memmingen, gewesener Mesner zu Möglingen, Urfehde. Er war in der Amtsstadt Markgröningen in Haft gelegt worden wegen einiger Misshandlungen und anderer Vergehen. Er verspricht, für die Unkosten seiner Verhaftung aufzukommen und Württemberg für immer zu verlassen.[109] Einblicke in das dörfliche Gerichtswesen, zumindest normativer Art, bietet das 1523 angelegte Urbar.[110] Denn hier sind die lokalen Bußgelder fixiert, soweit das Dorfgericht zuständig war (s. auch S. 118). Für Möglingen ist unter der Überschrift *Frevel und Unrecht* festgehalten, dass ein großer Frevel, wozu schwere Körperverletzung zählte, 13 lb. h beträgt, ein kleiner Frevel für etwa leichte Körperverletzung dagegen 3 lb. h. Ein Unrecht – darunter fielen zum Beispiel Beleidigungen – wird mit 1 lb. 4 ß bestraft, wobei über die Verwendung des Strafgelds ausdrücklich vermerkt wird: *ist allweg des gerichts geweßt.* Nicht genau festgelegt war die Buße, die Frauen für einen Frevel auferlegt wurde – etwa, wie es in einer anderen Quelle der Zeit heißt, *wann weibspersohnen einander schlagen.*[111] Ein Frauenfrevel, so heißt es im Urbar für Möglingen, *ist nit mer, dann was ain gericht nach gelegenheit der sach und verhandlung erkenndt und taxiert.* Hier konnte das Gericht also nach Ermessen das Strafgeld festsetzen. Wichtig ist, dass das Möglinger Dorfgericht auch für Pflugfelden zuständig war. Denn im Urbar für Pflugfelden findet sich unter der Überschrift *Frevel und Unrecht*: *Seindt sie mit allem gerichtszwang gen Moglingen gehorig. Darumb sie mit frevell und unrecht wie dieselbigen gehalten werden.*[112]

Das während der Zeit der österreichischen Herrschaft in Württemberg angelegte Urbar[113] dokumentiert insgesamt in anschaulicher Weise, wie das Dorf Möglingen in das Amt Gröningen eingebunden war. Die Lagerbuchrenovation wurde in den Jahren 1523 und 1524 durch Johann Kollin, Vogt zu Gröningen und Meister Jorg Sigloch, Stadtschreiber zu Gröningen, vorgenommen. Zugeordnet sind dem Amt neben der Amtsstadt die Orte Münchingen, Murr, Schwieberdingen, Hochdorf, Möglingen, Pflugfelden, Großsachsenheim, Kleinsachsenheim, Metterzimmern, Untermberg und Unterriexingen.

Die Aufnahme der Daten für Möglingen erfolgte am 18. August 1523. Schultheiß war damals Christan Zan, als Zeugen fungierten die Mitglieder des Dorfgerichts, deren Namen angegeben sind: Othmar Füsch (wohl Fuchs, vgl. S. 76), Sixt Schmid, Jung Claus, Petter Schwindelin, Jörg Schnider, Allexander Schmotz, Syffer Hans, Benedict Schumacher und Bernhardt Zech. Zunächst sind die obrigkeitlichen Verhältnisse dargestellt. Inhaber der Ortsherrschaft mit allen damit verbundenen Rechten waren die *ertzherzogen zu Osterych und heren deß furstenthumbs Wirttemberg, habend daselbst und so ver und wytt ir zehend, zwing und benn gond und begrifen allain den stab, ouch alle oberkait, glait, gebott, verbott, houch und nyder gericht, frevel, straffen und bussen, und sonst niemand anders.*[114] Die Herrschaft war in Möglingen – anders als in vielen anderen Orten der Zeit – also ungeteilt.

Das in österreichischer Zeit angelegte Markgröninger Urbar mit Möglingen von 1523 gehört zu einer Serie, die einheitlich für ganz Württemberg erstellt wurde.

Urfehde des Möglinger Mesners Jörg Kress von 1554.

Nach dem Abschnitt über Frevel und Unrecht sind dann die mit der Leibeigenschaft verbundenen Abgaben geregelt, die in Württemberg nicht einheitlich waren, sondern, freilich eher geringfügig, variierten.[115] In Möglingen hatte jede verheiratete oder verwitwete Frau, die Leibeigene der Herrschaft war, jährlich eine Fastnachtshenne zu entrichten. Keineswegs waren alle Einwohner Möglingens Leibeigene der Herrschaft Württemberg. Wie viele Personen dies 1523 bei der Lagerbuchrenovation waren, kann man dem Urbar – anders als dem von ca. 1350, in dem 12 Leibhühner veranschlagt werden – nicht entnehmen. Und Leibeigenenverzeichnisse, wie sie seit der zweiten Hälfte des 16. Jahrhunderts in Württemberg überliefert sind, liegen für diese Zeit noch nicht vor. Auffällig ist, dass, anders als dies allgemein üblich war, in dem Urbar Angaben über die beim Tode eines bzw. einer Leibeigenen zu entrichtenden Abgaben fehlen. Der Abschnitt *Hauptrecht und Fall* ist ausgelassen, sodass davon auszugehen ist, dass diese Abgaben in Möglingen nicht erhoben wurden. Auch ist es auffällig, dass zunächst nur leibeigene Frauen eine Abgabe zu entrichten hatten, nicht jedoch, wie in vielen anderen Orten, auch die männlichen Leibeigenen eine so genannte Mannsteuer (vgl. S. 120).[116]

Natürlich lebten in dem Dorf neben den württembergischen Leibeigenen und *freien* Personen, die keinen leibrechtlichen Bindungen unterlagen, auch Leibeigene anderer Herren, so etwa des St.-Katharinen-Hospitals in Esslingen, die in dessen Leibeigenenverzeichnissen seit Beginn des 16. Jahrhunderts erfasst sind.[117] Aus Möglingen stammte auch ein Leibeigener Wilhelms von Münchingen namens Kleinhans, der jedoch nach Cannstatt gezogen war; 1476 tauscht Wilhelm von Münchingen diesen Kleinhans von Möglingen[118] zu Cannstatt mit Graf Ulrich V. von Württemberg gegen dessen Leibeigenen Kunlin Brodbeck zu Stammheim.[119]

Die Wandmalereien in St. Pankratius stammen aus dem 15. Jahrhundert.

Die 1545 in Möglingen erbaute Zehntscheuer des Stuttgarter Spitals im Jahr 1947.

Die Jahreszahl 1545 über dem Torbogen der Zehntscheuer.

Die allgemeine Steuer weicht 1523 etwas von den Angaben im Urbar von 1350 ab. Es sind nun 8 Pfund und 20 Malter Roggen (*sturrocken*), die jährlich an die Herrschaft zu entrichten sind. Sie sollen nach Gröninger Maß *zu Möglingenn gemessen und empfahen werden*.

Ausdrücklich ausgewiesen ist in dem Urbar schließlich, dass das Spital zu Stuttgart die Pfarr- und die Frühmesspfründe verleiht. Die Pfarrkirche hatte Ende des 15. Jahrhunderts eine umfassende Neugestaltung erfahren. Das Schiff war beträchtlich erweitert worden, indem man die Nordwand verschob; vermutlich ist es auch nach Osten verlängert worden. Vor allem aber wurde im Osten ein spätgotischer Chor mit dreiseitigem Abschluss und einem Netzrippengewölbe, dessen Schlusssteine das Lamm Gottes und die göttliche Segenshand ziert, angebaut sowie an dessen Nordwand eine gleichfalls gewölbte Sakristei. Im Inneren des Schiffes wurde die Kirche mit einer Ausmalung versehen, die seit der 1970 bis 1972 erfolgten Restaurierung fast wieder vollständig sichtbar ist.[120] Sie zeigt Bilder der Passion, in den Fensterzwickeln Prophetenbüsten sowie ein Rosenkranzbild.[121]

Nahe bei der Kirche steht die ehemalige Zehntscheuer des Stuttgarter Spitals mit großen Rundbogentoren, auf denen sich die Jahreszahl 1545 findet.[122]

Doch zurück zum Urbar von 1523. Es enthält neben der Beschreibung der Herrschaftsverhältnisse wieder eine Fülle an Informationen über die Menschen, die in Möglingen lebten, und die wirtschaftlichen Verhältnisse, die ihr Leben prägten. Anders als im Urbar von ca. 1350 sind hier auch Weingärten ausgewiesen, die die Herrschaft auf Zeit verlieh; Weinbau in Möglingen ist auch aus einer besonderen Aufstellung von Zinsen aus Weingärten belegt, die um 1540 entstanden sein dürfte.[123] Auch zur Mühle finden sich hier wiederum nähere Informationen. Conrat Müller hatte aus ihr als Zinsen zwei Gänse und zwei junge Hühner auf Martini, einen Mühlkuchen (*millkuchen*) auf Weihnachten und 50 Eier an Ostern zu entrichten. Zu ihr gehörten eine Scheuer und ein Garten. Zinsen wurden unter anderem auch aus 12 Häusern, einem Backhaus, das hier erstmals belegt ist, einer Scheuer und dem Frühmessgarten eingezogen, »ewige Hofgülten« aus fünf Höfen. Dazu kamen Abgaben aus zahlreichen Äckern, Wiesen und Gärten. Insgesamt umfasste der Ertrag, den die Herrschaft neben der erwähnten Steuer aus Möglingen bezog, 8 Pfund 12 Schilling 10 Heller Hellerzinsen, 20 Malter Roggen aus Höfen, 90 Malter Dinkel aus Höfen, 1 weiterer Malter 4 Simri Dinkel *aus der zelg im Austerfeld,* 139 Malter 1 Simri 2 Imi Hafer, 1 Malter 4 Simri Hafer *aus der zelg im Austerfeld*, 3 Gänse, 57 junge Hühner, 50 Eier und 1 Mühlkuchen. Wie schon angedeutet, ist unter der Rubrik »Leibhennen« leider nichts vermerkt. Diese ist – wie bei vielen anderen Orten, die im Urbar beschrieben sind – frei geblieben.

Zwei Jahre später – 1525 – wurde im gesamten Herzogtum Württemberg zu Steuerzwecken eine Herdstellenzählung vorgenommen. Erhoben wurde dabei in den einzelnen Orten der Wert der Häuser (Herdstätten) mit dem Namen ihrer Besitzer, das Vermögen der Personen ohne Hausbesitz sowie die Anzahl der Mittellosen; unberücksichtigt blieb das Gesinde.[124] Leider sind für das Amt Gröningen die Zählungen nicht dokumentiert;[125] und die Unterlagen einer Türkensteuer, die in den württembergischen Ämtern 1542 erhoben wurde, sind für das Gröninger Amt ebenfalls verloren; die fragliche Akteneinheit zählt zu den Kriegsverlusten des Hauptstaatsarchivs Stuttgart.[126]

Aus dem Jahre 1545 ist dann aber eine vollständige Steuerliste erhalten, die wiederum einen Einblick in die Einwohnerschaft Möglingens gibt. Als so genannte Türkenhilfe bzw. Türkensteuer wurde in diesem Jahr erneut eine Sondersteuer erhoben, deren Erträge dem Kaiser im Kampf gegen die Türken Unterstützung geben sollten und deren Höhe sich nach dem Vermögen und dem Einkommen der Steuerpflichtigen bemaß. Die Vermögenswerte wurden mit 0,5 % (1 Gulden auf 200 Gulden Kreuzer) belastet, Löhne und Gehälter mit 1/60 (1 Kreuzer je Gulden Einkommen).[127] Wiederum eigens ausgewiesen sind die Knechte und Mägde. Insgesamt sind in der Liste 134 Steuerpflichtige erfasst, die sich wie folgt verteilen: 76 Haushaltsvorstände, von denen nur zwei weiblichen Geschlechts waren, 9 Witwen, 8 Kinder bzw. Erben, die gemeinsam veranschlagt werden, 27 Knechte und 14 Mägde. Anhand dieser Zahlen kann man als groben Annäherungswert nach dem von Karl-Otto Bull angewandten Verfahren[128] – natürlich mit einer ganzen Reihe von Unsicherheitsfaktoren[129] – die Einwohnerzahl für Möglingen im Jahre 1545 auf etwa 390 Personen berechnen. Unter den Steuerpflichtigen ist als Mesner ein Jacob Kegel belegt. Die nähere Auswertung der Quelle unter dem Gesichtspunkt der Vermögensverhältnisse soll wiederum einer separaten Studie vorbehalten bleiben.

6. Möglingen und die *große Politik*

Es wurde schon deutlich, dass die Geschichte Möglingens immer wieder von der großen Politik beeinflusst, manchmal sogar bestimmt war. Der Niedergang der Grafen von Asperg, der weitgehende Rückzug der Markgrafen von Baden aus dem Gebiet des mittleren Neckars, der Aufstieg Württembergs und die Festigung seiner Position in diesem Raum, aber auch die Teilung Württembergs Mitte des 15. Jahrhunderts, all dies hat sich auf das Dorf ausgewirkt, all dies ist Teil auch seiner Geschichte.

Leider haben die – teils hochdramatischen – Geschehnisse, von denen die Geschichte Württembergs in der ersten Hälfte des 16. Jahrhunderts geprägt war, kaum Spuren in der Überlieferung zu Möglingen hinterlassen. Inwieweit und wie Möglingen von den Entwicklungen berührt war, lässt sich so kaum nachvollziehen. Ob etwa die Bewegung des *Armen Konrad*, die 1514 an der Spitze einer breit getragenen, gewaltsamen Erhebung gegen die Herrschaft stand,[130] in Möglingen Anhänger fand, ob Möglingen in irgendeiner Weise an der Erhebung Anteil hatte, wissen wir aus den Quellen nicht. Unwahrscheinlich wäre dies nicht, denn in Markgröningen trat der Stadtpfarrer Reinhard Gaißer als einer der Wortführer des Aufstands hervor, und es ist bekannt, dass Einwohner von Tamm, Hoheneck, Neckarweihingen und Schwieberdingen sich der Bewegung angeschlossen hatten.[131] Sicher gab es auch in Möglingen Leute, die zumindest damit sympathisierten.

Aus der Zeit der bewegten Ereignisse und Entwicklungen, die mit der Person Herzog Ulrichs verbunden sind, wissen wir immerhin, dass Möglingen im Mai 1519 von den Kämpfen am Hohenasperg berührt war. Nachdem der Schwäbische Bund den größten Teil Württembergs fast kampflos besetzt hatte, wurden wesentliche Teile seines Heeres unter der Führung von Georg von Frundsberg um die Bergfestung konzentriert. Von Tamm, Pflugfelden und auch Möglingen aus nahmen sie die Beschießung auf, bis sich die württembergische Besatzung nach zehntägiger Belagerung ergab.[132]

Aus diesen Tagen ist die berühmte Zeichnung Albrecht Dürers *Asperg 1519* im Kupferstichkabinett der Staatlichen Museen Preußischer Kulturbesitz zu Berlin erhalten,[133] die von der Belagerung durch die Landsknechte ein plastisches Bild vermittelt.[134] Sie schildert die Beschießung von Möglingen aus, das mit seiner Kirche und den Quartieren der Belagerer (*der knecht leger*) im Vordergrund zu sehen ist. Im Hintergrund erscheinen Markgröningen und Bietigheim (*Pyetyka*). Zwischen dem Berg und Möglingen ist der Hof Tiefenbach gezeichnet, mit dem möglicherweise der alte Möglinger Flurname Dieppach zusammenhängt.[135] Der Maler war damals zusammen mit dem Nürnberger Gelehrten Willibald Pirkheimer und seinem Freund Martin Tucher auf einer Gesandtschaftsreise nach Zürich. Es ist davon auszugehen, dass er sich auf dem Weg einige Tage am Hohenasperg aufgehalten hat und in Möglingen einquartiert war.[136] Bei der Beschießung durch das Heer des Schwäbischen Bundes kamen in starkem Maße Kanonen aus Nürnberg zum Einsatz. Dies war wohl das Motiv, dass der Maler, der im übrigen ein ausgewiesener Fachmann des Fortifikationswesens war, seine Gesandtschaftsreise unterbrach, um die spektakulären Kriegshandlungen zu beobachten und auf einer Federzeichnung, die das Monogramm A. D. trägt, zu verewigen.[137] Dürer in Möglingen – unser Dorf mitten im dramatischen Geschehen der Zeit, aufgenommen vom bedeutendsten Maler Deutschlands zu Beginn des 16. Jahrhunderts. Die Nähe Möglingens zum Asperg hatte ihn dorthin gebracht.

Die Nähe zum Asperg war es, die auch in der Folgezeit Möglingen immer wieder in die Ge-

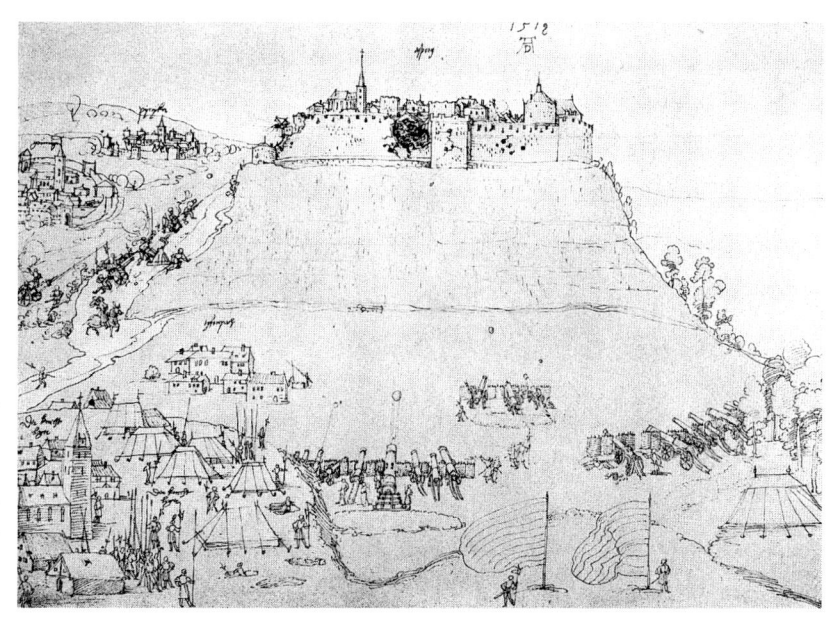

Die Belagerung von Stadt und Festung Asperg, wie sie Albrecht Dürer 1519 in seiner Federzeichnung festgehalten hat.

schehnisse der großen Politik einbezog. Beim Versuch Ulrichs von Württemberg, im Sommer 1519 von der Pfalz aus sein Land zurück zu erobern, blieb der Hohenasperg in der Hand des Schwäbischen Bundes, während in Markgröningen, Möglingen, Tamm und Eglosheim Soldaten Ulrichs lagerten;[138] zwischen ihnen und der Besatzung des Bundesheeres auf dem Berg kam es immer wieder zu Scharmützeln. Nach dem Abbruch der Belagerung und dem Abzug der herzoglichen Truppen waren die Dörfer um den Hohenasperg den Übergriffen der Soldaten ausgesetzt.[139] 1520 überließ der Schwäbische Bund dann das Herzogtum Württemberg Kaiser Karl V.; es begann die *österreichische Zeit*, in der auch das bereits erwähnte Lagerbuch von 1523 angelegt wurde.[140]

Aus der Zeit der Verbannung Herzog Ulrichs, stammt auch jene von Oswald Gabelkover (1539–1616) notierte und in Möglingen bis heute tradierte Geschichte, derzufolge der Herzog öfters sein Land besucht habe, ohne sich zu erkennen zu geben, und so auch nach Möglingen gekommen sei.[141] Gabelkover, der als herzoglicher Leibarzt und Bibliothekar, vor allem aber als württembergischer Hofhistoriograph einen Namen hat,[142] berichtet davon in seinen so genannten *Collectaneen*[143] – einer Art Materialsammlung für seine geplante, aber nicht realisierte historische Landesbeschreibung Württembergs, die in der Württembergischen Landesbibliothek erhalten ist.[144] Der zunächst in Latein gehaltenen Textstelle *(Dux Ulricus ducatu suo expulsus …)* zufolge hat sich Ulrich nach seiner Vertreibung öfters incognito im Land aufgehalten. Als er dabei einmal in Möglingen bei Leonberg *(Meglinge prope Leonberg)* im Gasthaus übernachtet habe, sei der Frau des Wirts die Ähnlichkeit mit dem Herzog aufgefallen. Verwundert darüber habe sie zu ihrem Mann gesagt: Wenn ich nicht wüsste, dass der Herzog vertrieben ist, müsste ich glauben, er ist es. Schließlich habe sie Mut gefasst und Ulrich – Gabelkover wechselt an dieser Stelle vom Lateinischen in das Deutsche – wie folgt angesprochen: V*ester junckher, es hat herzog Ulrich E. V. gar gleich gesehen. Da hat herzog Ulrich gelacht und gesagt; ja, er ist mir etwas verwantt.* 1931 hat der damalige Möglinger Pfarrer Rentschler diese Notiz Gabelkovers aufgegriffen und veranlasst, dass im Gasthaus *Zum Lamm* eine Gedenktafel angebracht wurde, die den Inhalt – in dichterischer Freiheit etwas ausgeschmückt – mit folgenden Reimen wiedergibt:

Herzog Ulrich auf der Flucht in Möglingen

Als Herzog Ulrich einst, durch Kaiserhand
aus seinem Fürstentum verbannt,
als Flüchtling hier ein Obdach fand,
da glaubt' er sich wohl unerkannt;
doch seines Glückes Unbestand
vergönnt ihm keinen Ruhestand.
Die Wirtin stutzt und starrt gebannt,
als Er so plötzlich vor ihr stand,
und haucht, dem Gatten zugewandt:
Ist's möglich, Ulerich im Land?
Drauf sie zur Anred sich ermannt:

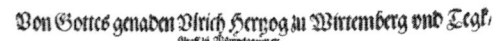

Herzog Ulrich von Württemberg

*Herr Junker, Ihr scheint mir bekannt,
verzeiht, ich sag's im Unverstand;
schier hätt' ich »Herzog« Euch genannt.
Sie schaut ihm ins Gesicht gespannt.
Er lacht und weicht ihr aus gewandt:
Ich muss gestehn zu meiner Schand,
ich bin mit ihm etwas verwandt.
Was sorgsam er ihr nicht gestand,
das hat sie richtig doch geahnt,
drum auch mit Lust an ihn gewandt
das Beste, was im Haus zur Hand
an Speis und Trank und Bettgewand.
Und als der Gast dem Aug' entschwand,
hat Herz und Mund sich unverwandt
zum armen Ulrich treu bekannt,
bis ihm das Glück aufs neu erstand
und Fürst und Volk erst recht verband.*[145]

In der Tat eine hübsche Geschichte, deren Wahrheitsgehalt sich indes über die Notiz bei Gabelkover hinaus mangels weiterer Quellen nicht bestätigen lässt. Woher Gabelkover sein Wissen hatte, ist unbekannt; seine Quelle nennt er nicht. Auch der Vergleich mit anderen Mitteilungen Gabelkovers, die Möglingen betreffen, führt nicht weiter; entweder basieren sie auf den damals im herzoglichen Archiv und heute im Hauptstaatsarchiv Stuttgart verwahr-

Die Tafel aus den dreißiger Jahren am ehemaligen Wirtshaus Zum Lamm, in dem sich der Herzog aufgehalten haben soll.

*Das Gasthaus Zum Lamm 1978.
Links ist die Tafel angebracht.*

ten Urkunden, die Gabelkover nahezu vollständig gesichtet hatte,[146] oder aber auch ihre Quelle ist nicht benannt.[147] So sicher wir sein können, dass Dürer tatsächlich in Möglingen war, so unsicher müssen wir darüber bleiben, was an der Geschichte von Herzog Ulrich und der Möglinger Wirtin dran ist. In jedem Falle aber belegt sie zweierlei: die Volkstümlichkeit der Person des Herzogs, um den sich ja zahlreiche Legenden bis heute ranken, und die Bedeutung des Aspergs für die Geschichte Möglingens. Denn der Kern der Anekdote ist sicher wiederum in der Nähe zum Asperg und den dramatischen Geschehnissen zu suchen, die sich zu Ulrichs Zeiten dort abspielten.

In die österreichische Zeit Württembergs fiel auch der Bauernkrieg von 1525, für den, wie bereits erwähnt, anders als bei vielen anderen Orten des Herzogtums, Teilnehmer aus Möglingen nicht nachgewiesen werden können.[148] Auch hier ist aber davon auszugehen, dass man auch in Möglingen zumindest Anteil am Geschehen nahm, das sich ja teils ganz dicht in der Nähe abspielte. Die Versammlung auf dem Wunnenstein, der Zug der Aufständischen nach Stuttgart, der unter anderem über Schwieberdingen führte, aber auch die späteren Strafgerichte in Markgröningen und in anderen benachbarten Orten, all dies kann gar nicht an Möglingen vorbei gegangen sein.[149]

Die Rückkehr Herzog Ulrichs 1534 nach der Schlacht bei Lauffen bedeutete für das Amt Markgröningen und damit auch für Möglingen eine finanzielle Belastung. Ulrich hatte die Kriegshilfe, die ihm Landgraf Phillip der Großmütige von Hessen geleistet hatte, teuer zu bezahlen. Die geforderte Summe von 250 563 Gulden wurde auf das Land umgelegt. Der Anteil daran von Stadt und Amt Markgröningen belief sich für 1535 auf 897 und für das folgende Jahr auf 1686 Gulden. Von der erstgenannten Summe hatte Möglingen 98 Gulden aufzubringen.[150] Damit stand das Dorf im Amt wiederum an dritter Stelle mit der höchsten anteilsmäßigen Zahlung nach der Amtsstadt selbst (292 Gulden) und Münchingen (180 Gulden).[151] Auch an den allgemeinen Kriegskosten von 1789 Gulden, die Ulrich als wiedergekehrten Landesherren nun verwilligt wurden, trug Möglingen mit 177 Gulden den drittgrößten Anteil nach der Amtsstadt mit 563 Gulden und Münchingen mit 280 Gulden.[152] Starke finanzielle Belastungen in harten Zeiten!

Bei und nach der Rückeroberung Württembergs waren die umliegenden Orte des Asperg von den militärischen Geschehnissen, Truppenbewegungen und Einquartierungen erneut besonders in Mitleidenschaft gezogen worden. Nach der Schlacht bei Lauffen hatte der Asperg den vordringenden Truppen des Herzogs noch eine Zeit lang Einhalt geboten und war belagert worden. Die Bauern aus den umliegenden Dörfern waren zu Schanzarbeiten zusammengezogen, Weingärten und Felder von den Belagerten in Anspruch genommen worden.[153] Unmittelbar betroffen wird auch Möglingen davon gewesen sein.

Aber selbst nach der vollzogenen Rückeroberung sollte keine dauerhafte Ruhe im Land um den Asperg einkehren: Im Schmalkaldischen Krieg 1546/47 erlitten die protestantischen Reichsstände eine Niederlage gegen Kaiser Karl V. und die katholischen Fürsten. Der Hohenasperg erhielt eine spanische Besatzung, die die umliegenden Dörfer durch Übergriffe und Plünderungen erneut arg bedrängte.[154]

Unterbrochen wurde dadurch aber auch die nach der Rückkehr Ulrichs konsequent durchgeführte Reformation – in Möglingen wie auch im ganzen Land Württemberg. Am 1. September 1547 verfügte der Kaiser das Interim, das bei einigen Zugeständnissen gegenüber den Protestanten im Kern auf eine Wiederherstellung der früheren Verhältnisse abzielte und in Württemberg streng durchgeführt wurde. Mehr als dreihundert Pfarrer – und dies war die überwiegende Mehrzahl – nahmen das Interim nicht an und wurden Ende 1548 entlassen.[155] In der Kirche sollte wieder der katholische Kultus eingeführt werden, was jedoch vielfach auf Widerstand seitens der Bevölkerung und der Pfarrer stieß – auch rund um den Asperg, wo man besonders dem Zugriff der kaiserlichen Besatzung ausgesetzt war. Mit der Besatzung war ein katholischer Kaplan gekommen, der die kirchlichen Verhältnisse in den umliegenden Dörfern überwachen sollte.[156]

7. Ein schreibunkundiger Mesner, ein Prediger in Haft und ein Pfarrer auf Badekur – Möglinger Kirchendiener um die Mitte des 16. Jahrhunderts

Die näheren Umstände, wie die Reformation in unserem Dorf verlief, auf welche Akzeptanz sie bei der Bevölkerung stieß, sind wiederum mangels Quellen unbekannt.[157] Doch erhalten wir aus den geistlichen Lagerbüchern, in denen das während der Reformation 1534/1535 in die herzogliche Verwaltung übernommene Kirchengut mit seinen Einkünften und Abgaben genau beschrieben ist, immerhin präzise Angaben dazu. Und es finden sich auch einige Hinweise auf die Kirchendiener. *Her Ludwig Rößle besitzt die pfarr zu Möglingen und hatt dieselben nun mer bey dryssig jarn ingehapt, die ime das spittal zu Stutgartten, dem dieselbig lehenschafft zustet, gelihen hatt*, ist im Lagerbuch der Geistlichen Verwaltung Markgröningen von 1535 zu lesen, die in der Reformation gebildet worden und für Möglingen zuständig war.[158] Rößle amtierte also in Möglingen seit ca. 1505, und er war es, der dort auch den neuen Glauben annahm und in der Gemeinde einführte. Ob seine Amtszeit 1535 endete, wie Rentschler und Bossert angenommen haben, ist unsicher; an eindeutigen Quellen fehlt es hierzu.[159] Die Frühmesse hatte 1535 Caspar Beck inne, dem sie nach Ausweis des Lagerbuchs vom Stuttgarter Spital seit vier Jahren geliehen war; gleichwohl hat Beck *nit residiert, sonder solche zeytt her allweg ein helffer zu Stutgarten gewest und die gestiffte messen ein priester lesen lassen*.[160] In der Türkensteuerliste von 1545 ist der Pfarrherr zwar – unmittelbar vor dem *Mesner* Jacob Kegel – aufgeführt, aber leider ohne Namen.[161] Man kann mit guten Gründen aber davon ausgehen, dass damals bereits Michel Schäffer, von dem wir noch hören werden, Pfarrer in Möglingen war.[162]

Eben aus jenem Jahr 1545 stammt auch ein am 27. August abgefasster Bericht von Michael Volland, Vogt zu Gröningen, an Herzog Ulrich, dem ein Schreiben des Schultheißen und des Gerichts zu Möglingen beigefügt ist. Darin wird über den Nachfolger Kegels als Mesner Folgendes mitgeteilt.[163] Das Stuttgarter Spital, dem als Inhaber des Großen Zehnt zu Möglingen unter anderem auch die Besetzung des Mesneramts zustehe, habe nach dem Ausscheiden des früheren Mesners zu St. Bartholomäus (24. August) seinen früheren Fuhrknecht nach Möglingen als neuen Mesner geschickt, der das Mesneramt nun auch versehe. Weil nun aber dieser Fuhrknecht *alle sein tag ein Bauer gewesen sei* und weder schreiben noch lesen könne, sei in der Kirche *ein grousser mangel und unlittenlicher und ergerlicher ubelstandt* entstanden, zumal der Pfarrer früher vom Frühmesser Beistand und Hilfe erhalten habe, den es aber nicht mehr gebe, nachdem der Herzog die Frühmesse habe einziehen lassen. So sei – außer dem Pfarrer – niemand mehr im Flecken, *der ain briefflin lesen oder schreyben kann, zudem auch ain meßmer wie dan gemeiner lanndtsprauch schuol halten und die jungen knaben schreyben und lesen leren solt*. Es sei der Wunsch der Gemeinde, für den gut dotierten Posten des Mesners jemand anderen zu erhalten, *der dem pfarher in der kirch mit singen und anderm hilff und beystandt thun, Euer Fürstlichen Gnaden und gemeinem flecken nutz- und dienstlich sein und schuol halten kann, dero wir mer dann ainen wissen, so sollichs diensts frow were*. Ob man der Bitte entsprach, einen *gelertten und geschickten* Mesner nach Möglingen zu berufen, geht aus den im Landeskirchlichen Archiv Stuttgart erhaltenen Dokumenten[164] leider nicht hervor. In jedem Fall aber bieten sie tiefe Einblicke in die kirchlichen Verhältnisse und das Schulwesen in Möglingen rund zehn Jahre nach der Reformation.

Dies gilt erst recht für zwei weitere Dokumente im Landeskirchlichen Archiv. Das eine betrifft den Möglinger Pfarrer Michel Schäffer und stammt aus dem Jahre 1548, das andere den Prediger Lienhart Hall und berührt Vorgänge im Jahr zuvor.[165]

Lienhart Hall versah damals die Pfarrstelle in Möglingen, da der Pfarrer *krankh gelegen*, deshalb beurlaubt und *in ain bad gezogen* war.[166] Dies erregte jedoch den Unwillen der Visitationsräte zu Stuttgart, als sie davon hörten. Da man früher in Cannstatt gegen Hall als Anhänger der *Schwenckfeldischen Schwärmerei*[167] und Wiedertäufer[168] vorgegangen war, wurde der Vogt des Amts Gröningen angewiesen, ihn zu verhaften: *Uns langt gleuplich an, wie das Liennhart Hell zu Möglingen und Pfluegfelden predigen solle. So er das von ime selbs thue oder von andern angewisen seie, ist uns unbewißt, dweill nun berürter Lienhart Hell hievor zu Cannstatt nebent anderen Schwenckfeldischen und widerteyffern uff etliche articull examiniert und befunden, das er ein idiot und schwirmer, so wellest du inne inn hafftung und inn thurm legen*, heißt es im Schreiben an Vogt Michael Volland vom 13. Mai 1547. Kurz darauf berichtete der Vogt, dass er den Befehl *gehorsam geleist und ine Lienhart in hafftung alhie ligen hab*. Der Möglinger Pfarrer, der auch die Pfarrei Pflugfelden mitversehe, habe Lienhart gebeten, ihn für die Dauer seines Badeurlaubs zu vertreten. Hall habe nun vier Wochen lang gepredigt, das Abendmahl aber weder gehalten noch gegeben, drei Kinder getauft und einen Kriegsknecht vom Asperg verheiratet. Volland verzichtete nicht darauf, ausdrücklich zu vermerken: *Hör von keiner clag seins predigenn halb, noch das er etwas ungepurlichs oder uncristenlichs gepredigt, insonderheyt hör ich vom schultheissen zuo Meglingen, der pfarher daselbst habe sollichen bestelten prediger vor seinem abscheiden ins bad uffzeychnet, was er predigen solle*. Die Visitationsräte blieben gleichwohl hart: Volland wurde am 18. Mai angewiesen, Hall gegen Bezahlung seiner Verpflegung während der Haft aus dieser zu entlassen, wenn er sich verpflichte, *das er hinfurt seins berwffs*[169] *welle warten, sich des predigens onne unser erlouptnus furter nit mer anmaßigen welle, sonder dessen genntzlich obersteen und der schwennckfeldischen schwirmischen opinion und secten, ouch anderer irthumen abthun*. Andernfalls drohe ihm nicht nur der Entzug seiner Pfründe im Spital zu Cannstatt, sondern werde er auch *am lyb* gestraft. Der *Predicant* zu Möglingen aber solle, wenn er zurückgekehrt sei, sich nach Stuttgart zur Visitation durch die Räte begeben *und ferner bescheids gewarten*.

Damit sind wir beim ersten Möglinger Pfarrer, über den Näheres bekannt ist. Denn über den Anonymus von 1275, den im Urbar von ca. 1350 belegten *pfaf Hermann*, über Hans Käs, der uns 1466 in einer Urkunde begegnet, und Ludwig Rößle wissen wir so gut wie nichts.[170]

Der Pfarrer nun, der Lienhart Hall mit seiner Vertretung beauftragt hatte, muss Michel Schäffer gewesen sein, über den wir nicht alles, aber wenigstens einiges wissen. Schäffer – dessen Vorname in den Quellen auch als *Michael* erscheint, während der Nachname auch als *Scheffer* oder *Schöfer* auftritt – war 1536 Kaplan in Bonlanden[171] und danach in Uffkirch bei Cannstatt,[172] bevor er zu einem unbekannten Zeitpunkt die Pfarrstelle in Möglingen antrat;[173] die Pfarrei in Pflugfelden hat er von dort aus mitversehen. Schäffers Schicksal, so individuell es ist, war geprägt von den Geschehnissen und Entwicklungen nach dem Schmalkaldischen Krieg. Wie viele andere protestantische Pfarrinhaber in den Orten rund um den Asperg wurde er von den Spaniern drangsaliert. Und gleichfalls wie viele andere Pfarrer nahm er 1548 das Interim an, aus – wie er später selbst geurteilt hat[174] – menschlicher Schwäche und »Blödigkeit« unter dem Druck des spanischen Kriegsvolks, das ihm schwer zugesetzt habe. Zeugnis all dieser Vorgänge ist ein erschütternder Brief an Herzog Ulrich vom 2. Dezember 1548, in dem der von Krankheit gezeichnete und wirtschaftlich ruinierte Pfarrer, den der Gröninger Vogt seines Amts entlassen hatte, den Herzog darum bittet, ihm wieder seine frühere Kaplanei zu Cannstatt zu überlassen:[175]

Durchleichtiger hochgeborner furst, gnediger her,

E. F. G. bit ich underthenigs demuetigs vleis mich in disem meinem volgenden anliegen gnedigklichen zu hören.

Ich hab die pfar zu Möglingen mit prediegen und anderm (sovil mir got gnad verlühen) nun mehr ain gute zeit versehen, und ich aber durch den vogt zu Grieningen an statt E. F. G. verschiner tagen gnedigklich geurlaubt, das dan mir nit wenig beschwerlich in bedenckung, das ich mit vil kinden beladen und verrückhter zeit durch das spanisch kriegsvolck gar verderbt und an bettel stab gericht worden et cetera.

Dweil dann, gnediger furst und herr, ich ain armer krancker man, und in disem meinem ellendt nun mehr kain uffenthaltung waiß, auch mir durch E. F. G. verordneten verschiner zeit mein capplonei zu Cantstat, welche die stiffthshern zu Stutgarten zu presentiren und zu verleihen, auch ich vom bischoff zu Costentz dahin investiert gewßen, entzogen worden et cetera, so bit E. F. G. ich gantz underthenig, die wölle mich uff sollihe capplonei pfrundt widerumb kommen lassen. Dargegen bin ich erbittig, alles das jhenig, so mir E. F. G. gnedigklich auflegt, zu versehen et cetera.

Will auch sollichs umb E. F. G. mit meinem armen gebet gegen gott gantz underthenig verdienen, gnedige antwurt wartendt

E. F. G. undertheniger, gehorsamer
Michael Schöfer, gewßner pfarher zu Möglingen.

Beigefügt ist der Supplik ein Zettel, in dem Schäffer ergänzend berichtet, dass er die Pfarrei zu Pflugfelden mit versehen und von den Visitatoren einst die Zusage erhalten habe, *wan ich den alten pfarrer seligen überlebe, so wellen sie mir die besoldung bessern.* Nun sei der Pfarrer schon zwei Jahre tot, *aber mir noch nichts geben worden.*

Der Bitte des Pfarrers, ihm seine alte Kaplanei zu Cannstatt wieder zu verleihen, wurde nicht entsprochen. Vielmehr versah er in den nächsten Jahren die Kaplanei Stammheim im Dienst der Herren von Stammheim.[176] 1554 bat er, vom Schlag gerührt, um Aufnahme in das Cannstatter Spital. Der Vogt zu Cannstatt, der dazu Stellung nahm, bemerkte, der kranke Bittsteller habe sich »des Fenstermachens und Glasens mehr angenommen als der Bibel«. Das Gesuch wurde abschlägig beschieden, nicht zuletzt weil den Antragsteller seine ganze Vergangenheit nicht empfahl.[177]

Im Lebensweg Schäffers spiegeln sich die Zeitläufte Mitte des 16. Jahrhunderts am Hohenasperg und die Situation des evangelischen Pfarrstands in Württemberg zur Zeit des Interims in ganz besonders anschaulicher Weise. Die Pfarrei Möglingen, die er bis 1548 innehatte, blieb wohl zunächst vakant. Versehen wurde sie von Johann Guttenberger, Pfarrer zu Tamm, der kompromisslos am evangelischen Glauben festhielt und deswegen zweimal von den Spaniern gefangen genommen, einmal

Die Unterschrift Michael Schäffers (Michael Schöfer, geweßner pfarher zu Möglingen) auf seinem Schreiben von 1548 an Herzog Ulrich.

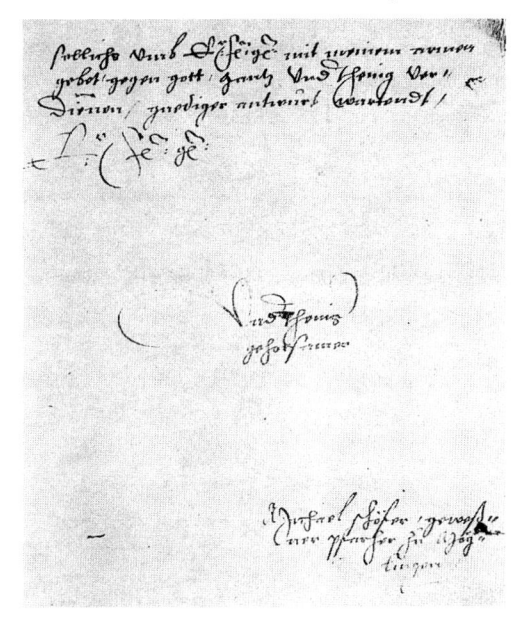

sogar von ihnen bis auf die Haut ausgeplündert wurde. Als Guttenberger am 21. Mai 1549, dem Pfingstmontag, im Dorf Unterasperg anstelle des »nicht anheimischen« Möglinger Pfarrers, der es eigentlich mit zu betreuen hatte, das Abendmahl reichen wollte, kam es über den Ritus zu einem Eklat mit dem Kaplan der spanischen Besatzung vom Hohenasperg, der plötzlich in der Kirche erschienen war. Wenn der Kaplan auch schließlich wieder die Kirche verließ, um Guttenberger die Abendmahlsfeier vollenden zu lassen, so tat er dies doch mit den Worten, er wolle lieber Gras als Guttenbergers Sakramente essen. Auch dieser Streit, der noch lange nicht beendet war und weite Kreise zog,[178] ist symptomatisch für die Verhältnisse zur Zeit des Interims am Hohenasperg. So amüsant solche Geschichten heute aus der Distanz heraus auch erscheinen, so ist doch nicht zu verkennen, welch menschliches Leid, welch schwirige Lebensverhältnisse in ihnen überliefert sind.

Ausschnitt der 1970/72 freigelegten spätgotischen Malereien in der Pankratiuskirche: Nordwand mit jüngstem Gericht (vgl. S.81).

Vom Regierungsantritt Herzog Christophs bis zum Ausbruch des Dreißigjährigen Krieges (1550–1618)

Albrecht Gühring

1. Verwaltungs- und Besitzverhältnisse

a) Einbindung in das Amt Markgröningen und Nachwirkungen des Schmalkaldischen Krieges

Herzog Ulrich von Württemberg starb 1550. Unter seiner Regierung war 1534 die Reformation im Herzogtum Württemberg eingeführt worden, der sein Sohn und Nachfolger, Herzog Christoph (1515–1568) eine festgefügte äußere und innere Form gab. Die Landesordnung von 1552, das neue Landrecht von 1555/1610 und die Kirchenordnung von 1559 waren innenpolitische Meilensteine, welche die württembergische Verwaltung bis weit ins 18. Jahrhundert prägten. Die Vereinheitlichung von Maß und Gewicht brachte 1557 mit dem Erlöschen des bisherigen Markgröninger Maßes auch für Möglingen neue Maßeinheiten.[1] Die Währung war ebenfalls im Umbruch. Noch Ende des 16. Jahrhunderts war die Hellerwährung in Möglingen geläufig, bei der ein Pfund Heller 20 Schilling Heller oder 240 Heller entsprach. Bald setzte sich jedoch die Gulden- oder Kreuzerwährung durch, bei der ein Gulden 15 Batzen, 60 Kreuzer oder 360 Heller zählte. Ein Pfund Heller wurde mit 43 Kreuzer umgerechnet. Im Möglinger Kaufbuch ab 1592, dem ältesten erhaltenen Gemeindearchivale, sind die Einträge der ersten Jahre teilweise noch in Hellerwährung angegeben.[2]

Herzog Ludwig, der Sohn Christophs, der von 1568 bis 1593 regierte, besaß nicht das Format seines Vaters. Er war zudem Alkoholiker und starb bereits im Alter von 39 Jahren. Da er keine Nachkommen hinterließ, regierte bis 1608 Herzog Friedrich, ein Neffe Herzog Ulrichs, und von 1608 bis 1628 Friedrichs Sohn Johann Friedrich.[3]

Das Herzogtum bzw. die Grafschaft Württemberg war seit dem späten Mittelalter in Ämter eingeteilt. Diese umfassten neben der Amtsstadt als politischem Zentrum und Amtssitz des Ober- und Untervogtes sowie der weiteren weltlichen und geistlichen »Diener« eine größere oder kleinere Zahl von Dörfern, Weilern und Höfen, mitunter auch weitere Städte. Maßgeblich für die Amtsorte war im Regelfall die Stadtordnung der Amtsstadt, deren Stadtgericht meist die nächsthöhere Instanz für die Dorfgerichte war und im Rahmen der Strafgerichtsbarkeit auch Todesurteile aussprechen konnte.

Möglingen war Mitte des 16. Jahrhunderts seit langem fester Bestandteil des Amtes Markgröningen (vgl. S. 71). Die ehemalige Reichsstadt Gröningen war seit 1336 vollständig in der Hand der württembergischen Grafen (s. S. 72). Ihre Vorsilbe »Mark« (Grenze) wurde bereits seit 1527 zunehmend verwendet.[3] Nach einer Beschreibung von 1552 gehörten zu diesem Amt neben der Amtsstadt die Dörfer Bissingen, Eglosheim, Münchingen, Möglingen, Pflugfelden und Tamm sowie die separat aufgeführten Orte Großsachsenheim mit der Eisenburg, Kleinsachsenheim, Metterzimmern, Oßweil, Schwieberdingen mit der Nippenburg und Untermberg, in denen sich Württemberg die Rechte mit anderen Herrschaften, meist ritterschaftlichem Adel, teilen musste. Auch *Schloss* Asperg und Unterasperg werden als eine Art Unteramt behandelt. Zum Bezirk Markgröningen und Asperg gehörten somit eine Stadt, drei Schlösser und 13 Dörfer.[4] Anscheinend war die Abgrenzung der Zuständigkeiten von Markgröningen und Asperg noch nicht

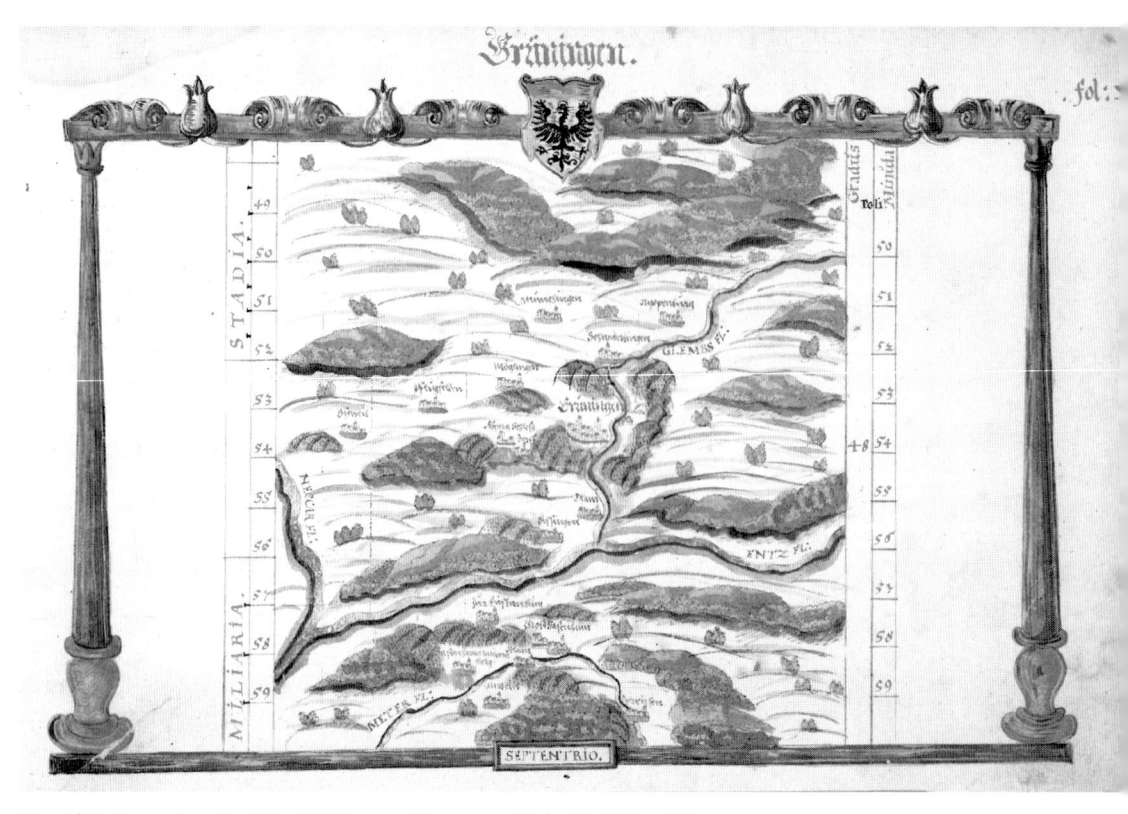

Das Gröninger Amt im Jahr 1575, gezeichnet von Heinrich Schweikher.

genau definiert, denn 1565 werden im Lagerbuch viele der genannten Orte doppelt aufgeführt. Sie mussten Gült und Zins an den Asperger Keller entrichten, waren jedoch der Gerichtshoheit in Markgröningen unterworfen. Vermutlich ist diese Teilung noch ein Relikt aus dem 14. Jahrhundert, denn als die freie Reichsstadt Markgröningen 1336 an Württemberg kam, fehlte ihr zunächst das Umland. Dies versuchten die Grafen von Württemberg wohl durch eine umfangreiche Gerichtshoheit auszugleichen, die sich 1565 auf Markgröningen, zwei weitere Städte und zwölf Dörfer erstreckte.[5] 1580 war das Markgröninger Amt bereits verkleinert und bestand aus Bissingen, Eglosheim, Möglingen, Münchingen, Oßweil (geteilt zwischen Württemberg und von Kaltental), Pfugfelden, Schwieberdingen (geteilt zwischen Württemberg und von Nippenburg) und Tamm. Asperg war als Unteramt den Orten Tamm und Eglosheim vorgesetzt und in Pflugfelden gab es nur einen Schultheißen und Geschworene, ansonsten war für den Ort das Dorfgericht Möglingen zuständig.[6] Gemeinsam von Stadt und Amt mussten die Tore, Türme, Brücken, Stadtmauern und Zwinger sowie die Tor-, Schützen- und Schießhäuser in Markgröningen instand gehalten werden. Die dafür von den Amtsorten erhobene Steuer dafür betrug jährlich, so 1581, 1135 ℔ 10 ß Heller.[7]

Der höchste herzogliche Beamte des Amtes war der Obervogt, der auch mehreren Ämtern gleichzeitig vorstehen konnte. Zu seinen Funktionen gehörte vornehmlich die militärische und gerichtliche Aufsicht sowie die Repräsentation, jedoch weniger die Verwaltung vor Ort. Er residierte daher nicht immer in der Amtsstadt und war meist ein Angehöriger des niederen Adels. Zu seinen Aufgaben gehörte auch die Abhaltung des jährlichen Vogt- bzw. Ruggerichts in den Amtsorten.[8] Der dem Obervogt unterstellte Untervogt war neben seinen Aufgaben für den Amtsbezirk auch Verwaltungsoberhaupt der Amtsstadt. Die Inhaber der herzoglichen, aber auch der städtischen, mitunter sogar der dörflichen Ämter rekrutierten sich fast ausnahmslos aus der bürgerlichen Oberschicht des Landes bzw. der Stadt, der sog. Ehrbarkeit.

Die ersten Jahre der Regierung Herzog Christophs waren von den Nachwirkungen des Schmalkaldischen Krieges geprägt, in dessen Folge der Hohenasperg noch einige Jahre durch kaiserliches Militär besetzt blieb. Seit Oktober 1551 war es immerhin gelungen, die spanische Besatzung nach und nach durch deutsche Truppen zu ersetzen. Stadt und Amt Markgröningen wurden zur Ausbesserung der hinterlassenen Schäden und sonstigen Fronen herangezogen, und sie beschweren sich im Januar 1552 auf dem Landtag in Böblingen, dass sie seit Jahren durch die spanische Besatzung großen Schaden an *Kernen, Fleisch, Taglohn, Fahren, Feldfrucht aller Art* erlitten hätten und dadurch in Not und Elend geraten seien. *Alles Bittens und Flehens ungeachtet haben wir bei den Spaniern stehen und bleiben müssen,* klagten sie weiter. So sollten wenigstens die Ausgaben an Taglohn für das Holzhauen und für die Fuhrleistungen ersetzt werden. Markgröningen hatte bis dahin 40 Tage, Tamm 43, Möglingen 31, Eglosheim 21 und Bissingen 19 Tage Fuhrdienste geleistet. Der Herzog erwiderte, dass ihre Klage nicht die einzige sei und bewog Stadt und Amt Markgröningen, die Angelegenheit auf sich beruhen zu lassen.[9] Im Sommer 1552 rückten endlich auch wieder württembergische Truppen auf dem Asperg ein und am 10. August 1553 zogen die letzten fremden Einheiten ab.[10] 1564 gehörte zur Besatzung der Festung der Möglinger Matis Lenk.[11]

b) Die Abgaben an die Kellerei Markgröningen

Die Kellerei war als herzogliche Rechnungsbehörde der Amtsstadt hauptsächlich für den Einzug der Geld- und Naturaleinkünfte im Amt, aber auch für die Baulast an den Amtsgebäuden und für die Besoldung der Amtsdiener zuständig. Der Vorstand der Behörde, der Keller, konnte mit dem Untervogt identisch sein. Wichtigste Grundlage der Kellereiverwaltung waren die sog. Lagerbücher, in denen ihr Eigentum, Besitz, Rechte und Einkünfte in verschiedenen Orten festgelegt waren. Möglingen musste den größten Teil seiner Steuern in Form von Naturalabgaben an die herzogliche Kellerei Markgröningen liefern, deren Lagerbuch von 1566 diese Einkünfte an Geld und Naturalien genau beschreibt. Dies waren beispielsweise Abgaben von Leibeigenen (s. S. 80), Strafgelder (s. S. 78) und das Umgeld, eine Verbrauchsabgabe auf Getränke. Dabei wurde, wie in Markgröningen, von den in den Gaststätten ausgeschenkten Getränken jedes zwölfte Maß als Steuer einbehalten. Als unablösige, also ständig gleichbleibende Steuer musste die Gemeinde Möglingen der Kellerei jährlich an Martini (11. November) 8 ℔ Heller sowie auf den Markgröninger Fruchtkasten 13 Scheffel, vier Simri und einen halben Vierling Roggen liefern. Weitere Einkünfte bezog die Kellerei aus der Möglinger Mühle, dem ehemaligen Frühmesspfründhaus, aus dem Backhaus sowie aus 16 Häusern oder Höfen, teils mit Scheunen, Gärten, Äckern, Weinbergen und Wiesen. Besondere Abgaben waren aus den Möglinger württembergischen Kellereihöfen zu entrichten (s. S. 67 ff.). Von anderen Gebäuden und von zahlreichen Weinbergen zog die Kellerei Hafer sowie aus einigen wenigen Gütern in der Flur Osterfeld Dinkel und Hafer ein. Die Besitzer einiger Güter mussten Gänse als Zins oder Steuer abgeben. Insgesamt nahm die Kellerei Markgröningen in Möglingen jährlich rund 17 ℔ Heller, 77 Scheffel Roggen, 190 Scheffel Dinkel und 180 Scheffel Hafer sowie drei Gänse, 77 Hühner, 50 Eier und einen Mühlkuchen ein.[12] Das Backhaus wurde im Regelfall von der Kellerei an einen Möglinger Bürger verpachtet. Es befand sich zwischen dem Bach und der Gasse, stieß vorne auf die Wette und hinten auf einen Platz, auf dem ein wohl im Dreißigjährigen Krieg zerstörtes Haus stand.[13]

Zahlung der Steuern im 16. Jahrhundert in Form von Naturalabgaben: Brot, Eier, Geflügel.

Abb. 98. Bauer bringt zur Abzahlung seiner Schuld seinem Herrn Brod, Eier und Geflügel. Holzschnitt von Schäufelin aus: H. von Leonrodt, Hymelwag und Hellwag. Augsburg, Ottmar, 1517. B. 122.

Die von der Kellerei einzuziehende Amtsumlage, also die Anteile an den gemeinsamen finanziellen Verpflichtungen des Amtes, wurden zu einem Drittel von der Amtsstadt Markgröningen und zu zwei Dritteln von den Amtsorten getragen. 1603/04 brachte Möglingen mit 44 ℔ 12 ß Heller den zweitgrößten Betrag im Amt nach Münchingen (68 ℔ 18 ß) auf. Danach kamen Tamm (40 ℔ 18 ß), Bissingen (39 ℔), Schwieberdingen (21 ℔ 3 ß 6 h) und Pflugfelden (3 ℔ 11 ß 2 h).[14] 1591 rangierte Möglingen bei einem Vergleich der ablösigen Zinsen, also der öffentlichen und privaten Kreditschulden, im Amt an erster Stelle mit dem sehr hohen Betrag von 12 381 fl. Danach folgten Schwieberdingen (7740 fl), Münchingen (6719 fl), Eglosheim (4241 fl), Tamm (3499 fl) und Pflugfelden (2530 fl).[15]

Neben den regulär der Herrschaft Württemberg steuerbaren Grundstücken gab es in vielen Orten eine Anzahl von Hofgütern, die weltlichen oder geistlichen Herrschaften eigen waren und sich meist als Erblehen in bäuerlichem Besitz befanden. Dies war in Möglingen der Fall: Rund zwei Drittel der landwirtschaftlichen Nutzfläche gehörten zu solchen Lehenhöfen. Bis zur Reformation dominierten reiche geistliche Institutionen, die nunmehr unter württembergische Herrschaft kamen, aber nicht den Kellereien, sondern neu geschaffenen Geistlichen Verwaltungen unterstellt wurden.[16] Wie bereits im Kapitel Mittelalter aufgezeigt wurde, hatten neben Württemberg auch andere weltliche Herrschaften Besitzungen in Möglingen, so beispielsweise die Frauenberg, Herter, Urbach, Winterstetten, Stammheim und Yberg.[17] Ihre Höfe gingen aber meist schon früh in kirchlichen Besitz über (s. S. 67 ff.). Für den weltlichen Bereich verwaltete die Kellerei Markgröningen fünf Höfe in Möglingen. Sie hatten vor 1950 die folgenden Hausnummern: Erster Hof 96–97 [von späterer Hand überschrieben mit 112], zweiter Hof 114–116, dritter Hof 107–109, vierter Hof 150 und fünfter Hof 154 (s. Karte S. 246).[18] Der erste Kellereihof umfasste rund 170 Morgen. Adolf Seybold hat herausgefunden, dass der zweite und der dritte Hof ungefähr gleich groß waren (jeweils ca. 203 Morgen), ebenso der vierte und der fünfte (jeweils ca. 70 Morgen). Er vermutet nicht zu Unrecht, dass der zweite und dritte sowie der vierte und fünfte Hof früher ein Gut bildeten, denn in früheren Quellen werden nur drei Höfe genannt.[19] Das baufällige Wohnhaus des fünften Hofs wurde 1584 von Konrad Pflugfelder durch ein neues Gebäude ersetzt. Der erste Hof durfte nur *aus einer Hand* verkauft, also nicht geteilt werden. Für die Vermutung Seybolds spricht auch, dass die Inhaber des zweiten und dritten Hofs zu gleichen Bedingungen aus herrschaftlichen Waldungen gratis das Holz zur Ausbesserung ihrer Hofgebäude erhielten. Auch die Abgaben 1583 belegen dies (Geldabgaben in Heller und Schilling, Getreideabgaben in Scheffel, Simri und Vierling):[20]

Hof	Inhaber	Geld	Roggen	Dinkel	Hafer
I	Mathis Biß, Michel Engelhardt, Otmar Fuchs	1 ℔ 10 ß	14, 1, 1	39, 2	34, 4½
II	Konrad Zahn, Hans Aurachers Witwe	3 ℔	21, 2	43, 1, 1½	30, 2
III	Michael Koch, Nikodemus Leserlin, Christian Schwaiger	1 ℔ 10 ß	21, 2	43, 1, 1½	30, 2
IV	Anselm Imlin	0	3, 4, 1	6, 2, 1	6, 7, 1
V	Konrad Pflugfelder	0	3, 4, 1½	6, 2, 1	6, 7, 1

c) Die sog. Freihöfe als Streitobjekt

Einige Inhaber weltlicher und geistlicher Höfe in Möglingen nannten sich *Freimaier*, d. h. ihre Höfe waren frei von gewissen Steuern, Abgaben und Frondiensten. Der Hof, zu dem das frühere Gebäude Nr. 160 gehörte, war ein solcher Freihof, den ehemals das Spital Esslingen besessen hatte und der später auf die Freiherren von Kniestedt in Heutingsheim überging. Weitere Freihöfe waren der Kleine Schorndorfer Hof (s. S. 68) und der Widdum- oder Spitalhof (s. S. 71). Aber auch die Inhaber der württembergischen Kellereihöfe versuchten, diese Vorteile zu erlangen. Die Steuerfreiheit dieser Höfe und die entsprechende Mehrbelastung der anderen Bauern war oft Anlass für Streitigkeiten, zumal nach Gerhard Heß wohl kaum in einem anderen Ort der Umgebung eine derartige Häufung von Freihöfen zu finden ist.[21]

1559 entbrannte ein solcher Streit um die jährliche Holzgabe aus Möglinger Waldungen, die jedem Bürger zustand. Dabei klagten die kleineren Bauern gegen die damaligen Hofinhaber, weil diese angeblich bei dieser Holzgabe bevorzugt wurden. Als Beklagte werden Hans Zainer, Stefan Auracher, Hans Joachim Imlin, Jakob Schneller, Bernhard Zech, Otmar Fuchs, Klaus Scheffer (Schäfer), Nikodemus Leserlin, Hans von Pflugfeld, Hans Lutz, Michael Engelhardt, Blasius Schaber, Martin Kern, Hans Imlin, Alexander Schmautz sowie die Brüder Hans und Michael Kienzle genannt. Der Herzog sprach jedoch die Hofinhaber von der Klage *ledig*.[22]

Ende des 16. Jahrhunderts klagten die Freimaier, dass ihre Höfe in dem von der Gemeinde 1593 angelegten Steuerbuch zu hoch eingeschätzt seien. 1594 mussten sich daher die herzoglichen Räte Sebastian Mitschelin und Johann Haan nach Möglingen begeben, um steuerliche Streitigkeiten zwischen den Freimaiern Jung Bernhard Schäfer, Alt Joachim Imlin, Michael Koch, Andreas Völmlin, Hans Jörg Mann, Matthäus Biß und Konrad Zehe einer- und der Gemeinde Möglingen andererseits zu schlichten. Den Freimaiern wurde bestätigt,

95

dass sie von der regulären Steuer in Höhe von 8 ℔ Heller befreit waren, jedoch den Amtsschaden, also die Steuer an das Amt, die Amtsumlage, zu entrichten hätten. Bezüglich der Ablösungshilfe und anderer Belastungen wurde auf ein Urteil von 1561 verwiesen.[23] Damals war ein Streit der Gemeinde mit den Maiern des Schorndorfer Spital(frei)hofs zugunsten der Befreiung der Maier vom Frondienst entschieden worden.[24] Schultheiß und Gericht sollten aber in Zukunft genau unterscheiden, ob es sich um Hofgüter oder um sonstige Güter von regulär Steuerpflichtigen handle. Auch sollten die Freimaier an den Frondiensten der Gemeindebürger beteiligt werden. Ansonsten durften sie gemäß ihren alten Verträgen die bisherigen Freiheiten behalten. Offenbar schwelte der Streit aber weiter, denn erst ein Urteil des Stadtgerichts Cannstatt von 1601 setzte einen Schlussstrich unter die Revisionsklage des Matthäus Biß und der anderen Freimaier gegen Bürgermeister, Gericht und Rat der Gemeinde Möglingen, indem die Abmachungen von 1594 bestätigt wurden.[25]

2. Verwaltung und Aufgaben der bürgerlichen Gemeinde

a) Schultheiß, Gericht und Rat

Die Selbstverwaltungsbefugnisse der altwürttembergischen Gemeinden beruhten noch im 16. Jahrhundert größtenteils auf althergebrachtem Gewohnheitsrecht. Trotz vielseitiger individueller Ausformungen war eine erstaunliche Einheitlichkeit vorhanden. So übte eine gewisse Anzahl angesehener Bürger in den Städten und auf den Dörfern die Rechtssprechung als sog. Gericht, dessen Angehörige Gerichtsverwandte hießen, aus. Weitere Befugnisse des Gerichts waren Verwaltungsangelegenheiten, wie z. B. Einzug der direkten Steuern, Beurkundungen von Besitzstandsveränderungen, Aufnahme in das Bürgerrecht, Ausstellung von Zeugnissen, Anstellung von Gemeindedienern, Schutz von Feld und Wald sowie die Vergabe von Gemeindearbeiten. Aus dem Gericht rekrutierten sich Kommissionen, so z. B. das Waisengericht, das für familienrechtliche Belange zuständig war. Dem Gericht nachgeordnet war der manchmal von der Bürgerschaft gewählte, oft aber vom Gericht bestimmte Rat. Das Gericht ergänzte sich im Regelfall durch Wahl aus dem Rat selbst und war daher keine Volksvertretung. Den Vorsitz des aus Gericht und Rat gebildeten Magistrats hatte in den Dörfern der Schultheiß, dem mindestens ein Bürgermeister, der nicht mit dem Ortsvorsteher verwechselt werden darf, zur Rechnungsführung, Vermögensverwaltung und Ausführung interner Verwaltungsangelegenheiten zur Seite stand. Das Gericht wählte ihn aus den eigenen Reihen.[26]

Als Schultheißen werden von 1554 bis 1614 genannt:

1554/1560	Georg Schmautz
1565/75	Michael Hertle
1580	Hans Auracher
1583/86	Klaus Gnapper
1588/94	Philipp Schmautz
1595/1610	Hans Reichert
1611/1614	Lorenz Mann

Schultheiß Georg Schmautz wird von 1554[27] bis 1560 genannt, sein vermutlich direkter Nachfolger Michael Hertlin oder Hertle amtierte von 1565 bis 1575.[28] Hertle erhielt 1566 keine Besoldungsanteile von seiten der Herrschaft, jedoch wurden ihm von der Gemeinde 100 fl seiner Steuern und sonstiger Abgaben im Jahr erlassen.[29] Nur einmal, 1580, wird Hans Auracher als Schultheiß genannt.[30] Er war der Sohn des Freimaiers und Gerichtsverwandten Stefan Auracher.[31] Schultheiß Klaus Gnapper befand sich von mindestens 1583[32] bis 1586[33] im Amt. Klaus, Sohn des Bernhard Gnapper, war in erster Ehe mit Margaretha, der Tochter des Martin Scheffer aus Kornwestheim und in zweiter Ehe seit 1580 mit Margaretha geb. Koch verheiratet.[34] Er führte 1564 einen Prozess vor dem Tübinger Hofgericht wegen Erbstreitigkeiten gegen seinen Stiefvater Hans Fuldner aus Markgröningen.[35]

1588[36] bis mindestens 1594[37] war Philipp Schmautz, der mit Ursula, der Tochter des Stefan Auracher, verheiratete Sohn des früheren Schultheißen Georg Schmautz,[38] Möglinger Schultheiß. Er wurde 1598 nach Stuttgart vor Gericht geladen und um 20 fl gestraft, zu denen weitere 2 fl 8 × für *unzeitiges Erscheinen* kamen. Grund war die neu erlassene herzogliche Weberordnung, die, obwohl sie gut gemeint war, vielen armen Landleuten Nachteile brachte und deshalb nach Meinung von Schmautz abgelehnt werden sollte (s. S. 117). Dies äußerte er auch im Wirtshaus zum Adler in Markgröningen, wo die Zunftordnung verlesen worden war. Ein Webermeister belauschte ihn und hinterbrachte es dem Markgröninger Zunftschreiber Sixt Weigelin, einem *Erzbösewicht*, der Schmautz verklagte.[39]

Hans Reichert wurde vor 1558 als Sohn des Hans Reichert (Jörgs Sohn) und der Christina geb. Kern geboren. Er verheiratete sich 1587 mit Margaretha, der Tochter des Asperger Bürgers Daniel Schieber und wird 1595 erstmals als Schultheiß genannt.[40] Reichert war noch im Mai 1610 im Amt,[41] starb aber wohl schon bald darauf, denn 1611 wird seine Frau als Witwe bezeichnet. 1611 und noch im Oktober 1614 war Lorenz Mann Schultheiß.[42] Er, der Sohn des Michael Mann aus Ditzingen, heiratete 1567 die Witwe des Möglingers Hans Zahn.[43] 1592 ist er unter den Leibeigenen der württembergischen Kellerei Vaihingen aufgeführt.[44] Dabei wird er als *aus Flacht* bezeichnet, wo er vielleicht geboren ist.

Das Möglinger Gericht wird 1453 (s. S. 69 f.), 1535[45] und 1545 genannt.[46] 1554 saßen in dem Gremium Hans Vilner, Thomas Schaber, Stefan Uracher (Auracher), Balthas Hirschmann, Hans Zahn, Michael Härtlin (Hertle), Hans von Pflugfeld, Klaus Jung, Alexander Schmautz und Hans Imlin. Jung Hans Riepp und Erhart Hecker (Häcker) gehörten dem Rat an.[47] 1556 war Hans Zahn Bürgermeister.[48] Im selben Jahr werden Schultheiß, Gericht und *Sechser* genannt. Wir können also davon ausgehen, dass damals sechs Leute im Rat saßen.[49] 1566 werden als Richter genannt Alt Jörg Schmautz (wohl der alte Schultheiß), Hans Imlin gen. Hertlin, Hans Reichert, Michael Engelhardt und Konrad Hirschmann. Hans Teichler und Jörg Heger werden als *vonn der Gemaindt*, also Ratsverwandte, bezeichnet.[50]

Bei der Kirchenvisitation 1601 wurde festgehalten, dass der Magistrat die Predigten und die *hailige Sacramenta gepürlich* besuchten. Weiter heißt es, sie *verrichten ire Amptsgeschäfft fleissig*.[51] Das Möglinger Gericht war auch für Pflugfelden zuständig, wo es, wie schon erwähnt, nur einen Schultheißen und sog. Geschworene gab.[52]

Ein wichtiger Gemeindebediensteter war der Büttel, dessen Aufgaben in Möglingen früher der Mesner und Lehrer wahrnahm. 1559 waren Mesnerei und Lehramt zusammengelegt, hingegen der *Bütteldienst* davon abgesondert.[53] 1609 war Georg Würtz Büttel, und auch ein Schütz wird genannt.[54]

Der Magistrat tagte auf dem 1574 erwähnten Rathaus,[55] das 1580 umgebaut oder erneuert wurde. Auch eine sog. Notdurft, also wohl eine Toilette, leisteten sich die Bauherren.[56] Das Rathaus war Ort der Verwaltungsgeschäfte, Vertragsabschlüsse, Beurkundungen und Versteigerungen. Wichtige Verhandlungen protokollierte meist der Substitut, also der Helfer oder Lehrling des Stadtschreibers der Amtsstadt. Die normalen Verwaltungsschreibarbeiten in Möglingen erledigte im Regelfall der Schulmeister, der 1559 die Rechnung, also die Einnahmen und Ausgaben, des Gerichts, Waisengerichts und der Heiligenpflege (örtliche Kirchenpflege) führte.[57] 1583 war Schulmeister Schweitzer jedoch so krank, dass er nicht das ganze Jahr über die Schreiberei versehen konnte.[58] Für das Abfassen wichtiger Eingaben an den Herzog konnte gegen Gebühr der Stadtschreiber beauftragt werden. Der Markgröninger Stadtschreiber Ulrich Brotbeck war 1582 in Möglingen als *Comissarius* in einem Streit zwischen den Brüdern Andreas und Wolf Imlin einer- und Bernhard Schäfer andererseits tätig.[59]

Ein summarischer Auszug der im Gemeindearchiv längst nicht mehr erhaltenen Bürger-

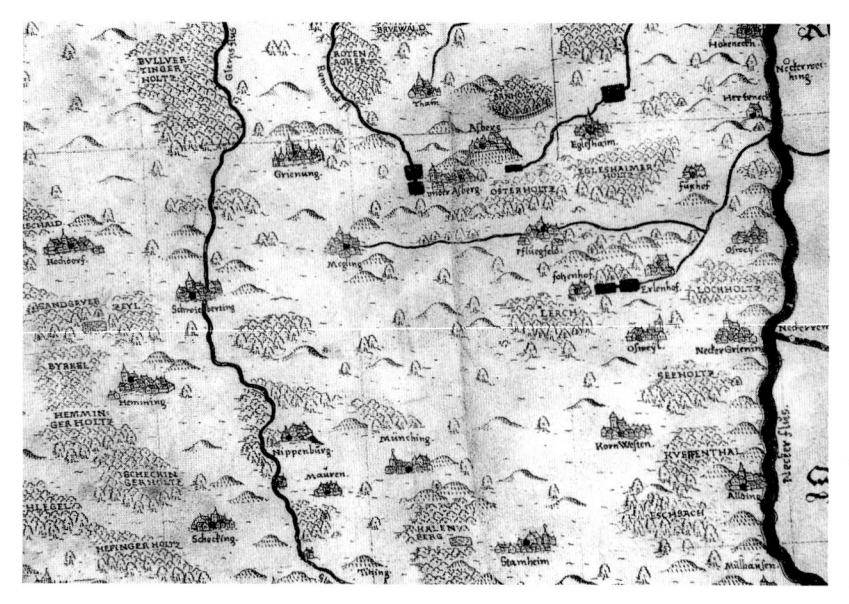

Möglingen und Umgebung. Ausschnitt aus dem Blatt »Leonberger Vorst« von Georg Gadner aus dem Jahr 1593.

meisterrechnung, also der Buchführung aller Einnahmen und Ausgaben der Gemeinde, ist vom Rechnungsjahr 1580/81 erhalten. Damals begann das Möglinger Rechnungsjahr an Invocavit (erster Fastensonntag bzw. sechster Sonntag vor Ostern). Feste Regeln gab es nicht, aber im 17. Jahrhundert bürgerte sich fast überall, so auch in Möglingen, das Rechnungsjahr ab Georgii (23. April) ein. Die Gemeinde hatte 1580/81 Einnahmen in Form von sog. ablösigen Hellerzinsen, Urbarzinsen aus Hofstellen und Scheunen, Steuer-, Ablösungs- und Hilfsgeldern, Aussteuer sowie von verkauftem Dinkel, Roggen, Wein, Stroh und Schleim (als Dung verwendete Ablagerungen, z. B. in Brunnen). Dazu kamen Hauszinse, Gartenzinse, Kreditrückzahlungen von Schuldnern, Erlöse aus verkauften Grundstücken, Strafgelder, Bürgergeld und Abzug, eine Abgabe für Wegziehende, sodass insgesamt 668 ℔ 18 ß 3 h an Geld eingenommen wurden. Dazu kamen Naturaleinkünfte der Gemeinde in Form von 36 Scheffel 5 Simri Roggen, 74 Scheffel 5 Simri Dinkel, 6 Scheffel Hafer und 4 Eimer und 10 Imi Wein. Als Ausgaben wurden die jährliche Steuer, jährliche und ablösige Hellerzinsen, sonstige jährliche Zinsen, Ablösungshilfe, Amtsschaden (Steuer für das Amt Markgröningen), Darlehenstilgungen und Besoldungen verbucht. Weitere Ausgaben betrafen *erkaufte Früchte* zum Vorrat, Bauarbeiten am Rathaus und Zehrung, also Spesenabrechnungen bei Amtsgeschäften. Dies ergab Geldausgaben in Höhe von 593 ℔ 6 ß 2 h, es blieben also etwas mehr als 75 ℔ Heller übrig. Die Naturalausgaben bestanden aus 13 Scheffel 4 Simri 1 Vierling Roggen an die Kellerei.[60]

b) Pflichten der Gemeinde

1559 standen in Möglingen um die 80 Häuser,[61] die, wie bei einem Haufendorf üblich, durch Straßen und Gassen verbunden waren. Zu den Pflichten der Gemeinde gehörte die bauliche Instandhaltung von Straßen, Wegen und Brücken innerhalb der Markung bzw. eine Beteiligung daran, die meistens in Form von Frondiensten geleistet wurde. Alte Straßen waren beispielsweise der *Kirrweg*, also Kirchweg, der vom Südwestrand der Gemeinde ziemlich genau nach Süden führte.[62]

Durch Möglingen zog ein alter Fernhandelsweg, der von Süden kommend über die Filder nach Stuttgart hinunterführte und dann etwa der heutigen Birkenwaldstraße folgend nach Feuerbach zog. Weiter führte er an Zuffenhausen vorbei, durch Stammheim, Pflugfelden und Möglingen hindurch zum Asperg, sodann von Bietigheim weiter ins Unterland. Er wurde durch die ehemalige Burg Frauenberg bei Feuerbach geschützt (vgl. S. 67).[63] Nördlich dieser Straße lag in Möglingen der sog. Schlossgarten, in den 1930er Jahren noch ein umhegter Baumgarten.[64]

In Ostwestrichtung führte im 16. Jahrhundert einer der Hauptausfallswege, der Möglingen mit Vöhingen, Schwieberdingen und Münchingen verband, aber nach dem Ausbau der heutigen Schwieberdinger Straße bald nur noch als Schwieberdinger Fußweg bezeichnet wurde. Seinen Abschluss im Ort bildete ein Gebäude des sog. Kleinen Schorndorfer Hofs und auf der anderen Straßenseite ein Eckhaus (Münchinger Str. 20/Wagnerstr. 23), das 1979 abgebrochen wurde. Es wies im Kellerabgang die Jahreszahl 1596 auf und war damit das älteste bekannte private Wohngebäude am Ort.[65]

Die Straße von Markgröningen nach Stammheim, die über Möglinger und Münchinger Markung führte, wurde 1599 mit über 100 Markungssteinen neu versteint. Die Möglinger mussten dazu für den Bau der Brücken, die in großer Zahl über Wiesenbewässerungsgräben führten, im Rahmen der Fron Steine und Neckarsand aus Beihingen sowie Kalk aus dem Zuffenhäuser Kalkofen herbeischaffen. Wegen des strengen Winters und des lange liegengebliebenen tiefen Schnees zogen sich die Arbeiten allerdings bis ins Frühjahr 1600.[66]

Neben den sonstigen Fuhr- und Fronpflichten sind besonders die »forstherrlichen« Pflichten, zu denen auch die Jagddienste gehörten, zu nennen. Wie fast alle Fürsten frönten auch die württembergischen Herzöge der Jagd. Für das beliebte Jagdgebiet im Langen Feld mussten schon im 16. Jahrhundert Hasen gehegt und Remisen für Feldhühner erstellt werden.[67] Laut Forstlagerbuch von 1556 waren die Möglinger, wie meisten Untertanen, zur Mithilfe bei Treibjagden, zur Wolfshatz und zur Jagdhundaufzucht verpflichtet. Auch mussten sie die Hunde sowie die Seil- und Zeugwägen zu den Jagdorten bringen.[68]

Eine der wichtigsten Pflichten gegenüber der Herrschaft war die Mitwirkung bei der Landesverteidigung. Zur Erfassung der Wehrpflichtigen gab es seit 1523 im ganzen Herzogtum Musterregister, in denen die später in drei Aufgeboten oder Wahlen gemusterten und verschiedenen Bewaffnungen zugeteilten Männer eingeschrieben wurden (s. S. 76 f.).[69] Die erste Wahl, so Gerhard Fritz, war die kriegstüchtigste, auf die zweite sollte nur bei vermehrter Kriegsgefahr und auf die dritte erst im äußersten Notfall zurückgegriffen werden. Tauglichkeit, Bewaffnung und Kriegserfahrung waren wohl die entscheidenden Kriterien für die einzelnen Wahlen. Die Schützen gehörten zu den Vermögenden, denn sie besaßen bereits Feuerwaffen, wenn auch meist nur sog. Handrohre, die seit 1550 zunehmend durch leistungsfähigere Musketen verdrängt wurden. Die erforderliche Abstützung der schweren Muskete auf einer Gabel führte wohl zur Bezeichnung der sog. Hakenschützen. Sog. kurze Wehr trugen meist die weniger vermögenden Bürger. Sie bestand wahrscheinlich aus Kurzspießen oder anderen Blankwaffen, wie Degen oder Schwertern.[70]

Eine exakte Organisation der drei Wahlen für Stadt und Amt Markgröningen zeigt die Musterungsliste von 1553. Befehligt wurde die erste Wahl von vier *Befehlsleut* (Hauptmann, Fähnrich, Feldwebel und Feldscher) sowie zwei *Spielleut*. Ähnliches galt für die anderen beiden Auswahlen.[71] In Möglingen verteilten sich 1553 die 34 Gemusterten folgendermaßen:[72]

1553	1. Wahl	2. Wahl	3. Wahl
Wehrmänner mit Rüstungen	7	4	5
Spieße ohne Rüstungen	4	2	5
Kurze Wehr	1	1	1
Schützen	2	2	0

Bei der Musterung von 1558 unterschied man zwischen Wehrmännern mit Rüstungen, Schützen und Wehrmännern mit einfachen Rüstungen (nur Spieße). Der erste und zweiten Wahl, der für das ganze Amt 168 bzw. 149 Mann angehörten, waren als *Befehlsleut* jeweils ein Hauptmann, ein Fähnrich, ein Trommelschläger, ein Pfeifer und ein Feldscher beigegeben. Die dritte Wahl mit 124 Mann hatte keine »Befehlsleut«. 1560 gehörten zur Truppe von Stadt und Amt Markgröningen sieben Wagen und ein Wasserkarren. Je einen Wagen hatten Münchingen, Möglingen, Bissingen und Tamm zu stellen. Auch beim Landesaufgebot von 1583 herrschten ähnliche Verhältnisse wie 1560. Stadt und Amt boten 349 Wehrmänner auf, unterteilt in Rüstungen mit langen Spießen, Schützen mit Sturmhüten und einfache bloße Wehren.[73] In Möglingen wurden 1583 52 Gemusterte wie folgt eingeteilt:[74]

1583	1. Wahl	2. Wahl	3. Wahl
Rüstungen mit langen Spießen	10	8	10
Schützen mit Sturmhüten	6	5	4
Einfache bloße Wehren	3	3	3

Seit 1609 wurden die Aufgebote der Ämter Markgröningen und Bietigheim, die von jeher eine Kampfeinheit gebildet hatten, Gröninger Landesdefensionskompanie genannt.[75]

3. Kirchliche Verhältnisse in der zweiten Hälfte des 16. Jahrhunderts

a) Das Stuttgarter Katharinenspital als maßgebliche geistliche Institution

Katharina von Helfenstein, Gemahlin des 1366 gestorbenen Grafen Ulrich IV. von Württemberg, stiftete nach dem Tod ihres Mannes zu Ehren ihrer Namenspatronin das erste große Stuttgarter Spital innerhalb der Stadtmauern (s. S. 71). In der Reformationszeit gewann es durch die Angliederung eingezogener Kirchengüter und besonders durch das 1536 aufgehobene Dominikanerkloster, dessen Kirche fortan Hospitalkirche hieß, an Bedeutung.[76] Das Stuttgarter Spital hatte seit mindestens Mitte des 14. Jahrhunderts Rechte und Besitz in Möglingen, den es bis 1806 behaupten konnte. Auch in Pleidelsheim, Renningen und Höfingen lag das Patronatsrecht wie in Möglingen beim Spital Stuttgart (s. S. 71).[77] Die Rechte besaß seit 1534 die Stadt Stuttgart als Rechtsnachfolgerin des reformierten Spitals, dessen Kastvogt und Oberpfleger sie schon vorher gewesen war. Somit ist immer, wenn nach 1534 vom Stuttgarter Spital die Rede ist, die Stadt Stuttgart gemeint.[78] 1566 heißt es im Lagerbuch: *Die Pfarr unnd Frümeß Pfrünnden zu Möglingen hatt von allterß der Spital zu Stutgartten zuverleihen gehapt.* Hingegen lag jetzt die Kastvogtei, also die Oberhoheit über die örtliche Kirchenverwaltung, beim Herzog von Württemberg. Dem Spital, also der Stadt Stuttgart, stand der gesamte Große Zehnt in Möglingen zu. Ein herzoglicher Befehl von 1553 bestimmte aber, dass der Zehnt von neu angelegten Äckern, Wiesen und Weinbergen, die vorher *bey menschen gedechtnuß* Wald, Hecken oder Ödland gewesen waren, der Herrschaft Württemberg gehörte.[79] Die Rechte des Spitals am gesamten Großen Zehnt in Möglingen sowie an der Hälfte dieses Zehnten in Renningen und Gerlingen hatten wirtschaftlich mehr Bedeutung wie sein Güterbesitz.[80] Die Rechte des Spitals in Möglingen wahrte und seine Einkünfte verwaltete ein sog. Spitalpfleger, der später meist identisch mit dem Schultheißen war und 1584 genannt wird.[81]

Hospitalkirche und Kreuzgang des Dominikanerklosters in Stuttgart im Jahr 1916.

b) Widdumhof, Pfarrhaus und Heiligenscheuer

Zu den Rechten Stuttgarts gehörte neben dem Großen Zehnt und dem Weinzehnt sowie dem kirchlichen Patronatsrecht auch die Pflicht zur Besoldung des Pfarrers und des Mesners bzw. Schulmeisters sowie zur baulichen Instandhaltung von Kirche, Pfarrhaus und Schulhaus. Die Mittel dazu lieferte neben den Zehnteinkünften der Widdumhof, der ehemals kirchliche Wirtschaftshof. Der Möglinger Widdumhof oder Spitalhof war seit 1484 steuerfrei und wurde seit 1515 von der Familie Imlin bewirtschaftet (s. S. 124). Wie üblich waren auch in Möglingen die Widdummaier mit der Haltung des Faselviehs, also der Farren zur Rindviehzucht, betraut.[82] Als alte, also frühere Spitalmaier werden 1558 Nikodemus Lederlin, eigentlich Leserlin, und seine Ehefrau Margaretha genannt.[83] Sie waren wohl Vorgänger oder Mitbesitzer des Hans Imlin, der 1549 Widdummaier war und um 1586 starb. Ihm folgte sein Schwiegersohn Hans Zainer, gegen den das Stuttgarter Spital 1589 Klage führte, da er auf

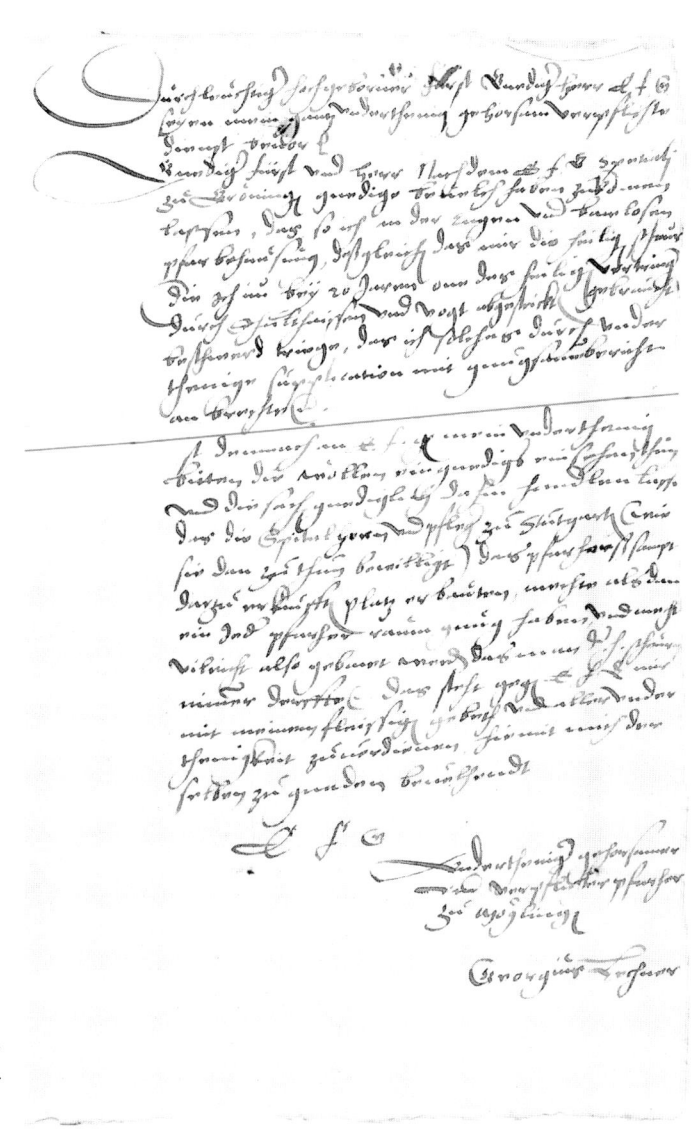

Anfang und Ende des Bittbriefes von Pfarrer Lechner von 1586 an Herzog Ludwig.

einem Acker des Hofs etwas anderes als vorgeschrieben angebaut hatte.[84] Zum Widdumhof gehörte auch der gesamte Heuzehnt der Möglinger Güter mit Ausnahme desjenigen des Geradstetter Hofs.[85]

Bei Widdumhof und Kirche lag das alte Pfarrhaus, das 1554 erwähnt wird. Es stand zwischen der Heiligenscheune und dem Haus der Witwe des Ludwig Zahn. Davor befand sich die Roßwette, und dahinter verlief der Kirchweg. Das steuerfreie Pfarrhaus war Eigentum des Stuttgarter Spitals.[86] 1559 wird es als Haus mit zwei Stuben, einem Kern, also Keller und sogar einem *Badtstublin* beschrieben.[87] Das Haus war 1584 baufällig. Daher empfahlen Schultheiß und Stuttgarter Spitalpfleger zu Möglingen dem Spital den Kauf einer benachbarten kleinen Hofanlage, um darauf ein neues, größeres Pfarrhaus zu erstellen.[88] Doch es geschah nichts und im September 1586 berichtete Pfarrer Lechner dem Herzog über die *enge und baufellige* Pfarrbehausung und klagte, dass er mit Frau und Kindern nicht mehr ohne Sorge darin wohnen könne, zumal schon ein Teil des Küchenbodens eingebrochen sei. Zum Glück war die ganze Familie mitsamt dem Vieh gerade außer Haus, sodass nur eine Gans ihr Leben ließ. Acht Tage später war die Situation bedrohlicher. Jetzt stürzte die Frau Pfarrer in die Tiefe, und ein Unglück wäre geschehen, hätte Lechner seine Frau nicht *bey den Armen erwischt* und heraufgezogen. Auch die Stuttgarter Spitalherren wüssten, so Lechner, von der Dringlichkeit, hier Abhilfe zu schaffen, zumal sie zu einer Besichtigung vor Ort gewesen seien. Allerdings hatten sie ihn vertröstet, da damals gerade der Bau des großen Spitalkellers in Stuttgart ausgeführt wurde.[89]

Die neben dem Pfarrhaus stehende Heiligenscheuer war im Besitz der örtlichen Kirchengemeinde. Lechner klagte, dass er sie seit Jahren nicht mehr nutzen dürfe, es sei denn, er bezahle dafür Miete. Seine Naturalbesoldungsanteile in Heu, Öhmd, Stroh und Wein, die er *Armutle* nennt, bewahrte er daher in seiner Privatscheune auf. Sie gehörte zu einem alten und baufälligen Haus, das er für sein *liebes und armutseliges Weib und vil noch kleine unerzogene Kinder* zur Unterkunft um 303 fl gekauft hatte. Sogar die 100 fl Anzahlung, so klagt Lechner, hätte er in Kornwestheim bei dem heute oft als Bauernmillionär bezeichneten Jörg Minner geliehen. Der Kauf war eine Vorsorgemaßnahme, falls er überraschend sterben sollte, denn dann wäre der neue Pfarrer ins Pfarrhaus gezogen und seine Familie auf der Straße gesessen. Aber die Lage dieses Hauses mit Scheune mitten im Dorf beim Rathaus war ungünstig und Lechner hätte viel lieber die direkt neben dem Pfarrhaus stehende Heiligenscheuer genutzt. Sein Resumee: Der Herzog sollte den Spitalherren befehlen, das Pfarrhaus unter Einbeziehung des dafür gekauften Nebenplatzes neu zu erbauen. Der Markgröninger Spezial (Dekan) Gastpar unterstützte das Anliegen des Pfarrers und liefert uns zugleich eine genaue Beschreibung und eine schematische Zeichnung des alten Möglinger Pfarrhauses, die einen sehr guten Einblick in die Wohn- und Lebensverhältnisse eines Dorfpfarrers gegen Ende des 16. Jahrhunderts gibt. Das Gebäude war 50 Schuh lang und 25 Schuh breit und beherbergte im Erdgeschoss einen Viehstall für drei Stück Vieh mit Hühnerhaus darüber, einen Schafstall, ein *locum secretum* (Toilette) ein *Badstüble*, einen Backofen und einen Waschkessel sowie zwei kleine Ställe unter der Treppe, die in den *Ehrn* des ersten Stockwerks führte. Dort stand eine Truhe und ein Mehlkasten; *liegt auch voller Hanff*. Zentral lag hier die Küche, umgeben von zwei Stuben, einer Kammer und einer Stubenkammer, in der das Ehebett und drei Kinderbetten standen. Diese Kammer war so eng, *daß man die Thür nit recht auffthun kann oder drinnen gehen*. Die Stube nach hinten zur Wette hinaus war die Studierstube. In einer der beiden Kammern im zweiten Stockwerk schliefen die ältesten Kinder. Vogt, Bürgermeister und Gericht zu Stuttgart als Spitalherren ließen das Haus begutachten, fanden aber, dass ein Abbruch und Neubau, der wenigstens 1000 fl kosten würde, völlig unnötig sei und entschieden, nur die dringendsten Reparaturen ausführen zu lassen. Vor dem Winter sei mangels Bauholz ohnehin nichts zu machen, zudem habe man gerade sehr viele Arme zu versorgen. Der Pfarrer könne den Winter über ohne Sorge in dem Haus wohnen. Also wurde vom Herzog bestätigt, dass die Stuttgarter das Möglinger Pfarrhaus im Frühjahr nur reparieren sollten, jedoch mit der Ermahnung, es künftig in besserem Zustand zu halten. Immerhin durfte Lechner künftig in der Heiligenscheuer ohne Miete einen Teil seiner Früchte lagern.[90]

c) Die Pfarrei Möglingen und ihre Geistlichen

Die Synodalordnung Herzog Ulrichs von 1547 bildete zunächst ein Dekanat aus den Ämtern Markgröningen, Asperg, Bietigheim und Vaihingen. Jedoch schon mit Schaffung der Spezialsuperintendenzen (Dekanate) under Herzog Christoph, die den Generalsuperintendenzen untergeordnet waren, wurde die Landeskirche 1555 neu eingeteilt und auch ein selbstständiges Dekanat Markgröningen errichtet, wobei der Dekan allerdings keine Residenzpflicht hatte.[91] Es umfasste in der zweiten Hälfte des 16. Jahrhunderts neben der Amtsstadt die Orte Asperg, Bissingen, Eglosheim, Möglingen, Münchingen, Oßweil, Pflugfelden, Schwieberdingen und Tamm[92] und bestand mit Ausnahme der Jahre zwischen 1719 und 1736 bis 1812.[93]

1559 wurde als wichtigste Grundlage im kirchlichen Bereich die Große Kirchen- (und Schul)ordnung des Herzogtums Württemberg publiziert. Mit ihr waren die kirchlichen Pflichten, Aufgaben und Rechte genau definiert und auch die jährlich stattfindende Visitation der kirchlichen und bürgerlichen Gemeinde festgelegt (vgl. S. 105). Bedeutsam für die lokale Quellenüberlieferung ist vor allem die Einführung der Taufbücher, denen bald die Ehe- und Totenbücher folgten. Der Möglinger Pfarrer Jakob Westermayer begann schon vor dem Druck der Ordnung das Möglinger Taufbuch,

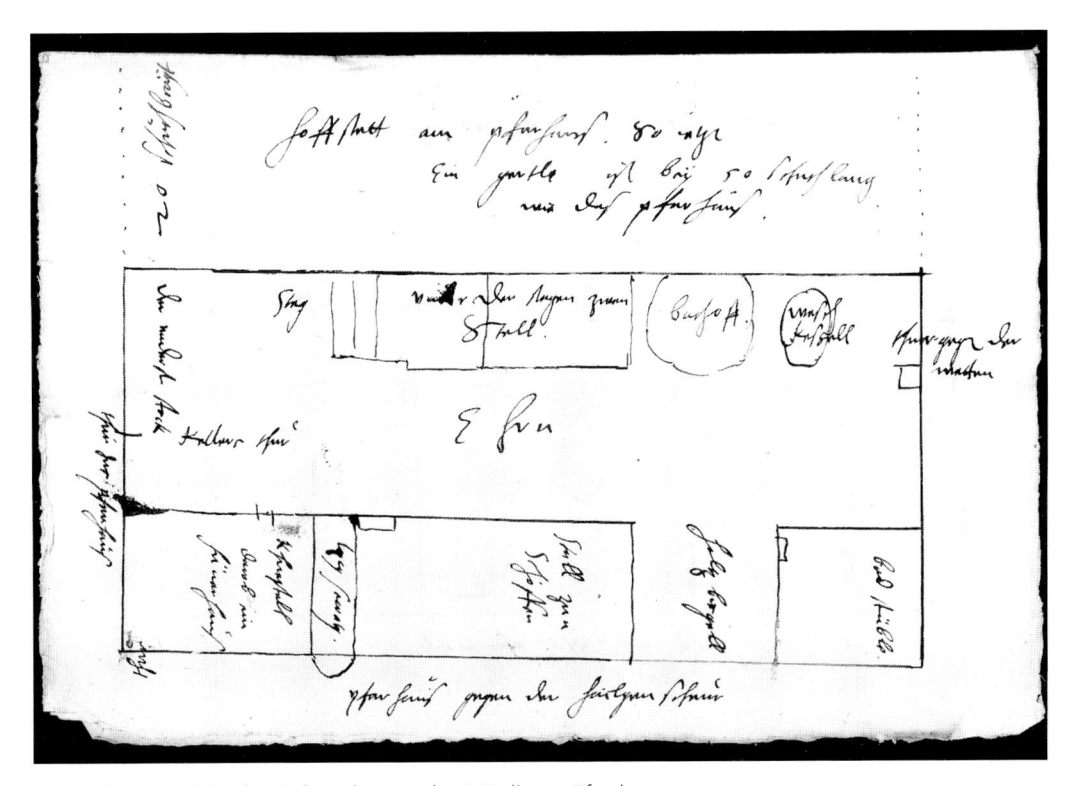

Grundriss von 1568 des Erdgeschosses des Möglinger Pfarrhauses.

das somit eines der ältesten in Württemberg ist. Den ersten Eintrag machte *Vestermayr* am Sankt Jakobs Tag 1558 (25. Juli). Einen Schatz an Informationen hinterließ uns der seit 1566 amtierende Pfarrer Georg Lechner, denn er schrieb während seiner Amtszeit bis 1609 nicht nur die Eltern, sondern auch die Großväter der getauften Kinder ein. Georg Lechner begann kurz nach seinem Amtsantritt im Mai 1566 das älteste Möglinger Ehebuch zu führen.[94]

Nach der Reformation verwaltete die Geistliche Verwaltung Markgröningen die Einkünfte der Möglinger Pfarrei. Im Lagerbuch der Verwaltung von 1554 wird nochmals bestätigt, dass der *Kirchensatz und die Lehenschafft* der Pfarrei Möglingen einschließlich des Nominierungsrechts des Pfarrers von alters her das Stuttgarter Spital innehatte, hingegen stand der Herrschaft Württemberg die Bestätigung des Pfarrers und die Vogtei zu. Dem Möglinger Pfarrer stand fast der gesamte kleine Zehnt auf der Markung zu. Die Abgrenzung des Gebiets begann im Ammertal, wo die Grenze zwischen dem Möglinger Kleinen Zehnt und dem Vöhinger Zehnt des Stuttgarter Spitals verlief, zog sich rund um das Dorf herum und endete an dem von zwei Brunnen gespeisten Bach. Auch der Kleine Zehnt des Widdumguts gehörte dazu, hingegen beanspruchten denjenigen jenseits des Bachs *Gröningen zu gelegen* das Spital in Stuttgart sowie die Pfarreien in Geradstetten und Marbach. Zum Kleinen Zehnt gehörten Rüben, Kraut,

Einband und erste Seite des 1558 begonnenen ältesten Möglinger Taufbuchs.

Flachs und Hanf, hingegen wurden Erbsen und Linsen in Möglingen, was sonst nur ganz selten der Fall war, dem Großen Zehnt zugerechnet. Zudem erhielt der Pfarrer von der Gemeinde die für Bürger übliche jährliche Holzgabe, die er aber auf eigene Kosten *einbringen* musste. Das Stuttgarter Spital besoldete den Pfarrer zusätzlich mit jährlich 42 fl sowie mit 4 Scheffel Roggen, 28 Scheffel Dinkel, 4 Scheffel Hafer, 2 Simri Erbsen, 2 Simri Linsen, 3 Eimer Wein und 1 Fuder Stroh.[95] 1559 waren es schon 52 fl, dieselbe Menge Getreide, jedoch 4 Simri Erbsen und 4 Eimer Wein, aber keine Linsen mehr. Der nicht jährlich zu entrichtende Heuzehnt stand dem Widdummaier zu.[96] Möglingen gehörte zu den 72 von Dritten besoldeten Pfarrstellen Württembergs, zu deren Einkünften das württembergische Kirchengut nichts beitrug.[97]

Als Pfarrer standen der Möglinger Kirchengemeinde zwischen 1552 und 1626 vor:

1552 – 1553 Johannes Schulmeister
1553 – 1556 Bernhard Feigel
1556 – 1563 Jakob Westermayer
1563 – 1566 Wolfgang Wild
1566 – 1609 Georg Lechner (um 1520 – 1613)
1609 – 1626 Joseph Lechner (1578 – 1626)

Pfarrer Johannes Schulmeister war 1549 Diakon in Cannstatt und blieb dort auch während des Interims, dem er sich fügte. Nach seiner kurzen Amtszeit in Möglingen von 1552 bis 1553 ist nur noch seine Folgestelle als Pfarrer in Lomersheim von 1553 bis 1554 bekannt. Sein Nachfolger Bernhard Feigel versah die Möglinger Pfarrstelle von 1553 bis 1556 und war dann von 1556 bis 1559 Pfarrer in Endersbach. Jakob Westermayer aus Donauwörth, später Pfarrer in Honau, amtierte hier von 1556 bis 1563 und begann das älteste Möglinger Kirchenbuch (s. S. 103).[98]

Nur drei Jahre, von 1563 bis 1566, war Wolfgang Wild, der seine Laufbahn als Schulmeister in Ilsfeld begonnen hatte, Möglinger Pfarrer. Danach amtierte Wild in Musberg, wo er aber seinem Namen alle Ehre machte. Wegen der dort zu erbauenden Zehntscheuer zankte und raufte er sich mit dem dortigen Schultheißen derart, dass dieser ein »heilloser Mann« wurde, also wohl körperliche Gebrechen davontrug. Wild wurde 1569 aus dem Pfarrdienst entlassen.[99]

Bis zum Aufzug des neuen Möglinger Pfarrers im Mai 1566 führte der Pflugfelder Geistliche Nikolaus Gretzinger das Möglinger Taufbuch.[100] Ein oder zwei Predigten hielt der ohne Dienstort genannte Diakon Johannes Weckmann, dessen Vortrag die Möglinger *dermaßen anmüttig und gefellig* fanden, dass sie ihn gern als Pfarrer behalten hätten. Doch Weckmann weigerte sich, da ihm die Stelle offensichtlich zu schlecht dotiert war[101] und wurde Pfarrer in Wildbad.[102] Zunächst fand sich auch kein anderer Pfarrer, der nach Möglingen gehen wollte. Erst als die Stadt Stuttgart eine *Addition*, also eine Gehaltserhöhung genehmigte, wurde die Stelle wieder besetzt.[103] Die Besoldungsänderung wurde 1567 festgeschrieben, indem Stuttgart einen sog. Grundstock festlegte.[104]

Der bereits erwähnte neue Pfarrer Georg Lechner, Sohn des Christian Lechner und ein gebürtiger Bayer aus Rosenheim, sollte gleich mehrere Jahrzehnte das Amt versehen.[105] Der um 1520 geborene Lechner studierte seit 1550 in Ingolstadt, wo er als *pauper*, also arm bezeichnet wird, und seit 1555 in Wittenberg.[106] 1559 wurde er Kollaborator in Schorndorf, 1560 Klosterpräzeptor und Diakon in Murrhardt, 1561 bis 1564 Pfarrer in Bibersfeld, 1564 Pfarrer in Uhlbach, und seit 1566 war Lechner Pfarrer in Möglingen. Den Ehebund schloss er 1561 mit Ursula Geyer, der Tochter eines Schwäbisch Haller Büchsenschmieds. Dem Ehepaar wurden sieben Kinder geschenkt. Die 1575 geborene Tochter Anna heiratete 1596 den wohl recht vermögenden und einflussreichen Möglinger Bauern Michael Pflugfelder (s. S. 127). Der Sohn Joseph übernahm 1609 die Möglinger Pfarrstelle vom Vater (s. u.).[107]

1583 war Georg Lechner *mit seiner Gemain wol zufrieden und sie mitt ime auch.*[108] 1605 predigte er, wie es üblich war, an Sonn- und

Feiertagen morgens über die Evangelien und nachmittags über den Katechismus. Am Freitag war Gebetstag und samstags predigte Lechner den Möglingern über eines seiner Lieblingsthemen, die Propheten.[109]

Schon 1607 bat Georg Lechner mit Unterstützung der Gemeinde um seine Ablösung durch seinen Sohn Joseph, doch erst im September 1609 wurde er mit jährlich 78 fl Pension, dazu 8 fl für die Miete im Pfarrhaus, wo er wohnen bleiben durfte, in den Ruhestand entlassen.[110] Sein 1578 geborener Sohn Joseph beerbte ihn tatsächlich im Amt. Er ist der erste Möglinger Pfarrer mit Magistergrad und war zuvor Vikar in Cleversulzbach und Diakon in Heidenheim.[111] Die »Vererbung« des Amtes an den Sohn wie im Falle Lechner sollte bei den Möglinger Pfarrern noch öfters vorkommen (s. S. 209). Dies war aber besonders im 17. und 18. Jahrhundert gängige Praxis in Württemberg. So besetzte die Familie Hauff im benachbarten Kornwestheim über Generationen die Pfarrei, eine der reichsten im Land.[112]

Bei der Amtsübergabe 1609 schrieb Georg Lechner nicht ohne Stolz ins Taufbuch, dass er in 43 Jahren Amtszeit die stattliche Zahl von 1020 Kindern getauft habe.[113] Er starb am 21. Juni 1613 hochbetagt mit 93 Jahren in Möglingen. Joseph Lechner ließ ihm ein heute noch erhaltenes Epitaph schaffen, auf dem 1623 das Todesdatum seiner mit 90 Jahren gestorbenen Ehefrau Ursula sowie 1626 das Sterbedatum Josephs und das von dessen Frau Katharina nachgetragen wurde.[114] Demnach hatte sich die finanzielle Lage der Familie gebessert. Vielleicht kam das Geld von der Ehefrau Jospehs, einer Tochter des Markgröninger Bürgers Nikolaus Zwacker.[115]

d) Die Pfarrkirche Sankt Pankratius

Ursprung und mittelalterliche Baugeschichte der Möglinger Kirche wurden bereits in früheren Kapiteln abgehandelt (s. S. 59, 81) und nach der Renovierung von 1970/72, die unter anderem bis dahin unbekannte Malereien zutage förderte, widmete sich Markus Otto vor

Grabstein der Pfarrerfamilie Lechner an der Pankratiuskirche.

allem in kunstgeschichtlicher Hinsicht ausführlich der Pankratiuskirche.[116]

Genaue Auskünfte über die Kirche könnten die Möglinger Heiligenrechnungen geben, die aber leider nicht in diese Zeit zurückreichen. Die Kirche gehörte, genauso wie die mehrfach genannte Heiligenscheune, dem *Heiligen*, also der örtlichen Möglinger Kirchenpflege. Diese Scheune lag 1554 zwischen dem Pfarrhaus und dem Ingersheimer Frühmesshof.[117]

Schon 1588 wird eine Kirchenuhr genannt,[118] und 1589 erfahren wir, dass die Glocken morgens und abends vom Schulmeister geläutet wurden.[119] 1594 durften die Möglinger zum Aufhängen ihrer beiden (neuen?) Glocken ein Gerüst der Festung Hohenasperg verwenden, das man sonst im Krieg, wohl zum Überwinden hoher Mauern, benutzte.[120] Offenbar waren damals bereits Bauarbeiten im Gange, die

1598 abgeschlossen wurden, denn diese Jahreszahl ist am Turm angebracht. Bei diesem größeren Umbau wurden unter anderem die großen rundbogigen Fenster an der Glockenstube des Turms, durchgebrochen. Auch die Vermauerung des Südportals und der Einbau eines neuen Südfensters fällt in diese Zeit. Bei der Restaurierung von 1970/72 fand man die Helmzier eines Allianzwappens von Herzog Johann Friedrich von Württemberg und seiner Frau Barbara Sophie geb. von Brandenburg. Vielleicht wurde die Bemalung zu deren Hochzeit 1609 gestiftet. Die Wappen setzten die Belassung des alten niedrigen spätgotischen Chorbogens voraus, denn sie sind erst später durch die Erhöhung des Durchgangs vom Schiff zum Chor verschwunden, indem unter die flache Holzdecke des Schiffs eine Renaissancefachtonne gezogen wurde. Zur selben Zeit wurden die Wandgemälde übertüncht. Markus Otto vermutet, dass aus dieser Decke die später an den Emporenbrüstungen angebrachten Tafeln stammen.[121] Er vermutet, dass sie in Zusammenhang mit dem Umbau von 1598 um 1600 entstanden sind. In weiteren acht Kirchen des Landkreises finden sich ähnliche Gemälde. Allerdings sind die Möglinger Bilder die einzigen, die ausschließlich Szenen aus dem Neuen Testament darstellen. Es handelt sich dabei um einen mit Texten versehenen sog. Leben – Jesu – Zyklus von der Verkündigung an Maria bis zur Auferstehung. Dazu gehört auch ein größeres Bild ohne Inschrift, das die Dreifaltigkeit zeigt. Eine Besonderheit ist die Darstellung von Brillen, die Pilatus und ein Schriftgelehrter tragen. Der Künstler der Gemälde ist unbekannt.[122]

Die an den Emporen angebrachten Tafeln entstanden wohl um 1600.

d) Die Geistliche Verwaltung Markgröningen und andere ehemals geistliche Herrschaften in Möglingen

Trotz der Dominanz des Stuttgarter Spitals waren die Kellerei (s. S. 93) und die Geistliche Verwaltung Markgröningen nach der Reformation sicherlich mit wenig Abstand die nächstwichtigsten Einrichtungen mit Rechten und Einkünften in Möglingen.
Das Lagerbuch der Geistlichen Verwaltung von 1554 erneuerte die Einkünfte und Rechte der ihr im Zuge der Reformation eingegliederten Pfarrei und der Frühmesse in Möglingen.[123] Offenbar waren die Möglinger Rechtstitel der Geistlichen Verwaltung Markgröningen sehr wichtig, denn schon 1588 und 1598 wurden Erneuerungen des Lagerbuchs, letztere vielleicht im Zusammenhang mit dem Kirchenumbau, vorgenommen.[124] Die Rechnung der Verwaltung von 1609/10 nennt die zahlreichen komplizierten Einkünfte der Frühmesse und Pfarrei Möglingen, beispielsweise an unablösigen Hellerzinsen, Urbarzins sowie Wiesen- und Krautgärtenzins. Dazu kamen Naturaleinkünfte, die sog. Landachtfrüchte in Form von Roggen, Dinkel und Hafer, aber auch Hühner und aus der Mühle 50 Eier und ein Mühlkuchen. Viele Einkünfte rührten noch von ehemaligen Pfründen her. Die Ausgaben der Geistlichen Verwaltung Markgröningen in Möglingen betrafen Kosten bei der Getreideernte und der Weinlese, die bei Einsammlung der abzugebenden Früchte entstanden, die nach Markgröningen auf den Fruchtkasten gebracht wurden. Der abzugebende Wein wurde in einem vor der Möglinger Kelter aufgestellten Zehntfass gesammelt und dann von Schultheiß Reichert nach Markgröningen und Pflugfelden als Teil der jeweiligen Pfarrbesoldung gebracht. Beim Einzug der Steuern durften der Schultheiß und die Kornmesser auf Verwaltungskosten bei Wirt Imlin einkehren.[125]
Neben dem Spital Stuttgart und der Geistlichen Verwaltung Markgröningen hatten noch andere Spitäler bzw. Geistliche Verwaltungen oder Stifte Rechte oder Einkünfte in Möglingen, die sich vor allem auf Lehenhöfe bezogen.
Das Schorndorfer Heiliggeistspital besaß zwei Höfe in Möglingen. Der rund 168, später nur noch 150 Morgen sog. Große Schorndorfer Hof, auch Zainerscher Hof genannt, kam 1518 an Mathias Kontzlin (Kienzle), dessen Familie bis 1615 den Hof bewirtschaftete. Dieser Hof (Gebäude Nr. 14, s. S. 246) kam über die Herren von Frauenberg und die Schenken von Winterstetten 1500 an das Spital und war wahrscheinlich früher mit dem Adelberger Hof (Gebäude Nr. 12/16) vereint gewesen. Aus dem Hof mussten u.a. Abgaben an die Aldinger Pflege des Spitals entrichtet werden. Beide Schorndorfer Höfe waren steuerfrei, jedoch liegt nur für einen der Befreiungsbrief vor. Vielleicht waren auch sie früher vereint gewesen. Den nur unwesentlich kleineren Schorndorfer Hof (Gebäude Nr. 195) bewirtschaftete 1564 die Familie Schmautz. Außer im weit entfernten Möglingen besaß das Schorndorfer Heiliggeistspital sonst nur näher gelegene Güter in Hebsack, Miedelsbach, Buhlbronn, Asperglen, Winterbach und Grunbach.[126]
In der Nähe des größeren Schorndorfer Hofs lag der Geradstetter Hof (Gebäude Nr. 90/91) mit 115 Morgen. Von seinen Erträgen musste ein Drittel an den Geradstetter Pfarrer abgeliefert werden, weshalb der Hof auch *Drittheiliger Hof* hieß. Diese alte Form der Abgabe hielt sich hier besonders lang und wurde erst 1591 in eine feste Gült umgewandelt (s. u.). Die Geradstetter Pfarrer hatten sich Jahrzehnte gegen die Umwandlung gesträubt und den Pächtern keinen neuen Hofbrief ausgestellt. Schon 1551 klagte Hans Zainer, seit einigen Jahren Bestander, also Pächter des Hofs als Nachfolger seines Vaters Hans, deswegen beim Herzog, da dringende Bauarbeiten am Hof vorgenommen werden mussten und er dafür ein Drittel der Kosten von der Pfarrei Geradstetten fordern wollte. Dem Hofbestander stand auch ein Drittel des Kleinzehnts der Hofgüter an Kraut, Rüben, Hanf und Flachs zu. Die anderen beiden Drittel gingen an das Stuttgarter Spital und Jakob Schneller in Möglin-

gen. Ebenso verhielt es sich mit dem Heuzehnt.[127] Bei der Anfertigung des Lagerbuchs von 1574 war die Geistliche Verwaltung Schorndorf für den Geradstetter Hof zuständig. Ausdrücklich wird nochmals auf den erwähnten Streit Bezug genommen, wonach der Hofbeständer ein Drittel der Scheunenbaukosten vor etlichen Jahren, jedoch ohne Erfolg, gefordert habe. Inzwischen bewirtschaftete den Hof, zu dem ein zinsfreies Haus mit baufälliger Scheune, Stallungen und Hofplatz gehörte, der Sohn Hans Zainer junior.[128] 1584 gehörten zu dem Hof eine alte Behausung sowie eine große und eine kleine Scheune. Das frühere Haus der Frühmesse war schon 30 Jahre vorher verkauft worden.[129] Erst 1591 erhielt Hans Zainer junior einen neuen Hofbrief, in welchem auch die Drittelsabgabe in die feste jährliche Abgabe von 6 Scheffel Roggen, 32 Scheffel Dinkel und 24 Scheffel Hafer sowie Beiträge zum Heu- und Kleinzehnten umgewandelt wurde. Künftig zog diese Gült der Einfachheit halber die Geistliche Verwaltung Markgröningen ein.[130]

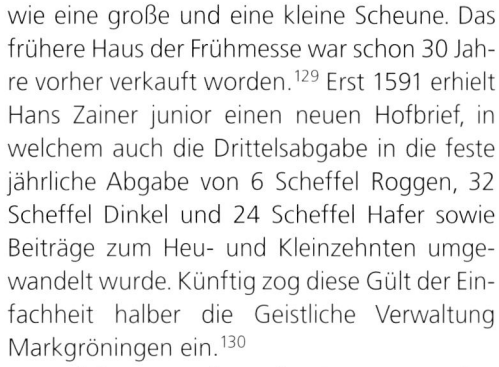

Der Adelberger Hof wurde 1555 an Jörg Gomer verliehen. 1591 forderten die Asperger, auf deren Markung fünf Morgen des Hofes lagen, die Abgaben aus diesen Feldern. Dagegen klagte der damalige Maier Bernhard Schäfer. Ein herzoglicher Befehl vom Dezember 1592 beließ die Steuer bei den Möglingern. Die Asperger aber gaben nicht klein bei und stritten bis 1594, allerdings wohl ohne Erfolg.[131] 1598 wurden die Einkünfte und Rechte des Klosters Adelberg, Pflege Waiblingen, erneuert. Träger des Hofs in Möglingen waren damals die Söhne des verstorbenen Bernhard Schäfer, Jakob und Bernhard sowie, wohl als Schwiegersohn, Joachim Zahn. Sie mussten aus dem Hof jährlich an Martini 20 Scheffel, 2 Simri 1/2 Vierling Roggen, 27 Scheffel Dinkel, 24 Scheffel und 6 Simri Hafer sowie 1 Scheffel 2 Simri 3 Vierling Erbsen entrichten, die der Träger, also Hauptpächter des Hofs liefern musste. Falls er die Naturalien aber weiter bis nach Waiblingen brachte, winkte ihm als Anreiz eine Suppe, ein Trunk und Futter für seine Pferde. Zum Hof gehörten damals zwei Häuser mit Scheune, Stallungen und Hofplatz sowie 16 Mor-

Das Haus Strohm (um 1920) gehörte zum Geradstetter Hof und beherbergt heute das Brunnenstüble.

gen Acker. Zusätzliche Dinkeleinkünfte bezog das Kloster aus *einzechten* Gütern.[132]

Der 160 Morgen große Herterhof (Gebäude Nr. 164/165) wurde um 1350 von der Familie Herter von Herteneck der Frühmesse Großingersheim überlassen.[133] Für ihn war nach der Reformation die Geistliche Verwaltung Bietigheim zuständig. Sie zog um 1560 von Hofpächter Thomas Schaber Roggen, Dinkel, Hafer, Gerste, Erbsen und Linsen ein.[134] Ausführlicher wird der Hof im Lagerbuch von 1583 beschrieben, und wir erfahren, dass die Früchte nach altem Ingersheimer Maß nach Ingersheim oder Bietigheim zu liefern waren. Erst 1711 durften Michael und Georg Heger mit herzoglicher Erlaubnis die Fruchtgült in eine jährliche Abgabe von 200 fl umwandeln. Zum Hof gehörte im 16. Jahrhundert eine Behausung samt Scheune und Hofplatz bei der Wette *schier mitten im Dorf* sowie Güter in den Zelgen Gröningen und [Korn]westen.[135]

Ein zweiter Herterhof (Gebäude Nr. 68/69) mit 75 Morgen kam über die Marbacher Familie Fröhlich (daher auch Fröhlichhof, später Schnellerhof genannt) an die Möglinger Pfarrei und Frühmesse und war steuerfrei.[136] Zwei Drittel der Abgaben dieses Hofs, den 1554 Jakob Schneller als Träger innehatte und zu dem ein Haus mit Scheune und Hofplatz gehörte, gingen allerdings an die Pfarrei Marbach.[137] 1574 hatte den Hof die Witwe des Jakob Schneller inne, die an Martini die fälligen Gültfrüchte Roggen, Dinkel, Hafer und Erbsen in Möglingen in die Zehntscheune liefern musste.[138]

Ebenfalls der Möglinger Frühmesspfründe kam das sog. Yberger Lehen, neben dem Kleinen Schorndorfer Hof (s. S. 68) ein weiterer ehemaliger Hof der Herren von Yberg, den 1554 Hans Reichert als Träger bewirtschaftete, zugute.[139] Er umfasste jedoch nur 23 1/2 Morgen.[140] Einer der hiesigen Frühmesshöfe hatte gemeinsam mit dem Markgröninger Spital Besitz und Einkünfte in bzw. aus Tammer Waldungen.[141]

Dem Stift Stuttgart bzw. dem Sondersiechenhaus (Aussätzigenanstalt) der Hauptstadt standen die Einkünfte des 65 Morgen großen Siechenlehens zu.[142] 1580 war Hans Zahn Trä-

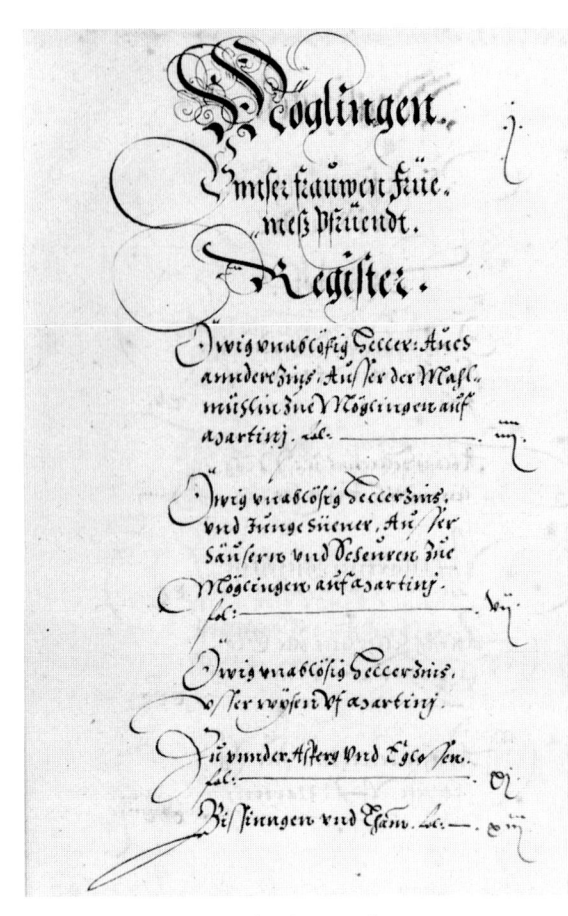

Verzeichnis der Einkünfte der Möglinger Frühmesspfründe im Lagerbuch der Geistlichen Verwaltung Markgröningen von 1588 (Titelblatt).

ger des Hofs, zu dem auch ein Haus gehörte. Die Steuern daraus zog die Stuttgarter Stiftsverwaltung ein[143], deren Lagerbuch 1584 erneuert wurde. Dabei werden in Möglingen sowohl Einkünfte aus dem Anwesen der Sondersiechenpfründe als auch der *Pfaff Eblins Capell Pfröndt* genannt, die u. a. Abgaben aus zwei Häusern einzog.[144] Der Hof der Pfaff Eblins Pfründe war schon 1559 an Stefan Auracher als Erbgut verliehen worden, wofür er jährlich je fünf Malter Roggen, Dinkel und Hafer nach altem Maß abliefern musste.[145]

Das Leonberger Lehen mit 57 1/2 Morgen hatte seinen Abgaben bis zur Reformation an die Höfinger St. Nikolauspfründe abzuliefern.[146]

4. Die Anfänge der Schule

a) Frühmesse und Mesnerei als Grundlage der Schule

In größeren Städten waren meist schon im Mittelalter sog. Lateinschulen eingerichtet, so auch in Markgröningen. Ihr wichtigstes Lehrziel war später die Vorbereitung auf das Landexamen, dessen Bestehen Voraussetzung für den Besuch einer der Klosterschulen, in denen die künftigen Pfarrer auf den Besuch des Tübinger Stifts, also aufs Theologiestudium, vorbereitet wurden. Der Bildung der Dorfkinder dienten die sog. Deutschen Schulen, die nach der großen Kirchenordnung von 1559 mit dem Mesner als Lehrer eingerichtet werden sollten. Eine Schulpflicht bestand nicht. Die Schüler waren in drei Gruppen zu unterteilen, von denen die erste Buchstabieren, die zweite das Zusammenfügen der Silben und die dritte zusammenhängendes Lesen und Schreiben lernte.[147] Auch in Möglingen waren Mesnerei und Lehramt zusammengelegt, jedoch schon vor 1559 vom *Bütteldienst* getrennt.[148] Die Wahl des Schulmeisters war in Möglingen nicht wie sonst Sache der Gemeinde, die ihn dann auch besolden musste, sondern das Recht des Spitals Stuttgart, also der Stadt Stuttgart, die den Mesner und Schulmeister bezahlte (s. S. 87).

1559 besuchten die Möglinger Schule im Winter ca. 30 Knaben. Im Sommer wurde kein Unterricht gehalten. Der Mesner und Schulmeister bewohnte ein Haus des Spitals, in dem er wohl auch unterrichtete. Als Besoldung erhielt er vom Stuttgarter Spital jährlich 8 ℔ Heller und je 8 Malter Roggen, Dinkel und Hafer sowie ein gemästetes Schwein, Hühner und Holz. Während der Weinlese und Getreideernte hatten der Schulmeister und sein Hausgesinde freies Essen und Trinken auf Kosten des Spitals. Von jedem Schulkind durfte er alle Fronfasten 5 ß Heller kassieren und von den Möglinger Bürgern standen ihm 80 Dinkelgarben sowie aus jedem Haus ein *Leitleib*, auch Mesnerlaib genannt, zu.[149]

Altes Mesnerhaus und Pfarrhaus 1988.

Dieser Unterhalt leitete sich zu großen Teilen aus den früheren Frühmesspfründen her. Das Recht an der Möglinger *Unser Frauen Frümeß Pfründt*, also einer Pfründe eines ehemaligen Marienaltars, und damit verbunden die Nomination des Mesners, der später zugleich Schulmeister war, stand, wie wir gehört haben, dem Spital bzw. nach der Reformation der Stadt Stuttgart zu. Die Möglinger Frühmesse besaß sechs Morgen Wald auf Weilimdorfer Markung. Weitere Abgaben flossen der Frühmesse aus der Mühle, zwei Morgen Acker, einer Wiese, der Heiligenscheune, fünf Häusern und einigen Krautgärten in Möglingen sowie aus Gütern und von Einwohnern in Asperg, Bissingen, Eglosheim, Pflugfelden und Tamm zu. Die wichtigsten Abgaben aber kamen aus zwei erblichen Lehenhöfen der Frühmesse (s. S. 70).[150] 1553 verlieh Herzog Christoph drei Morgen Acker der Möglinger Frühmesse an Stefan Auracher und Hans Müller gegen eine jährliche Abgabe von zwölf Simri Roggen und zehn Simri Hafer an die Kellerei Markgröningen.[151]

1550 gehörte das Haus der Frühmesse zum Geradstetter Hof.[152] Dieses Pfründhaus, ein Eckhaus bei der Kirche, das wohl bald nach der Reformation von Württemberg übernommen wurde und aus dem Jörg Hecker 1566 jährlich an Georgii 14 ß Heller an die Kellerei Markgröningen geben musste, bewohnte in vorreformatorischer Zeit der Frühmesser oder Mesner. Bei Nichtbezahlung der Abgabe durfte das Haus gemäß einem Vertrag, den Mesner Jörg Kreß 1539 mit Herzog Ulrich geschlossen hatte, gepfändet werden.[153]

b) Die Schulmeister von 1554 bis 1615

In Möglingen lag das Nominationsrecht des Schulmeisters, wie schon erwähnt, beim Spital in Stuttgart (s. o.), also bei der Stadt Stuttgart. Dies rührte noch von dem Recht des Spitals an der Frühmesse und an der Einsetzung des Mesners her. Allerdings musste der neu angenommene Schulmeister vom Herzog bzw. dessen oberster Kirchenbehörde, dem Konsistorium, bestätigt werden.

1539 war Jörg Kreß Mesner[154] und vielleicht auch schon Schulmeister (s. S. 77 ff.). 1554 wird er als ehemaliger Mesner bezeichnet.[155] 1557 wurde dem Konsistorium Philipp Schwilk aus Stammheim als Möglinger Schulmeister und Mesner »von denen von Stuttgart angezeigt und vorgeschlagen«. Bei seiner Examinierung (Prüfung) stellte sich allerdings heraus, dass er *im catechismo nit wol erfarn* war. Da Schwilk Besserung versprach, erhielt er trotzdem die Stelle.[156] Er amtierte längstens zwei Jahre, denn bereits im April 1559 wurde Konrad Biedermann durch die Stadt Stuttgart als Mesner und Schulmeister in Möglingen mit der Maßgabe, vier Stunden Unterricht täglich zu halten, angenommen. Biedermann suchte beim Herzog um Bestätigung nach, dieser forderte allerdings erst einen Bericht des Markgröninger Vogtes an. Vogt Rösch schrieb, dass Biedermann lesen und schreiben könne, aber sonst nachlässig sei, und man müsse Sorge haben, dass er die Schule vernachlässige. Auch bei seinen Verrichtungen der Gemeindeschreibarbeiten befürchtete man Nachteile, obwohl der Pfarrer, der allerdings, wie der Vogt ausdrücklich anmerkt, mit ihm *verschwägert* sei, versprach, Biedermann *claglos* zu halten und ihn zu vertreten. Dies war allerdings der Gemeinde, die Biedermann für fromm und treu, aber untauglich für den Mesner- und Schuldienst hielt, nicht recht, denn dann müsse alles mit dem Pfarrer verhandelt werden, worin man offensichtlich einen Nachteil sah. Zudem sei Biedermann nicht einmal als Markgröninger Stadtknecht angenommen worden. Daher lehnte die Gemeinde den Vorschlag ab, und Vogt Rösch riet wegen des Biedermanns *Wesens, Khunst und Haußhalltens* ebenfalls ab. Auch missfiel ihm, dass sich der Pfarrer *sein Biedermanns hefftig und nur zuvil annimpt*.[157]

So wurde 1559 Peter Krafft aus Memmingen Schulmeister,[158] dem jedoch rasch der im Oktober 1560 genannte Theodorus Ludovicus folgte.[159] Dietrich Ludwig, wie er eigentlich hieß, war noch 1563 im Amt, aber noch im selben Jahr¹⁶⁰ wurde Hans von Dengen aus Stuttgart, Sohn des Jakob von Dengen, Schulmeister in Möglingen.¹⁶¹ Dengen wechselte 1570 nach Ingersheim.¹⁶² Sein Nachfolger Michael Schweitzer, der 1580/81 das elfte Jahr in Möglingen unterrichtete und damals 42 Jahre alt war, musste fast den ganzen Winter 1580/81 das Bett hüten und hatte *die Jugend also liegend behörn müssen*. Er litt an *Podagra*, also an Gicht. Auch 1582 war er noch *podagrämisch*, und es wurde erwogen, ob seine Frau ihm helfen könne, die *Knaben zu hören und zu lehren*. 1583 war Schweitzer *an Händen und Fiessen* so krank, dass er weder in die Kirche gehen, noch das ganze Jahr über die Schreiberei versehen konnte. Inzwischen war er *ein leib armer Man, den podagre fast alle Monat od[er] in 6 Woch[en] suocht* und bei der Kirchenvisitation bemerkt der Visitator am Rand: *Man trage Gedult mit ime*.¹⁶³ 1585 wurde Schweitzer von seinen Arbeitgebern, den *Spital Hern zuo Stuotgarten beurlaubt* und sein Nachfolger war bereits *verordnet*.

Seit Ende 1584 oder Anfang 1585 unterrichtete Schulmeister Peter Schmid, von dem es heißt: *thuot nach d[er] Zeit, was er zuthuon schuldig* und im März 1586: steht *recht an diesem ortt*.¹⁶⁴ 1588 gehörte zu seinen Aufgaben auch das *Uhrrichten* und die Betreuung des Kirchengesangs.¹⁶⁵ Ob damit das Orgelspiel oder die Leitung eines Kirchenchores gemeint ist, bleibt offen. Jedoch bald änderte sich die Meinung über ihn. Die Uhr und den Gesang, so klagten Schultheiß und Gericht bei der Visitation 1589, versehe Schmid allerdings schlecht, auch sei er in der Schule *lied[er]lich*. Die Knaben hätten keine Disziplin und im Lesen und Schreiben unterrichte er sie schlecht, *dan er könne selbst nit vil, wan er ein brieff lessen soll, so buchstabe er in ein weil, und lest ein weil*. Zudem warf man ihm ein Verhältnis mit Wolf Imlins Magd Lucia vor. Die Versetzung kam bald, und noch 1589 folgte ihm der Herrenberger Martin Zipperer, vorher Schulmeister in Renningen, im Amt.¹⁶⁶ Von Zipperer erfahren wir, er sei am 12. März 1591 *in einen Bronnen gesprungen und ersoffen*.¹⁶⁷

Einband des 1592 begonnenen ältesten Kaufbuchs der Gemeinde.

Schulmeister Johannes Doctor wird 1592 erstmals genannt¹⁶⁸ und war 1593 Zeuge bei einem Verkauf. Er war der Schreiber des 1592 begonnenen und noch erhaltenen Kaufbuchs der Gemeinde.¹⁶⁹ Der letztmals 1594 erwähnte Doctor stammte aus Regensburg.¹⁷⁰ Sein Nachfolger wurde 1595 Schulmeister Johann *Croesus*,¹⁷¹ der eigentlich Kreß hieß¹⁷² und aus Blaubeuren kam. Er war vielleicht ein Verwandter des früheren Mesners Jörg Kreß (s. S. 112). Der 1601 52-jährige Johann *Cresus* unterrichtete 1602 36 Möglinger Knaben.¹⁷³ Er starb im Winter 1604/05 und wurde eine zeitlang durch einen Provisor vertreten.¹⁷⁴

Schulmeister Hans Jakob Frey, Sohn des Bissinger Pfarrers M. Egidius Frey, wird von 1605 bis 1615 in Möglingen genannt.¹⁷⁵ Im Februar 1614 beklagte sich die Gemeinde beim Herzog über Frey, der auch Gerichtsschreiber war und diese Postion angeblich zur Parteinahme aus-

113

nützte und Geld unterschlug. Im März folgte eine weitere Klage, die sich zunächst gegen die alkoholkranke Frau des Frey richtete, die so *weinsüchtig* war, dass sie manchmal nicht *gehen oder stehen* konnte. Frey selbst, der wohl pyroman war, hatte sich nicht nur bei einer Schießveranstaltung in Maichingen verletzt, sondern auch mit Schießpulver fast sich selbst und den Möglinger Spitalhof angezündet. Er vernachlässigte die Schule, trieb sich im Feld herum und kam betrunken heim. Einmal hatte er dem zehnjährigen Kind des Jörg Holdermann *mit einem Steckhen ein Loch in Kopff geworffen* und ein ander Mal *Hanß Richten Buoben einen Zaan hinein und zwue Peylen zu Kopff geschlagen*. Die Stuttgarter Verwaltung als Schulherr schloss sich der Beschwerde an und empfahl, Frey durch den Plattenhardter Schulmeister Christoph Nocker zu ersetzen. Doch der Herzog entschied Ende Juli 1614 dagegen, worauf in den darauffolgenden Monaten die Vergehen Freys gründlicher untersucht wurden. Nach neuen Klagen wurde wieder mit Nocker verhandelt und Stuttgart sperrte Freys Besoldung, aber ein herzoglicher Befehl vom Januar 1615 ordnete die Bezahlung und den Verbleib des Schulmeisters an.[176] Warum Frey wenige Monate später doch noch von Christoph Nocker abgelöst wurde, bleibt im Dunkeln.[177]

5. Die Landwirtschaft dominiert

a) Ackerbau, Weinbau und Viehhaltung

Die Haupterwerbsquellen der Einwohner von Möglingen waren bis weit ins 19. Jahrhundert hinein Acker- und Weinbau sowie Viehzucht. Für den Ackerbau eigneten sich die hervorragenden Böden der Markung, besonders das Lange Feld, die Kornkammer Württembergs, hervorragend. Als Hauptanbaufrüchte kannte man Dinkel, Roggen und Hafer.

Immer wieder kam es zu Streitigkeiten um Markungsgrenzen, vor allem wegen des sog. Vöhinger Feldes (s. S. 53 ff.). 1564 sollte ein Flurstück *Im Schluttenbach* neu versteint werden. Da es zwischen Möglingen, Münchingen und Stammheim, lag, vereinbarten der Markgröninger Vogt für die zwei Amtsorte und Hans von Stammheim für seinen ritterschaftlichen Besitz einen Ortstermin, um neue Marksteine zu setzen. Einige Meinungsverschiedenheiten klärte ein Vergleich auf herzoglichen Befehl.[178]

Die nicht bebaute Gemeindemarkung war, wie auch in anderen Gemeinden, nach dem Prinzip der Dreifelderwirtschaft in drei Zelgen aufgeteilt. Jeweils zwei Zelgen waren bebaut, die dritte lag brach. 1554 heißen sie *Zelg gen Gröningen Zelg gen Westen*, also Kornwestheim, und *in der miteln Zelg* bzw. *Zelg im Mittel feldt*.[179] Letztere wird 1566 als Zelg im mittleren und oberen Feld bezeichnet.[180] 1574 wird noch eine *Zelg uff dem Hollder* genannt, doch ist damit eher ein Flurstück gleichen Namens gemeint.[181] Die Bezeichnung Zelg Gröningen wurde später durch Zelg Leinfelden (ein abgegangenes Dorf, ähnlich Vöhingen) ersetzt. Die Zelgen wiederum waren in Distrikte mit Flurnamen unterteilt. Zwischen 1592 und 1618 werden im ältesten Kaufbuch der Gemeinde folgende Flurnamen genannt: auf dem Holder, auf dem Löscher, auf Herberg, bei dem Sonnenbrunnen, bei der Asperger Straßen im Osterfeld und Leudelsbach, Gemeiner Allmandweg, Goldäcker, Hanfbach, Haunleger (Heuleger), im Ammertal, im Schluttenbach, im Vöhinger Feld, Kirchbrunnen, Kleines Feldle, an der Straße oberhalb des geschlossenen Brunnens, Schwieberdinger Pfad, Stuttgarter Weg, Völlicher Weg (auch Völkerweg) und Weilheimer Weg.

Der heute ganz verschwundene Weinbau in Möglingen hatte wie üblich bis weit ins 19. Jahrhundert einen relativ hohen Stellenwert, und zwar nicht nur als Getränk für die Ortsbewohner, sondern auch als eine der wichtigsten Naturabgaben. Dies änderte sich erst mit den Zehntablösungen Mitte des 19. Jahrhunderts, als alle Steuern in Geld umgewandelt wurden.[182] Zwischen 1592 und 1618 werden die Weinberge am oberen Löscher, bei der Kelter, im Gröninger Egart, Kirchweg und Mühlweg genannt. Auch die Kelter (vgl. S. 81) wird mehrfach erwähnt.[183] Zur Ermittlung des Weinpreises erstellten die Amtsstädte der bedeutenden Weinbaubezirke jährlich sog. Weinrechnungen, nach denen sich die Dörfer richteten. Nach der ersten bekannten Markgröninger Weinrechnung aus dem Jahr 1600 kostete ein Eimer sieben Gulden. Dieser Preis war mit Abstand der niedrigste der damals aufgeführten Orte. An der Spitze lagen Esslingen und Schorndorf mit einem Eimerpreis von über 10 Gulden.[184]

Die Viehzucht wurde hauptsächlich mit Rindvieh, Schweinen und Schafen betrieben. Da die Stallfütterung noch nicht eingeführt war, mussten die Tiere regelmäßig auf die Wiesen getrieben werden, die zur Ertragssteigerung durch kleine Kanäle bewässert wurden. Um 1558 entbrannte deswegen ein Streit zwischen Hans Zainer, dem Bestäder des Geradstetter Hofs, und Konrad Imlin, der dem Zainer, allerdings ohne Erfolg, das Ableiten von Wasser verwehren wollte.[185]

Wenig erfahren wir über die Möglinger Schafhaltung in der zweiten Hälfte des 16. Jahrhunderts. 1560 lässt Schäfer Hans Geller ein Kind taufen,[186] und 1604 wird Schäfer Kaspar Beuchlin mit Frau und zwei Kindern erwähnt.[187] Der landesherrliche Schäfer aus Kornwestheim hatte das Recht, seine Schafe zu bestimmten Zeiten über die Möglinger Markung zu treiben. Davon erfahren wir 1557[188] und 1591.[189] 1599 kam es zum Streit zwischen Möglingen und Schwieberdingen, weil die Möglinger ein gemeinsames Pförchrecht, also den Schafübertrieb, auf Gütern des Vöhinger Feldes beanspruchten (s. S. 53 ff.).[190]

Die wohl mittelalterliche Kelter im Leudelsbachtal wurde 1936 abgebrochen (Aufnahme um 1930).

Bäuerliches Leben. Holzschnitt aus dem 16. Jahrhundert.

b) Möglinger Wald innerhalb und außerhalb der Markung

Die Möglinger Waldungen waren Bestandteil des württembergischen Forstamts Leonberg, das in die Huten Malmstal, Feuerbach, Botnang, *in den Maden*, Eglosheim, Tamm, Ingersheim, Rutesheim, Merklingen und Malmsheim als Verwaltungsbezirke eingeteilt war.[191] Das Leonberger Forstlagerbuch von 1556 gibt Auskunft über den Waldbesitz der Gemeinde Möglingen. Ein 50 Morgen großer Wald stand am Kallenberg zwischen dem Emerholzwald des Hans von Stammheim und den Münchinger Weinbergen.[192] Der auf Münchinger Markung gelegene Forst zog sich bis zur Rodung im 19. Jahrhundert den Nordhang des Kallenbergs hinunter. Nördlich schloss sich die Flur Möglinger Waldwiesen an. Die Südgrenze bildete ein tiefer, ost-westwärts ziehender Hohlweg, der entgegen häufigen Vermutungen kein Schanzgraben, sondern ein durch Mergelabbau verbreiterter alter Weinbergweg war.[193]

Entfernteren Waldbesitz hatte die Gemeinde in Weilimdorf, und zwar oberhalb der ehemaligen Burg Dischingen, die zwischen Weilimdorf und Botnang lag.[194] Ob dieser Wald ehemals zur Burg gehörte oder ob die Herren von Dischingen mit dem Möglinger Ortsadel zusammenhingen, konnte bisher nicht geklärt werden. Er lag mit 200 Morgen Größe in der Malmstaler Hut in der Flur *Im Diebbach*, lieferte jedoch nur Brennholz.[195] Gemeinsam mit dem Markgröninger Spital hatte einer der Möglinger Höfe der Frühmesse Besitz und Einkünfte in bzw. aus Tammer Waldungen, die in den Distrikten *In der Brandhalden* und *In dem Schlüssel* lagen.[196]

6. Handwerker, Wirte und Müller

Die Einwohner eines typischen Dorfes unserer Gegend wie Möglingen waren zwar in der überwiegenden Mehrheit Bauern und Weingärtner, aber die Autarkiebestrebungen einer

Dorfgemeinschaft erforderte gewisse Handwerksberufe. Fehlten sie, dann wurden die Aufträge meist von Handwerkern aus dem Nachbardorf oder der Amtsstadt erledigt. Bereits im ältesten Kaufbuch und Taufbuch der Gemeinde werden bis 1618 grundlegende Handwerksbranchen genannt:[197]

Schmiede: Hans Hörauff (1558, 1594), Michael Würth (1605)
Küfer: Jörg Schuhmacher (1601, 1608), Hans Pflugfelder (1606)
Bäcker: Jakob Schweiker (1558), Hans Holdermann, Georg Keim (beide 1612)
Schneider: Georg Häcker (1560)

Die Möglinger Handwerker arbeiteten aber nicht nur vor Ort. Schmied Hans Hörauff fertigte und beschlug 1555 in Asperg einen neuen Haken zum Brunneneimer am oberen Brunnen. Sein Lohn betrug ein Pfund, 16 Schilling und fünf Heller.[198] Ein wichtiger Handwerkszweig waren die Leineweber, die 1598 eine herzogliche Zunftordnung mit eigener Gerichtsbarkeit und Zunftsitz in Urach erhielten. Anstatt aber den armen Webern von Nutzen zu sein, bewirkte sie das Gegenteil, indem sie die reichen und einflussreichen Weber, besonders in der Amtsstadt, zu ihren Gunsten auslegten. Der Möglinger Altschultheiß Schmautz wurde vom Webergericht bestraft, weil er die Annahme der Ordnung verweigerte und öffentlich im Markgröninger Wirtshaus Adler dagegen protestierte.[199] Einer der ersten Händler war wohl der 1566 genannte Krämer Michael Krill aus Marbach.[200]

Hans Joachim Imlin war 1560 Wirt,[201] und auch sein Sohn Joachim Imlin betrieb 1609 eine Gastwirtschaft.[202]

Die bereits genannte Möglinger Mühle (s. S. 74) mit einem Mühlrad war Eigentum der Geistlichen Verwaltung Markgröningen. Nach dem Lagerbuch von 1554 mussten an sie aus der Möglinger Mühle jährlich ein Pfund Heller, zwei Gänse, zwei Hühner, ein Mühlkuchen und 50 Eier entrichtet werden. Besitzerin war damals Anna, die Witwe des Hans Müller.[203] 1558 wird Hans Wächter[204] und 1563 Hans Zahn als Möglinger Müller genannt.[205] 1566 entrichtete Müller Bernhard Hertlieb die Abgaben, und wir erfahren, dass der Mühlkuchen an Weihnachten und die Eier an Ostern abzuliefern waren.[206] Hertlieb war der Sohn des Markgröninger Bürgers Bernhard Hertlieb und wird mitunter auch *Hertle* genannt.[207] Offenbar saßen auf der Mühle, wie auch bei Höfen üblich, mehrere Pächter, denn ab 1591 wird zusätzlich Müller Hans Zahn, vielleicht der Sohn des obengenannten Zahn, erwähnt.[208] Der Bäcker und Müller Georg Müller war 1604 schon viele Jahre weggezogen, und niemand wusste, ob er noch am Leben war.[209]

Müller Bernhart Hertlieb wurde wohl alleiniger Besitzer der Mühle, die er 1605 samt Baumgarten, Hofplatz, Stall und allem, was in der Mühle *Nid und Nagel hat* und zum Mühlenwerk gehörte, um 2700 fl an Jörg Kienzle verkaufte. Damals wurden die jährlichen Abgaben bereits in Geld entrichtet und betrugen an die Geistliche Verwaltung Markgröningen insgesamt 210 fl, an den Stallmeister Johann Christoph Haugnigen in Stuttgart 200 fl, an die Heiligenpflege Möglingen 40 fl sowie an den Widdumhof der Heiligenpflege 30 fl. Hertlieb entschloss sich zum Verkauf wohl aus Altersgründen, denn schon 1607 wird seine Witwe genannt.[210] Bereits 1608 verkaufte Kienzle die Mühle an seinen Schwager Michael Auracher.[211]

7. Soziale Verhältnisse

a) Schuldner und Arme

Eine Zusammenstellung über die Schulden in Stadt und Amt Markgröningen aus dem Jahr 1591 nennt für Möglingen fast 12 400 fl, die fast ausschließlich Privatleute betrafen. Die Kredite waren zum Teil Jahrzehnte alt und bereits vererbt worden. Sie betrafen Beträge zwischen acht und 300 fl. Die Kreditgeber waren vor allem geistliche Behörden, wie die Geistliche Verwaltung Markgröningen oder die Heiligenpflege Möglingen, aber auch Privatpersonen. Gründe für die Kreditaufnahmen werden fast nie genannt, aber es dürfte sich um Wiederaufbaugelder nach Zerstörungen während des Schmalkaldischen Krieges handeln. Mehrere Kredite gingen auf das Konto einer Teuerung vor 18 Jahren, also um 1573, zurück. Im vergleichbaren Nachbarort Münchingen hingegen betrugen die Schulden nur etwas über 6700 fl, im wesentlich kleineren Pflugfelden aber immerhin 2350 fl.[212]

Für zwei unterstützungsbedürftige Personen im Ort sammelte die Gemeinde, so 1605, wöchentlich für den Armenkasten zwei *Butten* Brot. Wenn etwas übrig war, kam es fremden Bettlern zugute.[213]

b) Vergehen und Verbrechen

Für die Bestrafung kleinerer Vergehen war das Dorfgericht zuständig, dessen nächsthöhere Instanz im Regelfall das Gericht der Amtsstadt war.[214] Oberster Gerichtsherr der Gemeinde war der Herzog. Während der Regierungszeit Herzog Christophs entstand 1566 das Lagerbuch der Kellerei, in dessen Vorwort zu lesen ist, dass der Herzog allein regierender Herr am Ort und daher für *alle Gebot, Verbot, hohe und nüdere Gericht, Frävel, Straffen und buoßen* zuständig war. Man unterschied große oder Blutfrevel (z. B. schwere Körperverletzung), kleine Frevel (z. B. leichte Körperverletzung) sowie großes und kleines Unrecht (z. B. Beleidigungen). Ein großer Frevel wurde mit 13 ℔ Heller bestraft, die allein dem Herzog zustanden, ebenso die 3 ℔ Heller Strafe für einen kleinen Frevel. Ein großes Unrecht, auch Frauenfrevel, wurde nicht festgelegt, sondern je nach Sachlage vom Dorfgericht entschieden. Die Strafe des kleinen Unrechts, 1 ℔ 4 ß Heller, stand dem Gericht der Gemeinde zu (vgl. auch S. 78).[215]

Sektierer und *Zauberer* wurden in Möglingen zu Beginn des 17. Jahrhunderts nicht angetroffen.[216] So konnte auch ein Erdbeben am 8. September 1601, das in Markgröningen und wahrscheinlich auch in Möglingen Gebäudeschäden verursachte, nur natürliche Ursachen haben.[217]

c) Krankheit und Tod

Für die Behandlung der Kranken in größeren Dörfern war ein sog. Barbier oder Chirurgus vor Ort zuständig, dessen Ausbildung ähnlich wie bei einem Handwerksberuf geregelt war. Die meisten Orte waren im 16. und 17. Jahrhundert allerdings auf den Amtsphysikus, also den studierten Arzt der Amtsstadt, angewiesen, der von Stadt und Amt Lohn und Wohnung erhielt. Auch für Möglingen war der Markgröninger Amtsphysikus Anlaufstelle bei schwereren Krankheiten oder Verletzungen.

Krankheit und Tod waren den Menschen in früheren Zeiten ständige Wegbegleiter. Dazu trug in nicht unerheblichem Maße die Pest bei, die in fast regelmäßigen Zyklen wiederkehrte. Eine besonders schwere Pestepidemie brach 1594 aus und grassierte auch in der Hauptstadt. Viele Einwohner flohen und ein Teil der Verwaltung wurde in sichere Orte verlegt.[218] Herzog Friedrich I. war erst wenige Monate an der Regierung und nahm auf dem Hohenasperg 1594 die Glückwünsche zum Regierungsantritt von Stadt und Amt Markgröningen entgegen. Während des Festessens wandte sich Haushofmeister von Anweil an Vogt Hofmann und gab im zu verstehen, dass es in seinem Amt »unordenlich« zugehe, da viele Stuttgarter und Feuerbacher Bewohner vor der Pest dahin, besonders nach Münchingen, geflohen waren. Sie suchten dort Unterkunft im großen Haus des Kanzlers Feßler, der sich wohl darüber beschwert hatte. Auch in Pflugfelden waren zwei Kinder aus Feuerbach, deren Vater bereits gestorben war und die täglich zu ihrer Mutter nach Feuerbach liefen. Wir können daher davon ausgehen, dass sich auch in Möglingen Pestflüchtlinge aufhielten.[219] Im Oktober 1597 kam die nächste Pestwelle, an der auch ein Möglinger Bewohner erkrankte. Da in einem der nächsten Berichte, welche die Vögte nach Stuttgart schicken mussten, ein Pesttoter in Möglingen verzeichnet ist, erlag er oder sie wohl der Krankheit. Auch in allen anderen Amtsorten, außer in Münchingen, Tamm und Pflugfelden, die *Gott lob guotte Luft* hat-

Pestarzt mit Schutzkleidung. Die mit wohlriechenden Kräutern gefüllte Schnabelmaske sollte vor Ansteckung schützen.
Kupferstich von Paulus Fürst 1656.

ten (man nahm an, dass die Pest über Ausdünstungen und schlechte Luft übertragen wurde), waren Pesttote zu verzeichnen. In Möglingen forderte die Seuche von Bartholomäi (24. August) bis 24. Dezember 1597 das Leben von sieben Erwachsenen und acht jungen Kindern. In Stadt und Amt starben in diesen Zeitraum insgesamt 385 Personen an der Pest, davon 98 in Markgröningen und 209 in Oßweil. Nur Münchingen blieb ganz verschont.[220]

8. Die Bevölkerung

a) Bevölkerungsentwicklung, Bürgerrecht und Leibeigenschaft

Für den behandelten Zeitraum liegen keine genauen Möglinger Einwohnerzahlen vor. 1603 hatte Möglingen die stattliche Anzahl von rund 500 Einwohnern, also fast die Hälfte der Amtsstadt Markgröningen, die rund 1200 Einwohner zählte.[221] Dabei wurde zwischen Kommunikanten, also vollberechtigten Kirchengemeindemitgliedern, und Katechumenen unterschieden. Letztere waren die Kinder, die noch Unterricht in Kirchenlehre erhielten und nicht zum Abendmahl zugelassen waren. Zwischen 1559 und 1605 werden folgende Zahlen genannt, die wohl meist auf- oder abgerundet sind:

1559: 300 Kommunikanten[222]
1589: 350 Kommunikanten und
    40 Katechumenen[223]
1601: 316 Kommunikanten und
    120 Kinder
1602: 360 Kommunikanten und
    120 Kinder[224]
1603: 300 Kommunikanten und
    200 Katechumenen
1605: 326 Kommunikanten und
    200 Katechumenen[225]

Trotz hoher Kindersterblichkeit können wir davon ausgehen, dass die Möglinger Bevölkerung, wie in den meisten Landesteilen, zwischen 1550 und 1618 stetig zunahm; eine Entwicklung, die durch den Dreißigjährigen Krieg ein jähes Ende fand (s. S. 152). So stieg die Zahl der Gemusterten am Ort zwischen 1553 und 1583 von 34 auf 52 (s. S. 99), wobei zu beachten ist, dass nicht immer alle Bürger gemustert wurden. Die Zunahme erfolgte sowohl durch natürliche Vermehrung der ortsansässigen Familien, aber auch durch Zuzug. Meist waren es Männer und Frauen der Nachbardörfer, die einheirateten, aber auch Handwerksgesellen blieben am Ort ihres Meisters. Wer sich nicht gleich ins Bürgerrecht einkaufte, wurde zunächst Beisitzer, also Einwohner ohne Bürgerrecht. Jeder Bürger mit Ausnahme einiger Inhaber von Lehenshöfen hatte Anspruch auf eine jährliche Holzgabe der Gemeinde,[226] deren Umfang 1559 zwei *Färtlen*, also kleine Fuhren, betrug.[227]

Erschwerten Zugang zum Bürgerrecht hatten in der Regel Leibeigene. Die Leibeigenschaft (vgl. auch S. 80), die über die Frauen vererbt und erst im 19. Jahrhundert endgültig abgeschafft wurde, war noch bis weit ins 18. Jahrhundert hinein von Bedeutung, da mit ihr regelmäßige jährliche Abgaben (meist bei Männern Geld und bei Frauen eine Leibhenne) oder bei Tod das sog. Hauptrecht in Geld abzuführen war. Im Laufe der Zeit wurde es einfacher, sich aus der Leibeigenschaft freizukaufen (Manumission), jedoch war sie für den Betroffenen nicht nur mit Nachteilen verbunden. Es handelte sich vielmehr um ein Schutz- und Schirmverhältnis, wobei der Leibherr den Leibeigenen in Rechtssachen vertrat und schützte. Im Regelfall fanden alle drei Jahre sog. Kontrollversammlungen statt, zu denen sich auch weggezogene Leibeigene am Ort des Leibherren versammelten. Beispielsweise trafen sich 1629 in Beihingen 59 leibeigene Personen aus 34 Orten.[228]

Die meisten Leibeigenen in Möglingen besaß die Kellerei Markgröningen im Namen der Herrschaft Württemberg. Das Leibeigenenbuch wurde 1599 und 1604 erneuert. Darin werden 106 Einzelpersonen sowie viele Familien mitsamt ihren Kindern genannt, woraus wir schließen können, dass in diesem Buch der weitaus größte Teil der Möglinger Bevölkerung im Jahr 1604 aufgeführt ist. Beim Tod eines leibeigenen Mannes musste dem Herzog von je 100 Pfund Heller Vermögen ein Gulden Hauptrecht gegeben werden. Bei Ehefrauen oder Witwen war es ein halber Gulden, sie mussten aber zu Lebzeiten und solange sie in Möglingen wohnten dem Herzog jährlich an Fasnacht eine sog. Leibhenne liefern, die der Schultheiß einsammelte und dem Markgröninger Vogt übergab. War eine Frau aber zur Abgabezeit im Kindbett, dann wurde ihr nach altem Brauch die Henne erlassen.[229] Als Leibeigene Württembergs, die zur herzoglichen Kellerei Vaihingen gehörten, werden 1592 die Möglinger Einwohner Lorenz Mann aus Flacht und Georg Mann aus Aurich genannt.[230] 1586 werden in Möglingen noch rund 30 Leibeigene des inzwischen ebenfalls württembergischen Klosters Maulbronn aufgeführt.[231]

Aber auch einige Adlige hatten Leibeigene in Möglingen, so 1581 die Herren von Nippenburg sechs Frauen mit ihren Kindern und drei Männer.[232] Möglinger Leibeigene des Philipp Christoph von Münchingen waren 1610 (in Klammern Alter) Michael Deeg (63), Hans Hecker (32) und dessen Bruder Kaspar (27), zwei Kinder der fünf Jahre zuvor verstorbenen Maria Zahn sowie Ursula Beck geb. Kern mit ihren Kindern Martin und Ursula. Auch die Abgaben dieser Leibeigenen richteten sich nach den württembergischen Vorgaben, jedoch mussten Männer, die adeligen Herrschaften leibeigen waren, zusätzlich nach altem Gebrauch jährlich zwei Schilling Mannsteuer zahlen.[233]

b) Beispiele für Möglinger Vor- und Familiennamen in der zweiten Hälfte des 16. Jahrhunderts

Im Mittelalter war es, vor allem in kleineren Dörfern, zunächst noch üblich, ausschließlich Vornamen zu gebrauchen. Sie wurden oft bis weit in die Neuzeit verschliffen oder nur als Kurzform verwendet. Auch in Möglingen fanden in der zweiten Hälfte des 16. Jahrhunderts beispielsweise die Kurzformen Barthle (Bartholomäus), Bastian (Sebastian), Blesi (Blasius), Endris (Andreas), Gilg/Kilg (Ägidius), Hans (Johannes), Jörg (Georg), Klaus/Clas (Nikolaus), Pangratz (Pangratius), Xander (Alexander) und Zeyr (Zyriakus) Verwendung.[234] Erst mit dem Auftreten des Pietismus im 18. Jahrhundert wurden Vornamen mit der Vorsilbe *Gott-*, wie Gottlieb und Gottfried beliebt. Vermehrt seit dem 17. Jahrhundert wurde jeder Vorname durch ein vorgesetztes *Johann* entsprechend dem barocken Zeitgeschmack verziert. Viele Familien führten so genannte Leitnamen, wie es bei Fürstengeschlechtern schon im frühen Mittelalter üblich war. Diese Namen konnten auch auf Kinder der Töchter übergehen. Bei der Familie Reichert waren die Namen Jörg und Hans beliebt, bei den Kienzles Hans und Michael und bei der Familie Imlin Joachim. Die Familie Jopp vererbte den Vornamen Marx bzw. Markus über mehrere Generationen. Lebten zur gleichen Zeit mehrere Träger desselben Vor- und Familiennamens am Ort, dann wurden Beinamen gegeben, die sich meist am Geburtsnamen der Frau, vielleicht bei den Lehenhöfen auch am Namen des Vorbesitzers orientierten. So gab es den Zainerschen und den Fröhlich- oder Schnellerhof. Hans Imlin, der 1560 in Möglingen lebte, trug den Beinamen *Hertle*. Hertle ist die Kurzform für Hertwig oder Hertlieb und vermutlich sind die Hertle in Möglingen ein Zweig der Hertlieb, denn noch Ende des 16. Jahrhunderts wird Bernhard Hertlieb auch als Bernhard Hertle bezeichnet. Hans Zahn trug um 1565 den Beinamen *Engelhans*.[235]

Die ersten Familiennamen in Deutschland entstanden im 12. Jahrhundert im deutschen Südwesten, als die Einnamigkeit wegen des Bevölkerungswachstums nicht mehr ausreichte (vgl. S. 67). Auf den Dörfern blieb die Einnamigkeit in Einzelfällen bis ins 16. Jahrhundert erhalten. Die Familiennamen entstanden meist aus Vornamen, Berufsbezeichnungen oder waren einfach nur Herkunftsnamen nach dem Heimatort des Zuziehenden. Häufig fanden Übernamen Verwendung, die sich auf eine Eigenschaft oder das Aussehen des ersten Namenträgers bezogen und mitunter spöttisch hervorgehoben wurden. Nicht nur durch die Lautverschiebung, sondern auch durch Hörfehler der Schreibenden wurden die Namen manchmal bis ins 19. Jahrhundert verstümmelt oder abgeändert.[236] So wird in Möglingen 1558 Margaretha, die Ehefrau des Nikodemus *Lederlin* als Patin genannt. Er wird wenige Wochen später als Nikodemus *Hesterleder* und 1559 und 1560 als *Leserlin* bzw. *Leserle* und später als *Löserle* bezeichnet. Durchgesetzt hat sich Les(s)erlin. Beispiele für die Entstehung von Herkunftsnamen sind die Angehörigen der Familie Pflugfelder, die anfangs immer von Pflugfeld heißen (s. S. 127) oder der 1559 als Pate genannte Eberhard von Schwieberdingen. Clas Jung heißt 1558 des alten Clasen Sohn und der im September 1559 als Pate genannte Bernhardus Zech wird rund ein Vierteljahr vorher als Bernhardus des Zechen Sohn bezeichnet. Georgius Blumenstils Frau, 1569 als Tochter des Wendel Beck in Ditzingen klar zu erkennen, heißt ein Jahr vorher *Beckhewendels von Ditzingen Tochter*.[237] Zwar gibt es für Möglingen schon Nennungen von Familiennamen seit dem 14. Jahrhundert, doch lassen sich diese in den meisten Fällen erst seit Beginn des 16. Jahrhunderts bestimmten Trägern vererblich zuordnen. Die Namen der Musterungsliste von 1523 wurden daher vollständig ausgewertet (s. S. 76).

An einigen Beispielen soll die Entstehung von Möglinger Familiennamen zwischen 1558 und 1618 gezeigt werden:[238]

Vornamen: Abele (= Albert), Bechtle (Bechtold), Burkhard, Hertlieb, Kienzle (wie Kunz von Konrad), Oswald, Petz (Petrus), Reichert (Richard), Völm (Volkmar)

Berufsnamen: Feiner (fein machen, polieren), Fischer, Häcker (der Hackarbeiten verrichtet, besonders Weingärtner), Koch, Krämer, Maurer, Metzger, Müller, Schäfer, Schmid, Schlosser, Schreiber, Schultheiß, Widmann (Bauer, der ein geistliches Gut bewirtschaftet)

Herkunftsnamen: Echterdinger, Kettenacker, Nördlinger, Pflugfelder, Pol (Pole), Wallasser/Walser (Waliser, Walsertäler, Burgunder)

Übernamen: Dockenwadel (steifer, tappiger Mensch, tocke = etwas Gewundenes), Fink (unbesorgter Mensch), Findling (Findelkind), Fuchs (schlauer Mensch), Hägele (von unbändiger Gemütsart), Pracht (mittelhochdeutsch braht = Lärm, aufsehenerregender, lärmmachender Mensch), Rauleder (wilder, unmanierlicher Mensch), Scheuhing (scheuer Mensch), Zipperer (Quälgeist).

c) Familien im Tauf- und Ehebuch bis 1618

Im Tauf- (T) und Ehebuch (E) der Möglinger Pfarrei werden bis 1618 folgende in Möglingen wohnende Familien, in Einzelfällen auch nur hier heiratende Ehepaare erwähnt:[239]

Name	Jahr der ersten Nennung und Herkunftsort	
Abele, Burkhard	1566 Öffingen	E
Bechtle (Pechtle), Hans	1584 Cannstatt	E
Beck (Peck), Hans	1599 Dagersheim	T
Berlin, Lukas	1580 Eglosheim	T
Betzler, Jörg	1612 Hittlingen	T
Beuchlin, Kaspar	1587 Rutesheim	E
Beurlen (Peyrlen), Lukas	1579 Eglosheim	E
Bildenstein, Lorenz	1568 Poppenweiler	E
Bindele, Wolf	1584 Heuchlingen/ Hohenrechberg	T
Binkelmann, Hans	1606 Unterböbingen	E
Biß (Piß), Matthäus	1568 Bietigheim	T
Burkhard, Burkhard	1569 Offingen	T
Deg, Jaus	1582 Münchingen	E
Deusser, Bernhard	1606 Oßweil	T
Dock[enwadel], Kaspar	1599 Zazenhausen	E
Eberlin, Michael	1617 Weissach	T
Echterdinger, Melchior	1559 Pflugfelden	T
Echterdinger, Peter	1599 Pflugfelden	E
Eckerlin, Alexander	1572 Cannstatt	E
Eptlin, Hans	1587 Zuffenhausen	E
Feckele, Moses	1568 Schmiden	E
Fein, Hans	1577 Unterriexingen	E
Felb, Andreas	1592 Hemmingen	T
Fetzer, Batlhas	1607 *Heberg* in der Grafschaft Öttingen	T
Feiner, Hans	1571 Unterriexingen	E
Findling, Hans	1578, zu Beilstein erzogen	E
Fink, Kaspar	1595 Tamm	E
Fischer, Jörg	1569 Weilheim/Teck	T
Frank, Jakob	1567 Gerlingen	T
Frile, Hans	1591 Bulach	T
Fuchs, Jakob	1580 Oßweil	E
Fuchs, Vergilius	1591 Markgröningen	E
Glockmüller, Alexander	1586 Bissingen	T
Gromerbach, Hans	1578 Calw	T
Gsel, Hans	1592 Stuttgart	E
Häcker, Andreas	1597 Hemmingen	E
Haider, Christoph	1569 Markt *Pissingen*	T
Hederle, Veit	1568 Bissingen	T
Heffle, Hans	1574 Albersweiler	T
Hegele, Hans	1567 Tamm	E
Heim, Kaspar	1577 *Henkstett*	E
Hermann, Hans	1604 Herrenberg	T
Hertlieb, Bernhard	1568 Markgröningen	E
Hertlieb, Hans	1580 Markgröningen	E
Heuschel, Konrad	1588 Hölzern bei Weinsberg	T
Hidt, Jörg	1593 aus Bayern (1597: Pfaffenhofen)	T
Hofeneck, Jörg	1600 Asperg	E
Joß, Sebastian	1591 Cannstatt	E
Kettenacker, Jakob	1592 Nellingen	T
Kies, Michael	1569 Plieningen	E
Knödler, Joachim	1581 Lorch	T
Koch, Michael	1567 Kornwestheim	T
Krafft, Pangratz	1569 Illingen	E
Krämer, Georg	1568 Schwieberdingen	E
Leple, Wilhelm	1595 Unterriexingen	E
Loßmann, Hans	1586 Zell am Bodensee	T
Lutz, Hans	1594 Oberlenningen	E
Lutz, Jakob	1583 Heslach	T
Lutz, Konrad	1593 Hofen	T
Machtolf, Jakob	1581 Enzweihingen	E
Mack, Hans	1599 Münchingen	E
Mann, Jörg	1588 Aurich bei Vaihinger/Enz	E
Mann, Lorenz	1567 Ditzingen	T
Manz, Michael	1568 Harthausen	T
Maurer, Michael	1592 Metzingen	E
Mayer, Jakob	1613 Wurmlingen	T
Maykitscher, Markus	1578 Tamm als Marcus *Maykitscher* (T 1579: *Megesser*)	E
Menchsper, Bernhard	1597 Weil der Stadt	E
Metzger, Zeyr	1571 Bernhausen	E
Meule, Hans	1606 Schafhof, Kornwestheim	T
Müller, Jung Hans	1599 Oberiexingen	E
Müller, Kaspar	1606 Schwieberdingen	E
Müller, Leonhard	1570 *Außlingen*	T
Neuffer, Jörg	1585 Besigheim	T
Nördlinger (Nerlinger), Bartholomäus	1580 Waiblingen	T
Ochsenbock, Lukas	1595 Poppenweiler	E
Oswald, Gregor	1601 *Engstedte*	T
Oth, Jörg	1601 Geisilingen/Steige	E
Petz, Hans	1569 Geislingen	T
Pol, Bernhard	1589 Magstadt	E
Posch, Michael	1588 aus dem *Welschland*	T
Pracht, Peter	1568 Heuchlingen	E
Rapp, Michael	1614 Nußdorf	T
Rauleder, Jörg	1597 Kornwestheim	E
Rauleder, Peter	1583 Kornwestheim	E
Ried, Mathäus	1567 Gröningen	T
Ried, Michael	1592 Schwieberdingen	T
Rieger, Martin	1577 Schöckingen	E
Ringele, Jörg	1567 Gerlingen	T
Riß, Michael	1579 Schwieberdingen	T
Roder, Carolus	1602 Oberalfingen bei Aalen, wohnte in Sternenfels	T

Sadhahn, Jörg	1579 Eltingen	E		Stäb, Hans	1600 Tübingen	T
Schäfer, Hans	1606 Maichingen	E		Steuchele, Leonhard	1609 Riedhausen	T
Schäfer, Jörg	1594 Kornwestheim	E		Teg, Michael	1577 Hochdorf	E
Schantz, Jakob	1581 *Thetesen*	E		Teubler, Jakob	1577 Poppenweiler	E
Schaudi, Leonhard	1577 Aurnheim	E		Teusser, Bernhard	1602 Oßweil	E
Scheubthürn, Thomas	1604 Sontheim/Brenz	T		Theninger, Jörg	1580 *Hissingen*	E
Scheuhing, Michael	1598 Pflugfelden	T		Thingen, Hans von	1568 Stuttgart	T
Schieber, Hans	1567 Asperg	E		Völm, Andreas	1589 Hemmingen	T
Schlichemair, Matthäus	1594 *Neuenmühl*	E		Wallasser (T 1582 Walser), Sebastian	1577 Herbertingen	E
Schlichter, Hans	1567 Rutesheim	T		Waltz, Jakob	1602 Göggingen bei Meßkirch	T
Schlosser, Stefan	1584 *Tutenheim* bei Germersheim in der Pfalz	T		Wegner, Michael	1595 Weilimdorf	T
Schmid, Veit	1568 Dinkelsbühl	T		Widmann, Leonhard	1566 Schafhausen	E
Schreiber, Hans	1601 Bonstein	E		Würtz, Melchior	1599 *Müdling* (T 1600 *Mitlingen*, 1605 *Mitlengen* im Bistum Mainz, 1609 *Mitlorn im Reuckgau*)	E
Schübele, Hans	1608 Sindelfingen	T				
Schultheiß, Hans	1616 Münster	T		Zeler, Hans	1569 Kempten	T
Seubald, Matthäus	1606 Goldbach	E		Zimmermann, Joachim	1611 *Kingen* (Köngen?)	T
Sprentz, Wilhelm	1577 *Ripfingen/Riffingen*	E		Zipperer, Martin	1590 Herrenberg	T

Schmausende Bauern auf der Kirchweih. Holzschnitt von Hans Sebald Beham 1535.

d) Die Familien Häcker, Imlin, Kienzle, Reichert und Pflugfelder

1523 werden Jörg Hack(er) und Alber Heger, 1536 Kaspar Heckels und Konrad Heger gemustert.[240] In einer zwischen 1538 und 1541 entstandenen Aufzählung von Möglinger Weingärten wird Erhart Häcker als Besitzer genannt.[241] Konrad Heger wird auch in der Steuerliste von 1545 aufgeführt, die zugleich Hans Heger, Jörg Heger, die Witwe des Jörg Hack und Erhart *Hegker* nennt.[242] Es ist gut möglich, dass alle diese Namensträger, besonders Hecker/*Häcker* und Heger/Höger zusammenhängen und zur Unterscheidung gleicher Träger von Vor- und Nachnamen unterschiedlich geschrieben wurden. Spätestens im Taufbuch ab 1558 wird streng zwischen Hack, Heger und Hecker/Häcker unterschieden. Michael Heger (1601–1674) war von ca. 1650 bis um 1670 Möglinger Schultheiß.[243]

Stets als Hecker und damit wohl als Stammväter der heutigen Famlie Häcker werden in den Kirchenbüchern ab 1558 Erhard, Jörg und Kaspar Hecker genannt.[244] Erhard *Hegker* wurde 1553 gemustert[245] und war 1554 Ratsmitglied.[246] Seine Söhne Christian und Andreas dürften in den 1530er Jahren geboren sein und hatten beide männliche Nachkommen. Von Christian stammen die heutigen Namensträger ab. Kaspar Häcker ist wohl der ältere Bruder Erhards und vielleicht identisch mit dem 1536 gemusterten Kaspar Heckels (s. o.). Sein um 1525 geborener Sohn Jörg war 1560 Schneider in Möglingen und wohnte 1566 im ehemaligen Pfründhaus der Frühmesse.[247] 1558 wurde er gemustert.[248] Georg hatte mindestens sieben Kinder, die ebenfalls wieder männliche Nachkommen hatten.

Die Familie *Imlin*, auch Imle, Emle, Emlin, Jemle, Jemlin und sogar Yemlin geschrieben, ist sicher eine der interessantesten Möglinger Familien des 16. Jahrhunderts. 1515 wird der Möglinger Widdumhof an Wolf Emlin aus Oßweil verliehen. Er hatte die Tochter des Möglinger Bauern Hans Hertlieb geheiratet.[249] In Oßweil wird die Familie Emlin bereits 1421 genannt und war dort über Jahrhunderte ansässig.[250] Wolf wird auch im Lagerbuch von 1523 erwähnt, ebenso ein in Münchingen oder Zuffenhausen ansässiger Kaspar Emlin, vielleicht sein Bruder oder Neffe.[251]

Wolf wird in der Musterungsliste von 1536 nicht mehr genannt, hingegen seine vermutlichen Söhne Konrad Emble und Hans Eublin (mit Sicherheit ein Schreibfehler), beide mit Spieß und Rüstung.[252] In der o. g. Aufzählung der Möglinger Weingärten sind Konrad und Hans *Yemlin* vertreten.[253] Nach der Steuerliste von 1545 gehörten beide zu den reichsten Möglingern. Konrad Jemblin hatte drei Knechte und eine Magd und Hans Jemblin einen Knecht und zwei Mägde.[254] Bei der Musterung 1546 werden sie nochmals genannt,[255] hingegen wurde 1552 nur noch Hans Jemblin gemustert.[256] Vermutlich war Konrad gestorben. Eine Tochter Konrads heiratete um 1553 den Kornwestheimer »Bauernmillionär« und Witwer Jörg Minner.[257] Wir können also davon ausgehen, dass Konrad der ältere Sohn war und wohl um 1510 geboren wurde. Als Pate fungiert 1565 und 1566 sein Sohn Konrad Imle, als dessen Mutter *Conles Anna* genannt wird und der weitere Nachkommen hatte (s. u.). Dieser jüngere Konrad hatte einen Vetter gleichen Namens, der als Sohn des Hans 1559 zweimal ein Patenamt übernahm und später nach Zusmarhausen zog (s. u.).[258]

Hans Imlin, wohl der jüngere Sohn von Wolf, war 1549 Widdummaier und starb um 1586. Auf dem Hof folgte ihm sein Schwiegersohn Hans Zainer.[259] Hans Imlin war 1554 Ratsmitglied[260] und 1566 Gerichtsmitglied.[261] 1581 werden folgende Kinder genannt, die er mit seiner Frau Anna hatte: Margret, Barbara, Hans (tot), Konrad in Zusmarhausen, Wolf in Franken oder Frankreich, Philipp in Zuffenhausen und Michael in Ungarn.[262] Der 1581 bereits tote Sohn Hans ist wohl der mit Eva verheiratete Hans gen. Hertle, der 1560 und 1566 Kinder taufen lässt. Seine Söhne wären dann vermutlich der 1635 mit 73 Jahren verstorbene Joachim sowie Nikolaus, der 1582 heiratete[263] und wohl in Cannstatt lebte.[264]

Aber auch Konrad d. J., Pate 1565 und 1566, ein Sohn Konrads d. Ä. (s. o.), hatte weitere Nachkommen. In Möglingen werden 1583/84 Andreas, Wolf und Anselm Jemlin gemustert.[265] Wolf und Andreas werden 1582 als Brüder bezeichnet,[266] ebenso der bereits verstorbene Anselm 1594 als Bruder des Andreas.[267] Weitere Brüder der drei Genannten waren Hans Imlin in Mundelsheim und Konrad Imlin in Besigheim.[268] Alle fünf waren Söhne eines der beiden Vettern Konrad (s. o.).[269] Es kann sich jedoch nur um Konrad, Sohn des Konrad handeln, da Konrad, Sohn des Hans, bereits 1581 in Zusmarshausen lebte (s. o.). Ebenfalls mit Beginn der Kirchenbücher finden wir einen anderen, älteren Hans Joachim Imlin,

Durchblick durch das Nordportal der Kirchhofmauer 1947. Links Haus des Spitalhofs, das vor dem Umbau von 1950 eine Inschrift des 16. Jh. trug: Erbaut von Hans Imlin. Rechts Edwin Kelm und Heinz Geiger.

der um 1535 geboren sein dürfte und, da er bei den Kindern des Hans nicht aufgeführt ist, wahrscheinlich auch ein Sohn Konrads d. Ä. ist (s. o.). Er wird 1559 als einer der »Freimaier« genannt[270] war aber 1560 auch Wirt.[271] 1559 lässt Hans Joachim mit seiner Frau Magdalena letztmals ein Kind taufen und eine seiner Töchter heiratet 1582, ist also wohl um 1555 geboren.[272] Der alte Hans Joachim zog weg und war 1600 *derzeit* Bürger in Eberdingen.[273] Der Sohn Joachim, 1609 als Gastwirt bezeichnet,[274] heiratete 1584 Katharina Luther/Luthardt aus Magstadt und wurde zum Stammhalter der Familie (s. u.).[275]

Ein weiterer Sohn Hans Joachims d. Ä. mit Namen Hans verehelichte sich 1580 in Rutesheim und wurde dort Schultheiß. Er starb 1594 in Baden-Baden und hinterließ einen Sohn Johann Konrad, der als Schultheiß in Sersheim amtierte[276] und eine weitverzweigte Nachkommenschaft hat, zu der sich auch der Verfasser zählen darf. Sein Bruder Hans Joachim übernahm das Schultheißenamt in Löchgau. Zu seinen Nachkommen gehören Frankfurter Kaufleute und Geistliche[277] sowie der Stuttgarter Bürgermeister, Geheime Rat und Landschaftsabgeordnete Marx Imlin.[278]

Fast wäre die Familie Imlin in Möglingen in der Pestzeit des Dreißigjährigen Krieges ausgestorben. Joachim Imlin und seine Frau Katharina (s. o.) übergaben 1627 einen Großteil ihres Besitzes an ihre damals lebenden Kinder Jung Joachim, Konrad und Katharine sowie an die Tochter ihres verstorbenen Sohnes Heinrich.[279] Konrad starb 1632 mit 31 Jahren und sein Bruder Jung Joachim 1636 mit 48 Jahren an der Pest.[280] Das damals achtjährige Söhnlein Joachims, Philipp (1628–1672), hatte später einen Sohn Johannes (1661–1715) und dieser aus zweiter Ehe einen Sohn Philipp (1708–1784). Mit ihm starb der Mannesstamm der Familie Imlin in Möglingen nach rund 270 Jahren aus, denn der 1741 geborene Sohn Philipp verheiratete sich nach Neckargröningen. Dessen Enkel *Secretär* Imle, wohnhaft in der *Canzleistr 1½* in Stuttgart, wandte sich 1857 wegen Erforschung seiner Ahnen zwecks Erlangung eines Stipendiums an das Möglinger Pfarramt.[281] Sein Sohn war der 1899 verstorbene Generalmajor von Imle.[282]

Der große Schorndorfer Hof wurde 1518 an Mathis Contzlin (*Kienzle*) verliehen, dessen Nachkommen ihn bis 1615 bewirtschafteten.[283] Contzlin wird in den Steuer- und Musterungslisten von 1523 bis 1545 genannt.[284] Seine Söhne sind Michael und Hans Küenzlin oder Kienzle, die 1559 als Brüder bezeichnet werden.[285]

Michael wurde 1558 als Schütze in zweiter Wahl gemustert.[286] Er heiratete in erster Ehe eine Margaretha und in zweiter Ehe 1575 Barbara Kraft aus Ditzingen, die aber schon im Mai 1576 als Witwe wieder heiratete.[287] Der um 1555 geborene Sohn Michael aus erster Ehe hatte zwei Söhne mit Namen Michael (1579–1643) und Matthäus (1580–1635). Des letzteren Sohn Matthäus wurde Begründer der Hohenecker Linie und Michaels Sohn Josef (1624–1690) ist Stammvater der noch blühenden Möglinger Linie.[288]

Der andere Sohn des Mathis, Hans, heiratete um 1555 Margarethe Widmayer aus Ditzingen.[289] Seine Söhne sind der 1609 gestorbene Johannes und Michael (1558–1628).[290] Der Urenkel des Johannes, Josias Kienzle (1665–1735) wurde Schafhofbauer in Kornwestheim und ist der Stammvater des dort noch blühenden Zweigs der Familie.[291]

Jörg Sigloch aus Zuffenhausen verkaufte 1600 den drei Brüdern Hans, Michael und Jörg Kienzle, die als seine Schwäger bezeichnet werden, einige Güter, die ihm von seinem verstorbenen Schwiegervater Philipp Imlin zugekommen waren.[292] Dieser Jörg oder Georg Kienzle (1566–1633), der dritte Bruder, war von ca. 1625 bis 1633 Schultheiß in Möglingen.[293] Die Spur des vierten 1573 geborenen Bruders Konrad verliert sich. 1564 wird als Pate in Möglingen Michel Küntzle, alter, also ehemaliger Spitalmeister in Gröningen genannt.[294] Er könnte ein jüngerer, wohl in Markgröningen wohnender Bruder des Mathis sein. Auch in Renningen, Schöckingen und

Tamm war die Familie schon im 14. Jahrhundert ansässig.[295]

Der Name *Reichert* erscheint in den Quellen erstmals 1536, als Jörg *Rychart* mit Spieß und Harnisch gemustert wurde.[296] 1545 wird in der Steuerliste seine Witwe erwähnt, die sich immerhin einen Knecht leisten konnte. Der ebenfalls genannte Jörg *Reychart* ist mit ziemlicher Sicherheit der Sohn des Ehepaars.[297] Er wurde 1546, 1553 und 1558 gemustert.[298] 1568 schloss er eine zweite Ehe mit Margarethe verwitwete Sattler aus Markgröningen.[299] Ebenfalls 1553 und 1558 wurde Hans *Reychart* gemustert.[300] Er ist der Sohn des Jörg aus dessen erster Ehe und heiratete vor 1558 Christina, die Tochter des Möglinger Bürgers Balthasar Kern.[301] 1566 saß er im Möglinger Dorfgericht.[302] Sein Bruder Jörg d. J. heiratete 1567 Katharina Schweickart aus Möglingen.[303]

Hans, der vor 1558 geborene Sohn von Hans Reichert und Christina, verheiratete sich mit Margaretha, der Tochter des Asperger Bürgers Daniel Schieber und wurde um 1595 Schultheiß in Möglingen.[304] Er amtiert noch im Mai 1610,[305] starb aber wohl bald darauf, denn 1611 wird seine Frau als Witwe bezeichnet.[306] Der Sohn des Ehepaars, Philipp Reichert (1593–1649) war von ca. 1635 bis 1649 Schultheiß von Möglingen.[307] Die Nachkommen wohnen noch heute in Möglingen.

Keine Familie hat sich in Möglingen so ausgebreitet und in vielfältigster Form bis heute öffentliche Ämter wahrgenommen, wie die Familie *Pflugfelder*. In einer zwischen 1538 und 1541 entstandenen Liste der Geistlichen Verwaltung Markgröningen über die Möglinger Weingärten wird als Besitzer Hans von Pflugfeld genannt.[308] Dies ist die erste bekannte Nennung der Familie Pflugfelder in Möglingen. Es handelt sich um keinen Angehörigen des dortigen Ortsadels, sondern um ein schönes Beispiel eines Herkunftsnamens, der sich bis um 1560 in dieser ungewöhnlichen Form gehalten hat. Verwunderlich ist, dass 1602 Konrad Pflugfelder als *ersam* bezeichnet wurde,[309] denn dieses Prädikat stand gewöhnlich Angehörigen der sog. württembergischen Ehrbarkeit zu.[310] Offenbar zog ein Mitglied der Familie wieder zurück, denn 1686 übernahm Anna Maria, Hans Pflugfelders von Pflugfelden Hausfrau, ein Patenamt.[311]

Schon im Lagerbuch von 1566 wird Hans sowohl *von Pflugfeld*, als auch *Pflugfelder* genannt.[312] Ähnliche Namen finden wir 1523 in Pflugfelden mit Oswald von Heuchneck (wohl Hoheneck)[313] und Großhans von Westen (wohl Kornwestheim).[314]

Der um 1500 geborene Hans von Pflugfeld wurde 1554[315] und 1558 gemustert[316] und gehörte 1566 dem Möglinger Rat an.[317] Er starb vor dem 30. Januar 1568.[318] Sein ältester Sohn war vermutlich der um 1525 geborene Matheis von Pflugfeld, der 1553 in der dritten Wahl mit Spieß ohne Rüstung gemustert wurde.[319] Er starb vor 1586[320] und hinterließ zwei verheiratete Töchter namens Anna und Elisabeth. Sicherer können wir Hans von Pflugfeld die drei Söhne Hieronimus, Bernhard und Konrad zuordnen. Ihre Frauen holten sie aus Pflugfelden, Neckarweihingen und Eglosheim und jeder von ihnen hinterließ mehrere Söhne, die zum Teil bis heute Nachkommen haben.[321] Hieronimus starb 1596, Bernhard 1609 und Konrad 1610. Wie schon ihr Vater, waren auch sie dem Kloster Maulbronn leibeigen.[322] Bernhards Sohn Michael heiratete 1596 sogar eine Tochter des damaligen Pfarrers Lechner.[323] Konrads Urenkel Balthasar Pflugfelder (1644–1721) war von 1689 bis 1721, also auch über die schwere Zeit der Franzoseneinfälle, in denen er seine erste Frau verlor, Schultheiß von Möglingen (s. S. 137).[324]

Schon 1521 war in Beihingen am Neckar ein Jörg Pflugfelder wohnhaft und 1559 wird dort die Witwe des Bernhard Pflugfelder und später auch weitere Angehörige der Familie genannt.[325] Ob sie mit den Möglinger Pflugfelder zusammenhängen, konnte bisher nicht geklärt werden.

Das 1961 entstandene Foto verdeutlicht die Nähe Möglingens (im Vordergrund Zehntscheuer und Kirche) zum Hohenasperg im Hintergrund.

Krieg und Frieden im 17. Jahrhundert (1618–1692)

Albrecht Gühring

1. Kriege und ihre Folgen

a) Der Dreißigjährige Krieg

Von 1608 bis 1628 regierte Herzog Johann Friedrich, dessen letzte Regierungsjahre bereits vom Krieg überschattet wurden. Die konfessionellen Gegensätze in Mitteleuropa hatten sich dramatisch zugespitzt und 1618 zum Ausbruch des Dreißigjährigen Krieges geführt. In den Jahren nach 1620 setzte zudem durch Missernten und das Prägen minderwertiger Münzen eine allgemeine Teuerung ein. Die sog. Hirschgulden waren statt 60 bald nur noch 10 Kreuzer wert und der Tauschhandel blühte wieder auf.[1] Noch blieb es einige Jahre ruhig in Württemberg, doch Truppendurchzüge kündeten schon bald von der bevorstehenden Gefahr.

1626 brach die erste große Pestepidemie aus, der in Württemberg rund 28 000 Menschen zum Opfer fielen.[2] Auch in Möglingen starben von 20. August 1626 bis 5. Februar 1627 32 Männer, 30 Frauen, 15 ledige Gesellen, 18 ledige junge Frauen, 34 Knaben und 24 Mädchen zwischen fünf und vierzehn Jahren sowie 40 Kleinkinder unter fünf Jahren. Endlich konnte Pfarrer Schnirring ins Totenbuch schreiben: *Drauff hatt Gott sey ewig Lob undt Danck die Straff und Plag wider nachgelassen.* Innerhalb eines halben Jahres waren rund 200 Tote zu verzeichnen, während sonst vielleicht 30 Menschen pro Jahr starben. Fast die Hälfte der Möglinger Einwohner war der Pest erlegen.[3]

Ende der zwanziger Jahre kam es vermehrt zu Durchmärschen kaiserlicher Truppen. Die Einquartierungskosten der im Markgröninger Amt 1629 logierenden Truppen mussten auf herzoglichen Befehl 1630 Stadt und Amt bezahlen.[4] Wohl durch herumstreunende Soldateska dieser Truppen kam es immer wieder zu Überfällen. So wurde am 21. Juni 1629 der 28-jährige Jung Joachim Zahn aus Möglingen nachts zwischen Ditzingen und Gerlingen erschlagen.[5]

Eine völlige Niederlage der Protestanten wurde durch die Landung des Schwedenkönigs Gustav Adolf 1630 verhindert. Mit dem 13 000 Mann starken schwedischen Heer verbündeten sich Brandenburg, Sachsen und Württemberg. Hier regierte seit 1628 (unter Vormundschaft bis 1633) Herzog Eberhard III., ein Sohn Herzog Johann Friedrichs. Dem Sieg der kaiserlichen Truppen über die Schweden bei Nördlingen am 27. August 1634 folgten die schlimmsten Jahre des Krieges. In der Folge hatte das Land unter zahlreichen Truppendurchmärschen und Brandschatzungen zu leiden. Sechs Kanonenschüsse von der Festung Hohenasperg verkündeteten am 28. August 1634 nachts um ein Uhr die Niederlage und waren zugleich das Zeichen für die Mannschaften der umliegenden Orte, sich gerüstet auf der Festung oder in der Amtsstadt einzufinden. Das Gröninger Aufgebot, zu dem auch Möglingen gehörte, war jedoch größtenteils schon ausgerückt und kämpfte im Schwarzwald, wo der Herzog das badische Villingen belagerte.[6] Am 7. September 1633 starb dort der 36-jährige Möglinger Bernhard Schaupp während eines Ausfalls der Villinger. Ein anderer Möglinger Soldat namens Hans Scheyhing, der *sich ins Kriegs Wesen begeben* hatte, war schon 1631 gefallen.[7]

Das geschlagene schwedische Heer zog durch Württemberg in Richtung Norden ab und überließ das Land dem Feind. Pfarrer Schnirring vermerkte dazu im Möglinger Totenbuch: *Als d[en] 27. Augusti die Schlacht vor und bei Nordling[en] verlohren darauff d[as] kaiserisch Volck ins Land eingefallen, unndt also die Einwohner des landts verjagt und hin und her in d[as] Elend getrieben word[en], seind under dessen in und usserhalb des Flecken gestorben folgende Personen.* Dann listet er 44 Personen auf, die mit den bis dahin in diesem Jahr gestorbenen 13 Einwohnern 57 Tote für das Jahr 1634 ergeben. Das erste Opfer des feindlichen Einfalls wurde der 84-jährige Hans Pflugfelder. Aber auch ganze Familien wurden ausgelöscht, so Hans Boll, seine Frau Ursula und deren Kinder Hans und Anna. Ein Großteil der Bewohner war überstürzt geflüchtet und starb auswärts, wie beispielsweise Hans Bader, der vergeblich Schutz in der Amtsstadt Markgröningen gesucht hatte. Jakob Ernst wurde in Asperg erschossen. Am 27. Oktober 1635 traf es Peter Weiß, *ein Soldat von hier*, der bei der sog. Salva Garde diente, und am 11. Oktober 1637 wurde Jakob Kaim aus Möglingen *unschuldigerweis* erstochen.[8]

Möglingen hatte das unglückliche Los, dem begehrten und umkämpften Asperg sehr nahe zu sein. Die Festung war eines der wichtigsten Ziele der siegreichen kaiserlichen Truppen, die in Verfolgung der Schweden bereits am 30. August 1634 vor Markgröningen standen. Letztere konnten die Festung Hohenasperg besetzen und machten sie für rund ein Jahr zu ihrem Stützpunkt gegen die kaiserlichen Truppen in den umliegenden Dörfern. Oberst Rüdiger von Waldow kommandierte die Besatzung von 500 Soldaten und 200 Bauern der Umgebung.[9] Kaiserliche Wachposten und Lager wurden u.a. in Möglingen und Tamm eingerichtet. Die Ortschaften im Dunstkreis der Festung befanden sich somit mitten im Brennpunkt des Kriegsgeschehens: Am 9. September 1634 brannte ein Großteil von Zuffenhausen mitsamt Kirche und Pfarrhaus nieder. Am 11. September verbrannten halb Oßweil und Bissingen, am 21. ein Teil von Stammheim und am 28. September wurde ganz Tamm innerhalb von zwei Stunden ein Raub der Flammen. Heutingsheim brannte am 12. Dezember und am Weihnachtsabend 1634 traf es Pflugfelden. Am 10. Januar 1635 war auch Möglingen an der Reihe und zahlreiche Gebäude gingen in Flammen auf.[10] Tags zuvor

Der Hohenasperg. Kupferstich von Matthäus Merian 1643.

war die Ortschaft geplündert worden.[11] Insgesamt wurden in Möglingen in den darauffolgenden Jahren 67 Gebäude *niedergerissen und uff den Wachten verbrennt*, also von den kaiserlichen Truppen als Brennstoff verwendet.[12] Am 30. November 1634 wurde der Schafpferch durch kaiserliche Truppen verbrannt.[13]

Zur Verengung des Belagerungsrings um den Hohenasperg verlegten die kaiserlichen Truppen am 18. Oktober 1634 ein ganzes Regiment nach Möglingen. Dadurch wurde die Versorgung der Besatzung der Festung immer schwieriger.[14] Am 13. November versuchten einige Schweden, aus der Festung zu Fuß und zu Pferd in Eglosheim Heu und Stroh zu holen, aber sofort zogen ihnen kaiserliche Reiter aus Möglingen und ein Teil der Markgröninger Besatzer entgegen. Vom Asperg aus sah man die Truppenbewegung und warnte die eigenen Truppen durch ein vereinbartes Schusssignal, sodass diese unverrichteter Dinge wieder abziehen mussten.[15] Gerade auf der Südseite des Aspergs in Richtung Möglingen kam es während der ganzen Belagerungszeit immer wieder zu kleineren Gefechten oder einzelnen Schusswechseln und es scheint, als ob die meisten Angriffe auf die Festung von Möglingen aus ihren Anfang nahmen.[16]

Derweil waren die schwedischen Besatzungsoffiziere auf dem Asperg, obwohl von kaiserlichen Truppen umringt, so kühn, am 29. Dezember 1634 westlich des Bergs eine Hasenjagd zu veranstalten. Dabei mussten kleine Reitertrupps die Wachen in Möglingen und Tamm ablenken.[17] Am 9. und 10. Januar 1635 wurden sämtliche Futtervorräte in Möglingen durch kaiserliche Reiter aus Bietigheim und Markgröningen geplündert.[18] Am 30. März wagten die Schweden einen Ausfall und wollten Tamm und Möglingen einnehmen. Dem misslungenen Versuch folgte am 1. April ein weiterer Ausfall. Einheiten zu Fuß und Pferd wurden von der Festung herunter gegen die in Möglingen stationierten Wachtruppen eingesetzt. Das eigentliche Gefecht fand dann aber vor Tamm statt und nahm ein rasches und kurioses Ende, indem sich die Parteien nach Verhandlung und gemeinsamem Trunk wieder zurückzogen. Jetzt waren die kaiserlichen Truppen noch vorsichtiger geworden und errichteten am 3. April auf dem Feld bei Möglingen ein sog. *Corps de Garde*, also eine größere Wachstation.[19] Am 12. April 1635 und an den darauffolgenden Tagen kam es wiederholt zu Ausfällen aus der Festung und Gefechten. Der Möglinger Wacht gelang die Gefangennahme eines Asperger Jungen, der vom Möglinger Müller verraten worden war.[20] In der Nacht von 5. auf 6. Mai wurde in den Möglinger Weinbergen neben einem neu angelegten Laufgraben eine Schanze auf dem Feld errichtet, die aber noch während des Baus im Laufe des Vormittags vom Asperg aus beschossen wurde.[21]

Die Versorgungslage auf der Festung verschlechterte sich rapide und letzte verzweifelte Ausfälle folgten. Ein solcher wurde am 7. Juni 1635 durch 70 bis 80 Reiter der Möglinger Wache vereitelt.[22] Die kaiserlichen Truppen wurden weiter verstärkt. Oberst Graf von Pappenheim schlug am 17. Juni sein Truppenquartier in Möglingen auf. Seine mehrere hundert Mann zählende Einheit zu Fuß marschierte glücklicherweise schon am Morgen des 22. Juni wieder ab.[23] Am 12. Juli lieferten sich Schweden und Kaiserliche ein größeres Gefecht zwischen Möglingen und Asperg. Der Markgröninger Dekan Wendel Bilfinger, der die Zeit der Belagerung als Zeitzeuge beschrieb, berichtet, dass man den obersten Befehlshaber der kaiserlichen Truppen, der einen roten Federbusch und weißen Mantel trug, ins Quartier nach Möglingen brachte. Dies war ein Indiz für seinen Tod, denn Verletzte, so war Bilfinger aufgefallen, wurden zum Osterholz gebracht, wo sich wohl ein Feldlazarett befand, hingegen brachte man hoffnungslose Fälle und Tote nach Möglingen. Wer dorthin gebracht wurde *war fertig und brauchte keinen Balbierer mehr*.[24] Am 29. Juli 1635 ergaben sich die von Hunger und Krankheit gezeichneten Schweden und zogen sich bis weit hinter die Enz zurück.[25]

Eintragungen im Möglinger Totenbuch während der Pestepidemie 1635.

Doch neues Unheil drohte in Gestalt einer weiteren Pestepidemie, die in der zweiten Jahreshälfte 1635 ihren Höhepunkt erreichte. Von 30. Juli bis Jahresende fielen der Seuche 150 Möglinger Einwohner zum Opfer. Im ganzen Jahr 1635 starben 213 Menschen im Ort und 1636 bis 1639 im Schnitt ca. 50 Personen pro Jahr. Somit war Möglingen 1640 fast menschenleer. Dies belegt auch die geringe Zahl der Sterbefälle, die von 1640 bis Ende 1650 acht Eintragungen im Totenbuch jährlich nicht mehr übersteigt. In diesem schlimmsten Kriegsjahr 1635 starben nicht nur Möglinger außerhalb der Ortschaft, sondern auch durch den Ort ziehende Flüchtlinge und Militärangehörige sowie Soldaten der kaiserlichen Wachtruppen am Ort. Die Toten stammten oft aus Asperg oder Eglosheim, aber auch aus Pflugfelden, Zuffenhausen, Weilimdorf und anderen Orten der Umgebung. 1635 wurden in Möglingen drei *arme Menschen so sich im Flecken auffgehalten* sowie vier hier erschossene Einwohner aus Asperg und Tamm begraben. Aber auch von weiters her kamen Flüchtlinge. Am 8. Juli 1635 starb Elias Böhem aus Augsburg und im August ein Hans, dessen Familiennamen man nicht kannte, aus der Nördlinger Gegend. Von Juni bis August 1635 sind folgende Soldaten im Möglinger Totenbuch eingetragen: Daniel Marten, Hauptmann aus *Suerin* (Schwerin) in *Mechelnburg* (Mecklenburg), Jerg Rehe, Soldat aus Jaggersdorf in Schlesien, Gefreiter Hans Wertram aus Wolfenbüttel und David Keiser, Soldat aus Stuttgart. Am 29. Mai 1637 wurde ein Soldat einer Leibkompanie von einem anderen Musketier erschossen und in Möglingen begraben.[26] Auch im Taufbuch werden von 1635 bis 1646 viele Soldaten als Väter aufgeführt, die größtenteils den in Möglingen und auf dem Asperg stationierten Einheiten angehörten. Manche Soldaten blieben auch am Ort wohnen, so Korporal Hans Fritz mit seiner Ehefrau Waldburga, die von 1639 bis 1655 hier Kinder taufen lassen.[27]

Inzwischen hatten sich die Franzosen mit den Schweden gegen den Kaiser verbündet. Die meisten Kampfhandlungen nach 1635 fanden auf der linken Rheinseite statt, aber weitere Einquartierungen und Truppendurchzüge betrafen auch Württemberg. Nach einer Niederlage der kaiserlichen Truppen am 21. Februar 1638 bei Rheinfelden zogen sich diese gemeinsam mit bayerischen Truppen über Württemberg zurück, wurden jedoch von den Schweden verfolgt. Am 20. Juli 1638 starb, wohl bei einem Duell, der schwedische Dragonerhauptmann Johann Lindt vom Regiment des bekannten Gallas und wurde in Möglingen begraben. Erschossen hatte ihn Hauptmann Kleinhanß aus demselben Regiment, *mit welchem er Kugeln gewexelt*.[28]

Von der Nördlinger Schlacht bis zum 1. Juni 1635 waren im Amt Markgröningen Schäden in Höhe von 622 578 fl entstanden. In Möglingen waren 69 Gebäude verbrannt, und der entstandene Schaden wurde auf 51 550 fl beziffert. Nur Schwieberdingen, Münchingen und Pflugfelden kamen besser weg. Markgröningen verzeichnete 174 805 fl; in Eglosheim waren fast alle Gebäude und in Tamm die ganze Ortschaft niedergebrannt. Auch Oßweil und Bissingen hatten zahlreiche Gebäude eingebüßt. Dazu kamen bis 1638 im Amt weitere 200 000 fl,[29] sodass der Gesamtschaden des Amtes für die Katastrophenjahre zwischen 1634 und Ende 1638 sich auf 822 578 fl sowie zusätzlichen 100 000 fl für Asperg belief. Im Vergleich zu den nahen Ämtern Cannstatt (rund 10,5 Mio), Leonberg (rund 1,75 Mio. fl) und Marbach mit Hoheneck und Steinheim (rund 1,5 Mio. fl) war das Amt jedoch eher glimpflich davongekommen. Im ganzen Land betrugen die Schäden einschließlich der Klöster rund 45 Mio. fl. Jedoch folgten bis Ende 1650 weitere Durchmärsche, Plünderungen und Einquartierungen, die im Land nochmals Schäden in Höhe von fast 7 Mio. fl verursachten.[30]

b) Die Folgen des Krieges

Nach dem Friedensschluss von Münster und Osnabrück 1648 konnte endlich der Wiederaufbau beginnen und die Bevölkerungszahl nahm wieder langsam zu. Das Herzogtum Württemberg war eine der vom Dreißigjährigen Krieg am härtesten getroffenen Regionen Deutschlands. Weite Teile des Landes verbuchten immense Bevölkerungsverluste, und manche Dörfer waren menschenleer. Ein Großteil der Felder und Weinberge lag brach und die Finanzkraft der einst blühenden Wirtschaft war auf Jahre geschwächt. Der Wiederaufbau der zerstörten Gebäude und die Wiederbewirtschaftung der brachliegenden Felder und Weinberge war für die verarmte Bevölkerung eine Überlebensfrage. Aber auch nach dem Friedensschluss blieb die französische Armee noch fast das ganze Jahr 1649 in der Gegend von Leonberg, Ditzingen und Schwieberdingen;[31] erst am 20. September 1649 wurde der Hohenasperg von den kaiserlich-französischen Truppen geräumt und erhielt wieder eine württembergische Besatzung.[32] Vielleicht die Folge einer Vergewaltigung durch einen Soldaten war der am 23. Februar 1649 verstorbene zweijährige Christoph Billenstein, den seine Mutter Katharina *im Kriegswesen mit Unehre überkom[m]en*, also geboren hatte.[33]

In Möglingen schrumpfte die Zahl der Burger (ohne Beisitzer, Frauen und Kinder) während des Krieges von 130 auf 32 im Jahr 1653. Nach anderen Angaben zählte das Dorf vor 1634 sogar 140 Bürger und 1655 immerhin wieder 48 Bürger und drei Beisitzer. Möglingen war vor dem Einfall von 1634 einer der wirtschaftlich stärksten Orte des Amtes gewesen und hatte mit 50 Pflügen die meisten Gespanne besessen. Selbst in Markgröningen gab es nur 40 und in Münchingen 35. 1652 waren in Möglingen erst 12 Gespanne wieder einsatzfähig, in Markgröningen 26 und in Münchingen acht.[34]

Im Mai 1653 war die Verschuldung so groß, dass Stadt und Amt Markgröningen beim Herzog um Erlass ihrer Steuerschulden in Höhe von insgesamt 2920 fl nachsuchten. Im ganzen Amt lebten von 1200 Bürgern noch 300 und 850 Häuser und Scheunen waren verbrannt. 12 000 Morgen Äcker und 900 Morgen Weinberge lagen brach. Während man früher bei uneingeschränkter landwirtschaftlicher Nutzung 5878 fl an die Kasse der Landstände hatte entrichten müssen, waren es trotz der damals desolaten wirtschaftlichen Lage immer noch 5000 fl sog. Ordinariablösungshilfe und dazu 1530 fl Reichstagskosten im Jahr. Von dieser Ablösungshilfe hatte Möglingen mit 680 fl nach Münchingen mit 770 fl den zweithöchsten Betrag im Amt aufzubringen. In Möglingen standen den Einwohnern von 111 Häusern mit 55 Scheunen nur noch 31 Häuser mit 15 Scheunen zur Verfügung. 53 Wohn- und 30 Wirtschaftsgebäude waren teilweise und weitere 22 Häuser ganz zerstört worden. Das gesamte Möglinger Ackerfeld mit 3100 Morgen war vor dem Krieg bewirtschaftet worden, jetzt hingegen wurden nur noch 1126 Morgen bebaut und 1974 Morgen lagen brach. Von ehemals 135 Morgen Weingärten waren 95 völlig verwildert.[35] 1655 betrugen die öffentlichen und privaten Schulden in Stadt und Amt 28 715 fl; von ihnen entfielen 2200 auf Möglingen.[36] Auch sonst hatten sich die Verhältnisse bis 1655 kaum gebessert, wie die folgende Tabelle von Paul Sauer zeigt (Flächenangaben in Morgen):[37]

Vor 1634	Markgröningen	Möglingen	Eglosheim	Bissingen	Schwieberdingen	Pflugfelden	Tamm	Münchingen
Bürger und Beisitzer	360	142	72	126	140	17	99	196
Gebäude	348	144	145	152	124	26	184	195
Wiesen, Gras- und Krautgärten	–	–	–	–	–	–	–	–
Weingärten	420	135	48	93	120	4 ½	130	120
Äcker	3400	3100	900	ca. 1000	1600	1000	1600	2700

1655	Markgröningen	Möglingen	Eglosheim	Bissingen	Schwieberdingen	Pflugfelden	Tamm	Münchingen
Bürger und Beisitzer	170 + 12	48 + 3	16	36	37	5	28	64 + 4
Gebäude	235	77	19	50	56	18	33	107
Wiesen, Gras- und Krautgärten	309	100	101	141	55	22	70	102
Weingärten	210	47	4 ⅛	40	39	1 ½	26	38
Äcker	2110	1435	340	642	567	626	417	1487

Da viele Dokumente im Krieg vernichtet worden waren, ließen sich die Steuereinnahmen und Ausstände der Verwaltungen nur schwer rekonstruieren. Die Geistliche Verwaltung Markgröningen unternahm 1656 den Versuch, die Verhältnisse in den Schuldnerorten zwischen 1642 und 1653 zu rekonstruieren. Für die Zeit vor 1642 sah man wenig Chancen, denn es war *ußer allen Zweiffel [daß] hiesige Statt sambt den darzu gehörigen Ambtsflechen nahend vor allen anderen im Hertzogthumb Württemberg mit lang gewehrter Quartierung, Plünderung, auch unterschidlicher Orthen mit Brand grundverderblich ruinirt worden*. Viele Einkünfte blieben auch in Möglingen aus. Sie betrafen meist herrenlose Hausplätze, aber auch die Mühle. Die Besitzer waren entweder tot, wie Hans Schäfer, oder geflohen, wie Christian Billenstein, der *Kriegß ursach halber zwey Jahr bei Nießung seiner Güetter nicht sein können*. Fast 630 fl Ausstände sowie fast 800 Scheffel Getreide, dazu Gänse, Hühner,

Die Plünderung eines Dorfes. Aus Jacques Callot: Die großen Schrecken des Krieges, 1633.

Eier und anderes mehr blieb Möglingen schuldig und die betreffenden Inhaber oder Erben wurden zur baldmöglichen Zahlung verpflichtet.[38]

c) Neue Kriege kündigen sich an

Die Landesverteidigung wurde weiter ausgebaut: Jeder Bürger und Untertan war nach der Landordnung verpflichtet, ein Gewehr zu besitzen, egal, ob er damit umgehen konnte oder nicht. 1652 wurden die Ämter Markgröningen, Besigheim, Sachsenheim und Bietigheim zu einer Kompanie formiert, die ein Jahr später neue Fahnen erhielt und dem Regiment des Oberst Peter von Pflaumer zu Helfenberg unterstellt war.[39]

Die Türkenkriege wirkten sich nur deshalb auf Stadt und Amt Markgröningen aus, weil die sog. Türkenhilfe, eine Sondersteuer, bezahlt werden musste. An diesen 262 fl Kriegssteuer hatte sich Möglingen 1664 mit über 30 fl zu beteiligen.[40]

Während des Reichskrieges gegen Frankreich stießen zwischen 1673 und 1679 immer wieder französische Truppen nach Württemberg vor. Auch Möglingen wurde von Truppen- und Flüchtlingsdurchzügen nicht verschont. 1674 starben in Möglingen das Kind des Adrian Müller, gebürtig von *Großen Rühen* aus dem Lüneburger Land, und die Tochter des Hans Epplin aus Wachenheim in der Pfalz.[41] Da immer noch Militärpflicht herrschte, waren auch Möglinger unter den Soldaten. 1685 erfahren wir, dass Remigius Mast seit vielen Jahren im Krieg sei und es war unbekannt, ob er noch am Leben war.[42] Die Durchzüge und Einquartierungen kosteten viel Geld, daher baten Stadt und Amt Markgröningen aufgrund ihrer übermäßig großen Schuldenlast um einen Steuernachlass, der ihnen auch gewährt wurde. Immerhin betrugen die gesamten Schulden in Stadt und Amt damals rund 17 500 fl. Unter den Amtsorten hatte Möglingen mit 1685 fl 36 × nach Bissingen die höchste Schuldenlast zu tragen.[43]

Nach einigen Friedensjahren erfolgte 1688 der erste größere Vorstoß französischer Truppen im Rahmen des pfälzischen Erbfolgekrieges (1688–1697) nach Württemberg. Am 16. Oktober 1688 drangen die Franzosen bei Lauffen ein und standen am 10. Dezember vor Markgröningen. Einen Tag später fand unter dem Befehl von Montclar eine Besichtigung der Festung Hohenasperg statt, die gemeinsam mit Schorndorf gegen das Versprechen, Stuttgart zu verschonen, freiwillig übergeben und am 14. Dezember mit 100 Mann Infanterie besetzt wurde. So wurde die Zerstörung der Festungen und womöglich auch der Landeshauptstadt verhindert. Die Franzosen hatten sich im Land festgesetzt. 400 Mann blieben unter Mélac in Esslingen und weitere 525 Soldaten

Möglingen von Norden. Federzeichnung von Andreas Kieser, 1682 (vgl. auch hinteres Umschlagbild).

in Tübingen. Mit den restlichen Truppen zog Montclar vom Asperg über Markgröningen wieder Richtung Heidelberg.[44]

Doch dieser Zustand währte nicht lange, denn noch vor Weihnachten begannen die Franzosen mit dem Rückzug aus Württemberg, nachdem bekannt worden war, dass am 25. Dezember die kaiserlichen und die mit ihnen verbündeten Truppen eintreffen sollten. Die Entfestigung und *Ausfouragierung* des mittleren Neckarraums konnten die Franzosen nicht realisieren, ebensowenig die Sprengung des Hohenaspergs und die Entfernung der dort stationierten 70 Kanonen, teils schweren Kalibers, die aus Witterungsgründen nicht abtransportiert werden konnten. Die Festung wurde am 2. Januar 1689 geräumt, nachdem die Gebäude angezündet worden waren. Allerdings vergaß Kommandant Feuquières, die schweren Geschütze unbrauchbar machen zu lassen. Die Franzosen zogen sich nach Pforzheim und Sinsheim zurück und am 3. Januar 1689 rückte die württembergische Kavallerie vorsichtig bis Ditzingen und Münchingen vor und besetzte dann den Hohenasperg.[45] Am 14. Februar 1689 erklärte das Reich dem König von Frankreich förmlich den Krieg, jedoch zunächst ohne weitere Auswirkungen. Vorsichtshalber wurden wohl immer wieder Truppen in die Ortschaften um den Asperg gelegt, denn am 11. Juni 1690 zogen etliche Husaren mit einer Bagage von Möglingen nach Asperg, um dort zu übernachten. Zur Verhinderung dieses Quartiers erhielt der Wagenmeister 3 fl 30 x.[46] Auch wurden zwischen Oktober 1689 und Januar 1692 in Möglingen fünf Soldatenkinder getauft.[47]

2. Die Verwaltung der bürgerlichen Gemeinde

1657 gehörten zum Amt Markgröningen neben der Amtsstadt die Orte Bissingen, Eglosheim, Möglingen, Münchingen mit dem Hof

Maur (zwei Hofstellen), Oßweil, Pflugfelden, Schwieberdingen mit Nippenburg (drei Hofstellen), Tamm sowie der Erlach- und der Fuchshof. Bereits unter Herzog Eberhard III. waren Sachsenheim, Metterzimmern und Sersheim dem Amt Sachsenheim einverleibt worden, weshalb Markgröningen jährlich einen gewissen Ersatzbetrag für entgangene Amtssteuer erhielt. Dorf und Festung Asperg bildeten nach wie vor einen eigenen Bezirk.[48] Die Schultheißen der Gemeinde waren von ca. 1625 bis 1721:[49]

1625 gen.–1633 Georg Kienzle (1566–1633)
1635 gen.–1649 Philipp Reichert (1593–1649)
1650 gen.–1670 gen. Michael Heger (1601–1674)
1671 gen.–1688 Balthas Kaul (Asperg um 1620–1688)
1689–1721 Balthas Pflugfelder (1644–1721)

Schultheiß Georg Kienzle war sehr wahrscheinlich ein Enkel des Mathis Kienzle (Kontzlin) aus Oßweil, der 1518 den Zainerschen oder großen Hof des Spitals Schorndorf in Möglingen übernommen hatte (s. S. 108). Obwohl er erst 1625 als Schultheiß bezeichnet wird,[50] können wir aufgrund seines Alters davon ausgehen, dass Kienzle das Amt damals bereits einige Jahre innehatte, denn er wurde schon 1566 als Sohn des Hans Kienzle und der Margaretha geboren. 1633 starb Schultheiß Kienzle als alter Mann.[51] Schultheiß Philipp Reichert ist der Sohn des Schultheißen Hans Reichert (s. S. 97). Er fungierte wohl schon im Jahr 1627 einmal als Amtsverweser seines Vorgängers Kienzle.[52] Reichert stand der Gemeinde in den schlimmsten Kriegsjahren vor. Seine erste Frau Martha starb 1635 mit 43 Jahren an der zweiten großen Pestepidemie. 1636 heiratete Reichert in zweiter Ehe Margaretha, die Witwe des Matthäus Schäfer. Der 1593 geborene Schultheiß erlebte den ganzen Dreißigjährigen Krieg in Möglingen und starb 1649 im Alter von 56 Jahren. Reicherts Nachfolger war Michael Heger oder Höger, der im März 1650 als Schultheiß genannt wird.[53] Aufgrund von Lücken im Tauf- und Ehebuch sind wir über seine Biographie nur spärlich informiert. 1601 wurde Heger als Sohn des Jörg Heger und der Katharina geb. Goller aus Rutesheim geboren.[54] Seine Ehefrau Elisabeth hatte er vermutlich wenige Jahre vor 1627 geheiratet.[55] Da Michael Heger bei seinem Tod am 27. Mai 1674 als alter Schultheiß bezeichnet wird,[56] war er wohl einige Jahre vorher aus Altersgründen zurückgetreten. 1670 wird er letztmals im Amt genannt[57] und 1671 war Balthas Kaul bereits sein Nachfolger. Schultheiß Balthas Kaul, der 1654 als Gastgeber, also Wirt, bezeichnet wird,[58] stammte aus Asperg und hatte 1650 die Witwe des verstorbenen Schultheißen Reichert geheiratet. Bei der Erbhuldigung 1674 war er 55 Jahre alt.[59] Er ist der erste Möglinger Schultheiß, von dem wir wissen, dass er nicht am Ort geboren wurde. Schultheiß Balthas Pflugfelder wurde 1644 als Sohn des Bürgermeisters Hans Pflugfelder und dessen zweiter Frau Maria, Tochter des Schultheißen Philipp Reichert, geboren. Er wird 1689 mehrfach als Schultheiß genannt[60] und hatte das Amt bis zu seinem Tod 1721 inne (s. S. 171). Als Bürgermeister werden ab 1618 genannt Jakob Pflugfelder (1627), Georg Metzger (1632),[61] Hans Hirschmann (1676),[62] Georg Motz († 1675), Alt Michael Schaupp († 1678), Hans Pflugfelder († 1689) und Joseph Kienzle († 1690).[63]

Die anfallenden Schreibarbeiten der Verwaltung erledigte in Möglingen im Regelfall wie üblich der Schulmeister, der aber 1655 klagte, dass er auf dem Rathaus *nicht gebraucht werde*.[64] Schulmeister Dieffenbach war 1684 Gerichtsschreiber.[65]

Vermutlich hatte die Gemeinde in dieser Zeit nur einen weiteren Angestellten, den sog. Schützen, dessen Stelle 1653 mit dem Weber Lienhart Koler besetzt war. Er heiratete in dem genannten Jahr die Witwe eines kurbayerischen Korporals und starb allerdings schon 1658.[66] Hans Wagner war 1674 71-jähriger Dorfschütz[67] und wurde bei seinem Tod 1687 als alter Schütz bezeichnet.[68] Ihm folgte der 1668 aus Genkingen, dem vorherigen Dienstort von Ortspfarrer Schweizer, zugezogene Georg Ziegler als Schütz und Büttel. Sein Vater Michael hatte aus Heidelberg kommend nach Genkingen eingeheiratet.[69]

3. Die kirchliche Verwaltung in schweren Zeiten

a) Die Pfarrei Möglingen und das Hospital Stuttgart

Auch im gesamten 17. Jahrhundert war die Pfarrei Möglingen Bestandteil der Superintendenz, also des Dekanats Markgröningen, zu dem 1621 neben der Amtsstadt außerdem die Orte Asperg, Beihingen, Bissingen, Eglosheim, Heutingsheim, Münchingen, Oßweil, Pflugfelden, Schwieberdingen, Stammheim und Tamm gehörten.[70] In den Grenzen des Dekanats lebten 1680 4739 Menschen, davon 991 in der Amtsstadt.[71] Nach dem Dreißigjährigen Krieg waren vereinzelt Katholiken, die meist als Flüchtlinge in die Gegend gekommen waren, anzutreffen. 1672 ließ der katholische Hans Oester in Möglingen ein Kind taufen, 1676 starb das Kind des *papistischen* Kessler Johann Schitt, und 1691 wurde das Kind des katholischen bayerischen Beisitzers Georg Michel getauft.[72]

Der Zustand der Möglinger Kirchengemeinde in der zweiten Hälfte des 17. Jahrhunderts scheint nicht der beste gewesen zu sein. 1676 ergab die Kirchenvisitation: *Die Heiligen und Castensachen kenten nicht elender stehen, brauchen starcke Renovation*. Vogt und Dekan aus Markgröningen sollten hierbei helfen und über den Erfolg berichten.[73] Der Aktion war jedoch kein Erfolg beschieden, denn 1678 heißt es über den Zustand der Kirchengemeinde: *Ist alles in confusion, daran der Pfarrer schuldig mit seiner Haillosigkeit, der doch järlich am meisten so vil unnötiges anbringt, und nichts abzuschaffen begehrt*.[74] Auch der 1680 tätige Heiligenpfleger, also Rechner der Kirchengemeinde, Metzger Hans Reichert, konnte daran nichts ändern.[75]

Die Einkünfte des Stuttgarter Spitals gingen in Möglingen im Dreißigjährigen Krieg sicher stark zurück. Wegen fehlender Archivalien kann darüber jedoch nur spekuliert werden. Das Pfarrhaus, dessen Baulast beim Spital lag, befand sich 1676 offenbar in sehr schlechtem Zustand, denn wir erfahren, es *seie und bleibe bauens halb eine Mördergrube*. Dem Pfarrer wurde aufgetragen, an die Stadt Stuttgart zu schreiben und falls von dort keine Hilfe komme, vor dem Herzog zu klagen. Es kam tatsächlich so weit, und den Stuttgartern wurde, wenn sie nicht bauen würden, angedroht, ihnen Zehnten und die Gefälle vorzuenthalten. Dies fruchtete jedoch nichts, und 1677 erhielt der Pfarrer den Auftrag, sich nochmals schriftlich zu beklagen, falls der Stuttgarter Magistrat nicht helfen wolle.[76] Aber noch 1680 heißt es: *Pfarrhaus bleibt unreparirt wie es ist*.[77]

Die Baulasten und Besoldungen, die das Spital zu tragen hatte, wurden auch weiterhin zum Teil aus den Abgaben des Widdumhofs finanziert. 1623 ergaben sich Differenzen, da der Inhaber Alt Joachim Imlin Teile des Hofes ohne Erlaubnis an Joachim und Hans Zahn verkauft hatte und so durch Zersplitterung der Güter nach Ansicht des Spitals die Wirtschaftskraft des Hofs geschwächt hatte. Der Kauf musste daraufhin rückgängig gemacht werden, und solange dies nicht geschehen war, wurden die eingenommenen Gültfrüchte unter unparteiischer Aufsicht verwahrt.[78] Erst 1627 konnten Alt Joachim Imlin und seine Frau Katharina den bei der Kirche gelegenen Hof an ihre Söhne Jung Joachim und Konrad verkaufen. Den verkaufenden hochbetagten Eltern wurde das Wohn- und Nutzrecht eingeräumt sowie eine ausreichende Versorgung mit Feldfrüchten gewährleistet. Weiter erhielten sie jährlich Dung geliefert und ausgebracht sowie jedes Jahr zwei Wagen Holz. Im Herbst wurden alle ihre Garben in die Scheunen und der Wein vom Weinberg in die Kelter und den Keller geliefert. Joachim Imlin verkaufte außerdem an seinen Sohn Konrad einen einäugigen Schimmel um 55 fl, einen *Truchencasten* mit Rädern, einen

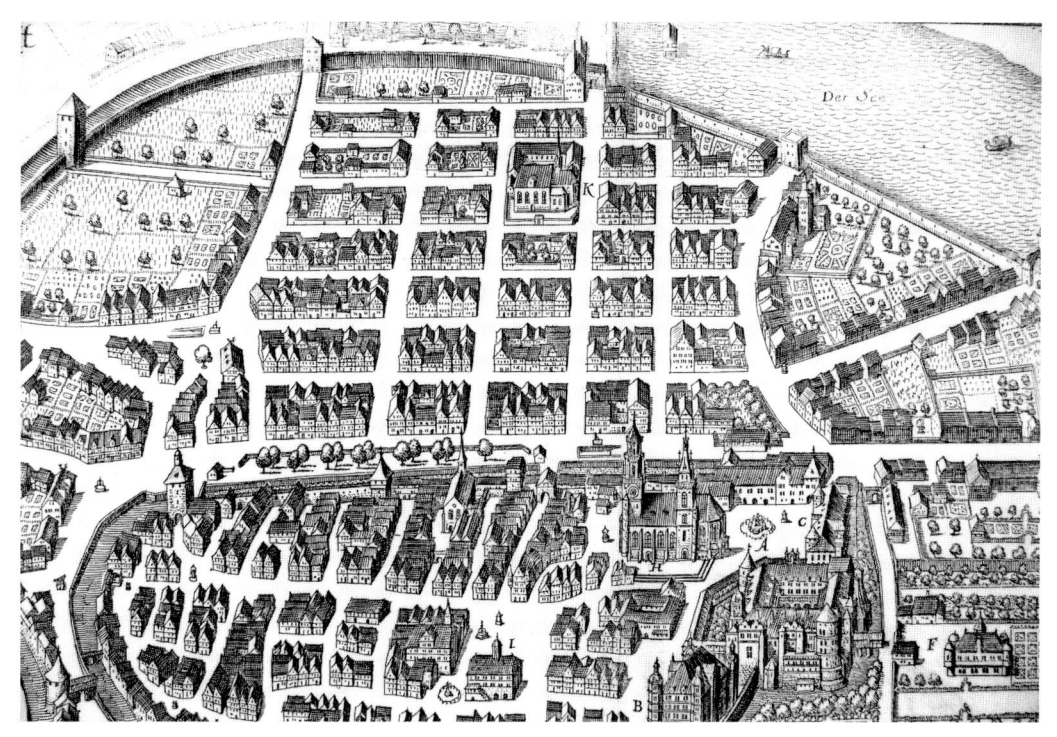

Stuttgart mit altem Schloss und Stiftskirche im Vordergrund. In der Bildmitte oben der Bereich des für Möglingen maßgeblichen Hospitals mit Kirche. Ausschnitt aus einem Kupferstich von Matthäus Merian, 1643.

ausgerissenen Pflug, eine Egge, einen Karrensattel und andere Geräte um 25 fl sowie 6 Scheffel Hafer zu je 2 fl.[79]

b) Die Pfarrer von 1609 bis 1703[80]

1609–1626 M. Joseph Lechner (1578–1626)
1626–1648 M. Johann Jakob Schnirring (um 1598–1648)
1648–1651 M. Johannes Hahl (um 1600–1651)
1651–1703 M. Ludwig Schweizer (1620–1703)

Magister Joseph Lechner, gebürtiger Möglinger und seit 1609 Nachfolger seines verstorbenen Vaters im Möglinger Pfarramt (s. S. 106), wurde am 24. September 1626 ein Opfer der ersten großen Pestepidemie des Dreißigjährigen Krieges.[81] Von seinen Erben kaufte der Schmied Michael Höruff 1628 eine halbe Behausung und Scheuer.[82] Der Nachfolger Magister Johann Jakob Schnirring stammte aus Stuttgart und war nach kurzem Vikariat in Maulbronn von 1626 bis 1648 Pfarrer in Möglingen.[83] 1644 klagte er über ihm vom Möglinger *Pöbel* auferlegte Einquartierungen aufgrund seines Vermögens. Ein herzoglicher Befehl verschonte ihn davon.[84] Schnirring starb in Möglingen am 15. März 1648 wenige Monate vor Ende des Dreißigjährigen Krieges mit 51 Jahren an der *hizigen ungarischen Krankheit*. Die Neubesetzung verzögerte sich, da der Herzog von seinem Vetorecht Gebrauch machte und den vom Spital vorgeschlagenen Genkinger Pfarrer M. Ludwig Schweizer ablehnte, da er erst ein halbes Jahr dort war. Bis zum Aufzug eines neuen Pfarrers kümmerte sich M. Christoph Wölfflin als Vikar auf Kosten der Witwe Schnirring um die Möglinger. Diese Finanzierung war sicher einfach, denn Schnirring hatte Güter in Möglingen und ein Haus in Stuttgart hinterlassen.[85]

Erste Seite des 1626 begonnenen Möglinger Totenbuchs mit Auflistung der Peststerbefälle dieses Jahres.

Genehm war dem Herzog M. Johannes Hahl aus Böblingen. Er versah nach Pfarrstellen in Döffingen, Schönaich und Maichingen[86] seit Mitte 1648 die Pfarrei Möglingen.[87] 1650 erging ein herzoglicher Befehl an den Möglinger Pfarrer, nach dem er einmal im Monat in Pflugfelden, das damals nur 14 Einwohner hatte, predigen musste. Anfang Januar 1651 starb Georg Pflugfelder und Pfarrer Hahl hatte seiner in der Leichenpredigt *gar schlecht mit Ehren gedacht*, worauf sich Freunde und Erben beim Herzog beschwerten. Erkundigungen, deren Ergebnis unbekannt ist, wurden angeordnet.[88] Hahl war offenbar in Möglingen unzufrieden und bewarb sich am 23. März 1651 um Versetzung auf eine Stelle mit Diakon. Dabei wird ausdrücklich vermerkt, dass der Landhofmeister, also der höchste Beamte des Landes, in der Sache vermitteln wolle.[89] Doch soweit kam es nicht, denn Hahl starb rund drei Wochen später am 15. April 1651 mit 51 Jahren und zwar just an dem Tag, an dem er sich vor dem Stuttgarter Konsistorium wegen *ernsthaften Anklagen* hätte rechtfertigen sollen.[90] Dabei ging es wohl um Steuerhinterziehung aus Möglinger Hofgütern des Pfarrers.[91]

So konnte die Stadt Stuttgart doch ihren Willen durchsetzen, denn Hahls Nachfolger wurde der schon 1648 vorgeschlagene Schweizer, der wie Hahl ein gebürtiger Stuttgarter war. Seine Eltern waren *vihl Jahrlang im Gericht und Rath unnd bey andern gemeiner Statt [Stuttgart] ehrlichen Ämbtern bedient gewesen*. Hier wird ganz deutlich, dass Stuttgart die Nachkommen verdienter Bürger der Stadt in der damals üblichen Weise bevorzugte.[92] Der am 5. August 1620 als Sohn eines Zinngießers geborene Schweizer war zunächst Diakon in Lauffen und dann 1646/47 Heerprediger bei Graf von Fleckenstein in der französischen Armee. Nach vierjähriger Tätigkeit in Genkingen amtierte Schweizer von 1651 bis 1703, also 52 Jahre lang, als Pfarrer in Möglingen.[93] 1654 versah er zudem den Kirchendienst in dem nur 35 Seelen zählenden Pflugfelden, wo er alle vier Wochen predigte. Sonst, vor allem im Sommer, kamen die Pflugfelder nach Möglingen in die Kirche.[94] Erst 1668 erhielt die Gemeinde wieder einen eigenen Pfarrer[95]. 1655 erteilte die Kirchenvisitation Schweizer eine gute Beurteilung, jedoch mit der Bemerkung, er sei etwas melancholisch.[96] 1663 wurde ihm vorgeworfen, dass er den materiellen Dingen zu sehr anhänge, worauf er zu seiner Verteidigung vorbrachte, dass man *bey 8 Kindern die Augen wol uffzuthun habe*.[97] Auch 1678 bemängelten die Visitatoren seine *Welt- und Geltsüchtigkeit*.[98] Von Schweizers zwei Söhnen war 1692 einer Apotheker in Weinsberg und der andere Soldat in venezianischen Diensten.[99] Im Interesse seiner sechs Töchter betrieb Schweizer eine fruchtbare Heiratspolitik. Vier von ihnen traute der Vater 1666, 1678, 1680 und 1683 in Möglingen mit Theologen. Zu seinen Schwiegersöhnen zählten der Bietigheimer Dekan Kausler und der Sohn des Markgröninger Dekans Cleß.[100] Pfarrer Schweizer ist der Ururgroßvater des Pfarrers, Mechanikers und Erfinders Philipp Matthäus Hahn sowie der Urururgroßvater des Philosophen Friedrich Wilhelm Schelling. Sein Großonkel Johannes Schweizer ist ein Vorfahre von Gottlieb Daimler, Justinus Kerner und Wilhelm Hauff.[101]

4. Schule in Kriegs- und Nachkriegszeit

In Möglingen unterrichteten zwischen 1615 und 1692 folgende Schulmeister:

1615–1621	gen. Christoph Nocker
1626 gen.–1633	gen. Hans Jakob Haug
1636 gen.–1650	gen. Michael Schaupp
1650	Leonhard Bechtle
1652 gen.	Hans Georg Droll
1655 gen.– um 1659	Hans Beurlin
1659 gen.	Tobias Gänßschopf
1661–1670	Hans Georg Lauterbach
1671–1679	Melchior Israel Schnirring
1679–1686	Hans Daniel Dieffenbach
1687–1695	Johann Christoph Roßnagel

Nur wenig erfahren wir über die Möglinger Schule in der Zeit des Dreißigjährigen Krieges. Seit 1615[102] bis mindestens 1621[103] war Christoph Nocker Schulmeister in Möglingen. Einen um 1625 genannten Johannes Schmid führt Adolf Rentschler auf.[104] 1626 unterrichtete Jakob Haug,[105] der noch 1633 als Schulmeister erwähnt wird.[106]

Der erste in Möglingen geborene Schulmeister war Michael Schaupp (1608–1678), der seit mindestens 1636 am Ort unterrichtete. Seine Ehefrau Margaretha starb 1636 mit 31 Jahren vermutlich an der Pest. Auch die zweite Frau

Maria wurde nur 41 Jahre alt und starb 1647. Schaupps dritte Gattin Barbara aber überlebte ihren Mann um 13 Jahre.[107] Wohl um die Jahreswende 1649/50[108] gab er das Schulmeisteramt, vermutlich zugunsten seiner Verwaltungstätigkeit als Bürgermeister, auf. Michael Schaupps Enkelin Barbara (1680–1761) heiratete 1705 Johann Michael Noz in Pflugfelden und wurde die Stammmutter der dort noch blühenden Familie.[109]

Schulmeister Bechtle wird nur einmal am 17. März 1650 beim Tod seiner Tochter Maria erwähnt. Sein Nachfolger Hans Georg Droll war am 24. November 1652 Pate und starb schon am 8. März 1653.[110] Auch Mitte April war noch kein Nachfolger am Ort, den man dann in Hans Beurlin aus Wildberg fand. Der Schulmeister versah normalerweise auch den Schreibdienst der Gemeinde, aber Beurlin klagt 1655, dass er auf dem Rathaus *nicht gebraucht werde*.[111] Den Grund erfahren wir schon 1654: *Die Schul ist zimblich schlecht bestelt, er thut sein bestes, hatt ein schlechte Handschrifft*,[112] und 1656: *Thut sein Bestes in der Kürch unndt Schul, ist aber ein schlechter Schreiber*. Auch 1658 war Beurlin *auff dem Rhathaus nit zugebrauchen*,[113] erhielt aber dennoch das Möglinger Bürgerrecht.[114] Er gab sein Amt wohl bald darauf *wider Willen* wegen Differenzen mit dem Pfarrer auf[115] und wurde Schulmeister in Pflugfelden. Am 1. September 1669 starb Beurlin in Möglingen, wo seine Witwe Christina 1670 eine zweite Ehe mit Hans Reichert schloss.[116]

Nur im Jahr 1659 wird Tobias Gänßschopf als Möglinger Schulmeister genannt.[117] Bereits Anfang Januar 1661[118] unterrichtete Hans Georg Lauterbach aus Nürtingen, von dem es 1663 heißt, er sei 23 Jahre alt und unterrichte *die Jugend fein, das seinige aber will nit recht laufen*. 1667 versprach er, *sein übel Hauß halltten abzustellen*.[119] 1670 wird er das letzte Mal genannt.[120]

1672 unterrichtete seit einem Jahr Melchior Israel Schnirring, der 1633 in Möglingen geborene Sohn des ehemaligen Pfarrers, zu dessen Aufgaben auch die Betreuung der Kirchturmuhr gehörte. Doch dazu vermerkt der Visitationsbericht: *Ist in der Information gar gutt; aber wegen der Uhr, und des Zaigers sehr schlimm*. Schnirring behauptete aber, *es sey ein altes außgefressenes Werckh, sie sollens ihme guth schaffen, so woll ers ihnen guth erhalten; habe Uhren zu Gochsheim richten und erhalten kennen; werd es bey ihnen auch können*. Auch 1676 wurden seine Mesnerdienste gerügt und 1677 war der Befund: *Ist gut, wen er sich nur nicht überzechet*. Offensichtlich besserte sich Schnirring nicht, denn 1678 erhielt er *im Schulhalten, Meßnerey und vita ein sehr bößes Lob*. Die Möglinger hätten ihn gerne los gehabt, aber 1679 wurde ihm, obgleich des Diebstahls bezichtigt, eine letzte vierteljährige Frist zur Besserung gesetzt. Die Zeit verstrich ohne Erfolg und er wurde *cassiert*.[121]

Noch im Jahr 1679 trat der 57-jährige Hans Daniel Dieffenbach aus Backnang das Möglinger Schulmeisteramt an,[122] das er bis 1686 innehatte.[123] Auch er wurde wie seine Vorgänger vom Katharinenhospital Stuttgart nominiert und besoldet. 1684 standen ihm jährlich 11 fl 44 × Bargeld, 5 Scheffel 3 Simri Roggen, 6 Scheffel 1 Simri Dinkel sowie 6 Scheffel 4 Simri Hafer zu. Dazu kamen Besoldungsanteile für die Mesnerei, die der Schulmeister weiterhin mit zu versehen hatte. Ihm Herbst erhielten der Lehrer und seine Frau für ihre Mühe [wohl bei der Mesnerei] weitere 6 fl sowie einen Klafter Holz, ein Schwein und vor allem die Hälfte der Zehnteinnahmen, die dem Möglinger Hospital aus dem Vöhinger Zehnten zustanden. Weiter hatte der Schulmeister Anrecht auf die Nutzung eines Viertel Baum- und Grasgarten sowie das freie Wohnrecht im Haus des Spitals im Zehnthof.[124]

Der Schulmeister wurde nach einer *Ordnung* von 1687 von der Gemeinde gewählt und durch die Herrschaft eingesetzt. Meist war mit dem Schulmeisteramt die Mesnerei und das Organistenamt sowie die Leitung eines Chores verbunden.

Seit Ende 1687 war der Glaser Johann Christoph Roßnagel aus Bittenfeld als Schulmeister in Möglingen tätig. Auch in den umliegenden

Orten nahmen oft Handwerker das Schulmeisteramt wahr.[125]

Die Möglinger Schülerzahlen spiegeln den langsamen Wiederanstieg der Bevölkerung nach dem Dreißigjährigen Krieg wieder, wobei die Gesamtschülerzahl nach 1660 durch den starken Rückgang des Mädchenanteils deutlich absinkt. Erst 1680 sind die alten Verhältnisse wiederhergestellt. 1702 heißt es im Lagerbuch des Stuttgarter Spitals, es sei ein neues Schulhaus zu bauen.[126]

Die Schülerzahlen zwischen 1654 bis 1692 sind im Einzelnen:[127]

Jahr	Knaben	Mädchen	Summe
1654	16	14	30
1655	19	19	38
1658	21	22	43
1659	30	27	57
1660	35	30	65
1661	22	22	44
1663	28	18	46
1667	32	12	44
1672	37	17	54
1676	29	13	42
1677	32	18	50
1678	30	15	45
1679	33	12	45
1680	33	25	58
1692	32	32	64

5. Niedergang und Wiederaufbau der Landwirtschaft

a) Kriegsschäden und Unwetter

Durch die Besetzung des Landes seit 1634 waren massive wirtschaftliche Schäden durch Truppendurchzüge und Quartiere entstanden. Zudem hatten die Pest und kriegerische Handlungen sowie die Flucht eines Großteils der Einwohner zahlreichen Städten und Dörfern die Arbeitskräfte zur Bewirtschaftung der Grundstücke entzogen. Nur noch eine geringe Zahl von Pflügen [Gespannen] konnte 1652 im Markgröninger Amt ins Feld geführt werden (in Klammern die Anzahl vor 1634): Möglingen 12 (50), Markgröningen 26 (40), Schwieberdingen 6 (24), Münchingen 8 (35), Bissingen 8 (20), Tamm 3 (18), Eglosheim 2 (14), Oßweil 7 (17) und Pflugfelden 6 (11). Von ehemals 3100 Morgen Acker vor 1634 wurden 1655 erst 1435 wieder bewirtschaftet, ebenso von 135 Morgen Weingärten nur 47 (s. S. 134).[128] Der Lebensunterhalt der Möglinger basierte damals *gleichergestallten uff dem Ackher und Weingardtbau,*[129] sodass Hagelunwetter 1649 und 1655 die Lage zusätzlich erschweren,[130] denn besonders durch den Hagelschlag im August 1649 erlitt vor allem das reife Getreide *merckhlichen und großen Schaden.*[131] Preiserhöhungen bei den Nahrungsmitteln waren die Folge. So kosteten beispielsweise je ein Scheffel Roggen 40 fl, Dinkel 20 fl und Hafer 16 bis 20 fl, ein Eimer Wein 120 fl, ein Simri Salz 8 bis 10 Gulden, eine Gans 3, ein Ferkel 8 und hundert Eier etwas weniger als 7 fl.[132]

Über die Viehzucht während und nach dem Dreißigjährigen Krieg erfahren wir praktisch nichts, lediglich die Schäferei, die als sog. Fleckenschäferei von der Gemeinde betrieben wurde, wird anhand der Nennungen von Schäfern, die von der Gemeinde die Schäferei pachteten, greifbar. 1624 bzw. 1627 werden die Schäfer Endris Brotbeck und Michael Riss erwähnt.[133] Riss war Leibeigener der Herrschaft Kirchheim unter Teck.[134] 1650 war Hans Ihlinger Schäfer.[135] Der Möglinger Fleckenschäfer Georg Hoiler verheiratete sich 1656, starb aber schon 1659[136] und 1659/60 war Hans Wahl wohl kurze Zeit Schäfer am Ort.[137] Wilhelm *Sebold* Gottfried Ruff wurde 1656 Möglinger Bürger[138] und übernahm demnach kurz nach 1660 die Schäferei, die er noch 1670 betrieb.[139] Vielleicht ist der 1674 genannte 30-jährige Schäfer Jakob Ruoff sein Sohn.[140] Schäfer Hans Marx Räpple war 1678 40 Jahre alt[141] und bezahlte 1690 zwölf Gulden Bürgergeld für seine zweite Frau und seine Kinder.[142] Über die Flurnamen bis 1618 wurde bereits im letzten Kapitel berichtet. Zwischen 1623 und 1631 werden im Kaufbuch noch folgende Bezeichnungen genannt, die aber wohl alle älter

Das Haus Koch beim Friedhof (1982) gehörte zum Kleinen Schorndorfer Hof.

sind: am Gässlin, am Gröninger Weg, am Mühlweg, auf dem Sailer, auf der äußersten Höhe, auf der Layhern (Weinberg), auf der Röthe, beim *Hausen Creutz* bzw. *Haasen Creutz*, Hofacker, im krummen Acker, im Löscher, in der alten Hälden beim Sonnenbrunnen (Weinberg), in der Bürgerhälden (Weinberg), in Schlossgärten, Stammheimer Lehen, Vöhinger Feld, Völcher Weg, zu Benzach.[143]

b) Wieder Streit mit den *Freimaiern* der Lehenhöfe

Besonders drückend wirkten sich in der Kriegs- und Nachkriegszeit die Frondienste und steuerlichen Belastungen, meist in Form von Naturalien, aus, die aus den sowieso nur notdürftig bewirtschafteten Höfen das Letzte herauspressten. So ergaben sich 1645 Differenzen wegen der Besteuerung der Güter des Georg Pflugfelder, der damals Höfe der Geistlichen Verwaltung Markgröningen und des Spitals Schorndorf sowie einen der Kellereihöfe, der *Freymayerhof* genannt, mit viel Mühe bewirtschaftete. Nicht nur ein Großteil seines Zugviehs fehlte, sondern er musste als vermutlich wohlhabenster Möglinger Bauer bei allen militärischen Nachtquartieren, Truppendurchzügen und Rastaufenthalten Offiziere aufnehmen und verpflegen. Als Entgegenkommen erhielt er einen Teil seiner Abgaben erlassen.[144]

Auch nach dem Dreißigjährigen Krieg dominierten die großen Hoflehengüter in Möglingen. Wie schon rund 100 Jahre vorher gab es immer wieder Streitigkeiten zwischen den Inhabern der sog. Freihöfe und den anderen Möglinger Bauern. 1657 ging es dabei um die Weigerung der Freimaier, sich an den üblichen Frondiensten zu beteiligen. Auf der Grundlage des Vertrags von 1561 (s. S. 96) wurden die Freiheiten zunächst bestätigt, jedoch ergab 1662 eine Befragung von Zeitzeugen, dass die Freimaier schon vor dem Krieg Frondienste geleistet hatten. Somit wurden sie verpflichtet, mit vier Pferden pro Hofgut zu fronen. Als Freihöfe werden 1662 aufgelistet: zwei Höfe des Hospitals Stuttgart, eineinhalb Höfe des Hospitals Schorndorf, dreieinhalb Höfe der Kellerei Markgröningen und ein Hof der Geistlichen Verwaltung Markgröningen. Nicht betroffen waren die Inhaber der Höfe, die ohne Unterbrechung gefront hatten, nämlich eines weiteren Hofs der Geistlichen Verwaltung Markgröningen sowie je eines Hofs der Geistlichen Verwaltung Bietigheim, des Klosters Adelberg und des Spitals Esslingen.[145]

Offenbar scheinen besonders die Hofinhaber der Stuttgarter und Schorndorfer Spitalhöfe sich nicht darum gekümmert zu haben, denn sie wurden von einigen anderen Möglinger Bauern 1665 erneut der Fronverweigerung bezichtigt. Der Stein kam wieder ins Rollen, und 1668 wurde die Fronfreiheit der betroffenen acht Höfe vor dem Regimentsrat in Stuttgart verhandelt. Doch die Behörde verschleppte den Fall, und im September 1669 mahnte der Markgröninger Vogt höchste Eile an, denn in Möglingen sei man so zerstritten, dass *Mordt und Todtschlag* zu befürchten seien. Es fiel dennoch keine Entscheidung, und im Januar 1670 wurden die Städte Stuttgart und Schorndorf aufgefordert, sich über ihre angeblichen Freihöfe zu äußern. Endlich wurde im März 1670 ein Vergleich zwischen den beiden Spitälern bzw. deren Hofbauern einer- und den sonstigen Möglinger Bauern andererseits getroffen. Danach mussten die Freimaier auf zehn Jahre die herrschaftlichen Frondienste mit vier Pferden gegen Entschädigung leisten, hingegen die üblichen Fronarbeiten der Gemeinde mit zwei Pferden wie alle anderen Landwirte verrichten.[146] Eine Beschwerde der Möglinger und Pflugfelder Freimaier aus dem Jahr 1686 wegen Besteuerung, Frondienst, Hundeaufstockung und Benachteiligung bei der Wiesenbewässerung wurde schon ein Jahr später beigelegt.[147]

Fast alle Eigentümer der Hoflehen versuchten, sich noch im oder bald nach dem Krieg einen Überblick über ihre Einkünfte und Rechte zu verschaffen. Auch die Kellerei Markgröningen baute ihre Höfe in Möglingen nach dem Krieg wieder auf, wofür 1659/60 fast 85 fl ausgegeben wurden.[148] Die Einkünfte der Pfarrei Marbach aus einem Möglinger Hof betrugen sechs Scheffel und sechs Simri Roggen und wurden wohl bald nach 1690 der Einfachheit halber von der Geistlichen Verwaltung Markgröningen eingezogen.[149] Die Abgaben des der Geistlichen Verwaltung Bietigheim unterstehenden Hertershofes wurden 1626, 1687 und dann mehrfach im 18. Jahrhundert neu festgelegt.[150]

1627 verkaufte Alt Joachim Zahn sein Stammheimer Lehen genanntes Teillehen um 380 fl an Hans Kienzle.[151] Das Stammheimer Lehen wird als solches vorher nicht genannt und ist wohl identisch mit den Gütern der damals bereits von den Schertlin von Burtenbach beerbten Familie von Stammheim auf Möglinger Markung.

Das Stift bzw. die Geistliche Verwaltung Stuttgart begann noch während des Krieges, die Einkünfte in Möglingen neu zu ordnen. Ein bis 1679 fortgeführtes Zins- und Haischbuch entstand,[152] das nach dem Lagerbuch von 1639 ausgerichtet wurde und in dem die Einkünfte aus dem Möglinger Hof der Pfaff Eblins Kapellen Pfründe an Roggen, Dinkel und Hafer verzeichnet wurden.[153]

1630 verkauften die Brüder Michael und Matthäus Kienzle, Martin Biß im Namen seiner Ehefrau Maria und Matthäus Hegers Kinder ihrem Bruder bzw. Schwager Georg Kienzle ihren halben ererbten Schorndorfer Hof um 3300 fl.[154] Die Erblehengüter des Schorndorfer Spitals scheinen keinen allzugroßen Schaden im Krieg erlitten zu haben, denn die Besitzer konnten schon 1640 wieder 52 fl für die Fruchtgülten bezahlen. Allerdings waren die Liegenschaften erst 1670 wieder voll nutzbar. Zudem hatte der oben erwähnte Streit der Freimaier mit der Gemeinde, den diese verlor, Einbußen zur Folge.[155]

Den halben Hof des Spitals Esslingen verkaufte 1626 *Herr Sebastian Vimppelin, Bürger zue Marckht Gröningen* an Schultheiß Georg Kienzle. Außer einem Haus mit Hofplatz gehörten dazu über 52 Morgen Äcker in allen drei Zelgen, anderthalb Morgen Wiesen und Gärten und ein Morgen Weinberge. Weiter veräußerte er die Hälfte an einem Haus beim Rathaus, ein Viertel Weinberg in der Bürgershälde und ein Stück Wiesen in den Hofwiesen bei der Mühle. Für alles zusammen musste Kienzle 3000 fl bezahlen, von denen der reiche Bauer 1500 fl in bar entrichten konnte.[156]

c) Möglinger Bürger leisten Aufbauhilfe in Pflugfelden

Seit dem Tod des Schultheißen Georg Kienzle im Jahr 1633 war dessen Hof der Geistlichen Verwaltung Markgröningen immer weniger bewirtschaftet worden und lag schließlich ganz brach. Daher erhielt 1647 der Markgröninger Geistliche Verwalter Metzger die herzogliche Erlaubnis, drei Morgen Wiesen dieses

Pflugfelden. Federzeichnung von Andreas Kieser, 1682.

Hofs, der inzwischen an die Erben von Georg und Christian Kienzle übergegangen war, zu einem Hofgut der Verwaltung in Pflugfelden, das seit 1634 unbewohnt war, schlagen zu dürfen und diesen Hof zu bebauen. Aber auch der Markgröninger Vogt Dreher hielt sich schadlos in Pflugfelden und zog dort mehrere Güter an sich, u. a. 1651 die sog. Pfaffenäcker, zu denen er auch das Pfarrhaus erhielt, wo er 1660 wohnte und bald darauf starb. Die Pfaffenäcker wurden seit 1660 durch Christoph Zehe und Konrad Pflugfelder von Möglingen aus bewirtschaftet.[157]

Pflugfelden, das vor 1634 17 Bürger, also um die 60 Einwohner hatte, aber in den darauffolgenden Jahren ganz verlassen wurde, musste demnach notdürftig von Möglingen aus verwaltet und bewirtschaftet werden. Nur zwei Bürger der alten Familien kehrten zurück; zudem siedelten sich vier Gaiselmaier (Gutsbesitzer mit jederzeitigem Kündigungsrecht) an.[158] Auch die Pfarrei wurde bis zur Wiederbesetzung 1668 durch den Möglinger Pfarrer versorgt (s. S.141). Da Pflugfelden nach Möglingen gerichtsbar war (s. S.78), fühlte sich diese Gemeinde sicherlich besonders zur Hilfe verpflichtet. Als Schultheiß amtierte in Pflugfelden seit mindestens 1651 der 1604 in Möglingen geborene Jakob Zahn, der seit 1644 in Pflugfelden verbürgert war, aber wegen der dortigen widrigen Umstände wohl zeitweise wieder in Möglingen wohnte. Seine Tochter Anna Barbara heiratete Felix Dobler in Pflugfelden und wurde damit die Stammmutter der Familie Dobler.[159]

Der genannte Jakob Zahn und Moritz Scheyhing, beide verbürgert zu Pflugfelden, aber seßhaft zu Möglingen bzw. Geisingen, hatten 1650 Streit mit der herzoglichen Rentkammer wegen ihrer Pflugfelder Behausung, die im Sommer 1647 unter dem herzoglichen Werkmeister Heinrich Kretzmeyer vollständig abgebrochen worden war. Die Holzteile wurden auf den Asperg transportiert und dort zu neuen Gebäuden verarbeitet. Nun verlangten Zahn und Scheyhing, dass ihnen auf dem alten oder einem nahegelegenen Platz ein neues Haus auf Kosten der Rentkammer errichtet werden solle, da sie wieder nach Pflugfelden ziehen wollten. Das Haus hatten sie von ihrem Vater bzw. Schwiegervater Peter Scheyhing geerbt, mussten es aber im Krieg verlassen, da außer ihnen nur noch ein weiterer Bürger in Pflugfelden war. Auch dieser verließ das Dorf und Zahn ging damals nach Möglingen. Noch im Juni 1652 war die inzwischen 300 fl betragende Forderung nicht erfüllt, und selbst 1659 war den Besitznachfolgern der Schaden noch nicht ersetzt.[160]

d) Der getauschte Wald

Die Gemeinde Möglingen besaß seit alter Zeit ein 200 Morgen großes Stück Wald auf Weilimdorfer Markung (s. S.116). Allerdings war dieser Wald weit entfernt und die jährliche Holzgabe, die besonders für Bedürftige wichtig war, konnten diese oft nicht nutzen. Daher bot die Gemeinde dem Herzog 1619 diesen Wald zum Tausch an und erhielt dafür durch Tauschvertrag vom 30. September 1620 45 Morgen in der Mitte und 10 Morgen im Ostteil des Bietigheimer Brandholzes sowie 30 Morgen auf Tammer Markung im sog. Brandhälde. Dieses Stück zwischen dem Fißlerhof und dem Wilhelmshof hieß fortan Möglinger

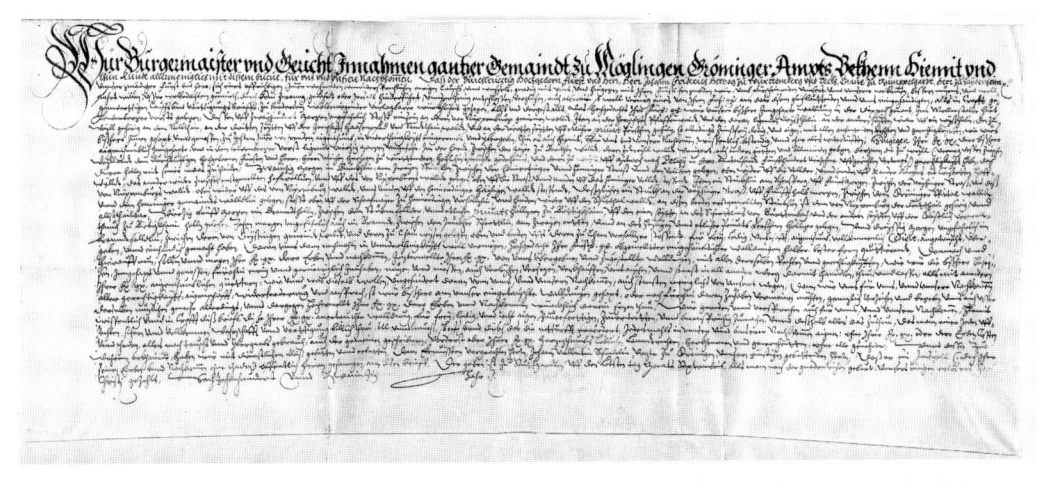

Der Möglinger Waldtausch. Von Bürgermeister und Gericht von Möglingen 1620 ausgestellte Urkunde.

Tammwald und war steuerfrei. Außerdem erhielt die Gemeinde Möglingen noch ca. 40 Morgen in der Hart zwischen dem Wald des Bergheimer Meiers und den Weinbergen der Weilimdorfer sowie zwei Stücke mit zusammen 20 Morgen im Bürcklen zwischen der Heimerdinger und der Hemminger Straße, ein kleines Waldstück von fünf Morgen im Rohrsberg zwischen der Vaihinger Straße und dem Wald derer von Nippenburg und ein weiteres kleines Areal an der Vaihinger Straße zwischen dem Markgröninger Spitalwald und dem Heimerdinger Gemeindewald mit fünfeinhalb Morgen. Dies ergab zusammen 154½ Morgen, war also ein schlechter Tausch, zumal es sich um viele Einzelstücke handelte.[161] Offenbar hatten die Möglinger bei dem Tausch nicht nur weniger Fläche erhalten, sondern waren auch mit einem Teil der neuen Waldstücke in eine andere Besteuerung geraten, denn 1630 beschwerte sich Möglingen, dass Hemmingen für das Forstamt Leonberg wegen eines Teils

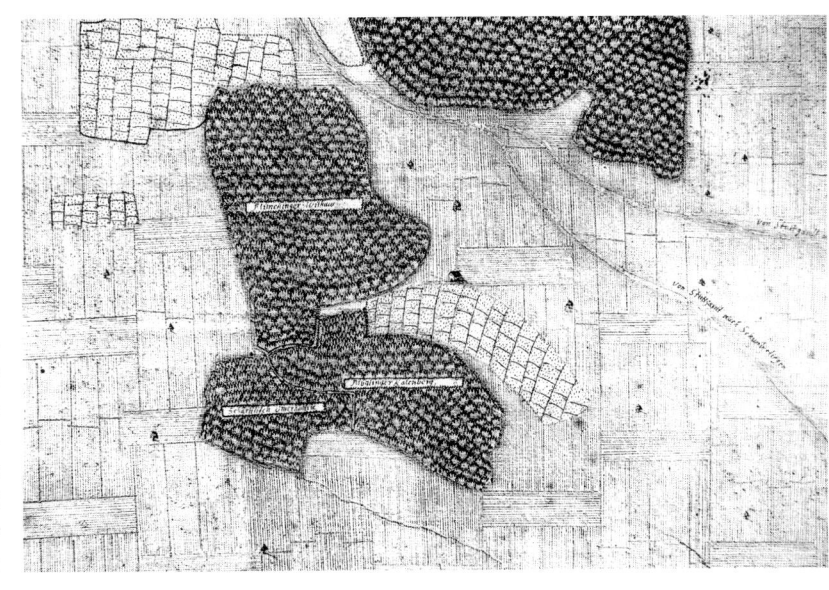

Der Möglinger Kallenbergwald mit oben (= Süden) anschließenden Weinbergen und der Feldkelter der Münchinger.

dieses Waldes auf dortiger Markung eine forstliche Kriegskontribution forderte. Der Protest half nichts, da, so die Entscheidung aus Stuttgart, *wegen gegenwerttigen beschwerlichen Läuffen niemand befreyt* werden könne.[162] Nach dem Krieg nahmen die Möglinger einen neuen Anlauf, um die Besteuerung des 27 Morgen großen Waldstücks zu vermindern, offenbar jedoch ohne Erfolg.[163] Der Tauschbrief im Gemeindearchiv ging in den Wirren des Dreißigjährigen Krieges mehrfach verloren, sodass die Gemeinde 1640 und 1655 beim Herzog um Abschriften bitten musste.[164]

39 Morgen des eingetauschten Waldes in der Weilimdorfer bzw. Hemminger Umgebung verkaufte Möglingen 1637 zu je siebeneinhalb Gulden an den Ditzinger Bauern Hemminger und besaß daher 1655 dort nur noch 27 Morgen.[165] Die restlichen ertauschten Waldstücke finden wir folglich als Möglinger Besitz 1683 in den Leonberger Forstlagerbüchern, beispielsweise unter der Heimerdinger (Stockheimer Bürcklinswald) und der Ingersheimer (Brandholz, Tammerwald) Hut. Der Kallenberger Wald ist im Forstlagerbuch unter der Feuerbacher Hut zu finden. Im Vergleich zum alten Lagerbuch von 1556 (s. S. 116), wo die Größe dieses Waldes mit 50 Morgen angegeben war, errechnete man jetzt eine Größe von 76 Morgen und zwei Ruten. Er war umgeben vom Münchinger Ackerfeld, dem Ehmerholzwald der Schertlin von Burtenbach zu Stammheim, dem Münchinger Witthauwald und den Münchinger Weinbergen.[166]

6. Handwerker, Gastwirte und Müller

Während des Dreißigjährigen Krieges wurden dem Handwerk durch Tod oder Flucht zahlreiche Arbeitskräfte entzogen. Erst nach dem Krieg konnte der Mangel durch Zuwanderung, oft aus dem Ausland, besonders aus der Schweiz, ausgeglichen werden. Meist waren es auswärtige Gesellen, die vor Ort bei einem Meister lernten, eine einheimische Frau heirateten und sich hier niederließen.

Während des Krieges (1618 bis 1648) werden in Möglingen fünf Schneider, drei Schmiede, je zwei Bäcker und Wagner sowie je ein Maurer, Metzger und Weber erwähnt (K = Kaufbuch, T = Taufbuch, To = Totenbuch; jeweils ältester Eintrag wurde verwendet):[167]
Bäcker: Michael Junghans (K 1631), Hans Heger/Höger (To 1639)
Maurer: Jakob Frieß (To 1633)
Metzger: Georg Pflugfelder (K 1631)
Schmiede: Jörg Heruff/Höruff (K 1628), Ulrich Kübler (T 1628), Michael Würth (T 1631)
Schneider: Hans Zahn (K 1625), Melchior Würtz (K 1629 *der alte Bachschneider*), Lorenz Würtz (K 1630 *der junge Bachschneider*), Hans Hecker (To 1626), Kaspar Hecker (To 1635)
Wagner: Georg Bentelin (K 1627, 1628 in Beihingen wohnhaft), Wolfgang Bentelin (T 1629)
Weber: Konrad Imlin (K 1627)

Der 58-jährige Sattler Jakob Schratthirn starb 1629 in Möglingen und war vermutlich nur zufällig, vielleicht auf einer Handelsreise, am Ort. Am 17. Februar 1638 wurde der Schneider Kaspar Hecker *todt und schon zeichlich gefressen und zerissen gefunden und wußte niemand, wie ihm ergang[en]*.[168]

Keinen der genannten Handwerker finden wir nach dem Krieg wieder. 1655 waren ein Metzger sowie je zwei Schmiede, Küfer, Schneider und Maurer am Ort, deren Handwerk jedoch so schlecht ging, dass sie alle zusammen nur mit 350 fl für die Steuer veranschlagt wurden.[169] Von Kriegsende bis 1692 werden insgesamt je sechs Weber und Bäcker, je vier Schmiede und Schneider, je drei Küfer, Metzger und Schuhmacher, je zwei Maurer und Wagner sowie ein Zimmermann erwähnt. Eine besondere Zunahme ist bei den Webern zu verzeichnen; als neue Berufe finden wir Küfer, Schuhmacher, Wagner und Zimmermann. Der Sackpfeifer, also Musiker Hans Martin Eisen aus Göppingen ließ 1687 ein Kind taufen und war wohl nur zufällig am Ort, ebenso Margrita, die Frau des Balthas Neher, Bürger in Süßen bei Ulm, die Leinwand *feil getragen* hatte.[170]
Im Einzelnen werden zwischen 1648 und 1692 folgende Handwerker genannt (1674 = Erb-

huldigungsliste, B = Bürgerbuch, T = Taufbuch, E = Ehebuch, To = Totenbuch; in der Regel wurde der jeweils älteste Eintrag verwendet):[171]

Bäcker: Jörg Holdermann (To 1655), Kaspar Hagel (B 1658, 1674: 43 Jahre alt), dessen Sohn: Matthäus Hagel (E 1681, To 1689), Hans Jakob Wintterlin (E 1690, als Bäcker später genannt),[172] Hans Michael Lutz (E 1691), Michael Eberlin (1650/60)[173]

Küfer: Dietrich Gladi (T 1654), Matthäus Stumm (E 1667), Christian Dollinger (T 1687)

Maurer: Matthias Keller (E 1677), Friedrich Weyhardt (1674 48 Jahre alt)

Metzger: Hans Reichert (E 1649, 1674 46 Jahre alt), Heinrich Schmid (T 1651), Lienhard Hermann (T 1657), Wolfgang Heinrich Gentner (E 1682)

Schmiede: Michael Gerstlin (E 1661), Hans Wirth oder Würth (To 1666), dessen Sohn Michael Würth (E 1670, 1674 27 Jahre alt), Marx Job/Jopp (E 1691)

Schneider: Sebastian Maurer (To 1649), Joseph Kienzle (E u. To 1654), Hans Maurer (To 1669), Georg Hirschmann (E 1678)

Schuhmacher: Georg Silber (E 1675), Johann Sebastian Kaul (E 1682)

Wagner: Bernhard Arnold (E 1656), Esajas Rein (E 1669)

Weber: Hans Wagner (B 1651), Lienhard Koler (E 1653), Hans Lienhard Kieffer (T 1659, nur einmal), Ulrich Dauß (E 1670, 1674: 32 Jahre alt), Josua Mayer (1674: 46 Jahre alt), dessen Sohn: Michael Mayer (E 1686, To 1690)

Zimmermann: Georg Braun (To 1670)

Auch während des Krieges mussten die Möglinger nicht auf ihre Gastwirtschaften verzichten. In den 1620er Jahren gab es sogar zwei *Gastgeber,* nämlich Simon Reichert, der 1626 bis 1630 genannt wird und Hans Holdermann, erwähnt von 1627 bis 1633.[174] Die Wirte mussten weiterhin das sog. Umgeld, eine Verbrauchssteuer auf jedes ausgeschenkte Maß Wein, entrichten. Sie betrug 1639/40 für Möglingen nur rund siebeneinhalb Gulden, während Markgröningen über 20 fl entrichtete. Hingegen gab es in Tamm, Münchingen, Pflugfelden, Eglosheim, Oßweil, Bissingen und Schwieberdingen, wohl wegen den Kriegsschäden, kein Aufkommen.[175]

1649 starb Georg Keim, Wirt und Ratsmitglied, *nach langer ausgestandener Krankheit.* Seine Witwe Anna heiratete 1650 den Metzger Heinrich Schmid aus der Reichsstadt Esslingen, der 1654 Wirt zum Hammel, der ersten namentlich genannten Möglinger Wirtschaft, war. 1650 zog aus Asperg Balthas Kaul zu, der 1654[176] als Gastgeber genannt wird und später als Schultheiß Karriere machte (s. S. 137). Allerdings lief das Geschäft in den Wirtschaften, *weil kein Straß vorbey geht,* 1655 noch so schlecht, dass sie von der Besteuerung verschont blieben.[177]

Ebenso schlecht war es um die Mühle bestellt, die 1629 ein Wasserrad hatte, das einen Mahl- und einen Gerbgang antrieb.[178] Letzterer diente zum Säubern der Körner vor dem Mahlen. Müller Hans Auracher, seit 1608 Besitzer der Mühle (s. S. 117), starb 1631, sein Bruder und Mitinhaber Michael 1631. Der Nachfolger Hans Härlin aus Streichen bei Balingen erlag 1635 30-jährig der Pest.[179] Bis 1642 war Leonhard Eisenmann Müller, doch dann wurde die Mühle *endtlich durch die Soldaten gar zu grund gerichet* und stand bis mindestens 1653 still.[180] Sie war so baufällig, dass *ein gang umb denn andern stillstehen mueß.*[181] Die Witwe Eisenmanns starb 1670.[182]

Offensichtlich gehörte die Mühle, ebenso wie die Lehenhöfe, nur selten einem Müller allein, denn zur gleichen Zeit werden oft mehrere Müller genannt. Nach dem Krieg saßen auf der Mühle Heinrich Blumenstihl aus Rottalben (gestorben 1653) sowie Hans Martin Trautmann, 1654 genannt, und Stefan Scheuhing, 1656 genannt. Im Taufbuch 1666 wird erstmals Müller Hartmann *Dietiger* erwähnt. Er zog wohl kurz vorher mit seiner Familie zu und erwarb die Mühle. Sein Name bereitete offensichtlich Schwierigkeiten, denn wir finden die Schreibweisen Dietiger, Dietischer, Dieting, Ditting und Dittinger. Hartmann starb 1670 und seine Witwe heiratete ein Jahr später den Winnender Müllersohn Philipp Fackh[183], der 1674 als

30-jähriger gemeinsam mit seinem 16-jährigen Stiefsohn Friedrich Dittinger die Mühle führte.[184] Ebenfalls 1670 starb Müller Hans Vetter. Wohl ein Verwandter Dittingers war Hans Jakob Dietischer, Müller aus Thalen im Kanton Bern, der allerdings nur einmal, nämlich 1679, ein Kind taufen ließ.[185]

7. Bedrückende soziale Verhältnisse und schlechte Sitten

a) Armut nach dem Krieg und zahlreiche Strafen wegen skandalösen Verstößen gegen Moral und Sitte

Der Dreißigjährige Krieg mit seinen Plünderungen und Zerstörungen verursachte im ganzen Land eine große Armut und hinterließ zahlreiche unterstützungsbedürftige Personen. Viele Flüchtlinge zogen heimatlos durch das Land. 1627 starb in Möglingen ein armer Mann, *so uf dem Land gezogen,* sowie einer armen Bettelfrau ein junges Kind, ebenso 1628 ein junges Knäblein einer Armen und 1629 eine arme Frau von Tailfingen bei Urach, *so auf dem Land gezogen.* Im selben Jahr kam hier ein armer Mann von Heuchlingen bei Heidenheim zu Tode sowie die zwölfjährige Tochter eines Bedürftigen. Zahlreiche solcher Todesfälle folgen in den nächsten Jahren, darunter 1632 auch der des Hans Grödwig, eines vertriebenen Schulmeisters aus Schwabbach in der Markgrafschaft Ansbach. Für die Armen wurde in der sog. Almosenbüchse gesammelt, jedoch 1654 wurden die Magistratsmitglieder gerügt, sie seien *unwillig etwas in die Allmoßenbüchßen zugeben.*[186] Das Möglinger Armenhaus wird allerdings erst 1674 und dann wieder 1692 erwähnt.[187]

Meist waren diese Honoratioren die Bürger oder deren Nachkommen, die schon vor dem Krieg wohlhabend gewesen waren und ihren Wohlstand bald wieder erreichten. 1674 konnten sich folgende Möglinger einen Knecht leisten: Michael Würth (Bauer), Michael Würth (Schmied), Martin Menner, Heinrich Schmid und Hans Philipp Reichert.[188] 1678 waren sogar elf Knechte am Ort, die bei Jörg Motz, Matthäus Stumm (Küfer), Schultheiß Balthas Kaul, Heinrich Schmid, Hans Philipp Reichert, Michael Würth (Schmied), Michael Moz, Balthas Pflugfelder, Hans Hirschmann und Esajas Rein arbeiteten. Bei letzterem war sein Vetter Michael Rein aus Genkingen als ein *Krom[m]holz,* also Wagnergeselle, in Diensten.[189]

Moral und Sittlichkeit waren durch den Krieg auf einem Tiefpunkt angelangt und eine gewisse Verrohung der Sitten war überall im Land festzustellen. Die kriegerischen Ereignisse der darauffolgenden Jahrzehnte änderten hieran kaum etwas. Auch in Möglingen war es nicht zum Besten bestellt. Das Gemeindegericht und das jährlich durch den Schultheißen abgehaltene Ruggericht sowie der Kirchenkonvent hatten gegen Unbotmäßigkeit und Vergehen einzuschreiten und empfindliche Strafen auszusprechen. Schwere Vergehen und Verbrechen wurden entweder bei den Kirchenvisitationen oder auf Amtsebene durch das Vogtgericht bestraft.

Der Kirchenkonvent war 1642 vor allem zur Hebung der sittlichen und moralischen Zustände und zur Überwachung des Gottesdienstbesuches eingeführt worden. Ihm gehörten der Pfarrer, der Schultheiß und zwei Gerichtsverwandte an. Das Urteil, mitunter auch Gefängnisstrafen, sprach im Regelfall der Schultheiß, in Vertretung aber auch der Pfarrer. Die Lichtkarze, die diesem Treiben Vorschub leisteten, waren ein rotes Tuch für den Kirchenkonvent: An langen Winterabenden trafen sich in einer Stube die ledigen Mädchen und spannen Flachs, Hanf und Wolle mit ihren Spinnrädern. Oft kamen ledige Burschen dazu, welche die *Kunkel* des Spinnrads halten und zugleich die Mädchen unterhalten mussten und wollten. Oft wurde auch mit Instrumentenbegleitung, gesungen, getanzt und gescherzt.[190] Aber auch die Möglinger Gerichtsangehörigen waren kein leuchtendes Vorbild für die Gemeinde: 1652 musste der Pfarrer auf herzoglichen

Befehl in seinen Predigten die Richter, weil bei ihnen *die Blasphemia gemein seie*, ermahnen, nicht zu schwören und zu fluchen.[191]

Meist waren es Geld- oder Gefängnisstrafen, die ausgesprochen wurden, aber auch eine Hinrichtung in Möglingen ist bekannt. Am 12. Juni 1635 wurde ein Reiterkorporal der 1634/35 hier einquartierten kaiserlichen Soldaten wegen Sodomie mit seinem Pferd auf dem Feld vor Möglingen verbrannt.[192] Der Leonberger Kleemeister, der mitunter auch als Scharfrichter tätig war, war für Möglingen, Schwieberdingen, Weissach und Flacht zuständig,[193] jedoch sind uns für Möglingen sonst keine Todesstrafen überliefert. Zur Vollstreckung einer Todesstrafe mit dem Schwert an einem Bissinger Ehepaar auf der Markgröninger Richtstatt wegen Tötung ihres vorehelichen Kindes wurde 1679 der Stuttgarter Scharfrichter Andreas Bickel bestellt. Dieses alte Hochgericht war allerdings damals so baufällig, das es kurz davor oder danach neu errichtet wurde.[194]

Besser erging es 1644 Anna, der Witwe des Michael Junghans, *ein ehe und ehrlose huor*,

Zusammengezogene Skizze aus einem Bericht des Markgröninger Vogts von 1555 über die Untermarkung zwischen Schwieberdingen, Gröningen und Hochdorf mit Ansicht des auch für Möglingen zuständigen Hochgerichts (Galgen).

die ein uneheliches Kind geboren hatte und deswegen *auffs Stielin gesezt u[nd] offentlich gestrafft* wurde.[195] Es handelte sich wohl um eine Art Pranger. Nur eine Geldstrafe zog eine Schlägerei auf der Pflugfelder Kirchweih am 13. Mai 1669 nach sich, wo der Möglinger Müller Hartmann Dietinger und Jung Michael Würth von Pflugfelden im Streit aneinander geraten waren. Auch Alt Michael, der Vater des Würth, der seinem Sohn beistehen wollte, wurde bestraft.[196]

Aber auch Familienzwist und Scheidungen kamen vor. 1653 starb in Möglingen Hans Heinrich Rutsch aus Altorff, Kanton Zürich, der *von Frau und Kind entloffen* war.[197] 1682 war Katharina, die geschiedene Frau des Martin Menner Patin. Noch im selben Jahr heiratete sie den Pflugfelder Bürger Kaspar Diebendörffer, wobei wir erfahren, dass sie vorher vom Stuttgarter Ehegericht der fürstlichen Kanzlei geschieden worden war.[198]

b) Gesundheit, Krankheit und Tod

Ein durchschnittliches Ehepaar bekam in Friedenszeiten im Regelfall über einen Zeitraum von zehn, manchmal auch weit mehr Jahren, ungefähr alle anderthalb bis zwei Jahre ein Kind. Allerdings lag die Kindersterblichkeit oft bei 50 oder mehr Prozent, sodass kaum in einer Familie mehr als fünf Kinder am Leben blieben. Die Frauen kamen in der Regel zu Hause nieder und wurden bei der Entbindung von einer Hebamme betreut. Die erste Hebamme oder *Wehemutter*, die wir in Möglingen kennenlernen, ist Katharina, die Witwe des Hans Trautwein, die 1628 im Alter von 60 Jahren starb.[199] Von ihrer Nachfolgerin kennen wir keinen Vornamen; sie wird 1629 als Tochter des alten Bachschneiders Melchior Würtz und Witwe des Marx Conrad Heimerdinger erwähnt.[200] Die Hebamme Margaretha, die 1658 und 1659 ohne Familiennamen als Patin erscheint, starb 1678 als Michael Schwindelins Witwe. Wir erfahren, dass sie das Amt 28 Jahre lang ausübte und 403 Kindern half, das Licht der Welt zu erblicken. Da erscheint es ungerechtfertigt, dass sie 1676 von einem Möglinger Bürger als *alte, beschissene Vettel* beschimpft wurde. Waldburga, die Ehefrau des Jakob Keim, war hingegen bei ihrem Tod 1688 nur sechs Jahre Hebamme gewesen. Wohl ihre Nachfolgerin war Katharina, die Ehefrau des Hans Jakob Reiter, die 1692 *berühmt* war, d. h. einen ausgezeichneten Ruf besaß, und auch oft in die Nachbargemeinden gerufen wurde.[201]

Aber nicht nur Geburt, auch Krankheiten und Unfälle mit manchmal tödlichem Ausgang gehörten zum Alltag der Dorfbewohner. Ein schreckliches Unglück war am 9. April 1649 der Tod der noch nicht einmal sieben Monate alten Maria, Tochter des Jakob Zahn, die *so von seinen eignen Schwein übel zugerichtet, und das Angesicht hinweg gefressen worden in der Wieg[en]*. Hans Hirschmanns Kind Zacharias starb 1654, nachdem man ihm ein *Gewächs* [wohl ein Krebsgeschwür], das es am Schenkel hatte, weggeschnitten hatte. Ebenfalls keine Rettung gab es für den Zimmermannsgesellen Felix Schaub aus Andelfingen in der Schweiz, der 1690 in *Krankheit und Hauptblödigkeit* [vielleicht ein Epilepsieanfall] in Martin Pflugfelders Haus in der Nacht vom Bett aufgestanden und zum *Kammerlädlin* hinausgefallen war.

Selten wurde jemand über 80 Jahre alt, wie beispielsweise Martin Rieger, der am 29. Januar 1628 im Alter von 82 Jahren starb. Vor allem im Dreißigjährigen Krieg stieg die Zahl der Toten durch Pest und Gewalteinwirkung dramatisch an (s. S. 129, 132) um dann, mangels Einwohnern, die hätten sterben können, wieder stark abzusinken. Die folgenden Zahlen verdeutlichen dies:[202]

Jahr	Tote	Jahr	Tote	Jahr	Tote
1627	19	1636	55	1645	1
1628	10	1637	60	1646	2
1629	27	1638	41	1647	5
1630	8	1639	38	1648	3
1631	32	1640	7	1649	8
1632	34	1641	5	1650	4
1633	14	1642	3	1651	6
1634	57	1643	7	1652	3
1635	213	1644	2	1653	6
1654	3	1663	7	1672	5
1655	5	1664	3	1673	7
1656	6	1665	3	1674	9
1657	6	1666	12	1675	14
1658	7	1667	5	1676	13
1659	8	1668	3	1677	6
1660	10	1669	11	1678	22
1661	5	1670	10	1679	9
1662	7	1671	4	1680	10

8. Bevölkerung, Bürgerrecht und Leibeigenschaft

a) Einwohner, Bürger und Beisitzer

Einwohnerzahlen von 1621 bis 1692 (s. auch S. 134):

1621: 490 (320 Kommunikanten und 170 Katechumenen)[203]
vor 1634: 142 Bürger[204]
1653: 187 Seelen[205]
1654: 206[206]
1655: 48 Bürger und drei Beisitzer[207]
1655: 212
1660: 251
1672: 303[208]
1674: 50 Bürger, 31 ledige Söhne, 2 Beisitzer, 5 Knechte[209]
1677: 284[210]
1678: 57 Bürger, 26 ledige Söhne, 3 Beisitzer und 11 Knechte[211]
1679: 313
1680: 330[212]
1692: 372[213]

Der Dreißigjährige Krieg wird auch in Möglingen als deutlicher Einschnitt in der Bevölkerungsentwicklung sichtbar. Besonders drastisch wirkten sich neben den Fluchtbewegungen die Pestepidemien von 1626 und 1634/35 aus (s. o.). Von rund 500 Einwohnern vor dem Krieg waren danach keine 200, also nicht einmal mehr die Hälfte, am Ort. Damit gehörte Möglingen aber immer noch zu den Orten im Markgröninger Amt, die prozentual gesehen die geringsten Verluste aufzuweisen hatten (vgl. S. 134). Immerhin konnten 1670 erstmals wieder mehr als 300 Einwohner gezählt werden, doch sank ihre Zahl in den 1670er Jahren wieder ab. Erst zwischen 1679 und 1692 ist ein sprunghafter Anstieg auf 372 Einwohner zu vermelden, jedoch auch am Ende des Jahrhunderts war die Vorkriegsbevölkerungszahl noch nicht wieder erreicht.

Wer längere Zeit am Ort wohnte oder hier eine Familie gründete, suchte in der Regel beim Gericht um Erteilung des Bürgerrechts nach. Die Aufnahme in das Bürgerrecht musste erkauft werden und kostete in Möglingen um 1650 fünf Gulden für einen Mann und zwei Gulden bzw. ab 1658 zweieinhalb Gulden für eine Frau. 1679/80 betrug das Bürgergeld für einen Mann sechs, für eine Frau drei und für ein Kind einen Gulden.[214] Wer ohne Bürgerrecht am Ort wohnte, war Beisitzer. 1655 lebten in Möglingen drei Beisitzer, die im Vierteljahr 15 × an die Gemeinde entrichten mussten und vom Taglohn lebten.[215] Ebenfalls Beisitzer waren 1674 der 28-jährige Hans Jakob Bahlinger aus dem Gebiet der Reichsstadt Esslingen und 1678 der Strohschneider Hans Ziele aus dem Erzbistum Salzburg.[216] 1679 zahlten Schutz- und Beisitzgeld Hans Balthas Kaul aus Asperg, der Schweizer Maurer Matthäus Keller und Jörg Mayer aus Bayern. 1689 waren Michael Gsell aus Lindau am Bodensee und Georg Michel aus Bayern Beisitzer.[217]

Die Bürger, Beisitzer, Knechte und ledigen Söhne ab 15 Jahre der Amtsstadt und ihrer Orte waren verpflichtet, beim Amtsantritt eines neuen Herzogs die Erbhuldigung als Untertanen zu leisten. Als Herzog Eberhard III. 1674 starb, leisteten 50 Möglinger Bürger, 31 ledige Söhne, zwei Beisitzer und fünf Dienstknechte dem neuen Herzog Wilhelm Ludwig die Huldigung, die nach dessen Tod schon 1678 für den neuen Herzog Eberhard Ludwig bzw. dessen Vormund Friedrich Karl wiederholt wurde. Die Erbhuldigungsliste von 1674 ist zugleich die älteste vollständige Möglinger Bürgerliste mit Altersangabe, die uns überliefert ist:[218]

Bürger	Alter
Auracher, Michael	71
Beck, Matthäus	60
Bolli, Jakob	39
Dauß, Ulrich, Weber, Bäcker	32
Deiblin, Jakob	64
Eberlin, Michael	47
Fackh, Philipp, Müller	30
Fritz, Hans	63
Gerstlin Jakob	49
Gerstlin, Michael	53
Glattfelder, Hans	42
Grimm, Peter	36
Häcker, Hans	61
Häcker, Jörg	33
Hagel, Kaspar, Bäcker	43
Hirschmann, Hans	58
Jung, Hans	59
Kaim, Jakob	47
Kaul, Balthas, Schultheiß	55
Kaul, Hans Wilhelm	28
Kienzle Josef	53
Ladner, Martin	29
Liebler, Hans Konrad	53
Mayer, Josua, Weber	46
Menner, Martin	32
Motz Jörg	60
Pflugfelder Hans	71
Pflugfelder, Balthas	31
Pflugfelder, Jörg	31
Pflugfelder, Konrad	43
Reichert, Hans	59
Reichert, Hans Philipp	33
Reichert, Hans, Metzger	46
Rein, Esajas	48
Rockenbauch, Michael	43
Ruoff, Jakob, Schäfer	30
Schaupp, Jung Michael	46
Schaupp, Michael	66
Schmidt, Heinrich	55
Schmidt, Jörg	49
Schmidt, Michael	47
Stumm, Matthäus	35
Wagner, Hans, Schütz	71
Walter, Franz	49
Werner, Hans Jörg	32
Weyhardt, Friedrich, Maurer	48
Würth, Michael	67
Würth, Michael, Schmied	27

Zahn, Jakob	66
Ziegler Jörg	32

Ledige Bürgersöhne	Alter
Dieting, Friedrich, Müllers Sohn	16
Eberlin, Hans Jörg	24
Gerstlin, Daniel	20
Gerstlin, Jakob	16
Gerstlin, Matthäus	18
Häcker, Christian	17
Hagel, Hans Jörg	15
Hirschmann, Hans	23
Hirschmann, Zacharias	15
Höger, Jörg	20
Höger, Michael	22
Jung, Christian	22
Jung, Heinrich	20
Katter, konrad	15
Kienzle, Hans Jörg	19
Kienzle, Joseph	19
Kienzle, Michael	17
Motz, Hans	24
Motz, Michael	28
Pflugfelder, Martin	15
Pflugfelder, Matthäus	28
Pflugfelder, Philipp	24
Reichert, Hans	25
Reichert, Hans Jakob	25
Reichert, Jörg	18
Reichert, Simon	15
Reiter, Hans Jakob	24
Rockenbauch, Jörg	15
Schaupp, Balthas	22
Vogel, Josef	32
Walter, Hans Jörg	15

Beisitzer	Alter
Bahlinger, Hans Jakob	28
Ziehle, Hans	36

Dienstknechte	Alter
Diringer, Hans Jörg	19
Echi, Hans Jörg	20
Epller, Melchior	18
Kautt, Hans	18
Rahmaier, Friedrich Galli	20

Demnach war der jüngste verheiratete Möglinger Bürger im Jahr 1674 der Schmied Michael Würth mit 27 Jahren und die drei ältesten Michael Auracher, Hans Pflugfelder und der Schütz Hans Wagner mit je 71 Jahren. Der älteste Jungeselle am Ort stand im 32. Lebensjahr. Im Einzelnen ergibt sich folgende Altersstruktur (1. Spalte Alter, 2. Spalte Anzahl):

Bürger	
27	1
28	1
29	1
30	2
31	2
32	4
33	2
35	1
36	1
39	1
42	1
43	3
46	3
47	3
48	2
49	3
53	3
55	2
58	1
59	2
60	2
61	1
63	1
64	1
66	2
67	1
71	3

Ledige Bürgersöhne	
15	7
16	2
17	2
18	2
19	2
20	3
22	3
23	1
24	4
25	2
28	2
32	1

Die Möglinger Bürger mussten 1679 als Folge des Vergleichs über die Leibeigenschaft (s. u.) an die Kellerei Markgröningen 58 Rauchhennen entrichten.[219] Da je Wohnhaus eine Henne zu geben war, können wir davon ausgehen, dass Möglingen damals aus 58 Wohngebäuden (ohne Wirtschaftsgebäude) bestand. Dies würde auch mit der damaligen Einwohnerzahl von rund 300 Menschen übereinstimmen, denn eine Familie aus fünf bis sechs Personen war damals die Regel. Straßen- oder Wegbezeichnungen, an denen diese Gebäude lagen, sind selten. Meist ist die Rede von der sog. gemeinen, also allgemeinen Gasse. 1624 wird ein *Häuslin oben im dorff, in der Vorstatt genant* sowie ein Haus beim Kirchgässle erwähnt. 1626 wird der Sonnenbrunnen genannt. Eine Behausung beim Kirchbrunnen war 1629 im Eigentum der Gemeinde.[220] Bei der Ablösung der letzten 33 Rauchhennen im Jahr 1820 standen die alten Häuser, die mit dieser Abgabe belegt waren, alle in der Münchinger, Schwieberdinger, Pflugfelder und Stammheimer Straße sowie mitten im Dorf bei Rathaus und Wette.[221]

b) Der Freikauf von der angeblichen Leibeigenschaft

Durch häufige Ortswechsel der Bevölkerung und den Verlust von Unterlagen im Dreißigjährigen Krieg war die Leibeigenschaft nach 1648 oft schwer nachzuweisen oder zu widerlegen. Grundsätzlich galt daher eine Zeit lang, dass in Orten, wo kein gegenteiliger Nachweis geführt werden konnte, die gesamte Bevölkerung leibeigen sein sollte. Möglingen ist dafür ein gutes Beispiel, denn der Markgröninger Vogt Faber, der für die Herrschaft Württemberg die Abgaben von deren Leibeigenen in seinem Bezirk einzuziehen hatte, ging davon aus, dass der ganze Ort leibeigen sei und erschien deshalb im Herbst 1675 mit Landrenovator Schropp auf dem Möglinger Rathaus, um die Erneuerung der Leibeigenschaft festzuschreiben. Die beiden waren davon ausgegangen, dass nach den vorhandenen alten Leibeigenenbüchern von 1604 und 1628 alle in Möglingen geborenen oder dahin gezogenen Einwohner, egal ob Männer oder Frauen, leibeigen waren. Dies war ein Irrtum, und da Leibeigene *zu Lebzeiten ihr onera [Last] zu tragen* hatten und *nach Tod verhauptrechtet* wurden

Haus Braun / Richard Pflugfelder Hindenburgstr. 13 vor dem Zweiten Weltkrieg.

Der Vogt der Amtsstadt Markgröningen (Grüningen), hier als Kupferstich von Matthäus Merian 1643, wollte alle Möglinger der Leibeigenschaft unterwerfen.

(s. S. 120), protestierten die Möglinger sogleich vehement. Bevollmächtigte der Gemeinde waren bei dem in Stuttgart geführten Prozess Schultheiß Balthas Kaul, Bürgermeister Hans Hirschmann und die Gerichtsmitglieder Michel Schaupp und Michael Eberlin sowie als Advocat [Rechtsanwalt] Licentiat Johann Erhardt Schnepff. Von seiten des Herzogs traten die damit beauftragten Rentkammerexpeditionsräte, der Landrenovator für die Kellerei Markgröningen und der Vogt dieser Stadt auf. Während des Prozesses wurden nicht nur die vorhandenen Akten seit 1590 penibel ausgewertet, sondern auch alle 52 Möglinger Bürger und zahlreiche Frauen am Ort genauestens befragt und in Leibeigenschaftsklassen eingeteilt. Dabei war Auskunft über Alter, Herkunft und Eltern zu geben. Diese Verhörprotokolle geben daher einen anschaulichen Einblick in die Verhältnisse der Möglinger Einwohnerschaft im Jahr 1676. Von den im Leibeigenenbuch von 1628 aufgeführten 92 leibeigenen Männern und 49 Frauen lebten zum Zeitpunkt des Verhörs nur noch Alt Michael Schaupp und Margaretha Schäfer.[222]

Nach Abschluss der Befragungen stellte sich heraus, dass nur elf Männer und acht Frauen als vollständig nachweisbar der Herrschaft Württemberg leibeigen bezeichnet werden konnten. Am 28. August 1676 wurde daher ein Vergleich zwischen dem Herzog und der Gemeinde getroffen, der besagte, dass alle Möglinger, die nicht von Geburt an wegen ihrer Eltern leibeigen waren, als freie Leute zu gelten hatten. Möglingen wurde damit allen anderen Orten im Herzogtum gleichgestellt. Die freien Bewohner mussten weder Leibhennen reichen, noch Leibzins, Mannsteuer oder Hauptrecht geben. Im Gegenzug mussten die Möglinger von *einem jeden Rauch [Herd, Kamin] und Haus*, das ein Bürger bewohnte, jährlich eine Henne sowie den einmaligen Betrag von 200 fl, verteilt auf vier Jahre, entrichten. Zugleich wurde nach den Personen gesucht, die seit der Landesbesetzung 1634 weggezogen waren und fälschlich über ihre mütterliche Vorfahrenlinie als leibeigen bezeichnet wurden. Im November 1676 erging der herzogliche Befehl an den Markgröninger Vogt, den Vertrag im Original der Gemeinde Möglingen zuzustellen. Noch im März 1677 wurden als Nachtrag noch einige der nicht mehr am Ort wohnenden Personen, nach denen man gesucht hatte, mit in die Regelung einbezogen. Die Gemeinde hielt die Vorgänge auch in ihrem 1698 angelegten Fleckenbuch mit einer

Beschreibung, wie *Gemeiner Fleck Möglingen von den vorgewesenen Beamten wider das alte Lagerbuch und Herkommen zu einem Lokalleibeigenort gemacht wurde* fest, um der Nachwelt die erfolgreiche Vereitelung einer rechtswidrigen Maßnahme der Regierung zu überliefern.[223]

c) Zuzug und Auswärtige
im Dreißigjährigen Krieg

Auch während des Krieges zogen neue Familien zu, die natürlich den Bevölkerungsrückgang nicht aufhalten konnten. Allerdings ist es nicht immer möglich, zu unterscheiden, ob die im Ehebuch genannten auswärtigen heiratswilligen Männer am Ort wohnen blieben, ihre Frau mitnahmen oder nur zufällig, z. B. aufgrund sonstiger verwandtschaftlicher Beziehungen, am Ort getraut wurden. Zwischen 1627 und 1647 werden im Möglinger Ehebuch folgende Heiraten von nicht aus dem Ort stammenden Personen verzeichnet:[224]

Name	Jahr der ersten Nennung und Herkunftsort
Aichelin, Christian	1636 Ehrenstein bei Ulm
Banz, Balthas	1627 Schnait
Bauer, Hans Thomas	1632 Gamertingen
Bauer, Martin	1627 Höfingen
Bechtlin, Jörg	1636 Aufhausen
Beck, Matthäus	1645 Eberdingen
Breuning, Gottlieb	1631 Jedelfingen
Eberhard, Jörg	1647 Bietigheim
Eisenmann, Leonhard	1639 Sulzbach
Engelhard, Lukas	1627 Schwieberdingen
Geisler, Daniel	1628 Neckarweihingen
Grötzinger, Hans	1639 Hochdorf
Gündelin, Georg	1633 Saulgau
Hafner, Konrad	1642 Warmbronn
Heinrich, Philipp	1640 Heilbronn
Hermann, Leonhard	1639 Göppingen
Keck, Ernst	1631 Niefern
Krämer, Jörg	1631 Schwieberdingen
Kübler, Ulrich	1627 Lautern bei Schwäbisch Gmünd
Kunftmüller, Paulus	1635 Krems, Österreich
Mayer, Hans	1631 Münchingen
Mayer, Jörg	1639 Neckarweihingen
Motz, Georg	1644 Weilimdorf
Nägelin, Hans	1628 Waldhausen
Nanz, Hans	1645 Kaltental
Nübler, Konrad	1629 Ditzingen
Pfizer, Melchior	1636 Vaihingen
Püller, Hans	1639 Unterriexingen
Raiser, Abraham	1640 Münchingen
Raix, Hans	1632 Zuffenhausen
Rau, David	1632 *Groningen* (Gröningen bei Crailsheim?)
Reuter, Jilg	1636 Ditzingen
Roll, Konrad	1634 Oberjettingen
Saxenheimer, Hans	1627 Eglosheim
Schäffer, Matthäus	1627 Höfingen
Scheuffelin, Hans	1627 Oßweil
Schnirring, Melchior	1634 Winterbach
Schober, Michael	1635 Hemmingen
Sommerhart, Werner	1633 Markgröningen
Vogt, Michael	1627 Hemmingen
Wagner, Leonrad	1629 Münchingen
Wild, Hans	1642, 1644 Kornwestheim
Wyrich, Kaspar	1639 Tamm

d) Langsame Wiederbevölkerung
durch neue Familien

Große Gebiete Württembergs waren nach dem Dreißigjährigen Krieg zu zwei Dritteln oder noch stärker entvölkert. Manche Dörfer waren sogar jahrelang ganz verlassen. Wer nicht durch Krankheit oder kriegerische Einwirkung umgekommen war, hatte sein Heil in der Flucht gesucht. Während beispielsweise in das menschenleere Pflugfelden nach 1648 kaum eine Familie aus der Zeit vor 1618 zurückkehrte, ist in Möglingen, wo immerhin ein Teil der Bevölkerung am Ort blieb, eine gewisse Kontinuität festzustellen. So war nach 1648 noch eine stattliche Zahl der Familien, die schon vor dem Krieg hier lebten, anzutreffen, so beispielsweise Heger, Hirschmann, Imlin, Kaim, Kienzle, Pflugfelder, Reichert, Schaupp, Würth und Zahn.[225]

Zwischen 1618 und 1692 werden die folgenden Namen neuzugezogener oder nur kurzfristig anwesender Familien sowie Heiraten und Taufen Auswärtiger genannt (T = Taufbuch, B = Bürgerbuch, E = Ehebuch, jeweils früheste Nennung):[226]

Name	Jahr der ersten Nennung und Herkunftsort	
Acker, Melchior	1653 Asperg	E
Affolterin, von, Matthias	1655 Amt Regensdorf, Züricher Gebiet, Schweiz	E
Arnold, Benhard	1656 Weiler bei Güglingen	E
Ay, Johannes	1654 Haselfeld	E
Bahlinger, Johann Jakob	1673, zugezogen aus Deizisau, gebürtig aus Giengen a. d. Brenz	E
Banttlin, Christian	1661 Pleidelsheim	E
Baumann, Jakob	1679 Schweiz	E
Beck, Matthäus	1655 Eberdingen	E, T
Beurlin, Hans	1658 [Wildbad]	B
Blank, Kaspar	1679 Beihingen am Neckar	B
Breneker/Brecker, Hans	1683, zugezogen aus Oberbaldingen bei Tuttlingen, gebürtig aus der Schweiz	E, B
Burkhard, Sebastian	1692 Asperg	E
Cardter/Kartter, Hans	1654 Knielingen bei Durlach	T, B
Cleß, Johann Jakob	1678 Markgröningen	E
Dauß, Ulrich	1670 Rommelshausen	E, B
Deublin, Jakob	1654 unbekannt	T
Diebendörffer, Kaspar	1682 Pflugfelden	E, B
Dollinger, Christian	1679 Ditzingen	E, B
Dolmetsch, Konrad	1670 Eberdingen	E
Edelin, Hans	1658 unbekannt	B
Ehli, Michael	1685 Rommelshausen	E
Ellwein, Nikolaus	1678 Hemmingen	E
Fackh, Philipp	1671 Winnenden	E, B
Franz, Georg	1671 Biersch, Schlesien	E
Franz, Jakob	1675 Hirrweiler bei Löwenstein	E, B
Frey, Hans Jakob	1660 Göttingen im Thurgau, Schweiz	E
Fritz, Hans	1687 Berner Gebiet, Schweiz	T, B
Fürner, Hans	1688 Kilberg (Kilchberg bei Tübingen?)	E
Gabler, Georg	1673 Mühlhausen/Neckar	E
Gentner, Wolf Heinrich	1682 Ditzingen	E, B
Gentner	1686 Allgäu, Gebiet Kempten	T
Glattfelder/Klopffelder, Hans	1663 Höen, Züricher Gebiet, Schweiz	E, B
Graff, Hans Jakob	1688 Weil auff dem Raffzerfeld, Züricher Gebiet, Schweiz	E
Grimm, Peter	1660 Romishorn im Thurgau, Schweiz	E, B
Gsell, Michael	1688 Schachen bei Lindau am Bodensee	E, B
Gumpper, Hans Jakob	1652 unbekannt	B
Hägele, Kaspar	1651 Besigheim	E
Hamm, Christian	1664 Markgröningen	E
Hartmann, Georg Christoph	1666 Diakon in Rosenfeld, gebürtig aus Brackenheim	E
Heberger, Jospeh	1664 Mühlen bei Underseben, Berner Gebiet, Schweiz	E
Hegelin, Hans	1663 Biberach	E
Hoiler, Georg	1656 Weiler	E
Holinger, Hans Thyring	1684 Boniswil, Schweiz	E, B
Huber, Leonhard	1684 Steekhbein, Züricher Gebiet, Schweiz	E
Hueber, Andreas	1692 Schöckingen	E
Imlin, Hans Konrad	1649 Besigheim bzw. Walheim	E
Jopp, Marx	1691 Traben (heute Traben-Trarbach)	E, B
Kaul, Balthas	1650 Asperg	E
Kaul, Balthas	1678 Asperg	E, B
Kaul, Hans Wilhelm	1666 Asperg	E, B
Kaul, Sebastian	1682 Asperg	E, B
Kausler, Johann Melchior	1683 Bietigheim	E
Kaut, Hans	1688 Immenhausen bei Mähringen	E
Keller, Matthias	1677 Glattfelden, Schweiz (Mutter Anna stirbt 1665)	E, B
Kindling/Kindel, Hans Joachim	1660 unbekannt	B
Klingler, Georg	1660 Stuttgart	E, B
Knapp, Matthäus	1672 Mühlhausen/Neckar	E
Kniebiel, Benedikt	1660 Minsingen, Berner Gebiet, Schweiz	E
Körner, Johannes	1668 Geissach (Gaisbach bei Öhringen?)	E
Krelen, Hans Michael	1670 Poppenweiler	E
Kummer, Hans Jakob	1655 unbekannt	B
Küntzler, Kaspar Magnus	1657 Tamm	E
Ladner, Martin	1666 Asperg, laut Ehebuch 1667: Steinenbronn Uracher Amt	B
Liebler, Konrad	1650 Markgröningen	E, B
Lindner, Johann	1692 Äschi, Berner Gebiet, Schweiz	E
Lutz, Hans Michael	1691 Allmersbach	E, B
Majer, Sebastian	1692 Hemmingen	E
Männer, Gottlieb	1680 Pfarrer in Ruith, gebürtig aus Cannstatt	E
Mast, Remigius	1656 Bondorf	E
Maurer, Jakob	1682 Weilimdorf	E, B
Mäurle, Johannes	1651 Besigheim	E
Mayer, Josua	1660 unbekannt	B
Mayer, Georg	1667 Wasserburg, Bayern	E
Mayer, Georg	1671 Heimsheim	E
Menner, Martin	1664 Kornwestheim	E, B
Mergenthaler, Hans	1655 Neckarrems	E

Michael, Georg	1688 Pfaffenhofen, Bayern	E
Michel, Daniel	1688 Stuttgart	E
Moser, Hans Georg	1684 Alpirsbach	E
Mühe, Abraham	1654 Schweiz	T
Negelin, Johann Jakob	1678 Stuttgart	E
Oester, Hans	1672 unbekannt	T
Ottmarsweyer, Georg	1654 unbekannt	T
Porta, Marx Christian	1679 Untertürkheim	E
Rau, Simon	1651 Pflugfelden	E
Rein, Esajas	1669 Genkingen	E, B
Rockenbauch, Michael	1654 Renningen	E, B
Rottacker, Christian	1654 Blumenstein, Berner Gebiet, Schweiz	T
Ruff, Wilhelm Gottfried	1666 Heiningen bei Göppingen	E
Schmid, Georg	1654 Schwieberdingen	E, B
Schmid, Heinrich	1650 Esslingen	E
Schönwalter, Hans Leonhard	1675 Weilimdorf	E, B
Schwenghammer, Felix	1669 unbekannt	T, B
Silber, Georg	1673 Weilimdorf	B
Stüdlin, Daniel	1677 Meltedingen, Durchlerische (wohl Durlachische) Herrschaft	T
Stumm, Matthäus	1661, der Vater ist wohl Hans Georg Stumm, Schreiner in Großsachsenheim, gestorben 1679 in Möglingen	B
Teiffel, Christian	1681 Göttelfingen (bei Freudenstadt oder Horb)	E
Treiber, Georg	1686 Neckargröningen	E
Ulrich, Hans	1688 Münchingen	E
Wagner, Hans	1650 Habsheim, Boßelorischen Bistums, (wohl Bistum Basel, Schweiz)	E
Wagner, Jakob	1692 Markgröningen	E
Walter, Franz	1651 Reilingsweiler am Bodensee (= Renhardsweiler bei Tettnang)	E, B
Weller, Martin	1650 St. Georgen	E
Werner, Hans Georg	1670 unbekannt	E
Weyhardt, Friedrich	1651 Weinheim bei Mainz	E, B
Wintterlin, Hans Jakob	1690 Riet bei Vaihingen a. d. Enz	
Wünsch, Jakob	1678 Pflugfelden	E, B
Würth, Michael	1679 Pate als Pflugfelder Schultheiß, 1674 in Möglingen Bürger (s. S. 153)	
Zieber, Hans	1676 unbekannt	T
Ziegler, Georg	1669 Genkingen	E, B

In das Bevölkerungsvakuum Württembergs strömten demnach bald nach Kriegsende Ausländer. Ihre Motive waren politisch, z. B. Flucht vor dem Krieg, oder wirtschaftlich, wenn ihre Heimat beispielsweise schlechtere Böden aufwies und sie sich in Württemberg ein besseres Fortkommen erhofften. Allen voran kamen Schweizer ins Land, deren bergige Heimat nicht mit den fruchtbaren Böden des württembergischen Neckarlandes zu vergleichen war. Auch ihre Religion prädestinierte sie zum Siedeln in dem protestantischen Land. 1675 wohnte in Möglingen der 45-jährige Jakob Bolli, der aus der Gegend von Schaffhausen in der Schweiz gebürtig war. Der 48-jährige Österreicher Franz Walter stammte aus Innsbruck[227] und war 1651 von Renhardsweiler am Bodensee nach Möglingen gezogen.[228] Weitere Schweizer Einwanderer oder Ehepartner bis 1692 waren die oben genannten Matthias von Affolterin (Herkunftsbezeichnung?), Hans Breneker (später Brecker genannt), Hans Jakob Frey, Hans Fritz, Hans Glattfelder (bei der Heirat Klopffelder), Hans Jakob Graff, Peter Grimm, Hans Thyring Holinger, Rudolf Keller, Johann Linder, Christian Rottacker und Hans Wagner.[229] Diese Auswanderer wurden wohl im Regelfall auch in ihrer Heimat als auswärts lebende Personen vermerkt, so der genannte Glattfelder, von dem es in seiner Heimatpfarrei Bülach bei Zürich 1680 heißt, er wohne *zu Meglingen im Wittenberger [Württemberger] Landt, hat ein Weib und 2 Kinder*.[230] Der Schweizer Einwanderer Peter Grimm wurde Totengräber der Gemeinde und starb im November 1693. Er hatte die schwere Aufgabe gehabt, noch kurz vor seinem Tod die vielen Toten des Franzoseneinfalls zu begraben.[231]

Während die meisten Neubürger auch weiterhin aus den umliegenden Orten zuzogen, kamen einige neue Einwohner auch aus dem Allgäu oder der Bodenseegegend. Die Ehefrau des Hans Cardter aus Knielingen bei Durlach stammte sogar aus Stralsund.[232] 1660 heiratete in Möglingen Hans Peter Waltter aus Amsterdam.[233] Interessant ist das Schicksal des um 1627 in Weinheim geborenen Friedrich Weyhardt, der nach eigener Aussage beim Einfall der Soldaten, also wohl 1634, von diesen

Grabstein der Schultheißenfamilie Wintterlin von 1770 an der Pankratiuskirche.

entführt und nach Württemberg gebracht worden war. Er erlernte das Maurerhandwerk und verheiratete sich nach Möglingen.[234]

Auch einige heute noch ansässige Familien (s. auch nächstes Kapitel) wanderten zu. 1667 verheiratete sich Martin Ladner, der Sohn des Walter Ladner, Bürger in *Steinenbronn, Auricher Amts* mit Agnes Pflugfelder.[235] Im Bürgerbuch heißt es 1666 jedoch, er stamme aus Asperg. Vielleicht war er dort zeitweise wohnhaft.[236] Jakob Franz aus Hirrweiler bei Löwenstein, der Sohn des Schneiders Georg Franz, heiratete 1675 Margaretha Gerstle und gründete eine Schneiderdynastie (s. S. 191).[237]

e) Die Familien Mo(t)z, Blank, Wintterlin und Jopp

Nur eine heute noch ansässige Familie zog im Dreißigjährigen Krieg zu. Georg *Motz*, geboren 1614 in Weilimdorf als Sohn des Georg Motz, heiratete 1644 Barbara Zahn aus Möglingen. Er ließ sich am Heimatort seiner Frau nieder, wo er 1675 starb.[238] In Weilimdorf war die Familie seit mindestens 1523 ansässig.[239] Die Nachkommen des Ehepaars stiegen rasch in der Dorfhierarchie auf. Schon Georg selbst wurde bald Gerichtsmitglied und Bürgermeister. Sein Sohn Johannes (1650–1723) amtierte 35 Jahre als Bürgermeister.[240] Der andere Sohn Michael (1646–1728) hatte einen Sohn namens Jakob (1677–1759), der von 1722 bis 1750 Schultheiß war.[241] Die heute »Moz« geschriebene Familie stammt von Israel Moz (1747–1803)[242] ab, dessen Vater Jakob Israel aber »Motz« geschrieben wurde.[243] Dessen Urgroßvater ist der 1644 zugewanderte Georg Motz. Anfang des 19. Jahrhunderts wurde die heute noch gebräuchliche Unterscheidung der Namen Moz und Motz eingeführt. Vorher variierte die Schreibweise. Zur Vereinheitlichung wurde für alle Beiträge bis 1805 die ursprüngliche Schreibweise »Motz« gewählt.[244]

Der Stammvater der ebenfalls noch am Ort wohnenden Familie *Blank* war Kaspar Blank, der 1653 geborene Sohn des Ludwig Blank in Beihingen am Neckar, wo die Familie schon 1521 genannt wird.[245] 1678 ließen Kaspar und seine Frau Anna Barbara ihr erstes Kind in Möglingen taufen[246] und 1679 wurden sie Möglinger Bürger.[247] Blank, der es bis zum Bürgermeister brachte, heiratete nach dem Tod seiner ersten Frau 1715 die Müllerwitwe Dittinger, starb aber schon 1719. Die beiden Söhne Johannes (1684–1729) und Kaspar (1692–1739) begründeten die Möglinger Linien.[248]

Die bis in unser Jahrhundert ansässige Familie *Wintterlin* stammt von den 1690 und 1765 aus Riet bei Vaihingen/Enz zugewanderten Namensträgern ab.[249] Der Bäcker Johann Jakob

Wintterlin, Sohn des Hans Wintterlin, verheiratete sich 1690 mit Katharina, der Witwe des Bäckers Matthäus Hagel. Stammhalter wurde der Sohn Johannes (1714–1770), der von 1750 bis 1770 Schultheiß war.[250] Seine erste Frau, Maria Barbara Jopp aus Pflugfelden, eine Enkelin des Marx Jopp (s. o.), starb im Januar 1749. Seinen Reichtum vermehrte Wintterlin noch im selben Jahr durch die Heirat mit Anna Katharina Krämer, der Tochter des Schwieberdinger Schultheißen und Löwenwirts. Vom Wohlstand der Familie zeugt der schöne noch erhaltene Grabstein, den der Schultheiß und Stuttgarter Hospitalunterpfleger nach seinem Tod 1770 erhielt. Darauf ist zu lesen, dass er mit seinen beiden Frauen acht Söhne und 15 Töchter hatte sowie neun Enkel erlebte.[251] Schultheiß Johannes Wintterlin d. J., geboren 1746 und von Beruf Bäcker, beerbte seinen Vater im Amt. Im selben Jahr heiratete er Maria Barbara, die Tochter des Münchinger Schultheißen Johann Jakob Schmalzried. Wintterlin starb jedoch im Dezember 1780 mit nur 34 Jahren an einem Schlaganfall, der seine linke Seite gelähmt hatte. 1805 bis 1809 war sein Bruder Johann Heinrich Wintterlin (1762-1829) Schultheiß. Dessen 1853 geborener Enkel Gottlob *Heinrich* war sicher einer der Möglinger mit dem höchsten Alter. Er starb 1948 mit 95 Jahren.[252]

In der Zeit der Franzoseneinfälle wurde die Familie *Jopp* in Möglingen heimisch. Stammvater der Familie ist der Schmied Marx Job (1665–1742), Sohn des Maurers Franz Job, aus Traben (heute Traben-Trarbach) in der damaligen Pfalzgrafschaft Pfalz-Birkenfeld. Marx heiratete 1691 in Möglingen Barbara, die Tochter des Bürgermeisters Hans Pflugfelder und Witwe des Schmieds und Gerichtsverwandten Michael Würth. Eine zweite Ehe schloss er nach deren Tod mit Maria Hagel. Seine Nachkommenschaft aus dieser zweiten Ehe, die sich bald Jopp schrieb und noch ansässig ist, übte lange Zeit den Schmiedeberuf aus (s. S. 191).[253]

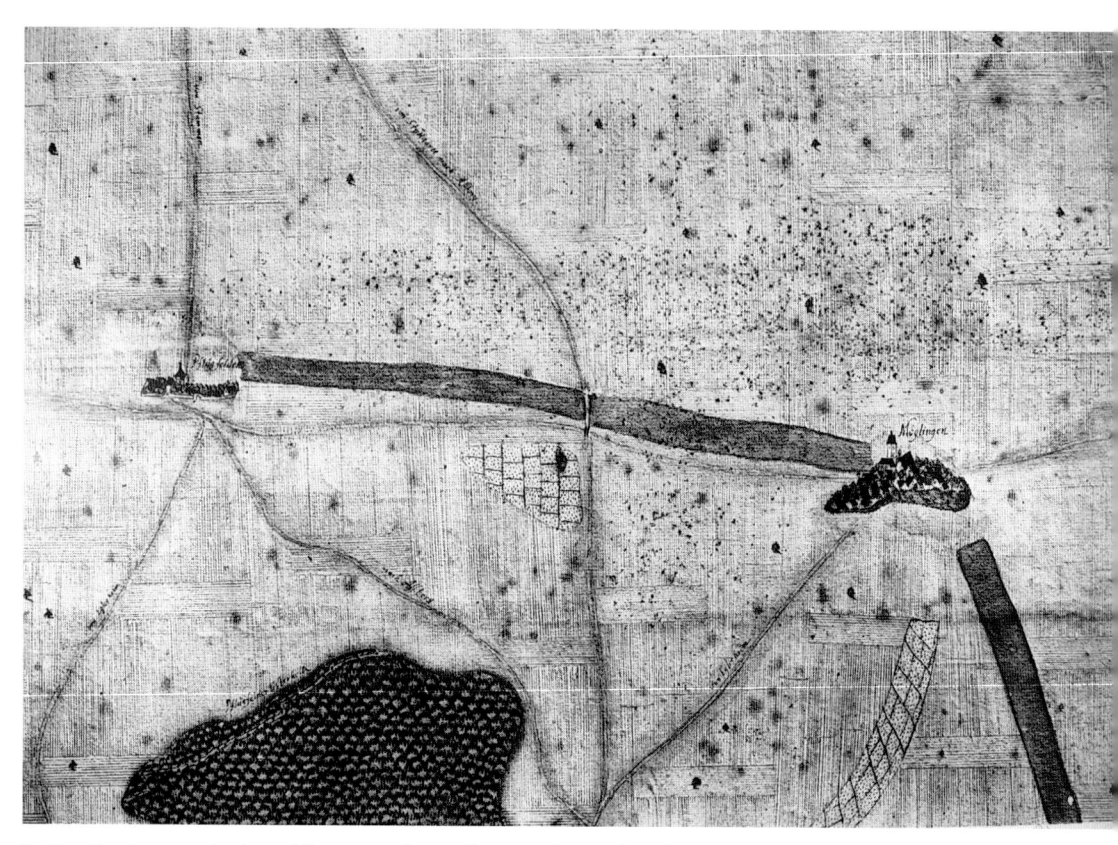

In Forstkarten von Andreas Kieser aus dem Jahr 1682 ist noch viel unbebautes Gebiet zwischen Möglingen und Pflugfelden zu sehen. Zu erkennen sind auch die Verbindungswege sowie Wald und Weinberge.

Im Sog von Ludwigsburg (1693–1762)

Albrecht Gühring

1. Kriegerische und politische Ereignisse

a) Der Franzoseneinfall von 1693 und seine Folgen

Ihren Höhepunkt erreichten die militärischen Aktionen im Rahmen des pfälzischen Erbfolgekriegs in unserer Gegend im Jahr 1693. Am 16./17. Mai überschritt eine 43 000 Mann starke französische Armee unter Marschall de Lorge bei Philippsburg den Rhein und stieß in Richtung Heidelberg und von dort aus in Richtung Süden vor, wo ihr bei Klingenberg der Neckarübergang verwehrt wurde. Ludwig XIV. schickte daraufhin eine zweite 23 000 Mann zählende Armee unter dem Kommando seines Sohnes, des Dauphins, zur Verstärkung. Beide Heere vereinigten sich Mitte Juli an der Enz und die nunmehr über 65 000 Mann starke Armee bemächtigte sich allmählich des Neckarlands. Am 23. Juli 1693 wurde die Festung Hohenasperg mit 1500 Mann französischer Kavallerie und 1000 Mann Infanterie besetzt.[1]

Schon bei der Nachricht vom Rheinübergang der Franzosen war Panik ausgebrochen, denn man hatte den Feldzug von 1688 nur zu gut in Erinnerung. Die Markgröninger schickten noch in der Nacht zum 17. Mai[2] ihren Chirurgen Cleß nach Stammheim, um dem dort stationierten Oberstleutnant Bibra Meldung zu machen. Doch Cleß verließ, wohl aufgrund schwadronierender französischer Vorauskommandos, die er sah, der Mut, und er kehrte auf halbem Wege um. Stattdessen schickte man ihn Richtung Heilbronn, wo unter Markgraf Wilhelm Ludwig von Baden das Reichsheer stand.[3] Daraufhin befahl der Markgraf seinen Kommandeuren Palfy und Bibra, mit 7000 Reitern Richtung Münchingen vorzurücken.[4]

Eine allgemeine Fluchtbewegung Richtung Osten setzte ein, die auch Möglingen erfasste. Während meist zwischen 15 und 20 Kinder pro Jahr getauft wurden, waren es 1693 nur zwölf und 1694 nur neun Kinder. Offenbar war Ende Juni schon ein Großteil der Möglinger geflohen, denn zwischen dem 22. Juni und Anfang September 1693 ist gar keine Taufe mehr eingetragen. Für den Rest des Jahres finden wir im September zwei und im Oktober und Dezember je eine Taufe. Noch im Juli 1694 waren nicht alle Flüchtlinge daheim, denn es werden in Plüderhausen und Süßen bei Ulm die Kinder der Möglinger Bürger Jakob Gerstle und Balthas Reichert getauft.[5] Auch die Eheschließungen waren entsprechend rückläufig. Wurden 1692 noch acht Ehen geschlossen, waren es 1693 nur fünf, aber keine davon zwischen Mai und September. 1694 heirateten acht und 1695 drei Paare, 1696 und 1697 sogar nur je ein Paar.[6]

Hingegen weist das Totenbuch für 1693 bis Anfang November die immense Zahl von 33 Einträgen auf. Am 26. Juli 1693 starb auf der Flucht, wohl in Richtung der vermeintlich sicheren Mauern der Amtsstadt, der Möglinger Weingärtner Jakob Keim und wurde in Markgröningen begraben. Andere Möglinger flüchteten weiter weg. Am 5. August 1693 starb in Schwäbisch Gmünd Dorothea, die Tochter des Schneiders Hans Jakob Franz, der dorthin geflohen war. In Kirchheim [wohl unter Teck] wurde am 19. August Anna, Konrad Reicherts Tochter, begraben.[7] Nur wenige der zahlreichen Toten starben durch direkte Feindeinwirkung, die meisten verhungerten im besonders kalten Winter 1693/94, da alle Vorräte sowie das reife Getreide auf den Feldern vernichtet worden waren. So schrumpfte in Möglingen

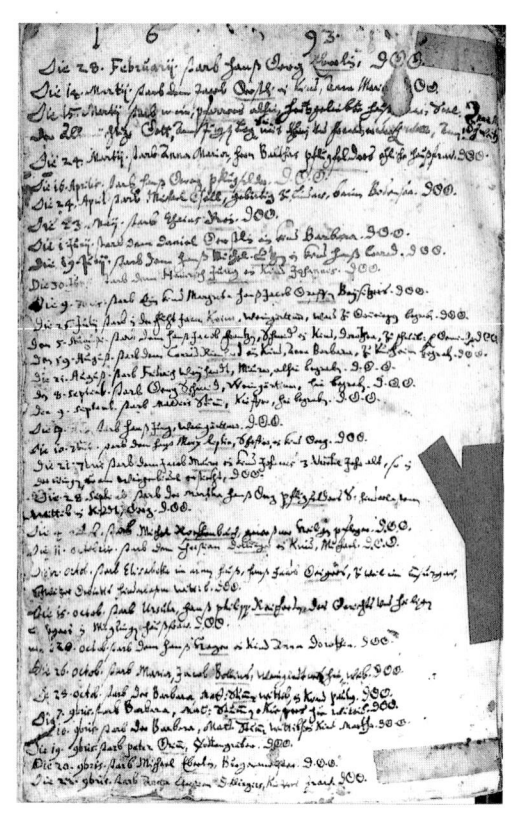

Die letzte Seite des ältesten Möglinger Totenbuchs zeigt die vielen Sterbefälle infolge des Franzoseneinfalls von 1693.

die Bevölkerung von 372 Personen im Jahr 1692[8] auf 300 im Jahr 1695. Erst 1700 war die alte Einwohnerzahl wieder erreicht.[9]

Die französische Armee überrollte das Strohgäu und drang langsam in Richtung Neckar vor. Tatsächlich könnte sich das riesige Heerlager, wie die Oberamtsbeschreibung von Heilbronn berichtet, über das gesamte Lange Feld bis Möglingen erstreckt haben.[10] Es ist deshalb nicht verwunderlich, dass Möglingen zu den am härtesten betroffenen Orten dieses Feldzugs gehörte. Der Markgröninger Vogt, der von 22. bis 24 Juli 1693 auf den Hohenasperg geflüchtet war, berichtete, dass nach seiner Rückkehr Markgröningen voller Franzosen gewesen sei, welche unter ihrem Capitain Colbert die Häuser geplündert hätten. Bald darauf seien das Gebäude des Geistlichen Verwalters und der Ort Möglingen in Flammen gestanden, und er habe die Salva Garda, eine Art Schutzwache der Franzosen, um Hilfe gebeten. Diese war daraufhin mit 20 Markgröninger Bürgern nach Möglingen geritten und es war gelungen, den Brand einzudämmen und zu löschen.[11] Trotzdem waren rund 35 Gebäude in Möglingen eingeäschert, darunter auch das Rathaus mit dem Gemeindearchiv. Im Amt verloren nur Bissingen (42) und Oßweil (21) mehr Gebäude, alle anderen Amtsorte samt der Amtsstadt hatten höchtens drei niedergebrannte Gebäude zu beklagen.[12] Für die Möglinger muss die Zerstörung der halben Ortschaft ein schwerer Schlag gewesen sein, und dies um so mehr, als die Gebäudeschäden des vergleichbaren Verlustes durch den Dreißigjährigen Krieg vielleicht gerade erst behoben waren.

Der Schaden, den die Franzosen angerichtet hatten, wurde in Stadt und Amt Markgröningen schon Mitte 1694 mit 181 653 fl angegeben, womit das Amt zu den am stärksten betroffenen Bezirken in Württemberg gehörte.[13] Nachdem die Flüchtlinge zurückgekehrt waren und auch ihre Gebäude- und Plünderungsschäden gemeldet hatten, erhöhte sich diese Summe auf 329 557 fl; von ihnen entfielen rund ein Drittel auf die Amtsstadt. Möglingen meldete Schäden in Höhe von 28 144 fl und war damit nach Schwieberdingen und Tamm die am drittschwersten betroffene der acht Gemeinden des Bezirks.[14]

Die Franzosen erzwangen am 26./27. Juli 1693 den Übergang über den Neckar und verbrannten Marbach vollständig. Das Heer bezog Stellung von Pleidelsheim über Höpfigheim bis nach Großbottwar und verursachte Schäden bis nach Backnang, Winnenden und Fellbach. Am 2. August konnte das Reichsheer den französischen Angriff bei Lauffen und Gruppenbach abwehren, sodass sich die Franzosen am 6. August in Richtung Pleidelsheim zurückziehen mussten.[15] Sie hinterließen eine Spur der Verwüstung. Insgesamt wurden sieben Städte und 37 Ortschaften teilweise oder ganz eingeäschert und die gesamte Ernte war vernichtet.[16]

Der Markgröninger Vogt hatte bereits am 30. Juli 1693[17] dem Herzog berichtet, *daß Gröningen noch auffrecht stehet, aber rhein ausgeblündert, übel ruinirt, herrschafftiche, auch privat Früchte und Wein sein miteinander darauff gegangen, theils ausgetrunckhen, theils hinweggeführt*. Man sehe gegen Marbach, Pleidelsheim und Beihingen große Feuer. Der Dauphin persönlich war im Triumphzug durch die Stadt gezogen, worüber der Vogt bemerkte: *so sehr pompos wars*.[18] Noch am 3. August standen runden 1000 Franzosen zwischen Kornwestheim und Asperg.[19]

Der Kontributionsvertrag von Pleidelsheim vom 9. August 1693 verpflichtete Württemberg zur Zahlung von 190 000 livres und zur Stellung von 15 Geiseln.[20] Markgraf Wilhelm Ludwigs Armee zog den Franzosen nach und lagerte Anfang September zwischen Markgröningen und Bietigheim. Wenige Tage später zog sich die französische Armee wieder über den Rhein zurück.[21]

Doch noch bis 1697 sollte der Krieg dauern, und in all diesen Jahren musste das Land in Waffen stehen. Einquartierungen und Durchzüge waren die Folge, und im September 1697 wurden vier Kompanien des Prinz Louis'schen Kreisregiments in Stadt und Amt Markgröningen einquartiert. Nach der üblichen Quote sollte die Amtsstadt ein Drittel und die Amtsorte den Rest der Soldaten unterbringen. Stuttgart wollte zwar die Amtsstadt freihalten, doch war dies nicht möglich, da auf den Dörfern die Schäden noch nicht behoben waren. Da vor allem Möglingen, Bissingen und Oßweil mehr als zur Hälfte verbrannt, waren, beließ man es bei der ursprünglichen Aufteilung.[22]

Im September 1697 machten Stadt und Amt in einer Eingabe an die Landschaft ihrem Ärger Luft: *So lange dieser Krieg am Rhein gedauert, ist alle Sommer Stadt und Amt Gröningen durch Fouragieren entweder um die Früchte oder wenigstens um Heu und Oehmd gekommen, darauf starke Winterquartier gekommen, bis endlich die Franzosen selber kommen, Stadt und Amt rein ausgeplündert, alles im Haus und Feld ausgefressen, daß hernach die Hälfte Leut seynd Hunger gestorben, wer noch übrig geblieben, der hat müssen zur Anblümung seiner Felder bei gnädiger Herrschaft oder Andern für Frucht und Geld solche Schulden machen, daß wir jetzo Taglebens daran zu zahlen haben. Jetzo da es Fried seyn sollte, kommen die Mißjahr, da nichts Übrigs von Frucht, Wein und Obst gerathen, jetzt haben die Bürger zu thun, daß sie nur das liebe Brod erwerben, wissen aber und haben noch den Last der Soldaten (wollte Gott man dürfte keinen Soldaten mehr sehen!) dazu auf dem Hals, welche täglich zum Wenigsten ihre 2 Pfund Brod vom Bürger erpressen und sollte der Bürger hernach kein Bissen im Haus behalten.*[23]

Die Schadensbilanz des Krieges für Stadt und Amt Markgröningen war im September 1697 folgende (Flächen in Morgen):[24]

	Bürger vor dem Einfall	Bürger 1697	Brachliegende Güter vom 30-jährigen Krieg	Brachliegende Güter vom jetzigen Krieg	Leere Häuser	Unüberbaute Hausplätze vom 30-jährigen und jetzigen Krieg
Markgröningen	150	222	135 und 3 Viertel	241	39	102
Möglingen	70	50	0	268	0	50
Schwieberdingen	65	40	250	240	13	47
Münchingen	130	82	100	900	12	22
Oßweil	61	52	0	25	2	35
Eglosheim	40	22	15	80	0	66
Bissingen	78	38	10	100	0	71
Tamm	69	49	50	284	3	25
Pflugfelden	14	13	0	0	1	2
Zusammen	677	568	560 und 3 Viertel	2138	70	420

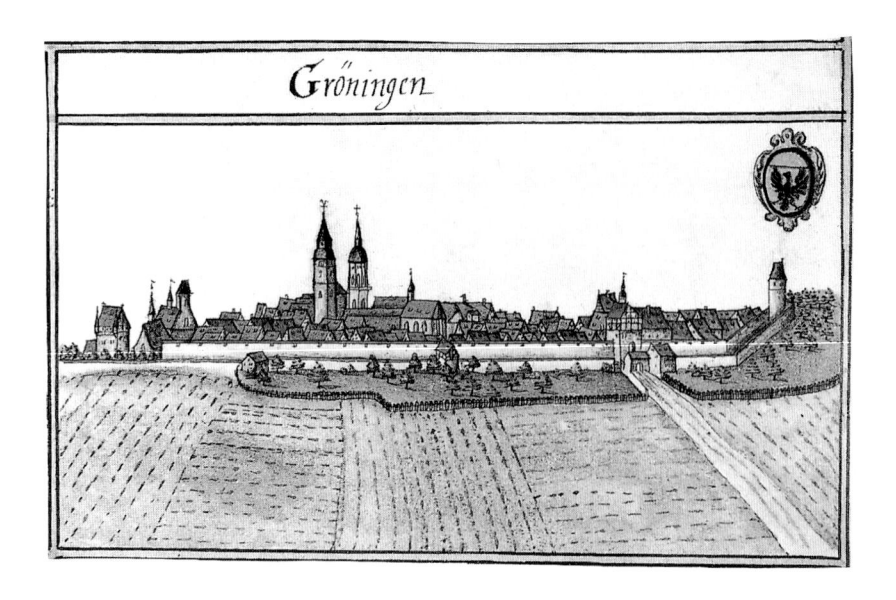

Die Amtsstadt Markgröningen und die Festung Asperg im Jahr 1682, wenige Jahre vor Ausbruch des verheerenden Pfälzischen Erbfolgekriegs. Federzeichnungen von Andreas Kieser.

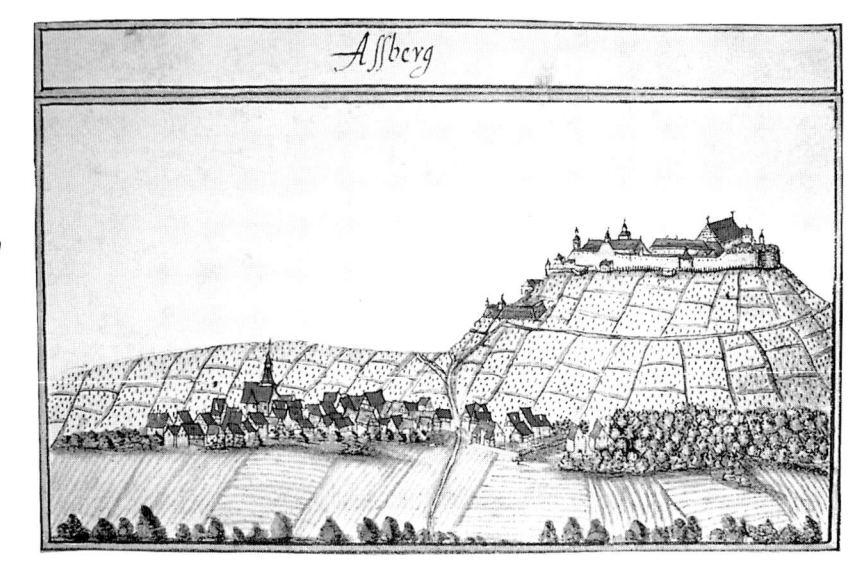

Möglingen hatte demnach fast ein Drittel seiner Bürger verloren, es hatte vor allem die dritthöchste Zahl der brachliegenden Güter der Amtsorte aufzuweisen und übertraf damit sogar die Amtsstadt. In dieser wiederum hatte die Zahl der Bürger zugenommen, da sich viele Flüchtlinge hinter den sicheren Mauern befanden. Ebenfalls an dritter Stelle der Amtsorte rangierte Möglingen in Bezug auf unüberbaute Hausplätze, deren Gebäude verbrannt waren. Nach einem Bericht vom April 1698 zählte man in Möglingen 72 leere Hofstättenplätze, davon 20 herrenlose, sowie 260 Morgen unbebautes Feld und 42 Morgen brachliegende Weinberge.[25] Immerhin mussten die am härtesten betroffenen Amtsorte Möglingen, Bissingen und Oßweil 1698 nur die Hälfte der 1688 von der Landschaft auferlegten Steuern bezahlen.[26]

b) Weitere kriegerische Ereignisse bis 1762

Schon wenige Jahre später brach der spanische Erbfolgekrieg (1701–1713/14) aus. Frankreich, verbündet mit Bayern, kämpfte gegen Österreich, das durch englische und holländische Truppen unterstützt wurde. Württemberg lag mitten im Brennpunkt des bewaffneten Konflikts und schloss sich Österreich an. Eine gewaltige Streitmacht aus Österreichern, Engländern und Holländern erlangte unter dem Befehl Prinz Eugens von Savoyen und des Herzogs von Marlborough am 13. August 1704 bei Höchstädt einen entscheidenden Sieg über die Franzosen. Die Truppendurchzüge, Einquartierungen und Plünderungen erreichten 1707 ihren Höhepunkt, als ganz Württemberg unter dem französischen Marschall Villars besetzt wurde. Ende Juni 1707 hatte sich der Großteil der französischen Armee bei Winnenden gesammelt. Ein Teil drang in Richtung Backnang, der andere in Richtung Marbach und damit auch in Richtung Markgröningen vor. Wegen der überstürzten Flucht eines Großteils der Bevölkerung erging am 10. Juli 1707 ein herzoglicher Befehl, dass die Untertanen bei Strafe und Verlust des Bürgerrechts am Ort bleiben sollten. Die französischen Soldaten solle man frei passieren lassen und wenn nötig verpflegen.[27] Jedoch wurde aus Markgröningen bereits am 7. Juli 1707 berichtet, dass eine Schadensaufnahme der Plünderungen nicht möglich sei, da viele Einwohner der Amtsorte, größtenteils mit ihrem Vieh, vor den Franzosen geflüchtet und bisher nicht wieder nach Hause gekommen seien.[28] So wurde beispielsweise das Kind des Möglingers Andreas Ladner am 11. Juni 1707 auf der Flucht in Marbach geboren und dort auch getauft.[29]

Von den Einquartierungen in Möglingen zeugen die Einträge in den Kirchenbüchern, die zwischen 1704 und 1707 sowohl den Tod einiger Soldaten, aber auch die Geburt und den Tod zahlreicher Soldatenkinder, vor allem von Reitern der Garde und von württembergischen Grenadieren, vermelden. Die aus Untertürkheim stammende Möglingerin Maria Zaiser gab zum Vater ihres im Januar 1706 geborenen Sohnes den württembergischen Grenadier Hans Jakob Rhus, Maurer aus Tirol, an. Das Kind starb vier Wochen später unter tragischen Umständen. Die Mutter berichtete, dass sie nach dem Erwachen ihr Kind tot neben sich gefunden habe. Sie sei bis Mitternacht aufgeblieben, habe gesponnen und das Kind noch gesäugt, ehe sie sich hingelegt habe. Da es kalte Füße hatte, habe sie ihm ihr Halstuch um die Füße gewickelt. Als sie morgens um sechs Uhr aufgewacht sei, habe das Kind nicht mehr *geschnauft*. Sie weckte Hans Linder und dessen Frau, die in derselben Stube schliefen, und bei Licht stellten sie den Tod des Kindes fest, das sich wohl stranguliert hatte. Am 2. Juli 1707 wurde der Schuhmacher Daniel Rau vor seinem Haus von französischen Soldaten erschossen. Pfarrer Schweizer schrieb ins Totenbuch: *Gott gebe, daß, weilen er den Abend vorher voll süßen Weins gewesen, und am Morgen auch schon wider getrunckhen gehabt, er nicht in seinen Sünden gestorben, sondern in seinem schnellen End, da Knall, Fall und Aussyn [Aussein] eines gewesen, noch bekehrt, und zu Gnaden angenom[m]en worden seye*. Zwischen 1724 und 1761 starben in Möglingen 19 Soldaten bzw. deren Frauen oder Kinder, darunter auch 1738 der hier geborene 32-jährige Dragoner Christian Reichert.[30] Der ehemalige Grenadier Johannes Schmidt, Schuhmacher, wurde 1710/11 Möglinger Bürger.[31]

Auch zwischen den Kriegen gab es immer wieder Einquartierungen. 1730 oder 1731 waren 34 Personen der Garde du corps, also der herzoglichen Garde, in Möglingen einquartiert und verursachten Kosten in Höhe von über 215 fl. Ständiger Mieter der großen Fruchtkammer auf dem Rathaus war der herzogliche Proviantkommissar Scheps, der diese mit Hafer für die fürstliche Garde zu Pferd füllte,[32] die demnach öfter in Möglingen logierte.

Der Polnische Erbfolgekrieg (1733–1735/38) blieb ohne größere Auswirkungen. Um 1735 wurde für Möglingen ein Quartierbuch angelegt, um die Quartier- und Kriegskosten, z. B. für die am 23. September 1735 in den Ort eingerückten zwei Kompanien *kaiserlich russischer Völker* zu regeln. Aber auch Dorfbewohner wurden als Soldaten rekrutiert. Glück hatten Jung Michel Mayer, Hans Jörg Höger und Balthas Schmid, die wegen Krankheit wieder nach Hause geschickt wurden. Da aber *sämtliche auf den Beinen stehende Mannschaft sich annoch in kayßerlichem Dinst und Sold befindet,* wurde ein Teil der Ludwigsburger Schlosswachen aus Möglingen rekrutiert.[33] 1737 wurden bei der Musterung Michael Rau, Johannes Hagel, Hans Jörg Reichert, Johannes Reichert und Jakob Pflugfelder als Soldaten ausgewählt. Sie erhielten je zwei Gulden aus der Gemeindekasse. Im selben Jahr lagen 41 Tage lang ein Korporal mit seiner Frau und seinen Kindern im Quartier in Möglingen.[34]

Der österreichische Erbfolgekrieg (1740–1748) führte erneut fremde Truppen nach Württemberg. Von 30. August bis 3. September 1744 marschierten *Hungarische, kaiserl[iche] und französi[sche] Völcker* durch Möglingen und richteten großen Schaden an. Zum Teil nahmen sie die Garben mit oder mähten Getreide als Pferdefutter ab. An der Stuttgarter Straße stehende Zehntfrüchte wurden *durch Wägen und Reutterey bey einer halb[en] Stund[en] lang ruinirt und verderbt.*[35] Im April, Mai, September und Oktober 1745 lagen württembergische Leibhusaren im Quartier in Möglingen. Während dieser Zeit kam Herzog Carl Eugen mehrmals persönlich hierher und ließ die Soldaten *durch die Revue passieren*. Die Gemeinde spendierte dazu Wein, Brot und Butter. Weitere Einquartierungen folgten.[36] Manchmal war Herzog Carl Eugen auch bei Musterungen anwesend, so am 8. Juli 1747, als er *in aigener hoher Persohn* in Möglingen Hans Jörg Walter und Hans Jörg Schilling zu Soldaten annahm.[37]

Schon 1741 erging an alle Ämter ein Befehl zur Aufstellung von Kriegstruppen. Hierzu musste auch Möglingen einen Soldaten stellen, der mindestens fünf Schuh und und neun Zoll groß sein sollte. Noch bevor Schultheiß und Gericht das weitere Vorgehen beratschlagen konnten, meldete sich der Weingärtnersohn Philipp Kaul freiwillig zum Kriegsdienst, den er bei einem nach Preußen ziehenden Regiment leisten wollte. Zum Dank erhielt er von der Gemeinde die enorme Summe von 49 fl sowie Verpflegung bis zum Abmarsch. Von dem Geld blieben 30 fl bei seinem Vater in Möglingen, der auch den Zins dafür verwahren sollte. Die Gemeinde versprach Kaul, wenn er ihm Krieg zu schaden käme und *krum[m] od[er] lahm* zurück komme, auf Lebenszeit für ihn zu sorgen. Sollte er aber desertieren, seien alle Abmachungen nichtig. Ebenfalls in Kriegsdiensten war Hans Jörg Hagel. Da er in Ungarn verschollen war und man seit langem nichts mehr von ihm gehörte hatte, beschloss die Gemeindeverwaltung 1741 die Versteigerung seines

Gedruckter Befehl Herzog Carl Eugens von 1741 über die Aufstellung von Kriegstruppen.

Vermögens.[38] Der Möglinger Bäcker Michael Hagel starb 1771 nach 30-jähriger Abwesenheit an Schwindsucht in seinem Geburtsort. Er war nicht nur seinem Bäckerhandwerk, sondern vor allem Kriegsdiensten nachgegangen und *endlich nöthigte ihn die theure Zeit und sein schwächlicher Cörper die Heimath zu suchen*, wo er einige Wochen vor seinem Tod in einer Bettelfuhre ankam. Nach Entgegennahme seines ererbten Vermögens war er so wohlhabend, dass er der Kirchenpflege 50 fl spendete.[39]

Mit dem Ausbruch des Siebenjährigen Krieges (1757–1763) ergab sich eine neue Situation, da Württemberg wieder aktiv an einem Krieg teilnahm. Glücklicherweise war der Kriegsschauplatz so weit entfernt, dass im Dorf kaum Einquartierungen stattfanden. Allerdings wurden weiterhin Soldaten rekrutiert und Sondersteuern erhoben. Der Möglinger Soldat Hans Martin Scheerle, der 1756 geheiratet hatte, desertierte jedoch wenig später.[40] Fast den ganzen August 1756 über lagen württembergische Husaren in Möglingen. Befehle vom Juni und August 1758 ordneten die Beteiligung der Ämter an der Landesdefension und extraordinären Proviantumlage des Schwäbischen Kreises in Höhe von 150 000 fl an. Zur Bestreitung der auf Möglingen entfallenden Kosten von fast 214 fl wurden, da weder das Bürgermeisteramt, noch die Bevölkerung Geld hatten, 200 fl bei Schultheiß Wintterlin als Kredit mit fünf Prozent Verzinsung aufgenommen.[41] Fast 437 fl Kosten verursachte der Gemeinde 1760/61 eine Husaren- und Infanteriequartierung. Unter anderem mussten danach vier Pferdeställe repariert werden.[42]

c) Nachteile durch den Bau von Ludwigsburg

In Württemberg regierte seit 1677 (bis 1693 unter Vormundschaft) Herzog Eberhard Ludwig. Er legte 1704 den Grundstein des Ludwigsburger Schlosses, dem ab 1718 der planmäßige Ausbau der gleichnamigen Stadt folgte. Diese vom Herzog begünstigte Ansiedlung, die, auch auf Kosten von Markgröningen, einen eigenen Amtsbezirk erhielt, sollte in den Folgejahren zu einem großen Hindernis für die Entwicklung vieler umliegender Orte und zu einer finanziellen Belastung für die angrenzenden Ämter werden. Die Städte Markgröningen, Marbach und Stuttgart hatten durch den Bau von Ludwigsburg besonders zu leiden, letztere verlor sogar zeitweise ihren Residenzcharakter. Marbachs Wiederaufbau nach der völligen Zerstörung 1693 geriet ins Stocken und Markgröningen musste gar befürchten, seinen Amtsstatus zu verlieren. Stuttgart blieb letztendlich Residenz, aber Marbach musste fast sein gesamtes südwestliches Amtsgebiet abtreten. Im Bezug auf Markgröningen hingegen siegte *das Recht des Stärkeren. Daß Markgröningen*, so Schübelin 1913, *dadurch zur Landstadt herabgedrückt und in seiner Entwicklung gehemmt wurde, musste dort ein begreifliches Gefühl der Zurücksetzung auslösen, das heute noch nicht ganz geschwunden ist*.[43]

Am 3. September 1718 wurde Ludwigsburg zur Stadt erhoben und erhielt die Markgröninger Reichssturmfahne als Stadtwappen. 1719 wurde die Stadt neben Stuttgart und Tübingen dritte Hauptstadt des Landes und erhielt ein eigenes Amt: das ganze Amt Markgröningen, dazu Asperg, Hoheneck, Neckarweihingen, Kornwestheim, Zuffenhausen, der Fuchs- und Schafhof sowie die bereits württembergischen Orte bzw. später gekauften reichsritterschaftlichen Ortsteile von Stammheim, Zazenhausen, Heutingsheim, Geisingen, Beihingen und der Hof Harteneck (Hertneck). Als Trost für Markgröningen sollten zwei Vögte walten: der Ludwigsburger Stadtvogt für Ludwigsburg, Asperg, Hoheneck, Neckarweihingen, Kornwestheim und die genannten zum Teil noch adeligen Orte und der in Markgröningen residierende Amtsvogt des Unteramtes für die alten Amtsflecken Bissingen, Eglosheim, Möglingen, Münchingen mit Hof Mauer, Oßweil, Pflugfelden, Schwieberdingen und Tamm. Aufgrund der zahlosen Bittgesuche Markgröningens wurde jedoch 1722 das alte Amt mit Ausnahme der Orte Eglosheim, Pflugfelden und Oß-

Herzog Eberhard Ludwig, Gründer von Schloß und Stadt Ludwigsburg. Kupferstich um 1710.

Möglingen, indem die Mühle ab 1729 zu einem Wasserpumpwerk umgebaut wurde (s. S. 193).

Nach dem Tode Herzog Eberhard Ludwigs 1733 erhoffte sich Markgröningen eine Wiederherstellung des alten Amtes und Dekanates und zahlte 1736 4000 fl Schmiergelder an die herzogliche Kasse, worauf der nunmehrige Landesherr Herzog Karl Alexander nachgab. Ludwigsburg erhielt dafür von Marbach Benningen und Poppenweiler sowie von Waiblingen Neckargröningen. Diese Ämter beeilten sich darauf ebenfalls mit Geldzahlungen, und auch Markgröningen schickte vorsichtshalber dem zur Kur in Wildbad weilenden einflussreichen herzoglichen Günstling Joseph gen. Jud Süß Oppenheimer 400 fl. Doch Karl Alexander starb schon 1737 und Herzogadministrator Karl Friedrich, bis 1744 Vormund des minderjährigen Karl Eugen, verfügte 1739 »auf der Ludwigsburger impertinentes und beständiges Anlaufen und Sollicitieren« erneut die Umgliederung von Eglosheim, Pflugfelden und Oßweil in den Ludwigsburger Amtsbezirk. Markgröningen erhielt dafür nur Unterriexingen. Nun war über 20 Jahre Ruhe.[47]

Schon um 1700 erklärte der Herzog das Gebiet, auf dem bald Schloss Ludwigsburg entstehen sollte, zu seinem Leibgehege und ließ es vermarken. Die Umgrenzung ging entlang der Straße von Cannstatt nach Zuffenhausen, am Zuffenhäuser Bach hinauf nach Stammheim und an den Waldgrenzen vorbei nach Münchingen, das aber außerhalb lag. Die Grenze führte weiter Richtung Markgröningen, von dort den Leudelsbach hinab zur Enz, diesen Fluss entlang an Bietigheim vorbei bis zu seiner Einmündung in den Neckar und dann neckaraufwärts bis zum Ausgangspunkt bei Cannstatt. Sog. Remisen für Feldhühner und Fasanen wurden auf Kornwestheimer, Pflugfelder, Oßweiler, Möglinger und Markgröninger Markung angelegt. Es waren dorni-

weil, die bei Ludwigsburg verblieben, wieder hergestellt. Die junge Stadt erhielt zahlreiche Privilegien, so beispielsweise eine 20-jährige Abgabenfreiheit. Hatte Ludwigsburg 1718 rund 600 Einwohner, waren es 1726 schon viermal soviele und 1736 sogar 6000.[44] Dagegen wohnten im ganzen Bezirk von Stadt und Amt Markgröningen 1710 nur 7112 Menschen.[45] Nach einem Befehl von 1721 mussten meist mehrere Ämter Württembergs gemeinsam je ein Gebäude in der neuen Residenzstadt errichten. Das Amt Markgröningen hatte 1726 gemeinsam mit den Ämtern Blaubeuren, Ludwigsburg, Cannstatt und Nürtingen ein Gebäude fertiggestellt und dafür 1351 fl 24 × bezahlt.[46] Auch das Wasser für den Ludwigsburger Marktbrunnen kam für einige Jahre aus

ge, undurchdringliche Gestrüppe von ein bis drei Morgen Größe.⁴⁸ Auf Möglinger Markung lagen 1725 fünf Remisen in allen drei Zelgen,⁴⁹ die eine Fläche von 2 Morgen 2 Viertel 14¼ Ruten belegten.⁵⁰ 1744 standen drei Remisen auf Möglinger Feldern und der Herzog beabsichtigte, einen Teil des sog. Vöhinger Feldes mit einer vierten zu belegen. Dies rief größten Widerstand bei der Bevölkerung hervor, da der Schaden durch die vorhandenen Remisen bereits groß sei. Zudem konnte man sich auf den Wert der Äcker nicht einigen, da diese verschiedenen Herren zehntpflichtig waren. So wurde das Vorhaben wieder aufgegeben.⁵¹

1734 kaufte der Herzog von Hans Jörg und Johannes Blank einen halben Baum- und Grasgarten unten im Dorf, auf dem er ein Hühnerhaus bauen ließ,⁵² das 1753 abgebrochen und vergrößert wieder aufgebaut wurde.⁵³ Im selben Jahr erwarb der Herzog von Möglinger Bürgern erste Grundstücke zur Anlage der Fasanerie am Osterholz, denen ab 1762 weitere Käufe folgten.⁵⁴ Aber nicht nur Ludwigsburger Hühner, sondern auch Kinder von dort wurden in Möglingen versorgt. 1740 säugte die Frau des Möglinger Wagners Johann Georg Klett Anna Maria, das Kind des Ludwigsburger Rates und Oberkapellmeisters Joseph Anton Brescianello, das allerdings mit sieben Monaten im Mai 1741 starb und auf dem hiesigen Friedhof begraben wurde.⁵⁵

Zur Überwachung der Distrikte wurden als herzogliche Angestellte, sog. Gehegbereiter, angestellt, von denen einer seinen Sitz in Möglingen hatte. Seit 1710 nahm diese Aufgabe der 1682 in Welzheim geborene Theodosius Lauer wahr, der 1760 in Möglingen starb. Nachfolger wurde sein 1715 in Möglingen geborener Sohn Johann Friedrich (1715–1799). Ihn beerbte schon 1773 dessen 1748 geborener Sohn Jakob Friedrich im Amt, der allerdings zehn Tage vor dem Vater starb.⁵⁶ Um 1750 besaß Theodosius Lauer u. a. die Hälfte eines neuen Hauses mit Scheune außen im Dorf, also am Ortsrand. Vorher gehörte das stattliche Anwesen mit Brunnen der Witwe des Pfarrers Conz.⁵⁷

2. Verwaltung und Aufgaben der Gemeinde

a) Kommunale Ämter und Dienste

Zwischen 1689 und 1770 amtierten folgende Schultheißen:

1689–1721 Balthas Pflugfelder (1644–1721)
1722–1750 Johann Jakob Moz (1677–1759)
1750–1770 Johannes Wintterlin (1714–1770)

Balthas Pflugfelder leitete die Geschicke der Gemeinde in den Zeiten der schweren Französeneinfälle am Ende des 17. Jahrhunderts. Im März 1693 verlor er seine erste Ehefrau Anna Maria und kurz nach Kriegsende starb seine zweite Ehefrau Anna Barbara mit 50 Jahren im Oktober 1707, *nachdem sie hier wenig guter Tag gehabt, viel vergeblicher Unruh mit Einsam[m]lung des zeitlichen ihr selbst gemacht, da sie doch nicht wüsse, wers nach ihrem tödtlichen Hintritt kriegen wird.*⁵⁸ Pflugfelder hatte sie, die Witwe des sicherlich nicht unvermögenden Enzweihinger Gerichtsschreibers Johann Konrad Wintter, 1694 geheiratet.⁵⁹ Seine dritte Ehe schloss der Schultheiß 1708 mit Johanna Sara, der Tochter des Eberstädter Schultheißen Johann Friedrich Brett.⁶⁰ 1721 starb der 77-jährige Balthas Pflugfelder.⁶¹

Pflugfelders Nachfolger, der 1677 geborene Jakob Motz, wird am 30. Juli 1722 als Schultheiß genannt (s. S. 160).⁶² Er war der Neffe seines Amtsvorgängers.⁶³ 1725 trat eine entscheidende Änderung ein, indem der Schultheiß jetzt eine regelmäßige Besoldung von jährlich zwölf Gulden anstelle der bisherigen Personalfreiheit erhielt.⁶⁴ 1730 bezeichneten die Kirchenvisitatoren Schultheiß Motz als parteiisch,⁶⁵ und 1736 heißt es, er sei mit der Gemeinde in großer Streitigkeit.⁶⁶ Im Oktober oder November 1750 legte Motz sein Amt nieder.⁶⁷ Er starb 1759 im stolzen Alter von 82 Jahren.⁶⁸

Seit 1750 amtierte der 1714 in Möglingen geborene Schultheiß Johannes Wintterlin (s. S. 160).⁶⁹ Er war, wie sein Vater Johann Jakob, von Beruf Bäcker und Unterpfleger, also Verwalter des Spitals Stuttgart in Möglingen.

Möglingen

Gedachtes Gericht, mit handtaigenhändig
Unterschreiben, und ihre gewöhnliche Sitt
schaften, alßsich deren damit bedienen,
beygetruckht; Actum ut supra.

Lanndvogt und Vogt zu
Marggröningen.

Georg Christoph Marley

G: Hospitals zu Stutgardt
Underpflegere.

Balthas Schaupp

Schultheis zu Möglingen
Balthas Pflugfelder

Richtere.

Hannß Motz.

Balthos Schaupp.

Caspar Blanck.

Hannß Philipp Reichardt

Hatt auff
Ihrlichs Grichtliches
Decret in nahmen Ihres
Pfitals Stuttgardt
Underschreiben.

Michal Pfinger und
Grichts Verwandten

Ferdinand Friderich
Hofstetter

Joseph Kienzler

Marx Jopp.

Michall Kientzlin

Friderich Dittinger

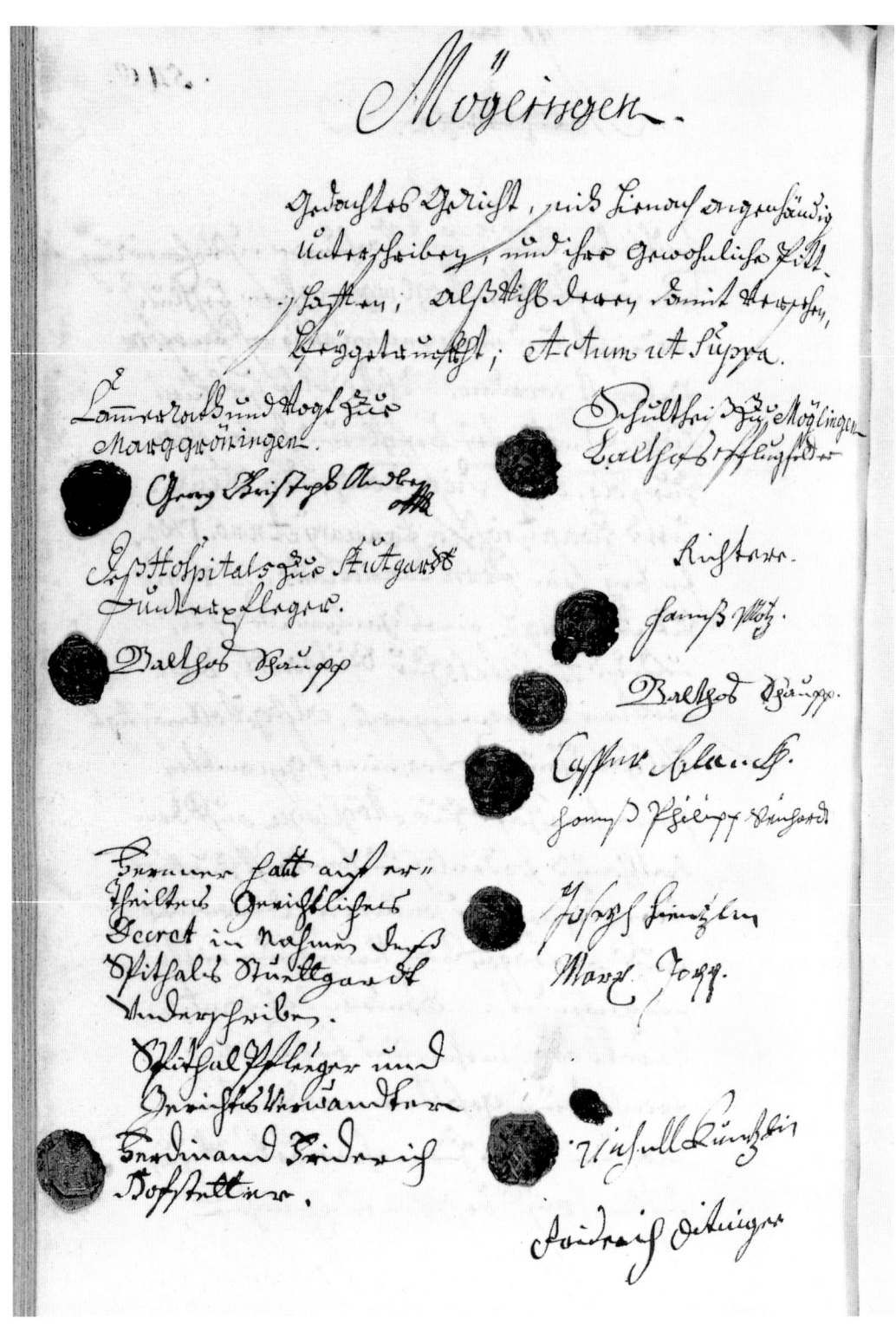

Seite mit Siegeln und Unterschriften des Möglinger Schultheißen Balthas Pflugfelder und der Gerichtsangehörigen Hans Motz, Balthas Schaupp, Caspar Blank, Hans Philipp Reichert, Joseph Kienzle, Marx Jopp, Michael Kienzle und Friedrich Dittinger aus dem Lagerbuch der Geistlichen Verwaltung Markgröningen von 1703.

Nach dem Tod der ersten Frau, Maria Barbara Jopp aus Pflugfelden, heiratete Wintterlin 1749 Anna Katharina Krämer, die Tochter des Schwieberdinger Schultheißen und Löwenwirts. Vom Reichtum des Ehepaars zeugt der schöne noch erhaltene Grabstein, den Wintterlin nach seinem Tod 1770 erhielt.[70]

Dem Möglinger Schultheißen standen seit 1753 jährlich 24 fl Besoldung zu.[71] Wie bisher hatte er den Vorsitz von Gericht und Rat. Eine herzogliche Resolution von 1735, die kaum Beachtung fand, beschränkte auf den Dörfern die Richterzahl auf vier und die der Ratsverwandten auf zwei Mitglieder. Diese Anzahl schrieb auch die Kommunordnung von 1758 vor, nach der sich das Gericht weiterhin aus dem Rat selbst ergänzte. Dabei stieg meist der dienstälteste Ratsangehörige auf. Während den Richtern ein sog. Sportel- oder Erkenntnisgeld zustand, übten die Ratsverwandten ihre Tätigkeit kostenlos aus. Die Ämter und Dienste wurden jährlich auf Georgii (23. April) bei Bedarf neu besetzt. Schultheiß und Gericht stand weiterhin die Bestrafung kleinerer Vergehen zu. Wenigstens alle zwei Jahre sollte nach der Kommunordnung das Vogtruggericht durch den Oberamtmann, wie der Vogt seit der Kommunordnung hieß, abgehalten werden.[72]

In Möglingen saßen im 18. Jahrhundert gewöhnlich acht Bürger im Gericht und sechs im Rat, so bei der Erbhuldigung 1736.[73] 1704 waren Hans Motz, Balthas Schaupp, Kaspar Blank, Hans Jörg Werner, Jopseh Kienzle, Friedrich Dittinger, Michael Kienzle und Hans Philipp Reichert Richter. Dem Rat gehörten Michael Schaupp, Jakob Wünsch, Hans Jakob Wintterlin, Hans Leonhard Schönwalter, Philipp Imlin und Martin Pflugfelder an. Als Gemeindedeputierte fungierten Jörg Pflugfelder, Marx Jopp und Jung Philipp Reichert.[74] Der Bürgermeister, ein Gerichtsmitglied, führte die zur Gemeinderechnung gehörenden Bücher und Akten und beaufsichtigte den Gemeindebesitz. Als einzigem Gerichtsverwandten stand ihm wegen dieser verantwortungsvollen Aufgabe eine Besoldung zu. In Städten und größeren Dörfern war zur Unterstützung des *rechnungsführenden* Bürgermeisters der *gemeine* Bürgermeister für einfachere Verwaltungsaufgaben wie die Aufsicht über die Gemeindeäcker und die Fruchtvorräte angestellt.[75] Dem rechnungsführenden Möglinger Bürgermeister standen seit 1753 jährlich 28 fl sowie anteiliges Geld der eingezogenen Steuern zu.[76]

Der Bürgermeister führte die Bürgermeisterrechnung mit den Einnahmen und Ausgaben der Gemeinde. Das Rechnungsjahr begann an Georgii (23. April). Die älteste erhaltene Rechnung im Gemeindearchiv wurde 1730/31 von Bürgermeister Johann Jakob Wintterlin angelegt. Die Einnahmen bestanden aus Zinsen, Steuern, Sommer- und Winteranlage (Steuer), Stadt- und Amtsschaden (Steuer), Wachtgeld, Quartiergeld, Fuhr- und Handfrongeld, *Executions Kosten* zum Steuereinzug für säumige Zahler, Bürgergeld, Strafen, Maulwurffanggeld von Wiesenbesitzern und Wolfjagensgeld. Insgesamt betrugen die Einnahmen 3247 fl 49 × 3 h sowie Roggen, Dinkel, Hafer, Wein, Wein, Stroh und Baumaterial. Der Waschhauszins betrug drei Kreuzer Kesselgeld je Wäsche. Allerdings musste ein Großteil der Einnahmen weitergereicht werden und wurde deshalb unter den Ausgaben wieder abgezogen.[77]

Darunter fielen daher beispielsweise jährliche Steuern an Martini, *ordinarii* und *extraordinarii*, also normale und auf besonderen Befehl zu bezahlende Steuern an die Amtspflege Markgröningen (Amtsschaden, Ludwigsburger Gartenbeitragsgelder, Sommer- und Winteranlage, Pulverkosten) sowie Ausgaben für *Preßbotten* aus Markgröningen zum Einzug der Steuer, Besoldungen (z. B. Schultheiß, Bürgermeister, Schreiber, Dorfschütz, Nachtwächter, Hebamme, Maulwurffänger u. a.), Botengänge, Ämtersetzungen, Vorspann-, Fron- und Fuhrdienste, Quartier, Exerzieren, Instandhaltung der Gemeindegebäude sowie der Brunnen, Brücken, Wege und Stege, Verehrungen an Amtspersonen, Erntepersonal, Baumaterial und Almosen. An Geld betrugen die Ausgaben 1730/31 3134 fl 47 ×, dazu kamen die Naturalabgaben.[78]

Eine der wenigen Möglichkeiten der Beteiligung bzw. Einflussnahme des Bürgers auf die Verwaltung bestand im Einbringen von Beschwerden und Vorschlägen beim Vogtruggericht. Erst die Kommunordnung von 1758 führte sog. Deputierte ein, deren Mitwirkung zunächst bei der Kirchenvisitaion und bei der Publikation der Gemeinderechnung vorgeschrieben war. Später sollten sie eine Art Aufsicht über den Magistrat führen oder wenigstens Anliegen der Bürgerschaft in diesen einbringen.[79] Allerdings waren sie in vielen Gemeinden, so auch in Möglingen (s. o.), schon früher üblich. 1747 wurde bei der Visitation gerügt, dass neun Jahre kein Vogtgericht abgehalten worden sei und es wurde bemängelt, dass sich *sonderlich die Vorsteher des Orts mit trinken und spielen über die Zeit in die Nacht hinein in Wirths-Häusern auffhalten*.[80] Offenbar war das Rathaus für die Abhaltung des Vogtgerichts zu klein, denn beispielsweise 1750 wurde der Gerichtstag in der Kelter abgehalten.[81] Die Bekanntmachung erfolgte wohl durch Trommeln und Ausrufen, denn 1730 heißt es, Franz Walter habe sich als Tambour beim Vogtgericht gebrauchen lassen.[82]

Weitere Gemeindeämter und Dienste werden bei der jährlichen Ämterersetzung nach *altem Gebrauch* am 27. Dezember 1724 genannt. Dabei wurde Christoph Walter zum Kühhirten angenommen. Sein Lohn betrug jährlich neun Gulden und neun Scheffel Dinkel. Von jedem Haus, für das er Vieh zu hüten hatte, erhielt er einen Laib Brot. Hans Kautt als Schweinehirte bekam denselben Lohn. Alt Michael Mayer wurde für ein Jahr als Dorfbüttel angenommen. Er hatte zugleich die Felder, Waldungen und besonders im Sommer die Garben zu *Observiren*. Sein Lohn betrug einschließlich der halben Nachtwacht zwölf Gulden jährlich. Die andere Hälfte der Wache versahen Hans Kautt und Balthas Kaul. Bei der Ämterersetzung am 27. Dezember 1725 wurde Jörg Motz zum Wegmeister bestellt. Er hatte die Wege, Straßen und Stege auf Möglinger Markung zu überwachen. Balthas Kaul erhielt 1726 das Amt des Waldschützen und musste wöchentlich drei Tage in den Wald gehen; sein Lohn betrug drei Scheffel Dinkel im Jahr.[83] Seit Ende 1730 wurde die übliche Mahlzeit bei der Ämterersetzung in Geld ausbezahlt.[84] 1737 war das Amt des Dorf-, Wald- und Feldschützen in Personalunion besetzt und ein Gänsehirte Hans Hummel wird genannt.[85]

Die Ämterersetzung im Jahr 1742 wurde, wahrscheinlich weil mehrere wichtige Stellen neu zu besetzen waren, im Beisein des Markgröninger Vogtes Friedrich Christoph Leibius durchgeführt. Johann Jakob Beißer machte man zum Amtsbürgermeister, und Jung Balthas Pflugfelder wurde Heiligenpfleger. Neu im achtköpfigen Gericht waren die bisherigen Ratsmitglieder Johann Georg Pflugfelder und Johannes Wintterlin, und in den sechs Personen zählenden Rat wurden Jung Marx Jopp und Georg Kienzlen hinzugewählt. Als zusätzlicher Brotbeschauer und Fleischschätzer fungierte künftig Jung Balthas Pflugfelder. Nach Verlesen der jeweiligen Ordnung und Dienstanweisung wurden die neuen Amtsträger vereidigt. Der abgetretene Richter Alt Marx Jopp bat darum, ihm seinen *Kirchenstand* weiter zu belassen, was ihm auch auf Lebenszeit gewährt wurde.[86] Der 1743 gestorbene Jopp war auch Pferdebeschauer gewesen. Hans Jörg Reinhard, Mauer Bernhard Strohmayer und Zimmermann Johannes Knoss fungierten als Feuerschauer, also Prüfer der Gebäude auf Brandsicherheit.[87]

In Möglingen war als regulärer Gerichtsschreiber weiterhin der Schulmeister tätig, so 1713 Johann Ludwig Hartmann[88] und 1753 Joseph Nicolaus.[89] Seit 1702 mussten bei wichtigen Angelegenheiten der Stadtschreiber oder dessen Gehilfe, der Substitut, schreiben.[90] Im Rechnungsjahr 1730/31 erhielten für Gemeindeschreibarbeiten der Markgröninger Stadt- und Amtsschreiber 13 fl, hingegen der Schulmeister nur rund 7 fl 27 × bezahlt.[91] 1755 wurde beschlossen, dass der bisherige Akziser Hans Jörg Moz die Schreiberei versehen sollte.[92]

Das nach dem Franzoseneinfall von 1693 wieder aufgebaute Möglinger Rathaus mit Blick zur Kirche im Jahr 1938.

b) Eigentum, Größe und Pflichten der Gemeinde

Um 1750 waren folgende Gebäude im Eigentum der Gemeinde (in Klammern die Gebäudenummern des 19. Jahrhunderts): das Rathaus mitten im Dorf mit zwei Stuben und einem großen und einem kleinen Keller darunter (92), das zweistöckige Schafhaus mit Schafstall, je zwei Stuben, Küchen und Stubenkammern sowie unterm Dach drei Kammern (126/89?), die Fleckenscheuer mit einer Tenne, zwei Barn und darunter zwei Schafställen (126a), das Armenhaus (34) an der Schwieberdinger Straße mit zwei Stuben und einem Kämmerlein und das Waschhaus (178) mit zwei Kesseln beim Kirchbrunnen (später Gemeindebackhaus, Nr. 150).[93]

Das Rathaus als wichtigstes Gemeindegebäude brannte beim Franzoseneinfall 1693 nieder, wurde jedoch bald danach wieder aufgebaut.[94] 1730 gehörten zu seinem Mobiliar ein Registraturkasten, drei Tische, zwei *Schranken* (wohl Schrannen), fünf alte Stühle, zehn neue, 1730 gekaufte Stühle, ein eiserner Leuchter, neun Pechpfannen, eine große Laterne, eine Metallglocke, eine Trommel, ein *Eidstäblen*, auf das die Amtspersonen und Bediensteten ihren Eid leisten mussten, ein Schraubschloss, ein Stoßschloss und ein Schloss am Zuchthäusle, also der Arrestzelle. Auch die Feuerlöschutensilien waren im Rathaus aufbewahrt, nämlich 61 Feuereimer, eine Feuerfahne und zwei hölzerne Feuerspritzen.[95] 1733 kaufte die Gemeinde eine neue große Feuerspritze.[96] Ein neues Türmchen für die kleine Glocke auf dem Rathaus beschlug 1747 Zimmermann Eberhard Ludwig Renckenberger aus Schöckingen mit Weißblech. Das Bauholz lieferte die Gemeinde selbst.[97]

Mit dem Rathaus war 1693 das Gemeindearchiv verbrannt. Nur wenige Stücke konnten gerettet werden, so das 1592 bis 1633 geführte Kaufbuch. Es wurde 1737 auf Befehl von Schultheiß Motz, da es *durch die frantzösische Invasion ruinirt und maculirt worden* neu gebunden.[98] Gleich nach dem Einfall legte die Verwaltung neue Steuerbücher an, in denen Ortseinwohner und Auswärtige mit Eigentum am Ort mit sämtlichen Gebäuden und Grundstücken eingetragen wurden. 1741 waren diese Bücher so *confus*, dass Schultheiß, Gericht und Rat beschlossen, von der Stadtschreiberei Markgröningen neue Bände anlegen zu lassen,[99] die jedoch schon 1750/51 *renoviert* wurden.[100] Das ebenfalls erhaltene *Gemeine Fleckhen Buech* von 1698 war eine Art Ortssatzung, in dem Bürgerschaft und Markung betreffende eigene und fremde Rechte eingeschrieben wurden, um 1693 verlorene Dokumente zu ersetzen. Ausführlich werden die Grenzen zu Markgröningen, Münchingen, Stammheim, Kornwestheim, Pflugfelden und Asperg mit Grenzsteinen beschrieben.[101] Bezug darauf nimmt auch das herzogliche Weidlagerbuch von 1715.[102] 1730 befanden sich in der Registratur ein altes und zwei neue Steuerbücher, ein altes und ein neues Kaufbuch, ein Vöhinger Steuerbüchle, ein Kellereilagerbuch, ein altes und ein neues Fleckenbuch, ein Unterpfandsbuch (Schuldner), ein altes und ein neues Gerichtsprotokoll, ein Landrecht, eine Landesordnung, eine Ehe- und Kirchenordnung, ein Band mit verschiedenen Ordnungen, ein neues Befehl- und Einschreibbuch und ein neues Bürgerbuch.[103]

Zu den wichtigsten Aufgaben der Gemeinde gehörte der Unterhalt von Straßen, Wegen, Brücken und Brunnen, aber auch der Feld- und Wildzäune sowie der Wette. 1740/41 erhielten die beim Bau des Maulbrunnens beim Rathaus beteiligten Fröner eine Geldentschädigung.[104] Der Brunnen wurde 1746 mit einem Brunnenhaus überbaut.[105]

1725 bestand Möglingen aus 84 Häusern, 49 Scheunen, einer Mahlmühle, einer Kelter und 17 leeren Hofstätten. Die Hof- und Lehengüter hatten daran Anteil mit 23 Häusern, 22 Scheunen und elf Hofstätten.[106] Das Steuer und Güterbuch von 1732 nennt folgende Gassen und Ortsbezeichnungen, an denen damals Gebäu-

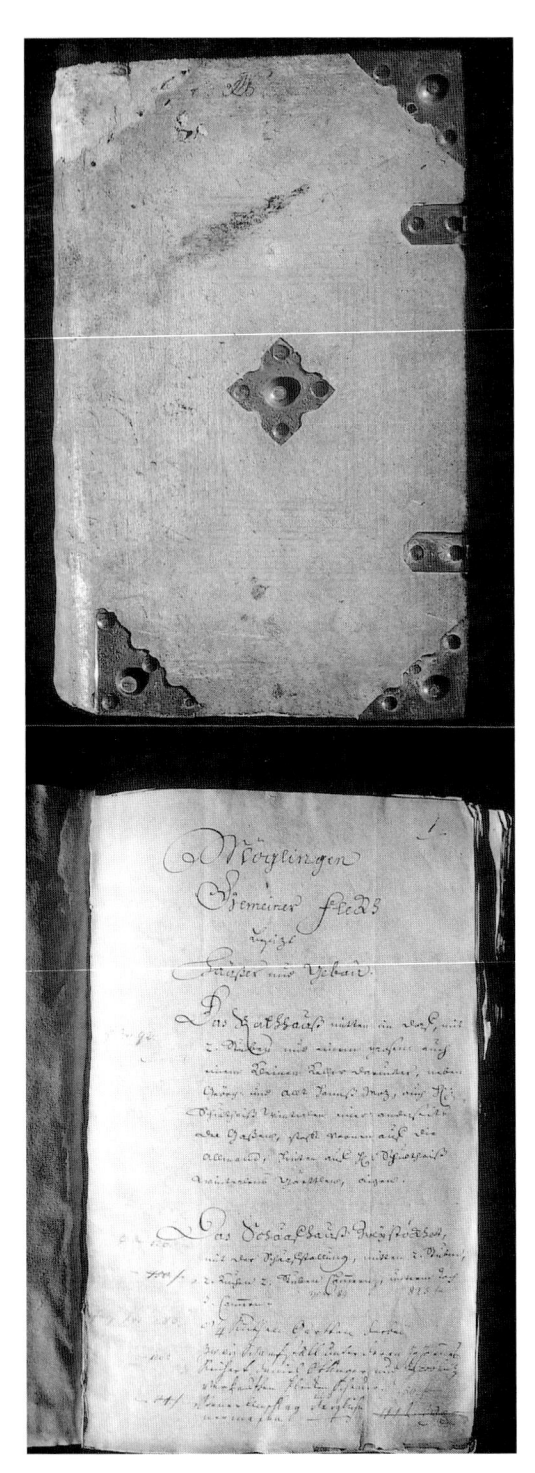

Einband und erste Seite mit Eintragungen der Gemeindegebäude Rathaus und Schafhaus des ersten Bandes der um 1750 angelegten Reihe der Steuerbücher.

de standen: Münchinger Gasse, in dem Gässle, in der Gröninger Gasse (dazwischen eingefügt: beim Rathaus), unten, mitten und oben im Dorf, bei der Wette, in der obern Gasse, außen im Dorf, beim Pfarrhaus und in der Kirchgasse. Die Wohnhäuser, zum Teil mit Wirtschaftsgebäuden waren zwischen 150 und 1000 fl wert. Gezählt wurden 1732, wohl ohne die Hofgüter, 57 Häuser, 26 Scheunen, eine Mahlmühle und eine Kelter im Gesamtwert von 21 815 fl. Immer noch waren sechs Hofplätze unbebaut.[107] Um 1750 befand sich am Stammheimer Weg der Wasen, wo verendete Tiere begraben wurden.[108]

1746 wurde die Gemeinde verpflichtet, für einen Teil der neu zu erbauenden Stuttgarter Straße Steine herbeizufahren und 1749/50 musste sie sich erheblich an der Ausbesserung der Schwieberdinger Straße beteiligen, wodurch eine Kreditaufnahme bei Schultheiß Wintterlin notwendig wurde.[109] 1750/51 hatten sich *Schleim und Morast so vermehrt*, dass die Gassen und Straßen weder zum Fahren noch zum Gehen brauchbar waren. Daher beschlossen Schultheiß und Gericht die Ausschlagung und Vertiefung des durch den ganzen Ort gehenden Wassergrabens zur Entwässerung.[110]

Zu den Gemeindepflichten gehörte auch die Bezahlung der Steuern. Die wichtigste regelmäßige Landessteuer, aber auch weitere Abgaben, waren weiterhin an die herzogliche Kellerei Markgröningen zu entrichten. Zur Festsetzung wurde 1741 ein Haischregister angelegt, das sich auf die alten Lagerbücher bezog und die dort aufgeführten Abgaben übernahm. Nur bei der Mühle wird vermerkt, dass sie jetzt zu einem Brunnenhaus umgebaut sei, das Wasser für den Ludwigsburger Marktbrunnen den Berg hinauf pumpte. Daher waren die Abgaben aus der Mühle von der Herrschaft Württemberg zu entrichten.[111] Die Möglinger Steuern und Abgaben wurden beispielsweise 1732 durch den Schwieberdinger Amtmann Distelbarth eingezogen, der 22. August mit seinem Steuereinzieher auf dem Möglinger Rathaus vorstellig wurde. Offenbar war man sich nicht einig, denn Balthas Pflugfelder hatte sich *mit Worten gegen H[errn] Amtmann verloffen* und wurde deshalb mit einem sog. kleinen Frevel, also 3 fl 15 ×, bestraft.[112] Am 26. April 1746 zog der Markgröninger Amtspfleger Beringer auf dem Möglinger Rathaus die Steuer ein, wozu die *gantze Bürgerschafft mit Läutung der Aidglocken auf vorheriges Vorbiet[en] cidirt* wurde. Die sechs fehlenden Bürger wurden mit je einem Gulden Strafe belegt.[113]

Die Gemeindeangehörigen mussten Vorspann-, Fron- und Fuhrdienste leisten, deren Entschädigung nach einem Generalreskript von 1711 und einer oberamtlichen Anweisung von 1728 genau geregelt war und sich an Personal, Ochsen, Wagen oder Karren, aber auch an den transportierten Gütern und der Wegstrecke orientierte. Auch Ludwigsburger Wachdienste mussten Möglinger versehen, so 1730/31 Konrad Torhacker sowie Hans Georg und Friedrich Pflugfelder. Insgesamt waren in diesem Rechnungsjahr 45 Personen von Möglingen in die neue Hauptstadt abkommandiert worden. Ihre Aufgaben waren Frondienst, Aufwarten, Schanzen, Militärdienst, Streifen auf Zigeuner oder herrenloses Gesindel und Botengänge. Beim *Schäffer Lauff und Markht* in Markgröningen erhielten 1730 19 Möglinger für Wachdienste je ein halbes Maß Wein und für einen Kreuzer Brot. Auch bei einer großen Jagd bei Weilimdorf im Sommer 1730 anlässlich des Besuchs des Königs von Preußen mussten 52 Mann aus Möglingen die Ernte im Stich lassen und als Jagdknechte fungieren.[114]

Die Frondienste führten öfters zu Streitigkeiten. So kam es 1734 unter den weniger begüterten Möglinger Bauern zu zahlreichen Klagen und Beschwerden, da sie nicht nur durch die Kriegszeit, sondern auch durch die Handfronen besonders stark in Anspruch genommen würden, zumal die begüterten Bauern auch nur als Handfröner, also ohne ihre Pferde, arbeiten müssten. Daher wurde beschlossen, dass ab Georgii 1734 die vermögenden Möglinger Bauern Georg und Michael Würth sowie Johann Jakob Wintterlin mit je einem Pferd und Marx

Jopp, Hans Jörg Klett, Hans Jörg Pflugfelder, Jakob Rothacker, Michael Hildinger und Michael Motz mit je zwei Pferden ihren Frondienst leisten mussten. Sie konnten sich davon jedoch für 48 fl jährlich, die den anderen Bauern als Fronbezahlung zugute kamen, freikaufen.[115] Dieses Privileg wurde 1744 aufgehoben.[116]

Wie andere Gemeinden musste auch Möglingen seit 1744 jährlich einen Scheffel und vier Simri Vorratsfrucht an das 1736 gegründete Zucht- und Arbeitshaus Ludwigsburg abgeben.[117]

3. Die Kirchengemeinde im 18. Jahrhundert

a) Wechsel zwischen den Dekanaten

1695 unterstanden der Spezialsuperintendenz, also dem Dekanat Markgröningen Asperg, Beihingen, Bissingen, Eglosheim, Heutingsheim, Möglingen, Münchingen, Tamm, Oßweil, Pflugfelden, Schwieberdingen, Stammheim, und Unterriexingen mit insgesamt 4316 Einwohnern, davon 945 in Markgröningen.[118] Bis 1710 hatte sich ihre Zahl auf 7112 erhöht.[119] Doch mit Gründung von Stadt und Amt Ludwigsburg 1718/19 sollte die neue dritte Hauptstadt des Landes auch ein eigenes Dekanat erhalten. 1719 verfügte im Zuge der Formierung des Oberamts Ludwigsburg ein fürstlicher Befehl die Vereinigung der Diözese Markgröningen mit dem neugeschaffenen Ludwigsburger Dekanatsbezirk. Der seitherige Markgröninger Dekan M. Johann Martin Mörleth wurde zum Ludwigsburger Dekan mit Wohnsitz in Markgröningen ernannt, starb jedoch schon im Mai 1719. Erst unter Herzog Karl Alexander wurde Markgröningen 1736 wieder eine eigene Diözese und blieb es bis zur Auflösung des Oberamts 1807.[120] Auch die Möglinger Kirchengemeinde unterstand daher von 1719 bis 1736 der neuen Ludwigsburger Spezialsuperintendenz, die 1720 10 218 Seelen zählte.[121]

Die »Andersgläubigen« wurden in verstärktem Maße bespitzelt. Dazu gehörten nicht etwa nur Katholiken, sondern in verstärktem Maße auch eine Gruppierung innerhalb der Landeskirche, die sog. Pietisten. Erst ein Generalreskript von 1743 tolerierte ihre Glaubensausübung. Katholiken begegnen uns selten in Möglingen, wie überhaupt in Württemberg. 1699 wird das Kind des aus dem katholischen Öffingen zugezogenen Ehepaars Jakob und Margaretha Höger getauft, wobei der Vater versprach, es im lutherischen Glauben erziehen zu lassen.[122] 1730 wohnten drei Katholiken in Möglingen,[123] darunter Johann Melchior Hauff.[124] 1747 lebten in Möglingen der katholische Priester M. Johannes Braun und seine ehemalige Haushälterin Gerstle schon einige Zeit zusammen, erhielten aber vom Herzog keine Erlaubnis zur Heirat. Sie sollten daher *von Stund an separirt werden, daß keiner mehr bey dem andern wohne*. Diese Trennung mussten Pfarrer und Schultheiß überwachen.[125]

b) Die Heiligenpflege

Der Verwalter und Rechner der Kirchengemeinde, also der Heiligenpfleger, wurde gewählt. Vor 1693 versah Michael Rockenbauch das Amt, dann Hans Philipp Reichert.[126] 1747 wurde verfügt, dass Heiligenpfleger Balthas Pflugfelder nicht zugleich Wirt sein sollte,[127] aber noch 1748 heißt es: *Heiligenpfleger taugt nicht wohl zu seinem Amt, weil er Wirt ist*.[128] Der Nachfolger Chirurgus Donner wollte 1752 als Heiligenpfleger abtreten, aber alle Kandidaten, die man gerne gewählt hätte, erklärten, sie wollten sich eher strafen lassen, als dieses Amt annehmen, da man täglich Arbeit, aber nur einen Scheffel Dinkel jährlich und etwas Taglohn dafür habe. Schließlich fand sich Donner bereit, das Amt weiterzuführen, jedoch nur, wenn er jährlich *etwas zu einer Aufmunderung ausser dem Heiligen pro salario* sowie die nächste freie Ratsstelle bekomme. Da der Bürgermeister und Richter Hans Jörg Reinhart kurz vorher verstorben war und damit ein Ratsmitglied ins Gericht nachrückte, wurde Donner sofort zum Ratsmitglied ernannt.[129]

Die Aufgaben des Heiligenpflegers werden 1779 bei einem Gesuch um Besoldungserhöhung beschrieben. Er musste damals 240 Posten Hellerzinse, Gülten und Landachtfrüchte sowie ablösige Zinsen von 70 Personen und 200 Sommerhühner jährlich einziehen. Dazu kam die Besorgung des Rechnungs- und Bauwesens für Kirche, Uhr, Glocken und Orgel und gemeinsam mit dem Bürgermeisteramt die Verwaltung des Schulhauses. Weitere Tätigkeiten waren der Einzug des Opfergeldes, die Ausbezahlung gestifteter Almosen und die Austeilung der sog. Blechlein an Bedürftige, welche diese zum Almosensammeln berechtigten. Hinzu kamen noch seine privaten Haus- und Feldgeschäfte. Die bisherige Entlohnung von zweieinhalb Gulden wurde auf acht Gulden erhöht.[130]

Zehn Jahre nach dem Franzoseneinfall wurde 1703 erstmals seit 1606 wieder eine Lagerbucherneuerung des *Heiligen der St. Pangratz und gemeiner St. Urbans-Bruderschaft von Alters*, also eine Neufestschreibung der Einkünfte und Rechte der Möglinger Pfarrei, durchgeführt. Ähnlich wie bei anderen Lagerbüchern finden wir gewisse Rubriken wie Hellerzinsen, Spendenalmosen, Landachtfrüchte, Wein, alte Hennen, junge Hühner, aber auch Einkünfte an Wachs und Öl. Die Kirchengemeinde besaß nur ein Gebäude, nämlich die Heiligenscheuer neben dem Pfarrhaus, in der die Naturalien eingezogen, gesammelt und ausgedroschen wurden. Einige Ländereien gehörten ebenfalls der Pfarrei, so die Wiesen *im Spitz genannt*, von denen 1571 die Hälfte um 50 fl an das Spital Stuttgart zur Erweiterung des Kirch- und Friedhofs verkauft wurde. Neben jährlich einem Pfund Heller aus der Mühle standen der Heiligenpflege Öl aus einigen Häusern, Hofstätten und Scheunen beim Rathaus sowie aus einem Hofgut der St. Leonhards-Pfründe Stuttgart in Pflugfelden zu.[131]

Schon 1699 hatte die Heiligenpflege ihr Haus mit Scheune unter einem Dach beim Kirchbrunnen an Jörg Kienzle verkauft. Die Heiligenscheuer beim Pfarrhaus wurde 1705 an das Hospital Stuttgart veräußert.[132]

Nach der ältesten im Gemeindearchiv erhaltenen Heiligenrechnung von Lichtmess 1755 bis Lichtmeß 1756 standen der Pfarrei noch zahlreiche, wenn auch geringe Einkünfte aus Äckern, Weinbergen, Wiesen, und Baumgärten sowie aus einigen Häusern, Scheunen und Kellern im Ort zu. Viele dieser Ländereien befanden sich im sog. Vöhinger Zehnt bzw. trugen die Bezeichnung *im Vöhinger Feld beym Kirchle* oder *bey dem Vöhinger Kirchlen*. Insgesamt nahm die Heiligenpflege in diesem Jahr rund 1417 fl sowie nicht ganz zwei Scheffel Roggen, fast 56 Scheffel Dinkel und etwas weniger als 21 Scheffel Hafer ein. Dazu kamen drei Maß Wein, eine alte Henne, viereinhalb junge Hühner, zwei Simri Öl, 5 3/4 Pfund Wachs sowie verschiedene Baumaterialien. Ausgegeben wurden u. a. die Zinsen von testamentarisch gespendeten Almosen von Möglinger Einwohnern in Form von Brot an Arme sowie Besoldungsgelder. Darunter fielen gemäß einem herzoglichen Befehl von 1741 jährlich vier Gulden an den Schulmeister für das Orgelspiel sowie fünf Gulden für das Halten der Sonntagsschule. Die Entlohnung des Heiligenpflegers betrug acht Gulden. Schulmeister Nicolaus erhielt einen Gulden, weil er das Jahr über in der Kirche das Opfer mit dem Klingelbeutel eingesammelt hatte. Sowohl Arme mit sog. Heiligenblechlen, einer fürstlichen Erlaubnis zum Betteln, die Auswärtige vorzeigen mussten, als auch Arme am Ort, damals die Witwen von Johannes Hummel und Hans Jörg Schwan, wurden von der Heiligenpflege unterstützt. Bernhard Gerstlen erhielt wegen seiner *Steinbeschwerlichkeit* sechs Gulden zu einer Operation und Kur, ebenso wurden die Beerdigungskosten des Füsiliers Johannes Kaul, der *als ein hiesigen Bürgers Kind im Invaliden Tractat gestanden*, bezahlt. Das 1717 *von der factorie Königsbronn* erkaufte Glöckle wurde wohl im Gottesdienst benutzt. Der Heiligenpflege oblag auch die bauliche Instandhaltung von Kirche, Turm, Uhr, Glocken, Orgel und Schulhaus. Die Ausgaben an Geld betrugen im Rechnungsjahr 1755/56 fast 1321 fl, dazu kamen Fruchtausgaben, u. a. je ein Scheffel Dinkel als

Die der Möglinger Heiligenrechnung von 1762/63 mit dekorativem Einband.

Besoldungsanteil an den Heiligenpfleger, den Schulmeister, den Orgelkalkanten, den Schützen sowie die Hebamme. Das Inventar der Heiligenpflege bestand u. a. aus einem silbernen Kelch sowie mehreren Kannen, Kelchen und Becken aus Zinn. Auch je ein blaues und ein schwarzes Kanzel-, Altar- und Taufsteintuch, ein großes und ein kleines Leichentuch und mehrere Chorhemden verwahrte die Kirche.[133] Die Pfarrei Möglingen beanspruchte noch 1703 den größten Teil des Kleinen Zehnten in Möglingen, dessen andere Anteile Vöhinger Zehntherren und dem Hospital Stuttgart zustanden.[134]

c) Die Pfarrer von 1651 bis 1763

1651–1703 M. Ludwig Schweizer (1620–1703)
1703–1708 Christoph Jakob Schweizer (geb. um 1666)
1708–1741 Israel Conz (1679–1741)
1741–1763 Johann Michael Beurlin (1693–1763)

Pfarrer Schweizer war zeitweise Feldprediger im Dreißigjährigen Krieg und erlebte auch die schlimmen Franzoseneinfälle. Im Unglücksjahr 1693 starb seine erste Frau Anna Maria geb. Schedel, die er 1645 an deren Heimatort Esslingen geheiratet hatte. Seine zweite Frau Maria Jakobine geb. Giesendörfer war die Witwe des Vaihinger Präzeptors Dobel.[135] Im Sommer 1694 musste Pfarrer Schweizer zusätzlich die Pfarrei Pflugfelden versehen, deren Pfarrbesoldung er erhielt. Dafür musste er auf eigene Kosten einen Vikar anstellen.[136] 1695 erhielt Schweizer aufgrund seines Alters für die Osterzeit M. Jakob Ernst Korn zugeordnet und 1697 war er *der älteste in dem collegio* und hatte *sich nunmehr zur Ruhe begeben*. Der 26-jährige Vikar M. Johann Gottfried Nicolai vertrat ihn und war *eifrig in der disciplin, welches in diesem orth sehr nöthig*.[137] 1703 starb Schweizer mit 83 Jahren nach 52 Amtsjahren als Möglinger Pfarrer.[138]

Der um 1666 geborene Nachfolger M. Christoph Jakob Schweizer, der Neffe seines Vorgängers,[139] war seit 1692 Feldprediger beim Kreisregiment zu Fuß, seit 1694 Pfarrer in Mühlhausen an der Enz und seit 1695 Geistlicher in Lomersheim. Von 1703 bis 1708 amtierte Schweizer nur wenige Jahre in Möglingen und dann bis zu seiner Pensionierung 1727 in Pleidelsheim.[140]

Von 1708 bis zu seinem Tod 1741 war der 1679 als Pfarrerssohn in Münster am Neckar geborene Israel Conz Geistlicher in Möglingen.[141] Ihn unterstützte fast ständig ein Vikar.[142] 1730 urteilen die Visitatoren, Conz *seye etwas gewallthätigs im Ampt, werde mehr geforchtet als geliebet, doch fleissig in seines Ampts Verrichtung*.[143] Pfarrer Conz hatte etliches an Grundbesitz in Möglingen erworben. Um 1750 gehörte seiner Witwe ein zweistöckiges Haus an der Gröninger Straße mit Scheune und einige Grundstücke. Das meiste davon verkaufte der Sohn Christoph Friedrich 1760/61.[144] Der Enkel von Pfarrer Conz war der 1762 in Lorch geborene Dichter Carl Philipp Conz.[145]

Nachfolger von Conz wurde 1741 der 1693 in Stuttgart geborene Bürgermeistersohn Johann Wilhelm Beurlin. Wie so oft wird auch hier wieder die Absicht der Stadt Stuttgart, die ja wegen des Hospitals noch immer das Nominationsrecht des Pfarrers besaß, deutlich, ihre Bürgersöhne mit Stellen zu versorgen. Nach seiner Amtszeit in Hegenlohe von 1727 bis 1741 wirkte Beurlin 22 Jahre lang in Möglingen.[146] Bei seiner Wahl und Ernennung kam es zu ernsthaften Differenzen zwischen der Stadt Stuttgart und dem württembergischen Konsistorium wegen der letztendlichen Zuständigkeit. In einem langen Gutachten wurden Urkunden zurück bis 1741 zu Rate gezogen. Auch Reskripte aus den Jahren 1694 und 1727 werden erwähnt, die der Stadt Stuttgart die Wahl des Pfarrers ohne Zuziehung des zuständigen Dekans bestätigten.[147]

1751 hielt Beurlin an Sonn-, Fest- und Feiertagen vormittags sommers und winters um neun Uhr die Predigt und um zwölf Uhr den Katechismus. Betstunde war mittwochs um halb elf Uhr; freitags fanden abwechselnd Predigten und Katechisationen um zehn Uhr statt. Samstags gab Beurlin um halb ein Uhr eine Vesperlektion und am Tag vor der Kommunion fand um zehn Uhr eine sog. Präparationspredigt statt. Am Palmtag wurde neben der Vormittagspredigt nachmittags die Passionshistorie vorgelesen und danach eine Betrachtung darüber angestellt. Von Gründonnerstag bis Ostersonntag fanden zusätzliche Gottesdienste statt.[148] 1758 war Beurlin *alt und kränklich, in studiis und anderem schwach, hat eine schwehre Zunge*, und 1759 hatte er seit Monaten keinen Gottesdienst mehr gehalten.[149] 1763 beschloss Beurlin sein Leben mit rund 70 Jahren in Möglingen.[150]

d) Neue Glocken, Orgel und Uhr; Sanierung der Kirche

Offenbar wurden beim Franzoseneinfall 1693 alle Möglinger Kirchenglocken bis auf die kleinste, sehr alte geraubt. Eine mittelgroße Glocke in A mit einem Gewicht von 393 kg gossen laut Inschrift 1698 Johannes Rossier und dessen Söhnen Johann Peter und Claudi[us]. Die große Glocke in F mit 737 kg datierte aus dem Jahr 1715. Beide wurden ein Opfer der Weltkriege unseres Jahrhunderts.[151]

1725 wurde *Gott zur Ehre und beßerer Harmonirung des Choral-Gesangs auch zu einiger Zierde der Kirchen selbsten* die erste Möglinger Kirchenorgel eingebaut. Das *convenable wie wohl nicht kostbare Orgelwerckh* wurde aus Spenden der Bürgerschaft sowie anteilig von der bürgerlichen und kirchlichen Gemeinde bezahlt. Der Organist erhielt jährlich je 6 fl vom Bürgermeisteramt und der Heiligenpflege, sein Kalkant von letzterer einen Scheffel Dinkel. Dieses sog. Wartgeld wurde 1734 auf drei weitere Jahre genehmigt, jedoch 1742 erfolgte auf Befehl des Herzogs eine Minderung des Anteils der Heiligenpflege auf 4 fl. Ob das Bürgermeisteramt die Differenz übernahm, ist nicht bekannt. Die Orgel spielte damals wie üblich der Schulmeister.[152]

Die Uhr auf dem Möglinger Kirchturm war 1730 so defekt, dass eine umfangreiche Reparatur notwendig war. Zugleich sollte auch ein Viertelstundenschlagwerk eingebaut werden. Im Zeitraum von fünf Jahren wurden dem Herzog mehrere Verträge mit Uhrmachern zur Ratifikation zugestellt. Vermutlich erfolgte aber erst um 1740 der Einbau einer neuen Uhr,[153] denn 1741 wurde die *Uhr-Taffel*, also das Zifferblatt der Kirchturmuhr von Maler Johann Georg Heyd neu gestrichen. Er musste nach dreifacher Grundierung das Mittelfeld *von fein und guten Berliner Blau und Sonnengelb von guter Goldfarb* sowie *den Haubtring von Helffenbein und Schwartz* anstreichen. Alle Zahlen sollten aus *Ducaten-Gold* gemalt und der zweite Ring versilbert werden. Auf die vier grünen Ecken des Zifferblatts musste Heyd das herzoglich-württembergische Wappen mit *gebührenden* Farben malen. Für die Materialkosten und 12 Tage Arbeit wurden 18 fl 12 × veranschlagt.[154]

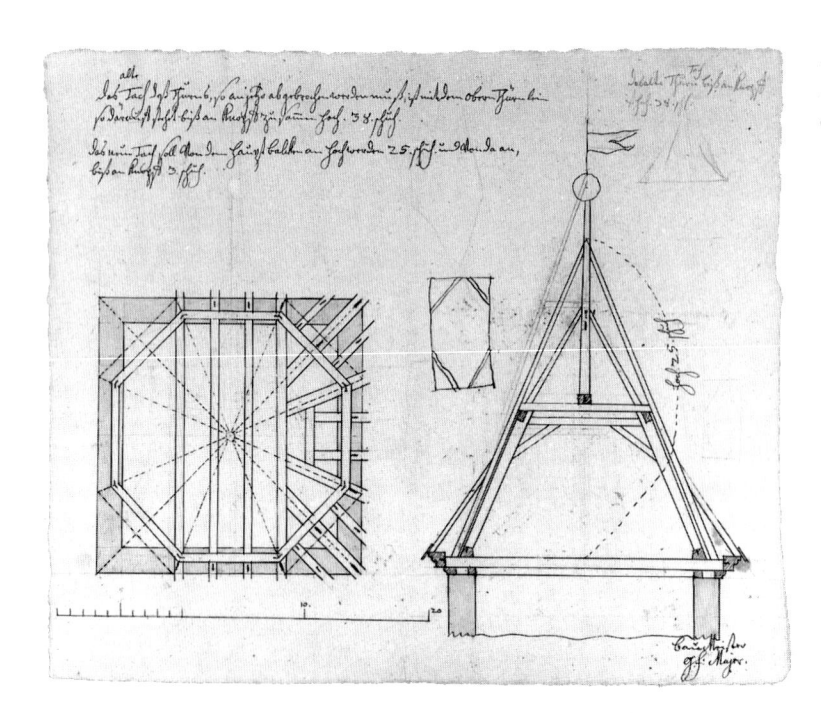

Plan zum Neubau des Möglinger Kirchturmdachs aus dem Jahr 1746.

1738/39 war die altehrwürdige Möglinger Kirche, die den Dreißigjährigen Krieg und die Franzoseneinfälle überstanden hatte vor allem im Turmbereich so baufällig, dass Spezial und Vogt von Markgröningen sowie Pfarrer Conz beim Herzog um einen Zuschuss zu den auf 278 fl bezifferten Reparaturkosten nachsuchten.[155] Doch Conz starb bald darauf und erst unter seinem Nachfolger Beurlin wurde wenigstens das vom Einsturz bedrohte Turmdach erneuert. 1746 wurde ein neuer Plan ausgearbeitet. Danach sollte das alte 38 Schuh hohe Kirchturmdach abgebrochen und durch eine neue 40 Schuh hohe Konstruktion mit neuem Knauf, Gockel und Kreuz ersetzt werden. Gerüst, Flaschenzug und andere *Machinen* waren dazu notwendig. Der örtliche Zimmermann Knoss traute sich die Arbeit für 200 fl zu, doch hielt ihn die Gemeinde nicht für hinreichend befähigt. Daher wurde der Schöckinger Zimmermann Eberhard Ludwig Renckenberger beauftragt, der zudem ein 20 fl billigeres Angebot vorlegte. Der herzogliche Kirchenratsbaumeister Majer, dem das Gesuch der Möglinger vorgelegt wurde, protegtierte hingegen Knoss sowie zwei Markgröninger Zimmermeister und legte einen Vertrag vor, der nur 95 fl sowie zwei Scheffel Dinkel und zwei Imi Wein an Kosten aufwies. Dies war aber, so bemängelte Renkenberger, eine Verschleierung, denn in Geld umgerechnet ergab sich eine höhere Summe. Auch beschwerte er sich, weil Majer einen anderen Vertrag abgeschlossen hatte, obwohl er, Renckenberger, bereits 50 fl in bar empfangen und den Vertrag in der Tasche habe. Majer reagierte sofort und berichtete dem Herzog, dass der *ausländische* Zimmermann (Schöckingen war Adelsbesitz) nur über Beziehungen den Vertrag erhalten habe. Der Herzog beauftragte jetzt seinen Oberbaudirektor von Leger, der neue Pläne fertigte und einen Schlussstrich setzte: *Die Zim[m]ermanns Arbeith muss der Schecking[er] machen, wan[n] es guth gemacht werden solle.*[156]

Die Bauarbeiten konnten beginnen und 1747 wurde das neue Kirchturmdach aufgeschlagen. 13 Bürger, die mithalfen, erhielten eine Entschädigung und beim Richtfest wurde dem Zimmermann und seinen Gesellen ein Mittagessen spendiert.¹⁵⁷ In den neuen Turmknauf legte man 1747 ein Schriftstück und mehrere Münzen.¹⁵⁸ Leider geschah auch ein Unglück beim Bau, als am 9. Mai 1747 bei der Abdeckung des Dachs der achtjährige Sohn des Johannes Gottlieb Reichert auf den Turm kletterte, auf das Glockengestell stürzte und nach wenigen Stunden seinen Verletzungen erlag.¹⁵⁹

e) Schlechte Instandhaltung der Gebäude des Stuttgarter Hospitals in Möglingen

1732 bzw. 1739 gehörten dem Stuttgarter Spital in Möglingen das Pfarrhaus in der Kirchgasse (Wert 400 fl) mit der danebenstehenden ehemaligen Heiligenscheune, die Zehntscheune am *Kürrweg* mit zwei Tennen und zwei Barn außen im Dorf zwischen der Münchinger Gasse und dem Widdumhof (Wert 450 fl), das Schulhaus in der Münchinger Gasse zwischen der Zehntscheune und dem Widdumhof (Wert 150 fl) und die Kelter mit vier Pressen unterhalb der Mühle (Wert 200 fl). Dazu kamen noch ein Teil an einem Hausplatz hinter dem Pfarrhaus, ein Morgen in den Goldäckern, sowie anderthalb Viertel Baum- und Grasgarten, genannt der Schulgarten, beim Bach.¹⁶⁰

Schon 1724 war das Dach auf dem Pfarrhaus sehr ruiniert, aber die Stadt Stuttgart unternahm nichts.¹⁶¹ Unumgängliche Reparaturen wurden 1736 am Pfarrhaus, Schulhaus, der Pfarrscheune und der Kelter vorgenommen, und 1750 waren Schulhaus, Zehntscheune und Kelter so schadhaft, dass der Kostenvoranschlag für die Reparaturen über 1200 fl betrug.¹⁶² Erst 1746/47 wurden wieder *höchstnötige* Reparaturen am Pfarrhaus durchgeführt. Im Mai 1746 hatte Pfarrer Beurlin nach Stuttgart berichtet, dass das Dach undicht und deshalb die Wohnstube durchfeuchtet sei. Das Kellergewölbe war schadhaft und der Keller, *der einer Froschlache nicht ungleich war,* konnte nur unter Lebensgefahr betreten werden.¹⁶³ Bald nach 1751 erhielt das Pfarrhaus einen neuen Anbau,¹⁶⁴ wird jedoch schon 1758 wieder als *baulos* bezeichnet.¹⁶⁵

4. Keine Verbesserung der Schule

a) Die Schulmeister von 1687 bis 1765

1687–1695 Johann Christoph Roßnagel
1697–1733 Johann Ludwig Hartmann (1656– 1733)
1733–1760 Joseph Nicolaus (1704–1759)
1760–1765 Johann Michael Fink (geb. 1726)

Der Glaser Johann Christoph Roßnagel aus Bittenfeld, seit 1687 Möglinger Schulmeister, wurde im April 1695 nach Beihingen versetzt.¹⁶⁶ Sein Nachfolger wurde der Tuchmacher Johann Ludwig Hartmann aus Unterriexingen.¹⁶⁷ 1727 heißt es jedoch, er stamme aus Oberrot im Limpurgischen.¹⁶⁸ Vielleicht wurde er dort geboren und Unterriexingen war sein vorheriger Dienstort. 1703 bemängelten die Visitatoren, er *gehe dem Trunk nach, [und sei] ein schlechter Haußhelter*. Die Schule hielt daher zeitweise sein ältester Sohn, jedoch war es 1704 mit dem Zechen und Spielen besser geworden.¹⁶⁹ Seit 1709 tat ständig ein Provisor, also ein Gehilfe des Schulmeisters, in Möglingen Dienst.¹⁷⁰ Auch 1714 war Hartmann seit dem Tod seiner Frau wiederum dem Trunk ergeben, und die Schule hielt der Provisor. Nach der Wiederverheiratung 1717 erhielt er *gutes Lob*,¹⁷¹ wurde aber schon 1728 erneut wegen Trunkenheit streng ermahnt.¹⁷² Er *kann nicht recht mehr fortkom[m]en*, urteilt die Visitation 1730, lebe unordentlich und liebe den Trunk. Als 1731 kein Provisor am Ort war, musste der Oßweiler Schulmeister Hartmann einspringen.¹⁷³ Den Tod seiner zweiten Frau 1733 verkraftete Hartmann wohl nicht, er starb noch im selben Jahr im Alter von 77 Jahren.¹⁷⁴

Hartmanns Nachfolger wurde Joseph Nicolaus aus Tamm,¹⁷⁵ der 1735 als qualifizierter Schulmann sowie gut im Schreiben, Rechnen, Singen und Orgel schlagen bezeichnet wird.¹⁷⁶ Von Beruf war er Schneider.¹⁷⁷ Seit 1741 erhielt Nicolaus vom Bürgermeisteramt jährlich 8 fl für das Orgelspiel sowie seit 1743 einen Gulden für das Halten der Sonntagsschule.¹⁷⁸ Fast

MÖGLINGEN

Ansichtskarte um 1930 mit Kirche und zugehörigen Gebäuden altes Schulhaus, Mesner- (= Schulmeister-) Wohnhaus und Pfarrhaus.

jedes Jahr wechselte der Provisor. Einer der Gründe war der schlechte Lohn. So war 1757 Provisor Johann Friedrich Rentz bei der Visitation nicht mehr am Ort, da er *um weit bessres Gehalt* Provisor in Asperg geworden war.[179] Schulmeister Nicolaus starb 1759 im Alter von 55 Jahren.[180]
Nachfolger wurde am 4. Januar 1760 der 33-jährige Möglinger Bürgersohn Johann Michael Fink.[181] Eine erstaunliche Karriere, denn Finks Vater Johannes hatte 1707 als Untertürkheimer Taglöhnersohn nach Möglingen eingeheiratet. Der Schulmeister stammte aus der zweiten 1717 geschlossenen Ehe mit der Möglinger Schäferstochter Anna Maria Hildinger.[182]

Zur Besoldung des Schulmeisters gehörte auch der kleine Zehnte des Hospitals Stuttgart von Kraut, Rüben, Obst, Hanf und Flachs aus einigen Feldern im Bereich Vöhinger Zehnt und Ammertal jenseits des Bachs.[183] 1752 machte eine neue Ordnung den jahrelangen Streitigkeiten um die Entlohnung der immer noch mit dem Schulmeisteramt verbundenen Mesnerei ein Ende. Üblich war bis dahin die Reichung der Mesnergarbe und eines Laibes Mesnerbrot pro Einwohner. Die *uhr-alte Lagerbücher* mit Angaben über die Mesnerei waren beim Franzoseneinfall zugrunde gegangen. Daher wurde neu bestimmt, dass jeder Einwohner, ob Beisitzer, Witwer, Witwe oder Waisenkind, der begütert war, ebenso Auswärtige, die Güter auf hiesiger Markung hatten, dem Mesner jährlich eine Dinkelgarbe oder ersatzweise Roggen, Einkorn, Hafer, Gerste oder Erbsen reichen sollte. Unbegüterte oder solche mit geringem Besitz mit Ausnahme von Minderjährigen, Waisenkindern und Ausgesessenen mussten nur einen Mesnerlaib geben.[184]

b) Schülerzahlen und Schulhaus

Die Schülerzahlen in Möglingen hatten sich zwischen 1695 und 1760 kaum erhöht. Lediglich 1720 und 1750 wurde die Schule von zahlreichen Kindern besucht. Deutlich wird auch, dass im Sommer viele Kinder den Eltern bei der Landwirtschaft helfen mussten und deshalb nicht zur Schule konnten. 1743 wurde die Sonntagsschule eingeführt.[185] Über das Verhalten der Schüler ist wenig überliefert. Um 1760 erfahren wir, dass bei der Schulvisitation den Kindern Geld ausschließlich für Bücher und Papier gegeben werden solle, *da die wenige Kreuzer von ihnen nur verschleckt werden*.[186]

Die Schülerzahlen von 1695 bis 1760 gliedern sich wie folgt:[187]

Jahr	Sommer	Winter	Ohne Angabe
1695			64
1697	36	63	
1700	32	60	
1710			79
1720	42	94	
1730	32	73	
1740	54	70	
1750	73	88	
1760			74

1705 war das Schulhaus für die vielen Kinder zu klein und das Spital Stuttgart, dem es gehörte, sollte es vergrößern.[188] Jedoch noch 1724 war keine Schulhauserweiterung erfolgt.[189] 1740 zeigte sich der vordere Giebel des Schulhauses so baufällig, dass man täglich mit dessen Einsturz rechnen musste. Der Winter 1740/41 tat sein übriges, und ein Stützgerüst war erforderlich.[190] Offenbar wurde nur notdürftig geflickt, denn 1751 drohte dem Schulhaus wieder der Einfall,[191] und bei der Visitation 1755/56 beklagten sich Schulmeister und Magistrat heftig, weil in dem alten Schulhaus kein Platz für einen Provisor sei und dieser beim Schulmeister wohnen müsse. Die Schulstube sei so schlecht, dass die Kinder im Winter wegen der Kälte *viles zu leyden hätten*. Sie berichteten dies auch dem Stuttgarter Spitalvorsteher,[192] jedoch noch 1758 war nichts geschehen.[193] Glücklicherweise besaß Schulmeister Nicolaus ein zweistöckiges Haus beim Pfarrhaus, worin er und der Provisor wohnen konnten.[194] Die Schüler hingegen mussten noch einige Jahre leiden (s. S. 213).

5. Landwirtschaftliche Verhältnisse

a) Die Lehenhöfe

Die großen Lehenhöfe dominierten auch im 18. Jahrhundert noch die örtliche Landwirtschaft, obgleich sie inzwischen nicht mehr die Geschlossenheit des 16. Jahrhunderts aufwiesen. Aber auch in anderen Orten des Amtes gab es 1725 *ohnzertrennliche Hof-, Hueb- und Lehengüether*, so in Tamm 113, in Bissingen 59, in Münchingen 35 und in Markgröningen und Möglingen je 19. Alle anderen Amtsorte lagen darunter.[195] Bei der Steuerschätzung von 1725/26 wurden die Gebäude und Grundstücke der 19 Hof- und Lehengüter streng getrennt von der übrigen Ortschaft eingeschätzt. Zu ihnen gehörten rund 2261 Morgen Äckern, 77 Morgen Wiesen, sechs Morgen Weinberge und 15 Morgen Gärten sowie nach endgültiger Schätzung 23 Häuser, 22 Scheunen und elf leere Hofstätten mit einem Gesamtwert von 96 031 fl 30 × 1 h. Die einzelnen Lehen- und Hofgüter waren (Hofwert der ersten Schätzung in fl aufgerundet, GVM = Geistliche Verwaltung Markgröningen, KM = Kellerei Markgröningen):[196]

Bezeichnung	Inhaber	Gebäude	Wert	Abgaben an
Erster Kellereihof	Hans Jakob Reichert, Hans Reichert, Philipp Imle, Jung Balthas Pflugfelder, Michael Schaupp	Haus, Hofplatz, zwei Scheunen	7849	KM
Zweiter Kellereihof	Georg und Jakob Moz, Jakob Pflugfelder, Balthas Schaupp, Jung Michael Kienzle, Balthas Hagel	zwei Häuser, Hofplatz, Scheune	8809	KM
Dritter Kellereihof	Schultheiß Jakob Moz, Hans Georg Reinhart, Philipp Moz, Hans Georg Imle	zwei Häuser, Hofplatz, Scheune	9374	KM
Vierter Kellereihof	Johannes und Jung Kaspar Blank	zwei Häuser, Hofplatz, Scheune	3398	KM
Fünfter Kellereihof	Batlhas Pflugfelder (Metzger), Johannes Ladner	Haus, Hofplatz, Scheune	3506	KM
Geradstetter Hof	Georg Blank, Balthas Pflugfelder (Bauer), Michael Kienzle, Jakob Moz	zwei Häuser, eine Scheune mit zwei Tennen, ein abgebrannter Hausplatz mit Hofplatz und Dunggerechtigkeit beim Rathaus	6991	GVM
Schneller- oder Frölichshof	Kaspar Blank	Haus, Hofplatz, Scheune in der Pflugfelder Straße	3780	Pfarrei Marbach und GVM
Adelberger Hof	Friedrich Österreicher, Johannes Moz, Matthäus Pflugfelder und andere	Zwei Häuser, Scheune, Hofplatz, Ställe in der Münchinger Gasse	7358	GVM
Hertershof	Georg Kienzle	Scheune mit zwei Tennen, drei leere Hofstattplätze bei der Wette	4904	Geistliche Verwaltung Bietigheim (geringer Teil Heiligenpflege Möglingen)
Widdumhof	Hans Pflugfelder, Adam Burgetz	Zwei Häuser, Heuhaus, Scheune, Brunnen in der Münchinger Gasse	6566	Hospital Stuttgart
Großer Schorndorfer Hof	Johannes Benkiser, Martin Pflugfelder	Doppelte Behausung unter einem Dach, doppelte Scheune, kleine Scheune, zwei Nebengebäude, leerer Hofstattplatz	7967	Hospital Schorndorf
Kienzlerischer Schorndorfer Hof	Balthas Pflugfelder (Bauer), Johannes Blank	Zwei Häuser, drei Scheunen, Nebengebäude, zwei Brunnen	8649	Hospital Schorndorf
Kniestedtische Hof	Johann Georg Blank	Einstöckige Behausung, Hofplatz oben im Dorf	4291	Herren von Kniestedt zu Heutingsheim (geringer Teil Heiligenpflege Möglingen)
Stiftslehen	Alt Johann Philipp Reichert	Keine	2870	Stiftsverwaltung Stuttgart (geringer Teil Heiligenpflege Möglingen)
Leonberger Lehen	Georg Blank	Keine	2183	GVM (geringer Teil KM)
Gröninger Lehen	Johann Georg Blank	Keine	1138	GVM (geringer Teil KM)
Siechenlehen	Georg Würth	Keine	2749	Sondersiechenpflege Stuttgart
Schwieberdinger Lehen	Alt Philipp Reichert, Balthas Pflugfelder und andere	Keine	814	Heiligenpflege Schwieberdingen
Stammheimer Lehen	Jakob Kienzle	Haus, Scheune und Hofplatz unten im Dorf; Haus, Scheunenplatz worauf noch ein Stall, Hofplatz, Dunggerechtigkeit in der Münchinger Gasse; leerer Hausplatz, neugebaute Scheune, Hofplatz, Dunggerechtigkeit in der Münchinger Gasse; Haus, Scheune, Stall, Hofplatz, Dunggerechtigkeit oben im Dorf; Haus, leerer Scheunenplatz oben im Dorf	2846	Schertlin von Burtenbach bzw. Pfarrei Stammheim

Haus Koch (rechts Paul Koch) in der Münchinger Straße, der ehemalige Adelberger Hof, um 1910. Heute befindet sich hier der Vorplatz des Feuerwehrmagazins.

Nach den Franzoseneinfällen waren neue Bestandsaufnahmen notwendig geworden. 1700 erneuerte das Stift Stuttgart sein Stiftslehen, den Hof der früheren sog. Pfaff Eblins Pfründe, in Möglingen.[197] Die Kellerei Markgröningen führte 1701 eine Lagerbucherneuerung durch;[198] die Geistliche Verwaltung folgte 1703.[199] Einige wenige Güter, die dem Hospital Markgröningen zinspflichtig waren, wurden ebenfalls 1703 durch ein Lagerbuch neu beschrieben.[200]

Immer wieder unternahmen die Hofinhaber Versuche, anhand alter Rechte Steuer- oder Abgabefreiheiten, aber auch Baukostenzuschüsse zu erlangen. 1697 wurde den *Drittelmaiereigutinhabern*, also den Bauern der drei Höfe, die der Geistlichen Verwaltung Markgröningen gültbar waren, ihre Abgabe des dritten Teils der Früchte aus rund 100 Morgen Acker, die auf 213 Scheffel fixiert war, für zwei Jahre erlassen. Grund war die Einäscherung eines Großteils ihrer Häuser beim Franzoseneinfall 1693, zudem hatte die Vernichtung und Plünderung der Feldfrüchte und schließlich die Nacht-, Rast- und Winterquartiere der eigenen und befreundeten Truppen die Bauern in *äussersten Ruin und Verderben gestürtzt*.[201]

Besonders Bauholz war nach den großen Zerstörungen 1693 gefragt. 1727 erhielten Balthas Pflugfelder und Hans Motz als Inhaber eines der Kellereihöfe 247 Tannenbalken und 15 Eichenbalken gratis zum Wiederaufbau ihrer Gebäude.[202] 1731 wollte Barbara, Witwe des Hans Reichert und Inhaberin eines Viertels eines der Kellereihöfe, eine Scheune auf einen Platz dieses Hofs, auf dem schon früher eine Scheune gestanden hatte, bauen, und das Wohnhaus reparieren lassen. Sie glaubte, aus den alten Lagerbüchern ableiten zu können, dass ihr das Bauholz dazu aus dem Leonberger Forst gratis zustand. Der Herzog erfuhr von seinem dortigen Forstmeister, dass Tannenbauholz rar und im Leonberger Forst derzeit gar nicht zu bekommen sei. Die Bitte wurde abgeschlagen und stattdessen genehmigte der Herzog nur fünf Gulden Bauzuschuss aus der Markgröninger Amtskasse.[203]

Vor allem Besitzstandsveränderungen wurden durch die jeweiligen Hofherrschaften streng überwacht. Maria, Witwe des Balthas Schaupp, erhielt 1725 die herzogliche Erlaubnis, ihren 37 Morgen großen württembergischen Kellereihof an ihre zwei Söhne zu geben, allerdings mit der Auflage, die Abgaben trotzdem aus einer Hand zu reichen.[204] Johannes Wintterlin kaufte 1747 aus der Erbmasse des Alt Jakob Pflugfelder ein Stück Garten außen im Dorf am Gröninger Weg, worauf früher ein Haus gestanden hatte. Die aus diesem Stück fällige Abgabe stand dem Hospital Schorndorf zu. Zur Übertragung dieser Abgabe auf sein anderes, besser situiertes Gut musste Wintterlin die Zustimmung des Schorndorfer Magistrats einholen.[205]

Im Regelfall waren die Lehenhöfe an Möglinger Bauern vergeben. Eine Ausnahme war beispielsweise Hans Jakob Heller in Stuttgart, dem 1739 im Stammheimer Lehen ein abgebrannter Haus- und Scheurenplatz zu beiden Seiten der Gröninger Gasse gehörte. 1698 hatten je ein Viertel davon Balthas Schaupp, Kaspar Blank sowie Matthäus und Hans Pflugfelder besessen. Dem offenbar vermögenden Heller gehörte auch die Hälfte eines Hauses unten im Dorf und eine halbe Hofstatt, worauf ein *Häuslen* gestanden hatte.[206]

b) Fortschritte in Weinbau, Landwirtschaft und Viehzucht

Der Franzoseneinfall hatte der Landwirtschaft erheblichen Schaden zugefügt, denn die reife Frucht war entweder gestohlen oder verbrannt worden. Nach einem Bericht des Stuttgarter Armen- oder Sondersiechenhauses vom Januar 1694 waren dessen gültbare und ansonsten gute Äcker in Möglingen, Oßweil, Kornwestheim und Poppenweiler *totaliter ruiniert*.[207] 1698 waren in Möglingen 260 Morgen Felder und 42 Morgen Weinberge unbebaut.[208] Der Weinbau spielte auch im 18. Jahrhundert noch eine große Rolle. 1732 war Möglingen mit 114 Morgen Weinbergen nach der Amtsstadt und Tamm (238 Morgen) die größte Weinbaugemeinde im ganzen Amt.[209] Andere Hemmnisse beim Weinbau ergaben sich bei Kulturveränderungen, z. B. von Wiesen in Ackerland oder Weinberge, da meist verschiedene Eigentums- oder Zinsrechte berührt wurden und eine andere Besteuerung erfolgen musste. Nach einem Reskript von 1741 war bei einer Anbauveränderung von Weinbergen ein Konzessionsgeld zu entrichten.[210]

Zu Beginn des 18. Jahrhunderts wurde die neue Pflanze Mais oder Welschkorn angebaut und, besonders durch die Einwanderung von waldensischen Glaubensflüchtlingen, die Kartoffel in Württemberg eingeführt. Sie verdrängte nach und nach minderwertigere Hülsenfrüchte. Im Laufe des 18. Jahrhunderts erfuhr auch die Viehfütterung dadurch eine grundlegende Änderung, dass das Brachfeld jetzt mit Klee, Kartoffeln und Rüben angepflanzt wurde. Dadurch war eine effektivere Stallfütterung möglich, und die Weidewirtschaft kam in Abgang. Vögel, besonders Spatzen, waren zur Plage geworden. Daher erging 1719 ein Generalreskript, nach dem jeder Untertan drei Jahre lang je zwei Dutzend Spatzen jährlich schießen oder fangen oder ersatzweise drei Kreuzer für das Dutzend bezahlen musste. Bei Erfolg erhielt man Geld für erlegte Vögel.[211]

Das Fleckenbuch von 1715 regelte die landwirtschaftliche Nutzung innerhalb der umsteinten Markung. Diese umfasste im Zelg Mittel 835 Morgen Äcker, im Zelg Kornwestheim 796 Morgen und im Zelg Gröningen 832 Morgen, also zusammen 2463 Morgen. Dazu kamen 80 Morgen Weinberge, 70 Morgen Wiesen, zwölf Morgen Gärten, sechs Morgen Krautgärten und 168 Morgen Waldungen, sodass innerhalb der Markung 2631 Morgen lagen. Gehörntes Vieh und Rindvieh, damals 150 Tiere, durfte innerhalb der Markung weiden.[212]

1749 beschwerten sich einige Bürger, dass sie bei der einige Jahre zuvor vorgenommenen Steuerrenovation falsch eingeschätzt und daher benachteiligt worden seien. Daher beschloss die Gemeinde eine neue Klassifikation der Güter. Äcker wurden in sechs Klassen von 50 bis 10 fl je Morgen, Wiesen in vier von 110 bis 40 fl, Weinberge in drei von 40 bis 28 fl, Baum- und Grasgärten in vier von 70 bis 36 fl und Küchen- und Krautgärten in zwei Klassen von 40 bis 30 fl Wert je Morgen eingeteilt. Dann wurde eine Auflistung sämtlicher Güter in allen drei Zelgen vorgenommen, die vermutlich alle damals vertretenen Flurnamen nennt:

Äcker: Zelg Gröningen: hinter den Gärten, *bis zu den Spithalhofsanwanden*, am Gröninger Weg, auf der Raith, Schorndorfer Hofacker, Heiligenwiesle, Spithaläcker, Leimengruben, Kellereihofacker, Schwieberdinger Weg, Goldäcker, im Ammertal, auf der Kirrhöhe, im kleinen Feldlen, im Eselsfeld, Grabenäcker, Vöhinger Untermarkung, auf dem Holder, im Kallenberg.

Zelg Mittel: am Mittelweg, am Kirrweg, im Stammheimer Weg, am Zwerchweg beim Schanzlen, hinten im Feld, Fleckenacker, Osterfeld im Bahnrain, auf dem Löscher, im Osterpfad, beim Schlossgarten, beim Sonnenbrunnen, über der Straße beim Osterholz, in der Lachen, beim Bühl, unter den hinteren Weingärten, auf dem Schänzlen, beim Ulrichs Häußle.

Zelg Kornwestheim: an Furthwiesen, im Benzich, auf Herberg, auf dem Müllerweg, auf dem Sailer, am alten Stuttgarter Weg, außen am Westheimer Weg, in Schelmenäcker, am *Völckherweeg*, im Hanfbach oder Schulgärtle, unter den Mühlbergen, unter dem Kallenberg, hinter der Mühle, bei der Kelter, am Leudelsbach, in Heiligenwiesen, zu Furth.

Weinberge: in der Hälden, in der jungen Hälden, in Wollenbergen, in der Flohhhälden, Michelberg, im Staiglen, untere und mittlere und obere Laiern, im *Fuckherlen*, auf der Lug, hinter dem Weingarten, in der Winterhalden, im Kallenberg, in *Spreyer*, im Kelterweingart, in der Burgerhalden, in Krausen, im Vogelgesang, im Krocker, im oberen Kelterweingarten, im Fläschlen, auf dem Bühl, im Eselsfeld.

Baum- und Grasgärten: im Heuleger, im Hasengäßle, beim Haus, in Wollenbergen, unter den Mühlbergen, bei der Kelter, der Alber Garten, Pfarrers Spreuer Halden Garten, im Staigle, in der Winterhalde, am Burgerhalden Weg, in Blaichgärten, in Kirchgärten, der Frühmessgarten.

Krautgärten: im unteren und oberen Gaisholz, im Heuleger.[213]

c) Schäferei und Wald

Nach dem Fleckenbuch von 1715 durften der Möglinger Schäfer und sein Schafknecht im Winter 400 Schafe und eigene Lämmer halten, jedoch nur zu bestimmten Zeiten und nur auf Möglinger Markung weiden lassen. Ein Weiderecht von zwei Tagen in der Woche hatte auch seit alters her der Kornwestheimer Schäfer.[214]

Die *gemeine Schäferei* war ein gemeindeeigener Betrieb und wurde im Regelfall auf ein oder mehrere Jahre an Michaelis verpachtet. Der neue Schäfer Michael Hildinger, der zwei Hunde halten durfte, wurde 1724 auf Pflichten und Verbote hingewiesen, so sollte er beispielsweise die Stoppeläcker nicht ohne Erlaubnis beweiden. Hingegen durfte er das Schafhaus nutzen und war von Frondiensten befreit. Erlaubt war außer den eigenen Schafen die Haltung von 75 Schafen der Bürger gegen Bezahlung. Von 20. Mai bis 20. Juli durften die Schafe gemolken werden. Falls er Schafe ohne *Urkundt* annahm, sollte *ihme aller Verlust auf den Halß gezogen* werden.[215] Seit Frühjahr 1730 wohnte außer Schäfer Hildinger der Salpetersieder Petermann im Schafhaus. Da die Salpetersieder herzogliche Privilegien genossen, hatte man ihm eine Wohnung zur Verfügung stellen müssen. Mit seinen vielen Kindern nahm er das Schafhaus zum Ärger des Schäfers praktisch ganz in Besitz.[216]

1698 lagen alle Möglinger Waldungen im Leonberger Forst, jedoch weiterhin außerhalb der Gemeindemarkung in der Feuerbacher, Malmstaler, Heimerdinger und Ingersheimer Hut. Es waren der Kallenberg mit 76 Morgen 2 Ruten (Münchinger Markung), der Hartwald mit 50 Morgen 3 Ruten (Weilimdorfer Mar-

Das Möglinger Schafhaus in der Stammheimer Straße mit seinem damaligen Besitzer Gottlieb Öttinger um 1925.

kung), die Brandhälde mit 36 Morgen 86 Ruten 8 Schuh (Tammer Markung) und zwei Waldstücke im Brandholz (Ingersheimer Markung) mit 50 Morgen 149 Ruten bzw. 19 Morgen 54 Ruten. Der gesamte Wald der Möglinger umfasste 234 Morgen 139 Ruten 8 Schuh.[217] Einzige Privatpersonen mit Waldbesitz waren 1699 Schultheiß Balthas Pflugfelder, Georg Pflugfelder, Jakob Wünsch und einige andere, die 20 Morgen Wald in der Heimerdinger Hut zwischen der Heimderdinger und Hemminger Straße besaßen. Im Wald Kallenberg hatten die Münchinger das Weiderecht und die Möglinger die Holznutzung.[218] 1751 finden wir für diese Waldstücke etwas abweichende Flächenangaben, da inzwischen in Morgen und Viertel gerechnet wurde. Auch findet sich von späterer Hand 1779 ein Vermerk über die Weilimdorfer und Ingersheimer Waldstücke, wonach diese einige Jahre zuvor verkauft worden waren.[219] Die rund 36 Morgen Wald auf Tammer Markung waren nach Ansicht der Gemeinde steuerfrei, jedoch beschloss der Engere Ausschuss des Landtags 1724, dass dieser Wald zu versteuern sei.[220] Die anderen Waldungen Möglingens auf Münchinger, Großingersheimer und Weilimdorfer Markung blieben steuerfrei.[221] 1744 stellte das Dorfgericht fest, dass *allhiesiger Fleckhenwald der Kallenberg genan[n]t von denen benachbarten Orthen mercklich und zum größten Schaden ruinirt wird*: Daher wurde dem Feuerbacher Forstknecht Ernst Koch künftig jährlich an Georgii 1 fl 30 × zur besseren Aufsicht und Anzeige von *denjenigen, welche Schaden thun* bezahlt.[222]

6. Blühendes Gewerbe

a) Zunahme der Handwerkerzahl und erste Händler

Die Zerstörung der halben Ortschaft beim Franzoseneinfall 1693 wirkte sich auf die Auftragslage des lokalen Bauhandwerks sicherlich positiv aus. Auch beim Bau von Schloss und Stadt Ludwigsburg waren wohl Möglinger Handwerker beteiligt. 1718 wurden alle Handwerks- und Viertelsladen, also die Zunftleitungen, nach Ludwigsburg verlegt.[223] 1732 versteuerten die Möglinger Handwerker immerhin 2320 fl und hatten damit nach der Amtsstadt mit 16160 fl und Bissingen, das aufgrund seiner Mühle 6405 fl versteuerte, die höchsten Handwerkereinkünfte im Amt.[224]

Neben dem Handwerk begann sich in den Amtsorten eine bescheidene Handelstätigkeit zu entwickeln. 1711 trieben in Markgröningen sieben Handelsleute oder Krämer ihr Gewerbe, in Münchingen drei sowie in Möglingen, Schwieberdingen und Tamm je zwei sowie in Bissingen, Eglosheim und Oßweil je einer. Für Möglingen erfahren wir allerdings, dass Georg Hirschmann zwar, obwohl er es nicht gelernt hatte, einige Jahre eine Krämerei betrieb und sich sogar in die Bietigheimer Zunftlade eingekauft hatte, jedoch aus Armut sein Geschäft wieder aufgeben musste. Elisabeth Lang aus Speyer war eine vom Feind vertriebene Witwe, die als Beisitzerin in Möglingen lebte und *durch demüthigstes suppliciren* die herzogliche Erlaubnis zur Krämerei erhalten hatte.[225] 1725 wird die *Gremplerey* der Witwe des Simon Seyfrid mit 30 fl für die Steuer angesetzt.[226] Der aus Lonsingen stammende Krämer Christian Rau hielt sich seit mindestens 1752 mit seiner Familie in Möglingen auf und erlangte 1755 das Bürgerrecht.[227] Kauf- und Handelsleute, mit Ausnahme von Weinhändlern, waren 1725 nicht zu verzeichnen.[228] Nur einmal wird bis 1762 ein Handelsmann in Möglingen genannt und zwar der 1714 hier als Sohn des Pfarrers geborene Christoph Friedrich Conz.[229]

Bestimmte Handwerksgruppen, z. B. die Salpetersieder seit 1717, waren mit herzoglichen Privilegien ausgestattet. Seit Frühjahr 1730 wohnte der Salpetersieder Petermann, dem man eine kostenlose Wohnung zur Verfügung stellen musste, wie schon erwähnt, im Möglinger Schafhaus (s. S. 189).[230] Von Mai bis September 1744 grub Salpetersieder Christian Honold in Möglingen, allerdings mit wenig Erfolg, da der Ort zu tief lag. Daher erlitt er *großen schaden und hat ziemlich eingebüßt*. Auch er musste weder Hausmiete, noch Fuhrlohn zahlen, und um ihn loszuwerden, machte man ihm ein Geldgeschenk. Daraufhin versprach er, Möglingen zwölf Jahre lang mit Salpetergraben zu verschonen.[231] Der salpetersaure Kalk, nach dem bei den Grabungen gesucht wurde, diente hauptsächlich zur Herstellung von Schießpulver.

Wenig erfahren wir über die Werkstätten der Möglinger Handwerker. Um 1750 lag die Schmiede von Michael Würth an der Gröninger Straße. Auch in der zweistöckigen Behausung des Alt Marx Jopp unten im Dorf befand sich im Erdgeschoss eine Schmiede.[232]

Meist übernahmen die Söhne der Handwerker den Beruf der Väter. Oft wurden regelrechte Berufsdynastien gegründet, beispielsweise bei den Familien Franz (Schneider) und Jopp (Schmiede). Der 1724 gestorbene Schneidermeister Johann Jakob Franz, der 1675 als Sohn eines Schneiders aus Hirrweiler bei Löwenstein nach Möglingen geheiratet hatte, brachte es bis zum Kerzenmeister seines Handwerks, also zu einer der höchsten Positionen innerhalb der regionalen Zunft. Sein Sohn Johann Jakob und wiederum dessen Söhne Johann Jakob und Simon übernahmen das Schneiderhandwerk, ebenso Simons Söhne Johann Jakob und Michael. Weiter vererbte sich das Handwerk auf Michaels Söhne Friedrich und Johann Jakob, um mit den Söhnen des letzteren, den Möglinger Schneidermeistern Jakob Franz (1805–1883) und Johann Kaspar Franz (1809–1874) zu enden. Damit war die Familie Franz während mindestens sieben Generationen dem Schneiderhandwerk verbunden.[233] Auch die Familie des Schmiedeobermeisters Marx Jopp (1665–1742) aus Traben an der Mosel übte den Beruf über Generationen aus. Der Sohn von Marx, Friedrich (1721–1779), wurde Hufschmied, ebenso dessen Söhne Friedrich (1754–1837) und Marx (1760–1843). Auch Friedrichs Sohn Johann Friedrich (1785–1876) und dessen Sohn Johannes Jopp (1816–1902) übten den Beruf des Schmiedemeisters aus. Dessen Sohn Karl (1859–1927) war Landwirt, heiratete aber die Tochter des Kornwestheimer Schmieds Jakob Jaiser.[234]

Im Bürgerbuch, Totenbuch und Ehebuch werden zwischen 1693 und 1762 neun Weber je acht Bäcker, Schneider und Schuhmacher, sechs Küfer, je fünf Metzger und Schmiede, je vier Maurer und Wagner, je zwei Dreher, Schreiner und Zimmerleute sowie ein Zeugmacher genannt. Es sind im Einzelnen:[235]

Bäcker: Hans Jakob Beister, Kaspar Sigle (auch Müller), Jakob Schober, *Herr* Johann Jakob Wintterlin, Christian Kohler, Christian Reichert, Johann Jakob Österreicher, Michael Ade

Dreher: Johann Schochenmaier, Balthas Pflugfelder

Küfer: Mattheis Stumm, Christian Dollinger, Lorenz Maisch, Jakob Mann, Hans Jörg Maisch, Johann Jakob Mann

Maurer: Bernhard Strohmaier, Friedrich Weyhardt, Matthäus Keller, Johann Michael Strohmaier

Metzger: Balthas Pflugfelder, Jakob Rothacker, Friedrich Pflugfelder, Konrad Rothacker, Jakob Friedrich Pflugfelder
Schmiede: Daniel Gerstle, Marx Jopp, Hans Jakob Würth, Johann Friedrich Jopp, Johann Georg Würth
Schneider: Ludwig Haag, Johann Jakob Franz, Johann Jakob Franz d. J., Hans Jörg Schilling, Martin Hecker, Simon Hecker, Johann Martin Fiechter, Johann Konrad Schäfer
Schreiner: Hans Michael Harsch, Johann Georg Bühlauer
Schuhmacher: Michael Moz, Johannes Schmidt, Daniel Rau, Sebastian Kaul, Johann Georg Wagner, Michael Gerstlin, Jakob Ludwig Taigel, Johannes Kaul
Wagner: Hans Georg Klett, Leonhard Korn, Jakob Rein, Johann Heinrich Würth
Weber: Hans Jakob Wagner, Tobias Haug, Michael Majer, Josua Majer, Leonhard Schönwalter, Jung Michael Mayer, Balthas Kaul, Gottlieb Lörcher, Christian Raiser
Zeugmacher: Johann Georg Wohlfarth
Zimmerleute: Johannes Knoss, Johann Friedrich Knoss

b) Schild- und Gassenwirtschaften

1725 wird die Schild- und Ochsenwirtschaft des Konrad Rothacker genannt, die allerdings wegen ihrer geringen Erträge nur mit 75 fl für die Besteuerung angesetzt war. Eine weitere Wirtschaft wird nicht genannt.[236] 1732 betrieb der Metzger Konrad Rothacker noch immer die Ochsenwirtschaft, die er kurz zuvor als zweistöckiges Gebäude mit Scheune und mehreren Stallungen, unter anderem für 40 Pferde, neu erbaut hatte. Auch ein 50 Eimer fassender Weinkeller war darunter.[237]
Nach Hermann und Adolf Seybold wurde die Lammwirtschaft 1703 auf der Südseite um sechs Meter erweitert.[238] Vielleicht war ihr Wirt der 1704 als Gastgeber genannte Alt Hans Philipp Reichert. Verwunderlich ist, dass die Wirtschaft bei der Steuerschätzung 1725 nicht aufgeführt ist (s. o.). Die Wirtschaft zum Lamm, die vielleicht der Nachfolgebetrieb des im 17. Jahrhundert genannten *Hammel*, übernahm 1742 nach dem Tod des 45-jährigen Lammwirts Jakob Motz Jung Balthas Pflugfelder.[239] 1750 gehörte zum Anwesen eine zweistöckige Behausung in der Gröninger Gasse mit Wirtschaftsgebäuden. Sogar eine Brennhütte und eine kleine Kelter, also wohl eine einzelne Presse, waren vorhanden. 1752 verkaufte Pflugfelder das gesamte Anwesen an Johann Jakob Österreicher[240] und zog nach Tamm. Bei den auswärtigen Bürgern wird er als Nachfolger des Tammer Pflugwirts Jakob Pflugfelder genannt,[241] der dort schon 1727 eine florierende Wirtschaft betrieb.[242]
Lammwirt Johann Jakob Österreicher (1713–1796)[243] wird bereits 1749 als beständiger *Mayenwirth* erwähnt und musste das 1744 landesweit vorgeschriebene jährliche Rekognitionsgeld für Gassenwirte in Höhe von einem Gulden bezahlen.[244] Solche Gassenwirte waren in Möglingen seit 1753 der Bäcker Michael Ade und seit 1758 der Bauer Johannes Würth.[245] In ihren Wirtschaften waren gemäß einer landesweiten Ordnung sog. Schwörbüchsen aufgestellt, in die man bei Schwören oder Fluchen in den Gassenwirtschaften 12 × und in den Schildwirtschaften 24 × einwerfen musste. Das Geld kam der Heiligenpflege zugute.[246] 1760/61 waren bei Johannes Würth und im *Lamm* Schwörbüchsen aufgestellt.[247]
Gassenwirt Michael Ade wurde 1758 übel mitgespielt, indem sein *Raif*, also wohl das Gassenwirtzeichen am Gebäude, abgebrochen und an den Maulbrunnen gesteckt sowie sein Pferd *aus dem Stall gezogen und in dem Fleckken herum geritten* wurde, dass es nicht mehr fressen wollte. Acht Tage später wiederholte sich dieser Frevel, jedoch eine Befragung von zehn Personen, die bei dem Lammwirt ein Glas Wein getrunken hatten, blieb ohne Ergebnis.[248]

c) Mühle

Die einstöckige Möglinger Mahlmühle besaß wie seit Jahrhunderten einen Mahl- und einen Gerbgang. Im Gebäude waren ein Stall, darüber eine Stube, Stubenkammer, Küche und

Öhrnkammer sowie unter dem Dach zwei weitere Kammern. Auch eine Scheune mit Stallung und Tenne gehörte zu dem Anwesen.[249] Zwischen 1708 und 1720 werden in Möglingen die Müller Jakob Weick aus dem Baden-Durlachischen Amt Graben, Kaspar Sigle aus Kornwestheim, Emanuel Döbele und Hans Georg Häcker genannt.[250] Letzterer verkaufte die Mühle um 1725 an Johann Georg Sigle. 1726 wurde das Anwesen von der fürstlichen Rentkammer kaufweise übernommen und zu einem Brunnenwerk für die Residenzstadt umgebaut.[251] Dieses Wasserpumpwerk ist die früheste bekannte wassergetriebene Pumpanlage im Kreisgebiet Ludwigsburg. Die Druckpumpe beförderte das Wasser in einen kleinen Wasserturm auf dem Wollenberg nahe der Mühle.[252] Hölzerne Wasserleitungen, sog. Teichel, führten es über Markgröninger Wiesen und Möglinger Äcker bis nach Ludwigsburg, wo es den Marktbrunnen versorgte. Die weit über 100 Stämme dazu mussten von den Ämtern Vaihingen, Bietigheim, Besigheim und Sachsenheim bereitgestellt werden. Auch das Markgröninger Amt war mit 17 Stämmen beteiligt. Als schon Ende 1730 Schäden an der gewölbten Brunnenstube und der *Machine* auftraten, wurden Markgröningen und Möglingen verpflichtet, die Anlage baulich instand zu halten.[253] Das Projekt gab die Rentkammer 1740 wieder auf und wollte die Mühle verpachten. Der zu versteuernde Wert wurde dazu von 1000 fl wieder auf den früheren Wert von 1560 fl erhöht.[254] Zudem stand eine 1000 fl teure Reparatur des Pumpwerks an und die Unterhaltskosten wurden auf jährlich 500 fl beziffert. Die Mühle wurde nach einem Gutachten von 1741 künftig als Eigentum der herzoglichen Rentkammer betrachtet, da die Stadt Ludwigsburg ihre Behauptung, Herzog Eberhard Ludwig habe ihr die Mühle geschenkt, nicht beweisen konnte.[255] Die Mühle betrieb damals der schon 1736 genannte Müller Ludwig Hirth.[256]

1742 verkaufte die herzogliche Rentkammer die Mühle um 1520 fl an den Backnanger Müller Jakob Käferlen, der sogar ein zweites Wasserrad bauen durfte. Dieses musste allerdings ein Schuh niedriger wie das alte sein, um Klagen der Möglinger Bauern wegen Wässerungseinbußen an ihren Wiesen zu vermeiden. Jedoch schon 1743 fand eine Versteigerung

Die bereits 1448 erwähnte Möglinger Mühle war bis zum Beginn des 20. Jahrhunderts in Betrieb.

statt, wobei der frühere Müller Hirth die Mühle um fast 1613 fl ersteigerte. Der Kauf war aber ungültig, denn Käferlen hatte bereits mit Müller Arnold aus Gemmrigheim einen Kaufvertrag über 1550 fl geschlossen.[257] Johann Leonhard Arnold und seine Frau erhielten 1743 das Möglinger Bürgerrecht.[258] Doch auch Arnold hatte kein Glück. Er war bald total verschuldet und besaß nur noch die Mühle, die nach mehreren vergeblichen Anläufen im Mai 1758 von Schultheiß und Lammwirt Johann Jakob Österreicher ersteigert wurde. Wenige Tage später brachte Arnold Christian Fritz aus Hößlinswart herbei, der angeblich mehr bot. Österreicher erhöhte aber den Kaufpreis um 100 fl auf 1910 fl und erhielt die Mühle,[259] die er schon im September als gelungenes Spekulationsobjekt an Albrecht Käferlen, Bestandsmüller in Unterweisach bei Backnang um 2300 fl verkaufte.[260] Dieser veräußerte sie 1761 an Johann Georg Rieger.[261]

7. Soziale Verhältnisse

a) Armut und Bettelei

Kaum hatte sich die Bevölkerung von der Not des Dreißigjährigen Krieges erholt, da brachten die Franzoseneinfälle neues Elend. Immerhin gab es in Möglingen ein Armen- oder Bettelhaus, das manchmal auch die letzte Station war. Dort starb im Oktober 1693 Elisabeth, die Witwe des Jakob Geiger aus Weil im Churgau in der Schweiz. Im Juli 1700 gebar Johanna Hauser aus Großingersheim im Armenhaus ein uneheliches Kind. Am 23. Juni 1706 brachte der Bettelkarren um 11 Uhr einen *in [den letzten] Zügen ligenden krankhen Mann* namens Johann Martin Appenzeller aus Ensingen bei Vaihingen von Pflugfelden ins Möglinger Bettelhaus. Kurz vor der Ankunft atmete er schwer und als die Aufsichtsfrau des Armenhauses aus der Betstunde kam, war er bereits tot. Auch eine auf dem Bettelkarren von Markgröningen nach Möglingen gebrachte halbtote Frau, deren Mann von den Franzosen er-

mordet worden war, starb am Abend ihrer Ankunft im Oktober 1706. Deren dreijähriges Kind Anna Katharina wusste ihren Namen nicht, aber es war bekannt, dass sie aus dem elsässischen Dettwiller nahe Zabern stammte und katholisch war. Angeblich hieß sie Anna. Das Kind starb Anfang Februar 1707. Immer wieder starben auch abgedankte Soldaten im Armenhaus.[262]

1739 sollte das Armenhaus der Gemeinde privatisiert werden und wurde wegen Baufälligkeit mitsamt dem Platz an Zimmermann Johannes Knoss verkauft, der sich verpflichtete, es abzubrechen und neu aufzubauen. Die Gemeinde wollte die Materialkosten übernehmen. Obwohl ein fester Zeitplan vereinbart war, ließ sich Knoss Zeit und verwendete das Abbruchmaterial zunächst für seinen eigenen privaten Hausbau. Inzwischen war aber der *Überlauff der Bettler so groß, daß selbige fast nicht aufzuheben* waren und Einlass in das Haus von Knoss begehrten. Als am 12. Januar 1740 sechs Bettler bei ihm ankamen, verschloss er sein Haus und erwiderte dem Schultheißen, dass er die Bettler selbst bei 20 fl Strafe nicht einlassen wolle. Der Schwieberdinger Amtmann und Pfarrer wurden um Hilfe ersucht, aber auch sie *verwunderten sich sehr über diesen groben Man[n]*. Im März 1740 suchte wieder ein Bettler bei Knoss ein Nachtlager, war dann aber mit einem Bund Stroh und dem *Zucht-Häuslen* als Unterkunft zufrieden. Der Schultheiß ermahnte Knoss aufs Neue, worauf dieser erwiderte, *er frage einen Teufel nach dem Schultzen, er hätte ihm einen Dreckh zu befehlen*. Er drohte damit, ein *paar dergl[eichen] Hund-Füder*, damit meinte er die Bettler, umzubringen, und wenn es ihn selbst sein Leben koste. Knoss wurde vor das Gemeindegericht *citirt, allein er machte sich aus dem Fleckhen, und erschien wie schon mehr mahlen nicht*. So sah man sich gezwungen, dem Oberamt von diesem *halsstarrigen Mann* zu berichten.[263] Vermutlich war er einsichtig, denn 1746 finden wir ihn wieder beim Kirchturmbauwesen (s. S. 182). Auch das Armenhaus wurde wohl in den 1740er Jahren fertiggestellt. Es war lange Zeit das einzige Gebäude in der Schwieberdinger Straße (Nr. 17). 1847 erwarb die Gemeinde das Gebäude Nr. 19 und richtete es zum Armenhaus ein.[264]

An durchreisende Bettler, die das sog. Heiligenblechle vorweisen konnten, zahlte das Bürgermeisteramt beispielsweise 1730/31 38 fl 26 x.[265] 1740/41 waren es schon über 43 fl. Aber auch ortsangehörige Arme wurden unterstützt. Der Beisitzer Hans Hummel und die Witwe des Daniel Gerstle waren so verarmt, dass sie betteln mussten und daher von der Gemeinde wöchentlich je 10 x Almosen erhielten.[266] Hans Braun, *ein alter bresthaffter bettel-armer Beysitzer,* wurde auf sein Bitten 1749 vom Beisitzgeld befreit und 1751 erhielten Hans Jörg Maurer und seine blinde Frau *wegen Armuthey und elenden Zustands* 9 x vom Bürgermeisteramt.[267] Herrschaftliche Unterstützung wurde den Armen kaum gewährt. 1715 bekam der Möglinger Johannes Groß immerhin zwei Gulden *zur Kursteuer,* d. h. einen Beitrag zu seinen Kurkosten.[268]

Die Hauptlast der Sozialhilfe hatten die bürgerliche und kirchliche Gemeinde zu tragen. Die Bürgerschaft war eher zurückhaltend, denn 1743 heißt es: *Da das Opfer durch alle Classen so kärglich* ausfiel, dass es fast um die Hälfte abgenommen hatte, *wird die Gemeinde hiermit ernstlich ermahnet, mehrere Liebe gegen Gott und der Armuth zu beweißen, damit Gott nicht Ursach habe, die Geizigen auch kärglich werd[en] zu lass[en].* Auch wurde angedroht, eine oberamtliche Pflichtabgabe entsprechend dem Vermögen einzuführen.[269] Da die Bettelei zunahm, stellte die Gemeinde 1754 Sebastian Großhaupt, einen alten armen Mann, als sog. Bettelvogt ein. Er musste für wöchentlich 20 x täglich im Flecken herumgehen und die Bettelleute aus dem Ort verweisen.[270]

Doch auch reiche Möglinger gab es, die zum Teil erhebliche Beträge gegen Zinsen ausgeliehen hatten. 1725 waren dies Bürgermeister Hans Jakob Wintterlin (1625 fl), Pfarrer Israel Conz (800 fl), Bürgermeister Balthas Schaupp (550 fl), Schultheiß Jakob Moz (415 fl), Georg Würth (105 fl) und Jakob Michel (75 fl). Fast alle betrieben auch einen Weinhandel.[271] Das Vermögen und der Besitz von Johann Jakob Wintterlin und Balthas Schaupp waren so groß, dass sie als einzige Möglinger Bürger bei der Steuerschätzung von 1726 eigene Beschreibungen erhielten.[272] Die reicheren Einwohner konnten sich sogar Personal leisten, jedoch wurde 1743 darauf hingewiesen, dass alle neuen Dienstboten sofort beim Pfarramt gemeldet werden mussten, besonders wenn sie *päp[s]tischer Religion,* also katholisch, waren.[273]

b) Strafen und Vergehen

Das Dorfgericht war auch im 18. Jahrhundert wie schon früher für die Bestrafung kleinerer Vergehen zuständig. So wurde 1724 Hans Jörg Schellings Weib mit einem *Weiberfrevel* in Höhe von einem Gulden bestraft, weil sie die Tochter des Stammheimer Zimmermanns Kaspar Würtz, die bei dem Schützen diente, ein *Mörders Kind* nannte. Michael Motz wurde im selben Jahr wegen *Tabackhs Trinckhens,* also Rauchens, in der Scheune gestraft.[274] 1720 bemängelten die Kirchenvisitatoren in Möglingen häufiges Fluchen, Kegeln und Schießen im Dorf. Auch die Entheiligung des Sonntags sowie *tolles Schlagen* beim Exerzieren und Trunkenheit wurde gerügt,[275] so auch 1738, weil die jungen Männer an Sonn- und Feiertagen ins Wirtshaus gingen und bis spät in die Nacht blieben.[276] 1743 wurde den *jungen Pursch* verboten, auf der Kirchenempore zu schwätzen, lachen, trinken oder essen. Am häufigsten wurde in Möglingen das Spielen gerügt. 1749 kamen sieben ledige junge Burschen 24 Stunden ins *Zuchthäuslin,* weil sie am Karfreitag in einem Garten mit Würfeln gespielt hatten.[277] 1753 fand wider das fürstliche und ruggerichtliche Verbot bei Lammwirt Österreicher Karten- und Würfelspiel statt. Der Wirt wurde mit 3 fl 15 x und sechs Spieler mit je 1 fl bestraft. Der siebte, Johannes Kienzle, *ein krum[m]er und elender Mensch wurde wegen Armuthey 24 Stund[en] ins Zucht-Häußle gesprochen.*[278]

Darstellung der Strafen auf einem Holzschnitt von Johannes Schöffer, 1508: Verbrennen, Hängen, Blenden, Aufschlitzen, Rädern, Auspeitschen, Enthaupten, Handabhauen.

Ein unglücklicher Zufall erforderte ein Gutachten der Juristenfakultät der Universität Tübingen: Am 11. September 1735 erschoss der 18-jährige Möglinger Bauernbursche Philipp Jakob Schäfer in Asperg den dortigen Bürger und Bauern Jakob Lang. Schäfer war mit dem Sohn des Gehegreiters Lauer in den Wald Osterholz gegangen, um nach den Raubvogelfallen zu sehen. Der Sohn des Pfarrers Conz suchte die beiden und fand sie im Wald, worauf der dem Schäfer befahl, Haselnüsse zu brechen und ihm gegen einen Schoppen Wein in das Haus des Asperger Rappenwirts zu bringen. Dies geschah auch und alle drei Burschen verließen angetrunken die Rappenwirtschaft. Jedoch schon einige Häuser weiter kehrten sie im Gasthaus Hirsch ein, wo bereits der Möglinger Bäcker Wintterlin saß. Während Lauer und Conz jun. mit diesem weitertranken, spielten Schäfer und der Hausknecht der Wirtschaft mit der Flinte, die, so meinten sie, nicht geladen war. Als Jakob Lang vorbeilief, forderte ihn der Hausknecht auf, ihm einen Trunk zu zahlen. Dieser ging lachend seines Weges, worauf Schäfer das Gewehr auf ihn richtete und rief: *Hui! Hui! Ich schieß den Bauren.* Doch die Waffe war geladen und Lang ging unter zweimaligem Anrufen des Namens Jesu tödlich getroffen zu Boden. Da Schäfer nicht gezielt, sondern die Flinte hinter seinen Rücken gehalten hatte, und zudem der Hahn nicht gespannt gewesen war, wurde ihm die Gefängnisstrafe erlassen und dafür ein halbes Jahr öffentliche Arbeit verordnet. Da er kein Vermögen hatte und die beiden Söhne Conz und Lauer mitschuldig gesprochen wurden, sollten deren Väter der Witwe Lang finanzielle Unterstützung gewähren.[279]

Im November 1739 wurde in Möglingen Hans Jörg Holzner aus Bayern gefangen, der in der Markgrafschaft Baden-Durlach einen Oberstleutnant bestohlen hatte. Nach drei Wochen Haft in Markgröningen wurde er dem Militär auf den Hohenasperg übergeben.[280] 1742 erging wegen zunehmender Einbrüche und Diebstähle in Stuttgart eine schriftliche Verwarnung, die in Möglingen nach Läuten der Bürgerglocke sowohl auf dem Rathaus als auch dreimal von der Kanzel nach der Morgenpredigt publiziert werden musste mit der Maßgabe, sich *mithin män[n]iglich darnach zu richten und vor angedrohter Leibs- und Lebens-Straffen zu hüten*. Bei erstmaligem Diebstahl wurde eine der Todesstrafe nahekommende Leibesstrafe, bei wiederholtem oder schwerem Diebstahl die sofortige Todesstrafe angedroht.[281] Fünf Jahre vorher war übrigens von der Stadt Markgröningen ein neuer Galgen *an der neugemachten Landstraße von Stein* an der Markungsgrenze gegen Hochdorf errichtet worden.[282]

c) Verbesserung der lokalen medizinischen Versorgung

Glücklicherweise traten im 18. Jahrhundert keine verheerenden Epidemien mehr auf. 1707 starb der 54-jährige Jakob Wünsch *an der umbgehenden Ruhr*, kurz darauf sein Sohn Hans Jörg und das Söhnlein des Pfarrers.[283]
Wohl bald darauf ließ sich in Möglingen ein sog. Chirurg, auch Bader oder Barbierer genannt, nieder. Chirurgen erlernten ihren Beruf wie ein Handwerk bei einem Meister und behandelten hauptsächlich äußere Erkrankungen wie Brüche, Verrenkungen und einfachere Wunden. Die professionelle Versorgung der Kranken in Stadt und Amt übernahm ein Physikus als studierter und beamteter Arzt. Im September 1714 wird Johann Gustav Enßlin und seiner Frau Maria Rosina ein Kind geboren, bei dessen Tod 1716 Enßlin als Möglinger Barbier bezeichnet wird. Über das weitere Schicksal der Familie ist nichts bekannt, denn erst 1729 wird der nächste Barbier mit Namen Johann David Kürner genannt. Er starb allerdings schon 1735 mit 39 Jahren.[284] Seine Witwe Anna Katharina heiratete 1736 den Chirurgen bzw. Barbier Johann Gottfried Ott, Sohn eines Stabsmarketenders bei den württembergischen Grenadieren, der noch im selben Jahr als Möglinger Bürger angenommen wurde.[285] 1745 erfahren wir von einem seiner Patienten: Der 17-jährige Hans Jörg Ochsner aus Schwieberdingen diente erst acht Tage bei Johannes Pflugfelder in Möglingen. Beim Aufschütten des Strohs traf er mit der Schüttelgabel Christian Reichert, der vor der Scheune vorbeilief. Dieser war so wütend, dass er ihm mit dem Rechen auf den Arm schlug und einen Knochenbruch verursachte. Reichert wurde gerichtlich verpflichtet, die Kosten des Chirurgen Ott in Höhe von zweieinhalb Gulden zu bezahlen.[286] Jedoch auch Ott starb schon 1746 mit nur 36 Jahren.[287] Seine Witwe heiratete 1747 den Chirurgen Christoph Konrad Donner, Sohn eines Murrhardt Klosterchirurgen,[288] der auch nur 39 Jahre alt wurde und im Januar 1762 starb.[289]

Wichtig für die Geburtshilfe, aber auch bei Frauenkrankheiten waren weiterhin die Hebammen oder Wehmütter und die sog. geschworenen Frauen. 1730/31 erhielt Georg Kauls Ehefrau als einzige Wehmutter fünf Gulden jährlich von der Verwaltung. Neben sich hatte sie nur eine geschworene Frau, die Witwe des Hans Hollinger, die einen Gulden Wartgeld erhielt.[290] 1740 waren zwei geschworene Frauen am Ort.[291] 1761 wurden die Wehmutter Kaul und die zwei geschworenen Frauen von Rat und Leibmedikus Dr. Reuss in Markgröningen visitiert und geprüft.[292]

8. Einwohnerzahlen, Erbhuldigung, Bürgerrecht und neue Familien

1692: 372[293]
1695: 300
1697: 347[294]
1700 372[295]
1705: 424[296]
1710: 443[297]
1720: 556[298]
1730: 585[299]
1740: 540[300]
1750: 555[301]
1760: 521[302]

Die Zahl der Möglinger Einwohner sank durch den Franzoseneinfall 1693 ab, erreichte aber schon sieben Jahre später ihren alten Stand von 372. Einem rapiden Wachstum der Bevölkerung bis auf fast 600 Einwohner im Jahr 1730 folgte ein Rückgang auf 521 Menschen bis 1760. Mögliche Ursache dafür könnte ein verstärkter Zug nach Ludwigsburg sein, das, nachdem es nicht mehr Residenz war, auch für minder Bemittelte offen stand.

Die Zunahme bis 1730 wird auch in den zahlreichen Bürgerannahmen im Bürgerbuch deutlich.[303] Viele Familien waren zudem kinderreich, und die Sterblichkeit ging zurück. So hatte der aus Kirchentellinsfurt stammende Bandweber Christian Raiser (1719–1792) aus zwei Ehen 20 Kinder (s. S.199)[304] und Schultheiß Johannes Wintterlin (1714–1770) sogar 23.[305]

Noch immer musste beim Amtsantritt eines neuen Regenten ein Erbhuldigungseid der männlichen erwachsenen und jugendlichen Untertanen im Land geleistet werden. 1736 wurde dafür in Möglingen ein sog. *Bürger-Zettel* angelegt. Darauf werden Pfarrer, Schulmeister und Provisor sowie 95 Bürger, vier Beisitzer, 21 Bürgersöhne und sieben Knechte aufgeführt.[306] Beim Huldigungstermin für Herzog Carl Eugen mussten sich die Möglinger am 18. Juni 1744 in *decenti habitu, nemlich Kirchen-Röckh- oder Mäntel,* morgens um sieben Uhr in der Amtsstadt Markgröningen einfinden und ins Dekanathaus begeben, wo der Eid abgenommen wurde.[307]

Wer Möglinger Bürger werden wollte, so 1725 der Leinweber Tobias Haug aus Darmsheim, musste dafür nach Ableistung des Bürgereides sechs Gulden bezahlen. Außerdem hatte er auf eigene Kosten einen Feuereimer sowie ein Ober- und Untergewehr anzuschaffen.[308] 1726 wurde das Bürgergeld für Männer auf acht und für Frauen von drei auf vier Gulden erhöht.[309] Für ein Kind war ein Gulden fällig und Beisitzer bezahlten der Gemeinde zwei Gulden jährlich. Als 1731 der aus Riet bei Vaihingen an der Enz gebürtige Bäcker Jakob Schober zum Bürger angenommen wurde, musste er sich zudem verpflichten, wenn nötig Wache zu schieben und Frondienst zu leisten.[310] 1759 wurde das Beisitzergeld mit der Begründung, dass es meist arme Leute seien, die einen geringeren Betrag eher bezahlen würden, halbiert, es betrug jetzt für einen Mann einen Gulden und für eine Frau 30 x. Bei Wegzug wurden nach dem Landrecht vier Gulden erhoben, die jedoch 1752 Christian Reichert wegen seiner Schulden erlassen wurden.[311]

Zwischen 1692 und 1762 zogen acht Familien nach Möglingen, die Nachkommen bis ins 20. Jahrhundert haben. 1694 heiratete Friedrich *Österreicher*, der wohl in Asperg geboren wurde, Martha, die Witwe des Hans Georg Pflugfelder.[312] 1698 oder 1699 wurde er ins Möglinger Bürgerrecht aufgenommen.[313] Sein Sohn Johann Jakob (1713–1796) war Lammwirt, Mühlenbesitzer und Schultheiß (s. S. 206). Johannes *Benkiser*, Sohn des Balthas in Kornwestheim, heiratete 1702 Anna Barbara, die Witwe des Matthäus Pflugfelder. Einziger Stammhalter war der Sohn Johannes (1705–1782).[314] Die Familie *Schäfer* begründete Konrad, der Sohn des Kornwestheimers Jörg Schäfer, der 1714 in Möglingen Margret, die Tochter des Daniel Gerstlin heiratete[315] und im selben Jahr noch zum Bürger angenommen wurde.[316] Aus Markgröningen stammte der 1702 als Sohn des Weingärtners Johann Georg *Knoss* geborene Zimmergeselle Johannes

Knoss, früher Knoos geschrieben, der 1726 Katharina, die Tochter des Hans Imlin ehelichte und 1765 starb. Ein Sohn des Paares zog nach Dettenhausen, der andere mit Namen Johann Michael (1729–1818) begründete die Möglinger Linie.[317] Ein anderer Handwerker, der sich in Möglingen niederließ, ist der 1699 in Aurich bei Vaihingen/Enz geborene Bäckergeselle Jakob *Schober*, Sohn des Jakob, der 1730 in Möglingen Martha, die Tochter des Daniel Gerstlin heiratete und 1761 starb. Von neun Kindern führten die Söhne David (1736–1793) und Johann Jakob (1733–1790) die Linie weiter.[318] Bernhard *Strohmaier*, Maurer aus Mössingen bei Tübingen, erhielt 1732 das Möglinger Bürgerrecht.[319] Der Sohn des Leinwebers Michael Strohmaier, seit 1732 mit Anna Katharina Gerstlin verheiratet, lebte von 1695 bis 1760 und hinterließ Nachkommen über seine zwei Söhne Michael (1735–1814) und Jakob (1743–1827).[320] Christian *Raiser* (1719–1792), Sohn des Christian aus Kirchentellinsfurt, verehelichte sich 1747 in Möglingen mit Anna Katharina Fink.

Seine zweite Ehefrau wurde nach deren Tod 1767 Anna Maria Gerstle.[321] Aus den zwei Ehen gingen 20 Kinder hervor,[322] von denen allerdings nur sechs das Erwachsenenalter erreichten. Der 1748 geborene Sohn Balthas wurde Weberobermeister in Markgröningen. Johann Michael, geboren 1750, zog nach Geisingen. Der 1751 geborene Christian Raiser wurde Schulmeister in Kleiningersheim und Johann Jakob, geboren 1758, wurde Weber in Hirschlanden. Die Tochter Anna heiratete 1790 Johannes Strohmaier. Nur der Sohn Johannes Raiser (1761–1829) aus erster Ehe setzte die Möglinger Linie fort und war wie sein Vater Weber von Beruf (s. S. 221).[323] Er ist der Ururururgroßvater von Heinrich Raiser, Mitautor dieses Buches. Seit 1755 war Michael *Glatzle*, der Sohn des Weingärtners Johann Adam Glatzle in Entringen bei Tübingen in Möglingen ansässig. Er hatte sich mit Maria Katharina, der Tochter des Michael Ladner verheiratet und starb 1771. Von den acht Kindern des Ehepaares führte nur der 1770 geborene Sohn Michael den Namen weiter.[324]

Das längst verschwundene Handwerkergässchen mit Blick zum Kirchtum (vgl. auch Einband außen) hat Hermann Seybold jr. 1947 festgehalten. Es sah wohl auch im 18. Jahrhundert schon so aus.

Erste Jahrzehnte im Amt Ludwigsburg (1762–1805)

Albrecht Gühring

1. Politische und militärische Ereignisse

a) Der Wechsel zum Oberamt Ludwigsburg

Das jahrzehntelange Ringen um das Amt Ludwigsburg fand für Möglingen 1762 ein Ende. Die Gemeinde wurde nunmehr endgültig dem Oberamt Ludwigsburg zugeschlagen. Die eigentliche Neugliederung erfolgte auf einen herzoglichen Befehl vom 12. Juli 1762, der dem Ludwigsburger Amt nicht nur Möglingen, Tamm und den Kammerort Aldingen, sondern auch endgültig Benningen und Poppenweiler von Oberamt Marbach, Neckarrems und Neckargröningen vom Oberamt Waiblingen sowie Zuffenhausen vom Oberamt Cannstatt angliederte.[1] Tamm mit rund 336 fl und Möglingen mit 285 fl 35 × jährlicher Amtsumlage waren nach Münchingen die finanzkräftigsten Ortschaften des ohnehin schon kleinen Oberamts Markgröningen gewesen.[2] Die neue Möglinger Amtsstadt Ludwigsburg zählte 1763 3638 Einwohner, dazu 420 Insassen im Arbeitshaus und 900 Militärangehörige, also zusammen 4958 Menschen.[3] 1769 bestand das Amt aus drei Städten, 13 Dörfern und einem Hofgut.[4]

Bis zum 10. Februar 1764 musste der sog. Amtsschaden, eine Art heutige Kreisumlage, nach Markgröningen entrichtet werden, doch bereits im Rechnungsjahr ab Georgii (23. April) 1764 musste Möglingen insgesamt über 2230 fl Steuern an die Amtspflege Ludwigsburg liefern. Der Amtspflege Markgröningen war man laut Endabrechnung von Georgii 1763 noch rund 108 fl schuldig, die aber aufgrund der Abtrennung vom Markgröninger Amt nie mehr bezahlt wurden.[5]

Für Markgröningen, dessen Amt schon von 1718 bis 1722 als Unteramt zum neuen Ludwigsburger Amt gehört hatte, waren bereits früher Eglosheim, Pflugfelden und Oßweil verloren gegangen (s. S. 169). Jetzt mussten auch noch Möglingen und Tamm trotz einer Zahlung von 2000 fl an einen gewissen Direktor Wittleder an das Amt Ludwigsburg abgetreten werden. Die Entschädigung mit Oberriexingen und Ditzingen währte nur bis 1770, dann wurden diese Orte wieder ihren früheren Ämtern angegliedert. Während das Markgröninger Amt 1770 nur noch aus der Amtsstadt, Bissingen, Münchingen, halb Schwieberdingen und Unterriexingen bestand, gehörten zu Ludwigsburg inzwischen Aldingen, Asperg, Benningen, Eglosheim, Hoheneck, Kornwestheim, Möglingen, Neckargröningen, Neckarrems, Neckarweihingen, Oßweil, Pflugfelden, Poppenweiler, Tamm und Zuffenhausen. Neckargröningen und Neckarrems kamen 1771 wieder an Waiblingen. Auch ein erneuter Protest der Markgröninger und seitenlange Begründungen für die Wiederherstellung des alten Amtes blieben 1771 ohne Erfolg. Nur Tamm konnte Markgröningen zurückgewinnen, aber 1807 kam mit der vollständigen Eingliederung in das Ludwigsburger Amt das endgültige Aus für das Amt Markgröningen.[6] 1771 lebten im Ludwigsburger Amt 12 803 Einwohner, davon 4092 in der Amtsstadt und 591 in Möglingen. An der Spitze der Amtsorte stand Poppenweiler mit 840 und am Ende Pflugfelden mit 192 Einwohnern.[7]

Verantwortlich für diese Eingliederung war Herzog Carl Eugen, der von 1737/44 bis 1793 regierte. Am 26. November 1762 mussten 15 Möglinger nebst Obmann Christoph Friedrich Reichert in Stuttgart beim herzoglichen Opernhaus mit Schaufel und Hauen erscheinen und 24 Stunden am Bau arbeiten. Der Obmann er-

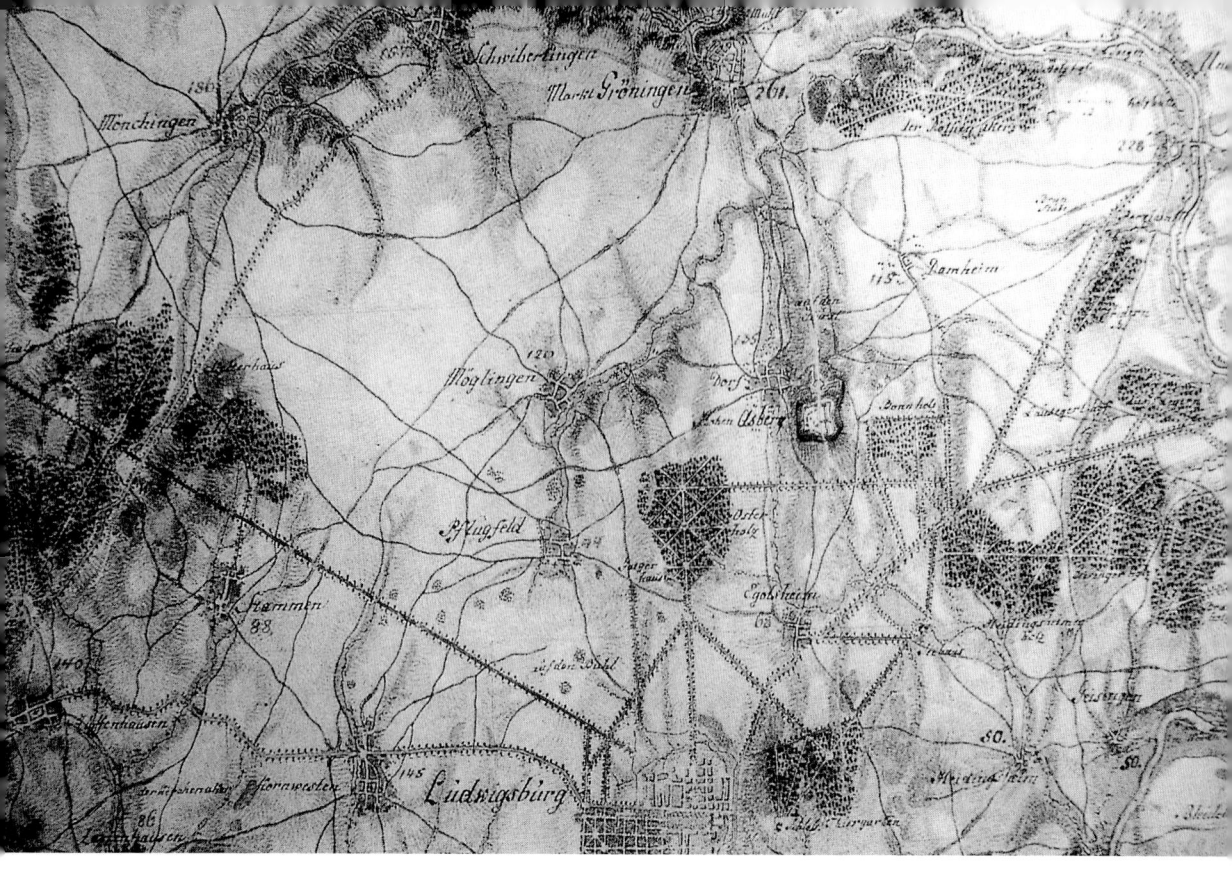

Möglingen und Umgebung in der Karte von Südwestdeutschland von Heinrich von Schmitt, 1797. Oben ist Osten.

hielt 24 x, die anderen Fröner je 20 x Entschädigung. Auch zu dem *herzog[lichen] großen Lust-Jagen bey Degerloch* wurden Möglinger Bauern verpflichtet und mussten am 18. Februar 1763 zum Tragen der Feldhühner 16 Zainen (Körben) und große Tücher zur Verfügung stellen. Am selben Tag, übrigens dem Geburtstag des Herzogs, mussten die Möglinger ihre Feuerspritze nach Ludwigsburg in den Schlosshof bringen.[8] Der Markgröninger Oberamtmann Andler kaufte am 28. November 1768 auf herzoglichen Befehl für den Herzog von dem Möglinger Chirurgen Jakob Friedrich Ott und dem Bauern Michael Knoss je einen Acker im Ammertal um 40 fl zur Einrichtung einer Porzellangrube.[9] Wie Oscar Paret berichtet, wurden in unserem Jahrhundert einen Kilometer südwestlich von Möglingen in der Flur Porzellangrube die Reste einer alten Tongrube gefunden, die wohl vor und nach 1800 für die Porzellanfabrik in Ludwigsburg Ton lieferte.[10]

b) Der Revolutionskrieg

Mitten im Frieden schlugen am 17 Dezember 1784 384 Soldaten, also zwei Kompanien eines kaiserlich-königlichen Infanterie-Regiments in Möglingen ihr Quartier über Nacht auf und verursachten *ausserodentlichen Schaden*. Die Soldaten waren mittags um zwei Uhr angekommen und hatten ein *Mittagessen von einem landüblichen Zugemüß, wenigstens von einem Pfund Fleisch, einem Schoppen Wein und ungefehr einem Pfund Brod* erhalten. Abends gab es eine Suppe und ein Pfund Brot, morgens vor dem Abmarsch wieder ein Stück Brot und einen Schoppen Wein. Bei Stiftsunterpfleger Philipp Jakob Hirsch waren die sechs Offiziere untergebracht. Zwei Soldaten erkrankten und konnten wegen des über Nacht gefallenen tiefen Schnees nicht mitmarschieren. Ein Möglinger Bauer transportierte sie mit Pferd und Truchenkasten und wurde, obwohl er in Schwieberdingen umkehren wollte, gezwungen, bis zur Station Illingen zu fahren.[11]

Diese lokale Episode war nur ein Vorgeschmack auf die politischen Veränderungen, zu denen 1789 die Französische Revolution den Anstoß gab und die die mitteleuropäische Landkarte bis 1815 von Grund auf umgestaltete. Während die territoriale Neugliederung das Dorf Möglingen wenig berührte, waren die kriegerischen Auswirkungen hier sehr wohl zu spüren.

Nachdem 1793 der Krieg zwischen Frankreich und dem Reich ausgebrochen war, wurde auch in Württembeg, das sich Österreich angeschlossen hatte, eine Landmiliz eingerichtet, in der die ledigen jungen Burschen regelmäßige Waffenübungen abhalten mussten. Im Juli 1794 gehörten ihr die Möglinger Bürger Jakob Friedrich Blank, Johannes Pflugfelder Johann Friedrich Sohn, Jakob Friedrich Knoss, Philipp Jakob Kienzle, Johannes Reichert, Jakob Friedrich Roßnagel, Hans Jörg Wintterlin, Jakob Friedrich Buchhalter, Johannes Pflugfelder und Jung Johannes Sohn an.[12] Die Angehörigen der Landmiliz waren von ihrer Aufgabe nicht begeistert. Zu *Excessen* kam es in Markgröningen, Schwieberdingen, Bissingen, Münchingen und Möglingen 1794, als die Truppe nach Schwäbisch Hall marschieren sollte. Besonders bei der Erbhuldigung in Markgröningen im August 1794 verursachten hauptsächlich die Schwieberdinger schwere Tumulte und Schlägereien, die umfangreiche Verhöre nach sich zogen. Die Möglinger Miliz bemängelte, dass 30 Männer ausmarschieren sollten, aber nur 20 Uniformen und Gewehre bereit stünden. Daher beschlossen sie, das Los entscheiden zu lassen. Bürgermeister Hirsch schrieb an das Oberamt: *Wir haben alles angewandt, die Manschafft zurecht zu weissen, aber vergebens.*[13] Vermutlich führte aber kein Weg am Dienst vorbei.

Der seit 1778 in Möglingen verheiratete Johann Michael Rothenburger machte als Artillerist den Feldzug am Rhein mit. Dort wurden ihm und seiner Frau Christiane im Januar 1794 seine Zwillinge Katharina und Veronika geboren, die jedoch nur wenige Tage lebten. Seine anderen elf Kinder erblickten das Licht der Welt in Möglingen. Weitere Möglinger Soldaten, deren Namen wir kennen, sind Jakob Reichert (1746–1805) und der 1745 geborene Johann Jakob Motz. Der Möglinger Johannes Würth, der sich 1760 mit Anna Maria Jopp verheiratet hatte, starb 1792 während der Seereise nach Ostindien.[14] Er war vermutlich ein Angehöriger des legendären Kapregiments.[15]

Im Juni 1796 begannen die Franzosen ihre Angriffe auf die Truppen des schwäbischen Kreises bei Kehl und drangen Anfang Juli in Württemberg ein. Ein Sonderfrieden zwischen Württemberg und Frankreich im August 1796 brachten einen Waffenstillstand. Davor blieb auch Möglingen von Truppendurchzügen nicht verschont.[16] Weniger die Franzosen, sondern vor allem die verbündeten kaiserlichen Truppen waren mehrfach einquartiert. Das Haupttheer Erzherzog Karls rückte am 17. Juli 1796 von Cannstatt aus in Richtung Schwieberdingen vor. Das Hauptquartier wurde nach Ludwigsburg, die rechten und linken Flügel hinter Kornwestheim und Mühlhausen und die Sachsen nach Möglingen verlegt, wo offenbar auch Österreicher längere Zeit einquartiert blieben.[17] Das Quartier für Offiziere stellte meist Pfarrer Hildenbrand zur Verfügung und half damit der Gemeinde oftmals aus großer Verlegenheit.[18]

Am 13. Juni 1797 erhängte sich nachmittags der österreichische Soldat Sebastian Musenberger im Garten des Schulmeisters bei der Allmandwiese an einem Zwetschgenbaum. Er war erst am Vormittag mit dem Depot des Herzog Albertschen Karabinerregiments, dessen Stab am Ort war, eingerückt. Abends um sechs Uhr entdeckt man ihn, und sein *Cadaver* wurde zu dem im Rathaus eingerichteten Regimentsspital gebracht. Offenbar war er schwermütig gewesen. Wie bei Selbstmördern üblich, begrub man den Soldaten auf dem Kirchhof an einem abgetrennten Ort bei dem großen schwarzen Tor. Vor der Beisetzung in einem geweihten Grab wurde der unangestrichene und mit einem schwarzen Kreuz versehene Sarg des katholischen Mannes außerhalb des Friedhofs von dem Stuttgarter Regimentspastor Egidius Tichy eingesegnet. In dem genannten Spital starben vom selben Regiment im August 1797 Franz Braun an *Lungensucht* und im September Peter Becher aus Böhmen an der Ruhr.[19]

Dem Bürgermeisteramt fiel es 1798 schwer, den üblichen Beitrag zur Armenkasse aufzutreiben, weil in den Jahren zuvor viel Bargeld durch Quartier, Vorspann, Kontributionen und außerordentliche Steuern verschlungen worden war. Da die Heiligenpflege an Kriegskosten bisher *noch nichts gelitten* hatte, wurde sie ersucht, zwei Drittel des fälligen Beitrags zu übernehmen. Bürgermeister Strohmaier musste zur Bestreitung der außerordentlichen Ausgaben in Kriegszeiten trotzdem einen Kredit von 7000 fl für die Gemeinde aufnehmen, um Fourage- und Quartierkosten zu bezahlen.[20]

c) Die napoleonischen Kriege bringen größte Not

Schon 1799 entbrannte ein zweiter Krieg, den Russland, Österreich und England gegen Frankreich führten. Herzog Friedrich, der sich erneut Österreich angeschlossen hatte, nahm nach dem Friedensschluss von 1801 Verhandlungen mit Frankreich auf, die ihm 1803 die Kurwürde einbrachten.

Ein herzoglicher Befehl vom 5. März 1799 ordnete an, dass sich die Kirchen- und Schuldiener trotz des bevorstehenden Einmarsches der Franzosen nicht entfernen durften, sondern ihre *Amtsverrichtungen so viel wie möglich fortsezen … und der Gemeinde mit Rath und That an die Hand gehen* sollten.[21] Jedoch brachte erst das neue Jahr erneut einen Vorstoß der französischen Armee ins Herzogtum, der allerdings auch in Möglingen bald zu spüren war. Im Spätsommer 1800 musste die Gemeinde einen vierspännigen Wagen zum Transport von kaiserlich-königlichem Artilleriegut von Philippsburg nach Donauwörth zur Verfügung stellen. Die Fuhrleute waren Jakob Friedrich Reichert und und Lammwirt Johann Friedrich Österreicher.[22] Ein Sieg bei Löchgau hielt das Markgröninger Amt von französischen Einquartierungen frei,[23] jedoch mussten die Amtsorte im Februar 1801 Getreide ins französische Magazin nach Stuttgart liefern. Möglingen war daran mit 22 Zentner Weizen oder Kernen, sieben Zentner Gerste oder Roggen und 15 Sack Hafer nach französischem Ge-

Herzog Carl Eugen von Württemberg mit seinen Brüdern Ludwig Eugen und Friedrich Eugen. Kupferstich um 1770 (Ausschnitt).

Kampf der Russen und Franzosen auf der Teufelsbrücke am St. Gotthardpass im Jahr 1799. Gemälde von J. B. Seele von 1802.

wicht und Maß, also den Zentner zu 109 Pfund, beteiligt.[24] Auch an einer Naturalfouragelieferung für die kaiserlichen Truppen von Cannstatt bis Bruchsal im Dezember 1801 mussten die Möglinger die Strecke von Knittlingen bis Bruchsal bedienen.[25]

Auf einige friedliche Jahre nach dem Friedensschluss von 1801 folgte in der zweiten Jahreshälfte 1805 erneut ein Einmarsch französischer Truppen unter ihrem Kaiser Napoleon Bonaparte, in Württemberg. Kurfürst Friedrich verbündete sich mit Napleon, um sein Land vor weiteren Kriegsgräueln zu bewahren. Dafür erhielt er von Napoleon zum 1. Januar 1806 die mit bedeutenden Gebietserweiterungen an der Donau und in Oberschwaben verbundene Königswürde. Der Preis für das Bündnis mit Frankreich gegen Preußen, Österreich und Russland waren 10 000 württembergische Soldaten. Das neue Königreich trat nach der Auflösung des Reiches 1806 dem von Napoleon gegründeten Rheinbund bei. Die Württemberger kämpften in den Folgejahren 1805 und 1809 gegen Österreich, 1806/07 gegen Preußen und 1812 gegen Russland. Auch Möglinger Soldaten standen im Feld. Schon beim Kampf 1801 gegen Österreich starb der 1784 geborene Möglinger Soldat Michael Neff. Im Feldzug gegen Preußen fielen 1806 die Möglinger Soldaten Christoph Friedrich Truckseß (geboren 1783) und Philipp Kaul (geboren 1772).[26]

Im Oktober 1805 zogen viele tausend französische Soldaten durch das Amt Markgröningen und bezogen ihr Quartier. Napoleon selbst sollte in Markgröningen übernachten, zog dann aber direkt weiter in Richtung Ludwigsburg.[27] Möglingen lag direkt auf dem Weg, und das erste Bataillon des 28. Französischen Grenadierregimtens quartierte sich im Ort ein. Zu ihm gehörten zwei Generäle, zwölf Stabsoffiziere, 92 *Capitains*, 2266 französische *Gemeine*, 898 Perde sowie die enorme Anzahl von 2407 österreichischen Kriegsgefangenen. Sie verursachten der Gemeinde rund 1400 fl Unkosten. Zudem mussten die Möglinger Schmiede gratis für die Einquartierten arbeiten. Das Bürgermeisteramt lieferte Seife und *Lichter* versuchte, die Unkosten der Bürger so gut es ging zu ersetzen. Insgesamt betrugen die Kriegs- und Quartierkosten der Gemeinde von Georgii 1805 bis 1806 5067 fl 42 × 4 h.[28] Die Möglinger mussten seit Anfang Oktober 1805 an französische Truppen auf oberamtlichen Befehl Wagen und Pferde zur Verfügung stellen, die lange Zeit weg blieben. Die vier vierspännigen Wagen, so ergab eine Vernehmung der Begleitpersonen, wurden von Möglingen nach Zuffenhausen gebracht und mussten dann französisches Pulver und Blei bis nach Heidenheim bringen. An der Landesgrenze waren sie mit den Pferden nach Hause geflüchtet. Die Wagen kamen erst nach mehreren Wochen zurück. Der Gesamtschaden betrug 753 fl. Noch größere Einbußen brachte ein Wein- und Branntweintransport nach Donauwörth, bei dem fast alle Pferde verlorengingen. Insgesamt ist von über 3500 fl Einbußen die Rede.[29] Zu allem Kriegsunglück erschwerten beständiges Regenwetter und eine winterähnliche Witterung seit Mitte September die Ernte, zudem starb am 12. Oktober 1805 Schultheiß Hirsch. Dann quartierten sich auch noch französische Truppen während ihres Marsches an die Donau in Möglingen ein. Innerhalb weniger Tage sammelten sich in Möglingen mehr als 3000 Mann nebst 1200 Pferden (s. auch S. 240).[30] Der Ortsvorsteher hatte zwar beim Kurfürsten um die Erlaubnis gebeten, einen Kredit in Höhe von 1200 fl aufnehmen zu dürfen, wurde aber mit der Bemerkung abgewiesen, dass die Gemeinde erst ihre beträchtlichen Steuerausstände eintreiben solle.[31] Dies war natürlich aufgrund der schlechten wirtschaftlichen Lage der Einwohner nicht möglich, und Möglingen war somit am Ende des alten Reiches und zu Beginn des Königreichs Württemberg eine wirtschaftlich desolate Gemeinde.

2. Die Verwaltung der Gemeinde

a) Das Personal

Zwischen 1750 und 1809 waren als Schultheißen tätig:
1750–1770 Johannes Wintterlin (1714–1770)
1770–1780 Johannes Wintterlin (1746–1780)
1781–1789 Johann Jakob Österreicher (1713–1796)
1789–1805 Philipp Jakob Hirsch (1757–1805)
1805–1809 Johann Heinrich Wintterlin (1762–1829)

Die neue Arbeitsgrundlage für den von der Bürgerschaft auf Lebenszeit gewählten und obrigkeitlich bestätigten Schultheiß war seit 1758 die von Johann Jakob Moser vefasste Kommunordnung.[32] Im Dezember 1770 starb Johannes Wintterlin nach 20-jähriger Tätigkeit als Schultheiß und Stuttgarter Hospitalunterpfleger. Nach Meinung von Pfarrer Hildenbrand war er *ein Man[n] von besonderer Tüchtigkeit, und eines exemplarischen Wandels, auch guten Leumunds in der Nähe und Ferne*. Er wurde unter *allgemeinem Wehklagen der ganzen Gemeinde und zahlreichem Leichen-Conduct* beigesetzt.[33] Seine zwei Meter hohe Grabplatte weist ihm acht Söhne, 15 Töchter und zu Lebzeiten neun Enkel nach.[34] Der Sohn Jakob Friedrich studierte Theologie und war 1788 Vikar in Aldingen, wo im August Klage über ihn erhoben wurde. Obwohl man ein *wachsames Auge* auf ihn richtete, wurde er aufgrund des *Lasters der Trunkenheit* im November *zu Verhütung weiterer unannehmlicher Auftritte* zur Kur in seinem Elternhaus beurlaubt. Wegen seines *Wahnsinns* wurde Wintterlin jedoch 1789 aus dem Theologenberuf entlassen.[35]

Schultheiß Johannes Wintterlin d. J., von Beruf Bäcker, beerbte 1770 seinen Vater im Amt. Im

Ein Jahr vor seinem Tod erbaute Schultheiß Johannes Wintterlin 1779 dieses stattliche Haus, das seine Witwe in die Ehe mit Schultheiß Philipp Jakob Hirsch einbrachte.

selben Jahr heiratete er Maria Barbara, die Tochter des Münchinger Schultheißen Johann Jakob Schmalzried. Wintterlin starb jedoch schon im Dezember 1780 mit nur 34 Jahren an einem Schlaganfall, der seine linke Seite gelähmt hatte. Auch er war seit 1770 Hospitalunterpfleger gewesen, denn offensichtlich war dieses Amt inzwischen mit dem Schultheißenamt verbunden. Seine Witwe heiratete 1781 Philipp Jakob Hirsch, den späteren Möglinger Ortsvorsteher und Sohn des Hohenecker Schultheißen.[36]

Vorher aber wurde 1781 der schon 67-jährige Lammwirt Johann Jakob Österreicher Schultheiß.[37] Er *resignierte* jedoch 1789 altershalber[38] und starb 1796 mit 82 Jahren.[39] Nun kam der genannte Bäcker Philipp Jakob Hirsch zum Zug, der das Amt bis zu seinem Tod 1805 versah. Ihm folgte Johann Heinrich Wintterlin, der Bruder von Schultheiß Johannes Wintterlin d. J. Johann Heinrichs Tochter verheiratete sich 1806 mit dem Sohn des Schultheißen Hirsch, Johann Jakob Hirsch, der 1809 Wintterlin im Amt nachfolgte.[40]

Philipp Jakob Hirsch erbte über seine Frau den immensen Besitz des Schultheißen Wintterlin, der aus zwei zweistöckigen Wohnhäusern, davon ein erst 1779 anstelle eines Vorgängerbaus neben dem Rathaus erbautes, sowie zahlreichen Wirtschaftsgebäuden bestand. Hirsch erweiterte den Besitz, indem er 1785 *ein Waschhaus im Hof beim Haus neben der Gassen* erbaute.[41] Es ist die berühmte Waschküche des Schultheißen Hirsch, in welcher der Vöhinger Viergötterstein gefunden wurde (s. S. 44).

Im Gericht saßen 1784 Jakob Pflugfelder, Johannes Kienzle, Jakob Mann, Hans Jörg Blank, Jakob Friedrich Ott, Johannes Österreicher, Christian Friedrich Mann und Philipp Hirsch. Dem Rat gehörten Friedrich Blank, Johann Michael Strohmaier, Johannes Pflugfelder und Philipp Jakob Blank an.[42] Strohmaier wurde später Bürgermeister und erhielt 1798 zu seinem festen Gehalt von jährlich 28 fl einen Zuschlag, da er 7000 fl Kredit zur Bestreitung der Kriegskosten der Gemeinde aufnehmen musste (s. S. 204).[43]

Weitere Ämter bekleideten in den 1760er Jahren Friedrich Gisterer (Mausfänger), Balthas Ladner (Feld- und Waldschütz, Nachtwächter), Christian Kaul (Küh-, Schweine- und Gänsehirte) und Johannes Ziegler (Dorf- oder Fleckenschütz, Nachtwächter).[44]

b) Größe der Gemeinde; Feuerwehr, Brunnen, Straßen und Wege

1769 zählte man in Möglingen 90 Häuser und 48 einzelne Scheunen. Fünf weitere Scheunen waren mit den jeweiligen Häusern unter einem Dach zusammengebaut. Außerdem gab es 32 Pferde-, 85 Rindvieh- und vier Schafställe.[45]

Eine mehr oder weniger organisierte Feuerwehr existierte, wie in vielen Gemeinden, so auch in Möglingen, schon im 18. Jahrhundert. 1763 erhielten 13 Bürger je 24 x, weil sie zu einem Brand im herzoglichen Schloss nach Stuttgart ausrücken mussten.[46] 1799 war der größte Teil der ledernen Feuereimer beim Bürgermeisteramt ruiniert und unbrauchbar. Ein Teil wurde durch örtliche Schuhmacher repariert, die zudem 20 neue Eimer fertigten.[47] Ständige Verzögerungen beim Bespannen der Feuerspritze bei Feueralarm untersuchte die Gemeinde 1805. Der Grund war, dass nur ein Gulden pro Pferd vom Bürgermeisteramt ersetzt wurde, egal, ob das Feuer eine oder mehrere Fahrtstunden entfernt war oder die Feuerwehr sogar über Nacht weg bleiben musste. Künftig wurden pro Pferd zwei Gulden und pro Mann 15 x bezahlt. Der *Dirigirer* Knoss oder sein Stellvertreter erhielten 24 x.[48]

Für Löscharbeiten am Ort waren die Wette und die Brunnen wichtig. 1769 gab es zwei Gemeindebrunnen und acht Brunnen in privatem Besitz.[49] Die Brunnenstube des beim Rathaus gelegenen Maulbrunnens stürzte 1804 ein. Da der Aufbau 130 bis 140 fl kosten sollte, wurden stattdessen zwei Gumpen (Pumpen), die nur 40 fl kosteten, durch den Ludwigsburger Stadtbrunnenmacher Böhler eingesetzt.[50]

Der Bau von Ludwigsburg hatte auch eine regere Benutzung der Wege auf Gemeindemarkung mit sich gebracht. So wurde die Stadt von Anfang an zu großen Teilen von Leonberg aus versorgt. Die Straße von dort führte über Ditzingen und dann quer durch das Lange Feld über die Möglinger Markung. Da der Weg nur breit genug für einen Wagen war, wurden 1772 *40 Morgen gute Güter ruinirt*. Auf Empfehlung des Oberforstamts Leonberg stellte Möglingen Schlagbäume auf, die der Feldschütz überwachte. Bald schon ergriff er Eltinger Bauern, die mit acht Wagen Heu zum Ludwigsburger Marstall transportieren wollten. Er führte sie zum Schultheiß, der pro Wagen einen kleinen Frevel zu je 3 fl 15 x verhängte. Daraufhin wurde obrigkeitlich bestimmt, dass der Weg zwar von Stadt und Amt Ludwigsburg benutzt werden dürfe, diese sich aber mit Fuhr und Fron an den Reparaturen zu beteiligen hätten.[51] Jedoch 1777/78 wurden wieder sieben Eltinger mit je 20 x gestraft, weil sie herrschaftliche Früchte auf einem verbotenen Weg transportiert hatten. Die Strafe wurde aber letztendlich erlassen.[52]

3. Endgültig im Dekanat Ludwigsburg

a) Dekanatswechsel und Pfarrer

Ein herzogliches Reskript vom 27. August 1762 verfügte, dass Möglingen mit sechs weiteren Ortschaften künftig zum Dekanat Ludwigsburg gehören sollte.[53] Dieses Dekanat bestand somit 1763 aus den Ortschaften Aldingen, Asperg, Benningen, Eglosheim, Kornwestheim, Neckargröningen, Neckarrems, Neckarweihingen, Oßweil, Pflugfelden, Poppenweiler, Tamm und Zuffenhausen. Beim alten Dekanat Markgröningen verblieben nur Beihingen, Bissingen, Ditzingen, Heutingsheim, Münchingen, Oberriexingen, Schwieberdingen, Stammheim und Unterriexingen.[54] Bis 1802 unterstand Möglingen dem Generalat (Prälatur) Maulbronn, dann Ludwigsburg und seit 1810 der neuen Prälatur Heilbronn.[55]

Vom 1741 bis 1814 waren in Möglingen nur drei Pfarrer, jeweils mit einer Amtszeit von mehreren Jahrzehnten, tätig:

1741–1763 M. Johann Wilhelm Beurlin
        (1693–1763)

1764–1792 M. Christian Friedrich Hildebrand
        (1738–1792)

1792–1814 M. Amandus Heinrich Hildebrand
        (1765–1814)

Herzog Carl Eugen ernennt 1764 Christian Friedrich Hildenbrand zum Möglinger Pfarrer.

Pfarrer Beurlin starb nach 22-jähriger Amtszeit 1763 in Möglingen. Wie Beurlin war auch sein seit 1764 tätiger Nachfolger M. Christian Friedrich Hildenbrand bezeichnenderweise gebürtiger Stuttgarter, denn noch immer hatte diese Stadt das Recht, den Pfarrer zu nominieren. Hildenbrands einzige Pfarrstelle blieb Möglingen, wo er 1792 nach fast 30-jähriger Amtszeit starb[56]. 1764 hatte Hildenbrand Juliana Dorothea, die Tochter des Stuttgarter Oberamtmanns Amandus Günzler geheiratet.[57] 1766 urteilte die Visitation: Er *predigt gründlich, erbaulich und angenehm; liebt Ordnung und accuratesse; hat autoritaet und Liebe bey der Gemeine, einen wohlgeordneten Wandel und Kleidung, gute Ehe und Oeconomie.*[58] 1784 und 1786 hielt man ihn sogar *zu einem Decanatamt tüchtig,* fand aber seine Predigten wenig *stichhaltig.* 1789 verlangte Hildenbrand selbst eine *promotion,* also die Versetzung auf eine bessere Stelle, jedoch erfahren wir 1790: *Fangt aber an, etwas zu kränkeln.* Auch 1791 wurde sein Wunsch nicht erfüllt und ein Jahr später starb er.[59]

Hildenbrand folgte sein 1765 in Möglingen geborener Sohn Amandus Heinrich im Amt, der bereits seit 1789 Vikar am Ort war.[60] Schon im Mai 1792 gab er *gute Hoffnung von sich, er werde in die rühmliche Fußstapfen seines verstorbenen wackern Vatters eintretten* und 1793 erfüllte sich dies: *tritt in die Fußstapfen seines Vatters ein.*[61] 1796 beantragte Hildenbrand jun. die Entlassung aus Württemberg, um die Pfarrei Neunstetten im Kanton Odenwald im Herrschaftsgebiet des Barons von Berlichingen anzunehmen. Dort war er bereits drei Jahre in Darmbach tätig gewesen. In Württemberg konnte sich der junge Hildenbrand aufgrund der vielen Stipendiaten kein Fortkommen erhoffen. Offenbar wurde das Gesuch nicht genehmigt, denn er blieb in Möglingen.[62]

1798 urteilte die Visitation: Hildenbrand *wendet seine gute Leibs- und Geistes-Gaben ganz zum Nuzen seiner Gemeinde an. Auch ist sein Wandel exemplarisch und seine Ehe vergnügt. Wegen seiner treuen und gewissenhafften Amts-Führung* wurde er belobt.[63] Dann jedoch zeigte sich mehr und mehr seine schlechte Gesundheit, denn 1804 wird bedauert, *daß er einigen Hang zur Hypochondrie hat, das von körperlicher Schwäche herrürt* und 1805 heißte es: *er leidet seit einigen Jahren an Krämpfen, u[nd] bedarf daher nothwendig der Unterstüzung eines vicarii.*[64] Ein Vikar war in der zweiten Hälfte des 18. Jahrhunderts fast ständig am Ort, jedoch kaum länger als ein bis zwei Jahre pro Person.[65]

b) Größere Umbauten an der Kirche und ein unfähiger Uhrmacher

Zu Beginn der 1770er Jahre war die Möglinger Kirche für die wachsende Bevölkerung (1764: 522, 1772: 595 Einwohner) zu klein geworden, und durch das große Gedränge, besonders auf der Empore, befürchtete der Kirchenkonvent ein Unglück. Von Kirchenbaumeister Götz aus Ludwigsburg wurde 1773 ein Kostenvoranschlag von über 780 fl errechnet, der den Einbau einer weiteren Empore, auf der auch die bisher im Chor stehende Orgel ihren Platz finden sollte, sowie die Reparatur des Kirchendachs und der Kirchhofmauer vorsah. Das Geld musste die lokale Heiligenpflege aufbringen, sie versuchte deshalb seit Jahren Ausstände einzutreiben. Eine Vergrößerung der Kirche durch einen Mauerdurchbruch war nicht realisierbar. Auch das niedrige Gewölbe, das Chor und Schiff trennte, konnte nicht ohne Gefahr erhöht werden. Da die Sakristei anderthalb Schuh höher als das Kirchenschiff lag, musste sie tiefer gelegt werden. Anlässlich dieses Umbaus erfahren wir, dass sich unter der Sakristei ein *Beinergewölble*, also eine Gruft befand, die damals zugeschüttet wurde. Die darauf befindlichen Steinplatten konnten so tiefer gelegt werden. Vermutlich war in dieser Gruft die Pfarrerfamilie Lechner bestattet (s. S. 106). Auch die Türe der Sakristei wurde tiefer gelegt, und zur Erhellung des Raums baute man ein weiteres spitzbogiges Fenster ein. Zur Neudeckung des Dachs waren rund 8000 Ziegel notwendig.[66]

Schließlich wurde die Orgel vom Erdgeschoss auf die neue Empore versetzt. Von den Orgelreparaturkosten in Höhe von 150 fl übernahm die bürgerliche Gemeinde 50 fl.[67] Das Instrument wurde dabei gründlich erneuert und erhielt Zinnpfeifen, da die alten Pfeifen größtenteils nicht mehr ansprachen. Das einstmals 245 fl teure Instrument erhielt auch ein *Viol di Gamb*-Register zu acht Fuß für 55 fl und dazu eine eigene Windlage um 15 fl. Der Stundenlohn des Orgelmachers belief sich auf anderthalb Gulden.[68] Im Juli 1773 erbat die Kirchengemeinde von der Landschaft (Landtag) und dem Hospital Stuttgart einen Zuschuss,[69] der wohl auch gewährt wurde.

1771 hatte die Schultheißenwitwe Anna Maria Wintterlin eine silberne Hostienkapsel mit Osterlamm und vergoldetem Fähnlein gestiftet. Dafür wurde ihr der Amtsstuhl ihres Mannes in der Kirche erblich, auch im Frauenstamm, bis zum Erlöschen ihres Geschlechts zugesagt. Das Sitzrecht auf den freien Kirchenstühlen oder Ständen wurde im Regelfall verkauft, so auch nach der Erweiterung die neuen Emporenplätze, die an 14 Personen zu je 36 × veräußert wurden. Die Stände auf der Orgelempore erhielten die am Kirchenbau beteiligten Möglinger Handwerker, nämlich der Zimmermann Friedrich Knoss, der Schreiner Hans Jörg Stähle sowie die Maurer Michael und Bernhard Strohmaier gratis. Weitere Plätze auf der Orgelempore kauften der Müller Johann Leonhard Nägele, der Schneider Michael Franz und Hans Jörg Maisch. Knoss hatte den ehemaligen Ausgang von der Kirche zum Kirchhof auf seine Kosten zugemauert und zu einem *Weiberstuhl* gerichtet, den seine Familie umsonst nutzen durfte. Im Regelfall waren diese Plätze nicht erblich, sondern fielen bei Tod oder Wegzug an die Kirche zurück. Spenden in Höhe von 146 fl 53 × sowie 11 fl vom Verkauf der Kirchenstühle wurden u. a. für die Bemalung und Vergoldung der Orgel und des neuen Kanzeldeckels sowie der zwei *Granat-Äpfel*, des Kruzifixes und der *historischen Gemälde* verwendet.[70]

Markus Otto hält diese Umbauten sicher nicht zu Unrecht für eine *Radikalkur*, da der Chorbogen herausgebrochen und das Renaissancegewölbe des Schiffs entfernt wurde. Ebenso wurden die Wände und die wiederaufgetauchte spätgotische Fachdecke übertüncht. Aus der Fachdecke, so vermutet er, stammen die später an den Emporenbrüstungen angebrachten Tafeln.[71]

Im Zuge der Umbauten wurde auch der Friedhof, der sich unmittelbar südlich an die Kirche anschloss, vergrößert. Zum Bau einer neuen Umfassungsmauer benötigte man 120 Fuhren Stein. Der heutige Friedhof wurde erst 1830 eingerichtet.[72]

Schon 1786 war die Kirche wieder zu klein. Ein Kostenvoranschlag von Götz, der schon den Plan von 1773 ausgearbeitet hatte, sah immense Kosten in Höhe von 3000 bis 4000 fl vor, daher wurde eine neuerliche Erweiterung verschoben. Von 1775 bis 1791 stieg die Bevölkerung allerdings von 611 auf 748 Einwohner an, sodass die Kirchengemeinde handeln musste. Ein Ende 1790 von Baukontrolleur Ezel in Stuttgart ausgearbeiteter Plan mit rund zwei Dritteln niedrigeren Kosten einschließlich Reparatur der Orgel wurde von Sommer 1791 bis November 1792 realisiert. Eine fehlendes Emporengemälde an der Orgel wurde 1800 ergänzt und zugleich die anderen Gemälde abgewaschen und mit Firnis versehen.[73]

Auch die Kirchturmuhr war schadhaft und sollte 1782 dem Markgröninger Uhrmacher Gaupp zur Reparatur übergeben werden. Auf herzoglichen Befehl musste aber der Kornwestheimer Uhrmacher Gottfried Hahn als Ludwigsburger Amtsangehöriger beauftragt werden. Ihm wurde im September 1783 die Reparatur übertragen, doch als er auf Weihnachten 1783 die neue Kirchenuhr eingebaut hatte, stellte sich bald heraus, dass sie ständig falsch ging. Von den 175 fl, die Hahn forderte, erhielt er zunächst nur 45 fl. Die vereinbarten Raten wurden vorenthalten, da er gemäß seiner sechsjährigen Garantie erst den Schaden beheben sollte. Die Reparatur war erst im Juni 1784 vollendet, und Hahn erhielt, da man ihm vertraute und er in Kornwestheim *wohl begütert ist*, das ausstehende Geld bis auf 10 fl. Wegen dieses Ausstandes beschwerte er sich sofort beim Oberamt. Die Möglinger wollten aber das Geld einbehalten, da das Uhrwerk trotz aller Mühe des Nachtwächters, Schulmeisters und Provisors, die für das Richten der Uhr zuständig waren, immer noch falsch ging und oft stehen blieb. Ein oberamtlicher Rezess verpflichtete Hahn zur Behebung des Schadens aufgrund der Garantie. Offenbar bekam Hahn das Problem nicht in den Griff, denn im November 1786 untersuchte Uhrmacher Samuel Bühler im oberamtlichen Auftrag die Möglinger Uhr und meldete dem Amt *viele Fehler* an dem Werk.[74] Über das weitere Vorgehen schweigen die Quellen.

In der Pankratiuskirche befanden sich vor der Renovierung von 1941 die alten vergitterten Kirchenstühle, u.a. der Schultheißenfamilien Wintterlin/Hirsch und der Gehegbereitersippe Lauer.

c) Umfangreiche Bautätigkeit des Stuttgarter Hospitals

Noch immer besaß das Stuttgarter Hospital das Pfarrhaus, das Schulhaus, die Kelter und die Zehntscheune(n). Das Schulhaus wurde 1768/69 neu erbaut (s. S. 213). Auch das Pfarrhaus war 1764 baufällig, jedoch erst 1772 wurde ein Kostenvoranschlag von über 211 fl für eine Sanierung und Erweiterung vorgelegt[75] und 1775 ein neuer Anbau erstellt und vermutlich die schlimmsten Schäden repariert. 1790/91 sowie 1795 hören wir von weiteren Reparaturen.[76]

1766 war das an die Kelter angebaute *Kelterhäusle* so baufällig, dass es nicht mehr repariert werden konnte. Es diente als Büro des Kelterschreibers und anderer Bediensteter, die den Zehntwein, der während der Lese dort aufbewahrt wurde, einzogen. Jedoch erst 1775 wurde ein Kostenvoranschlag von über 150 fl erstellt und wohl bald darauf der Kelteranbau abgebrochen und neu errichtet. Zimmermann Johann Friedrich Knoss erhielt 1785 den Auftrag, die gesamte Inneneinrichtung der Kelter, besonders die Pressen, gründlich zu überholen. Weitere Bauarbeiten an der Kelter fanden 1793 und 1805, dabei mit Neueindeckung des Dachs, statt.[77]

Den größten finanziellen Aufwand verursachte dem Hospital aber der Bau einer zweiten Zehntscheune. Schon 1775 war eine Erweiterung des bisherigen alten Gebäudes im Gespräch. 1779 legte Stuttgart Pläne zum Neubau einer zweiten Zehntscheune vor, da 1777/78 20 Wagen voll Erbsen, Wicken und Bohnen nicht mehr in der alte Scheune hatten untergebracht werden können. Damals war eine Privatscheune angemietet worden. Dies sei, so der Bericht des Hospitals, jetzt nicht mehr möglich und der Bau eines Bretterverschlags als Alternative würde immerhin auch 50 bis 60 fl kosten. Die Neubaupläne wurden jedoch vom Herzog nicht genehmigt, da für die Kosten in Höhe von rund 1874 fl eine Zinsaufnahme von rund 1600 fl nötig gewesen wäre, und dies wollte man dem sowieso ver-

Die zweite Zehntscheuer des Stuttgarter Spitals an der Schwieberdinger Straße war 1794 fertig.

schuldeten Hospital nicht erlauben. Also wurde bei der nächsten Ernte 1789 im September der Bau einer Bretterhütte für rund 150 fl genehmigt, jedoch nur, weil deren Bau schon begonnen war. Künftig sollte man durch Vordrusch oder Anmietung einer privaten Scheune Abhilfe schaffen. Letztendlich wurde 1793 der Bau einer zweiten 50 Schuh langen und 42 Schuh breiten Zehntscheune doch genehmigt. Sie entstand auf einem Acker an der Schwieberdinger Straße *außen im Dorf*, den das Hospital von Johannes Pflugfelder kaufte. Das Gebäude (Nr. 38 bzw. 153) mit einer Tenne und zwei Barn kostete rund 1500 fl und war zur Ernte 1794 fertig. Heute steht an seiner Stelle das Gebäude Schwieberdinger Straße 19.[78]

4. Verbesserung der Schule

a) Schulmeister, Provisoren und Schulkinder

Schulmeister Eberhard Friedrich Hartmann war seit Ende 1765 Nachfolger von Johann Michael Fink, dessen weiteres Schicksal unbekannt ist. Hartmann hatte *ordentliche Schulgaben, einen stillen Sin[n] und Wandel*.[79] Er wurde 1745 in Feuerbach als Schultheißensohn geboren und starb 1817 in Möglingen.[80]

Seit 1768 waren ununterbrochen meist schon examinierte Provisoren in Möglingen tätig, die in der Regel um die 20 Jahre alt waren und ein bis drei Jahre am Ort blieben. Heinrich Sizler aus Gochsheim war von 1794 bis 1798 Möglinger Provisor, und die Visitation lobte ihn: *befleißt sich nicht allein bey der Schule, sondern auch bey der Kirche mit Einführung eines bessern Gesangs und neuer Melodien*. Am Rand wurde allerdings vermerkt, *daß der Provisor das Schreiben in der Schule eigent[lich] treiben sollte*.[81] Seit 1799 war Gottlob Friedrich Hartmann, der in Möglingen 1777 geborene Sohn des Schulmeisters, Provisor.[82] Er folgte 1810 seinem Vater im Amt (s. S. 252).[83]

Noch immer gingen im Winter mehr Kinder zur Schule als im Sommer, obwohl sich die Zahlen langsam anglichen. 1763 besuchten im Winter 77 und im Sommer 64 Möglinger Kinder den Unterricht;[84] 1799 waren es 135 bzw. 127.[85] Da noch 1770 der Schulmeister nur im Winter einen Provisor beschäftigte, wurden die über 80 Schulkinder im Sommer nur vier Stunden unterrichtet, wodurch die *Unwissenheit der Kinder im[m]er mehr eingerissen* war. Da der Schulmeister im Sommer anstelle des Provisors die Orgel spielen musste und nicht zugleich *das Gesang führen kan[n]*, war *die gegen 600 Seelen starke Gemeinde je und je beym Singen in confusion gerathen*. Daher gereiche dieser wichtige Teil des Gottesdienstes *manchmal mehr zum Anstoß als zur Erbauung*. Schulmeister Hartmann bot an, im Sommer einen Provisor einzustellen, wenn die bürgerliche und kirchliche Gemeinde jährlich je 12 bis 15 fl dazu geben würden. Schließlich wurden die Kosten zu einem Drittel vom Bürgermeisteramt und der Rest von der Heiligenpflege getragen und ein Provisor eingestellt. Dadurch konnten im Sommer die größeren Schüler der ersten Klasse morgens von sechs bis acht Uhr und die kleinen Schüler der zweiten und dritten Klasse von acht bis zehn bzw. von zwölf bis zwei Uhr unterrichtet werden.[86]

b) Der Neubau des Schulhauses

Da 1766 das Schulhaus, das noch immer dem Stuttgarter Hospital gehörte, einzufallen drohte, war ein Neubau unumgänglich.[87] Die Überlegung, das Pfarrhaus zum Schulhaus umzufunktionieren, verwarf man.[88] Im Mai 1767 wurde der Schulhausbau angefangen,[89] aber noch 1768 wurde die Schule in Ermangelung eines eigenen Schulhauses auf dem Rathaus in der großen Gerichtsstube gehalten und wegen eines jeden anfallenden Amtsgeschäftes eingestellt. Eine herzogliche Verfügung untersagte dies, zumal die meisten Verwaltungsgeschäfte in der Nebenstube abgewickelt werden konnten.[90] Mit Fuhren und Handfronen musste für den Neubau das Eichenholz im vier Stunden entfernten Hospitalwald und das Tannenholz in Berg im Stuttgarter Osten geholt werden. Dazu kamen Steine, Sand und anderes Baumaterial.[91] Noch im Mai 1769 wurde der Unterricht im Rathaus gehalten und erst im Juni 1770 war das Schulhaus *nunmehro gebaut und schon bewohnt*.[92]

Erhebliche Unstimmigkeiten hatte es bei der Zuständigkeit für den Bau gegeben. Ende 1766 war das Möglinger Gericht der Meinung, das Hospital, also die Stadt Stuttgart, sei allein dafür zuständig. Dieses sagte den Neubau zu, allerdings unter der Bedingung, dass die Fuhren und Handarbeiten gemäß der herzoglichen Kastenordnung von der Gemeinde im Rahmen der Fron zu übernehmen seien. Die Möglinger verweigerten dies, da die Kastenordnung nur für Kirchen, nicht aber für Schulhäuser gelte. Weder bei den Bauarbeiten 1728 und 1741, noch sonst seit Mannsdenken seien dafür Frondienste geleistet worden, zumal das Hospital den hiesigen Frucht- und Weinzehnt und auch sonst die *schönsten Gefälle von Hof- und Lehen-Güthern* beanspruche. Dagegen gebe das Hospital weder für die Kirche, noch für die Ortsarmen etwas. Trotzdem verpflichtete eine herzogliche Resolution die Möglinger zum Frondienst gemäß der Ordnung, jedoch wollte das Hospital die Entschädigung der Fröner, die mit dem Bau der Fruchtböden im Obergeschoss des Schulhauses beschäftigt waren, übernehmen. Damit war Möglingen nicht zufrieden und sandte eine Abordnung des Gerichts nach Stuttgart. Deren Beschwerde wurde abgewiesen, da man sich erst äußere, wenn der Bau fertig sei und ein Gutachter ihn gesehen habe. Die Bürgerschaft war nach

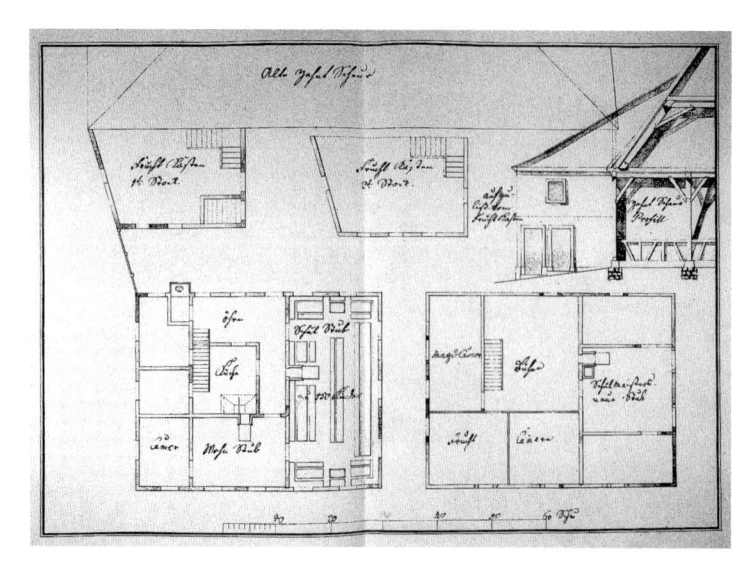

Grundriss von 1789 zur Erweiterung der Möglinger Schulstube.

Publikation der arroganten Stuttgarter Antwort *sehr übel davon zu sprechen* und verweigerte den Frondienst, dessen Kosten auf 600 fl geschätzt wurden. Es kam zu einem Prozess, der im September 1768 vor dem Tübinger Hofgericht ausgetragen wurde.[93]

Jedoch erst sechs Jahre nach Fertigstellung des Schulhauses kam 1776 vor dem Tübinger Gericht ein Vergleich zwischen der Gemeinde und dem Hospital zustande. Nach diesem mussten bei Zerstörung des Hauses durch Feuer oder Feind die Möglinger drei Tage lang Hand- und Fuhrfronen mit der gesamten Einwohnerschaft leisten und ein Drittel der Kosten für Bau und Material tragen. Die Prozesskosten musste jede Partei selbst tragen.[94]

Schon 1789 war das neue Schulhaus wieder zu klein, und ein Kostenvoranschlag von 841 fl mit fertigen Plänen sah einen größeren Um- und Anbau vor. Genehmigt wurde vom herzoglichen Kirchenrat jedoch nur eine Erweiterung der Schulstube um sechs Schuh auf Kosten der Schulmeisterwohnung.[95]

1802 war das neue *Schulhaus viel zu eng*[96] und im Februar 1805 stand eine Vergrößerung des alten Gebäudes oder ein Neubau zur Debatte.[97]

Vom Bau des Schulhauses 1768 bis zum Jahr 1805 war die Einwohnerzahl stark angestiegen, und der vermehrte Anbau der Feldfrüchte machte das Haus aufgrund seiner dreifachen Nutzung als Schulstube, Schulmeisterwohnung und Zehntfruchtkasten zu eng. 1768 wurden 80 Kinder unterrichtet, nach der Erweiterung 1789 110 und 1805 mussten sich einige vor den Ofen stellen, und die Kleineren konnten am Rechnen und Schreiben nicht mehr teilnehmen, um den größeren Schülern für das Sitzen oder Stehen Platz zu machen. Durch die Nutzung als Fruchtkasten im Sommer entstand außerdem Tumult durch *anstössige Possen der Drescher* und den Zutrieb des Faselviehs. Da der Bau eines weiteren Stockwerks auf das bestehende Haus nicht möglich war, wurde beschlossen, das Schulhaus zugunsten eines Bauplatzes für eine neue Schule zu verkaufen (s. S. 251).[98]

5. Die Landwirtschaft im Umbruch

a) Weitere Zerstückelung der Lehenhöfe

In der zweiten Hälfte des 18. Jahrhunderts wurden die alten Lehengüter stark zerstückelt. Der Schnellerhof war beispielsweise 1763 schon in acht Teile aufgeteilt.[99] Ein Achtel der 76 Morgen Äcker des Hofs besaß Johann

Jakob Franz. Er durfte 1793 die Hälfte davon an ein oder zwei Interessenten verkaufen.[100] Für den Hertershof war weiterhin die Geistliche Verwaltung Bietigheim zuständig. Jakob Ladner hatte den Hof 1784 unerlaubt stückweise verkauft und musste auf herzoglichen Befehl die Kaufverträge rückgängig machen.[101] Um wenigstens den Einzug der Steuern und Abgaben zu erleichtern, wurden viele Rechte auf die Geistliche Verwaltung Markgröningen übertragen. Sie verwaltete den Schnellerhof, den Adelberger Hof sowie den von Schorndorf übergebenen Geradstetter Hof.[102] Die Lehen und Gefälle des Adelberger Hofs wurden erneut 1762/63 von der Adelberger Pflege Waiblingen an die Geistliche Verwaltung Markgröningen übergeben, die bereits von 1664/65 bis 1709/10 diesen Hof verwaltet hatte.[103] Als 1765 der Möglinger Schmied Michael Würth seinem Schwiegersohn Johannes Pflugfelder die Hälfte seines Viertels des Adelberger Hofs übergeben wollte, wurde ihm dies untersagt, um das ohnehin nur noch aus diesem Viertel bestehende Lehengut nicht weiter zu zerstückeln.[104] Im selben Jahr wurde Jung Balthas Kienzle bestraft, weil er versucht hatte, seine Abgaben als Mitinhaber des Adelberger und Geradstetter Hofs an die Geistliche Verwaltung mit altem und qualitativ schlechtem Getreide zu strecken.[105] Marx Jopp, Inhaber eines Achtels des Geradstetter Hofs, erhielt 1772 vom Oberamt Ludwigsburg die Erlaubnis zum Bau einer Schmiede auf einem Platz, auf dem früher ein Gebäude gestanden hatte. Zu diesem Hof gehörten damals ein Haus, ein Stall und eine baufällige Scheune. Letztere hatte als einziges Hofgebäude den Franzoseneinfall 1693 überstanden.[106]

Hans Jörg Blank, Teilhaber am Widdumhof des Hospitals Stuttgart, durfte 1775 auf ein Baumstück des Hofs eine Scheune bauen, musste dafür aber die daraus zu entrichtenden Abgaben auf ein anderes Stück Land übertragen. Die Stadt Stuttgart im Namen des Hospitals befürwortete den Tausch, zumal sich beim Widdumhof nur eine Scheune befinde, die außerdem zu klein sei.[107]

b) Neu angebaute Früchte verursachen Zehntstreitigkeiten

Der Ackerbau erfuhr in der zweiten Hälfte des 18. Jahrhunderts erhebliche Verbesserungen, zumal jetzt das Brachfeld regelmäßig mit Klee bepflanzt wurde und zahlreiche Kartoffelfelder angelegt wurden. Vermehrt baute man auch Ölfrüchte an. Für die neuen Arten gab es oft noch keine Bestimmungen bezüglich der Abgaben des Großen und Kleinen Zehnten, sodass hier mancher Streit ausgefochten werden musste. 1772 und erneut 1775 forderte Pfarrer Hildenbrand seinen Zehntanteil am Klee, der auf dem Brachfeld angebaut wurde. Im Juni 1775 erhielt er dies zunächst vom Herzog zugestanden, aber nach dem Protest der Möglinger Bauern wurde wenige Wochen später die Abgabe wie in anderen Orten auf den ersten und zweiten Schnitt beschränkt.[108]

Schon im Oktober 1775 forderte der unzufriedene Pfarrer, dass ihm auch aus *etlichen wenig[en] Erdbirnen-Ländern* der Zehnt gegeben werden solle. Dies wurde ihm ebenfalls zugestanden. Wir können also davon ausgehen, dass der Klee- und Kartoffelanbau seit Anfang der 1770er Jahre in größerem Stil in Möglingen betrieben wurde. In den darauffolgenden Jahren klagte Hildenbrand mehrmals beim Herzog wegen Vorenthaltung der Kartoffeln, zuletzt 1790, als einige Weinbergbesitzer im Gewann Eselsberg ihre Weinberge durch Kartoffeläcker ersetzt hatten und jetzt die Zehntabgabe daraus verweigerten. Der Streit unter Berufung auf das Lagerbuch des Stuttgarter Hospitals von 1702 wurde zugunsten des Pfarrers entschieden. Allerdings gehörten danach Erbsen und Linsen nicht zum Kleinen, sondern zum Großen Zehnt.[109]

Dem Schulmeister stand von alters her ein Teil des Kleinen Zehnten des Stuttgarter Hospitals zu. Schon 1778 hatte Schulmeister Hartmann versucht, seine Zehnteinkünfte durch Vergrößerung des Gebietes, aus dem er diese bezog, bezüglich Klee, Kraut und Kartoffeln zu vermehren,[110] jedoch erst 1790 wurde seine grundsätzliche Forderung nach einem Zehntanteil an Klee und Kartoffeln bewilligt.[111] 1804 entbrannte ein Streit, weil das Hospital behauptete, der Winterraps- und Mohnsamen gehöre zum großen Zehnten und damit zu seinen Einkünften. Der Herzog entschied, dass diese Ölfrüchte, die damals seit ca. drei bis vier Jahren von Möglinger Bauern in größeren Mengen angebaut wurden, vom Sommerfeld dem großen, vom Brachfeld aber dem kleinen Zehnten zuzurechnen seien.[112]

c) Ackerbau, Weinbau, Viehzucht und Schäferei

1769 gab es in Möglingen 32 Pferde-, 85 Rindvieh- und vier Schafstallungen. Es wurden 2691 Morgen Äcker, 89 1/2 Morgen Wiesen, 124 Morgen Weinberge und 32 Morgen Gärten bewirtschaftet. Damit hatte Möglingen nach Kornwestheim (3830 Morgen) die größte Ackerfläche im Amt Ludwigsburg. Mit seinen Weinbergen lag Möglingen nur an achter Stelle. Im Ort standen 58 Pferde, 242 Stück Rindvieh, 350 Schafe, acht Geißen oder Böcke und 58 Schweine. Der Ackerbau war der Haupterwerb aller Amtsorte mit Ausnahme von Asperg und Hoheneck (Weinbau) und der Amtsstadt (herzogliches Hoflager und Militär).[113] Die stattliche Rindviehzahl wurde durch die weitverbreitete sog. ungarische Viehseuche, die im August 1796 auch Möglingen erreichte, dezimiert. Gemäß einem herzoglichen Ausschreiben errichtete die Gemeinde Bretterhütten auf dem Feld für erkranktes Vieh. Einige Bürger wurden zur Versorgung abgeordnet. Sie mussten dort auch die gestorbenen oder getöteten Tiere verscharren.[114]

1801 fand ein Kuhhandel zwischen dem Möglinger Bauern Michael Höger und Judas Moses Schüz, einem Juden aus Freudental statt. Nach 14 Tagen zeigte Höger vor Gericht an, dass die Kuh, die er gekauft hatte, mit *Wehtag behaftet* sei. Schüz sagte, er habe sie von Bürgermeister Mäule in Tamm gekauft, der das Tier sofort wieder in Möglingen abholen ließ. Zur Begründung der überstürzten Aktion gab er an, dass Schüz die Kuh, die er, Mäule, acht Jahre in seinem Stall aufgezogen habe, noch nicht bezahlt habe. Das Tier kam daraufhin zur Untersuchung in einen neutralen Stall und der Fall wurde dem Oberamt zur Untersuchung übergeben.[115] Das Ergebnis ist nicht bekannt.

Die Schäferei wurde ab Michaelis 1762 für ein Jahr um 100 fl an Schäfer Häußler mitsamt dem Schafhaus, Stall und einem Viertel der

Schafherde in der Ludwigsburger Straße um 1910. Die Schafhaltung wurde über Jahrhunderte von der Gemeinde verpachtet.

Fleckenscheune verpachtet.[116] Die Fleckenscheune mit einer Tenne und zwei Barn (später Nr. 126a) sowie zwei Schafställen darunter verkaufte die Gemeinde 1777 an Jung Johannes Reichert, Daniel Öttinger und Jakob Lutz.[117] Schäfer Daniel Öttinger wurde 1747 in Weiler bei Schorndorf als Schäfersohn geboren. Sein Kind Maria wurde 1794 von einem Pferd totgeschlagen; er selbst starb 1799 morgens um sieben Uhr beim Wickenabladen, als er in der Scheune auf den Wagen stürzte und sich das Genick brach. Trotzdem setzte sein Sohn Johannes sowie dessen vier Söhne Philipp Jakob, Johann Georg, Johann Heinrich und Friedrich die Schäfertradition der Familie in Möglingen fort. Johann Georgs Sohn Johann Friedrich wurde ebenfalls Schäfer und wanderte 1880 nach Amerika aus. Sein Vetter Christoph Wilhelm starb als letzter Schäfer in mindestens zweihundertjähriger Familientradition 1921 in Möglingen.[118]

Zur Verbesserung der Schafzucht kaufte Möglingen dem Beispiel anderer Gemeinden folgend 1804 sechs Zuchtschafe der spanischen Rasse für 112 fl beim Schafmarkt auf dem herrschaftlichen Seegut bei Eglosheim.[119]

d) Große Waldverkäufe

Der endgültigen Zuordnung Möglingens zum Oberamt Ludwigsburg folgte zumindest der teilweise Wechsel des Waldbesitzes aus der Verwaltung des Leonberger Forsts in den Zuständigkeitsbereich des Ludwigsburger Forsts, dessen Lagerbuch von 1772 dies dokumentiert.[120] Um diese Zeit war der entfernte Waldbesitz für die ärmer werdende Gemeinde eine Belastung geworden, und so erhielt sie 1774 die Erlaubnis zum Verkauf des 1620 von der Herrschaft eingetauschten Waldes auf Ingersheimer Markung, der drei Stunden von Möglingen entfernt war.[121] Bis 1781 verkaufte die Gemeinde dort 69 Morgen Wald um insgesamt 1155 fl.[122]

Somit blieben den Möglingern noch 36 Morgen und ein Viertel in der Tammer Brandhälde, 47 Morgen und dreieinhalb Viertel in der Weilimdorfer Hardt und die 88 Morgen Münchinger Kallenbergwald.[123] Zur Aufsicht des auswärtigen Waldbesitzes besoldete das Bürgermeisteramt den Großingersheimer, Gerlinger und Feuerbacher Forstknecht.[124]

1802 richteten die Möglinger aufgrund ihrer finanziellen Notlage durch die napoleonischen Kriege an den Herzog ein Gesuch um Einverleibung des 88 Morgen großen Gemeindewaldes Kallenberg auf Münchinger Markung in das herzogliche Leibgehege Ludwigsburg. Das Anliegen wurde zwar abgewiesen,[125] aber der inzwischen zum Kurfürsten avancierte Herzog kaufte der Gemeinde 1805 ihre rund 36 Morgen Wald auf Tammer Markung ab.[126]

6. Gastwirtschaften und Mühle

a) Die Wirtschaften Lamm, Rose und Ochsen

Lammwirt Johann Jakob Österreicher nahm an seiner Wirtschaft laut einer Inschrift an dem inzwischen abgebrochenen Gebäude 1763 größere Veränderungen vor.[127] Er übergab seine Wirtschaft 1789 an seinen Sohn Johannes,[128] dessen Sohn Johann Friedrich (1777–1821) ebenfalls Lammwirt wurde. Dann endete die Familientradition, denn Johann Friedrichs Sohn Georg Friedrich wanderte 1842 nach Amerika aus und sein Bruder wurde Pfarrer.[129]

Joseph Friedrich Seybold (1771–1835), der Sohn des aus Endersbach zugezogenen Gassenwirts und Schmieds Joseph Friedrich Seybold, war Rosenwirt und wurde 1824 Schultheiß. Sein Sohn Christian Ludwig (1798–1876) übernahm, wohl direkt von Österreicher, die Lammwirtschaft, die über drei Generationen in der Familie blieb. Christian Ludwigs Urenkel ist der verdiente Möglinger Heimatforscher Hermann Seybold (1896–1988), der Vater von Hermann jun. und dem Mitautor dieses Buches, Adolf Seybold.[130]

Ochsenwirt Konrad Rothacker starb 1758 im Alter von 79 Jahren.[131] Sein Sohn Jakob ver-

*Postkarte um 1920. Oben die Schwieberdinger Straße mit Wirtschaft Zur Rose.
In der Mitte die Einmündung der Wagner- in die Schwieberdinger Straße bei diesem Gasthaus.*

kaufte die Wirtschaft 1761 an Christoph Friedrich Mann, der das inzwischen abgebrochene Gebäude laut einer Inschrift 1777 vergrößerte oder sogar neu erbaute.[132] Mann blieb kinderlos, aber seine Frau hatte aus früherer Ehe mit Johann Georg Würth einen 1762 geborenen Sohn Johann Georg, der Ochsenwirt wurde und vermutlich bis zu seinem Tod 1818 blieb.[133] 1781 ereignete sich in seiner Wirtschaft ein Todesfall. Der 69-jährige Illinger Pfleger Eberhard Friedrich Zahn, der aus Markgröningen kommend nach Cannstatt ins Bad reisen wollte, erlitt einen Schlaganfall oder Herzinfarkt in der Herberge zum Ochsen. Er blieb fünf Wochen in der Wirtschaft auf dem Krankenlager und kämpfte mit Atemnot und Ausschlag am ganzen Körper, *bis es ihm unvermutet aufs Herz zog und seinem Leben ein Ende machte*.[134]

Aber auch gefeiert wurde in den Wirtschaften, so 1785 anlässlich der Kirchweih, die in Möglingen im Regelfall nach Mariä Himmelfahrt oder vor Bartholomä gehalten wurde. Dies verhinderte in diesem Jahr die durch Nässe und Kälte verspätete Ernte. Pfarrer Hildenbrand deutete die schlechte Ernte ebenso wie einen Brand kurz zuvor als von Gott gewollte Warnung und verbot das Kuchenbacken, Feiern und Tanzen. Der Schultheiß und die Wirte sollten darauf achten, dass die Kirchweih *ehrbar und stille celebrirt werden* solle. Das Lärmen und Feiern begann aber in der Lamm- und Ochsenwirtschaft sowie den beiden Gassenwirtschaften von Seybold und Dokkenwadel schon am Morgen des darauffolgenden Montags und ging bis Dienstag früh. Der Pfarrer schickte erbost den Schulmeister zum Schultheißen, doch nur dessen Sohn war anzutreffen. Dieser erwiderte, man dürfe tanzen, so lange man wolle. Die Anzeige des Geistlichen beim Oberamt ergab, dass der Schultheiß für zwei Tage Tanz eine Abgabe bezahlt und die Genehmigung erhalten hatte.[135]

b) Mauschelei in der Mühle

Müller Albrecht Käferlen verkaufte die Mühle 1761 um 2400 fl an Johann Georg Rieger, Bestandsmüller aus Sulzbach und Bestandsmüller der Oberen Mühle in Gronau.[136] 1764 wurde Rieger der mehrfachen Unterschlagung von Mehl beschuldigt. Sein Müllerknecht sagte aus, Rieger habe, als Oberforstmeister Graf von Sponeck gemahlen habe, anderthalb Simri Mehl aus dem Beutelkasten genommen und seinem Schwager zur Kirchweih nach Prevorst geschickt. Zu ihm, dem Knecht, habe er gesagt, er werde Kernen nachgeben, dies sei aber nur manchmal und meistens in Form von Mischgetreide geschehen. Auch habe die Müllerin mit ihrer Magd Äpfel in des Schultheißen Garten gelesen und sogar *gebrochen* und in den Keller der Mühle getragen. Dort wurden auch ähnliche Äpfel wie aus dem Garten gefunden. Der Müller stritt alles ab, und seine Frau lag im Wochenbett und konnte nicht verhört werden. Der Knecht, der inzwischen bei einem Müller in Markgröningen war, legte einen Eid ab und die noch bei Rieger dienende Magd gab den Apfeldiebstahl, den sie auf Befehl der Meisterin begangen hatte, zu. Der Fall wurde zur Untersuchung, deren Ergebnis im Dunkeln bleibt, ans Oberamt gegeben.[137]

Nach Riegers Tod heiratete seine Witwe 1772 den Müller Johann Leonhard Nägele, Sohn eines Spiegelschleifers aus Spiegelberg.[138] Nägele erhöhte die Mühle 1772 um ein Stockwerk und baute eine neue Scheune neben Garten und Mühle.[139] 1787 übernahm Nägele die neue Mühle in Birkmannsweiler bei Winnenden. Die Möglinger Mühle hatte er kurz zuvor an Jakob Friedrich Saaß aus Weissach bei Maulbronn verkauft.[140]

7. Soziale Verhältnisse

a) Vermögensverhältnisse anhand der Inventuren und Teilungen

Wie unterschiedlich der Besitzstand der Möglinger Einwohner war, dokumentieren präzise die seit Ende ca. 1775 erhaltenen Inventur- und Teilungsakten, die nach fürstlichem Landrecht im Regelfall vier Wochen nach Heirat eines Paares oder Tod einer Person anzufertigen waren. Geführt wurden diese Akten bis zur Einführung des Bürgerlichen Gesetzbuches am 1. Januar 1900.

Das bei einer Heirat angefertigte Dokument hieß Inventur. Im Todesfall wurde auch eine Inventur gemacht und dann zwischen der Eventualteilung beim Tod des ersten Ehepartners und der Realteilung beim Tod des zweiten Ehepartners unterschieden. Sonderformen waren u.a. Vermögenstrennungen bei Scheidung, Vermögensübergaben und Testamente. Diese Akten sind von hohem sozial-, kultur- und familiengeschichtlichem Wert, da sie nicht nur die Herkunft der Ehepartner und den Verbleib der Kinder, sondern auch den gesamten Besitz auflisten. Dies diente v. a. der Besteuerung und der gerechten Verteilung des Erbes bzw. des Zugewinns.

Im Regelfall war eine solche Akte in verschiedene Rubriken unterteilt. Dabei wurden Liegenschaften (Häuser, Grundstücke), Bargeld, Bücher, Schmuck, Männer- und Frauenkleidung, Bettzeug, Möbel, Hausrat und Geschirr (Holz, Kupfer, Zinn, Eisen, Messing), Feldgeschirr, Handwerkszeug, Tiere, Vorräte und anderes bis zum letzten Schnupftuch auf Kreuzer und Heller genau aufgelistet. Auch die Schulden und Ausstände wurden aufgeführt. Im Regelfall wurde das Inventar im Beisein des Schultheißen und zwei bis drei so genannter Waisenrichter, die zugleich Angehörige des Dorfgerichts waren, angefertigt. Einige Beispiele sollen dies für Möglingen dokumentieren.

Bereits 1769 hatten Johann Georg Ulrich aus Münchingen und Maria Kienzle aus Möglingen geheiratet.[141] Das Inventar des Taglöhners und Beisitzers, der damit eine der untersten sozialen Schichten repräsentiert, wurde jedoch erst 1771 angelegt. Ulrich besaß weder Liegenschaften noch Geld und nur ein Buch, das damals übliche Gesangbuch. Eine Bibel hatten nur reichere Leute. Seine Kleider beschränkten sich auf ein *blau tüchen Camisohl*, also eine Art Hemd, ein blaues Brusttuch, eine wildlederne Hose, einen Hut, zwei Paar Strümpfe, fünf Hemden und ein Paar Schuhe. Somit war seine gesamte Habe 15 fl 8 × wert. Die Ehefrau besaß immerhin Äcker und Weinberge im Wert von 35 fl, zwei Gesangbücher und wesentlich mehr Kleidung als ihr Mann, darunter auch eine Damasthaube, eine halbseidene Haube und ein *roth charlachen Mieder*. Zudem erhielt sie von ihrer Mutter als Aussteuer Bettzeug und *Leinwandt*. Eine Kuh, die allein schon 25 fl wert war, erhöhte das gesamte Vermögen der Braut auf 105 fl 54 ×, wovon über 30 fl zur Aussteuer gehörten.[142]

Ganz anders war die Situation bei dem ebenfalls von auswärts, nämlich aus Schöckingen, 1779 einheiratenden Friedrich Giek. Er besaß weder Liegenschaften noch Bargeld, sondern nur sein Gesangbuch sowie einige wenige Kleider, Geschirr, Hausrat und Möbel im Wert von zusammen rund 53 fl. Aber offensichtlich hatte er in Schöckingen zahlreiche Grundstücke besessen und vor seinem Wegzug ver-

Letzte Seite eines Testaments von 1771 mit Siegeln und Unterschriften des Schultheißen Johannes Wintterlin und der Waisenrichter Glück, Blank, Österreicher und Pflugfelder.

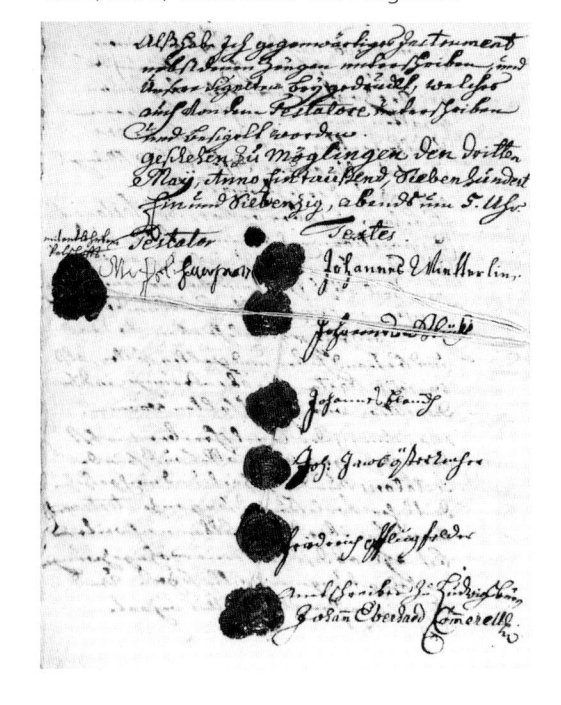

kauft, denn nach dem dortigen Kaufbuch schuldeten ihm 16 Schöckinger Bürger Geld und weiteren sieben Schöckingern hatte Giek Geld geliehen. So kamen allein durch Ausstände fast 1639 fl zusammen. Mit dem Hausrat und abzüglich des Bürgergeldes belief sich sein Vermögen also auf stattliche 1677 fl 8 × 2 h. Gieks Ehefrau, eine Tochter des Jakob Pflugfelder, brachte Hausrat für rund 100 fl in die Ehe, jedoch vor allem einen Anteil des kleinen Schorndorfer Hofs im Wert von 800 fl.[143]

Ein Einheimischer war der in Möglingen geborene Weber Johannes Raiser (1761–1829), der 1785 in erster Ehe Anna Barbara Strohmaier (1762–1785) heiratete. Der einzige Sohn Johann Michael wanderte 1830 nach Südrussland aus, jedoch haben Kinder aus zweiter Ehe mit der Witwe Anna Barbara geb. Motz Nachkommen bis heute.[144] Aus der Inventur der ersten Ehe erfahren wir, dass Raiser Grundbesitz im Wert von 179 fl 30 ×, ein Gesangbuch für 20 × und Kleider für 26 fl 20 × besaß. Besonders wertvoll war ein neuer dunkelblauer Rock (8 fl) und ein neues Paar bockledere Hosen (3 fl). Dazu kamen noch leinene Textilien und Weberhandwerkzeug, das allerdings nicht voll angerechnet wurde, da der 24-jährige Raiser gerade dabei war, den Webermeistertitel zu erwerben. Zusammen ergab sein Vermögen 235 fl 10 × und das seiner Frau, die vor allem mehr Liegenschaften besaß, 568 fl 37 ×.[145]

Johannes Raisers Vater, Christian Raiser, der 1747 als Bandweber von Kirchentellinsfurt nach Möglingen gezogen war, starb 1792 und hinterließ sechs Kinder (s. S. 199). In der Erbteilung werden seine zwei Webstühle mit 4 bis 5 fl sowie die Gewichte und *sonstige kleine Appertinenzien* mit 2 fl veranschlagt. Er besaß drei Viertel eines Hauses mit Scheune an der Gröninger Straße im Wert von 400 fl sowie Äcker, Weingärten und Wiesen für 1398 fl 30 × und hatte es also, wenn wir davon ausgehen, dass er als einfacher Webergeselle nach Möglingen kam, in 45 Jahren durchaus zu Wohlstand gebracht. Einer der Söhne wurde sogar Schulmeister in Kleiningersheim und Raiser selbst besaß in einer Zeit, als der Normalbürger seines Standes meist nur ein Gesangbuch hatte, einen großen Bücherschatz. Es waren sechs Predigtbücher, eine Kinderlehre, drei Gesangbücher und drei Bibeln. Die *Pfaffische Bibel* war einen Gulden wert, soviel wie ein Mantel, jedoch das Schulbuch *Kinderlehre* wurde mit nur zwei Kreuzer, also ein Dreißigstel davon, eingeschätzt. Raiser besaß folgende Kleider, die einen gut gekleideten Mann auswiesen: je ein hellblauer und dunkelblauer tüchener Rock, ein tüchener Mantel, ein *barchet* Wams (starker Stoff aus Baumwolle oder Leinwand), ein englisch *zeugen* Brusttuch (gemusterter Stoff bzw. wenig oder nicht gewalktes Gewebe aus haariger Wolle), ein Paar schwarze bockledere Hosen, ein zeugenes Brusttuch, ein Paar alte Hosen, ein alter Hut, eine *cottone* (baumwollene) Kappe, eine Pelzkappe, ein alter Halsflor, ein Paar schwarze wollene Strümpfe, zwei Paar leinen Strümpfe, ein Nastüchle, zehn *reustene* Hemden (wohl mit Rüschen), ein Paar Schuhe mit Schnallen, ein Paar Pantoffeln und ein Paar Filzschuhe. Es folgen in der Auflistung Bettzeug, Textilien aus Leinwand, Geschirr verschiedener Materialien und eine verhältnismäßig große Anzahl Möbelstücke vom Nussbaumtisch für zwei Gulden über den Nachtstuhl und eine *alte Himmelbettlade* bis zum kleinen Schemel für vier Kreuzer. Fass- und Bandgeschirr sowie *gemeiner* Hausrat waren in Menge vorhanden, darunter sogar ein Schreibzeug aus Porzellan, aber auch zahlreiche landwirtschaftliche Geräte, die uns einen guten Einblick in die bäuerliche Arbeitswelt geben, z. B. Dengelgeschirr, Sicheln, *Werffschauffel*, Simri, Sieb, Breche, Garnhaspel, Felghaue, Karst, Strohstuhl, Axt, Heugabel, Schneidstuhl, Handsäge und Rechen. Auch Hammer, Beißzange und Feile fehlten nicht. Die Scheune des Verstorbenen war gut gefüllt mit Dinkel, Hafer, Wicken, Bohnen, Welschkorn, Heu, Öhmd, Dinkel-, Hafer- und Wickenstroh, Rüben, Kartoffeln, Raps, Brennholz und einem Karren voll *Dung*, jedoch besaß er an Tieren nur eine Kuh (22 fl), zwei Hennen à 10 × und eine Gans zu 30 ×. Nach Verrechnung der Ausstände und Schulden belief sich Raisers

Vermögen auf die stattliche Summe von 2569 fl 31 × 3 h.[146]

Der aus Endersbach zugezogene Schmied Joseph Friedrich Seybold heiratete 1770 Anna Margaretha, die Tochter des Schmieds Marx Jopp. Sie starb jedoch schon 1772 mit 26 Jahren an der damals umgehenden Typhusseuche. Er heiratete in zweiter Ehe die Witwe des bei einem Unfall ums Leben gekommenen Hans Jörg Fink (s. S. 227).[147] Vorher musste der gemeinsame Besitz Seybolds und seiner ersten Frau aufgelistet werden. Das gesamte Vermögen war fast 2100 fl wert, davon allein die Liegenschaften 1403 fl. Darunter waren mehrere Gebäude, so auch ein Viertel eines zweistöckigen Hauses unten im Dorf, in das 1772 eine Schmiede eingebaut worden war. Auch ein Teil des Kniestedtischen Hofs gehörte dazu. Seybold besaß sogar eine Flinte. Das Ehepaar hatte eine große Menge Hausrat besessen, darunter eine *gehimmelte Bettlade* und *ein Kindsbettlädlen*, aber auch viele Werkzeuge, z. B. *Karst, Grasseges, Krail, Pfleegel, Zainen, Tunggabel, Grastuch*. Auch acht Imi 1772er Wein wurden mit 12 fl beziffert. An Küchenvorrat waren Mehl, Rinderschmalz, Zwetschgen, Schnitz und Sauerkraut vorhanden.[148]

Sehr umfangreich ist die Erbteilung des 1780 verstorbenen Schultheißen Johannes Wintterlin. Das Inventar des gemeinsamen Vermögens des Ehepaars listet allein Gebäude im Wert von 6800 fl auf, darunter ein neu erbautes zweistöckiges Wohnhaus neben dem Rathaus für 4000 fl. Seine gesamten Liegenschaften, also Gebäude und Grundstücke, waren 13 894 fl wert.[149]

Wintterlin besaß neben dem üblichen Hausrat auch besondere Dinge, so 19 Löffel und eine Schüssel aus Silber im Wert von über 56 fl. Dies entsprach zwei guten Kühen. Auch sein Gesangbuch war nicht wie üblich nur 20 × wert, sondern 2 fl 20 ×, denn es hatte ein silbernes Schloss. Entsprechend vornehmer waren auch die zahlreichen Kleider, zu denen er etliche silberne Knöpfe, Schnallen und sogar Sporen hatte. Auch ein *Paar gute Pistolen* mit Halfter werden aufgelistet. Dann folgen in der Aufzählung Bettzeug, Leinwand und Geschirr. Von letzterem besaß das Ehepaar reichlich, vor allem aus Zinn und Kupfer. Unter anderem werden genannt Bettflasche, Tortenmodel, Feuerzeug, Tabaksbüchse, Waffeleisen, Bratspieß, Spicknadeln, Knöpfleslöffel und Gewürzlade. Beim Schreinwerk waren es mehrere Tische mit Einlegearbeiten, mehrere Lehnsessel, ein Schaukelwagen und Kindermöbel sowie zahlreiche Fässer. Sogar zwei Spiegel und damals eher selten anzutreffende Trinkgläser aus Glas und andere Glasartikel waren im Haushalt vorhanden. Erstaunlich gering wird das Porzellangeschirr der Wintterlins bewertet, so waren sechs Teller zusammen nur 30 × wert. Ein Zeichen von Wohlstand war der Besitz von drei Pferden und zahlreichem Reit- und Fahrzubehör, sogar einem Schlitten. Auch acht Kühe und Kälber, mehrere Schafe, Gänse, Enten, Hühner und Tauben nannte Wintterlin sein eigen. Außerdem vererbte Wintterlin neben Feldfrüchten große Mengen 1779er und 1780er Wein, *meistens Möglinger und Asperger Gewächs*. Insgesamt waren es 80 Eimer Wein sowie drei Maß Branntwein und ein halbes Maß Quittenlikör. In der Küche fanden sich Kraut, Butter, Schmalz, Mehl, Gerste, Zwiebel, Zwetschgen, Schnitz, Honig, Zucker, Speck, Schmer sowie 35 Pfund geräuchertes Schweinefleisch und zehn Pfund Schinken. Eine absolute Ausnahme war sicherlich der Besitz von einem Pfund Kaffee im Wert von 32 ×. All dies wurde auf rund 4680 fl beziffert.[150]

Dann werden 76 Personen aufgelistet, die Wintterlin Geld schuldeten. Zudem war ihm das Hospital Stuttgart 350 fl schuldig. Jedoch hatte Wintterlin auch Schulden in Höhe von 5722 fl 8 × hinterlassen, davon 4212 fl bei seinem Schwiegervater, Schultheiß Schmalzried in Münchingen, der ihm das Geld zum Hausbau vorgestreckt hatte. Nach der Aufrechnung blieb ein stattliches Vermögen des Ehepaars im Wert von 13 985 fl 53 × 3 h übrig.[151] Von diesem Geld hätte man damals rund 400 Kühe kaufen können.

Doch das Geld half nichts, Wintterlin war nur 34 Jahre alt geworden. Sieben seiner acht Kin-

Das Hauptvermögen der Dorfbewohner bestand in den Gebäuden. Hier der stattliche Bauernhof des Albert Pflugfelder in der Münchinger Straße um 1950.

der starben vor ihm und das letzte Töchterlein 1782 mit drei Jahren. Die Witwe Maria Barbara geb. Schmalzried als Universalerbin heiratete 1781 in zweiter Ehe den Bäcker und späteren Möglinger Schultheißen Philipp Jakob Hirsch aus Hoheneck. Jedoch auch Hirsch starb schon 1805 im Alter von 48 Jahren.[152] Wieder wurde das gesamte Vermögen dieses Ehepaars geschätzt und allein der Wert der Liegenschaften war 30 536 fl 50 x. Es folgen zahlreiche Münzen, so Dukaten, Louis d'or und Silbergeld, das allein 300 fl wert war. Neben umfangreichem Silberbesitz wird auch ein goldener Kugelring erwähnt. Das Ehepaar besaß 18 Stiere, Kühe und Kälber sowie fünf Pferde, acht Schweine, 44 Schafe, drei Bienenstöcke, 20 Hühner und zwölf Gänse. Eine Kuh war inzwischen rund 50 fl wert. Der Hausrat sowie die Tiere beliefen sich auf 5065 fl. Nach Einbeziehung der einzunehmenden und zu bezahlenden Schulden betrug das gemeinschaftliche Vermögen die erstaunliche Summe von 34 713 fl 29 x.[153] Damit waren der verstorbene Hirsch und seine Witwe als Millionäre im heutigen Sinn sicherlich unter den reichsten, wenn nicht die reichsten Möglinger. Die vielen verschiedenen Münzsorten erklären sich aus der Tatsache, dass die Guldenwährung Ende des 18. Jahrhunderts praktisch nur noch eine Maßeinheit war. Die tatsächlich in Umlauf befindlichen Münzen (in Klammern deren Wert in Gulden und Kreuzer) waren Carolin (11), Ducat (5), französischer oder Federtaler (2,45), kaiserlicher Kronentaler (2,42), Konventionsthaler (2,24). Außerdem wurden Geldstücke zu 24, zwölf, sechs, drei und einem Kreuzer benutzt.[154] Schon 1772 hatte ein herzoglicher Befehl alles unkonventionsmäßige Geld *außer Cours* gesetzt.[155]

b) Zunahme der Armut und des Gassenbettels

1766 erging landesweit eine Armen- und Almosenordnung nach Nürtinger Vorbild. In Ludwigsburg wurde eine Armenkasse eingerichtet, die auch Möglinger Hausarme versorgte und bei der die sog. Blechlein eingelöst werden konnten. Dafür musste die Kirchenpflege jährlich 40 fl, der Pfarrer 10 und die Bürgerschaft 125 fl an diese Kasse entrichten.[156] Zugleich sollte sich der Pfarrer jede Lieferung von *Allmoßen-Blechlen* quittieren lassen und diesen Zettel der Rechnung an die Armenkasse beilegen.[157] 1798 fiel es dem Bürgermeisteramt schwer, den fälligen Beitrag zur Ludwigsburger Armenkasse aufzutreiben, da die kriegsbedingten Ausgaben das vorhandene bare Geld verschlungen hatten. Man bat daher die Heiligenpflege um Übernahme von zwei Dritteln dieses Beitrags.[158]

1768 nahm der Gassenbettel in Möglingen so überhand, *daß man keine Viertelstunde vor dem ungestürm[m]en Anlauf der Bettler sicher war*. Daher wurde Christian Ziegler für einen Bazen am Tag als Bettelvogt angestellt. Er durfte niemand ohne Patent, also Blechlein, betteln lassen, außer dienstags arme Kinder aus der Nachbarschaft. Landstreicher und Huren ließ man zwar übernachten, aber nicht betteln. Bettelvogt Jakob Maisch erhielt 1771 wegen stark zunehmender Bettelei sein Gehalt auf acht Heller täglich verdoppelt. Zusätzlich wurde Martin Fichter engagiert, und zwar so lange *biß der Zulauf nicht mehr so groß seyn wird*. Von der Bürgerschaft mussten alle zwei Tage zwei Mann, je einer vor- und nachmittags Streife gehen und die Bettler fortschicken.[159]

1773 *wurde auf einer Bettelfuhr eine schwangere Weibsperson hieher gebracht, welche sogleich ihr Kind, ein Mägd[lein] geboren*. Sie hieß Margarethe Leonhard und stammte aus Meimsheim bei Brackenheim. Die 20-jährige gab an, in Ludwigsburg gedient zu haben und von einem Gardesoldaten namens Melber aus Dinkelsbühl geschwängert worden zu sein. Das Kind erhielt von der Hebamme die Nottaufe, starb aber schon nach wenigen Stunden.[160]

c) Kleinere Vergehen und die Fälle Stähle und Kienzle

Vielleicht noch strenger wie früher wurden im 18. Jahrhundert moralische Vergehen geahndet. Der Möglinger Kirchenkonvent verhörte 1768 einige Knechte und Mägde wegen *verbotten zusam[m]en Schlupfens halber bey nacht*, und Mitte Januar 1769 zeigte der Schütz und Nachtwächter Johannes Ziegler 15 Personen an, die am Pfeffertag [28. Dezember] 1768 im Haus des Gassenwirts Johannes Reichert getanzt hatten. Der Wirt und der ledige Spielmann Jakob Reichert wurden mit einem Pfund Heller, alle anderen, darunter sechs ledige Frauen, von denen eine aus Münchingen war, mit je einem halben Pfund Heller bestraft.[161] Als der Möglinger Bürger Friedrich Haas 1797 in den Rat gewählt wurde, musste er beim Herzog um Erlaubnis zur Annahme des Amtes ansuchen, da er mit seiner späteren Ehefrau vor der Hochzeit den Beischlaf vollzogen hatte.[162]

Diebstahl war ebenfalls ein häufiges Delikt. 1791 zeigte Feldschütz Balthas Motz beim Schultheißenamt an, dass Stammheimer Frauen auf den Möglinger Stoppelfeldern häufig Stupfel rechen würden. Er wurde beauftragt, ihre Namen zu notieren, damit man sie vor Gericht laden könne. Dies geschah, und die Frauen gaben die Tat zu, allerdings hätte *die Armuth sie hiezu bewogen* und sie baten um gnädige Bestrafung. Die 13 Frauen wurden *wie arme Leute zur künftigen Warnung* mit je 15 × bestraft.[163] 1802 wurden nachts Wachen in den Weinbergen postiert, weil der Diebstahl von Obst, Futter, Hafer, Erbsen, Wicken und anderem stark zugenommen hatte. Wer einen Dieb anzeigte, erhielt eine Belohnung.[164]

Über mehrere Jahre zog sich der Fall des gewalttätigen Hans Jörg Stähle hin. Am 2. Februar 1767 hatte Stähle, *welcher zim[m]lich betrunken gewesen*, seinen Schwiegervater Hans Jörg Bühlauer grundlos *grausam mit Schlägen tractirt*. Mit einem Stuhlfuß schlug er ihn so, dass dieser *eine Wunde und Beule an der anderen* am Kopf hatte *und das Blut stromweiß von seinem Angesicht herabgeloffen*. Auch seine schwangere Frau und seine Schwiegermutter griff Stähle an, wobei er letzterer *überdiß in der Wuth den Finger durch und durch* gebissen hatte. Der *rasende Kerl* wurde noch am selben Abend im Rathaus inhaftiert. Das Verhör ergab, dass er oft im Rausch heimkam und Schulden beim Wirt hatte. Er trage ein Messer bei sich und habe in Markgröningen gesagt, er bringe seinen Schwiegervater um. Die Familie wollte mit diesem *Ungeheuer* nicht leben und Stähle wurde nach Ludwigsburg abgeführt dort zehn Tage *incarcerirt* und mit Verwarnung wieder heimgeschickt. Am Ostermontag 1767 zechte Stähle während seines Wachdienstes mit dem zweiten Wächter im Wirtshaus noch um zwölf Uhr nachts. Seine Frau wollte sich erneut von ihm trennen, aber der Hauswirt Strohmaier und dessen Ehefrau sagten aus, die beiden hätten zwar oft liederliche Händel, aber *das Weib verdiene oft mehr Schläg wegen ihrem bösen Maul, als sie bekom[m]e*.[165]

Fast ein Jahr war Ruhe, doch Ende Februar 1768 schlug Stähle seine Frau so sehr, dass ihr das Blut vom Kopf lief und sie sich erbrechen musste, wobei ihr auch Blut aus *dem Hals herauf geloffen*. Daraufhin drohte Schwiegervater Bühlauer, Stähle das Haus abzubrennen und hieß ihn *Hexenmeister* und *Ofengabelreuter*. Als man Stähle verhören wollte, floh dieser nach Wiernsheim zu seinem Vater. Doch er kam wieder und wollte mit Gewalt in seines Schwiegervaters Kammer eindringen, der ihn aber nicht hineinließ, sondern den Nachtwächter rief, welcher ihn verhaftete und nach Hause brachte. Am nächsten Morgen wollte man Stähle zum Verhör holen, doch der griff ein Beil, schlug den Kleiderschrank seiner Frau auf, zerriss einige Kleidungsstücke, nahm ein Messer und drohte, dem Ersten der ihn behindere, das Messer durch den Leib zu stoßen. Es gelang, ihn zu verhaften und einzusperren, worauf er vorgab, seine Frau wolle ihn vergiften. Stähle gelobte Besserung und schlug vor, zu seinem Vater zu ziehen. Dazu kam es wohl nicht, denn im Juli 1768 wurde er wieder inhaftiert und versuchte, aus dem Gefängnis auszubrechen. Anfang 1769 erhielt er Wirtshausverbot, aber noch Ende Dezember 1770 kam der Unverbesserliche im Rausch heim und hieß seine Schwiegermutter eine *Hur und Canaille*.[166] 1804 starb Johann Georg Stähle in Möglingen im Alter von fast 70 Jahren. Seine Ehefrau, mit der er zwischen 1767 und 1791 zwölf Kinder zeugte, folgte ihm 1807 in den Tod.[167]

Ein anderer Problemfall war der gebürtige Möglinger Johannes Kienzle, genannt *der Strikkerle*. Er sollte nach einer Fieberkrankheit im Frühjahr 1784 *als ein liderlicher Vagant und asot* auf oberamtlichen Befehl nach Ludwigsburg ins Zucht- und Arbeitshaus eingeliefert werden, machte sich aber, obwohl noch nicht ganz gesund aus *dem Staub und verlegte sich auf sein altes Handwerk, aufs Betteln an der Chaussee*. Als er in Feuerbach Ende September 1784 bei Spiel und Trunk Geld ausgab, wurde er vom dortigen Schultheißen inhaftiert und nach Möglingen ins Haus seines Schwagers Christian Ladner gebracht. Als man Kienzle dort abholen wollte, war er geflohen. Im Dezember 1784 erfahren wir, dass er drei Monate dem Bettel nachgegangen war. Als dies wegen der Kälte unmöglich wurde, brachte man ihn am 26. Dezember auf einer Bettelfuhre nach Möglingen. Kienzle war *ganz verlumpt, voll Ungeziefer und halb erfroren*, jedoch konnte man ihn wegen defektem Ofen und Kamin nicht ins Wachtstüble auf das Rathaus sperren. Da auch im Armenhaus die Fenster noch nicht fertig waren, nahm ihn wieder sein Schwager Ladner auf. Bis zur Überführung nach Ludwigsburg wurde Kienzle *gesäubert und von guten Leuten von Fuß auf mit hinläng[lichen] Kleidern versehen, da die alte um des Ungeziefers willen mussten vergraben werden*.[168]

d) Medizinische Versorgung, Epidemien und Unglücksfälle

Der medizinische Ansprechpartner am Ort war weiterhin der Chirurg. 1763 heiratete der Eltinger Bürger und Chirurg Carl Friedrich Harsch die Witwe des Möglinger Chirurgen Christoph Friedrich Donner und ließ sich hier nieder.[169] Wie schon seinen Vorgängern war seltsamerweise auch ihm kein langes Leben vergönnt, denn er starb schon im September 1764 im Alter von 45 Jahren.[170] Sein Nachfolger wurde Jakob Friedrich Ott, ein Sohn des früheren Chirurgen Gottfried Ott, der 1795 50-jährig starb.[171] Ein Vierteljahr nach seinem Tod verheiratete sich seine Tochter mit dem Chirurgen Ludwig Adam Barchet aus Korb, der Otts Nachfolger wurde.[172] Ott hinterließ *viel chirurgische Bücher, die aber alte Schunken sind* und deshalb sehr gering bewertet wurden.[173]

Dem Chirurg zur Seite standen die beiden Hebammen, die vom Bürgermeisteramt besoldet wurden. 1764 tat neben der Witwe des Georg Kaul die vom Gericht erwählte zweite Hebamme, die Ehefrau des Gottlieb Reichert, ihren Dienst.[174] Dazu gehörten auch Nottaufen, so beispielsweise 1764 bei den Drillingen der Magdalena Schmid. Die Kinder starben aber noch in der Stunde ihrer Geburt. Auch die Frau des Nachtwächters Balthas Motz hatte am 6. August 1795 *aus Angst über dem … ausgebrochenen schröklichen Donnerwetter* eine Fehlgeburt von Zwillingen, die vielleicht notgetauft wurden.[175] 1771 war Charlotta, die Ehefrau Gottlieb Reicherts, einzige Hebamme am Ort, da die ältere, Magdalena Kaul, das Amt nicht mehr verrichten konnte. Zur Neuwahl einer zweiten Hebamme versammelten sich 1773 sämtliche Möglinger Frauen auf dem Rathaus und wählten Michael Ades Ehefrau. Da diese die Wahl ablehnte, wurde im zweiten Wahlgang Friedrich Reicherts Frau gewählt.[176] Seit 1801 erhielt die zweite Hebamme eine jährliche Zulage von vier Simri Dinkel jährlich aus dem Heiligen, also dem lokalen Kirchenvermögen.[177]

1791 durfte Hebamme Gerstle 29 mal zu dem Ludwigsburger Stadt- und Amtsarzt *Dr. Moriquem* zur Weiterbildung.[178] Vermutlich handelt es sich um Karl Friedrich Mörike, den Vater des Dichters Eduard Mörike.[179] 1795 waren beide Geburtsstühle *so sehr im Zerfall*, dass für 30 fl ein neuer beschafft werden musste.[180] Die Hebammen unterstützte auch weiterhin ein sog. geschworenes Weib.[181]

1770 wurde ein medizinisches Problem vor dem Kirchenkonvent verhandelt. Der Beisitzer Friedrich Arnold hatte im Januar Katharina, die Tochter des Alt Jakob Gerstle geheiratet, sich aber schon Ende Mai *von hier absentirt* und war dann aber nach einer Woche zurückgekommen. Jetzt vermisste man ihn wieder. Aus Markgröningen schrieb Arnold noch Ende Mai einen Brief an den Möglinger Pfarrer und begründete, warum er seine Frau verlassen und sein Glück in der Fremde gesucht habe. Er gab an *daß er Tag und Nacht keine Ruhe bey ihro gehabt, indem sie so geil gewesen, in gleich in der ersten Nacht an seinem Glied angegriffen also daß er gleich einen solchen Ekel gegen ihro gefasst, daß er seiner Man[n]heit gänzlich beraubt worden.* Zudem habe sie ihm ständig Vorwürfe gemacht und ihn beschimpft, sodass er sich schämte, zum Pfarrer zu gehen. Als Arnold von Eglosheim aus seine Kleider abholen ließ, bestellte man ihn und seine Frau Anfang Juni 1770 vor den Kirchenkonvent. Der genaue Wortlaut des Verhörs kann hier aus verständlichen Gründen nicht wiedergegeben werden. Nach Aussage der Frau war er von Anfang an *untüchtig*, und sie sagte, sie wolle lieber eine Geiß im Bett haben als ihn. Der 29-jährige gab an, dass es früher mit ihm nicht so gewesen sei, sonst hätte er nicht geheiratet. Auch willigte er in eine Untersuchung ein. Er hatte in Bruchsal im Wirtshaus Adler einen Feldscher um Rat gefragt, der es *als einen Zufall der Natur* ansah und Arnold auf den Frühling vertröstete. Das Resultat jedoch war: *Sie begehre also von ihm los zu werden, da sie an ihm keinen Man[n] habe.* Arnold blieb zunächst in Eglosheim, und es ist nicht bekannt, ob die beiden wieder zusammenkamen.[182]

In den 1760er Jahren traten die Pocken am Ort auf und von 30 in einem Jahr geborenen Kindern blieben im Schnitt nur vier bis sechs am Leben.[183] Seit Frühjahr 1772 herrschte in Möglingen und den Nachbarorten eine Typhusepidemie, die *unaufhörlich herumgieng*. Sie wird als *bößartiges und zugleich hiziges Fiber mit Fleken* sowie als *faules Fieber* beschrieben. Auf ihr Konto gingen in Möglingen 1772 neun von von 29 Sterbefällen.[184] 1790 starben 20 Kinder an den Blattern und eines an der Ruhr. Drei Erwachsene raffte das Faulfieber dahin und nur 15 Personen starben eines natürlichen Todes.[185] 1799 suchte die Ruhr Möglingen heim, der von 40 Toten 18 zum Opfer fielen.[186]

Aber immerhin lebten 1790 15 Personen im Alter von 70 bis 80 Jahren und sogar zwei von 80 bis 90 Jahren am Ort. Das älteste Ehepaar waren der 1710 geborene Balthas Pflugfelder und seine 1714 geborene Ehefrau Elisabeth geb. Hirschmann, die seit 1734, also 56 Jahre, verheiratet waren.[187]

In der zweiten Hälfte des 18. Jahrhunderts ist eine Häufung von Unglücksfällen zu verzeichnen. 1773 starb in Vaihingen an der Enz der Möglinger Hans Jörg Fink, als er Holz holte, unter ein Wagenrad kam *und auf der Stelle seine Geist aufgeben mußte*. Jakob Pflugfelders Knecht Ulrich Würger aus Bezgenriet wollte in seines Meisters Scheune Stroh auf den obersten Boden legen, stürzte herab und war tot. 1776 half Jörg Reichert ein baufälliges Haus einzureißen und wurde von einer plötzlich zusammenfallenden Wand erschlagen. 1779 fiel Maria Barbara, das zweieinhalbjährige Töchterlein des Balthas Motz, in ein spitzes Messer, das es in der Hand hielt und *welches ihm durch das obere Augenlid des linken Auges, zwischen dem Aug und dem Stirnbein gegen 3 Zoll tief eindrang, und in das Stirnbein so einschnitt, daß man es kaum mit der größten Gewalt wider heraus ziehen konnte*. Das Kind war noch 16 Stunden bei Verstand und ohne Schmerzen, dann zeigten sich *Gichter*, und es starb. Das Messer, so nahm man an, hatte das Hirn verletzt.[188]

Jakob Böpple, ein in Möglingen tätiger lediger Bauernknecht aus Bonlanden, fuhr 1780 nach Waiblingen. Die Pferde des Wagens, auf dem die Kinder seines Meisters Johannes Österreicher saßen, scheuten schon in einem Hohlweg auf einer ortsnahen Anhöhe, worauf er vom Wagen absprang. Ein Rad ging ihm über das *os Saerum*, womit wohl die Genitalien gemeint sind, und quetschte ihm das *scrotum* (Hodensack) so sehr, dass der Verletzte am innerem *Brand*, also wohl an Blutungen und Wundfieber, starb. Jung Philipp Jakob Motz wurde 1784 von seinem mit Ziegeln beladenen Karren erdrückt, als er damit über einen Graben fahren wollte. Ungewöhnlich war 1786 der Tod des 18-jährigen Jakob Friedrich Klingenmaier, der morgens früh in der Lehmgrube arbeitete und von einem Erdrutsch erdrückt wurde. 1794 starb die achtjährige Maria, Toch-

Solchen Leiterwägen (Willhelm und Willy Pflugfelder) waren lange Zeit das Haupttransport- und arbeitsmittel.

ter des Fleckenschäfers Daniel Öttinger, als sie auf dem Weg von der Schule nach Hause von einem vom Feld heimkommenden Pferd des Alt Hans Jörg Pflugfelder *am hintern Hirn der rechten Seite* getreten wurde, ins Koma fiel und nachts um zwei Uhr starb.[189]

8. Sprunghafter Anstieg der Bevölkerung

a) Bevölkerungsentwicklung und Struktur

Einwohnerzahlen
1763: 541[190]
1770: 574[191]
1773: 615[192]
1780: 680[193]
1790: 748[194]
1799: 841[195]
1805: 869[196]

In der zweiten Hälfte des 18. Jahrhunderts stieg die Bevölkerung Möglingens schneller wie je zuvor, nämlich zwischen 1763 und 1805 um mehr als die Hälfte. 1773 wurde mit 615 Einwohnern erstmals die 600-Marke überschritten und noch vor 1800 hatte Möglingen weit über 800 Einwohner. Ludwigsburg zählte 1763 4958 Einwohner, darunter 420 Arbeitshausinsassen und 900 Militärangehörige. In der ganzen Diözese lebten 13 100 Menschen, darunter drei sog. Separatisten (Pietisten oder Sektierer), 26 Reformierte, 30 Juden und 368 Katholiken.[197] In Möglingen finden wir erst 1799 wieder einen Katholiken,[198] hingegen 1805 acht im Ausland lebende Ortsbürger.[199] Seit ca. 1760 wurden Volkszählungen durchgeführt. 1763 waren von 492 *Seelen* in Möglingen 279, also mehr als die Hälfte, weiblichen Geschlechts. Im Amt lebten nur in Oßweil und Eglosheim mehr Männer als Frauen, aber meist waren die Unterschiede gering. Von den Möglinger Männern waren 131, also der größte Teil, zwischen 17 und 50 Jahren alt. Drei Einwohner waren *simple und krippelhafte*. Außer den 492 Ortsbewohnern waren 30 auf Wanderschaft, acht in Kriegsdiensten des Herzogs und sieben in Diensten *bei fremden Potentat[en]*. Nur Tamm und Zuffenhausen wiesen im Amt mehr Einwohner in fremden Diensten auf. Außer Ludwigsburg mit 3226 Einwohnern hatte im Amt Asperg (801, davon 39 in der Festung) die meisten und Pflugfelden (156) die wenigsten Einwohner.[200] 1769 lebten in Möglingen 518 Einwohner, darunter 109 Bürger, 17 Witwen, zwei Beisitzer und fünf sich vorübergehend aufhaltende Personen.[201]

b) Neue Familien und erste Auswanderer

Zwischen 1762 und 1805 zogen folgende Familien zu und hinterließen bis mindestens 1930 Nachkommen am Ort[202] (S = Seelenregister/Familienregister,[203] G = Geburts- und Mannrechtsbriefe[204]):

Name	Jahr	Herkunftsort	Quelle
Dokkenwadel, Jakob	1783	Zazenhausen	S
Florus, Christoph	1777	Kornwestheim	S
Frey, Johann Friedrich	1770	Oberberken bei Adelberg	E
Giek, Johann Friedrich[205]	1779	Schöckingen	S
Hirsch, Philipp Jakob	1781	Hoheneck	E
Jäckh, Wilhelm	1781	Weilimdorf	S
Knoll, Johann Gottlieb	1780	Walheim	S
Kroll, Johann Jakob	1770	Beihingen	G
Künstner, Jakob Friedrich	1769	Erkenbrechtsweiler bei Urach	E
Munz, Johann Georg	1800	Pflugfelden	E
Oberacker, Johannes	1805	Weissach	E
Öttinger, Johann Michael	1786	Großbottwar	E
Rossnagel, Johannes	1764	Geb. Möglingen 1738, Vater aus Steinheim am Albuch	
Schüle, Johann Christoph	1763	Oberriexingen	E
Seybold, Joseph Friedrich	1770	Endersbach	S
Stähle, Johann Georg	1766	Wiernsheim	S
Strohm, Immanuel Gottfried	1804	Altdorf bei Denkendorf	E
Völlm, Konrad	1775	Schwieberdingen	E
Wintterle, Philipp	1765	Riet bei Vaihingen a.d. Enz	E

Fast alle Familien, die in der zweiten Hälfte des 18. Jahrhunderts zuzogen, kamen aus den Nachbarorten oder zumindest aus der Umgebung. Ein besonderer Fall ist das 1756 hier geborene uneheliche Kind der Möglinger Weingärtnerstochter Anna Barbara Kaul (1721–1798). Das Kind hieß Johann Friedrich Varnbühler und sein Vater war Gerlach von Varnbühler, Herr zu Hemmingen. Der adlige Abkömmling heiratete 1781 eine Müllerstochter aus Poppenweiler, mit der er neun Kinder hatte. Der 1781 geborene Sohn Johann Friedrich wurde Soldat im Königlich-Württembergischen Jägerregiment zu Pferd und fiel in Russland. Eine Schwester wanderte 1834 nach Amerika aus. Der Sohn Johann Jakob (1797–1868) hatte weitere Nachkommen, von denen jedoch keine mehr in Möglingen leben.[206] Hingegen hat vor einigen Jahren ein Familienforscher aus den USA die 1834 ausgewanderte Tochter unter seinen Vorfahren entdeckt.[207]

Auswanderer finden wir schon seit dem 18. Jahrhundert. Der 1756 geborene Marx Motz zog in die Fremde und war in Straßburg verheiratet.[208] Ebenfalls in der elsässischen Hauptstadt lebte seit seiner Heirat 1794 der 1766 in Möglingen geborene Johannes Pflugfelder. Sein 1778 geborener Bruder Johann Friedrich verheiratete sich nach Paris,[209] starb aber in Aidlingen.[210]

Wie viele andere Württemberger zogen in den 1780er Jahren auch Möglinger nach Westpreußen. Es waren 1782 Josef Raiß, Johann Georg Mayer und Michael Fischer.[211] Raiß ließ sich in Czogolin, Bezirk Bromberg, Provinz Posen nieder und Mayer und Fischer, letzterer mit Frau und sechs Kindern, zogen nach Vorwerk Sadke, Amt Nakel, Provinz Posen. Johann Ludwig Zahn und seine Ehefrau Margaretha geb. Schmid ließen sich 1799 von Cannstatt aus in Podolien nieder. Nach dem sog. Preußisch-Polen, später Bezirk Bromberg, Provinz Posen, wanderte 1802 der 1757 geborene Schneider Hans Jörg Schuhmacher mit Frau und zwei Kindern aus. Ihnen folgte 1803 der 1762 geborene Balthas Ladner, ebenfalls mit Frau und zwei Kindern sowie Hans Jörg Mauch und seine Ehefrau. Ebenfalls nach Preußisch-Polen gingen Bernhard Kopp mit Ehefrau[212] und 1804 Johann Georg Eckstein mit Ehefrau und fünf Kindern. Sie lebten in der Kolonie Saniki.[213]

Außer den bereits behandelten Familien hat Pfarrer Rentschler 1930 die Familien zusammengestellt, die damals seit mindestens zwei Generationen am Ort lebten. Sofern nicht an-

Kinder führen die Möglinger Trachten beim Festzug zur 700-Jahr-Feier 1975 vor. Zum wichtigen bäuerlichen Besitz gehörten die oft kunstvoll, hier 1879 mit Pflug, verzierten Säcke. Johann Michael Lillich (1839–1916) war der Sohn des 1827 aus Kleiningersheim zugezogenen Johann Michael Lillich.

deres angegeben ist, handelt es sich um das Heiratsdatum, das als Zuzugsdatum gewählt wurde.[214] Der nachfolgende Auszug zeigt die seit 1806 zugezogenen Familien, die 1930 noch Nachkommen am Ort hatten. Aus Gründen des Daten- und Personenschutzes war eine Fortführung der Liste nicht möglich.

Name	Jahr	Herkunftsort
Alber	1876	Gebersheim
Bareither	1877	Allmersbach
Bertz	1873	Stuttgart
Bissinger	1904	Althengstett
Brenner	1890	Markgröningen
Brosi	1880	Großbottwar
Ditting	1819	Asperg
Forstner	1850	Bissingen
Göttling	1826	Beinstein
Groll	1836	Kleiningersheim
Gröninger	1861	Böhringsweiler
Hammer	1897/1901	Kleinaspach
Hönes	1841	Münchingen
Kleinheinz	1879	Birklein bei Crailsheim
Koch	1826	Hemmingen
Koch	1868	Höpfigheim
Lillich	1827	Kleiningersheim
Mauch	1826	Weilimdorf
Mergenthaler	1835	Geb. Möglingen 1807, Vater aus Hohenacker
Michelfelder	1894	Höpfigheim
Reichle	1873	Schultheiß 1873/82, Schopfloch
Röhrich	1861	Kleiningersheim
Rothacker	1894	Schwieberdingen
Salzer	1809	Neuhausen a.d. Erms
Schöffel	1899	Alfdorf bei Welzheim
Spillmann	1840	Neckartenzlingen
Sülzle	1826	Bickelsberg bei Rosenfeld
Unkel	1878	Hanweiler bei Winnenden
Wagner	1829	Pflummern
Walter	1872/75	Michelbach bei Gaildorf
Weiss	1908	Däfern bei Backnang
Zeitter	1829	Niederhofen bei Brackenheim

Aus der Geschichte der Gemeindeverwaltung

Klaus Herrmann

1. Die Gemeindeverwaltung bis 1818

Schon seit langer Zeit ist das höchste Amt in den württembergischen Dörfern das des Schultheißen, heute Bürgermeister genannt. Ihm zur Seite war die Institution des Gerichts gestellt, bestehend aus 6 bis 12 Richtern als Mitglieder. Später wird noch ein dem Gericht angegliederter Rat erwähnt. Die Mitglieder dieser Gremien hießen Gerichtsverwandte oder Ratsverwandte. Beide zusammen wurden als Magistrat bezeichnet. Die Hauptaufgabe kam aber stets dem Gericht zu, der Rat hatte nur zweitrangige Bedeutung. Schied ein Mitglied aus dem Gericht oder dem Rat aus, wählten die verbliebenen Richter einen Nachfolger aus dem Kreis der Gemeindebürger.[1] Die Wahl musste vom Oberamtmann (dem heutigen Landrat) bestätigt werden. 1811 verordnete König Friedrich, dass die Magistratsmitglieder ausschließlich durch die Regierung ernannt wurden. Die Gerichtsverwandten bezogen so genannte Sporteln und Erkenngeld. Dies waren oft beträchtliche Einkünfte. Die Ratsverwandten erhielten nichts. Die Magistratsmitglieder kamen aus den angesehensten Familien des Dorfes und hatten Anspruch auf besondere Sitzplätze in der Kirche. Im Jahr 1819 gehörten folgende Bürger dem Möglinger Magistrat an:[2]

Als Gerichts- verwandte:	Jacob Friedrich Blank Michael Knos Johannes Raiser	Friedrich Jopp Jacob Rayher Jacob Friedrich Haas
Als Rats- verwandte:	Friedrich Österreicher Johann Georg Würth	Johann Georg Florus Johannes Noz.

2. Die Gemeindeverwaltung 1818–1918

Mit dem württembergischen Gemeindeedikt (vergleichbar mit der heutigen Gemeindeordnung) vom 31. Dezember 1818 und einer Neufassung vom 1. März 1822 wurde die Gemeindeverwaltung von Grund auf neu organisiert. Der bisher bestehende Magistrat wurde aufgelöst. Es gab nun einen Gemeinderat, der aus Wahlen hervorging. Wählen durften nur Männer, die das Gemeindebürgerrecht besaßen, Steuern zahlten, sich nicht im Gant (Konkurs) befanden und weder für sich noch ihre Familie öffentliche Unterstützung bezogen. So war der Kreis der Wähler beschränkt. Überdies wurde öffentlich gewählt. Wer zum ersten Mal gewählt wurde, war nur zwei Jahre Gemeinderat, wer dann wiedergewählt wurde, war es auf Lebenszeit.

Im Juni 1819 wurden die Mitglieder von Gericht und Rat in Möglingen durch den Ludwigsburger Oberamtmann befragt, ob sie dem neuzubildenden Gemeinderat angehören wollten. Alle zehn bisherigen Magistratsmitglieder (Gerichts- und Ratsverwandte) wurden so ohne Wahl neue Gemeinderäte.[3]

Im 19. Jahrhundert wurden in den Gemeinderat oft nur begüterte Bürger gewählt, die sich einen *Dienstknecht* leisten konnten. Dies ist verständlich, wenn man feststellt, wie oft der Gemeinderat tagte. Schaut man willkürlich das Möglinger Gemeinderatsprotokollbuch von 1818[4] durch, so findet man, dass in einem Jahr insgesamt 56 Sitzungen stattgefunden haben. Allein im Oktober wurden die Gemeinderäte neunmal zusammengerufen. Die Sitzungen des Gemeinderats waren nichtöffentlich. Neben der Teilnahme an den Sitzungen hatten die Gemeinderäte auch verschiedene Ämter[5]

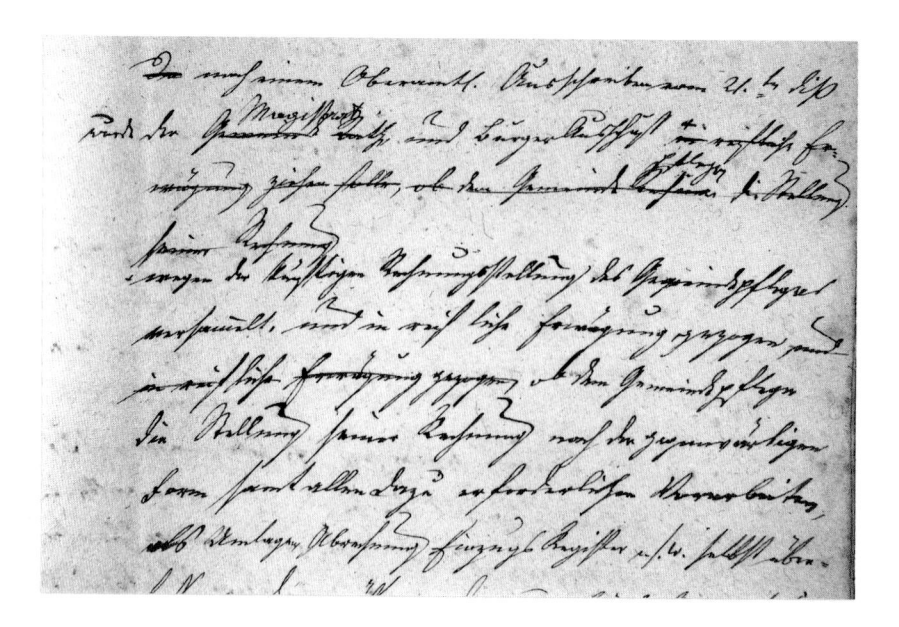

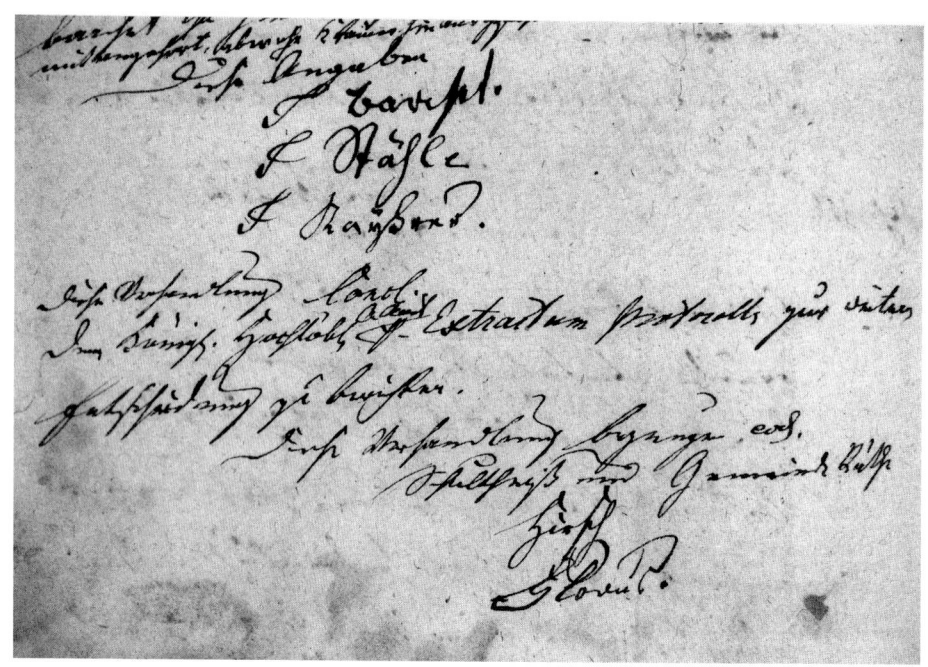

Im Sitzungsprotokoll vom 21.6.1819 ist »Gemeinde Rath« vorsichtshalber durchgestrichen und mit »Magistrat« überschrieben. Erstmals unterschreiben am 9.7.1819 Schultheiß und Gemeinde Räthe.

wahrzunehmen. Es gab einen Bürgermeister (Rechner der Gemeinde), einen Fleckenschütz, einen Feld- und Waldschütz, einen Küh- und Schweinehirten, zwei Nachtwächter, einen Mausfanger, einen Fleckenschäfer und noch viele andere Ämter, die von den Gemeinderäten versehen wurden. Was wurde im Gemeinderat nun alles verhandelt? Das Gremium hatte die Aufgabe *Rechte der Gemeinde vor den Staatsbehörden zu vertreten, Missbräuche im innern und Angriffe von aussen zu wahren, im Namen der Gemeinde zu beraten, zu beschliessen, zu sprechen und zu handeln.*[6] Was verbarg sich hinter dieser Formulierung? Im Gemeinderat des 19. Jahrhunderts wurde alles, was sich im Flecken zugetragen hatte beraten. Sehr oft wurden Streitigkeiten unter den Einwohnern behandelt, zum Beispiel Beleidigungen, Verleumdungen oder anderes. Vom Feldschütz angezeigte Delikte wurden bestraft. Brach im Dorf ein Brand aus, wurde im Gemeinderat nach den Brandstiftern oder den Ursachen des Brandes geforscht. Wollte jemand ins Bürgerrecht aufgenommen werden oder bat jemand um seine Entlassung aus dem Bürgerrecht, so war der Gemeinderat zuständig. Wollte ein Möglinger jemand aus einem anderen Ort heiraten, musste der Gemeinderat eine Heiratsgenehmigung erteilen. Für minderjährige Kinder oder für Bürger, die zwar das Bürgerrecht hatten, aber nicht ortsansässig waren, wurden vom Gemeinderat Pfleger gestellt. Über den Bau, die Unterhaltung und den Abbruch von gemeindeeigenen Gebäuden (Kelter, Rathaus, Schule usw.) beriet der Gemeinderat, ebenso über den Unterhalt der Gassen und Wege.

In den Sitzungen wurden auch neue Landesgesetze bekanntgemacht. So ist im Protokoll vom 14. Juli 1819[7] zu lesen: *Heute wurde auf dem Rathaus dem Gemeinderat und Bürgerausschuss folgendes publiciert: Das Edikt Nr. 1 über die Gemeindeverfassung dem ganzen Inhalt nach wie dies schon einmal geschehen und deswegen wiederholt worden ist, weil nach einer allerhöchsten Verordnung den wirklichen Vollzug der organischen Edikte über die Gemeinde- und Oberamtsverfassung betreffend vom 1. Juli 1819 Staats- und Regierungsblatt von 1819 Nr. 42 befohlen ist.* Zu berücksichtigen ist hierbei, dass diese Gemeindeordnung 82 Paragraphen umfasste.

In Württemberg wuchs in der ersten Hälfte des 19. Jahrhunderts die Unzufriedenheit über die bei Wiederwahl lebenslänglich im Amt befindlichen Gemeinderäte. Als Ausfluss der 1848er Unruhen erließ König Wilhelm I. im Juli 1849 eine Ergänzung zum Gemeindeedikt.[8] Ab diesem Zeitpunkt gab es Wahlen für einen bestimmten Zeitraum, die Gemeinderäte wurden auf sechs Jahre gewählt, alle zwei Jahre schied ein Drittel des achtköpfigen Gemeinderats aus und wurde neu gewählt. Von nun an fanden Wahlen auch geheim statt. Die Möglinger sind wohl mit ihren Gemeinderäten zufrieden gewesen. Bei der Neuwahl aller Gemeinderäte am 4. September 1849[9] wurden die 8 amtierenden Gemeinderäte alle bestätigt,[10] darunter auch Johann Georg Florus, der als Ratsverwandter 1819 in den neugebildeten Gemeinderat übernommen wurde und sich noch nie einer Wahl durch die Bürgerschaft stellen musste.

3. Wer durfte wählen

1849 wurde auch das Wahlrecht erweitert, es gehörte damals zu den fortschrittlichsten Wahlrechtsbestimmungen in Deutschland. Praktisch durften nun alle männlichen Bewohner über 25 Jahre wählen. 1885 wurde diese Freiheit eingeschränkt: das neue Bürgerrechtsgesetz[11] koppelte das Wahlrecht wieder an das Bürgerrecht. Diese neue Bestimmung war besonders gegen die Sozialdemokratie gerichtet. In Stuttgart ging die Zahl der Wahlberechtigten um ein Drittel zurück.[12] In Möglingen sank die Zahl der Wahlberechtigten lediglich von 228 im Jahre 1885 auf 218 1887.[13]

4. Möglinger Gemeinderäte 1849 bis 1919

In der folgenden Tabelle sind alle Möglinger Gemeinderäte aufgeführt, die zwischen 1849 bis 1919 dieses Amt bekleidet haben.[14] Die 1849 erstmals auf Zeit gewählten Mitglieder gehörten schon vorher dem Gemeinderat an; die Dauer der Amtszeit ist ab 1849 gerechnet. Interessant ist, dass die Gutsbesitzer-Familie Hirsch von 1851 an fast 100 Jahre lang ununterbrochen im Möglinger Gemeinderat vertreten war.

Name, Vorname	Beruf	Geb. Datum	Amtszeit	Jahre
Florus, Johann Georg	Bauer	05.02.1778	1849–1851	02
Mann, Christoph Friedrich	Küfer	19.02.1798	1849–1851	02
Schüle, Christoph	Bauer	10.03.1812	1849–1854	05
Pflugfelder, Johannes	Bauer	16.11.1791	1849–1855	06
Ditting, Ludwig	Bäcker	09.06.1794	1849–1865	16
Völlm, Johann Georg	Bauer	14.07.1792	1849–1871	22
Wintterlin, Amandus Heinrich	Mezger	25.04.1790	1849–1871	22
Seybold, Ludwig	Lammwirt	07.12.1798	1849–1876	27
Hirsch, Philipp Jakob	Gutsbesitzer	22.08.1808	1851–1878	27
Roßnagel, Johannes	Weber und Bauer	09.07.1808	1851–1879	28
Blank, Paul Friedrich	Bauer	06.12.1819	1854–1885	31
Reichert, Jost Georg	Bauer	21.01.1795	1855–1867	12
Motz, Johann Georg	Bauer	20.12.1804	1865–1877	12
Pflugfelder, Philipp Jakob	Bauer	02.11.1820	1867–1894	27
Benkiser, Baltas	Bauer	22.01.1820	1871–1877	06
Ditting, Imanuel, Ludwig	Bäcker und Wirt	13.11.1828	1871–1905	34
Munz, Christian	Bauer	15.05.1817	1877–1883	06
Reichert, Johann Michael	Bauer	08.12.1822	1877–1883	06
Seybold, Ludwig	Bauer	09.03.1831	1877–1901	24
Roßnagel, Johannes	Bauer	06.07.1832	1879–1904	25
Hirsch, Friedrich	Gutsbesitzer	20.06.1843	1879–1911	32
Pflugfelder, Jacob	Bauer	10.12.1821	1883–1894	11
Seybold, Friedrich	Lammwirt	28.02.1841	1883–1896	13
Schüle, Christoph	Bauer	05.02.1837	1885–1905	20
Groll, Johann Georg	Bauer	25.03.1837	1895–1906	11
Blank, Johannes	Bauer	09.06.1845	1895–1908	13
Oberacker, August	Schmied	26.12.1845	1897–1904	07
Pflugfelder, Gottfried	Bauer	02.08.1846	1901–1919	18
Munz, Georg	Bauer	03.07.1850	1905–1919	14
Roßnagel, Hermann	Kaufmann	11.08.1847	1905–1919	14
Knoß, Georg	Bauer	04.06.1858	1905–1922	17
Ditting, Ludwig	Bäcker	31.01.1867	1905–1933	28
Kienzle, Gottlob	Wirt	26.11.1866	1907–1933	26
Pflugfelder, Friedrich	Bauer	28.03.1860	1909–1931	22
Hirsch, Friedrich	Gutsbesitzer	05.06.1880	1911–1945	34

Untereinander oder mit dem Schultheiß verwandte durften nicht dem Gemeinderat angehören. 1894 musste Jacob Pflugfelder aus dem Gemeinderat ausscheiden, da er mit dem am 17.1.1894 gewählten neuen Ortsvorsteher Gottlieb Pflugfelder verwandt war.

Eine Besonderheit gab es im ersten Weltkrieg: im Gegensatz zu anderen Gemeinden wählten auch die Möglinger 1915 und 1917 ihre Gemeinderäte und 1916 und 1918 ihre Bürgerausschussmitglieder.

5. Der Bürgerausschuss

Die Bürgerschaft hatte keinen direkten Anteil an den Geschäften der Gemeinde. Bereits 1817 wurde ein zweites Collegium eingeführt, der Bürgerausschuss.[15] Seine Mitglieder waren die *Gemeindedeputierten*. Sie wurden durch die Bürgerschaft auf die Dauer von zwei Jahren gewählt, jährlich hatte die Hälfte auszuscheiden und wurde neu ersetzt. Durch die Bürgerschaft wurde ein Mitglied des Ausschusses zum

Am Rathaus ausgehängte Bekanntmachung des Ergebnisses der Gemeinderatswahl 1895.

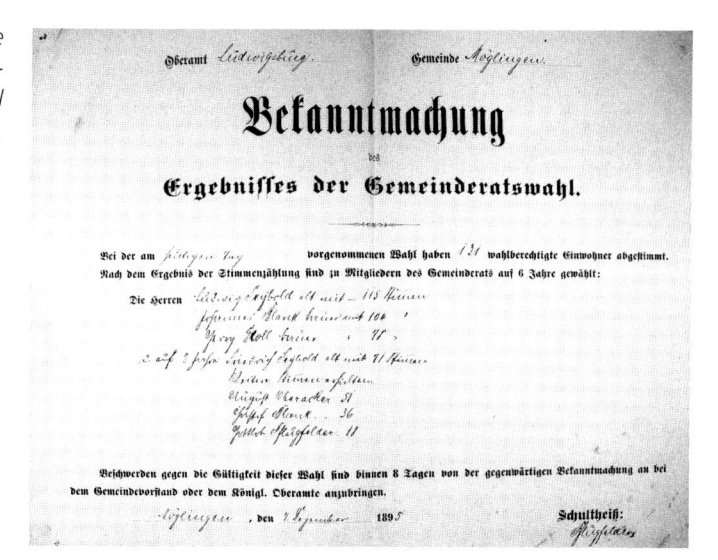

Protokoll zur Bürgerausschusswahl 1918.

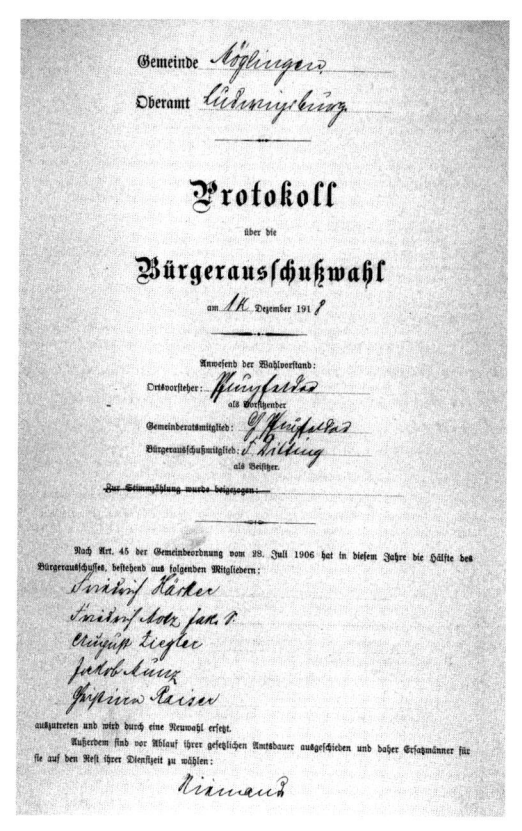

Obmann gewählt. Der Bürgerausschuss war bei der Rechnungsprüfung zu beteiligen, er konnte Wünsche und Anregungen dem Gemeinderat vortragen. Bei der ersten Wahl der Gemeindedeputierten im Oktober 1817 wählten die Möglinger folgende Personen:[16] Obmann Johann Georg Reichert, Friedrich Seybold, Johannes Pflugfelder, Paul Friedrich Pflugfelder, Jakob Pflugfelder, Jakob Friedrich Blank, Jakob Kienzle, jung Johann Georg Reichert, Georg Roßnagel, jung Baltes Benkiser, Friedrich Giek und Johann Georg Mann.

Das Interesse der Bürger an den Wahlen zum Bürgerausschuss war jedoch nicht besonders hoch.[17] Die Wahlbeteiligung lag immer unter 50 %. In den achtziger Jahren des 19. Jahrhunderts ging sie in vielen Orten, so auch in Möglingen, deutlich zurück. 1888 stimmten nur 24 von 207 Wahlberechtigten ab. Bei einer Nachwahl am 30. Juni 1890 stimmten von 204 Wahlberechtigten sogar nur 3 ab. Neben den beiden Mitgliedern des Wahlausschusses erschien nur ein (!) Wähler zur Wahl.

Die immer geringer werdende Wahlbeteiligung veranlasste den Landtag über eine Stärkung dieses zweiten Gemeindeorgans zu beraten. Ab 1891[18] wurde der Bürgerausschuss auf vier Jahre gewählt, alle zwei Jahre schied die Hälfte der Mitglieder aus und wurde neu gewählt. Unmittelbare Wiederwahl war nun möglich. Ebenso wurden die Mitwirkungsrechte des Bürgerausschusses erweitert. Die Wahlbeteiligung blieb in Möglingen jedoch weiterhin ausgesprochen gering. Bei der Neuwahl aller acht Bürgerausschussmitglieder 1891 beteiligten sich nur 21 von 201 Wählern. Dies änderte sich auch bei den folgenden Wahlen nicht grundlegend. Die letzte Bürgerausschusswahl fand am 14. Dezember 1918 in Möglingen statt. Danach wurde durch Beschluss des Württembergischen Landtags dieses zweite Organ der kommunalen Selbstverwaltung aufgelöst. Fortan gab es nur noch den Gemeinderat, der ab 1919 in Möglingen aus 10 Mitgliedern bestand.

6. Wahl des Schultheißen

Die Bürger hatten im 19. Jahrhundert im Vergleich zu vielen anderen Ländern die Möglichkeit, bei der Benennung ihres Schultheißen

Ernennungsurkunde für Schultheiß Johannes Reichle, 1873.

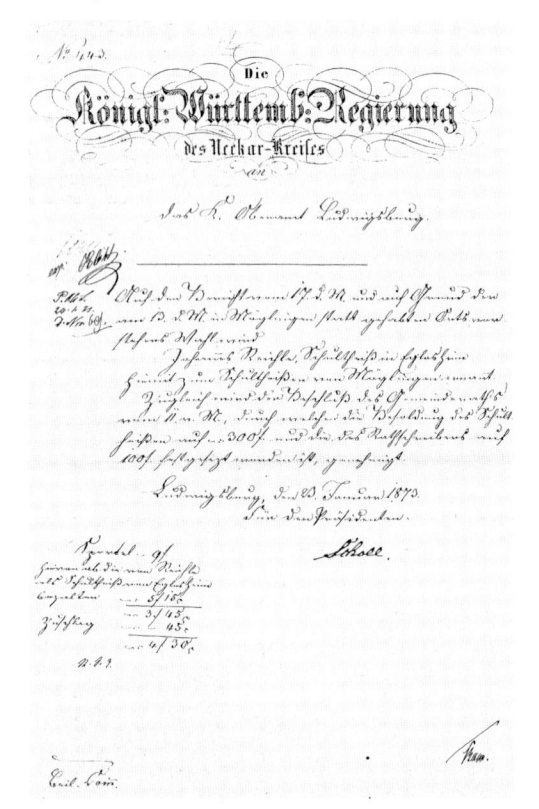

mitzusprechen. Über die Wahl des Ortsvorstehers (wie der Schultheiß im amtlichen Sprachgebrauch genannt wurde) heißt es im Verwaltungsedikt von 1822 *Bei der Wahl des Ortsvorstehers geschieht die Leitung der Wahlhandlung durch den Oberamtmann (heute Landrat), welcher nach eingetretener Erledigung der Ortsvorsteherstelle einen angemessenen Termin anberaumt und in der Gemeinde bekanntmachen lässt. Am Wahltage begibt sich der Oberamtmann an Ort und Stelle, bespricht sich vorerst mit dem Gemeinderat und Bürgerausschuss über das, was in Absicht auf Besoldung, Instruktion und Registratur zu erinnern sein möchte, versammelt sodann die Gemeinde, belehrt sie über Form und die Wichtigkeit der Wahl, und fordert sämtliche Bürger auf, nunmehr einzeln im Durchgang je drei Männern zu bezeichnen, welche von ihnen für die würdigsten und tüchtigsten zu dieser Stelle erachtet werden.* Die Kreisregierung (vergleichbar mit dem heutigen Regierungspräsidium) ernennt dann einen der drei mit der höchsten Stimmenzahl von der Bürgerschaft gewählten Kandidaten zum Ortsvorsteher. Der so Ernannte führt sein Amt lebenslänglich aus. 1891 wurde die Bestimmung insoweit geändert, dass die Bürger der Gemeinde durch unmittelbare Wahl den Ortsvorsteher wählen konnten. 1907 wurde auch die lebenslange Wahl abgeschafft, ein Ortsvorsteher musste sich nach zehn Jahren zur Wiederwahl der Bürgerschaft stellen.

Interessant ist die Möglinger Ortsvorsteherwahl nach dem Tod von Schultheiß Ziegler.[19] Dieser starb am 15. November 1872. Die Neuwahl wurde bereits auf den 11. Dezember 1872 angesetzt. Von 238 Wählern haben 176 abgestimmt. Jeder Wähler konnte drei Bürger benennen. Die meisten Stimmen erhielt Gemeinderat Jakob Hirsch mit 107, gefolgt von Gemeinderat Jakob Pflugfelder mit 103 und Feldwebel Christian Oberacker mit 62 Stimmen. Weitere 66 Personen erhielten Stimmen, u. a. der Eglosheimer Schultheiß Reichle 22. Im Anschluss an diese Wahl trat der Gemeinderat zusammen und befragte die drei mit den meisten Stimmen benannten Kandidaten, ob sie bereit wären, eine mögliche Ernennung durch die Kreisregierung anzunehmen. Gemeinderat Jakob Hirsch erklärte, dass er die auf ihn gefallene Wahl gesundheitshalber nicht annehmen könne. Gemeinderat Jakob Pflugfelder erklärte sich zunächst bereit, teilte jedoch einige Tage später dem überraschten Gemeinderat mit, dass er nach reiflicher Überlegung zu dem Ergebnis gekommen sei, die Wahl nicht anzunehmen. Der dritte Gewählte befand sich bei seiner Garnison in Aalen. Er wurde dort befragt und erklärte sich bereit, die Wahl anzunehmen, jedoch befürwortete sein Regiment eine dauerhafte Beurlaubung zur Ausübung der Ortsvorsteherstelle nicht. So entschied die Kreisregierung, dass die Möglinger erneut eine Schultheißenwahl vornehmen mussten. Diese fand am 13. Januar 1873 statt. Nun erhielt Schultheiß Johannes Reichle aus Eglosheim mit 110 Stimmen das beste Ergebnis gefolgt von Wachtmeister Endriss aus Ludwigsburg mit 49 und Gottlieb Künstner, Bäcker und Krämer aus Möglingen mit 46 Stimmen. Alle drei erklärten, dass sie die auf sie gefallene Wahl annehmen würden. Der Oberamtmann teilte der Kreisregierung mit, dass der Eglosheimer Schultheiß Reichle, 43 Jahre alt, verheiratet und im Besitze eines mäßigen Vermögens sei. Er habe den Stand eines Ortsvorstehers zur vollen Zufriedenheit der vorgesetzten Behörden verwaltet und sei einer der tüchtigsten Ortsvorsteher des Bezirks, in allen Beziehungen zuverlässig, pünktlich und gewissenhaft. Er gebe sich seinem Beruf als Ortsvorsteher vollständig hin, da er sonst keinen anderen zu erfüllen habe. Darüber hinaus *besitze er einen vortrefflichen Schreibere*. Schultheiß Reichle von Eglosheim verdiene schon wegen seiner bedeutenden Stimmenmehrheit den Vorzug. Die Kreisregierung kam diesem Wunsche nach und ernannte Reichle zum neuen Möglinger Schultheißen. Er blieb in Möglingen bis zu seinem Tod im Jahr 1882.

7. Gemeinderäte in Möglingen 1849 bis 1945

(nach Alphabet, V = vor Ablauf der Amtszeit ausgeschieden). Bei der Wahl von 1849 wurden die acht damals amtierenden Gemeinderräte wiedergewählt. Bei *Alter* ist das Alter zum Zeitpunkt der ersten Wahl angegeben.[20]

Name, Vorname	Beruf	Geb. Datum	Alter	Amtszeit	Jahre	
Barcither, Ernst	Former	04.10.1885	37	1922–1933	11	
Benkiser, Baltas	Bauer	22.01.1820	51	1871–1877	06	
Benkiser, Wilhelm	Mechaniker	27.12.1893	32	1925–1928	03	v
Birkicht, Karl	Postagent	23.02.1877	56	1933–1935	02	
Blank, August	Bauer	16.08.1876	52	1928–1933	05	
Blank, Johannes	Bauer	09.06.1845	50	1895–1908	13	v
Blank, Paul	Bauer	06.08.1884	49	1933–1934	01	v
Blank, Paul Friedrich	Bauer	06.12.1819	35	1854–1885	31	
Ditting, Imanuel, Ludwig	Bäcker und Wirt	13.11.1828	42	1871–1905	34	
Ditting, Ludwig	Bäcker	31.01.1867	38	1905–1933	28	
Ditting, Ludwig	Bäcker	09.06.1794	55	1849–1865	16	
Florus, Johann Georg	Bauer	05.02.1778	71	1849–1851	02	
Giek, Albert	Bauer	22.02.1905	28	1933–1945	12	
Groll, Johann Georg	Bauer	25.03.1837	58	1895–1906	11	v
Häcker, Friedrich	Bauer	23.10.1867	52	1919–1925	06	
Hirsch, Friedrich	Gutsbesitzer	05.06.1880	31	1911–1945	34	
Hirsch, Friedrich	Gutsbesitzer	20.06.1843	36	1879–1911	32	
Hirsch, Philipp Jakob	Gutsbesitzer	22.08.1808	43	1851–1878	27	v
Kienzle, Gottlob	Wirt	26.11.1866	41	1907–1933	26	

Name, Vorname	Beruf	Geb. Datum	Alter	Amtszeit	Jahre	
Knoß, Georg	Bauer	04.06.1858	47	1905–1922	17	
Koch, Christoph	Bauer	12.01.1868	51	1919–1933	14	
Koch, Richard	Bauer	24.03.1900	33	1933–1945	12	
Künstner, Hermann	Schuhmacher	11.08.1888	41	1929–1933	04	
Lillich, Karl	Bauer	01.04.1875	47	1922–1928	06	
Mann, Christoph Friedrich	Küfer	19.02.1798	51	1849–1851	02	
Motz, Johann Georg	Bauer	20.12.1804	61	1865–1877	12	
Munz, Christian	Bauer	15.05.1817	60	1877–1883	06	
Munz, Georg	Bauer	03.07.1850	55	1905–1919	14	
Oberacker, August	Schmied	26.12.1845	52	1897–1904	07	v
Oberacker, Imanuel	Schmiedmeister	16.09.1888	43	1931–1933	02	
Pflugfelder, Friedrich	Bauer	28.03.1860	49	1909–1931	22	
Pflugfelder, Gottfried	Bauer	02.08.1846	55	1901–1919	18	
Pflugfelder, Jacob	Bauer	10.12.1821	62	1883–1894	11	v
Pflugfelder, Johannes	Bauer	16.11.1791	58	1849–1855	06	
Pflugfelder, Philipp Jakob	Bauer	02.11.1820	47	1867–1894	27	v
Raiser, Christian	Schmied	03.11.1869	50	1919–1931	12	
Reichert, Johann Michael	Bauer	08.12.1822	55	1877–1883	06	
Reichert, Jost Georg	Bauer	21.01.1795	60	1855–1867	12	
Röhrich, Karl	Meister	12.11.1875	44	1919–1922	03	
Roßnagel, Hermann	Kaufmann	11.08.1847	58	1905–1919	14	v
Roßnagel, Johannes	Weber und Bauer	09.07.1808	43	1851–1879	28	v
Roßnagel, Johannes	Bauer	06.07.1832	47	1879–1904	25	v
Schick, Jakob	Bauer	18.03.1866	53	1919–1933	14	
Schüle, Christoph	Bauer	05.02.1837	48	1885–1905	20	v
Schüle, Christoph	Bauer	10.03.1812	37	1849–1854	05	v
Seybold, Friedrich	Lammwirt	28.02.1841	42	1883–1896	13	v
Seybold, Hermann	Landwirt	20.05.1896	35	1931–1945	14	
Seybold, Ludwig	Lammwirt	07.12.1798	51	1849–1876	27	v
Seybold, Ludwig	Bauer	09.03.1831	46	1877–1901	24	
Strohm, Karl	Wagnermeister	12.04.1879	54	1933–1945	12	
Völlm, Johann Georg	Bauer	14.07.1792	57	1849–1871	22	v
Walter, Wilhelm	Maurer	27.02.1877	51	1928–1929	01	v
Weiss, Ludwig	Kaufmann	20.01.1907	26	1933–1945	12	
Wintterlin, Amandus Heinr.	Metzger	25.04.1790	59	1849–1871	22	

Möglingen im Königreich Württemberg (1806–1871)

Rolf Bidlingmaier

1. Ein neuer Staat entsteht

Nach der Niederwerfung Österreichs und dem Frieden von Preßburg im Dezember 1805 gestand Napoleon dem verbündeten württembergischen Monarchen Friedrich I. neben umfangreichen Besitzgewinnen auch eine Standeserhöhung zu. Auf 1. Januar 1806 ließ sich Friedrich I. (1797–1816) zum König proklamieren. Das neu entstandene Königreich Württemberg vereinte neben dem altwürttembergischen Kernland ganz unterschiedliche Territorien in sich, die der Säkularisation und Mediatisierung zum Opfer gefallen waren. Dazu gehörten geistliche Staaten wie die Fürstpropstei Ellwangen, Teile des Deutschordensbesitzes um Bad Mergentheim oder einige Reichsklöster, dann bislang reichsunmittelbare Fürstentümer, wie Hohenlohe oder Waldburg und einige Reichsstädte wie Weil der Stadt oder Reutlingen. Neben evangelischen gab es nun auch katholische und jüdische Untertanen. Friedrich I. nutzte die Gelegenheit, nicht nur die neuerworbenen Staatsgebiete in das bereits vorhandene Territorium einzufügen, sondern aus den verschiedenen Teilen einen straff organisierten, modernen Staat mit einer einheitlichen Verwaltung zu schaffen.[1]

Noch im Januar 1806 führte er die Ministerialverfassung ein und sorgte durch ein Religionsedikt für die Gleichstellung der christlichen Konfessionen. Die Verwaltungsgliederung erhielt eine neue Struktur nach napoleonischem Vorbild. Das Land wurde in 12 Kreise und auf der darunterliegenden Verwaltungsebene in Oberämter eingeteilt, wobei oft mehrere klei-

*Die Oberamtsstadt Ludwigsburg um 1840.
Lithographie von Carl Obach.*

nere altwürttembergische Oberämter zusammengefasst wurden. Möglingen lag zwar nun in der Landvogtei an der Enz und später im Neckarkreis, blieb jedoch weiterhin dem Oberamt Ludwigsburg zugeordnet. Bei den für das Finanzwesen neugeschaffenen Kamerala̋mtern war das Hofkameralamt Stammheim für Möglingen zuständig.[2]

2. Die Napoleonischen Kriege

Für das junge Königreich Württemberg wie auch für Möglingen standen unruhige Zeiten ins Haus. Nach den Revolutionskriegen gegen die französische Republik in den Jahren 1793 bis 1805 folgten die Kriegszüge gegen Preußen 1806 und Österreich 1809, wobei auch Württemberg als Mitglied der Rheinbundstaaten und Verbündeter Napoleons seine Truppen stellen musste. Die einzelnen Gemeinden hatten immer wieder unter Kontributionen und Truppendurchzügen zu leiden. Mit der Wehrordnung von 1806 führte König Friedrich I. de facto die allgemeine Wehrpflicht ein.[3]

Im Herbst 1805 kamen zu den Durchzügen fremder Truppen auch noch schlechtes Wetter und ein Fehlherbst hinzu. *Da Herr Schultheiß Hirsch seit dem August immer kränklicher worden und endlich den 12. des Monats [Oktober] gestorben, und seit der Mitte des Septembers, wegen dem beständig zuvor gewesenen Regenwetter alle Geschäfte mit der Ernde verdoppelt, die drohende KriegsGefahr alles in Noth gesezt worden, die Früchte heimzuführen, auch wirklich den 1. dieses Monats [Oktober] die ersten französischen Truppen im Durchmarsch an die Donau hier ins Quartier kommen, worauf der Ort innerhalb von sechs Tagen mehr als 3000 Mann nebst 1200 Pferde in Quartier kommen, so konnte man seither nicht mehr auf eine gute Stunde zusammen kommen, bey allem Schreken und Tumult, den es seither durch mancherley Ereignisse, durch vorgenommene Auswahl von 3 Mann aus dem Ort, durch Ausbleiben der Rosse und Wägen von den Vorspannen an die Donau, durch horrende Abgaben an Futter und Proviant an die durchmarschirenden Truppen gab, wo zu allem Übrigen auch noch die ungewöhnlich nasse, kalte und beinahe ganz den Winter ähnliche Witterung seit dem 8. des Monats kam, wurde doch durch die göttliche Vorsehung noch vieles vom Feld hereingebracht und gerettet. Die Trauben bei deren schlechten Qualität ohnehin dato noch an keinen Herbst bisher zu denken gewesen, waren seit etl. Tagen schon fast total erfroren, und also auch von der Seite für unsere Weingärtner alle Hoffnung verlohren, die Ernde im Winterfeld außer der nachgesäeten SommerGerste beinahe, wie noch nie, in dieser Gegend mißrathen und der ganze Zustand in unserem Ort, wie an mehreren andern, auf solche Weise düster und traurig.* Im Januar 1806 verstarb im Armenhaus ein österreichischer Soldat.[4]

Auch in den folgenden Jahren hatten die Möglinger immer wieder Vorspanndienste zu leisten. Im Jahr 1812 kam es in Möglingen erneut zu Einquartierungen, als Napoleon, der damals große Teile Europas in seinen Besitz gebracht hatte, zum entscheidenden Schlag gegen Russland ansetzte. Russland weigerte sich, die gegen englische Waren gerichtete Kontinentalsperre weiterhin zu befolgen. Neben französischen Truppen mussten auch die Rheinbundstaaten Truppen für die 600 000 Mann umfassende Grande Armée stellen. Im Februar 1812 waren in Möglingen 120 Pferde einquartiert, die von der Bevölkerung verpflegt werden mussten. Im November 1812 befanden sich in Möglingen Standquartiere für viele Offiziere, die anschließend in Richtung Osten abmarschierten. Unter dem württembergischen Kontingent von 15 800 Mann, das im März 1812 nach Russland zog, waren auch etliche Möglinger. Von diesen kehrten die meisten nicht mehr zurück, darunter Jakob Motz und Christoph Friedrich Reichert. Bald schon zeigte es sich, das ein Krieg in einem Land mit solchen Weiten nicht zu gewinnen war. Als Teil der Heeresgruppe Marschall Neys wurden die württembergischen Truppen in den Schlachten von Smolensk und Borodino fast völlig aufgerieben. Nach Kämpfen und Seuchen war es nur noch eine kleine Schar von Ausmarschierten, die die Heimat wiedersahen, darunter der Möglinger Heinrich Würth, der jedoch starke Erfrierungen davongetragen hatte. Der Brand Moskaus und der Übergang über die Beresina wurden zu Etappen einer Katastrophe, die den Wendepunkt der napoleonischen Herrschaft markierte.[5]

Von nun an reihte sich bei Napoleon Niederlage an Niederlage, sodass König Friedrich im November 1813 nach der Völkerschlacht bei Leipzig gerade noch rechtzeitig die Fronten wechselte und sich unter die Alliierten einreihte, ehe Napoleon im Frühjahr 1814 besiegt und nach Elba verbannt wurde. Im Oktober 1813 rückten aus der Garnison Ludwigsburg 8000 Mann und 2000 Pferde ein. Zur Verpflegung hatte Möglingen zehn Scheffel Haber, fünf Zentner Heu und zehn Zentner Stroh an das Landesmagazin abzuliefern. Im Dezember 1813 schlugen russische, preußische und württembergische Truppen in Möglingen ihre Standquartiere auf. Diese zogen in Richtung Frankreich. Hierzu mussten die Möglinger an Fourage 120 Scheffel Haber, 100 Zentner Heu und 100 Zentner Stroh liefern. Ein russisches Ulanenregiment brachte so viele Pferde mit, dass die Stallungen nicht hinreichten und ein Teil der Tiere in den Scheunen untergebracht werden musste, was Schäden an der Frucht und am Heu verursachte. Damals wurde fast alles Heu von den Russen erpresst und gestohlen, sodass die Gemeinde wieder Heu kaufen musste. Die Offiziere des Ulanenregiments kamen im Pfarrhaus unter. Auch im Januar 1814 hatte die Gemeinde stark unter Einquartierungen zu leiden.[6]

Nachdem Napoleon im März 1815 von der Insel Elba nochmals nach Frankreich zurückgekehrt war, bedeutete dies für die Verbündeten einen neuen Feldzug gegen Frankreich. In Möglingen lag im Mai 1815 das österreichische Infanterieregiment Reuß-Plauen, das nicht nur beherbergt und verpflegt, sondern dem beim Abmarsch auch ein sechstägiger Proviant mitgegeben werden musste. Da die Quartiere nicht ausreichen, wurden Hütten aus Stangen und Stroh aufgestellt. Im selben Monat hielt die Gemeinde eine Versammlung ab, in der die Beschaffung eines sechstägigen Naturalbedarfs an Brot, Gemüse, Getränk, Haber und Heu für die im Ort liegenden österreichischen Militärs, wie auch die Beschaffung der Naturallieferungen nach Durlach besprochen wurden. Dabei beschloss die Gemeinde, den Branntwein von Küfer Johannes Jaus beschaffen zu lassen, das Mehl aus dem Ortsmagazin zu nehmen und das Brot durch die örtlichen Bäckermeister backen zu lassen. Ende Mai lieferte die Gemeinde 17 Zentner Brotmehl in das Magazin der österreichischen Truppen. Im Juni 1815 hatten die Orte des Oberamts Ludwigsburg 5610 Zentner Heu an die Österreicher nach Gengenbach zu überführen. In der Schlacht bei Waterloo im Juni 1815 wurde Napoleon endgültig besiegt und auf dem Wiener Kongreß im selben Jahr die Neuordnung Deutschlands in der Form des Deutschen Bundes festgeschrieben. Im Zeichen der Restauration kam es 1819 in Deutschland unter der Führung Metternichs zu den Karlsbader Beschlüssen. Liberale Tendenzen sollten in den Bundesstaaten mit Pressezensur, und polizeistaatlichen Methoden bekämpft werden.[7]

3. Hungerjahre 1816/17

Noch waren die Befreiungskriege mit ihren Lasten für die Bevölkerung nicht vorüber, da wurde Württemberg ab 1812 von mehreren Missernten heimgesucht, unter denen die Bevölkerung schwer zu leiden hatte. In den Jahren 1814, 1815 und 1816 gab es in Möglingen keinen Weinherbst infolge von Frost und Misswuchs. Daraufhin wurde im November 1816 den bedürftigsten Weingärtnern im Oberamt Ludwigsburg durch König Wilhelm I. ein Steuernachlass gewährt, der für Möglingen 63 Gulden betrug und der 37 Familien zugute kam. Schon im August dieses Jahres hatten Gericht und Rat Jakob Reichert als Aufseher über das Haberfeld aufgestellt. Anlass hierzu gaben *mehrfältige Klagen verschiedener Einwohner, daß der Obst-, wie auch der Erbsen- und Wickendiebstahl im Haberfeld so sehr überhand nehme.* Reichert sollte dieses Übel soweit wie möglich steuern, damit *man nicht alles dem Raub ausgesezt sehen müßte.*[8]

Nachdem 1816 die Getreideernte sowie die Wein- und Obsternte fast vollständig den widrigen Witterungsverhältnissen zum Opfer gefallen war, kam es in den Jahren 1816 und 1817 in Württemberg zu einer Hungerkrise von katastrophalen Ausmaßen. Während König Wilhelm I. durch Reglementierung des Getreidehandels, Austeilen von Saatgut und Freigabe der staatlichen Getreidevorräte die schlimmste Not zu lindern suchte, rief seine Frau, Königin Katharina, die *allgemein geliebte Landesmutter,* im ganzen Land Armenvereine ins Leben, die die von den Bürgern gespendeten freiwilligen Beiträge an Geld, Naturalien und Kleidern gewissenhaft an die Armen verteilen und für eine Beschäftigung der Armen sorgen sollten.[9]

In Möglingen wurde im Januar 1817 von Gericht und Kirchenkonvent aufgrund der Aufforderung, *für die Armen bey gegenwärtigen Zeiten der Noth zu sorgen,* ein Vorrat von 40 Scheffel Gerste von jenen Bürgern eingezogen, die noch Gerste hatten. Den Abgabepreis setzte die Gemeinde auf 25 Gulden pro Scheffel fest. Da die Armen *nach göttlichen und menschlichen Gesezen* zu unterstützen waren, *so erwartet man, daß sich bey diesem Einzug niemand weigern werde. Da, wenn um den laufenden Preis freywillig nichts oder nicht genug geliefert würde, man Ansäze machen, und solche dem Befehl gemäß einziehen müßte. Dagegen aber ist aller Gassenbettel auf das Strengste verbotten. Jeder Ort muß seine Armen erhalten, und die fremden Bettler müssen durch Boten in ihr Heimwesen geliefert werden. Der Fruchtaufkauf ist dahin beschränkt worden, daß den Mehlhändlern aller Aufkauf von Brodfrüchten bey Strafe der Confiscation verboten ist. Die Bäcker und Bierbrauer müssen ihre Frucht auf öffentlichen Märkten oder herrschaftlichen Kästen kaufen und bey Bauern dürfen nur diejenigen einkaufen, welche ein obrigkeitlich gesiegeltes Patent haben, worin angezeigt ist, wieviel er kaufen darf, und in jedem Ort muß vom Ortsvorstand auf dies Patent attestirt werden, wieviel er daselbst gekauft hat, und wann er das erlaubte Quantum hat, so wird das Patent abgenommen. Der Unterkäufer, welcher einem Bäcker oder Bierbrauer, der kein solches Patent hätte, Frucht aufkauft, wird so wie der Käufer um 2 kleine*

In den Hungerjahren 1816/17 konnte man von so einem vollen Erntewagen, wie er rund hundert Jahre später auf diesem Bild zu sehen ist, nur träumen (links Karl Benkiser).

Frevel gestraft, der Bürger aber, der seine Brodfrucht an jemand verkauft, welcher kein Patent hat, dem solle die Frucht confiscirt und der Herrschaft eingeliefert werden. Der Einzug und die Abgabe der Gerste sollte bis Georgi 1817 vorgenommen werden. *Wegen Gefahr des Diebstahls, wenn die Frucht auf dem Rathaus oder sonstwo aufbewahrt würde, wurde für gut befunden, die Frucht auf den Böden der Verkäufer zu lassen, und dann jedem die Unterschrift genommen, wie viel er um diesen Preis im Vorrath behalten sollte. Da nun außerdem noch zur Sicherstellung hiesiger Armen ein monatlicher Beytrag von den vermöglichern Mitgliedern hiesiger Bürgerschaft gesammelt wurde, so soll auch künftig hier durchaus kein Bettel mehr stattfinden. Zur Einsammlung und Aufbewahrung der monatlichen Beiträge für die Armen, wurde der Ratsverwandte Johann Georg Florus aufgestellt, der dem KirchenConvent von Zeit zu Zeit Rechnung ablegen und Weisung erhalten soll, für wen und wie viel er auszuteilen habe.* Die monatlichen Beiträge von 24 Gulden sollten an die auf höchstens 50 bis 56 geschätzten Ortsarmen verteilt werden.[10]

Im März 1817 stellte das Möglinger Gericht fest, dass *die Noth der Armen auch hier groß ist*. Für 12 Gulden wurde damals den Armen Brot gebacken. Gleichwohl nahm das Ausmaß der Not nicht jene Formen an, wie an anderen Orten, die von der Natur her ohnehin weniger begünstigt waren. Deren Einwohner zogen mehr und mehr als Bettler durch die Lande, sodass die Gemeinde Möglingen *wegen dem allzugroßen Überlauf von Bettlern* neben Bettelvogt Gottlieb Motz einen zweiten Bettelvogt anstellte.

Im Mai 1817 waren viele Äcker noch nicht mit Getreide bestellt, da nicht genügend Saatfrucht vorhanden war, aber auch weil im nassen Herbst des Jahres 1816 nicht geackert werden konnte und ein Teil der bestellten Äcker der nassen Witterung zum Opfer gefallen war. Fruchtabgaben aus den Fruchtkästen erfolgten nur noch für Bedürftige gegen Barzahlung. Im Mai 1817 gab es in Möglingen 61 Bedürftige, die 24 Scheffel Gerste und neun Scheffel Dinkel zur Aussaat auf ihre Felder benötigten und diese auf eigene Kosten nicht beschaffen konnten. Da das Hofkameralamt Stammheim keine Gerste mehr im Fruchtkasten hatte, erhielten die Bedürftigen stattdessen 55 Scheffel Dinkel und zwei Scheffel Hafer, wobei die Kosten von der Gemeindekasse übernommen wurden. Im Juli wurden der Gemeinde Möglingen in Heilbronn Gerste und Roggen angewiesen, die jedoch nicht abgeholt wurden, da *man schon viele und nahrhafte Gemüse haben kann* und sich die Lage durch eine gute Getreideernte entspannte. Im Herbst 1818 waren die Vorratsräume und Keller wieder wohlgefüllt. Die Zahl der Ortsarmen ging bis 1819 auf 40 Personen zurück.

Bis zum Oktober 1817 wandte die Gemeinde insgesamt 527 Gulden für die Unterstützung der Armen auf. Dahingegen hatte der Armenverein, dem Pfarrer und Schultheiß vorstanden, bis zum Dezember 1817 insgesamt 1099 Gulden an Beiträgen eingenommen, von denen 744 Gulden zum Austeilen von Brot und Kartoffeln verwendet wurden, während die Beschäftigung der Ortsarmen mit Reinigung von Wegen 355 Gulden kostete. Das Gericht stellte im Juli 1817 fest, dass in keinem Ort des Ludwigsburger Oberamts mehr auf Versorgung und Beschäftigung der Armen ausgeben worden sei, als in Möglingen.[11]

Infolge der Hungerjahre kam es zu einer verstärkten Auswanderung. Viele suchten ein besseres Auskommen in fremden Gefilden, so in Russland und Amerika. Aus Möglingen wanderten 1817 Johannes Pflugfelder mit Frau und vier Kindern sowie Michael Motz mit seiner siebenköpfigen Familie nach Amerika aus.[12]

4. Umbau der Gemeindeverwaltung

Die von König Friedrich I. im Jahr 1806 vorgenommene Umstrukturierung der Verwaltung blieb auch auf die Städte und Gemeinden nicht ohne Auswirkung. Gericht und Rat bildeten nun den Magistrat, dessen Mitglieder ebenso wie der Schultheiß auf Lebenszeit ernannt wurden. Der Entzug der Gerichtsbarkeit ging einher mit der Beseitigung der kommunalen Selbstverwaltung; die Städte und Gemeinden wurden der Kontrolle des Oberamtmanns unterstellt.[13]

In Möglingen amtierte seit 1805 Schultheiß Johann Heinrich Wintterlin (1762–1829), der 1809 entlassen und durch seinen Schwiegersohn Johann Jakob Hirsch ersetzt wurde. Johann Jakob Hirsch (1782–1824), im Hauptberuf Bauer, hatte das Amt bis zu seinem frühen Tod 1824 inne. Als Gerichtsschreiber fungierte Schulmeister Eberhard Friedrich Hartmann. Bei seiner Zurruhesetzung 1817 hatte er das Amt 52 Jahre lang *treu, redlich und unverdrossen* versehen, wobei er *in stürmischen Kriegszeiten oft manches Unangenehmes durchzumachen hatte*. Im Magistrat waren 1817 die Bürger Alt Johann Georg Reichert, Friedrich Seybold, Friedrich Blank, Jakob Pflugfelder, Paul Friedrich Pflugfelder, Johannes Pflugfelder, Johann Georg Mann, Johann Georg Rossnagel, Jakob Kienzle, Jung Johann Georg Reichert, Friedrich Giek und Balthasar Benkiser.[14]

Unter König Wilhelm I. (1816–1864) wurde die Verwaltung durch die Organisationsedikte von 1817/18 neu strukturiert, Justiz und Verwaltung voneinander getrennt. Die Städte und Gemeinden bekamen durch die Edikte von 1818 und 1821 ihre Selbstverwaltung zurück; die Gemeindeverfassung wurde nun auf konstitutionellen Grundsätzen aufgebaut. Der Gemeinderat traf alle wichtigen Entscheidungen in der Gemeinde. Neben den Gemeinderat trat in gleicher Stärke der Bürgerausschuss, der den Beschlüssen des Gemeinderats zustimmen musste. Den Vorsitz im Gemeinderat führte nach wie vor der Schultheiß, der zugleich auch Vertreter des Staates war. Der Schultheiß wurde von den Gemeindebürgern gewählt und von der Regierung auf Lebenszeit ernannt. Auch die Gemeinderäte wurden bis 1849 nach einer zweijährigen Amtszeit auf Lebenszeit gewählt. Wahlberechtigt waren jedoch nur die Gemeindebürger, während Beisitzer und Frauen kein Stimmrecht besaßen. Der Entwurf zu einer neuen Verfassung für das Königreich Württemberg stieß 1817 in Möglingen allerdings auf wenig Gegenliebe. Nach der Verlesung des Entwurfs sprachen sich der Magistrat und die Bürgerschaft *bestimmt* für die alte Verfassung aus.[15]

Bei den Gemeindeämtern wechselten die beiden Bürgermeister bislang jährlich. Der nunmehr Gemeindepfleger genannte Rechner der Gemeinderechnung wurde dagegen ab 1813 auf mehrere Jahre gewählt, was jedoch im Gremium umstritten war. Besonderes Aufsehen hatte der im Dezember 1812 erfolgte Diebstahl der Gemeindekasse mit 885 Gulden erregt. 1821 plädierte der Bürgerausschuss für eine freie Wahl des Gemeindepflegers durch die Bürgerschaft. Der Gemeinderat war da jedoch anderer Meinung.[16]

Im Jahr 1843 stellte die Gemeinde Georg Künstner als Polizeidiener an, wozu er von der Gemeinde neben 60 Gulden Jahresgehalt einen Uniformrock, eine tuchene Weste, eine Kappe, ein Paar Lederstiefel und einen Säbel erhielt. *Der Polizeidiener hat nicht nur die Fremden- und Bettelpolizei genau zu handhaben, namentlich auch das Knallen auf den Straßen innerhalb Etters zur Anzeige bringen, sondern auch den aufgestellten Scharwächter bei allen seinen Vorrichtungen zu begleiten. In Beziehung des Schadenlaufens der Gänse und Hühner außerhalb Etters hat der Polizeidiener dieselbe in das Ort herein zu hegen, und zu fangen, woran er für jedes Stück 6 Kreuzer von dem Eigenthümer als Belohnung erhält. Überhaupt hat er alles gegen die Ordnung laufende zur Anzeige zu bringen, und zu rügen, namentlich diejenigen, welche auf der Straße bei Nacht lärmen.* Im Jahr 1852 hatte der Amtsdiener den Polizeidiener zu unterstützen und *regelmäßig deshalb täglich im Ort herumzugehen und nachzusehen habe, damit dem Unfug der Bettler gesteuert werde.*[17]

Schultheiß Joseph Friedrich Seybold (1771–1835) wurde 1824 nach dem Tod seines Vorgängers Hirsch ins Amt gewählt. Im Jahr 1833 fand das Oberamt Ludwigsburg *Mißfallen an der nachlässigen Amtsführung des Schult-*

heißen Seybold, aber nicht an seiner Person, und wird großes Gefallen finden, wenn der Schultheiß sein Amt mit mehr Aufmerksamkeit, Fleiß und Eifer verwaltet, als es bisher geschehen ist. Seybold war damals bereits amtsmüde und bat im Juli 1834 aufgrund seines vorgerückten Alters um seine Entlassung, die ihm auch gewährt wurde.[18]

Daraufhin fand im August 1834 eine Neuwahl des Schultheißen statt, bei der der Oberfeldwebel Johannes Ziegler als Sieger hervorging. Er erhielt 134 Stimmen, während Gemeinderat Philipp Jakob Hirsch auf 99, Gemeindepfleger Jakob Friedrich Blank auf 80 und Bürgerausschussobmann Georg Schmalzried auf 61 Stimmen kamen. Johannes Ziegler (1797–1872) wurde 1813 als Soldat ausgehoben, hatte 1814 und 1815 die Feldzüge gegen Frankreich mitgemacht, blieb daraufhin im Militärdienst, wo er 1820 zum Rottenmeister, 1822 zum Feldwebel und 1828 zum Oberfeldwebel aufrückte. 1829 wurde er mit der Offiziersschärpe ohne Quaste und 1833 mit dem Militärdienstehrenzeichen ausgezeichnet. Über seine Erlebnisse als Soldat legte er in seiner Lebensbeschreibung Zeugnis ab. Johannes Ziegler war von 1834 bis 1872, also 38 Jahre lang, Schultheiß in Möglingen. An seiner Amtsführung wurde 1843 kritisiert, dass es an der Handhabung der öffentlichen Ordnung mangle. Im Jahr 1870 wurde er als *entschieden kirchlich* und als *einer der redlichsten Ortsvorsteher des Bezirks* bezeichnet.[19]

5. Die Gemeinde und ihre Bürger

Die Einwohner sind kräftige, wohlgewachsene Leute, die sich neben einer dauerhaften Gesundheit nicht selten eines hohen Alters erfreuen; sie verbinden mit eisernem Fleiß eine große Sparsamkeit und viel Sinn für Religion. Ihre Vermögensumstände sind im Vergleich mit anderen Orten sehr gut, indem hier ein so genannter Mittelstand vorherrscht; der ausgedehnteste Güterbesitz beträgt 150 Morgen, der gewöhnliche 50 Morgen, viele haben 20 bis 30 Morgen und auch die minderbemittelten Einwohner, welche sich hauptsächlich durch Taglohnarbeiten ihr Auskommen sichern, besitzen noch $1/2$ bis 1 Morgen Grundeigenthum. Die häufigste Größe eines Grundstücks beträgt $1/2$ bis 1 Morgen; einzelne haben einen Flächengehalt von 3 bis 4 Morgen. Die Haupterwerbsquellen der Einwohner bestehen in Feldbau, Viehzucht und etwas Weinbau, während die Gewerbe, mit Ausnahme einiger Schuhmacher, welche ihre Arbeiten auch auf benachbarten Märkten absetzen, nur dem nöthigsten örtlichen Bedürfnisse dienen. Im Ort befinden sich eine Schildwirthschaft und zwei Krämer; auch besteht eine Getreidemühle. Die Zahl der Einwohner war in der ersten Hälfte des 19. Jahrhunderts sprunghaft angestiegen. Lebten 1817 insgesamt 935 Einwohner am Ort, so wurden 1823 schon 1050 und 1829 gar 1158 Einwohner gezählt. Diese Zahl erhöhte sich bis 1847 auf 1214 Einwohner, um dann bis zur Jahrhundertwende wieder auf 1100 Einwohner zurückzugehen.[20]

Von den Einwohnern besaßen jedoch nicht alle das Bürgerrecht. Bürger wurden in der Regel die männlichen Einwohner mit 25 Jahren durch die Ablegung des Erbhuldigungseids beim Ruggericht, das der Ludwigsburger Oberamtmann in meist zweijährigem Abstand in Möglingen abhielt. Aber auch Frauen konnten das Bürgerrecht durch ihre Verehelichung erhalten. Im Jahr 1831 erhöhten die Gemeindekollegien die Bürgeraufnahmegebühr für Männer von 8 auf 45 Gulden und für Frauen von 4 auf 22 Gulden, sodass Leute von außerhalb mit wenig Vermögen vom Bürgerrecht ausgeschlossen blieben und somit auch der Gemeinde nicht zur Last fallen konnten. Im Ort lebten neben den Bürgern auch Einwohner ohne Bürgerrecht, die Beisitzer.[21]

An Gewerbetreibenden gab es im Jahr 1865 in Möglingen 16 Leineweber, elf Schuhmacher, fünf Näherinnen, fünf Maurer, vier Kleinhändler, vier Schneider, je drei Wagner, Zimmerleute, Bäcker und Hufschmiede, je zwei Korbmacher, Metzger und Schlosser sowie je einen

Die Urnummernkarte von 1831 zeigt die erste Nummerierung der Möglinger Gebäude. Eine straßenweise Nummerierung wurde erst 1950 eingeführt.

N . O . XXXVI . 0.

ob dem Halden
auf dem Lößer
im Sonnenbrunnen
im Osterpfad
in alten Halden
Geissholz
an der Farth
VII
hinter dem Hühnerhaus
beim einzigen Baum
ob dem Rain
Kirchaeckern

Schäfer, Barbier, Glaser, Küfer, Sattler, Seckler und Schreiner. Daneben existierten eine Mahlmühle, eine Ölmühle und zwei Branntweinbrennereien. An Gastwirtschaften bestanden neben dem von Friedrich Seybold betriebenen Gasthaus zum Lamm drei Schankwirtschaften von Johann Georg Maier, Johannes Wagner und Immanuel Ludwig Ditting.[22]

In der napoleonischen Zeit wurde die Straße von Ludwigsburg über Möglingen nach Schwieberdingen neu chaussiert und als Poststraße ausgebaut. Da an den von der Gemeinde aufgestellten hölzernen Wegweisern immer wieder *muthwillig die Arme abgerissen oder sonst ruiniert, letztmals aber drei solche ganz gestohlen worden sind*, beschloss das Gericht 1819, drei steinerne Wegweiser zu beschaffen. Innerhalb des Ortes ließ die Gemeinde 1834 den Fußweg am Rathaus und zur Kirche mit steinernen Platten belegen; außerdem wurden ab 1836 *an geeigneten Stellen gepflasterte Kandel angebracht*, so zwischen Rathaus und Wette. Fünf Jahre später sollten jedes Jahr 28 Ruthen der Ortsstraßen mit gepflasterten Kandeln versehen werden, wobei der Anfang in der Ludwigsburger Straße vor dem Gasthaus zum Lamm zu machen war. Schon 1825 hatte der Oberamtmann beim Ruggericht größere Reinlichkeit in den Straßen angemahnt, *namentlich müssen Einrichtungen getroffen werden, daß das Tungwasser nicht mehr über die Straße auslaufe. Auch ist jeden Samstag der Morast und Tung von den Straßen weg und auf die Tunglege zu schaffen*.[23]

Die Wasserversorgung erfolgte aus Brunnen innerhalb des Ortes. In der Schwieberdinger Straße klagten Michael Lang und Immanuel Strohm 1815, *daß in ihrer ganzen Gassen kein Brunnen und auch sonst kein Wasser und daß sie von allen hiesigen Brunnengewässern sehr weit entlegen seyen, und eben ein Brunnen das erste Bedürfniß wegen Mensch und Vieh sei*. Daraufhin ließ die Gemeinde unter Mitarbeit der Anwohner einen neuen Brunnen graben, der dann auch tatsächlich *haltbares, reines, helles Wasser* zu Tage förderte und mit Steinen ausgemauert wurde.[24]

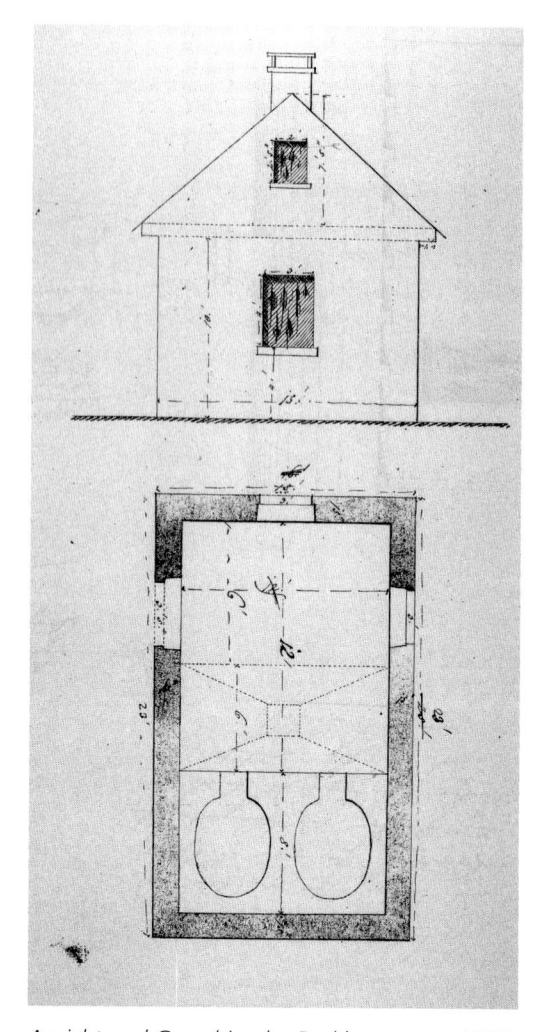

Ansicht und Grundriss des Backhauses von 1835.

In den Jahren 1830 und 1831 erfolgten durchgreifende Reparaturen im Rathaus, nachdem eine Wand im Erdgeschoss ausgewichen war. In diesem Zusammenhang wurde die Außentreppe in das Innere des Gebäudes verlegt.[25]
Da das Gemeindewaschhaus am Kirchbrunnen nur 15 bis 18 Kreuzer jährlichen Pachtzins einbrachte, beschloss der Gemeinderat 1834 auf Anregung des Oberamtmanns, das Gebäude zu einem Gemeindebackhaus umzubauen. Im Oktober 1835 legte Werkmeister Danzer aus Ludwigsburg einen Grundriss und Kostenvoranschlag zu einem Backhaus vor, empfahl jedoch, das Gebäude an anderer Stelle zu errichten.

Dies lehnte der Gemeinderat ab, sodass das Backhaus 1836 um 600 Gulden in das Waschhaus eingebaut wurde und noch im gleichen Jahr in Betrieb genommen werden konnte.[26]

6. Kirche

Das Religionsedikt König Friedrichs I. aus dem Jahr 1806, in dem er allen Untertanen freie Ausübung ihrer Religion zusicherte, hatte auf Möglingen praktisch keine Auswirkungen, da der Ort noch rein evangelisch war. 1829 wurden in Möglingen vier und 1867 zwei Katholiken gezählt.[27]

Pfarrer Amandus Heinrich Hildenbrand (1765–1814) versah seit 1792 als Nachfolger seines Vaters die Möglinger Pfarrstelle. Bei der Visitation 1809 notierte der Dekan: *Pastor hat gute Gaben und schöne Kenntnisse, die er durch fortgesetztes Studium noch immer vermehrt, wartet seinem Amt treu und gewissenhaft ab, führt einen regelmäßigen Wandel und friedliche Ehe und besitzt das Zutrauen seiner Gemeinde in vorzüglichem Grade*. Die Predigten konzipierte er selbst und trug sie dann frei vor.[28]

Nach seinem Tod 1814 folgte ihm als Pfarrer Johann Matthias Friedrich Breuning (1775–1866) nach, der bis 1828 in der Gemeinde wirkte. Er *setzt das Bibelstudium fleißig fort, beschäftigt sich außer demselben mit Lesung alter Classiker und der in der Diözesanlesegesellschaft circulierenden Schriften*. Zum 300-jährigen Jubiläum der Reformation am 31. Oktober 1817 wurde das Innere der Kirche neu geweißt und die Säulen, Türen und die Kanzel angestrichen. Pfarrer Breuning hielt an diesem Tag eine Predigt über Johannes 8, Vers 31 und 32. Über die Gemeinde Möglingen bemerkte er in diesem Jahr: *Der Zustand der Gemeinde in moralisch religiöser Hinsicht neigt sich nicht gerade zum schlimmen, doch scheint der Druck der Zeiten auf viele Mitglieder nachtheilig zu wirken*.[29]

Als Nachfolger kam 1828 Pfarrer Friedrich Ludwig Sigwart (1786–1838) nach Möglingen, der hier bis zu seinem Tod wirkte. In seiner Amtszeit kam es zu Auseinandersetzungen mit der Gemeinde über den Pfarrzehnten, der einen Teil der Pfarrbesoldung bildete. Der Pfarrer warf dem Gemeinderat *eigenmächtige Eingriffe und einseitige, boshafte Handlungen* zu seinen Ungunsten vor.[30]

Pfarrer Eduard Heinrich Wagenmann (1802 bis 1868) hatte die Pfarrstelle fast 30 Jahre, von 1839 bis 1868, inne. In seiner Amtszeit setzten sich die Streitigkeiten über den Kleinen Zehnten und dessen Ablösung fort. Gegenüber den *jungen, feurigen Methodistenpredigern* wurde er als *zu ruhig und gelassen* charakterisiert. Gegen Ende seiner Amtszeit, 1867, fehlte ihm wohl aufgrund seines Alters etwas der nötige Schwung, sodass er nurmehr die *unausweichlichen Verpflichtungen* wahrnahm.[31]

Wer gegen die Ordnungen in sittlicher oder moralischer Hinsicht verstieß, kam vor den einmal im Monat tagenden Kirchenkonvent, in

Eduard Heinrich Wagenmann (1802–1868) war von 1839 bis zu seinem Tod Pfarrer in Möglingen.

dem der Pfarrer, der Schultheiß, zwei Richter, der Heiligenpfleger und zeitweise auch der Bürgermeister saßen. Dort wurden Schlägereien, Streitereien und Unzucht geahndet und manche Ehe wieder gekittet. Im Jahr 1833 verlangte die Ehefrau des Gemeinderats Amandus Heinrich Wintterlin die Scheidung, *denn sie sey bei diesem jähzornigen Ehemann, dessen Zorn oft in Wut übergehe, daß man seines Lebens nicht sicher sey, in steter Todesgefahr, ferner sey sein Vermögen sehr heruntergekommen, und würde immer mehr abnehmen, und sie leben ruhiger und gütlicher getrennt als in dieser unzufriedenen Ehe*. Der Kirchenkonvent wählte auch den Bettelvogt, die beiden Hebammen und den Totengräber. 1807 beschweren sich die Möglinger Frauen, dass die Polster am neuen Geburtsstuhl der Hebamme *unter der Arbeit der Geburten oft verdreht [werden] und mache hernach das blosse Holz, auf dem sie sitzen oder sich anlehnen, neue Schmerzen*.[32]

Als weitere gemeinsame Einrichtung der Ortskirche und der Gemeinde kam 1818 der Stiftungsrat hinzu, ein Gremium, dem die Verwaltung des örtlichen Kirchenvermögens und der Stiftungen sowie die Armenpflege oblag. Außerdem übernahm er einen Teil der Kompetenzen des Kirchenkonvents, so die Wahl der Hebammen und des Totengräbers. Dem Stiftungsrat gehörten der Pfarrer als Vorsitzender, der Schultheiß, sämtliche Gemeinderäte und der Stiftungspfleger an. Die bedeutsamste Stiftung war die Armenbrotstiftung, die jährlich zweimal ausgeteilt wurde. Außerdem erhielten die Ortsarmen jeden Winter unentgeltlich Brennholz. Im Jahr 1808 wurden insgesamt 13 Personen als bedürftig angesehen. Dabei handelte es sich fast ausschließlich um alleinstehende Frauen mit Kindern und um alte ledige oder verwitwete Personen. Die 1808 verstorbene, bettelarme Magdalena Kaul lebte in menschenunwürdigen Umständen.[33]

Privatversammlungen der Pietisten gab es 1809 zwei am Ort, die bei den Weingärtnern Bernhard Gerstle und Franz Walter stattfanden und jeweils von sechs bis zehn Teilnehmern besucht wurden. Im Jahr 1831 nahmen an den beiden Versammlungen ungefähr 30 bis 40 Personen teil. In den sechziger Jahren bildete sich in Möglingen eine Gemeinde der von Christoph Hoffmann begründeten Templer, die die *Herstellung des Menschen zum Tempel Gottes* anstrebten und nach Palästina auswandern wollten. 1861 traten in Möglingen sieben Familien mit 44 Mitgliedern aus der Evangelischen Kirche aus. Ältester war der Schuhmacher Jakob Friedrich Knoll, in dessen Haus auch die Templerversammlungen stattfanden. In den Jahren 1871, 1873 und 1907 wanderten die Templerfamilien nach Palästina aus. Daneben hatten auch die Methodisten am Ort Fuß gefasst.[34]

In der Pankratiuskirche erfolgte 1810 der Einbau einer neuen Turmuhr und 1837 eine durchgreifende Reparatur der Orgel, die Orgelbauer Walcker aus Ludwigsburg ausführte. Im Jahr 1844 richtete der Stiftungsrat einen Kirchenbaufond ein, da nach Ansicht von Pfarrer Wagenmann ein Bedürfnis zum Neubau der Möglinger Kirche vorliege. Die Notjahre ließen dies nicht zu, und so fand 1848 eine umfangreiche Renovierung der Kirche statt, wobei an der Südseite zur besseren Belichtung ein großes Fenster eingebaut und der Innenraum weiß getüncht wurde.[35]

Nachdem der Friedhof um die Kirche aufgrund der wachsenden Bevölkerungszahl zu klein geworden war, und *die toten Körper unverwest wieder heraus[ge]graben [werden] mußten*, erwarb die Gemeinde 1826 einen Morgen Platz zu einem neuen Friedhof, der jedoch 1828 zugunsten eines anderen Platzes an der Wagnerstraße getauscht wurde. Im September 1829 wurden die Maurer- und Steinhauerarbeiten für die Kirchhofmauer, darunter zwei Säulen für den Eingang, die nach einem Kostenvoranschlag von Baurat Abel auf 1082 Gulden zu stehen kamen, an Maurer Conrad Kreppeneck verakkordiert. Die Anlegung des neuen Friedhofs erfolgte im Lauf des Jahres 1830, wobei die umfangreichen Grabarbeiten im Sommer des Jahres durch die Einwohner in der Fron ausgeführt wurden. Im Dezember 1830 konnte der neue Begräbnisplatz fertiggestellt werden. Die Baukosten betrugen 1500 Gulden. Auf einem Viertel des Friedhofs wurde 1832 auf Anregung der Zentralleitung des Wohltätigkeitsvereins eine Baumschule angelegt, *daß die hiesigen fähigen Schulknaben durch einen eigenen Lehrer mehrere Jahre lang im Behandeln der edlen Obstbäume nach allen Theilen zu ihrem eigenen großen Nuzen auf Kosten der Gemeinde können unterrichtet werden, bis eine Anzahl von jungen Bürgern gebildet ist, welche die Obstzucht gründlich verstehen.*[36]

7. Schule

Durch die stetige Zunahme der Einwohnerzahl Möglingens in der zweiten Hälfte des 18. Jahrhunderts stieg auch die Schülerzahl immer weiter an, sodass das Schulhaus zu klein geworden war. Die Gemeinde Möglingen wandte sich daraufhin im März 1805 in einer Eingabe an die Hospitalpflege in Stuttgart, die für den Unterhalt des Gebäudes zuständig war, und bat um eine Vergrößerung des Hauses im Sommer dieses Jahres. *Unser hiesiges Schulgebäude ist durch die hochgeneigteste Fürsorge eines hochlöblichen Stadtmagistrats und Hospitals Anno 1768 neu erbaut worden, hingegen bei einer von dort an sehr gestiegenen Bevölkerung des Orts durch vergrößerte Cultur seiner dreifachen Bestimmung zu einer Schulstube, Schulmeisterswohnung und Zehndfruchtkasten schon vor 15 Jahren nicht mehr im Raum entsprechend gewesen, daß damahl von Seiten des hochlöblichen Hospitals einstweilen der Schulstube mit Zuziehung eines Theils von des Schulmeisters Wohnstube einige Erweiterung verschafft wurde. Hatte sich aber von 1764–1789 die SeelenZahl im Ganzen über 200 Personen vermehrt, so ist sie in dem noch kürzeren Zeitraum von 1789–1805 abermahls und schneller um 162 Personen nach richtiger Berechnung gestiegen, und nach diesem Verhältniß stieg auch die Zahl der Schulkinder die Anno 1768 bei Erbauung des Schulhauses 80, gegenwärtig aber 148 beträgt, so daß es in wenigen Jahren vollends die doppelte Zahl von Kindern seyn dürften, als die war, auf welche die erste Anlage des Schulhauses berechnet wurde. Wir enthalten uns, eines hochlöblichen Stadtoberamt und Stadtmagistrat den mannigfaltigen beschränkten Einfluss auf jede Art der Disciplin nahmhaft zu machen, der bisher für Lehrer und Schüler in einem so engen Raum, als die selbst nach ihrer Anno 1789 erstmals vorgenommenen Vergrößerung höchstens für 110 Kinder Plaz gebende Schulstube ist, verursacht wurde, und bemerken nur, daß man seit mehreren Jahren kleine Sitze mit Schulkindern zunächst vor den Ofen stellen, und, wo mehrere Stunden dem Rechnen und Schreiben gewidmet werden, die kleinere jedesmahl entlassen mußte, um den größeren zum Sizen oder Stehen Plaz zu verschaffen.* Daneben wurde auch die Lage des Schulhauses in der Nähe der Zehntscheuer und des Hospitalhofs als unvorteilhaft angesehen, wo im Winter beständig gedroschen wurde und die Farrenhaltung ihren Platz hatte. Die Gemeinde bat *um eine auf diesen Sommer unter der dem Ort selbst zum dritten Theil gebührenden Concurrenz an Hand und Fuhrfrohnen, die in Geld oder natura geleistet werden sollen, vorzunehmende Vergrößerung unserer Schule und einer nach neueren Erfahrungen bewährten Einrichtung, wenigstens mit zwei zur Separation des Sexus dienenden LehrStuben.* Daraufhin machte Hofwerkmeister Kessler einen Bauüberschlag, nach dem die Vergrößerung des Schulhauses 1806 ausgeführt wurde. Die Hospitalverwaltung in Stuttgart ließ das ganze Gebäude reparieren und eine zweite Schulstube neu einrichten, die eine Ausstattung mit Schrannen und Tafeln erhielt.[37]

Bei der Schulvisitation 1807 durch den Pfarrer wurden die Schüler *größtentheils in einem gutem Wachstum an Kenntnis und Fleiß gefunden.* Schulmeister war damals Eberhard Friedrich Hartmann (1745–1817), der bereits seit 1765 als Lehrer in Möglingen und auch als Gerichtsschreiber wirkte. Im Jahr 1809 legte er nach 44 Dienstjahren altershalber sein Amt als

Das 1839/40 erbaute und 1869 aufgestockte Schulhaus.

Schulmeister nieder, da er zu seiner Entlastung in den letzten drei Jahren ständig zwei Provisoren halten musste. Der Möglinger Magistrat stellte fest, dass *manches Gute im Ort von ihm zurückbleibt*. Zu seinem Nachfolger ernannte der Stadtmagistrat von Stuttgart, dem das Nominationsrecht oblag, seinen Sohn Gottlob Friedrich Hartmann (1777–1851), der bislang seinen Vater als Provisor unterstützt hatte. Er hatte *gute Schulgaben und eine gute Lehrart*, die er noch dadurch verbesserte, indem er sich 1809 mit der Lehrmethode von Johann Heinrich Pestalozzi vertraut machte. Gleichwohl stellte der Pfarrer im November 1815 bei der Schulvisitation fest, *daß die Schulkinder, besonders im Schreiben, in Vergleichung mit der Georgii – Visitation eher rückwärts als vorwärts gekommen, und daher die Verordnung, nach welcher jeden Monat dem Kirchenkonvent von dem Zustand der Schule und besonders von den Schulversäumnissen Rechenschaft gegeben werden soll, wieder in Vollkraft gesetzt* wurde. Um einen tüchtigen Provisor zu erhalten, setzte der Kirchenkonvent 1819 das Gehalt des Provisors auf 40 Gulden fest. Der Provisor musste den Schulmeister außer im Schuldienst in der Mesnerei und im Gesangsunterricht, wie auch beim Uhraufziehen und Glockenläuten unterstützen, da der Schulmeister wie allgemein üblich im Nebenamt auch Mesner und Organist war.[38]

Ab dem Jahr 1822 existierte in Möglingen eine Industrieschule für Mädchen, die dort das Stricken lernten. Der Unterricht fand jeweils im Winterhalbjahr statt, wobei zunächst Catharina Raiser und später die Ehefrau von Schulmeister Hartmann den Unterricht erteilten. Bei der Schulvisitation 1829 *wurden zuerst die Schulgeseze vorgelesen, dann die Giftpflanzen vorgezeigt und die Kinder hierauf in allen Schulfächern, nemlich der Religion, biblischen Geschichte, Naturgeschichte, Naturlehre, Erd-*

beschreibung und Sprachlehre, Rechenkunst und Gewerbskunde gründlich geprüft. Während die jüngeren Kinder im Buchstabiren, Lesen, Rechnen und Auswendighersagen der Sprüche und Lieder examinirt wurden, ließ der Pfarrer die Confirmirten und die von der ersten Classe diktirt schreiben, und Briefe von fremder Hand lesen. Den Beschluss machte Gebet, dreistimmiger Gesang und Ermahnung zum fleißigen Schulbesuch.* Anschließend erfolgte die Austeilung von Wecken, Prämien und Groschen für die Konfirmanden.[39]

Aufgrund der hohen Schülerzahlen war das Schulhaus in den dreißiger Jahren endgültig zu klein geworden. 1837 besuchten 180 Kinder die Schule. Zunächst suchte die Gemeinde nach einem passenden Bauplatz. Im Februar 1839 lehnte der Stiftungsrat das Ansinnen der Abgabe eines Teils des alten Kirchhofs ab, *weil einerseits dieser alte Kirchhof erst seit acht Jahren verlassen ist und durch die Überbauung eines Theils desselben die Pietät der Gemeindemitglieder* verletzt würde. Stattdessen schlug der Stiftungsrat vor, das neue Schulgebäude in die Mitte des Wintterlinschen Gartens zu bauen, wo das neue Gebäude in den Jahren 1839 bis 1840 durch die Hospitalverwaltung Stuttgart errichtet wurde. Das Mobiliar in den drei Schulzimmern besorgte der Möglinger Stiftungsrat. Das alte Schulhaus diente von nun an als Lehrerwohnung.[40]

Nachdem die Zahl der Schüler sich bis 1845 auf 195 gesteigert hatte, erteilten die beiden Lehrer Abteilungsunterricht. 1846 stellte die Gemeinde einen dritten Lehrer an. Im selben Jahr wurden auf Anregung von Provisor Seitter Turngeräte, so zwei Barren und Sprungseile, angeschafft. Ende der vierziger Jahre arbeiteten in Möglingen drei Lehrkräfte, sodass 1849 nach der Zurruhesetzung von Schulmeister Hartmann an der Oberschule sein Sohn, Hilfslehrer Ludwig Hartmann, an der Mittelschule Unterlehrer Müller und an der Unterschule Lehrgehilfe Bofinger unterrichteten. Von 1853 bis 1868 wirkte Schulmeister Christian Adam Beckbissinger an der Möglinger Schule. Im Jahr 1855 notierte Pfarrer Wagenmann über die Schulvisitation: *Der Zustand der Oberschule wurde als befriedigend erfunden. Es herrscht Stille und Ruhe unter den Kindern. Das Bibel und Liedlesen ging fertig. Auswendiggelerntes, Sprüche und Lieder erwiesen sich als gut eingeübt. Vom Catechismus wurde das Hauptstück vom Gebet des Herrn abgehört und ohne Fehler hergesagt. Im Tafelrechnen zeigt sich Übung und Fertigkeit, Singen gut.* Die Mittelschule wurde ebenfalls als gut bewertet, die Unterklasse hingegen als *nicht so gut*. Schon seit 1837 gab es in der Gemeinde eine Winterabendschule.[41]

Infolge der Schülerzahl musste das zu klein errichtete Schulhaus nach der Zurruhesetzung von Schulmeister Beckbissinger bereits im Jahr 1869 durch ein weiteres Stockwerk mit einem dritten Schulsaal erweitert werden. Nach Plänen von Werkmeister Dobler wurde auf den massiven Unterstock ein zweites Geschoss mit einem dritten Schulsaal und einer Lehrerwohnung errichtet, über dem dann der vorhandene Kniestock und der Dachstuhl wieder aufgestellt wurden. Dies verursachte Kosten von 5777 Gulden. Im November 1869 konnte *das neu eingerichtete Schulhaus bezogen und durch Gesang der Schüler, Rede des Geistlichen und Schlußgebet des Schulmeisters Hiller feierlich eingeweiht werden*. Das alte Schulhaus verkaufte die Gemeinde daraufhin.[42]

8. Landwirtschaft, Forst und Jagd

Die Landwirtschaft spielte in Möglingen seit jeher eine wichtige Rolle. 1859 heißt es in der Oberamtsbeschreibung: *Unter diesen günstigen natürlichen Verhältnissen, verbunden mit dem großen Fleise und der Umsicht der Einwohner, hat sich die Landwirthschaft auf eine blühende Stufe gehoben, was auch von Seiten des landwirtschaftlichen Bezirksvereins durch Prämien an Ortsbürger Anerkennung fand. Mit Anwendung verbesserter Ackergeräthschaften (Brabanter Pflug, Walze etc.) wird der Ackerbau in der Dreifelderwirthschaft mit zu $^2/_3$ angeblümter Brache betrieben und der ohnehin* ergiebige, nicht sehr düngerbedürftige Boden durch zweckmäßige Düngemittel (Stalldünger, Jauche, Pferch, Gyps, Asche) immer noch verbessert. Zum Anbau kommt vorzugsweise Dinkel, dann Hafer, Gerste, weniger Einkorn, Roggen, Wicken, Erbsen, Kartoffeln, viel Ackerbohnen, Futterkräuter, Angersen, Rüben, viel Mohn, Hanf, in neuerer Zeit Zuckerrüben, Welschkorn, etwas Reps und Kraut. Ein Versuch mit dem Anbau von Hopfen hat günstige

Noch vor wenigen Jahrzehnten waren Geräte und Tätigkeiten der Landwirte dieselben wie vor 150 Jahren: oben das Ochsengespann von Albert Künstner auf der Stammheimer Straße am Ortsausgang; unten Adolf Seybold bei der Feldarbeit im Osterfeld, wo heute der Schlachthof im Bereich Daimlerstraße steht.

Ergebnisse geliefert. Bei einer Aussaat von 7 bis 8 Simri Dinkel, 4 Simri Hafer, 3 1/2 Simri Gerste und 6 bis 7 Simri Einkorn pro Morgen wird ein durchschnittlicher Ertrag von 7 bis 8 Scheffel, ausnahmsweise 10 bis 12 Scheffel Dinkel, 5 Scheffel Hafer, 4 Scheffel Gerste und 6 bis 7 Scheffel Einkorn pro Morgen erzielt. Obgleich die Äcker im allgemeinen ergiebig und wenig verschieden sind, so bewegen sich doch ihre Preise zwischen 200 und 500 Gulden pro Morgen, was mehr von der größeren oder kleineren Entfernung derselben vom Ort herrührt. Über den eigenen Bedarf werden an Getreide jährlich gegen 3000 Scheffel Dinkel, 400 bis 600 Scheffel Hafer und 200 Scheffel Gerste meist an Bäcker der umliegenden Städte verkauft. Die durchgängig zweimähdigen Wiesen, von denen zwei Drittel Wässerung zukommt, werden sämmtlich gedüngt und liefern pro Morgen durchschnittlich 20 Centner Heu und 10 Centner Oehmd; übrigens ist der Wiesenbau im Verhältniß zu dem beträchtlichen Viehstande nicht ausgedehnt genug, daher durch den Anbau von Futtergewächsen nachgeholfen werden muß. Der Weinbau, welcher sich hauptsächlich mit Silvanern, Elblingen, Gutedeln, etwas Affenthalern und Trollingern beschäftigt, ist nicht bedeutend und liefert ein mittelgutes Erzeugniß. über den Obstbau heißt es: *Die Obstzucht wird eifrig betrieben und ist im Zunehmen begriffen; man pflegt hauptsächlich Mostsorten, etwas Tafelobst und ziemlich viel Zwetschgen.*[43]

Die Rindviehzucht spielte damals in Möglingen eine wichtige Rolle. 1841 gab es am Ort 380 Kühe und Kälber, sodass ein vierter Farren angeschafft werden musste. Die Farrenhaltung wurde durch die Besitzer des Widdumgutes, die Familie Hirsch, betrieben. 1859 hatte der Farrenhalter vier Simmentaler Farren, um so eine gesunde Kreuzung mit dem Neckarschlag zu erhalten. *Handel mit Rindvieh, worunter auch gemästetes, wird auf benachbarten Märkten getrieben und Milch tragen etwa 25 Personen nach Ludwigsburg, was im Ganzen eine jährliche Einnahme von etwa 4000 Gulden abwirft; überdieß setzen reichere Bauern Butter in nicht unbeträchtlicher Menge nach außen ab.*[44]

Da ein großer Teil der Möglinger Markung aufgrund des guten Bodens als Feld genutzt werden konnte, blieb für Wald kein Platz. Dagegen besaß die Gemeinde auf Münchinger Markung den 88 Morgen großen Kallenberger Wald. Dieser war jedoch weit vom Ort entfernt, was entscheidend zu seinem Ende beitrug. Die Bewohner der Nachbargemeinden Münchingen und Stammheim holten nachts aus diesem Wald Holz nach Belieben. Mit der Kontrolle war der Möglinger Feld- und Waldschütz überfordert. Zu Beginn der napoleonischen Zeit stand der Wald *noch im schönsten Flor*, doch wenig später hatten *die Einwohner von Stammheim und Münchingen die Äste von den Eichen heruntergehauen* und *sodann die Gipfel der Eichen auch heruntergesägt*, sodass die Bäume ganz entfernt werden mussten. Strafen des Forstamts blieben fruchtlos. Obgleich das Forstamt Leonberg die Gemeinde 1827 aufforderte, den Wald wieder zu rekultivieren, entschlossen sich die Gemeindekollegien im Jahr 1829, den Kallenberger Wald in drei Etappen auszustocken. Ende 1830 gestattete das Forstamt in Leonberg die Abholzung des halben Waldes *mit dem schlechten Gesträuch*, sofern die Gemeinde im nächsten Frühjahr eine zehn Morgen große Rekultivierung betreibe. 1832 billigte das Oberamt Ludwigsburg die bereits vollzogene Ausstockung, nicht jedoch die Finanzkammer. Die Gemeinde ließ die Waldfläche unterdessen an die Bürger verteilen, die dort teilweise Kartoffeln und Winterfrucht anpflanzten. Im Juni 1835 bat die Gemeinde Möglingen erneut die Finanzkammer, von einer Rekultivierung abzusehen und eine Ausstockung zu billigen, da der Wald zu weit vom Ort entfernt liege und die jungen Pflanzen Hasen und Holzdieben ausgesetzt seien. Außerdem könnten die ärmeren Bürger dort Allmendplätze zum Anbau von Hackfrüchten, Obstbäumen und Futterkräutern erhalten. Nach abermaliger Ablehnung wandten sich die Möglinger mit einer Eingabe unmittelbar an König Wilhelm I., der im November 1837 die Ausstockung von 66 Morgen genehmigte, während die restlichen 19 Morgen wieder aufgeforstet werden sollten. Die Gemeinde Möglingen verkaufte diesen Teil daraufhin 1838 an das Hofkameralamt Stammheim.[45]

Die Jagd auf der Markung war bis zur Revolution von 1848/49 in der Hand der Landesherren, der Könige von Württemberg. Als Königlichen Jäger hatten diese den Gehegbereiter Probst eingesetzt, dem in der Kirche ein eigener Stuhl zustand. Da Jagden nur in unregelmäßigen Abständen stattfanden, kam es immer wieder zu Klagen der Möglinger über Wildschäden. So machte die Gemeinde 1834 eine Eingabe an das Oberamt wegen zu vieler Hasen auf der Möglinger Markung, da *solche uns beinahe ganz vor der Ernd unser Feld verheeren werden, wo mancher Bürger wohl nicht die Aussaat, viel weniger die Gültfrüchten erhalten werden. Wo ist die große Steuer des Orts, der Unterhalt einer starken 1150 Seelenzahl oder Bevölkerung des Orts? Dieser will erhalten und unterhalten sein. Auch haben wir vier bis fünf Rehe in unsern Weinbergen, die voriges Jahr dem Gehägbereiter Probst angezeigt worden sind, aber vergebens, sie wurden nicht tot geschossen. Seine Majestät der König will nicht, daß das Wild uns alles auffressen soll. Um dieses gehorsamst gebetten wird. Wir sehen hier nicht ein, daß wir eine Verfassung haben, die uns unser Eigenthum schüzen sollte, und nicht äußern, wie es hiesigen Ort aussiehet!* Im Jahr 1842 waren immer noch sehr viele Hasen auf der Markung, weshalb die Gemeinde wiederum um *eine baldige durchgreifende Bejagung* der *verderblichen Hasen* bat. Für die Treibjagd wollte die Bürgerschaft 200 Mann stellen.[46]

Mit der Revolution im Jahr 1848 ging die Jagd auf der Markung in die Hoheit der Gemeinde Möglingen über, wofür diese *für die Gnade, die der König dadurch der Gemeinde erwiesen, und dieses seither der Landwirtschaft höchst schädlichen Instituts in die Hände der Gemeinde zurückgegeben hat*, dem Monarchen ihren *ehrfurchtsvollsten Dank* aussprach.

Die Feldhühner- und Wachteljagd verpachtete die Gemeinde Möglingen im Sommer 1848 an Prinz Friedrich von Württemberg. Im Oktober 1849 befragte die Gemeinde ihre Bürger, ob jeder einzelne auf seinem Grundstück die Jagd ausüben wolle. Die Bürgerschaft entschied sich für eine Verpachtung der Jagd. Im Jahr 1852 verpachteten die Gemeindekollegien die Jagd an Prinz Hermann von Sachsen-Weimar, den Schwiegersohn von König Wilhelm I. Dieser hatte die Jagd fast 50 Jahre lang inne, bis zu seinem Tod im Jahr 1901. Der Vertrag wurde im dreijährigen, später im sechsjährigen Rhythmus erneuert, wobei sich die Jagdpacht von 33 Gulden im Jahr 1852 auf 1600 Mark im Jahr 1900 erhöhte. Immer wieder kam es zu Klagen über Wildschäden, sodass die Gemeinde 1896 wünschte, dass jährlich zweimal Treibjagden stattfinden sollten.[47]

9. Die Revolution von 1848/49

Ab Mitte der vierziger Jahre machte sich durch Missernten, hervorgerufen durch schlechte Witterung und eine Kartoffelkrankheit, erneut Hunger und Not unter der Möglinger Bevölkerung breit. Im Juni 1843 baten neun Möglinger Bürger, *da sie kein Brod mehr haben, und solche nicht im Stande seyen, für ihre Familien wegen dem gegenwärtig geringen Verdienst solches anzuschaffen*, dass ihnen vom Hofkameralamt insgesamt 13 Scheffel Dinkel *vom Kasten zum Gnadenpreis* verabfolgt werden möchte. Im Mai 1847 beschloss die Gemeinde, dass die seither in der Fron erfolgte Ausbesserung der Straßen und Wege nunmehr durch ortsarme Bürger gegen Taglohn machen zu lassen, da infolge der überall herrschenden Teuerung *man den Ortsarmen in dieser Zeit Gelegenheit zu einem Verdienst geben will*. Diese sollten 36 Kreuzer pro Tag erhalten. Infolge der Teuerung musste die Gemeinde für die Ortsarmen bis zum Dezember 1847 insgesamt 48 Scheffel Dinkel und 12 Scheffel Roggen einkaufen. Aufgrund der zunehmenden Zahl von Ortsarmen erwarb die Gemeinde im

Gefecht des 6. Württembergischen Infanterieregiments gegen die badischen Aufständischen bei Dossenbach und Gernsbach am 20.4.1848. Gemälde von Franz Xaver Stirnbrand.

selben Jahr ein Gebäude und richtete es zum Armenhaus ein.[48]

Durch die Hungerkrise kam es 1847 in den größeren Städten Württembergs zu Brotkrawallen. Die schlechte wirtschaftliche Lage, Bestrebungen nach mehr Freiheit und die Februarrevolution in Frankreich führten 1848 auch in Deutschland zur Revolution. Im März 1848 berief König Wilhelm I. ein aus liberalen Demokraten bestehendes Ministerium unter Friedrich Römer. Im Mai trat in Frankfurt am Main die demokratisch gewählte verfassungsgebende Nationalversammlung zusammen, die im Lauf des Jahres eine neue Verfassung für ein Deutsches Reich ausarbeitete, in der vor allem die Grundrechte des einzelnen Bürgers, so die Gleichheit aller Bürger vor dem Gesetz, die Presse- und Meinungsfreiheit oder der Schutz des Eigentums festgelegt wurden.[49]

Eine allgemeine Unsicherheit kennzeichnete die Lage. In Württemberg kam das Gerücht auf, dass die Franzosen im Anmarsch wären. Die Städte und Gemeinden stellten Bürgerwehren auf. Anfang Mai 1848 bestimmte der Gemeinderat die Organisationskommission für die Bürgerwehr, der Schultheiß Ziegler, die Gemeinderäte Ditting und Seybold sowie die Bürgerausschussmitglieder Schüle, Blank, Künstner und Pflugfelder angehörten. Im August 1848 wurde der aus Möglingen stammende Webergeselle Johann Georg Maier wegen hochverräterischer Handlungen in Freiburg im Breisgau in Untersuchungshaft genommen.[50]

Württemberg erkannte die Reichsverfassung nach einigem Hin und Her im April 1849 an. Als aber der preußische König die angebotene Kaiserkrone ablehnte und das Scheitern der Revolution absehbar wurde, kam es im Mai in Sachsen, Baden und in der Pfalz zu Aufständen. Nach dem Zusammenbruch der Revolution wurden die Bürgerwehren wieder abgeschafft; es erfolgte eine Wiederherstellung der alten Zustände. Die Hungerjahre dauerten noch bis in die Mitte der fünfziger Jahre fort, was viele Einwohner zur Auswanderung veranlasste. So wurde im Frühjahr 1852 und 1853 eine Brotunterstützung für ortsarme Kinder notwendig, *um das so schädliche Betteln der Kinder zu verhindern*. Den Kindern wurde auf dem Rathaus unter der Aufsicht eines Gemeinderats und des Stiftungspflegers zwischen April und Juli zweimal in der Woche jeweils ein Pfund Brot pro Tag ausgegeben.[51]

10. Bauernbefreiung und Ablösung der bäuerlichen Lasten

Seit dem Mittelalter hatten die Bauern persönliche und auf den Grundstücken lastende Abgaben an die Herrschaft zu entrichten. Diese waren mit dem Übergang zur Geldwirtschaft zwar weitgehend obsolet geworden, wurden aber nach wie vor mit zum Teil für den Staat beträchtlichem Aufwand weiter erhoben. Unter König Wilhelm I. wurde 1817 zunächst die Leibeigenschaft abgeschafft. Die weitere Gesetzgebung kam allerdings nur schleppend voran. 1836 konnte ein Gesetz über die Ablösung der Beden und Fronen verabschiedet werden. Erst unter dem Eindruck der Revolution von 1848 gelang es, die Ablösung der bäuerlichen Lasten durch die Gesetze zur Beseitigung der auf dem Grund und Boden ruhenden Lasten und über die Ablösung des Zehnten zu einem Abschluss zu bringen.[52]

Der aus Weizen, Roggen, Dinkel, Einkorn, Haber, Gerste, Emmer, Erbsen und Linsen bestehende Große Zehnt stand der Hospitalverwaltung in Stuttgart zu, die jedoch im Gegenzug das Schulhaus und das Pfarrhaus baulich zu unterhalten und auch einen Beitrag zur Pfarrer- und Lehrerbesoldung zu leisten hatte. Den Kleinen Zehnten, zu dem Ackerbohnen, Klee, Wicken, Kraut, Rüben, Raps, Kartoffeln, Hanf und Obst zählten, teilten sich der Pfarrer, der Schulmeister und die Besitzer des Schnellerhofs sowie des Geradstettener Hofs, wobei dem Pfarrer fünf Sechstel des Kleinen Zehnten

zustanden. Der Weinzehnt war wiederum im Besitz der Hospitalverwaltung in Stuttgart, die für ihre umfangreichen Einkünfte in Möglingen eine Kelter und eine Zehntscheuer unterhielt.[53]

Im Jahr 1820 übernahm das Hofkameralamt Stammheim in Pflugfelden alle nicht abgelösten Hellerzinse und Gülten gegen eine Geldzahlung der Gemeinde. Das Angebot des Hofkameralamts, in Möglingen in gleicher Weise zu verfahren, wurde in den Gemeindekollegien mit Stimmenmehrheit abgelehnt, sodass die Gülten weiterhin als Naturalabgaben zu entrichten waren. Neben den Gülten der Hofkammer hatte die Gemeinde jährlich noch Gülten im Umfang von über 1400 Scheffel Dinkel an die Stiftungsverwaltung in Schorndorf zu liefern, was von der Bevölkerung als drückend empfunden wurde. Erst 1839 erfolgte die Ablösung der Rauchhennen und Hellerzinse.[54]

An Fronleistungen hatte Möglingen sowohl Fruchtfronfuhren als auch Jagdfrondienste zu leisten. Früchte waren von den Möglinger Einwohnern in der Fron zum Kellereikasten nach Möglingen, Stuttgart und Ludwigsburg zu liefern. Jagdfronen fielen bei den Hofjagden auf Möglinger Markung an, bei denen die Einwohner unentgeltlich mithelfen mussten. Dies betraf vor allem die Lerchenjagd und den Wildbrettransport. Im Jahr 1839 kamen Ablösungsverträge für die Fuhr-, Hand- und Jagdfronen in Höhe von 379 Gulden zustande, wobei die Hälfte der Ablösungssumme der Staat übernahm.[55]

Im Jahr 1829 fragte Pfarrer Sigwart im Auftrag der Zehntablösungskommission, des Hofkameralamts Stammheim und des Dekanats Ludwigsburg bei der Gemeinde Möglingen an, ob diese den dem Pfarrer zustehenden Teil des Kleinen Zehnten um die Geldsumme von 391 Gulden für einige Jahre übernehmen wolle. Diese lehnte jedoch mit dem Hinweis ab, dass es *für den Landmann das Zuträglichste ist, wenn er seine Abgabe in Natura auf dem Feld abgibt*, da er in Missjahren außer Stand sei, einen Geldbetrag zu bezahlen. Erst im Jahr 1841 fand sich die Gemeinde bereit, den Großen Zehnten auf sechs Jahre zu übernehmen, um damit die Taxierungen bei der Verleihung, *welche nichts als Haß und Feindschaft in den einzelnen Familien erzeugen, zu beseitigen.*[56]

Die Revolution von 1848/49 gab der Zehntablösung einen entscheidenden Impuls. Im Juli 1848 fand in Möglingen eine Bürgerversammlung wegen der Ablösung des Fruchtzehnten statt, in der *derselben die Wichtigkeit dieser Sache ans Herz gelegt und aufgefordert [wurde], die Ablösung des Zehnten anzumelden, indem der Bürgerschaft der Vortheil auseinandergesetzt worden ist, daß, wenn man sich jetzt gleich zur Ablösung anmeldet, wenn die nächste Ständekammer das zu verabschiedende Zehntablösungsgesetz theilweise eine rückwirkende Kraft in der Art beigelegt werden sollte, daß die früher zur Anmeldung gebrachten und entrichteten Zehnten von der Ablösungssumme abgezogen werden dürfen.* Die Bürgerschaft wollte jedoch zunächst das Erscheinen des Gesetzes abwarten, das dann im Juni des folgenden Jahres verabschiedet wurde. Im Juli 1849 beschlossen die Gemeindekollegien, den Kleinen Zehnten zur Ablösung anzumelden, während man beim Großen Zehnten zuerst von der Hospitalverwaltung Stuttgart wissen wollte, wie hoch der Betrag des Ablösungskapitals ungefähr kommen würde, um das Kapital dafür aufbringen zu können. Nachdem die Hospitalverwaltung Stuttgart den achtzehnfachen Betrag des durchschnittlichen jährlichen Reintrags von 3659 Gulden forderte, war die Mehrzahl der Bürger gegen eine Anmeldung zur Ablösung. Doch im Mai 1850 hatte sich die Stimmung gewandelt. Die Mehrheit der Möglinger Bürger stimmte nun einer Ablösung des Großen Zehnten zu, sodass eine Anmeldung erfolgen konnte. In zweijährigen Verhandlungen kam zwischen der Hospitalverwaltung Stuttgart und der Gemeinde Möglingen im Dezember 1852 ein Zehntablösungsvertrag zustande. Die Ablösesumme von 60411 Gulden ergab sich aus dem sechzehnfachen durchschnittlichen Ertrag der Zehnten in den letzten 18 Jahren, der für Möglingen mit 3809 Gulden angesetzt wurde. Da die Gemeinde schon erste Zahlungen geleistet hatte, blieb eine Summe von 57506 Gulden übrig, für die für die Jahre 1853 bis 1876 eine jährliche Ratenzahlung von 3870 Gulden vereinbart wurde. Die Gemeinde Möglingen erhob diesen jährlichen Betrag durch eine besondere Geldumlage auf alle Grundstücke.[57]

Im Dezember 1852 kam mit der Hospitalverwaltung Stuttgart auch ein Zehntablösungsvertrag über den Weinzehnten und die Surrogatgelder zustande. Hier betrug das Ablösungskapital 3550 Gulden, die ebenfalls in einem Zeitraum von 23 Jahren durch die Gemeinde abzutragen waren. Die Kelter kam zunächst an die Zehntpflichtigen, von denen sie die Gemeinde erwarb.[58]

Wesentlich schwieriger als die Zehntablösung gestaltete sich dagegen die Ablösung der Pfarrer- und Lehrerbesoldung sowie der Baulast von Pfarr- und Schulhaus, die weiterhin der Hospitalpflege in Stuttgart oblagen. Erst nach anderthalb Jahrzehnten und einem Rechtsstreit über die Besoldung des Schullehrers kam im Jahr 1866 ein Ablösungsvertrag zustande, nach dem der Unterhalt des Pfarrhauses an den Staat und der Schule an die Gemeinde übergingen sowie die Pfarrer- und Schullehrerbesoldung abgelöst wurden.[59]

Hinsichtlich des Kleinen Zehnten hatte die Gemeinde Möglingen bereits im August 1852 einen Ablösungsvertrag mit der Pfarrei Möglingen getroffen, nach der der durchschnittliche jährliche Reinertrag sich auf 600 Gulden belief. Die Ablösesumme bildete auch hier der sechzehnfache Betrag in Höhe von 9600 Gulden, von denen die Gemeinde Möglingen nach Abzug bereits geleisteter Zahlungen bis 1875 jährlich 625 Gulden überwies. Im selben Jahr erfolgte auch die Ablösung jenes Sechstel des Kleinen Zehnten, das dem Schullehrer und den Besitzern des Schnellerhofs und des Geradstetter Hofs zustand, sowie des der Gemeinde Möglingen zukommenden Heuzehnten. Der damalige Pfarrer Wagenmann empfand die Ablösung des Kleinen Zehnten jedoch als eine Schmälerung seines Einkommens und setzte es durch, dass er von 1856 über acht Jahre hinweg als Entschädigung eine Zulage von jährlich 53 Gulden erhielt.[60]

Bereits 1850 waren bei den Gefällen und Gülten alle ständigen Grundabgaben abgelöst worden, wobei insbesondere die Inhaber der einzelnen Höfe erhebliche Geldbeträge zahlen mussten. Mit der Ablösung der Zehnten und der Gefälle waren für einen beachtlichen Geldbetrag jahrhundertealte Abhängigkeiten der Möglinger Bauern beendet und der Grundbesitz auf der gesamten Markung zum freien Eigentum der Besitzer geworden.[61]

11. Auswanderung

Schon im 18. Jahrhundert wanderten aus Württemberg einzelne Familien in fremde Länder aus, um dort ihr Glück zu suchen. Beliebte Ziele waren Amerika oder der Balkan. Nach einer kleineren Gruppe, die 1782 nach Westpreußen gezogen war, ließen sich in den Jahren 1802 bis 1804 die fünf Familien Schneider, Mauch, Ladner, Kopp und Eckstein mit insgesamt 19 Personen in Preußisch Polen nieder. Doch erst während der Hungerjahre 1816/1817 stieg die Zahl die Auswanderer sprunghaft an. Viele sahen in ihrer alten Heimat für sich und ihre Familien keine Zukunft mehr. 1817 zogen zahlreiche Württemberger aus religiösen und wirtschaftlichen Motiven nach Russland, um im Kaukasus eine neue Existenz zu gründen.[62]

Möglingen blieb von der Auswandererwelle 1817 weitgehend verschont. Stattdessen wanderten zwei Familien nach Nordamerika aus. Erst im Jahr 1830 kam es zu einer größeren Auswanderungswelle nach Russland, als Johann Michael Raiser mit Frau und neun Kindern sowie Johann Christoph Taigel und Johann Eberhard Mauch mit ihren Familien nach Kaukasien zogen. Zwei Jahre später folgte ihnen die Familie Johann Georg Baumann. Der Färber Philipp Würth hatte sich zu Beginn der zwanziger Jahre in Odessa niedergelassen, von wo er an seinen Vermögensverwalter nach Möglingen schrieb: *Für jezt gehts mir gut, ich bin willens für mich anzufangen. Es gefällt mir in Odessa, man kann geringer anfangen als draußen. Dagegen wünschte ich mir nur meine zwei Geschwister, den Heinrich und Philippina bey mir zu haben. Also bitte ich Ihnen, daß Sie um mein und der Philippina Vermögen besorgt sind, wenn Sie herein gehen. Sind Sie so gut, und überschicken Sie den Brief einem meiner Geschwister. Weiters weiß ich nichts zu schreiben, als ich grüße Ihnen, Frau und Kinder tausendmal. Ich verbleibe Ihnen gehorsamster PflegSohn Philipp Würth.*[63]

Zu Beginn der dreißiger Jahre setzte die Auswanderung nach Amerika verstärkt ein. So brachen zwischen 1829 und 1834 insgesamt 45 Möglinger Einwohner, darunter die Familien Reik, Kienzle, Knoss, Motz, Giek, Weinmann und Ladner, in die ›Neue Welt‹ auf. Anlass hierzu gab die ungünstige wirtschaftliche Lage in Württemberg. Nach einer Periode leichter Besserung entstand jedoch ab Mitte der vierziger Jahre durch aufeinanderfolgende Missernten infolge ungünstiger Witterung und der Kartoffelkrankheit in Württemberg erneut eine Hungersnot. Teuerung und Armut griffen um sich. In Möglingen löste dies zunächst nur die Auswanderung von einzelnen Personen aus, die in der ›Neuen Welt‹ sich ein besseres Auskommen erhofften. Oftmals gaben die Auswanderungswilligen wie Heinrich und Johanne Dockkenwadel 1848 bei der Gemeinde an, dass sie nur ihre bereits in Amerika sich aufhaltenden Verwandten besuchen wollten. Tatsächlich jedoch blieben die meisten dann in der neuen Heimat. Für die vermögenslose Margaretha Kienzle, die in Möglingen weder Unterkommen noch Beschäftigung fand, stellte die Gemeinde die nötigen Geldmittel zur Überfahrt aus der Gemeindekasse zur Verfügung.[64]

In den Jahren 1850 und 1851 begannen noch größere Notzeiten, wiederum hervorgerufen durch Ernteausfälle, Teuerungen und Seuchen. Da die erhoffte Besserung der wirtschaftlichen Situation auf sich warten ließ, steigerte sich die Zahl der Auswanderer von Jahr zu Jahr. 1853 und 1854 erreichte die Auswanderungswelle mit insgesamt 76 Personen ihren Höhepunkt. Viele, Einzelpersonen wie Familien, sahen damals in der alten Heimat keinerlei Zukunftsperspektiven mehr und richteten den Blick nach Amerika. Im Sommer 1852 war Johannes Pflugfelder mit seiner fünfköpfigen Familie nach Südamerika ausgewandert, *da er keine Beschäftigung finde, um seine Familie zu ernähren*. Der Gemeinderat hielt eine Auswanderung der Familie für *höchst wünschenswerth* und schoss 50 Gulden aus der Gemeindekasse vor, die dann an dem später anfallenden Erbgut wieder abgezogen werden sollten. Hauptreiseziel der Auswanderer waren die Vereinigten Staaten. Die Gemeinde unterstützte die Auswanderung armer Familien, denn sie erhoffte sich dadurch eine Entlastung des durch die Notzeiten der letzten Jahre stark strapazierten Gemeindehaushalts. Außerdem konnte sie so einige unliebsame Zeitgenossen, wie den Schustergesellen Johannes Schäfer, loswerden. Der Gemeinderat erkannte 1851 *die Nothwendigkeit des Auswanderns dieses schlechten Subjekts* an und befürchtete, *wenn man ihn nicht unter Aufsicht stellt, daß er wiederkehre*. Deshalb wurde Gemeindepfleger Völlm beauftragt, ihn persönlich beim Auswanderungsagenten in Heilbronn abzuliefern.[65]

Die ledige, 38 Jahre alte Barbara Knoss war 1853 in einem Alter, *wo sie nicht mehr in jeden Dienst treten könne*. Ihr geringer Lohn reichte nicht aus, um sie und ihre Kinder durchzubringen, weshalb sie um einen Beitrag aus der Gemeindekasse zur Auswanderung nach Amerika bat, *wo sie glaube besser Verdienst als hier zu haben*. Die Gemeinde schloss daraufhin einen *billigen Akkord* mit einem Auswanderungsagenten ab. Einen Geldbetrag zur Aus-

Auswandererfamilien warten im Hamburger Hafen auf ihr Schiff (2. Hälfte 19. Jahrhundert).

wanderung des Waisen Friedrich Buchhalter, der dem Gemeinderat vortrug, dass er herrenlos sei und nicht wisse, wo er wieder einen Dienst bekomme, lehnte der Gemeinderat zunächst ab, *da man keine Nothwendigkeit in dieser Auswanderung erblicke, vielmehr wenn Buchhalter arbeiten wolle, er überall einen Dienst erhalte. Er solle daher sich so viel ersparen, daß er aus eigenen Mitteln auswandern könne, wenn er wolle, oder sich der Gesellschaft anschließen, welche Auswanderer unentgeltlich mitnehmen.* In den Jahren 1853 und 1854 wanderten Angehörige der Familien Hartmann, Hildinger, Kienzle, Knoll, Knoss, Maier, Mauch, Neff, Neuffer, Oettinger, Pflugfelder, Stähle, Trucksess, Wagner, Weller, Wintterle, Wörner und Ziegler nach Amerika aus. Unter diesen waren viele Personen im Alter zwischen 20 und 30 Jahren, die sich dort eine neue Existenz aufbauen wollten.[66]

Über das, was die Auswanderer in der Fremde erwartete, geben Briefe Auskunft, die die Auswanderer an ihre Angehörigen in der Heimat geschrieben haben. Die 22 Jahre alte Maria Magdalena Pflugfelder wanderte 1854 nach Ann Arbor in Nordamerika aus. Zwei Jahre später heiratete sie dort den aus Metzingen stammenden Johannes Müller und zog mit ihm nach Big Spring im Bundesstaat Minnesota. Im August 1856 berichtete sie: *Liebwertheste Mutter und Geschwister. Mit Freuden ergreife ich die Feder, Euch zu schreiben, wie es bei mir geht. Ich bin gottlob gesund und wenn Euch alle mein Schreiben gesund antrifft, wird es mich freuen. Ich will Euch auch ein wenig das Neueste schreiben, wie es in Amerika geht. Ich habe geheurathet den 7. Juli [1856] mit Johannes Müller von Mezingen, wie ich Euch in dem lezten Brief berichtet habe. Wenn man Hochzeit hat, ist es nicht wie in Deutschland, daß man so viel weßes [Aufhebens] macht. Da darf man gar nichts thun, als zum Pfarrer gehen und sagen, ich will mich gublieren [copulieren] lassen, das ist alles. Dann kann man in das Pfarrhaus gehen, oder kommt der Pfarrer zu einem ins Haus, wie es ein jedes verlangt, man kann sich kleiden schwarz oder ganz weiß, wie man will. Man kann auch in den Schaffkleider[n] kommen, es macht gar nichts aus, wie man gekleidet ist. Wir haben uns schwarz gekleidet gehabt und sind in das Pfarrhaus gegangen und haben uns gublieren lassen, und haben kein Essen und nichts gehabt, haben auch niemand nichts davon gesagt. So daß ihr nur auch wisset, was in Amerika der Brauch ist. Ich bin jezt drey Wochen aus dem Dienst und habe meine Heimath 2 Meil[en] von der Stadt Anarbor hinweg bei Johannes Barreith. Er ist ein Bruder zu meines Mannes seiner Mutter. Ich mache mir wirklich mein Bett und was ich sonst brauche. Das Bettzeug und was man eben braucht zu einem Bett hat mich gekostet 60 Thaler. Das ist nach eurem Geld 150 fl. Dann hatte ich erst noch keine Federn, die haben mich wieder 30 Thaler kost[et] und so kommt mein Bett gerade auf 200 fl. Dann habe ich erst noch gar nichts anderes. Es wäre gut für ein jedes Mädchen, die thäte ein ganzes Bett mitnehmen, denn man hat einen großen Lohn, aber alles, was man kauft, ist arg teuer. Deswegen, wertheste Mutter und Bruder, wäre es mir wohl, ihr thätet mir schicken, was mich betrifft, denn wenn man anheben hausen will, da kost[et] es eben doch viel. Darum könnte ich es jezt nöthiger brauchen als erst in 4 oder 6 Jahren. Es ist eben gar nicht wie in Deutschland, es kann sichs auch niemand einbilden, bis man es selber sieht. Denn man kann nicht einen Acker um den andern kaufen, wie bei Euch, sondern ich kanns Euch nicht anderst vergleichen, als wären es lauter große Höf und so ist hier einer und 2 Meil[en] hinweg wieder einer. Es gibt kein Dorf wie bei Euch, alle Bauren sind so einzecht herum und alle 12 Meil[en] kommt eine Stadt. Jezt denke ich, könnet ihr es euch einbilden, wie es ist.*

Ich will nicht haben, daß der Gottlieb Schaden haben soll, er soll es machen, wies recht ist. Den Bestand von diesem Jahr kann die Mutter haben, da will ich nichts davon. Es wäre mir recht, es würde verkauft, diesen Spätling oder Anfang Winter. Ich weiß wohl, ich muß das Landesrecht verzichten und eine Vollmacht hinausschicken. Ihr darft nicht denken, ich sei so interessiert, weil ich nach allem gefragt habe. Euch würde es auch so gehen, wenn ihr in einem fremden Lande wäret. Ich habe so viel geweint, wo ich euren lezten Brief erhalten habe und habe das gehört. Darum, werthester Pflegvater, ich thue euch bitten, wenn ihr uns so gut wäret und thätet es besorgen, so gut ihr könnet. Die Christina hat auch nach Amerika geschrieben, Jakobs seine 3 Schwestern. Ich habe den Brief selber gelesen, ich bin nur 2 Meil von ihnen hinweg. Ich habe sie ausgefunden lezten Frühling. Ich komme immer zu ihnen und bin auch schon oft übernacht dort gewesen. Es gefällt ihnen recht gut. Jakobs Schwester nahmens Christine hat mir mein Hochzeitskleid geschnitten und ich habe es gemacht. Die Christine hat geschrieben, sie hab 1200 Gulden bekommen und sie habe 2 so starke Knaben. Ihr habt mir noch gar nichts davon geschrieben. Wenn ihr mir wieder schreibet, so schreibet mir auch mehr von dem Gottlieb und von der Katharina und ihre Kinder. Haben sie denn gar keine Liebe zu mir, weil sie mir gar nichts schreiben? Ihr könnt mir auf diesen Brief keine Antwort schicken, weil wir noch nicht wissen, wohin wir gehen. Vielleicht wir gehen noch hundert Meil[en] weiter fort und so würde ich den Brief dort nicht bekommen. Wenn wir auf einem gewissen Plaze sind, dann will ich euch gleich wieder schreiben. Die Katharina Knoll hat sich diesen Frühling auch verheurathet mit Johannes Mezger von Münchingen. Sie ist 10 Meil[en] weit fortgekommen. Sie hat keinem Menschen nichts davon gesagt und ist gleich weiters gegangen. Ich habe nichts mehr von ihr gehört. Wie es ihr geht, weiß ich nicht und des Trucksese Häfner habe ich auch schon oft gesehen, auch schon in seinem Haus gewesen. Er schafft auf der Häfnerei und hat auch Land. Er macht ziemlich gut aus. Weiter will ich euch berichten, wir hatten einen guten Sommer gehabt, es war troken, aber es ist alles genug gewachsen. Es gibt auch Äpfel genug. Man findet schon viel reife. Jezt will ich mein Schreiben schließen. Ich grüße Euch alle herzlich, Mutter und Geschwister, Schwager und Schwägerin, Freunde und Bekannte und alle die nach mich fragen. Und besonders viele Grüße auch an meinen Pflegvater und Mutter und alle die im Hause sind und hauptsächlich noch tausendfältige Grüße von meinem Mann Johannes Müller.

Im nächsten Brief bat Maria Magdalena Müller ihren Pfleger, ihre Äcker in Bälde zu verkaufen. Außerdem übersandte sie eine Vollmacht, in der sie auf das württembergische Staatsbürgerrecht verzichtete, da ansonsten eine Übersendung des Geldes nicht möglich war. *Neues, meine liebe Mutter, weiß ich für dießmal nicht viel zu schreiben, als daß wir in dem Staat Minisote [Minnesota] sind, wo wir leben einsam und allein, aber was das Beste ist, wie leben ruhig und in Frieden miteinander, ich und mein Mann wünschen oft Dich und die Rosine hier zu haben und in unserer Mitte zu leben, das aber wohl vergeblich sein wird und was mich von eurem Brief sehr freute, daß ist einem jeden seine Handschrift zu sehen, das ist mir gewesen, als hätte ich sie persönlich gesehen. Ich hoffe meines Manns seine 2 Geschwister bis nächsten Sommer zu sehen und bei uns zu sein. Sie haben uns eine Bibel und des Hofackers Predig[t]buch mitgebracht, welches mich sehr freute.*

Im Jahr 1865 berichtete Maria Magdalena Müller über den nordamerikanischen Bürgerkrieg: *Meine Familie ist für würklich gesund, aber ich bin ziemlich mager und niedergebrochen, ich hatte das lezte Jahr viel Sorge und Kummer gehabt, wegen dem großen Krieg hier in unserem Lande. Leztes Spätjahr haben wir einen Mann gekauft in meines Manns Stelle in Krieg zu gehen, dieses Frühjahr den 12. April war er wieder gezogen als Soldat, das erste Mal haben wir das Geld bezahlt, und das zweite Mal war kein anderes Mittel, er mußte gehen. So am 31. März bekam ich die Antwort, die Mutter ist tot, das war mir so ein Schlag in meinen Gliedern, daß ich für eine Weile nimmer sprechen konnte, und in etlichen Tagen darauf wurde mir der Mann weggenommen, da saß ich verlassen und allein mit meinen drei Kindern, konnte nichts wie weinen und beten, da dachte ich im-*

mer, wenn ich nur auch eines von Euch bei mir hätte, so hätte ich mich getröstet. Mein Mann war gerathe eine Woche fort, wo die Neuigkeit kam, daß die Nördlichen haben die Südlichen niedergeschlagen, daß sie nichts mehr machen kon[n]ten, und so sind die lezt gezogene Mann wieder heim gekommen, so ist mein Mann auch wieder zu Haus, wie es mit dem Krieg noch geht, das weißt man jezt noch nicht, für wirklich ist es Stillstand. Der nördliche President ist erschossen, und der südliche President ist jezt auch gefangen genommen. Der wird wohl bald aufgehenkt werden.

Es sind jezt harte Zeiten hier in unserem Lande, die Frucht ist alles sehr wohlfeil, alles was der Bauer zu verkaufen hat, ist bald nichts mehr wert und alles was wir zu kaufen haben, ist sehr theuer. Ein Knecht bekommt im Sommer 50 bis 60 Taler den Monath und da kann man niemand kriegen, weil alle Mannschaft im Krieg ist. Wir haben eine Magd, wir bezahlen ihr jede Woche 3 Taler und später, wenn das heiße Wetter kommt, von 4 bis 5 T[aler]. Weil Ihr die Frage an uns gemacht habt, wir sollen die Güther Euch um den Anschlag lassen, das aber unmöglich ist, in dem Zustand, wo wir wirklich darinnen sind. Der Krieg hat uns schon bei 600 Taler gekost, wir haben das lezte Jahr 101 Taler Kriegsteuer zu bezahlen gehabt. So wünsche ich mir, Ihr, Pflegvater, wollet so gut sein, und Euch für mich annehmen und sorgen, daß es verkauft wird, und in Aufstreich kommt. Die Fahrnis im Haus können die Geschwistern um den Anschlag haben. Ist es der Wille Gottes, daß es sollte Friede gemacht werden in unserem Lande, und alles wieder in Ordnung kommen, und wir hätten gut Glück, so will ich Euch später ein Present machen, denn wie es jezt steht, könnten wir es nothwendig brauchen, alles, was wir bekommen.[67]

Johannes Jäckh war schon in den vierziger Jahren nach Amerika ausgewandert. Am Neujahrstag 1854 schrieb er seinen Eltern: *Es mangelt uns an nichts vor wirklich als an Geld. Ich will euch berichten mit etlichen Worten, daß ihr müsset allen Fleiß anwenden, daß meine Schwester Rosina so viel Geld von meinem Vermögen bekommen tut, daß ihre Frucht bezahlt, ehe sie und ihre Kinder den bittern Hunger sterben. Ich will es haben. Ich denke, es wäre eine große Sünde und eine Schande vor Menschen und gebet meiner Basen Christina noch 5 fl. Vor ich denke, es wird ein Almosen seyn, und wann nicht, Gott wird es mir oder meinen Kindern wieder ersetzen. Weiter will ich euch schreiben, um euren Wunsch, ich habe eine Frau und sieben Kinder am Leben, nemlich vier Mädchen und drei Buben und zwei Buben tot; der letzte ist im November 1852 gestorben. Ich habe sie vor euch genannt. Vater, ich denke es würde nichts schaden, wenn ihr auf euer Lespapier schreiben tät, wer noch am Leben ist oder nicht in unserer Freundschaft. Ihr habt von niemand keinen Gruß geschrieben, als von Christina. Ich kann euch für diesmal nichts mehr schreiben als einen tausendfachen Gruß an euch alle.*[68]

Infolge der Auswanderung ging die Einwohnerzahl Möglingens von 1214 Einwohner im Jahr 1847 auf 1136 im Jahr 1856 zurück. Ab 1855 stagnierte die Auswanderung, da sich die wirtschaftlichen Verhältnisse im Lande etwas gebessert hatten. Gleichwohl wanderten in den sechziger und siebziger Jahren und vor allem in den Jahren 1881 bis 1884 eine größere oder kleinere Zahl Möglinger nach Nordamerika aus. Die Auswanderer verteilten sich dort über das ganze Land. So hielt sich Heinrich Dokkenwadel in Philadelphia und Friedrich Pflugfelder in Memphis auf, während Johannes Jäger bis nach Kalifornien zog.[69]

Ganz andere Gründe hatte die Auswanderung einiger wohlhabender Bauernfamilien in den siebziger Jahren, als die Familien Knoll, Ziegler und Pflugfelder nach Palästina ausreisten. Sie hatten sich den Templern angeschlossen, die in Palästina eine urchristliche Gemeinschaft aufbauen wollten. Bei der Auswanderung konnten sie einige 1000 Gulden mitnehmen, mit denen sie in Haifa und Umgebung eine neue Existenz aufbauten. 1907 folgten ihnen die Angehörigen von Jakob Reichert. Eine letzte größere Auswanderungswelle fand in den neunziger Jahren statt, als 13 Familien mit insgesamt 53 Personen in die preußische Provinz Posen übersiedelten.[70]

In den achtziger und neunziger Jahren ging die Zahl der Emigranten durch den Wirtschaftsaufschwung und die zunehmende Industrialisierung kontinuierlich zurück, doch gab es immer Einzelne, die ihr Glück in der Fremde suchten. So zogen zwei Schwestern Bellon 1910 nach Südaustralien, während Paul Pflugfelder mit Familie nach dem Ersten Weltkrieg nach Paraguay auswanderte. Zwischen 1806 und 1918 verließen insgesamt mehr als 400 Einwohner ihren Heimatort Möglingen.[71]

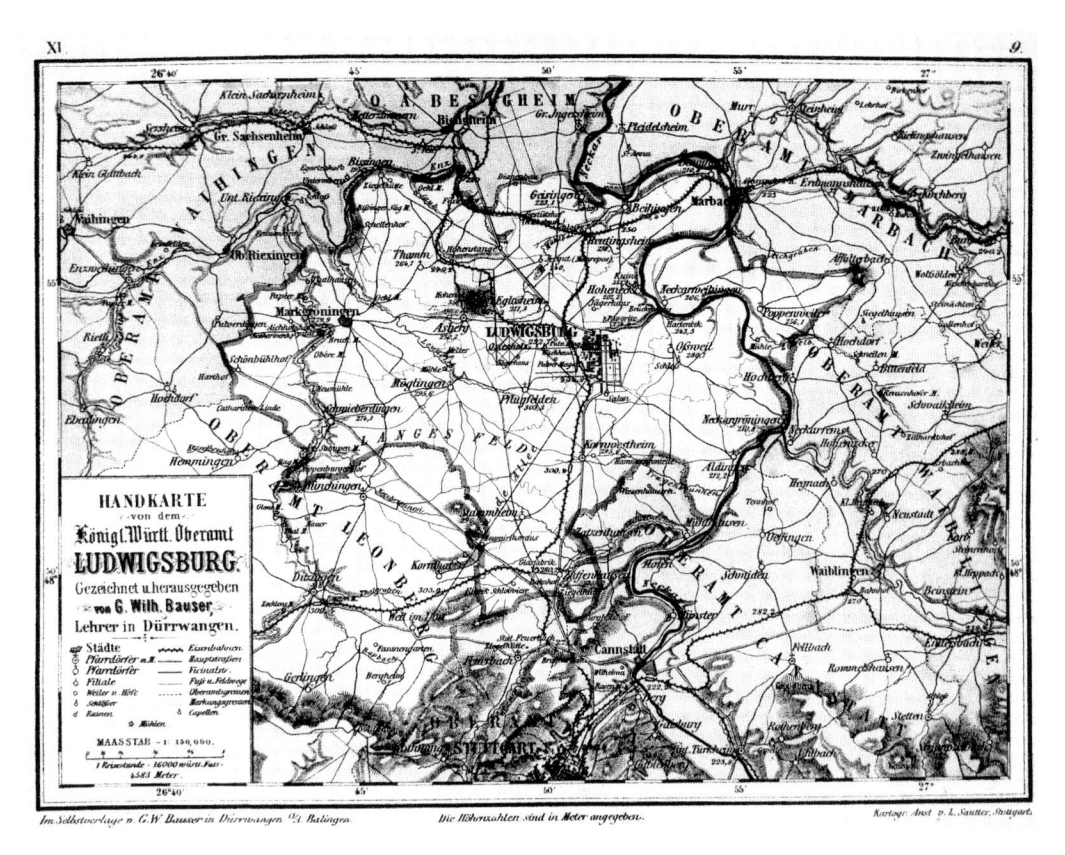

Wilhelm Bauser: Das Oberamt Ludwigsburg um 1880. Den Auswanderern in die große Neue Welt muss das für hiesige Verhältnisse große Oberamt Ludwigsburg im Rückblick sehr klein vorgekommen sein.

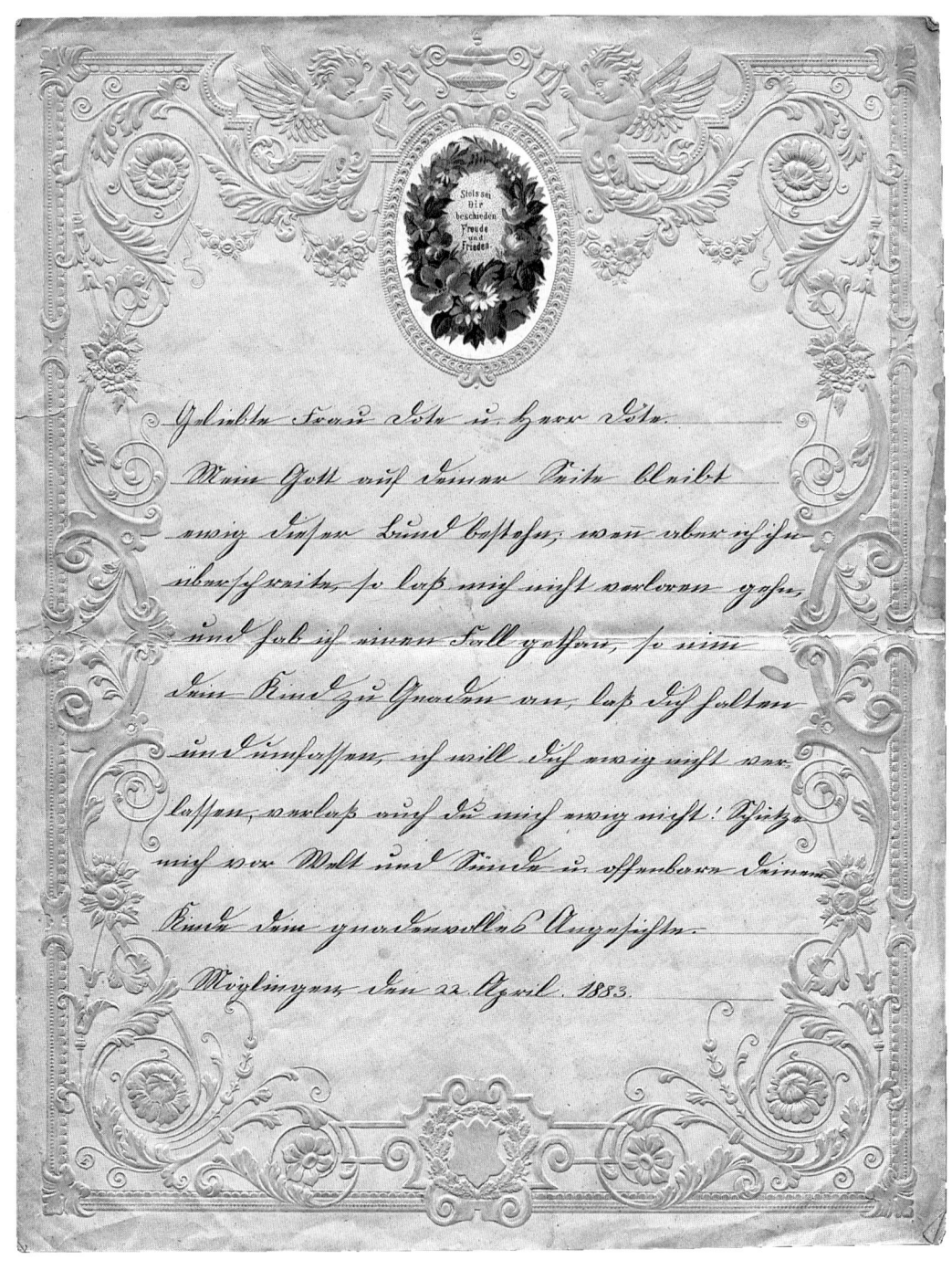

Einen solchen »Dötesbrief« schrieben die Konfirmanden anlässlich ihrer Konfirmation als Dank an die Taufpaten. Diesen Brief verfasste Friedrich Lillich (1869–1936) im Jahr 1883.

Auswanderer aus Möglingen 1782–1938

Heinrich Raiser

Name (E = Ehefrau der darüberstehenden Person, K = Kind der darüberstehenden Person bzw. des Ehepaars)	Geburtstag	Auswanderungsjahr	Auswanderung nach
Ade, Johann Gottlieb	03.12.1831	1857	Amerika
Alber, Wilhelm	24.10.1883		USA, Chicago
Bäumle, Johann Jakob	1827	1854	USA
Bareither, Wilhelm	14.05.1883	1905	USA, Ohio
Baumann, Johann Georg	11.08.1783	1833	Bessarabien, Gnadental, gest. 28.05.1854
Baumann, Katharina, geb. Jaiser (E)	14.06.1778	1833	Bessarabien, Gnadental, gest. 17.04.1858
Baumann, Christoph Friedrich (K)	22.08.1822	1833	Bessarabien, Gnadental, gest. 20.04.1900
Baumann, Johann Jakob (K)	1819	1833	Bessarabien, Gnadental
Baumann Johann Georg (K)	1814	1833	Bessarabien, Gnadental
Bellow, Martha	04.11.1876	1910	Süd-Australien
Bellow, Theodora	23.11.1883	1910	Süd-Australien
Benkiser, Friedrich (Fehrer)		1900	USA
Benkiser, Jakob	01.06.1822	1848	USA
Benkiser, Johann Jakob	28.02.1847		USA
Benkiser, Johannes (Bruder des Joh. Jakob)	01.10.1857		USA
Benkiser, Karoline (Schwester des Johannes)	27.03.1860		USA
Beyl, Karl	08.03.1879	1923	USA
Blank, Gottlieb Friedrich	16.08.1842		England, London
Buchhalter, Johann Jakob Friedrich	03.08.1823	1849	USA
Ditting, Jakob	09.01.1850		USA, St. Louis
Ditting, Johanna Barbara, geb. Lörcher (E)	09.01.1850		USA, St. Louis
Ditting, Wilhelm	13.09.1869	1900	Dornbrunn, Prov. Posen
Ditting, Pauline, geb. Pflugfelder (E)	08.11.1875	1900	Dornbrunn, Prov. Posen
Dokkenwadel, Johanna	21.03.1829	1853	USA, Philadelphia
Dokkenwadel, Johann Friedrich	17.04.1823	1850	USA, Philadelphia

Dokkenwadel, Johann Heinrich	31.12.1821	1850	USA
Dokkenwadel, Jakob	05.09.1856	1888	Dornbrunn, Prov. Posen (von Asperg aus)
Dokkenwadel, NN, geb. Kaul (E)		1888	Dornbrunn, Prov. Posen (von Asperg aus)
Dokkenwadel, Marie	01.11.1858	1916	Dornbrunn, Prov. Posen
Dokkenwadel, Paul	22.01.1899		Neutomischel, Prov. Posen
Dokkenwadel, Wilhelm	16.03.1867	1884	USA
Dokkenwadel, Maria	22.04.1814	1832	USA
Eckstein, Johann Georg	03.05.1750	1804	Preußisch-Polen
Eckstein, Margarete geb. Reichert (E)	08.06.1753	1804	Preußisch-Polen
Eckstein, Jakob (K)	18.10.1778	1804	Preußisch-Polen
Eckstein, Johannes (K)	08.04.1780	1804	Preußisch-Polen
Eckstein, Margarete (K)	22.04.1782	1804	Preußisch-Polen
Eckstein, Johann Friedrich (K)	23.01.1789	1804	Preußisch-Polen
Eckstein, Christina (K)	22.04.1791	1804	Preußisch-Polen
Euchner, Friederike	21.01.1840	1856	USA
Euchner, Maria	13.05.1847	1876	Schweiz
Fehrer (Benkiser), Christian Fr.	11.09.1884		USA, New York
Figel, Gottlob Jakob	16.07.1824	1848	USA
Fischer, Michael mit Ehefrau und sechs Kindern		1782	Vorwerk Sadke, Amt Nakel, Prov. Posen
Frey, Christian Albert	31.03.1898	1927	USA, New York
Frey, Johann Friedrich	23.09.1856		USA
Frey, Friederike Sofie (Schwester des Joh. Friedrich)	30.03.1862		USA
Geist, Johann Friedrich	02.03.1839	1854	USA
Gerstle, Johannes	18.06.1824	1854	USA
Giek, Johann Georg	04.09.1783	1834	USA
Giek, Maria geb. Vollmer (E)	24.05.1776	1834	USA
Giek, Johann Georg (K)	18.06.1807	1834	USA
Giek, Jakob Friedrich (K)	15.07.1809	1834	USA
Giek, Johanna (K)	10.01.1811	1834	USA
Giek, Katharina (K)	06.12.1814	1834	USA
Haas, Christoph Friedrich	04.12.1828	1885	USA
Haas, Johanna Christiana, verh. m. Anton Schmitt	01.02.1832	1854	USA
Hartmann, Friederike, verh. m. Lorenz Hock	08.06.1767		USA
Hartmann, Jakob	15.07.1806	1868	Russland
Hartmann, Gottlieb Friedrich	27.09.1846	1866	Russland, Odessa
Hartmann, Johannes	28.10.1832		USA

Hartmann, Johanna, verh. m. Jakob Ziegler	19.12.1835	1871	Palästina
Hartmann, Johannes Immanuel	1833	1861	USA
Hartmann, Johann Jakob	25.07.1829	1853	USA
Hartmann, Christine Magdalene	25.12.1830	1862	USA
Heidenreich Jakob mit Ehefrau und Kindern	27.04.1802	1832	USA
Hildinger, Johann Friedrich	04.03.1816	1854	USA
Hildinger, Anna, geb. Ziegler (E)	16.08.1822	1854	USA
Hildinger, Johannes (K)	05.01.1849	1854	USA
Hildinger, Ana Maria (K)	20.03.1850	1854	USA
Hofmeister, Johann Friedrich	23.01.1843	1861	USA
Jäckh, Johannes	12.12.1872		Schweiz, Schaffhausen, später zurück
Jäckh, Johannes	03.10.1813	1857	USA
Jäger, Johannes	06.03.1847	1866	USA
Jaus, Hugo	17.11.1887		USA, Philadelphia
Jaus, Julius	22.02.1874		USA, Hoboken, New York
Jopp, Rosine Friederike	24.03.1858	1884	USA
Keller, Pauline, verh. Reusch	07.07.1848	1876	Hongkong
Kienzle, Anna Katharina	20.05.1807	1831	Amerika
Kienzle, Anna Maria	06.06.1804	1829	USA
Kienzle, Christian	30.03.1840	1867	Frankreich, Bärstetten/Straßburg
Kienzle, Christoph Friedrich	29.01.1796	1834	Amerika
Kienzle, Johannes	06.01.1786		USA
Kienzle, Gottlob	17.05.1829	1859	USA, Oakland
Kienzle, Johann Jakob	1822	1858	Schweiz, Ramlinsburg bei Basel
Kienzle, Jakob Friedrich	27.04.1802	1832	Amerika
Kienzle, Anna (E) geb. Pflugfelder	12.05.1802	1832	Amerika
Kienzle, Anna Katharina (K)	17.03.1823	1832	Amerika
Kienzle, Rosine Dorothea (K)	28.10.1824	1832	Amerika
Kienzle, Christine (K)	20.10.1827	1832	Amerika
Kienzle, Barbara (K)	09.06.1831	1832	Amerika
Kienzle, Margaretha	07.07.1821	1845	USA
Kienzle, Oskar Eugen	13.11.1900	1938	USA, New York
Kienzle, Paul	06.05.1866	1893	Schweiz
Kienzle, Wilhelm	16.10.1826	1854	USA, 1897 für tot erklärt
Kipp, Johannes	10.12.1838	1876	nach USA entwichen ?

Knoll, Jakob Friedrich	10.02.1805	1873	Palästina Sarona
Knoll, Anna Katharina, geb. Roßnagel (E)	19.02.1802	1873	Palästina Sarona
Knoll, Anna Katharina (K)	20.11.1833	1873	Palästina Sarona
Knoll, Maria Friederike (K)	28.05.1843	1873	Palästina Sarona
Knoll, Katharine	28.01.1828	1854	Amerika
Knoll, Johann Jakob	04.12.1841	1873	Palästina Sarona
Knoll, Rosine, geb. Schüle (E)	02.12.1845	1873	Palästina Sarona
Knoss, Barbara mit Kind	11.04.1814	1853	USA
Knoss, Barbara		1846	USA
Knoss, Jakob	24.07.1804	1834	Amerika
Knoss, Friedrich	1856		USA
Knoss, Philipp Jakob		1834	Österreich, Garsten
Knoss, Jakob Friedrich	03.05.1811	1865	USA
Knoss, Luise geb. Gammel (E)	1816	1865	USA
Knoss, Johann Friedrich (K)	09.04.1843	1865	USA
Knoss, Johann Heinrich (K)	15.01.1846	1865	USA
Knoss, Luise Margarethe (K)	15.10.1847	1865	USA
Knoss, Johann Jakob (K)	07.07.1849	1865	USA
Knoss, Christiane Friederike (K)	30.09.1856	1865	USA
Knoss, Johann Friedrich	14.03.1824		Amerika
Knoss, Johann Georg	26.12.1798	1831	Amerika
Knoss, Katharina Anna geb. Wolfangel (E)	25.03.1794	1831	Amerika
Knoss, Gottlieb (K)	31.12.1825	1831	Amerika
Knoss, Katharina Philippine (K)	13.02.1829	1831	Amerika
Knoss, Magdalene	08.08.1811	1857	USA
Knoss, Maria Magdalena		1852	USA
Knoss, Magdalena		1846	USA
Knoss, Philipp Jakob	21.06.1839	1865	USA
Knoss, Wilhelmine		1846	USA
König, Johann Christian	22.05.1846		USA
König, Katharina, geb. Grad (E)	30.09.1844		USA
König, Katharina Dorothea (K)	25.06.1880		USA
König, Karolina Paulina (K)	06.02.1882		USA
Kopp, Bernhard		1803	Preußisch-Polen
Kopp, geb. Moz (E)		1803	Preußisch-Polen
Krehl, Christoph Friedrich	08.02.1824	1856	USA
Kreppeneck, Johannes	03.08.1825	1852	Amerika
Kroll, Christian		1854	USA
Kroll, Friederike	08.02.1838	1854	USA

Kromer, Johanna Karoline	18.07.1861		USA
Kromer, Karoline Friederike (K)	24.10.1879		USA
Künstner, Auguste	20.09.1873		USA
Ladner, Baltas	1762	1803	Preußisch-Polen
Ladner, Katherine, geb. Schäfer (E)		1803	Preußisch-Polen
Ladner, Johanna (K)	1791	1803	Preußisch-Polen
Ladner, Catharina (K)	1794	1803	Preußisch-Polen
Ladner, Johann Georg	17.08.1791	1834	USA
Ladner, Anna Maria, geb. Nethinger (E)	01.04.1810	1834	USA
Ladner, Johanna (K)	03.03.1831	1934	USA
Luy, Adolf Johann Georg	25.08.1876	1889	Prov. Posen, Korntal
Maier, Christian	09.12.1817	1857	USA
Maier, David	03.12.1819	1852	USA
Maier, Gottlieb	15.07.1827	1850	USA
Maier, Jakob Friedrich	11.10.1824	1853	USA
Maier, Johannes	07.11.1828	1852	USA
Maier, Marie	28.12.1828	1854	USA
Maier, Karl Joseph (K)	13.12.1850	1854	USA
Maier, Rosine	28.01.1821	1853	USA
Mayer, Catharina Rosina	10.10.1836	1854	Amerika
Mayer, Johann Georg	13.10.1824	1867	USA
Mayer, Karoline Wilhelmine, geb. Künzel (E)	07.09.1826	1867	USA
Mauch, Hans Jerg mit Ehefrau		1803	Preußisch-Polen
Mauch, Johann Eberhard	14.02.1795	1830	Russland, Odessa
Mauch, Dorothea, geb. Moz E	12.02.1800	1830	Preußisch-Polen
Mauch, Dorothea (K)	20.10.1821	1830	Preußisch-Polen
Mauch, Johann Eberhard (K)	15.01.1825	1830	Preußisch-Polen
Mauch, Jakob (K)	18.02.1826	1830	Preußisch-Polen
Mauch, Johann Georg (K)	05.12.1825	1830	Preußisch-Polen
Mauch, Jakob	12.07.1826	1861	USA
Mauch, Jakob	1826	1854	USA
Mauch, Johannes	07.06.1829	1862	USA, Pittsburg
Mauch, JohannFriedrich	17.05.1823	1861	Ungarn
Mauch, Thomas	07.01.1829	1862	USA
Merz, Philipp Friedrich	19.10.1816	1839	USA
Merz, Anna Katharina, geb. Fauth (E)		1839	USA
Meyer, Johann Georg		1782	Vorwerk Sadke bei Nakel, Prov. Posen

Name	Geb.	Ausw.	Ziel
Motz, Erhard	1769	1814	Bessarabien, Borodino
Motz, Johannes	1797	1814	Bessarabien, Borodino, gest. 1825
Motz, Johanna	1800	1814	Bessarabien, Borodino, gest. 1818
Motz, Christina	1800	1814	Bessarabien, Borodino, gest. 1820
Motz, Friedrich		1854	USA
Motz, Johann Georg	12.09.1792	1823	USA
Motz, Johann Michael d. J.	21.04.1782	1817	USA
Motz, Joh. Christine, geb. Pflugfelder (E)	18.09.1781	1817	USA
Motz, Christian (K)	26.12.1806	1817	USA
Motz, Joh. Jakob (K)	28.12.1807	1817	USA
Motz, Johannes (K)	15.08.1809	1817	USA
Motz, Barbara Eva (K)	08.09.1810	1817	USA
Motz, Dorothea (K)	20.09.1813	1817	USA
Motz, Katharina (K)	07.12.1815	1817	USA
Motz, Johann Michael d.Ä.	15.01.1761	1832	USA
Motz, Johannes	07.09.1777	1832	USA
Motz, Marie, geb. Knoss (E)	29.04.1765	1832	USA
Motz, Anna (K)	01.04.1804	1832	USA
Motz, Berta (K)	25.11.1806	1832	USA
Moz, Marx	23.05.1756		Frankreich, Straßburg
Moz, Michael	15.02.1761		USA, Philadelphia
Munz, Christiane Barbara	25.12.1834	1900	Dornbrunn, Prov. Posen
Munz, Gottlieb Christian	21.10.1857		USA
Munz, Gottlob Jakob	18.08.1860	1891	USA
Munz, Wilhelm	16.05.1867	1887	USA, New York
Munz, Gottliebin, geb. Künstner (E)	31.01.1877	1887	USA, New York
Munz, Karoline Friederike, verh. Sippel	17.08.1861	1892	USA
Neff, Jakob Friedrich	27.11.1823	1854	USA
Neff, Luise, geb. Widmaier (E)	08.06.1830	1854	USA
Neff, Gottlob Jakob (K)	01.11.1852	1854	USA
Neff, Johann Friedrich	18.08.1835	1854	USA
Neuffer, Carl Friedrich	04.09.1826	1854	USA
Noz, Friedrich Gottlob	27.01.1854	1881	USA
Noz, Rosine, geb. Blank (E)	12.02.1853	1881	USA
Noz, Friederike Rosina (K)	30.01.1879	1881	USA
Oberacker, Anna Barbara, geb. Raiser	11.02.1818	1896	Prov. Posen, Korntal

Oberacker, Ernst	03.02.1854	1889	Prov. Posen, Korntal
Oberacker, Christiane, geb. Hönes (E)	01.02.1860	1889	Prov. Posen, Korntal
Oberacker, Ernst (K)	06.12.1881	1889	Prov. Posen, Korntal
Oberacker, Gustav (K)	02.02.1889	1889	Prov. Posen, Korntal
Österreicher, Georg Friedrich	02.05.1813	1842	USA, New York
Österreicher, Gottfried	23.03.1879		USA
Österreicher, Friedrich	20.03.1880		USA, New York
Öttinger, Ernst	29.07.1884	1908	USA
Öttinger, Gottlieb	08.02.1810	1853	USA (von Schwieberdingen aus)
Öttinger, Ana Barbara, geb. Hildinger (E)	25.11.1821	1853	USA (von Schwieberdingen aus)
Öttinger, Friederike (K)	1840	1853	USA (von Schwieberdingen aus)
Öttinger, Gottlieb (K)	1846	1853	USA (von Schwieberdingen aus)
Öttinger, Philippine (K)	1847	1853	USA (von Schwieberdingen aus)
Öttinger, Catharina (K)	1851	1853	USA (von Schwieberdingen aus)
Öttinger, Johann Friedrich	27.04.1838	1854	USA
Öttinger, Barbara, geb. Wurst (E)	06.08.1840	1854	USA
Öttinger, Christiane Friederike (K)	09.10.1867	1854	USA
Öttinger, Rosine Karoline (K)	13.11.1870	1854	USA
Öttinger, Christiane Sofie (K)	19.09.1873	1854	USA
Öttinger, Pauline (K)	01.09.1876	1854	USA
Öttinger, Pauline	06.10.1877		USA
Pfähler, Johannes	09.04.1766		Frankreich, Straßburg
Pfähler, Carl August	03.01.1845	1881	USA
Pfähler, Gustav Adolf	24.02.1848	1881	USA
Pfähler, Rosine, geb. Grad (E)	11.07.1837	1881	USA
Pfähler, Paul Wilhelm (K)	08.03.1874	1881	USA
Pfähler, Julius Heinrich (K)	26.06.1875	1881	USA
Pfähler, Maria Katharina (K)	14.09.1876	1881	USA
Pfähler, Katharine Friederike (K)	29.09.1877	1881	USA
Pfähler, Gustav Adolf (K)	03.08.1830	1881	USA
Pfähler, Maria Luise	18.01.1855	1881	USA
Pfähler, Paul Theodor	28.12.1849	1881	USA
Pflugfelder, Christian Friedrich	04.06.1861	1881	USA, Philadelphia
Pflugfelder, David	22.12.1824	1853	USA
Pflugfelder, Friedrich	18.10.1818	1853	USA
Pflugfelder, Christiane, geb. Graf (E)	03.09.1823	1853	USA

Pflugfelder, Maria Barbara (K)	27.05.1847	1853	USA
Pflugfelder, Johann Friedrich (K)	29.08.1848	1853	USA
Pflugfelder, Jakob (K)	25.07.1850	1853	USA
Pflugfelder, Ludwig (K)	09.02.1853	1853	USA
Pflugfelder, Gottlob	03.05.1838	1900	Prov. Posen, Korntal, 1914 wieder zurück
Pflugfelder, Gottlob	14.01.1875	1899	Prov. Posen, Korntal
Pflugfelder, Friederike	1831	1845	Palästina, Jerusalem
Pflugfelder, Johannes	01.09.1813	1854	USA
Pflugfelder, Friederike, geb. Wenzler (E)	15.02.1819	1854	USA
Pflugfelder, Friederike Rosine (K)	13.11.1843	1854	USA
Pflugfelder, Johannes (K)	19.10.1848	1854	USA
Pflugfelder, Ernst (K)	11.09.1850	1854	USA
Pflugfelder, Katharine (K)	19.11.1852	1854	USA
Pflugfelder, Jakob mit Ehefrau Christiane geb. Knecht und vier Kindern	02.02.1816	1852	Südamerika (von Schwieberdingen aus)
Pflugfelder, Johann Friedrich	27.02.1778		Frankreich, Paris, gestorben in Aidlingen
Pflugfelder, Johannes	01.04.1813	1856	USA, Philadelphia
Pflugfelder, Johannes	09.04.1766	1794	Frankreich, Straßburg
Pflugfelder, Johannes		1817	USA
Pflugfelder Johannes	09.07.1872		USA
Pflugfelder, Friederike Karoline	25.08.1854	1879	USA, von Niederstetten aus
Pflugfelder, Maria Magdalena	23.07.1832	1857	Amerika
Pflugfelder, Johann Gottfried	22.01.1833	1871	Palästina, Sarona
Pflugfelder, Christiane, geb. Rossnagel (E)	01.03.1841	1871	Palästina, Sarona
Pflugfelder, Philipp Immanuel (K)	12.07.1868	1871	Palästina, Sarona
Pflugfelder, Gotthilf Christian (K)	30.08.1869	1871	Palästina, Sarona
Pflugfelder, Johannes	26.10.1819	1858	Österreich, Wien
Pflugfelder, Luise, geb. Rühle (E)		1858	Österreich, Wien
Pflugfelder, Adolf mit Ehefrau	25.02.1860		Kommerziernrat in Wien
Pflugfelder, Paul	05.04.1838		nach USA entwichen
Pflugfelder, Paul	11.04.1897	1924	Paraguay, Jegros, Südamerika
Pflugfelder, Martha, geb. Raff (E)	09.02.1895	1924	Paraguay, Jegros, Südamerika
Pflugfelder, Manfred (K)		1924	Paraguay, Jegros, Südamerika

Pflugfelder, Pauline	20.03.1852	1867	USA
Pflugfelder, Richard	21.11.1899		USA
Pflugfelder, Friederike Rosine	23.07.1832	1854	USA
Pflugfelder, Wilhelm	20.07.1874		USA, New York, Brooklyn
Pflugfelder, Gottfried	31.07.1825	1850	USA
Pflugfelder, Sophie Amalie	22.04.1853		USA
Raiser, Johann Michael	17.12.1785	1830	Russland, Ukraine, Kaukasus
Raiser, Barbara, geb. Haas (E)	24.04.1789	1830	Russland, Ukraine, Kaukasus
Raiser, Jakob Friedrich (K)	05.03.1809	1830	Russland, Ukraine, Kaukasus
Raiser, Katharina (K)	10.03.1810	1830	Russland, Ukraine, Kaukasus
Raiser, Gottlieb (K)	29.09.1812	1830	Russland, Ukraine, Kaukasus
Raiser, Anna Barbara (K)	29.09.1814	1830	Russland, Ukraine, Kaukasus

Der 1902 in Möglingen geborene Hermann Rossnagel wanderte 1931 nach Santiago de Chile aus und besuchte seine Heimatgemeinde zum Bürgerfest 1985 (links Bürgermeister Waibel).

Paul Pflugfelder (geb. 1838 in Möglingen) wanderte in die USA aus.

Raiser, Christina (K)	30.01.1816	1830	Russland, Ukraine, Kaukasus
Raiser, Johann Michael (K)	14.02.1819	1830	Russland, Ukraine, Kaukasus
Raiser, Johann Christoph (K)	15.07.1820	1830	Russland, Ukraine, Kaukasus
Raiser, Gottlob Christian (K)	06.08.1826	1830	Russland, Ukraine, Kaukasus
Raiser, Anna Maria (K)	30.10.1828	1830	Russland, Ukraine, Kaukasus
Raiser, Friedrich	02.07.1868	1900	Dornbrunn, Prov. Posen
Raiser, Marie, geb. Munz (E), mit deren Mutter Christiane Munz	22.02.1872	1900	Dornbrunn, Prov. Posen
Raiser, Wilhelm	04.02.1875	1899	Dornbrunn, Prov. Posen
Raiß, Josef		1782	Gogolin/Bromberg, Prov. Posen
Reichert, Gottlob	03.09.1858	1900	Dornbrunn, Prov. Posen
Reichert, Rosine, geb. Häcker (E)	20.06.1858	1900	Dornbrunn, Prov. Posen
Reichert, Friedrich (K)	11.09.1887	1900	Dornbrunn, Prov. Posen
Reichert, Albert (K)	23.02.1892	1900	Dornbrunn, Prov. Posen
Reichert, Karoline (K)	11.07.1893	1900	Dornbrunn, Prov. Posen
Reichert, Paul (K)	04.06.1896	1900	Dornbrunn, Prov. Posen
Reichert, Martha (K)	11.04.1899	1900	Dornbrunn, Prov. Posen
Reichert, Gottlob	25.11.1875	1906	Palästina, Wilhelma
Reichert, Jakob Friedrich	25.06.1827	1852	USA
Reichert, Johanna, geb. Giek, Philipp Jakobs Witwe	23.02.1835	1907	Palästina, Wilhelma
Reichert, Gottlob Jakob (K)	25.11.1875	1907	Palästina, Wilhelma
Reichert, Paul (K)	06.06.1881	1907	Palästina, Wilhelma
Reichert, Wilhelm	25.11.1861	1890	Prov. Posen, Korntal
Reick, David Friedrich	28.03.1801	1829	USA
Reick, Anna Maria, geb. Kienzle (E)	06.04.1804	1829	USA
Reick, Christiane Katharine (K)	31.05.1827	1829	USA
Reick, David Friedrich (K)	20.09.1828	1829	USA
Roller, Katharina Barbara	17.12.1840		USA
Rommel, Wilhelm Friedrich	31.05.1853	1889	Prov. Posen, Korntal
Rommel, Friederike, geb. Wagner (E), ihre 2. Ehe	28.06.1848	1889	Prov. Posen, Korntal
Rommel, Marie(K) aus 1. Ehe	27.07.1879	1889	Prov. Posen, Korntal
Rommel, Wilhelm, (K) aus 1. Ehe	28.08.1881	1889	Prov. Posen, Korntal
Rommel, Hermann (K) aus 1. Ehe	18.08.1882	1889	Prov. Posen, Korntal
Rommel, Anna (K) aus 2. Ehe	28.02.1884	1889	Prov. Posen, Korntal

Rommel, Paul (K) aus 2. Ehe	20.07.1886	1889	Prov. Posen, Korntal
Rommel, Pauline (K) aus 2. Ehe	20.09.1888	1889	Prov. Posen, Korntal
Rossnagel, Hermann	03.02.1902	1931	Santiago de Chile
Rossnagel, Paul	29.06.1885	1912	USA, Akron, New York
Rübel, Ludwig	1805	1841	Frankreich, Rüschwag
Salzer, Frieda, verh. Voss	10.02.1905		Süd-Argentinien
Salzer, Johannes	05.10.1820	1854	USA, New Orleans
Sauereisen, Frida, verh. Mayer-Sauereisen	12.06.1894	1924	Schweiz, Zürich-Albisrieden
Schäfer, Johannes	07.04.1821	1851	USA
Schmid, Friedrich	04.05.1798	1852	USA
Schneider, Hans Jerg	05.07.1757	1802	Preußisch-Polen
Schneider, Katharina, geb. Reichert (E)	18.03.1754	1802	Preußisch-Polen
Schneider, Jakob Friedrich (K)	26.02.1787	1802	Preußisch-Polen
Schneider, Christiana (K)	25.12.1794	1802	Preußisch-Polen
Schober, Adolf	18.12.1903		USA, verschollen
Schober, Thomas	06.04.1854	1891	Prov. Posen, Znin
Schober, Maria, geb. Seeger (E)	25.01.1852	1891	Prov. Posen, Znin
Schober, Jakob Friedrich (K)	08.04.1877	1891	Prov. Posen, Znin
Schober, Marie Pauline (K)	14.04.1878	1891	Prov. Posen, Znin
Schober, Thomas (K)	21.09.1880	1891	Prov. Posen, Znin
Schober, Wilhelmine (K)	31.05.1883	1891	Prov. Posen, Znin
Schober, Berta (K)	27.04.1884	1891	Prov. Posen, Znin
Schober, Christian (K)	03.11.1886	1891	Prov. Posen, Znin
Schober, Pauline (K)	24.05.1889	1891	Prov. Posen, Znin
Schober, Luise (K)	11.06.1890	1891	Prov. Posen, Znin
Schober, Johannes	14.09.1842		Frankreich, Paris
Schüle, Gottlob	17.06.1861	1900	Prov. Posen, Dornbrunn
Schüle, Wilhelm Friedrich	14.03.1824	1860	USA, New Orleans
Schüler, Rosine Katharina	14.10.1836	1854	USA
Schwarz, Friedrich	03.03.1901	1926	USA, Boston
Schwarz, Friederike	30.01.1836	1864	Schweiz, Basel
Schwarz, Martha, verh. Staubach	04.11.1910	1928	USA
Spieß, Johann Gottlieb	16.08.1838		USA
Spieß, Wilhelmine, geb. Ritz (E)	23.03.1843		USA
Spieß, Karoline Friederike (K)	28.02.1871		USA
Spieß, Paul Karl (K)	18.04.1873		USA
Spieß, Gottlob Christian (K)	28.02.1876		USA
Spieß, Wilhelmine Karoline (K)	27.07.1878		USA
Spieß, Marie Christiane (K)	22.10.1879		USA

Spieß, Berta (K)	12.02.1883		USA
Stähle, Jakob Friedrich	11.10.1808	1853	USA
Stähle, Christina, geb. Reichert (E)	05.07.1810	1853	USA
Stähle, Christoph Friedrich (K)	09.04.1836	1853	USA
Stähle, Johann Jakob (K)	09.11.1838	1853	USA
Stähle, Christian (K)	26.02.1841	1853	USA
Stähle, Gottlob August (K)	26.10.1844	1853	USA
Stähle, Maria Caroline (K)	08.10.1847	1853	USA
Stähle, Maria Rosina (K)	03.10.1851	1853	USA
Stähle, Johannes	03.10.1813	1832	USA
Stähle, Johannes	21.09.1844	1872	USA, 1900 für tot erklärt
Stähle, Michael	15.07.1771		Österreich
Stähle, Wilhelm	16.05.1868		Schweiz, Diesenhofen, Thurgau
Strohm, Jakob	19.07.1863	1890	Prov. Posen, Korntal
Strohm, Katharina, geb. Reichert (E)	30.07.1865	1890	Prov. Posen, Korntal
Strohm, Gottlob Friedrich (K)	25.11.1887	1890	Prov. Posen, Korntal
Strohm, Wilhelm (K)	19.04.1886	1890	Prov. Posen, Korntal
Strohm, Paul Albert (K)	20.10.1888	1890	Prov. Posen, Korntal
Strohm, Amalie Berta (K)	01.10.1889	1890	Prov. Posen, Korntal
Strohmaier, Karl	12.08.1884	1908	USA, Akron, New York
Sülzle, Heinrich	05.03.1833	1852	USA
Taigel, Jakob Ludwig	25.04.1818	1849	Amerika
Taigel, Rosina Katharine, geb. Weissert (E)	15.10.1823	1849	Amerika
Taigel, Johann Christoph	12.01.1789	1830	Südrussland, Kaukasien
Taigel, Christine, geb. Moz (E)	23.05.1790	1830	Südrussland, Kaukasien
Taigel, Jakob (K)	23.07.1814	1830	Südrussland, Kaukasien
Taigel, Marie (K)	10.03.1823	1830	Südrussland, Kaukasien
Taigel, Gottlob Christian (K)	04.11.1826	1830	Südrussland, Kaukasien
Taigel, Johann	07.04.1821	1851	Nordamerika
Taigel, Johanna Friederike	30.01.1836	1864	Schweiz, Kanton Zürich
Taigel, Philippine	03.09.1791		Polen, verschollen, 1862 für tot erklärt
Taigel, Johann Joseph	22.08.1846		Schweiz, Basel
Taigel, Karl Ludwig	21.06.1844		Schweiz, Basel
Truckseß, Johannes	15.03.1821	1853	Amerika
Truckseß, Jonathan	16.05.1827	1851	Amerika
Truckseß, Hugo	02.12.1876		Schweiz, Sargans
Varenbühler, Barbara	07.03.1790	1834	USA
Varenbühler, Johann Jakob	12.12.1823	1854	USA

Name	Geburtsdatum	Jahr	Ziel
Wagner, Jakob Friedrich	28.02.1826	1853	USA
Wagner, Johann Georg	21.09.1828	1854	USA
Wagner, Johanna	08.10.1803	1850	USA
Wagner, Maria	16.12.1827	1850	USA
Wagner, Otto	23.07.1899	1929	USA
Wagner, Jakob	06.07.1809	1850	USA
Wagner, Wilhelm	04.12.1871		Schweiz, Solothurn
Weinmann, Jakob	14.02.1784	1834	USA
Weinmann, Margarete, geb. Ladner (E)	24.11.1788	1834	USA
Weinmann, Gottlob (K)	24.11.1824	1834	USA
Weinmann, Rosine Christine (K)	11.03.1826	1834	USA
Weinmann, Jakob (K)	03.12.1831	1834	USA
Weinmann, Magdalene	04.05.1785	1834	USA
Wintterle, Rosa mit einem Kind		1853	USA
Wintterle, Christian		1869	USA
Wintterlin, Rosine Barbara	12.01.1829	1865	USA
Winterlin, Rosine Katharina (K)	20.03.1853	1865	USA
Wintterlin, August	05.08.1883	1912	USA, Davensport Iowa
Wintterlin, Albert	08.08.1897	1929	USA, Lang Grove Iowa
Wintterlin, Christian	15.10.1843	1853	USA
Wintterlin, Gottlob	20.05.1842	1865	USA
Wintterlin, Johannes	04.01.1835	1865	USA
Wintterlin, Karl	12.11.1891		Argentinien, Santa Fe
Wörner, Johann Georg	13.11.1819	1853	USA
Wolfangel, Philipp Jakob	21.06.1839	1865	USA, Philadelphia
Würth, Johann Heinrich	07.05.1850		USA
Würth, Johann Philipp	25.11.1795	1832	Russland, Odessa, später wieder zurück
Würth, Philippine	10.02.1803	1831	Russland, Odessa
Zahn, Johann Ludwig		1799	Podolien (von Cannstatt aus)
Zahn, Margarete, geb. Schmid (E)	06.01.1779	1799	Podolien (von Cannstatt aus)
Ziegler, Johann Christian	15.11.1827	1854	USA, Michigan
Ziegler, Johannes verh.m. Joh. Hartmann	18.02.1839	1871	Palästina, Haifa
Ziegler, Rosine, Schwester v. Johannes Ziegler	18.05.1841	1871	Palästina, Haifa
Ziegler, Gustav Adolf, Missionar	12.03.1848	1881	Ostindien, Mangalur, dort gestorben
Ziegler, Jakob Friedrich, Schuster	03.03.1826	1853	USA

Ziegler, Jakob Friedrich, Schriftsetzer		1853	USA
Ziegler, Karl	18.03.1900	1923	Paraguay, Jegros
Ziegler, Ludwig	02.07.1847	1891	Prov. Posen, Korntal
Ziegler, Anna Katharina, geb. Böhmler (E)	04.03.1851	1891	Prov. Posen, Korntal
Ziegler, Lydia (K)	26.12.1876	1891	Prov. Posen, Korntal
Ziegler, Amalie (K)	17.02.1879	1891	Prov. Posen, Korntal
Ziegler, Marie (K)	23.12.1885	1891	Prov. Posen, Korntal
Ziegler, Helene (K)	23.07.1884	1891	Prov. Posen, Korntal
Ziegler, Maria Karoline	01.07.1862	1890	USA
Ziegler, Rosine Karoline	09.09.1863	1890	USA
Ziegler, Simon Johannes	30.09.1828	1849	USA, St. Louis, Missouri
Ziegler, Theodor August	30.08.1829	1854	USA

Das Haus Lillich (Hindenburgstraße 47, um 1910) ist ein typisches Haus der Möglinger »Gründerzeit«. Das aus den Fenstern schauende Ehepaar Friedrich Lillich (1869–1936) und Friederike geb. Knoll (1870–1937) heiratet 1898. Vor dem Haus stehen die Kinder Amalie und Adolf.

Möglingen im Kaiserreich (1871–1918)

Rolf Bidlingmaier

1. Der Deutsch-Französische Krieg 1870/71

Im Jahr 1866 hatte sich Preußen im Deutschen Krieg mit seinem Sieg über Österreich die Vorherrschaft in Deutschland gesichert. Frankreich betrachtete das erstarkende Preußen mit äußerstem Misstrauen. Im Sommer 1870 erklärte Frankreich aufgrund der Emser Depesche Preußen den Krieg. Württemberg trat an der Seite des Norddeutschen Bundes in den Krieg gegen Frankreich ein, der durch den raschen Aufmarsch der deutschen Truppen nach dem Generalstabsplan von General Helmuth von Moltke zu den großen Siegen bei Wörth, Sedan und Champigny und zur Niederlage der Franzosen unter Kaiser Napoleon III. führte. Insgesamt zogen 26 Männer aus Möglingen in den Infanterieregimentern, im Jägerbataillon, in der Artillerie und im Armeetrain in den Krieg. Daneben wurden auch Pferde und Wagen requiriert. Der Feldwebel Jakob Friedrich Künstner fiel am 30. November 1870 bei der Schlacht von Champigny in der Nähe von Paris. Alle anderen Soldaten kehrten wohlbehalten in die Heimat zurück. Bei der Rückkehr erhielten alle Soldaten im August 1871 ein Mittagessen und einen Geldbetrag von 4 Gulden. Anlässlich des Friedensschlusses fand in der Kirche ein Dankgottesdienst statt. Noch vor dem Friedensschluss im Mai 1871 trat Württemberg dem Norddeutschen Bund bei und wurde am 1. Januar 1871 ein Bundesstaat des Deutschen Reiches. Am 18. Januar 1871 erfolgte in Versailles die Proklamation König Wilhelm I. von Preußen zum Deutschen Kaiser und im April trat die neue Reichsverfassung in Kraft.[1]

Zum Andenken an die Schlacht von Sedan, bei der Kaiser Napoleon III. in Gefangenschaft geriet, fand im Kaiserreich jedes Jahr am 2. September der Sedanstag statt. Zum 25. Jahrestag 1895 erhielten die Veteranen bei einem gemeinsamen Mittagessen einen Geldbetrag ausbezahlt, während den Schulkindern und den Kindern der Kleinkinderschule zur Sedansfeier je eine Brezel überreicht wurde. Noch am 40. Jahrestag der Schlacht von Sedan 1910 bekamen die neun noch lebenden Veteranen von der Gemeinde einen Geldbetrag verehrt.[2]

Die Nähe zur Residenzstadt Ludwigsburg, die damals weniger durch den Hof als durch die zahlreichen Kasernen und dort stationierten Militäreinheiten geprägt war, hatte auch seine Auswirkungen auf Möglingen. Im Jahr 1871, nach Beendigung des Deutsch-Französischen Krieges, wurde im Osterholz ein Schießplatz eingerichtet. Die Einwohner von Möglingen hatten keine Einwendungen, *sofern sie ihre Felder jederzeit bebauen können, und während des Schießens hieran nicht gestört werden, und durchaus gegen jede Gefahr und Unglück geschüzt* werden. 1891 entstanden anstelle des Schießplatzes insgesamt vier Schießbahnen.[3]

Die abgeernteten Felder waren ein beliebter Platz für militärische Übungen und zum Exerzieren der Kavallerieeinheiten, so der Dragoner und der Ulanen aus Ludwigsburg. Die Möglinger Bauern sahen dies allerdings nur ungern, da dadurch der Boden so verfestigt wurde, dass es besondere Mühe kostete, ihn wieder zu lockern. Im Jahr 1873 wandte sich die Gemeinde gegen die Benutzung des Winterstoppelfeldes und bat, *mit militärischen Übungen die hiesige Markung zu verschonen, da schon seit mehreren Jahren die hiesigen Felder hiebei vielmehr Schaden gelitten haben, als ersezt wurde, indem die nachtheiligen Wirkungen öfters im*

Die Gemeinde ehrte ihre Kriegsteilnehmer von 1870/71 im Stil der damaligen Zeit mit einem gerahmten Gedenkblatt, das früher im Rathaus hing.

kommenden Jahr erst recht zum Vorschein kommen. Im Jahr 1876 erhielt die Gemeinde wegen festgetretener Felder in der Kornwestheimer Zelge 3500 Mark Entschädigung.⁴

Neben Truppenübungen fanden in der Gemeinde auch immer wieder Einquartierungen von militärischen Truppenteilen statt. Im Sommer 1866 lagen in Möglingen hessische Truppen im Quartier. Schultheiß Ziegler wurde wegen Klagen über schlechte Verpflegung angewiesen, *daß Sie mit Nachdruck dafür sorgen, daß die Leute, welche sehr bescheiden sind, vorschriftsmäßig verpflegt werden. Es ist Ehrensache, daß es an nichts fehlt. Sie werden sich bei dem in Möglingen commandirenden Offizier erkundigen, ob und über welche Quartierträger geklagt wird.*⁵

Ein besonderes Erlebnis für die Bevölkerung bildeten die Kaiserparaden und Kaisermanöver, die meist auf dem Langen Feld auf Pflugfelder oder Kornwestheimer Markung stattfanden, so in den Jahren 1876, 1885, 1893, 1899, 1904 und 1913. Im September 1893 kam Kaiser Wilhelm II. zum Kaisermanöver nach Ludwigsburg. Auf Befehl des Generalkommandos wurde Möglingen am Tag des Kaisermanövers beflaggt und geschmückt. Die Ortsstraßen dekorierten die Einwohner *mit geeignetem Waldgrün*, das vom Forstamt Solitude abgegeben wurde. Im Herbst 1899 fanden wiederum große Manöver statt, wobei drei Armeekorps gegeneinander operierten. *Auf hiesiger Markung spielte sich der Schluß ab; eine von Kaiser Wilhelm II. geführte Reiterattacke ging über's hiesige, im Zelg Kornwestheim befindliche Brachfeld, nach welcher vom Kaiser auf der Kirrhöhe, dicht an der Gröninger Straße, Kritik gehalten wurde.* Beim Manöver waren rund 3000 Grundstücke in Mitleidenschaft gezogen worden, wofür insgesamt 40000 Mark vergütet wurden. *Das Feld sah schrecklich aus. Es war eine solche Menge Soldaten da, wie sie Württemberg noch nie gesehen.* Ein weiteres Manöver mit Kavalleriedivisionen fand Anfang September 1904 auf dem Langen Feld statt, wobei in Möglingen ein Flurschaden von 75 000 Mark entstand.⁶

2. Die Gemeinde und ihre Bürger

In der Zeit des Kaiserreichs nahm das Volumen des Gemeindehaushalts erheblich zu. Wies der Etat für das Jahr 1875 7500 Mark Einnahmen und 10 731 Mark Ausgaben auf, wobei das Defizit durch eine Umlage unter den Bürgern, den Gemeindeschaden, gedeckt wurde, so betrug das Haushaltsvolumen im Jahr 1910 bereits 31 565 Mark. Den steigenden Einnahmen standen allerdings stärker steigende Ausgaben gegenüber, wobei sich das Fehlen von Gewerbe und Industrie bemerkbar machte. Die Ge-

Wilhelm Pflugfelder als Dragoner um 1910.

meindeumlage, mit der das Defizit der Gemeindepflege gedeckt werden musste, stieg zwischen 1880 und 1900 von 7400 Mark auf 11 500 Mark an. Andererseits ging die Zahl der Einwohner seit 1886 bis zur Jahrhundertwende beständig zurück. In dieser Lage beantragte die Gemeinde im September 1901 die Erhebung einer Biersteuer. *Der Ertrag der Bierabgabe hätte zur Vermeidung einer weiteren Erhöhung der Gemeindeschadensumlage, teils aber auch zur Bestreitung folgender außerdentlicher Ausgaben zu dienen und zwar der Kandelpflasterung innerhalb Etters und dem Ausbau der Stammheimer Straße in Höhe von 15 500 Mark. Diese Herstellungen sind schon seit Jahren ein dringendes Bedürfniß, wurden aber mit Rücksicht auf die ohnedies hohe Gemeindeschadensumlage seither immer zurückgestellt. Die Einwohnerzahl beträgt nach der Volkszählung vom 1. Dezember 1900 1099 Seelen und hat seit 1886, wo die Seelenzahl 1190 betragen hat, beständig abgenommen. Von den steuerpflichtigen Einwohnern gehören etwa ³/₄ dem kleineren und mittleren Bauernstande an, während das weitere ¹/₄ sich aus Kleingewerbetreibenden und auswärts beschäftigten Fabrikarbeitern zusammensetzt. Das Gewerbekataster beträgt im Etatsjahr 1900/01 5478 M, die Staatsgewerbesteuer nur 213 M und es entfallen von der Amts- und Gemeindeschadensumlage auf das Grundeigenthum rund 75 %, Gebäudeeigenthum 22 %, Gewerbe nur 3 %. Eine Mehrbelastung des Grund- und Gebäudeeigenthums ist fast unthunlich, die Ausgaben steigern sich aber alljährlich. Die ökonomischen Verhältnisse der Landwirtschaft treibenden Einwohner und der Handwerker sind im allgemeinen nicht ungünstig, dies ist jedoch hauptsächlich den guten Ernteerträgen der letzten Jahre, dem rastlosen Fleiß und der außergewöhnlichen Sparsamkeit der Mehrzahl der hiesigen Einwohner zuzuschreiben. Die Gemeinde als solche hat kein bedeutendes rentierendes Vermögen.* Trotz dieser Gründe lehnten die Staatsbehörden den Antrag ab, da sie keine besonders dringlichen Verhältnisse sahen. Bis 1910 stieg die Einwohnerzahl wieder auf 1160 Personen an.[7]

Zu den Bediensteten der Gemeinde gehörten neben dem Schultheißen der Gemeindepfleger, der Amts- und Polizeidiener, der Feldhüter, zwei Nachtwächter, der Leichenschauer, die Leichenbesorgerin, der Totengräber, die Hebamme, der Straßenwärter, der Kuhführer und der Schuldiener. Die Gemeindekasse verwalteten zwischen 1870 und 1919 die Gemeindepfleger Paul Blank, Christoph Schüle und Gottfried Pflugfelder. 1885 hatte Johann Michael Jaus das Amt des Amts- und Polizeidieners inne, während als Feldschütze Gottlieb Kienzle, als Nachtwächter Wilhelm Jaus und Friedrich Wagner und als Kuhführer Karl Kienzle fungierten. Als Wundarzt und Leichenschauer wirkte bis in die Mitte der achtziger Jahre Karl August Pfähler. Nur saisonal besetzt waren die Ämter des Obstschützen und der Weinbergschützen. Andere Aufgaben, so die des Armenpflegers, Untergängers, Steuersetzers, Feuerschauers, Brotschätzers, Fleischbeschauers oder Wegmeisters nahmen einzelne Gemeinderäte wahr. So versah der 1881 verstorbene Gemeinderat Rossnagel die Funktionen eines Farren-, Feuer- und Bauschauers, eines Untergängers, Fleischbeschauers und Brotschätzers wahr. Die Gemeinderäte saßen teilweise Jahrzehnte im Kollegium, so der *Oekonom* Friedrich Hirsch, der dem Gemeinderat von 1879 bis 1911 angehörte.[8]

Der zur Jahreswende 1900 verstorbene Feldschütze und Nachtwächter Friedrich Wagner hatte als Feldschütze *die ganze Gemeindemarkung fleißig zu begehen und jede Übertretung zur Anzeige bringen, namentlich auch auf fremde Schäfer besonders acht zu geben; die Wasserablässe an Straßen und Wegen offen zu halten, auch kleinere Mängel an Straßen und Wegen durch Einhauen zu beseitigen, die Gemeindebäume besonders zu beaufsichtigen und Bodenschosse und Wasserschosse an den Stämmen junger Bäume zu entfernen, die Schlagbäume rechtzeitig zu öffnen und zu schließen.* Als Nachtwächter hatte er mit dem anderen Nachtwächter abwechselnd während der Vor- und Nachmitternachtnachtwache den Polizeidienst zu versehen und die Kontrolluhr regelmäßig jede Stunde an allen Stationen aufzuziehen. Für jedes Versäumnis konnten ihm 20 Pfennig an seiner Belohnung abgezogen werden. Außerdem musste er um 12 Uhr nachts die drei im Jahr 1900 angeschafften Straßenlampen löschen, die jedoch nur im Winterhalbjahr in Betrieb waren. Im Jahr 1905 schafften die Gemeindekollegien das bisher übliche Läuten mit der Rathausglocke am Anfang und am Ende des Dienstes des Nachtwächters ab, da inzwischen alle Haushalte mit Zimmeruhren versehen waren. Mit der Einführung der elektrischen Straßenbeleuchtung 1910 wurde die Nachtwache in der Zeit vor Mitternacht, das Aufziehen der Kontrolluhren und das Abbieten in den Wirtschaften dem Polizeidiener übertragen, sodass der Nachtwächter erst nach Mitternacht in Aktion trat. Der letzte Nachtwächter in Möglingen war Wilhelm Kienzle. Er stellte 1938 seinen Dienst ein.[9]

Im November 1872 starb Schultheiß Johannes Ziegler nach 38-jähriger Amtszeit. Bei der Neuwahl im Dezember 1872 war der Ludwigsburger Oberamtmann anwesend und belehrte die zusammengerufenen 238 Wahlberechtigten über die Wichtigkeit der Wahl und forderte sie auf, mittels Stimmzettel drei Männer zu benennen, *welche von ihnen für die würdigsten und tüchtigsten zu dieser Stelle erachtet werden*. Die anschließende Wahl ergab 107 Stimmen für Gemeinderat Jakob Hirsch, 103 Stimmen für Gemeinderat Jakob Pflugfelder und 62 Stimmen für Christian Oberacker, derzeit Feldwebel in Ulm. Die anderen 256 Stimmen verteilten sich auf verschiedene Personen, darunter 22 Stimmen auf Schultheiß Reichle aus Eglosheim. Der bereits 65 Jahre alte Jakob Hirsch lehnte gesundheitshalber die Annahme der Wahl ab, ebenso der Bauer Jakob Pflugfelder. Christian Oberacker wurde von der Militärbehörde nicht freigegeben. Daraufhin fand im Januar 1873 ein erneuter Wahlgang statt, bei dem Johannes Reichle mit 110 Stimmen die Wahl gewann. Schon 10 Tage später wurde er von der Kreisregierung zum Schultheißen in Möglingen mit einer Besoldung von 400 Gulden bestellt. Johannes Reichle (1829–1882) stammte aus Schopfloch und war zuvor Gutspächter in Monrepos und Schultheiß in Eglosheim gewesen. Im Jahr 1875 würdigten die Gemeindekollegien die *Leistungen unseres verehrten und allgemein beliebten Schultheißen Reichle, der all seine Zeit und seine so tüchtige Arbeitskraft dem Wohl der Gemeinde widmet, mit so großer Gewissenhaftigkeit und Berufstreue sich allen Geschäften unterzieht*, mit einer Besoldungserhöhung. Pfarrer Keller bezeichnete ihn 1880 als *sehr fleißig*. In seiner Amtszeit entstand ein Lehrerwohnhaus. Außerdem setzte er sich für eine moderne Wasserversorgung ein, die jedoch am Widerstand der Gemeindekollegien scheiterte.[10]

Nach seinem Tod fand Ende Juni 1882 eine Neuwahl des Schultheißen statt. Bei dieser erhielt der Revisionsassistent Christian Hegel aus Ludwigsburg 105 Stimmen und der Markgröninger Stadtschultheißenamtsassistent Conrad Schneider 101 Stimmen. Lammwirt Seybold verbuchte 41 Stimmen, wohingegen sich die restlichen Stimmen auf verschiedene Personen aufsplitterten. Hegel und Schneider erklärten sich bereit, die Wahl im Fall einer Ernennung durch die Kreisregierung anzunehmen. Unterdessen wurde Schneider durch Verwaltungskandidat Kauderer der Wahlbestechung bezichtigt, da er die Bevölkerung im Anschluss an seine Wahlversammlung in das Gasthaus zum Lamm zum Freibier eingeladen hatte. Mitte Juli 1882 meldete der Gemeinderat an das Oberamt Ludwigsburg, dass *gegenwärtig zugunsten des Kandidaten Schneider ein Schriftstück bei der Einwohnerschaft zum Zweck der Unterschriftensammlung herumgetragen wird, wobei nachweislich es vorkommt, daß Frauen unterschreiben und daß durch den Colporteur fremde Unterschriften auf das Schriftstück in der Art gesetzt werden, als wären sie ächt*. Das daraufhin eingeleitete Ermittlungsverfahren der Staatsanwaltschaft wurde Ende August eingestellt. Da Schneider im zweiten Wahlgang offenbar die Mehrheit

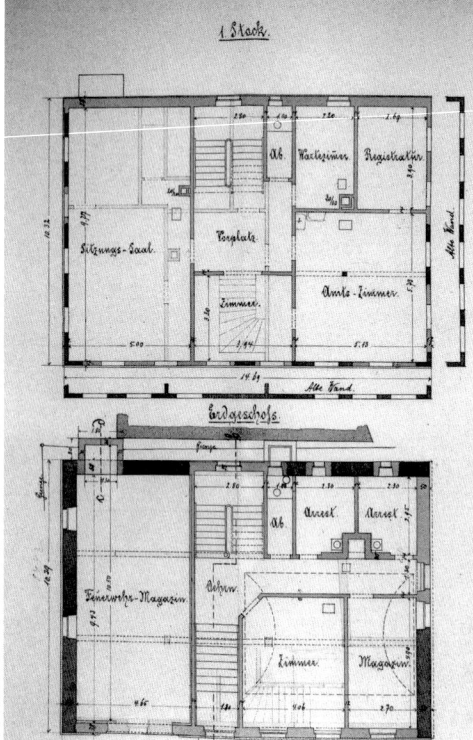

Umbau des Rathauses 1895: Ansicht und Grundrisse Erdgeschoss und erstes Stockwerk.

der Stimmen erzielte, ernannte ihn die Kreisregierung im September 1882 zum Schultheißen. Conrad Schneider (1857–1935) stammte aus Ohrenbach in der Nähe von Künzelsau und hatte die Verwaltungslaufbahn eingeschlagen. Pfarrer Hummel charakterisierte ihn 1890 als *kirchlich gesinnter, würdiger Mann und tüchtiger Beamter*. Schneider kam *mit Umsicht und Gewissenhaftigkeit seinen Aufgaben nach*. Nach 11-jähriger Tätigkeit wechselte Schneider Anfang 1894 als Kontrolleur zur Oberamtssparkasse nach Ludwigsburg.[11]

Zu seinem Nachfolger wählten die Möglinger im Januar 1894 mit 112 Stimmen den aus Möglingen gebürtigen Gottlieb Pflugfelder, während die Gegenkandidaten, der Revisionsassistent Wilhelm Arnold aus Ludwigsburg 76 Stimmen und der Verwaltungsaktuar Karl Kienzler aus Aldingen 17 Stimmen erhielten. Gottlieb Pflugfelder (1864–1926) war Verwaltungsbeamter und hatte zuvor als Revisionsassistent in Blaubeuren gearbeitet. Pflugfelder war ein sehr rühriger Schultheiß, der in seiner Amtszeit von 1894 bis 1920 einiges für die Gemeinde erreichte. Hierzu zählt die Einführung einer Wasser- und Stromversorgung, der Umbau des Rathauses, der Ausbau des Straßennetzes und der Anschluss an die Eisenbahn. Er erwarb *sich manche Verdienste um gute Ordnung in der Gemeinde*. 1920 wechselte er als Kassier an die Oberamtssparkasse nach Ludwigsburg.[12]

Schon bald nach seinem Amtsantritt ging Schultheiß Pflugfelder an einen zeitgemäßen Umbau des Rathauses, für den ein Fond von 7500 Mark vorhanden war. Im Juni 1895 beschlossen die Gemeindekollegien, den Zeitpunkt des Umbaus zwar noch nicht festzusetzen, doch sollte Werkmeister Ernst Dobler in Ludwigsburg bereits jetzt einen Bauriss und einen Kostenvoranschlag anfertigen. Im November 1895 stellte Dobler ein sich auf 15 000 Mark belaufendes Umbauprojekt vor und erhielt von den Gemeindekollegien grünes Licht für die Ausführung des Umbaus. Nach dem Entwurf sollte das Gebäude bis auf Erdgeschosshöhe abgetragen und dann im alten

Umfang mit einem etwas flacheren Dach neu erbaut werden. Die innere Einteilung sah im Erdgeschoss das Feuerwehrmagazin und den Ortsarrest, im Obergeschoss den Sitzungssaal, das Amtszimmer des Bürgermeisters, ein Wartezimmer, die Registratur und ein weiteres Zimmer vor. Der Umbau erfolgte im Lauf des Jahres 1896. Kanzlei und Registratur wurden vorübergehend in das Gebäude von Lammwirt Friedrich Seybold verlegt. Aufgrund der schlechten Bausubstanz musste das Rathaus weitgehend neu errichtet werden und erhielt 1898 seinen endgültigen Verputz.[13]

Nicht jeder Einwohner in Möglingen besaß auch zugleich das Bürgerrecht. Lediglich die Kinder der dort verbürgerten Familien erwarben das Bürgerrecht automatisch. Zuziehende mussten dagegen erst eine Aufnahme in das Bürgerrecht beantragen, über die der Gemeinderat zu entscheiden hatte. Die Annahme neuer Bürger war streng geregelt und mit erheblichen Kosten verbunden, da die Gemeinden zusätzliche, hohe Kosten verursachende Sozialfälle verhindern wollten. Relevant war die Bürgerannahme vor allem, wenn bei einem Paar ein Partner von außerhalb kam. Konnte das Paar das geforderte Vermögen von 800 Gulden nicht nachweisen, lehnte der Gemeinderat die Erteilung des Bürgerrechts ab. So wollte sich 1868 Karl Friedrich Krumm aus Baach im Remstal mit der Möglingerin Katharina Euchner verehelichen. Da beide zusammen nur ein Vermögen von 699 Gulden besaßen, lehnte der Gemeinderat eine Aufnahme des Bräutigams in das Möglinger Bürgerrecht ab. Stattdessen beantragte Krumm nun die Aufnahme der Braut in das Baacher Bürgerrecht, wozu die Gemeinde Möglingen ein Leumundszeugnis ausstellte. Dem im selben Jahr von Karl Friedrich Beil aus Hochdorf gestellten Antrag zur Aufnahme in das Möglinger Bürgerrecht stimmte der Gemeinderat dagegen zu, da er und seine Braut Johanna Krohmer ein Vermögen von 925 Gulden nachweisen konnten. *Der Nahrungsstand derselben erscheint gesichert*, wie der Gemeinderat feststellte. Zugleich gab er auch die Erlaubnis zur Verheiratung der beiden. Zur Bürgerannahme gehörte nicht nur die Zahlung eines Geldbetrags, sondern in der Regel auch die Anschaffung eines Feuereimers und die Pflanzung eines Baumes auf der Allmende. Im Jahr 1885 wurden die Bürgerannahmegebühren erheblich gesenkt, sodass es nunmehr einfacher war, in das Bürgerrecht aufgenommen zu werden. Musste ein Mann bisher 66 Mark und eine Frau 33 Mark zahlen, so ermäßigten die Gemeindekollegien nun den Ansatz auf 10 Mark. Gleichwohl zogen um die Jahrhundertwende nur wenige neue Bürger in den rein landwirtschaftlich geprägten Ort. Ortsarme gab es damals fast keine mehr. *Das Armenhaus steht seit 20 Jahren leer*, wie Dekan Gauger bei der Visitation 1918 bemerkte.[14]

Unter den Einwohnern machten immer wieder einmal die Jugendlichen durch Lärm und Unfug Schwierigkeiten. So erließen die Gemeindekollegien 1883 eine ortspolizeiliche Verordnung, nach der *junge Leute, welche nicht mindestens zwei Jahre aus der Schule entlassen sind, nach dem Läuten der Abendglocke die Straßen, Gassen und öffentliche Plätze zu verlassen und sich sofort nach Hause zu begeben haben*. Die Gemeindekollegien erkannten *Zweckmäßigkeit und Nothwendigkeit der Anordnung, der zunehmenden sittlichen Entartung und Verwilderung der Jugend Einhalt zu thun*. Insbesondere wurde kritisiert, dass manche Eltern die Kinder *sich selbst überlassen und die Erziehung der Jugend in unverantwortlicher Weise vernachlässigen*. Im Jahr 1892 beschlossen die Gemeindekollegien ein Verbot des Musizierens und Tanzens auf öffentlichen Straßen und Plätzen. Anlass hierzu waren Klagen, *daß junge Leute während des Nachmittags und des Abends bis in die Nacht hinein, namentlich an Sonn- und Feiertagen, durch truppenweisen unruhigen Aufenthalt, Singen, Musizieren und Tanzen auf den öffentlichen Straßen und Plätzen außerhalb des Ortes, so namentlich auf der ziemlich frequentierten Ludwigsburger Straße, die wünschenswerte Ruhe und den freien Verkehr für Fuhrwerke und Fußgänger beeinträchtigen*.

Möglinger Bürger in Tracht um 1880. Links Magd und Knecht; rechts Katharina und Paul Pflugfelder.

Ein anderes Problem war der Hausbettel durchziehender Handwerksburschen und Vaganten. Um dies abzustellen, unterstützte die Gemeinde ab Januar 1881 die im Ort ankommenden mittellosen Reisenden nach der Überprüfung ihrer Reisepapiere morgens und nachmittags mit einer Brotportion, mittags mit einer Suppe und abends mit Suppe und Übernachtung im Gasthaus zum Lamm. Zum Trinken erhielten sie einen Viertelliter Most. Das Ergebnis war das *alsbaldige Aufhören des Häuserbettels durch Handwerksbursche*. 1882 wurden allerdings diejenigen abgewiesen, die innerhalb von drei Monaten wiederkamen. Im folgenden Jahr war der *Zuzug der Vaganten ganz unbedeutend*, sodass die Naturalverpflegung wieder eingestellt wurde.[15]

Politisch gesehen waren die Möglinger konservativ, wie bei einem reinen Bauerndorf zu erwarten. Bei den Reichstagswahlen errang stets der bürgerliche Kandidat die Mehrheit. 1903 erhielten die Sozialdemokraten gerade einmal 23 Stimmen. *Die Socialdemokratie spielt hier keine Rolle, ein socialdemokratischer Verein besteht nicht; die Zahl der wirklichen Genossen dürfte höchstens sechs betragen, die in auswärtigen Betrieben beschäftigt sind.* Bei der Reichstagswahl 1907 konnte sich der Kandidat der nationalliberalen Partei, Johannes Hieber, im Wahlkreis knapp gegen seinen Konkurrenten von der SPD, Wilhelm Keil, behaupten. In Möglingen jedoch erhielt Hieber 90 Prozent der Stimmen, Keil lediglich 10 Prozent. Obgleich Wilhelm Keil bei der Reichstagswahl 1912 das Abgeordnetenmandat errang, konnte er in Möglingen nur 12 Prozent der Stimmen verbuchen. Die anderen Wähler hatten sich für die Kandidaten des bürgerlichen Lagers entschieden.[16]

3. Feuerwehr

Die Möglinger Feuerwehr war im 19. Jahrhundert eine Einrichtung, an der alle Einwohner zur Mitwirkung verpflichtet waren. Während im Fall eines Brandes die Bürger mit ihren Feuereimern am Sammelplatz zu erscheinen hatten, mussten die Frauen ihre Wassereimer mitbringen. Insgesamt gab es 4 Rotten, wobei die Aufsicht dem Schultheißen und den Gemeinderäten oblag. Lokal-Feuerlöschordnungen von 1831 und 1877 regelten den Einsatz der Truppe. 1874 schaffte die Gemeinde eine neue zweistrahlige Saugfeuerspritze an, da die alte fahrbare Kastenspritze erhebliche Beschädigungen aufwies. Zur Ausrüstung der Feuerwehr gehörten ferner Druckschläuche, eine Handspritze, Stütz- und Anstellleitern, Feuerhaken und Wassereimer.

1879 schlug Landesfeuerwehrinspektor Großmann vor, die Steigerabteilung zu vergrößern und die Feuerwehr militärisch zu organisieren und mit Statuten zu versehen. Umgesetzt wurde die Neuorganisation allerdings erst in den Jahren 1886/87, als in der Gemeinde eine Pflichtfeuerwehr entstand. Die Leitung ging

Feuerwehrsignale der Möglinger Feuerwehr Ende des 19. Jahrhunderts.

Im Jahr 1900 feierte die Feuerwehr ihr 25-jähriges Jubiläum.

vom Schultheißen auf den neugewählten Feuerwehrkommandanten Wilhelm Rommel über, dem 1889 Gottlieb Künstner und 1894 Hermann Rossnagel folgten. Die Feuerwehr wurde in Züge eingeteilt, so der Steiger, Retter und Schlauchleger, der Spritzenmannschaften, der Wasserträger und der Flüchtungs- und Wachmannschaft. Zugleich beschaffte die Gemeinde neue Ausrüstungsgegenstände und Kleidungsstücke. Zur Löschwasserversorgung dienten die Wette mit ihrem Abfluss und die neun öffentlichen und sechs privaten Pumpbrunnen. Eine 1888 angelegte Feuerlöschkasse wurde jedoch wegen zu hohem Verwaltungsaufwand wenige Jahre später wieder aufgelöst. Durch den Umbau des Rathauses entstand im Erdgeschoss 1896 ein neues Feuerwehrgerätemagazin. Mit der Inbetriebnahme der Wasserversorgung 1906 erfolgte eine Umorganisation der Feuerwehr. Es musste ein Hydrantenzug gebildet werden, während die Wasserträger in Zukunft entbehrlich waren. 1914 schaffte die Gemeinde die erste mechanische Feuerwehrleiter an.[17]

4. Wasserversorgung

In Möglingen erfolgte die Versorgung der einzelnen Haushalte mit Wasser durch die zahlreichen Brunnen am Ort. Diese Brunnen waren teilweise öffentlich, so der Kirchbrunnen oder der Sonnenbrunnen; zum anderen gab es auch private Brunnen, die die einzelnen Hausbesitzer hatten anlegen lassen. Während die etwas tiefer gelegenen Häuser in der Ortsmitte stets gut mit Wasser versorgt waren, klagten in den siebziger Jahren die Bewohner der höher gelegenen Schwieberdinger und Markgröninger Straße über den sehr weiten Weg zum Brunnen, zumal alle Versuche, hier eine Quelle anzugraben, bislang fehlgeschlagen

waren. Beim Ruggericht im Juli 1876 brachten die Bewohner der Markgröninger Straße wiederum ihre Klagen vor. Die Gemeindekollegien sahen nur einen Ausweg, nämlich den außerhalb des Ortes gelegenen Sonnenbrunnen zu fassen und das Wasser in die Markgröninger Straße zu leiten, doch hielten sie die Kosten für zu hoch und wollten einer Ausführung nur dann näher treten, wenn sich die Einwohner in jenem Teil des Ortes vorab zu einem namhaften Beitrag bereiterklärten. Das Oberamt Ludwigsburg setzte sich daraufhin mit Hermann Ehmann, dem Staatsbautechniker für das Wasserversorgungswesen, in Verbindung, der den Aufwand für die Wasserleitung mit Brunnen auf ungefähr 3650 Mark schätzte. Anfang 1877 hatten sich die Anwohner auf einen Kostenbeitrag von 1115 Mark verständigt. Doch war dieses Angebot den Gemeindekollegien zu wenig, sodass sie im Februar beschlossen, dass die Antragsteller den Bau auf ihre Kosten ausführen lassen sollten. Die Gemeinde erklärte sich bereit, die Hälfte der Kosten zu übernehmen.[18]

Wenige Tage darauf wandten sich die Anwohner der Markgröninger und Schwieberdinger Straße in einer Eingabe an das Oberamt Ludwigsburg mit der Bitte *um kräftigste Einwirkung* des Oberamts beim Zustandekommen der Wasserleitung. *Die Gemeinde Möglingen hat zwar viel Wasser, theilweise noch da, wo man es gar nicht wünscht, aber das meiste befindet sich auf einem Punkte in der Nähe der Kirche und des Pfarrhauses. Auf die bestehenden Brunnen hat die Gemeinde sehr wenig zu verwenden, jährliche Unkosten dieses Aufwands werden fast null sein. Unter allen Brunnen [ist] nicht ein einziger laufender. Für die Bürger Möglingens, welche nun Markgröningen, Asperg und Schwieberdingen zu wohnen, ist es eine beschwerliche, gefährliche und zeitraubende Arbeit, das Wasser für Menschen und Vieh so weit herholen zu müssen, besonders im strengsten Geschäft zur Sommerszeit und in strengen Wintern bei Glatteis, wenn dazu noch an solchen Punkten Feuer ausbrechen würde, wie löblich, wenn Wasser in der Nähe wäre.*

Mehrere Bürger der genannten Straßen haben schon vor 17 Jahren sich zusammengethan und dann dort Brunnenschächte gegraben auf ihre eigenen Kosten, aber ohne Erfolg. Aufmerksam gemacht auf eine sehr gesunde Quelle an der Ludwigsburger Straße, baten die betheiligten Bürger die hiesigen bürgerlichen Collegien, ihnen diese Quelle hereinleiten lassen zu wollen auf einen geeigneten Platz, zu diesem Zweck haben auch die besagten Bürger schon freiwillige Beiträge unterzeichnet im Betrag von über 1100 Mark. Ein von Herr Ehmann, Techniker, gemachter Überschlag belauft sich freilich auf mehr als den dreifachen Betrag unserer Beiträge.

Mit dem Beschluß der bürgerlichen Collegien nach dem vorliegenden Protokoll können besagte Bürger nicht einverstanden sein, indem sie schon viel Geld und Zeit in früherer Zeit verwendet haben, um einen Brunnen zu bekommen und durch den Protokollbeschluß würden ihnen Leistungen zugemuthet, die einzelne nicht erfüllen könnten.

Die Gemeindecollegien sind unserer Sache nicht abgeneigt, aber einzelne spießbürgerliche, engherzige Ansichten stehen hindernd im Wege. Zu diesen, in neuerer Zeit vorgekommenen Gemeindebelastungen durch Schulhausbau etc. dürfen nicht noch neue Lasten kommen. An allen Lasten tragen wir Bürger gerne unser redlich Theil, und wir glauben, die Gemeinde Möglingen kann auch ohne Schaden noch einen Brunnen herstellen. Wenn es das Wohl der Mitbürger gilt, hat Engherzigkeit, Selbstsucht und dergleichen nicht mitzusprechen; die Lasten können miteinander leicht und in wenig Jahren ganz abgetragen werden. Überdies halten wir die jetzige Zeit für die geeignetste zu einem solchen Unternehmen, das Eisen ist im Preise sehr gesunken, die Arbeiter sind leicht und billig zu haben, überdies wäre manchem Brotlosen auch unserer Gemeinde

Nächste Seite: Plan zur Möglinger Wasserversorgung aus dem Jahr 1904. Links oben ist die Mühle eingezeichnet.

Mühlwiesen

Bruhl

Mühlweg

nach Asperg

Raith

nach Markgrön- ingen

Reservoir

Heuteger

Möglingen

Gefertigt Salon den 26 Mai 1904.

Erklärung:

Druckleitung ―――

Verteilungsleitung ―――

Übersch-Leitung ―――

⊙― Ventilbrunnen

eine Verdienstquelle aufgethan, ohne diese er vielleicht auf Beiträge von der Gemeinde angewiesen ist. Die Antragsteller baten das Oberamt, *seine Weisheit, Milde und Kraft* zur Geltung zu bringen und Baurat Ehmann nach Möglingen zu senden.[19]

Die Gemeindekollegien beschlossen daraufhin im Juni 1877, Oberamtsbaumeister Schmohl solle das Gelände aufnehmen und einen Kostenvoranschlag aufstellen. In technischer Hinsicht empfahl Schmohl den Einbau eines Hydraulischen Widders, mit dem das Wasser des Sonnenbrunnens etwas gehoben und in die Markgröninger Straße geleitet werden sollte.[20] Gegen den Einsatz eines Hydraulischen Widders hatte Ehmann allerdings ernsthafte Bedenken, da *die Widderanlagen in ihrer hier in Aussicht genommenen einfachsten Form und namentlich ohne Einschaltung eines größeren Reservoirs, keineswegs die bei einer Gemeindewasserleitung so wünschenswerte Garantie für einen ungestörten Betrieb zu bieten vermögen.* Da die Gemeindekollegien im Januar 1879 eine weitere Konsultation des Staatstechnikers ablehnten, wandten sich 28 Bürger mit einer Eingabe erneut an das Oberamt, in der sie um einen Besuch des Staatstechnikers in Möglingen nachsuchten. *Die Fortschritte der Vieh- und Milchwirthschaftskunde verlangen für den Winter Tränkung des Viehes im Stalle, diese aber wird durch den Mangel an Brunnen für die entfernt von diesen liegenden Stallungen sehr erschwert und ist oft nur mit Gefahr eines Beinbruches auf den eisbedeckten Straßen durchzuführen. So erscheint aus wirthschaftlichem wie aus Haushaltungsinteresse die Vermehrung der Brunnen hier dringendes Bedürfnis.*[21]

Im Mai 1879 erstattete Bauinspektor Hermann Ehmann nach einem Besuch ein Gutachten über die Verbesserung der Wasserversorgung in Möglingen, in dem er vorschlug, dass dem Wassermangel unter der Ausnützung des Gefälles des Leudelsbachs *unmittelbar nach dessen Austritt aus dem Ort, durch Herstellung eines kleinen Druckwerkes mit zwei Pumpen abgeholfen werden kann, welche das gesunde und frische Wasser des so genannten Sonnenbrunnens nach einem auf der Höhe, südöstlich von Möglingen anzulegenden Reservoir zu schaffen hätten, von hier aus ist sodann die Vertheilung nach allen Straßen mit natürlichem Gefäll möglich, so daß nicht nur an jedem beliebigen Ort ein Brunnen aufgestellt, sondern auch noch in jedes Haus eine eigene so genannte Privatleitung eingerichtet und an passenden Stellen noch durch Hydranten in den Straßen für reichliche Wasserbeschaffung bei etwa drohendem Brandunglück gesorgt werden kann.* Die bislang ungenutzte Wasserkraft des Leudelsbachs hielt Ehmann für ausreichend, um damit ein oberschlächtiges Wasserrad aus Eisen zu treiben, das entweder zwei einfachwirkende oder eine doppeltwirkende Pumpe bedienen sollte, die pro Sekunde eineinhalb Liter Wasser vom Sonnenbrunnen in das 18 Meter höher als das Pumpwerk gelegene Reservoir zu pumpen hatte. Die Gesamtkosten für die Pumpstation, den Hochbehälter und die Röhrenleitungen bezifferte Ehmann auf 19 700 Mark, wobei er die Möglichkeit einer Kostenersparnis von 3500 Mark bei einem kleineren Leitungsnetz andeutete. Er hielt den gegenwärtigen Zeitpunkt wegen der so niedrigen Preise für Röhren und Maschinen für außerordentlich günstig und empfahl eine rasche Ausführung.[22]

Die Gemeindekollegien hingegen waren ganz anderer Meinung. Zur Abstimmung standen einmal das Projekt von Ehmann für 19 700 Mark, zum anderen das Projekt von Oberamtsbaumeister Schmohl mit einem Hydraulischen Widder für 5550 Mark. Während Schultheiß Reichle empfahl, *daß es im wohlverstandenen Interesse der Gemeinde läge, auf das größere Projekt einzugehen, wenn aber ein diesfallsiger Antrag abgelehnt werde, auf das kleine Projekt einzugehen*, war die Mehrzahl der Gemeinderäte der Meinung, *daß ein zwingendes Bedürfniß zu einer verbesserten Wasserversorgung nicht vorliege und daß jedenfalls der in Aussicht stehende Kostenaufwand mit dem Zweck im Missverhältnis stehe.* Bei der Abstimmung wurde das Projekt von Ehmann mit 12 gegen 2 Stimmen und jenes von Schmohl mit 11 gegen 3 Stimmen abgelehnt.[23]

Damit war der Bau einer Wasserversorgung vorerst gescheitert und die Gemeinde bemühte sich, wenigstens die Brunnen zu unterhalten und wo möglich, neue Brunnen zu errichten. Für die Bewohner der Markgröninger Straße ließ die Gemeinde 1885 den Lippenbrunnen anlegen, der den weiten Weg wenigstens auf 230 Meter verkürzte. In der Nähe der Ludwigsburger Straße wurde 1887 ein neuer Brunnen errichtet, nachdem die Anwohner sich beklagt hatten, *daß das ihnen zu Gebot stehende Bachwasser nur für das Vieh, und auch für dieses nur bei trockener Witterung, wenn es güllenfrei ist, verwendbar* sei, das Trinkwasser hingegen von sehr entfernten Brunnen herbeigeschafft werden müsse. Aus manchem Privatbrunnen ließ sich so noch Kapital schlagen. Die Witwe Lillich verlangte 1897 von den 18 Nachbarn, die ihren Brunnen mitbenutzten, eine Benutzungsgebühr von 1,71 Mark pro Jahr.[24]

Nach der Jahrhundertwende häuften sich insbesondere in regenarmen Perioden die Klagen der Einwohner in der Markgröninger und Schwieberdinger Straße wieder. 1902 riet Schultheiß Pflugfelder von einem weiteren Ausbau der Brunnen ab, da die Gemeinde ohnehin in absehbarer Zeit genötigt sein werde, eine allgemeine Wasserversorgung mit Hauswasserleitungen unter Benutzung des Son-

Grundriss der Pumpstation von 1906.

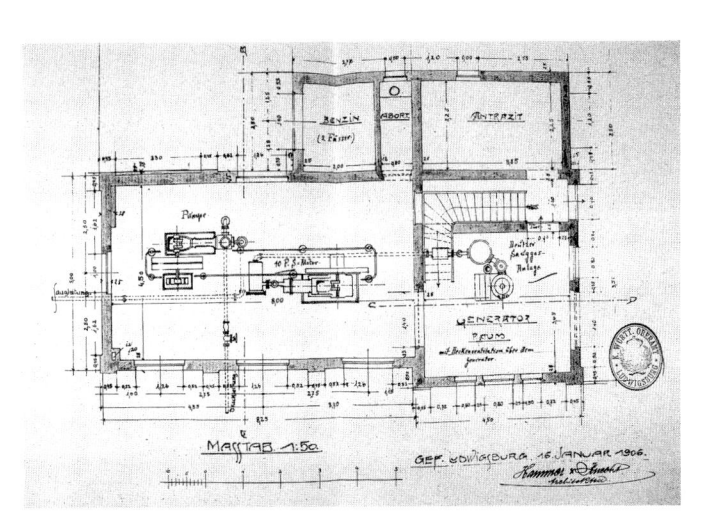

Die Möglinger Pumpstation. Zeichnung von Otto Schwab, 1954.

Der alte Ortskern zwischen Kirch- und Maulbrunnen; vielleicht das erste Siedlungsgebiet. Aufnahme vom Kirchturm aus von Erich Schober um 1946. Vorne rechts Backhaus, Salpeterhütte und Pumpstation.

nen- oder Kirchbrunnens einzuführen. Im Frühjahr 1903 beauftragten die Gemeindekollegien Oberamtsbaumeister Fränkel, einen summarischen Kostenvoranschlag über eine Wasserversorgung auszuarbeiten. Das Wasserholen mit Fässern am Lippenbrunnen wurde damals verboten. Im November 1903 schlug die Gemeinde Asperg einen Gemeindewasserverband mit Möglingen vor, da Oberamtmann Etzel angeregt hatte, die Gemeinde Asperg solle eine Wasserversorgung mit Wasser aus dem Kirchbrunnen errichten. Nach Wassermessungen am Sonnenbrunnen und am Kirchbrunnen legte Oberamtsbaumeister Fränkel im Januar 1904 ein Projekt über eine Wasserversorgung für Möglingen vor, wobei sich der Kostenvoranschlag auf 80 240 Mark belief. Das Projekt von Fränkel bestand aus einer Fassung der Quellen beim Kirchbrunnen, Anlegung einer Pumpstation auf diesem Platz, Erstellung eines Hochbehälters im Gewann Holderpfad und Bau eines Wasserleitungsnetzes. Bei einer Umfrage des Amtsdieners bei den einzelnen Familien wünschten nur 22 Prozent der Haushaltsvorstände die Einrichtung einer Wasserleitung. In der im Januar 1904 abgehaltenen Sitzung der Gemeindekollegien stellte Schultheiß Pflugfelder das Projekt von Fränkel und das

Umfrageergebnis vor. Als Alternative kam zur Wasserbeschaffung für die Einwohner in der Markgröninger Straße der Bau eines Hydraulischen Widders um 6000 Mark in Frage. *Der Ortsvorsteher befürwortet trotzdem dringend eine Hochdruckwasserleitung, da erfahrungsgemäß sich so ziemlich alle Hausbesitzer anschließen, wenn die Wasserleitung gebaut wird. Er betont namentlich, daß der alte Satz ›Zeit ist Geld‹ in erster Linie bei einer Wasserleitung zutrifft. Die Hausleitungen bringen soviel Zeitersparniß, daß dafür die Einrichtungskosten und Wasserzinse recht wohl aufgebracht werden können. Nicht vergessen dürfen namentlich die Vorteile werden, die eine Wasserleitung bei Feuerbrünsten bietet. Der Vorsitzende warnt davor, jetzt für eine teilweise Wasserleitung die Gemeindekasse stark zu belasten in der festen Überzeugung, daß eine allgemeine Wasserleitung, weil zeitgemäß, in absehbarer Zeit doch gebaut wird. Dann wäre der jetzige Aufwand für eine teilweise Wasserleitung umsonst gemacht.* Die sich anschließende Abstimmung ergab jedoch nur vier Stimmen für die Wasserleitung und zehn Stimmen dagegen, womit die Wasserversorgung im Gemeinderat wiederum abgelehnt war.[25]

Da das Graben eines Brunnens beim Armenhaus an der Schwieberdinger Straße kein Wasser zutage förderte, beschlossen die Gemeindekollegien stattdessen im April 1904 den Bau der Widderanlage um 6440 Mark. Im Januar 1905 legte Oberamtsbaumeister Fränkel die Pläne für die Widderanlage vor, mit der Wasser vom Sonnenbrunnen mittels einem hydraulischen Widder in der Ludwigsburger Straße in die Schwieberdinger Straße geleitet werden sollte. Unterdessen hatte sich die Stimmung in der Gemeinde wie in den Gemeindekollegien zugunsten der Wasserversorgung gewandelt. Schultheiß Pflugfelder empfahl nochmals die Wasserversorgung. Bei der Abstimmung stimmte der Gemeinderat mit vier gegen zwei Stimmen für die Wasserversorgung, während der Bürgerausschuss sie mit vier gegen fünf Stimmen ablehnte. Daraufhin beantragte der Bürgerausschussobmann geheime Abstimmung und der Gemeinderat eine Zusammenzählung aller Stimmen. Dies brachte schließlich den Durchbruch. Mit zehn gegen fünf Stimmen beschlossen die Gemeindekollegien *eine allgemeine Wasserversorgung des Ortes mittelst Hochdruckleitung einzuführen.* Hierzu sollte die Quelle am Kirchbrunnen verwendet und im Gewann Holderpfad ein Hochbehälter errichtet werden. Den anschlusswilligen Hausbesitzern stellte die Gemeinde eine Legung der Wasserleitung bis zum Haus in Aussicht, während jene, die sich jetzt verweigerten, bei einem späteren Anschluss sämtliche Kosten selber tragen sollten. Ein Anschluss jener sollte außerdem frühestens nach fünf Jahren möglich sein. Gleichwohl verhielt sich im Oktober 1905 immer noch ein Teil der Einwohnerschaft ablehnend gegenüber einem Anschluss an die Wasserversorgung, was Schultheiß Pflugfelder vor allem dem zunächst in Aussicht genommenen hohen Wasserzins zuschrieb. Bei einer Umfrage im Januar 1906 schlossen sich dagegen nur 20 von 261 Hausbesitzern nicht an die Wasserversorgung an. Die Wasserversorgung wurde in den Monaten Februar und März 1906 nach Plänen von Oberamtsbaumeister Fränkel ausgeführt. Anstelle der aufgefüllten Wette kam die Pumpstation mit Sauggasanlage zu stehen. Als erster Pumpenwärter fungierte Hermann Rossnagel. Am 23. Juni 1906 ging die Wasserversorgung in Betrieb, für die die Gemeinde 90 000 Mark aufwendete.[26]

5. Anschluss an die Eisenbahn

Im 19. Jahrhundert lag Möglingen von seiner topographischen Lage her im Windschatten von Ludwigsburg. Mit der Vollendung der Strecke Stuttgart–Heilbronn verfügte Ludwigsburg schon 1848 über einen Eisenbahnanschluss. Da die Eisenbahn damals ein wichtiger Standortvorteil war, siedelte sich die Industrie entlang der Bahnlinie, in Zuffenhausen, Kornwestheim und Ludwigsburg an. Möglingen blieb davon unberührt. Erst in den neunziger Jahren des 19. Jahrhunderts gab es

Pläne, eine Bahnlinie von Vaihingen an der Enz nach Ludwigsburg zu bauen. Der Anstoß dazu ging von Berlin aus. Das dortige Unternehmen der Regierungsbaumeister Havestadt und Sontag wollte eine Schmalspurbahn von Vaihingen nach Ludwigsburg errichten, die auch über die Orte Markgröningen und Möglingen führen sollte. Im Mai und Juni 1896 fanden in Enzweihingen und Vaihingen Versammlungen und die Aufstellung eines Eisenbahnkomitees statt. Die Gemeinde Möglingen verhielt sich jedoch zurückhaltend und wollte auch vorderhand keine Kosten zu den Vorarbeiten oder dem Bau der Bahnlinie übernehmen. Im Sommer 1897 hatten sich die Überlegungen soweit konkretisiert, dass der Streckenverlauf nun von Pforzheim nach Zuffenhausen führen sollte und nach Ludwigsburg eine Abzweigung bei Schwieberdingen über Möglingen vorgesehen war. Die Gemeindekollegien wollten jedoch *keine Initative für dieses aussichtslose Projekt ergreifen*. Inzwischen war das insbesondere von Vaihingen, Markgröningen und Ludwigsburg betriebene Projekt der Schmalspurbahn zwischen Ludwigsburg und Vaihingen an der Enz soweit vorangekommen, dass das Eisenbahnkomitee bereits einen Antrag an die Ständeversammlung zur Verwirklichung der Nebenbahn stellte. Der Verlauf der Strecke ging nun über Eglosheim und Asperg nach Markgröningen und nicht mehr über Möglingen, da Möglingen die Angelegenheit zurückhaltend behandelte. Im Jahr 1899 kam der Gedanke auf, die Strohgäubahn von Schwieberdingen nicht, wie bisher geplant, über Münchingen nach Zuffenhausen, sondern über Möglingen und Pflugfelden nach Ludwigsburg zu führen. Eine Realisierung der normalspurigen Strecke kam jedoch nur in Betracht, wenn die Gemeinden sich verpflichteten, die Grunderwerbskosten zu übernehmen. Stadtschultheiß Hartmann aus Ludwigsburg empfahl das Projekt wärmstens, da *wenn dieses Projekt nicht zur Ausführung kommt, die Gemeinden Möglingen und Pflugfelden wohl für immer vom direkten Eisenbahnverkehr ausgeschlossen bleiben werden*. Die Möglinger Gemeindekollegien konnten sich angesichts des unbedeutenden Güterverkehrs im August 1899 jedoch nicht zu einer Übernahme des Grunderwerbs, sondern nur zu einem Beitrag von 20 000 Mark durchringen. Im folgenden Jahr wurde das Projekt auch von Ludwigsburg ad acta gelegt.[27]

Ein neuer Anlauf zum Bau der Nebenbahn von Enzweihingen nach Ludwigsburg erfolgte ab dem Jahr 1905 in Zusammenarbeit mit der Württembergischen Eisenbahn-Gesellschaft. Im April 1907 lag ein konkretes Projekt vor, dessen Trasse von Enzweihingen über Ober- und Unterriexingen, Markgröningen und Möglingen nach Ludwigsburg führte. Die Möglinger Gemeindekollegien wünschten bei der Trassenführung über die Brühlwiesen noch eine Änderung. Sie beschlossen, Schultheiß Pflugfelder und Gemeinderat Pflugfelder in das Eisenbahnkomitee zu entsenden, im Fall des Zustandekommens der Bahn die auf 5156 Mark geschätzten Grunderwerbskosten zu übernehmen und zum Bahnbau einen Beitrag von 5000 Mark pro Streckenkilometer auf hiesiger Markung zu bewilligen. Dies war eine gute Grundlage für die wenige Tage später stattfindende Versammlung des Eisenbahnkomitees, auf der die Oberamtmänner und Landtagsabgeordneten der beteiligten Bezirke das Projekt nachdrücklich unterstützten. Dabei ergab sich, dass von dem von der Württembergischen Eisenbahn-Gesellschaft geforderten Barbeitrag von 554 000 Mark noch 139 000 Mark fehlten, deren Aufbringung jedoch nicht als unmöglich angesehen wurde. Um das Projekt nicht scheitern zu lassen, erhöhte Möglingen seinen Beitrag daraufhin von insgesamt 65 000 Mark auf 70 000 Mark.

Im Mai 1906 konnte eine Einigung zwischen der Württembergischen Eisenbahn-Gesellschaft und den beteiligten Amtskörperschaften erzielt werden, sodass die sechs Gemeinden im folgenden Monat eine Eingabe an die Staatsregierung und die Ständeversammlung fertigten, in der sie um die Konzessionierung der Nebenbahn nach einem von der Württembergischen Eisenbahn-Gesellschaft entworfenen Plan ansuchten. Das Ziel war dabei auch die Erlangung eines Staatsbeitrags von 25 000 Mark pro Streckenkilometer. Als Beweggründe für den Bau der Bahn wurden vor allem Vorteile für die Industrie und das Kleingewerbe an den beteiligten Orten genannt. *In Möglingen wird vorwiegend Landwirtschaft betrieben. Die Markung umfaßt 993 Hektar, die Bodenverhältnisse gehören zu den besten des Landes. Es werden Getreide, Kartoffeln, Cichorie und Zuckerrüben gebaut; landwirtschaftliche Betriebe meist von mittlerer Größe sind es etwa 250, Gewerbetreibende 25. Die Viehzucht ist bedeutend.* Für die insgesamt 18,8 Kilometer lange Nebenbahn wurden Gesamtkosten von 2,1 Mio. Mark veranschlagt. Im Juli kam es bei der Finanzierung nochmals zu Problemen, da die Gemeinden Enzweihingen und Unterriexingen die zugesagten Kostenübernahmen nicht vollständig realisierten. Möglingen erhöhte seinen Gesamtbeitrag daraufhin im Oktober 1907 nochmals um 1000 Mark. Kurz darauf wurden zwischen den beteiligten Gemeinden und der Württembergischen Eisenbahn-Gesellschaft bindende Verträge über den Bau der Nebenbahn abgeschlossen.[28]

Da Ministerpräsident von Weizsäcker für die Staatsregierung bei den Beratungen in der Ständeversammlung einen Beitrag von 25 000 Mark pro Streckenkilometer ablehnte, ersuchten die Gemeinden Markgröningen, Möglingen und Ludwigsburg die Staatsregierung und die Ständeversammlung in einer Eingabe vom April 1908 um den Bau einer normalspurigen Staatsbahn von Markgröningen nach Ludwigsburg. Im Gesuch wurde auch gegen die Streckenführung über Asperg, die vor allem vom dortigen Stadtschultheißen Kinzler betrieben wurde, Stellung genommen. *Durch den Anschluß in Asperg wäre die Gemeinde Möglingen von dem Genuß einer Bahn, für die sie große Opfer zu bringen bereit ist, wohl für immer ausgeschlossen, was sehr hart empfunden würde.* Im Juli 1909 lehnte die Staatsregierung das Konzessionsgesuch für eine Privatbahn Enzweihingen–Ludwigsburg ab, weil die Bahnstrecke als Konkurrenzprojekt zur Staatsbahn Ludwigsburg–Bietigheim–Vaihingen an der Enz angesehen wurde. Auf die Eingabe vom April 1908 für eine staatliche Nebenbahn Ludwigsburg–Markgröningen hin beschloss die Abgeordnetenkammer hingegen am 14. Juli 1909 einstimmig, *das Gesuch der Staatsregierung zur Berücksichtigung zu übergeben.* Damit stand dem Bau dieser Strecke nichts mehr im Wege. Bis zum Oktober 1912 waren die Arbeiten so weit gediehen, dass die Verträge abgeschlossen werden konnten. Einer Vereinbarung zwischen der Württembergischen Staatseisenbahnverwaltung und den Gemeinden Ludwigsburg, Möglingen und Markgröningen stimmten die Gemeindekollegien zu. Nach diesem Vertrag übernahm die Gemeinde Möglingen die Kosten des Grunderwerbs und zahlte einen Barbeitrag von 19 000 Mark. Die ursprünglich geforderte Summe von 10 000 Mark pro Streckenkilometer, also 28 000 Mark, konnten dadurch ermäßigt werden, dass die Stadt Ludwigsburg sich auf Ansuchen der Gemeinde Möglingen bereit erklärte, 9000 Mark an diesem Betrag zu übernehmen. Möglingen begründete sein Ansuchen mit dem *viel kleineren Interesse, das die hiesige Gemeinde am Bahnbau gegenüber den beiden Gemeinden Ludwigsburg und Markgröningen hat* und mit der Tatsache, *daß die Gemeinde Möglingen die Grunderwerbskosten für nahezu ein Drittel der ganzen Bahnlänge aufzubringen hat.* Nach der Genehmigung des Vertrags durch die Kreisregierung und das Außenministerium stellte die Generaldirektion der Staatseisenbahnen die Eröffnung der Bahn auf Ende des Jahres 1914, spätestens bis Frühjahr 1915 in Aussicht. Endgültig gesichert war der Bahnbau jedoch erst, als im Juli 1913 mit dem Eisenbahnbaugesetz 800 000 Mark für die Strecke durch den Landtag genehmigt worden waren.[29]

Im Juni 1913 stellte Schultheiß Pflugfelder die Trassenführung der Normalspurbahn vor. Demnach lief die Bahnstrecke vom Osterholz kommend nördlich an Möglingen vorbei über die Gewanne Osterfeld, Sonnenbrunnen, Brühl, Mühlweg, Mühläcker und Grabenäcker,

Postkarte um 1920 mit dem 1916 erbauten Bahnhof.

wobei der Bahnhof an der Asperger Straße zu stehen kommen sollte. Den Grunderwerb nahm ein Kommissär der Eisenbahnverwaltung bis zum März 1914 vor. Die Kosten beliefen sich auf 45 086 Mark. Da die Gemeinde Möglingen noch den zugesagten Barbeitrag von 19 000 Mark und die Herstellung der Zufahrtsstraße zum Bahnhof in Höhe von 5500 Mark zu übernehmen hatte, beschlossen die Gemeindekollegien, einen Kredit von 70 000 Mark aufzunehmen. Im Frühjahr 1914 setzten die Bauarbeiten an der Bahntrasse ein, wobei zugleich eine Feldbereinigung in den betroffenen Gewannen vorgenommen und zahlreiche Feldwege neu angelegt wurden. Durch den Ausbruch des Ersten Weltkriegs im August 1914 verzögerten sich die Bauarbeiten an der Bahnstrecke erheblich. Im Juli 1915 baten die Möglinger Gemeindekollegien, die Bahnübergänge für die Ernte wenigstens in provisorischer Weise herstellen zu lassen. Da für den Ausbau der Zufahrtsstraße zum Bahnhof keine Arbeiter mehr zu bekommen waren, nahm die Gemeinde das Angebot des Festungskommandanten auf dem Hohenasperg an, französische Kriegsgefangene gegen einen Stundenlohn von 20 Pfennig zu den Arbeiten zu verwenden. Ende des Jahres 1915 war zwar das Möglinger Bahnhofsgebäude erstellt, *dagegen ist der Ausbau der Bahnlinie noch lange nicht vollendet. Die Gemeinde hat also bis jetzt keinen Nutzen von der Bahn.* Am 4. Dezember 1916 konnte die fertige Bahnstrecke Ludwigsburg–Möglingen–Markgröningen in Betrieb genommen werden. Aufgrund der Kriegszeit fanden keine Einweihungsfeiern statt.[30]

6. Stromversorgung

Ein Zeichen des technischen Fortschritts zu Beginn des 20. Jahrhunderts war die Einführung des elektrischen Stroms in Möglingen. Im November 1906 fragte das Elektrizitätswerk Glemsmühle in Münchingen bei der Gemeinde Möglingen an, ob sie nicht beabsichtige,

Elektrizität von unserem Werk für Licht und Kraftzwecke einzuführen. Schultheiß Pflugfelder antwortete damals, dass die Gemeinde mit Rücksicht auf die in diesem Jahr mit erheblichen Kosten erstellte Wasserversorgung die Einführung der Stromversorgung noch um ein bis zwei Jahre verschieben wolle. Im Jahr 1909 errichtete das Elektrizitätswerk Beihingen-Pleidelsheim AG ein eigenes Elektrizitätswerk in Benningen am Neckar, wobei die Gemeinde Möglingen 1000 Aktien zeichnete. Gleichwohl hatte Möglingen damals noch immer keinen elektrischen Strom. Im Dezember 1909 schloss der Bezirk Ludwigsburg mit dem Elektrizitätswerk Beihingen-Pleidelsheim, dem späteren Kraftwerk Altwürttemberg, einen Rahmenvertrag über die Stromversorgung des Bezirks, wobei als Maximalpreis 20 Pfennig für die Kilowattstunde Licht und 50 Pfennig für die Kilowattstunde Kraft vereinbart wurde. Im März 1910 erklärte sich das Elektrizitätswerk Beihingen-Pleidelsheim bereit, die Gemeinde mit Strom zu versorgen. Nach Zustimmung der Gemeindekollegien konnte im August 1910 ein Konzessionsvertrag mit dem Elektrizitätswerk abgeschlossen werden. Im Rahmen der Vorarbeiten zur Einrichtung der Stromversorgung legte das Baubüro des Elektrizitätswerks einen Kostenvoranschlag über die Einrichtung der Straßenbeleuchtung vor, nach welchem sich die Kosten für 16 Straßenlampen auf 1134 Mark beliefen. *Dabei ist jedoch vorgesehen, daß die Einschaltung der Lampen von der Transformatorenstation aus geschehen müßte, bei Einstellung von anderer Stelle, etwa vom Rathaus aus, würden sich die Kosten noch etwas erhöhen*. Die Gemeindekollegien beschlossen, für eine gebrauchsfertige Straßenbeleuchtung 1150 Mark zu bezahlen und bestanden darauf, dass die Straßenüberspannungslampen zum Herunterlassen eingerichtet werden sollten. Zur Stromversorgung von Möglingen ließ das Elektrizitätswerk Beihingen-Pleidelsheim eine Fernleitung von Eglosheim nach Möglingen erstellen. Im Januar 1911 konnte die Stromversorgung in Betrieb genommen werden. Noch bis zum Februar richtete der Stromversorger kostenlos Zuleitungen zu den einzelnen Gebäuden nach den vorliegenden Anmeldungen ein. Die Mehrzahl der Haushalte schlossen sich damals an die Stromversorgung an.[31]

Im Lauf des Jahres 1911 kam es in Möglingen immer wieder zu Unterbrechungen in der Stromversorgung. *Seit Anfangs Januar ist der hiesige Ort mit elektrischem Strom vom Elektrizitätswerk Beihingen-Pleidelsheim versorgt. Beinahe jedes Haus hat elektrisches Licht; auch eine größere Anzahl Motoren für gewerbliche und hauptsächlich für landwirtschaftliche Zwecke sind aufgestellt. Sehr unangenehm empfunden werden in gegenwärtiger Erntezeit die Stromunterbrechungen, die fast jeden Tag vorkommen; mitten im Dreschen oder Futterschneiden hörts plötzlich auf. Wenn man abends das Licht einschalten will, versagt die Lampe. Mit Zeit- und Geldverlusten verbunden sind die Störungen für Motorenbesitzer, die auch für Dritte dreschen. Das nötige Personal ist da. Wagen auf Wagen mit Garben fährt vor, plötzlich steht die Maschine still, kein Mensch weiß, ob heute oder morgen weitergedroschen werden kann. Nach einer Notiz in Nr. 175 dieser Zeitung sollen die Unterbrechungen hier und in Stammheim dadurch hervorgerufen worden sein, daß von bübischer Hand Isolatoren der Hochspannungsleitung zerstört worden seien. Weder hier noch in Stammheim ist davon etwas bekannt. Wenn das Werk Entschädigungsansprüche in größerem Umfang vermeiden will, wird es mit allen Mitteln dahin wirken müssen, daß solche Störungen nicht mehr vorkommen.*[32]

7. Verkehr

Durch das Aufkommen der Eisenbahn verlor der Verkehr mit der Postkutsche in der zweiten Hälfte des 19. Jahrhunderts erheblich an Bedeutung. Dies bekamen vor allem jene Orte zu spüren, die bislang an einer Postroute lagen, nun aber keinen Eisenbahnanschluss hatten. In Möglingen verkehrte bislang täglich zweimal die Postkutsche von Ludwigsburg nach Schwieberdingen. Im Jahr 1882 wurde diese Postlinie eingestellt, sodass Postbote Friedrich Wintterle täglich die gesamte Post in Ludwigsburg abholen musste.[33]

Im Jahr 1891 baten die Gemeinden Schwieberdingen, Möglingen und Pflugfelden um Wiedererrichtung der Postlinie Ludwigsburg-Schwieberdingen, da die Post nun vom Bahnhof aus bequem zu erreichen sei. *Heutzutage gibt es der Bedürfnisse und Veranlassungen mancherlei, welche die Ortseinwohner in der Woche mehrmals nach Ludwigsburg rufen können, wozu nur der Verkehr mit den Bezirksstellen, der bedeutenden Garnison, den Gewerbe- und Handeltreibenden und Fabriken, sowie der Verkehr auf den wöchentlichen Schweine- und Fruchtmärkten, den Vieh-, Leder- und Krämermärkten hervorgehoben wird.* Als Fuhrunternehmer für die Strecke Schwieberdingen–Möglingen–Pflugfelden–Ludwigsburg bot sich der Schwieberdinger Posthalter an. *Nicht minder wichtig wäre die gewünschte Postverbindung für den an dieser Verkehrsstraße gelegenen Ort Möglingen, dessen Postverkehr seither von einem Postboten besorgt wird, welcher auch den an der gleichen Straße gelegenen Ort Pflugfelden bedient und in der Folge des gesteigerten Brief-, Paket-, Zeitungs- und Zahlungsverkehrs für die Dauer nicht ohne Hilfsboten und ohne Fuhrwerk den Dienst wird bewältigen können.*

Die Zeit des Eintreffens dieses Boten in Möglingen, in der Regel abends zwischen 7 und 8 Uhr, und die Zeit des nachherigen Austragens der Sendungen, abends von etwa halb acht bis halb zehn Uhr, ist, insbesondere im Winter, eine höchst ungeeignete. Die Gemeinde forderte daher eine Wiedereinrichtung der Postfahrt zweimal am Tag. *Es dürfte weiter zweckmäßig erscheinen, unter Aufhebung des seitherigen Botengangs nach Ludwigsburg in Möglingen eine Postagentur und in Verbindung damit eine Telephonstation zu errichten, deren Vorteile insbesondere den Kranken (zur Herbeirufung von Ärzten, deren in Möglingen keiner ansässig ist), den Gewerbetreibenden, den Bezirks- und Gemeindebeamten zu gut käme und zu deren Unterbringung und Bedienung sowohl geeignete Lokale als Personen zur Verfügung stehen.* Im August 1891 genehmigte die Generaldirektion der Posten und Telegraphen zwar für Möglingen eine Postagentur, lehnte jedoch die Einrichtung einer Telegraphenstation aufgrund des geringen Telegrammverkehrs ab, obwohl die Gemeinde bereit gewesen wäre, zur Einrichtung einen Zuschuss von 350 Mark beizutragen. Außer-

Postagent Wintterle, hier mit Frau, Tochter Luise und Sohn Wilhelm, führte seit 1891 die erste Möglinger Postagentur.

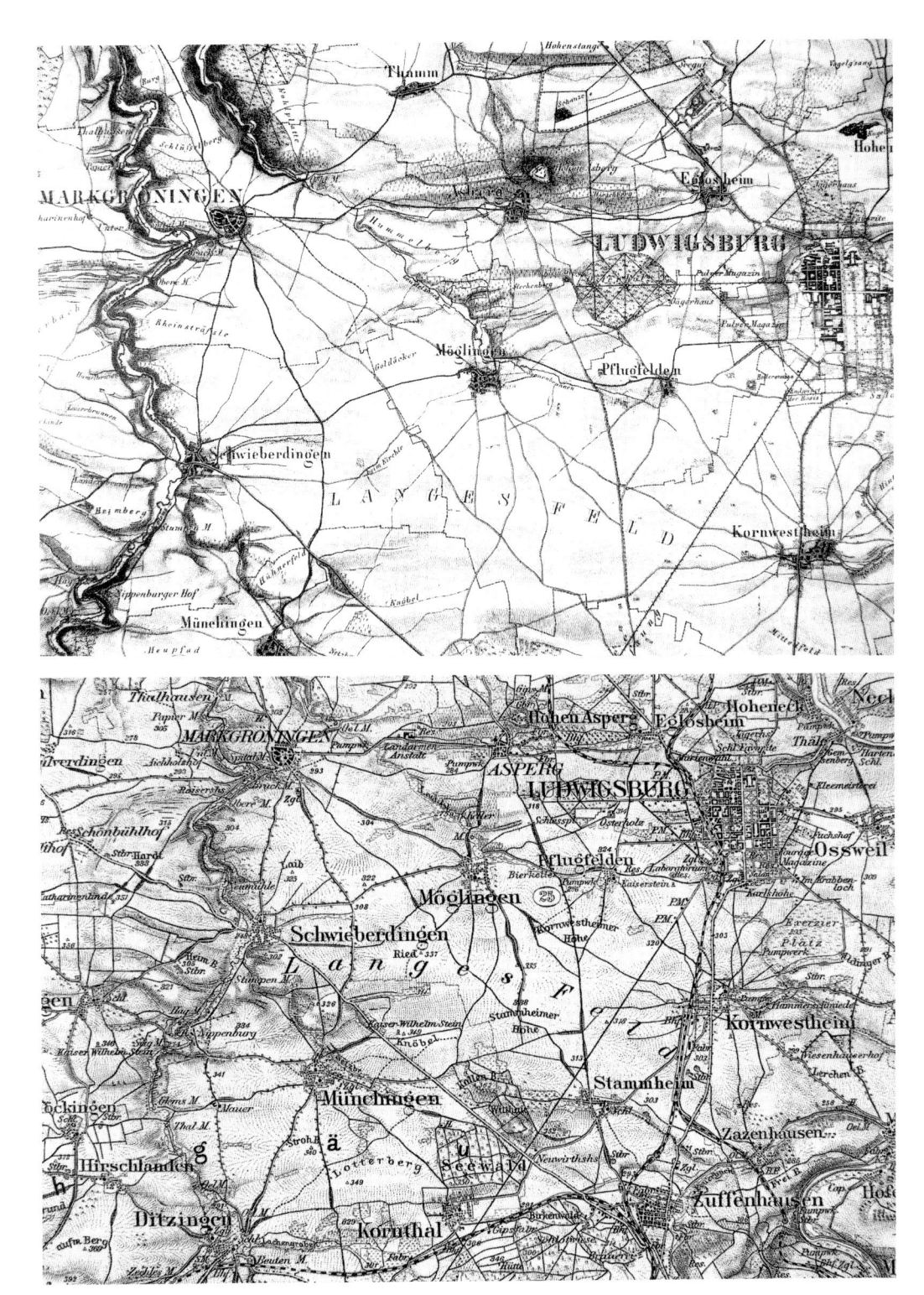

Der Vergleich der beiden Karten von 1840 und 1910 macht die Zunahme der besiedelten Fläche um das Lange Feld deutlich.

dem wurde eine tägliche Postfahrt von Ludwigsburg nach Schwieberdingen eingeführt. Die Postagentur Möglingen nahm am 1. Oktober 1891 ihren Betrieb auf. Damit hatte die Gemeinde eine erhebliche Verbesserung des Postverkehrs erreicht. Im Jahr 1899 erhielt Möglingen auf wiederholten Antrag schließlich eine Telegraphenanstalt und damit eine erste Telefonverbindung. 1908 wurde im Rathaus ein Telefonanschluss eingerichtet.[34]

Da der Ort nur langsam wuchs, entstanden vor dem Ersten Weltkrieg nur wenige neue Straßen. Im Jahr 1875 legte die Gemeinde die nach dem an dieser Straße wohnenden Bäcker Thomas Wagner benannte Wagnerstraße an. Zwei Jahre später folgte die Kirchgartenstraße. 1904 ließ die Gemeinde die Brunnenstraße anlegen, da sich *eine regere Bauthätigkeit* zeigte. *In diesem neuen Bauquartier werden in den nächsten Jahren eine größere Anzahl von Gebäuden erstellt werden; die Preise für die zu Bauplätzen geeigneten Grundstücke, welche seither höchstens 70 Mark pro ar betragen haben, erhöhen sich hiedurch auf mindestens 150 Mark. An die Gemeinde wird nun in verhältnismäßig kurzer Zeit die Aufgabe herantreten, die neuen Straßen zu chaussieren und mit Kandeln zu versehen. Dies ist in dem wasserreichen Gelände, das außerdem größere Auffüllungen beansprucht, mit bedeutenden Kosten verbunden. Die ökonomischen Verhältnisse der Gemeinde sind jedoch derartige, daß dringend Sparsamkeit geboten ist.* Deshalb beschlossen die Gemeindekollegien ein Ortsbaustatut über unentgeltliche Abtretung von Straßenflächen. 1909 stellte die Gemeinde Baulinien an der Wilhelms- und Karlsstraße fest. 1911 erließ die Gemeinde eine Ortsbausatzung. Erheblich mehr Kosten als die Ortsstraßen verursachte die Unterhaltung der Nachbarschaftsstraßen. Im Jahr 1896 wurde dies so geregelt, dass die Straßen nach Ludwigsburg und Schwieberdingen ganz und jene nach Markgröningen zum Teil von der Amtskörperschaft unterhalten wurden. Ganz zu Lasten der Gemeinde ging dagegen die Straße nach Asperg.[35]

Nach Stammheim bestand damals ein Feldweg, der in den letzten 20 Jahren allmählich chaussiert worden war und nun bei gutem Wetter als Verkehrsweg in Richtung Stuttgart benutzt wurde. *Bei schlechtem Wetter ist jedoch eine derartige Benutzung der noch unchaussierten Strecke auf hiesiger und Stammheimer Markung ausgeschlossen*, sodass die Fuhrwerke einen bedeutenden Umweg über Ludwigsburg und Kornwestheim machen mussten. 1899 war die Gemeinde Stammheim bereit, den Weg auf ihrer Markung chaussieren zu lassen. *Käme dies zur Ausführung und würde auch die noch nicht chaussirte Strecke hiesiger Markung als Nachbarschaftsstraße hergerichtet, so hätten die Einwohner von Möglingen, unter Umständen auch die von Markgröningen und Asperg und der dahinterliegenden Orte eine direkte Verbindungsstraße nach Stuttgart, was für alle Beteiligten von großer Bedeutung wäre.* Deshalb ließ die Gemeinde Möglingen Pläne fertigen und einen Kostenvoranschlag aufstellen, der sich für Möglingen auf fast 12 000 Mark belief. Anfang 1902 begann Möglingen mit dem Ausbau der Straße, doch die Stammheimer standen dem Projekt nicht mehr so freundlich gegenüber wie bisher, da die Gemeinde Möglingen den größeren Nutzen vom Ausbau habe und sich daher auch stärker an den Kosten zu beteiligen habe. Die Möglinger gestanden Stammheim daraufhin 4500 Mark des auf 6000 Mark sich belaufenden Zuschusses von der Amtskörperschaft unter der Bedingung zu, dass sofort mit dem Bau der Straße begonnen werde. Nachdem die 30 000 Mark teure Nachbarschaftsstraße fertiggestellt war, kam es zwischen den Gemeinden Möglingen und Stammheim zum Streit. Stammheim fühlte sich benachteiligt und erstritt vor dem Landgericht in Stuttgart ein Urteil, nach dem die Gemeinde Möglingen 1400 Mark an die Gemeinde Stammheim zahlen musste. Die Gesamtaufwendungen für den Straßenbau erhöhten sich dadurch für Möglingen auf über 17 000 Mark.[36]

8. Kirche

Pfarrer Wilhelm Keller (1806 – 1890) versah die Pfarrei Möglingen von 1870 bis 1881. Er war bei seinem Aufzug in Möglingen bereits 64 Jahre alt, *aber noch sehr rüstig*. Dekan Christlieb bezeichnete ihn als einen sanften, gemütlichen und leutseligen Mann, *dessen ruhige Predigten, neben seiner speciellen Seelsorge, doch bereits bedeutenden Eindruck früher und jezt gemacht haben*. 1871 führte Pfarrer Keller Missionsstunden ein. Gleichwohl ging die Zahl der jährlichen Kommunikanten in Möglingen zwischen 1870 und 1880 um mehr als ein Viertel auf 500 zurück. 1870 existierte eine pietistische Gemeinschaft mit 30 Mitgliedern, die von Korntal aus betreut wurde. Daneben waren Anhänger der Methodisten und der Templer vor Ort.[37]

Von 1882 bis 1891 wirkte Pfarrer Johann Gottfried Hummel (1827–1906) am Ort. Er hatte zuvor die Pfarreien Wart und Rotfelden innegehabt, und neigte dem Pietismus zu. Pfarrer Hummel *hat ziemlich gute Gaben und Kenntnisse, mäßigen wissenschaftlichen Fortbildungstrieb, Eifer, Geschick und Treue im christlichen Amt, namentlich in der Seelsorge, Pünktlichkeit im geschäftlichen Verkehr. Sein ruhiges, freundliches Auftreten gewinnt ihm die Herzen, mit seiner specifisch pietistischen Richtung ist die Mehrzahl der Gemeinde einverstanden*. Möglingen war damals nach dem Eindruck von Dekan Wacker *eine in ökonomischer, kirchlicher und sittlicher Beziehung ganz solide Gemeinde mit mehrheitlich konservativem Charakter bis auf die Kleidung hinaus. Mehr geistige und geistliche Regsamkeit wäre alt und jung zu wünschen*. 1889 forderte Hummel die Verlegung der Feuerwehrübungen vom Sonntagmorgen auf einen Wochentag.[38]

Als Nachfolger von Pfarrer Hummel zog 1892 Pfarrer Christian Bellon (1839–1910) in Möglingen auf. Er war von 1865 bis 1874 als Missionar der Basler Mission in Westafrika gewesen und wirkte ab 1877 als Pfarrer in Wüstenrot und Winzerhausen. Dekan Herrlinger, der mit ihm eine scharfe Auseinandersetzung wegen der 1898 erfolgten Renovierung der Kirche hatte, bemerkte, dass er *wegen seiner strengen Richtung in der Gemeinde wohl mehr gefürchtet als geliebt ist*. Pfarrer Bellon versuchte, durch umfangreiche Seelsorge *den Leuten nahe zu kommen und ihnen ein Wort ins Herz zu geben*. Das Verhalten der Möglinger gegenüber dem Pfarrer *ist zwar zuvorkommend, macht aber mit der Zeit durch seine kühle Reserviertheit den Eindruck, daß man von dem Geistlichen möglichst unbehelligt bleiben, aber doch in einem guten Licht bei ihm stehen möchte*. Über die Kinderzucht bemerkte Pfarrer Bellon ironisch, dass die Kinder in den meisten Familien sich selbst oder noch unreifen älteren Geschwistern überlassen werden, *während die vielbeschäftigten Eltern ihren stets drängenden Feldgeschäften nachgehen*. Besonders vermerkt wurden die umfangreichen Gaben der Bevölkerung für die äußere und innere Mission. Das kirchliche Leben bereicherte Pfarrer Bellon durch einen Missionsverein für Jungfrauen. 1893 entstand ein Kirchenchor.[39]

Nach dem Weggang von Pfarrer Bellon im Jahr 1900 zog Pfarrer Benjamin Lechler (1856–1940) auf. Er versah die Pfarrei Möglingen 27 Jahre lang. Dekan Kolb charakterisierte ihn 1902 als *äußerlich eher reserviert, wortkarg, bisweilen etwas eckig, innerlich von edlem Charakter, uneigennützig, aufopfernd, von ernster, tiefer Auffassung seines Amtes durchdrungen, treu in seiner seelsorgerlichen Thätigkeit, wohl erfahren und geschickt auch in Verwaltungsgeschäften, von exemplarischem Wandel*. 1902 waren die altpietistische und eine methodistische Gemeinschaft am Ort, die jeweils um die 15 Mitglieder hatten. 1912 errichtete die Altpietistische Gemeinschaft ein Gemeinschaftshaus. Pfarrer Lechler rief 1904 einen Jungfrauenverein und 1908 einen Jünglingsverein ins Leben, dem 1910 auch ein Posaunenchor angeschlossen war. Außerdem bestand eine Bibelstunde im Pfarrhaus.[40] An der Pankratiuskirche mussten immer wieder Instandhaltungsmaßnahmen durchgeführt wer-

Wilhelm Keller (1806–1890),
Pfarrer 1870–1881.

Johann Gottfried Hummel (1827–1906),
Pfarrer 1882–1891.

Christian Bellon (1839–1910),
Pfarrer 1892–1900.

Benjamin Lechler (1856–1940),
Pfarrer 1900–1927.

den. So erwarb die Gemeinde 1871 um 2000 Gulden eine neue Orgel für die Kirche von Orgelbauer Walcker in Ludwigsburg, die dieser vor vier Jahren nach Frankfurt geliefert hatte. Die Orgel erschien für die Möglinger Kirche *gerade passend*. Außerdem wurde das Kirchendach repariert und der Kirchturm instandgesetzt, was Kosten von 1500 Gulden verursachte. Ende 1887 beschloss der Stiftungsrat die Heizbarmachung der Kirche für die über eine Sammlung 170 Mark zusammenkamen. Doch im Januar 1888 änderte der Stiftungsrat seine Meinung und verschob die Einrichtung einer Heizung auf spätere Jahre, *da vielleicht noch bessere Öfen zu haben* sein werden. Im Jahr 1890 warf ein heftiger Sturm viele Ziegel vom Kirchturm herab, sodass das Dach ergänzt werden musste.[41]

Im April 1889 wurde im Kirchengemeinderat der Wunsch geäußert, *daß die beiden in den Vorplatz der Kirche führenden Zugangstore nicht während des ganzen Gottesdienstes offen stehen bleiben, sondern geschlossen werden, und bei Schluß des Gottesdienstes wieder geöffnet werden, damit nicht Gänse und Hennen eindringen und durch ihr Geschrei oder Auffliegen auf Opferständer und Stiegengeländer allerlei Störung verursachen*. Die Tore wurden zukünftig durch den Hilfsmesner geschlossen. Viel Unfug geschah durch das Glockenläuten der Schulkinder, die beim *erst* und *ander* Läuten sich selbst überlassen waren. So versudelten sie Säulen, Türen und Zäune mit Bleistift und Kreide, verunreinigten zur Kirche gehörige Plätze und kletterten über Mauern. Dies wollte der Kirchengemeinderat

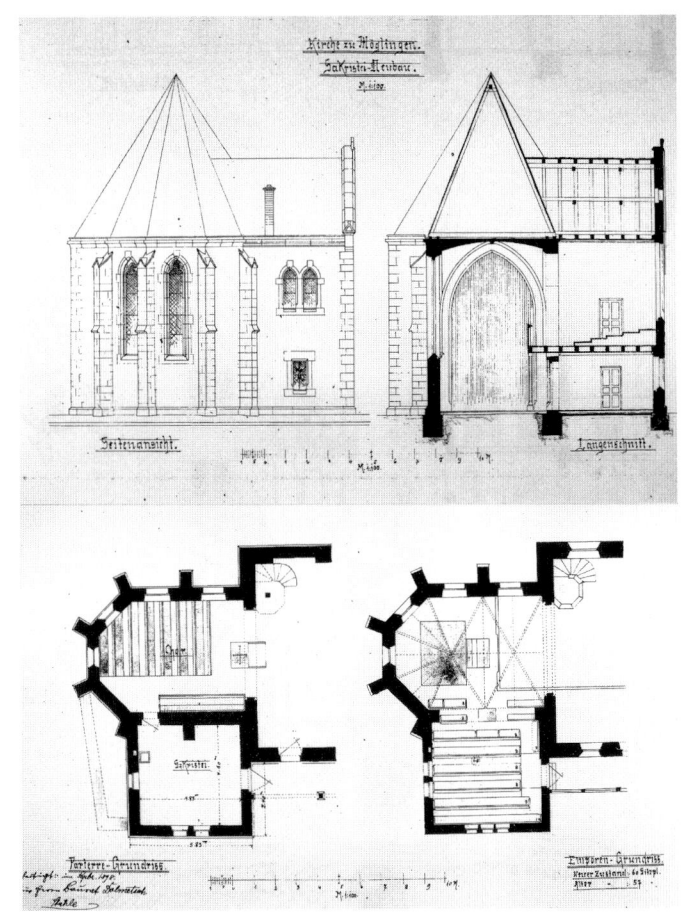

Ansicht und Grundriss zum Sakristeiumbau von 1898 von Architekt Dolmetsch.

1895 nicht länger dulden. Er übertrug das erste und zweite Läuten kurzerhand dem Mesnereigehilfen Neff um 20 Mark, wobei er glaubte, *daß bei jährlichem, mindestens 354-maligem Läuten 5 $^1/_2$ Pfennig für einmaliges Läuten nicht zuviel sein dürfte.*[42]

Eine umfassende Innenrenovierung der Pankratiuskirche fand im Jahr 1898 statt. Im Juni 1893 legte Architekt Heinrich Dolmetsch ein Gutachten vor, nach dem das Pfarramt eine Eingabe beim Konsistorium machte. Pfarrer Bellon bat jedoch von eine Neuanlage der Emporen, Entfernung der Chorempore, Erhöhung der Schiffdecke und Erneuerung des Gestühls wegen fehlender Mittel abzusehen. Das Konsistorium teilte daraufhin mit, dass die Übertragung der Arbeiten Sache der Kirchengemeinde sei. Pfarrer Bellon ließ durch Architekt Dolmetsch Umbaupläne und einen Kostenvoranschlag, der sich auf mehr als 5000 Mark belief, anfertigen. Da dieser Zukunftsplan im Moment aus finanziellen Gründen nicht zu verwirklichen war, sollten die Arbeiten im Lauf der nächsten Jahre nach und nach vorgenommen werden.[43]

1894 beschloss der Kirchengemeinderat die Erneuerung der Außentreppen auf die Emporen. Die beiden Außentreppen waren bereits in Arbeit, da meldete sich im Frühjahr 1895 das Dekanat und teilte mit, dass die Herstellung der Außentreppen ohne Genehmigung des Dekanats eine grobe Gesetzwidrigkeit darstellten, weshalb Dekan Herrlinger mit einer Ordnungsstrafe für Pfarrer und Kirchengemeinderäte drohte. Pfarrer Bellon war darüber aufgebracht und beschwerte sich beim Konsistorium, wobei sich herausstellte, dass der Dekan einen Erlass des Konsistoriums in dieser Sache nicht weitergeleitet hatte. Ein Vorschlag von Maler Buchenroth aus Markgröningen zur Innenrenovierung, der einen Anstrich der Kanzel, der Orgel und eines Teils des Gestühls in Eichenholzfarbe, der Wände mit einem grünen Leimfarbenanstrich mit Quaderlinien, des Plafonds mit Strichschattierungen und des Chorgewölbes in Dunkelblau mit Goldsternen vorsah, wurde vom Konsistorium rundweg abgelehnt, da *diese Art von Ausführung der beabsichtigten Arbeiten, wie der Überschlag*

Die um 1904 entstandene Postkarte zeigt bereits die neue Form der Sakristei und die Ende des 18. Jahrhunderts angebauten hölzernen Emporenaufgänge am Kirchenschiff.

sie vorsieht, hinsichtlich der Bemalung von Wänden und Plafonds durchaus dem zuwider ist, was das heutige Verständnis für Ausstattung kirchlicher Räume in dieser Hinsicht fordert und für angemessen erkennt. Außerdem unterstellte die Behörde dem Pfarrer und dem Kirchengemeinderat, dass sie nur deswegen den Kostenvoranschlag unter 500 Mark gehalten hätten, um keine Genehmigung einholen zu müssen und damit *die von ihm beliebte Art der Kirchenverschönerung möglichst ungehindert betreiben zu können*.[44]

Bis 1898 arbeitete Architekt Dolmetsch in engem Kontakt mit Pfarrer Bellon und dem Kirchengemeinderat Pläne zu einer Renovierung der Kirche aus, die einen Erhalt der Sakristei mit darüberliegender Empore, das Weißen des Innenraums, Neuanstrich der Holzteile, einen neuen Fußboden und eine Reparatur des Gestühls vorsahen. Die Sakristeiempore sollte *durch geeignete Verblendung und kirchliche Faconierung des Äußern, besonders durch bogenartige Fassung der Fenster in Einklang mit der übrigen Kirche gebracht werden*. Der Kostenvoranschlag belief sich auf 5500 Mark. Die Arbeiten wurden im Sommer und Herbst 1898 ausgeführt, wobei die Sakristei zusammen mit der Empore darüber nun doch neu errichtet wurde. Die Wiedereinweihung der Kirche fand im Advent 1898 statt. Bei der Schlussfeier der Handwerker im April 1899 wurden an jeden Handwerker drei Liter Bier ausgeschenkt.[45]

Seit 1910 wurde die Orgel in der Kirche elektrisch betrieben und drei Jahre später erfolgte eine Erneuerung des Altars und des Taufsteins, wobei der Kirchengemeinderat bemängelte, dass der neue Sockel des Taufsteins eine andere Farbe habe als die alte Schale.[46]

Im Rahmen der Trennung der Kirchengemeinde von der bürgerlichen Gemeinde und der Auflösung des Stiftungsrates erfolgte 1891 die Ausscheidung des Kirchenvermögens. Vertretungs- und Beschlussorgan der nun rechtlich selbstständigen Kirchengemeinde war der schon seit 1851 existierende Kirchengemeinderat, dem es in den ersten Jahrzehnten allerdings an Kompetenzen mangelte. Die Kirche und der umgebende Kirchgarten gingen in den Besitz der Kirchengemeinde über. Außerdem erhielt diese aus dem Vermögen der Stiftungspflege ein Baukapital von 2536 Mark zur Unterhaltung der Kirche. Während der Unterhalt des Kirchturms ganz auf die Kirchengemeinde überging, hatte sich die bürgerliche Gemeinde nach der Ausscheidungsurkunde am Unterhalt der Uhr, der Glocken und des Glockenstuhls zur Hälfte zu beteiligen. In den Besitz der bürgerlichen Gemeinde kam der Friedhof, ein kleiner Teil der Armenstiftungen sowie die Besoldungsgüter der Lehrer. Der größere Teil der Armenstiftungen, so vor allem die Armenbrotstiftung, ging an die Kirchengemeinde über. Die Brot- und Holzausteilung erfolgte nun durch den Kirchengemeinderat. Das verbleibende Vermögen der Stiftungspflege wurde je hälftig geteilt. Die Gemeinde erhielt für die Ortsarmenpflege 1902 von dem verstorbenen Kommerzienrat Franck in Ludwigsburg ein Vermächtnis in Höhe von 3000 Mark.[47]

9. Schule

An der Schule wirkte ab 1868 bis zu seiner Pensionierung im Jahr 1892 Schulmeister Friedrich Hiller. Dekan Christlieb bezeichnete ihn 1870 als *ein begabter, eifriger Lehrer, der gute Disciplin hält und seine Classe in Religionskenntnissen vorwärts bringt. Wandel gut, bei der Gemeinde beliebt und allgemein nach Lehre und Wandel gelobt*. In späteren Jahren scheint seine Spannkraft etwas nachgelassen zu haben, so heißt es 1890, als er immerhin schon 70 Jahre alt war: *Schullehrer Hiller ist ein braver Mann und treuer Lehrer, aber sein pädagogisches Geschick ist sehr mäßig*. Unterstützt wurde Hiller 1870 von Unterlehrer Johann Georg Bader, der seit 1859 in Möglingen wirkte und ebenfalls ein gutes Prädikat besaß. Die Zahl der Schüler betrug damals 156. In den folgenden Jahren stieg die Schülerzahl auf 187 im Jahr 1880 und 215 im Jahr 1890 an, um bis 1902 wieder auf 135 Schüler abzufallen.[48]

Dies hatte natürlich seine Auswirkungen auf

Schüler des Jahrgangs 1886 um die Jahrhundertwende mit Oberlehrer Kurz.

die Organisation der Schule. So wandelte die Gemeinde 1877 notgedrungen die Unterlehrerstelle in eine zweite ständige Lehrerstelle um und bat die Oberschulbehörde um *nur einen solchen Lehrer, der sich zur Teilnahme am Orgelspiel, Gesang in der Kirche und bei Beerdigungen und zur Aufsichtsführung über die Jugend in der Kirche verbindlich macht*. Auf die Stelle kam Schullehrer Karl Kurz. Dieser wurde 1890 als *ein fleißiger, solider Lehrer mit gutem Geschick* bezeichnet. 1898 unterrichtete er die Mittelklasse, wobei vermerkt wurde, dass er in der Schulzucht sehr streng sei. Als Kantor war er gut, als Organist sehr gut. Er dirigierte auch von 1877 bis 1903 den Gesangverein Möglingen und war zeitweise Vorstand des Kriegervereins. Durch die steigenden Schülerzahlen musste an der Möglinger Schule 1879 Abteilungsunterricht eingeführt werden. 1881 ging es aufgrund der gesundheitlichen Verhältnisse von Schullehrer Hiller nicht mehr ohne einen dritten Lehrer, der 1882 auf Drängen des Konsistoriums festangestellt wurde.

Als solcher wirkte damals Gotthilf Hiller, der Sohn des Schullehrers, sodass die Schule nun dreiklassig geführt werden konnte. 1890 wurde er als *lebhaft, etwas heftigen Temperaments* charakterisiert. Im Jahr 1890 besuchten 61 Kinder die erste, 101 Kinder die zweite und 53 Kinder die dritte Klasse. Daneben existierte seit 1859 auch eine Winterabendschule, die der Fortbildung diente. Im Jahr 1871 wurde es wegen der Einführung neuer Maß- und Gewichtseinheiten *um so nöthiger befunden, daß die jungen Leute weiteren Unterricht im Rechnen erhalten*. 1875 wurde die Währung von Gulden auf Mark umgestellt. Für Mädchen gab es daneben noch eine Strickschule. Eine besondere Belohnung für den erteilten Turnunterricht an der Volksschule lehnte die Gemeinde im Jahr 1884 ab.[49]

Über die Visitation der Oberklasse im Frühjahr 1878 bemerkte Pfarrer Keller: *Eröffnung mit Gesang und Gebet. Lesen von Liedern im Gesangbuch, im Lesebuch und in der Bibel, geht fast durchaus ohne Fehler, meist ziemlich fertig, doch fehlts manchen an Übung und gehörig lauter Aussprache. Betonung meist ziemlich richtig, namentlich nicht zu stark. Vom Auswendiggelernten ging der Katechismus fast durchaus gut, ebenso Lieder und Sprüche, bei letzteren kamen etwas mehr Fehler vor. Im Rechnen sind die Ziele erreicht und die Aufgaben schriftlich und im Kopf richtig gelöst. Biblische Geschichte, alttestamentlich gut eingeübt, auch mit Rücksicht auf die Chronologie. Geographie besonders von Württemberg, sind die Fragen über Eintheilung der Gebirge geläufig beantwortet worden, auch in der deutschen Sprache zeigten sich die Kinder mit der Zusammensetzung der Wörter bekannt. Die schriftlichen Arbeiten sind meist sauber, zum Theil annähernd an schön und ziemlich correct.*[50]

Nach der Pensionierung von Schullehrer Hiller übernahm 1892 Schullehrer Heinrich Schmid die erste Schulstelle. Im selben Jahr wurde das Schulhaus instandgesetzt. Im Jahr 1898 notierte Pfarrer Bellon über die Schule: *Ein Lichtpunkt in der hiesigen Gemeinde sind die guten Schulen. Sowohl bezüglich des Unterrichts als bezüglich der Disziplin kann man mit den Leistungen der Lehrer zufrieden sein.*

Schullehrer Schmid wurde als *pünktlich, gewissenhaft, sehr treu und fleißig* bezeichnet. Neben Schullehrer Kurz wirkte seit 1893 auch eine Lehrerin, die Lehrgehilfin Martha Schmid, an der Schule. Sie *ist ernstlich bemüht, Tüchtiges zu leisten*. Im Jahr 1895 wurde die Sonntagsschule für Jungen in eine allgemeine Fortbildungsschule umgewandelt. Im Jahr 1907 kam als Nachfolgerin von Martha Schmid die Unterlehrerin Friederike Morlock an die Schule. Nachdem Schullehrer Schmid 1908 in den Ruhestand getreten war, übernahm Lehrer Kurz die erste Schullehrerstelle bis zu seinem 1924 erfolgten Eintritt in den Ruhestand; als weitere Lehrer wirkten im Jahr 1914 Hauptlehrer Streich und Unterlehrer Meyer.[51]

In den siebziger Jahren erfolgte eine erhebliche Verbesserung der Besoldung der beiden Schullehrer. Aufgrund gesetzlicher Regelungen wurden 1872 die Besoldung des Schulmeisters von 425 auf 525 Gulden und die des Unterlehrers von 240 auf 290 Gulden erhöht. Weitere Besoldungserhöhungen erfolgten 1874 und 1882. Im Jahr 1901 wurde der Mesner- und Organistendienst von der Stelle des ersten Schullehrers getrennt.[52]

Ansicht des 1877 erstellten Lehrerwohnhauses hinter dem Schulhaus.

Zur selben Zeit wurde auch die Wohnraumsituation der Schullehrer durch den Bau eines Lehrerwohnhauses verbessert. 1869 hatte der Schullehrer Hiller durch den Aufbau eines zweiten Stockwerks auf das Schulhaus eine neue Wohnung erhalten. Nun musste die Gemeinde im Rahmen der Umwandlung der Stelle des Unterlehrers in eine zweite ständige Schullehrerstelle eine weitere Lehrerwohnung bereitstellen. Im Herbst 1875 standen den Gemeindekollegien drei Varianten zur Auswahl. Entweder Aufbau eines Zwerchhauses auf das bestehende Schulhaus, Aufstockung des Schulhauses oder Bau eines Lehrerwohnhauses. Die Kollegien beschlossen den Bau eines Lehrerwohnhauses. Da die Eigentümerin des Gartens neben dem Schulgarten ihren Platz nicht verkaufen wollte, blieb als Bauplatz nur der Platz hinter dem Schulhaus. Im August 1876 lagen Baurisse zu einem einstöckigen Wohnhaus und ein Kostenvoranschlag von Oberamtsbaumeister Schmohl in Höhe von 7945 Mark vor, nach denen das Gebäude bis zum Juli 1877 erstellt wurde.[53]

Schulmeister Hiller hatte neben dem Schulunterricht auch die Heizung des Schulhauses übernommen und verfügte damit noch über eine weitere Einnahmequelle. Er erhielt von der Gemeinde dafür zwei Maß Buchen und vier Maß Tannenholz und 115 Gulden für das Spalten des Holzes und das Einheizen. Nach der Pensionierung von Schulmeister Hiller wurden im Winter 1892/93 *mehrfach Klagen darüber laut, daß in den Schullocalen nicht genügend geheizt werde und die Kinder frieren müssen, besonders in der Unterklasse.* Eine Messung der Raumtemperaturen an vier Tagen im Januar 1893 durch den Polizeidiener erbrachte ein erschreckendes Ergebnis: *Die Temperaturen bewegten sich zwischen 8 und 15 Grad über Null. Auf 15 Grad kam es nur an einem Tag und in einem Lokal.* Die Gemeindekollegien beschlossen daraufhin, dass die Lehrer zukünftig durch rechtzeitige und genügende Heizung die vorgeschriebene Wärme in den Schulräumen herstellen mussten. Anderenfalls wollte die Gemeinde die Schulheizung sofort in eigene Regie übernehmen. Offenbar hatte dieser Appell nur begrenzte Wirkung, denn im nächsten Winter wurde in dem Zimmer der Unterklasse erneut eine Temperatur von nur neun Grad Celsius festgestellt. Schultheiß Schneider forderte Schullehrer Schmid auf, *dafür zu sorgen, daß in Zukunft die Heizung besser und nachhaltiger geschieht, damit die kleinen Kinder nicht frieren müssen.* Schullehrer Schmid behauptete als Entschuldigung, die niedere Raumtemperatur käme daher, dass die Schüler beim Eintritt in das Klassenzimmer die Türe offen stehen lassen würden. Im Jahr 1904 übernahm die Gemeinde die Schulheizung und stellte mit Karoline Straub eine Schuldienerin an, die das Heizen und Reinigen der Schule besorgte.[54]

10. Kleinkinderschule

Die Anfänge der Kleinkinderschule oder wie wir heute sagen, des Kindergartens, reichen in Möglingen bis in die sechziger Jahre des 19. Jahrhunderts zurück. Schon 1846 und 1861 gab es Anregungen, eine Kleinkinderschule am Ort zu gründen. Doch wurde die Idee erst im Frühjahr 1865 in die Wirklichkeit umgesetzt. Zunächst mussten die Eltern befragt werden, ob sie nicht nur die Kinder schickten, sondern auch zur Zahlung eines Beitrags bereit wären. Da dies offenbar der Fall war, berief der Kirchenkonvent Margaretha Knoll zur Kleinkinderlehrerin. *Sie wird aufgefordert, Einsicht zu nehmen, sei es in der Anstalt in Markgröningen oder Asperg und soll den Anfang machen, sobald sie sich über Erfund bey der Sachen gehörig belehrt hat.* Am 1. Juni 1865 öffnete die Kleinkinderschule in Möglingen ihre Pforten. Pro Woche verdiente die Kindergärtnerin 2 fl 24 ×. Die Kleinkinderschule wurde vorwiegend im Sommer und Herbst gehalten, da zu jenen Jahreszeiten die Eltern durch die Arbeiten auf dem Feld und in den Weinbergen nur wenig Zeit für ihre Kinder hatten. So fand die Kleinkinderschule 1867 von September bis November statt, während sie im folgenden Jahr Anfang Mai wieder begann. 1869 war infolge des Schulhausbaus kein passender Raum vorhanden, sodass die Kleinkinderschule auf die Nachmittage beschränkt werden musste.[55]

In den folgenden Jahren scheint das ganze Unternehmen wieder eingeschlafen zu sein, denn im Jahr 1884 wurde die Kleinkinderschule erstmals wieder gehalten und im folgenden Jahr besuchten 60 Kinder die Einrichtung. Das Problem war jedoch nach wie vor die Unterbringung. 1889 erreichte Pfarrer Hummel, dass die ledige Katharina Schüle *ihr an der Ludwigsburger Straße gelegenes Wohnhaus zur Benützung des unteren größeren Zimmers als Schullocal und eines Zimmers im oberen Stock als Wohnzimmer der anzustellenden Kinderlehrerin auf den Zeitraum von 4 Jahren auch für den Fall ihres früheren Ablebens der Gemeinde unentgeltlich zur Verfügung* stellte. Pfarrer Hummel teilte zugleich mit, *daß aus der Bildungsanstalt Großheppach noch für diesen Sommer eine Lehrerin gegen ein Jahresgehalt von etwa 300 Mark zu bekommen*

Die Kleinkinderschule (Kindergarten) im Jahr 1893 unter der Leitung von Wilhelmine Bühlmeyer.

wäre. Die Gemeindekollegien fanden zwar, dass das Wohnhaus *nach seiner äußeren Lage und innern Einrichtung sich zur Kleinkinderschule nicht ganz eignet*, doch fassten sie den Grundsatzbeschluss, dort eine Kleinkinderschule einzurichten und eine Lehrerin anzustellen. Das Schulgeld setzten sie auf eine Mark pro Kind jährlich fest. Zugleich sollten bei Königin Olga und bei der Zentralleitung des Wohltätigkeitsvereins um einen Beitrag zur Einrichtung nachgesucht werden. Als erste fachmännisch ausgebildete Kleinkinderlehrerin kam im Oktober 1889 Wilhelmine Bühlmeyer nach Möglingen. Am 6. Oktober 1889 wurde die Kleinkinderschule eröffnet. Im folgenden Jahr war die Gemeinde mit der Lehrerin sehr zufrieden.[56]

Im Jahr 1893 erwarb die Gemeinde das Haus Pfähler für die Kleinkinderschule, doch konnte sie, nachdem die Witwe ein lebenslanges Wohnrecht geltend machte, erst 1908 das Gebäude zur Kleinkinderschule umbauen. Oberamtsbaumeister Fränkel fertigte die Umbaupläne, die den Anbau eines Kinderschulsaals vorsahen. Pfarrer Lechler bat den Gemeinderat, den Saal nicht höher als drei Meter, sondern niederer zu machen, da es ein *Raum für ganz kleine Leute* werden sollte, für die eine große Höhe *öde und unheimlig* sei. Nachdem die Gemeindekollegien das Bauprojekt gebilligt hatten, konnte der Umbau im Sommer 1908 ausgeführt werden. Im Oktober des Jahres erfolgte der feierliche Einzug der Kinder in die neuen Räume. Zu den Baukosten von 6500 Mark erfolgten Stiftungen von über 3000 Mark, darunter von der Ludwigsburger Familie Franck. Als Kleinkinderschwester wirkte von 1903 bis zu ihrer Pensionierung 1921 Barbara Stettner.[57]

11. Landwirtschaft, Gewerbe und Weinbau

Die Haupterwerbsquelle der Möglinger Einwohner bildete im Kaiserreich nach wie vor die Landwirtschaft, die bei den guten Böden für einen gewissen Wohlstand sorgte. Das Ackerland umfasste damals 837 Hektar. Schon vor dem Ersten Weltkrieg fanden die ersten Feldbereinigungen statt. So wurden 1903/04 etwa 100 Hektar am Stammheimer Weg bereinigt. Fabrikarbeiter gab es erst nach der Wende zum 20. Jahrhundert, jedoch waren es nur wenige, die meist in Kornwestheim beschäftigt waren. *Wie die Bearbeitung des zähen Bodens der vorwiegend Landbau treibenden Bevölkerung zähe Kraft erfordert, so wird auch mit Zähigkeit das Errungene festgehalten und vermehrt. Gewerbe in umfassenderer Art werden hier nicht betrieben, es ist nur das Kleingewerbe, wie die Bedürfnisse des*

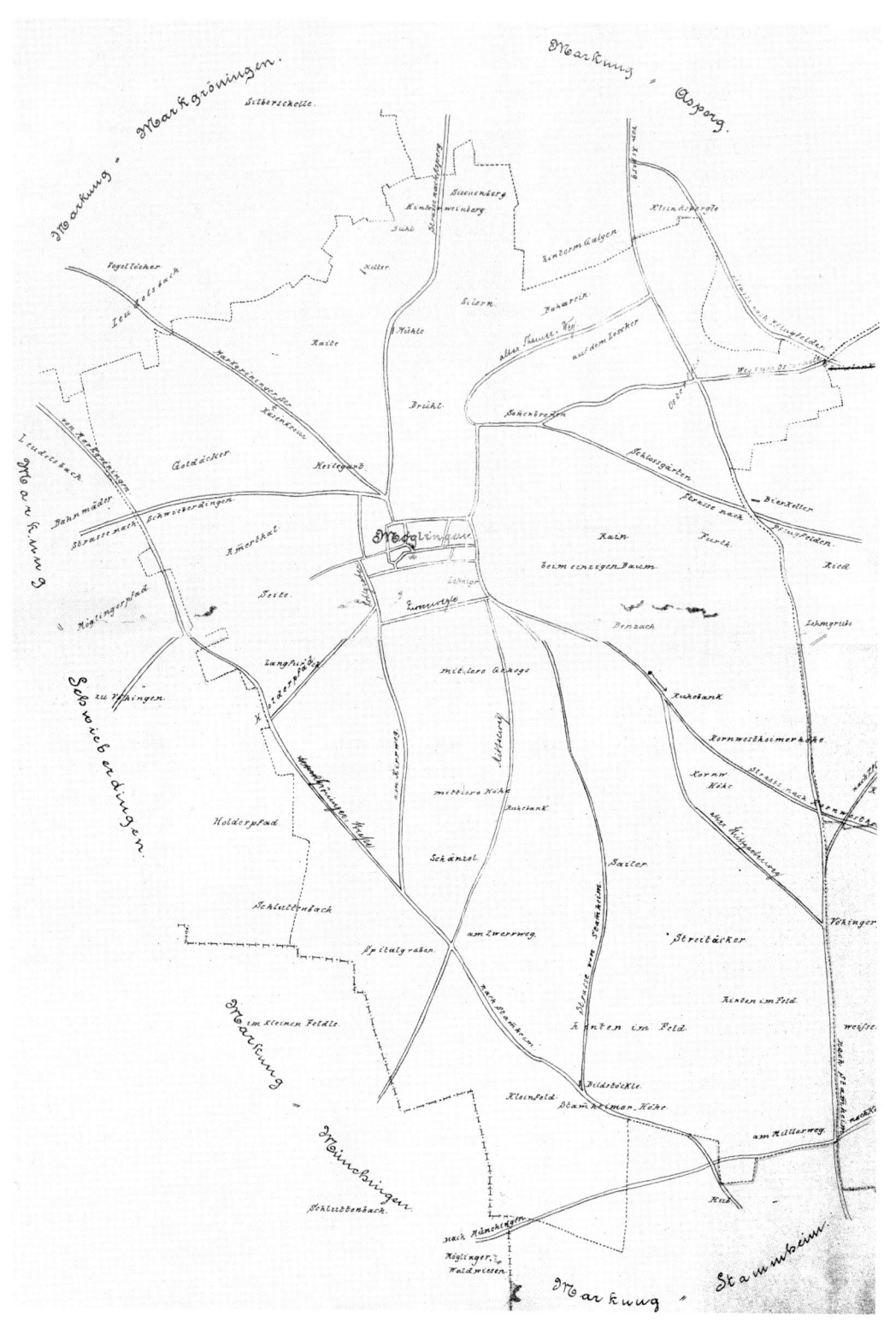

Die Karte um 1930 zeigt die gesamte Markung mit Straßen und Flurnamen.

Orts es nötig machen, das seine verschiedenen Vertreter hat, wie Bäcker, Metzger, Schlosser, Schmied, Wagner, Maurer etc. Der nicht selbst verwendete Ertrag der Halm- und Bodenfrüchte wird in der nahen Stadt an die Militärverwaltung und die Cichorienfabrik abgesetzt und damit ein sicheres Einkommen erzielt. Der Groß- und Kleinviehstand, wie ein nicht ganz unbedeutender Milchhandel trägt auch zur ökonomischen Wohlhabenheit bei.
Noch 1918 wurde Möglingen als *ländliche Gemeinde* bezeichnet. An Gaststätten waren 1909 neben dem Gasthaus zum Lamm vier Schankwirtschaften und drei Flaschenbierhandlungen vorhanden.[58]

Der hohe Stellenwert der Landwirtschaft schlug sich auch in den Bemühungen der Gemeinde um die Tierzucht nieder. So beschaffte die Gemeinde 1870 einen zweiten Eber, da die Zahl der Mutterschweine stark zugenommen hatte. Die Farrenhaltung hatte die Gemeinde an wohlhabende Bauern, Friedrich und Ludwig Pfuderer, verpachtet, die insgesamt fünf sprungfähige Farren hielten und dafür 1901 von der Gemeinde 1100 Mark und die Sprunggelder erhielten. In jenem Jahr gab es in Möglingen 390 Kühe und 80 sprungfähige Kälber. *Es wird hier fast ausschließlich Milchwirtschaft betrieben, sofern von hier nach Stuttgart und Ludwigsburg jeden Tag nahezu 1000 Liter Milch ausgeführt werden.* Immer wieder beschaffte die Gemeinde Simmentaler Zuchtfarren. Im Jahr 1908 übernahm Johannes Dokkenwadel die Farrenhaltung. 1898 wurde auch ein Zuchtziegenbock gehalten. Für die Zwecke der Landwirtschaft richtete die Gemeinde 1901 an der Ludwigsburger Straße eine Bodenwaage ein.[59]

Der Weinbau erlebte in Möglingen seine letzte Blütezeit in der zweiten Hälfte des 19. Jahrhunderts. Damals standen hier zwischen 120 und 125 Morgen Weinberge, vor allem in den nördlich des Ortes gelegenen Gewannen Mühlberg und Alte Halde, obgleich die Hänge vergleichsweise flach waren. Angebaut wurde unter anderem Clevner. Besonders gute Weinjahrgänge waren in Möglingen die Jahre 1868 und 1869. Im Jahr 1868 wurden 122 000 Liter Wein erzeugt. Viele der Trauben ließen die Weingärtner in der im Leudelsbachtal stehenden Kelter mit ihren vier Kelterbäumen pressen. Im Jahr 1884 ließ die Gemeinde zwei Kelterbäume reparieren, doch wurde wenige Jahre später eine Schnellpresse angeschafft. Gleichwohl kelterten immer mehr Weingärtner ihre Trauben zu Hause. 1888 wurde ein Drittel des Weinertrags zu Hause gekeltert; 1894 war es bereits die Hälfte und drei Jahre später zwei Drittel. Im Jahr 1901 war die Kelter letztmals in Betrieb. Die Weinerträge im letzten Jahrzehnt des 19. Jahrhunderts konnten sich sehen lassen. Sie betrugen durchschnittlich 47 000 Liter Wein. Das beste Ergebnis lieferte der Jahrgang 1897 mit 92 000 Liter. Doch waren die Weinberge schon damals von Krankheiten bedroht. 1888 stellte die Gemeinde eine Reblauskommission auf und 1891 beschaffte sie auf Gemeindekosten Kupfervitriol zur Bekämpfung des falschen Mehltaus.[60]

Nachdem bis 1903 noch gute Weinernten erzielt werden konnten, kam es durch die Unbilden der Witterung und vor allem durch Krankheiten in den folgenden Jahren zu einem starken Rückgang des Weinertrags und als Folge davon des Weinbaus überhaupt. Der Jahrgang 1904 wäre ein nach Menge und Güte hervorragender Herbst geworden, hätte nicht am 22. August ein Hagelschlag den Ertrag auf die Hälfte reduziert und durch die stark faulenden Trauben auch die Qualität gelitten. Immerhin konnten noch 63 000 Liter Wein erzeugt werden. Damals gab es in Möglingen 183 Weingärtner, die eine Fläche von 33 Hektar bewirtschafteten. Im Jahr 1905 ging der Ertrag auf 28 000 Liter Wein zurück, da nach einem Frost im Frühjahr ab Mitte Juli die Blattfallkrankheit auftrat, sodass der größte Teil der Trauben wieder abfiel. Noch schlechter fiel das Ergebnis im Jahrgang 1906 mit 300 Liter aus. *Blattfallkrankheit, Sauerwurm, und wie diese Viecher alle heißen, hatten die Weinberge so ruiniert, daß keine gesunde Traube auf der Markung zu finden war. Die fleißigste Pflege der Weinberge konnte* dem Übel nicht steuern. Dies waren schlechte Voraussetzungen für den Weinjahrgang 1907, der immerhin 8300 Liter Wein erbrachte. *Das Holz der Weinberge kam krank aus dem Jahr 1906 und konnte deshalb nur wenig Früchte ansetzen. Die meisten Weinberge hatten im Frühjahr und Vorsommer statt des dunklen Grün ein gelbes, kränkliches Aussehen.* 1908 konnten bei guter Witterung immerhin noch einmal 24 000 Liter Wein erzeugt werden, während der Ertrag im folgenden Jahr durch die schlechte Witterung und Krankheiten um die Hälfte zurückging.

Von nur geringem Ertrag waren auch die folgenden Jahre gekennzeichnet, obgleich 1911 die Qualität des Weines als sehr gut bezeichnet wurde. Im Jahr 1912 gab es Ende September und Anfang Oktober starke Nachtfröste. *Die Trauben, welche durch andauernd naßkaltes Wetter im August und Anfang September in der Reife sehr zurück waren, erfroren nahezu vollständig. Was eingeheimst wurde, ist mit Hilfe von Obstsaft und Zucker zu einem minderwertigen Getränk zusammengebraut worden. Von einem Weinertrag kann deshalb nicht gesprochen werden.* In den Jahren 1913 und 1914 waren in Möglingen zwei vollständige Fehlherbste zu verzeichnen, *auf der ganzen Markung kein einziger guter Trauben.* Als Folge der langjährigen Missernten wurden 1915 und 1916 ein großer Teil der Weinberge herausgehauen. Die Ertragsfläche sank von 33 auf knapp fünf Hektar. Nachdem 1917 der Ertrag durch einen Hagelschlag nur gering ausgefallen war, wurden im folgenden Jahr aus 2,3 Hektar 4000 Liter Wein erzeugt. *Die Weinberge standen schön, waren prächtig belaubt und frei von Krankheiten. Doch sind die Trauben, weil die Weinberge vereinzelt stehen, vielen Schädlingen ausgesetzt.* Den Weinbau betrieben die Möglinger Landwirte seit dieser Zeit nur noch im Nebenerwerb, für den eigenen Bedarf, ehe 1965 die letzten Weinberge ausgestockt wurden und der Weinbau gänzlich aufhörte. Die Kelter war schon 1936 abgebrochen worden. Gleichwohl ist der Name Möglingen bis heute durch die hier angesiedelte Württembergische Weingärtnerzentralgenossenschaft eng mit dem Weinbau verbunden.[61]

12. Vereine

Der älteste Möglinger Verein ist der Singverein Möglingen, der im Jahr 1857 gegründet wurde. Damals taten sich zwölf Männer unter Leitung von Unterlehrer Hönes zusammen, um den Gesang zu pflegen. Erheblichen Aufschwung nahm der Verein, als Schullehrer Karl Kurz 1877 die Leitung des Singvereines übernahm und ihm 26 Jahre lang als Dirigent diente. Damals erhielt der Verein Statuten und einen Vorstand. Einen Höhepunkt bildete das

Der 1857 gegründete Singverein, wohl anlässlich der 50-Jahr-Feier 1907.

Turnriege des TV Möglingen mit Riegenführer Albert Kleinheinz (stehend Mitte) im Jahr 1907.

Herbstgaufest 1884 in Möglingen, das der Verein anlässlich des 25-jährigen Jubiläums der Fahnenweihe abhielt. Die Zahl der Mitglieder nahm immer mehr zu, sodass 1907 dem Verein 79 Mitglieder, darunter 32 aktive Sänger, angehörten. Schwierige Zeiten brachen 1912 an, als am Ort ein zweiter, christlicher Männerchor gegründet wurde. Dieser existierte jedoch nur bis zum Ersten Weltkrieg.[62]

Schullehrer Kurz gründete 1893 einen zweiten Verein in Möglingen, den Kriegerverein, dem Veteranen von 1870/71 und andere ehemalige Soldaten angehörten. Nach einjährigem Bestehen schaffte der Verein sich 1894 eine Fahne an.[63]

Ein weiterer Verein entstand 1905 mit dem Turnverein Möglingen. Im selben Jahr bat Vorstand Karl Röhrich die Gemeinde Möglingen um Überlassung eines passenden Turnplatzes, der in der Nähe des Schulhauses gefunden wurde. Zwei Jahre später wurde auf der Turnwiese ein Schuppen errichtet, in dem die Turngeräte untergebracht werden konnten. 1910 verlegte der Turnverein den Turnplatz auf eine Baumwiese hinter der Hanfbachstraße und ließ dort eine Turnhalle in einfacher Form errichten.[64]

An kirchlichen Vereinen bildeten sich 1892 ein Kirchenchor, 1904 ein Jungfrauenverein und 1908 ein Jünglingsverein. Der Jungfrauenverein umfasste im letztgenannten Jahr 30 junge Mädchen.[65]

13. Der Erste Weltkrieg

Aufgrund der sich immer mehr verstärkenden Spannungen, die sich vor allem auf dem Balkan, aber auch zwischen Frankreich, England und Deutschland aufgebaut hatten, kam es im August 1914 zum Ersten Weltkrieg. Nach dem Mord am österreichischen Thronfolger und seiner Frau in Sarajewo am 28. Juni 1914 lief alles auf eine militärische Auseinandersetzung der europäischen Staaten zu. Am 1. August 1914 erfolgte die Generalmobilmachung und die deutsche Kriegserklärung an Russland, zwei Tage später die deutsche Kriegserklärung an Frankreich, wiederum zwei Tage später die Kriegserklärung Englands an Deutschland. Mit der Mobilmachung wurden zahlreiche Männer, Väter und Söhne eingezogen. Ergreifende Abschiedsszenen spielten sich ab. Infolge der Nähe zur Garnison Ludwigsburg wurden in Möglingen von August bis Oktober 1914 Truppen einquartiert, so die 1. Sanitätskompanie und die 1. Kompanie des Ersatzbataillons des Landwehrinfanterieregiments Nr. 120. Bis zum Oktober 1914 rückten diese Truppenteile an

Musterung des Jahrgangs 1890 im Jahr 1910. Mittlere Reihe 2.v.l. Wilhelm Pflugfelder. Mancher der Gemusterten wurde 1914 eingezogen und sah die Heimat nicht wieder.

die Front ab. Die Aufwendungen der Gemeinde für Quartier, Vorspann und Verpflegung betrugen 30 000 Mark. Nach den Erstattungen durch das Deutsche Reich ergab sich ein Überschuss, der den ausmarschierten Soldaten als Ostergeschenk im Jahr 1915 zugute kam. Zahlreiche Möglinger kämpften damals an der Front. Zu Hause hofften die Angehörigen auf ein baldiges Ende des Krieges und beteiligten sich an allerlei Sammlungen für die Ausmarschierten. In den täglichen Kriegsbetstunden wurde für die Ausmarschierten gebetet. Der erste Gefallene war der am 5. September 1914 vermisste August Wintterle. Ihm sollten viele weitere folgen. Bald machte sich Trauer und Ernüchterung breit. Das gesellschaftliche und politische Leben kam praktisch zum Erliegen.[66]

Die folgenden Jahre 1915, 1916 und 1917 brachten zermürbende, verlustreiche Grabenkämpfe an den Fronten, bislang nicht gekannte Materialschlachten, die immer neue Opfer unter den Soldaten forderten. Die Auswirkungen des Krieges waren nun auch in der Heimat spürbar. Dies betraf vor allem die Lebensmittelversorgung. Schon 1915 richtete der Gemeinderat einen Ausschuss zum Verkehr mit

Der Möglinger Bäckermeister Paul Groll diente seit 1914 bei einer Radfahrerkompanie.

Brot und Mehl ein. Die Lebensmittel wurden nach und nach rationiert und in den Städten kehrte der Hunger ein. Auf dem Land dagegen blieb die Versorgungslage erträglicher. Möglingen hatte *noch den Charakter einer nahezu rein ländlichen Gemeinde, wo die Lebensmit-*

telnot nicht so in Erscheinung tritt, weil die Einwohner von jeher ein einfaches Leben gewöhnt und Naturalien aller Art leichter zu beschaffen sind als in den Städten. Verdienstmöglichkeiten sind in jeder Weise gegeben, hier ist ein großer Mangel an Arbeitskräften und die neue Bahn erleichtert das Aufsuchen von Arbeit an anderen Plätzen. Fast alle Angehörigen von Einberufenen haben Grund und Boden. Wo trotzdem und trotz der Familienunterstützung Not einkehrt, ist die örtliche Hilfskasse da, die durch freiwillige Gaben gespeist wird, auch ist in Händen des Ortsgeistlichen eine Unterstützungskasse, die es diesem ermöglicht, bei plötzlich eintretender Not rasch abzuhelfen. Deshalb sahen die Gemeindekollegien von der Bereitstellung öffentlicher Mittel zur Ermäßigung der verteuerten Lebensmittel ab.[67]

Im Dezember 1916 hatte die Gemeinde Möglingen zum Proviantamt Ludwigsburg insgesamt 400 Zentner Heu abzuliefern. Da das Proviantamt nur zwischen 4 und 4,50 Mark pro Zentner zahlte und damit eine Mark unter dem Marktpreis blieb, hatte eine Aufforderung der Gemeinde zur Heuablieferung keinen Erfolg. Erst als die Gemeinde bereit war, die Differenz aus der Gemeindekasse zu ersetzen und ein Verkaufsverbot für Heu erließ, konnte die Heulieferung mit Mühe zusammengebracht werden.[68]

Die Gemeinde Möglingen war 1918 laut Visitationsbericht *eine sehr geordnete ländliche Gemeinde. Die Markung ist eine der allerbesten Felder von Württemberg. Und das Feld wird fleißig und sorgfältig bebaut. So ist es begreiflich, daß es Arme fast nicht gibt.* Über die wirtschaftlichen Verhältnisse schrieb Pfarrer Lechler: *Die Mehrzahl der Gemeindeglieder sind Bauern. Doch gehen nicht wenige, namentlich junge Leute ins Geschäft nach Markgröningen, Asperg, Kornwestheim, Feuerbach oder Stuttgart. Zum Teil werden ja bekanntlich unglaubliche Löhne bezahlt, die Folge davon ist die Entwertung des Geldes. Für den Bauern ist es fast unmöglich, der Verlockung durch das von überall her reichlich angebotene Geld zu widerstehen und die vorgeschriebenen Preise für seine Erzeugnisse einzuhalten, vollends, da diese Preise mit einer ganz regelosen Willkür festgesetzt werden, nur nach Augenblicksbedürfnissen. Das gilt namentlich von Getreide und Vieh. Es besteht ein Darlehenskassenverein. Vom politischen Parteiwesen spürt man nicht viel. Daß der Krieg viel zu lange dauere, ist jedermann überzeugt, wer die Schuld trage, wird verschieden beurteilt, im Grund nimmt man das Verhängnis als unvermeidlich auf sich und schleppt die vermehrte Arbeit und Sorgenlast weiter. Französische Gefangene kamen schon 1915 zu gewissen Arbeiten hieher. Im Frühjahr 1916 wurde eine größere Abteilung in der Turnhalle des Turnvereins untergebracht, heuer wurde auch ein Wohnhaus mit einer Abteilung belegt. Es gibt anständige Leute darunter, die Mehrzahl ist wenig geneigt oder fähig, so zu arbeiten, wie man es hier gewöhnt ist. Vielfach hört man von anspruchsvollem Benehmen, dem alleinstehende Frauen nicht gewachsen sind, so daß sie den Herren Gefangenen eben auftischen, was sie vermögen, und sich mit ungenügenden Leistungen zufriedengeben, um nicht ganz ohne Hilfe gelassen zu werden.*[69]

In der Kirche wurden im Februar 1917 die Orgelpfeifen aus Zinn ausgewechselt und durch solche aus aluminiertem Zink ersetzt. Die vom Deutschen Reich beschlagnahmten Zinnpfeifen lagerten damals noch in der Sakristei. Im Juni 1917 musste die große Glocke vom Kirchturm geholt und für Rüstungszwecke abgeliefert werden. Kurz vor Kriegsende wurde auch die Kleine Glocke beschlagnahmt, doch kam sie im Dezember 1918 unbeschädigt wieder zurück.[70]

Nach dem Kriegseintritt der USA 1917 zeichnete sich im Sommer 1918 die Niederlage der Mittelmächte Deutschland und Österreich ab. Der Erste Weltkrieg endete für Deutschland am 11. November 1918 mit einem Waffenstillstand. Die schreckliche Bilanz des Krieges ergab für Möglingen 42 Gefallene und Vermisste. Der Krieg hatte in vielen Familien tiefe Wunden hinterlassen.[71]

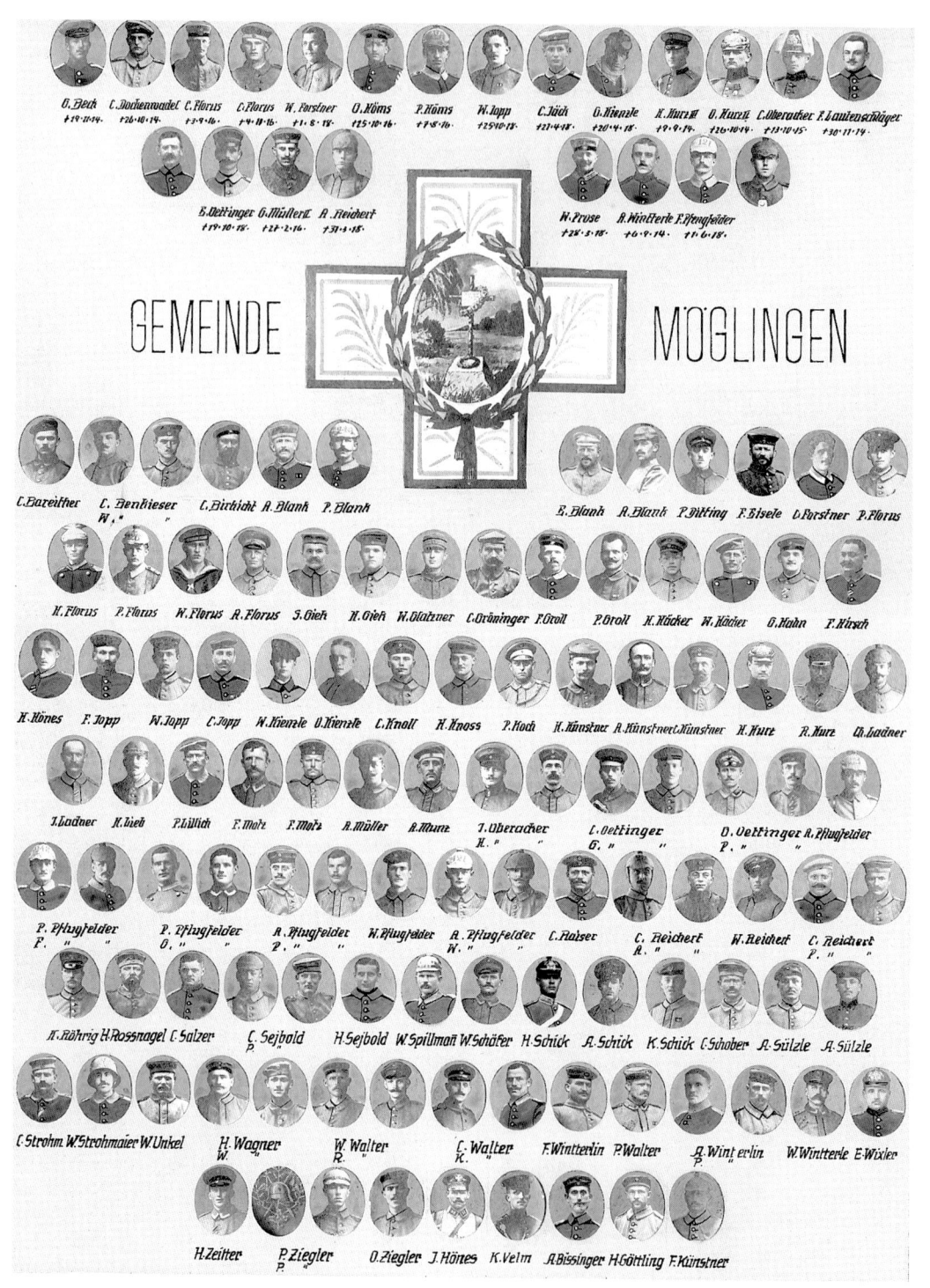

Dieses Bild mit den im Ersten Weltkrieg gefallenen Möglingern hing lange Zeit im Rathaus.

Die Gefallenen und Vermissten im Ersten Weltkrieg (1914–1918)

Heinrich Raiser

Name (V = Vermisst)	geboren	gefallen	Ort
Alber, Hermann	21.11.1896	04.06.1916	Zillebeke
Beck, Gustav	21.09.1888	29.11.1914	Thiegvaz bei Albert
Brosi, Wilhelm	08.04.1888	28.03.1918	Mayenneville
Dokkenwadel, Karl (V)	29.10.1893	26.10.1914	Fromelles
Englert, Christian	30.10.1888	gest. 07.08.1916	Thumacz
Florus, Karl	24.03.1879	03.09.1916	Beaumont
Florus, Karl	30.09.1895	04.10.1916	Wytschaete
Forstner, Wilhelm	12.08.1897	01.08.1918	Fontoy
Hönes, Gottlob	13.04.1888	25.10.1916	Bousberque
Hönes, Paul	06.10.1884	22.08.1916	
Hönes, Paul (V)	10.12.1892	07.08.1916	Thumacz, Galizien
Jäckh, Karl	17.11.1898	21.04.1918	Avezug bei Albert
Jaus, Richard	21.10.1895	21.01.1917	Peuvillers bei Verdun
Jopp, Adolf	06.01.1900	gest. 20.11.1918	Möglingen
Jopp, Wilhelm	08.12.1897	25.10.1918	Vasle (als Krankenträger)
Kienzle, Gustav	20.02.1897	21.04.1918	Westroosebeke
Kienzle, Hermann	25.10.1892	13.07.1915	Osowic (Ossowiek)
Kurz, Hermann	14.03.1881	gest. 26.10.1914	Fromeless bei Lille
Kurz, Karl (V)	06.04.1884	10.09.1914	bei Somaisne
Kurz, Otto	21.04.1883	26.10.1914	Peronne
Lautenschlager, Friedrich	16.05.1882	30.11.1914	bei Ypern
Lechler, Ludwig	09.05.1894	12.09.1915	Ledeghem
Lechler, Paul	30.11.1886	27.03.1915	Perhes
Lillich, Karl	24.08.1892	09.07.1916	Peronne
Motz, August	17.01.1883	09.07.1916	Feste Vaux bei Verdun
Motz, Karl (V)	25.11.1890	07.09.1914	bei Longwy
Motz, Paul	05.06.1886	12.07.1917	Riencouot bei Cambray
Moz, Hermann	15.10.1897	08.06.1917	Monchy bei Arras
Müller, Adolf	07.03.1887	gest. 20.10.1914	Beaumont bei Lille
Müller, Gottlob	22.01.1889	27.02.1916	Heideweiler/Ober-Elsass
Oberacker, Karl	30.11.1886	13.10.1915	Werschetz, Jugoslawien
Öttinger, Ernst	27.07.1884	19.10.1918	Mühlhausen/Elsass
Öttinger, Hermann	29.09.1879	07.02.1915	La Boiselle

Pflugfelder, Friedrich	30.04.1887	01.06.1918	Ormoy (Ormies)
Reichert, Albert	09.07.1896	30.03.1918	Orivilliers
Reichert, Paul	04.04.1891	gest. 13.11.1918	Wiesbaden
Spillmann, Karl (V)	21.09.1891	seit 08.08.1918	
Sülzle, Wilhelm	07.10.1891	gest. 04.01.1915	Ludwigsburg
Wintterle, August (V)	14.10.1877	seit 05.09.1914	
Ziegler, Christian	12.11.1876	gest. 22.05.1920	Ludwigsburg
Ziegler, Gottlob	18.08.1892	gest. 22.04.1917	in Russland (Gefangener)
Ziegler, Wilhelm	10.10.1874	gest. 22.02.1917	Stuttgart

Das von Bildhauer Brüllmann angefertigte Denkmal wurde 1922 eingeweiht.

Die Zeit der Weimarer Republik und der nationalsozialistischen Herrschaft (1919–1945)

Albrecht Gühring

1. Politische und militärische Verhältnisse

a) Der Umsturz und die Weimarer Republik

Am 9. November 1918 war der Erste Weltkrieg zu Ende und der revolutionäre Umsturz fegte die deutschen Monarchien hinweg. Von den rund 1200 Möglinger Einwohnern waren 36 Gefallene[1] und sechs waren vermisst.[2] Im ganzen Oberamt waren 1889 Gefallene zu beklagen.[3] Die überlebenden Soldaten zogen ostwärts in Richtung Heimat. Am 29./30. November 1918 marschierte eine bayerische Wirtschaftskompanie durch Möglingen; weitere Einheiten folgten im Dezember. Von 30. November bis 1. Dezember lagerten auf Gemeindemarkung 380 Pferde fast ohne Aufsicht, sodass zahlreiche Tiere auf den Wiesen erfroren und verhungerten.[4] Anfang 1919 wurden die heimgekehrten Möglinger Soldaten durch den Pfarrer im Gemeindehaus begrüßt. Daher sah die bürgerliche Gemeinde von einer besonderen Feier ab. Jeder Soldat, der tatsächlich *im Feld* gewesen war, erhielt aus der Gemeindekasse zehn Mark.[5]

Im Herbst 1919 kehrten sieben von acht Kriegsgefangenen aus russischer, englischer, amerikanischer und französischer Kriegsgefangenschaft zurück;[6] sie bekamen von der bürgerlichen Gemeinde je 100 Mark geschenkt. Der 1917 verstorbene Friedrich Pflugfelder hatte testamentarisch bestimmt, dass 500 Mark seiner Erbmasse den Möglinger Kriegsinvaliden und Schwerverwundeten zukommen sollten. Dazu gaben seine Erben weitere 200 Mark, sodass 1920 Beträge zwischen 30 und 86 Mark an Gottlieb Öttinger, Karl Reichert, Hermann Schiek, Christian Ziegler, Jakob Pflugfelder, Wilhelm Brenner, Paul Pflugfelder, Wilhelm Spillmann, Otto Ziegler, Friedrich Forstner, Heinrich Lieb und Albert Munz sowie die Kriegerwitwen Sofie Lautenschlager und Friedrike Müller ausbezahlt werden konnten.[7] Schon im September 1919 bot der Geistliche Kunstverein an, ein *Dankzeichen* für die Gefallenen aufzustellen, aber erst im November 1920 wurde eine Liste der damals bekannten 39 Gefallenen erstellt und die Anfertigung einer Tafel beschlossen, deren Entwurf Regierungsbaumeister Werner Anfang 1921 vorlegte. Am 3. April 1921 wurde die Tafel ohne große Feierlichkeiten eingeweiht. Das Denkmal selbst führte kurz darauf Bildhauer Brüllmann aus Stuttgart zum Preis von rund 150 000 Mark aus. Es wurde am 1. Oktober 1922 im Anschluss an den Gottesdienst eingeweiht.[8] Der Vorschlag von Pfarrer Lechler, das Denkmal auf dem Friedhof zu plazieren, *fand keinen Beifall*, denn die dort aufgestellten Grabdenkmäler waren *meistens häßlich*.[9]

Gleich nach Abschaffung der Monarchie wurden in vielen Orten sog. Arbeiter- und Bauernräte nach kommunistischem Vorbild gewählt und Einwohner- oder Bürgerwehren gebildet. In Möglingen erfahren wir davon nichts. Die Wahl zur verfassungsgebenden deutschen Nationalversammlung und zur württembergischen verfassungsgebenden Landesversammlung fanden im Januar 1919 statt. In Möglingen gaben 588 der 680 Wahlberechtigten ihre Stimmen ab. Diese entfielen auf den Württembergischen Bauernbund (260), die Mehrheitssozialdemokraten (159), die Bürgerpartei (70), die Deutsche Demokratische Partei (52), den Bund der Weingärtner und Kleinlandwirte (45) und die Unabhängige Sozialdemokratische Partei (2).[10]

Die politischen Verhältnisse dieser Zeit werden auch anhand der Ergebnisse der Reichstags- (Rt) und Landtagswahlen (Lt) vom 6. Juni 1920 für Möglingen und das Oberamt Ludwigsburg (ohne Teilwahlbezirk Marbach) deutlich (in Möglingen stimmten 505 von 726 Wahlberechtigten ab, davon waren 497 bzw. 496 Stimmen gültig; in Klammern Prozent):[11]

Wahlvorschlag	Rt Möglingen	Rt Oberamt	Lt Möglingen	Lt Oberamt
Sozialdemokratische Partei	60 (12,1)	5859	60	5817
Unabhängige Sozialdemokratische Partei	21 (4,2)	6335	23	6468
Württ. Bürgerpartei	35 (7,0)	4170	30	4171
Bund der Landwirte	358 (72,0)	5083	364	5165
Deutsche Demokratische Partei	9 (1,8)	4387	9	4365
Deutsche Volkspartei/Nationalliberale	4 (0,8)	1547	3	1463
Kommunistische Partei Deutschlands	10 (2,0)	1353	7	1248
Zentrum	–	993	–	1008

Verheerend drückend wirkte sich die Inflation aus, die 1923 ihren Höhepunkt erreichte. Als Auslöser wurden der verlorene Krieg und die damit verbundenen hohen Reparationsleistungen sowie die Arbeitslosigkeit angesehen. Bis Mitte April 1923 war das Verhältnis von Goldmark zu Papiermark 1:5000, Ende Juli 1:260 000, im August 1:1 000 000 und am 17. Oktober wurde die Milliardengrenze überschritten. Am 3. November lag der Wert einer Goldmark bei 10 Milliarden Papiermark, von 13. auf 14. November sprang er von 300 auf 600 Milliarden Mark und am 20. November 1923 war die Billion überschritten. Kurz darauf wurde die Rentenmark im Wert von einer Goldmark eingeführt. Der sozialistenfeindliche Chronist Kurz (s. S. 363) urteilte darüber: *Das Ziel der Sozialdemokratie, die Kapitalmacht zu untergraben u[nd] zu vernichten, war gründlich erreicht bei den Beamten und Kleinrentner.*[12]

Einige Möglinger Beispiele veranschaulichen den Geldverfall. Im März 1919 nahm die Möglinger Kirchengemeinde rund 13 838 Mark ein und gab fast 13 252 Mark aus. Der Monatsabschluss vom November 1923 ergab Einnahmen in Höhe von 4 186 073 207 556,25, also über vier Billiarden Mark und Ausgaben von 1 438 707 060 563,01, also rund anderthalb Billiarden Mark. Nach der Währungsumstellung auf die sog. Renten- oder Goldmark betrugen die Einnahmen im Dezember 1923 79,26 und die Ausgaben 51,28 Mark. Von Oktober 1918 bis März 1919 bezahlte die Kirchengemeinde insgesamt 6,03 Mark an das Kraftwerk Altwürttemberg für Strom zum Antrieb der Orgel. Allein im Oktober 1923 betrug die Stromrechnung 9,2 Milliarden Mark und für den November 175 Milliarden Mark. Wenig später waren kaum mehr fünf Rentenmark zu entrichten.[13] Das Finanzamt Ludwigsburg zog im Mai 1923 in Möglingen die fällige Einkommensteueranteile in Höhe von 345 600 Mark ein. Bis 10. September war die Steuer auf über 11 Mio., bis 24. September auf 240 Mio. und bis Anfang Dezember auf 538 Milliarden Mark angestiegen. In ähnlicher Weise erhöhte sich der zu entrichtende Anteil der Grunderwerbsteuer von 3463 Mark für April 1923 bis auf 1 455 849 000 000, also fast anderthalb Billiarden Mark für die Monate September bis November 1923. Für Dezember betrug diese Steuer eine Rentenmark und sechs Pfennige.[14] Bei Ablieferung des Reformationsfestopfers 1923 lehnte das Dekanat Ludwigsburg Scheine unter einer Million ab. Es wurde beschlossen, diese zu sammeln und gelegentlich als Altpapier zu verkaufen.[15]

b) Die nationalsozialistische Herrschaft bis zum Beginn des Zweiten Weltkriegs

Nachdem sich die Wirtschaft nach der Inflation seit Mitte der zwanziger Jahre leicht erholt hatte, folgte ab 1929 die Weltwirtschaftskrise. Eine ihrer Folgen war auch in Deutschland eine hohe Arbeitslosigkeit.[16] Sie sorgte gemeinsam mit der politischen Uneinigkeit und der Zersplitterung in zahlreiche Parteien für wachsende Unzufriedenheit. Diese Situation war der ideale Nährboden für die in den zwanziger Jahren noch relativ unbedeutenden Nationalsozialisten und ihren Anführer Adolf Hitler.

Ein Stimmzettel aus der Zeit der Weimarer Republik.

Die Ludwigsburger Zeitung berichtet am 31. Januar 1933 über die Machtergreifung Hitlers.

Bei der Reichspräsidentenwahl am 13. März 1932 erhielten in Möglingen Hitler 211, Hindenburg 263, Duesterberg 96, Thälmann 38 und Winter sieben Stimmen. Bei der Neuwahl am 10. April 1932 stimmten 329 Möglinger für Hindenburg, 180 für Hitler und 18 für Thälman.[17]

Ein erheblicher Stimmenzuwachs der NSDAP im ganzen Reich zu Beginn der dreißiger Jahre und fast ausschließlich auf Notverordnungen gestützte und häufig wechselnde Regierungen im Reich führten am 30. Januar 1933 zur Ernennung Hitlers zum Reichskanzler. Die folgende Tabelle der Reichstagswahlen von 1928 bis 1933 macht den Stimmenzuwachs der NSDAP auch in Möglingen deutlich, wobei jedoch im November 1932 ein Einbruch zu verzeichnen ist. Die Wahl vom 5. März 1933 war in weiten Teilen Deutschlands schon manipuliert. In Möglingen überflügelte der Bauern- und Weingärtnerbund sogar noch im März 1933 die NSDAP (in Klammern Prozent):

Datum der Wahl	20. 5. 1928[18]	14. 9. 1930[19]	31. 7. 1932[20]	6. 11. 1932[21]	5. 3. 1933[22]
Stimmberechtigte	813	895	917	927	922
Abgegebene Stimmen	533 (65,6)	646 (72,2)	553 (60,3)	456 (49,2)	756 (82,0)
Gültige Stimmen	529	646	553	456	755
NSDAP	3	9	188 (34,0)	72 (15,8)	274 (36,2)
Sozialdemokratische Partei	89 (16,8)	104 (16,1)	97 (17,5)	58 (12,7)	81 (10,7)
Deutschnationale Volkspartei	13 (2,5)	2	9	18 (3,9)	–
Zentrumspartei	–	3	1	–	–
Dt. Volkspartei	8	27 (4,2)	7	2	3
Kommunistische Partei	6	27 (4,2)	19 (3,4)	49 (10,7)	21 (2,8)
Dt. Demokratische Partei	23	–	8	8	6
Wirtschaftspartei	3	17	2	–	–
Deutsche Bauernpartei	3	3	1	1	3
Bauern- und Weingärtnerbund	366 (69,2)	354 (54,8)	199 (36,0)	213 (46,7)	301 (39,9)
Volksrechtpartei	2	3	–	1	–
Christlich-soziale Reichspartei	10	–	–	–	–
Evangelische Volksgemeinschaft	3	–	–	–	–
Christlich soziale Volksgemeinschaft	–	2	–	–	–
Nationale Volksgemeinschaft	–	11	–	–	–
Christlich sozialer Volksdienst	–	84 (13,0)	19 (3,4)	30 (6,6)	30 (4,0)
Sozialistische Arbeiterpartei	–	–	1	–	–
Kampffront Schwarz-Weiss-Rot	–	–	–	–	36
Kampfgemeinschaft der Arbeiter und Bauern	–	–	1	–	–
Erwerbslosenfront	–	–	–	4	–

Zur *Feier der nationalen Einigung unseres Volkes* und Eröffnung des Reichstags am 21. März 1933 fand in Möglingen zur Mittagsstunde ein *festliches Geläute* statt. Abends hielt Pfarrer Rentschler im Rahmen der *Deutschen Woche* im Vereinsheim einen Vortrag zum Thema *Deutschtum und Christentum*.[23] Bei der stark manipulierten Reichstagwahl und Volksabstimmung am 12. November 1933 war die NSDAP die einzige noch zugelassene Partei. Bei der *Wahl* stimmten von 932 Wahlberechtigten 921 für den Kreiswahlvorschlag der NSDAP. Zehn Stimmen waren ungültig und ein Möglinger wählte nicht. Die Volksabstimmung erbrachte 920 Ja- und sechs Neinstimmen. Fünf Stimmen waren ungültig.[24]

Die manipulierte Wahl am 29. März 1936 brachte in Möglingen der NSDAP angeblich alle 970 gültigen Stimmen[25] und auch bei der ebenfalls manipulierten Volksabstimmung und Wahl zum Großdeutschen Reichstag am 10. April 1938 gaben angeblich alle 958 Möglinger Stimmberechtigten ihre Stimme ab und votierten, mit Ausnahme von vier ungültigen Stimmen für die NSDAP.[26]

Die Gleichschaltungsgesetze von 1933 führten auch in Möglingen zu einer Umbildung des Gemeinderats (s. S. 347) und zu einer Abänderung der Aufgaben des Bürgermeisters im Sinne des Führerprinzips. In der Gemeinderatssitzung vom 29. März 1933 *gedachte der Vorsitzende zunächst des bedeutsamen politischen Umschwungs in Deutschland in der letzten Zeit. Er führte dabei aus, daß es nun Aufgabe und Pflicht des Gemeinderats, der Gemeindebeamten und -angestellten, sowie der ganzen Einwohnerschaft sei, sich hinter die neuen Reichs- und Landesregierungen zu stellen und deren Aufbaubestrebungen tatkräftig zu unterstützen und zu fördern. Auch gab er der Hoffnung Ausdruck, daß Deutschland unter seiner jetzigen zielsicheren Führung wieder einer gesunden und einer glücklichen Zukunft entgegengehen möge.*[27]

In der Gemeinderatssitzung vom Januar 1934 gab Bürgermeister Haspel einen Rückblick auf das Jahr 1933 und *gedachte besonders des nationalen Aufbruchs des deutschen Volkes. Er würdigte dabei die tief einschneidenden Maßnahmen der jetzigen nationalsozialistischen Regierung unter der zielsicheren, kraftvollen Führung des Reichskanzlers Adolf Hitler, die gewaltige Umwälzung in politischer und wirtschaftlicher Hinsicht brachten. Dankbar und vertrauensvoll blicke das Volk auf seinen trefflichen Führer, und mit grossen Hoffnungen und festem Glauben könne es der Zukunft entgegensehen*. Besondere Hoffnung setzte man in die offensichtlich erfolgreich begonnene Bekämpfung der Arbeitslosigkeit am Ort durch die Entwässerung von Wiesen und die Bauarbeiten an der Straße nach Asperg. Damit sei für Möglingen *das Gespenst der Erwerbslosigkeit auf längere Zeit hinaus gebannt*. Als Aufgaben der folgenden Jahre nannte Bürgermeister Haspel den Bau eines Freibades, einer größeren Veranstaltungshalle, einer neuen Schulküche und neuen Schulräumen sowie die Einstellung einer hauptamtlichen Fachlehrerin und die Schaffung einer vierten Lehrstelle.[28] Bürgermeister Haspel sprach damit gutgläubig das aus, was viele Deutsche hofften. Doch sie sollten bitter getäuscht werden, denn ihr guter Wille und ihre Arbeitskraft wurden zu kriegsvorbereitenden Zwecken missbraucht.

Auch Pfarrer Rentschler ließ sich anfangs täuschen und schrieb am 22. April 1933: *Die nationale und sittenpolizeiliche Säuberungsarbeit, welche unsere neue Reichs- und Landesregierung mit starker und strenger Hand auf allen Gebieten des öffentlichen Lebens durchführt, erweckt frohe Hoffnungen für ein Wiedererwachen der sittlich-religiösen Kräfte in unserem deutschen Volksleben und für eine neue Wertschätzung der kirchlichen Arbeit.*[29] 1934 sah Rentschler in der Regierung der Nationalsozialisten sogar *einen neuen Zug zu Gott und zu den Heilkräften des Evangeliums. Der Dienst der Kirche wird wieder geschätzt und begehrt; die Kirchenaustrittsbewegung flaut ab*.[30] Doch bald sah sich Rentschler mit dem Gegenteil konfrontiert (s. S. 359). Im Mai 1934 schrieb er nach *mahnenden Worten* des Landesbischofs [Wurm]: *Indessen ist in den verheißungsvollen Frühling, der für unsere Landeskirche angebrochen zu sein schien, vom Norden her ein kalter Frost hereingebrochen, der ihr Eigenleben zu ersticken droht. ... Mögen unsere evangelischen Gemeinden die Zeit ihrer Heimsuchung und ernsten Entscheidung erkennen und das teure Erbe der Väter mit mannhaftem Glauben bis zum äußersten verteidigen!*[31]

Die SA-Kapelle Möglingen beim Festzug zum 1. Mai 1933 oder 1934 in der Wagnerstraße.

Inzwischen hatte die NSDAP in Möglingen festen Fuß gefasst. Schon zum 1. Mai 1933 waren mindestens acht Möglinger Männer, eventuell auch später Zugezogene, und eine Frau der Partei beigetreten. Zwei Nationalsozialisten gehörten dem NS-Kraftfahrerkorps an. Ein Möglinger war nach eigener Angabe schon seit 1. April 1931 Pg. und zudem SA-Rottenführer. Mindestens sechs weitere Bürger gehörten zwischen 1933 und 1938 als Rottenführer, Obertruppführer oder in sonstigen Funktionen der SA an, darunter auch der Führer des Möglinger SA-Musikzugs.[32] Der Möglinger SA-Abteilung wurde am 1. Juni 1933 auf Antrag vom Gemeinderat gestattet, jeden Montagabend die Turnhalle zu benutzen.[33] Ab April 1934 erhielt die Schar Möglingen des SA-Sturms 2/248 auf Antrag das im Erdgeschoss des Rathauses befindliche Zimmer als Dienstzimmer zur Verfügung gestellt.[34] Die Standarte 248 umfasste damals die Ämter Ludwigsburg, Marbach und Backnang.[35] Am 14. Januar 1934 besuchte der Nachrichten-Sturm der SA-Standarte 248 Ludwigsburg auf der Rückkehr von einem Reisemarsch Möglingen und wurde am Ortseingang von der hiesigen SA-Kapelle mit Marschmusik abgeholt. Ortsgruppenleiter Weiss begrüßte die Gäste an der Turnhalle, wo die Möglinger NS-Frauenschaft alle 80 Teilnehmer verköstigte.[36]

Im Dezember 1945 wurden über einen Fragebogen die Funktionäre der NSDAP-Ortsgruppe Möglingen ermittelt, die folgende Ämter innehatten: Stützpunktleiter, Ortsgruppenleiter mit Stellvertreter, Schulungsleiter, Organisationsleiter, Kassenleiter, Propagandaleiter, Amtsleiter des Amtes für Volkswohlfahrt mit Stellvertreter, Pressebeauftragter, Personalamtsleiter, Kulturleiter, Rundfunkleiter, Filmleiter, DAF-Ortsobmann, zwei DAF-Zellenwalter, zwei NSV-Zellenwalter, Ortsbauernführer, Frauenschaftsleiterin, zwei Jugendgruppenleiterinnen, zwei Standortführer der HJ und zwei Standortführerinnen des BdM. Teilweise waren die Ämter in Personalunion besetzt Außerdem waren in Möglingen 16 NSV-Blockwalter, vier NSDAP-Zellenleiter und zehn NSDAP-Blockleiter tätig gewesen.[37]

Bei Kriegsende waren von den ca. 1500 Möglinger Einwohnern rund 100 Mitglieder der NSDAP.[38] Eine im Juni 1946 erstellte Liste nennt in Möglingen nur 61 ehemalige Mitglieder der NSDAP, die zwischen 1931 bzw. 1932 und 1944 eingetreten waren und zwischen 1876 und 1924 geboren wurden. Die Liste ergänzte man handschriftlich um einige Personen, die wohl keine Angaben gemacht hatten. Darunter war ein schon 1930 der NSDAP beigetretener, aber später zugezogener Möglinger, der seit 1936 bei der SS gewesen war und eine Medaille in Bronze erhalten hatte.³⁹ Acht Möglinger, davon einer in Ludwigsburg wohnhaft, wurden nach dem Krieg als SS-Angehörige ermittelt, darunter ein Oberscharführer und ein Obersturmführer. Zwei von ihnen fielen 1943 und 1945.⁴⁰ 52 Möglinger Frauen gehörten der Frauenschaft an, jedoch nur 15 Möglingerinnen wurden Mitglied der NSDAP. Die zwischen 1902 und 1927 geborenen Mädchen und Frauen traten der Partei zwischen 1938 und 1945 bei.⁴¹ Martha Englert, die Witwe des 1916 gestorbenen Möglinger Unterlehrers Christian Englert,⁴² leitete die Frauenschaft von 1933 bis 1945.⁴³

Möglingen war zunächst keine Ortsgruppe, sondern nur ein sog. Stützpunkt der NSDAP, den zunächst Karl Birkicht, angeblich seit 1932, führte. Widersprüchliche Angaben lassen keine genaue Aussage darüber zu, wann der Stützpunkt zur Ortsgruppe wurde. Der *Ausbau zur Ortsgruppe* erfolgte wohl schon im April 1933 (s. S. 330). Angeblich von 5. September 1933 bis 19. April 1945 leitete Ludwig Weiss, der zugleich Organisationsleiter war, die Ortsgruppe.⁴⁴ Die Ludwigsburger Zeitung bezeichnet Birkicht allerdings noch am 7. November 1933 als Ortsgruppenleiter und noch Ende November war sein Nachfolger Weiss nur stellvertretender Ortsgruppenleiter.⁴⁵ Tatsächlich übernahm Weiss die Leitung im Dezember 1933.⁴⁶ Nach dem Krieg warf man Birkicht, der die Postagentur und einen Kaufladen betrieben hatte, vor, politische Agitation im Laden betrieben zu haben. Dieser Vorwurf wurde durch eine Unterschriftenliste von 57 Möglingern entkräftet.⁴⁷

Ab 1. Oktober 1933 gewährte der Gemeinderat dem BdM einen jährlichen Beitrag von 30 RM rückwirkend für das Jahr 1933, ebenso mit Beschluss vom Januar 1934 der Hitlerjugend, deren Tätigkeit *auf die Ertüchtigung der Jugend in körperlicher, geistiger und sittlicher Hinsicht gerichtet* sei und damit einen Teil der Gemeindeaufgaben wahrnehme. Ab 1. April 1934 erhielt die Kreisleitung Ludwigsburg der NS Volkswohlfahrt ebenfalls einen jährlichen Zuschuss in dieser Höhe.⁴⁸

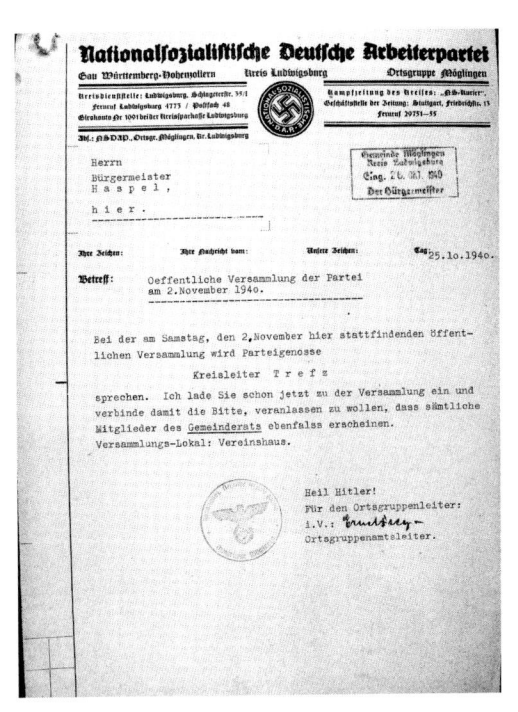

Gedruckter Briefkopf der NSDAP-Ortsgruppe Möglingen.

Eine Wahlkundgebung der NSDAP im Möglinger Gasthaus Krone wurde am 5. November 1933 von Ortsgruppenleiter Birkicht eröffnet. Dann sprach der Stuttgarter NSDAP-Fraktionsgeschäftsführer Pg. Kurz und abschließend Oberlehrer Pg. Grobe. Die Presse bedauerte: *Die Beteiligung war sehr zahlreich, jedoch wäre es außerordentlich erwünscht gewesen, wenn von dieser Kundgebung ein noch größerer Teil von Wählern erfasst worden wäre.*⁴⁹ Die angewachsene Möglinger Ortsgruppe der NSDAP mietete wohl bald darauf ein Zimmer im Haus des Wilhelm Wintterle, das als Geschäftszimmer der Ortsgruppenleitung, der NS-Frauenschaft und der NS-Volkswohlfahrt diente. Die Ortsgruppe erhielt aus der Gemeindekasse seit Anfang Mai 1934 10 RM monatlich als Mietbeitrag.⁵⁰

Am 14. Januar 1934 veranstaltete die HJ Möglingen zum ersten Mal einen *Deutschen Jugend-Abend*, bei dem die Turnhalle, so die Presse, bis auf den letzten Platz besetzt war. Nach Begrüßung durch HJ-Führer Alfred Röhrich sprachen Unterbannführer Bühler aus Ludwigsburg und Oberlehrer Grobe, dessen Rede *kernig und von wirklich nationalem Geist erfüllt* war. Es folgte die Aufführung *Das braune Ehrenkleid*.[51] Ende Februar 1934 wurde die *reibungslose Eingliederung der evangelischen Jungschar in den BdM* vollzogen.[52] Für die HJ und den BdM mietete die Gemeinde ab Anfang 1934 ein Zimmer im Wohnhaus Nr. 191 neben der Kirche an.[53] Nicht nur sonntags während den Gottesdienstzeiten, sondern bald auch am Samstag war Dienst von HJ und BdM. Den freiwilligen Samstagsunterricht besuchten schließlich nur noch vier Schüler der insgesamt sieben Klassen.[54]

In seinem Jahresrückblick für 1934 *gab der Ortsvorsteher seiner Freude darüber Ausdruck, daß in letzter Zeit der hiesige Stützpunkt der NSDAP zu einer Ortsgruppe erhoben und als deren Leiter Pg. Gemeinderat Weiss bestimmt wurde, der sowohl als SA-Mann wie auch als politischer Führer schon seit Jahren der Bewegung dient.*[55] Kaufmann Ludwig Weiss, der Sohn eines Hauptlehrers in Horlachen, hatte 1932 Klara, die Tochter des Kirchenpflegers August Ziegler geheiratet.[56] Seit 1936 war er hauptberuflich bei der Gauleitung der NSDAP in Stuttgart, seit 1943 als Gaustellenleiter, beim Gauschatzamt tätig.[57]

Von Juni 1940 bis Januar 1941 war Weiss bei einer *militärischen Übung* der Wehrmacht und Ernst Frey, von 1933 bis 1945 stellvertretender Ortsgruppenleiter, vertrat ihn. Der Zuschneidemeister Frey war, wie auch sein Schwager Weiss, bei der Schuhfabrik Kleinheinz beschäftigt. Nach dem Zusammenbruch erhielt er *ungewöhnlich günstige* Beurteilungen, auch durch den Pfarrer und durch den Betriebsrat der Fa. Kleinheinz. Frey, so die Spruchkammer, kam aus einer streng religiösen Familie, verurteilte die Judenverfolgung und verpflegte russische Kriegsgefangene. Otto G., 1946 Betriebsratsvorsitzender der Schuhfabrik, sagte aus, dass ihn Frey *1933 gegen politische Angriffe in Schutz genommen* habe und ihn *obgleich ich ehemaliger Kommunist war, 1942 als Mitglied des Vertrauensrates der Fa. Kleinheinz eingesetzt* hatte. Außerdem verwendete sich Frey 1943 oder 1944 für drei oder vier Frauen, die unterstützungsbedürftig, aber *alles, nur keine Parteigenossen oder Anhänger* waren.[58]

Der 1. Mai wurde von den Machthabern zum Tag der nationalen Arbeit erklärt, an dem alle nicht erforderlichen Arbeiten zu ruhen hatten. Auch sog. Heldengedenktage, Sonnwendfeier, Erntedankfest, Handwerkertag und Volkstrauertag waren beliebte Propagandaveranstaltungen der NSDAP.

Albert Kleinheinz besaß um 1930 das erste Möglinger Auto.
Von links: Maria Häcker, Albert Kleinheinz, Karl Preißing, Ludwig Weiss, Eckart Eisele und Karl Eisele.

Am Eingang der Schuhfabrik Kleinheinz um 1935. Von links: Maria Häcker, Karl Preißing, Ludwig Weiss, Albert Kleinheinz, Jakob Kleinheinz, Ernst Frey, NN und Schwester Anna Pflugfelder.

Der 1. Mai 1933 wurde auch in Möglingen als Tag der nationalen Arbeit im großen Stil gefeiert. Nach gemeinsamem Kirchgang fand eine Kundgebung vor dem Rathaus statt, wobei über Rundfunk die Reden aus Berlin übertragen wurden. Abends fand ein Fackelzug durch die Ortsstraßen statt, der zur Asperger Höhe führte, wo ein großes Feuer entzündet wurde.[59] Die Feier, so Pfarrer Rentschler, habe alle Bevölkerungsschichten in *ihren Bannkreis gezogen* und werde *auf Geschlechter hinaus in der Erinnerung haften bleiben*.[60]

Die Sonnwendfeier im Juni 1933 hatte laut Zeitung gezeigt, dass in Möglingen *von jeher nationale Gesinnung herrscht*. Öffentliche und private Gebäude *trugen reichen Flaggenschmuck* und tagsüber fanden Wettkämpfe der Jugend statt. Abends um neun Uhr zog ein Fackelzug, angeführt von der Trommler- und Spielerabteilung der Feuerwehr auf die Asperger Höhe, wo ein großes Sonnwendfeier entzündet wurde. Die Totenehrung nahm Gemeinderat Karl Birkicht, zugleich Ortsgruppenleiter der NSDAP, vor.[61]

Reichseinheitlich wurde am 1. Oktober 1933 das Erntedankfest gefeiert, ebenso am 5. Oktober der Tag des Handwerks. Das Möglinger Erntedankfest begann mit Posaunenchorblasen an verschiedenen Stellen im Ort und einem anschließenden Gottesdienst. Danach bewegte sich ein Festzug zum Festplatz, wo auch Ortsbauernführer Albert Pflugfelder eine Ansprache hielt. Abends war Tanz in der Turnhalle.[62] Trotzdem feierte die Gemeinde zusätzlich das übliche Herbstdankfest am dritten Novembersonntag.[63]

Die Feier zum 1. Mai 1934 veranstaltete man auf dem *mit viel Fleiß und Geduld erbauten Spielplatz des Turnvereins, der sich wohl nie gedacht hätte, daß einmal eine Maifeier auf*

Bericht über das Möglinger Erntedankfest am 3.10.1933 in der Ludwigsburger Zeitung.

ihm abgehalten würde. Nun zierte ihn ein Maibaum, der mit den üblichen Zeremonien der Nationalsozialisten in der Nacht von 30. April auf 1. Mai 1934 im Fackelschein punkt Null Uhr aufgestellt worden war. Über Rundfunk konnte man öffentlich die Rede des Reichsjugendführers Baldur von Schirach hören. Am nächsten Morgen bewegte sich ein außerordentlich großer Festzug, der die verschiedenen Gliederungen der NSDAP am Ort vorstellte und den eine Reitergruppe in Möglinger Tracht anführte, zum Wasserreservoir, wo eine sog. Adolf-Hitler-Eiche gepflanzt wurde. Auch die Gemeindebediensteten, die Schuljugend samt Lehrer, die Belegschaft der Firma Kleinheinz und die Kleinkinderschule, letztere sogar in einem Auto, nahmen an dem Zug teil.[64]

Schon in der Gemeinderatssitzung vom 19. April 1934 war das Pflanzen der Eiche beschlossen worden, ebenso die Umbenennung der bisherigen Hauptstraße oder Lammgasse von Gebäude Nr. 61 bis Nr. 78 in *Hindenburgstraße* und der Straße zum Bahnhof von Gebäude Nr. 60 bis Gebäude Nr. 341 in *Adolf-Hitler-Straße*. Mitte 1934 wurde für die Schule von der Gemeinde ein Rundfunkempfänger beschafft, der *auch ausserhalb der Schule von der Gemeinde bei geeigneten Anlässen zum Abhören von Rundfunkdarbietungen verwendet werden kann*.[65]

Im Juli 1935 wurde der Jahrgang 1914 als erster seit Ende des Ersten Weltkriegs gemustert. Die jungen Männer fuhren dazu in einem schmuckvollen selbstgebastelten Wagen nach Ludwigsburg.[66] Von 8. auf 9. August 1935 war nach langer Zeit wieder eine Einquartierung am Ort. Es handelte sich um 120 Soldaten, die sich auf dem Rückmarsch von einem Manöver zu ihrem Standort Würzburg befanden.[67]

Bald zeigte sich auch die Kehrseite des Nationalsozialismus. Einige Möglinger, die öffentlich über das *Regime* schimpften, kamen für einige Zeit ins Konzentrationslager Dachau, darunter auch Oskar Ditting. Daraufhin bürgerte sich am Ort die Redensart *Paß auf, sonst kommst Du nach Dachau* ein. Die Judenverfolgung wurde den meisten Möglingern erstmals bewusst, als sie vom Brand der Ludwigsburger Synagoge in der Reichskristallnacht erfuhren. Einige Möglinger Bauern hatten jüdische Kartoffelkunden in der Kreisstadt, die sie fortan nicht mehr beliefern durften. Schon wer zuvor belieferte oder in jüdischen Geschäften der Stadt eingekauft hatte, war Gefahr gelaufen, fotografiert und angezeigt zu werden. Über versteckte Kanäle ging der Handel dennoch weiter.[68]

Friedrich Häcker lief unbeabsichtigt ins offene Messer, als er im April 1938 den Möglinger Propagandaleiter der NSDAP, Albert M., fragte, ob es stimme, dass Alfred Rosenberg Halbjude

Pflanzung der Adolf-Hitler-Eiche am 1. Mai 1934.

Hermann Öttinger in HJ-Uniform. Er kehrte erst nach jahrelanger russischer Kriegsgefangenschaft heim.

Titelseite der Ludwigsburger Zeitung zum Ausbruch des Zweiten Weltkriegs.

sei. M. wies dies energisch zurück. Wenige Tage später kam Häcker am Ostermontag von der Kirche nach Hause und wurde von einem Beamten des Sicherheitsdienstes der SS namens Friedrich Sch. empfangen, der ihm mehrere Vergehen *in politischer Hinsicht* zur Last legte: er, Häcker, sei aus dem NSKK-Musikzug ausgetreten, sei Mitglied der Bekennenden Kirche und habe behauptet, Rosenberg sei Halbjude. Letzteres wurde als *schwerste Belastung* bezeichnet. Nach dieser Vernehmung in Häckers Wohnung wurde der am nächsten Tag zum Verhör zur Ortsgruppe bestellt. Im Beisein des Ortsgruppenleiters, des Propagandaleiters und des genannten Gestapo-Beamten Sch. gab man ihm zu erkennen, dass die Partei genug Geduld mit ihm gehabt habe und das Maß voll sei. Ein weiteres Verhör am 21. April endete mit einer Belehrung und dem Hinweis, dass Sch. Häcker habe ins Konzentrationslager bringen wollen und Ortsgruppenleiter Weiss dies solange hinausgezögert habe, bis die Amnestie vom 20. April auf den Fall anwendbar gewesen sei.[69]

Eine sehr interessante Zeitzeugenschilderung verfasste der 1925 geborene Hermann Öttinger und veröffentlichte das rund 70 Seiten starke Heft *Einbahnstraße – Erlebnisse über Jugend, Krieg und Gefangenschaft* 1983 im Selbstverlag.[70] Das *System*, so Öttinger, *begann als Wolf in Schafskleidung*, indem bald alle, und sei es nur durch Steineklopfen, Arbeit hatten. Öttinger weiter: *Die SA in unserem Ort marschierte Sonntagmorgens zum Gottesdienst ... Schon bald nahm alles anderen Charakter an, die SA ging nicht mehr in die Kirche, statt dessen musste sich jedes hüten, etwas gegen die Partei zu äußern.*[71]

c) Im Zweiten Weltkrieg

Inzwischen hatte sich die Lage in Europa, vor allem durch den Einmarsch Hitlers in die Tschechoslowakei, dramatisch zugespitzt. Die NSDAP genoß in weiten Teilen der Bevölkerung Sympathie, obwohl eine ihrer Hauptleistungen, nämlich die Beseitigung der Arbeitslosigkeit, fast ausschließlich auf militärischer Aufrüstung beruhte. Auch die erfolgreiche Außenpolitik Hitlers wurde noch anerkannt, denn der Wiederaufstieg des Reichs nach der Niederlage von 1918 war für viele ein Wunsch. Einen neuen Krieg wollte allerdings kaum jemand, denn noch zu frisch war die Erinnerung an das große Völkerschlachten des Ersten Weltkriegs mit seinen über zehn Millionen Toten. Doch Hitler entfesselte diesen Krieg mit dem Angriff auf Polen. Am Morgen des 1. September 1939 brachte der Deutsche Rundfunk die Nachricht von der *Übernahme des Schutzes des Reichs durch die Wehrmacht* um den angeblichen polnischen Gewaltakten Einhalt zu gebieten.

Unmittelbar vor Kriegsbeginn wurden die Lebensmittel rationiert und auf Lebensmittelkarten bzw. Bezugs- oder Berechtigungsscheine für Zucker, Hausschlachtungen, Brot, Mahlen usw. umgestellt. In der Möglinger Gemeinderatssitzung vom 29. September 1939, also vier Wochen nach Kriegsausbruch, stand bereits der Luftschutz für die Kleinkinderschule und Schule, eventuelle Einquartierungen, die Überlassung der Turnhalle für Kriegsgefangene und der jährliche Kriegsbeitrag der Gemeinde in Höhe von 20 000 RM auf der Tagesordnung.[72] Auch zahlreiche Transportmittel wurden gleich zu Kriegsbeginn beschlagnahmt,[73] ebenso 200 Pferde.[74]

Die 1911 erbaute Turnhalle war im Zweiten Weltkrieg Kriegsgefangenenlager.

Die Propagandamaschine der NSDAP lief auf vollen Touren und verschonte auch Möglingen nicht. Von 1. bis 3. November 1940 sprachen nationalsozialistische Redner in 32 Versammlungen der Ortsgruppen des Landkreises zum Thema: *Mit unseren Fahnen ist der Sieg*, denn schließlich war *die Partei Träger der Heimatfront*. In Möglingen erschien am 2. November im Vereinshaus Kreisleiter Trefz persönlich.[75] Er versuchte in seiner Rede geschichtlich vom Dreißigjährigen Krieg ausgehend zu begründen, *warum das deutsche Volk soviel Leid und Elend über sich ergehen lassen musste*. Das deutsche Volk, so Trefz, *soll hineinmarschieren in die große Zukunft, bis der Tag kommt, der den Frieden Europas sichert*.[76]

Inzwischen war auch die Feindpropaganda tätig. Am 13. Oktober 1941 wurde die Einwohnerschaft *dringend aufgefordert*, Flugblätter, die nachts zuvor von feindlichen Fliegern abgeworfen worden waren, einzusammeln und auf dem Rathaus abzugeben. Die HJ, das Jungvolk, der BdM und die Jungmädel wurden zur Teilnahme verpflichtet.[77]

Am 19. April 1942 fand aus Anlass des *Führergeburtstages* abends um acht Uhr im Vereinsheim eine Feierstunde statt, in der zugleich die Zehnjährigen in das Jungvolk bzw. in die Jungmädel aufgenommen wurden. Diese *Verpflichtung der Jugend* war eine alljährliche Veranstaltung.[78] Bei einer Versammlung der Ortsbauernschaft im Gasthaus Lamm am 10. Januar 1943, bei der das Erscheinen Pflicht war, sprach Kreisbauernführer Schmidgall. Heldengedenkfeiern waren beispielsweise am 21. März 1943[79] und am 12. März 1944. Wurde in den Friedens- und ersten Kriegsjahren noch ausführlich über solche Ereignisse in der Presse berichtet, fand die Schilderung der Möglinger Feier in einem kleinen elfzeiligen Artikel Platz. *Einfach und schlicht*, so ist zu lesen, *war der Saal ausgeschmückt, Lieder, gesungen von HJ und BdM, Führerworte, sowie die Ansprache von Ortsgruppenleiter Oberbereichsleiter Weiss standen im Rahmen dieser sinnvollen Stunde*.[80]

Sicherlich war den Möglingern auch nicht mehr nach Feiern zumute, denn der Tod hatte bereits in vielen Familien Einzug gehalten. Schon im September 1939 mussten die ersten Väter und Söhne ins Feld ziehen, darunter auch Gemeinderat Giek und Gemeindepfleger Röhrich.[81] Der erste Möglinger Einwohner, der im Zweiten Weltkrieg umkam, war der 1920 in Tübingen geborene Ernst Marquardt. Er erlag am 5. August 1941 im Feldlazarett Mstislawl, wohl in Russland, seinen Verwundungen.[82] Am 18. August 1941 starb als erster gebürtiger Möglinger der 30-jährige Oberschütze Erwin Strohm in Russland bei der Schlacht von Smolensk im Feldlazarett Duchowschtsching. Er war am 15. August durch einen Granatsplitter am Kopf verwundet worden. Sein Bruder Hermann, geboren 1909, fiel am 9. Oktober 1941, ebenfalls in Russland, bei einem Bombenangriff.[83] Von nun an wurden in fast jeder Gemeinderatssitzung weitere Gefallene gemeldet.[84] Noch Ende April 1945, als in Möglingen der Krieg schon zu Ende war, fielen Richard Schäfer und Paul Wagner als letzte Möglinger im Zweiten Weltkrieg.[85]

Aber nicht nur Möglinger Soldaten, sondern auch Zivilpersonen kostete das NS-Regime das Leben. Der 1890 in Möglingen geborene Paul Wurst wanderte vor 1929 nach Mecklenburg aus und wurde *Großgrundbesitzer* und Beratungsingenieur.[86] Er starb 1942 in Berlin im Konzentrationslager, wo er *verhungert* war.[87]

Erwin Strohm fiel am 18. August 1941.
Er ist der erste in Möglingen geborene Gefallene.

Im Vernichtungslager Grafeneck bei Münsingen wurde im Rahmen der Euthanasie-Mordaktion am 22. Juli 1940 der 38-jährige Möglinger Landwirt Adolf M. umgebracht.[88] Die von *auswärts*, also von dort übersandte Aschenurne wurde am 22. August im Rahmen einer schlichten häuslichen Trauerfeier in Möglingen beigesetzt. Angeblich hatte ihm *eine schwere Erkrankung ein rasches Ende* bereitet.[89] Viele Angehörige, die nach der Todesnachricht aus Grafeneck eine Aschenurne anforderten, erhielten rund drei Kilogramm Asche und Knochenmehl aus einem großen Verbrennungsvorgang, denn die Leichen wurden wegen des zu großen Aufwands nicht einzeln verbrannt.[90] Wenige Wochen später ereilte die 1873 in Möglingen geborene Sofie L., eine Großtante von Adolf M., in Grafeneck dasselbe Schicksal.[91] Die Todesbenachrichtigungen vom Standesamt Grafeneck datieren bei beiden Ermordeten vom Tag des Todes, waren also wohl schon vorbereitet.[92]

In Möglingen wussten aber viele Einwohner um das wahre Schicksal der Ermordeten und glaubten nicht an eine Lungenentzündung, die als Todesursache angegeben wurde,[93] denn in der zweiten Jahreshälfte 1940 war weiten Bevölkerungskreisen Württembergs die Massenvergasungen von Geisteskranken und Geistesschwachen in Grafeneck bekannt geworden und hatten für erhebliche Unruhe gesorgt. Das in Schloss Grafeneck untergebrachte Pflegeheim musste im Oktober 1939 innerhalb weniger Tage geräumt werden, wurde hermetisch von der Außenwelt abgeriegelt und zur Massenvernichtungsanstalt umfunktioniert. Die Opfer wurden meist unmittelbar nach ihrem Eintreffen in die nahegelegene Vernichtungsbaracke gebracht, mittels Kohlenoxydgas getötet und in fahrbaren Verbrennungsöfen verbrannt. Ein eigens geschaffenes Standesamt dokumentierte die Todesfälle, die sich auf insgesamt 10 654 Menschen beliefen. Davon kamen 3884 aus Württemberg.[94] Im Dezember 1940 wurde auf Himmlers Weisung die Tötungen in Grafeneck eingestellt und über die staatliche Heilanstalt Weinsberg in Hadamar bei Limburg vollzogen.[95]

Mehr Glück hatte der Möglinger Erich M., den die Gestapo Stuttgart 1943 wegen Abhören feindlicher Sender [wohl in Stuttgart] und Verbreiten dieser Nachrichten verhaftete. Da M. Soldat war, wurde er ins Wehrmachtsgefängnis nach Freiburg verlegt. Nach einem halben Jahr erklärte ihn das Feldgericht Stuttgart aufgrund eines psychiatrischen Gutachtens für geistig unzurechnungsfähig. So konnte er am 27. Juli 1944 aus der Wehrmacht entlassen werden. Der von der Gestapo Überwachte fand in Möglingen Unterschlupf bei Martha Englert, die ihm, als eine Verhaftung immer wahrscheinlicher wurde, im März 1945 zur Flucht in die Schweiz verhalf.[96]

Praktisch seit Kriegsbeginn waren in der Möglinger Turnhalle Kriegsgefangene einquartiert. Seit Frühjahr 1940 waren Franzosen einquartiert.[97] Bereits Ende Februar 1940 waren aus Polen Arbeiter und Kriegsgefangene zum Arbeitseinsatz nach Möglingen gebracht worden.[98] Im November 1940 waren 44 Kriegsgefangene in der Turnhalle untergebracht,[99] sodass im Mai 1941 ein anderer Unterkunftsraum für ein Arbeitskommando von serbischen Kriegsgefangenen gesucht werden musste, zumal noch weitere polnische *Zivilarbeiter* zu erwarten waren.[100] Zur Verbesserung der sanitären Verhältnisse baute die Gemeinde 1941 einen Abort an die Turnhalle.[101] Am 18. Juli 1941 gelang zwei kriegsgefangenen Franzosen die Flucht. Sie wurden aber schon in Leonberg gefasst und von Kommandoführer Müller, der das Möglinger Lager beaufsichtigte, nach Baden-Baden gebracht.[102]

Mitte 1942 errichtete die Gemeinde auf dem Vorplatz der Turnhalle einen Schuppen für Bekleidungsstücke, Postsendungen und anderes Hab und Gut der französischen Gefangenen.[103] In diesem Schuppen musste, da die Halle belegt war, der Turnverein bei Kerzenlicht seine Übungen abhalten. Er beschwerte sich deshalb 1942 bei der staatlichen Sportaufsicht. Von dort erging im November 1942 an das Bürgermeisteramt die Anweisung, die

Turnhalle zu räumen und die Gefangenen im neu erbauten Stall des Gutsbesitzers Friedrich Hirsch unterzubringen. Dies wurde jedoch wegen zu hoher Umbaukosten des Stalls abgelehnt.[104]

Auch russische Gefangene waren in Möglingen. Für sie richtete die Fa. Kleinheinz 1943 ein *Russenlager* im freistehenden Lagergebäude Nr. 358 a ein.[105] Die Schuhfabrik war angeblich *gezwungen*, Kriegsgefangene und andere Zwangsarbeiter aus den besetzten Ostgebieten, hauptsächlich russische Frauen, zu beschäftigen.[106]

Die Entschädigung der Kriegsgefangenen betrug eine Reichsmark pro Tag.[107] Im Lauf der nächsten Jahre folgten weitere Kriegsgefangene und Zivilarbeiter, der letzte sogar noch im März 1945. Erst im Juli 1945 verließen die letzten ausländischen *landwirtschaftlichen Hilfskräfte* Möglingen wieder.[108]

Aber auch deutsche Wehrmachtsangehörige waren in Möglingen einquartiert, so im Mai 1940 eine Sanitätskompanie,[109] die ein *militärischer Massenbesuch* war, also wohl eine große Anzahl Militärangehöriger nach Möglingen führte.[110] Im Mai 1942 brachte die Wehrmacht Ziegelsteine in das Flurstück *Spitalgraben*, um eine Scheinstellung vorzutäuschen. Im Juli verlangte Ortsbauernführer Pflugfelder daher eine Entschädigung für die betroffenen Landwirte.[111]

Seit Mitte 1943 sammelte man auch in Möglingen landwirtschaftliche Geräte, Spielwaren und anderes für Bombengeschädigte. Anfang

Französische Kriegsgefangene in Möglingen im Zweiten Weltkrieg.

Gotthilf Schüle beim Ölmagen brechen (Mohn ernten) im Zweiten Weltkrieg. Rechts mit Kind die Russin Maria.

März 1944 wurde die Möglinger HJ verpflichtet, *mit Armbinde* und Schaufel in Bad Cannstatt einen Tag lang Hilfe für Bombengeschädigte zu leisten.[112] Seit 1943 zogen immer mehr evakuierte Bombengeschädigte, vor allem aus Duisburg, nach Möglingen.[113] Für sie wurden im Dezember 1944 Herde und Öfen beschlagnahmt.[114] Auch im Januar 1945 ist von *hier untergebrachten und evakuierten Fliegergeschädigten* die Rede.[115]

Noch im April 1940 hatte es kaum jemand für möglich gehalten, dass Deutschland Ziel feindlicher Luftangriffe werden könnte. Die Einrichtung einer Sirene für Luftschutz und Brandmeldung hielt der optimistische Möglinger Gemeinderat damals nicht für notwendig.[116]

Diese Meinung änderte sich spätestens im April 1942, als Schulungskurse zur Bekämpfung von Phosphorbrandbomben, die Beschaffung von *Einheitsluftschutzhandspritzen* sowie die Abgabe von Streusand an Grundbesitzer und die Erstellung von Plänen der Luftschutzräume auf der Tagesordnung standen.[117]

Diese Maßnahmen waren nicht umsonst, denn am 17. April 1943 wurde öffentlich bekannt gemacht, dass beim letzten Luftangriff auch auf Markung Möglingen im Gewann Osterholz Spreng- und Brandbomben abgeworfen worden waren. Da es sich zum Teil um Blindgänger handelte, deren Einschlagstellen mit Tafeln gekennzeichnet wurden, durfte das Gelände nicht betreten werden. Diese Nachricht wurde in immer kürzeren Abständen wiederholt. Im März 1944 wurde angeordnet, bei Fliegeralarm die Kindergartenkinder sofort nach Hause zu holen und seit August 1944 wurden Landwirte mit Flurschäden durch Bomben aufgefordert, sich auf dem Rathaus zu melden, da sonst kein Schadensersatzanspruch bestehe.[118]

Bis zum Einsetzen der großen Rückzugskämpfe 1944 und 1945 hatte kaum jemand ernsthaft das Eindringen von Feinden in das Reich befürchtet. Doch als den Amerikanern am 6. Juni 1944 die Invasion in der Normandie gelang und sich im Osten des Reiches große russische Verbände formierten, rechnete man mit dem Schlimmsten. Auch in Möglingen blieb die veränderte Lage nicht unbemerkt, zumal die großen Bomberverbände, die Stuttgart angriffen, oft direkt über die Gemeindemarkung flogen. Um sie abzuwehren war seit Ende August 1939 eine Flakbatterie auf der sog. Stammheimer Höhe beim Aussiedlerhof des August Brosi stationiert, die am Schluss aus acht Fliegerabwehrgeschützen vom Kaliber 8,8 cm sowie zwei kleineren Geschützen vom Kaliber 2 cm bestand (s. S. 383 ff.).[119] Anlässlich des Stellungswechsels richtete die Batterie am 21. Februar 1940 ein Dankschreiben an die Gemeinde.[120]

Am Vormittag des 12. Juli 1944 flogen größere Bomberverbände über Möglingen. Die Fliegerabwehr auf der Stammheimer Höhe war

Englische Luftaufnahme nach einem Bombenangriff auf das Lange Feld um 1944. Deutlich sind die Bombentrichter im Bereich der Flakstellung auf der Stammheimer Höhe beim Hof Brosi zu erkennen. Links oben ist die Autobahn, zentral die Straße von Möglingen nach Stammheim, links unten der Kallenberg mit dem Wald Witthau und rechts unten die Solitudeallee zu sehen.

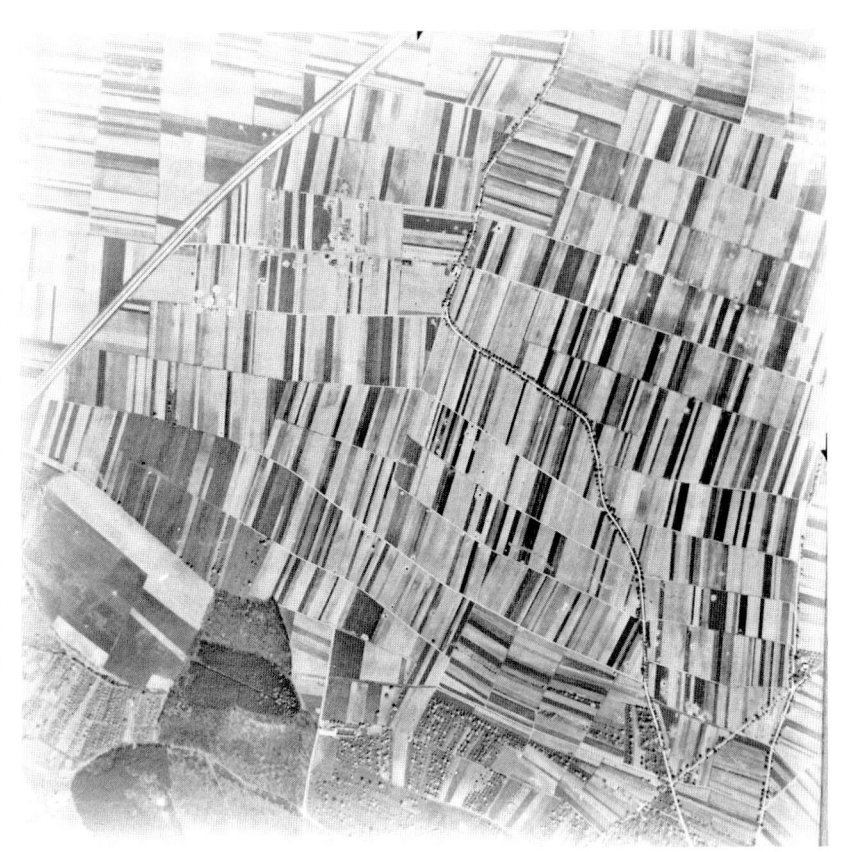

aktiv, schoß aber auch einen Blindgänger in den Hofraum des Johannes Stähle in der Ludwigsburger Straße, der sich ca. einen Meter in den Boden bohrte. Weitere Blindgänger, diesmal allerdings von feindlichen Flugzeugen abgeworfen, gingen ebenfalls im Juli 1944 im Gewann *Bittelpfädle* und auf dem Grundstück des Hermann Giek nieder, wo sie massive Einschlagkanäle hinterließen. Die Stellen wurden abgesperrt und mit Warnschildern versehen.[121] Am 21. Juli und 11. Oktober 1944 wurden in der Flur *Stammheimer Teich*, südlich der Flur *Zwerrweg* sowie links und rechts der Stammheimer Straße ca. 50 schwere Bomben abgeworfen, deren Trichter vier bis fünf Meter tief waren und einen Durchmesser zwischen fünf und fünfzehn Metern aufwiesen. Die Angriffe galten der Flakbatterie sowie der Autobahn und der Bahnlinie. Am 23. Juli wollten der Möglinger Fritz Eisele und ein Ludwigsburger Polizist einen Blindgänger bei der Ludwigsburger Straße nahe der Autobahn entschärfen. Bei Annäherung der Männer detonierte die Bombe und Eisele erlitt einen komplizierten Oberschenkelbruch.[122] Aus Angst vor Bränden plante die Gemeinde noch Ende 1944 einen Löschwasserbehälter an der Markgröninger Straße, der aber nicht mehr gebaut wurde.[123]

d) Die letzten Kriegswochen und das Kriegsende

Am 24. und 25. Oktober 1944 mussten sich *für die vom Führer befohlene Aufstellung des Volkssturmes* sämtliche männlichen Möglinger Einwohner im Alter von 16 bis 60 Jahren ohne Ausnahme auf der Geschäftsstelle der NSDAP-Ortsgruppe melden.[124] Im Januar wurden vom Volkssturm entlang der Straßen nach Ludwigsburg, Markgröningen und Schwieberdingen

Splittergräben gegen Flieger ausgehoben. Zudem entstanden rings um den Ort Feldbefestigungen, Artilleriestellungen und Maschinengewehrstände, die allerdings nicht mehr benutzt wurden.[125] Die Möglinger Volkssturmleute sollten nach Ulm verlegt werden, stießen aber schon in Geislingen auf amerikanische Truppen und wurden von diesen zurückgeschickt. Die 15- bis 17-jährigen mussten in ein Ausbildungslager nach Bad Wurzach im Allgäu, kamen aber glücklicherweise nicht mehr zum Einsatz (s. S. 341).[126]

Bei einem erneuten Angriff auf die Flakbatterie auf der Stammheimer Höhe gingen am 29. Januar 15 Bomben über dem Vöhinger Feld nieder, darunter vier Blindgänger.[127] Die Batterie war in vollem Einsatz und führte zahlreiche Sonderübungen, wohl vor allem für die blutjungen von der Schule weggeholten Flakhelfer durch (vgl. S. 383 ff.). Für die Zeit vom 7. bis 12. Februar 1945 erging in Möglingen durch öffentliche Bekanntmachung eine Warnung vor dem Betreten des Raumes zwischen Ditzingen, Münchingen, Schwieberdingen, Möglingen und Stammheim wegen Übungsschießen mit schwerer Flak, ebenso für mehrere Tage in der zweiten Märzhälfte.[128] Seit Anfang Februar 1945 wurden die Bahnanlagen im Kreis Ludwigsburg ständig angegriffen.[129]

Am 13. März 1945 griffen zwischen 17 und 18 Uhr acht amerikanische Jagdbomber, wohl alle vom Typ P 47, den Abendzug Markgröningen–Ludwigsburg zwischen Markgröningen und Möglingen im Tiefflug an. Viele Passagiere verließen fluchtartig den Zug und suchten am Bahndamm Schutz. Die Lokomotive wurde durch zwei Raketen zerstört und die sechs Personenwagen belegten die Flieger mit Sprengbomben, beschossen sie mit Bordwaffen. Die Flugzeuge gehörten zu einer Mission der 367th Sqadron und trugen als Kennzeichen orange-rot gestrichene Leitwerke, weshalb sie von der Bevölkerung als *Rotschwänze* bezeichnet wurden. Der Angriff forderte 24 Tote und 22 Schwerverletzte.[130] Unter den Toten waren aus Möglingen Lina, die Frau des Feldschützen Wilhelm Glatzle, die man tot aus einem Eisenbahnwagen barg, und Schwester Mina Alber und unter den insgesamt 40 schwer und leicht Verletzten die Ehefrau von Pfarrer Rentschler sowie fünf Schulkinder.[131]

Im April 1945 beobachteten einige Möglinger, die bei der Feldarbeit waren, wie eine große Gruppe völlig *zerlumpter Gestalten* mit Bewachern sich aus Richtung Schwieberdingen nach Möglingen bewegte. Da sie keine entsprechenden Uniformen trugen, handelte es sich nicht um Kriegsgefangene. Einer brach aus der Gruppe aus und lief zu einem Futterrübenlager, wo er sich mit Rüben eindeckte. Auch die anderen aus der Gruppe wollten folgen, wurden jedoch von den Bewachern mit Mühe zurückgehalten. In Möglingen mussten Bauern die nicht mehr Gehfähigen auf Wagen laden und bis über den Neckar, wohl bei Neckarweihingen, bringen.[132] Vermutlich handel-

Musterung des Jahrgangs 1925 Anfang der 1940er Jahre.

te es sich um schnell fortgeschaffte Insassen der Konzentrationslager Vaihingen/Enz oder Unterriexingen.[133]

Am 2. April 1945 sprengten gegen 23.30 Uhr Pioniere der Wehrmacht die Autobahnbrücke an der Ludwigsburger Straße. Durch die Wucht der Detonation gingen in Möglingen zahlreiche Fensterscheiben zu Bruch und die Stromversorgung war zwei Tage lahmgelegt. Als die feindlichen Truppen näher kamen, wurden in Möglingen im April Artilleriestellungen in den Flurstücken Ammertal und *Barrain*, heute Bornrain, errichtet und mit 8,8 cm Flakkanonen bestückt, die allerdings nicht mehr zum Einsatz kamen.[134]

Noch im April 1945 wurden die Möglinger Jahrgänge 1928 bis 1930 mehrfach zur Meldung aufgefordert. Dagegen regte sich heftiger Widerstand in der Bevölkerung, zumal der früher am Ort und inzwischen in Ludwigsburg tätige Lehrer Jäger vor dem Abmarsch, der angeblich dem Schutz der Jugendlichen vor den Franzosen dienen sollte, gewarnt hatte. Den meisten Einwohnern war *sonnenklar*, dass der Krieg verloren und damit jedes weitere Opfer umsonst war. In einem Einzelfall wurde der Vater eines solchen Jungen durch Landjäger aus Ludwigsburg und Angehörige der Möglinger NSDAP-Ortsgruppe mit vorgehaltener Waffe bedroht und ihm angekündigt, dass seine Frau *Blut rühren müsse*, wenn er den Sohn nicht gehen lasse. Nach solchen massiven Drohungen gab es keinen Ausweg mehr. Die Jungen sammelten sich am Rathaus und wurden über Ulm zur Ausbildung nach Bad Wurzach geschickt. Aus Ulm flohen einige aus der Gruppe, die zu Hause versteckt wurden, da nach ihnen gefahndet wurde. Nach zwei Wochen Ausbildung in Bad Wurzach war der Krieg zu Ende. Die Jungen versteckten sich drei Wochen bei Bauern und marschierten dann zu Fuß heim.[135]

Am 9. und 10. April 1945 erlitt Tamm drei Fliegerangriffe und von 12. bis 15. April wurde Markgröningen beschossen. Noch hielt sich die Wehrmacht im Kreis Ludwigsburg.[136] In Möglingen waren Anfang April Truppen eingerückt, die jedoch Mitte des Monats Richtung Osten zogen.[137] Ihre wohl letzte Aktion am Ort geschah am 16. April 1945, als ein Hauptmann mit vorgehaltener Pistole sechs bis acht Pferde und drei Kraftfahrzeuge bei Möglinger Bürgern beschlagnahmte.[138] Am Morgen des 17. April gegen 9 Uhr hörte man von der näherrückenden Front im Enztal von Nordwesten Schüsse. Gegen 10.30 Uhr wurde die Scheune von Elsa Motz in der Markgröninger Straße teilweise zerstört. Gegen 11 Uhr schlug in die Küche des Friedrich Motz in der Bahnhofstraße eine Granate ein und explodierte. Am 19. April schoß nach Einbruch der Dunkelheit die französische Artillerie bei Schwieber-

Als letztes Aufgebot sollte der Volkssturm antreten. Noch am 14. April 1945 wurden Möglinger Buben des Jahrgangs 1929 einberufen, die glücklicherweise nicht mehr an die Front mussten.

Die letzte Ausgabe der Ludwigsburger Zeitung im Krieg erschein am 20. April 1945.

dingen zunehmend stärker und näherkommend Richtung Möglingen, jedoch glücklicherweise nur soweit, dass die Granaten vor der Ortsbebauung einschlugen. Um zwölf Uhr nachts wurde das Feuer eingestellt.[139]

Am nächsten Tag, dem 20. April 1945, wurde Möglingen zwischen 11 Uhr und 11.30 von französischen Truppen besetzt. Der Krieg war für das Dorf zu Ende. Die französischen Kriegsgefangenen begrüßten ihre Landsleute und berichteten, dass sie gut untergebracht und verpflegt worden seien. So kam es in Möglingen zunächst zu keinen Plünderungen oder Vergewaltigungen.[140] Erst nach Abzug der ehemaligen Gefangenen wurde die Lage bedrohlicher und Vieh, Geflügel, Autos, Motorräder, Fotos, Radios u. a. wurden beschlagnahmt.[141] Angeblich wurde in der Nacht vor dem Einmarsch der Franzosen zwei Möglingern befohlen, die ca. 20 ausländischen Arbeiter und 35 bis 40 Kriegsgefangenen am Ort zu erschießen, worauf beide flüchteten und sich freiwillig der Wehrmacht stellten, um den Befehl nicht ausführen zu müssen. Die beiden Männer, damals selbst Mitglieder der NSDAP, bestritten allerdings bei Nachkriegsverhören, diesen Befehl erhalten zu haben.[142]

Am 21. April 1945 wurden Markgröningen und Asperg, wo erst nachts zuvor die deutschen Truppen abgezogen waren, sowie Ludwigsburg besetzt.[143] Die Möglinger Einwohnerschaft erhielt am 30. April den Befehl, sämtliche Waffen und Munition auf dem Rathaus abzuliefern. Bei Nichtbefolgung wurde die Todesstrafe angedroht.[144] Mit der Kapitulation des Großdeutschen Reiches am 8. Mai 1945 war der Zweite Weltkrieg offiziell beendet.

Von 278 Möglinger Soldaten, die von 1939 bis 1945 eingezogen waren, waren nach dem Stand von 1946 66 gefallen, 31 vermisst und 41 in Gefangenschaft.[145] Nach dem neuesten Stand sind für Möglingen einschließlich der Angehörigen Heimatvertriebener und Flüchtlinge 135 Gefallene und Vermisste zu beklagen, die sich wie folgt verteilen (HV = Heimatvertriebene):[146]

Jahr	Gefallen	Gefallen HV	Vermisst	Vermisst HV
1941	5	1	–	–
1942	14	–	–	–
1943	19	–	3	3
1944	21	1	8	4
1945	40	3	7	1
1946	2	–	–	–
1947	1	–	–	1
1948	1	–	–	–
Zusammen	103	5	18	9

2. Die Verwaltung in der Zeit der Weimarer Republik und des NS-Regimes

a) Bürgermeister und Gemeindeverwaltung

Die Oberamtsstadt Ludwigsburg war nächstgelegenes Zentrum für Möglingen. Im Gegensatz zu den vor 1930 eingemeindeten Orten Pflugfelden, Eglosheim, Oßweil und Hoheneck blieb die Gemeinde selbstständig.[147] 1931 wurde der Finanzamtsbezirk Ludwigsburg in vier Abteilungsbezirke untergeteilt. Zum Bezirk II gehörten neben Möglingen auch Aldingen, Asperg, Kornwestheim, Neckargröningen, Schwieberdingen und Stammheim.[148] In den zwanziger Jahren mussten die Möglinger an die Gemeinde Einwohnersteuer, Vergnügungssteuer, Hundesteuer sowie Grund-, Gebäude- und Gewerbesteuer bezahlen.[149]

Gleich nach der Machtergreifung der Nationalsozialisten wurde die Amtskorporation Ludwigsburg aufgelöst, jedoch 1934 wieder eingerichtet. Sie hatte jetzt allerdings nur noch beratende Funktion. Der Landrat war nun *Führer* der Kreisverwaltung und die Amtsversammlung wurde in Kreistag und der Bezirksrat in Kreisrat umbenannt. Letzterem gehörten der Landrat als Vorsitzender, der Kreisleiter der NSDAP sowie fünf von diesen beiden berufene Mitglieder an.[150] Seit dieser neuen Kreisordnung von 1934 war nicht mehr ein gewähltes Mitglied des Gemeinderats, sondern kraft Amtes der Ortsvorsteher Vertreter der Gemeinde in der Amtsversammlung. Die Oberämter hießen ab jetzt Kreise. Nach der Kreisreform von 1938 bestand Württemberg statt aus 62 künftig nur noch aus 37 Kreisen, darunter drei Stadtkreise.

Die Geschicke der Gemeinde Möglingen lenkte seit 1894 Schultheiß Gottlieb Pflugfelder (1864–1926), der 1919 jährlich 4400 Mark Gehalt erhielt und 1920 als Oberamtssparkassier für den Bezirk Ludwigsburg sein Schultheißenamt aufgab. Am 25. Juli 1920 wurde als neuer Schultheiß Johannes Haspel (1882–1943) gewählt,[151] der von 1915 bis 1920 Ortsvorsteher in Kaisersbach bei Welzheim gewesen war.[152] In der Gemeinderatssitzung vom 15. September 1920 würdigte Haspel seinen Vorgänger, dem die Gemeinde den Anschluss an die Wasserversorgung, das Elektrizitätsnetz und die Eisenbahn, aber auch den Umbau des Rathauses, den Beginn der Feldbereinigung sowie die Förderung von Landwirtschaft und Obstbau zu verdanken habe. Pflugfelder wurde zum Möglinger Ehrenbürger ernannt und erhielt als Geschenk einen *hübschen Spazierstock mit silbernem Griff (mit entsprechender Widmung)*.[153]

Haspel brachte seine private Schreibmaschine mit, für die er seit 1. April 1922 *mit Rücksicht auf den derzeitigen Wert einer solchen Maschine* eine *angemessene Abnutzungsvergütung* erhielt.[154] Die Wahl am 15. Juni 1930 en-

Den politischen Wandel spiegelt auch das Gemeindesiegel. Vom Oberamt (1932) über den Kreis (um 1935) bis zum ›alleinregierenden‹ Bürgermeister (1940).

dete erwartungsgemäß mit der Wiederwahl des Amtsinhabers. Im selben Jahr wurden mit Inkrafttreten der neuen Gemeindeordnung zum 1. Dezember 1930 die Bezeichnungen Schultheiß und Schultheißenamt durch Bürgermeister und Bürgermeisteramt ersetzt.[155]

Als die Nationalsozialisten an die Macht kamen, war der über 50-jährige Haspel fast 13 Jahre Möglinger Ortsvorsteher und ließ sich nicht so leicht einschüchtern. Im Juli 1933 setzte er sich mit Schreiben an die Politische Polizei Stuttgart für den *wegen ungehörigen politischen Äusserungen zur Zeit in Ludwigsburg (beim Polizeiamt) in Haft* befindlichen Monteur Rudolf M. ein, der seit 1930 in Möglingen wohnte. Dieser habe sich ordentlich geführt und habe sonst keine Heimat, da die Mutter tot sei und M. zu seinem Vater in Bietigheim kein *herzliches Verhältnis* habe. Auch sei seine Jugendzeit *recht herbe gewesen* und Verbitterung und Unzufriedenheit zeigten sich durch lange Arbeitslosigkeit. Daher spreche er nach Alkoholgenuss, *wenn auch in bescheidener Menge, mehr als gut ist*. Haspel versicherte, es werde M. eine Warnung sein. Außerdem sei dieser verlobt und ein Ehestandsdarlehen werde helfen, einen eigenen Hausstand zu gründen. Zudem würde *der gute Einfluss einer Frau wohl die gedrückte Stimmung bald zu einer besseren gestalten*.[156]

Erst am 1. August 1935 trat der Bürgermeister der NSDAP bei. Seit 1. April 1934 war Haspel Mitglied der NSV und seit 1. Mai 1936 deren Ortsgruppenamtsleiter in Möglingen. Offenbar hatte die Gestapo seit dem Vorfall von 1933 ein besonderes Augenmerk auf ihn, denn deren Leitstelle Stuttgart meldete im September 1939 dem Ludwigsburger Landrat, dass Haspel sogar noch in den Jahren 1934 und 1935 bei dem 1879 in Stuttgart geborenen Juden David van Wien nach dessen Kundenbuch Stoffe und einen Anzug gekauft habe. Das eingeschaltete Gauamt für Kommunalpolitik bescheinigte dem Landrat, dass man, da mehrere Jahre vergangen seien, nichts mehr unternehmen und den Vorfall zur Personalakte nehmen sollte. Eine *Rügung* durch die Partei wurde anheimgestellt, erfolgte aber wohl nicht.[157]

Der Kriegsausbruch scheint Bürgermeister Haspel zugesetzt zu haben, denn schlagartig vermehrten sich die Verwaltungsgeschäfte. Am 26. Oktober 1940 richtete der fast Sechzigjährige ein Schreiben an den Ludwigsburger Landrat und erklärte diesem, weshalb der Haushaltsplan 1940 noch nicht fertiggestellt war. Seit Kriegsausbruch, so Haspel, sei er *derart mit Geschäften überhäuft*, zumal der Gemeindepfleger sofort zur Wehrmacht einberufen worden war. Der Amtsbote hatte so gut es ging dessen Geschäfte übernommen. Lehrling Oberdorfer musste im Mai 1940 zum RAD (Reichsarbeitsdienst) und danach sofort zur Wehrmacht. Auch der Fronmeister und der Feldschütz wurden eingezogen und Stellenanzeigen im Regierungsanzeiger blieben erfolglos. Der jetzige Lehrling müsse sich erst einarbeiten, und die zwei Schreibkräfte, von denen eine erst 16 Jahre alt war, hatten hauptsächlich mit der Zwangsbewirtschaftung, also der Verteilung der Lebensmittelkarten zu tun. Zudem musste die Gemeinde den eingezogenen Beamten und Angestellten die Bezüge weiterhin bezahlen.[158]

Es wurde, so Haspel, *von früh bis spät* gearbeitet und *die Belastung grenzt ans Unerträgliche, wird aber im vaterländischen Interesse gerne getragen*. Er könne weder in Urlaub gehen, noch die ärztlich dringend empfohlene Kur in Bad Nauheim antreten. Als besonders *nervenzerreibend* empfand er den *persönlichen Verkehr* und er resümiert: *Die Durchführung der vielen Bestimmungen ist unendlich schwerer als deren Erlassung und erfordert zudem viel Takt*. Haspel nahm die Bestimmungen sehr genau und ließ selbst die Schuldienerin und den Totengräber die übliche Formel für alle Gemeindebediensteten unterschreiben: *Ich gelobe: Ich werde dem Führer des Deutschen Reichs und Volkes Adolf Hitler treu und gehorsam sein und meine Dienstobligenheiten gewissenhaft und uneigennützig erfüllen*.[159]

Ende 1941 erhielt Haspel, wohl im Hinblick auf seinen 60. Geburtstag, das Goldene Treudienstehrenzeichen verliehen.[160] Offensicht-

Johannes Haspel (1882–1943) war von 1920 bis zu seinem Tode Möglinger Bürgermeister.

Jahr	Einnahmen	Ausgaben	Überschuss
1934	127 293,73	114 132,96	13 160,77
1935	111 340,56	99 581,83	11 758,73
1936	117 104,14	109 020,37	8 083,77
1937	122 446,51	102 898,29	19 548,22
1938	128 797,09	99 818,49	28 978,60
1939	156 244,48	133 612,37	22 632,11
1940	223 419,77	208 802,16	14 617,61
1941	237 084,40	210 504,48	26 579,92
1942	262 196,13	223 677,21	35 518,92
1943	288 917,61	247 677,14	41 240,47
1944	305 625,21	258 217,45	47 407,76
1945	205 371,39	172 613,43	32 757,96

Sog. Unterbeamte der Gemeinde waren 1919 Straßenmeister Bertz sen., Straßenwärter Friedrich Eisele, Amts- und Polizeidiener Christian Hammer, Feldschütz Mauch, Maschinenwärter Hermann Roßnagel und Kinderlehrerin Stettner. Sie erhielten die aufgrund der Inflation eingeführte Teuerungszulage. 1923 bekamen außerdem Geld von der Gemeinde Friederike Hammer, Schuldienerin für die Volksschule, Wilhelmine Salzer, Schuldienerin für die Kinderschule, Hebamme Friederike Müller, Kinder-

lich verschlechterte sich sein Gesundheitszustand, denn er weilte den ganzen Juli 1942 zur Badekur in Bad Nauheim.[161] Am 24. April 1943 starb Johannes Haspel und der erste Beigeordnete Karl Birkicht übernahm seine Stelle. Eine Neuwahl fand nicht statt. Birkicht erhielt als stellvertretender Bürgermeister monatlich 100 RM als *Entschädigung* und wurde nach der Besetzung Möglingens mit Wirkung vom 1. Mai 1945 entlassen.[162]

Wichtigster Mann in der Verwaltung war nach dem Bürgermeister der Gemeindepfleger. Der 72-jährige Gemeindepfleger Pflugfelder trat Ende März 1919 in den Ruhestand.[163] Sein Nachfolger wurde der Bäcker, Wirt und Gemeinderat Ludwig Ditting, der 1925 auf sechs Jahre wiedergewählt wurde.[164] Seit 1. Oktober 1938 war Alfred Röhrich Gemeindepfleger.[165] Der Schuldenstand der Gemeindekasse betrug 1927 rund 65 000 Mark.[166] Von 1934 bis 1945 wurde jedoch stets ein Überschuss erwirtschaftet (Angaben in Reichsmark):[167]

Karl Birkicht (1877–1949), hier mit seinem Postkarren vor der alten Post, war von 1903 bis 1942 Postagent und versah von 1943 bis 1945 die Geschäfte des Bürgermeisters.

Ein Leichenzug in Möglingen, wohl in den 1930er Jahren. Ortspolizist Hammer, Singverein, Kriegerverein.

schwester Maria Haller und Ortsarzt Dr. Reimold in Asperg. Der seit 1875 tätige Totengräber Christian Bertz trat 1920 in den Ruhestand. Sein Amt übernahm Schreiner und Gemeindestraßenwart August Bertz.[168] Als er 1931 in den Ruhestand trat, wurde die Stelle des Straßenwarts nicht mehr besetzt. Die seit 1910 tätige Leichenbesorgerin Pauline Kroll setzte sich 1930 zur Ruhe. Ihre Stelle war noch 1931 unbesetzt, da sich niemand auf die Anzeige gemeldet hatte. Die erste Schreibgehilfin des Bürgermeisteramtes trat am 1. August 1934 ihren Dienst an.[169]

1938 beschäftigte die Gemeinde drei Beamte (Bürgermeister, Gemeindepfleger, Amtsbote und Kanzleiassistent), zwölf Angestellte (Lehrling, Schreibgehilfin, Feldschütze, Kinderschwester, Totengräber, Hebamme, Wegmeister, Maschinenwärter, Schuldiener, Viehwart, Spritzenmeister, Gemeindebaumwart) und drei Gemeindearbeiter.[170] Im Januar 1940 wurde Amtsbote Däschler zum Hilfspolizisten bestellt, da aufgrund *der Verwendung von Gendarmeriebeamten in Polen und anderen Reichsteilen* im Landkreis Ludwigsburg Polizistenmangel herrschte.[171]

b) Der Gemeinderat

Gemäß dem Gesetz zum Gemeindewahlrecht beschloss der Möglinger Gemeinderat im März 1919, die Zahl der Gemeinderatsmitglieder von acht auf zehn zu erhöhen und für 25. Mai eine Neuwahl vorzusehen.[172] Dabei wurden Christian Raiser, Friedrich Pflugfelder, Friedrich Hirsch, Ludwig Ditting, Friedrich Häcker, Christoph Koch, Jakob Schiek, Gottlob Kienzle und Georg Knoss (alle Bauernbund und Handwerkerverein) sowie Karl Röhrich (SPD) gewählt. Die Regelamtszeit betrug sechs Jahre. Ende 1922 wurde anstelle von Knoss Karl Lillich und anstelle von Röhrich Ernst Bareither gewählt.[173] Ende 1925 wurde vom Wahlvorschlag Nr. 1 (Arbeiterschaft Möglingen) der Mechaniker Wilhelm Benkiser neu hinzugewählt, starb aber schon 1928. Ihm rückte der Maurer Wilhelm Walter nach. Bei der Gemeinderatswahl im Dezember 1928 wurde anstelle von Karl Lillich der Bauer August Blank (Bund der Landwirte) gewählt. Im August 1929 verunglückte Wilhelm Walter. Ihn ersetzte Schuhmacher Hermann Künstner als Nachrücker. Bei der Wahl im Dezember 1931 schieden Christian Raiser und Friedrich Pflugfelder altershalber auf eigenen Wunsch aus. Neu gewählt wurden dafür Schmiedemeister Immanuel Oberacker (Wahlvorschlag Gewerbeverein) und Landwirt Hermann Seybold (Jungbauern). Wiedergewählt wurden Künstner (Arbeiterverein) sowie Gutsbesitzer Hirsch und Gemeindepfleger Ditting (beide Bund der Landwirte/Landwirtschaftlicher Ortsverein).[174]

Infolge des nationalsozialistischen Gleichschaltungsgesetzes der Länder mit dem Reich vom 31. März 1933 musste auch der Möglinger Gemeinderat entsprechend der Stimmabgabe bei der zum Teil manipulierten Wahl zum Reichstag vom 5. März 1933 umgebildet werden. Die genaue Vorschrift erließ das Württembergische Staatsministerium am 12. April. Danach richtete sich die Zahl der Gemeinderäte künftig nach der Einwohnerzahl. Anstatt zehn gab es jetzt nur noch acht Möglinger Gemeinderäte.[175]

Doch die Nationalsozialisten am Ort hatten die Reichstagswahl offenbar nicht in ihrem Sinne beeinflussen können, denn sie erhielten nur 274 Stimmen, der Bauern- und Weingärtnerbund hingegen 301 Stimmen.[176] Im April 1933 übergab Paul Wagner die 30 Stimmen, die der *Christlich-soziale Volksdienst (evangelische Bewegung)* am 5. März erhalten hatte, der NSDAP, ebenso Adolf Stecher die 36 Stimmen der Wahlgruppe *Kampffront Schwarz-Weiss-Rot*. Die Stimmen nahm Ludwig Weiss entgegen, den die Kreisleitung der NSDAP Ludwigsburg am 10. April 1933 zu ihrem Vertrauensmann für Möglingen ernannt hatte. Damit war Weiss berechtigt, die Wahlvorschläge der NSDAP für den Gemeinderat zu bestimmen.[177] Da der Bauern- und Weingärtnerbund seine Stimmen behalten hatte, wurden nach der Wahlniederschrift vom 26. April 1933 vier Angehörige des Bauern- und Weingärtnerbundes (Paul Blank, Friedrich Hirsch, Hermann Seybold und Richard Koch, alles Landwirte), nur drei NSDAP-Räte (Postagent Karl Birkicht, Wagnermeister Karl Strohm und Landwirt Albert Giek) sowie sogar der Former Ernst Bareither für die Sozialdemokratische Partei Deutschlands *gewählt* oder besser berufen. Bareither, Hirsch und Seybold waren als einzige seitherige Räte vertreten,[178] hingegen waren Ludwig Ditting, Gottlob Kienzle, Christoph Koch, Jakob Schiek, August Blank, Hermann Künstner und Immanuel Oberacker ausgeschieden.[179]

Die erste Sitzung des neuen Gemeinderats fand am 5. Mai 1933 statt. Der Vorsitzende Haspel begrüßte die neuen Mitglieder und *gedachte in tiefgefühlten Worten des hochbedeutsamen nationalen Aufbruchs des deutschen Volkes, der auch eine Gleichschaltung der Gemeindevertretungen zur Folge hatte. Er gelobte, daß die Gemeindeverwaltung dem leuchtenden Vorbild des Herrn Reichspräsidenten von Hindenburg und des Herrn Reichskanzlers Adolf Hitler folgend jederzeit treu und gewissenhaft ihre Pflicht erfüllen werde, wie dies schon bisher geschehen sei und daß sie freudig und gerne an dem Wiederaufbau des Vaterlandes mitarbeite. Der Grundsatz »Gemeinnutz vor Eigennutz« sei von jeher Richtschnur und Leitstern auf dem Rathaus gewesen und er habe den festen Glauben, daß auch der neue Gemeinderat stets nach diesem Grundsatz handeln werde.*[180]

Offenbar gehörten auch in anderen Gemeinden noch SPD-Räte dem Gemeinderat an, denn per Zeitungsannonce forderte der Ludwigsburger Kreisleiter Trefz am 20. Juni 1933 alle im Kreis noch amtierenden SPD-Gemeinderäte auf, ihr Mandat wegen des *schamlosen Verhaltens der Führer der SPD* von Prag aus gegen *das neue Deutschland und seinen Führer* unverzüglich niederzulegen.[181] Einen Tag später kamen der Möglinger SPD-Rat Ernst Bareither sowie sein Ersatzmann Hermann Künstner der Forderung nach.[182] Die Stelle blieb zunächst unbesetzt, bis am 12. Oktober 1933 das Oberamt Ludwig Weiss aufgrund der *Verordnung der Sicherung von Staatsführungen* zum Gemeinderatsmitglied berief. Am 10. Juli 1935 wurden vom Kreisleiter der NSDAP Karl Birkicht zum ersten und Albert Pflugfelder zum zweiten Beigeordneten berufen. Ludwig Weiss, Albert Giek, Karl Strohm, Friedrich Hirsch, Hermann Seybold und Richard Koch erhielten die Bestätigung als Gemeinderäte.[183]

Fraktionsführer der NSDAP-Fraktion des Gemeinderats war im August 1933 Karl Birkicht. Wie streng der Befehlsmechanismus innerhalb des Systems war, zeigt ein Schreiben der DAF Stuttgart vom 26. August 1933, das Birkichts Fraktion darauf aufmerksam machte, dass der Gemeinderat entgegen eines Erlasses von Hitler den Stundenlohn für Arbeiter von 45 auf 36 Pfennig herabgesetzt habe. Sollte der Gemeinderat dies nicht ändern und die Nachbezahlung des Lohnausfalls verweigern, *würden wir uns genötigt sehen, Sie dem Treuhänder der Arbeit für Südwestdeutschland zu melden*.[184] Wohl zur Vermeidung weitere Unklarheiten trat der Ortsvorsteher im Dezember 1933 als *Vertreter der Gemeinde in ihrer Eigenschaft als Arbeitgeberin freiwillig* der Deutschen Arbeitsfront bei. Das Eintrittsgeld und die Beiträge übernahm die Gemeindekasse. Schon im April 1934 erfolgte jedoch *in Rücksicht auf die Stellungnahme des Württ[embergischen] Innenministeriums zur der Mitgliedschaft von Ortsvorstehern in der Deutschen Arbeitsfront* der Wiederaustritt.[185]

Am 20. Juni 1934 teilte Bürgermeister Haspel Gemeinderat Paul Blank mit, dass die NSDAP-Kreisleitung Ludwigsburg *wegen der Vorkommnisse in der Versammlung der NSDAP am 3. Juni* Antrag auf ein *Disziplinarverfahren mit dem Ziel der Amtsenthebung als Gemeinderat* gegen ihn gestellt hatte. Die näheren Umstände bleiben uns verborgen. Haspel forderte Blank auf, sich den Sitzungen fernzuhalten. Dieser erklärte am nächsten Tag seinen Rücktritt als Gemeinderat.[186] Am 21. September wurden seine Nebenämter besetzt, hingegen sollte sein Sitz *bis zum Erscheinen des in Aussicht stehenden einheitlichen Gemeinderechts* unbesetzt bleiben. Da Blank für den Bauern- und Weingärtnerbund gewählt worden war, hatten jetzt die vier NSDAP-Räte die Mehrheit im Gemeinderat. Am 1. September 1934 wurden die Gemeinderatsmitglieder *auf höhere Anordnung* vom Ortsvorsteher *auf den Führer und Reichskanzler Adolf Hitler feierlich vereidigt*.[187]

Über die Sitzungen des Möglinger Gemeinderats von Mitte 1935 bis Anfang 1946 sind wir leider nur mangelhaft informiert, da seit Kriegsende der Band mit den Gemeinderatsprotokollen dieser Zeit verschollen ist. Da sich in den aus dieser Zeit ebenfalls spärlich vorhandenen und wohl dezimierten Akten Auszüge aus Niederschriften der fehlenden Protokolle befinden, war dieser Band ehemals vorhanden.[188] Nach Zeugenaussagen wurden angeblich auf Anweisung des Landratsamtes zwei bis drei Tage vor Einmarsch der Franzosen *große Mengen von Gemeindeakten* verbrannt.[189]

Im Dezember 1941 gehörten dem Gemeinderat die Beigeordneten Karl Birkicht und Albert Pflugfelder sowie die Räte Friedrich Hirsch, Hermann Seybold, Richard Koch, Karl Strohm, Albert Giek und Ludwig Weiss an.[190]

c) Besitz und Versorgung der Gemeinde; Feuerwehr

1914 standen in Möglingen 195 Gebäude.[191] Im Gemeindeeigentum waren um 1920 außer dem Rathaus die Kelter (Gebäude Nr. 198), das Schulhaus (Nr. 168), das Lehrerwohngebäude

Oben: Das 1924 von der Gemeinde erbaute Haus in der Asperger Straße. Davor steht Oberlehrer Kurz; im Hintergrund ist die Mühle im Leudelsbachtal zu sehen.

Unten: Das Rathaus als wohl ältestes gemeindeeigenes Gebäude stand von 1693 bis 1974. Aufnahme von H. Seybold aus dem Jahr 1947.

(Nr. 226), das Backhaus (Nr. 178), die Turnhalle (Nr. 276) und das frühere Armenhaus (Nr. 35).[192] 1924 errichtete die Gemeinde am Bahnhof ein Gebäude mit je einer Wohnung für den Schultheißen und den Oberlehrer a. D. Kurz.[193] Dieses Gemeindewohnhaus (Nr. 300) erhielt 1934 einen Badeinbau.[194] 1927 hatte die Gemeinde 20 ha Grundbesitz.[195] Das 1896 umgebaute Rathaus wurde 1931 saniert und dabei auch verputzt.[196]

Das Armenhaus an der Schwieberdinger Straße, das *wieder wohnlich hergerichtet* worden war, hatte die Gemeinde 1919 an den Arbeiter August Bissinger für 800 Mark jährlich vermietet, allerdings mit der Auflage, es binnen einer Woche zu räumen, wenn die Gemeinde das Haus *für Armenzwecke braucht*.[197] Die Gemeinde besaß auch zwei Schafställe unter dem Gebäude Nr. 126a in der Stammheimer Straße, von denen 1921 einer an die Spar- und Darlehenskasse als Lagerraum vermietet wurde.[198] 1939 kaufte Wilhelm Pflugfelder um 1000 RM beide Ställe.[199] Die Spar- und Darlehenskasse hatte inzwischen 1938 einen eigenen Schuppenanbau erstellt.²⁰⁰ Das Gemeindebackhaus wurde im Regelfall, so auch 1933, auf drei Jahre verpachtet und der Gemeinderat wünschte, dass es *fernerhin geöffnet bleibt*.²⁰¹ Mitte 1939 beschaffte die Gemeinde eine Viehwaage.²⁰²

Ende Dezember 1938 kündigte Bürgermeister Haspel fristgerecht den 1910 auf 30 Jahre geschlossenen Stromlieferungsvertrag mit der Kraftwerk Altwürttemberg A. G. und kündigte die Übernahme der Stromverteilungsanlage innerhalb der Gemeindegrenzen an. Verhandlungen brachten jedoch einen Nachfolgevertrag zustande,²⁰³ der am 28. November 1939 in Kraft trat.²⁰⁴

1929 baute die Firma Klein, Schanzlin & Becker, Frankenthal, in das Gemeindewasserwerk eine Hochdruck-Zentrifugal-Pumpe ein.²⁰⁵ Diese Wasserpumpstation (Nr. 263) in der Stammheimer Straße erhielt 1932 einen neuen Wasserstandsanzeiger.²⁰⁶ 1938 gab es in Möglingen 72 Hydranten, die an den Hochbehälter mit 205 cbm Fassungsvermögen angeschlossen waren. Daher konnten Anfang 1939 beruhigt die alten Brunnenstöcke entfernt und verschrottet werden.²⁰⁷

Die Hydranten dienten hauptsächlich der Möglinger Feuerwehr, deren Kommandant Adolf Künstner 1920 sein Amt abgab.²⁰⁸ Ihm folgte Wagnermeister Karl Strohm,²⁰⁹ der 1928 das Feuerwehrdienstehrenzeichen erhielt.²¹⁰ Strohm trat Anfang 1939 zurück und wurde von Hermann Künstner »beerbt«, der ihn faktisch schon seit 1938 vertrat.²¹¹ Seit 1940 hieß Kommandant Künstner *Wehrführer*.²¹²

Die Feuerwehr feierte 1925 ihr 50-jähriges Bestehen genauso wie das 25-jährige im Jahr 1900²¹³ zu früh, denn erst 1886/87 wurde in Möglingen eine Pflichtfeuerwehr eingerichtet (s. S. 289). 1926 beschaffte die Gemeinde einen dritten Hydrantenwagen mit 100 m Schläuchen. Der bereits 1924 vorgebrachte Antrag, die Pflichtfeuerwehr in eine freiwillige Feuerwehr umzuwandeln, wurde 1926 wieder aufgegriffen. Obwohl der Gemeinderat mit der bisherigen Feuerwehr zufrieden war, beschloss

Die ehemalige Lammgasse, später Hindenburgstraße, mit dem offenen Leudelsbach, der auch Wasser für die Feuerwehr lieferte. Aufnahme von H. Seybold aus dem Jahr 1947.

er bei Zustimmung der Einwohnerschaft und Feuerwehr die Umbildung, die bereits in fast allen Orten des Ludwigsburger Oberamts vollzogen war. Obwohl nur 59 Feuerwehrpflichtige dafür und 67 dagegen stimmten, wurde die Gründung der freiwilligen Feuerwehr Möglingen von Seiten des Oberamts zum 1. April 1927 verfügt. Der Gemeinderat legte daraufhin eine vierstufige Feuerwehrabgabe zwischen drei und zehn Reichsmark fest. Eine neue Satzung trat 1929 in Kraft.²¹⁴ Die reichseinheitlichen Bestimmungen der Nationalsozialisten erforderten im Mai 1936 eine Neugliederung der Wehr, die danach einen geringeren, aber besser ausgebildeten Personalstamm von 60 Mann hatte.²¹⁵ 1943 taten 55 altgediente aktive Feuerwehrmänner sowie bei Notfällen 50 Ergänzungsmänner Dienst.²¹⁶ Vor Ort war die Feuerwehr wiederholt bei großen Bränden im Einsatz. In der Nacht von 2. auf 3. November 1920 brannten die zusammengebauten Scheunen von Karl Knoll, Adolf Spillmann und Friedrich Pflugfelder völlig nieder. Am 24. Februar 1924 wurde ein Haus in der Jägergasse ein Opfer der Flammen und am 26. April 1930 brannte die Scheune des Friedrich Lillich in der Ludwigsburger Straße. In der Nacht von 10. auf 11. November 1932 ging die Doppelscheune des mitten im Dorf gelegenen Anwesens Pfuderrer in Flammen auf. Durch Brandstiftung eines betrunkenen Knechts blieben von der Doppelscheune der Landwirte Hermann Seybold und Alfred Reichert hinter dem Gasthaus Lamm nach der Nacht von 4. auf 5. August 1935 nur noch die Grundmauern übrig. Die Motorspritze der Feuerwehr Ludwigsburg half, ein Ausbreiten der Flammen zu verhindern. Ein Dachstuhlbrand in der Schuhfabrik Kleinheinz konnte am 19./20. Dezember 1938 noch vor Eintreffen der Motorspritze durch die hiesige Feuerwehr eingedämmt werden.[217]

d) Verkehr und Kommunikation

Im Oktober 1919 bewilligte der Gemeinderat 500 Mark zur Ausarbeitung eines Projekts, das eine neue Eisenbahntrasse von Markgröningen bis Mühlacker vorsah, aber nie realisiert wurde.[218] Die seit 1916 bestehende Eisenbahnlinie wurde offenbar gut angenommen und 1925 stellte die Reichsbahn zunächst für ein dreiviertel Jahr ein weiteres Frühzugpaar zu den bereits verkehrenden vier Zugpaaren bereit. Neben den Arbeitern benutzten viele Möglinger Schüler der Ludwigsburger Lehranstalten, so des Gymnasiums, der Oberrealschule, der Mädchenrealschule, der Handels- und Gewerbeschule, der Frauenarbeitsschule und der Landwirtschaftlichen Winterschule die Eisenbahn.[219] Auch seit Anfang November 1943 wurde vormittags ein weiteres Zugpaar auf der Strecke Markgröningen–Möglingen eingesetzt.[220]

Während die Eisenbahn in Württemberg schon rund 80 Jahre fuhr, war der eigentliche Bote der neuen Zeit das Automobil. Die Möglinger besaßen 1926 14 Motorräder sowie je zwei Personen- und Lastkraftwagen. Im Vergleich zu den 210 Fahrrädern am Ort allerdings noch eine geringe Zahl.[221] 1940 wurden in Möglingen 35 Motorräder, 52 Mopeds, sechs Personenwagen, zwei Lastwagen und achtzig Fahrräder gezählt.[222]

Bereits 1927 und 1931 waren Omnibuslinien zwischen Pflugfelden bzw. Ludwigsburg und Schwieberdingen über Möglingen im Gespräch.[223] Jedoch nur an den Sonn- und Festtagen zwischen 15. Dezember 1933 und 15. Januar 1934 wurde eine solche Linie zwischen Ludwigsburg–Pflugfelden–Möglingen–Schwieberdingen eingerichtet.[224]

Dem wachsenden Autoverkehr wurde dadurch Genüge getan, dass der Gemeinderat 1927 der Rhenania-Ossag Mineralwerke AG die Errichtung einer Benzinzapfstelle mit 1000-Liter-Tank vor dem Gebäude des Kolonialwarenhändlers Karl Forstner an der Schwieberdinger Straße (Nr. 32) genehmigte. Allerdings konnte sich der Rat nur *schwer entschliessen*, denn man befürchtete Feuer- und Explosionsgefahr und Verkehrsstörungen sowie eine mögliche Verunreinigung der nahe vorbeigehenden Gemeindewasserleitungen. Doch wollte man sich dem Antrag nicht verschließen, da sich *der Kraftwagenverkehr und damit der Bedarf an Benzin immer mehr steigert.*[225] So wurde 1928 die erste Möglinger *Benzinzapfstelle* eröffnet.[226] Schlosser Willi Birkicht baute 1933 ein Wohn- und Werkstattgebäude mit einer weiteren Tankstelle an der Straße nach Pflugfelden[227] und seine Witwe erstellte 1938 eine Tankstelle an der Ludwigsburger Straße.[228]

Zur Verkehrsführung waren gute Straßen und Wege unerlässlich. Der Ammertalweg, der durch die Flurbereinigung wesentlich stärker frequentiert worden war, wurde 1921 *chaussiert*, also ausgebaut.[229] 1927 erfolgte eine Bewalzung der Straße von Möglingen nach Stammheim. Da sie keinen festen Untergrund hatte und zudem nur 3,5 bis 4 m breit war und dadurch Pferde- und Rindviehfuhrwerke mit Ernteladung nur schwer ausweichen konnten, beschloss der Gemeinderat, einen Antrag auf Sperrung der Straße für den Lastkraftwagenverkehr zu stellen und diesen über Ludwigsburg umzuleiten. Das Oberamt machte jedoch einen Strich durch die Rechnung. Auch einen Sperrantrag für die Straße nach Asperg genehmigte Ludwigsburg nicht. Die Hauptdurchgangsstraße durch den Ort wurde 1929 geteert.[230] 1939 führten durch den Ort keine Reichsstraßen und Landstraßen erster Ordnung, hingegen waren die Verbindungen Markgröningen–Möglingen–Stammheim und

351

Möglingen–Asperg sog. Straßen zweiter Ordnung.²³¹

Wohl das größte Bauprojekt, das die Möglinger bis dahin hatten zu sehen bekommen, war der Bau der Reichsautobahn, mit dem Ende 1935 begonnen wurde.²³² Nicht nur Möglinger, sondern Erwerbslose aus der weiten Umgebung fanden Beschäftigung. Sie mussten manchmal je vier Stunden An- und Heimfahrt in Kauf nehmen und wurden mit Bussen zur Baustelle gebracht.²³³ Nach rund dreijähriger Bauzeit wurde das die Möglinger Markung durchziehende Teilstück am Samstag, den 6. November 1938 eröffnet. Die offizielle Wagenkolonne startete um 11 Uhr bei Stuttgart-Süd und kehrte ab 14 Uhr von der Ausfahrt *bei der Hohenstange*, heute Ludwigsburg-Nord, wieder zurück. Die Zeitung urteilt: *Wundervoll, wie sich das helle Doppelband der Reichsautobahn durch die herbstliche Landschaft schwinkt.*²³⁴ In Möglingen hatte das Ereignis bei den Erwachsenen *nicht viel Interesse erregt*, hingegen liefen die Jugendlichen zur Autobahn und begrüßten jedes Fahrzeug mit wehenden Tüchern. Aber auch die in der Nähe beschäftigten Bauern, so erfahren wir, *hielten in der Arbeit inne und ließen die Wichtigkeit des Augenblicks auf sich wirken.*²³⁵

Die Ludwigsburger Zeitung widmete dem zu eröffnenden 20 km langen Teilstück Stuttgart-West–Ludwigsburg, das auf einer Länge von 11 km durch den alten Kreis führte (weitere 9 km sollten durch die neu eingegliederten Teile der Kreise Besigheim und Marbach führen) eine vierseitige reich illustrierte Sonderbeilage. Der zu eröffnende Abschnitt war ein Teil der Reichsautobahn Hamburg–Hannover–Kassel–Würzburg–Heilbronn–Stuttgart. Der Engelbergtunnel wurde dabei ausführlich als richtungsweisendes Tunnelbauwerk beschrieben.

Die erste Tankstelle Möglingens wurde vor dem Haus von Karl Forstner in der Schwieberdinger Straße 1927 erbaut. Die Postkarte entstand wohl kurz danach und soll Möglingen schon damals als autofreundliches und weltoffenes Dorf zeigen.

Das Teilstück endete an der heutigen Ausfahrt Ludwigsburg-Nord/Bietigheim-Bissingen, wo die *Reichsstraße* 27 gekreuzt wurde. Die Ausfahrt Ludwigsburg-Süd/Möglingen war nur behelfsmäßig angelegt und wurde erst später ausgebaut. Besonders gepriesen wurde die Umfahrung Stuttgarts und damit die Vermeidung der *zeitraubenden und nicht ungefährlichen Fahrt durch die Landeshauptstadt*, die bekanntlich mit ihrer Verkehrsdichte für Kraftfahrzeuge an vorderster Stelle im Reich steht.

Ein Spaziergang auf der noch nicht eröffneten Autobahn auf Möglinger Markung im Jahr 1938.

Mit mehreren Sonderseiten berichtete die Ludwigsburger Zeitung im November 1938 über die Eröffnung des neuen Autobahnteilstücks. Hier Seite 1.

Das alte Möglinger Postamt an der Einmündung der Rosenstraße in die Stammheimer Straße um 1910. In Uniform Postagent Karl Birkicht.

Hingegen gab es *auf der Autobahn verkehrstechnisch keine Geschwindigkeitsbegrenzung,* lediglich die KFZ-Technik setzte ein Limit.[236]
Ein Erlass vom 10. September 1940 stellte die Landschaftsstreifen direkt neben der Autobahn unter Naturschutz,[237] und im August 1941 wurde in Möglingen wiederholt darauf aufmerksam gemacht, *daß das Gehen über die Autobahn, sowie das Fahren mit Fahrrädern auf derselben für Unbefugte streng verboten ist.*[238]
Tatsächlich zogen die modernen Verkehrsmittel auch in Möglingen Unglücksfälle nach sich, wenn auch wenige. Am 13. Oktober 1928 wurde der 19-jährige Emil Eisele vom Zug überrollt und starb. Ein Lokomotivenpfiff erschreckte am 8. April 1931 das Pferd des 64-jährigen Gottlieb Lussi, der mit seinem Einspänner eben den Bahnübergang überqueren wollte. Das Pferd scheute, Lussi stürzte vom Wagen und zog sich tödliche Verletzungen zu. Am 26. Oktober 1936 starb die 15-jährige Christiane Gehring, als sie half, einen Wagen aus der Scheune zu schieben und dabei auf der Schwieberdinger Straße von einem Auto erfasst wurde.[239]
Am 17. November 1930 scheuten die Pferde des vom Felde heimkehrenden Jakob Moz und rasten durch die Wagnerstraße in die Schwieberdingerstraße, wo das Fuhrwerk an der Markungsgrenze mit dem Auto eines Geschäftsreisenden kollidierte. Dieser musste schwerverletzt ins Krankenhaus nach Ludwigsburg gebracht werden.[240]
Ein Postamt hatte Möglingen nicht, jedoch eine Postagentur, die von Karl Birkicht geführt wurde. Zum Bau eines Unterstellraums für den Postkarren wurde ihm 1922 ein Stück Gemeindeplatz neben seinem Haus auf 20 Jahre pachtweise überlassen.[241] Birkicht, der die Poststelle seit 1908 führte, setzte sich 1942 zur Ruhe. Seine Nachfolgerin Else Birkicht wurde zum 1. August 1942 von der Reichspostdirektion Stuttgart eingesetzt.[242]
Im Herbst 1931 verlegte das Telegraphenbauamt Stuttgart ein Fernsprechkabel von Lud-

wigsburg über Pflugfelden nach Möglingen und das Telefon hielt nach und nach in Möglingen Einzug. Der Kommunikation diente auch das neue Medium Rundfunk, das uns 1925 erstmals in Möglingen begegnet, als Oberlehrer Streich von der Gemeinde die Erlaubnis zur Einrichtung einer Rundfunkempfangsanlage in seiner Dienstwohnung im Schulhaus erhielt.[243]

Eine Attraktion war 1929 die Erbauung der Hochspannungsleitung mit Gittermasten, an denen sechs kupferne Seile mit je 42 mm Durchmesser hingen und 220 000 Volt von den Alpen über Möglingen bis ins Rheinland schickten. Noch 1946 war es die größte Fernleitung Europas.[244]

3. Schwerer Stand der Kirchengemeinde

a) Nach der Trennung von Kirche und Staat

Nach dem Ende des Ersten Weltkriegs erfolgte die endgültige Trennung von Kirche und Staat. Sie brachte die Ausscheidung des restlichen Kirchenvermögens und gab der Kirche eine Stellung als öffentlich-rechtliche Körperschaft. Die Verfassung der Landeskirche trat 1925 in Kraft. Schon 1924 wurde erstmals die Kirchensteuer eingezogen, die in Möglingen 4881 Mark ergab und *viel Ärger ausgelöst* hatte, da sie für *eine heillose Verwirrung im Steuerwesen* sorgte.[245]

In den Möglinger Kirchengemeinderat wurden bei der Neuwahl am 7. Dezember 1919 Gottfried Pflugfelder, Jakob Kleinheinz, Friedrich Pflugfelder und Jakob Moz im Amt bestätigt und Friedrich Häcker sowie August Ziegler neu gewählt. Den Vorsitz hatte Pfarrer Benjamin Lechler.[246] Die Kirchenvisitation von 1922 beschreibt Möglingen als *Landgemeinde mit guter alter kirchlicher Ordnung. Die Gemeinde erfreut sich eines Wohlstandes, der zur Grundlage ein ausgezeichnetes ausgedehntes Ackerfeld hat*. Möglingen war *eine Art Musterbeispiel für schönes Zusam[m]enwirken von [altpietistischer] Gemeinschaft und Gemeinde*.

Vorstand dieser Gemeinschaft war Karl Mergenthaler; außer ihm sprachen Friedrich Motz und Albert Kleinheinz. Die bischöflichen Methodisten hielten seit langer Zeit ihre Versammlungen, die Jakob Schwarz leitete, im Haus des bereits verstorbenen Thomas Hartmann. Hingegen spüre man, so der Bericht weiter, *bei der ledigen Jugend die üblen Nachwirkungen der Kriegszeit u[nd] die Folgen der Zerrüttung des öffentlichen Lebens seit 1918*. Die Hauptlektüre für Jung und Alt war die Zeitung, obwohl in der Schule eine *Lesebibliothek* unterhalten wurde. Diebstahl war an der Tagesordnung, ohne dass Täter gefasst wurden. Meist handelte es sich um kleinere Delikte, wie das Stehlen von *Eiern und Schmalz aus dem Keller, Schweine und Hühner aus dem Stall, Geld aus den Kassen. Felddiebstahl wird namentlich auch von Ortsfremden ganz offen betrieben.*[247]

Wohl in den zwanziger Jahren wurde beschlossen, den sonntäglichen Gottesdienst

Adolf Rentschler (1870–1950),
Pfarrer 1928–1946.

Konfirmation des Jahrgangs 1907 im Jahr 1920. Obere Reihe v.l.: Oskar Blank, Gotthilf Schüle, Theo Pflugfelder, Robert Blank, Otto Koch, Richard Motz, Gustav Lillich, Hermann Sülzle, Gustav Pflugfelder. Mittlere Reihe v.l. :Eugen Bissinger, Albert Jopp, Oskar Ditting, Max Walter, Robert Spillmann, Ernst Sülzle, Hermann Glazle, Paul Pflugfelder, August Eisele. Untere Reihe v.l.: Frida Ziegler, Elise Moz, Marie Glazle, Martha Stähle, Luise Röhrich, Lydia Florus, Emma Wintterlin, Emilie Ohno, Gertrud Frey, Klara Stähle, Helene Blank, Eugenie Salzer.

stets um 9. 30 Uhr zu beginnen und den alten Möglinger Brauch der Abendmahlsprozession abzuschaffen. Diese Prozession bewegte sich unter Führung des Pfarrers um den Altar und erst danach wurde Abendmahlskelch und Hostie gereicht.[248] Das sog. Leichensingen durch den Schülerchor wurde 1924 nach der Zurruhesetzung des Lehrers Kurz eingestellt. Stattdessen sang bei Beerdigungen der Gemeinschaftschor.[249]

Der 1856 im Nachbarort Kornwestheim als Pfarrersohn geborene Benjamin Lechler war seit 1900 Pfarrer in Möglingen. Zwei seiner Söhne fielen im Ersten Weltkrieg.[250] Die Tochter Mathilde heiratete 1918 Regierungsbaumeister Rudolf Kurz, den 1887 in Möglingen geborenen Sohn des hiesigen Oberlehrers Kurz.[251] Lechler war *als Prediger ein abgesagter Feind jeder Art von Redekunst; Gestaltung und Vortrag der Predigt ist also von bewußter Formlosigkeit; doch hat die Predigt ernsten, tiefen Gehalt.*[252] Er trat am 25. Oktober 1927 nach 27-jähriger Tätigkeit in Möglingen in den Ruhestand und zog nach Ludwigsburg. Die Gemeinde verlieh Lechler das Ehrenbürgerrecht.[253] In Ludwigsburg bekam Lechler später Schwierigkeiten mit den Nationalsozialisten, als er *anläßlich der Juden-Aktion*, also der Reichskristallnacht, im November 1938 eine Stellungnahme für die Juden abgab. Die Kreisleitung bedrohte ihn mit *entsprechenden Maßnahmen*. Seine Beliebtheit in Möglingen

Konfirmation des Jahrgangs 1921 im Jahr 1934 mit Pfarrer Rentschler und Lehrer Lang. Sitzend links Martha Schüle geb. Öttinger.

kam zum Ausdruck, als sich sogar Ortsgruppenleiter Weiss auf Bitten von Frauenschaftsleiterin Englert *an den maßgebenden Stellen* für ihn einsetzte. Lechler blieb von weiteren Maßnahmen verschont.[254] Nach seinem Tod am 16. Oktober 1940 wurde Lechler von Ludwigsburg nach Möglingen überführt und hier neben seiner 1903 gestorbenen Frau beerdigt.[255]

Nach Lechlers Weggang war als Vertretung für einige Monate Pfarrer Stöckle am Ort. Der neue Pfarrer Adolf Rentschler zog am 9. Mai 1928 in Möglingen auf.[256] Rentschler wurde 1870 in Vaihingen an der Enz als Sohn eines Lateinschullehrers geboren. Nach wechselnden Anstellungen war er von 1914 bis 1928 Pfarrer in Rohrdorf. Sein Bruder Gotthold war mit Hildegard, der Tochter des Großkaufmanns und Inhabers der Fa. Carl Daimler, Emil Daimler, verheiratet.[257] Rentschler war neben seinem Pfarrerberuf zeitlebens ein begeisterter Historiker und Familienforscher. Dies schlägt sich nicht zuletzt in zahlreichen Veröffentlichungen nieder, beispielsweise in den Möglinger *Heimatglocken*, dem von ihm gegründeten örtlichen Gemeindeblatt, dessen erste Probenummer im April 1929 erschien.[258]

Gleich nach seinem Dienstantritt erhielt Rentschler 1928 die Erlaubnis zur Einrichtung einer Rundfunkempfangsanlage im Pfarrhaus.[259] Unter ihm wurden einige Neuerungen auf den Weg gebracht. Im Juli 1928 beschloss der Kirchengemeinderat, die Christenlehre von vier auf drei Jahre Dauer herabzusetzen. Seit Winter 1928 fand mittwochabends die schon im Sommer 1927 eingeschlafene Bibelstunde statt und an Silvester 1928 wurde erstmals ein Mitternachtsläuten der Kirchenglocken veranstaltet, das zur festen Einrichtung werden sollte. 1932/33 kamen weitere Neuerungen im Gottesdienst, zum Beispiel wurde auf Anregung der Diözese zunächst für ein Vierteljahr eine Schriftlesung mit Gemeindegesang nach der Predigt eingeführt. Der Ludwigsburger Dekan Dr. Dörrfuß genehmigte anlässlich seiner Inspektion 1932 auch das Singen des dreimaligen *Amen* am Ende des Gottesdienstes. Er bedauerte damals, dass zu Ungunsten des Kindergottesdienstes viele Kinder die bischöflich-methodistische *Kinderstunde* besuchten und wunderte sich über die Abhaltung sämtlicher Feiertagsgottesdienste am Ort. Der Dekan schlug vor, wenigstens die Marienfeiertage auszulassen. Jedoch erst 1937 entschloss sich der Kirchengemeinderat aufgrund der allzu geringen Besuche, die Gottesdienste an Apostel- und Marienfeiertagen endgültig abzuschaffen.[260]

Zum festen Personal der Kirchengemeinde gehörten der Kirchenpfleger und der Mesner. Als Kirchenpfleger fungierte von 1915 bis zu seinem Tod 1927 Karl Jopp und dann bis 1936 August Ziegler. Dessen Nachfolger Wilhelm Raiser wurde Anfang September 1943 zur Wehrmacht eingezogen und bis zum 1. Juli 1945 von Gustav Pflugfelder vertreten. 1921 legte Mesner Bissinger sein Amt nieder, das Amtsdiener Christian Hammer übernahm. Ihm folgte 1939 Karoline Salzer. Sie gab im Februar 1943 den Mesnerdienst auf, da ihr Mann im Krieg war und sie sich um ihre Kinder kümmern musste. Die Nachfolge blieb zunächst offen.[261]

Die katholische Bevölkerung war kaum vertreten. 1922 lebten zwei katholische Frauen am Ort.[262] 1933 waren von 1357 Einwohnern 24 katholisch, 15 sonstige Christen und zwei *Sonstige*. Juden wohnten in Möglingen keine.[263]

b) Die Kirchengemeinde zwischen 1933 und 1945

Während die Nationalsozialisten den Staat gleichschalteten, versuchten sie den Einfluss der Kirche nach und nach auszuschalten. Ein Schritt in diese Richtung war die Gründung der Glaubensbewegung Deutsche Christen (DC), die nach und nach die Kirchengemeinden unterwandern sollte. Der Ludwigsburger Dekan Dörrfuß kämpfte dagegen an, da er *die Fügung unter das Gebot der Deutschen Christen als einen Widerspruch mit dem Wesen des evangelischen Christentums betrachte. ... Die DC dürfte in nicht vielen Bezirken so wenig zum Zug gekommen sein wie im Bezirk Ludwigsburg.*[264] Tatsächlich hielten sich die Kirchenaustritte in Grenzen. 1946 schrieb Pfarrer Rentschler im Rückblick: *Die nationalsozialistische Bewegung hat hier [in Möglingen] wenig begeisterte Anhänger gefunden und nur etliche Gemeindeglieder (etwa 12) der Kirche entzogen.*[265]

Rentschler war allerdings über die gesamte Zeit des sog. Dritten Reichs Möglinger Pfarrer. Am 5. September 1933 brachte er den Kirchengemeinderäten die neue Verfassung der Deutschen Evangelischen Kirche zur Kenntnis und erinnerte sie an ihr Amtsgelübde, das sich jetzt darauf bezog. Am 26. Oktober 1933 beschloss der Kirchengemeinderat die Anschaffung einer Reichsfahne und einer Hakenkreuzfahne, die 1935 laut Gesetz zusätzlich zur Kirchenflagge gehisst werden sollte. Da der Möglinger Turm nur Platz für eine Fahne bot und sich diese *großer Beliebtheit erfreut*, beschloss der Kirchengemeinderat vorerst nur eine Prüfung, ob eine zweite Fahne angebracht werden könne. Pfarrer Rentschler beschaffte Ende 1935, *um der Forderung von Staat u[nd] Partei Genüge zu leisten,* eine weitere fünf Meter lange Hakenkreuzfahne, die mittels eines Drahtgestells an der Uhrentafel des Kirchturms gehisst werden konnte.[266]

Im März 1934 musste ein *Führerrat des evangelischen Gemeindedienstes* eingerichtet werden, der in Möglingen auch mit einem Mitglied der NSDAP besetzt wurde. Dies hielt man für nützlich, da man glaubte, man könne so den Einfluss der Kirche aufrecht erhalten. Als die Kirchenleitung 1938 den Gemeinden die Gründung eines sog. Gemeindevereins als *dringendes Bedürfnis* empfahl, entschied sich der Möglinger Kirchengemeinderat dagegen, da man befürchtete, weitere Gemeindemitglieder zu verlieren. Im Juli 1938 sprach sich der Dekan allerdings für die Gründung solcher Vereine aus, da sie der Kirche Zusammenhalt geben könnten, wenn ihr endgültig der Status einer öffentlichen Körperschaft *geraubt* werde. Doch 1939, gerade als man den Verein gründen wollte, wurden diese Vereine durch die Staatspolizei verboten.[267]

Bei seiner Visitation im Mai 1934 tat der Ludwigsburger Dekan Dörrfuß nach dem Besuch des Möglinger Gottesdienstes kund, *daß Möglingen noch im[m]er eine Oase im Kirchenbezirk Ludwigsburg darstelle; der begin[n]enden Überfremdung werde durch das neue Erbhofgesetz ein heilsamer Riegel vorgeschoben. Besonders erfreulich sei die starke Beteiligung der män[n]l[ichen] Jugend am Gottesdienst. Es sei im Dritten Reich zu hoffen, daß der Hunger nach geistiger Nahrung bei der Jugend sich im[m]er stärker geltend mache*. Der Dekan gab seiner Freude darüber Ausdruck, dass die evangelischen Jugendvereine in Möglingen durch Eingliederung in die Hitlerjugend keine Schwächung erfahren hatten. Bei der Visitation im Juni 1936 befürchtete er bereits eine zunehmende Entfremdung der Jugend von der Kirche, da diese sonntags durch nationalsozialistische Veranstaltungen stark in Anspruch genommen werde.[268]

Mit dieser Haltung schuf sich der Dekan keine Freunde in der Politik. Er hatte sich schon im Mai 1934 offiziell beim Evangelischen Oberkirchenrat über das Vorgehen der Kirchenleitung beschwert, da unter Umgehung der Dekane Pfarrer zu vertraulichen Gesprächen eingeladen würden. Diese sollten dann, so auch in seinem Bezirk, als Vertrauensmänner *die Aufklärung der evangelischen Gemeinden durchführen*.[269] Im März 1938 sah sich Dörrfuß *empörenden verleumderischen Angriffen* in der Zeitung NS-Kurier und einer öffentlichen Anprangerung durch Schmähplakate ausgesetzt. Die Pfarrer des Bezirks, darunter auch Rentschler, veranstalteten eine Kundgebung zur *Ehrenrettung* des Dekans. Dörrfuß blieb im Amt und visitierte Möglingen erneut im Juli 1938. Es sei, so äußerte er sich, *wohltuend zu spüren, daß man sich in einer Gemeinde mit im[m]er noch gut kirchlichem Sinn u. treuer ev[angelischer] Jugendarbeit befinde*. Unangefochten war auch der Bestand des evangelischen Kindergartens, *für den bei der Einstellung der hies[igen] Gemeindevertretung u. Parteileitung vorerst wohl nichts zu befürchten sei*.[270]

Bürgermeister Haspel sah sich im April 1939 aufgrund einer Verordnung *des stellvertretenden Führers Heß mit schmerzlichem Bedauern genötigt, als Leiter des hiesgen örtl[ichen] N.S.V. Werks* seine Mitgliedschaft im Kirchengemeinderat zu kündigen. Er wolle aber weiterhin mit Rat zur Seite stehen. Der Ersatzmann, Kaufmann Ernst Frey, wurde übergangen, da er als *Funktionär der NS-Partei (Amtswalter) nicht in Frage* kam. Stattdessen wurde Paul Wagner berufen.[271]

Seit Kriegsausbruch wurden sog. Kriegsbetstunden veranstaltet, die jedoch immer weniger Zulauf fanden, sodass sie im März 1945, auch wegen täglichen Luftalarms und Kohlemangels, unmittelbar den Sonntagsgottesdiensten angegliedert wurden. Am 19. März 1945 fand die letzte Sitzung des Kirchengemeinderats im Krieg statt. Die erste Nachkriegssitzung folgte am 3. Juni 1945.[272]

Ein eigenes Schicksal hatte die 1889 ins Leben gerufene und 1908 mit einem eigenen Gebäude ausgestattete Kinderschule, also ein Kindergarten. Er wurde zunächst von Wilhelmine Bühlmeyer, dann von Luise Bochterle und von 1903 bis 1921 von Barbara Stettner geleitet. 1921 bis 1931 waren Marie Haller dann bis 1941 (s. u.) Emma Forstner Erzieherinnen. 1936 äußerte sich der Ludwigsburger Dekan Dörrfuß besorgt über die Entlassung der bisherigen Kinderschwestern im Bezirk Ludwigsburg und deren Ersetzung durch *braune Schwestern*. Es sollte an der christlichen Kinderschule auch neben einer nationalsozialistischen *unter allen Umständen* festgehalten werden.[273] Am 11. November 1941 ereilte aber auch die Möglinger Kinderschule, damals Ludwigsburger Straße 83, die Umwandlung in einen Kindergarten der NSV, den eine NSV-Schwester und ihre Gehilfin übernahmen. Im April 1941 besuchten den Kindergarten 135 Kinder zwischen zwei und fünf Jahren.[274] Emma Forstner verlor ihre Stelle, soll-

Schwester Marie Haller um 1922 mit allen Kindern der Kinderschule (Kindergarten).

te aber weiter Kleinkinder *religiös* betreuen. Im April 1943 genehmigte der Kirchengemeinderat Mittel zum Unterricht der vier jüngsten Schuljahrgänge. Ihn erteilte die Markgröninger kirchliche Gemeindehelferin Elisabeth Möhle in der Möglinger Kirche dienstags und donnerstags. So wurde doch noch ein christlicher Kindergarten in Möglingen aufrecht erhalten.[275]

c) Das Kirchengebäude
und seine Ausstattung

1921 beschloss der Kirchengemeinderat, keine Kirchensitzplätze mehr zu verkaufen. Damit endete eine jahrhundertealte Tradition, und jeder durfte sich fortan in der Kirche dorthin setzen, wo er wollte.[276] 1928 wurde für rund 600 Mark eine elektrische Beleuchtung mit 17 Lampen im Kirchengebäude eingerichtet.[277] Im selben Jahr baute die Firma Hörz aus Ulm zum Preis von 4000 Mark ein neues Uhrwerk in den Kirchturm ein.[278]

Umfangreiche Kirchendachreparaturen sowie Arbeiten an den Fenstern von Kirche und Sakristei waren 1930 unumgänglich und 1933/34 wurde die Kirchenstaffel mitsamt dem Gefallenendenkmal und der Umgebung grundlegend erneuert. Auch die von der früheren Erdölbeleuchtung geschwärzte Kirchendecke erhielt einen neuen Anstrich.[279] 1935 wurden Renovierungsabsichten laut. Kirchenmaler Willy Exner aus Poppenhausen bei Lauda und Stadtpfarrer Kopp aus Stuttgart vom Christlichen Kunstverein besichtigten zunächst die Gemälde der Möglinger Kirche und waren sich einig, dass diese einen hohen künstlerischen Wert hätten und vermutlich aus der Zeit der Kirchenerweiterung von 1598 stammten. Auf eine Ausbesserung der Bilder wollte man bis zur geplanten Renovierung des gesamten Kirchenraums verzichten. Diese jedoch, so empfahl Dekan Dörrfuß bei der Visitation 1936, solle man besser aufschieben, da eine Schuldenaufnahme angesichts der zu erwartenden zahlreichen Kirchenaustritte von Anhängern der Hitler-Partei nicht zu empfehlen sei. Auch 1938 war die dringend notwenige Innenrenovierung der Kirche noch nicht beschlossen, jedoch Ende des Jahres wurde immerhin ein ausführlicher Kostenvoranschlag eingeholt und 1939 beauftragte der Kirchengemeinderat den Stuttgarter Architekt Baurat Dr. W. Zoller mit der Planung.[280]

Das Bauvorhaben musste aber kriegsbedingt eingestellt werden.[281] Am 10. Februar 1941 wurden die Bauarbeiten durch Unternehmer Burkhardt aus Asperg in Angriff genommen. Unter der hinteren Empore beim Turm wurde der Boden bis zu drei Meter abgegraben und die 75 Kubikmeter Erde füllten rund 100 Wagenladungen. Dabei wurde eineinhalb Meter innerhalb der Außenmauer eine weitere, ältere Mauer entdeckt. Zwischen den Mauern legte man ein stark nach Verwesung riechendes Massengrab frei, dessen Gebeine einen ganzen Wagen füllten und das auf Ende des 16. Jahrhunderts datiert wurde.[282] Vielleicht handelte es sich um die Opfer der damals grassierenden Pest (s. S. 118). Die Kanzel wurde bei den Bauarbeiten um 30 cm erniedrigt, neu umkleidet und mit einer Treppe versehen. Der Kirchenraum erhielt einen neuen Anstrich und eine damals teure und moderne unterirdische Dampfheizung, also Warmluftheizanlage, wurde eingebaut. Danach belegte man den Boden mit Solnhofener Steinplatten. Wichtig war auch die Renovierung der Emporengemälde,

Durchblick am Pfarrhaus (links) vorbei zur Kirche mit dem 1898 erbauten Giebel der Sakristei um 1940.

Ein Hochzeitszug durch Möglingen im Jahr 1940.

deren *Reinigung und Auffrischung* nach Meinung der Kirchengemeinderäte *vorzüglich gelungen* war. Auch einige alte Kirchenbänke und die Gitter, also Absperrungen, des Wintterlinschen Stuhles sowie der Kirchenplätze der Familie Hirsch und des Jägerstuhls, welcher der Familie der Gehegbereiter zugestanden hatte, wurden entfernt. Am 21. Dezember, dem vierten Advent 1941, konnte die Kirche im Rahmen eines Festgottesdienstes und mit einem anschließenden Mittagessen für die beteiligten Honoratioren und Handwerker wieder eingeweiht werden. Insgesamt betrugen die Kosten 24 000 Mark, von denen ungefähr die Hälfte durch Spenden und Opfer abgedeckt waren.[283] Das Dachgebälk ließ man aus Gründen des Luftschutzes im Januar 1944 mit einem feuerhemmenden Mittel imprägnieren.[284]

Am 21. August 1918 ereilte Möglingen das Unglück, dass die kleine Kirchenglocke, die viele Jahrhunderte alt war, zu Kriegszwecken abgeliefert werden musste.[285] Aber das Schicksal bewahrte sie vor der Einschmelzung. Noch in der ersten Kirchengemeinderatssitzung nach Kriegsende, die am 5. Dezember 1918 stattfand, konnte die erfreuliche Nachricht verkündet werden, dass die kleine Glocke zurückgegeben werde. Ein Fuhrmann holte sie bei Fabrikant Lang in Ludwigsburg ab und am 31. Dezember 1918 wurde das kostbare Stück wieder in den Glockenstuhl gehängt. Die mittlere Glocke von 1698 war im Sommer 1917 gesprungen und wurde am 3. Januar 1919 der Glockengießerei Kurtz in Stuttgart für 835 Mark zur Reparatur übergeben. Die große Glocke von 1715, die am 20. Juli 1917 abgegeben werden musste, konnte erst 1925 ersetzt werden, obwohl bereits im Herbst 1919 auf Antrag des Schultheißen beschlossen worden war, bei Glockengießer Kurtz eine dritte Glocke zum Preis von 14 000 Mark zu bestellen. Erst sollten allerdings 10 000 Mark an Spenden durch eine Haussammlung eingehen. Doch dann kam die Inflation und das Projekt kam zum Erliegen. Am 24. Mai 1925 konnte die neue Glocke endlich abgeholt und aufgehängt werden. Anfang 1933 befasste sich der Kirchengemeinderat mit dem Gedanken, eine elektrische Läutemaschine anzuschaffen, musste aber *leider in gegenwärtiger Zeitlage u[nd] bei der augenblicklichen bitteren u. gereizten Stim[m]ung im Volke Abstand nehmen*.[286]

Im Mai 1940 drohte erneut eine Ablieferung aller drei Glocken. Die Kirchengemeinde beantragte den Verbleib der kleinen sehr alten Glocke und musste zur Begründung ein Lichtbild anfertigen lassen. Im Januar oder Februar 1942 wurden die große und die mittlere Glocke abgenommen und durch ein Stück Eisenbahnschiene ersetzt, das, obwohl unzulässig, noch bis 1948 Dienst tat. Der Stundenschlag wurde allerdings auf die verbliebene kleine Glocke übertragen.[287] Der eifrige Kirchengemeinderat beschloss 1943 sogar, vier der sieben zinnernen Abendmahlskannen und drei von sechs Zinntellern der Kriegsmetallsammlung zur Verfügung zu stellen.[288]

4. Die von der Kirche getrennte Schule

a) Die Lehrkräfte der Möglinger Schule

1919 unterrichteten in Möglingen Oberlehrer Kurz die Ober- und Mittelklasse und Hauptlehrer Streich die Unterklasse.[289] Karl Kurz unterrichtete seit 1877 an der Möglinger Schule, trat 1924 in den Ruhestand[290] und wurde zugleich Ehrenbürger der Gemeinde.[291] Von August 1914 bis 1933 führte Kurz die 1896 von Schultheiß Pflugfelder begonnene Ortschronik.[292] 1943 war es ihm vergönnt, seinen 90. Geburtstag zu feiern.[293] Hauptlehrer Hans Meyer wurde im Oktober 1920 nach Zazenhausen versetzt.[294]

Durch die Trennung von Kirche und Staat erhielt auch die seither kirchlich orientierte Schule einen neuen Stellenwert. So wurde per Gesetz 1920 die Verpflichtung des Lehrers zum Organistendienst aufgehoben und musste fortan vertraglich geregelt werden. Oberlehrer Kurz wollte sich vor Abschluss eines solchen Vertrags erst über die Vorgehensweise seiner Kollegen unterrichten.[295] Im Juli/August 1920 kam der Vertrag mit den Lehrern Kurz und Albert Streich zustande.[296]

Die Dienstwohnung des Lehrers Kurz in dem 1924 von der Gemeinde errichteten Gebäude,

Hauptlehrer Heinrich Grobe, später Ludwigsburger Kreiskulturwart der NSDAP, mit den Schülern der Unterklasse II und III (Jahrgänge 1923/24 und 1924/25).

Heinrich Lang war von 1924 bis 1945 und von 1946 bis 1952 Möglinger Schulleiter.

das auch der Schultheiß bewohnte (s. S. 349), übernahm Streich.[297] Er erhielt von der Gemeinde 1925 die Erlaubnis zur Einrichtung einer Rundfunkempfangsanlage in der Dienstwohnung im Schulhaus, die im selben Jahr auch Unterlehrer Trölsch für das Unterlehrerzimmer im Schulhaus erteilt wurde.[298] Streich starb 1926 nach 18-jähriger Tätigkeit in der Gemeinde.[299] Ende 1927 zog als Nachfolger Hauptlehrer Heinrich Grobe auf, nachdem *Frau Oberlehrer Streich* in Ludwigsburg eine Wohnung mieten konnte.[300] Grobe, der *geistiger Mittelpunkt* der NSDAP in Möglingen war,[301] wurde 1934 nach Ludwigsburg versetzt und brachte es bis zum Kreiskulturwart der NSDAP.[302]

Nachfolger von Kurz war seit 1924 Heinrich Lang,[303] der 1934 Schulleiter wurde.[304] Er war von 1935 bis 1945 Kulturleiter der NSDAP[305] und 1937 für Luftschutz, Programmgestaltung bei Parteifestlichkeiten und für die Kulturhauptstelle am Ort verantwortlich. Lehrer Erwin Lenk wurde 1934 nach Eglosheim versetzt. Dafür unterrichteten seit 1. September Ruth Lang (bis 1936) und Ludwig Jäger. Hauptlehrer Jäger schied zum 1. Januar 1938 aus dem Schuldienst aus und zum 1. Oktober 1938 wurde die unständige Lehrerstelle in eine ständige dritte Stelle umgewandelt.[306] Seit diesem Zeitpunkt unterrichtete Lehrer Fritz Freitag und ab Anfang 1939 Adolf Veittinger. Mit Wirkung vom 1. April 1939 wurde in Möglingen zur Durchführung des achten Schuljahrs eine weitere unständige Lehrerstelle geschaffen, die mit Wilhelm Barfuß besetzt wurde.[307] Veittinger war zum 1. April versetzt worden, jedoch unterrichtete schon seit 1937 Margarethe Englert (bis 1. März 1940). Fritz, eigentlich Friedrich Freitag, der seit 1. Oktober 1938 in Möglingen war, wurde 1939 zum Kriegsdienst eingezogen und ab 1. September durch Karl Brechtl (später Lehrerin Müller-Pressel) vertreten. Dasselbe Schicksal ereilte seinen Kollegen Barfuß, dessen Vertretung Ernst Müller (später Paul Mollekopf) übernahm. So war Möglingen 1940 doch wieder nur eine dreiklassige Schule.[308] Bis Kriegsende unterrichteten außerdem Irene Essig (bis 1941), Hilde Brenner (seit 1941), Amalie Schäffer geb. Seibert (bis 1944) und Hermann Seyffer seit Ende 1944.[309]

b) Verbesserung der Schulverhältnisse

Schülerzahlen von 1919[310] bis 1944:[311]

Jahr	Unterklasse	Mittelklasse	Oberklasse	Gesamt
1919	105	59	64	228
1934	73	47	48	168
1935	75	40	46	161
1936	65	48	42	157
1937	60	56	39	155
1938	56	50	42	149
1940				168
1941				180
1943	84	58	70	212
1944	75	88	75	238

Die Schulverwaltung regelte der Ortsschulrat, in den 1919 auf drei Jahre Ludwig Ditting,

Friedrich Ditting und August Ziegler gewählt wurden.[312] Er bestand aus dem Schulvorstand, dem Pfarrer, dem Ortsvorsteher und zwei Gemeinderäten und war außer dem Religionsunterricht die einzige Verbindung, die zwischen Schule und Kirche geblieben war.[313]

Ab Frühjahr 1928 wurde reichseinheitlich das achte Schuljahr eingeführt, das jedoch auf begründeten Antrag ausgesetzt werden konnte. Möglingen durfte bis zum Beginn des Schuljahrs 1933/34 warten. Der Gemeinderat war der Meinung, *daß es für die Landwirtschaft unerwünscht sei, daß die Kinder zum Teil bis zu ihrem 15. Lebensjahre in der Schule zurückgehalten werden, während ihre Mithilfe im Haushalt und im landwirtschaftlichen Betriebe der Eltern dringend nötig sei*. Zudem befürchtete man besondere Aufwendungen für die Gemeinde in Bezug auf Personal und Räumlichkeiten.[314] Erst zum 1. April 1939 wurde das achte Schuljahr in Möglingen Pflicht. Dadurch stieg die Schülerzahl von 174 auf über 200.[315]

Bei der Visitation im Juni 1936 stellte Dekan Dörrfuß mit Erleichterung fest, dass in Möglingen noch keine Rede von der Umgestaltung der Schule in eine sog. deutsche Volksschule sei. In der Bezirksstadt war der Schritt bereits vollzogen, und der Dekan sah dadurch eine Verdrängung des Religionsunterrichts aus seiner beherrschenden Stellung, zumal auch immer mehr *deutschgläubige* Lehrer anstelle der alten christlich erzogenen Generation unterrichten würden. Im Juli 1938 war er der Meinung, der Arbeit im Kindergottesdienst komme immer größere Bedeutung zu, da der Religionsunterricht praktisch aus den Schulen verbannt sei. Es sei *eine mutige Tat, die besonderen Dank u[nd] Anerkennung verdiene*, dass der hiesige Oberlehrer aus freien Stücken den Choralgesang in der Schule beibehalten habe.[316]

1943 standen nur 162 Sitzplätze für 212 Kinder zur Verfügung, da jedoch ab 22. August 1944 das achte Schuljahr beurlaubt wurde, damit die Kinder zu Hause in Landwirtschaft, Handwerk und Gewerbe eingesetzt werden konnten, war der Mangel behoben.[317] Der Schulunterricht fiel bereits im Winter 1944/45 wegen Kohlemangel mehrere Male aus. Zwei Schulsäle belegte seit 1. Februar 1945 die Wehrmacht. Da die Soldaten ab 28. März auch den dritten Unterrichtsraum beanspruchten, musste der Schulunterricht ganz eingestellt werden und konnte erst im Oktober 1945 wieder beginnen.[318]

c) Die Sonntagsschule

Die Sonntagsschule für Mädchen wurde mit dem neuen Schuljahr 1923 in eine allgemeine Fortbildungsschule für Mädchen mit 80 Stunden Unterricht umgewandelt.[319] Handarbeitslehrerin Karoline Alber legte ihr Amt Ende 1923 wegen zu schlechter Bezahlung nieder und wurde durch Emma Raiser ersetzt. Als im April 1924 vom Bezirksschulamt Ludwigsburg angeordnet wurde, den Handarbeitsunterricht durch eine geprüfte Fachlehrerin aus Ludwigsburg zu erteilen, sprach sich der Gemeinderat einstimmig dagegen aus.[320] Seit dem Schuljahr 1935/36 wurden in der Unterklasse vier Stunden sog. Abteilungsunterricht erteilt. Die dazu nötigen Überstunden der Lehrkräfte bezahlte die Gemeinde. Nachdem die Handarbeitslehrerin Emma Raiser zum Ende des Schuljahrs 1934/35 gekündigt hatte, beschloss der Gemeinderat Anfang 1935, sich an der halben Stelle einer Fachlehrerin in Ludwigsburg zu beteiligen, die zu einem Drittel für Möglingen zuständig sein sollte und hier neun Stunden Handarbeit und eine Stunde Mädchenturnen wöchentlich erteilte.[321] Ca. 15 bis 20 *fortbildungsschulpflichtige* Mädchen der Gemeinde wurden jedoch ab 1. April 1935 direkt in die Fortbildungsschule Ludwigsburg überwiesen.[322] Frl. Bofinger gab 1938 in Möglingen und Schwieberdingen Handarbeiten, Hauswirtschaft und Mädchenturnen. 1944 war Lehrerin Pfähler für den Handarbeitsunterricht zuständig. Sie wurde am 5. Dezember 1944 durch Frauenarbeitsschullehrerin Frank von der Volksschule Eglosheim abgelöst.[323]

5. Beginnender Rückgang der Landwirtschaft

a) Flurbereinigung und Feldbau

Die schon unter Schultheiß Pflugfelder beendete Feld- oder Flurbereinigung Teil II und III[324] erforderte einige Änderungen der Markungsgrenzen, sodass besonders im Rahmen der Feldbereinigung Möglingen III 1921 ein Markungsgrenzausgleich mit den meisten Nachbargemeinden notwendig wurde.[325] Die Feldbereinigung IV brachte nach ihrem Abschluss 1942 weitere Markungsgrenzausgleiche mit Ludwigsburg beim sog. Bierkeller, einem mitten im Feld befindlichen Lagerbierkeller, und Anfang 1943 mit Asperg.[326]

Durch die Feldbereingung III und den Eisenbahnbau war der Gemeinde ein Grundstück (Parzelle Nr. 6166) zugefallen, das sie 1924 an Dreschmaschinenbesitzer Franz Burkhardt zur Erstellung eines Dreschschuppens verpachten wollte.[327] Jedoch verweigerte die Eisenbahnbauinspektion Ludwigsburg die Zustimmung, da sich das Grundstück zu nahe an der Bahnlinie befinde und Funkenflug einen Brand verursachen könne. Burkhardt besaß auch eine fahrbare Häckselschneidmaschine, die er seit 1925 außerhalb der Betriebszeiten in der Gemeindekelter unterstellen durfte.[328] Seit 17. August 1943 war zeitweise eine Dreschmaschine am Bahnhof aufgestellt, die jedermann benutzen durfte.[329]

Die zunehmende Technisierung der Landwirtschaft zeigte sich nicht nur bei Dreschmaschinen, sondern brachte auch die Drillmaschine, die eine maschinelle Aussaat mit gleichem Reihenabstand des Getreides ermöglichte. Dazu kamen Garbenbinder, Grasmähmaschinen und bald vereinzelt auch der eine oder andere Traktor.[330] Einen solchen *Bulldogg* besaß Albert Jopp, der Ende April 1934 damit verunglückte, indem er den Fuß unter das Rad brachte.[331] Auch Gotthilf Schüle hatte schon in den dreißiger Jahren einen der ersten Schlepper in Möglingen. Allerdings wurde er zunächst von den anderen Landwirten belächelt, denn keiner wollte glauben, dass noch etwas wachse, wenn so ein schweres Gefährt über die Erde fahre.[332]

Mitte der zwanziger Jahre betrug der bäuerliche Bevölkerungsanteil im Landkreis Ludwigsburg nur noch 15 % (1882: 35 %). Reine Bauerndörfer gab es keine mehr, hingegen war beispielsweise in Möglingen eine bäuerliche Mehrheit vorhanden, da der Ort erst wenige Jahre Bahnanschluss hatte.[333] Um 1920 lebten in Möglingen 80 % der Bevölkerung von der Landwirtschaft. Der Rest waren Handwerker, Kaufleute und erste Auspendler.[334] Noch 1927 waren hier 65 % der Einwohner in der Landwirtschaft tätig.[335]

Sogar ein erster Aussiedlerhof wurde errichtet. Der Möglinger Landwirt August Brosi erstellte 1925/26 für rund 25 000 RM am Südrand der Möglinger Markung ein Wohn- *u[nd] Ökonomiegebäude auf Parz[elle] Nr. 2440/41 am Vic[inal]weg Nr. 3 nach Stammheim* mit Brunnen. Er erhielt die besondere Auflage, Hühner, Enten und Gänse nur in solchen Räumen zu halten *welche in sicherer, das Entweichen des Geflügels verhindernder Weise eingefriedet sind.* Das Gehöft entstand kurz vor der Einmündung der nicht mehr vorhandenen Straße von Markgröningen in die Straße nach Stammheim, wo sich noch heute ein steinerner Wegzeiger befindet.[336]

Um 1920 bestand die landwirtschaftliche Nutzfläche in Möglingen aus 832,3 ha Ackerland, 23,73 ha Wiesen und 52 ha Weinbergen. Die gute Getreideernte von 1920 sorgte für Entspannung auf dem Lebensmittelmarkt. Immerhin konnten die Möglinger Bauern damals 873 Zenter Weizen zu je 15 Mark, 2897 Zentner Gerste zu 10,50 Mark, 766 Zentner Roggen zu 14 Mark und 557 Zentner Gerste zu 16,50 Mark absetzen. Im Hungerjahr 1917 waren es nur 423 Zentner Weizen zu je sechs und 123 Zentner Gerste zu je zehn Mark gewesen. 1921 wurden schon 1503 Zentner Weizen verkauft, denn dieses Getreide gewann immer mehr Bedeutung und verdrängte die anderen Sorten.[337] Dinkel und Roggen waren früher die Hauptgetreidesorten gewesen, ebenso Hirse für die Volksnahrung Hirsebrei sowie Einkorn,

Der Aussiedlerhof Brosi (hinten, im Vordergrund Familie August Brosi) war seit 1926 und für über 30 Jahre der erste Aussiedlerhof im Kleinen Feldle, heute Im Kornfeld.

dessen Stroh zum Aufbinden der Weinstöcke und Flechten von Körben wichtig war. Hirse und Einkorn waren bereits 1934 ganz verschwunden. Die durchschnittlichen Hektarerträge betrugen damals bei Weizen 60 Zentner, bei Gerste 54 Zentner und bei Hafer 45 Zentner. Der Getreidebedarf wurde etwa zur Hälfte aus eigener Ernte gedeckt.[338]

Hauptschädlinge des Getreides waren die Feldmäuse. Die Gemeinde beschaffte 1925 Strychninweizen von der Landesanstalt für Pflanzenzucht in Hohenheim und ließ ihn vor allem auf Feldwegen auslegen. Dazu probierte man versuchsweise zwei sog. »Hora-Räucherapparate« mit Patronen aus. Der Gemeindefeldschütz wurde 1933 auf einen Kurs zur Ausbildung von Wühlmausfängern geschickt, und wer eine Wühlmaus fing, erhielt 25 Pfennig aus der Gemeindekasse.[339]

1930 kostete je ein Pfund Rindfleisch 1,20 Mark, Kalbfleisch 1,30 Mark und Schweinefleisch 1,20 Mark. Der Zentner Dinkel war für 10–11 Mark, Weizen für 13–14, Hafer für 8–9, Gerste für 10–11 und Roggen für 9–10 Mark zu haben. Im November 1931 gaben die Fleischpreise um 40 bis 50 Pfennig nach, da die Bauern wegen großer Futtervorräte zu lange mit dem Verkauf des Schlachtviehs gezögert hatten, sodass ausländisches Fleisch auf den Markt kam. Schließlich musste das gesamte einheimische Vieh fast auf einmal auf den Markt gebracht werden. Auch in den darauffolgenden Jahren blieb der Preis für ein Pfund Fleisch bei 70 bis 75 Pfennigen.[340]

1934 waren noch 85 % der Bodenfläche des Kreises Ludwigsburg landwirtschaftlich genutzt. Damit war der Bezirk mit dem Prozentsatz der landwirtschaftlich genutzten Fläche in Württemberg Spitzenreiter Nur die in den Oberämtern Heilbronn, Neckarsulm und Herrenberg sowie in der Wetterau und der Magdeburger Börde lagen die Verhältnisse ähnlich. Von den im Landkreis angebauten rund 700 ha Zuckerrüben entfielen ca. 35 auf Möglingen. Schon damals setzte die Zuckerfabrik Stuttgart-Münster die jeweiligen Anteile der einzelnen Landwirte fest. Führend war Möglingen mit 30 ha Zichorien, fast einem Drittel der im gesamten Kreis angebauten 160 ha. Die Anbaufläche und Verteilung regelte monopolartig der einzige Abnehmer, die Zichorienfabrik Heinrich Franck in Ludwigsburg. Raps, Hanf und Mohn waren fast ganz verschwunden, hingegen nahm der Feldgemüsebau eine vorrangige Stelle ein. In Möglingen wurden in großen Mengen Zwiebeln und gelbe Rüben angebaut.[341]

Der Landschaftsgärtner Ludwig Ohno meldete 1927 seinen Betrieb sogar als Gewerbe an.[342] Auch der Obstbau mit Veredlung war im Aufschwung. 1933 wurden 21 761 Obstbäume,

Um 1925 wurde noch mit Fuhrwerk geerntet. V.l.: Mutter von Otto Strohm, Emma Strohm, Marie Jopp, Otto Strohm, Vater von Otto Strohm.

Einen der ersten Möglinger Traktoren fuhr 1940 Gotthilf Schüle.

Bei August Blank in der Münchinger Straße stand diese Dreschmaschine in früheren Zeiten.

Sogar ein Raupenschlepper fuhr in Möglingen. Stehendes Kind Hermann Seybold jun., sitzendes Kind Adolf Seybold, auf dem Binder Adolf Reichert.

davon 9836 Äpfel-, 6092 Birnen- sowie 4744 Pflaumen- und Zwetschgenbäume gezählt und *von der Möglichkeit des Bespritzens der Bäume* war reichlich Gebrauch gemacht worden.[343]
1936 wurden in Möglingen 19 sog. Erbhöfe gezählt.[344] Ende 1939 gab es in Möglingen neben 22 Erbhöfen 46 Höfe bis drei Hektar Betriebsfläche, 29 Höfe zwischen drei und fünf, 77 zwischen fünf und zehn und 13 Betriebe mit einer Größe zwischen zehn und 20 Hektar.[345] Machte ein Bauer eines unteilbaren Reichserbhofs kein Recht von der Einsetzung eines Erben, dann galt im Kreis Ludwigsburg seit Oktober 1940 das Jüngstenrecht.[346]

b) Weinbau und Forstwirtschaft

Um 1919 wurden in Möglingen nur noch 2,30 ha Weinberge bepflanzt, an denen rund 30 Besitzer Anteil hatten. Es wurden 21 Hektoliter Ertrag im Wert von ca. 6300 Mark erwartet. 1926 waren es immerhin rund fünf Hektar, also ein halbes Prozent der landwirtschaftlichen Nutzfläche. Der Wein diente seit Jahren nur noch dem Eigenbedarf.[347] Bis 1934 nahm der Weinbau wieder auf rund sieben Hektar Fläche zu, jedoch wurde der Ertrag nach wie vor nur als Haustrunk verwendet.[348] Weinberglagen waren 1933: Bühl-, Lug-, Sau- und Eßlerweinberge, hintere Weinberge sowie Spreuer-, Winterhalden,- Bürgerhalden-, Kelter-, Haden-, Laiern- und Mühlbergweinberge.[349]
Aus der im Gemeindebesitz befindlichen Kelter (Nr. 198) wurden 1920 zwei Kelterbäume (Pressen) und 1922 eine Eisenholzpresse mit zwei eisernen Spindeln entfernt.[350] 1931 war das Gebäude baufällig und diente nur noch als Lagerraum. Ein Abbruch wurde verschoben, weil erst Ersatzräume für die darin gelagerten Geräte beschafft werden mussten.[351] Doch schließlich wurde die 26 m lange und 15,5 m breite Kelter 1936 abgebrochen.[352]
Die Forstwirtschaft spielte im ganzen Oberamt Ludwigsburg, dem waldärmsten Württembergs, keine große Rolle mehr. So waren 1934 nur noch drei Prozent der Fläche von Wald bedeckt.[353] Das Möglinger Gemeindegut Kallenberg, ein ausgestockter ursprünglich zum Witthau gehörender Wald auf Markung Münchingen, war seit 1914 an den Münchinger Wirt Gottlieb Müller verpachtet.[354] Müller gründete vor 1925 die Wirtschaft »Zum Mül-

Weinlese bzw. Vesper um 1931/32 im Wengert der Familie Dokkenwadel. Stehend v.l.: Martha Englert, Vater Dokkenwadel, Adolf Sülzle (Gemeindediener und Wengertschütz), Wilhelm Wagner (Ortspolizist). Sitzend v.l.: NN, Margarete Englert, NN, Frau Freitag geb. Hirsch, Frau Zirn geb. Hirsch.

lerheim«,[355] woraus sich bis heute ein Teilort von Korntal-Münchingen entwickelt hat. 1927 bis 1929 war Hermann Florus Pächter des Gutes und seit 1929 die Landwirte Gottlob Lörcher, Stammheim, und Gottlob Hönes, Münchingen, sowie Anna Müller, die Ehefrau des Münchinger Landwirts Jakob Müller.[356]

Auch die Gemeindejagd wurde im Regelfall durch die Gemeinde verpachtet. Wegen des Jagdpachtgeldes gab es 1925 Differenzen, sodass die Gemeinde in der Jagdpachtschutzsache gegen Fabrikant Eberhard Vischer in Ludwigsburg einen Rechtsanwalt konsultieren musste. 1927 wollten die Jagdpächter unter der Hand die Möglinger Jagd auf weitere sechs Jahre pachten, der Gemeinderat beschloss jedoch eine öffentliche Ausschreibung.[357]

c) Viehhaltung

Der Erste Weltkrieg hatte die Möglinger Viehhaltung massiv beeinträchtigt. Von 65 Pferden waren nach dem Krieg noch 19 vorhanden, von 987 Rindern noch 512, von 457 Schweinen sogar nur noch 190 und von 3093 Stück Geflügel noch 2105. Lediglich die Zahl der Ziegen war von 97 auf 204 gestiegen.[358] Die Viehzählung 1941 ergab 159 Pferde, 772 Rinder, 232 Schafe, 335 Schweine, 36 Ziegen, 3085 Hühner, 70 Gänse, 25 Enten, 15 Truthühner und 35 Bienenstöcke.[359]

Die Rindviehhaltung zur Milcherzeugung florierte im Kreis Ludwigsburg. Da der Milchabsatz an die Genossenschaften gebunden war, mussten sämtliche Erzeuger Mitglieder werden. In den einzelnen Gemeinden befanden sich Milchsammelstellen, von denen aus der Ludwigsburger Milchhof beliefert wurde.[360] Die Milcherzeugervereinigung Möglingen erhielt 1932 ein Milchsammellokal im Pumpstationgebäude.[361] Als 1934 der Maulbrunnen abgebrochen wurde, errichtete man an seiner Stelle die Milchsammelstelle.[362]

Die Farren- und Ziegenbockhaltung sowie die Verpachtung der Schafweide war noch immer Sache der Gemeinde. Gutsbesitzer Friedrich Pfuderer, dessen Farrenhaltungsvertrag mit der Gemeinde 1919/20 auf sechs Jahre abgeschlossen worden war, erhielt 1926 eine Verlängerung bis Ende März 1932. Vorher löste ihn aber Gustav Ulmer ab, dessen Farrenhaltung 1932 Gutsbesitzer Friedrich Hirsch übertragen wurde.³⁶³ Anfang 1945 war Albert Giek Farrenhalter.³⁶⁴ Die Eberhaltung der Gemeinde erhielt 1933 auf drei Jahre der bisherige Eberhalter Hermann Seybold zugesprochen. August Bertz versah 1926 die Ziegenbockhaltung.³⁶⁵

1920 verkaufte die Gemeinde ihr Schafhaus an Karl Reichert, der es zu einer Scheune umbaute.³⁶⁶ Die Schafweideverpachtung war seit 1890 stillgelegt, wurde jedoch 1919 reaktiviert, da sich 1919 durch den kriegsbedingten Verlust der Weiden in Elsass-Lothringen und der Pfalz ein Notstand für die Schäfer ergeben hatte. Im Winter 1926/27 wurde jedoch wieder von einer Verpachtung der Möglinger Schafweide abgesehen, da sie große Nachteile für den Ackerbau mit sich brachte.³⁶⁷ Erst im Winter 1934/35 wurde die Weide erneut versuchsweise an den Kornwestheimer Schäfer Ernst Simmendinger gegeben, der sie dann viele Jahre betrieb.³⁶⁸

6. Gewerbe, Handwerker und Arbeiter

a) Handwerker als Arbeiter und Gewerbetreibende

1922 gehörte die überwiegende Mehrzahl der Bewohner Möglingens zum Bauernstand, jedoch wuchs die Zahl der meist in der Schuhfabrik in Kornwestheim beschäftigten Arbei-

Die Wagnerei Jäckh in der Handwerkergasse um 1920. Stehend in der Mitte: Wagnermeister August Jäckh (1865–1926)

Möglingen im Jahr 1924. Das älteste bekannte Luftbild zeigt noch den Umfang des über Jahrhunderte kaum gewachsenen Dorfes.

ter stetig. Auch die Schuhfabrik Kleinheinz, die gerade in Möglingen ihren Neubau begann, zog ortsansässige Arbeiter an.[369] 1927 bestand die Möglinger Einwohnerschaft zu 25 % aus Arbeitern, zu 10 % aus Gewerbetreibenden und noch immer zu 65 % aus Landwirten.[370] Schon 1934 zählte der Bezirk Ludwigsburg zu den am stärksten industrialisierten Bereichen Württembergs. Seit 1882 war der Anteil der gewerblich tätigen Personen gegenüber dem bäuerlichen Bevölkerungsanteil größer geworden. Ludwigsburg und Kornwestheim, aber auch Asperg, Tamm und Bissingen zählten zu den Paradeorten der Gewerbeansiedlung.[371] Möglingen war infolge seiner *günstigen geographischen Lage in der Nähe grösserer Städte in stetem Wachstum begriffen.*[372]

Aber trotzdem konnte das tradtionelle Handwerk seinen Stand behaupten. 1919/20 waren folgende Handwerker mit angemeldetem Gewerbe in Möglingen tätig:

Bäckerei: Ludwig Ditting jun. (bis 1912 mit Schankwirtschaft), Gottlob Kienzle (mit Schankwirtschaft und Spezereienhandel), Johannes Schober (mit Spezereienhandel)

Bürstenmacher: Alfons Schmid

Drescherei mit Elektromotor: Friedrich Häcker (auch Stroh- und Haferhandel)

Küferei: Karl Walter

Maurergeschäft: Jakob Glazle jun.

Metzgerei: Karl Bauer (mit Schankwirtschaft), Gottlieb Pflugfelder (mit Flaschenbierhandel), Gustav Schüle (Lohnmetzger), Friedrich Seybolds Witwe (mit Gastwirtschaft zum Lamm)

Die Gebrüder Bertz in den 1930er Jahren. V.l.: Karl Bertz, Forstmeister in Hemmingen; August Bertz, Schreiner; Christian Bertz, Totengräber; Gottlob Bertz, Schreiner.

Sattlerei: Friedrich Pflugfelder (mit Gemischtwarenhandlung), Carl Hönes (auch Tapezier)
Huf- und Wagenschmiede: Friedrich Sülzle, Christian Raiser, Immanuel Oberacker
Schneiderei: Johannes Rapp, Wilhelm Helmle, Paul Ziegler
Schreinerei: August Bertz, Gottlob Bertz, Friedrich Reichert
Schuhmacherwerkstatt: Christian Alber, Christian Kienzle, Albert Kleinheinz (alle drei auch Handel mit Schuhwaren), Friedrich Deuring, Friedrich Bissinger
Seckler und Krämerei: Gottlob Haug
Schankwirtschaften: Paul Groll (mit Bäckerei), Hermann Roßnagel (mit Küferei), vgl. auch Bäcker und Metzger
Wagnerei: August Jäckh, Karl Strohm
Zimmergeschäfte: Jakob Riedel, Heinrich Zeitter
Losvertrieb und Haarschneiderei: Wilhelm Wintterle
Handlungen: Postagent Karl Birkicht (Briketts), Paul Florus (Hafer, Dinkel, Gerste, seit 1921), Emil Knoss (Brennmaterialien), Friedrich Koppenhöfer (Gemischtwaren), Karl Oberacker (elektrische Beleuchtungsartikel), Karl Raiser (Spezereiwaren), Jakob Reichert (Unterkäufer), Hermann Roßnagel (Spezerei- und Ellenwaren), Christian Schober (Gemüse), Katharina Wagner (Milch), Johann Weiss (Brennstoffe und Beton), Paul Ziegler (Milch)[373]

Christian Maisch begann 1926 einen Immobilienhandel und betrieb seit 1928 eine Bettfederreinigungsmaschine.[374] Der Konsum- und Sparverein baute 1928 ein Wohn- und Geschäftshaus in der Lammgasse. Im Erdgeschoss war ein Ladenraum mit Verkaufstheke eingerichtet.[375]

Der 1893 gegründete Darlehenskassenverein wurde 1935 in Spar- und Darlehenskasse umbenannt. Zugleich begrenzte man die Anzahl der Vorstandsmitglieder auf drei (Gotthilf Hahn, Albert Pflugfelder, Immanuel Oberacker) und die Anzahl der Aufsichtsräte auf sechs (Bürgermeister Johannes Haspel, Paul Blank, Gustav Pflugfelder, Hermann Seybold, Wilhelm Raiser, Karl Bareither). 1940 wurde die veraltete Buchhaltung auf *Elektromaschinendurchschreibbuchhaltung* umgestellt. Im November 1937 übernahm Wilhelm Raiser das Rechneramt von Paul Pflugfelder,[376] das er bis 1943 innehatte.[377]

Da sich Möglingen als attraktives Ausflugsziel sah, kam den Gastwirtschaften große Bedeutung zu. Die Gemeinde warb in verschiedenen Zeitungen und Zeitschriften, so der Württemberger Zeitung, mindestens seit 1938 und sogar noch 1940 im Krieg mit Kleinanzeigen unter dem Slogan *Besuchen Sie Möglingen* für den *im fruchtbaren Feld zwischen ausgedehnten Obstbaumanlagen* an der Bahnlinie gelegenen Ort, der neben seiner alten Kirche eine günstige Bahnanbindung, gute Gasthöfe und ein gemütliches Cafe biete. Lohnende Wanderungen wurden gepriesen.[378]

Das Gasthaus *Goldenes Fass* bei der Kirche (Nr. 278, vorher 169) führte seit 1911 Hermann Roßnagel und ab 1937 sein Sohn Eugen Roßnagel. Auf der *Krone* (Nr. 212 in der Ludwigsburger Straße) wirtschaftete seit 1905 Gottlob Kienzle. Richard Kienzle übernahm den Betrieb 1938 und Hermann Burkhardt ab April 1940. Das traditionsreiche Gasthaus *Lamm* in der Hauptstraße (Nr. 64) führte seit 1924 Albert Munz. Von 1902 bis 1947 betrieb Karl Bauer die *Linde* in der Hauptstraße (Nr. 85). Sein Nachfolger wurde Erwin Bangerter.[379] Paul Groll verkaufte 1921 die Wirtschaft *Rose* an Karl Velm, der das Gebäude 1936 umbaute.[380] Es stand in der Schwieberdinger Straße (Nr. 31). Alle Wirtschaften hatten die Konzession zum Ausschank von Wein, Obstmost, Bier und Branntwein. Nur Branntwein und nichtgeistige Getränke bot das Café der Witwe Maria Schober in der Hauptstraße (Nr. 91), das sie seit 1930 betrieb und 1933 an ihren Sohn Robert übergab.[381]

b) Die Schuhfabrik Kleinheinz als erster Industriebetrieb

1933 befand sich in Möglingen *neben einer blühenden Landwirtschaft und einem regsamen Gewerbebetrieb eine Schuh- und Schäftefabrik, die zur Zeit etwa 100 Angestellte und Arbeiter beschäftigt.*[382] Es handelte sich um die Firma Kleinheinz,[383] die wider Erwarten bis zum Ende des Zweiten Weltkriegs der einzige Industriebetrieb am Ort war. Schuhmacher Albert Kleinheinz (1885–1959), Sohn des um 1880 nach Möglingen gezogenen Schuhmachers und späteren Kirchengemeinderats Jakob Kleinheinz (1851–1934)[384] erwarb als *Fabrikant* 1921 von der Gemeinde die Parzelle 4408 mit 9 ar 54 qm in den Mühläckern zum Quadratmeterpreis von sechs Mark zur Erstellung eines Schuhfabrikgebäudes,[385] das er mit einer *elektr[ischen] Kraft- und Beleuchtungsanlage mit 150 Lampen* ausstattete.[386] Das im Herbst 1921 begonnene Gebäude wurde im Frühjahr 1922 fertiggestellt und Kleinheinz be-

Wohnhaus (1930) und Fabrikgebäude (1921) der 1921 gegründeten Schuhfabrik Kleinheinz.

schäftigte zunächst etwa 25 Personen,[387] die an 60 Steppmaschinen und 70 Schärfmaschinen, angetrieben durch vier Elektromotoren mit Riemen, arbeiteten. 1927 wurde die Innenausstattung ergänzt[388] und der Betrieb zählte schon um die 80 Mitarbeiter.[389] Die Firma florierte, und 1930 baute Kleinheinz neben seine Fabrik beim Bahnhof ein zweistöckiges Einfamilienhaus.[390]

1933 wurden ein neuer Motor und sechs neue Maschinen eingebaut[391] und schon ein Jahr später folgte hinter dem bisherigen Fabrikgebäude der Neubau einer größeren Fabrikhalle. Zur Verbesserung der Zufahrt wurde Anfang 1935 ein Feldweg ausgebaut.[392] In den Neubau (Nr. 358) wurde ein Großteil der Maschinen verbracht.[393] Inzwischen beschäftigte Kleinheinz 120 Mitarbeiter und die Firma stellte anstelle von Schäften hauptsächlich Arbeitsschuhe her. Der Dachstuhl des Neubaus brannte 1938 aus[394] und wurde ab 1939 mit einem weitere Stockwerk samt Anbau vergrößert wieder aufgebaut.[395]

Von Kriegsausbruch bis Spätsommer 1940 war eine Schuhfabrik aus der *besonders hart heimgesuchten* Stadt Pirmasens mit 30 Angestellten und Arbeitern nach Möglingen verlegt und wohl in Räumen der Fa. Kleinheinz untergebracht. 1940 erhielten die Gebäude Nr. 291 u. 358 in der Bahnhofstraße neues Zubehör. Zugleich wurde ein Verbindungsbau zwischen beiden Gebäuden erstellt sowie Luftschutz- und Aufenthaltsräume geschaffen. Inzwischen war die Belegschaft auf 150 Personen angewachsen und täglich wurden ca. 1000 bis 1200 Paar Schuhe, hauptsächlich für die Wehrmacht, produziert. Wenig später entstand ein Lederlagerschuppen, in den 1943 ein das sog. Russenlager für Kriegsgefangene eingebaut wurde (s. S. 337). Ein weiterer Anbau an Gebäude Nr. 358, das 1942 sogar drei Wasserspüloborte erhalten hatte, sollte bis Kriegsende zurückgestellt werden. Doch noch 1943/44 wurden neue Maschinen geliefert und das Gebäude erhöht. Im Haus Nr. 291 baute Kleinheinz einen *Gefolgschaftssaal* im Dachstock ein.[396]

7. Soziale Verhältnisse

a) Arbeitslosigkeit und Wohnungsnot

Die Arbeitslosigkeit war eine der Folgen des verlorenen Krieges und wurde besonders durch die zurückkehrenden Soldaten noch vergrößert. Die Erwerbslosenfürsorge betrug für die infolge der Demobilmachung arbeitslos gewordenen Personen im Oberamt Ludwigsburg seit 1. Dezember 1918 für Jungen und Mädchen unter 16 Jahren drei bzw. zwei Mark, von 16 bis 18 Jahren 3,70 bzw. 2,70 Mark, von 18 bis 20 Jahren vier bzw. 3 Mark und für über 20-jährige 5 bzw. 4 Mark je Arbeitstag.[397]

Anfang der zwanziger Jahre gingen, begünstigt durch den Bahnanschluss, immer mehr junge Männer aus Möglingen auswärts zur Arbeit. 1927 waren 25 % der erwerbstätigen Einwohnerschaft Arbeiter, von denen ca. 150 Arbeiter Auspendler waren, die in Fabriken und im Baugewerbe der umliegenden Orte beschäftigt waren. 80 Angestellte waren im Ort bei der Schuhfabrik Kleinheinz tätig.[398]

Wer einen Arbeitsplatz hatte, setzte alles daran, diesen zu behalten. 1930 wünschte ein Möglinger Brautpaar dringend, an einem Samstag, getraut zu werden, da die Brautleute und ihre Freunde Fabrikarbeiter seien und sie *unter den heutigen Arbeitsverhältnissen bei der Wahl eines anderen Wochentags Entlassung zu befürchten hätten*. Auf *einen Abendgang ins Wirtshaus* könne, da der Bräutigam dem Gesangverein angehöre und deshalb in ortsüblicher Weise feiern wolle, nicht verzichtet werden. Daraufhin wurde künftig allgemein der Samstag für Trauungen freigegeben, unter der Voraussetzung, dass bei längerer Abendfeier die Sonntagsruhe nicht gestört werde.[399]

In Möglingen gab es Anfang 1931 47 Arbeitslose[400] und im April 1932 musste Bürgermeister Haspel feststellen: *In der hiesigen Gemeinde vermehrt sich die Zahl der Arbeitslosen immer mehr.*[401] Die Möglinger Erwerbslosen sollten der Meldestelle in Asperg zugeteilt werden, bevorzugten aber das übergeordnete

Arbeitsamt Ludwigsburg. Doch bald stellte sich heraus, dass die tägliche Meldepflicht beschwerlich war, und Bürgermeister Haspel beantragte 1932 eine Möglinger Meldestelle, die jedoch nicht genehmigt wurde.[402]

Auch die Möglinger Arbeitslosen wurden im sog. Dritten Reich im Rahmen von Notstandsarbeiten beschäftigt, zu denen im Winter 1933/34 die Verbreiterung und Verbesserung der Straße von Möglingen nach Asperg gehörte. Ebenso wurden die Wiesen im Gewann Hanfbach, Sonnenbrunnen, Furt und Ammertal entwässert.[403] Dazu gründete man die Entwässerungsgenossenschaft *Hanfbach, Sonnenbrunnen, Ammertal, Seiten- und Benzbach*, an der die Eigentümer der Wiesen mit einem bestimmten Geldbetrag beteiligt waren.[404] Eine weitere Notstandsarbeit war die Begradigung des Leudelsbachs im Jahr 1933.[405] Durch diese Arbeiten fanden alle Möglinger Arbeitslose Beschäftigung.[406] 1934 folgten eine Erweiterung und Verbesserung der Straßenbeleuchtung, die Chaussierung und Bewalzung des Feldwegs nördlich des Bahnhofs, die Erneuerung der Hauptaufgangsstaffel zur Kirche und in Verbindung damit die Verschönerung des Platzes vor dem Kriegerdenkmal, außerdem der Bau neuer Bänke und eines Dauerbrandofens für das Schullokal der Oberklasse, die Einrichtung einer Rundfunkanlage in der Schule und der Neuverputz des Kinderschulgebäudes.[407]

Auch in Möglingen herrschte, wie in vielen anderen Gemeinden bald nach dem Krieg Wohnungsnot, die sich 1921 *immer mehr fühlbar* machte. Daher beschloss der Gemeinderat, durch Aufbau eines Querhauses auf das Gebäude Nr. 83, in dem sich die Wohnung der Kleinkinderschwester befand, eine weitere Wohnung zu schaffen.[408] In Möglingen ging man schon 1921 davon aus, dass durch den Bahnanschluss und *Einführung von Industrie am hiesigen Platze* eine stärkere Bevölkerungszunahme zu erwarten war. Zur Ausweisung entsprechender Wohnflächen wurde durch den Ludwigsburger Katastergeometer Baitinger bis Mitte 1922 ein neuer Ortsbauplan erstellt, der besonders das Gelände zwischen dem Ortskern und der Bahnlinie mit den Gewannen Raith, Mühlweg und Brühl berücksichtigte.[409] 1925 beriet der Gemeinderat über die Aufhebung der Wohnungszwangbewirtschaftung. Zwar sollte bei der Wohnungssuche von Einheimischen den Wohnungseigentümern möglichst entgegengekommen werden, jedoch ließen diese ihre Wohnung oft absichtlich leerstehen und entzogen sie so dem Wohnungsmarkt. Von Zwangsmaßnahmen wurde jedoch abgesehen, da man auf Einsicht hoffte.[410] Die folgenden Jahre des Wohnungsbaus durch Private, aber auch durch erste Baugesellschaften, brachten eine Entspannung. So errichtete 1937 der Siedlungsverein Heutingsheim 1937 ein Zweifamilienhaus in Möglingen.[411]

b) Öffentliche Ordnung und Fürsorge

1926 erließ der Gemeinderat neue ortspolizeiliche Vorschriften, nach denen in den Wirtschaften, Wirtschaftsgebäuden und Kegelbahnen ab 23 Uhr jegliches Singen, Musizieren und Lärmen, auch Kegeln, unterbleiben sollte. Ausnahmen musste die Ortspolizeibehörde genehmigen. Verboten war auch das *zwecklose Herumstehen und Herumlaufen von Personen auf Ortsstrassen, Gehwegen und öffentlichen Plätzen zur Nachtzeit* sowie zu jeder Zeit das *zwecklose Umherfahren mit Fahrrädern* sowie Krafträdern auf öffentlichen Straßen und Plätzen. Ebenso wurde der Aufenthalt von Zigeunern innerhalb und außerhalb des Orts sowie das Anzünden von Feuer auf Straßen, Wegen und öffentlichen Plätzen verboten. Die 1921 allgemein auf 23 Uhr festgelegte Polizeistunde wurde allerdings 1929 auf Wunsch der Wirte und der Bevölkerung wie in den Nachbargemeinden bis 24 Uhr verlängert.[412]

Die Armen der Gemeinde erhielten Unterstützung durch die Ortsfürsorge, deren Kasse 1925 aus Rationalisierungsgründen mit der Gemeindepflege vereint wurde.[413] Auf Antrag von Schultheiß Haspel rief der Kirchengemeinderat zum Andenken an Pfarrer Lechler 1927

Sitzung des Vorstands des Krankenpflegevereins um 1925. V.l. Pfarrer Benjamin Lechler, Schultheiß Johannes Haspel, Kirchenpfleger August Ziegler, Friedrich Hirsch, Albert Kleinheinz, Jakob Kleinheinz.

eine sog. Lechler-Stiftung mit 100 Mark jährlicher Einzahlung zugunsten Bedürftiger ins Leben. 1936 waren 1000 Mark zusammengekommen und die Austeilung des Zinsertrags hätte beginnen können. Allerdings beschloss der Kirchengemeinderat aufgrund des Fehlens *besonderer Bedürfnisse* weiter anzusparen.[414] Der Asperger Stadtarzt Dr. med. Reimold hatte in Möglingen eine *ausgedehnte Praxis*, weshalb der Gemeinderat 1921 beschloss, ihn mit einem Wartgeld von jährlich 500 Mark sowie 300 Mark Teuerungszulage offiziell zum Möglinger Orts- und Armenarzt mit Wohnsitz in Asperg zu bestellen. Laut Dienstvertrag besuchte er die Gemeinde dienstags, donnerstags und samstags, jedoch auf Wunsch auch an anderen Tagen. Die Ortsarmen musste Reimold unentgeltlich behandeln.[415] 1930 kündigte Reimold seinen Dienstvertrag und der Gemeinderat beschloss, keinen neuen Orts- und Armenarzt anzustellen, da ohnehin Dr. Ludwig in Asperg die Gemeinde regelmäßig an drei Wochentagen besuchte.[416]
Hebamme Friederike Müller, die seit 1914 ein jährliches Wartgeld bezog,[417] trat 1938 nach 30-jährigem Dienst in den Ruhestand.[418] Seit 1911 war Maria Lechler, die Tochter des Ortspfarrers, als vom Kirchengemeinderat beauftragte Krankenschwester in Möglingen tätig. 1922 wurde ein Krankenpflegeverein ins Leben gerufen und als Krankenpflegerin Anfang Januar 1923 die ausgebildete Krankenschwester Anna Pflugfelder gewählt. Der Verein zählte Anfang Januar 1923 schon 120 Mitglieder. Als Anna Pflugfelder 1958 in den Ruhestand trat, hatte sie 6735 Personen behandelt, 230 Nachtwachen gehalten und 131 450 Gänge gemacht.[419]

c) Vereinstätigkeit 1919 bis 1945 (s. S. 519 ff.)

Der 1857 gegründete Singverein ist der älteste Möglinger Verein. Im Januar 1919 fanden die ersten Nachkriegsproben unter Lehrer Meyer statt und 1922 veranstaltete der Verein unter Dirigent Lehrer Berner (1920–1923) ein erstes Kinderfest. Vorstand war seit 1911 Hermann Roßnagel, den 1928 Albert Pflugfelder ablöste. Nach Berner führten den Taktstock 1923 bis 1925 NN Grimminger, 1925 NN Geiger[420] und seit 1925 Schulleiter Lang, der sogleich einen gemischten Chor gründete.[421] 1931 ließ der Verein seine neuen Statuten ins Vereinsregister eintragen und feierte 1932 zwei Tage lang sein 75-jähriges Bestehen. Von 1937 bis 1952 war Albert Mauch Vorstand des Singvereins.[422]
Der Jünglingsverein feierte 1919 sein 50-jähriges Bestehen.[423] Vorsitzender des daraus entstandenen und 1908 gegründeten CVJM, seit 1909 mit Posaunenchor, war nach dem Ersten Weltkrieg Albert Kleinheinz, der sein Amt je-

doch bald an Karl Mergenthaler abgab.[424] Der CVJM stellte im April 1925 den Antrag, die Turnhalle der Gemeinde an ein bis zwei Abenden pro Woche für Turnübungen nutzen zu dürfen, wurde aber abschlägig beschieden.[425] Daraufhin kaufte der Verein noch im selben Jahr eine große Holzbaracke, die hinter dem 1912 eingeweihten Vereinshaus als Turnhalle aufgestellt wurde.[426] Karl Mergenthaler, auch Leiter der altpietistischen Gemeinschaft, starb 1935.[427] Einer seiner Söhne ist der frühere Landesposaunenwart und Kirchenmusikdirektor Wilhelm Mergenthaler, der mit seiner Frau Elisabeth 1999 das Fest der Goldenen Hochzeit begehen konnte.[428]

1922 sang im Gottesdienst manchmal ein gemischter Chor oder der Gesangverein und auch der Posaunenchor wirkte öfters mit.[429] Am 17. Januar 1937 besuchte »Posaunengeneral« Kuhlo Möglingen.[430] Der Helikonbläser des Posaunenchors stürzte 1938 vor dem Kirchentor auf dem Glatteis, sodass sein Instrument *vollkom[m]en gedruckt* wurde. Von den 47 Mark Reparaturkosten erhielt der Chor 30 von der Kirchengemeinde als Anerkennung für die geleisteten Dienste.[431] Im Krieg konnten weder Singverein noch Posaunenchor bei Gottesdiensten mitwirken. Diese Aufgabe übernahm daher 1942 der Mädchenkreis unter Leitung von Frl. Kurz, der Tochter des ehemaligen Möglinger Oberlehrers.[432]

Der Musikverein Möglingen wurde 1922 gegründet.[433] Eine Anfrage um Überlassung des Kinderschullokals an einem Abend der Woche zu Übungsstunden wurde Ende 1923 abschlägig beschieden.[434] Seit mindestens 1931 durfte der Musikverein in den Wintermonaten einen Abend in der Woche im Lokal der Kinderschule üben.[435] Die aktiven Musiker traten 1933 der NSKK- bzw. SA-Kapelle bei.[436]

1926 kaufte die Gemeinde ein Grundstück in der Flohhalde, das sie teilweise dem Kriegerverein zur Errichtung einer Schießbahn zur Verfügung stellte.[437] Mit der NS-Machtergreifung wurde auch der Möglinger Kriegerverein in den Reichskriegerbund eingegliedert.[438] Der Verein feierte 1933 sein 40-jähriges Bestehen. Vorstand Friedrich Hirsch hatte sein Amt als Nachfolger von Oberlehrer a. D. Kurz bereits 25 Jahre inne. Die Schützenabteilung des Ende 1932 92 Mitglieder zählenden Vereins leitete Schützenmeister Karl Strohm.[439] Albert Müller

Erstes Möglinger Kinderfest im Jahr 1922.

Kriegerverein Möglingen, vielleicht 1933 anlässlich des 40-jährigen Bestehens. Stehend v.l. (hintere Reihe mitgerechnet) 5. Friedrich Hirsch, 8. Wilhelm Kienzle, 9. Fritz Pflugfelder.

Die Reitergruppe Möglingen 1930 in Ludwigsburg. V.l.: Erwin Stähle, Richard Wintterle, Richard Motz, Otto Ditting, Karl Stähle, Richard Ladner, Friedrich Mergenthaler, Gustav Motz, Gotthilf Schüle, Richard Schäfer, Richard Strohm, Adolf Blank, Hermann Blank, Friedrich Florus, Adolf Koch, Paul Blank, Albert Bauer.

war seit 1943 Kameradschaftsführer des Kriegervereins.[440]

Der Turnverein trat 1919 per Vertrag seine 1910 auf Gemeindeeigentum erbaute Turnhalle an die Gemeinde ab, behielt sich aber eine Mitbenützung und ein Mitbestimmungsrecht bei Vermietung vor. Die Gemeinde übernahm die noch anstehenden Bauschulden.[441] 1929 kaufte der Verein eine Wiese im Gewann Hanfbach zur Anlage eines Turn- und Spielplatzes. Da der Platz auch der Schule zur Verfügung stehen sollte, übernahm die Gemeinde die Bürgschaft.[442] Jedoch noch 1933 war der Platz nicht fertiggestellt und der Verein erhielt dazu 1000 RM aus der Gemeindekasse mit der Bedingung, der Gemeinde das Vorkaufsrecht einzutragen. Dafür wurde der jährliche Zuschuss an den Verein von 150 auf 100 RM gekürzt.[443] Auch ein Staatsbeitrag in Höhe von 300 RM floß 1934.[444] Zum 1. April 1934 erfolgte wieder eine Erhöhung auf 200 RM, allerdings unter der Bedingung, dass der Turn- und Spielplatz *zu öffentlichen Veranstaltungen und nationalen Feiern benützt und von der NSDAP und ihren Gliederungen, einschließlich der SA, für ihre Zwecke verwendet werden darf*. Auch die Turnhalle und deren Bühneneinrichtung waren davon betroffen.[445]

Auch der 1931 neu gegründete und wohl nicht lange bestehende Radfahrverein Solidarität durfte einmal in der Woche in der Turnhalle üben. Im selben Jahr wurde dem Obstbauverein eine Obstausstellung in der Turnhalle genehmigt.[446]

Schon Ende 1925 hatte der Gemeinderat beschlossen, die hiesigen Vereine allgemein von der Vergnügungssteuer und Polizeistundenverlängerung zu befreien.[447]

8. Bevölkerung

Die Einwohnerzahl Möglingens nahm entgegen den Erwartungen bis 1938 nicht sehr stark zu:

1.12.1910: 1160
8.10.1919: 1225
16.6.1925: 1310
16.6.1933: 1358[448]
15.10.1938: 1370[449]
27.12.1939: 1469[450]
4.12.1945: 1562[451]

1933 lag Möglingens Einwohnerzahl an zwölfter Stelle der 17 Gemeinden im Oberamt Ludwigsburg, das insgesamt 70 480 Einwohner zählte.[452] Nach der Angliederung weiter Teile des Oberamts Marbach lebten im Kreis im Juli 1939 140 185 Menschen, davon 1457 in Möglingen.[453] Die Volkszählung im Mai 1939 ergab für Möglingen 385 Haushaltungen mit 1469 Einwohnern.[454] Im Dezember 1939 lebten hier 370 Familien mit durchschnittlich vier Kindern.[455]

Aber auch elf weitere Auswanderer verließen zwischen 1919 und 1938 ihre Heimatgemeinde (s. S.). 1929 wurden die im Ausland lebenden Möglinger Gottfried Österreicher in Prag, Friedrich Österreicher in New York, Bauer Karl Ziegler in Südamerika, Diplomingenieur Friedrich Schwarz in Nordamerika, Arbeiter Albert Frey in Nordamerika und Elektromonteur Otto Kienzle in Nordamerika aus der Bürgerliste gestrichen.[456] Nach Übersee ausgewandert waren auch der 1897 geborene Schlosser Albert Wintterlin (Davensport, USA) und der 1903 geborene Landwirt Gotthilf Schwarz, der im März 1929 abreiste und im Februar 1930 wieder hier war. Er war Marshall in Oklahoma gewesen.[457]

Auch frühere Auswanderer kehrten wieder heim, so Ende 1929 aus Posen die 71-jährige ledige Marie Dockenwadel, die, so Pfarrer Rentschler, *der polnischen Gewaltherrschaft überdrüssig* geworden war.[458] Wieder zurück kam auch der 1876 in Möglingen geborene Christian Hartmann, der nach Fürstenort im Kaukasus ausgewandert war und mit seiner Familie 1934 aus Russland ausgewiesen wurde.[459] Wilhelm Ditting wurde 1869 in Möglingen geboren und zog mit seiner Frau nach Dornbrunn in Posen, wo er im Januar 1945 umgebracht wurde. Sein Sohn Wilhelm floh nach Möglingen und starb hier 1964.[460]

*Friedrich Lillich (1869–1936) auf dem Kirchgang
in den zwanziger Jahren. Er verkörpert noch ganz die Zeit
der Jahrhundertwende.*

Erinnerungen von *Flakhelfern* auf der Stammheimer Höhe

Friedrich Freiherr von Gaisberg-Schöckingen:

Nach Einberufung am 15. Februar 1943 und anschließender Ausrüstung, Untersuchung und Vorbereitung in Kornwestheim trafen wir als 16- und 17-jährige Schüler der Jahrgänge 1926 und 1927 aus den beiden Ludwigsburger Oberschulen (Schiller- und Mörike-) in der Stellung der schweren Flakbatterie, der 3./241, auf der Stammheimer Höhe ein.

Diese Stellung lag auf der Markung Möglingen. Von der Straße Stammheim–Möglingen zweigte beim Hof Brosi ein Weg ab, die Hauptachse der Batterie, ein mit Schlacke sauber und begehbar gemachter Weg. Auf der rechten Seite war die Wache, links die so genannte Waschbaracke (sie steht oder stand noch lange Zeit hier), dann kam die Kleiderkammer und zwei kleinere Baracken, die eine die Vermittlung, die andere die Stube 8. In einiger Entfernung links Kantine und Küche. Noch etwas weiter der Chefbunker, eine Baracke im Loch, daher Bunker. Auf dieser Seite war auch das Geschütz *Anton* mit Mannschaftsbaracke der Flakhelfer. Die anderen Geschütze *Berta*, *Cäsar*, *Dora*, *Emil* und *Fritz* standen rechts des Weges teilweise weit im Gelände. Es waren 8,8 cm Flakgeschütze, ortsfest eingebaut mit Schutzwall. Ganz oben auf der Höhe war das Funkmessgerät (FuMG), das Kommandogerät (BI), Umwertung und als Unterkünfte die so genannte Barackenstadt, die in der Folgezeit hauptsächlich von Flakhelfern bewohnt wurde.

Wir waren also als Luftwaffenhelfer (LwH) verpflichtet worden, im Volksmund »Flakhelfer« genannt. Sofort nach unserer Ankunft erfolgte die Einteilung auf Geschütze, Funkmessgerät, Kommandogerät, Umwertung und Fernsprechvermittlung. Ich wurde zusammen mit meinem Freund Hans Mechler und zwei Kameraden aus einer Klasse der Mörike-Oberschule als ehemalige Angehörige der Nachrichten-HJ der Fernsprechvermittlung und der Stube 8 zugeteilt. Weg vom Elternhaus in die rauhe militärische Wirklichkeit – alles war neu für uns. Die ersten vier Wochen waren dem Fachunterricht gewidmet. Erst dann gab es zum ersten Mal Ausgang und auch der Schulunter-

Junge Flakhelfer beim Morgentraining auf dem Weg, der vom Hof Brosi in die Stellung abzweigte.

richt begann wieder. Montags und mittwochs in der Flakstellung, freitags in Ludwigsburg in der Schule. Eine Leistung für unsere damals schon älteren Lehrer war es immer und bei jedem Wetter mit dem Fahrrad zur Flakstellung zu fahren und für manchmal wenig aufmerksame und aufnahmefähige Schüler/Flakhelfer Unterricht zu halten. Dieser Unterricht war übrigens nur auf die Hauptfächer beschränkt; Erdkunde zum Beispiel entfiel.

Mit der Zeit kam auch der eigentliche militärische Dienst, für uns Fernsprecher auch der Schichtdienst; jeweils 6 Stunden auf der Vermittlung, bei Tag und Nacht. Bei Feindeinflügen oblag uns die Alarmierung unserer Batterie deren Chef Oberleutnant Nickel war. Alarmiert wurden wir wiederum von der Flakabteilung in Kornwestheim. Bei Voralarm *Edelweiß* musste die gesamte Messstaffel besetzt werden, die ganze Batterie erst bei *Feuerbereitschaft*. Bei *Feuerfrei* wurde auf erfasste Ziele geschossen.

Immer wieder wurden jüngere Soldaten abgezogen, deren Aufgaben dann wir Luftwaffenhelfer übernehmen mussten. Auch russische Kriegsgefangene waren zum Munitionsschleppen eingeteilt. Diese wohnten in der Mitte der Batterie, im *Russenbunker*. Diese Russen waren arme Menschen. Sie mussten harte Arbeit verrichten, waren dabei meist freundlich und hilfsbereit.

Die Soldaten der 3./241 waren von unseren 8,8 cm Kanonen auf das Kaliber 10,5 cm umgeschult worden und anschließend auf den Birkenkopf bei Stuttgart versetzt worden. Unsere neue Batterie hieß nun 6./460, Chef war Leutnant Funke. Überall waren neue Gesichter, keiner von ihnen kannte sich vor Ort aus, wir Flakhelfer aber wussten Bescheid. Soldaten waren nur noch wenige da, meist ältere oder nicht fronttaugliche. Wir 4–6 Flakhelfer der Vermittlung mussten neben Schulunterricht, nächtlichen Alarmen und Einsätzen mit unserem Unteroffizier Boxleitner zusammen den ganzen 24-Stundendienst der Vermittlung bewältigen. Ich selbst war im Lauf der Zeit als zbV (zur besonderen Verwendung) eingeteilt worden.

Während der Alarmdauer hatte ich Dienst an der *Befehlsleitung* in der Nähe des Kommandogeräts. Hier hatte ich Flugmeldungen von Feindflugzeugen und Befehle (wie z. B. *Feuerfrei*) entgegenzunehmen und weiterzuleiten. Da es im Winter ziemlich kalt war, hatte ich für meinen Unteroffizier Schellberg an der *Meldeleitung* und mich große Strohschlappen machen lassen in die man mit den Stiefeln schlüpfen konnte.

Im Frühjahr 2944 wurden die Flakhelfer des Jahrgangs 1926 zum Arbeits- und Wehrdienst entlassen, sodass wir 27er nun die Älteren waren. Während dafür Schüler des Jahrgangs 1928 sowie Schüler aus Hechingen und Sigmaringen als Ersatz kamen, wurden wir nach und nach zum Luftwaffen-Oberhelfer befördert. Auf langes Drängen bekamen wir auch das Flak-Tätigkeitsabzeichen verliehen (Stoffärmelabzeichen). Es war zwar kein Orden, aber damals waren wir stolz darauf.

Als sich im Juni 1944 die Lage allgemein verschärfte, wurden die Soldaten nach Auschwitz in Oberschlesien zum Schutz eines Hydrier-Werkes versetzt. Die jüngeren Flakhelfer mussten mitgehen. Als Ersatz kamen Männer des Reichsarbeitsdienstes (RAD). Wir sieben übrig gebliebenen Flakhelfer des Jahrgangs 1927 wurden zum Schulbesuch beurlaubt, dies wegen der unmittelbaren bevorstehenden Einberufung zum Wehrdienst. Damit endete meine Tätigkeit auf der Stammheimer Höhe. Wir hatten unsere Stube zum Heim gemacht, viel gab es aufzuräumen. Die endgültige Entlassung als Luftwaffenhelfer folgte dann einige Wochen später.

Mit den heutigen Augen gesehen war es eine erlebnis- und ereignisreiche Zeit – unsere Schul- und Jugendzeit, um die wir doch eigentlich betrogen wurden –.

Martin Schreiber:

Im zarten Teenageralter hat man uns Schüler der damaligen Schiller-Oberschule Ludwigsburg in die graue Uniform der *Luftwaffenhelfer* gesteckt. Nicht in dieser, sondern im Drillichzeug lernten wir die Leiden eines Flaksoldaten 2. Ordnung kennen. Interessant war allerdings die Ausbildung an den Geräten: dem Kommando- und dem Funkmessgerät (FMG), der Umwertung und an den Geschützen.

Ich war am FMG (Radargerät) eingeteilt. Der imponierende Parabolspiegel hatte einen Durchmesser von ca. 3 m. In seinem Zentrum drehte sich ein *Dipol*, welcher – wie der Herr Wachtmeister erklärte – *Keulen* (gebündelte elektromagnetische Wellen) aussandte. Trafen diese auf ein Hindernis, z. B. Flugzeug oder Berg, wurde der betreffende Teil der *Keulen* zurückgeworfen und vom Parabolspiegel aufgefangen. Da das Gerät diesen Vorgang nur in Impulsen von sich gab, konnte es aus der Zeit zwischen Impulsbeginn und Registrieren des Echos die Entfernung bestimmen.

Die Echos wurden in der *Braun'schen Rähre* (der Wachtmeister wies sich durch diese Sprechweise für *Röhre* als eingefleischter Sachse aus), einem kreisrunden Monitor sichtbar gemacht, und zwar in Form von *Zacken*, welche pulsierten und auf der Kreislinie wanderten, wenn es sich um ein bewegtes Ziel handelte, während die *Festzeichen* entlang des Horizonts still standen.

Ziel aufgefasst! musste ich lauthals melden, wenn ich auf der Übersichtsröhre ein bewegtes Ziel beobachtete, dazu die ungefähre Entfernung angeben. Das Gerät warf dann die genauen Werte für die Entfernung sowie den Höhen- und Seitenwinkel aus. Diese wurden laufend dem Kommandogerät übermittelt und dort mit den *besonderen und Wetterbedingungen* korrigiert. Dieses komplizierte Gerät errechnete aus Entfernung und Geschwindigkeit des Ziels auch den notwendigen Vorhalt für die Flugbahn der Geschosse.

Die Kanoniere mussten die Geschütze entsprechend den vom Kommandogerät ausgespuckten Werten über Handkurbeln nachführen. Der Entfernungswert wurde hierbei in einer Zünderverstelleinrichtung in die Flugzeit der Geschosse umgesetzt.

Im Winter war das Barackenleben besonders hart.

Dann kamen Schlag auf Schlag die Kommandos *Gruppenfeuer – Gruppe!!* Damit ging das ohrenbetäubende Gebrüll der Flakbatterie los, welches den Schutz der Heimat aber nicht verwirklichen konnte: der Feind flog für die 8,8-cm-Flak damals schon zu hoch!

An einen merkwürdigen Vorgang erinnere ich mich noch:

Es gab Nachtalarm, und Spannung lag in der Luft – Karlsruhe wurde angegriffen, nur eine kurze Flugzeit weg von uns! Ich starrte intensiv auf meine *Braun'sche Rähre*, während die Kameraden den Spiegel hin und her, auf und ab schwenkten. Dabei erkannte ich ein völlig untypisches Ziel: flächenhaft ausgedehnt, rundlich; kaum feststellbar, dass es sich bewegte. Ich dachte an einen Ballon oder so etwas, das mit dem Westwind auf uns zutrieb. Meine Meldung wurde – milde gesagt – skeptisch aufgenommen; sie lief aber weiter zur übergeordneten Kommandostelle. Nach längerer Zeit erst kam zurück, dass nichts dergleichen gemeldet oder von anderer Seite festgestellt sei. Bald danach kam Entwarnung.

Einige Tage später wurde bekannt, dass die Engländer eine neue Taktik anwendeten. Sie hätten über Karlsruhe ganze Wolken von kleinen Stanniolstreifen abgeworfen als Tarnung für die nachfolgenden Bomber. So konnten die Funkmessgeräte die Ziele nicht mehr erfassen, sie waren *blind*; die Karlsruher Flak war außer Gefecht gesetzt!

Danach war für mich alles klar, was los war mit dem geheimnisvollen Ziel in jener Alarmnacht: Der Wind hatte eine große Stanniolwolke in die Reichweite unseres FMG getrieben!
Von Stund an waren die Funkmessgeräte fast wirkungslos. Auch Versuche, über eine akustische Umsetzung der Echos die eigentlichen Ziele wieder aus der Tarnwolke herauszufiltern, blieben erfolglos.

Erich Schulze:

Während des zweiten Weltkrieges hatte sich auf der *Stammheimer Höhe,* noch zur *Markung Möglingen* gehörig, eine 8,8 cm Flakbatterie eingenistet. Der Eingang zu dieser Einheit lag neben dem Bauernhof Brosi und von dort zog sich die Lagerstraße gegen Westen zur Autobahn hin. Am Eingang befanden sich die Baracken der Wache, dann folgten an der Lagerstraße die Kleiderkammer, die Waffen- und Gerätebaracken und ähnliche Einrichtungen. 100 m weiter westlich lagen die zentralen Räume wie Schreibstube, Kantine, Kücheneinrichtung u. ä. Erst danach folgte das was man sich unter einer Flakbatterie vorstellt, die sechs 8,8 cm Kanonen und noch weiter westlich schließlich das Gehirn der Batterie, die verschiedenen Messgeräte, Rechenräume, ein kleiner Beobachtungsstand im Freien und die Fernsprechzentrale (Vermittlung). Dort ganz im Westen befanden sich auch die verschiedenen freistehenden Mannschaftsbaracken für die nun dort einziehenden jungen Luftwaffenhelfer. Bei den einzelnen Geschützen lagen ebenfalls größere, durch Erdwälle geschützte Baracken für die Luftwaffenhelfer der Geschützbedienungen.
Anfang 1943 kam ein Erlass heraus, dass die Schüler der Oberschulen, es handelte sich zuerst vorwiegend um die Jahrgänge 1926 und 1927, sechste Oberschulklasse, zu einem Wehrdienst besonderer Art eingezogen werden sollen. Ein neuer Soldatentyp wurde geboren, *der Luftwaffenhelfer,* umgangssprachlich einfacher als *Flakhelfer* und Soldaten der Heimatflak bezeichnet. Die Luftwaffenhelfer (Lwh) waren Zwitter, teils Soldaten, teils Schüler, wobei der Löwenanteil aber absolut auf der soldatischen Tätigkeit lag. Das Dasein als Schüler beschränkte sich darauf, dass einzelne Lehrkräfte zu wenigen Stunden in die Flakstellung kamen und sich mühten, hier so etwas wie einen Schulunterricht durchzuführen, was mehr oder weniger leidlich gelang. Der bildungsorientierte und erzieherische Wert dieser Bemühungen war wohl nicht hoch einzuschätzen.

Für die Lwh wurde eine neue Uniform kreiert, eine flieger-blaugraue Kluft mit Schulterklappen, ähnlich der HJ-Kluft, dazu eine gleichfarbene lange Hose. Als Kopfbedeckung je nach Lust, eine Schirmmütze, wie die der Gebirgsjäger nur blaugrau oder das gleichfarbene Schiffchen. Für die kalte Jahreszeit gab's noch einen blaugrauen Militärmantel. Die Kleidung sah recht gut aus. Im Dienst trugen die Lwh wie alle Soldaten den Drillich, Schirmmütze oder Stahlhelm.

Im Februar 1943 rückten sie dann an, *die ersten Lwh auf der Stammheimer Höhe.* Zu Fuß, mit Flakrucksäcken auf dem Rücken aus Kornwestheim kommend, wo sie zusammengestellt und eingekleidet worden waren. Es waren Schüler der *Friedrich-Schiller-Oberschule* und der *Mörike-Oberschule aus Ludwigsburg.* Mit dem Drillich begann dann auch der Drill, Grundausbildung, wie bei allen Rekruten und daneben die Ausbildung an den Geräten

Eines der kleineren Flakgeschütze. Links die bis zum Dach eingegrabenen Baracken; im Hintergrund der Hof Brosi.

denen sie zugeteilt waren. Zwei Hauptgruppen waren in der Batterie zu unterscheiden, die Geschützstaffel und die Messstaffel. Die Geschützstaffel ist klar, die Ausbildung erfolgte an den 8,8 cm Flak-Geschützen und bald auch der ernste Einsatz, fast ausschließlich während der Nacht bei Luftangriffen auf Stuttgart. Die Messstaffel beinhaltete mehrere Einheiten, ein ganz modernes, noch geheimes elektronisches Entfernungsmessgerät, das sog. Funkmessgerät, dann den klassischen E-Messer, ein optisches Präzisionsgerät mit einer 4-m-Basis zur Entfernungsmessung und dazu gehörten die jeweiligen Bedienungsmannschaften. Dann gehörten zur Messstaffel noch die so genannte Umwertung (Rechenraum) mit der Mannschaft und die Vermittlung (Fernsprechzentrale), die rund um die Uhr von einem oder mehreren Lwh besetzt war.

Die Lwh hatten als Vorgesetzte etliche Gefreite und Obergefreite, einige Unteroffiziere und Wachtmeister und zwei Offiziere, den Batteriechef und seinen Stellvertreter. Die Lwh ersetzten damit die gesamte soldatische Mannschaft der Flak-Batterie und diese Batterie war voll einsatzfähig, wie sich bei vielen nächtlichen Luftangriffen auf Stuttgart zeigte.

Der Schreiber dieser Zeilen war der Umwertung zugeteilt. Die sog. Umwerter hatten die Aufgabe den Anflugskurs feindlicher Flugzeuge recht frühzeitig aus entsprechenden Daten des Flaksenders aufzuzeichnen und bei einem Angriff, wenn die Flugzeuge geortet waren, die Daten wie Entfernung, Höhe und Richtung für die in Kornwestheim liegende Nachbarbatterie auf deren geographische Lage umzurechnen. Sollte nämlich deren Messgerät ausfallen, so hätten diese im Bedarfsfall mit den von Stammheim gelieferten Daten schießen können. Auch umgekehrt galt dies für die Stammheimer Batterie, diese hätte mit den Werten aus Kornwestheim aus der Umwertung versorgt werden können. Gleichzeitig wurden in der Umwertung alle mit dem jeweiligen Messgerät aufgefassten Flugbewegungen aufgezeichnet. Das Arbeitsgerät der Umwerter war dabei das Malsi 43, ein Rechengerät, das auf trigonometrischer Basis arbeitete und bei dem aus vielen vorberechneten Kurvenblättern mit ebensovielen Kurvenscharen die Daten entnommen wurden (von elektronischen Rechengeräten kannte man noch nicht einmal den Namen). Das Ganze sah aus wie ein großer runder Tisch, unter der Tischplatte an einem großvolumigen runden *Tischfuß* in der Mitte waren die Kurvenblätter angebracht. Die Umwerter saßen also am Boden um den Tischfuß herum und griffen die Messwerte von den Kurvenscharen laufend ab und gaben diese unentwegt über ihre Kehlkopfmikrophone an die entsprechenden Stellen weiter, ein scheinbares Durcheinander wie an der Börse. Gleichzeitig wurde auf der Tischplatte der Flugweg der georteten Maschinen aufgezeichnet. Das alles spielte sich in einer erdwallgeschützten Baracke ab, die Umwerter saßen also im Warmen und Trockenen, während ihre Kameraden draußen an den Geschützen bei jedem Wetter hantierten. Aber dafür mussten die Umwerter einen hohen Zoll bezahlen, sie bekamen als erste in der Batterie die Alarmwarnung, während die Batterie noch schlief, wurde in ihre Baracke, die sie zu viert bewohnten, die Alarmstufe *Edelweiß* (Voralarm) gegeben und dann ging's ab in die Umwertung, oft eine halbe Stunde vor dem eigentlichen Alarm oder auch ohne dass der Alarm dann folgte. Dies manchmal auch mehrmals während einer Nacht. Der diensttuende Lwh in der Vermittlung, der den Alarm auszulösen hatte, hat vielleicht hin und wieder mit schadenfroher Miene den Alarmknopf gedrückt und seine Kameraden aus dem seligen Schlaf gerissen.

Nach gut einjähriger Dienstzeit bei der Flak wurden die Lwh der ersten Stunde im Februar 1944 entlassen, um dann zum RAD oder einer anderen Waffengattung eingezogen zu werden. Ersetzt wurden sie durch nachrückende Lwh des Jahrgangs 1928. Die entlassenen Lwh, nunmehr in der Klasse 7, erhielten eine Bescheinigung, dass sie zu einem späteren Zeitpunkt einen so genannten Vorsemestervermerk erhalten werden, der dann die Reifeprüfung ersetzen solle. Von diesem Papier hat wohl kaum einer Gebrauch gemacht, sondern soweit er das wollte, das Abitur nach dem Kriege nachgeholt.

Manfred Wagner:

Ende Januar/Anfang Februar 1943 wurden durch die *Dritte Verordnung zur Sicherstellung des Kräftebedarfs für Aufgaben von besonderer staatspolitischer Bedeutung* unter anderem die Oberschüler der Jahrgänge 1926/27 als so genannte Flakhelfer eingezogen, um die Bedienungsmannschaften der Heimatflakbatterien zu ersetzen bzw. zu ergänzen, damit die bisher dort tätigen Soldaten soweit sie frontverwendungsfähig waren, für den Fronteinsatz freigestellt werden konnten.
Am 15. Februar 1943 mussten auch wir, die Schüler der Klasse 7c der Ludwigsburger Mörike-Oberrealschule einrücken. Zur Einkleidung wurden wir in der Turnhalle der Silcherschule in Kornwestheim untergebracht und zuerst mit einer uns riesig vorkommenden Spritze geimpft, wodurch die Brust so anschwoll, dass wir einige Tage lang in der Flakstellung von der Grußpflicht befreit wurden, da der Arm nur unter erheblichen Schmerzen in die vorgeschriebene Höhe gebracht werden konnte.
Die Sportplätze am Stadtrand von Kornwestheim wurden Schauplatz der feierlichen Verpflichtung. Wir wurden, so schreibt Gerhard Würth *verpflichtet, nicht vereidigt, denn wir sollten ja noch Schüler bleiben*. Als wir am nächsten Tag nach der Verpflichtung mit dem ganzen schweren Gepäck in die zwischen Möglingen und Stammheim auf Markung Möglingen gelegene Stellung *Stammheimer Höhe* der schweren 3. Flakbatterie der Flakabteilung 241 (3./241) marschieren mussten, war dies ein ziemlicher *Schlauch*. Verschwitzt und erschöpft kamen wir dort an und mussten zur Begrüßung durch den Batteriechef Oberleutnant Nickel antreten: *Heil Luftwaffenhelfer* war sein Begrüßungsritual. Wir mussten antworten *Heil Oberleutnant*, was infolge der Erschöpfung durch den Marsch ziemlich gequält

Heldengedenkfeier der Möglinger Flakbatterie am 16. März 1943 in Stammheim.

herauskam. Mit den Worten *Was, das soll eine Begrüßung sein?* jagte uns dann dieser Mann in den Schnee. Möglicherweise ließ er uns zur Strafe auch hinliegen. Da erhielt unsere Begeisterung für das Vaterland schon den ersten Dämpfer.
Die Batterie der Stammheimer Höhe bestand aus sechs mit Namen bezeichneten 8,8 cm Flakgeschützen (s. S. 383), die jeweils gegen Splitterschutz in einem Erdwall in einem Umkreis von 150 Meter eingegraben waren. Dann gab es noch die Befehlsstelle (B 2) mit dem Kommandogerät und dem Funkmessgerät sowie der Umwertung. Letztere bildeten die so genannte Messstaffel. Die Holzbaracken waren teils ebenerdig (wie die Messstaffel) und teils eingegraben (die der Geschützstaffel), um dem immensen Luftdruck beim Schießen der Geschütze standzuhalten. Die Schüler unserer Klasse und der anderen Parallelklassen dieser Schule wurden auf die einzelnen Einsatzstellen verteilt. Ich kam zur Messstaffel.

Die ersten vier Wochen waren hart. Wir wurden *geschliffen* nach Strich und Faden, sodass wir in den ersten Tagen über und über von totalem Muskelkater geplagt wurden. Zudem hatten wir in diesen vier Wochen keinen Ausgang und durften deshalb auch nicht nach Hause. Da spürte ich zum ersten Mal, was Heimweh heißt. Auch konnten uns unsere Angehörigen (was später sonntags jederzeit möglich war) in unserer Stellung nicht besuchen und die begehrte Zusatzverpflegung mitbringen.

Angesichts der Kompliziertheit der technischen Vorgänge und der zwangsläufigen Gegebenheiten wurde bald klar, warum der Treffererfolg der Flak insgesamt so minimal war. Bei etlichen hundert anfliegenden Bombern, wie den sog. *Fliegenden Festungen* (Flugzeugname) konnten in der Regel nicht einmal zehn Prozent abgeschossen werden. Offiziell hatte die Flak auch nur die Aufgabe, den gezielten Bombenwurf zu hindern, denn die einzelne Granate brauchte je nach Entfernung (bis zu ca. 10 km) bis zu 20 Sekunden, bis sie oben am berechneten Zielort war. In dieser Zeit flog ein Bomber ca. 2 km weiter (mit ca. 360 km pro Stunde). Die Anfangsgeschwindigkeit der Granate betrug nach Verlassen des Rohres 860 Meter pro Sekunde. Wenn das Flugzeug uns nicht den Gefallen tat, während der Flugzeit der Granate geradeaus zu fliegen, was für den fiktiven Treffpunkt zwischen Granate und Flugzeug vorausberechnet war, war die Trefferchance minimal, wenn nicht gleich null, obwohl jede Granate wiederum einen Sprengkreis von 150 Meter hatte und alle sechs Geschütze jeweils gleichzeitig nur auf das gleiche Ziel schossen. Das war natürlich später in der Zeit der so genannten Flächenbombardements weitgehend überholt.

Den ersten Angriff, den wir bei der Batterie mitmachten, war der vom 15. April 1943 auf Stuttgart-Bad Cannstatt. Dabei wurden ca. 140 *Gruppen*, also insgesamt ca. 840 Schuss, abgegeben.

Ich war zunächst in der so genannten *Umwertung* am *Malsi-Gerät* eingesetzt. Wenn durch technisches Versagen oder Treffer und später durch die massenhaft abgeworfenen Dipol-Staniolstreifen das Funkmessgerät ausgefallen war, holten wir fernmündlich die Schusswerte von einer Nachbarbatterie, zum Beispiel Weilimdorf, ein und werteten sie auf die geographische Lage unserer Batterie um, sodass wir gezielt weiterschießen konnten. War dies nicht möglich, wurde nur so genanntes Sperrfeuer abgegeben. Beim gleichzeitigen Abschuss aller Geschütze war die ganze Gegend wie durch einen Blitz taghell erleuchtet, da eine sechs Meter lange Stichflamme das Rohr verließ. Das konnte man beim Gegner oben natürlich genau sehen und die Stellung dadurch orten. Gott sei Dank erfolgte kein einziger direkter Angriff auf unsere Stellung. Schlecht erging es den Stellungen auf der Mühlhäuser Höhe und bei Degerloch, wo etliche Luftwaffenhelfer und Flaksoldaten fielen. Die Feinde hatten nämlich mit der Zeit genaue Ortungsmöglichkeiten, mit denen sie den Radarstrahl aufnehmen und auswerten konnten. Natürlich gab es bei derartigen Einsätzen – bis zum Herbst 1943 ausschließlich Nachteinsätze – immer eine Hektik. Die Schussfolge ging Schlag auf Schlag und an Munition wurde nicht gespart. Man hatte den Eindruck, und das stimmte wohl weitgehend, dass die einzelnen Batteriechefs ihren Ehrgeiz darin sahen, möglichst viele *Gruppen* herauszujagen. So musste man ständig die schweren Munitionskörbe mit je drei Patronen, also zusammen ca. ein Zentner Gewicht, aus den Bunkern herausschleppen. Nach jedem Einsatz wurde von der Befehlsstelle der Munitionsverbrauch jedes Geschützes gefragt, denn bereits am nächsten Morgen fuhren schwere Lkws den Munitionsnachschub in die Stellung, der von uns Luftwaffenhelfern *gebunkert* werden musste.

Obwohl wir oft halbe Nächte am Geschütz waren durften wir morgens nur eine Stunde länger schlafen. Denn wir mussten bereits bei *Edelweiß* (Tarnwart bei Voralarm), wenn die Bomberverbände erst die 500-km-Entfernungszone erreicht hatten, auf unsere Posten, während die Zivilbevölkerung erst bei der 200-km-Zone Alarm bekam.

Wie sah nun der Tagesablauf regulär aus? Wenn ich mich recht erinnere, wurden wir um halb sechs Uhr von der Klingel, die auch den Alarm anzeigte, geweckt. Gewaschen haben wir uns in je einer Alu-Schüssel für zwei Mann. Das Wasser wurde in Alu-Krügen von zehn Litern einige hundert Meter weit von der Waschbaracke herangeschleppt. Diese Waschbaracke steht noch heute beim Bauernhof Brosi am ehemaligen Eingang zu der Stellung. Unsere frühere Stube 28 bei der Messstaffel diente nach dem Krieg als Hühnerstall des Bauern Blank in Möglingen. Nach dem Bettenmachen musste der Stubendienst den stets schwarzen Kaffee in der Küchenbaracke holen. Die Zutaten hatten wir im Spind: Brot, Kunsthonig oder Sirup aus Zuckerrübenmelasse, der so zäh war, dass die Fäden fast nicht abrissen und wir deshalb mit der klebrigen Masse auch Fliegenfänger anfertigten. Dann hatte der Stubendienst die Bude auszufegen und schon ging es, oft im Laufschritt, zum Appellplatz, wo die notwendigen Bekanntmachungen verlesen wurden. Nach dem Morgenappell gab es meistens Unterricht in Flakschießlehre oder Flugzeugerkennungsdienst. Dann gab es 18-stündigen Schulunterricht pro Woche. Dazu kamen die Lehrer der Mörike- und Schiller-Oberschule Ludwigsburg in unsere Stellung. Nach der vierwöchigen Grundausbildung durften wir dann mittwochs nach Ludwigsburg in unsere Mörike-Schule fahren, wo wir dann Physik hatten. Das Schönste aber war, dass wir dann anschließend Heimatausgang hatten und erst am anderen Morgen wieder bis 10.00 Uhr in der Stellung sein mussten. In die Stellung kamen die Lehrer meist vormittags, jedenfalls vor der Essenszeit, damit sie von der Batterie zum Mittagessen eingeladen wurden. Nach kurzer Mittagspause ging es weiter: Geschütz exerzieren, Einstellübungen wie im Ernstfall nach mündlich durchgegebenen Werten, Geschütz reinigen, wozu wir ein Waffenöl hatten, das wie Salatöl aussah. Das verführte uns einmal dazu, Kartoffeln auf unserem Kanonenofen in der *Bude* mit Waffenöl zu braten. Geschmeckt hat es nicht besonders, aber angebrannt sind sie nicht. Die zugeteilte Fettration an Margarine war nämlich minimal.

Beliebt war der Flugmelderposten auf der Befehlsstelle. Man stand zwei Stunden bei Tage an einem starken Doppelfernrohr (auf Stativ) und konnte sich gemütlich die Gegend ansehen. Natürlich sollte man in erster Linie den Himmel nach eigenen oder feindlichen Flugzeugen absuchen und Zielansprachen durchgeben. Aber im Sommer und Herbst zur Erntezeit suchte man lieber nach den damals schon ranken und schlanken, meist hübschen Bauerntöchtern und beobachtete sie eingehend bei ihren anmutigen Bewegungen, wenn sie Garben und dergleichen aufluden. Unsere Stellung war ja mitten in einem landwirtschaftlich genutzten Gebiet direkt neben der Autobahn.

Das Abendessen holte man im Kochgeschirr in der Kantine und nahm es in der *Bude* gemeinsam zu sich. Dann machte man seine Schulaufgaben oder politisierte bzw. saß gemütlich beisammen. Nicht alles gefiel uns am damaligen System und es gab beim Geschütz *Anton* einen Zirkel, der die Kritik mit Freimut vertrat. Mittelpunkt war der blitzgescheite Kamerad Plieninger, dessen Vater damals Pfarrer in Ludwigsburg war. Er vertrat in den Diskussionen mutig seinen Standpunkt, der sich vom nationalsozialistischen Meinungsbild unterschied. Ein mithörender Flakhelfer, dessen Vater eine Parteigröße war, hatte nichts besseres zu tun, als daraufhin Plieninger wegen angeblich zersetzender bzw. defätistischer Äußerungen

Am Kommandogerät. Links: Manfred Wagner.

beim Batteriechef anzuzeigen und wir sahen unseren Kameraden schon vor dem Kriegsgericht. Als wir das hörten, waren wir entschlossen, dem C. eine empfindliche Abreibung wegen dieser Gemeinheit zu verpassen. Es kam aber nicht so weit. Der Chef, viel vernünftiger als man annahm, bereinigte die heikle Angelegenheit mit 14 Tagen Ausgangssperre für Plieninger. Wir hatten nach diesem Vorfall sogar Sorge um unseren allzeit verehrten und bewunderten Chemielehrer Professor Römpp, der aus seiner antibraunen Gesinnung im Gegensatz zu allen anderen Lehrern keinen Hehl machte. Er zeigte im Unterricht, an dem der Denunziant ja auch teilnahm, sogar amerikanische Zeitschriften, in denen farbige leckere Omlette und Spiegeleier sowie Steaks und dergleichen abgebildet waren mit der treffenden Bemerkung: *Für so etwas braucht man bei uns keine Reklame zu machen*.

Nun zurück zum Tagesablauf. Um halb zehn Uhr abends musste alles im Bett sein. Nur der Stubendienst blieb bis zum Stubendurchgang durch den UvD (Unteroffizier vom Dienst) auf und musste Meldung machen. Zuvor musste die Kleidung sauber geordnet und das Zimmer gereinigt werden, denn das wurde kontrolliert. Nachts in der Unterkunft der Geschützstaffel konnte es passieren, dass man plötzlich einen leichten Schlag hörte. Das kam dann daher, dass die Decke, die aus Asbest-Platten bestand, durch den Luftdruck beim Schießen, der einen selbst, wenn man sich nicht festhielt, an die Brüstung bzw. an den Geschützwall drückte, an manchen Stellen zerbrach. Da die Mäuse über der Decke Zugang hatten, kam es vor, dass sie bei ihren nächtlichen Ausflügen, wenn sie an ein solches Loch kamen, auf den Fußboden herunterfielen, wenn das Tier nicht gerade einem, der oben lag, aufs Gesicht fiel. Wenn es im Winter in den ungeheizten Schlafräumen eiskalt war, nahmen wir uns einen aufgewärmten Ziegelstein ins Strohsackbett, der herrlich und lang anhaltend warm gab.

Manchmal hatten wir die *Schnauze randvoll*. Wir sangen dann, um uns abzureagieren, entweder *Unrasiert und fern der Heimat* oder das Lied *Der Flakhelfer*. Woher es stammt weiß ich nicht. Es war jedenfalls unter uns jedem bekannt:

Vom Schicksal betrogen, beim Volke verpönt,
zur Flak eingezogen, verdammt schlecht gelöhnt,
der Jugend entrissen auf die Stammheimer Höh',
vom Capo beschissen und drei Mal oh weh.
Kopf hoch wir armen geplagten Flak-Pimpfe,
Kopf hoch nennt man Euch auch Latscher der Sümpfe.
Wir halten zusammen trotz Ausgangsverbot
und schwören auf's Neue: lieber Sklave als tot.

Unser Sanitäter hatte bei Angriffen keine Gefechtstätigkeit zu verrichten, weil er dazu kaum geeignet war. Einmal verstopften wir im Winter sein aus seiner Bude führende Ofenrohr und legten uns auf die Lauer. Als er abends nach Dienstschluss seinen Ofen anzünden wollte, klappte es einfach nicht. Der Rauch schlug ihm zurück ins Gesicht und er schimpfte gewaltig, als er die Misere entdeckte. Seine sonstige Tätigkeit bestand darin, die Kinder unseres Chefs, der seine Frau vorne im Bauernhaus Brosi untergebracht hatte, auf dem Fahrrad nach Möglingen in die Schule zu bringen und wieder abzuholen.

Unser Flakkamerad Gerhard D. hatte übrigens großen Mut. Sonntagnachmittags verließ er regelmäßig die Batterie über die Felder (wir waren ja nicht eingezäunt) und trank zu Hause in Ludwigsburg gemütlich Kaffee. Ich hätte Analoges nie gewagt, dafür war ich zu pflichtbewusst und ängstlich – wegen drohender Konsequenzen. Wir warnten ihn, denn wenn Alarm käme, würde es zwangsläufig herauskommen. Er aber war ein grenzenloser Optimist, so lange, bis das Gefürchtete im Januar/Februar 1944 eintrat. Er bekam dann 14 Tage Ausgangssperre, was sich für ihn besonders fatal auswirkte, weil wir ja dann am 22. Februar 1944 entlassen wurde und er mit tieftraurigen Augen beim Abschied noch in der Stellung verbleiben musste.

Eines nachmittags hatten wir, was begehrt war, Küchendienst. Es galt, gekochte Kartoffeln zu schälen, weil es abends Salat davon gab. Wenn der *Küchenbulle* (Verpflegungsunteroffizier) nicht hersah, konnte man auch schnell eine Kartoffel verdrücken, denn wir waren meist hungrig, obwohl von einem Teil unseres Soldes (50 Pfennig pro Tag, nach der Entlassung wurden weitere 50 Pfennig pro Tag nachträglich überwiesen) *schwarz* Kartoffeln und gelbe Rüben bei Bauern in Möglingen oder Pflugfelden zur Bereicherung der amtlichen Verpflegung durch die Batterie gekauft wurden.

Die sanitären Verhältnisse waren feldmarschmäßig primitiv. Ein tragbares Bretterhäuschen stand am Ende der Baracken. Diese Gelegenheit wurde beim *Sitzen* von manchem von uns benutzt, um dort unbemerkt das generelle Rauchverbot zu umgehen. Durch die Ritzen konnte man dann von innen beobachten, wer als nächster rein wollte. War es ein Dienstgrad vom Unteroffizier aufwärts, blieb dem Nikotingenießer nichts anderes übrig, als die Zigarette schnell hinter sich hinabzuwerfen. So näherte sich einmal in dieser Situation dem Örtchen ein Wachtmeister; der Insasse entsorgte seinen Glimmstengel auf diese Weise und verließ den Tatort, damit der andere rein konnte. Dieser soll aber dann kurz darauf, dürftig bekleidet, fluchtartig den Ort verlassen haben, wie ein Augenzeuge berichtete. Er war *von unten* angebrannt, weil sich bei der Sommerhitze das dort befindliche Papier durch die Zigarette entzündet hatte.

Eine beliebte Abwechslung des täglichen Einerleis auf der Stammheimer Höhe waren die Künstlernachmittage. Ca. alle vier Wochen kamen im Rahmen der Truppenbetreuung Schauspieler vom Staatstheater Stuttgart und sangen Opernarien und dergleichen. Olga Moll, Paula Kapper, Fritz Windgassen (Vater des Wolfgang Windgassen). Ferdinand Leitner, der spätere Generalmusikdirektor, begleitete am nicht immer richtig gestimmten Möglinger Flak-Klavier. Eine andere Abwechslung boten Propagandavorträge von so genannten NS-Führungsoffizieren, meist jungen Leutnants, vom *System* infiziert und begeistert. Sie schilderten die Kriegslage so, wie sie damals, im Sommer 1943, spätestens seit Stalingrad nicht mehr war, günstig und in den rosigsten Farben. Die Hoffnung auf die von Hitler angekündigten Geheimwaffen sollten die Wehrkraft und Stimmung der Soldaten heben, jedoch erinnere ich mich, dass schon damals die Amerikaner Tagesluftangriffe wagten. Dies hatte man lange für unmöglich gehalten. Die Engländer kamen stets bei Nacht. Unser Batteriechef, Oberleutnant Nickel, fragte seinen Offizierkameraden (die Offiziere redeten sich alle mit Sie und ohne Titel an): *Herr …, glauben Sie denn wirklich im Ernst, daß wir dagegen ankommen, wenn die amerikanische Flugzeug- und Rüstungsfabrikation auf Hochtouren läuft?* Bei dieser Frage, die als Zweifel am *Endsieg* aufgefasst werden konnte und deshalb gefährlich war, bekam ich eine Hochachtung vor diesem Mann, der nicht viel sprach und sonst sehr streng war und den wir deshalb fürchteten. Aber er hatte das Herz auf dem rechten Fleck. Sein Gesprächspartner gab ausweichend optimistisch Antwort und die Sache blieb ohne Folgen.

Im Sommer 1943 hatten wir einen Wechsel. Unsere Möglinger Batterie (3./241) wurde mit der Stammmannschaft auf den Birkenkopf nach Stuttgart in die dortige 8,8-cm-Flak-Stellung verlegt und es rückte die 6./460 unter Führung von Oberleutnant Funke und Batterieoffizier Rosenstock in unsere Stellung auf der Stammheimer Höhe nach.

Ende September kamen wieder 30 neue Flak-Helfer in unserer Batterie. Drei schwere Terrorangriffe auf Stuttgart fanden am 7./8. Oktober 1943 von 23.15 Uhr bis 2.30 Uhr statt. Dicker Nebel nahm jede Sicht und erschwerte die Ortung. Durch bewegliches und Zentral(sperr)feuer wurden 700 Schuss verfeuert und neun Maschinen abgeschossen. Es gab Bombenabwürfe auf den Birkenkopf, wo unsere frühere Batterie 3./241 (s. oben) war sowie Angriffe auf die Stuttgarter Liederhalle und Ludwigsburg.

Ein weiteres Ereignis ist mir aus meiner Möglinger Zeit noch in Erinnerung: Im Winter

Flakhelfer vor einer der 8,8 cm Kanonen.

1943/44 herrschte mehrere Tage lang ein eisiger Sturm, der einem fast den Atem nahm. Unsere Baracken der Messstaffel standen ja oberirdisch und waren dem Sturm direkt ausgesetzt. Oft vertrieben wir uns an Sommerabenden, wenn wir um halb zehn Uhr abends im Bett sein mussten, aber noch nicht schlafen konnten, die Zeit damit, als *Oberlieger* vom Bett aus zu versuchen, die niedrige Decke mit den Füßen wegzustemmen bzw. unsere Beinkräfte mit dieser Methode zu trainieren. Dies machten auch die Kameraden in der untersten Baracke, die dem Sturm ja am meisten ausgesetzt war. Als dann ein Kamerad bei tobendem Wind die Tür öffnete, trug der Sturm das Dach fort und die Seitenwände stürzten ein. Bettzeug, Schulhefte, Wäsche und anderes wurde weit über die Möglinger Felder zerstreut. Den Insassen passierte glücklicherweise nichts.

Schließlich stand der Zeitpunkt unserer Entlassung am 22. Februar 1944 bevor. Aber so ungeschoren sollten wir nicht davon kommen. Laut meinem Tagebucheintrag vom 21. Februar 1944 fand ein Terrorangriff auf Groß-Stuttgart und Umgebung ab 3.00 Uhr nachts statt, wobei ziemlicher Schaden (Bosch Feuerbach, Norma Kugellagerfabrik Stuttgart-Nord bzw. Cannstatt) angerichtet wurde. Große Mengen von Phosphorkaskaden und Brandbomben wurden abgeworfen und wir spürten die Druckwellen. Tageshell war der Widerschein der Magnesiumbrände. Blindgänger und Brandbomben trafen auch unsere Stellung. Der Güterbahnhof Kornwestheim und die Straße nach Möglingen waren mit Brandbomben bepflastert. Auf der Insel bei Schloss Monrepos ging eine Sprengbombe neben dem Kirchlein nieder. Unser Geschütz *Cäsar* gab 156 Schuss ab. Mehrere Luftwaffenhelfer, glücklicherweise nicht bei uns, fielen in dieser Nacht.

Nach der Entlassung am 22. Februar 1944 war die neugewonnene Freiheit ein herrliches Gefühl. Zum ersten Mal seit über einem Jahr wieder in Zivil! Ca. am 30. April 1944 bekam ich dann 195 Mark, also 50 Pfennige pro gedientem Tag, aus München überwiesen. Unser Wehrpass erhielt folgenden Eintrag, worauf ich schon stolz war: *Dienststelle Feldpostnummer L51892 (6./460 verbarg sich dahinter). War als Luftwaffen(ober)helfer vom 15. 02. 43 bis 22. 02. 44 bei der schweren Flakbatterie 3./241 und 6./460 eingesetzt und hat an 14 Tagen Feindbeschuss bei Angriffen auf Südwestdeutschland teilgenommen. Die Richtigkeit bescheinigt: Funke, Leutnant und Batteriechef.*

Eine Motorradpatrouille im Zweiten Weltkrieg im Kleinen Feldle auf dem Flakgelände.

Die Gefallenen und Vermissten im Zweiten Weltkrieg (1939–1945)

Heinrich Raiser

Gefallene:

Name	geboren	Gefallen	Ort
Barfuss, Wilhelm	29.04.1901	26.04.1945	
Bauer, Karl	03.12.1911	1945	
Bauer, Robert	02.12.1913	1945	Insel Hela
Bertz, Emil	28.06.1903	30.09.1945	Germignan, Girondo
Birkicht, Willi	07.01.1910	28.08.1942	Retschniga, *Osten*
Bissinger, Paul	19.10.1916	05.10.1944	Russland
Blank, Adolf	13.12.1926	06.10.1944	Küstrin
Blank, Gustav	15.08.1904	24.08.1945	Slavisch Brod
Blank, Otto	21.11.1910	04.07.1944	bei Ciopleni, *Osten*
Blank, Robert	02.05.1906	1945	
Blass, Friedrich	14.06.1922	01.09.1942	Straraja-Ostrade
Blind, Richard	17.09.1920	11.07.1943	Gela, Sizilien
Bockwoldt, Heinrich	10.12.1908	10.09.1945	
Brenner, Adolf	11.06.1898	31.03.1946	Kaunas, Litauen
Brenner, Eugen	18.02.1924	08.09.1945	Thorn, Russland
Ditting, Gerhard	22.07.1925	29.05.1944	Torretta, Italien
Ditting, Wilhelm	13.09.1869	Januar 1945	bei Wongrowith, Posen
Ditting, Karl	31.05.1910	25.04.1943	Afrika
Eisele, Gotthold	02.02.1913	16.01.1945	Polen
Ensle, Wilhelm	15.01.1920	18.10.1943	für tot erklärt
Falch, Karl	23.02.1915	16.07.1942	Bad Kissingen
Florus, Friedrich	21.12.1911	27.10.1943	Saparoshie bei Dnjepropetrowsk
Florus, Karl	28.04.1900	04.03.1943	Saparoshie bei Dnjepropetrowsk
Florus, Karl	18.04.1926	September 1944	Atten, Frankreich
Forstner, Albert	12.07.1914	18.12.1944	Kaklow
Freitag, Friedrich	14.04.1903	Dezember 1945	Tscheljabinsk, Ural
Geier, Ludwig	18.11.1912	02.01.1942	Brjansk, Russland
Geiger, Adolf	08.04.1907	1945	Slowakei
Geiger, Ernst	24.04.1912	04.07.1944	bei Minsk, Russland
Grün, Heinz	08.05.1926	1945	Stuhlweißenburg

Häcker, Karl	07.12.1913	20.08.1941	Michajowka, Russland
Haist, Arthur	05.06.1922	25.12.1943	Banischewka
Haist, Hermann	04.09.1923	08.01.1942	Lazarett Ludwigsburg
Heilig, Karl	14.05.1912	19.03.1942	Dolginemo-Gschatzk
Helmle, Otto	31.07.1926	13.03.1945	Gorgast, Oderbruch
Hirth, Erich	06.03.1911	04.08.1944	Palaikai
Jäckh, Albert	01.10.1909	23.07.1944	Cherburg, Frankreich
Jopp, Albert	26.01.1901	Februar 1943	Woronesch, Russland
Jopp, Richard	03.06.1908	24.03.1945	Lazarett Prag-Reuth
Kauhl, Wilhelm	14.01.1922	13.01.1945	Allenstein, Ostpreußen
Kern, Gustav	26.01.1906	31.03.1945	Hexengrund bei Gotenhafen
Klank, Helmut	04.06.1927	06.04.1945	Lazarett Frankenberg/Eder
Kleinheinz, Albert	18.12.1926	30.01.1945	gestorben Möglingen
Kelm, Konrad	19.01.1901	20.01.1945	Polen
Knoss, Walter	30.04.1925	27./28.04.1945	
Koch, Albert	01.05.1909	15.12.1944	Striegau, Schlesien
Krell, Otto	14.12.1909	Ende Dez.1943	Tambor, Russland
Künstner, Walter	29.08.1924	23.01.1944	Koslowitschi
Ladner, Friedrich	29.03.1908	26.10.1945	St. Chretienne bei Metz
Ladner, Robert	05.03.1914	Vermisst 11.08.1944	Rumänien
Marhofer, Josef (HV)	1921	1945	Budapest
Marquard, Ernst, aus Bad-Liebenzell		16.02.1920	05.08.1941
Messerschmied, Christian	11.07.1896	21.08.1944	Husch, Rumänien
Motz, Albert	28.03.1906	03.04.1945	Marialanzendorf bei Wien
Motz, Gotthilf	02.03.1908	06.10.1944	bei Skalnik, Galizien
Motz, Gotthold	29.05.1919	17.02.1944	Nettuno, Italien
Müller, Herbert	10.12.1921	13.05.1944	Nö Slobozia, Gancasa
Neubauer, Josef (HV)	12.03.1924	02.02.1945	in der Eifel
Oberacker, Hans	08.01.1922	09.02.1942	Islobada-Juchow, Südrussland
Patting, Friedrich	16.03.1919	07.02.1945	Sollnicken, Ostpreußen
Pfeffer, Gabriel	20.11.1909	07.06.1944	Niort, Frankreich
Pflugfelder, Adolf	23.04.1903	04.01.1945	
Pflugfelder, Gotthilf	20.04.1922	08.08.1943	bei Klimoff, *Osten*
Pflugfelder, Gustav	22.01.1912	23.02.1945	für tot erklärt
Pflugfelder, Hermann	22.07.1908	18.08.1944	für tot erklärt
Pflugfelder, Paul	07.08.1906	Vermisst 17.06.1944	Orscha

Pflugfelder, Rudolf	27.12.1920	19.01.1943	nordwestl. Ssinjawino, südl. Schlüsselburg
Pflugfelder, Willy	14.12.1923	11.12.1945	Plougrescant
Raiser, Gotthilf	20.07.1921	gest. 02.02.1943	Stalingrad
Reichert, Erich	01.11.1921	24.07.1943	Bjelgorod
Reichert, Kurt	18.06.1922	06.06.1943	Chrudim Schlatinina
Reichert, Richard	21.11.1909	21.02.1946	Ischieskowno
Riecker, Eugen	22.05.1921	29.01.1944	Malyje-Wiski
Ross, Jakob (HV)	14.04.1872	11.02.1945	in Polen
Salzer, Eugen	21.01.1910	12.01.1944	Mirowaja bei Tomokowka
Salzer, Gotthilf	26.02.1916	22.06.1942	Tschepal, Osten
Schäfer, Richard	03.05.1911	01.09.1942	Preskowino, Osten
Schäfer, Richard	06.11.1919	22.04.1945	Geislingen/Steige
Schick, Karl	06.08.1912	13.03.1942	bei Brest, *Osten*
Schober, Rudolf	05.07.1909	1943	
Seifritz, Werner	12.05.1923	08.10.1943	Krassjoje, *Osten*
Seitz, Emil (HV)	1913, 25.11. alte bzw. 08.12. neue Zeitrechnung	25.12.1944	in Sagyverona bei Salgotarjam, Ungarn
Späth, Rudolf (Rolf)	19.09.1924	15.11.1943	
Spillmann, Robert	22.08.1906	1945	in Fredeburg beerdigt
Stähle, Erwin	13.06.1905	13.08.1944	Schönberg bei Riga
Stoll, Hans	30.10.1913	30.10.1941	Makeicha, Russland
Strohm, Erwin	13.01.1911	08.08.1941	Duchowschtsching, Russland
Strohm, Gotthilf	03.02.1916	14.08.1942	Krasnodar
Strohm, Hermann	23.02.1909	09.10.1941	Orel, Russland
Sülzle, Gustav	14.10.1908	Vermisst 20.01.1945, für tot erklärt 31.12.1945	Bromberg, Posen
Sülzle, Wilhelm	03.11.1901	April 1945	Saporoshjo, Russland
Thiel, Helmut	16.05.1921	18.03.1945	für tot erklärt
Velm, Erwin	06.05.1922	17.05.1944	bei Corjera
Wagner, Bruno	05.10.1924	28.08.1943	Schwedtschikowy, Osten
Wagner, Paul	17.01.1894	23.04.1945	im Allgäu
Wahl, Eugen	12.09.1908	18.08.1943	Charkow, Russland
Wahl, Eugen	18.01.1909	Februar 1945	(Bertischew) Bertschinew, Ukraine
Wahl, Karl	23.09.1911	06.03.1942	im Lazarett in Witebsk, Russland
Weidle, Rudolf	18.04.1912	02.06.1945	Annaberg, Erzgebirge

Wiedmer, Oskar (HV)	12.04.1922	10.10.1941	Wjasma, Russland
Winter, Friedrich	27.03.1916	14.08.1947	an Verwundungen in Möglingen gestorben
Winterle, Willy	22.02.1913	11.04.1945	Schwäbisch Hall
Wurster, Karl	17.05.1914	04.11.1948	Parkummune, Russland
Ziegler, Otto	12.06.1921	16.10.1942	bei Besymjannoje nordw. Ssimjawino, Osten
Ziegler, Paul	17.05.1922	23.02.1943	
Zweigle, Reinhold	13.02.1922	29.03.1944	verunglückt bei Apeldoorn, Holland
Zweigle, Walter	17.05.1923	10.09.1942	bei Rshew, Russland
Zweigle, Willi	17.07.1920	15.07.1943	bei Pawlowka, Russland

Vermisste:

Name	geboren	Vermisst	Ort
Bissinger, Erwin	02.02.1912	10.10.1944	Finnland
Blank, Hermann	09.07.1912	26.03.1945	zuletzt Pfeffingen bei Balingen
Freytag, Johann (HV)	1923	17.08.1944	
Groll, Wilhelm	08.05.1912	26.06.1944	bei Orscha, Osten
Gulde, Matthias	11.05.1904	08.01.1945	in den Karpathen
Hammer, Karl	22.01.1906	05.01.1943	bei Pirogowa, Osten
Holexa, Paul (HV)	10.09.1921	18.04.1943	als Flieger vor Algier
Janke, Immanuel (HV)	26.08.1909	29.09.1944	
Keck, Walter	24.07.1912	22.03.1945	bei Warschau
Koch, Hermann	01.02.1927	27.03.1945	Neukirchen bei Troppau
Koch, Karl	09.10.1926	14.10.1944	Ebenrode, Ostpreußen
Kühfuss, Gottlieb	07.12.1912	29.01.1945	Frankfurt/Oder
Lillich, Gustav	04.11.1906	August 1945	Gorkina, Westsibirien
Lutz, Emil (HV)	19.03.1919	12.01.1943	Stalingrad
Metzger, Helmut	29.11.1908	25.07.1943	Orel, Russland
Mieschke, Paul (HV)	20.09.1898	08.05.1945	
Mulzet, Josef (HV)	01.02.1905	11.11.1944	
Nefzer, Wilhelm	18.07.1920	13.08.1944	Jassi, Rumänien
Neubauer, Franz (HV)	20.08.1920	1943	Stalingrad
Oberacker, Karl	07.04.1919	Januar 1945	Migridowka, bei Stalino
Pflugfelder, Walter	18.02.1920	16.11.1944	Saarlautern
Reichert, Erich	30.01.1913	1945	bei Berlin
Repitz, Josef	1927	1945	
Schäfer, Erwin	15.10.1923	04.01.1943	Stalingrad

Schnaithmann, Erich (HV)	25.12.1925	30.06.1944	Russland
Schneider, Erich	20.09.1924	12.08.1944	Kischaner, Rumänien
Silcher, Harry (HV)	29.06.1932	11.04.1947	

Bei einem Fliegerangriff auf den Zug Markgröningen-Möglingen kamen am 13. März 1945 Wilhelmina Alber (geb. 20. 5. 1881) und Lina Glatzle (geb. 14. 11. 1905) ums Leben (s. S. 340).

Möglinger Veteranen kurz nach dem Zweiten Weltkrieg: v.l. Karl Benkiser, Karl Stähle, Heinz Koch, NN, »Gottfrieds Wilhelm« und Paul Florus.

Politische Wahlen nach dem 2. Weltkrieg

Klaus Herrmann

Die Lokalgeschichte Möglingens lief nicht isoliert und abgekoppelt von der Landesgeschichte ab. Manches, was sich in Land und Bund politisch ereignete, lässt sich auch am gesellschaftlichen Entwicklungsprozess in Möglingen erkennen. Die Veränderungen politischen Handelns und Verhaltens bleiben am stärksten ablesbar an Wahlen. Hier begründet der Bürger seine Meinung und beeinflusst mit dem Wahlzettel die örtliche Politik.

Vor dem 2. Weltkrieg erhielt der Bauern- und Weingärtnerbund eine berufsständisch orientierte Partei in Möglingen die meisten Stimmen, 1928 sogar fast 70 Prozent. Bei den ersten Parlamentswahlen, der Wahl zur Verfassunggebenden Landesversammlung von Württemberg-Baden am 30. Juni 1946 lagen die CDU (33,7 Prozent), die SPD (31,9) und die Demokratische Volkspartei (heute FDP/DVP) (28,4) fast gleich auf. Die Kommunistische Partei erhielt 6 Prozent der Stimmen. Bei den Landtagswahlen in den 50er Jahren und bei der ersten Bundestagswahl 1949 wurde die FDP/DVP stärkste politische Kraft in Möglingen. 36,7 Prozent konnte diese Partei bei der Bundestagswahl am 14. August 1949 auf sich vereinen, gefolgt von der SPD mit 21,5 Prozent, der Notgemeinschaft, einer Vertretung der Vertriebenen mit 21,2 Prozent und der CDU mit 17,9 Prozent.

Bei Landtagswahlen war 1960 und 1964 die SPD stärkste Kraft in Möglingen, seit 1968 ununterbrochen die CDU. Bei den bisherigen 14 Bundestagswahlen konnte die CDU 8-mal, die SPD 5-mal und die FDP/DVP einmal die meisten Stimmen in Möglingen erringen. Die folgende Übersicht zeigt die Ergebnisse aller politischen Wahlen seit Ende des 2. Weltkrieges. Zu berücksichtigen ist hierbei, dass im Juni 1946 und im März 1952 eine verfassunggebende Landesversammlung gewählt wurde.

Erste Seite des 1946 begonnenen Gemeinderatprotokolls mit der Wahl von Otto Hönig zum Bürgermeister.

Wahlergebnisse in Möglingen

In Prozent der abgegebenen gültigen Stimmen

Bundestag

Zweitstimmen (ab 1953)

	Wahlber.	Wahlbet.	CDU	SPD	FDP	KPD/ DFU/DKP PDS	GB/BHE	NPD	Grüne	Sonstige
14.08.1949	1256	68,9	17,9	21,5	36,7	2,7	21,2			
06.09.1953	1344	73,9	35,9	26,7	22,8	2,0	7,2			5,3
15.09.1957	1803	79,0	41,2	26,7	19,9		9,4			2,9
17.09.1961	2477	83,2	31,4	39,7	19,9	2,0			5,0 GDP	2,0
19.09.1965	2996	79,7	41,4	36,5	15,5	1,9		4,4		0,3
28.09.1969	3756	85,8	40,2	42,6	11,0	0,5		5,4		0,2
19.11.1972	5442	92,1	41,5	43,8	13,2	0,2		1,2		0,1
03.10.1976	6113	91,5	46,1	41,2	11,6	0,1		0,6		0,4
05.10.1980	6603	89,5	40,5	41,8	15,7	0,1		0,3	1,5	0,1
06.03.1983	6761	91,3	45,1	37,1	10,9	0,1		0,5	6,3	0,0
25.01.1987	7282	85,9	38,8	34,8	14,8		Rep	1,2	9,8	0,6
02.12.1990	7381	82,8	41,6	32,5	14,7	0,2	3,4	0,5	5,3	1,8
16.10.1994	7538	83,9	38,9	33,5	10,9	0,8	3,9	0,0	9,8	2,2
27.09.1998	7302	86,3	35,2	39,8	9,0	0,9	4,3	0,3	7,6	2,8

Landtag

30.06.1946	872	59,9	33,7	31,9	28,4	6,0				
24.11.1946	909	65,6	41,4	30,0	22,9	5,7				
19.11.1950	1267	58,7	21,1	28,4	29,0	2,0	19,5			
09.03.1952	1295	58,1	15,5	27,0	37,1	2,3	3,5	3,7 SRP		10,9 DG-BHE
04.03.1956	1529	60,1	19,0	27,5	34,0	2,7	12,9			3,8
15.05.1960	2206	60,0	28,2	33,6	23,6		11,6			2,9
26.04.1964	2689	71,1	38,4	41,5	16,3	1,0				2,8
28.04.1968	3622	73,4	37,6	30,3	16,8	2,1		12,9		0,3
23.04.1972	5168	83,2	47,7	42,5	9,5	0,3				
04.04.1976	6114	78,8	49,0	39,7	9,4	0,4		1,0		0,5
16.03.1980	6582	72,8	46,4	38,9	10,3	0,1			4,2	0,1
25.03.1984	6805	73,0	43,2	39,3	9,1	0,2	Rep		8,1	
20.03.1988	7356	75,7	45,3	36,1	5,6	0,2	1,2	2,0	9,0	0,5
05.04.1992	7278	75,9	35,7	31,8	6,0		11,1	1,2	11,0	3,1
24.03.1996	7402	73,1	36,4	27,1	9,8		10,2		14,4	2,0

Europäisches Parlament

Rep

10.06.1979	6503	60,3	42,2	42,1	10,5	0,3			4,8	0,2
17.06.1984	6814	49,6	43,7	32,3	8,2			1,6	10,2	3,9
18.06.1989	7329	62,1	33,2	33,5	8,2	0,2	10,5		10,7	3,8
12.06.1994	7510	68,5	38,3	29,3	4,7	0,8	6,4		14,2	6,3
13.06.1999	7247	45,5	48,5	28,2	4,5	1,2	4,6		8,8	4,2

Da bei der Bundestagswahl bis 1976, bei der Landtagswahl bis 1980 und bei der Europawahl 1979 die Stimmen der Briefwähler zentral gezählt wurden, sind bei der jeweiligen Wahl unter »Wahlbeteiligung« die Briefwähler nicht berücksichtigt
Quelle: Veröffentlichungen des stat. Landesamtes bzw. Berichterstattung der Ludwigsburger Kreiszeitung

Die Entwicklung der Gemeinde seit 1945

Albrecht Gühring

1. Neubeginn der Verwaltung in den ersten Nachkriegsjahren

a) Unter französischer und amerikanischer Militärregierung

Seit 20. April 1945 war Möglingen unter französischer Besatzung. Auch Ludwigsburg wurde am 21. April von den Franzosen besetzt, musste jedoch am 3. Mai an die Amerikaner übergeben werden. Landrat Dr. Hermann Thierfelder wurde wegen seiner Mitgliedschaft in der NSDAP abgesetzt und Ende Mai durch Dr. Hellmuth Jäger ersetzt.[1] Die Besatzungsgrenze durchschnitt den Landkreis und Möglingen gehörte einige Wochen zur französischen Besatzungszone.[2] Eine Note der französischen Militärregierung für den Landkreis Vaihingen/Enz vom 26. Juni 1945 an den Vaihinger Landrat teilte zwar mit,

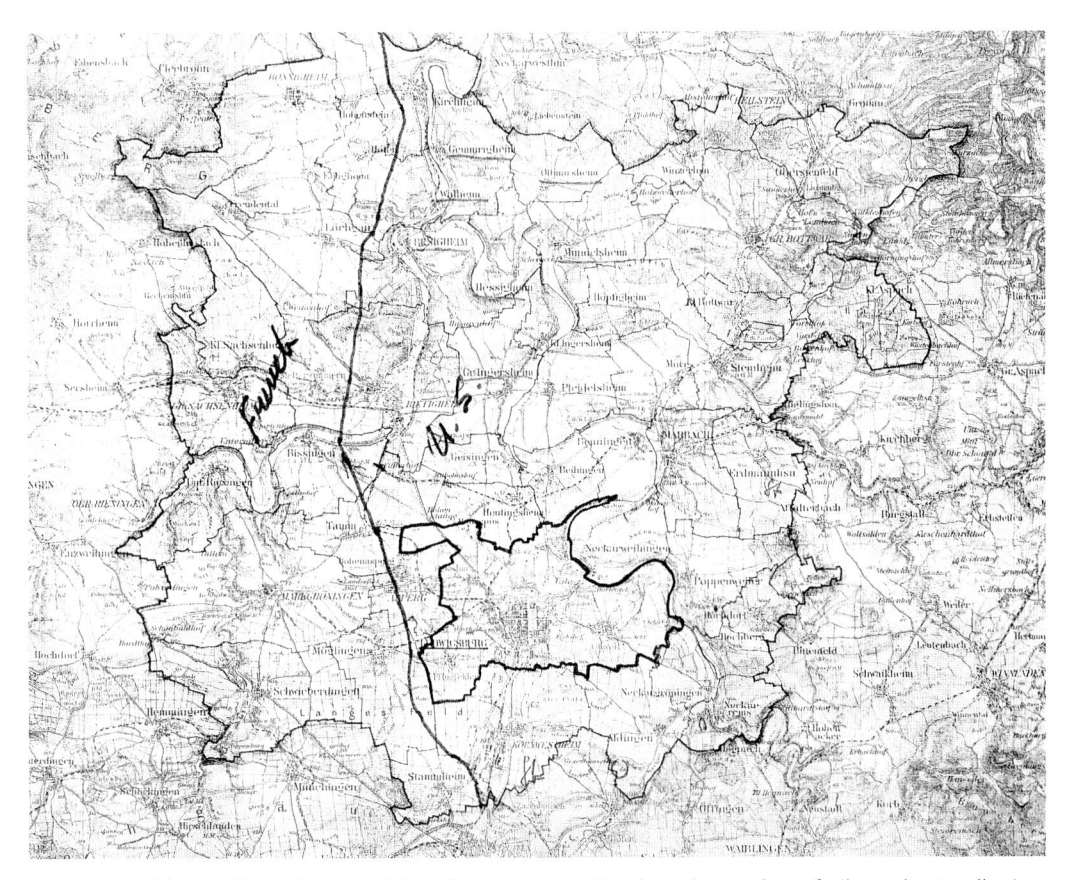

Der Trennstrich auf dieser Karte markiert die nur wenige Wochen dauernde Aufteilung des Landkreises Ludwigsburg in die französische (links) und amerikanische (rechts) Zone.

dass der französisch besetzte Teil des Kreises Ludwigsburg, dabei auch Möglingen, künftig mit dem Kreis Vaihingen vereint sei, jedoch war die Zugehörigkeit der 20 Ludwigsburger Gemeinden, so Paul Sauer, nur *episodenhaft*, da bereits bindende Absprachen zwischen Amerikanern und Franzosen über die endgültige Abgrenzung der Besatzungszonen bestand.[3]

In Möglingen wollten die Franzosen alsbald Männer zur Arbeit auf dem Flugplatz Großsachsenheim requirieren. Da eine Angestellte auf dem Rathaus französisch verstand, bekam sie Wind davon, und die Nachricht *verbreitete sich wie ein Lauffeuer*. Nur einen Einwohner bekamen die Franzosen zu fassen, alle anderen hielten sich tagelang versteckt.[4] Für die französischen Besatzer musste Maler August Bertz zwei Schilder mit der Aufschrift *Poste de police* sowie zwei Armbänder mit der Aufschrift *Polizei* herstellen.[5]

Das erste Schriftstück des Gemeindearchivs, das uns nach der Besetzung Auskunft gibt, ist das Bekanntmachungsbuch, dessen erste Eintragung nach dem 25. März vom 30. April 1945, also 10 Tage nach der Besetzung, datiert. Sie lautet: *Die noch im Besitze von Privatpersonen befindlichen Waffen aller Art und Munition aller Art sind unverzüglich auf dem Rathaus abzuliefern. Nichtbefolgung wird mit dem Tod bestraft.* Am 8. Mai mussten sämtliche Radioempfänger abgeliefert werden und ab 25. Juni alle Fotoapparate. Auch die Besitzer von Autos und Motorrädern (ab August sogar Fahrradbesitzer) hatten ihre Fahrzeuge zu melden. Bis zum Abend des 5. Juli waren *sämtliche Bücher, Schriften und Drucksachen nationalsozialistischen, militaristischen oder antialliierten Inhalts* auf dem Rathaus abzugeben. Am 3. Mai 1945 machte die Militärregierung bekannt, dass der freie Verkauf der zwangsbewirtschafteten Lebensmittel nach wie vor verboten sei, um die Versorgung der Bevölkerung nicht durch *gewissenlose Elemente* zu gefährden. Weitere Reglementierungen betrafen die *Ausgehzeit*, die zwischen sechs Uhr und 20.30 Uhr festgelegt wurde. Doch bald zeigten sich wirtschaftliche Nachteile und schon am 17. Mai wurde der Beginn der Ausgehzeit für Landwirte auf vier Uhr morgens festgelegt. Anfang Juni war allgemein von vier Uhr bis 22 Uhr Ausgehzeit, jedoch war nach 21 Uhr das *Singen, Johlen und Schreien auf der Straße* verboten. Immerhin wurden am 2. Juni 1945 die Verdunkelungsvorschriften aufgehoben.[6]

Unmittelbar nach Kriegsende wurden die Baracken der Flakstellung auf der Stammheimer Höhe abgebaut und am 18. Mai 1945 am Stück oder in Teilen versteigert.[7] Der Erlös waren 16 164,90 RM. Da die Gemeinde laufende Besatzungskosten in Höhe von ca. 10 000 RM hatte, die später allerdings ersetzt wurden (s. u.), und sich während der Besatzung Plünderungsschäden, v. a. an Vieh, in Höhe von rund 25 000 RM ergaben, durfte sie das Geld behalten. Die von der Kreispflege erstatteten französischen Besatzungsleistungen beliefen sich für die Zeit von 5. Mai bis 24. August 1945 auf über 9000 RM, davon meist Lebensmittellieferungen. Der größte Posten war die Entlohnung der Soldaten von 22. April bis 20. Juni (3540 RM) sowie beschlagnahmtes Leder und Schuhe aus der Fa. Kleinheinz im Wert von 1058 RM.[8] Auch landwirtschaftliche Maschinen wurden beschlagnahmt, so der Schlepper des Gotthilf Schüle, mit dem die Franzosen ins Strohgäu fuhren und defekte Fahrzeuge am Straßenrand demontierten.[9]

Durch amerikanischen Leuchtspurbeschuss abgebrannte Scheune Pflugfelder in der Hanfbachstraße im Januar 1946.

Am 8. Juli 1945 zogen die letzten Angehörigen der französischen Besatzungsmacht aus Möglingen ab. Bis dahin mussten 36 Stück Großvieh sowie zahlreiches Kleinvieh und Geflügel abgeliefert werden. Doch auch die Amerikaner beschlagnahmten weiter, vor allem Feldfrüchte. So musste die gesamte Zwiebel- und Karottenernte des Jahres 1945 abgeliefert werden.[10]

Am 17. August 1945 führte die von der Militärregierung eingesetzte deutsche Polizei eine Razzia durch. Dabei wurde der vermutlich flüchtende Pole Bruno Adamisch durch einen Karabinerschuss auf Möglinger Markung bei der Reichsautobahn gegen 20 Uhr tödlich getroffen. Wenig später prügelten seine Landsleute zwei in der Nähe auf dem Feld arbeitende Ludwigsburger zu Tode.[11] Die Polen waren sog. Displaced Persons, zu denen beispielsweise ehemalige ausländische Zwangsarbeiter zählten. Im Oktober 1945 ordnete die Militärregierung die Aufstellung einer *Sicherheitsausschußwachmannschaft* an, die nachts auf der Gemeindemarkung Streife gehen sollte.[12]

Nach und nach kehrten die überlebenden Soldaten in ihre Heimat zurück. Sehr bürokratisch verlief in Möglingen die Entlassung der ehemaligen Wehrmachtsangehörigen. Nach mehreren Aufrufen, Terminen und Verschiebungen wurde als letzter Termin der 9. Oktober 1945 festgelegt.[13] Noch immer waren viele Väter und Söhne in Gefangenschaft und mancher sah die Heimat nicht wieder (s. S. 395 ff.). Einer der letzten Heimkehrer aus russischer Kriegsgefangenschaft war im Juni 1948 Hermann Öttinger, der seine Erinnerungen daran detailliert festhielt (s. S. 334). Nach ihm kamen nur noch zwei Möglinger aus Russland heim.[14]

Mit der Entnazifizierung hatten schon die Franzosen kurz nach Kriegsende begonnen. Am Montag, den 7. Mai 1945 mussten sich alle Möglinger *ehemaligen Parteigenossen ohne Unterschied des Alters* morgens um acht Uhr mit Schaufel oder Spaten auf dem Rathaus melden. Die Nichtbefolgung des Befehls sollte *streng geahndet* werden. Aber nicht nur die NSDAP-Mitglieder, sondern auch alle Einwohner fremder Nationalitäten wurden von der Militärregierung statistisch erfasst. Zum Kartoffelkäfersuchdienst wurden auf Sonntag, den 27. Mai 1945 *sämtliche Angehörige der*

Dienstverpflichtungen der ehemaligen männlichen und weiblichen Möglinger NSDAP-Mitglieder.

Partei sowie sämtliche ehemalige Angehörige der [NS-]Frauenschaft Möglingen und deren Angehörige verpflichtet. *Abmarsch* war um 7.30 Uhr vor dem Rathaus. Am 7. Juli fand ein weitere Arbeitseinsatz aller ehemaligen Möglinger NSDAP-Mitglieder *mit Haue, Schaufel und Pickel* statt. Im November mussten diese Personen sowie je ein Angehöriger pro landwirtschaftlichem Betrieb die Bombenlöcher bei der ehemaligen Flak-Stellung einebnen.[15]

Im Oktober 1945 wurden die weiblichen NSDAP-Mitglieder sowie Angehörige der NS-Frauenschaft auf Anordnung des Landrats an bis zu zwei Tagen unentgeltlich *zu Arbeiten im Interesse der Allgemeinheit herangezogen*. In Möglingen mussten sich die 15 Frauen, die der NSDAP angehört hatten, am 20. Oktober 1945 mit Putztuch, Schrubber und Putzeimer zur Reinigung der Turnhalle einfinden.[16] Am 24. November 1945 ordnete die Militärregierung an, dass mit sofortiger Wirkung alle ehemaligen Mitglieder des NSDAP zum Arbeitseinsatz von 60 Tagen à acht Stunden verpflichtet waren. Einen Tag bezahlte zunächst die Gemeinde. Bürgermeister Hanselmann verpflichtete 17 Möglinger, davon sechs mit Fuhrwerk, sich am 28. November mit Schippe um 7.45 Uhr an der Autobahn zur Arbeit einzufinden. Bald darauf wurden zwei Listen erstellt, nach denen 25 ehemalige Parteimitglieder dem Arbeitsamt zur Verfügung gestellt und 26 bei der Gemeinde beschäftigt wurden. Letztere waren bei der Ausbesserung von Straßen, der Instandsetzung von Feldwegen sowie Bach- und Kanalreinigungsarbeiten eingesetzt.[17] Die Spitzenfunktionäre der Ortsgruppe wurden mehr oder weniger lang, meist in Ludwigsburger Kasernen, interniert.[18]

Im Dezember 1945 wurden über einen Fragebogen die Funktionäre der NSDAP-Ortsgruppe Möglingen ermittelt (s. S. 328). Eine im Juni 1946 erstellte Liste nennt über 60 ehemalige Mitglieder der NSDAP. 52 Möglinger Frauen gehörten der NS-Frauenschaft an, jedoch nur 15 Möglingerinnen waren Mitglieder der NSDAP geworden.[19] Die Möglinger Einwohner über 18 Jahre mussten im April 1946 aufgrund des Gesetzes zur Befreiung vom Nationalsozialismus die entsprechenden vorgedruckten Meldebögen ausfüllen.[20]

Die Versorgungslage war schlecht. Die Bewirtschaftung erfolgte mittels Zuteilungskarten, sodass jeder gleichberechtigt war. Beispielsweise standen einem Erwachsenen 150 g Brot am Tag zu.[21] Chronist Schwab (s. S. 430) resümiert: *Alles in Allem gesehen ist die Zeit sehr schlecht, und es wird noch viele Jahre dauern, bis wir in der Gemeinde wieder einigermaßen geordnete und lebenswerte Verhältnisse haben werden.*[22]

Und doch kehrte langsam das »normale« Leben wieder ein. Seit Anfang 1946 fanden in Möglingen englische Sprachkurse statt, und im März wurde darauf hingewiesen, dass *die Schule für modernen Gesellschaftstanz* in Asperg wieder Kurse anbiete.[23] Im Februar 1947 veranstaltete der Turnverein in der Turnhalle eine Fasnachtsfeier und im Juli ein Sommerfest mit Tanz.[24] Dies waren allerdings geschlossene Veranstaltungen. Öffentliche *Fasnachtslustbarkeiten* für jedermann wollte der Gemeinderat jedoch 1947 noch nicht genehmigen. Erst 1949 erfolgte eine allgemeine Genehmigung von Fasnachtsveranstaltungen, jedoch war das Tragen von Masken nur bei geschlossenen Veranstaltungen erlaubt.[25]

Die Aufsichtspflicht wurde vom Landratsamt streng ausgeübt. Bereits Anfang Januar 1946 fand in Möglingen eine Gemeindebegehung statt. Die Bewohner wurden vorher aufgefordert, die Ortsstraßen zu reinigen: *Sorgen wir dafür, daß in unserem Ort Sauberkeit und Ordnung herrschen.*[26] Um 11 Uhr war eine Feuerwehrübung angesetzt, danach folgte eine Besprechung mit den Gemeinderäten. Der Pfarrer wurde um 14 Uhr besucht und um 14.30 Uhr die Schule mit anschließender Lehrerbesprechung. Nach Besichtigung der Industrie-, Handwerks- und Handelsbetriebe traf man sich um 16 Uhr im *Gefolgschaftsbau* der Fa. Kleinheinz zu einer Besprechung mit den Gewerbetreibenden. Abends fand im Vereinshaus eine vom *Gesangschor* und Posaunenchor umrahmte Gemeindeversammlung statt.[27]

b) Evakuierte, Flüchtlinge und Heimatvertriebene

Bereits in den letzten Kriegsjahren musste auch Möglingen sog. Bombengeschädigte, die evakuiert wurden, aufnehmen. Anfang September 1945 lebten am Ort 101 evakuierte Männer, Frauen und Kinder, zum Teil ganze Familien, von denen die jüngsten Säuglinge wenige Tage und die älteste Person 76 Jahre alt waren. Sie stammten meist aus stark zerstörten Großstädten.[28] Noch Ende September 1945 waren viele *Umquartierte und Evakuierte* in Möglingen. Es wurde darauf hingewiesen, dass Heimkehrwillige sich auf dem Bürgermeisteramt melden konnten, jedoch bestehe für diejenigen aus Stuttgart, Heilbronn und Ulm noch keine Rückkehrmöglichkeit.[29]

Während der letzten Kriegsmonate waren schon Tausende von Flüchtlingen, die aus Angst vor der russischen Armee ihre Heimat im Osten, vor allem Ostpreußen, Pommern und Schlesien, verlassen hatten, im Kreis Ludwigsburg angekommen. Durch Flucht und gewaltsame Vertreibung verloren zwischen Oktober 1944 und 1949 mehr als 15 Mio. Menschen ihre Heimat. Sie kamen aus Gebieten östlich der Oder-Neiße-Grenze, dem Sudetenland und anderen deutsch besiedelten Gebieten in Polen, Ungarn und Rumänien. Gemäß der Potsdamer Konferenz sollte die *Umsiedlung geregelt und human* vor sich gehen, jedoch in Wirklichkeit starben mehr als eine Million Menschen, und diejenigen, die hier eintrafen, besaßen meist nur die paar spärlichen Kleidungsstücke, die sie am Körper trugen.[30]

Auch in Möglingen befanden sich im September 1945 16 Personen, darunter eine Familie mit drei und eine mit neun Personen, die *aus dem Osten geflüchtet* waren.[31] Es wurde angekündigt, dass in der ersten Oktoberhälfte 1945 Flüchtlinge aus dem Osten in größerer Anzahl einträfen. Daher wurden alle Besitzer von Strohsäcken aufgefordert, diese abzugeben, da in der Turnhalle vorübergehend ein Durchgangslager für Flüchtlinge eingerichtet werde.[32]

Im Dezember 1945 lebten in Möglingen 15 Evakuierte aus der englischen Zone, sieben aus der russischen und fünf aus der französisch besetzten Zone. Zudem waren 65 *Ostflüchtlinge* am Ort. Im selben Monat erging ein Erlass des Landrats, wonach alle Evakuierten und Umsiedler unter Androhung *schwerer Folgen* an Eides statt erklären sollten, ob sie der NSDAP angehört hatten oder nicht. In Möglingen wurde eine Liste mit 67 Personen erstellt, von denen sich nur drei als ehemalige Parteigenossen bezeichneten.[33]

Jetzt kamen auch immer mehr Heimatvertriebene, die im Gegensatz zu den Flüchtlingen, die freiwillig ihre Heimat verließen, unter Zwang hatten gehen müssen. Im Juli 1946 wohnten in Möglingen bereits 254 Flüchtlinge und Heimatvertriebene aus dem Osten. Wohnraum wurde Mangelware und bis zu sechs Erwachsene teilten sich ein Zimmer. Zur Erfüllung der Quote von rund 30 % Bevölkerungsanteil sollten noch einmal soviele Menschen in den Ort kommen. Eine Bautätigkeit konnte sich jedoch aufgrund des komplizierten Bauantragverfahrens und der spärlichen Zuteilung von Baumaterial nicht entfalten.[34] Die durch den Luftkrieg schwer getroffenen Städte und Landgemeinden hatten bei der Zuteilung von Baumaterialien den unbedingten Vorrang. Der Gemeinderat beschloss daher am 20. Mai 1946 ein energischeres Vorgehen bei der Unterbringung von Flüchtlingen, die *auf immer mehr Schwierigkeiten stösst*. Die am Ort stationierten Polizeiposten mussten bei der Beschlagnahme von Wohnräumen, besonders von ehemaligen NSDAP-Mitgliedern, helfen. Mitte Juli 1946 wurde jedoch festgestellt, dass es unmöglich war, das *vorgesehene Flüchtlingssoll von 30 % unterzubringen*, denn zu viele Evakuierte befanden sich noch am Ort.[35]

In Möglingen entstand, wie in vielen anderen Orten auch, ein *Flüchtlingsproblem*, das erst mit dem Einsetzen größerer Bautätigkeit gelöst wurde.[36] Viele Alteingesessene wehrten sich vehement gegen die Aufnahme der Flüchtlinge in ihre Häuser oder beschränkten diese auf ein Minimum an Wohnraum.[37] Im

Gemeinderat wurde eine Wohnungs- und Flüchtlingskommission gebildet. Ein Gemeinderat trat im Dezember 1946 zurück, *da er in Fragen der Flüchtlingsbelegung vorsätzlich gedrückt werde.*[38] Anfang November 1946 waren in Möglingen, im Gegensatz zu manch anderer Kreisgemeinde, keine Flüchtlinge mehr in *nicht ordnungsgemäßen Quartieren* untergebracht.[39] Dem Gemeinderat gehörten erstmals mit der Wahl von 1947 zwei Vertriebene an.[40] Selbst in der Landwirtschaft konnten einzelne Neubürger Fuß fassen. Zwischen 1949 und 1970 entstanden in Möglingen ein Vollerwerbs- und zwölf Nebenerwerbsbetriebe von Neubürgern.[41] Seit 1964 ist Möglingen *Standort des mittelständischen Bauunternehmens von Edwin Kelm, dem Bundesvorsitzenden der Landsmannschaft der Bessarabiendeutschen*. Dieses Amt, das er seit 1982 versieht, erhielt Kelm im April 2000 auf weitere vier Jahre durch Wahl bestätigt.[42]

Zahlreiche Flüchtlinge und Vertriebene in Möglingen kamen, wie auch im Umkreis, aus Bessarabien, wo die Vorfahren mancher dieser Familien viele Jahre vorher aus Südwestdeutschland hingezogen waren. Aber auch Familien aus Danzig, Polen und Jugoslawien siedelten sich hier an. Leider können die Namen der einzelnen Familien aus personenschutzrechtlichen Gründen nicht veröffentlicht werden.[43] Insgesamt waren zwischen dem Kriegsbeginn am 1. September 1939 und dem 13. September 1950 475 der 1992 Möglinger zugezogen. Von den Zugewanderten gehörten 229 der evangelischen und 190 der römisch-katholischen Konfession an. 1950 bestand die Kreisbevölkerung zu 25,5 % aus Flüchtlingen und Vertriebenen. Dies war der achthöchste Anteil in Baden-Württemberg. Durch die Umschichtung schnellte der Landkreis bis 1961 mit 30,5 % an die dritte Stelle hoch.[44]

Die Presse berichtete bei der 700-Jahr-Feier 1975: *Selten hat man Alteingesessene und Neuzugezogene so einträchtig beieinander gesehen wie an den Biertischen des Festzeltes und der Straßenwirtschaften*[45] und im selben Jahr erfahren wir von einem *Nicht-Verstehen zwischen Neu- und Altbürgern, mit dem man in Möglingen auch heute noch nicht fertig geworden ist*.[46] In den letzten 25 Jahren ist eine weitere Generation hier aufgewachsen und inzwischen ist die Integration anderer Flüchtlinge Thema geworden.

c) Kontinuität und Neuanfang der Gemeindeverwaltung

Die Gemeindeverwaltung hatte seit der Besetzung den Anordnungen der französischen Militärregierung unbedingt Folge zu leisten. Manche Änderung, besonders in personeller Hinsicht, wurde vollzogen, aber auch eine gewisse Kontinuität war für die Existenz des Gemeinwesens unerlässlich. Dies zeigt sich anhand einer Bekanntmachung vom 25. Mai 1945, nach der die normalerweise am 10. Mai fällige Gewerbe- und Vermögenssteuer sowie die Ausstände bei der Lohn- und Umsatzsteuer am 28. Mai vormittags auf dem Rathaus abzuliefern waren. Auch die Steuererklärungen für das Jahr 1944 wurden entgegengenommen.[47]

Gleich im April 1945 wurde vom Landratsamt zur *Erledigung und Überwachung* der Möglinger Verwaltungsgeschäfte der Ludwigsburger Verwaltungsaktuar Harrer eingesetzt.[48] Der erste Beigeordnete Karl Birkicht (1877–1949),[49] der seit dem Tod von Bürgermeister Haspel im April 1943 dessen Geschäfte versehen hatte, wurde mit Wirkung vom 1. Mai 1945 *automatisch wegen Zugehörigkeit zur NSDAP* entlassen. Die Bürgermeistergeschäfte übernahm der Landwirt Otto Ditting (1900–1978), der am 31. August 1945 sein Amt wegen beruflicher Überlastung niederlegte.[50] Bis dahin erhielt er monatlich 120 RM Gehalt.[51] Angeblich wurde Otto Ditting von den ehemaligen französischen Kriegsgefangenen, die noch einige Zeit am Ort waren, als Bürgermeister eingesetzt.[52] Ihm zur Seite stand als sog. geschäftsführender Bürgermeister seit April 1945 der Sekretär Georg Köhnlein (1899–1964),[53] sodass eine zeitlang zwei Bürgermeister gleichzeitig im Amt waren.

Köhnlein wurde am 27. August 1945 seines Amtes enthoben und an seiner Stelle der in Bad Homburg geborene Friedrich Holler (1894–1972) vorbehaltlich der Genehmigung der Militärregierung kommissarisch eingesetzt. Gleichzeitig wurde Karl Hanselmann (1887–1957) als kommissarischer Bürgermeister beauftragt. Holler führte die Geschäfte des Bürgermeisteramtes und betreute, wohl nach Hanselmanns Rücktritt, nebenamtlich die Gemeindepflege bzw. die Kassenverwaltung.[54] Der in Weinsberg geborene Schuhfabrikarbeiter Hanselmann trat seinen Dienst zum 1. September an. Er unterstützte den geschäftsführenden Bürgermeister bei den Beratungen wichtiger Gemeindeangelegenheiten und war Gemeinderechner. Hanselmann trat jedoch schon am 28. Februar 1946 auf eigenen Wunsch zurück,[55] worauf Holler allein die Geschäfte führte. Doch auch er legte bald darauf sein Amt nieder und die Geschäftsführung der Verwaltung übernahm wohl kommissarisch der am 12. April 1946 vom Gemeinderat aus seiner Mitte gewählte Gustav Pflugfelder (1898–1985).[56] Laut Gemeinderatssitzung vom 7. Februar 1946 war Karl Hanselmann zunächst weiter als Gemeindepfleger tätig.[57]

Zum Bürgermeister hatte der Gemeinderat bereits am 15. März 1946 Otto Hönig gewählt.[58] Der 1909 in Reichenbach an der Fils geborene Hönig war von 1922 bis 1929 als Webmeister tätig gewesen und hatte seit 1. April 1929 als Soldat im damaligen 100 000-Mann-Heer der Weimarer Republik gedient. Von 26. August 1939 bis 8. Mai 1945 war er im Krieg, zuletzt als Hauptmann. Von 9. Mai bis 5. Juni 1945 arbeitete Hönig, wohl nach eigener Aussage, in der Landwirtschaftsverwaltung. Die Wiederwahl durch die Bevölkerung auf sechs Jahre erfolgte am 14. März 1948.[59]

Bürgermeister Hanselmann berichtete dem vorläufigen Gemeindebeirat am 28. September 1945, dass *in der Verwaltung sämtliche Angehörige der N. S. D. A. P. entfernt* seien.[60] Die bisherigen Schreibgehilfinnnen, die nach Bürgermeister Haspels Tod 1943 teilweise zu viert gewesen waren,[61] wurden spätestens

Otto Hönig (1909–1984), Bürgermeister 1946–1974.

zum 1. Juni 1945 fristlos entlassen, ebenso zum 30. Juni der Amtsbote und Kanzleiassistent, da er der SS angehört hatte. Ihm folgte Theodor Pflugfelder und ab 1. Februar 1946 Otto Schleeweiss im Amt. Ende April 1945 bzw. in den darauffolgenden Monaten nahmen auf dem Rathaus Gertrud Ziegler (später verheiratete Burkhardt), Maria Girrbach, Else Pflugfelder, Anne Reichert und Irene Seifritz sowie ab 1. Oktober Mia Rosenstock, Meta Rettenbacher und Hildegard Blank als Schreibgehilfinnen ihre Tätigkeit auf. Manche der Angestellten waren viele Jahre für die Gemeinde tätig.[62] Adolf Sülzle wurde 1948 Gemeindepfleger und auch Ernst Baumann, seit 1946 Farrenwärter, bezog ein Gehalt von der Gemeinde.[63] Weitere Bedienstete der Gemeinde waren 1946 Feldhüter Albert Schiek und Fronmeister Hermann Reichert sowie der Küfer und Gastwirt Hermann Rossnagel als Betreuer des Wasserwerks.[64]

Da zahlreiche Verwaltungsakten, besonders auch aus der Zeit zwischen 1933 und 1945 nicht mehr auffindbar waren (übrigens bis heute), wurde eine Zeugenbefragung durchgeführt. Bürgermeister Köhnlein berichtete Ende Januar 1946, dass durch Mitarbeiter des Rathauses kurz vor der Besetzung *Sachen* vergraben worden seien. Die danach in Privathand befindlichen Schriftstücke wollte die betreffende Person nicht herausgeben. Köhnlein weiter: *Es darf auch noch bemerkt werden, daß kurz vor dem Eintreffen der Besatzung, Papiere und dergl. in grösseren Mengen … verbrannt wurden.* Die beschuldigte Person gab an, dass die Akten auf Veranlassung des Landratsamtes vergraben worden seien und auch ein Gemeinderat informiert gewesen sei. Dieser habe sogar darauf gedrängt, dass auch historische Akten gesichert würden. Bei den verbrannten Akten handle es sich um unwichtige Dinge, wie Unterlagen des Winterhilfswerks oder die Volkskartei; zudem seien auch nach der Besetzung noch Akten verbrannt worden. Kreisamtmann a. D. Harrer, der damals die Verwaltungsgeschäfte geführt hatte, gab zu Protokoll, dass er im September oder Oktober 1945 in den Aktenschränken eine *ziemlich große Veränderung gegenüber früher bezüglich der Aktenverwahrung* vorgefunden habe. Es sei schwierig etwas zu finden und manches sei ganz weg. Er vermutete aber, dass sich manche Dinge an anderer Stelle im Rathaus befänden, zumal Köhnlein wohl manches umorganisiert habe. Aufgeklärt wurde der Sachverhalt nie.[65]

Bei der Gemeindevisitation 1950 wurde bemängelt, dass keine Gemeinderatsprotokolle zwischen dem 22. März 1935 und dem 8. September 1945 vorhanden waren. Eine angeordnete Nachforschung blieb erfolglos dies bis heute: *Muß hierauf beruhen.*[66] Dass die Protokolle vorhanden waren, zeigen Auszüge aus Niederschriften dieser Sitzungen.[67]

d) Einsetzung eines demokratischen Gemeinderats und erste Wahlen

Mit Besetzung der Gemeinde wurde auch der nationalsozialistische Gemeinderat aufgelöst. Am 14. bzw. 20. Juli 1945 erfolgte in Anwesenheit von Wilhelm Keil als Vertreter des Landrats die Bildung eines provisorischen Gemeinderats.[68] Eine der ersten Sitzungen dieses vorläufigen Gemeinderats fand am 28. September 1945, wohl nichtöffentlich, statt. Dem Gremium gehörten damals Karl Hanselmann, Gotthilf Hahn, Richard Wintterlin, Karl Bareither, Robert Moz, Oskar Ditting, Wilhelm Schiek, Albert Jaus und Hermann Reichert an. Auf der Tagesordnung stand u. a. ein Überblick über die wirtschaftliche und politische Lage. Der Geschäftsführende Bürgermeister Holler führte in seiner Ansprache aus, dass *das Nazitum nur die Ausgeburt eines wahren Teufelswerkes war und noch ist.* Dies unterstrich er durch die Erinnerung an gefallene,

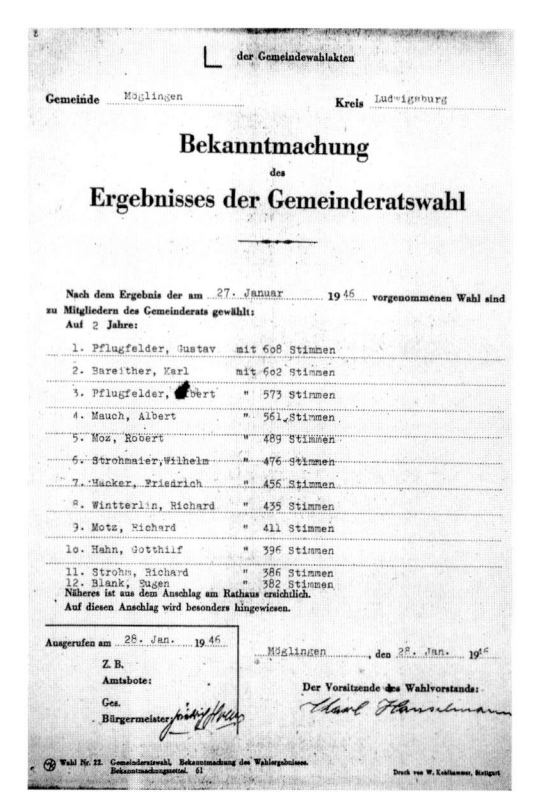

Am Rathaus ausgehängtes Ergebnis der ersten Nachkriegsgemeinderatswahl vom 27. Januar 1946.

gefangene und zu Krüppeln gewordene Menschen, aber auch durch die Zerstörung weiter Teile Deutschlands. Holler erinnerte ebenso an *die Völker und Nationen, die jahrelang unter dem Nazitum zu leiden hatten* und *die Millionen von Menschen, die um ihres Glaubens willen oft dem schrecklichsten Martyrium ausgesetzt waren und zu Tode gemartert wurden*. Holler machte den Gemeinderäten Mut für den Neuanfang, für den *Weg aus der Finsternis ins Licht* und wies sie ausdrücklich auf den Wert der Freiheit, besonders in der Presse, hin. Zugleich müsse man darauf achten, nicht *jedem Schwätzer unser Ohr [zu] leihen*. Die Gemeinderäte sollten *ihr Letztes hergeben,* und als Leitmotiv formulierte Holler: *Nicht unser eigenes Wollen, sondern das Wohl aller muß uns vor Augen stehen* und er resümierte: *Wir müssen eben wieder von vorne anfangen in der Familie, in der Gemeinde und von da nach oben. Der Neuaufbau unseres Volkes kann nicht von oben nach unten, sondern nur von unten nach oben geschehen.*[69] Eine öffentliche Gemeinderatssitzung war am 22. Oktober 1945. Besonders sämtliche Landwirte wurden dazu *dringendst eingeladen*.[70]

Am 27. Januar 1946 fand in Möglingen auf Anordnung der alliierten Militärregierung die erste Nachkriegswahl von zwölf Gemeinderäten durch die Bevölkerung statt. Die Amtsdauer war auf zwei Jahre beschränkt.[71] Zugleich wurde der bisherige Bürgermeister Hanselmann verabschiedet. Kommissionen des neuen Gemeinderats waren die Wohnungs- und Flüchtlingskommission, die Hofbegehungskommission und die Brennstoffkommission. Ortsobmann für die Bauern wurde Eugen Blank,[72] der allerdings schon im Dezember 1946 zurücktrat, *da er in Fragen der Flüchtlingsbelegung und Viehbeschlagnahme [durch die Franzosen] vorsätzlich gedrückt werde*. Die anderen Gemeinderatsmitglieder dementierten dies. Ihm rückte im Januar 1947 Karl Saureisen nach. Auch Richard Winttlerlin erklärte im Februar 1947 seinen Rücktritt. Für ihn kam Hermann Reichert.[73]

Bei der Kreistagswahl am 28. April 1946 gaben von 827 wahlberechtigten Möglingern 501 ihre Stimmzettel, die je sechs Stimmen aufweisen sollten, ab. Zehn Stimmzettel waren ungültig, der Rest ergab 1741 Stimmen für die Kandidaten der DVP, 610 für die SPD, 347 für die CDU und 47 für die KPD.[74]

Bei der Gemeinderatswahl am 7. Dezember 1947 wurden gewählt (absteigend nach Zahl der Stimmen) Hermann Seybold (Landwirt), Richard Strohm (Landwirt), Albert Pflugfelder (Landwirt), Arnold Lausmann (Arbeiter), Walter Udert (Kaufmann), Josef Rebitzer (Eisenbahner), Eduard Krause (Landwirt), Adolf Ditting (Mechanikermeister), Immanuel Oberacker (Schmiedemeister), Gustav Pflugfelder (Landwirt), Karl Hanselmann (Angestellter) und Adolf Riedel (Arbeiter). Ab jetzt saß der Rat nach Fraktionen getrennt. Gebildet wurden die Wohnungs-, Feuerwehr-, Farrenstall-, Wasserzins- und Hofbegehungskommission sowie die Inventur- und Schätzungsbehörde und der Verteiler- und Rechnungsausschuss. Außerdem wählte man Nachlassrichter.[75] Dem Gremium gehörten jetzt erstmals zwei Vertriebene an, deren Zahl sich nach der Wahl 1956 auf drei erhöhte.[76]

2. Gemeinderäte von 1945 bis heute

Nach den Wahlen von 1946 und 1947 (s. o.) fand am 28. Januar 1951 die erste Möglinger Gemeinderatswahl in der 1949 gegründeten Bundesrepublik Deutschland statt. Weitere Gemeinderatswahlen der 50er Jahre waren am 15. November 1953, 11. November 1956 und 8. November 1959. 1959 wurde der Rat von zehn auf zwölf Sitze, in den sechziger Jahren auf 16 und in den siebziger Jahren auf die heutigen 22 Mandate erweitert. Bis 1971 wurde die Hälfte der Räte, deren Amtszeit sechs Jahre betrug, alle drei Jahre gewählt. Dann fanden Gemeinderatswahlen in den Jahren 1975, 1980 und 1984 und seither alle fünf Jahre, zuletzt 1999, statt. Einen Jugendgemeinderat gibt es seit 1996.[77] Allerdings ist seine Zukunft ungewiss, denn für die dritte Wahl im

Mai 2000 standen bei Bewerbungsschluss im März für die zwölf Plätze nur zwei Bewerber zur Verfügung.[78]

Die Sitzverteilung des Gemeinderats zwischen 1959 und 1999 war wie folgt (HV = Wählergemeinschaft der Heimatvertriebene und Flüchtlinge; BWV = Bürgerliche Wählervereinigung, FW = Freie Wählerschaft, NW = Neue Wählergemeinschaft):[79]

Partei	1959	1962	1965	1968	1971	1975	1980	1984	1989	1994	1999
CDU/WU	–	–	–	–	3	10	10	11	9	8	10
SPD	1	1	1	1	3	8	10	10	8	7	7
FWV/FWM	–	–	–	–	2	3	1	–	–	3	3
FDP	–	–	–	–	–	1	1	1	1	–	–
Grüne	–	–	–	–	–	–	–	–	3	4	2
HV	2	1	–	–	–	–	–	–	–	–	–
BWV	2	1	2	2	–	–	–	–	–	–	–
FW	2	3	3	5	–	–	–	–	–	–	–
NW	–	–	–	2	–	–	–	–	–	–	–
M. Wagner – (Fraktionslos)	–	–	–	–	–	–	–	1	–	–	–

Im Folgenden wurden gemeinsam mit Klaus Herrmann, Ludwigsburg, anhand der Gemeinderatsprotokolle alle Gemeinderäte, die von September 1945 bis heute dem Gremium angehörten bzw. angehören, tabellarisch erfasst.[80] Bei den ab 1975 dem Gemeinderat angehörenden Personen ist die Partei bzw. die Wählervereinigung angegeben, für die sie jeweils kandidiert haben. Seit September 1945 gehörten bzw. gehören 123 Möglinger dem Gemeinderat an, darunter zehn Frauen.

Name	Partei	von	bis		Jahre
Bareither, Karl		1945	1947		02
Bareither, Otto		1962	1965		03
Bässler, Rudolf		1968	1975		07
Bauer, Ernst	FWM	1975	1980		05
Bauer-Oppelland, Eva-Maria	SPD	1999			
Birkicht, Klaus	CDU/WU	1994			
Blank, Edgar	FWV	1994			
Blank, Eugen		1946	1946		01
Blank, Rainer	FWV	1999			
Braun, Georg	CDU/WU	1978	1980		02
Bross, Hugo		1959	1962	1972–75	06
Czech, Gustav		1961	1968		07
Däuble, Erwin	CDU/WU	1994			
Ditting, Adolf		1947	1953		06
Ditting, Oskar		1945	1946		01

Name	Partei				
Ellwanger, Iris	FDP	1986	1989		03
Emmerth, Wolfgang	Grüne	1999	1999		01
Faulhaber, Richard		1968	1971		03
Föll, Michael	FWV	1997			
Forstner, Karl		1956	1962		06
Gemeinhardt, Roland	CDU/WU	1984			
Häcker, Albert	CDU/WU	1980			
Häcker, Bernhard	SPD	1977			
Häcker, Friedrich		1946	1947	1962–75	14
Häcker, Gerald	SPD	1994			
Häcker, Paul		1953	1956		03
Hahn, Gotthilf		1945	1946	1950–51	02
Hanselmann, Karl		1945	1946	1947–49	03
Haspel, Dr. Hans-Jochen	CDU/WU	1975	1981		06
Heinrich, Karl-Heinz	FWM	1975	1980		05
Helmle, Hermann		1965	1971		06
Henning, Georg		1956	1972		16
Henningsen, Günther	CDU/WU	1984			
Hiesinger, Matthäus		1965	1968		03
Hiller, Ulrich	SPD	1975			
Hirsch, Edith	SPD	1980	1995		15
Hofacker, Friedrich		1958	1971		13
Huss, Karl		1949	1950		01
Jaus, Albert		1945	1946		01
Jenik, Gisbert	CDU/WU	1968	1977		09
Judex, Thomas	CDU/WU	1999			
Kelm, Edwin	CDU/WU	1971	1994		23
Krause, Eduard		1947	1953		06
Kropp, Adolf	CDU/WU	1977	1980		03
Krössinger, Peter	SPD	1980			
Lausmann, Arnold		1947	1951		04
Lieb, Wolfgang	CDU/WU	1975	1980		05
Link, Ruth	CDU/WU	1975	1994		19
Magino, Rolf	SPD	1971	1980		09
Mauch, Albert		1946	1956		10
Mauthe, Bernhard		1953	1965		12
Mauthe, Götz-Georg	CDU/WU	1999			
Mauthe, Harald		1968	1975		07
Mayer, Albert	CDU/WU	1980	1984		04

Meinholdt, Gerhard	SPD	1962	1994		32
Mergenthaler, Gerhard	CDU/WU	1989			
Motz, Gustav		1959	1965		06
Motz, Joachim	Grüne	1994	1998		04
Motz, Kurt		1965	1971		06
Motz, Paul	CDU/WU	1982	1989		07
Motz, Richard		1946	1947		01
Moz, Robert		1945	1947		02
Moz, Rudolf	CDU/WU	1980	1984		04
Muras, Brigitte	Grüne	1999			
Muras, Paul	Grüne	1989	1999		10
Mutschler, Rudolf		1955	1956		01
Netsch, Franz		1952	1956		04
Niefer, Manfred	FDP	1975	1980		05
Oberacker, Immanuel		1947	1950		03
Pfeil, Johanna	SPD	1977	1977		01
Pflugfelder, Adolf	CDU/WU	1968	1994		26
Pflugfelder, Albert	CDU/WU	1971	1989		18
Pflugfelder, Albert, Chr. S.		1946	1959		13
Pflugfelder, Albert, Fr. S.		1951	1962		11
Pflugfelder, Gustav		1946	1962		16
Rebitzer, Josef		1947	1951		04
Reichert, Dr. Gerd	Grüne	1989	1994		05
Reichert, Eugen		1953	1955		02
Reichert, Hermann		1945	1946	1947–47	02
Reichert, Paul		1950	1951		01
Reichert, Thomas	SPD	1985	1989	1993–94 1995–99	08
Reiff, Werner	SPD	1980	1984	1988–89	04
Richter, Birgit geb. Lehmann	FWV	1994	1999		05
Riedel, Adolf		1947	1951		04
Riedel, Roland	SPD	1984			
Ries, Peter	FDP FWV	1989	1994		05
Röhrich, Alfred		1953	1958		05
Röse, Klaus	CDU/WU	1989			
Rühle, Roland	FDP	1980	1986		06
Sattelmaier, Eberhard	CDU/WU	1975	1978		03
Sauereisen, Karl		1947	1947		01

Name	Partei	von	bis		Jahre
Schiek, Wilhelm		1945	1946		01
Schober, Gerhard	SPD	1965	1985		20
Schulz-Hanßen, Dr. Elke	SPD	1975	1977		02
Schupp, Anton		1959	1962		03
Seybold, Adolf	CDU/WU	1965	1989		24
Seybold, Hermann		1947	1959		12
Spillmann, Wilhelm		1959	1965		06
Stöckigt, Thomas	Grüne	1994	1999		05
Strohm, Richard		1946	1953		07
Strohmaier, Wilhelm		1946	1947		01
Udert, Walter		1947	1950		03
Volz, Alfred	CDU/WU	1962	1975	1984 – 94	23
Vömel, Ingeborg	CDU/WU	1994			
Wagner, Magdalene	CDU/WU	1980	1994		14
Wegmer, Dieter		1968	1975		07
Weickmann, Monika	FWM	1975	1984		09
Weiß, Eckhard	Grüne	1989	1999		10
Weiss, Roland	SPD	1971	1993		22
Weller, Christian		1950	1971		21
Werner, Hermann		1971	1975		04
Widmaier, Dr. Stefan	Grüne	1999			
Wild, Eberhard		1958	1961		03
Willging, Norbert	SPD FWV	1975	1988	1994 – 97	13
Winter, Heinrich		1951	1953		02
Wintterlin, Richard		1945	1947		02
Wirth, Joachim	SPD	1975			
Wisskirchen, Karl	CDU/WU	1975	1980		05
Wittmann, Reinhold		1951	1958		07
Zatloukal, Alois		1951	1951		01
Zeitter, Heinrich		1951	1951		01
Zeitvogel, Fridolin	Grüne	1998	1999		01
Zirn, Klaus		1962	1965		03

Der Möglinger Gemeinderat im Jahr 2000 (alphabetisch): Eva-Maria Bauer-Oppelland, Klaus Birkicht, Edgar Blank, Rainer Blank, Erwin Däuble, Michael Föll, Roland Gemeinhardt, Albert Häcker, Bernhard Häcker, Gerald Häcker, Günther Henningsen, Ulrich Hiller, Thomas Judex, Peter Krössinger, Götz-Georg Mauthe, Gerhard Mergenthaler, Brigitte Muras, Roland Riedel, Klaus Röse, Ingeborg Vömel, Dr. Stefan Widmaier, Joachim Wirth. Vorne Mitte: Bürgermeister Eberhard Weigele.

3. Die Gemeindeverwaltung seit 1950

a) Bürgermeister, Personal und Haushaltsvolumen

Bürgermeister Otto Hönig wurde am 6. Dezember 1953 und am 19. Dezember 1965 jeweils auf zwölf Jahre wiedergewählt.[81] Zum 1. Januar 1975 legte er nach fast 29-jähriger Dienstzeit in Möglingen aus gesundheitlichen Gründen sein Amt als Bürgermeister nieder. 1979 verlieh ihm der Landkreis Ludwigsburg anlässlich seiner Niederlegung des Kreistagsmandats, das er seit 1966 innehatte, die Eberhard-Ludwig-Verdienstmedaille. Otto Hönig verstarb am 14. Februar 1984 im Alter von 74 Jahren.[82] Seine maßgeblichen Leistungen sind der wirtschaftliche Wiederaufbau der Gemeinde nach dem Krieg, die Erschließung erster großer Bau- und Industriebetriebe, vor allem des Gebietes *Löscher*, die Bewahrung der Selbstständigkeit der Gemeinde und vor allem die weit über die Grenzen des Bundeslandes hinaus bekannte Ortskernsanierung und Flurbereinigung mit Aussiedlung.

Sein Nachfolger war seit 16. Februar 1975 Bürgermeister Heinz Waibel,[83] der 1939 in Heinlesmühle (Rems-Murr-Kreis) geboren wurde. Nach einer Verwaltungslehre beim Bürgermeisteramt Murr von 1955 bis 1958 waren die Stadt Güglingen, das Landratsamt Ludwigsburg und die Staatliche Verwaltungsschule Stuttgart weitere Ausbildungsstationen vor der ersten Stelle als Inspektor bei der Stadt Heilbronn im Jahr 1961. Seit 1964 war Waibel Bürgermeister in Brettach und setzte sich am 22. Dezember 1974 in Möglingen im zweiten Wahlgang der Bürgermeisterwahl mit 56 % der Stimmen durch. Die Wiederwahl erfolgte im Dezember 1982.[84]

Im Februar 1991 legte Bürgermeister Waibel sein Amt nieder und wechselte zur Baufirma Wolff und Müller. Als seine maßgeblichen Leistungen sah er die Neugestaltung der Ortsmitte, die Verbesserung der Infrastruktur in den Bereichen Wasser, Abwasser und Straßenbau, die Neubauten von Kindergarten, Schule, Sporthalle, Aussegnungshalle, Bürgerhaus und Bauhof sowie Mietwohnungen an. Auch das Altenpflegeheim und Jugendhaus, damals aktuelle Projekte, blieben nicht unerwähnt, ebenso die Sanierung der Zehntscheune, die Renaturierung des Leudelsbachs, die Durchgrünung der Ortsmitte und das Naherholungsgebiet Bornraintal.[85]

Bei der Bürgermeisterwahl am 13. Januar 1991 konnte der Sachsenheimer Kämmerer Eberhard Weigele bei einer Wahlbeteiligung von 55 % 1956 von 3881 Stimmen auf sich vereinigen.[86] Am 19. März 1991 wurde er in sein neues Amt als Möglinger Bürgermeister eingeführt.[87] Bei der Wiederwahl am 17. Januar 1999 erhielt Bürgermeister Weigele, der einziger Kandidat war, 98,3 % der abgegebenen Stimmen bei einer Wahlbeteiligung von 33,2 %.[88] Als kommunalpolitische Schwerpunktthemen sieht er künftig die Gewerbeansiedlung *Unholder Weg* und die Thematik *Leben und Arbeiten in Möglingen*, wobei hierunter besonders auch die Interessen der Kinder und Jugendlichen sowie Engagement im Umweltschutz zu verstehen ist. Bei der Entlastung Möglingens vom Durchgangsverkehr spiele die Ostumfahrung Markgröningens eine große Rolle, ebenso sei die Reaktivierung der Bahnstrecke Ludwigsburg–Markgröningen ein wichtiges Thema.[89]

Der noch bescheidenen Gemeindeverwaltung gehörten im Jahr 1962 an: Adolf Sülzle (Gemeindepfleger), Gertrud Burkhardt geb. Ziegler (Standesamt), Hildegard Blank (Rechnungswesen, Statistik, Flüchtlingsausweise, Lastenausgleich), Gerda Walter (Bausachen, Personalausweise, Laufendes), Helene Schwerdtle (Einwohnermeldeamt, Rentenversicherung, Krankenscheine, Reisepässe), Gertrud Pflugfelder (Schreibkraft, Fürsorge, Buchhaltung), Rudolf Reichert (Fronmeister), Adolf Munz (Gemeindebote), Albert Mauch (Feldschütz), Ernst Baumann (Farrenwärter) und Hermann Helmle (Wasserversorgung).[90]

1968 arbeiteten auf dem Rathaus neun Bedienstete und weitere acht Personen beschäftigte die Gemeinde bei der Straßenreinigung, der Müllabfuhr und für Zustellungsarbeiten.[91] Im Jahr 2000 beschäftigt die Kernverwaltung im Rathaus 23 Personen voll und sechs Mitarbeiterinnen in Teilzeit. 24 Mitarbeiterinnen arbeiten in den Kindergärten und 14 Personen sind beim Bauhof beschäftigt. Neben dem Hausmeister und dem Personal für Kernzeitenbetreuung, Jugendhaus und Bücherei gibt es noch einige Aushilfskräfte.[92]

Die Einnahmen und Ausgaben der Gemeinde von 1945 bis 1961 ergaben folgende Beträge (bis 20.6.1948 in RM, dann DM; Ü = Überschuss, F = Fehlbetrag):[93]

Heinz Waibel (geb. 1939), Bürgermeister 1975–1991.

Nächste Seite: Luftbild vom 24. Mai 2000.

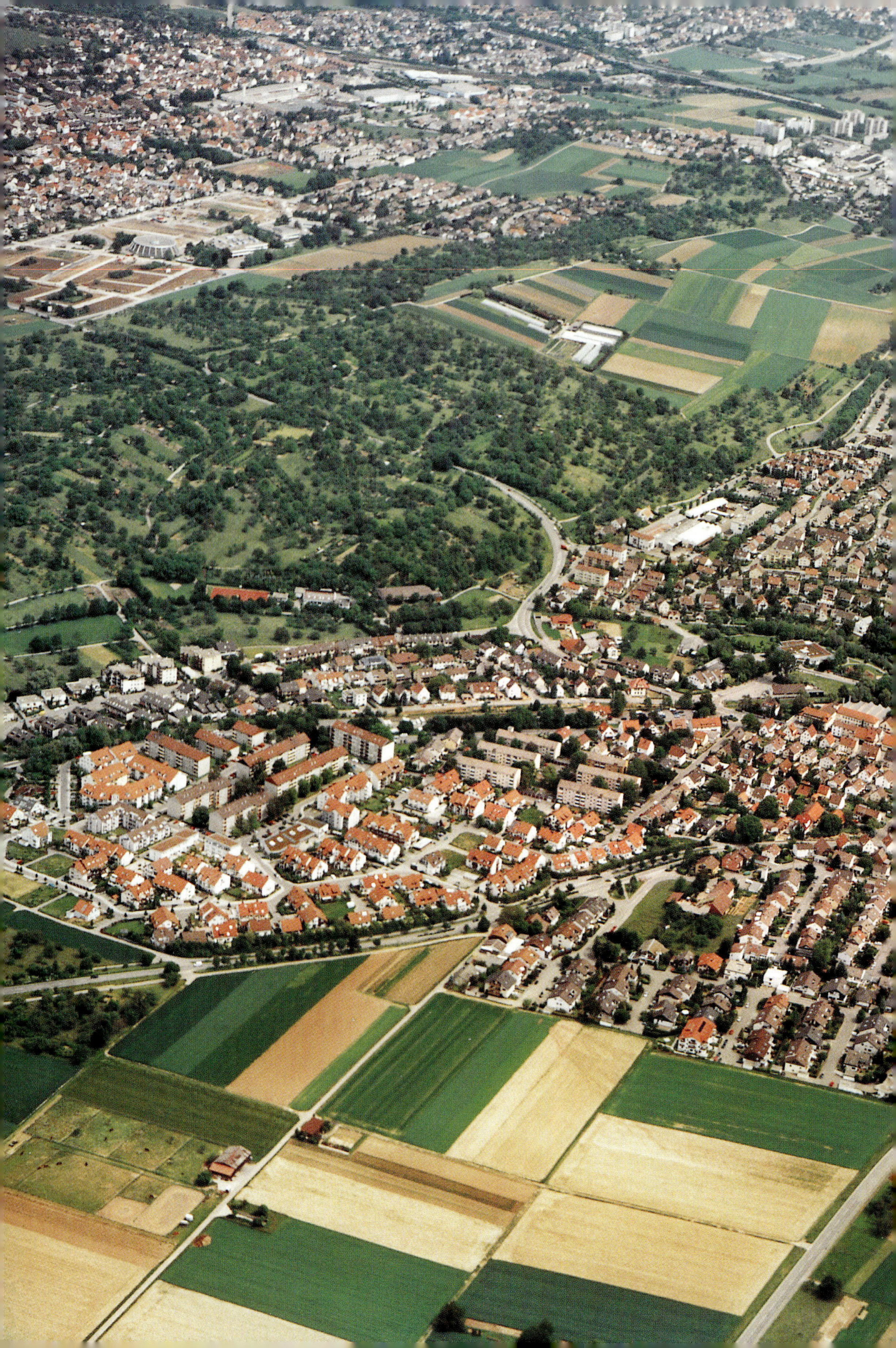

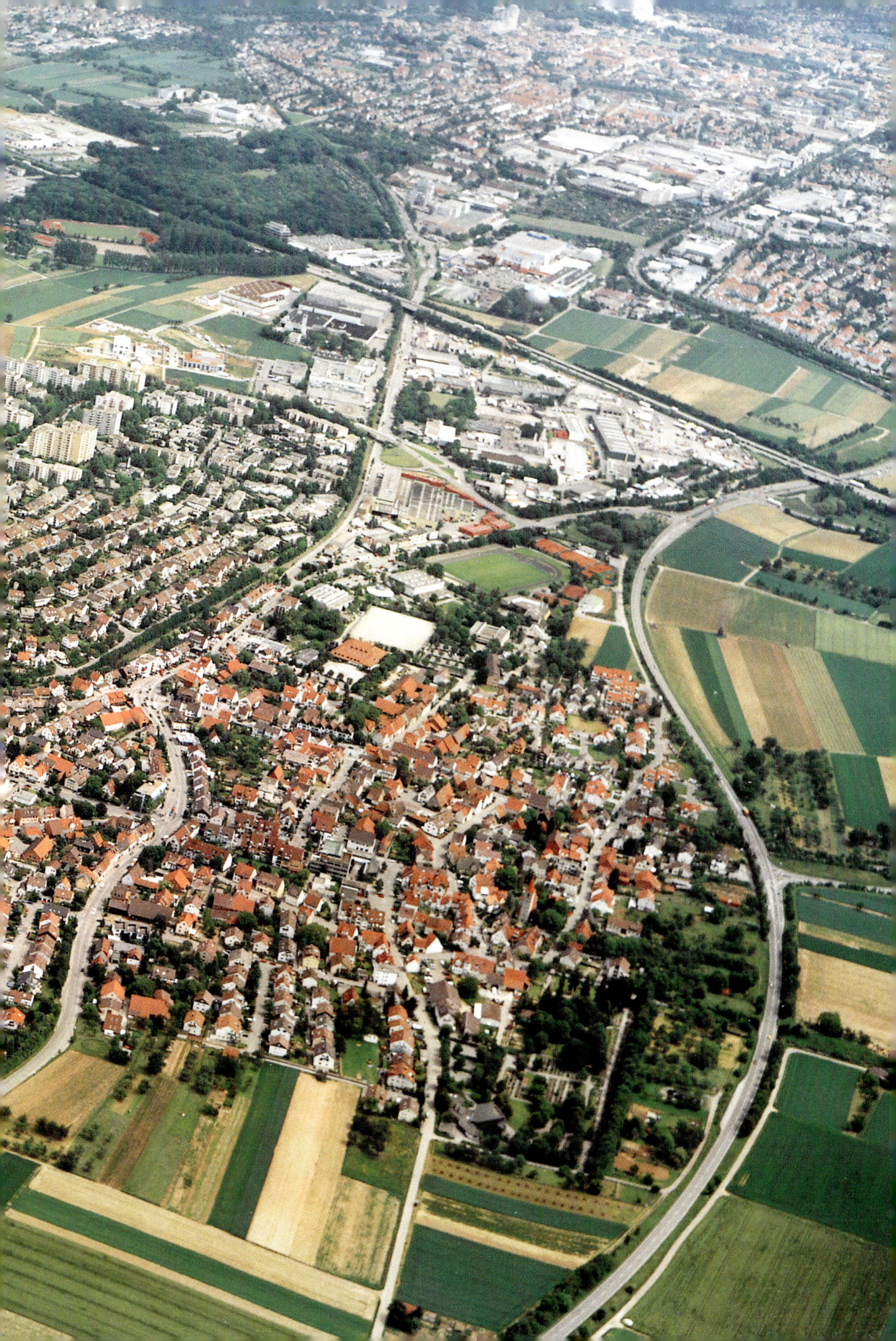

Jahr	Einnahmen	Ausgaben	Ü/F
1945	205 371,39	172 613,43	Ü 32 757,96
1946	259 173,92	227 932,54	Ü 31 241,38
1947	386 954,48	259 332,45	Ü 127 622,03
1948 bis Währungsreform 20. 6.	175 414,47	32 625,63	Ü 142 788,84
Nach 20. 6. 1948	150 313,99	151 496,05	F 1182,06
1949	324 766,38	325 289,22	F 522,84
1950	286 940,10	289 135,51	F 2195,41
1951	417 345,55	432 251,58	F 14 906,03
1952	697 989,40	710 262,80	F 12 273,40
1953	621 929,63	617 903,26	Ü 4026,37
1954	428 246,47	427 398,97	Ü 847,50
1955	487 210,63	494 496,02	F 7285,39
1956	487 210,63	494 496,02	F 7285,39
1957	633 290,69	605 864,27	Ü 27 426,42
1958	795 428,36	794 924,91	Ü 503,45
1959	1 620 437,98	1 290 846,55	Ü 329 594,43
1960	1 426 111,62	1 007 315,39	Ü 418 796,23
1961	1 012 085,59	855 370,31	Ü 156 370,28

Nach Fehlbeträgen in den ersten Jahren nach der Währungsreform sowie 1955 und 1956 wurden bis 1961 stets Überschüsse erwirtschaftet.

Das Volumen des Vermögenshaushaltes beträgt im Jahr 2000 voraussichtlich 3,8 Mio. Mark gegenüber 7 Mio. 1999 und 10,2 Mio. Mark 1998. Bürgermeister Weigele hält dies für einen *dramatischen Rückgang*, zumal allein die anstehende Erweiterung des Klärwerks Leudelsbach, das Abwassersanierungsprogramm und die Ortskernsanierung ca. 2,4 Mio. Mark verschlingen werden. Der Sanierung des Rathauses in den nächsten Jahren sieht man mit Sorge entgegen.[94] Mit dem Verwaltungshaushalt in Höhe von 27,7 Mio. Mark wies der Haushaltsplan 1999 ein Gesamtvolumen von 34,7 Mio. auf. Für das Jahr 2000 beträgt dieses 33,7 Mio. Mark, davon 3,8 Mio. im Verwaltungshaushalt und 29,9 Mio. im Vermögenshaushalt.[95]

b) Behauptung der Selbstständigkeit bei der Gemeindereform

Die Gemeindereform seit 1971 und die Kreisreform seit 1972 überstand Möglingen unbeschadet und behielt letztendlich seine Selbstständigkeit. Doch auch hier gingen politische Auseinandersetzungen voraus. 1971 war in der Zielplanung des Innenministeriums vorgesehen, Tamm, Asperg, Kornwestheim und Möglingen dem Verwaltungsraum Ludwigsburg zuzuschlagen.[96] Ludwigsburg gliederte sich Neckarweihingen ein, und 1974 sollte dieses Schicksal auch Möglingen und Poppenweiler ereilen. Obwohl sich in letzterem Ort 69,6 % der Bevölkerung dagegen aussprachen, wurde die Eingliederung vollzogen. Jetzt war Möglingen an der Reihe.[97] Auch hier wurde die Frage *Sind Sie für die Eingliederung der Gemeinde Möglingen in die Stadt Ludwigsburg?* gestellt. Von 5774 Befragten stimmten 4211, also 72,93 % ab. 13 Stimmen waren

Protest gegen die Gemeindereform im Jahr 1974 unter Vorgriff auf die neue Rechtschreibung.

ungültig und 4002 Einwohner stimmten mit *Nein*. Das waren 95,36 %. Auch eine kleine Lösung wie in Freiberg am Neckar wollte man nicht. Der Möglinger Gemeinderat stellte dazu fest: *Das in der Zielplanung vorgesehene Zusammengehen der Gemeinden Tamm, Asperg und Möglingen ist für die Gemeinde Möglingen nicht diskutabel.* Begründet wurde der Erhalt der Selbstständigkeit im Januar 1974 mit einer Einwohnerzahl von rund 10 226 Ende 1973, die bis 1985 auf 25 000 (!) prognostiziert wurde, sowie die gute Infrastruktur. Dazu zählte man das 1973 fertiggestellte Verwaltungszentrum, 1100 Schüler in zwei Grundschulen sowie einer Hauptschule und einer Sonderschule (zugleich für Markgröningen und Schwieberdingen), aber auch zwölf Kindergartenabteilungen (davon 10 neu gebaut). Außerdem waren mehrere Sporteinrichtungen vorhanden. Ein Industriegebiet im Osten bot ca. 1200 Arbeitsplätze und der 1967 abgeschlossenen Flurbereinigung waren 26 landwirtschaftliche Betriebe und elf Gärtnereien zu verdanken. Vier praktische Ärzte, ein Facharzt für Inneres, zwei Apotheken, vier Banken und vier Supermärkte rundeten das Angebot ab, sodass man keinen Grund sah, sich einer anderen Kommune anzuschließen.[98] Am 16. Oktober 1974 kam vom Innenministerium die »Entwarnung« mit der Nachricht, dass Möglingen selbstständig bleibe.[99]

c) Hochbautätigkeit der Gemeinde

Bescheiden begann die gemeindeeigene Bautätigkeit nach dem Krieg. 1945 errichtete die Gemeinde ein freistehendes Gerätehaus im Hohlgraben und 1946 einen Schuppen in der Hanfbachstraße.[100] Das einsturzgefährdete Backhaus wurde im Februar 1946 abgebrochen.[101]

Im September 1945 wurde vom vorläufigen Gemeinderat die Aufstellung einer Baracke als Notleichenhalle beschlossen.[102] Die 1958 neu erbaute Leichenhalle wurde am Volkstrauertag, dem 16. November 1958, eingeweiht.[103] Sie beendete endgültig den alten kirchlichen Brauch der sog. Trauerprozession, bei welcher der Verstorbene auf den Friedhof getragen oder auf einem blumengeschmückten Pferdewagen gefahren wurde.[104] Zugleich wurde der Friedhof erweitert.[105] Eine größere Aussegnungshalle entstand 1981.[106]

Das erste größere Bauprojekt der Gemeinde nach dem Krieg war die Erstellung einer Gemeinde- und Festhalle mit einer Wohnung für den Amtsdiener. Der Bau wurde im Juni 1949 begonnen und am 12. Februar 1950 eingeweiht. 1949/50 entstand aus der Turnhalle durch den Einbau von vier Wohnungen ein zweistöckiges Wohnhaus mit Waschküchenanbau.[107] Nicht verwirklicht wurde ein Vorschlag des Bauausschusses von 1963, eine Kleinschwimmhalle der Größe 8 × 25 m zu erstellen.[108] Das Projekt wurde mehrere Jahre verfolgt und 1968 erging sogar ein Spendenaufruf.[109] Realisiert wurde hingegen um 1970 die Anlage eines Hartplatzes, und 1972 beschloss der Gemeinderat den Bau einer Sporthalle und einer Großsporthalle, der Stadionhalle, die 1974 eingeweiht wurden.[110] Außerdem standen den Möglinger Sportlern Leichtathletikanlagen, Sport- und Tennisplätze und zwei Gymnastikhallen zur Verfügung.[111] Die Sonnenbrunnenhalle wurde im Mai 1981 eingeweiht.[112] Die Stadionhalle soll im Sommer 2000 für knapp 1,1 Mio. Mark saniert werden.[113]

Das alte Rathaus wurde 1959/60 umgebaut und für rund 25 000 DM unter Einbau einer Ölheizung renoviert. Durch den Ausbau des Dachgeschosses konnten drei neue Amtsräume eingerichtet werden.[114] Der Polizeiposten Möglingen wurde 1964 aufgegeben und durch eine Notrufanlage ersetzt, jedoch Ende 1968 als Polizeiaußenstelle der Ludwigsburger Polizei wieder eingerichtet.[115]

Im Rahmen der Ortskernsanierung wurde das alte Rathaus abgebrochen und ein neues Verwaltungszentrum in Sichtbetonbauweise errichtet. Den dafür ausgeschriebenen Wettbewerb gewannen 1968 die Stuttgarter Architekten Stanger und Frenkel.[116] Mitte Oktober 1969 begannen die Bauarbeiten,[117] und 1974 wurde der moderne Gebäudekomplex, der auch das Feuerwehrgerätehaus und den Landespolizeiposten beherbergte, eingeweiht.[118] Das nächste große Projekt der Gemeinde war ein Bürgerhaus, das seine Autostellplätze auf dem Gelände der dafür abgebrochenen Gemeinde- und Festhalle (s. o.) erhielt. 1983 fällte der Gemeinderat den Baubeschluss für dieses größtes Einzelprojekt in der Gemeindegeschichte, das die Stuttgarter Architekten Perlia, Schliebitz und Schwarz für rund acht Mio. DM erbauten. Das Bürgerhaus als Zentrum gesellschaftlichen und kulturellen Lebens wurde am 6. und 7. Dezember 1986 eingeweiht und enthält einen durch eine Falttür getrennten großen und kleinen Saal für 400 bzw. 170 Besucher sowie einen Mehrzweckraum, Vereinsräume, ein Foyer und eine Cafeteria. Ein Jahr später begann der Umbau der rund 450 Jahre alten ehemaligen Zehntscheuer zu einer Gemeindebücherei und Galerie durch Architekt Stöcker. Das rund 2,4 Mio. DM teure Projekt wurde am 2. Dezember 1989 eröffnet. 1992 entstand in Möglingen das Kleeblatt-Pflege-

Die 1949/50 erbaute Gemeindehalle musste dem Parkplatz des Bürgerhauses weichen.

heim im Leudelsbachtal, das sowohl Pflegebetreuung, als auch Wohnungen für Senioren, die sich noch selbst versorgen können, bietet (s. S. 433). Im September 1993 wurde das für rund 1,8 Mio. erbaute Jugendzentrum JUFO (Jugendforum) eröffnet.[119] Das imposante Gebäude in Form einer fliegenden Untertasse wurde sogar in einer Baufachzeitschrift vorgestellt.[120] Der Kindergarten in der Eugenstraße im Baugebiet Raite II wurde im Juli 1994 eröffnet.[121]

d) Feuerwehr; Ver- und Entsorgung

Die Freiwillige Feuerwehr, die nach der Besetzung 1945 kurzzeitig Reservefeuerwehr hieß, wurde im Juli 1945 aufgelöst und musste ihre Ausrüstung abliefern. Doch schon am 23. Dezember 1945 fand wieder eine Übung statt.[122] Formell wurde die Möglinger Feuerwehr am 9. Mai 1947 wieder ins Leben gerufen. Die Ausrüstung bestand aus einer Renault Motorspritze und aus drei Schlauchwagen. Die 1948 wieder aus 55 Mann bestehende Wehr feierte 1952, wohl nachträglich, das 75-jährige Jubiläum mit Vereinen und Wehren aus Ludwigsburg, Asperg und Markgröningen.[123]

1949 bis 1954 war der Landwirt Karl Stähle und bis 1963 Schuhmachermeister Emil Ruf

1964 wurde das erste Möglinger Feuerwehrauto beschafft.

Einer der größten Möglinger Feuerwehreinsätze war der Kühlhausbrand 1981.

Feuerwehrkommandant. Dann übernahm der Landwirt Adolf Pflugfelder diese Aufgabe.[124] Durch das Feuerwehrgesetz wurde 1956 das Feuerwehrabgabealter auf 60 Jahre erhöht. Statt bisher 300 zahlten nun 490 Personen eine Feuerwehrabgabe. Die Wehr zählte damals 48 aktive Mitglieder.[125]

1957 konnte ein neuer Tragkraftspritzenanhänger und 1964 das erste Feuerwehrauto beschafft werden. Ein Fortschritt war 1960 die Installation einer Weckerlinie am Ort mit fünf Feuermeldern und 15 Alarmweckern. Das restliche Personal wurde mittels Sirene alarmiert. Entscheidend war 1972/73 der Bau und die Inbetriebnahme des Feuerwehrgerätehauses, wobei zugleich ein größeres Tanklöschfahrzeug gekauft wurde. 1975 zählte die Möglinger Feuerwehr 47 Mann[126] und feierte ihr hundertjähriges Bestehen.[127] Einer der größten Brände, den sie mithalf zu bekämpfen, war von 10. bis 13. März 1981 der Großbrand mehrerer Kühlhauser in der Raiffeisenstraße mit einem Schaden von rund 80 Mio. DM. 1992 kam es unweit davon zu einer Explosion mit Großbrand, der die Möglinger Feuerwehr forderte. Zahlreiche und schwierige Einsätze führten 1994 zur Beschaffung eines Hilfeleistungslöschfahrzeugs LF 16/12.[128]

1999 hatte die Feuerwehr 58 Einsätze und 1466 Übungsstunden bestritten. 25 Einsätze verursachte allein der Sturm *Lothar*. Im Jahr 2000 ist Wolfgang Lieb Feuerwehrkommandant, und dem Feuerwehrausschuss gehören Werner Brosi, Gerd Dürmeier, Reinhard Töpfer, Tobias Burgard, Markus und Thomas Giek, Bert Häcker und Stephan Öttinger an. Von 13. bis 15. Mai feierte die Wehr ihr 125-jähriges Bestehen.[129]

Selbst die beste Feuerwehr ist ohne Wasser nutzlos. Um sowohl für die Wehr, als auch für die Bevölkerung genügend Wasser bereitstellen zu können, baute die Gemeinde 1949 einen Wasserhochbehälter.[130] Zehn Jahre später litt Möglingen Ende 1960 unter Wasserknappheit und ein erst 1978 stillgelegter Brunnen bei der Hanfbachschule wurde gebohrt.[131] Ebenfalls 1960 beschloss der Gemeinderat den Anschluss der Gemeinde an die Bodenseewasserversorgung. Insgesamt wurden 153 000 DM für die Wasserversorgung ausgegeben. Als neue Verbraucher wurden 1961 erste Aussiedlerhöfe an die Wasserleitung angeschlossen.[132] 1962 beauftragte die Gemeinde den Stuttgarter Architekten Kesseler mit dem Bau des Wasserturms,[133] der dann am 10. Dezember 1964 in Betrieb genommen wurde.[134] Das Projekt verschlang rund eine halbe Mio. Mark,[135] zudem mussten für 1,8 Mio. Versorgungsleitungen zu dem 400 Kubikmeter Wasser fassenden und 36 Meter hohen Bauwerk erstellt werden.[136] So konnte 1967 die 1906 erbaute Wasserpumpstation abgerissen werden.[137] 1976 wurde als sog. Erdbehälter ein weiterer Wasserspeicher neben dem Wasserturm gebaut,[138] und seit 1984 hat die Gemeinde einen dritten Anschluss an die Bodenseewasserversorgung.[139]

Der 1964 in Betrieb genommene Wasserturm während des Baus.

Zur Abwasserentsorgung wurde 1948/49 in der Gemeinde ein Kanalisationsnetz aus großen Betonröhren verlegt. Dazu musste im Tal ein neues Bachbett geschaffen werden.[140] Die Kanalisation wuchs mit den Baugebieten und Straße um Straße wurde erschlossen.[141] So war bald die Zeit für ein Klärwerk reif, das seit 1965 gemeinsam mit Asperg und Pflugfelden gebaut wurde. Die Zuleitungen verlegten die Gemeinden schon ab 1963. Ende April 1966 konnte Richtfest gefeiert werden, im November wurde der mechanische Teil und 1967 der biologische Teil fertiggestellt. Die Kosten des am 24. November 1967 eingeweihten Gruppenklärwerks Leudelsbach betrugen rund 4,6 Mio. DM.[142]

1998 wurden als Hochwasserschutz die Regenrückhaltebecken *Furt I* und *Furt II* an der Autobahn für 2,5 Mio. DM, von denen die Gemeinde 60 % tragen musste, ausgebaut. Anfang Mai 2000 weihte Bürgermeister Weigele gemeinsam mit der Ludwigsburger Oberbürgermeister Eichert ein neues Regenüberlaufbecken und einen Staukanal im Gebiet *Hintere Halden* ein, die Möglingen vor Überflutungen schützen sollen. Die Kosten betrugen rund 6,5 Mio. DM.[143]

Die Müllabfuhr, früher auch eine städtische Entsorgungseinrichtung, wurde in Möglingen ab Juli 1947 an zwei Samstagen im Monat eingeführt.[144]

Ende November 1954 erfolgte die Erhöhung der Stromspannung des Gemeindenetzes von 110 auf 220 Volt.[145] Zwei neue Trafostationen der Kraftwerk Altwürttemberg AG sorgten seit 1960 für eine wesentliche Verbesserung der Stromversorgung. Im selben Jahr wurden 15 000 DM für die Straßenbeleuchtung ausgegeben.[146] Im Mai 1995 richtete die Gemeinde in der Hanfbachschule ein Blockheizkraftwerk ein, das die Hanfbachschule, die Furtbachschule, die beiden Sporthallen, das Jugendhaus und das Bürgerhaus mit Wärme versorgt.[147] 1985 erhielt Möglingen Anschluss an das Gasnetz der Stadtwerke Ludwigsburg, die rund 2,5 Mio. DM dafür ausgaben.[148]

e) Verkehr und Kommunikation

1950 beschloss der Gemeinderat, die bisher am Stück durchgezählten Hausnummern durch eine straßenweise Hausnummerierung zu ersetzen.[149] Dabei wurden manche Straßen umbenannt und einige Häuser anderen Straßen zugeteilt. Vorher und nachher werden folgende Bezeichnungen genannt: oben im Gässle, im Gässle, mitten im Dorf, beim Rathaus, Kirchweg, bei der Wette, Krämergässle, in den Kirchgärten, bei der Kirche, am Kirchweg, Kirchgartenstraße, Hauptstraße, Wagnerstraße, Kirchgasse, Handwerkergasse, Rosenstraße, Milchgasse, Bahnhofstraße, Hindenburgstraße, Krämergasse, Pfarrgasse und Spitalhof sowie Münchinger, Schwieberdinger, Markgröninger, Asperger und Stammheimer Straße.[150] Dieses Straßenverzeichnis mutet bescheiden an, wenn man es mit den Ende 1999 vorhandenen 112 Möglinger Straßen vergleicht.[151]

Die kurz vor Kriegsende gesprengte Autobahnbrücke wurde im September 1945 wieder aufgebaut.[152] 1956 begannen die Bauarbeiten an der bisher nur provisorischen Autobahnauffahrt Möglingen/Ludwigsburg-West (heute Ludwigburg-Süd). Sie wurde 1957 fertiggestellt und kostete rund 600 000 DM.[153]

Der Ausbau der Landstraße zwischen Möglingen und Asperg konnte 1954/55 bis 1958 verwirklicht werden[154] und 1961 begann der Bau der südlichen Umgehungsstraße nach Schwieberdingen mit einer Länge von 4,5 km, davon 3,5 km auf Möglinger Markung. Das mit einem Gesamtaufwand von 6,2 Mio. DM erstellte Bauwerk[155] wurde 1962 vollendet.[156] Am 4. Dezember 1968 konnte die bis zur Markungsgrenze ausgebaute Straße nach Stammheim dem Verkehr übergeben werden; die restlichen zwei Kilometer auf Stammheimer Markung wurden bis Ende 1969 ausgebaut. Auf der neuen Straße richtete die Bundesbahn eine Buslinie ein.[157]

Innerorts wurden 1956 zwei gefährliche Kurven und ein Engpass beseitigt, wozu an der Ecke Markgröninger/Schwieberdinger Straße

Zwei Möglinger Engpässe im Jahr 1969: oben die Kreuzung Bahnhof-, Markgröninger und Schwieberdinger Straße (v.l.: Haus Müller, Haus Knoll, Scheune Paul Blank, Haus Walter; heute Kreuzung und Volksbank); unten die Hindenburgstraße (v.l.: Haus Paul Blank, Bäckerei Schober, Haus Hirsch; heute rechts: Rathausplatz).

das Bauernhaus Gustav Munz und in der Bahnhofstraße das Gebäude Nr. 10 abgerissen wurden.[158] Die wachsenden Wohngebiete mussten durch neue Straßen erschlossen werden. So entstanden zwischen 1959 und 1962 Asperger Straße, Schützenplatz, Schillerstraße, Hauffstraße, Friedrichstraße, Goethestraße, Haldenweg, Karlstraße, Ulrichstraße, Alemannenstraße, Raitestraße, Hanfbachstraße, Wagnerstraße, Brühlstraße, Mörikestraße und Wiesenweg. Viele weitere Straßen, die hier nicht einzeln aufgeführt werden können, folgten.[159] Als eine der ersten Gemeinden Deutschlands installierte Möglingen Anfang 2000 eine Glättemeldeanlage für Gemeindestraßen. Eine erste Sensorenanlage wurde an der Hohenzollernstraße aufgestellt.[160]

1982 wurden die Pläne zur geplanten Trasse der Bundesstraße 27a bekannt, die damals bei der Solitudeallee abzweigen und als eigenständige Trasse quer über das Lange Feld bis zum Autobahnanschluss Ludwigsburg-Süd führen sollte. Weder Möglingen noch Kornwestheim, wo ein großer, inzwischen realisierter Containerbahnhof, entstehen sollte, waren damit einverstanden.[161] Inzwischen ist die Straße gebaut und mündet an der Markungsgrenze in die alte Landstraße zwischen Möglingen und Stammheim, die vielleicht in Zukunft einen weiteren Ausbau erfährt.

Anfang Mai 1999 wurden Pläne laut, nach denen die Aral AG nahe der Autobahn einen großen Auto- und Rasthof mit ca. 400 Parkplätzen, größtenteils auf Möglinger Markung, plane. Dazu sollte die Autobahnausfahrt in ein großes sog. vierblättriges Kleeblatt umgewandelt und etwa einen halben Kilometer nach Süden in Richtung Wasserturm verlegt werden. Aral würde den Großteil der Kosten von rund 25 Mio. DM übernehmen und zugleich könnte eine neue Trasse von der Autobahnausfahrt zur Umgehungsstraße nach Schwieberdingen entstehen. Allerdings befürchtete man bei Stilllegung des alten Teilstücks am südlichen Ortsende wieder eine Zunahme des innerörtlichen Verkehrs.[162] Der in Aussicht gestellte Flächenbedarf von 14 bis 18 Hektar rief Naturschützer und Landwirte auf den Plan und bei einer Bürgerversammlung am 7. Juli 1999 waren alle Plätze des Bürgerhauses besetzt. Es zeigte sich, dass Umweltschützer, Landwirte und andere Bewohner der Gemeinde Flächenversiegelung, Lärm, Abgase und Kriminalität am Rasthof befürchteten.[163] Der Mineralölkonzern musste seine Pläne jedoch auf die lange Bank schieben, da nach Einschätzung von Fachleuten der Ausbau der Autobahnausfahrt aus finanziellen Gründen erst in 12 Jahren möglich ist, wie Bürgermeister Weigele im Oktober 1999 im Gemeinderat bekannt gab. Auch der damit verbundene vierspurige Ausbau der Umgehungsstraße ist aufgeschoben,[164] und die Zukunft wird zeigen, welche Pläne realisiert werden.

Im Jahr 2000 ist das größte Verkehrsproblem, wie in vielen Gemeinden, so auch in Möglingen der stark zunehmende Durchgangsverkehr. Ein wichtiges Ziel der Gemeinde ist die Suche nach der richtigen Entlastung, die sie in Stellungnahmen zum Verkehrsplan der Region Stuttgart einbrachte. Die Kommune unterstützt die Bemühungen, die bestehende Auffahrt Ludwigsburg-Süd aufzugeben und stattdessen eine neue Auffahrt in Wasserturmnähe zu schaffen. Dabei soll die Umgehungsstraße nach Schwieberdingen weiter nach Süden verlegt werden. Auch an einen achtspurigen Ausbau der Autobahn ist gedacht und von der in die »höchste Dringlichkeitsstufe« eingestufte Ostumfahrung Markgröningen verspricht sich die Gemeinde eine deutliche Entlastung, wenn dabei gleichzeitig die Weinstraßenkreuzung ausgebaut würde.[165]

Die Möglinger Bahnstrecke verlor durch die Zunahme des Automobilverkehrs zunehmend an Bedeutung. 1955 fuhren statt 21 nur noch 15 Zugpaare täglich und trotz Einsatz einer Diesel-, anstelle der Dampflokomotive, nahmen die Fahrgastzahlen stetig ab. 1954 fuhr der erste Bahnbus auf der neuen Strecke Ludwigsburg–Möglingen–Schwieberdingen.[166] 1968 verkehrten täglich noch zwei Züge während des Arbeiterverkehrs, ein Schulzug mittags und abends noch ein weiteres Zugpaar. Am 1. Juli 1968 schloss die Bundesbahn den Möglinger Bahnhof und legte die Strecke still.[167]

Seit mehreren Jahren beschäftigt die Gemüter die Reaktivierung der Bahnstrecke Markgröningen–Ludwigsburg. Auf die Gemeinde würden jedoch nach heutigen Schätzungen Kosten in Höhe von ca. 8,3 Mio. DM zukommen. Insgesamt könnte die Wiederinbetriebnahme rund 26 Mio. DM verschlingen.[168] Ein Ergänzungsgutachten, das im September 1999 vorgestellt wurde, ergab allerdings Mehrkosten der Gesamtsumme in Höhe von rund 1,5 Millionen DM, falls Züge mit einer Geschwindigkeit von 100 Stundenkilometer fahren sollen. Zunächst werden Fördermittel beantragt und Buszubringernetze ausgearbeitet.[169] Im März 2000 befindet sich die Zukunft der Bahnstrecke in einem *anhaltenden Schwebezustand*.[170]

In der zweiten Hälfte der siebziger Jahre begannen die Planungen der Bundesbahn für eine sog. Schnellbahntrasse zwischen Stuttgart und Mannheim, die mitten durch die südliche Möglinger Markung im Langen Feld führen sollte. Sogar in der amtlichen Beschreibung des Kreises Ludwigsburg wurde 1977 kritisiert, dass die *solide Grundlage* der zahlreichen landwirtschaftlichen Betriebe durch die Trasse, die *das Lange Feld, jenes Gebiet mit den höchsten Bodengütewerten, durchschneiden soll*, gefährdet sei. *Viele Hektar wertvollsten flurbereinigten Bodens würden dabei zerstört werden. Einige mit großer Mühe aufgebaute Aussiedlerhöfe müßten aufgegeben werden.* Letztendlich wurde die Trasse aber so gelegt, dass keine Gebäude verlegt werden mussten und eine teilweise Untertunnelung hielt den Schaden in Grenzen.[171]

Der 1984 geplante Baubeginn verzögerte sich, da die Gemeinde Möglingen 17 Argumente gegen den Bau zu Felde führte. So war damals noch von einer »schwerwiegenden Beeinträchtigung von Natur und Landschaft in einem bedeutenden Naherholungsgebiet« die Rede. Die Einwände der Landwirte betrafen den erheblichen Eingriff in ihre Nutzfläche.[172] Ein heftiger Streit und ein Schweizer Gutach-

Das Möglinger Zügle im Winter 1956. Im Hintergrund die ersten Häuser des Baugebiets Wollenberg.

Bau der Schnellbahntrasse im Langen Feld 1985.

Straße und Schiene (Schnellbahntrasse und Autobahn) kreuzen sich im Jahr 2000 im Langen Feld beim Wasserturm.

ten, das der Trasse kaum Nutzen bescheinigte, führte zu einer Klage der Kommunen Schwieberdingen und Möglingen, der sich auch Privatpersonen anschlossen. Trotzdem begann die Bahn Mitte 1985 mit den Bauarbeiten.[173] Als Folge verweigerte Möglingen den Gleisbauern jede Hilfe. Das Wasser mussten Tankwagen herbeifahren und den Strom erzeugte ein Notstromaggregat. Auch die Benutzung der Feldwege für den Bauverkehr wurde untersagt.[174] Das *Eilverfahren* wurde erst im März 1987 abgeschlossen und die beiden Gemeinden verloren in erster Instanz. Die Bauarbeiten waren derweil schon weit vorangeschritten.[175] Am 2. Juni 1991 befuhr der erste Zug diese erste Neubaustrecke der Bahn seit Kriegsende.[176] Die Post wurde seither mit dem Zug transportiert. Nach dem Krieg übernahmen *moderne Postomnibusse* diese Aufgabe. Bis 1958 war das Möglinger Postamt in einem großen Zimmer eines Privathauses untergebracht. Dann wurden Räume in der Möglinger Bank angemietet. Drei Personen trugen jetzt anstelle eines früheren Dorfbriefträgers die Post aus.[177] Eine anscheinend schlechte Nachricht überraschte die Gemeinde Anfang Februar 2000:

Die Deutsche Post AG wird noch im ersten Halbjahr ihre Möglinger Filiale schließen. Als Ersatz soll das Rewe-Lebensmittelgeschäft gegenüber einen Teil der Aufgaben übernehmen. Obwohl die Post keine Nachteile für die Kunden sieht, stoßen die Pläne bei Bürgermeister und Gemeinderat auf Skepsis.[178]

1950 war die Gemeindeverwaltung mit der Nummer 3712 ans Telefonnetz angeschlossen.[179] Um 1955 wurden weitere 14 Telefonanschlüsse in Möglingen verlegt,[180] und bis 1967 war ihre Anzahl auf 254 gestiegen.[181]

Die Ludwigsburger Zeitung, heute Kreiszeitung, war schon seit ihrem Erscheinen amtliches Bekanntmachungsorgan. Daneben gab es eine Zeitlang den Strohgäuboten. Das Ausschellen des Büttels wurde am 8. Juni 1959 durch die Herausgabe des ersten Gemeindemitteilungsblattes entbehrlich. Zum Jahresbeginn 1986 wurde das Mitteilungsblatt in *Möglinger Nachrichten* umbenannt.[182] Inzwischen bietet seit 12. März 1999 die Möglinger Internetseite unter der Adresse *www.moeglingen.de* aktuelle Informationen zu Kultur, Verwaltung und Wirtschaft der Gemeinde.[183]

f) Kultur, Sport und soziales Engagement

Immer wieder gab es Möglinger, die sich mit Kultur und Geschichte ihrer Heimatgemeinde beschäftigten. Schultheiß Pflugfelder begann 1896 mit der verdienstvollen Aufgabe der Führung einer Gemeindechronik, die von Oberlehrer Kurz bis 1933 fortgeführt wurde (s. S. 363). 1946 kam Oberlehrer a. D. Otto Schwab *als Flüchtling aus dem Sudetenlande* nach Möglingen. Er führte die Gemeindechronik von 1953 bis 1963 weiter. Auch die Jahre zwischen 1933 und 1953 versuchte Schwab zu ergänzen, wobei er sich hauptsächlich auf das seit 1929 von Pfarrer Rentschler herausgegebene Gemeindeblatt *Heimatglocken* stützte. Ab 1946 konnte er aus eigener Erfahrung berichten. Der Nationalsozialismus fand kaum Erwähnung. Die Zeit war wohl noch nicht reif, zumal viele Parteiangehörige bald wieder in Amt und Würden waren.[184] Friedrich Häcker fasste in der Festschrift *700 Jahre Möglingen* das kommunale Geschehen von 1945 bis 1975 auf zwei Seiten zusammen. Intensiv beschäftigte sich Pfarrer Rentschler, der von 1928 bis 1946 in Möglingen amtierte, in seinem Gemeindeblatt *Heimatglocken* mit der Möglinger Familiengeschichte. Aber auch erste ortsgeschichtliche Forschungen, hauptsächlich im Bereich Kirche und Schule, stellte er an. So verdanken wir ihm erste Listen der Schultheißen, Pfarrer und Lehrer. Rentschler war Gründungs- und Ehrenmitglied des Vereins für Familien- und Wappenkunde in Württemberg und Baden[185] sowie Ausschussmitglied des Vereins für württembergische Kirchengeschichte.[186]

Eng mit Rentschler arbeitete der eigentliche Nestor der Möglinger Ortsgeschichte, Hermann Seybold (1896–1988), zusammen. Gemeinsam mit seinen Söhnen Hermann jun. (1925–1998) und Adolf (1928–2000) trug er in drei Bänden zahlloses Quellenmaterial zusammen, aus dem auch einzelne Veröffentlichungen, so im Mitteilungsblatt der Gemeinde oder in der Beilage »Hie gut Württemberg« der Ludwigsburger Kreiszeitung hervorgingen.

Ziel der Familie Seybold war ein Möglinger Heimatbuch. Als 1966 eine Festschrift anlässlich der Erweiterung der Volksschule erscheinen sollte, regte Bürgermeister Hönig an, eine Chronik in größerem Umfang herauszugeben. Das Vorhaben wollte man aber bis zum Rathausbau zurückstellen.[187] 1968 gab Rektor i. R. Albert Kleemann bekannt, dass er seit vier Jahren an einer Ortschronik arbeite, die in einem Jahr druckreif sei, allerdings nie erschien. Auch seine Vorarbeiten sind verschollen.[188] 1986 beschloss der Gemeinderat, das Projekt »Heimatbuch« zu realisieren und beauftragte den leider darüber verstorbenen Historiker und Archivar Dr. Günter Cordes mit der Erstellung. Der Verfasser dieser Zeilen griff die Idee 1996 auf, und so kam das vorliegende Werk zustande.

Bürgermeister Haspel beschäftigte sich in den dreißiger Jahren mit dem Ortswappen. Im Forstlagerbuch von 1682 wird als Möglinger Fleckenzeichen- oder Marksteinzeichen ein reichsapfelähnliches Scheibenkreuz mit aufgesetztem kleinerem Kreuz unter der Initiale M abgebildet, dessen Bedeutung unbekannt ist, Ein ähnliches Zeichen hat auch Backnang, wo ebenfalls eine wohl auf badische Ursprünge zurückgehende Pankratiuskirche steht.[189] Vielleicht hängt das Kreuz auch mit dem am Ort maßgeblichen Stuttgarter Hospital zusammen. Das heute geläufige Wappen wird 1859 erstmals beschrieben[190] und 1950 abgeändert, indem man den Kreuzpickel durch eine Reithaue ersetzte.[191] Das Innenministerium Baden-Württemberg verlieh der Gemeinde Möglingen am 22. Juni 1967 offiziell das Recht, eine Flagge in den Farben *Weiß-Blau (Silber-Blau)* und das Wappen mit der Beschreibung *In Blau schräg gekreuzt eine gestürzte silberne (weiße) Haue und ein gestürzter silberner (weißer) Spaten, auf der Kreuzung belegt mit einem achtspeichigen silbernen (weißen) Rad* zu führen.[192]

Zur 700-Jahr-Feier, die 1975 zehn Tage lang zugleich mit dem hundertjährigen Jubiläum der Feuerwehr begangen wurde, erschien eine Festschrift, die als erste eigenständige größere Veröffentlichung zur Ortsgeschichte gelten kann.

Wie viele Gemeinden hatte auch Möglingen eine Paten- oder Partnerstadt in der Deutschen Demokratischen Republik: Nach Ilmenau in Thüringen spendeten die Möglinger fleißig Gaben für die *sowohl in leiblicher als auch in seelischer Hinsicht in großer Bedrängnis* lebende Bevölkerung dieser Stadt.[193] 1990 wurden partnerschaftliche Beziehungen zu Sinnicolau Mare in Rumänien und 1991 zu Großröhrsdorf in Sachsen aufgenommen,[194] die allerdings nicht weiter vertieft wurden.[195]

Ein bedeutender kultureller Beitrag war die Einrichtung der Gemeindebibliothek durch Bibliothekar Lehrer Bernhard Mauthe im November 1950. Die französischen Besatzungssoldaten hatten fast alle Bücher mitgenommen, aber durch Spenden gingen 110 neue Bücher und 250 DM zum Kauf weiterer Literatur ein.[196] Offenbar kam später eine Durststrecke, denn Im November 1960 wurde die Gemeindebücherei wieder eröffnet und konnte mit 1200 Büchern aufwarten.[197] Auch Ende der sechziger Jahr war eine Flaute, denn zum dritten Mal öffnete die Einrichtung im Dezember 1972 nach vierjähriger Pause. Ende 1974 war die im Rathaus untergebrachte Bücherei mit 42 305 Entleihungen an der Spitze im Kreis Ludwigsburg. Seit Anfang November 1972 wurde sie von Ursula Jaspert geleitet, die 1974 7000 Bücher verwaltete und 1100 Leser betreute. Anfang Dezember 1988 trat Diplom-Bibliothekar (FH) Wolfgang Kelm seinen Dienst an und im Dezember 1989 wurde in der umgebauten Zehntscheuer die neue Bibliothek

Ein Wagen des Festzugs zur 700-Jahr-Feier 1975.

Nach seinem Sieg beim Großen Straßenpreis von Argentinien nimmt Manfred Schiek 1961 die Glückwünsche von Bürgermeister Hönig und Gemeinderäten entgegen.

ner Reithalle und mehreren kleineren Sportanlagen betreiben.[202] Eines der größten Bauprojekte eines Möglinger Vereins ist das 1998 begonnene Schützenhaus des Schützenvereins. Das Gebäude wurde im Mai 1999 eingeweiht. Der Verein erbrachte in Eigenleistung rund 400 000 DM der Gesamtkosten in Höhe von 1,6 Mio. DM.[203]

Berühmte Möglinger Sportler sind der Rennfahrer Otto Salzer (s. S. 505 ff.) und Manfred Schiek, der 1960 einer der besten Motorradfahrer Deutschlands war. 1955 wurde er Württembergischer Meister und gewann 1956 bei der Internationalen Sechstagefahrt in Garmisch-Partenkirchen die Goldmedaille. 1957, 1959 und 1960 errang Schiek den Titel »Deutscher Meister« und wurde 1961 Sieger des Großen Straßenpreises von Argentinien, dem angeblich schwierigsten Straßenrennen der Welt.[204] Manfred Schiek starb mit nicht ganz 30 Jahren am 10. September 1965 bei der Europafahrt in der ehemaligen Tschechoslowakei.[205]

mit rund 8000 Medieneinheiten eröffnet.[198] 1996 waren es 16 370 Medien, die 58 000 mal entliehen wurden. Im Erdgeschoss des Gebäudes ist eine Ausstellungsgalerie.[199]

Großer Beliebtheit erfreut sich die am 17. Oktober 1956 eröffnete Außenstelle Möglingen der Schiller-Volkshochschule für den Landkreis Ludwigsburg,[200] die zur Zeit von Andreas Müller geleitet wird.

Allerdings ist ein Bereich zur Kulturförderung bei der *Lokalen Agenda 21* nicht vorgesehen und bereits 1998 kürzte die Gemeinde nach Weggang ihres damaligen Kulturrefenten den Kulturetat und strich die Abonnement-Veranstaltungen im Bürgerhaus.[201]

Großer Beliebtheit erfreut sich in Möglingen der Sport, den viele der fast 40 Möglinger Vereine in zwei Sporthallen, einer Tennishalle, ei-

Adolf Seybold auf Liesel beim Reit- und Fahrturnier Ludwigsburg am 5. Juni 1955. Er gewann das Jagdspringen.

Eine große Tradition hat in Möglingen auch der Reitsport, der allerdings durch die vielen beschlagnahmten Pferde im Zweiten Weltkrieg sehr litt. Erfolge für den Reit- und Fahrverein konnten in den fünfziger Jahren Erwin Däuble und Adolf Seybold verbuchen.[206]

Sowohl die vielen sportlichen Erfolge der Möglinger, wie auch die vielfältigen Tätigkeiten von Gemeinde, Kirchen (s. S. 461 ff.) und Privaten können hier aus Platzgründen leider nicht im Einzelnen gewürdigt werden. Ein kleiner Einblick in das soziale Engagement möge genügen. 1989 erfolgte die Gründung einer gemeinnützigen GmbH mehrerer Städte und Gemeinden sowie des Landkreises Ludwigsburg mit dem Ziel, dezentrale Pflegeheime, so 1992 das Möglinger Kleeblatt-Pflegeheim (s. S. 423), einzurichten. Das Jugendzentrum JUFO von 1993 dient neben der offenen Jugendarbeit auch der Hausaufgaben- und Kernzeitenbetreuung.[207] Anfang 2000 konnte der von Bürgermeister Waibel initiierte Arbeitskreis Asyl sein zehnjähriges Bestehen feiern.[208] Schon 1998 hatte die Mitarbeiterin Heidi Gauch für ihr langjähriges Engagement für Asylbewerber und Folteropfer den Barbara-Künkelin-Preis der Stadt Schorndorf erhalten.[209] Die ökumenische Sozialstation Nördliches Strohgäu, so ist geplant, soll ab Sommer als neue Gesellschaft in Form einer GmbH geführt werden.[210] Weitere soziale Einrichtungen am Ort sind derzeit der Möglinger Seniorenrat, der Ortsverein der Arbeiterwohlfahrt, der Ortsverein des Deutschen Roten Kreuzes und die Ortsgruppe des VdK (Verband der Kriegs- und Wehrdienstopfer, Behinderten und Sozialrentner Deutschlands).[211]

4. Bevölkerungsbewegungen

Besonders deutlich wird das Wachstum der Gemeinde Möglingen an der Einwohnerzahl, die sich von 1871 bis Ende 1975 von 1093 auf 10 137 erhöhte (1910: 1160, 1939: 1469, 1950: 1992, 27. 5. 1970: 6943). Dies ist eine Zunahme von 827,4 %. Größere Steigerungsraten haben im Kreis Ludwigsburg nur Kornwestheim (+ 1753,9 %) und Gerlingen (885,3 %) aufzuweisen; nächste Gemeinde nach Möglingen ist Ditzingen (+ 579,7 %). Der Kreisdurchschnitt beträgt 324 %. Der größte Schub ist durch die Ansiedlung der Flüchtlinge und Heimatvertriebenen zu verzeichnen. 1939 wohnten im Kreisgebiet 170 689 Menschen und 1950 schon 236 267.[212] Auch in Möglingen machte sich der Zustrom bemerkbar. Am 4. Dezember 1945 hatte die Gemeinde 1562 Einwohner und zum ersten Mal seit vielen Jahren keinen Geburtenüberschuss.[213] Im Jahr 1953 wuchs die Bevölkerung besonders stark, da eine bundesweite Umschichtung aller Flüchtlinge und Vertriebenen zusätzlich 274 500 Menschen nach Baden-Württemberg brachte. Das waren 27,3 % aller Umgesiedelten.[214] Nach Möglingen kamen Umsiedler aus Bayern und Schleswig-Holstein.[215]

Die folgenden Zahlen verdeutlichen den Anstieg der Bevölkerung:

4. 12. 1945:	1562
Juli 1946:	1780
29. 10. 1946:	1878
13. 9. 1950:	1992
1. 1. 1952:	1998
1. 1. 1953:	2044
Ende 1953:	2129
1. 1. 1955:	2274
1. 1. 1960:	3365
1. 1. 1963:	3953
31. 12. 1963:	4132
1. 1. 1965:	4318
1. 1. 1967:	5326
1. 1. 1968:	6002
31. 3. 1970:	7069
30. 6. 1971:	8001
30. 6. 1972:	9096
1. 1. 1974:	10 180
1. 1. 1981:	10 392
1. 1. 1984:	9878
31. 12. 1989:	10 052
31. 12. 1994:	10 591
30. 6. 1999:	10 388, davon 5151 männlich und 5237 weiblich[216]

Möglingens Einwohnerzahl wuchs fast nur durch Zuzug. Während bei einer Einwohnerzahl von rund 4500 im Jahr 1965 180 Kinder jährlich zur Welt kamen, waren es bei rund 9000 Einwohnern 1972 nur noch 160 Kinder.[217] In der ersten Ausgabe des Adressenhandbuches schrieb Bürgermeister Hönig 1970/71 im Vorwort, daß die *starke Bevölkerungszunahme die Herausgabe eines Adressen-Handbuchs beinahe zwingend notwendig* mache.[218]

Einer der ältesten gebürtigen Möglinger, die das Dorf je sah, starb 1948 mit 95 Jahren. Heinrich Wintterlin wurde 1853 als Sohn des Amandus Heinrich und Enkel des Schultheißen Johann Heinrich Wintterlin (1762–1829) geboren.[219] Wintterlin wuchs in der Zeit des Deutschen Bundes auf, erlebte das Kaiserreich seit 1871, war bei Ausbruch des Ersten Weltkriegs 61 und bei der Machtergreifung der Nationalsozialisten fast 80 Jahre alt. Das Ende des Zweiten Weltkriegs und die Währungsreform 1948 waren letzte Meilensteine des langen Lebens. Noch fünf Jahre älter wurde die 1885 geborene Emma Hirsch, eine Urenkelin des Schultheißen Wintterlin und Tochter des Gemeinderats, Kirchengemeinderats und Gutsbesitzers Friedrich Hirsch. Sie starb 1986 im Alter von 100 Jahren.[220]

Auch nach dem Krieg wanderten Möglinger aus, so zwischen 1948 und 1974 je 20 Personen in die USA und nach Kanada sowie zwischen 1957 und 1998 fünf Einwohner in die Schweiz und je eine Person nach Australien, Frankreich, Norwegen und Südafrika.[221]

Wesentlich größer ist bis heute allerdings die Zahl der Einwanderer. Die folgenden Zahlen zeigen den drastischen Anstieg des ausländischen Möglinger Bevölkerungsanteils in den letzten 40 Jahren:

1959: 10
1960: 34[222]
1970: 850 (12,2 % der Bevölkerung), Landkreis 45 073 (11,3 %)
1987: 1009 (10,1 %), Kreis 58 036 (13,1 %)
1990: 1084
2000: 1506[223]

5. Die Glaubensgemeinschaften

Pfarrer Rentschler trat Ende 1946 in den Ruhestand. Sein Nachfolger, Pfarrer Immanuel Fischer, wurde am 12. Januar 1947 durch den Ludwigsburger Dekan Dörrfuß eingesetzt. Rentschler starb am 19. Oktober 1950 an den Folgen eines Unfalls. Pfarrer Johannes Keppler tat seit 18. November 1956 Dienst in Möglingen. Sein Vorgänger Fischer starb Ende 1962.[224]

Am 12. September 1948 war die Weihe der neuen Glocken. Die *Friedensglocke* wurde von Frl. Luise Kleinheinz (250 kg, Cis) gestiftet. Die Familie des Schuhfabrikanten Albert Kleinheinz sitftete zum Gedenken an ihren gefallenen Sohn Albert (1926–1945) die Glocke *Gloria* (340 kg, H) und aus Mitteln der Gemeinde wurde die *Gefallenenglocke* (1150 kg, E) gekauft. Von der Gemeinde Kleingartach erwarb man die 1760 gegossene *Betglocke* (500 kg, Gis). Die vorhandene sehr alte Glocke passte nicht mehr ins Geläute und wird als Vaterunserglocke verwendet. Endlich baute man auch ein elektrisches Läutwerk ein.[225] (Zur weiteren Geschichte der evangelischen Kirchengemeinde s. S. 461 ff.)

Die katholische Kirchengemeinde entstand durch den Zuzug von Flüchtlingen und Heimatvertriebenen. 1939 waren von 1469 Einwohnern nur 24 katholisch gewesen. 1950 gehörten von 1992 Möglingern 235 der römisch-katholischen Kirche an, von denen 190 seit 1945 zugezogen waren (s. S. 408). Seit 1945 durften die Katholiken ihre Gottesdienste in

Die Einholung der neuen Glocken am 6. September 1948.

Die 1966/67 erbaute katholische Kirche St. Maria.

der evangelischen Kirche abhalten. Ab 1955 gehörte Möglingen zur Pfarrei Thomas Morus in Eglosheim und ab 1961 zur Pfarrei St. Johann Baptist in Ludwigsburg-West. Bis Ende 1962 war die Möglinger Filialgemeinde auf rund 800 Mitglieder angewachsen und bedurfte dringend einer eigenen Kirche. 1959 wurden die ersten Grundflächen erworben. 1963 erfolgte die Gründung eines Kirchenbauausschusses. Das von den Architekten Buck & Kensing entworfene Gebäude wurde am 22. Juni 1966 begonnen und am 8. April 1967 durch den Rottenburger Bischof Carl Joseph Leiprecht zu Ehren *der allerseligsten Jungfrau Maria* eingeweiht. Zum Bau dieser Kirche im Löscher mit Gemeindesaal und Kindergarten gab die bürgerliche Gemeinde einen Zuschuss. Am 16. Februar 1969 folgte die Einrichtung der Pfarrei St. Maria, die Pfarrer Walter Stöffelmaier, Schwieberdingen, übertragen wurde. 1970 lebten in Möglingen rund 1900 Katholiken, für die der Bau eines Gemeindehauses mit Kindergarten sowie Jugend- und Gemeinderäumen beschlossen wurde.[226]

Am 28. April 1974 erhielt die katholische Pfarrei St. Maria in Möglingen mit Pfarrer Siegfried Maier ihren ersten eigenen Geistlichen, der leider schon 1977 bei einem Unfall starb. Von 1978 bis 1986 war Pfarrer Gebhard Kaufmann sein Nachfolger. Von 1986 bis 1996 betreute Pfarrer Paul Engelhardt die Gemeinde, dem 1997 Pfarrer Joy Thazhathupuram und 1998 Pfarrer Oliver Merkelbach folgte.[227] Der 1962 geborene Priester ist in Ludwigsburg-Poppenweiler aufgewachsen und studierte zunächst Agrarwissenschaften.[228]

Seelsorger der katholischen Kirchengemeinde

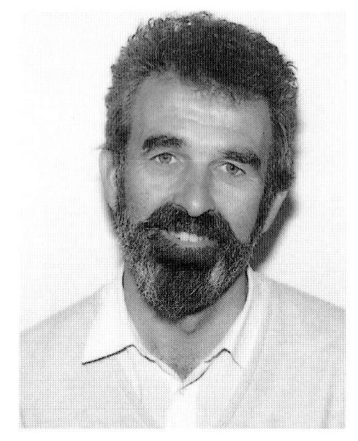

Petrus Ceelen

Oliver Merkelbach

Richard Fock

Walter Thaler

Gebhard Kaufmann

Siegfried Maier

Walter Stöffelmaier

Paul Engelhardt

Von 1969 bis 1974 war als einer der ersten Pastoralassistenten des Bistums Rottenburg Petrus Ceelen für Jugendseelsorge sowie die Betreuung von Ausländern, Kranken und Behinderten in Möglingen und Schwieberdingen zuständig. Gemeindereferentin Regina Ott betreute von 1977 bis 1995 die Möglinger katholische Kirchengemeinde, ebenso Pastoralreferent Robert Kohler von 1997 bis Mitte 2000. Seit 1998 ist Richard Fock aus Kaufbeuren als Diakon tätig.[229]

Seit 1969 amtierten folgende Kirchengemeinderäte der katholischen Kirchengemeinde St. Maria:[230]

Auler, Josef
Beigl, Andreas
Bernhauer, Georg
Bittner, Helga
Bolz, Petra
Czech, Gustav
Doeinck, Dr. Andreas
Englisch, Herbert
Faulhaber, Richard
Freund, Hans-Dieter
Göggerle, Hartmut
Göggerle, Norbert
Babic, Gudrun
Beigl, Jakob
Bernthaler, Helmut
Bittner, Rainer
Braun, Georg
Dietz, Erich
Eberlein, Hildegard
Fas, Elisabeth
Fischer, Gerhard
Garski, Otto
Göggerle, Ingrid
Grawe, Ofelia
Härle, Helmut
Harrer, Hermann
Havelka, Peter
Heinich, Marianna
Hesse, Elisabeth
Jenik, Gisbert
Kübler, Werner
Lennen, Erich
Lomprich, Adolf
Mayr, Jürgen
Müllner, Veronika
Peiker, Eva-Maria
Piringer, Gert-Dieter
Richter, Birgit
Roggendorf, Detlef
Ruder, Christian
Schulte, Rosemarie
Stix, Johann
Tüchle, Eberhard
Wallisch, Maria
Ziegelbauer, Xaver
Zimmermann, Günther
Harrer, Josef
Hartmann, Anne
Hecht, Margarete
Heinrich, Karl-Heinz
Hesse, Johann
Karger, Wolfgang
Kühnel, Erich
Lenz, Reinhold
Mainka, Christine
Meixner, Franz
Paracolls, Josep
Peiker, Harald
Ranzinger, Ernst
Ries, Peter
Röse, Klaus
Schleicher, Rudolf
Stielau, Dr. Winfried
Thullner, Martin
Vogt, Dietlinde
Ziegelbauer, Elisabeth
Ziegler, Dr. Eckhard

Zur Zeit plant die katholische Kirchengemeinde einen neuen Gemeindesaal im Westen des vorhandenen Gemeindezentrums. Mit dem auf 1,3 Mio. DM veranschlagten Bauprojekt

Ökumenischer Seniorennachmittag 1999.

Die 1945/46 erbaute methodistische Kapelle. Zeichnung von Otto Schwab.

soll voraussichtlich im Juni 2000 begonnen werden. Die Einweihung ist für September 2001 vorgesehen.[231]
1945/46 errichtete die methodistische Kirche eine Kapelle auf Parzelle 86/87 am Feldweg 297,[232] die später zur Bahnhofstraße zählte.[233] Der vorläufige Gemeinderat beschloss im September 1945, den Bau mit 500 RM zu unterstützen.[234] 1977 wurde die evangelisch-methodistische Gemeinde Möglingen vom Kirchenbezirk Ludwigsburg der evangelisch-methodistischen Kirche abgetrennt und bildet seitdem mit Asperg und Tamm den Kirchenbezirk Asperg, dessen 210 Mitglieder und deren Angehörige 1994 Pastor Rudolf Dochtermann betreute.[235]
1960 errichtete die neuapostolische Kirche für rund 120 000 DM ein Kirchengebäude im Wiesenweg. Die Finanzierung erfolgte zum Teil durch die rund 70 Mitglieder sowie aus Landesmitteln.[236] Vorsteher war 1999 Werner Weißschuh aus Kornwestheim.[237]
1999 waren in Möglingen folgende christliche Glaubensgemeinschaften vertreten: Evangelische Kirchengemeinde, Altpietistische Gemeinschaft, Bessarabische Gemeinschaft, Evangelisch-methodistische Kirchengemeinde, Katholische Kirchengemeinde und Neuapostolische Kirchengemeinde.[238]
Folgende Tabelle lässt ansatzweise einen Vergleich der Konfessionen und Religionen zu (1960 wurden zudem 34 Angehörige ausländischer Religionen gezählt):[239]

Jahr	Ev.	%	Röm.-kath.	%	Sonstige	%	Islamistisch	%
1960	2576	71	755	20,8	297	8,2	Keine Angabe	
1970	4300	61,9	1946	28	967	18,1	Keine Angabe	
1987	5240	52,5	2883	28,9	1406	14,1	452	4,5

6. Kindergärten und Schulen

Rückwirkend zum 1. Mai 1945 wurde dem ev. Kindergarten, der bald nach der Besetzung seinen Betrieb wieder aufgenommen hatte, ein monatlicher Zuschuss von 100 RM gewährt. Es wurde ausdrücklich betont, daß *alle Kinder ohne Rücksicht auf ihre religiöse Zugehörigkeit aufgenommen und betreut werden* sollten.[240] Das Kindergartengebäude verkaufte die Gemeinde 1953, denn der Kindergarten war in das frei gewordene alte Schulhaus verlegt worden. Seit 1955 war Marianne Baumgärtner neue Kindergärtnerin.[241]

1966 errichtete die evangelische Kirche einen weiteren Kindergarten am Parkweg, und 1970/71 folgten die Kindergärten Strombergstraße und Lerchenweg der bürgerlichen Gemeinde.[242] 1978 standen fünf[243] und 1994 sechs Kindergärten zur Verfügung.[244] Zur Zeit bietet Möglingen in sieben Kindergärten mit insgesamt 17 Gruppen Platz für 410 Kinder. Zwei Kindergärten stehen in der Trägerschaft der evangelischen (Parkweg 5, Rosenstraße 26) und einer in derjenigen der katholischen Kirchengemeinde (Hölderlinweg 23). Vier unterhält die bürgerliche Gemeinde (Eugenstr. 11, Lerchenweg 20, Pfarrgasse 8, Strombergstraße 3). Seit Einrichtung des neuesten Kindergartens in der *Alten Schule* 1997 steht für jedes Kind ab dem dritten Lebensjahr ein Kindergartenplatz zur Verfügung.[245]

Bei den Schulen sah die Situation nach Kriegsende schlechter aus. Mancher Lehrer war gefallen oder in Gefangenschaft geraten. Die übrigen Lehrkräfte wurden meist wegen ihrer Zugehörigkeit zur NSDAP vom Dienst suspendiert. Zum 1. Oktober 1945 übernahm Hildegard Fischer stellvertretend die Stelle des Lehrers Fritz Freitag, der sich im Januar 1948 noch immer in russischer Kriegsgefangenschaft befand,[246] die er nicht überlebte. Am 1. April 1946 trat *Flüchtlingslehrer* Johann Schnaithmann den Dienst an der Volksschule an. Schulleiter Heinrich Lang wurde erst am 1. Oktober 1946 wieder zum Dienst zugelassen. Lehrerin Eder unterrichtete nach Versetzung von Frau Ellwanger auf einer ganzen Stelle in Möglingen. Die Abordnung des Lehrers Hornich endete am 15. April 1947. Seine Stelle übernahm Bernhard Mauthe und diejenige der Lehrerin Mathilde Brenner Wilhelm Nagel. Seit August 1947 hatte Möglingen mit Ruth Schaude eine eigene Handarbeitslehrerin, da die Lehrerin Birk, die seither Möglingen mit betreut hatte, nach Schwieberdingen versetzt wurde.[247]

Im März 1947 wurde das Spruchkammerverfahren gegen Lang wieder aufgenommen und der Gemeinderat bedauerte, dass er *aufgrund der Aussage eines einzelnen Mannes der Gemeinde wieder aus dem Schuldienst entlassen wird*. Der Bürgermeister wurde beauftragt, sich für ihn einzusetzen.[248] Am 12. Januar 1948 konnte Lang seinen Dienst als Schulleiter wieder aufnehmen, trat aber schon 1951 in den Ruhestand.[249] In Spiegelberg starb der 1885 in Jagsthausen geborene Lang im Jahr 1957.[250]

1952 wurde Albert Kleemann Schulleiter.[251] 1952 unterrichteten fünf Lehrer 290 Schüler an 158 Wochenstunden. Dies ergab einen Klassenschnitt von 58 Schülern. Angestrebt wurde ein Schnitt von 38 Schülern, während der Landesdurchschnitt bei 46 Schülern pro Klasse lag. Weitere Lehrkräfte waren also dringend vonnöten. Zum 20. April 1954 erhielt die Möglinger Schule daher eine sechste sog. wissenschaftliche Lehrerstelle genehmigt. Zugleich wurde Albert Kleemann zum Rektor ernannt.[252] 1966 trat Kleemann in den Ruhestand. Ihm folgte der seit 1959 an der Schule tätige Gerhard Schober.[253]

Ende Juli 1988 trat Schober als Rektor der Hanfbachschule in den Ruhestand und Anfang Dezember übernahm Klaus Obermüller seine Stelle.[254] Schon seit Ende 1980 leitete Manfred Theurer die Furtbachschule.[255] Der neuen Grundschule im Löscher stand seit 1973 Rektor Karl Schwemmer vor,[256] der 1992 durch Irmgilde Beller als Schulleiterin abgelöst wurde.[257]

Leider ist es aus Platzgründen nicht möglich, die vielen Lehrer, die zwischen 1950 und heute an den Möglinger Schulen Dienst taten, aufzuführen.

Das Möglinger Schulhaus, so berichtete 1952 Schulleiter Kleemann, sei verwahrlost.[258] Daher errichtete die Gemeinde 1952/53 auf Parzelle 670/676 einen Schulhausneubau für die Grund- und Hauptschule[259] für rund 420 000 DM, der am 24. Oktober 1953 nach 13-monatiger Bauzeit in Anwesenheit des baden-württembergischen Finanzministers Dr. Frank eingeweiht wurde. In das alte Schulhaus zog der Kindergarten ein. Das Lehrerwohnhaus hinter dem alten Schulhaus veräußerte die Gemeinde 1953.[260] Das 1963 begonnene

Ehemalige Schulleiter: Albert Kleemann, Gerhard Schober, Karl Schwemmer.

Aktive Schulleiter(in): Irmgilde Beller, Klaus Obermüller, Manfred Theurer.

Schulzentrum als Erweiterung der Hanfbachschule[261] hatte am 10. Dezember 1964 gleichzeitig mit der Einweihung des Wasserturms Richtfest.[262]
1971 besaß Möglingen Grund-, Haupt- und Sonderschule. Eine Gesamtschule war beantragt. Die Grundschule im Löscher wurde 1972 gebaut.[263] 1979 weihte die Gemeinde im Schulbereich der Hanfbachschule eine Mittelpunktförderschule ein, die seit dem Schuljahr 1979/80 von Schülern aus Möglingen, Asperg, Markgröningen, Schwieberdingen und Tamm besucht wird. So gibt es heute in Möglingen die Hanfbachschule (Grund- und Hauptschule), die gemeinsam mit der Förderschule Furtbachschule einen Komplex in der Hanfbachstraße bildet, und die Grundschule im Löscher in der Hohenstaufenstraße.[264]
Anfang 1948 besuchten 308 Schüler die Möglinger Schule; bis 1960 war ihre Zahl auf 149 Knaben und 148 Mädchen gesunken.[265] Bis März 1970 hatte sich die Schülerzahl auf 666 mehr als verdoppelt[266] und 1974 zählte man bereits 1100 Schüler.[267] Im Jahr 2000 gliedern sich die Schülerzahlen wie folgt: Grundschule Hanfbachschule 302, Grundschule im Löscher 181, Hauptschule Hanfbachschule 193 und Förderschule Furtbachschule 122 Schüler. Zahlreiche Möglinger Schüler besuchen allerdings auch auswärtige Schulen, v. a. das Hans Grüninger Gymnasium und die Realschule Markgröningen.[268]

Einweihung der Hanfbachschule 1953.

Die Hanfbachschule 1961. Im Hintergrund neue Wohngebiete der fünfziger Jahre.

7. Wohnbebauung an der Peripherie

1940 standen in Möglingen 253 und 1955 352 Wohnhäuser.[269] Im Jahr 1956 zählte man 688 ordentliche und fünf Notwohnungen, in denen 153 Einpersonen- und 682 Mehrpersonenhaushalte untergebracht waren.[270] Ende 1976 hatte Möglingen 3737 Wohnungen. Dies war gegenüber 1961 eine Zunahme von 232,5 %.[271] Allein zwischen 1973 und 1994 wurden rund 20 ha Wohnland ausgewiesen.[272] Noch sehr bescheiden mutete die Anzahl der zwischen 1945 und 1959 neu errichteten freistehenden Gebäude und Anbauten (bis 1951 ohne Umbauten) an:[273]

Jahr	Gesamt	Wohnhäuser	Wirtschaftsgebäude, An- und Umbauten
1945	4		
1946	3		
1947	5		
1948	6		
1949	9		
1950	13		
1951	21	15	6
1952	25	17	8
1953	28	12	16
1954	27	19	8
1955	30		
1956	66		
1957	46 Neubauten, 13 An- oder Umbauten, 19 Garagen, drei Scheunen, zwei Schuppen, zehn Kleintierställe, ein Gewächshaus und ein Wochendhaus errichtet		
1958	23 Wohnhäuser, 30 sonstige Bauten		
1959	32 Wohnhäuser, acht sonstige Gebäude, 25 Garagen		

Bereits in den dreißiger Jahren wurden einzelne Baulandumlegungen vorgenommen,[274] die allerdings durch den Zweiten Weltkrieg zum Stillstand kamen. Erst in den fünfziger Jahren setzte mit dem allgemeinen Wirtschaftsaufschwung in der jungen Bundesrepublik auch in Möglingen eine rege Bautätigkeit ein, zumal sich die Gemeinde zunehmend zum Pendlerwohnort entwickelte. Dabei standen sowohl Straßenzüge des Kerndorfs, als auch die Neuerstellung von Wohnbauten an der Peripherie zur Debatte. Zwischen 1950 und 1992 entstanden folgende Wohn- und Mischgebiete (in Klammern Jahr des Inkrafttretens der Bebauungspläne): Wollenberg (1950), Münchinger Straße (um 1955), Alte und Junge Halden (1957), Wiesenweg (um 1960), Ludwigsburger Straße (um 1962), Heuleger I (1962), Panoramaweg (um 1963), Kirchgartenstraße (1963), Raite I (1962/63), Brühl-Wiesenweg (Gemeindehaus und Kindergarten, 1964), Vereinshausweg (1964), Lerchenweg/Finkenweg 1965, Hanfbach-Sonnenbrunnen (um 1965), Friedhof (1966), Alter Tammer Weg (1966), Brunnenstraße-Jägerstraße (1967), Löscher (1967), Grabenäcker (1971/73), Heuleger II (1967), Ortskernsanierung Teil I (1967), Mühläcker (1972), Leudelsbach (Sondergebiet, 1978), Bornrain (1982), Burghalden-Brühl (Gartenhausgebiet, 1987), Turnhallenweg (1988), Raite II (1989), Schulstraße-Brunnenstraße (1992).[275] Mit Bebauungsplan Raite II wurden zugleich die Voraussetzungen geschaffen, um die Wohnbebauung künftig anschließend an die Häuser zwischen Markgröninger Straße und Bahnlinie zu erweitern. Auch der Bebauungsplan Schulstraße/Brunnenstraße bietet noch Kapazitäten.[276]

Blick über die Neubaugebiete nördlich des Haldenwegs Richtung Hohenasperg im Jahr 1963.

Das Neubaugebiet Löscher im Bau um 1970.

Im Neubauwohngebiet Raite wurde das sog. Möglinger Modell an zehn Wohnungen erprobt. Es beruht nicht auf einer Förderung des Wohnungsbaus, sondern direkt der einkommensschwachen Mieter. Dadurch werden Fehlsubventionen und Fehlbelegungen vermieden und so erhebliche Finanzmittel eingespart. Vom Wirtschaftsministerium wurde das Projekt in den Katalog für Wohnungsbauförderung 1998 aufgenommen. Die Gemeinde hat das Belegungsrecht an dem von einem privaten Investor erstellten Gebäudekomplex erworben. Ziel ist: Der Mieter soll nicht mehr als 20 % seines Bruttoeinkommens für die Miete aufbringen müssen. Er zahlt an den Vermieter zunächst 14 DM pro Quadratmeter, die sich alle zwei Jahre um 60 Pfennig erhöhen.[277]

Um die Eingemeindung nach Ludwigsburg zu vermeiden, musste Möglingen seine Einwohnerzahl Anfang der siebziger Jahre auf mindestens 7000 erhöhen. Dazu wurden vom Gemeinderat im Flächennutzungsplan verschiedene Baugebiete, u. a. das Gebiet *Löscher*, ausgewiesen. Die rund 1000 geplanten Wohneinheiten mussten allerdings, so eine Forderung des Landwirtschaftsamtes, wegen der guten Qualität der Böden möglichst *kompakt* gebaut werden. Fünf Wohnungsbaugesellschaften interessierten sich und durften in Grunderwerbsverhandlungen treten.[278] Am 2. Juni 1969 wurde die erste Baugenehmigung für ein Bauvorhaben im Wohngebiet *Löscher* erteilt.[279] Im Wohngebiet wohnten 1972 rund 4000 Menschen, von denen ein Großteil Stuttgarter *Nestflüchter* waren und die weiterhin in die Landeshauptstadt pendelten. Zwischen 1968 und 1972 waren 1377 Stuttgarter nach Möglingen gezogen.[280] Im Mai 1975 bot die *Neue Heimat* im Wohngebiet Löscher als günstigste Eigentumswohnung eine Zweizimmerwohnung mit 54 Quadratmeter für 97 947 DM an. Die führende Gruppe in der sozialen Struktur des Wohngebietes waren Beamte und Angestellte sowie Facharbeiter, also der typische Mittelstand.[281]

8. Industrie und Gewerbe

a) Spar- und Darlehenskasse, Handwerk und Handel

Nach dem unglückseligen Ausgang des Krieges, so Chronist Schwab, *entfernte die Besatzungsmacht alle ehemaligen Mitglieder der NSDAP aus ihren Ämtern*. Auch der Rechner der Spar- und Darlehenskasse musste weichen. Das Amt übernahm ein Stuttgarter namens Nefzer. Anstelle der freiwillig zurückgetretenen Mitglieder des Vorstandes und Aufsichtsrates wurden 1946 Friedrich Künstner, Albert Mauch und Robert Moz gewählt. Zum Bau eines Geschäftshauses erwarb die Gemeinde 1947 ein Grundstück,[282] auf dem die Spar- und Darlehenskasse

Typisch für das Möglingen der siebziger Jahre: Landwirtschaft und Neubaugebiete.

ab 1948 ein Verwaltungsgebäude und 1953 ein Lagerhaus mit Gleisanschluss erstellte (s. Abb. S. 572).[283] Hatte der Umsatz bei Gründung des Darlehenvereins 1893 nur einige tausend Mark betragen, so waren es 1952 über vier Mio. DM. 1955 wurde die Spar- und Darlehenskasse in *Genossenschaftsbank Möglingen* umbenannt. Die Genossenschaft zählte 385 Mitglieder und erwirtschaftete einen Gesamtumsatz von 7,3 Mio. DM.[284] Das Bankgebäude der Genossenschaftsbank, in dem auch vier Wohnungen und eine Garage waren, entstand ab 1959 an der Ludwigsburger Straße.[285] 1994 fusionierte die Volksbank Möglingen mit Asperg und Tamm. Erster Vorstandsvorsitzender wurde der seit 1988 als Vorstandsvorsitzender der Möglinger Volksbank tätige Alfred Möhrer.[286]

Alfred Volz, Bankdirektor und Vorstandsvorsitzender der Möglinger Bank, erhielt 1984 das Bundesverdienstkreuz verliehen. Seit 1949 war der gebürtige Kornwestheimer bei der Bank beschäftigt, die damals eine Bilanz von 307 000 DM aufwies. 1984 belief sie sich auf rund 110 Mio. DM. Weitere Verdienste erwarb sich Volz, der von 1962 bis 1975 und 1989 bis 1994 im Gemeinderat saß, als Elternbeirat, beim VdK und in der Obsterzeugergenossenschaft.[287] Im Mai 1989 trat er in den Ruhestand.[288]

1946 gab es in Möglingen die Gastwirtschaften Rose, Lamm, Linde, Krone und Zum goldenen Faß,[289] die aber nach Kriegsende teilweise geschlossen wurden. 1950 waren die Wirte Munz (Lamm), Bangerter (Linde), Burkhardt (Krone), Roßnagel (Fass) und Velm (Rose) aktiv.[290] Heute sind am Ort ein Eiscafé, ein Musikcafé, ein Imbißbetrieb und fünf Gaststätten vertreten. Von den alten Namen hat sich nur die Bezeichnung *Krone* erhalten.[291]

Das Möglinger Handwerk musste nach dem Krieg bescheiden beginnen, denn durch die französische Besetzung waren nicht nur Waffen, Fotoapparate und Radiogeräte, sondern auch Vieh, Maschinen, Werkzeuge und *sonstiges Inventar* beschlagnahmt worden.[292]

1950 gab es drei Metzgereien, davon zwei in den Gaststätten *Lamm* und *Linde* und eine im Besitz von Willi Pflugfelder. Wilhelm Ditting und Friedrich Stähle betrieben Bäckereien. Friseurgeschäfte hatten Willi Burgard, Erich Florus und Ruth Bräckle (Damen) inne. Neben der Milchsammel- und Ausgabestelle wurde Lebensmittelhandel von Reinhold Wittmann, Martha Burckhardt, Friedrich Koppenhöfer, Theo Pflugfelder und der Witwe des Karl Birkicht betrieben.[293] 1968 arbeiteten in 50 Möglinger Handwerksbetrieben 258 Personen, davon 105 im Bau- und Ausbaugewerbe. Im selben Jahr wurden in Möglingen 30 Handelsbetriebe, davon drei Groß- und 24 Einzelhändler, gezählt. 1974 verfügten sieben Industriebetriebe über 390 Beschäftigte. Fünf davon mit 364 Mitarbeitern gehörten zur Metall- und Eisenbranche. Außerdem waren am Ort zwei elektrotechnische Betriebe sowie je ein Betrieb des Maschinen- und Fahrzeugbaus und der Gruppe Musik, Spielwaren. Dazu kamen ein chemischer Betrieb und eine Druckerei. 1976 beschäftigten vier Industriebetriebe 256 Mitarbeiter und 494 Personen arbeiteten in 57 kleineren Betrieben.[294]

Im Adressenhandbuch von 1970 werden folgende Gewerbe aufgeführt (in Klammern Anzahl bei mehr als einem Betrieb): Zahnarzt, Ärzte (3), Apotheke, Autohäuser/Tankstellen (4), Stahl- und Apparatebau, Banken (4), Gasthof mit Bäckerei, Bauunternehmen (3), Getränkehandlungen (2), Druck- und Verlaghaus, Drogerie, Radio- u. Fernsehhäuser (2), Elektroinstallationsgeschäfte (2), Parfümerie, Friseur, Fahrschule, Blumen/Obst/Gemüse-Handel, Gaststätten (3), Gipsgeschäft und Gerüstbau, Glasereien/Schreinereien (2), Kohle- und Heizölhandlung, Heizungsbau, Landwirtschaftliches Warenhaus, Installationsgeschäfte (2), Schuhfabrik, Metallgroßhandlung, Pumpenhersteller, Metallbaufirmen (2), Lebensmittelgeschäfte (5), Malergeschäfte (3), Metzgereien (2), Möbelgeschäfte/Raumausstatter (3), Reinigungen (2), Schmieden (2), Wagnerei und

Nächste Seite:
Möglingen zu Beginn der achtziger Jahre.

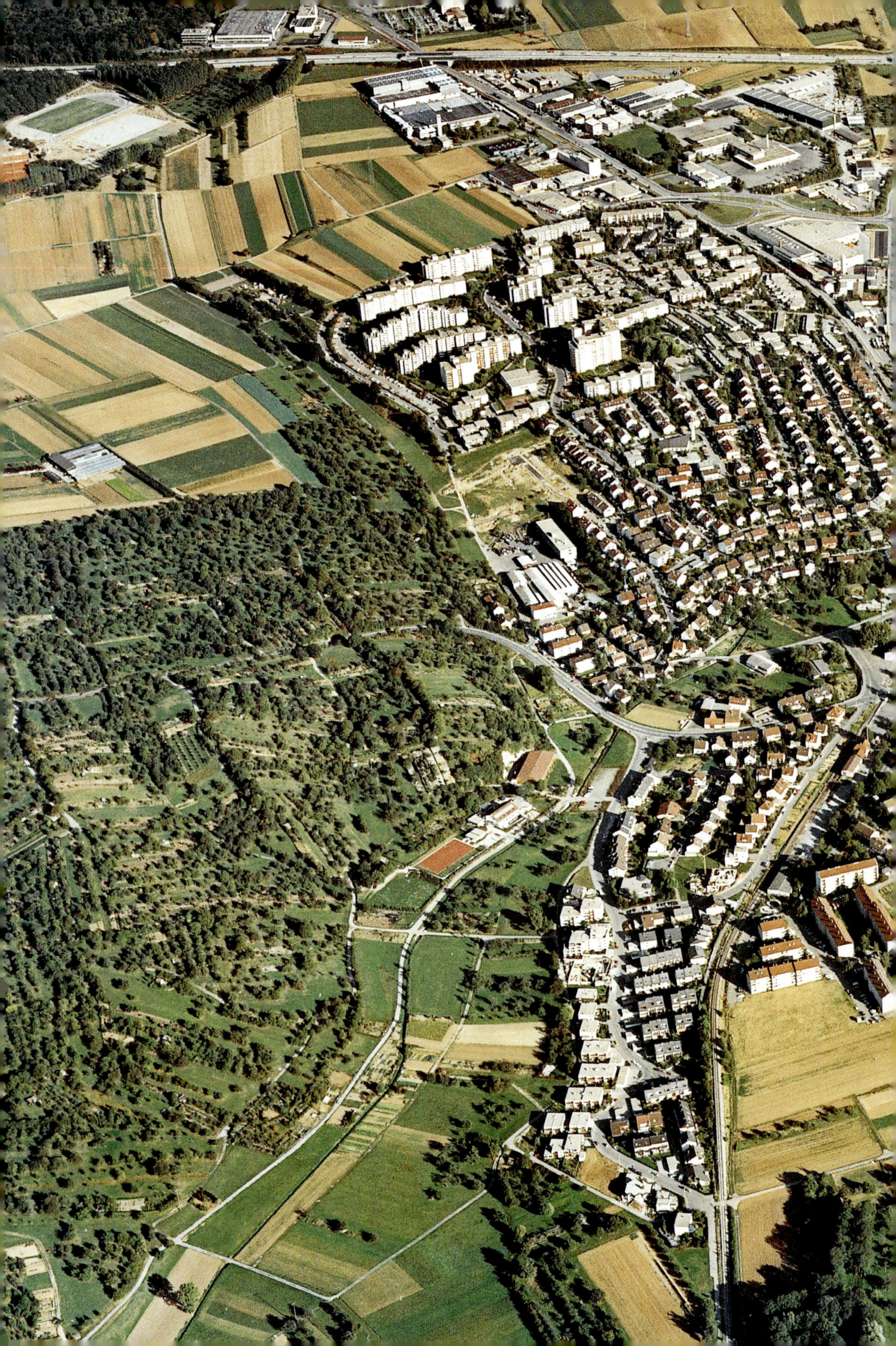

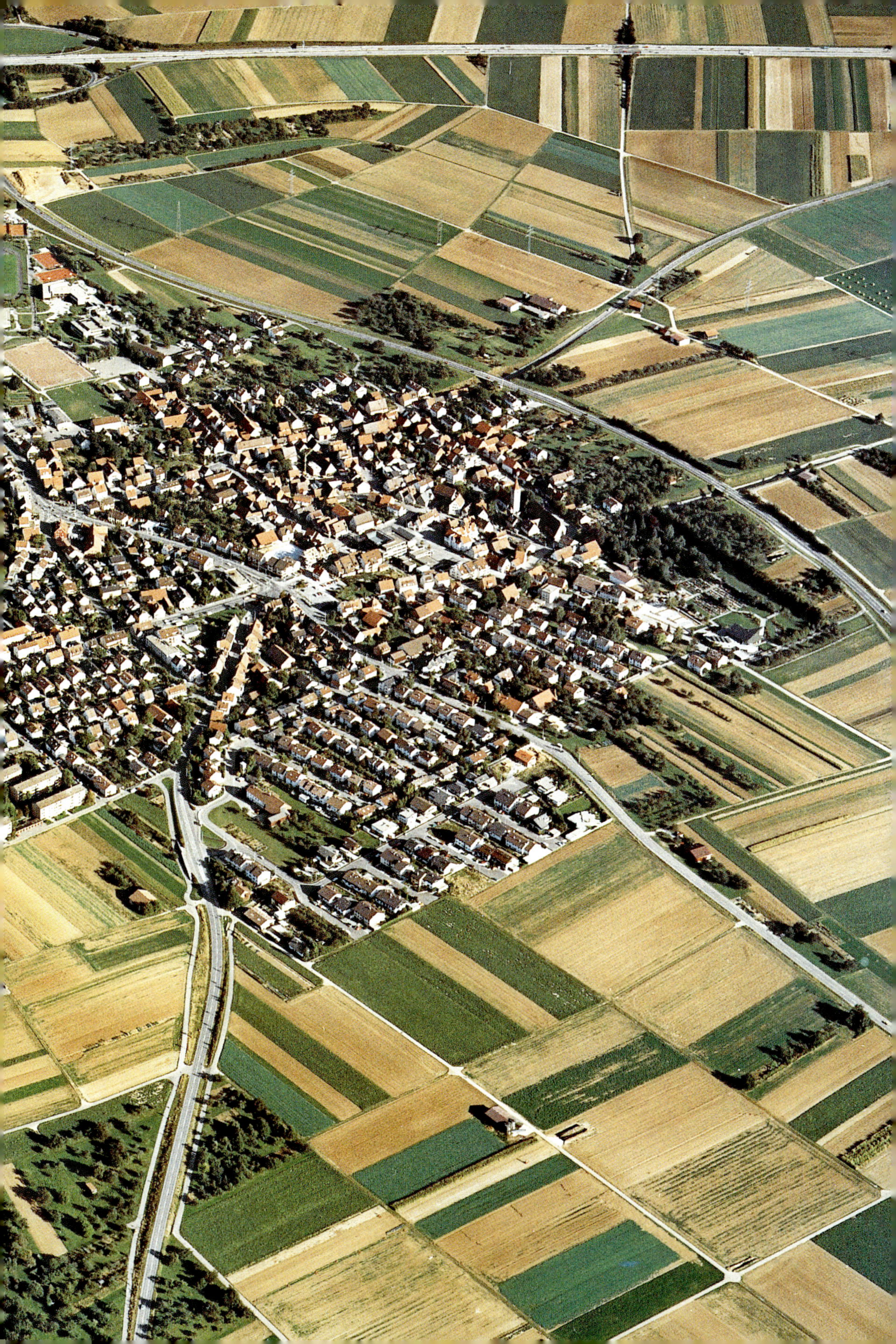

Bauschreinerei, Schuhhaus, Spiel- und Schreibwaren (2), Speditionen (5), Textilgeschäfte (2), Versicherungsagenturen (4), Weingärtnergenossenschaft, Wäscherei, Immobilienmakler, Zimmergeschäft. Insgesamt werden also 43 Branchen genannt.[295] Bis Ende 1999 ist diese Zahl auf 134 Branchen gewachsen.[296] 1975 standen den Möglingern zur Deckung des täglichen Bedarfs vier Lebensmittelgeschäfte, drei Friseure, zwei Metzgereien sowie je eine Drogerie, Apotheke und Reinigung und ein Obstladen zur Verfügung. Dienstleistungseinrichtungen des *mittelfristigen Bedarfs* waren fünf Zweigstellen von Banken, vier Elektrogeschäfte, drei Gastwirtschaften, drei Schreib- und Spielwarenläden, zwei Textilgeschäfte, zwei Zahnarztpraxen sowie ein Schuhgeschäft, ein Optiker und eine Schmiede.[297]

b) Großbetriebe und Gewerbegebiete

Auch die Schuhfabrik Kleinheinz musste 1945 die Demontage durch die Franzosen überstehen.[298] Allein bis zum 8. Juli 1945 waren u. a. Leder und Schuhe aus der Firma im Wert von 1058 RM beschlagnahmt worden.[299] Der Betrieb konnte rasch wieder aufgebaut werden, zumal *man sich in Möglingen noch heute [1982] unter vorgehaltener Hand erzählt, daß Albert Kleinheinz vor dem Einmarsch der französischen Besatzungstruppen einen Großteil seiner Vorräte an Leder in der Sakristei der Kirche in Möglingen hätte einmauern lassen.*[300] Zwischen 1946 und 1957 entstanden ein weiteres Stockwerk auf einem Anbau, eine Garage, ein Feuerlöschschuppen, ein Fabrikanbau, zwei weitere Stockwerke auf dem Verbindungsbau zwischen den beiden Fabrikgebäuden, zwei Schuppen und schließlich ein Anbau mit Fertigung.[301]

Inhaber Albert Kleinheinz feierte 1955 seinen 70. Geburtstag. Der Betrieb beschäftigte damals 240 Personen und lieferte täglich 900 Paar Schuhe aus. Kleinheinz und seine ledige Schwester Luise, die 1955 ein Grundstück beim alten Schulhaus zum Bau eines Kindergartenspielplatzes stiftete, waren *Wohltäter der Gemeinde*. Luise Kleinheinz (1882–1957) hatte schon um die Jahrhundertwende den sog. Jungfrauenverein und späteren Mädchenkreis sowie nach dem Krieg den Frauen- und Mütterkreis ins Leben gerufen.[302] Albert Kleinheinz (1885–1959)[303] war 1908 Mitbegründer und erster Vorstand des CVJM und seit 1933 über 25 Jahre lang Kirchengemeinderat.[304]

Der Betrieb erlebte zwischen 1955 und 1960 eine Blütezeit und beschäftigte bei einem Ausstoß von fast 1200 Paar Schuhen pro Tag fast 300 Mitarbeiter. Produziert wurden neben Polizeistiefeln vermehrt sportliche Straßenschuhe und Wanderschuhe sowie Sommersandalen als Zulieferer der Firma Salamander.[305] 1962 entstand ein Leistenlager und 1963 eine weitere Fabrikhalle.[306] Der Betrieb war, da der einzige Sohn im Krieg gefallen war, an die vier Töchter übergegangen. Die Umstellung auf hochwertige modische Herrenschuhe gelang nicht, da der Markt mit Billigschuhen aus dem Ausland überschwemmt wurde. Ein Anschluss an den Ring der Schuhhersteller bzw. an die Firma Salamander misslang ebenso, wie die Umstellung auf die Fertigung von Schuhkartons für Salamander. Zum Jahresende 1971 wurde die Firma Kleinheinz KG offiziell abgemeldet.[307] Am 13. Januar 2000 eröffnete in den Räumen der ehemaligen Schuhfabrik Kleinheinz in der Bahnhofstraße ein Softwarehaus seine neuen Räume unter dem Motto *Von der Schuhfabrik zur Denkfabrik*. Nach Investitionen von 2,15 Mio. DM stehen rund 2500 qm Bürofläche in der ehemaligen Schuhfabrik zur Verfügung.[308]

Bedeutend für Möglingen ist der Sitz der Weingärtner-Zentralgenossenschaft (WZG). Deren Generalversammlung beschloss im März 1965 den Kauf eines 35 ha großen Geländes in Möglingen für ihren Neubau. Im März 1966 begannen die Bauarbeiten, im Juli 1967 war Richtfest und im September 1968 wurde *eine der größten und zugleich modernsten Kellereien Europas* eingeweiht, die aus technischem Betriebsteil, Verwaltungsgebäude mit Verkaufs- und Sozialräumen sowie Laboratorium, Wohnheim und Wagenpflege-

Die Bahnhofstraße mit freiem Blick zur Kirche im Jahr 1961. Links die Schuhfabrik Kleinheinz.

halle mit Garagen besteht. Die Lagerkapazität umfasste damals 3,3 Mio. Flaschen und 8 Mio. Liter Wein im Tankkeller. Im Jahr wurden rund 17 Mio. Flaschen abgefüllt.[309]
1994 verarbeitete die WZG das Traubengut von 13 örtlichen Weingärtnergenossenschaften[310] und war damit die zweitgrößte genossenschaftliche Kellerei Deutschlands.[311] 1998 wurde dort Deutschlands modernste Flaschenspülanlage für jährlich 35 Mio. Flaschen eingeweiht. Die 19,3 Mio. DM teure Anlage ersetzt 30 Mitarbeiter.[312] Im Geschäftsjahr 1998 erwirtschaftete die WZG einen Umsatz von 132,6 Mio. DM. Zum Jahresende 1998 waren 31 Mio. Liter Wein am Lager, davon 25,7 Mio. 1998er. Es handelte sich um 55,5 % Rotwein, 37,9 % Weißwein und 6,6 % Schillerwein.[313]
Ein weiterer Großbetrieb ist der Schlachthof, den die Stadt Ludwigsburg 1969 erbaute[314] und im Juli 1991 an die Münchner Doblinger Industriebau AG (Dibag) für fast 14 Mio. DM verkaufte.[315]

Zwischen 1950 und 1999 entstanden folgende Gewerbegebiete (in Klammern Jahr des Inkrafttretens der Bebauungspläne): Ludwigsburger Straße (um 1960), Markgröninger Straße (um 1965), Ob den Schlossgärten (1967), Alte Asperger Straße (1970), Autobahn Ost (um 1970), Bornrain (1982) und Unholder Weg (1999). Eine Bebauungsänderung des Bahnübergangs schuf im Jahr 1993 die Voraussetzungen für das Gebiet *Unholder Weg*.[316] Seit 1973 wurde das Gewerbegebiet *Ob den Schloßgärten* erweitert,[317] und 1974 bot das Industriegebiet im Osten der Gemeinde ca. 1200 Arbeitsplätze.[318] Ende der siebziger Jahre war Möglingen eine *Pendlerwohngemeinde mit Industrieansiedlung*.[319]

Nächste Seite:
Möglingen von Osten am 24. Mai 2000.
Die Gewerbe- und Wohnbebauung im Norden und Osten hat den ehemaligen Ortskern an den Rand gedrängt.

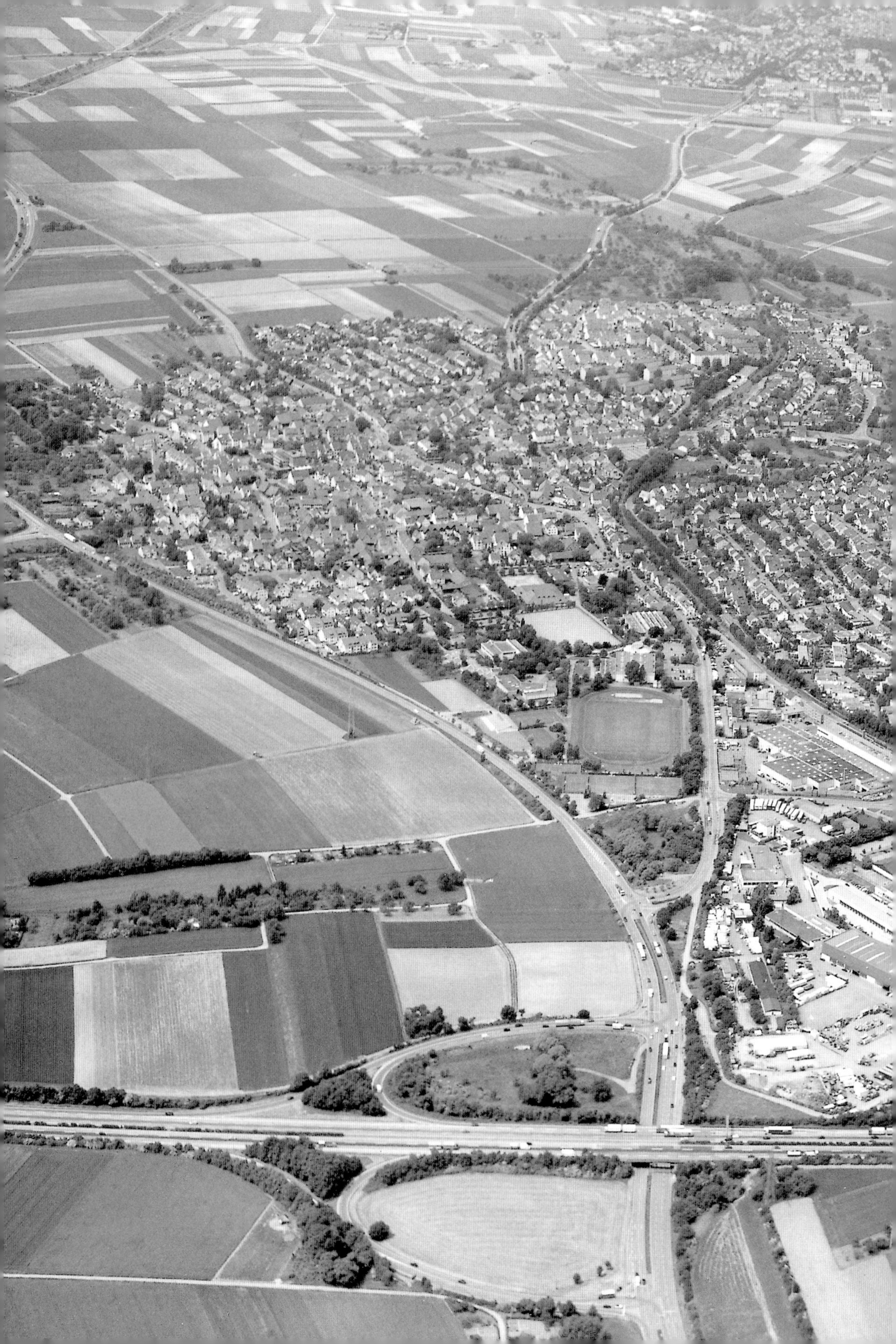

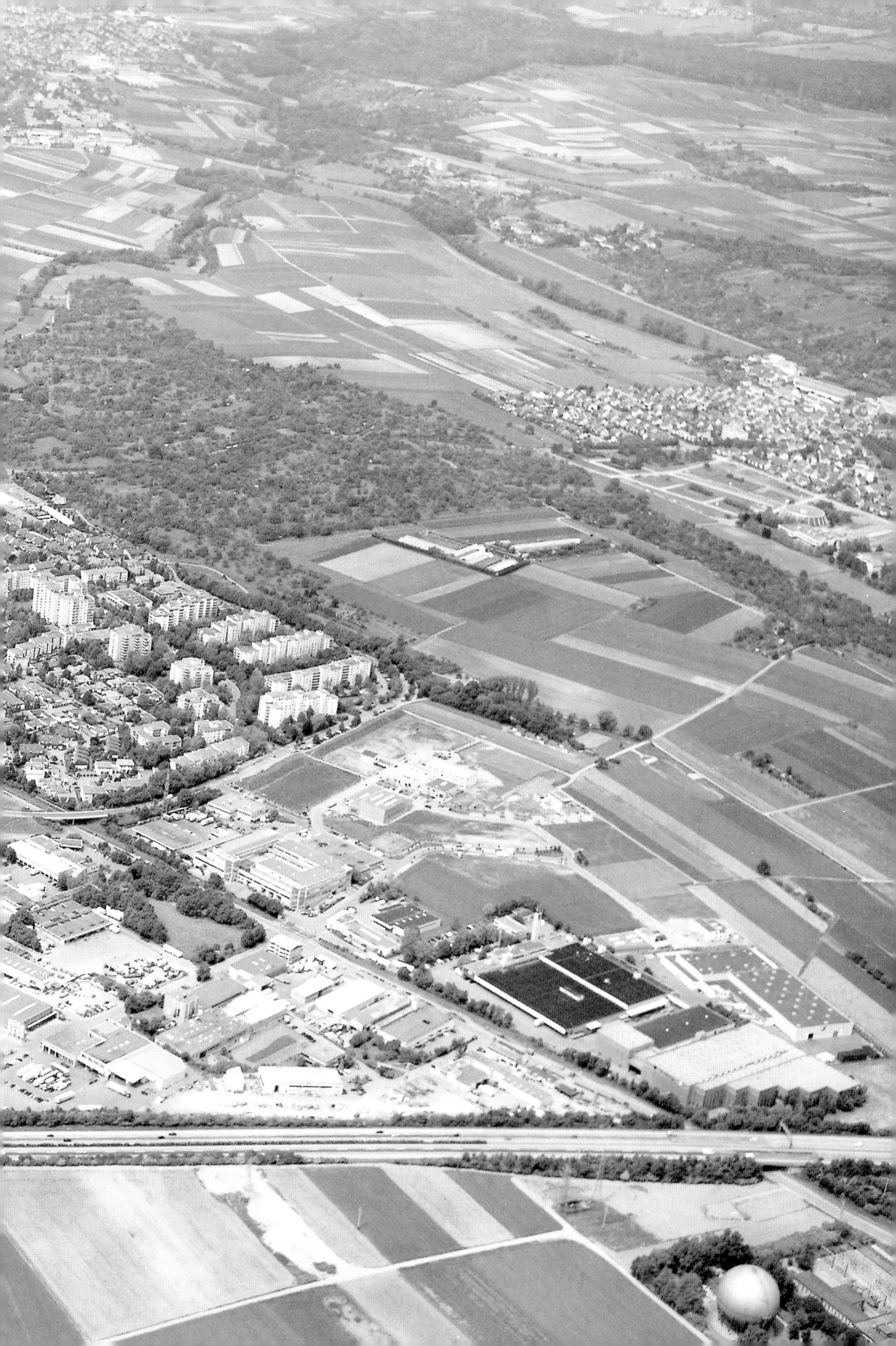

Im Herbst 1998 wurde nach Beschluss des Gemeinderats vom 14. Mai 1998 mit den Erschließungsarbeiten für das Gewerbegebiet *Unholder Weg*, die auf rund 5,6 Mio. DM beziffert wurden, begonnen. Die Gemeinde musste davon rund zwei Mio. für die Abwasserbeseitigung, eine Million für den Straßenbau und eine halbe Million für die Wasserversorgung aufbringen.[320] Am 18. November 1999 wurde der Bebauungsplan rechtskräftig,[321] und 1999 entstanden im Gewerbegebiet *Unholder Weg* nahe der Autobahn die ersten Arbeitsplätze. Das Gebiet wird derzeit ausgebaut.[322]

9. Entwicklung der Landwirtschaft und Bau der Aussiedlerbetriebe

a) Vom wichtigsten Wirtschaftszweig zum Höfesterben

Mitte Mai 1945 musste sämtliches Vieh der Militärregierung gemeldet werden. Die erste statistische Viehzählung fand am 18. Juni statt. Am 2. August 1945 wurde *mit sofortiger Wirkung* alles Getreide mit Ausnahme des Saatgutes und der bisherigen Menge Mahlgetreide und wenige Wochen später sämtliche Ölfrüchte, v.a. Mohn und Raps, durch die Militärregierung beschlagnahmt. Die Besitzer von Traktoren und Maschinen mit Kleinmotoren mussten ihre Geräte bis 18. August 1945 melden.[323]
Nach der Währungsreform am 20. Juni 1948 besserte sich die wirtschaftliche Situation schlagartig. Pro Pfund kostete (in Klammern Preise 1950) Rindfleisch 80 Pfennige (2,80 DM), Schweinefleisch 90 Pfennige (2,90 DM) und Kalbfleisch 1 DM (3 DM). 1952 kostete je ein Zentner Weizen 22 DM, Gerste 23 DM, Hafer 18 DM und Kartoffeln 9 DM.[324] 1963 waren die Getreidepreise praktisch unverändert oder eher geringer gegenüber 1952, hingegen kostete je ein Pfund (ohne Knochen) Rindfleisch 8, Schweinefleisch 9,20 und Kalbfleisch 11 DM.[325] 1946 war der Großteil der 994 ha oder 3150 Morgen großen Gemeindemarkung Ackerland. Außerdem gab es 200 Morgen Wiesen, 15 Morgen Weinberge (100 Jahre vorher noch 100 Morgen), einen stark zunehmenden Gemüseanbau (Zwiebel, Gelberüben, Erdbeeren, Spinat) sowie Zuckerrüben-, Kartoffel- und Feldfutterbau. Der Zichorieanbau war hingegen stark rückläufig.[326] Der Weinbau wurde 1949 auf 10 Morgen und 1955 in sechs Weinbergen betrieben, die 1965 verschwunden waren.[327] 1968 standen auf der Markung 19 321 Obstbäume, davon 4500 in der Gemeinschaftsobstanlage.[328]

Wiesen und Dauergrünland traten in den siebziger Jahren zugunsten des Getreide- und Hackfruchtanbaus zurück. Sonderkulturen waren hingegen im Zunehmen begriffen.[329] 1980 wurden 740,17 ha Ackerland, 102,21 ha Wiesen und 12,14 ha Obstfläche bebaut. Bis 1990 ging die landwirtschaftlich genutzte Fläche von 880,61 auf 737,67 ha zurück und wurde 1990 von 72 Höfen aus bewirtschaftet.[330]

Die Viehhaltung wurde in den fünfziger Jahren durch Seuchen stark beeinträchtigt. 1950 befiel die Hühnerpest zehn Höfe und zahlreiche Hühner gingen daran zugrunde. Noch schlimmer war der Ausbruch der Maul- und Klauenseuche in 15 Gehöften im Jahr 1951, wodurch 1952 ein Landwirt sämtliche Rinder und Schweine verlor. Die Viehzählung Ende 1954 ergab 174 Pferde, 50 Kälber, 731 Stück Rindvieh, 5 Bullen, 567 Schweine, 52 Ziegen, 2862 Hühner, 81 Gänse, 50 Enten und eine Truthenne.[331] 1968 wurden 1695 Stück Rindvieh, 1582 Schweine, 5501 Hühner, je drei Schafe und Ziegen, zwei Gänse, 18 Enten und 26 fast ausnahmslos dem Reitsport dienende Pferde gezählt. Nur die Zahl von Rindvieh, Schweinen und Hühnern war gegenüber vorherigen Zählungen stark angestiegen. Eine gute Ertragsquelle waren Ende der sechziger Jahre die rund 4000 bis 6000 Liter Milch, die täglich produziert wurden.[332]

1955 wurden in Möglingen noch 173 landwirtschaftliche Anwesen mit 797,74 ha Ackernutzfläche bewirtschaftet. 1960 waren es 174 Betriebe, jedoch ging die Anzahl bis 1974 um 55,2 %, also um 96 auf 78 land- und forst-

Die Möglinger Landjugend auf dem Ludwigsburger Pferdemarkt Mitte der fünfziger Jahre.

wirtschaftliche Betriebe zurück, von denen nur einer über mehr als 20 ha landwirtschaftliche Nutzfläche verfügte. Wie die folgenden Zahlen der Volkszählungen zeigen, ging der Anteil der in der Land- und Forstwirtschaft beschäftigten Möglinger Erwerbstätigen zwischen 1970 und 1987 erheblich zurück:[333]

	1970	In %	1987	In %
Rente, Pension, Arbeitslos	584	8,4	1617	16,2
Angehörige, Eltern, Ehegatte usw.	3160	45,5	3579	35,9
Erwerbstätige	3199	46,1	4785	47,9
Wohnbevölkerung	6943	100	9981	100
Überwiegender Lebensunterhalt der erwerbstätigen Wohnbevölkerung:				
Land- und Forstwirtschaft	*199*	*6,2*	*132*	*2,7*
Produzierendes Gewerbe	2035	63,6	2353	49,2
Handel und Verkehr	468	14,6	928	19,4
Sonstige Wirtschaftsbereiche	497	15,5	1372	28,7

Ortsobmann Richard Strohm, Nachfolger von Eugen Blank (s. S. 411), legte im Februar 1948 sein Amt wegen Differenzen mit dem Kreislandwirt nieder. Albert Pflugfelder wurde neuer Ortsobmann.[334]

Ein weiterer verdienter Landwirt ist Adolf Pflugfelder, der 1977 die Verdienstmedaille des Verdienstordens der Bundesrepublik Deutschland für seine engagierte Tätigkeit als Kommunalpolitiker erhielt. Bereits 1957 erklärte er sich zur Aussiedlung bereit, und 1960 entstand sein Hof Im Kornfeld 3 als einer der ersten Aussiedlerbetriebe. Der 1968 in den Gemeinderat gewählte Landwirt wirkte seit 1973 zudem im Kreistag[335] und war maßgeblich an der Tunnelführung der Schnellbahntrasse beteiligt. 1989 erhielt er das Bundesverdienstkreuz am Bande.[336]

Dem Landwirt Gotthilf Hahn und und seiner Ehefrau Elise wurde 1960 der Adolf-Münzinger-Preis für *besonders forschrittliche, weitblickende Maßnahmen und eine überdurchschnittliche Leistung im bäuerlichen Betriebe* verliehen.[337]

Das bäuerliche Leben der früheren Zeit wurde wieder ins Blickfeld gerückt, als Stefan Däuble und Markus Giek am 22. August 1993 das erste historische Dreschfest im Langen Feld beim Aussiedlerhof Däuble organisierten.[338]

b) Flurbereinigung und Aussiedlung als Musterobjekte

Ein großes und weit über die Grenzen hinaus bekanntes Projekt der Gemeinde war in den sechziger Jahren die Flurbereinigung und die Aussiedlung zahlreicher Betriebe mit Fördermitteln des sog. Grünen Plans, die die Ortskernsanierung ermöglichte. Bereits seit 1926 stand an der Straße nach Stammheim der Aussiedlerhof Brosi (s. S. 366). 25 Familien willigten um 1960 spontan in die Aussiedlung ein, allerdings wurde beabsichtigt, wegen nachbarschaftlicher Kontakte und zur Vermeidung sozialer Isolierung weitgehend Gruppensiedlungen zu schaffen.[339]

1960 wurden in der Flur *Im Kornfeld* beiderseits der Straße nach Stammheim die ersten fünf Aussiedlerhöfe gebaut. Die Baugesuche weiterer *Aussiedlungsgehöfte* folgten 1962 (1) und 1963 (8). Zwei Aussiedler kamen aus Stuttgart-Stammheim.[340] 1964 waren drei Baugesuche zu verzeichnen und 1965 ein weiteres Bauvorhaben.[341] Etwas später siedelte noch ein Kornwestheimer Bürger auf Möglinger Markung aus. 1967 wurden drei weitere Betriebe angesiedelt, davon je einer aus Waiblingen und Zuffenhausen. Zunächst nur eine Gewächshausanlage erstellte 1968 ein Gärtner aus Korntal-Münchingen.[342] Mitte der 90er Jahre übernahm eine Großgärtnerei aus Weilimdorf einen Betrieb.[343]

1964 fasste der Gemeinderat den einstimmigen Beschluss zur Benennung der Aussiedlerhöfe. Die künstlich geschaffene Bezeichnung *Im Kornfeld* erhielt 20 Hausnummern. An jahrhunderte alten Flurnamen orientierten sich die Bezeichnungen *Kleines Feldle* für die im südlichsten Teil der Markung gelegenen Betriebe und *Im Ammertal* für diejenigen westlich des ehemaligen Vereinshauses im Gewand Ammertal.[344] Die Benennung *Im Kornfeld* hätte eigentlich *Schänzle, Schluttenbach, Stammheimer Teich* und *Hinten im Feld* heißen müssen.[345]

1967 wurde ein Acker im Kleinen Feldle geschätzt und mit 9 DM pro Quadratmeter bewertet. Am Unholden Weg war das Ackerland sogar nur 6 DM wert. Ein Quadratmeter Bauland kostete 1966 ca. 140 DM.[346] 1967 war die Flurbereinigung für 736 ha abgeschlossen und 26 landwirtschaftliche Betriebe sowie elf Gärtnereien waren entstanden.[347] Insgesamt wurden dabei 32 km Feldwege ausgebaut.[348]

Bereits 1969 beschäftigte sich der Historiker Willi Müller mit den *Aussiedelhöfen* im Kreis Ludwigsburg. Er führt die historischen Wurzeln bis auf die alemannische Landnahme zurück, als die ersten Siedlungen Höfe von Großfamilien waren. Aber auch über das gesamte Mittelalter bis zur Neuzeit seien immer wieder Hofgründungen zu verfolgen. Den Rekord hielt Möglingen mit damals 27 Höfen (1966),

Die Wohngebäude der Aussiedlerhöfe Gühring und Lörcher (Kleines Feldle) 1964 im Rohbau

Neu erbaute Aussiedlerhöfe prägen Mitte der sechziger Jahre den südlichen Rand der Markung.

gefolgt von Bönnigheim (17) und Marbach mit Siegelhausen (14). Alle anderen Kreisgemeinden lagen weit darunter. 1958 wurden im Kreis Ludwigsburg 17 Aussiedlerhöfe gezählt; 1966 betrug ihre Anzahl 238. Von Jahr zu Jahr erhöhte sich die Zahl der Betriebsanmeldungen und erreichte 1965 mit 39 neuen Betrieben ihren Höhepunkt. Müller stellte fest, dass auf etwa 10 Gruppensiedlungen ein Einzelhof kam. Dies zeige *die menschlich verständliche Tendenz, daß man nicht gerne ganz allein nach »Klein-Sibirien« (wie unsere Aussiedlungen im Volksmund öfter genannt werden) zieht, sondern daß man im allgemeinen eine, wenn auch noch so lockere Anlehnung an den Nachbarn sucht.*[349] Willi Müller erkannte schon 1975: *Historiker späterer Zeiten werden um ein Faktum von größter orts-, markungs- und siedlungsgeschichtlicher Bedeutung nicht herumkommen*, nämlich die Flurbereinigung 1961 bis 1967 und den Bau der rund 25 Aussiedlerhöfe.[350]

Im November 1972 berichtete die Stuttgarter Zeitung ausführlich über das *Großreinemachen im Ortskern*. Von 1957 bis 1971, so lesen wir, *machten 36 landwirtschaftlich strukturierte Erwerbsunternehmen in Möglingen reinen Tisch mit ihrem seitherigen Standort: Mit Sack und Pack kehrten sie dem Ortskern den Rücken und bauten sich ihre Existenz mit Unterstützung der öffentlichen Hand an anderer Stelle der örtlichen Markungsfläche auf.* Das größte Aussiedlervorhaben in Württemberg machte den Weg frei für den Möglinger *Bei-*

34 Bundesrepublik Deutschland/DDR – Agrarwirtschaft/Ländliche Siedlungsformen

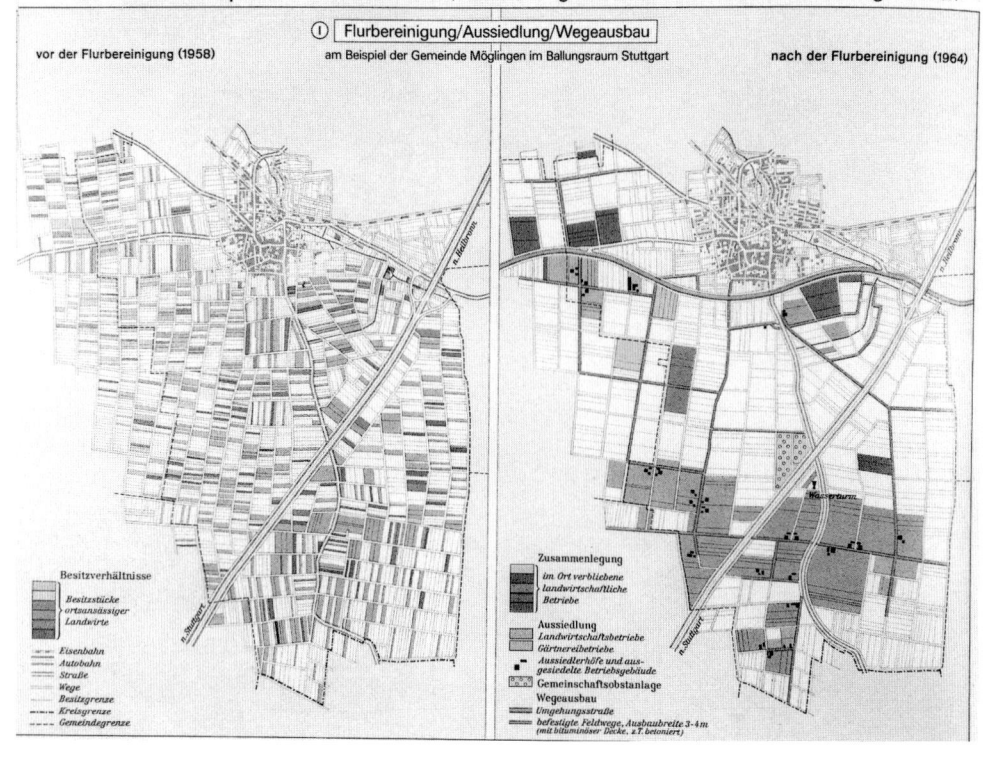

Flurbereinigung/Aussiedlung/Wegeausbau
am Beispiel der Gemeinde Möglingen im Ballungsraum Stuttgart

vor der Flurbereinigung (1958) — nach der Flurbereinigung (1964)

In den siebziger Jahren wurde die Möglinger Flurbereinigung im Schulatlas als Musterbeispiel gewertet.

spielsfall für Sanierungs- und Entwicklungsvorhaben des Sanierungsträgers Landgesellschaft Baden-Württemberg. Als Folge wurde der rund 5,3 ha große Ortskern nach und nach *dem Erdboden gleichgemacht* und es entstand nach damaliger Meinung wie Phönix *aus Schutt und Asche heraus das sichtbetonierte Antlitz einer architektonisch – städtebaulichen Konzeption von heute.* Besonders stolz war man, dass, wohl auf die Region bezogen, nur Möglingen und Bietigheim *in den Genuss eines von Bund und Land finanzierten Sanierungsprogramms* kamen.[351]

Eine ausführliche Untersuchung über Flächennutzung und Nutzungsentscheidungen in Möglingen erarbeiteten 1975 Geographie-Studenten der PH Ludwigsburg im Rahmen eines Geländepraktikums. Dabei wurden die Zusammenhänge zwischen der Ortskernsanierung, dem Bau der Aussiedlerhöfe und der Erstellung des Wohngebiets Löscher untersucht. Möglingen war mit seinem tiefgreifenden Strukturwandel ein *exemplarisches Beispiel*.[352]

Rosemarie Michel schrieb 1969 in ihrer Zulassungsarbeit: *Es wäre den Bauern zu wünschen, daß sie auf ihren Aussiedlerhöfen noch lange ihrer Tätigkeit nachgehen können und nicht dem fast vollendeten Strukturwandel zum Opfer fallen. Zeitkritische Personen vertreten nämlich in Möglingen heute schon die Meinung, daß die Landwirtschaft in Möglingen in spätestens zwei Generationen ganz ausgestorben sein wird, da das Land andersweitig gebraucht würde und den Bauern somit das Existenzminimum genommen würde.*[353] Die Stichhaltigkeit dieser Vermutung zeichnet sich inzwischen nach einer Generation bereits ab. Aus dem Bauerndorf war schon Ende der sechziger Jahre eine Industriegemeinde geworden, und Michel mutmaßte damals sogar die Entwicklung zur Industriestadt.[354]

10. Die grundlegende Ortskernsanierung

Möglingen ist eine der Gemeinden im Land, die sich für eine radikale und unumkehrbare Ortskernsanierung entschieden haben. Bereits 1964 erläuterte Regierungsbaumeister Veil dem Gemeinderat einen Sanierungsplan zur

Ortssanierung, und im selben Jahr ersuchte die Gemeinde um Aufnahme in die staatliche Förderung für Dorferneuerung, wurde jedoch auf das zu erwartende Gesetz vertröstet.[355] Die vollzogenen und noch geplanten Aussiedlungen brachten einen Rückgang der Landwirtschaft in der Ortsmitte. Gebäude mit überalterter Bausubstanz standen leer, zudem wurde eine unzureichende Pflege des Ortsbildes, ein unzureichendes Straßensystem und Mangel an attraktiven Geschäften kritisiert.

Als *Gegensteuerung* gab die Gemeinde 1972 einen Rahmenplan, zunächst für eine Fläche von 30 ha bei der Landsiedlung Baden-Württemberg in Auftrag. 1974 lag eine Bestandsaufnahme des rund viereinhalb Hektar großen Areals vor. Danach wiesen 75 % der Wohn- und 89 % der Nebengebäude zum Teil erhebliche bauliche Mängel auf. Grundlegende Maßnahmen wurden der Rathausneubau 1973/74 und der Durchbruch der Ludwigsburger Straße.[356]

1977 war parallel zu den Neubaugebieten die Sanierung eines großen Teils des alten Ortskerns in vollem Gange. *Baufällige Häuser werden durch moderne Bauten ersetzt, das Dorf wandelt sein Gesicht. Gewiß geht dabei ein wenig Romantik verloren, das Dorf gewinnt dadurch aber bedeutend an Attraktivität. Das neue Rathaus im Sanierungsgebiet spricht dafür. Das in Sichtbeton errichtete Gebäude ist zu einem echten Gemeindezentrum gewor-*

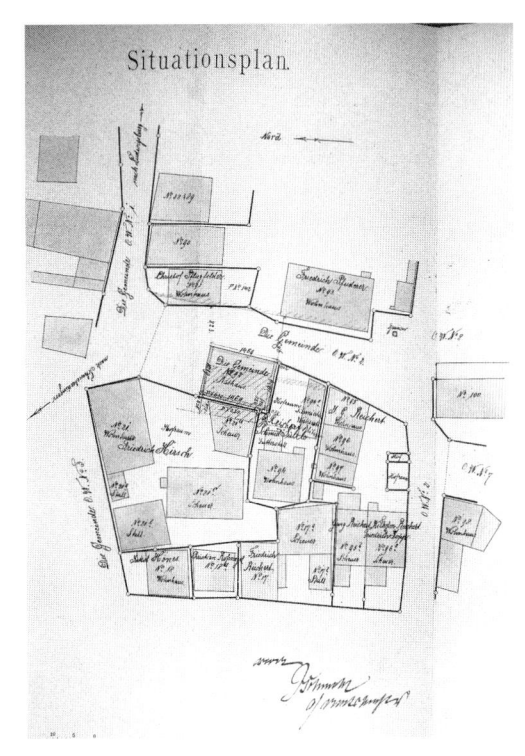

Der Ortskern um das Rathaus im Jahr 1895. Fast keines der Gebäude stand 100 Jahre später noch.

Ein typisches Bild für das Möglingen der siebziger und achtziger Jahre: Hier beendet der Baggerzahn die halbtausendjährige Geschichte des Gebäudes Koch in der Münchinger Straße (ehemaliger Adelberger Hof, heute Vorplatz der Feuerwache) innerhalb weniger Stunden.

Mitte der siebziger Jahre steht das dem Untergang geweihte fast 300 Jahre alte Rathaus noch, während sich im Hintergrund monströs der Neubau des Verwaltungszentrums erhebt. Auch die Tage des stattlichen Hauses Hirsch (rechts), erbaut 1779 und dann für Jahrzehnte »Residenz« der Möglinger »Millionäre«, sind bereits gezählt.

Derselbe Platz, rund 10 Jahre später. Nichts erinnert mehr an die alte Situation.

den mit Einzelhandelsgeschäften, Postdienststelle, Kreissparkasse, Polizeiposten, Bücherei und Privatwohnungen. Mit seiner überdachten Terrasse und seinen beiden Brunnen wird es gerne als Mittelpunkt des aufstrebenden Ortes genommen.[357] Ebenfalls 1977 wurde zur Sanierung des Möglinger Ortskerns ein städtebaulicher Ideenwettbewerb ausgeschrieben. Im ersten Bauabschnitt entstanden 1980/81 ein Hotel, eine Zahnarztpraxis, vier Geschäfte und Wohnungen. Vier Millionen DM wurden in den gewerblichen Teil investiert. Der zweite Bauabschnitt konnte Anfang 1984 abgeschlossen werden. Am 30. Juni 1984 wurde der *gewerbliche Bereich der Ortskernsanierung* eingeweiht. Weitere acht Ladengeschäfte sowie vier Büroeinheiten waren entstanden. Insgesamt wurden 24 Wohnungen mit 1800 qm gebaut. 3000 qm umfasste die gewerbliche Nutzfläche. Die Gesamtinvestitionen für beide Bereiche betrugen rund 15 Mio. DM. Der Rathausplatz als neue Ortsmitte wurde bereits am 21. Juli 1984 eingeweiht.[358]

Zwischen 1969 und 1984 wurden 40 Wohngebäude und 17 Scheunen abgerissen. Im Ortskern entstanden 56 neue Wohnungen, 13 Läden, fünf Praxen für Ärzte und andere Freiberufler, drei Gaststätten, ein Hotel, eine Bankfiliale und vier Tiefgaragen. Geplant waren weitere 52 Wohnungen, fünf Läden, drei Praxen sowie ein Lebensmitteldiscounter. Der Förderrahmen von Bund und Land belief sich ursprünglich auf zwei Mio. DM, die bis Ende 1983 auf sechs Mio. DM erhöht wurden.[359] 1986 wurde mitgeteilt, dass die Ortskernsanierung in etwa drei Jahren abgeschlossen sei. Inzwischen waren die Bereiche Ortsmitte II, Zehntscheune, Kirche, nördlich des Rathauses und Spitalhof saniert. Bisher waren 18 Wohnungen und Geschäfte in diesem Bereich und 115 Wohnungen im gesamten Sanierungsgebiet entstanden, deren Zahl bis auf 130 anwachsen sollte.[360] Eine der letzten Maßnahmen war seit Ende 1991 die Sanierung der Ecke Wagner-/Münchinger Straße.[361]

Ein Jahr nach Kriegsende wird Möglingen als romantisches Dorf beschrieben: *So ist Möglingen jetzt noch ein stiller Winkel in der geschichtlich stark bewegten Nachbarschaft. Es wird mit seinem dörflichen Charakter, den reizvollen alten, stattlichen Fachwerkhäusern und der bedeutungsvollen Kirche ein Anziehungspunkt für viele Fremde.*[362] 1994 war Möglingen *Wohngemeinde mit Industrie, Gewerbe und Landwirtschaft* und zählte *zu den am stärksten expandierenden Orten im Land.*[363] Im November 1997 strebte Möglingen, *eingezwängt von Schnellbahntrasse, Autobahn und Umgehungsstraße* an, im 21. Jahrhundert keine Schlafgemeinde zu sein, obwohl 3300 von 4000 Erwerbstätigen auspendelten.[364] Die in vielen Gemeinden betriebene Aktion *Agenda 21* wurde auch in Möglingen im Februar 2000 vom Gemeinderat abgesegnet. Das Agenda-Büro für die *Lokale Agenda 21* wurde beim Umweltbeauftragten angesiedelt, der die Aktivitäten der verschiedenen Arbeitskreise koordinieren soll. Als Teilbereiche wurden soziale Verträglichkeit, ökonomische Nachhaltigkeit und ökologische Tragfähigkeit definiert.[365] Im März 2000 existierten die regelmäßig tagenden Agenda-Arbeitskreise Wirtschaft & Gemeindeentwicklung, Siedlung, Naturschutz & und Landwirtschaft sowie Klima & Energie.[366] Somit steht es jedem frei, sich aktiv an der Zukunft des Gemeinwesens Möglingen zu beteiligen oder das anzunehmen, was andere entwickeln.

Die Möglinger Pankratiuskirche, seit 1534 evangelisch, kurz nach dem Zweiten Weltkrieg. Der Wehrcharakter ist noch deutlich zu erkennen, ebenso die hölzernen Emporenaufgänge.

Evangelische Kirchengemeinde Möglingen 1950–2000

Ruth Mäule

Die christliche Kirche hat den Auftrag, den Glauben an Gott, den Vater und den Sohn (Jesus Christus) und den Heiligen Geist nach dem Zeugnis der Bibel in Wort und Tat weiter zu vermitteln. Dies geschieht durch
- Gottesdienste und Kindergottesdienste
- Sondergottesdienste und Kasualien
- Religions- und Konfirmandenunterricht
- Seelsorge
- Mission
- Diakonie als Hilfe für den Nächsten im weitesten Sinne
- Kirchenmusik sowie musische und kulturelle Bildung
- Veranstaltungen für Familien oder verschiedene Altersgruppen
- Gruppenarbeit nach Interessengebieten
- Kindergarten

1. Zahlen und Personal

Im gleichen Maße, wie Mitte der 50er Jahre die kommunale Gemeinde Möglingen etwa 2500 Einwohner zählte, zwei Jahrzehnte später aber über 10 000, so ist auch die Zahl der Kirchenmitglieder angestiegen:

1950 zählte die Evangelische
Kirchengemeinde   1684 Mitglieder
1953 waren es bereits   2544 Mitglieder
1970 wuchs die Zahl auf   4702 Mitglieder
und Ende des Jahres 1999
waren es   4749 Mitglieder.

Das Haushaltsvolumen der Evang. Kirchengemeinde betrug 1950 = DM   10 900,–
                              1970 = DM   146 718,–
                              1999 = DM   1 596 460,–.

Auch die Anzahl der in der Evang. Kirche Angestellten ist entsprechend gestiegen.
1950 waren es außer einem Pfarrer sieben Personen, davon zwei im Kindergarten.
1970 waren außer einem Pfarrer und einem Diakon 14 Personen in der Evangelischen Kirche angestellt, davon sechs im Kindergarten.
Zu Beginn des Jahres 2000 sind außer zwei Pfarrern folgende Stellen besetzt:

1 Diakon
1 Kirchenpflegerin
1 Pfarramtssekretärin
1 Organist und Kirchenchorleiter
12 Kindergärtnerinnen und Helferinnen
1 Mesnerin
1 Mesnerin/Hausmeisterin
4 Reinigerinnen
3 Beschäftigte, die nicht fest angestellt sind, aber für ihre Mitarbeit im Organistendienst, für Reinigung und Gartenarbeit bezahlt werden.

Die Zahl der ehrenamtlich Tätigen ist in unserer Gemeinde sehr groß, kann aber nicht in Ziffern ausgedrückt werden, da vieles in der Stille geschieht.
Die verschiedensten Gaben und Fähigkeiten der Menschen werden in einer Kirchengemeinde benötigt. Daraus entstehen Aufgaben und Dienste für andere, die Hilfe benötigen. Diese vielen Mitarbeiterinnen und Mitarbeiter, angefangen beim Kirchengemeinderat, der zusammen mit den Pfarrern die Kirchengemeinde leitet, bis zu den Neu-Konfirmierten, die sich in der Kinderkirche oder Jungschar engagieren oder den Senioren, die oft im hohen Alter noch Besuchs- und Seelsorgearbeit leisten, bilden ein großes Netz. Sie alle sind ein Reichtum für unsere Gemeinde.

Die Pfarrstellen waren seit 1950 wie folgt besetzt:

Januar 1947	– Oktober 1956	Pfarrer Immanuel Fischer
November 1956	– Januar 1965	Pfarrer Johannes Keppler
Juni 1965	– September 1971	Pfarrer Rainer Pflüger
Januar 1972	– Juni 1982	Pfarrer Eberhard Blum
Januar 1972	– August 1973	Pfarrer Wilhelm Strauß
August 1975	– August 1991	Pfarrer Klaus Ulrich
Juli 1983	– September 1993	Pfarrer Frieder Bahret
seit August 1992		Pfarrer Kurt Leitlein
seit Juni 1994		Pfarrer Christof Fröschle

Die evangelischen Möglinger Pfarrer seit 1956, sofern sie nicht auf anderen Abbildungen zu sehen sind (in Klammern Dienstzeiten):
a) Johannes Keppler (1956–1965),
b) Eberhard Blum (1972–1982),
c) Wilhelm Strauß (1972–1973),
d) Klaus Ulrich (1975–1991),
e) Frieder Bahret (1983–1993).

2. Gebäude und Räume

Im Jahr 2000 stehen für die Arbeit der evangelischen Kirchengemeinde Möglingen folgende Räumlichkeiten zur Verfügung:

a) Pankratiuskirche

Letzte Renovierung 1970–1972 unter Leitung von Architekt Johannes Wetzel aus Stuttgart-Plieningen und der Beratung des Landesdenkmalamts, das mit den künstlerischen Arbeiten, Freilegung und Restaurierung der bislang verdeckten, daher unbekannt gebliebenen Kunstwerke das Restauratoren-Ehepaar Malek aus Abstatt betraute. Die Flachdecke des Schiffs wurde durch eine tonnenförmige Holzdecke ersetzt, wodurch Schiff- und Chorgewölbe in der Höhe angeglichen wurden. Die Nordempore und der Außenaufgang zur Empore wurden entfernt und die Westempore neu gestaltet und vergrößert. Als Aufgang zur Westempore wurde ein eigenes, nördlich an den Turm angebautes Treppenhaus nötig.

Die aus dem 16./17. Jahrhundert stammenden 16 Bildtafeln an den drei Emporen wurden bei der Renovierung seitlich an der Tonnendecke angebracht. Der Sakristeianbau erhielt anstelle des hohen Steingiebels im Norden ein niedriges Walmdach und vereinfachte Fenster. Durch die westliche Turmwand wurde ein neuer, rundbogiger Eingang gebrochen. Das große, mittelalterliche Taufbecken bekam einen neuen Sockel. Die Kanzel wurde neu gestaltet.

b) Pfarrhaus mit Pfarrbüro und Kirchenpflege, Pfarrgasse 7 für Pfarramt Süd

c) Kindergarten und Gemeinderaum (früher Jugendraum), Wiesenweg

Das Richtfest war im April 1965. Seit 1966 sind zwei Gruppen im Kindergarten untergebracht. Der einst viel von Jugendgruppen benützte Gemeinderaum, die seit 1980 im neuerbauten CVJM-Haus eine ideale »Heimat« haben, kann den heutigen Bedürfnissen kaum mehr standhalten. Ein Um- und Anbau wird im Jahr 2000 abgeschlossen.

d) Das Reihenhaus im Löscher, Teckstraße 47

wurde 1973 als Pfarrhaus für das Pfarramt Nord erworben. Bis zur Fertigstellung des Evangelischen Gemeindezentrums im Jahr 1989 diente es seinem vorgesehenen Zweck. Anschließend zog Diakon Fruth mit seiner Familie ein.

e) Evangelisches Gemeindezentrum mit Pfarrhaus und Mesnerhaus, Strombergstraße für Pfarramt Nord

1969 wurde im Neubaugebiet Löscher mit der Erstellung eines Montage-Gemeindehauses begonnen, das vorläufig sonntags für den Gottesdienst und an den übrigen Tagen für Jungscharen und Jugendgruppen des Evangelischen Mädchenwerks und des CVJM zur Verfügung stehen sollte. Am 1. März 1970 konnte das Haus seiner Bestimmung übergeben werden. Es war als Notbehelf für die ständig wachsenden Aktivitäten in der Gemeinde gedacht, die dort aber dann zwei Jahrzehnte – oft in drangvoller Enge – geschehen mussten.

1987 konnte mit dem Bau des Gemeindezentrums in der Strombergstraße begonnen werden. Im Mai 1988 wurde die Grundsteinlegung und ein Jahr später, am 7. Mai 1989, die Einweihung gefeiert. Das gut in die Umgebung eingefügte Ensemble, bestehend aus dem Kirchsaal, den Gemeinderäumen, der Hausmeister- und der Pfarrwohnung ist Architekt Dautel aus Bietigheim-Bissingen bestens gelungen: Der Kirchsaal kann um zwei Nebenräume erweitert und so vergrößert werden, dass unter Einbeziehung des Foyers 500 Sitzplätze möglich sind. Außer den nötigen Räumlichkeiten für Sakristei, Technik und Stuhllager gibt es einen gemütlichen Klubraum. Durch die gut eingerichtete Großküche können auch Gemeinde-Essen angeboten und viele Besucher bewirtet werden.

Im voll unterkellerten Untergeschoss ist neben Jugendräumen und einem Gymnastikraum auch das Büro des Diakons, ein Abstellraum und eine Teeküche mit Foyer.

Das Pfarrhaus, in dessen Erdgeschoss auch die Amtsräume Platz haben, und das Mesnerhaus konnten zur rechten Zeit bezogen werden.

Zwei Jahre später, am 5. Mai 1991, läuteten vom Glockenturm erstmals drei Glocken, die von Möglinger Gemeindegliedern gestiftet wurden, und die neue Orgel, an der Orgelbaumeister Kopetzki seit 1990 baute, konnte 1993 eingeweiht werden.

Im März 2000 besteht der Möglinger Kirchengemeinderat aus zwölf gewählten bzw. nachgerückten Mitgliedern, einem zusätzlich berufenen Mitglied sowie kraft Amtes beiden Pfarrern und der Kirchenpflegerin. Nicht stimmberechtigte Mitglieder sind der Diakon und die Schriftführerin.
Pfarrer Kurt Leitlein, Pfarrer Christof Fröschle, Diakon Karl-Heinz Fruth, Schriftführerin Irmgard Geiger, Kirchenpflegerin Hewdig Hillig, Elisabeth Andersen, Gabriele Bade, Gerhard Bohnenberger, Ilse Gemeinhardt, Hans Keller, Torben Klingenfuß, Gisela Pflugfelder, Helmut Pflugfelder, Martin Pflugfelder, Matthias Preisendanz, Magdalene Wagner. Nicht auf dem Foto: Ulrike Gutmann, Eberhard Koch.

3. Gottesdienste

Der regelmäßige evangelische Gottesdienst wird in Möglingen wie in Württemberg insgesamt seit der Reformation in der Form des Predigtgottesdienstes gehalten. Im Mittelpunkt steht die Wortverkündigung. Weitere wichtige Elemente sind Gebet und Lied, Schriftlesung und Psalm, Glaubensbekenntnis, das Lob Gottes und der Zuspruch des Segens. Jeder Gottesdienst trägt festlichen Charakter, deshalb gehört immer auch die musikalische Umrahmung dazu.

Für die Statistik werden seit 1974 an einem gewöhnlichen Sonntag die Anzahl der Gottesdienstbesucher festgehalten. So besuchten beispielsweise am Sonntag Invocavit (sechs Wochen vor Ostern) in Möglingen
295 Leute im Jahr 1974
179 Leute im Jahr 1999
den Gottesdienst.

Die Feste und Feiern im Laufe des Kirchenjahres werden als Festgottesdienste gestaltet: Advent, Heiliger Abend, Christfest, Jahreswende, Neujahr, Erscheinungsfest, Passionswoche (Karfreitag), Ostern, Himmelfahrt, Pfingsten, Erntebetstunde, Erntedank, Reformationstag, Ewigkeitssonntag.

Kasual-Gottesdienste werden dann gefeiert, wenn ein besonderer Anlass vorliegt, beispielsweise Konfirmation, Hochzeit, Goldene Hochzeit, Bestattung.

Taufen werden sowohl als besondere Taufgottesdienste oder auch im regulären Gemeindegottesdienst vorgenommen.

Eigenständige Abendmahlsgottesdienste sind heute selten, denn das Heilige Abendmahl wird an manchen Sonn- und Feiertagen in den Gottesdienst einbezogen. Mit Rücksicht auf Alkoholkranke wird seit etlichen Jahren anstatt Wein unvergorener Traubensaft verwendet. An die Stelle der Hostie ist Brot, das gebrochen werden kann oder in Stückchen geschnitten ist, getreten. Nach einem Beschluss der Landessynode hat der Möglinger Kirchengemeinderat Kinder zum Abendmahl zugelassen. Voraussetzung ist, dass sie getauft sind und von Erwachsenen begleitet werden. Dieser Beschluss hat bei der Kinderkirche große Freude ausgelöst, denn zuvor durften nur Konfirmierte das Abendmahl mitfeiern.

Eine Voranmeldung zum Abendmahl, die früher üblich war, gibt es längst nicht mehr. Dagegen werden an Karfreitag für die Statistik die Mitfeiernden beim Heiligen Abendmahl gezählt. Das waren
1950 = 70 Personen
1970 = 87 Personen
1999 = 168 Personen

Seit die Anmeldung zur Teilnahme am Abendmahl weggefallen ist, kann man sich – auch kurzfristig – entschließen, an den Altar zu treten oder in der Stille vom Sitzplatz aus mit-beteiligt zu sein. Manchmal werden Brot und unvergorener Traubensaft in Einzelkelchen auch durch die Sitzreihen gegeben, wie es der Herrnhuter Art entspricht.

Da seit 1970 im Löscher ein zweiter Gottesdienstraum zur Verfügung steht, beginnen am Sonntagvormittag die beiden Gottesdienste zu verschiedenen Zeiten, sodass sich – im Wechsel – oft nur ein Pfarrer vorzubereiten hat. Die Gottesdienstbesucher haben dadurch die Wahl, zum ersten Gottesdienst um 9.15 Uhr oder zum späteren um 10.30 Uhr zu gehen.

4. Sondergottesdienste

a) Jugendgottesdienst

Schon in den 60er Jahren wurde mindestens einmal im Jahr – am Jugendsonntag – ein Gottesdienst gefeiert, der insbesondere junge Leute ansprechen sollte. Meistens hatten Jugendliche den Gottesdienst ganz oder teilweise vorbereitet. Bis zum Jahr 2000 wurde seither immer wieder einmal ein Jugendgottesdienst angeboten.

b) Familiengottesdienst

Nicht nur am Heiligen Abend, sondern auch über das Jahr verteilt wird gelegentlich zu einem Familiengottesdienst eingeladen, der sowohl für Kinder als auch für Erwachsene ausgerichtet ist. Beim Erntedankfest werden gern Kindergartenkinder in die Gestaltung mit einbezogen. Bei anderen Familiengottesdiensten wird der Bibeltext oft von Erwachsenen in Rollen ansprechend gespielt.

c) Gottesdienst im Grünen

Seit 1974 lädt die Evangelische Landeskirche in Württemberg Wanderer und Ausflügler zu Gottesdiensten im Grünen an bekannte Ausflugsziele unseres Landes ein. Möglingen ist nicht in der Liste der *Kirche im Grünen* enthalten. Trotzdem gestalten wir hier für die eigene Gemeinde gelegentlich Gottesdienste im Grünen, zum Beispiel bei der Erntebetstunde am Kirchweg zwischen den Getreidefeldern, beim Straßenfest unter den Bäumen vor dem Rathaus oder auf dem CVJM-Gelände.

d) Tauferinnerungsgottesdienst

Seit Januar 1988 erhalten in Möglingen alle Kinder, die getauft werden, eine Taufkerze, die außer dem Namen und Tauftag auch mit Symbolen oder Ornamenten durch Möglinger Künstlerinnen geschmückt wird. Die Kerze soll die Kinder immer wieder daran erinnern, dass sie getauft sind.

Die Erstklässler werden seit September 1988 einmal jährlich zu einem Tauferinnerungs-Gottesdienst zusammen mit ihren Eltern eingeladen. Dazu bringen sie ihre Taufkerze mit oder erhalten ersatzweise ein Kerzenlicht.

In der Regel wird in diesem Gottesdienst ein Kind getauft. Auf diese Weise können die Schulkinder bewusst und aus nächster Nähe die Taufe eines anderen Kindes miterleben und dürfen, wenn der Täufling bzw. seine Paten oder Eltern die Taufkerze erhalten, auch ihre eigene Kerze am Altar entzünden. Da dieser Gottesdienst vorwiegend die Taufe zum Thema hat, wird dabei nicht nur den Erstklässlern, sondern der ganzen Gemeinde dieses Sakrament nahegebracht.

e) Gottesdienst für Kleinkinder

Seit Dezember 1993 wird im Evangelischen Gemeindezentrum in vierteljährlichem Rhythmus am Sonntagnachmittag ein Gottesdienst für Kleinkinder angeboten. Dazu werden kleinere Kinder mit ihren Eltern, Großeltern und anderen Verwandten eingeladen. Als »Predigt« wird die biblische Geschichte so gespielt, dass sie auch schon für Kleine interessant ist. Bastelarbeiten unterstreichen das Gesehene und Gehörte. Die anschließende Kaffeepause bietet Gelegenheit, mit anderen Besuchern in Kontakt zu kommen.

5. Kinderkirche und Kindergarten, Religions- und Konfirmandenunterricht

Im Juli 1998 konnte die Möglinger Kinderkirche ihr 100-jähriges Jubiläum feiern. 1898 hatte der damalige Ortspfarrer zusammen mit einer Kinderschwester die Möglinger Kinderkirche gegründet. Seither haben sich viele Pfarrer und noch viel mehr Helfer/innen und Mitarbeiter/innen bemüht, den im Alter recht verschiedenen Kindern die biblischen Geschichten nahezubringen. Schon bald teilte man die Kinder in Gruppen, um sich beim Erzählen dem Alter der Kinder anpassen zu können.

In dem Zeitraum um 1950 besuchten sehr viele Kinder den Kindergottesdienst. Deshalb waren auch entsprechend viele Mitarbeiter und Mitarbeiterinnen nötig, die nach dem gemeinsamen Beginn sich mit ihrer Gruppe in eine bestimmte Ecke der Kirche setzten (einschließlich Empore und Sakristei). Je aufmerksamer und stiller die Kinder waren, umso eher konnten sie erwarten, dass nach der biblischen Geschichte noch etwas aus einem interessanten Kinderbuch gelesen wird, bis die Glocke wieder alle zum gemeinsamen Abschluss versammelte. Es gab aber auch biblische Geschichten, die die Kinder so faszinierten, dass der oder die Erzählende kaum damit fertig wurde, alle Fragen der Kinder zu beantworten.

Die Methode der Weitergabe biblischer Geschichten an die Kinder hat sich verändert: Heute wird viel mehr kreativ gearbeitet, gebastelt, gewerkt, gemalt ... Dafür war lange Zeit die *Alte Schule* oder das Vereinshaus ein mehr geeigneter Raum mit Stühlen und Tischen.

Trotzdem kommen seit 1996 die Kinder des Pfarrbezirks Süd wieder in der Pankratiuskirche zusammen und fühlen sich offensichtlich im ansprechend umgestalteten Chor, unter dem Turm und den anderen Nebenräumen wohl.

Die Kinder des Pfarrbezirks Nord können mit ihren Eltern zum Gottesdienst kommen und den Anfang gemeinsam erleben. Da im Untergeschoss des Evang. Gemeindezentrums Gruppenräume sind, ziehen vor der Schriftlesung die Kinder mit ihren Gruppenleiterinnen aus der Kirche in die unteren Räume und feiern dort ihren eigenen Gottesdienst. Kinder ab drei Jahren werden in einer Mini-Gruppe extra betreut. Wer mit seinen Eltern zum Gemeindezentrum kam, geht anschließend auch wieder mit ihnen nach Hause.

Es gibt eine ganze Anzahl von Mitarbeiterinnen und Mitarbeitern, die nicht nur Jahre, sondern Jahrzehnte sich Woche für Woche auf die Kinderkirche am Sonntag vorbereitet und mit Leidenschaft den ihnen anvertrauten Kindern die frohe Botschaft nahegebracht haben. Ihnen allen gebührt Dank und Hochachtung.

Aus den Reihen junger Mitarbeiter/innen entstand eine Band, die mit Gesang und modernen Instrumenten neue geistliche Musik bietet. An Heiligabend 1998 ist sie erstmals als *Jugend-Band* beim Krippenspiel in der Pankratiuskirche öffentlich aufgetreten. Jetzt ist sie dem Posaunenchor des CVJM angegliedert.

Seit 1989 wird einmal jährlich eine Kinderbibelwoche für 6- bis 12-jährige Kinder im Evangelischen Gemeindezentrum durchgeführt. An vier Nachmittagen einer Ferienwoche werden die Kinder angeleitet, mit allen Sinnen und gut durchdachten Methoden die biblischen Geschichten zu erfassen. Die Kinderbibelwoche wird im Allgemeinen mit einem Familiengottesdienst abgeschlossen.

Die evangelische Kirchengemeinde betreibt zwei Kindergärten: 1965/66 hat sie einen Kindergarten im Wiesenweg für zwei Gruppen und allen dazu gehörigen Räumen einschließlich der Wohnungen für Kindergärtnerinnen und einem Jugendraum in einem gesonderten Gebäude erstellt. Der zweite Kindergarten mit drei Gruppen ist seit 1977 in der Rosenstraße. Das Gebäude gehört der bürgerlichen Gemeinde. Zuvor war dieser Kindergarten in der Alten Schule untergebracht.

Nach dem Dritten Reich war es wieder möglich, in den Schulen Religionsunterricht zu erteilen. (Der Konfirmandenunterricht geschah auch in den Jahren zuvor durch Pfarrer Rentschler in der Sakristei der Pankratiuskirche.)

Neben dem jeweiligen Ortspfarrer haben die Gemeindehelferinnen Maria Kurz und später Ingried Dombrowski vielen Kindern in Möglingen evangelischen Religionsunterricht erteilt. Auch Lehrerinnen und Lehrer, die *Evangelische Religion* während ihres Studiums belegt hatten, unterrichten dieses Fach.

Wer im christlichen Glauben wachsen und mündig werden will, nimmt in der Regel die Gelegenheit wahr, während der Schulzeit neben dem Religionsunterricht in der 7. und 8. Klasse den Konfirmandenunterricht zu besuchen. Dieser wird jeweils vom Gemeindepfarrer in kirchlichen Räumen einer überschaubaren Gruppe erteilt, damit die Möglichkeit besteht, auf Einzelne in ihrer jeweiligen Situation und ihren Fragen einzugehen und sie möglichst weiterzuführen.

Seit 1989 wird in Möglingen der Konfirmandenunterricht 18 Monate lang mit einer Stunde pro Woche erteilt. Früher dauerte er nur ein Jahr, dafür aber zwei hintereinander liegende Stunden pro Woche, wobei konzentriertes Arbeiten in der zweiten Stunde schlecht möglich war. Während der Schulferien fällt der Konfirmandenunterricht aus.

Den Abschluss des Konfirmandenunterrichts bildet die Konfirmation. In diesem Konfirmations-Gottesdienst wird vor der versammelten Gemeinde Gott gegenüber Treue gelobt. Jedem Konfirmand wird unter Handauflegung Gottes Segen zugesprochen. Zuvor – manchmal schon am vorhergehenden Sonntag – werden die im Konfirmandenunterricht erlernten und besprochenen Hauptteile des christlichen Glaubens aufgesagt und somit auch den Hörern ins Gedächtnis gerufen.

Die Konfirmation ist die Antwort des jungen Menschen auf das Ja Gottes, das ihm schon bei der Taufe fest zugesagt wurde.

6. Evangelisches Mädchenwerk

Die evangelische Jugendarbeit, ein wichtiger Zweig in der Gemeinde, geschieht selbstständig im Auftrag der württembergischen Landeskirche. Ihre Wurzeln hängen in Württemberg sehr eng mit dem Pietismus zusammen. Dass sich aber in Möglingen auch die weibliche Jugendarbeit schon recht früh als eingetragener Verein formierte, ist in Württemberg fast einmalig.

1904 gründete die Kinderschwester Barbara Stettner den *Jungfrauenverein*, der 1925 ins Vereinsregister des Amtsgerichts eingetragen wurde. Von 1909 bis etwa 1948 war Luise Kleinheinz die Hauptverantwortliche der weiblichen Jugendarbeit. Die erste Möglinger Mädchenjungschar wurde 1933 trotz des Druckes, den das Dritte Reich auf die evangeli-

Konfirmation 1950 mit Pfarrer Rentschler (links), Pfarrer Immanuel Fischer (mitte, 1947 bis 1956 im Amt) und Oberlehrer Lang (rechts). Im Vergleich mit den Bildern auf der gegenüberliegenden Seite wird der Wandel der Mode innerhalb eines halben Jahrhunderts deutlich sichtbar.

sche Jugendarbeit ausübte, durch Maria Mergenthaler gegründet. Elisabeth Metzger führte diese Arbeit von 1937 bis 1942 weiter; dann übernahm sie wieder Maria Mergenthaler.

In den immer schwieriger werdenden Kriegs- und Nachkriegsjahren leitete Maria Kurz den Mädchenkreis, später Lydia Kleinheinz.

Von 1950 bis heute haben sich sehr viele junge und erwachsene Mitarbeiterinnen dafür eingesetzt, dass die junge Generation in einer Lebensgemeinschaft aufwächst, die vom christlichen Glauben geprägt ist.

Am 17. Januar 1965 hat sich auf Anregung des damaligen Bezirksjugendpfarrers und späteren Oberkirchenrats Paul Koller der schon seit 1925 eingetragene Verein als *Evangelisches Mädchenwerk e. V.* neu konstituiert. Spontan fanden sich 70 Anwesende bereit, ihre Mitgliedschaft aufrecht zu erhalten oder als neues Mitglied aufgenommen zu werden. Zur Vorsitzenden wurde einstimmig Maria Mergenthaler gewählt. Sie wurde später durch Magdalene Wagner abgelöst. Bis dahin gab es zwei Mädchenjungscharen und zwei Kreise für über 14-jährige Mädchen, die im Vereinshaus zusammen kamen.

Im Sommer 1965 war der Start für die erste Jungscharfreizeit für Möglinger Mädchen. Die-

Konfirmation am 15. März 1970 mit Pfarrer Rainer Pflüger (1965 bis 1971 im Amt).

Eine der Konfirmandengruppen im Jahr 2000 mit Pfarrer Christof Fröschle (links, seit Juni 1994 im Amt) und Pfarrer Kurt Leitlein (rechts, seit August 1992 im Amt).

se Freizeitarbeit entwickelte sich in den folgenden Jahren rasant.

Nachdem 1966 der Kindergarten samt dem Jugendraum am Wiesenweg gebaut war, gab es für die Jugendarbeit eine neue Möglichkeit, sich auch räumlich auszuweiten; denn zuvor war neben Zusammenkünften in privaten Wohnungen das Vereinshaus für die ganze evangelische Jugendarbeit der einzig mögliche Treffpunkt.

1970 sah die evangelische Mädchenarbeit wie folgt aus:

Jungschar für 9-jährige Mädchen	Leitung: Christine Mäule
Jungschar für 10-jährige Mädchen	Leitung: Anneliese Reiff, Elisabeth Hahn
Jungschar für 11-jährige Mädchen	Leitung: Martha Aichelberger
Jungschar für 12-jährige Mädchen	Leitung: Monika Röthle und Frau Rössle
Jungschar für 13-jährige Mädchen	Leitung: Monika Röthle, Inge Bareither und Eleonore Herb
Club für 14- bis 15-jährige Mädchen	Leitung: Ruth Mäule
Riethmüllerkreis für über 17-jährige Mädchen und junge Frauen	Leitung: Ruth Mäule
Monatlicher offener Bastelabend	Leitung: Magdalene Wagner
Gymnastik für junge Frauen	Leitung: Ingeborg Vömel
Monatliche Mitarbeiterbesprechung gemeinsam mit dem CVJM	

Neben den neu zugezogenen Familien nach Möglingen haben zu dem beachtlichen Wachstum der evangelischen Jugendarbeit auch die sich jährlich vergrößernden Freizeiten beigetragen. Waren es zunächst nur Mädchenjungscharfreizeiten, so kamen im Jahr 1972 Jungenfreizeiten und ab dem Winter 1975/76 auch Skifreizeiten für CVJM-Mitarbeiter/innen einschließlich ihrer Familien im Berner Oberland dazu. Letztere wurden seither jeden Winter ohne Unterbrechung im Haus Mayezyt, Habkern, durchgeführt.

So klein die Möglinger Freizeiten auch begonnen haben: Beim Lesen der nachstehenden Liste werden bei vielen Möglingern gute Erinnerungen an einst miterlebte Freizeittage wach werden!

Entwicklung der Freizeitarbeit bis zum Beginn der Stadtranderholung			
1965	3.–8.8.	Weissach	27 Mädchen im Alter von 10–14
1966	Sommerferien	Eberstadt	46 Mädchen im Alter von 10–14
1967	24.7.–3.8.	Eberstadt	47 Mädchen im Alter von 10–14
1968	25.7.–3.8.	Wälde/Schwarzwald	44 Mädchen im Alter von 10–14
	3.–12.8.	Wälde/Schwarzwald	26 Mädchen im Alter von 10–14
1969	24.7.–2.8.	Erkenbrechtsweiler	51 Mädchen im Alter von 10–14
1970	30.8.–8.9.	Burg Steinegg	60 Mädchen im Alter von 10–14
1971	29.7.–5.8.	Neubulach/Schwarzw.	16 Mädchen im Alter von 14–16
	7.–16.8.	Erkenbrechtsweiler	51 Mädchen im Alter von 10–14
1972	20.–25.5.	Nagold/Schwarzw.	15 Mädchen im Alter von 14–16
	20.–25.5.	Neubulach/Schwarzw.	26 Jungen im Alter von 9–12
	28.7.–7.8.	Monbachtal	80 Mädchen im Alter von 9–14
	Herbstferien	Weissach	23 Jungen im Alter von 9–12

1973	19.–28.7.	Neubulach/Schwarzw.	33 Jungen im Alter von 9–12
	18.–28.7.	Burg Steinegg	67 Mädchen im Alter von 10–14
1974	15.–24.7.	Strümpfelbrunn	91 Mädchen im Alter von 10–14
	4.–14.8.	Radelstetten	51 Jungen im Alter von 10–14
	15.–24.8.	Unterjesingen	Jugendkreis im Alter von 16–21
1975	7.–10.5.	Altensteig	9 Mädchen im Alter von 13–14
	3.–12.7.	Mönchhof	108 Mädchen im Alter von 10–14
	3.–13.7.	Schweibenalp/CH	66 Jungen im Alter von 10–14
	25.7.–2.8.	Würm/Schwarzwald	27 Jungen im Alter von 10–12
1976	1.–10.7.	Gersbach	39 Mädchen im Alter von 10–13
	5.–15.7.	Schweibenalp/CH	54 Jungen im Alter von 10–14
	15.–25.7.	Schweibenalp/CH	42 Mädchen im Alter von 10–14
	25.7.–4.8.	Schweibenalp/CH	36 Jungen im Alter von 13–16
	4.–14.8.	Habkern/CH	29 Mädchen im Alter von 13–15
1977	23.6.–3.7.	Steibis/Allgäu	42 Mädchen im Alter von 11–14
	3.–13.7.	Steibis/Allgäu	33 Mädchen im Alter von 10–12
	18.–28.7.	Knappenberg/Bay. W.	42 Jungen im Alter von 10–14
	25.7.–3.8.	Flumser Berge/Ch	18 Mädchen im Alter von 14–16
1978	19.–28.6.	Bad Herrenalb	75 Mädchen im Alter von 10–14
	30.6.–9.7.	Radelstetten	44 Jungen im Alter von 10–14
	17.–29.7.	Kreßbronn	17 Mädchen im Alter von 14–16
1979	26.7.–2.8.	Brandmatt/Schw.	38 Jungen im Alter von 10–14
	26.7.–4.8.	Haslachmühle	73 Mädchen im Alter von 10–14

Die gute Zusammenarbeit zwischen dem Evangelischen Mädchenwerk und dem CVJM (Christlicher Verein junger Männer) zeigte sich nicht nur bei der Durchführung von Freizeiten und der gemeinsamen Mitarbeiterbesprechung, sondern auch durch das Entstehen gemischter Gruppen. Noch war keine Fusion im Gespräch. Trotzdem soll an dieser Stelle die Entwicklung des CVJM von seiner Gründerzeit bis zum Jahr 1975 kurz skizziert werden:

7. Christlicher Verein Junger Männer (CVJM)

Als 1908 der Jünglingsverein (Vorgänger des CVJM) gegründet wurde, kam die sich schnell auf 30 Mitglieder vergrößerte Gruppe in einem privaten Bauernhaus in der Wagnerstraße zusammen. Schon ein Jahr später wuchs aus diesem Kreis der Posaunenchor hervor, der bis heute ein fester Bestandteil des CVJM ist. Einen weiteren Aufschwung brachte die erste Evangelisation in Möglingen im Jahr 1912 und der Einzug in das danach erbaute Vereinshaus.

Die beiden Weltkriege waren ein großer Einbruch, und eine Reihe von Mitgliedern kehrte nicht mehr zurück. In den Jahren zwischen beiden Kriegen wuchs die Freude am gemeinsamen Wandern und am Sport. Schon damals waren bei Bezirkssporttagen immer wieder die Möglinger Sieger. Nach dem Zweiten Weltkrieg entfalteten sich mancherlei Aktivitäten: Zum Jungmännerkreis und Posaunenchor kamen der Jungenkreis, die Jungenschaft und Jungscharen. Beim Eichenkreuzsport kamen

Führerausweis von Karl Mergenthaler, CVJM-Vorsitzender von 1920 bis 1933, aus dem Jahr 1927.

Handball und Volleyball als neue Sportarten hinzu.

Oftmals wurden seither die CVJM-Sportler aus Möglingen Württembergischer und Deutscher Meister.

Die Vorsitzenden des Vereins seit seiner Gründung:

1908 – 1920	Albert Kleinheinz
1920 – 1933	Karl Mergenthaler
1933 – 1950	Karl Sauereisen
1950 – 1962	Eugen Köhl
1962 – 1984	Hans Mäule
1984 – heute	Bernhard Häcker

Außer ihnen haben sich Friedrich Häcker, Otto Arnold, Gustav Mayer sowie viele andere über Jahrzehnte mit großer Hingabe für den CVJM und die Gewinnung von Mitarbeitern engagiert. Hatte sich der Verein in den ersten fünfzig Jahren kontinuierlich entwickelt, musste er sich in den Folgejahren mit immer wieder veränderten gesellschaftlichen Verhältnissen auseinandersetzen. Eine breit angelegte Öffentlichkeitsarbeit wurde erforderlich. Die Zusammenarbeit mit der Kirchengemeinde, der bürgerlichen Gemeinde und den Möglinger Vereinen war stets gut.

1962 entstand ein gemeinsamer Bibelkreis zusammen mit dem Evang. Mädchenwerk. Zu dieser Zeit waren aber die räumlichen Verhältnisse so bedrückend, dass an geeignete Baumaßnahmen gedacht werden musste. Es war ein langer Weg, und viele Möglichkeiten wurden bedacht und erwogen, ehe 1970 der erste Plan für den Bau des CVJM-Hauses im Leudelsbachtal entstand.

Im gleichen Jahr fand auch das erste Seifenkistenrennen in Möglingen statt, das sich großer Beliebtheit erfreute und bis zum Jahr 1983 ein fester Bestandteil der jährlichen Veranstaltungen wurde.

Weitere Sonderveranstaltungen des Jahres waren Altmaterialsammlungen, Flohmarkt, Straßenfest und Nikolausmarkt; dazu kamen Dienste des Posaunenchors, Durchführung von Bibelwochen, Evangelisationen, Adventsingen und Weihnachtsfeiern … meistens gemeinsam mit dem Evangelischen Mädchenwerk.

Die zusammen mit der Methodistenkirche und dem Evangelischen Mädchenwerk durchgeführte Jugendevangelisation führte 1972 zu einem Gesprächskreis für Mädchen und Jungen. In diesem Jahr wurden auch die ersten Jungscharfreizeiten für Jungen durchgeführt. Daraus entwickelte sich die erste Bubenjungschar im Neubaugebiet Löscher.

Waren es 1970 fünf Jungschargruppen für 9 – 14-jährige Mädchen, so wuchs die Zahl der gut besuchten Mädchenjungscharen im Jahr 1975 auf 15 Gruppen. Über 200 Möglinger Mädchen gingen regelmäßig in eine der bestehenden Jungscharen und hatten über lange

Jahre konkrete diakonische Aufgaben übernommen, zum Beispiel auch Patenschaften in Indien und auf Haiti oder das Adventsingen bei Alten und Kranken.

Auch die Jungscharen für Jungen hatten sich in diesen fünf Jahren verdreifacht: von zwei auf sechs Gruppen.

Daneben gab es 1975 für über 14-Jährige folgende Angebote:

1 Jugendclub für 15-jährige Mädchen und Jungen
1 Jungenschaft für 14- bis 16-jährige Jungen
1 Mädchenkreis für 16-Jährige
1 Jugendkreis für 17- bis 21-jährige Mädchen und Jungen
1 Bastelkreis für Jugendliche und Erwachsene
11 Sportgruppen für Jungen, Jugendliche und Erwachsene
2 Gymnastikgruppen für junge Frauen
1 Filmabend pro Monat für Jungscharen
1 Bibelabend monatlich für Jugendliche und Erwachsene

Während dieser Phase des Wachstums der Gruppen wurde intensiv an der Planung des CVJM-Hauses gearbeitet. Viele Hürden waren zu nehmen, bis acht Jahre nach dem ersten Plan das endgültige Baugesuch 1978 genehmigt wurde. Was danach unter fachkundiger Anleitung auf dem Bau und in den Außenanlagen von vielen CVJM-lern an qualifizierter Eigenleistung geschaffen wurde, ist fast unvorstellbar und kann auch heute nach 20 Jahren nur staunend bewundert werden.

Am 12. Juli 1980 wurde das neue CVJM-Haus Leudelsbachtal in einem offiziellen Festakt seiner Bestimmung übergeben. Rundfunkpfarrer Johannes Kuhn hielt den Festgottesdienst in der dafür dem CVJM überlassenen Reithalle, damit anschließend im CVJM-Haus der Empfang und das Festessen stattfinden konnten.

Schon zuvor waren die Vorbereitungen für die Stadtranderholung, die ab 1980 Bestandteil der Arbeit des CVJM wurde, in vollem Gange.

Bis zum Ende des Jahres 1983 war in der evangelischen Jugendarbeit für die weibliche Jugend das Evangelische Mädchenwerk (e. V.) und für den männlichen Bereich der CVJM (Christlicher Verein Junger Männer) zuständig. Nach vielen Jahren guter Zusammenarbeit schlossen sich beide Vereine zum 1. Januar 1984 zusammen zum *CVJM = Christlicher Verein Junger Menschen*.

Die Vorsitzenden beider Werke, Hans Mäule für den CVJM und Magdalene Wagner für das Ev. Mädchenwerk e. V., waren auch nach der Fusion 1. und 2. Vorsitzende.

Es ist erfreulich, dass der CVJM auch noch im Jahr 2000 viele Gruppen für Kinder, Jugendliche und junge Erwachsene anbietet: Angefangen bei den Mutter-Kind-Gruppen über die Mini-Jungschar, die Mädchen- und Bubenjungscharen, Jungbläsern, Offener Treff *Zobbl*-Club bis zu den Sportgruppen für viele Altersstufen. Die Gruppen sind für alle offen. In den *Möglinger Nachrichten* wird immer wieder dazu eingeladen.

Neu sind:
– Der *Familientreff im CVJM-Heim*. Er bietet Familien mit Kindern etwa jeden zweiten Monat an einem Sonntagnachmittag einen offenen Anfang ab 14 Uhr und ein gemeinsames Programm von 15 bis 17.30 Uhr.
– *ZiP*. Die drei Buchstaben stehen für *Zentral – Interessant – Persönlich* und laden Teenager ein zu einem bunten, phantasiereichen Programm wie Radeln, Köcheln, Sporteln, Singen, über den Glauben reden, Zelten, Kajakfahren oder andere ZiPs besuchen und vieles mehr.

8. Posaunenchor

Schon ein Jahr nach der Gründung des Möglinger CVJM ist daraus eine Gruppe von etwa zehn Bläsern entstanden: der Posaunenchor. Bis das Vereinshaus erbaut und für Chorproben benutzt werden konnte, diente die Schuhmacherwerkstatt von Jakob Kleinheinz als Übungsraum. Noch im Gründungsjahr 1909 hatte der Posaunenchor seinen ersten Auftritt vor der Pankratiuskirche.

Der Posaunenchor des CVJM im Jahr 1914.

Obwohl während der beiden Weltkriege die meisten Bläser Militärdienst leisten mussten, konnte doch der Chor notdürftig weiter existieren, wenn manchmal auch nur als Quartett und mit sehr jungen Bläsern, die mit dem Notenlesen Schwierigkeiten hatten. Dass – wie in vielen anderen Sparten – während der Kriegszeit Frauen oder Mädchen »einspringen« könnten, war zu jener Zeit unvorstellbar.

Noch Anfang der siebziger Jahre wurden Mädchen, die gerne im Posaunenchor mitgespielt hätten, abgewiesen. Die erste Bläserin fand 1979 im Möglinger Posaunenchor Aufnahme.

Seit 1950 waren es im Durchschnitt 25 Bläser. Zu Beginn des Jahres 2000 sind im Posaunenchor des CVJM

4 aktive Bläserinnen
30 aktive Bläser
14 auszubildende Jungbläser.

Bis zu seinem Tod im Herbst 1978 war Friedrich Häcker Dirigent des Chors, den er 1933 übernommen hatte. Anschließend dirigierte Rolf Pflugfelder den Posaunenchor bis 1993 und seit 1994 Günter Schab.

Bei vielen Festgottesdiensten und Feierstunden des CVJM ist der Posaunenchor eine große Bereicherung. Als Möglingen noch klein und überschaubar war, spielte der Chor in der Silvesternacht auf verschiedenen Plätzen, um den Einwohnern das neue Jahr anzukünden. Ebenso hörte man den Chor am Ostersonntag in aller Frühe auf dem Friedhof spielen: *Christ ist erstanden ...*

Bis heute tut der Posaunenchor seinen wichtigen Dienst – gelegentlich auch im Behindertenheim Markgröningen oder beim Gottesdienst im Grünen – zur Freude der Menschen und zur Ehre Gottes.

9. Stadtranderholung

Im Sommer 1980 war das CVJM-Haus Leudelsbachtal gerade fertig geworden, ehe die geplante Stadtranderholung eingezogen ist. Die ersten vier Wochen der Sommerferien belegte der CVJM Ludwigsburg mit zwei Abschnitten, in den restlichen zwei Wochen hatten Möglinger die Leitung mit insgesamt 165 Kindern, die nicht nur aus der eigenen Gemeinde, sondern noch bis heute auch aus Markgröningen, Schwieberdingen, Asperg und Tamm kommen. Die Leiterin, die sich bisher für die Jungscharfreizeiten eingesetzt hatte, wandte sich nun mit ganzer Kraft dem Aufbau der Stadtranderholung zu. Trotzdem gab es in den ersten Jahren der Stadtranderholung noch kleinere Möglinger Freizeiten für Jugendliche, die das 13. Lebensjahr überschritten hatten und deshalb nicht mehr an der Stadtranderholung teilnehmen durften. (Heute ist die Teilnahme der Kinder nur auf das Alter zwischen 7 und 11 Jahren beschränkt). Solange sich die bewährten Mitarbeiter/innen weiterhin für die Freizeitarbeit engagierten, war es schwierig, genügend Gruppenleiter/innen für die Stadtranderholung zu finden. Im ersten Jahr waren es 23 pädagogische Leiter- und Helfer/innen und sieben Leute in der Küche; 1981 waren es nur 21 pädagogische Betreuer/innen einschließlich der Gesamtleitung, aber acht Leute in der Küche. Trotzdem waren es stets gut vorbereitete und vorbildlich durchgeführte Ferientage mit vielen Höhepunkten.

Bis heute wird dieses Ferienangebot für Kinder aus allen sozialen Schichten weithin von ehrenamtlichen Betreuern gestaltet, die teilweise ihren Urlaub dafür »opfern« und doch auch selbst dabei viel Glück empfinden. 1990 wurde die Gesamtleitung erstmals an eine bezahlte Fachkraft übertragen. Im Jahr 2000 wird die Leitung der neu vom Möglinger CVJM teilzeitangestellte Jugendreferent übernehmen.

Die Gesamtleitung in den vergangenen zwanzig Jahren hatten übernommen:

1980–1984	Ruth Mäule
1985–1989	Magdalene Wagner
1990–1995	Diakon Karl-Heinz Fruth
1996	Pfarrer Christof Fröschle und Magdalene Wagner
1997–1999	Gemeindediakonin Bettina Zehner
2000	Jugendreferent Jochen Schweizer

10. Jugendevangelisationen, Woche der Verkündigung und Religionsunterricht für Erwachsene

In den vergangenen fünfzig Jahren wurden durch die Evangelische Kirche, den CVJM und die Gemeinschaften meistens einmal jährlich Bibelabende oder Evangelisationswochen durchgeführt. Sie hatten vorwiegend missionarischen Charakter.

Inzwischen hat sich die Art und Weise der Gestaltung solcher Tage bzw. Wochen geändert und der Zeit angepasst, um aktuell zu sein. Aber das Ziel, dabei Menschen auf ihren Glauben und ihre Beziehung zu Jesus Christus anzusprechen und Begleitung anzubieten, ist zwischen 1950 und 2000 dasselbe geblieben.

Als im Februar 1990 eine Referentin des Evangelischen Gemeindedienstes für Württemberg bei einem Offenen Abend unter dem Thema *Stufen des Lebens-Religionsunterricht für Erwachsene* diese von Religionspädagogin Waltraud Mäschle 1982 erstmals versuchte Art der Erwachsenenbildung sehr anschaulich vorstellte, war das Interesse groß, solche Unterrichtseinheiten künftig auch in Möglingen regelmäßig durchzuführen.

1991 begann Diakon Fruth im Evangelischen Gemeindezentrum mit dem Religionsunterricht für Erwachsene, der inzwischen mit einem Leitungsteam zweimal jährlich an vier bis fünf Abenden (oder wahlweise vormittags) angeboten wird mit dem Ziel

– Menschen zu erreichen, denen die Schwelle zum Glauben und zur Gemeinde zu hoch geworden ist
– Menschen zum Glauben zu ermutigen
– Glaubens- und Lebenshilfe anzubieten – nicht vorrangig Wissen zu vermitteln
– Grundanliegen der biblischen Botschaft transparent zu machen
– durch dialogisches und anschauliches Arbeiten Gespräche über den Glauben zu üben
– Glauben und Leben anhand von biblischen Texten in Zusammenhang zu bringen
– Zugang zu biblischen Inhalten zu finden und eine persönliche Beziehung zu Jesus Christus zu suchen.

11. Kirchenmusik

Als *Organist* war Friedrich Häcker von 1928 bis 1978 in Möglingen tätig. Die Kriegsjahre von 1939 bis 1945 wurden durch Oberlehrer Lang

und Gemeindehelferin Maria Kurz überbrückt. Als ab 1970 jeden Sonntag ein zweiter Gottesdienst im Neubaugebiet stattfand, wurde zum 1. März 1970 zusätzlich Gerhard Bohnenberger als C-Kirchenmusiker für den Orgeldienst angestellt; er ist bis heute dafür zuständig. Die beiden Pfarrfrauen Edith Ulrich und Barbara Bahret engagierten sich, solange sie mit ihrer Familie hier wohnten, ebenfalls eifrig in der Möglinger Kirchenmusik. Frau Ulrich führte über Jahre hinweg regelmäßig die *Stunde der Kirchenmusik* durch. Heute versieht Gerhard Bohnenberger zusammen mit Esther Marquardt und Ilse Dautel den Dienst
– an der Walcker-Orgel in der Pankratiuskirche, die in den sechziger Jahren eingebaut wurde
– an der neuen Kopetzky-Orgel im Evang. Gemeindezentrum sowie
– an der elektronischen Orgel in der Aussegnungshalle.

Auch den *Kirchenchor* hatte Friedrich Häcker 50 Jahre lang dirigiert. Während des Zweiten Weltkriegs übernahm Maria Kurz die Leitung, sodass der Chor weiter existierte, wenn auch zeitweise fast nur mit Frauenstimmen. Immer wieder sang auch der Mädchenkreis zwei- und dreistimmig, zuweilen mit Instrumentalbegleitung, im Gottesdienst.

Großen Anklang fanden 1945 bis 1949 die von Experten in Möglingen durchgeführten jährlichen Singfreizeiten für alle singfreudigen Möglinger. Sie waren auch für junge Menschen ein guter Auftakt für das Weitersingen im Kirchenchor. Viele Jugendliche kamen wie selbstverständlich gleich nach der Konfirmation dazu, sodass sich der Möglinger Kirchenchor um 1950 als ausgesprochen jugendlicher Chor darstellte.

1978 legte Friedrich Häcker die Leitung des Kirchenchors in die Hände seines jüngsten Sängers

Die bei der Renovierung 1970/72 freigelegten Fresken stammen aus dem 15. Jahrhundert. Links und rechts des Chorbogens der Zehn-Gebote-Zyklus. Die Walcker-Orgel wurde in den sechziger Jahren eingebaut.

Gerhard Bohnenberger, der durch seine Begabung zur Menschenführung sich schnell die Herzen der Sängerinnen und Sänger erwarb.

Am 17. Oktober 1993 feierte der Chor sein 100-jähriges Bestehen. Zu diesem Fest wurden außer den damals aktiven 31 Sängerinnen und Sängern weitere 164 frühere Mitsänger/innen eingeladen. Was schon im Jahr 1893 begonnen hatte, wurde in guter Weise weitergeführt. Heute werden vom Kirchenchor außer dem festlichen Mitgestalten der Gottesdienste öfters im Jahresablauf Kirchenkonzerte angeboten. Das Singen im Klinikum Ludwigsburg gehört ebenfalls zum festen Jahresprogramm.

Einen nicht zu unterschätzenden Beitrag zur Kirchenmusik leistet der *Posaunenchor des CVJM,* der seit 1909 ohne Unterbrechung seinen selbstverständlichen Platz im kirchenmusikalischen Dienst unserer Gemeinde hat und vor allem Festgottesdienste und Feierstunden mitgestaltet.

In jüngster Zeit sind zwei weitere musikalische Gruppen entstanden:
1998 eine *Band* und
1999 ein *Blockflötenkreis*.

12. Offener Abend, Seniorenarbeit, Urlaub ohne Koffer, Besuchsdienst und Hauskreise

Evangelische Erwachsenenbildung ist ein Begriff, der erst in den 60er Jahren aufkam und in Möglingen sehr schnell aufgenommen wurde. Elisabeth Hüttel, die erste Kirchengemeinderätin in Möglingen, brachte diese Idee ins Gespräch. Sie fand nicht nur offene Ohren, sondern auch die Bereitschaft zur Mitarbeit. Es ging ihr damals vor allem darum, jungen Eltern einmal im Monat Anregungen zur christlichen Erziehung ihrer Kinder durch Referenten anzubieten.

Seit Oktober 1966 gibt es ununterbrochen diesen Zweig der Erwachsenenbildung. Die Themen richten sich stets nach den gerade bestehenden Fragen und Problemen. Zunächst standen Fragen der Kindererziehung im Vordergrund, weil es zu jener Zeit in den Kindergärten und Schulen kaum Elternarbeit gab. Bald kamen gesellschafts-orientierte Themen, Fragen der Gesundheitsvorsorge, der Diakonie am Ort und Glaubensfragen dazu. Daraus entstanden in unserer Gemeinde manche Aktionen, die heute selbstverständlich zu unserem Gemeindeleben gehören, wie zum Beispiel

die Nachbarschaftshilfe

die Sitzwachengruppe bei Schwerkranken und Sterbenden

der Religionsunterricht für Erwachsene.

Immer wieder wurden durch den *Offenen Abend* auch zusammenhängende Themen als Seminar mit einigen Abenden durchgeführt, beispielsweise *Gleichberechtigung in Arbeit und Haus, Heiße Eisen anpacken, Für und Wider der antiautoritären Erziehung* oder auch ein Krankenpflegekurs.

Der *Offene Abend* wird für Damen und Herren, für Jung und Alt angeboten. Am Thema entscheidet sich, wer kommt. Aber die Besucherzahl ist von Anfang an und bis heute recht groß. Dass 80 und mehr Leute kommen, ist keine Seltenheit.

Anregungen aus der Gemeinde für neue Themen oder Referenten sind als Zeichen des Mitdenkens und der gemeinsamen Verantwortung stets willkommen. Im letzten Jahrzehnt boten immer wieder der Landfrauenverein und der *Offene Abend* ein gemeinsames Thema an.

In den fünfziger und sechziger Jahren beschränkte sich das Angebot der Kirche für die ältere Generation vor allem auf die Wortverkündigung im Gottesdienst, im Frauenkreis und in den Gemeinschaftsstunden. Lediglich auf den jährlichen Altenfeiern, die zunächst von der evangelischen Kirche und der evang. Jugendarbeit, dann ökumenisch zusammen mit der Gemeindeverwaltung und heute unter Mitarbeit der Vereine durchgeführt werden, gab es von Anfang an viele unterhaltsame Darbietungen.

Nachdem das erstellte Montagegemeindehaus im Löscher von der Jugend rasch in Beschlag genommen wurde, machten es die Senioren den Kindern nach: Um 1970 entstand ein Altennachmittag, für dessen Gestaltung im Wechsel die evangelische Kirchengemeinde, die katholische Kirche und die Arbeiterwohlfahrt zuständig waren. Auch eine *Spielstunde Mutter und Kind* wurde begonnen. Frau Kreth sorgte dafür, dass diese Spielstunden für die Mütter zu einem gemütlichen Tee-Nachmittag wurden. Der beschriebene Altennachmittag hat sich in den dreißig Jahren geändert. Er besteht aber noch heute als *Mittwochstreff* und wird von einem Team im Auftrag der evangelischen Kirchengemeinde geleitet. Meistens wird der Platz eng, weil viele Besucher regelmäßig und mit Begeisterung zu diesen besinnlichen und frohen Stunden bei Kaffee und Gebäck kommen. Jeden zweiten Monat gibt es einen ökumenischen Senioren-Nachmittag, bei dem auch Ausflüge angeboten werden.

Außer dem Frauenkreis wird im südlichen Ortsteil seit einiger Zeit zum *Frohen Senioren-Nachmittag* in den Gemeinderaum Wiesenweg eingeladen. Die unterhaltsamen Nachmittage, bei denen auch Gelegenheit zum gegenseitigen Austausch gehört, werden ebenso wie die Gymnastik für ältere Frauen neben dem weiterhin bestehenden besinnlichen Angebot gerne genützt.

Die Idee, für Senioren außer den üblichen Ausflügen auch richtige Freizeiten anzubieten, wurde erstmals 1982 durch Lore Blum in die Tat umgesetzt. Diese Freizeiten für ältere Gemeindeglieder fanden unter Leitung von Magdalene Wagner und Pfarrer Ulrich in weiteren sieben Jahren eine gute Fortsetzung. Noch heute kommen manche dieser einstigen Freizeit-Teilnehmerinnen zum *Urlaub ohne Koffer*.

Wer keine großen Reisen mehr unternehmen kann und in der Nacht am liebsten im eigenen Bett schläft, hat die Möglichkeit, zweimal jährlich drei Tage *Urlaub ohne Koffer* im CVJM-Haus im Leudelsbachtal zu verbringen. Im Herbst 1996 wurde erstmals zu diesem besonderen Urlaub eingeladen, und rund 40 Möglinger zwischen siebzig und über neunzig Jahren meldeten sich an. Die Resonanz war sowohl unter denen, die sich aus gesundheitlichen Gründen keinen normalen Urlaub mehr zutrauen, als auch unter sehr rüstigen *Jung*-Senioren gleichermaßen gut.

Deshalb werden seither jeweils im April und im Oktober drei Tage *Urlaub ohne Koffer* angeboten. Nach dem Morgenlied kann man sich am reichhaltigen Frühstücksbüffet bedienen. Die biblische Besinnung hat ebenso ihren regelmäßigen Platz wie eine altersgerechte Gymnastik, das Basteln, Singen, Vorlesen und die Gelegenheit zu einem Schläfchen nach dem leckeren Mittagessen. Im Anschluss an den Nachmittagskaffee mit selbstgebackenem Kuchen trifft man sich wieder zu einem ausgesucht guten und geselligen Nachmittagsprogramm, das mit einem meditativen Tanz und dem Abendsegen ausklingt.

Seit vielen Jahren gibt es in Möglingen einen Dienst an kranken und alten Menschen, der für manche sehr wichtig ist, aber ganz in der Stille geschieht: Wer gerne die Sonntagspredigt aus seiner Möglinger Gemeinde hören möchte, für den steht eine Kassette zur Verfügung, sodass die Predigt daheim in aller Ruhe ein- oder mehrmals gehört werden kann. Jede Kassette macht in einem überschaubaren Kreis die Runde, um dann am nächsten Sonntag wieder neu überspielt zu werden. Wer eine Kassette haben möchte, teilt dies dem Pfarramt mit.

Außer den Besuchen, die unsere Gemeindepfarrer und der Diakon machen, erhalten alle evangelischen Gemeindemitglieder ab ihrem 75. Lebensjahr von ehrenamtlichen Helferinnen und Helfern einen Geburtstagsbesuch. Ebenso besteht ein Besuchsangebot für alle evangelischen Neuzugezogenen.

Solange Möglingen ein Übergangswohnheim für Aussiedler aus dem Osten hatte, war der Besuchsdienst an eine ganz neue Aufgabe gewiesen. Auch die Kleiderkammer des Übergangswohnheims wurde von Gemeindegliedern betreut.

In den neunziger Jahren wurde durch neu entstandene Wohngebiete in Raite I und II wieder intensiv mit dem Aufbau eines die ganze Gemeinde deckenden Besuchsdienstes begonnen, der durch das Austragen des Gemeindebriefs (seit März 1998) noch eine weitere Unterstützung erfährt.

Auch die Heimbewohner des Kleeblatt-Pflegeheims sind dankbar für jeden Besuch, der ein wenig Farbe in ihren Heim-Alltag bringt.

In den Hauskreisen treffen sich Menschen verschiedensten Alters und unterschiedlichster Prägung, um in einer kleinen, überschaubaren Gruppe miteinander zu reden und aufeinander zu hören. Viele Themen kommen dabei zur Sprache, weil es darum geht, wie christlicher Glaube heute gelebt werden kann.

Während zwei solche Kreise schon über vier Jahrzehnte bestehen, sind in den letzten 20 Jahren eine ganze Anzahl neuer Hauskreise entstanden, die sich regelmäßig treffen.

Ein guter Brauch ist seit etlichen Jahren, dass sich einmal pro Jahr alle Möglinger Hauskreise zu einem gemeinsamen Abend im Evangelischen Gemeindezentrum zusammenfinden.

13. Landeskirchliche Gemeinschaften

Eine Evangelisation im Jahre 1912 durch Evangelist Zimmermann bewirkte in Möglingen eine große Glaubenserweckung. Sie führte zu dem Beschluss, ein Vereinshaus zu bauen, in dem sich die *Altpietistische Gemeinschaft,* der Jünglingsverein (später CVJM) und der damalige Jungfrauenverein treffen konnten. Dieser Plan wurde sogleich realisiert, und im November 1913 konnte das Vereinshaus in der Bachstraße seiner Bestimmung übergeben werden. Jahrzehnte trafen sich dort alle Jugend-, Frauen- und Jungmännerkreise, Kindergruppen und Gemeinschaftsleute zu ihren Versammlungen. Auch alle Feste fanden dort statt, ehe die evangelische Kirchengemeinde weitere Gemeinderäume baute.

Nur während des Zweiten Weltkriegs und in der Nachkriegszeit durfte das Vereinshaus zeitweise mangels eines Luftschutzraums, wegen Belegung durch die Wehrmacht und nach Kriegsende wegen Benützung der Räume zum Schulunterricht nicht seinem Zweck entsprechend benützt werden.

Sonst dient das erst jetzt wieder neu renovierte, sehr ansprechend gestaltete Haus seit eh und je dazu, dass die frohe Botschaft von Jesus Christus weiter gesagt werden kann in Bibel- und Gebetsstunden, bei Kinderstunden und Kinderfreizeiten, im Juniortreff, beim Frauenfrühstück …

Die *Bessarabische Gemeinschaft* entstand aus dem Wunsch, sich nach den Kriegsjahren in der neuen Heimat mit Gleichgesinnten zu tref-

Das 1913 in der Bachstraße erbaute Vereinshaus im Jahr 1952.

fen und mit ihnen christliche Gemeinschaft halten zu können. Als Edwin Kelm im Lerchenweg sein Wohnhaus baute, fand die Bessarabische Gemeinschaft dort ihre Heimat.

Es ist kein Konkurrenzunternehmen zur Altpietistischen Gemeinschaft, sondern beide Gemeinschaften haben enge Beziehungen zueinander. Eine Hilfe besonderer Art war und ist die Bessarabische Gemeinschaft für Menschen, die in den letzten Jahren als Russlanddeutsche nach Möglingen kamen. Sie finden in dieser Gemeinschaft eine ihnen bekannte Art, in der sie sich daheim fühlen.

Die *Allianz-Gebetswoche,* die in der ersten vollen Woche am Jahresanfang nach den Schulferien stattfindet, trifft sich außer in den beiden evangelischen Kirchen, der evang.-methodistischen Kapelle und dem CVJM-Haus auch in den Räumen der beiden vorgenannten Gemeinschaften reihum unter dem Leitwort der Evangelischen Allianz in Deutschland: *Gemeinsam glauben, miteinander beten*.

14. Ökumene

Dass noch während des Zweiten Weltkriegs Katholiken in einem fast ausschließlich evangelischen Dorf wie Möglingen mehr oder weniger als Außenseiter galten (Evangelische in katholischen Ansiedlungen ebenso), ist heute kaum noch in Gedanken nachvollziehbar. Die Flüchtlingsströme nach dem Krieg haben manche eingefahrene Strukturen durcheinander gewirbelt und gegenseitiges Aufeinander-Zugehen geschaffen.

So waren beispielsweise schon ab 1951 die katholischen Gottesdienste regelmäßig 14-tägig in der evangelischen Pankratiuskirche, bis die katholische Kirchengemeinde 1967 in ihr neuerbautes Gotteshaus einziehen konnte. Umgekehrt öffnete die katholische Kirche auch für evangelische Veranstaltungen ihre Türen: Während der Renovierung der Pankratiuskirche in den Jahren 1970 bis 1972 wurden zwar die regelmäßigen evangelischen Gottesdienste im Vereinshaus in der Bachstraße gefeiert, aber Feste mit großen Besucherzahlen wie beispielsweise die Konfirmation in der katholischen Kirche.

Anfang der 70er Jahre schloss sich ein kleiner ökumenischer Arbeitskreis zusammen, zu dem die Pfarrer und weitere Vertreter/innen der evang.-methodistischen, katholischen und evangelischen Kirche gehören. Eine der ersten Aufgaben dieser Gruppe war die Vorbereitung eines ökumenischen Gottesdienstes mit gemeinsamem Abendmahl. Dieser Gottesdienst fand am 19. November 1972 in der katholischen Kirche statt.

1973 wurde erstmals durch die Initiative dieser Gruppe eine ökumenische, musikalische Feierstunde an einem Adventsabend durchgeführt, die in den folgenden Jahren stets im Advent abwechselnd in einer der beiden Kirchen stattfand. Als im Advent 1986 anlässlich der Einweihung des neuerbauten Bürgerhauses zu einem ökumenischen Gottesdienst eingeladen wurde, war dies der Auftakt für künftige *ökumenische Advents-Vormittagsgottesdienste im Bürgerhaus*. Sie finden seither regelmäßig am 3. Advent statt und sind außergewöhnlich gut besucht.

Anlässlich des 10. Möglinger Straßenfestes am 21./22. Juli 1984 bereitete der Ökumenische Arbeitskreis erstmals einen *Straßenfest-Gottesdienst* vor, zu dem sich seither jedes Jahr am Straßenfest bei gutem Wetter vor dem Rathaus eine große ökumenische Gemeinde versammelt.

1992 wurde in Möglingen das Kleeblatt-Pflegeheim erbaut und belegt. Seitdem wird jeden Freitag von 17 bis 17.30 Uhr ein *ökumenischer Kurzgottesdienst* mit den Heimbewohnern sowie Gästen aus unserer Gemeinde und den betreuten Wohnungen im Untergeschoss des Pflegeheims gefeiert. Der Gottesdienst wird abwechslungsweise von Haupt- und Ehrenamtlichen aus den Kirchen und Gemeinschaften gehalten.

Gelegentlich wird der *Kanzeltausch* praktiziert, wobei ein evangelischer Pfarrer in der katholischen Kirche predigt und der katholische bei den Evangelischen. Dagegen wurde der

Die Pankratius-kirche nach der Renovierung von 1970/72.

Versuch, regelmäßig jedes Jahr eine ökumenische Bibelwoche anzubieten, mangels großem Interesse wieder fallen gelassen.

Der *Weltgebetstag,* zu dem sich heute in etwa 170 Ländern auf der ganzen Erde am ersten Freitag im März Millionen Mädchen und Frauen der verschiedensten christlichen Kirchen und Gemeinschaften zum gemeinsamen Gebet treffen, ist aus einer kleinen Initiative im Jahr 1887 in den USA entstanden. Seit 1949 wird dieser Tag auch in Deutschland gefeiert. Jedes Jahr wird ein Land beauftragt, die Liturgie zu verfassen, die dann weltweit in der jeweiligen Sprache gebetet und gesungen wird. Zuerst kamen in Möglingen nur wenige evangelische Frauen in der Sakristei der Pankratiuskirche zusammen, um sich an diesem Gebet rund um die Welt zu beteiligen. Aber bald war die Sakristei zu klein, und die Teilnehmer, zu denen sich auch die evang.-methodistischen gesellten, füllten den Vereinshaussaal. Seit 1972 bereiten alle drei in der Möglinger Ökumene zusammengeschlossenen Kirchen gemeinsam den Weltgebetstag vor und feiern ihn abwechslungsweise in der katholischen und in den Räumen der evangelischen Kirche.

Unterlagen für das *ökumenische Hausgebet im Advent* werden großzügig verteilt. Der Ökumenische Arbeitskreis kommt zum ökumenischen Hausgebet jedes Jahr im CVJM-Haus zusammen.

Zur Zeit werden auf ökumenischer Basis auch *Taizé-Gottesdienste* gefeiert und in der Passionszeit ein *Kreuzweg für die Jugend* angeboten.

Die *sozialen Dienste auf ökumenischer Basis* sind in Möglingen nicht mehr wegzudenken. Viele Jahrzehnte hatte Schwester Anna Pflugfelder als Gemeindeschwester mit ihrem Fahrrad die Kranken in den Häusern versorgt, und als sie altershalber nicht mehr konnte, übernahm diesen Dienst ab Januar 1958 Schwester Hilde Bitzer bis zum Dezember 1968. Anschließend versorgten Frau Kleber und Frau Burkhardt unsere Kranken und Sterbenden so gut und einfühlsam, dass sie von den Angehörigen der Kranken immer wieder als »Engel« bezeichnet wurden.

Seit 1. Januar 1976 hat unsere Gemeinde zusammen mit Schwieberdingen und Hemmingen einen Kooperationsvertrag für die *Ökumenische Sozialstation mit häuslicher Krankenpflege, fachlicher Beratung, Pflegehilfsmittelverleih, Altenpflege, Familienpflege und Nachbarschaftshilfe*.

Der ökumenische *Arbeitskreis Asyl*, welcher sich der Schicksale und Nöte ausländischer Flüchtlinge annimmt und sich für die Unterstützung der Hilfesuchenden einsetzt, konnte im Januar 2000 sein zehnjähriges Bestehen feiern. Heidi Gauch war Wegbereiterin dieses Arbeitszweigs.

Die ökumenische *Sitzwachengruppe bei Schwerkranken und Sterbenden* in den Pflegeheimen Asperg und Möglingen sowie in Privathäusern ist seit 1993 aktiv, nachdem die Teilnehmer zuvor eine fundierte Ausbildung für diesen Dienst erhielten.

Möglinger Marginalien

Adolf Seybold †

1. Als die Nachtwächter in Möglingen noch ihre Stundenrufe sangen[1]

Um im Flecken die nächtliche Ruhe und Ordnung zu erhalten, wurden von der Gemeinde zwei Nachtwächter angestellt. Einer tat seinen Dienst von 9.00 bis 12.00 Uhr und war auch oft der Dorfbüttel, der um 11 Uhr in den Wirtsstuben *abbieten* musste. Der Zweite hatte Dienst ab 12.00 Uhr und läutete um 4.00 Uhr den neuen Tag ein.

Laut Gerichtsprotokoll von 1724 waren Alt Michael Mayer, Dorfbüttel sowie Feld- und Waldschütz, und Balthas Kaul Nachtwächter. Jeder erhielt als *Wachtgellt* im Jahr zwölf Gulden versprochen. Am 17. März 1735 wurde der Dienst des Alt Michael Mayer, der wegen *schnell abgenommener Leibeskräfte* sein Amt nicht mehr versehen konnte, Hans Kautt übertragen, der schon vorher Balthas Kaul unterstützt hatte. Die beiden Nachtwächter erhielten zusätzlich zu ihrem Jahresgehalt noch je 1 fl 4 x für ein Paar Schuhe.

Im Gerichtsprotokoll vom 13. Januar 1753 wird beschrieben, wo die Nachtwächter ihre *Schrayh* abzulegen hatten:

1. Beim Pfarrhaus
2. Bei der Zehntscheuer unter dem *Schwühl= Bogen*
3. Bei Johannes Benkisers Haus (ehemaliges Adelberger Hof-Haus)
4. In des Bürgermeister Beisers Gäßlein
5. Bei des Maischen Haus
6. Vor dem Rathaus
7. Vor des Ochsenwirts Haus (ehemaliges Haus Adolf Spillmann und Imanuell Knoll Ecke Bahnhof/Ludwigsburger Straße, abgebrochen 1974)
8. Vor der Schmiede des Marx Jopp (heute Richard Stähle, Hindenburgstraße 6)
9. Vor Schultheiß Wintterlins Haus in der Gasse (heute Haus Giek, Beim Rathaus 5)
10. Bei Johannes Blanken Haus (Haus Rudolf und Alice Blank, Rosenstr. 19)
11. Bei Jakob Pflugfelders, Amtsverweser Sohn, Haus (Rosenstr. 46)
12. Bei Herrn Gehegbereiter Lauren Haus (ehem. Jägerhaus, heute Autohaus Schröder in der Stammheimer Str. 27)

Im Spätjahr 1818 war es mit der nächtlichen Ruhe in Möglingen nicht gut bestellt. Laut Gemeinderatsprotokoll wurden am 4. November 1818 die zwei Nachtwächter auf das Rathaus bestellt und an ihre Pflichten erinnert, da seit einiger Zeit nächtlicher Unfug durch Schreien und Johlen von ledigen Leuten eingerissen sei. Alle alten und jungen Leute, die sie des Nachts johlend und schreiend auf der Gasse anträfen, sollten sie in der Stille gemäß der Ordnung nach Hause weisen, und alle diejenigen, die sich weigerten oder widersetzten, des anderen Tags der Obrigkeit anzeigen. Insbesondere wollte man das nächtliche Herumsingen von ledigen Leuten ein für allemal abgetan haben. Die Nachtwächter waren befugt, zu ihrer Hilfe zu jeder Stunde des Nachts, den Fleckenschützen und Feldschützen zu rufen, auch durften sie bei größeren Unordnungen noch die nötige Anzahl von Bürgern zur Hilfe und zum Beistand aufrufen. Bei Missachtung ihrer Pflichten drohte den Wächtern eine Strafe oder sogar eine Verhandlung vor dem Oberamtsgericht. Nachtwächter waren damals Jakob Reichert und Johannes Buchhalter. Reichert, seit 1815 im Dienst, wurde 1820 auch als Feld- und Waldschütz angestellt. Buchhalter war 20 Jahre hier Nachtwächter und zwar von 1817 bis 1825 als zweiter und von 1826 bis 1837 als erster Wächter.

Die Nachtwächter erhielten seit Anfang 1823 jeden Winter aus der Gemeindekasse 3 fl 6 x als Brennholzzulage für 1 1/2 Meß *Priegelholz*.

Am 5. November 1832 zeigte Fleckenschütz Ziegler dem Schultheißenamt an, dass in der Nacht zuvor ein Wagen in den sog. Kirchbrunnen geworfen worden sei, der dem hiesigen Bürger Heinrich Jopp gehöre. Der konnte sich nicht erklären, wie und auf welche Weise sein Wagen in den Brunnen kam, denn er hatte seine Scheunentüre mit einem Seil zugebunden. *Ein Gelärm habe ich gehört und das gehen des Wagens, habe aber nicht hinausgeschaut, unter der Vermutung, es seye ein Gefährt das von Schwieberdingen nach Ludwigsburg fahre.*

Nachtwächter Johannes Buchhalter gab an: *Ich habe niemand gesehen, ich bin um 12 Uhr den Spital Hof herunter an dem Kirch-Bronnen vorbei, da war der Wagen noch nicht drin, von da bin ich zu des Mayers Haus und hab den Mayer geweckt.* Nun wurde der zweite Nachtwächter Georg Mayer vernommen, ob er niemand auf der Gasse gesehen habe? Antwort: *Wie der Wagen in den Bronnen gekommen kann ich nicht angeben, ich bin um 1 Uhr an dem Bronnen vorbei, da war er schon drin, um 1 Uhr sind drei Burschen bei des Knoß seiner Schmied Werkstatt gestanden, zu denen bin ich hin und habe zu ihnen gesagt, sie sollen keinen Unfug treiben und seien solche namentlich gewesen. 1. Friedrich Würth, ledig, 2. Christoph Reichert, ledig. Den dritten kann ich nicht bestimmt angeben, er hat nicht geredt, ich meinte aber es seye des Christoph Friedrich Mozen Sohn Jacob, ledig.*

Möglingen am 14. November 1930. Links oben sind der Bahnhof, das Wohnhaus der Gemeinde und die Mühle zu erkennen. Adolf Seybold war damals zwei Jahre alt.

wirt Ditting wurde, wenn er wieder nach zehn Uhr abends Gäste bewirten sollte, die doppelte Strafe angedroht.

1836 machte Jakob Friedrich Knoß die Anzeige, dass im Haus des Jakob Friedrich Pflugfelder nachts eine Zusammenkunft von etlichen Mädchen stattgefunden habe, welche die ganze Nacht mit ihren Spinnrädern durchgesponnen hatten. Er selbst sei dabei gewesen. Der Nachtwächter Georg Kroll sei ebenfalls nach zwei Uhr dahin gekommen. Um drei Uhr habe ihn der Kroll geheißen, die Stunde zu rufen, was er dann auch getan habe. Da nun der Nachtwachter Kroll ihn angezeigt habe, weil er am vergangenen Sonntag zu spät nach Hause gegangen sei, so wolle er, dass dieser nun ebenfalls wegen des damaligen unbefugten Benehmens zur Strafe gezogen werde.

Nachtwächter Kroll wurde vorgeladen und gab zu Protokoll: *Nachdem er die Stunde 2 Uhr gerufen hatte, seye er an des Pflugfelders Haus vorbeigegangen und da seyen zwei Mädchen in dem Hof gewesen, die hab er gefragt was sie noch da machen, welche ihm erwiderten, sie haben heute eine Durchspenn-Nacht, er könne auch bei ihnen einkehren. Er seye nun hinein gegangen um zu sehen was da passiere, nachdem es nun 3 Uhr geschlagen, habe Knoß geäußert, er wolle die Stunde rufen, worauf er aber sagte, er solle es bleiben lassen. Auf dieses seye aber Knoß fortgegangen und habe eben die Stunde gerufen. Er seye nun nachher fortgegangen und habe dann um 4 Uhr die Glocke gelitten, weiter wisse er nichts anzugeben.*

Friedrich Würth äußerte beim Verhör: *Ich bin in Ludwig Dittings Haus* (Gasthaus Fäßle) *gewesen und habe getrunken, ich gebe keinen weiteren an, welche bei mir gewesen, der Ditting solle sagen wer in seinem Haus war, er hat ja einem jeden den Schoppen Wein hingestellt.*

Ludwig Ditting erwiderte darauf: *Es sind viele in meinem Haus gewesen ich weiß aber nicht alle zu nennen. Ich bin in das Bett und habe zu meinem Weib u. Schwer gesagt, wenn es Unfug geben sollte, so sollten sie mich wecken, ich bin nicht geweckt worden, folglich hat es in meinem Haus nichts gegeben.*

Da nun auch bei einem weiteren Verhör am nächsten Tag nichts erörtert werden konnte, wurde beschlossen, dass demjenigen, der die Täter ermittelte, zwei Kronentaler Belohnung unter Verschweigung seines Namens zugesichert wurden, allerdings ohne Erfolg. Gassen-

Da Knoß unbefugter Weise die Stunde für den Nachtwächter gerufen hatte und sich in einem Privathaus zu lange verweilte, ebenso der Nachtwächter Kroll, der ihm dies erlaubte, ohne eine amtliche Anzeige darüber zu machen, wurde jeder mit einer vierstündigen Arreststrafe belegt.

Blick von Süden im Jahr 1963 mit dem schicksalsbestimmenden Hohenasperg im Hintergrund. Der Ortskern im Vordergrund dürfte auch noch in der Zeit der letzten Nachtwächter so ausgesehen haben.

Die gute alte Sitte des Nachtwächterrufes ist um 1880 in Abgang gekommen. Die beiden letzten singenden Nachtwächter waren Johann Georg Haag, der im Jahr 1878 im Schlamm der alten Wette den Erstickungstod gefunden hat und Johannes Schober (gestorben 1882), der mit seiner hellklingenden Stimme und den ihm eigenen langgezogenen Leiertönen besonders gerne gehört wurde. Bei besonderen Anlässen, z. B. um den in der Nacht erfolgten Tod eines Gemeindeglieds anzuzeigen, ließ letzterer sich zuweilen statt des üblichen Rufs mit einem anderen passenden Liedervers vernehmen. Es lohnt sich wohl in unserer schnelllebigen Zeit, die Stundenrufe, die unseren Alten und Kranken in schlaflosen Nächten einst mehr Erquickung und ermunternden Trost brachten, als der heutige Verkehrslärm, der völligen Vergessenheit zu entreißen und deren Wortlaut den nachwachsenden Geschlechtern zu erhalten. Jeder Stundenruf wurde in ständiger Wiederkehr mit dem Reim eingeleitet: *Hört, ihr Leute, laßt euch sagen, unsere Glock hat 9 (10, 11, 12, 1 usw.) geschlagen* und geschlossen mit dem Ruf: *Wohl um die 9 (10, 11, 12, 1)*. Pfarrer Rentschler hat die Rufe gesammelt und im Januar 1930 in seinen *Heimatglocken* publiziert. Die einzelnen Stundenreime dazwischen lauteten:

9 Uhr: Neun undankbar geblieben sind, fleuch den Undank, Menschenkind!
10 Uhr: Zehn Gebote schärf Gott ein, lass uns ihm gehorsam sein!
11 Uhr: Elfe treu geblieben sind; wehe dem verlornen Kind!
12 Uhr: Zwölf Apostel wählt der Herr, zu verkünden seine Lehr!
oder: Zwölf Tor hat die goldne Stadt, Selig wer den Eingang hat!
1 Uhr: Eins ist not, Herr Jesu Christ, lass dich freuen, wo du bist!

*2 Uhr: Zwei Wege hat der Mensch vor sich,
Herr den schmalen führe mich!
3 Uhr: Dreifach ist das Ackerfeld, Mensch wie ist dein Herz bestellt?
Um 4 Uhr wurde der Tag angerufen:
Wach auf, o Mensch vom Sündenschlaf;
ermuntre dich, verlornes Schaf
und bessre bald dein Leben;
wach auf, es ist jetzt hohe Zeit,
es kommt die lange Ewigkeit,
dir deinen Lohn zu geben;
vielleicht ist heut dein letzter Tag?
Wer weiß wohl wie man sterben mag.
Der Vieruhrruf am Sonntag war:
Feiret euren Sonntag wieder
mit Gebet und schöne Lieder!
Feiret euren Sonntag gern
als der helle Morgenstern!
Dort wird's erst recht Sonntag werden
auf der schönen neuen Erden,
droben in der goldnen Stadt,
wo Gott seine Wohnung hat.*

Die Nachtwächter hatten bei ihren nächtlichen Rundgängen eine sog. Kontrolluhr an einem Trageriemen umgehängt. An verschiedenen Gebäuden im Außenbereich des Ortes waren kleine Kästchen mit einem angeketteten Steckschlüssel angebracht. Mit diesen Steckern mußte der Nachtwächter bei jeder Runde Löcher in die täglich erneuerte Kontrollscheibe stechen. Der Schultheiß konnte dann am andern Morgen ablesen, ob der Nachtwächter seine Streifengänge vorschriftsmäßig und pünktlich gemacht hatte. Wann die erste Kontrolluhr gekauft wurde, ist nicht bekannt. Ende 1892 beschloß der Gemeinderat, die defekte Nachtwächterkontrolluhr durch eine neue zu ersetzen.

Die etwa ab 1885 in Möglingen eingebauten fünf Schlüsselkästchen waren an folgenden Gebäuden angebracht:

1. An der um 1965 abgebrochenen Zehntscheuer in der Schwieberdinger Straße Nr. 27.
2. Am ehemaligen Haus Oskar Blank Ecke Münchinger-/Wagnerstraße Nr. 22. Dieser Schlüsselkasten war bis zum Abbruch des Gebäudes im Dezember 1990 erhalten.
3. Am Haus Pflugfelder (Schwester Anna) Kirchgartenstraße Nr. 14.
4. Am ehemaligen Jägerhaus in der Stammheimer Straße Nr. 27 (heute Autohaus Schröder).
5. Am ehemaligen Haus Adolf und Amalie Reichert, Hindenburgstraße 34.

Nachdem der Ort sich in Richtung Norden erweitert hatte, kamen 1922 noch zwei weitere Schlüsselkästen dazu. Der eine am ehemaligen Haus Richard Strohm in der Bahnhofstraße Nr. 17 (späteres Haus Pulvermüller) und der andere am ehemaligen Eckhaus Röhrich, Ludwigsburger Straße Nr. 26/28. Dieses Doppelhaus wurde 1976 beim Ausbau der Ortsdurchfahrt abgebrochen.

Im Gemeinderatsprotokoll vom 24. November 1905 heißt es: *Die beiden hiesigen Nachtwächter haben die auf altem Herkommen beruhende Pflicht, abends und in der Frühe, je am Anfang und Ende ihres Dienstes, die Rathausglocke zu läuten.* Sie hatten allerdings beim Ortsvorsteher darum nachgesucht, dieses Läuten in Zukunft unterlassen zu dürfen, weil dasselbe keinen Zweck mehr habe, da in sämtlichen hiesigen Familien sich Zimmeruhren, größtenteils mit Schlagwerk, befänden und das Läuten zudem nur in nächster Nähe des Rathauses gehört werde.

Der letzte hiesige Nachtwächter war der mir wohlbekannte Wilhelm Kienzle. Er wurde 1898 hier geboren. Im Jahr 1926 wurde er Nachfolger von August Bertz. Als letzter Wächter hatte er noch die Nachtwächteruhr gesteckt. Bis zum Jahr 1938 sorgte Kienzle für nächtliche Ruhe und Ordnung im Flecken und wusste noch mit über 90 Jahren so manche interessante Geschichte aus dem Möglinger Nachtleben zu erzählen, z. B. wie einmal einer seiner Vorgänger, der sich während seines Dienstes ein wenig ausruhen wollte und dabei eingeschlafen war, von ein paar ledigen jungen Burschen samt seinem Mantel auf einem Spaltblock festgenagelt wurde.

2. Die Möglinger Mühle im 19. Jahrhundert

1797 vermachte Jakob Friedrich Saaß die Möglinger Mühle *seinem Weibs Schwester Sohn* Jakob Fritz von Adelberg, der 1816 zwei Drittel der Mühle samt dem Mühlgeschirr an seinen Schwiegersohn Imanuel Weizäcker um 2000 Gulden verkaufte. Bei diesem Verkauf wurde bestimmt, dass sich Fritz für sich, seine Frau und ihre zwei Kinder oben in der Mühle die Stube, Küche und eine Kammer zur Verwahrung seiner Früchte sowie lebenslangen Genuss dieser Räume und Sitz darin vorbehielt.[2]

1822 klagte der Müller Weizäcker, dass beim Wässern im oberen Wiestal auf den so genannten Furtwiesen der Bach so voll mit Steinen und Wasen angefüllt werde, dass es ihm am Wasser im Bach bedeutend schade. Man lasse Platten, Steine und Erde liegen und er bitte um Abstellung dieses Unfugs. Der Gemeinderat beschloss, es solle am nächsten Sonntag vor der Kirchentür verkündet werden, dass, wer den Bach nach dem Wässern nicht wieder aufräume, um 1 fl gestraft werde.[3]

Ebenfalls 1822 beschwerten sich Johannes und Paul Pflugfelder als Nebenlieger mit Schorndorfer Hofwiesen über Müller Imanuel Weizäcker, der gegenwärtig den Mühlbach am Dorf bis zur Mühle so ungeheuer tief und viel breiter als von jeher machen ließe und mehrere Weidenbäume entfernte. Dadurch sei die Grenze ihrer Wiesen verlegt worden. Der Müller Weizäcker solle sein *gewalthätiges, brutales Wesen bei Strafe niederlegen*. Zudem verlangten sie eine Neuvermessung der Wiesen.[4]

1823 verkaufte Weizäcker die Mühle um 2500 fl an Ferdinand Schwarz von Bönnigheim, der sie 1826 an Philipp Christoph Künkele, Müller in Gündelbach, um 2744 fl veräußerte.[5] Noch im selben Jahr kaufte Johann David Haisch aus Liebenzell das Anwesen um 2733 fl.[6] Doch rasch folgten weitere Besitzerwechsel: 1827 Friedrich Lorenz aus Bittenfeld (4744 fl), 1834 Gottlieb Hartenbauer und 1839 Friedrich Laißlin aus Cannstatt (6100 fl).[7] Friedrich Laißlin war Schlossermeister und machte ab dem 25. März 1839 mit einem Bohrgestänge, welches er von der Württembergischen Zentralstelle des Landwirtschaftsvereines ausgeliehen hatte einen Bohrversuch in einem Brunnen in der Schwieberdinger Straße. Am 26. Juli wurde die Bohrung eingestellt, weil auch in tieferen Schichten kein Wasser gefunden wurde.[8]

Der Möglinger Schuhmacher Jakob Marquart machte am 10. August 1839 beim Schultheißenamt die Anzeige, dass er am vergangenen Sonntag in der hiesigen Mühle habe nachsehen wollen, ob seine Gerste gemahlen wäre. Als er in der Mühle ankam, musste er feststellen, dass das Getreide noch im Sack war. Der Mahlknecht, den er befragte, gab ihm zur Antwort: wenn er ihm sein Trinkgeld nicht vorher bezahle, so mahle er ihm auch seine Gerste nicht. Marquart ging nach Hause und holte einen Schubkarren, um seine Gerste in eine andere Mühle zu bringen, da er für seine Kinder kein Brot mehr hatte. Als er nun sein Getreide aufladen wollte, habe im der Mahlknecht 1/2 Vierling aus seinem Sack heraus getan mit der Äußerung, dieses gehöre dem Müller als Milter, also Mahllohn. Er habe dies nicht leiden wollen, worauf die beiden miteinander rauften. Schließlich konnte Marquart mit seiner Gerste nach Hause fahren. Am Abend nach sechs Uhr sei der Mahlknecht mit dem Brunnenbohrer Kost an seinem Hause vorbei gekommen und habe gerufen: Gelt Alter ich habe dich gekriegt mit deiner Gerste! Auf dieses habe er, Marquart, zum Fenster hinausgerufen: *Du verstohlener Gesell, du Bettelbube!* Daraufhin kam der Mahlknecht in die Wohnstube und fing erneut eine Rauferei an.[9] Mahlknecht Johann Friedrich Viesel gab aber an, dass Marquart noch fast grüne Gerste in die Mühle gebracht und sich darüber geäußert habe, es pressiere nicht so mit dem Mahlen, man müsse seine Gerste eben vorher dörren. Die Milter, die er genommen habe, gehöre nach der Mühlordnung dem Müller. Da der Marquart habe nichts geben wollen, so habe er keine andere Wahl gehabt. Das Trinkgeld habe er nicht im Voraus verlangt, wie Marquart angegeben, sondern dieser sei ihm noch ein früheres Trinkgeld schuldig gewesen. Auch das Raufen in dessen Stube war nach Meinung des Mühlknechts unbedeutend. Er habe eben von Marquart wissen wollen, warum er ihn verstohlen geheißen habe. Marquart wurde wegen Beschimpfung des Mahlknechts Viesel und Raufen mit demselben um 1 fl, der Mahlknecht wegen gleichem Vergehen und Eindringen in des Marquarten Wohnung um 1 fl 30 x gestraft.[10]

Kein Jahr später verkaufte Friedrich Laißlin im März 1840 die Mühle um 6100 fl an den ledigen Müller Ludwig Spillmann.[11]

Spillmann machte dem Schultheißenamt die Anzeige, dass der hiesige Schulprovisor Hartmann am 5. November 1841 zu einer Fahrt nach Stuttgart sein Fuhrwerk gehabt habe. Weil es dieser um zwei Uhr nachts noch nicht zurückgegeben hatte, begab sich der Müller in den Ort zum Schulhaus, um nach seinem Pferd zu sehen. Dort erfuhr er, dass der 15-jährige Bürgersohn Jakob Mauch schon um halb acht Uhr von Lehrer Hartmann den Auftrag erhalten hatte, das Fuhrwerk zurückzubringen. Spillmann ging wieder nach Hause und sah im Stall nach. Dort war das Pferd nicht, aber er hörte es in der Nähe der Mühle stampfen. Er sei hernach dem Geräusch nachgegangen und habe unterhalb der Mühle auf der Wiese sein Pferd am Wagen ganz zurückgebunden angetroffen, sodass dieses sich nicht von der Stelle habe bewegen können ohne dass man es losgebunden hätte. Er, Spillmann, glaube, dass der Mauch, welcher ihm hätte sein Fuhrwerk überliefern sollen, dasselbe dahin geführt und es auf eine boshafte Weise zurückgebunden habe, um vielleicht ihm damit einen bösen Streich zu spielen.[12]

Jakob Mauch wurde vorgeladen und über diesen Vorfall vernommen. Er gab an, in der Nähe des Schulhauses gewesen zu sein, wo der Provisor mit des Müllers Pferd angekommen sei. Dann habe der Provisor zu ihm gesagt: *Mauch willst du den Gaul dem Müller heimbringen?*, worauf er antwortete: Ja, ich habe ihn schon mehr hinunter geführt. Unterwegs habe er an des Jakob Dockenwadels Acker seine Notdurft verrichten müssen und habe deshalb das *Leitseil um die Leisel herum gebunden* und den Gaul alleine laufen lassen. Als er mit Verrichtung fertig war, sei er der Mühle noch ein Stück weit zugegangen bis an den Schultheißin Hirschin Acker, dann sei er umgekehrt und habe gedacht, jetzt werde das Pferd in der Mühle sein und werde schon vor dem Stall halten, bis jemand heraus komme. In Anbetracht, dass Mauch das Pferd zur Überlieferung an den Müller Spillmann übernommen hatte, dieses aber seinem Schicksal bei kalter rauer Nacht überließ, ohne sich darum zu kümmern, ob es seinem Herrn oder Stall zugelaufen war, wurde er wegen Tierquälerei mit einer 24-stündigen Gefängnisstrafe belegt.[13]

Aufgrund der Ablösungsgesetze sollte Spillmann 1848 die auf der Mühle lastenden Gülten und Abgaben mit dem zwanzigfachen Betrag, also 160 fl, beim Hofkameralamt Stammheim ablösen. Er konnte diese Summe nicht aufbringen und bat deshalb bei der Herrschaft um einen Nachlass. Der Gemeinderat bezeugte ihm im November 1849, dass sein Gewerbe bei dem ohnehin kleinen und geringen Wasserstande öfters im Stocken sei und ihm daher der Nachlass seiner Gültschuldigkeit durch die Gnade des Köngis zu gönnen sei.[14] Wir wissen nicht, ob es soweit kam.

1861 verkaufte Ludwig Spillmann die Mühle um 7050 fl an Andreas Roller aus Effringen bei Wildberg. Das Anwesen wurde 1865 durch Wasserbautechniker Mauk, Heilbronn, unter Zuziehung zweier Möglinger Urkundspersonen und des Müllers Andreas Roller beschrieben: Die Mühle liegt am linken Ufer eines Bächleins, das teils im Ort Möglingen, teils auch von weiteren Quellen, die in Richtung gegen Pflugfelden entspringen, gespeist wird. Oberhalb der Mühle liegt kein Wasserwerk. Etwa eine Stunde abwärts liegt die Markgröninger Ölmühle des Müllers Weick. Es übte also diese Mühle auf die letztere keinen Einfluss aus. Die Wiesenbesitzer am Riedbach von Pflugfelden sowie die Hanfbach-, Furt- und

Teilgrundriss der Mühle aus dem Jahr 1865.

Brühlwieseninhaber oberhalb der Mühle haben das Recht ihre Wiesen von Georgii bis Bartholomäi zu wässern, sie müssen sich aber miteinander verständigen. Ein Wehr bei der Mühle ist nicht vorhanden. Etwa 11,5 m (bereits umgerechnet) oberhalb der Mühle beginnt eine hölzerne Zuflussrinne an deren Ende die Radfalle angebracht ist. Von dieser führt eine Rinne auf das oberschlächtige Wasserrad. Die Mühle ist zwei Stockwerk hoch. Der obere Stock ist von Fachwerk erbaut, das Gebäude mit Giebeln versehen und mit einem Satteldach bedeckt. Im Souterrain befindet sich der Mühlraum, welcher zwei Mahlgänge, einen Gerbgang und eine Staubkammer hat, sowie daneben Keller und Stall. Die Wasserstube hat steinerne Umfassungsmauern und ist mit einem Ziegeldach in der Verlängerung des Hausdaches bedeckt. Das Wasserrad hat 19 Fuß Durchmesser, und setzt mittels konischer Räder und einem horizontalen Stirnrad, den Antrieb der zwei Mahlgänge direkt in Bewegung. Der Antrieb des Gerbganges aber geschieht mittels Riemen. Außerdem wird vom ersten Mahlgang aus ebenfalls mit einem Riemen eine Schwingmühle in Bewegung gesetzt. Der Boden des Mühlraumes ist geplattet.[15]

1868 verkaufte Andreas Roller an Gottlieb Ladner ein zweistockiges Wohnhaus mit Mahlmühle außerhalb des Orts, neben dem Weg nach Asperg und dem Bach, um 1750 fl. Der alte Müller Andreas Roller blieb in Möglingen wohnhaft und kaufte 1869 das erste am Mühlweg 1850 erbaute Haus Nr. 204 (späteres Haus Albert Sülzle und Sohn Heinz).[16] Gottlieb Ladner blieb unverheiratet. Er lebte gemeinsam mit seinem Bruder Jakob Ladner, der 1873 heiratete, in der Mühle.

Im Feuerversicherungsbuch wurde die Mühle 1883 mit der Gebäudenummer 197 (heute Asperger Str. 18, beschrieben (in Klammern Wert):
1. ein zweistockiges Wohn- und Mahlgebäude mit Keller und angebauter Radstube an der Asperger Straße (4000 Mark)
2. ein Wasserrad oberschlächtig von Holz mit einem eisernen Wellenbaum, 5,80 m Durchmesser und 73 cm Breite und einem gußeisernen auf dem Wellenbaum aufgesetzten Rad mit einem Durchmesser von 2,50 m und einer Zahnbreite
3. von 10 cm (360 Mark)
4. ein Königstrett von Eisen, 1,70 m hoch und 10 cm stark mit einem gußeisernen Rad von 0,8 m Durchmesser, das Kronenrad mit einem Durchmesser von 2,80 m (240 Mark)
5. ein [Bach]Bett aus Holz, 3 m lang, teils von Eichen, teils von Tannenholz (120 Mark)

Zubehör:
1. ein Gerbgang mit Nürtinger Stein, 1,25 m Durchmesser, mit Tremmel und hölzerner Zarge (80 Mark)

2. zwei Mahlgänge mit gewöhnlichen neuen Tremmeln und Zargenbeutelkasten sowie Vorkasten (300 Mark)
3. eine Schwingmühle mit 1,33 m langen Kasten und hölzernem Windrad (60 Mark)
4. Feuerversicherungssumme gesamt 5100 Mark[17]

1895 verunglückte der 52 Jahre alte Jakob Ladner tödlich. In der Wochenzeitung *Neues Familienblatt* wird in dem Abschnitt *Allerhand Ereignisse* berichtet: In Möglingen geriet der Müller Ladner in das im Gang befindliche Mühlrad, wobei ihm der Brustkasten eingedrückt wurde und er sofort eine Leiche war. Ladner hinterlässt eine Witwe und fünf unmündige Kinder.[18] Nach diesem schweren Unglücksfall wurde immer weniger in der Möglinger Mühle gemahlen und als 1904 der 78-jährige Gottlieb Ladner, der so genannte *Ladners-Döte*, in Pflugfelden mit dem Fuhrwerk ums Leben kam, wurde der Betrieb ganz eingestellt. Nach einem zeitgenössischen Bericht heißt es: *Jung Jakob Ladner kehrte am 21. Juli 1904 mit einem Wagen voll Bretter von Ludwigsburg heim. Sein Onkel Gottlieb Ladner, sein Schwager Köhle von Pflugfelden und Schreiner Reichert von hier saßen auf dem Wagen. Auf der Steige in Pflugfelden kam der Wagen in raschen Lauf und stürzte am Haus des Gottlob Noz um. Die Pferde rannten noch eine Strecke weiter.* Die Verunglückten wurden, außer Reichert der noch vorher absprang, unter den Brettern hervorgezogen. Gottlieb Ladner starb, eine Stunde später im Haus des Ernst Köhle, Jakob Ladner und Köhle erholten sich von ihren Verletzungen rasch wieder.

Seit 1868 ist die Mühle im Besitz der Familie Ladner und ihrer direkten Nachkommen. Nach der Stilllegung des Mahlbetriebs verblieb zum Lebensunterhalt nur noch das Einkommen aus der Landwirtschaft. Um dieses ein wenig aufzubessern, hat Albert Häcker, der Urenkel des 1895 mit dem Mühlrad verunglückten Jakob Ladner, zusammen mit seiner Mutter Elfriede geb. Ladner im Jahr 1985 in einem Nebengebäude der Mühle die Besenwirtschaft Alte Mühle eingerichtet, in der er für einige Wochen im Jahr seinen eigenen Wein verkauft, den er nicht von den alten Möglinger Weinbergen, sondern von gepachteten Asperger Weinbergen erzeugt. In jüngster Zeit übernahm der Sohn Bert Häcker die Wirtschaft.

Wenn sich nun auch schon seit nahezu 100 Jahren in Möglingen kein Mühlrad mehr dreht und der Mühlbach, bedingt durch die Kanalisation und Regulierung des Leudelsbaches seit ca. 50 Jahren nicht mehr direkt an der ehemaligen Mühle vorbeifließt, so bleibt uns doch mit der wechselvollen Geschichte der einstigen Mühle ein Stück Möglinger Ortsgeschichte verbunden.

3. Das Möglinger Backhaus im 19. und 20. Jahrhundert[19]

In den Jahren ab 1830 wurde von Seiten des Oberamts Ludwigsburg darauf gedrängt, gemeindeeigene Backhäuser zu bauen oder einzurichten. Viele der heute noch stehenden Gemeindebackhäuser entstanden in jener Zeit. Durch viele Bestimmungen und Erlasse wurden die Ortsvorsteher immer wieder aufgefordert, in ihren Gemeinden auch eine derartige Einrichtung zu schaffen. Am 1. Juli 1833 beschloss deshalb der Möglinger Gemeinderat, das hiesige Gemeindewaschhaus nicht mehr in Aufstreich (Versteigerung) zu bringen weil es zu einer *Gemeindebachery* hergerichtet werden soll.[20]

Dieses Waschhaus lag 1808 *mitten im Dorf bei Wetten*.[21] Nur ca. zehn Meter südwestlich davon stand der wasserreiche Kirchbrunnen und ostwärts begann gleich am Waschhaus die hiesige Wette. Bei Hauskäufen wurde viele Jahre lang der belebte Platz nördlich des Pfarrhauses als *mitten im Dorf* benannt. So darf man wohl verstehen, wenn der damalige Gemeinderat den Waschhausplatz als gut geeignet für das Backhaus ansah.

Als erste Gemeinde im Bezirk errichtete Tamm 1833 ein Kommunbackhaus.[22] Am 9. August 1834 wies das Oberamt im Ludwigsburger

Wochenblatt alle Ortsvorsteher auf die Einrichtung in Tamm hin und bat darum, das Thema Gemeindebackhaus in ihrer Gemeinde zur Sprache zu bringen. Auf folgende Vorteile wurde besonders hingewiesen:

1. In einer holzarmen Gegend werde viel Holz gespart.
2. Die Feuersgefahr in den Häusern werde sehr gemindert.
3. Mehr Raum in den Wohnungen gewonnen.
4. An Baukosten könne gespart werden.
5. Die Gemeinde könne bei zweckmäßiger Einrichtung und Behandlung der Sache noch einen Gewinn für die Gemeindekasse erzielen.

Die Ortsvorsteher werden zur Erreichung dieses Zweckes angewiesen, Vorsehendes in ihren Gemeinden öffentlich bekannt zu machen und da, wo noch keine Beschlüsse über die Errichtung von Gemeindebacköfen gefasst worden sind, den Gegenstand aufs neue zur Beratung vor den Gemeinderat zu bringen und das Resultat auf den 1. September 1834 anzuzeigen. Die Gemeinden Asperg, Benningen und Markgröningen fassten noch 1834 die nötigen Beschlüsse. Am 16. Januar 1835 folgte Ottmarsheim und am 30. April 1835 Großbottwar. Am 12. August 1834, also nur drei Tage nach dem obengenannten Erlass, wurde in das Möglinger Gemeinderatsprotokoll geschrieben. *Da das Gemeindewaschhaus jährlich nur 15–18 Kreuzer Pachtzins erträgt und daßelbe für die Errichtung eines Backhauses äußerst günstig gelegen ist, so wurde mit Zustimmung des Bürgerausschusses beschlossen, dieses Waschhaus mit zwei Backöfen in möglichster Bälde einzurichten.* (s. S. 248)[23]

Mehr als ein Jahr lang hat sich daraufhin nichts getan. Erst Anfang September 1835 ist zu lesen: *Da in möglichster Bälde ein Gemeindebackhaus aufgeführt werden solle, so ist deshalb der Werkmeister, Oberfeuerschauer Danzer von Ludwigsburg zur Einsicht eines Platzes und Überschlags hierher berufen worden, so hat derselbe hiebei erklärt, daß der Raum zur Erbauung eines regelmäßigen Backhauses in dem bisherigen Gemeinde-Waschhaus zu klein seye, er trage deshalb an, daß die Gemeinde einen Bauplatz in den Kellerey – Hofgärten am Bach* (Platz wo heute das Gasthaus Krone steht) *kaufen solle und daselbst ein Gemeindebackhaus aufzuführen. Dieses Gutachten wurde nun heute* (9. Sept. 1835) *dem Gemeinderat und Bürgeraus-*

Das Möglinger Backhaus Ecke Handwerkergasse / Rosenstraße im Jahr 1908. Rechts ist die damals fast neue Pumpstation zu sehen. V.l: Wagnermeister August Jäckh, Frau Rapp mit Enkelin Eugenie, Backmeisterin Pauline Jäckh, Sofie und Martha Jäckh. Links oben war der Eingang zur Zwetschgendörre.

schuss vorgetragen und es wurde hierbei der Beschluß gefaßt: Da auf dem von Oberfeuerschauer Danzer bestimmten Platze keiner der Eigentümer einen Bauplatz zu einem Backhaus hergeben will, auch die Lage desselben nicht ganz so geeignet seye, wie die des bisherigen Waschhauses, so tragen sie darauf an, das Backhaus auf dem hiezu ganz geeigneten Platz des bisherigen Waschhauses aufzubauen und einzurichten.[24]

Werkmeister Danzer hat sich mit diesem Beschluss nicht zufrieden gegeben, denn schon vier Wochen danach, am 5. Oktober 1835, lehnte der Gemeinderat einen erneuten Vorschlag des Feuerschauers Danzer, das Backhaus in dem Benkiserschen Wurzgarten aufzubauen, ab. Wo dieser Wurzgarten lag, kann nicht gesagt werden. Als Wurzgarten oder auch Küchengarten wurden damals kleine Gemüsegärtchen benannt, die meist in unmittelbarer Nähe des Wohnhauses lagen. Weitere sechs Wochen später, am 20. November 1835, bestätigte der Gemeinderat dem Königlichen Oberamt, dass er mit den abgeänderten Plänen des Werkmeisters Danzer, das Backhaus im Gemeindewaschhaus zu bauen, vollkommen einverstanden wäre. Scheinbar ist die Genehmigung durch das Oberamt rasch erfolgt, denn schon am 12. Dezember 1835 veröffentlichte Schultheiß Ziegler im Namen des Gemeinderats Möglingen folgenden Bauakkord: *Die hiesige Gemeinde ist gesonnen, ein Backhaus zu errichten und die betreffenden Arbeiten im Wege des Abstrichs, und zwar am Montag, den 26. diesen Monats, nachmittags 4 Uhr auf dem Rathaus zu vergeben. Indem man tüchtige Meister und solche, welche diesseits nicht bekannt sind, mit obrigkeitlichen Prädicats- und Vermögenszeugnissen versehen, zu der Verhandlung hiemit einladet. Bemerkt man noch, daß die Arbeiten nach dem Kostenüberschlag folgendermaßen taxiert sind: Maurerarbeit 351 fl, Zimmer-Arbeit 42 fl, Schreiner-Arbeit 8 fl, Glaser-Arbeit 8 fl, Schlosser-Arbeit 34 fl. Die Ortsvorsteher werden ersucht, solches in ihren Gemeinden gefälligst bekannt machen zu lassen.*[25]

Im August 1836 wurde das neue Backhaus nach vorheriger öffentlicher Bekanntmachung im Aufstreich verpachtet. Jakob Ziegler erhielt das Haus um 1 fl 24 x unter folgenden Bedingungen zugesprochen:[26]

1. Die Pachtzeit dauert vorläufig bis Martini 1836.
2. Der Pächter hat Aufsicht zu führen und ist verantwortlich, dass an dem Backhaus nichts verdorben und dieses stets reinlich gehalten wird.
3. Er erhält von jedem Ofen Brot einen Kreuzer als Belohnung, muss aber das nötige Geschirr, Laibschüsseln, Krucken, Besen usw. selbst anschaffen und darf den oberen Boden des Backhauses benützen.
4. Der Pächter muss ein Verzeichnis der Backenden führen und darf die Asche verwenden.
5. Jeder, der sich zum Backen angemeldet hat, darf, wenn er an der Reihe ist, einen der beiden Öfen drei Stunden lang benützen.

Nachdem das hiesige Backhaus ein Vierteljahr lang in Betrieb war, wurde es zum zweiten Mal verpachtet, und zwar von Martini 1836 bis 1. Juli 1837. Der Metzger Johann Georg Maier, welcher bei der ersten Verpachtung leer ausgegangen war, machte ein hohes Angebot von 6 fl und erhielt daraufhin die Pacht im letzten Streich um 6 fl 12 x. Er musste auf eigene Kosten 50 Backkörble, zwei Laibschüsseln, einen Besen und *Hudelwisch*, einen Kehrwisch und eine Krucke anschaffen.[27]

Im Laufe des Etatsjahrs 1836/37 wurden auch in anderen Orten Gemeindebacköfen gebaut, sodass in 17 Gemeinden des aus 22 Gemeinden bestehenden Bezirks Backhäuser standen: Asperg, Benningen, Eglosheim, Heutingsheim, Hoheneck, Markgröningen, Möglingen, Pflugfelden, Poppenweiler und Tamm. Gebaut wurden sie noch in den Gemeinden Beihingen, Bissingen, Kornwestheim, Neckargröningen, Neckarweihingen, Ossweil und Schwieberdingen.[28]

Was nun im Möglinger Backhaus im Laufe der Zeit so alles geschehen ist und wer in jedem

Jahr Backhausständer (Pächter) war, lässt sich nicht feststellen. Am 18. März 1882 beschloss der Gemeinderat, *dem seitherigen Aufseher – Pächter des Gemeindebackhausertrages – Johannes Rapp, Schneider hier unter den seitherigen Bedingungen und unter der weiteren Bedingung, daß der Pächter die Backofenzugkanäle so oft es nöthig ist, mindestens aber alle zwei Tage sauber zu reinigen und das allmählig eingeschlichene Kundenbacken jeder Zeit auf Verlangen des Gemeinderats unweigerlich zu unterlassen habe, um ein jährliches Pachtgeld von 120 Mark den Gemeindebackhauspacht auf weitere drei Jahre, ohne Versteigerung zu überlassen.*[29]

Die Möglinger waren scheinbar mit dem sog. Schneider-Rapp (s. S. 544), oder vielmehr mit seiner Frau, sehr zufrieden, weil sie ihm das Backhaus ohne vorherige Versteigerung für weitere drei Jahre überließen. Wie lange er genau Backhauspächter war, kann nicht gesagt werden. Nach verschiedenen Auskünften war um die Jahrhundertwende eine Familie Salzer für das hiesige Backhaus verantwortlich und danach Pauline Jäckh. Am 23. April 1924 ging die Backhausaufsicht wieder an die Familie des Schneider-Rapp über, und zwar an seine Tochter. Der damalige Schultheiß Haspel schloss mit Rapps Schwiegersohn Friedrich Koppenhöfer folgenden Vertrag:

Die Beaufsichtigung und Leitung des Backens im Gemeindebackhaus und der Ertrag desselben wird nach vorausgegangener Bekanntmachung im öffentlichen Aufstreich vergeben unter folgenden Bedingungen:

1. Die Pachtzeit dauert 3 Jahre, von 1. Mai 1924 bis 30. April 1927.
2. Der Pächter hat als Belohnung von jedem Backenden, bei 3 Stunden Backzeit, derzeit 10 Goldpfennige, sowie die Asch und die Kohlen anzusprechen.
3. Der Pächter hat strenge Ordnung, welche der Gemeinderat feststellt und jederzeit zu ändern sich vorbehält, einzuhalten.
4. Das Backen kann jeden Tag bestellt werden, jedoch nur auf 8 Tage voraus, d. h. von einem Wochentag bis zum andern gleichen Namens einschließlich, also z. B. am Dienstag kann das Backen bis zum nächsten Dienstag, am Mittwoch bis zum nächsten Mittwoch u.s.w. bestellt werden, aber nie auch auf einen darauffolgenden Tag. Anmeldungen darf der Pächter in der Zeit von 1. April bis 30. Sept. von morgens 6 Uhr an, in der Zeit von 1. Okt. bis 31. März von morgens 8 Uhr an entgegennehmen, aber nie vorher. Sind 2 oder mehr Leute gleichzeitig da, welche um die gleiche Zeit in demselben Ofen backen wollen, so haben sie um das Vorrecht zu losen und entscheidet bei der Reihenfolge der Ziehung das Lebensalter der anwesenden Besteller. Der Eintrag in das Bestellbuch hat sofort in Anwesenheit der Besteller zu geschehen und haben diese das Recht, sich von der Richtigkeit des Eintrags zu überzeugen, ober den Eintrag selbst zu machen. Das Buch muss dem Ortsvorsteher, so oft er es verlangt, vorgelegt werden.
5. Höfliches und zuvorkommendes Benehmen gegen das Publikum wird dem Pächter und seinen Angehörigen zur Pflicht gemacht.
6. Das sog. Kunden- und Laiblesbacken kann der Gemeinderat jederzeit verbieten.
7. Der Pächter ist für jede Beschädigung am Backhaus, den Backöfen und den sonstigen Gerätschaften verantwortlich; bei eintretendem Frost ist die Wasserleitung abzustellen.
8. Die Anschaffung und Unterhaltung der erforderlichen Krücken, Schiesser, Kehrwische u.s.w. ist Sache des Pächters. Es dürfen nur hölzerne Schießer verwendet werden.
9. Wenn das Backen wegen Ofenreparaturen teilweise sollte eingestellt werden müssen, so hat der Pächter keinen Pachtnachlass anzusprechen. Das erstmalige Heizen der Öfen nach der Reparatur geht auf Kosten des Pächters.
10. Die Obstdörre steht ebenfalls dem Pächter zur Verfügung.

11. Das Pachtgeld ist alljährlich auf 1. Oktober und 31. März je hälftig zu bezahlen.
12. Bei mangelhafter Geschäftsbehandlung des Pächters ist der Gemeinderat berechtigt, den Vertrag jederzeit aufzuheben.
13. Eine Weiterverpachtung wird nicht gestattet.
14. Für Erfüllung seiner Verbindlichkeiten hat der Pächter einen tüchtigen Bürgen und Selbstzähler zu stellen.

Dafür bot Friedrich Koppenhöfer, Zimmermann, jährlich 130 Goldmark. Maßgebend für die Umrechnung der Goldmark in Papiermark war der amtliche Berliner Mittelkurs des Dollars am Zahltag.[30] Frau Koppenhöfer blieb für das Backhaus bis zu dessen Abbruch zuständig. In Möglingen gab es zur damaligen Zeit schon drei private Bäcker. Das Backen im Backhaus wurde nun weniger. Immer mehr ließen ihr Brot und vor allem auch Kuchen in einer Bäckerei backen. Bis zum Jahre 1945 buk im Backhaus nur noch eine Familie, dann stand es unbenützt und wurde im Jahr 1946 abgebrochen.

4. Rodung, Verkauf und Verpachtung des Kallenbergwaldes

Im 19. Jahrhundert setzten Waldfrevel dem Möglinger Kallenbergwald besonders stark zu (s. S. 255). 1811 wurde zur Eindämmung des Jahrzehnte währenden Problems des Waldfrevels von 7. Januar bis 13. März dem Feld- und Waldschütz Joseph Kaul zur Verhinderung nächtlicher Holzdiebstähle Jung Jakob Reichert *beygegeben*. Er erhielt für die 55 Tage 13 fl 45 x.[31]
Sechs Jahre später, im Juni 1817, war die Situation nicht besser. Die Holzdiebstähle im Kallenbergwald nahmen ungeachtet der fleißigen Aufsicht der Jäger so sehr überhand, dass ein weiterer Mann dem Waldschützen Jakob Reichert zugeordnet wurde. Es war der Schütze des Gehegbereiters Probst. Die beiden sollten nachts um zwei Uhr Streife laufen, da um diese Zeit gewöhnlich die Holzdiebe kamen. Aber obwohl einige Diebe gefangen wurden, blieb der Erfolg aus.[32]
An den vielen zur Anzeige und Bestrafung gebrachten Walddiebstraftaten lässt sich gut der unerschrockene und pflichtbewusste Einsatz des Waldschützen Jakob Reichert erkennen, der sich aber gerade dadurch in den Nachbargemeinden viele persönliche Feinde schuf, die ihm absolut nicht gut gesonnen waren, und ihn Anfang Juli 1822 in Münchingen furchtbar verprügelten.[33] Es wurde zu Protokoll genommen: *Herr Oberamts-Chirurgus Mundler zeigte heute am 2 Juli 1822 nachmittags dem Schultheißen an, daß er vergangene Nacht zu dem hiesigen Feldschütz Reichert geholt wurde, der gestern zu Münchingen geschlagen und getreten worden seye: Da er ihm sehr bedenklich vorkomme und vielleicht sterben könne, so glaube er, seye es nötig, eine weitere Anzeige zu machen, um nötigenfalls eine zweite Untersuchung einleiten zu können. Er müsse stark auf den Unterleib getreten worden sein. Der Bauch seye sehr aufgelaufen, auch habe er große Schmerzen und könne das Wasser nicht laufen lassen.* Nun wurden zuerst die beiden Gemeinderäte Jopp und Würth in das Haus des Reichert geschickt, um sich zu erkundigen, wer ihn geschlagen und getreten habe und wo es passiert sei. Dieselben gaben bei ihrer Rückkehr an, dass sie ihn zwar bei gutem Verstand, aber im Bett ganz schwach angetroffen hätten. Er gab an, dass er tags zuvor nach Münchingen gegangen sei, um eine Haue, die er habe machen lassen, zu holen. Da Kirchweihmontag war, trank er im Bäckerhaus Basche ein Maß Bier. Es seien viele Leute dort gewesen und hätten ihn einen Spitzbuben geheißen. Der Schlossknecht Velte habe ihn gleich gepackt und ihn hinausgeworfen, alle seien über ihm gewesen. Melchior Haller und der Spitalmaier hätten den Knecht aufgehetzt. Den Schmied Gehweiler habe er auch gekannt, die übrigen alle nicht. Der Waldschütz flüchtete sich in ein anderes Haus, wurde aber hinausgeworfen. Er wollte in ein anderes Haus, wo man ihn wieder hinausgeworfen

habe.[34] Reichert starb an den schweren Misshandlungen am 8. Juli 1822.

Trotzdem kam es auch in den darauffolgenden Jahren immer wieder zu Waldfreveln,[35] sodass der Gemeinderat 1828/29 einen Großteil des Waldes bis auf ungefähr 10 Morgen entlang dem Stammheimer Wald *Emerholz* abholzen lassen wollte (s. S. 255).[36] Trotz Genehmigung des Oberamts verweigerte die Finanzkammer noch 1835 die Zustimmung. Die 1128 Einwohner zählende Gemeinde brachte als Gründe für die Rodung vor, dass sie außer dem fraglichen Wald keinen Kommun- oder Allmandplatz und durch Rodung *der so bedeutenden Armenclasse ein Mittel für die Zukunft verschafft werden könnte, ihre nötigsten Lebensbedürfnisse zu erzeugen*. So könnten Hackfrüchte, Obstbäume oder Futterkräutern gepflanzt werden.[37] Schließlich durfte die Gemeinde nach einer Bittschrift an den König 1837 zwei Drittel des Waldes ausstocken und bepflanzen.[38] Die restlichen 19 Morgen Wald mussten wieder aufgeforstet werden und wurden 1838 um 50 fl pro Morgen an das Hofkameralamt Stammheim verkauft.[39]

Einen Monat nach dem Verkauf des wiederangepflanzten Waldstreifens wurde die verbleibende Fläche in 225 Güterstücklein vermessen und ein Verzeichnis angelegt. Weiter wurde verordnet, dass bei einem Sterbefall oder Wegzug vor dem 1. April das Stückle sofort an den im Alter zunächst folgenden Bürger abgetreten werden musste. Tritt der Sterbefall oder Wegzug aber nach dem 1. April ein, so darf das Stückle noch das ganze Jahr genutzt werden. Das Verzeichnisbuch wurde am 28. April 1838 begonnen, aber nur sechs Jahre geführt. In dieser Zeit gab es 34 Wechsel. Die letzten Einträge datieren vom 1. April 1844.[40]

1845 beschloss der Gemeinderat, die Teilstücke zu ¼ Morgen, die um je 15 Kreuzer unter die Bürger vom Ältesten an abwärts zur lebenslangen Nutzung verteilt worden waren, auch weiterhin im Interesse der ärmeren Bürger so zu belassen. Weil es aber unter den Bürgerstücklen im Kallenberg einen bedeutenden Ertragsunterschied gab und deshalb auch

Getreideernte mit Bändern auf der Stammheimer Höhe in den vierziger Jahren. Im Hintergrund ist der Kallenberg als südlichster Zipfel der Möglinger Markung zu sehen.

schon Klagen und Bitten von verschiedenen Seiten eingegangen waren, dass man die auf der Höhe liegenden Stückle, welche den geringsten Ertrag bringen, mehr unter die jüngeren Bürger verteilen möge und die unteren mehr an die Älteren, damit nicht einer Zeit Lebens ein schlechteres Stückle behalten müsse.[41]

Das anfängliche große Interesse an den Bürgerstückle hat scheinbar nach einigen Jahren nachgelassen. Ursache dafür wird wohl der schwer zu bearbeitende Ackerboden und die Hanglage sowie die sehr große Entfernung vom Ort gewesen sein. Daher beschloss der Gemeinderat 1845, die anstehende Verpachtung nun zu normalen Pachtbedingungen auf jeweils neun Jahre zu tätigen und auch Bürger der benachbarten Orte bei der Verpachtung zuzulassen. Auch wurden jetzt Stücke von einem halben Morgen Größe geschaffen.[42]

Wie lange an den vielen kleinen Bürgerstücklen ein Interesse bestand, ist nicht bekannt. 100 Jahre später gab es nur noch zwei Pächter. So informierte Bürgermeister Hönig im Juli 1954 den Gemeinderat über eine Besichtigung des Gemeindegrundstücks Emerholz im Kallenberg. Diese hatte ergeben, dass es gut bewirtschaftet werde und für die Pächter Gottlob Lörcher und Joseph Plocher, beide aus Stammheim, einen im Verhältnis zum Pachtpreis sehr guten Ertrag abwerfe. Noch im selben Jahr zeigte ein Architekt aus Stuttgart Interesse an einer Überbauung des Kallenberggeländes und legte einen Planentwurf vor.[43] Ein Jahr später stellte der Motorsportclub Stammheim Anträge auf Erstellung einer Wirtschaftsbaracke und der Überlassung eines 4 ha großen Übungsgeländes. Beide Gesuche lehnte der Gemeinderat ab. Ebenfalls 1955 wurden mit der Stadt Stuttgart Kaufverhandlungen geführt. Die Landeshauptstadt wollte, um die damals herrschende Wohnungsnot zu lindern, den Kallenberg zur Wohnbebauung nutzen. Auch die Gemeinde Münchingen zeigte Interesse, aber kein Verkauf kam zustande.[44]

Im Dezember 1958 bat ein Kaufliebhaber für das Grundstück Kallenberg ein auf ein Jahr befristetes Kaufangebot. Von einem weiteren Kaufinteressenten wurden in den Jahren 1959 bis 1962 auf ein Sonderkonto Kaufpreiszahlungen geleistet, die im Jahr 1975 wieder zurückbezahlt wurden. Von der Gemeinde Münchingen wurde empfohlen, im Kallenberg wieder Wald anzupflanzen, weil sich das Gelände gut dafür eigne. Möglingen lehnte eine solche Empfehlung ab und verpachtete das ehemalige Waldgelände an drei Möglinger Bauern und die Hanglage als Schafweide an den Kornwestheimer Schäfer Simmendinger, der zuvor schon einige Jahre das ganze Stück innehatte.

5. Der ehemalige Möglinger See[45]

Gegen Ende des vorigen Jahrhunderts ließ der Möglinger Bürger August Oberacker (1845–1904) auf seinem Wiesengrundstück an der Ludwigsburger Straße unweit der Sonnenbrunnenquelle einen See ausgraben, der im Volksmund bald *Oberacker-See* hieß. Das genaue Jahr lässt sich leider nicht mehr feststellen, aber nach Aussagen der Familie Oberacker soll der See um 1875 angelegt worden sein. Auf den ersten Möglinger Flurkarten (1831) sind an dieser Stelle nur Wiesen eingezeichnet. Zum ersten Mal wurde der See 1925 während der Flurbereinigung II eingemessen und im Kataster erfasst. Er war damals ca. 54 Meter lang, 22 Meter breit und hatte einen Messgehalt von 972 m^2. Gespeist wurde das Gewässer von einer kleinen Quelle im See und von dem nur ca. 100 Meter entfernten Sonnenbrunnen.

Einen Teil des beim Ausgraben angefallenen Bodens haben damals hiesige Weingärtner mit Erdbutten in ihre Haldenweinberge getragen und an die Rebstöcke verteilt. Im Winter, wenn der See genügend dick zugefroren war, wurde er enteist. Die Einnahmen durch den Verkauf dieses Eises dürften wohl der Grund gewesen sein, diesen See anzulegen. Das mehrmalige, allwinterliche Enteisen war für die männliche Jugend immer ein besonderes Erlebnis, bei dem sie nicht fehlen durfte. Es gehörte schon ein wenig Mut dazu, auf den mit einer Axt abgespaltenen Eisstücken mittels einer Stange ans vordere Ende des Sees zu rudern. Mancher ist dabei in den zum Glück nur etwa ein Meter tiefen See gefallen, wenn er das Zentrum der Eisscholle verlassen hatte oder diese zu klein war.

Die ans Land gezogenen Eisstücke wurden mit Pferdewagen in die Ludwigsburger Brauereien (es gab damals sechs) oder an den so genannten *Bierkern* gefahren. Dieser typische Lagerbierkeller außerhalb der Ortschaft gehörte der einstigen Löwenbrauerei in Pflugfelden. Er lag an der linken Seite der Straße Möglingen-Ludwigsburg, etwa 60 Meter östlich der jetzigen Autobahnbrücke. Nachdem die Löwenbrauerei ihren Betrieb eingestellt hatte, war die Wegstrecke, die an dem verlassenen und leerstehenden Keller vorbeiführte, für die nächtlichen Fußgänger immer ein wenig unheimlich. Beim Bau der Autobahn im Jahr 1937 wurde der einige Jahrzehnte unbenützte und zum Schluss baufällige Bierlagerkeller aufgefüllt.

Der Eisverkauf ging zu Ende, als mit elektrischen Kühlgeräten gekühlt und Eis hergestellt werden konnte. Von dieser Zeit an wurde winters auf dem See viel Schlittschuh gelaufen. Besonders in schneearmen Wintern war man froh, wenn die Familie Oberacker den See frei-

See und Haus Oberacker um 1915.

gab, sobald er eine genügend dicke Eisschicht hatte. Die Jüngeren und die, welche noch keine Schlittschuhe hatten, rutschten damals mit den meist noch genagelten Schuhen. Im Sommer konnte man mit dem Nachen der Familie Oberacker auf dem See rudern.

In den Jahren 1913 und 1914 bauten Hermann und Karl, die Söhne des August Oberacker, neben dem See ein Haus. Karl fiel im Ersten Weltkrieg; Hermann, der den landwirtschaftlichen Betrieb seines Vaters übernommen hatte, gründete am See einen Gartenbaubetrieb, den später sein Enkel Karl Kauz und dessen Tante Anna Oberacker weiterführten.

Beim Verlegen des Abwasserkanals in der Ludwigsburger Straße im Jahr 1959 wurde dem See buchstäblich das Wasser abgegraben. In diesen Kanal fließt seither auch das Wasser des Sonnenbrunnens. Die Quelle des Sees versiegte. Um den mit Weidenbäumen und Pappeln eingerahmten See wurde es still. Von einem Froschkonzert an warmen Sommerabenden, wie es viele heute noch in Erinnerung haben, war längst nichts mehr zu hören. Immer mehr senkte sich der Wasserspiegel des Sees und verlandete, sodass er 1975 endgültig mit Erde aufgefüllt werden musste. Möglingen hatte von da an keinen See mehr. 1979 wurde das Flurstück 425/2, auf dem der Möglinger See gelegen hatte, mit anderen Flurstücken verschmolzen. Damit war der einstige See an der Ludwigsburger Straße aus allen gültigen Flurkarten gelöscht.

6. Das Möglinger Hasenkreuz[46]

Viele Jahre stand das Hasenkreuz, ein altes verwittertes Steinkreuz an der südlichen Böschung des sog. Gröninger Wegs am heutigen Ortsausgang in Richtung Markgröningen. Vor 150 Jahren war es noch ca. 400 m vom Ort entfernt, denn damals war der sog. Ortsetter, eine Art Zaun, der die Bebauungsgrenze markierte, noch bei der Kreuzung Schwieberdinger-, Markgröninger- und Asperger Straße.

Ein jeder Möglinger kannte einst das einfach behauene Steinkreuz, wie alt es aber wirklich war, konnte keiner genau sagen. Im Laufe der Jahrhunderte war es fast bis in den Straßengraben abgesackt. Auch hing es leicht nach vorne und war im Sommer bei hohem Graswuchs schlecht zu sehen. Wohl darum ließ es Bürgermeister Otto Hönig im Jahre 1947 an den oberen Rand der etwa zwei Meter hohen Böschung heraufsetzen.

Ähnliche Steinkreuze gibt es landauf, landab, nicht nur in Deutschland, sondern in ganz Europa. In unserem Raum sind sie regelmäßig von schlichter Art, offensichtlich von einfachen Handwerkern geschaffen. Künstlerische Bearbeitung ist selten, daher ist eine Zuordnung zu einer Stilepoche kaum möglich. Meist stehen die Kreuze an Straßen und Wegen oder dort wo früher einmal ein Weg verlief.[47]

Im Kreis Ludwigsburg gibt es heute noch 14 Kreuze. Mitgezählt sind auch die Ersatzkreuze von Großingersheim und Möglingen. Verschwunden sind sechs Kreuze, davon allein vier in Unterriexingen. Sie standen kurz nach dem Ortsausgang an der Straße nach Markgröningen. 1964 waren noch Reste von zwei Kreuzen vorhanden. Vier Brüder sollen sich hier gegenseitig erschlagen haben. Viele der bestehenden Sühnekreuze im Kreis Ludwigsburg wurden inzwischen von der Bebauung eingeholt, sodass sich heute die Hälfte innerhalb Ortsetters befinden. Drei davon sind in Mauern eingelassen: je eines in Großbottwar, in Remshalden und in einer Weinbergmauer auf halber Höhe des Hohenaspergs, am Abzweig von der Tammer Straße zur Festung. Ursprünglich stand es am Straßenrain. Sämtliche Kreuze bestehen aus rötlichem Keupersandstein und zeigen überwiegend einfache Formen, teilweise in leicht variierten Proportionen.[48]

Eine große Besonderheit hat der Landkreis mit dem Radkreuz von Erligheim aufzuweisen, einer Form, die sonst vor allem weiter im Norden, z. B. in Niedersachsen, an der Ostsee und in Schweden vorkommt. Von den allgemein üblichen und verbreiteten Steinkreuzzeichen finden sich im Landkreis Ludwigsburg lediglich Spinnrocken mit Spindel in Kleiningersheim sowie die Axt in Schwieberdingen. Die sonst so häufige Pflugschar, das Symbol der Bauern, fehlt. Der Form nach lassen sich im Kreis Ludwigsburg fast alle Kreuze dem 15. oder 16. Jahrhundert zuordnen. Sie waren meist Totschlag-Sühnekreuze. Dafür sprechen auch die vielen in Baden-Württemberg erhaltenen Sühneverträge, die damals zur Errichtung eines Steinkreuzes verpflichteten.[49] Nach damaligem Strafrecht endeten Mörder am Galgen. In der Zeit von 1250 bis 1450 wurde mit Totschlägern (nicht mit Mördern) hin und wieder etwas milder umgegangen. In einem solchen Fall wurde dem Täter auferlegt, eine Geldbuße zu bezahlen und am Tatort ein Sühnekreuz aufzustellen, damit ein jeder, der vorüberkam, aufgefordert wurde, ein Gebet zu sprechen, zur Errettung der Seele des Mörders und des Erschlagenen.

Aus dem Landkreis Schwäbisch Hall ist ein Sühnevertrag erhalten geblieben, in dem sich die übliche Praxis des Totschlagvergleichs niederschlug. Nach diesem Vertrag hat Seitz Künlin im Jahr 1448 in Obersontheim den Dorfbewohner Hans Leydig umgebracht. Dieser hinterließ drei unversorgte unmündige Töchter mit Namen Mergelin, Kättlin und Elslin. Vormund war der Bruder ihres Vaters, Burkhard Leydig, der im benachbarten Hausen wohnte und zusammen mit weiteren Verwandten für die Mädchen den Sühnevertrag vereinbarte. Als erste geistliche Buße musste Seitz Künlin, *zum Lobe Gottes und zur Hilfe und zum Trost der Seele des armen toten ein steinin crutze* nach den Angaben der Gegenpartei in Obersontheim setzen lassen (dieses Kreuz ist vermutlich heute noch erhalten). Der Täter musste außerdem entweder selbst, oder vertreten durch eine ehrbare Person, zwei Wallfahrten unternehmen: die erste *von hause aus zu unserer lieben Frauen gen Ache und zu dem ferren Sant Jos, beyde uff einer fahrte* und die zweite *zu unserer lieben Frauen zu den Eynsideln*. Außerdem hatte der Täter zwölf Priester zu bestellen, *die der Seele zu troste halten sullen nemlich vier gesungen messen und acht gesprochen messen*. Fünfzig Männer mussten während der Messen, jeder mit einer einpfündigen Kerze in der Hand, über das Grab des Erschlagenen gehen. Das nicht verbrauchte Kerzenwachs und die übrigen Kerzen sollten die Verwandten der Kinder an sich nehmen und zum Seelenheil des Erschlagenen verwenden. *Zu besserunge und für ihren schaden* musste der Täter den Erben des Opfers 150 Gulden in zwei Teilbeträgen zahlen. Als Bürgen setzte er seinen Schwiegervater in Obersontheim ein. In einem Reversbrief von Seiten der Hinterbliebenen, der dieselben Bestimmungen enthält, wurde der Totschlag als gesühnt erklärt.[50]

Das alte Möglinger Hasenkreuz war vom Boden aus 74 cm hoch, 70 cm breit und in seinem senkrechten und waagerechten Balken 20 auf 29 cm stark. Es hat der südlich und westlich liegenden Flur seinen Namen gegeben. Die älteste Nennung findet sich in einem Lagerbuch von 1565, wo Äcker *am Gröninger Weg, beim Hasen Creutz* erwähnt werden.[51] Fünf Eintragungen sind aus Möglinger Kaufbüchern bekannt: 1627 *Haasen Creutz*, 1745 *Hasencreutz*, 1752 *Hasen Creutz*, 1782 *Hasen Kreutz* und 1826 *Hasen Creuz*.[52] Der Namen des Kreuzes ist uns also seit über 400 Jahren schriftlich überliefert. Aber immer ist es nur ein Wort, ohne die dazugehörende Ursprungsgeschichte, welche wahrscheinlich schon seit der ersten Benennung in dem vielsagenden Wort *Hasenkreuz* zu suchen ist.

Nach unbelegten Überlieferungen gibt es vier Erklärungen für das schlichte Denkmal. Bei der ersten soll es davon seinen Namen haben, weil an ihm bei Jagden die erlegten Hasen gesammelt und abgelegt wurden. Eine zweite, um 1935 gut bekannte Erzählung sagt uns: Bei einem Jagdunfall wäre ein Treiber, der in der Hohle ging, von einem Jäger versehentlich erschossen worden, weil dieser nur den Hut bzw. den Kopf des Jagdhelfers sah und ein sich bewegendes Wild (Hasen) vermutete.

Die dritte Deutung besagt, dass an dieser Stelle im Bauernkrieg 1525 nach der Schlacht bei Böblingen, wo die aufständischen Bauern vernichtend geschlagen wurden, der fliehende Bauernführer Jäklin Rohrbach gefangen genommen und hingerichtet worden sein soll. Diese Aussage kann nur im ersten Teil stimmen, denn Rohrbach wurde angeblich in einem Tal zwischen Möglingen und Markgröningen gefangen genommen, jedoch gibt es über seine Hinrichtung bei Neckargartach genauere Aussagen, wo er an einen Weidenstamm gebunden und verbrannt wurde. Möglicherweise wurde damals auch ein Begleiter Rohrbachs umgebracht. Es hieß: *die Bauern flohen wie die Hasen übers Land*.

Nach einer vierten Überlieferung soll das Kreuz nach einem Möglinger Bürger namens Hahs benannt sein. Dies dürfte wohl am ehesten zutreffen. Auf einer Namensliste vom Jahr 1470 gab es hier eine Els Hesing, einen Auberlin Hahs und einen Conrat Hahs. Ob einer Namens Hahs hier ermordet wurde, oder gar einen Totschlag beging, wird wohl immer ungeklärt bleiben.

Das Möglinger Hasenkreuz im Jahr 1973.

Eine Möglichkeit, das Dunkel um die Geschichte des Hasenkreuzes zu erhellen, oder in einen örtlichen Zusammenhang zu bringen, könnte in den zwei Aufschrieben im Lagerbuch von 1523[53] gesehen werden. Man muss vorausschicken, dass Möglingen zu dieser Zeit noch katholisch war, und dass damals auch hier an den Wegen und Straßen so genannte Bildstöcke standen. Es heißt dort: *Zwei Morgen an der Straß, bey dem Pild*. Welche Straße hier gemeint war, kann nicht genau gesagt werden, denn es gab in Möglingen zu dieser Zeit zwei alte überörtliche Verbindungswege, welche immer als Straße bezeichnet wurden. Einmal war dies die alte Asperger Straße, die aus Bietigheim kommend von Asperg über Stammheim nach Esslingen führte. Dieser immer als Straße bezeichnete, vielfach unbefestigte Weg, wurde schon von den Alemannen bei der Bildung der Möglinger Ortsmarkung ca. zwei Kilometer lang als Markungsgrenze zwischen Möglingen und Pflugfelden bzw. Möglingen und Kornwestheim verwendet. Ein zweiter, auch stets als Straße bezeichneter Weg, wird unten beschrieben.

Beim zweiten Eintrag von 1523 ist die örtliche Lage genauer beschrieben: acht Morgen Acker *am Gröninger Weg beym bild*. Bei diesem Hinweis kann mit großer Sicherheit gesagt werden, dass dieses erwähnte Bild an der heutigen Straße von Möglingen nach Markgröningen stand. Es darf auch angenommen werden, dass das 43 Jahre später erstmals genannte Hasenkreuz schon stand, weil die Namensfindung für das Sühnekreuz damals bei dieser Erstbenennung schon abgeschlossen war. Es wäre also gut möglich, dass ein Zusammenhang zwischen diesem Bild am Gröninger Weg und dem Hasenkreuz besteht.

Zum besseren Verstehen sollte noch erwähnt werden, dass die heutige Verbindungsstraße nach Markgröningen früher immer als *Gröninger Weg* bezeichnet wurde. Hieß es aber an der *Gröninger Straß*, und diese Bezeichnung kam sehr oft vor, dann war damit stets ein wohl unbefestigter, aber versteinter, ziemlich gerader Weg, der durch unser Möglinger Ackerfeld von Markgröningen nach Stammheim führte, gemeint. Er war wohl im ausgehenden Mittelalter gebaut worden.

An den Verlauf dieser ehemaligen Gröninger Straße, die bei der ersten Möglinger Felderbereinigung vor fast 100 Jahren aufgehoben wurde, erinnern uns einige Geländevertiefungen, die von einstigen Hohlwegen stammen, sowie die teilweise mannshohen, heute noch stehenden fast 200 Jahre alten steinernen Wegweiser, welche auch *Stundensteine* genannt wurden, weil sie die Entfernungsangaben nach viertelstündigen Maßeinheiten angaben. Je einer steht auf der Höhe des Kirchweges (Stöcklesstein am Kirchwegstöckle genannt) und einer am alten Stammheimer Weg (ca. 60 m südlich des Hauses Brosi) sowie der um 1995 nachgebildete Stundenstein am Schnittpunkt der Schwieberdinger Straße und dieser alten Gröninger Straße nahe der Markungsgrenze Möglingen–Schwieberdingen.

Das alte Möglinger Hasenkreuz musste im Sommer 1976 beim Ausbau des letzten Teilstückes der Straße Möglingen–Markgröningen vorübergehend von seinem Standort weichen. Für einige Wochen lehnte es an einem Bauwagen, bis es leider eines morgens plötzlich verschwunden war. Es tauchte auch nicht wieder auf, als in der Heimatbeilage *Hie gut Württemberg* der Ludwigsburger Kreiszeitung ein Artikel über das gestohlene Hasenkreuz erschien. Dr. Willi Müller, damals verantwortlich für diese Beilage, hatte eigentlich gehofft, dass aufgrund der Veröffentlichung den Dieb vielleicht die Reue packe und das Hasenkreuz an die Gemeinde zurückgegeben würde. Diese Erwartung wurde zwar enttäuscht, dafür meldete sich aber spontan Steinhauer Karlheinz Widmann aus Schwieberdingen bei Müller und bot an, das Hasenkreuz entsprechend den alten Vorlagen wieder zu behauen. Lediglich das Material sollte die Gemeinde stellen.

Die Gemeinde Möglingen, dankbar für dieses Angebot, erklärte sich damit einverstanden und so konnte am Donnerstag, den 12. Juni 1980 am alten Standort ein Ersatz-Hasenkreuz aufgestellt werden. Bürgermeister Waibel dankte dem jungen Steinhauer und überreichte ihm eine Silbermünze, die anlässlich des Möglinger 700-Jahrjubiläums geprägt worden war.

7. Gruhen, Grugstätten oder Ruhebänke in Möglingen

Gruhen waren einst vielbenützte Abstell- und Ruhebänke. Heute sind sie selten gewordene anschauliche Zeugen aus einer Zeitepoche, wo noch viele bäuerliche Erzeugnisse wie Obst, Butter, Eier u.a. von den Land- bzw. Marktfrauen, mit Hilfe eines Bausches, auf dem Kopf zum Verkauf in die Stadt oder auf die Märkte getragen wurden. Dazu kam in dieser Zeit noch, dass man in den Hauptschaffenszeiten wie Heu-, Korn- oder Kartoffelernte, in der Regel über den Mittag auf dem Feld blieb und durcharbeitete, sodass das Mittagessen sowie das dazugehörende Getränk aufs Feld getragen wurde.

Welche Wohltat war es dann, wenn die schweren Vesperkörbe auf einer solchen Gruhe abgestellt und auf der Sitzbank, die allgemein 85 cm niederer war, von dem anstrengenden Marsch ausgeruht werden konnte. Und wie einfach war es danach, die schwere Last ohne große Mühe und fremde Hilfe wieder auf den Kopf zu heben.

In Möglingen gab es zu Beginn unseres Jahrhunderts, soweit sich ältere Bürger noch erinnern konnten, noch sieben Gruhen. Dazu kommen noch drei weitere Gruhen aus alten Möglinger Urkunden, deren Standorte nachfolgend alle noch beschrieben werden. Heute steht keine mehr. Die letzte Möglinger Gruhe ist am Ende der sechziger Jahre abgegangen.

Über den Zeitpunkt, wann und warum diese Gruhenbänke aufgestellt wurden, gibt es keinerlei örtliche Unterlagen. Die hiesigen Gruhen wurden in unserem Jahrhundert durchweg *Grugstatt* genannt, wobei vielleicht an den Anfang des Wortes ein *K* zu setzen wäre. Hier einige Sätze in Schwäbisch, die an Gruhen öfters zu hören waren: *send'r mühad?, dean'r gruaga?* oder *i muaß g'schwend a bisle gruaga.* Ansonsten bestand bei den wortkargen Schwaben der bäuerliche Gruß in der Regel aus nur zwei Buchstaben, *au* oder *au do*, verbunden mit einem leichten freundlichen Kopfnicken. Traf man Bekannte oder Nachbarn, die man öfters sah, dann konnte es schon sein, dass ein kurzer Satz zu hören war, der allerdings auch gleich mit einer Frage verbunden wurde: *sen'r au do?, was schaffed'r?* oder *was dean'r?* War ein heißer Sommertag, dann konnte das Wetter ein Teil der Unterhaltung sein: *heid bei dera Sauhitz isch's Drenka wichtiger als s'Essa*, meinte der eine, während der andere feststellte, dass an *deane Hond's-däg* (so wurden die heißesten Sommertage allgemein genannt) *s Zeugs oh'gschafft dürr würd on des wär ehm am lieabschda.*

Die Möglinger Gruhen waren innerhalb der Markungsfläche wie folgt verteilt: Nördlich und östlich standen je eine, westlich zwei und südlich der Ortschaft sogar fünf Gruhen. Im südlichen Bereich ist aber auch die größte Ausdehnung der Möglinger Markungsfläche. Die am weitesten entfernten Felder befinden sich hier mehr als 4 km vom Ort (Bürgerstückle im ehemaligen Kallenbergwald)! Die einzelnen Gruhen waren:

1. westlich der Mühle. Sie war an dem Abzweig des Weges zur Kelter und dem Weg nach Asperg. Diese Grugstatt war die einzige in Möglingen, welche neben dem hohen Abstellstein noch eine Sitzbank hatte. Sie wurde wegen einem Wohnhausneubau und Wegveränderungen entfernt.
2. auf der Anhöhe am Ende der so genannten Jägergasse, etwa 100 m nach dem Ortsausgang, an der linken Seite der Stammheimer Straße bei einem größeren Steinlagerplatz. Soweit in den siebziger Jahren von älteren Bauern noch zu erfahren war, wurde diese Gruhe anfangs des 20. Jahrhunderts von seinem ursprünglichen Standort um etwa 40 m nach Süden versetzt, an den so genannten *Spitzacker*, Weggabelung Stammheimer-/Kornwestheimer Weg. Der im Jahre

1902 durchgehend bis nach Stammheim, als Straße ausgebaute *Stammheimer Weg*, war für die gleichzeitige Benützung der vielen besonders großen und breiten Grabenwagen und den immer mehr aufkommenden großen Lastwagen zu schmal, sodass diese Straße von ca. 1935 bis 1950 während der Getreideernte für den Lkw-Verkehr einige Wochen gesperrt werden musste. Bei einer aus diesen Gründen notwendig gewordenen Fahrbahnverbreiterung anfangs der fünfziger Jahre ist möglicherweise diese Grugstatt abgegangen.

3. auf der Kornwestheimer Höhe etwa 140 m nach der Autobahnunterführung an der Abzweigung nach Pflugfelden und Kornwestheim, am Ende eines alten ehemaligen Hohlweges. Sie ist abgegangen während des Baus der Autobahn im Jahre 1937, weil die Weggabelung im Rahmen einer notwendig gewordenen kleinen Felderbereinigung entlang der Autobahn – um ca. 40 m nach Norden verlegt und der alte Hohlweg ganz aufgefüllt wurde.

4. am rechten Straßenrand der Stammheimer Straße etwa 150 m von der Autobahnbrücke. Auch diese Grugstatt ist beim Bau der Autobahn verschwunden, weil die Stammheimer Straße im Bereich der Autobahnbrücke begradigt, sowie um ca. 20 m nach Westen verlegt und das Feldwegnetz abgeändert wurde.

5. an der Ostseite des Kirchweges. An dieser Stelle, am so genannten Kürteich, war an der linken Wegseite eine ca. 1,5 m abfallende Wegböschung. Wann diese Gruhe verschwunden ist, ließ sich nicht mehr feststellen. Sie soll aber um 1928 noch gestanden haben.

6. an der Schwieberdinger Straße. Sie stand etwas unauffällig zwischen hohen Obstbäumen dicht am Straßenrand auf einem etwa 2 m breiten Grünstreifen ca. 60 m von der Markungsgrenze Schwieberdingen und dem daselbst stehenden Stundenstein.

7. *Grugstatt beim Hasenkreuz am Gröninger Weg*. Diese Gruhe stand bis etwa 1968 rechts der Straße nach Markgröningen, ca. 10 m vor dem Abzweig des Weges zum heiligen Wiesle. Durch ein von der Straße abkommendes Auto wurde diese letzte noch stehende Grugstatt umgefahren. Dabei zerbrachen die zwei senkrechten Steine, während der große 2,40 m lange waagerechte Stein heil blieb. Dieser ist heute noch vorhanden und könnte, wenn die senkrechten Steine ersetzt würden, ganz in der Nähe des alten Platzes wieder aufgestellt werden.

Außer diesen mündlich überlieferten Gruhenschicksalen fanden sich noch drei weitere Hinweise auf Gruhen im Möglinger Kaufbuch von 1827 bis 1834 (S. 34b u. 110b) und im Schultheißenamtsprotokoll um 1820:

1. *Acker bei des Gruhbank am Mittelweg*. Der Mittelweg liegt zwischen dem Kirchweg und der Stammheimer Straße und führt in

Hermann Seybold (1896 – 1988) im Jahr 1979 an einem alten Wegzeiger an der Straße nach Schwieberdingen.

südlicher Richtung ins Mittelfeld, fast bis zum ehemaligen Kallenbergwald. Diese Gruhe ist wahrscheinlich schon im 19. Jahrhundert abgegangen, da sie schon ganz in Vergessenheit geraten war.
2. *Acker bei der Gruhbank* im Zelg Kornwestheim. Bei diesem Hinweis könnte möglicherweise auch die Gruhe Nr. 3 (s. o.) gemeint sein.
3. Grugstatt an dem Weg durchs Osterfeld von Möglingen nach Ludwigsburg, etwa bei der Markungsgrenze zu Pflugfelden an einer Weggabelung in der Nähe des Osterholzwaldes.

Aus den Erinnerungen des aus Möglingen stammenden Rennfahrers Otto Salzer

Otto Salzer †; mit einer Einleitung von Adolf Seybold †

Otto Salzer, ein Pionier des Automobilsports, hatte maßgebenden Anteil an der Entwicklung eines betriebssicheren Autos. Nur noch weniges war aus der Erinnerung einiger Alt-Möglinger über den Rennfahrer Otto Salzer zu erfahren; zum Beispiel dass Anfang dieses Jahrhunderts die damalige Möglinger Jugend öfters einen im Ort geparkten Daimler-Rennwagen bestaunte und begutachtete, wenn Otto Salzer gerade zu einem Verwandtenbesuch im Ort war. Hin und wieder unternahm er dann mit seinem Schulkameraden Gustav Schüle als Beifahrer einige Proberunden durch Möglingens Gassen.

Otto Salzer wurde am 4. April 1874 in Möglingen als Sohn des Schneidermeisters Christian Salzer geboren. Sein Urgroßvater, der Zimmermann Johann Georg Salzer, stammte aus Neuhausen an der Erms. Otto Salzers Geburtshaus Pfarrgasse 19 steht noch heute. Er ist im Kreise von fünf Geschwistern aufgewachsen und besuchte die Möglinger Volksschule. Als Junge musste Salzer seinem Vater in der Schneiderei helfen oder kleine Feldarbeiten verrichten. Im Winter war seine Lieblingsbeschäftigung mit selbstgebastelten Skiern, die er aus zwei alten Faßdauben mit angenagelten Lederriemen als Bindung gebaut hatte, die steilsten Hänge hinunterzufahren.

Als Schuljunge durfte Otto Salzer beim Kirchenglockenläuten mithelfen und weil ihm dabei das Herumklettern im Gebälk des Kirchturmes beim Suchen nach Eulennestern so gut gefiel, wollte er Kaminfeger werden. Der Vater bemühte sich nach der Schulentlassung erfolglos um eine Kaminfegerlehrstelle für den Sohn, der daraufhin das Schlosserhandwerk erlernte. Während seiner Militärdienstzeit besuchte Otto Salzer öfters seine Schwester Berta, die in Cannstatt beim Wilhelm Maybach, dem Freund und Mitarbeiter Gottlieb Daimlers, in Stellung war. Salzer lernte Maybach kennen, der ihm eine Stelle in der Firma Daimlers verschaffte. Am 1. Oktober 1896 wurde Otto Salzer beim Militär entlassen und trat vier Tage später, am 5. Oktober, bei der Firma Daimler ein. Das Unternehmen mit 300 Mitarbeitern baute damals hauptsächlich Schiffsmotoren. Nur etwa 50 Mann, darunter Salzer, arbeiteten an der Entwicklung des Automobils.

Mit dem Jahr des Eintritts in den Betrieb Daimlers setzen Otto Salzers Erinnerungen ein:

In den Werkstätten Gottlieb Daimlers, in die ich 1896 eintrat, arbeitete ich zunächst als Schlosser, später dann in der Montageabteilung. Den Begriff der Montageabteilung von damals darf man dabei natürlich nicht vergleichen mit der heutigen Fließbandfabrikation, vielmehr wurden seinerzeit immer höchstens drei Wagen neu aufgelegt, und nebenher waren an etwa zehn Wagen Überholungsarbeiten, Reparaturen und Versuche durchzuführen.

Das Automobilfahren musste man noch von selbst lernen, denn es gab noch keine Fahrschulen und Fahrprüfungen, man war also ausschließlich auf sich selbst angewiesen, und dies hatte naturgemäß seine unbestreitbaren Vorteile. Aus den ersten Anfängen meiner Fahrertätigkeit heraus hatte ich verschiedene Male Gelegenheit, mit Gottlieb Daimler Versuchsfahrten ausführen zu dürfen. In Einzelheiten kann man diese Versuchsfahrten nur andeutungsweise schildern, und ich will mich daher auf den Hinweis beschränken, dass Ketten- und Kardanwagen damals noch unbekannte Begriffe waren, sondern die Fahrzeuge jener Zeit lediglich einen Riemenantrieb, der mittels Spannrolle betätigt wurde, aufwiesen. Die Lenkung war ein Zahnsegment mit Zahnstange, die Bremsen bestanden aus Hartholzklötzen auf dem Vorgelege, der Motor war ein Zweizylinder mit Glührohrzündung und Schwungradkühlung sowie Spritzdüse. Wurde ich zu einer solchen Versuchsfahrt vor die Villa Gottlieb Daimlers in Cannstatt bestellt, dann erkundigte sich mein Chef stets zuerst danach, ob ich schon mein Frühstück eingenommen hatte. War dies nicht der Fall, kommandierte er mich zu Tische, und erst dann ging es los. Oft führte uns dabei unser Weg von Cannstatt über das Katzensteigle nach Fellbach oder Schorndorf, und man lache nicht, denn es handelte sich stets um eine halbe Tagestour. Die Tücken des Schicksales, die zu überwinden waren, kann man nur andeutungsweise erwähnen: Bei heftigem Wind wurde einem die Zündflamme ausgelöscht, oder es war der Antriebsriemen zu lang, oder er war gebrochen, zu seiner Wartung durfte, nebenbei bemerkt, das Kolophoniumpulver nicht fehlen, und wegen dieser Ursachen war man dabei weit mehr neben oder unter dem Wagen als auf dem Führersitz. Kein Wunder, dass man sich nach solch harter Arbeit, und dazu noch in jungen Jahren, öfter einmal stärken musste, sodass trotz all der schweren Arbeit auch die rein menschliche Seite des Lebens zu ihrem Recht kam. Nach Beendigung der Fahrten gab es dann eine Art Manöverkritik, die allerdings lediglich in einer Aussprache zwischen dem Chef und mir über die gemachten Erfahrungen und die anzustrebenden Verbesserungen bestand.

Eine mir willkommene Abwechslung bot sich im Jahr 1898 mit meiner Entsendung zu einer achttägigen Distanzfahrt nach Wien, bei der es galt, gegen die Pferdekonkurrenz anzutreten und die Überlegenheit des Automobiles nachzuweisen. Meine Gegner und Konkurrenten waren zehn Einhufergespanne, und das Vergnügen sollte etwa acht Tage dauern. Die Fahrt begann morgens in aller Frühe, aber schon nach ca. 30 km gab es plötzlich einen Krach, und mein stolzer Wagen lag im Graben. Mein

Otto Salzer (1874–1944).

Begleiter fiel unter das Vorderrad, kam aber glücklicherweise unverletzt wieder zum Vorschein. Die Untersuchung des Schadens ergab, dass die Vorderfeder gebrochen war, und mein Begleiter glaubte schon an ein für uns wenig rühmliches Ende dieses an sich so verheißungsvollen Beginnes unserer sportlichen Bestätigung. Dies lag jedoch keineswegs in meinem Sinne, denn so rasch wollte ich die Flinte nicht ins Korn werfen, und ich überlegte daher, auf welche Weise man die Feder wieder reparieren könnte. Gelegenheit hierzu fand ich in einer Dorfschmiede, die etwa eine Stunde von der Unfallstelle entfernt war. Nach Beendigung der Reparatur wurde dann der Rückweg zum Wagen angetreten und die Feder wieder eingebaut. Weiter ging die Fahrt, und am Abend konnte ich als Erfolg verzeichnen, dass die Pferdefuhrwerke wieder eingeholt waren. Sonst auftretende Mängel, und es waren damals ihrer nicht wenige, mussten stets mit den mitgeführten Werkzeugen durch uns selbst behoben werden. Reparaturwerkstätten gab es selbstverständlich noch keine, und unsere

Ausrüstung glich infolgedessen mehr oder weniger einem modernen Montagewagen. Wenn man dazu noch bedenkt, dass auch Ersatzteile in ausreichendem Maße mitgeführt werden mussten, wird man es mir gewiss nicht verübeln, wenn ich etwas, ich möchte fast sagen, neidvoll auf die Bequemlichkeiten des heutigen Herrenfahrers schaue. Tankstellen waren gleichfalls ein noch unbekannter Begriff, und das Benzin oder, um in der Chauffeursprache zu sprechen, den Schnaps für unseren Wagen mussten wir meistens aus Apotheken und Drogerien beziehen, aber auch wenn man eine solche endlich einmal glücklich erreicht hatte, erhielt man manchmal nur ein Quantum von etwa fünf Litern, weil diese »Tankstellen der Vorzeit« naturgemäß auf die Bedürfnisse des Automobilverkehrs noch nicht eingestellt waren. Was aber die Hauptsache war: Die Fahrt klappte, schon am dritten Tage blieben nach und nach sämtliche Pferde auf der Strecke, da sie aus Übermüdung und Überanstrengung lahmten. Mit meinem Automobil kam ich als einziger ans Ziel und hatte damit den Beweis dafür erbracht, dass das Kraftfahrzeug schon damals ein weit sichereres Beförderungsmittel als Pferdefuhrwerke war …

Gottlieb Daimler wollte in dieser Zeit, seinem sozialen Empfinden Rechnung tragend, auch seinen Mitarbeitern einmal Gelegenheit zu einer Automobilfahrt bieten, und es wurden daher für einen Sonntag sämtliche Beamte des Werkes, es waren seinerzeit natürlich nur wenige, zur ersten Omnibusfahrt eingeladen. Das Ziel sollte Schorndorf sein, und ich wurde mit der Führung des Omnibusses beauftragt. Die Vorbereitungen für eine solche Fahrt nahmen damals längere Zeit in Anspruch, denn man konnte noch nicht einfach die Garage aufschließen und auf den Anlasser drücken, vielmehr musste man erst alles von Hand durchschmieren, die Maschine und den Wagen gut durchsehen und dann mit der Andrehkurbel den Motor in Gang bringen. An diesem Sonntagmorgen ging ich, um ja den Wagen rechtzeitig startbereit zu haben, einige Stunden früher ins Werk. Die Fahrtteilnehmer wurden alle in ihrer Wohnung abgeholt, und los ging die Fahrt Richtung Schorndorf. Die Richtung stimmte wohl, das Ziel wurde jedoch nicht erreicht, denn schon vor Fellbach wurde der Wagen langsamer. Ich musste anhalten, um nach dem Fehler zu sehen. Auch Gottlieb Daimler stieg aus und fragte mich: »Na, Salzer, warum halten Sie denn?« Ich musste ihm erklären, dass nach meiner Ansicht am Getriebe etwas nicht ganz in Ordnung sei, und er fragte mich dann weiter, ob ich glaube, den Fehler behe-

Otto Salzer am Steuer mit Beifahrer Mechaniker Krupp.

ben zu können. Auf meine bejahende Antwort meinte er: »Sehen Sie zu, Salzer, ob Sie die Sache in Ordnung bringen können, wir gehen so lange in die ›Traube‹ nach Fellbach, kommen Sie dann nach.« Nach näherer Untersuchung des Wagens stellte ich fest, dass der Spurzapfen am Getriebe gefressen hatte. Ich montierte die Getriebewelle ab, nahm sie auf den Rücken und marschierte damit nach Cannstatt ins Werk. Dort behob ich den Schaden und trug die Welle zum Wagen zurück und baute sie wieder ein. Inzwischen war es Nachmittag geworden, in der »Traube« traf ich die ganze Gesellschaft lustig und fidel an. Gottlieb Daimler fragte mich: »Können wir jetzt weiterfahren?« Doch meinte er auf meine bejahende Antwort: »Nach Schorndorf ist es doch zu weit, wir fahren nur nach Grunbach. Dort wurde im Gasthof zum »Hirschen« ordentlich gevespert, und abends ging es bei bester Stimmung zurück nach Cannstatt. – Wie sehr Gottlieb Daimler um das leibliche Wohl seiner Mitarbeiter besorgt war, geht daraus hervor, dass er am nächsten Tage an meinen Arbeitsplatz kam, um sich zu entschuldigen, weil er vergessen hatte, mich zu fragen, ob ich auch vor meiner Ankunft in Fellbach schon etwas gegessen hätte, denn er hatte herausgefunden, dass ich außer Kaffee natürlich, um den Wagen möglichst rasch wieder fahrbereit zu machen, nichts hatte zu mir nehmen können. Über die Art und Weise, wie ich die Reparatur durchgeführt hatte, musste ich ihm ausführlich berichten.

Ein besonderes Erlebnis war für mich die Tiroler Fahrt, die ich im Sommer 1898 acht Tage lang mit Gottlieb Daimler unternehmen durfte. Bei dem von uns benutzten Auto handelte es sich um einen mit der ersten elektrischen Abreißzündung ausgerüsteten »Viktoria«-Wagen. Wir unternahmen verschiedene Berg- und Passfahrten. Die Aufgaben, die wir bei dieser Fahrt zu bewältigen hatten, konnten häufig nur unter großen Schwierigkeiten gelöst werden, denn das Bergaufwärtsfahren verlangte große Zähigkeit, weil der Motor heiß lief und man vielfach nicht einmal Wasser zum Nachfüllen hatte. Man hatte Glück, wenn man durch Zufall vielleicht in der Nähe eine Wasser-Rieselung fand. Zuweilen musste man aber mit seinem Zelteimer noch einen Fußmarsch von einer Viertelstunde zurücklegen, um Wasser zu fassen. Dann ging es wieder weiter, aber recht oft dauerte die Fahrt nicht lange, weil vielleicht ein Riemen brach und dessen Wiederherrichtung oft allerhand Schwierigkeiten mit sich brachte, weil man ihn mit Bindedraht zusammenhängen oder mit einem neuen Riemenschloss, sofern ein solches vorhanden war, versehen musste. Hatte man nun glücklich die Höhe des Passes erreicht, musste man selbstverständlich wieder den Berg hinunter, und dies war bestimmt nicht leichter als die Aufwärtsfahrt, weil die Bremsen damals noch recht viel zu wünschen übrig ließen. Wenn es nämlich längere Zeit bergab ging, fingen die Bremsen an zu rauchen, und entweder musste man dann halten, bis sie wieder abgekühlt waren, oder sie mussten mit Wasser besprengt werden. Kam man dann glücklich unten an, war es, um am anderen Tag die Fahrt fortsetzen zu können, notwendig, am Abend noch recht viel zu arbeiten, um das Fahrzeug wieder einigermaßen herzurichten. Da war z. B. das Zündgehäuse zu reinigen, die Zündung nachzustellen, Ventile einzuschleifen, die Bremsen in Ordnung zu bringen, ebenso auch den Riemen auf seine Betriebssicherheit zu prüfen. Wenn dann endlich der Wagen hergerichtet war, kam Gottlieb Daimler stets zu mir, um sich zu erkundigen, ob ich in meinem Quartier gut untergebracht sei, und sagte mir, ich solle nach Beendigung meiner Arbeit zu einem Viertele zu ihm kommen, um das Programm für den nächsten Tag zu besprechen. Einen Unterschied zwischen Herr und Chauffeur gab es da nicht; hier war Gottlieb Daimler nur Mensch im besten Sinne des Wortes.

Bei aller Mühe und Arbeit hatte die Fahrt aber auch wieder ihre angenehmen Seiten, denn Gottlieb Daimler hatte seine Freude an den Schönheiten der Berge, und häufig ließ er mich auf der Höhe anhalten, damit wir diesen oder jenen herrlichen Ausblick genießen konnten.

Solche Gelegenheiten wurden dann nebenher auch noch wahrgenommen, um nicht allein den Motor abkühlen zu lassen, sondern um uns auch mit einem guten Tropfen, der hinten im Verdeck untergebracht war, zu stärken.

Das Ergebnis dieser Tiroler Fahrt war für die folgenden Neukonstruktionen von ausschlaggebender Bedeutung. Es hatte sich herausgestellt, dass der Motor zu schwach war und die Bremsen den Anforderungen von Passfahrten nicht genügten. Gottlieb Daimler hatte erkannt, dass eine noch größere Betriebssicherheit und Zuverlässigkeit angestrebt werden musste, um den Wagenkäufern ein einwandfreies Beförderungsmittel an die Hand zu geben. Als Ergebnis dieser Erfahrungen wurden die Motoren mit »Ritzel-Antrieb« gebaut, und auch die Kettenübertragung auf die Achse wurde ausprobiert.

Im gleichen Jahre noch, also 1899, entstand der erste »Phönix«-Rennwagen mit einem 16-pferdigen Vierzylinder-Motor. Mit diesem Wagen, den ich persönlich montierte, wurde das erste internationale Rennen La Turbie – Nizza durch Werkführer Bauer, der dabei leider tödlich verunglückte, bestritten. Mit ihm opferte der erste Automobil-Rennfahrer sein Leben für die Firma Daimler und die deutsche Automobil-Industrie.

Spezialisten für Personen- und Lastkraftwagen gab es zu dieser Zeit auch noch nicht, und man musste somit mit einem eisenbereiften Lastwagen ebensogut umgehen können wie mit den Personen- und Rennwagen. So wurde ich ebenfalls im Jahre 1899 mit einem eisenbereiften sechspferdigen Zweizylinder-Lastwagen, der eine Tragkraft von fünf Tonnen besaß, zu einer Vergleichsfahrt mit Dampfwagen nach England geschickt. Als einziger fuhr ich mit einem Benzin-Motorwagen. Auch hier hatte ich wegen der Eisenbereifung mit ungeheuren Schwierigkeiten zu kämpfen, denn wenn es bergauf ging und die Straße nass war, fingen die Räder an zu schleifen, man musste dann die konischen Radschrauben ins Rad hineinschlagen, um die Steigung überhaupt nehmen zu können. Am ersten Tag schon fielen verschiedene von den acht beteiligten Dampfwagen aus, und ich kam am ersten Tage etwa als Sechster oder Siebter an. Die strapaziöse Fahrt, während der mehr als 100 Meilen zu bewältigen waren, dauerte zwei Tage. Schon am zweiten Tag erlangte ich den ersten Platz und passierte auch als Erster das Ziel. Für diese Fahrt erhielt ich meinen ersten Ehrenpreis, und zwar ein silbernes Zigaretten-Etui mit Gravierung.

Im Vergleich zu den heutigen Rekordzahlen mag die Bewältigung einer Fahrstrecke von

Otto Salzer mit Beifahrer Christian Lautenschlager beim belgischen Ardennen-Rennen am 23. August 1906.

100 Meilen innerhalb von zwei Tagen vielleicht manchem als eine Bagatelle erscheinen, damals jedoch konnte die Firma Daimler auf diesen Erfolg, durch den die Überlegenheit des Benzin-Automobils gegenüber dem Dampfwagen unter Beweis gestellt worden war, mit vollem Recht stolz sein.

Nach dem allzu frühen Tode unseres hochgeschätzten und geachteten Gottlieb Daimler, der bereits im Jahre 1900 aus unserer Mitte gerissen wurde, konstruierte Wilhelm Maybach den ersten Mercedes-Wagen, der ebenfalls unter meiner Leitung montiert wurde. Mit diesem Wagen war Rennfahrer Werner, der spätere Chauffeur des Deutschen Kaisers, bei verschiedenen Rennen, so z. B. La Turbie – Nizza, siegreich.

Aus der weiteren Entwicklung des Kraftfahrzeugwesens ließe sich noch manches berichten, dies würde jedoch zu weit führen. Ich will mich daher darauf beschränken, noch kurz zu erzählen, wie ich selbst zum Rennsport gekommen bin. Die ersten Rennwagen waren, wie ich schon erwähnt habe, ausnahmslos unter meiner Leitung montiert und von mir probegefahren worden. Meine weitere Aufgabe bestand nun darin, die Fahrer mit den Wagen vertraut zu machen, und auch den Rennfahrern, so z. B. Jenatzy, die notwendigen Anleitungen zu geben. Dabei kam auch für mich, wie man so sagt, mit dem Essen der Appetit, und ich entschloss mich, selbst Rennen zu fahren. Meine ersten Schritte bei der Direktion waren wenig erfolgreich, denn Herr Kommerzienrat Fischer konnte durchaus nicht einsehen, weshalb ich überhaupt Rennen fahren wollte, und Maybach meinte gar, entweder sei ich Rennfahrer oder Meister, aber nicht beides gleichzeitig. Zunächst kam, wie so oft im Leben, ein Kompromiss zustande. Ich nahm das Angebot Adolf Daimlers, mir 40 Mark mehr Gehalt zu geben, wenn ich auf das Rennfahren verzichtete, vorerst an. Im Jahre 1905 wagte ich den zweiten entscheidenden Vorstoß, und da ich dabei wiederum die gleichen Einwände zu hören bekam, war ich nahe daran, um meine Entlassung zu bitten, und ich deutete diese Absicht auch an. Schließlich erhielt ich den Bescheid, dass man mich lieber Rennen fahren als gehen lassen wolle und, nachdem ich mir noch die Zusage hatte geben lassen, dass ich nun selbstverständlich nicht nur ein, sondern sämtliche Rennen bestreiten dürfe, hatte ich mein Ziel erreicht.

Mein erstes Rennen war das belgische Ardennen-Rennen im Jahre 1906. An diesem nahmen neben mir Mario und Jenatzy teil. Die beiden fuhren zum Training an einem Sonntag weg, während ich montags folgte. An der Grenze angekommen, wurde ich angehalten und mit der Begründung verhaftet, ich hätte am Vortage eine Frau totgefahren. Ich musste zwei Tage in Haft bleiben, bis der amtliche Nachweis erbracht war, dass ich erst am Montag losgefahren war. Am Donnerstag vor dem Rennen stellt sich das erste Unheil dadurch ein, dass mir die Kolbenstange infolge eines Lagerschadens durch das Gehäuse schlug. Ich hielt Jenatzy, der vorbeikam, an, und als ich ihm auf sein Befragen den Defekt erklärt hatte, meinte er, für mich sei das Rennen bereits gelaufen. Dies lag jedoch keineswegs in meiner Absicht, und ich erklärte Jenatzy mit aller Bestimmtheit, dass er mir an die Hand gehen und sowohl an die Fabrik als auch an den Werkführer Mauthe telegrafieren müsse, damit der im Werk bereitstehende Ersatzmotor bei meinem Eintreffen am Freitag früh abholbereit sei. Man holte mich bei meiner Ankunft in Stuttgart am Bahnhof ab, der Motor war fertig und wurde in drei Kisten verpackt, sodass ich am Abend den Zug mit den drei Kisten, die ich als Passagiergut mitführte, zur Rückfahrt benützen konnte. Aber noch lange waren nicht alle Schwierigkeiten überwunden, denn einmal wollte mich in Straßburg der Bahnbeamte dazu bestimmen, die Kisten nicht als Passagiergut, sondern auf anderem Wege zu befördern, und erst nach langem Hin und Her erreichte ich, dass man es bei der ursprünglichen Beförderungsart beließ. Ich hatte telegrafiert, man solle mich bei meiner Ankunft in Chenée (?) abholen. Tatsächlich standen dort auch zwei Wagen bereit; in den meinigen wurden zwei der Kisten verladen, während die dritte einem anderen Fahrzeug zur Beförderung anvertraut wurde. In unserem Standquartier Bastogne wurde sofort mit der Montage des Motors begonnen, das Gehäuse-Unterteil, die Kurbelwelle und das Gehäuse-Oberteil waren bald eingebaut, jedoch fehlte uns immer noch die dritte Kiste mit den Zylindern. Endlich nachmittags gegen zwei Uhr, als Paul Daimler zu mir kam, löste sich das Rätsel. Er klärte mich dann darüber auf, dass der Lastwagen mit einem Brassier-Rennwagen zusammengestoßen sei und man die Zylinder im Wiesental habe zusammenlesen müssen. Die Zylinder wurden dann montiert, und ich musste mich auf dringenden Wunsch von Paul Daimler ausruhen, um für das Rennen in guter körperlicher Verfassung zu sein. Als ich aber am anderen Morgen gegen fünf Uhr den Motor laufen hörte, hielt ich es im Bett nicht mehr aus, zog meinen Renn-Dress an und unternahm sofort mit dem wiederhergerichteten Wagen eine Probefahrt von etwa 200 km. Alles war in bester Ordnung. Auf der Fahrt zum Start von Bastogne nach Neufchâteau auf einer Strecke von 15 km brachen mir allerdings noch zwei Hakenunterfedern, und ich kam daher ganz knapp zum Start. Dort wurde ich von Baurat Nallinger mit den Worten Empfangen: »Salzer, wo stecken Sie denn?« Aber es war keine Zeit mehr zu verlieren, und ich musste, wie ich war, starten, ja ich konnte sogar nicht einmal mehr die Brille ablegen. Erst etwa 200 Meter nach dem Start, kurz vor der Kurve, ließ ich das Steuer los und riss die Brille herunter. Ich führte drei Runden. In der letzten Runde traute ich jedoch meinem Benzinvorrat nicht mehr und ließ mir daher 25 km vor dem Ziel 20 Liter Benzin einfüllen. Das Tanken geschah damals mittels Schläuchen, und ich hatte das Pech, dass sich dabei der Gummi dieser Schläuche auflöste und die Gummi-Rückstände die Benzinleitungen verstopften. Schon nach 5 km musste ich wieder anhalten, das Schwimmergehäuse abmontieren, die Leitung nachsehen, um die Fahrt fortsetzen zu können. Nach knapp weiteren 5 km war das Steigrohr verstopft, ich musste dieses abmontieren und ausblasen. In scharfer Fahrt legte ich dann die letzten 15 km zurück und konnte

Otto Salzer am 7. Juli 1908 beim Start des Grand Prix-Rennens in Frankreich (Dieppe).

das Rennen als Achter beenden. Immerhin hatte ich bei diesem Auftakt in meiner Rennfahrertätigkeit, mit Lautenschlager als Mechaniker-Beifahrer, die schnellste Runde des Tages gefahren und bei den Franzosen einen guten Eindruck hinterlassen, denn diese gaben mir den Beinamen »Le terrible Salzer, acrobate de Mercedes«. Der Anfang war gemacht. Im folgenden Jahr ging es zum »Grand Prix« von Frankreich, dann 1907 und 1908 zum »Semmering«-Rennen 1909 konnte ich einen neuen Semmering-Rekord aufstellen, der 15 Jahre lang unüberboten blieb und erst 1924 von mir selbst gebrochen wurde. Weiter konnte ich beim Großen Preis von Le Mans und 1914 beim Grand Prix von Frankreich Erfolge erzielen, ebenso nach Kriegsende 1921 im Prager Bergrennen, 1922 ebenfalls in diesem Rennen sowohl als auch im Karlsbader Bäderrennen und in der Targa Florio. 1923 errang ich beim Solitude-Rennen den ersten Preis mit einem neuen Rekord, ebenso 1924 im Prager Bergrennen, wo es mir gelang, mit dem Zwei-Liter-Mercedes-Kompressor-Rennwagen den seit 1914 bestehenden Rekord zu brechen.

7000 Jahre Säen und Ernten im Langen Feld

Gerhard Giek

Die Landwirtschaft ist wohl eine der ältesten und grundlegendsten Beschäftigungen des Menschen. Auch in unserer Gegend lässt sich anhand von Funden, wie einem Steinbeil oder einer Sichelspitze nachweisen, dass bereits vor über 7000 Jahren das Lange Feld bewohnt war und bewirtschaftet wurde. Die primitiven Geräte waren aus Stein, Holz oder Knochen. Vermehrt wurde die Landwirtschaft nach dem Ende der letzten Eiszeit vor ca. 10 000 Jahren betrieben, als sich die Menschheit überdurchschnittlich vermehrte und das Nahrungsmittelangebot durch Jagen und Sammeln nicht mehr ausreichte. Die natürlichen Behausungen, beispielsweise Höhlen, boten bald nicht mehr genügend Wohnraum und die Menschen lebten als Nomaden oder gründeten kleine Ansiedlungen.

In der Jungsteinzeit begann man mit systematischem Säen und Ernten, wobei sich bald zeigte, dass bestimmte Böden fruchtbarer als andere waren. So wurden bereits früh im Langen Feld Kulturformen des Weizens wie Einkorn, Emmer und Dinkel, aber auch Gerste und Erbsen angebaut und Getreidelager eingerichtet. Die einfachen Pfostenhäuser, die man zu dieser Zeit baute, bestanden aus Holz. Die Wände waren mit Flechtwerk ausgekleidet und mit nassem Lehm verputzt. Es entstanden Gehöfte und kleine Siedlungen mit so genannten Siedlungsgruppen. Haus- und Weidetiere wurden domestiziert und als Rohstofflieferanten für Milch, Fleisch, Wolle und anderes genutzt. Bereits damals wurden Messerklingen aus Stein, geschliffene Steinbeile, Äxte und gebrannte Tongefäße verwendet. Ein etwa 7000 Jahre alter Mahlstein wurde am Kirchweg gefunden. Um 5600 v. Chr. begann die Zeit der Bandkeramiker, die den nachweislich ältesten Ackerbau in Deutschland trieben. Auch im Langen Feld lässt sich der Ackerbau bis ca. 5000 v. Chr. zurückverfolgen. Diese Zeit ist für unser Gebiet durch Funde vieler Tonscherben von Gefäßen, Feuersteinwerkzeuge, Sicheln, Haken, Grabstöcke, Steinbeile, Donnerkeile, Schaber, Kratzer, Pfeile, Speere und Knochengeräte sowie Lederfelle und Wolle dokumentiert.

Seit ca. 450 v. Chr. siedelten mit Beginn der La-Tène-Zeit die Kelten. Das Rad wurde erfunden und die Metallbearbeitung verfeinert. Großgrabhügel mit kunstvollen Grabbeigaben wurden errichtet. Eine neue Kultur brachten um 80 n. Chr. die Römer. Sie errichteten Gutshöfe und Kastelle aus Stein und brachten eine hochentwickelte Acker- und Weinbaukultur mit. Bereits damals wurde das später Hape oder mundartlich *Hoba* genannte gekrümmte Weingärtnermesser verwendet. *Hoba* wurde der Neckname für die Möglinger. In Möglingen, so wusste Adolf Seybold (siehe Möglinger Nachrichten Nr. 40 v. 1989), ist man sich nicht recht schlüssig, ob die so genannte *Holzhoba* oder die *Wengerthoba* uns zu dem Beinamen *Hoba* verholfen hat. Die *Holzhoba* wurde, weil sie eine viel breitere Schneidefläche als ein Beil hat, zum Zerkleinern des beim Auslichten der Obstbäume anfallenden Reisigs verwendet. Vermutlich war aber die *Wengerthoba* Ursprung des Möglinger Necknamens, dessen Wurzel in der Zeit der größten Ausdehnung des Weinbaus vor dem Dreißigjährigen Krieg zu suchen sein dürfte. Ca. 20 Orte im schwäbischen Raum, die größtenteils Weinorte waren, haben denselben Beinamen. Sinnbild des Weingärtners ist im Ortsspott vor allem die *Hoba* geworden, das kurze, vorn abwärts gekrümmte Messer zum Beschneiden der Reben, das früher die heute übliche Rebschere vertrat. Man trug es meist in einer eigens dafür bestimmten Seitentasche der Hose. Auch der Spottname *Schleiftrög* wird im Zusammenhang mit Möglingen genannt.

Um 260 n. Chr. übernahmen die Alemannen die Herrschaft und gründeten einzelne Weiler. Auf Möglinger Gebiet sind die Fundorte Bahnhof/Alemannenstraße, Schwieberdinger Straße und Wiesenweg bekannt. Meist werden Zeugnisse der umfangreichen alemannischen Bestattungskultur gefunden. Die Alemannen übernahmen die römische Siedlungskultur nicht, hingegen wurden die Fortschritte in Landwirtschaft und Weinbau beibehalten und weiterentwickelt. Besonders der Wein war im Mittelalter ein Volksgetränk, das erst später durch Most und Bier ergänzt wurde. Neben dem *Hoba* fand der *Pfahlhoba*, ein großes Sackmesser zum Pfähle spitzen und Reisig hacken sowie das Büschelesgerät, mit dem man Reisig zum Feuer machen und fürs Backhaus bündelte, Verwendung.

Von jeher war die Landwirtschaft stark wetterabhängig gewesen. Dies zeigte sich besonders einschneidend zu Beginn und in der Mitte des 19. Jahrhunderts, als Missernten und Hungersnot zu großen Auswanderungswellen führten. Inzwischen hatten die Ablösung der Leibeigenschaft und der Zehntrechte sowie technische Fortschritte Erleichterungen in der Landwirtschaft gebracht. Die Viehhaltung mit Rindern, Schweinen und Hühnern gewährleistete die Versorgung der Familie und war zugleich durch Verkauf von Milch, Butter, Käse, Fleisch und Eiern eine Einkommensquelle. Aber noch immer waren die traditionellen Tätigkeiten in den Jahreszeiten folgende:

Frühling: Säen, pflegen, hacken, eggen

Sommer: Heuernte und Getreideernte (Der Haberrechen oder Korbrechen war 1824 eine geniale Erfindung des 15-jährigen Nordamerikaners McCormick, der 1851 auch die erste brauchbare Mähmaschine baute.) Bei der Ernte wurden Sense, Wetzstein, Dengelstock, Hammer, Amboß, Gabel, Rechen, Sichel, Strohband, Strickle und Schnur verwendet. Das Scheunenrädle diente zum Garben abladen. Auch Vesperkorb und Suttenkrug durften nicht fehlen.

Herbst: Zur Kartoffelernte wurden Schubkarren, Karst, Weidenkorb und Kartoffelsäcke benötigt. Die Obsternte mit Brechsack und Weidenkorb brachte Mostäpfel, Mostbirnen und Tafeläpfel. Die Hochstammbäume standen auf Grundstücken, die zugleich als Wiesen genutzt wurden. Auch Straßenbäume, deren Pflanzung teilweise aus militärischen Gründen Pflicht war, wurden genutzt. Der Most wurde mit mindestens einem Drittel Wasser vergoren und war seit dem 17. Jahrhundert zunehmend Volksgetränk gworden. Zur Weinlese gehörte die Rätsche sowie Butten, Gelden, Zuber und Holzfass.

Winter: Das Dreschen war die härteste Arbeit des Jahres. Gedroschen wurde im Winter in der Scheune auf der Tenne. Mit dem Flegel wurde im Dreier-, Vierer- oder Fünfertakt gedroschen. Dazu benötigte man Dreschflegel, Wurfschaufel, Sieb und Putzmühle. Mehl- und Getreidesäcke gehörten oft zum Aussteuergut des Mannes. Sie waren mitunter schmuckvoll mit Namen und Ornamenten beschriftet. Jeder Sack hatte eine Nummer und je höher diese war, desto reicher war der Bauer. Allerdings wurde dies durch Auslassen von Nummern oft vorgetäuscht.

Im 20. Jahrhundert hielt die Mechanisierung der Landwirtschaft mit der rasanten Entwicklung in der Technik Schritt: Mähmaschine, Dreschmaschine, Bulldog, Getreidebindemäher und Traktoren mit vielen Zusatzgeräten bis zu den heutigen gigantischen Großmaschinen wurden entwickelt. Als Antrieb dienten Verbrennungs- oder Strommotoren, die heute viele elektronische Bauteile bis hin zu computergesteuerten Klimaanlagen enthalten. Leider hat der Preis dieser Maschinen sich wesentlich schneller als das Einkommen der Landwirte entwickelt, die trotz der kleinstrukturierten Verhältnisse aufgrund der ausgehandelten GATT-Beschlüsse mit dem Weltmarkt, der sich an amerikanischen Verhältnissen orientiert, konkurieren müssen. Überschüsse und Preis-

Der südliche Bereich der Möglinger Markung Anfang der siebziger Jahre. Noch hält sich die Zersiedlung in Grenzen.

verfall sind die Folge. Kostete 1955 ein Doppelzentner Weizen 41,50 DM, stieg der Preis bis 1985 nur auf 44,10 DM. Aber noch schlimmer: Bis zum Jahr 2000 ist er auf einen Grundpreis von 19,00 DM pro Doppelzentner gesunken. Die Weltmarktpreise ruinieren die Landwirtschaft hier und in den Entwicklungsländern. Billige Einfuhren machen die Preise kaputt und verhindern dadurch eine ordentliche Feldbewirtschaftung. Lebensmittel sollen möglichst billig sein, sodass ein Landwirt heute von einer Brezel oder einem Brötchen keine zwei Pfennig mehr bekommt.

Ein Bauer einer indischen Gruppe, die 1999 bei uns zu Besuch war und sich über die Landwirtschaft informierte, sagte: *Ich bin stolz, daß ich Bauer bin, das ist der allerwichtigste Beruf auf der Welt. Lebensmittel sind das Wichtigste, was der Mensch braucht. Auf vieles kann man verzichten, aber nicht auf Lebensmittel.* So denkt man bei uns nicht, denn hier ist vieles wichtiger; Lebensmittel sind im Überfluss vorhanden. 1950 wurden in Deutschland noch 45 % des Einkommens für Lebensmittel benötigt, heute sind es nur noch 14 %.

Zurzeit leben auf der Erde mehr Menschen als je zuvor in der Menschheitsgeschichte gestorben sind. Weltweit stehen nur noch 25 ar ackerbaulich nutzbare Fläche je Einwohner zur Verfügung und die landwirtschaftliche Nutzfläche nimmt ständig ab. Deshalb dürfen in den fruchtbarsten Regionen nicht noch mehr beste Böden durch neue Straßen und andere Versiegelungen verloren gehen. Es wird schwierig werden, den weltweiten Lebensmittelbedarf in Zukunft zu decken. Ich kann in der Natur manches steuern, regeln und pflegen, aber letztendlich kann ich nichts, auch gar nichts selber wachsen lassen. Wachstum und Gedeihen, das liegt in Gottes Hand.

*Wandel und Fortsschritt:
Getreideernte im Langen Feld
um 1930 (Familie Jakob Moz,
Großvater von Gerhard Giek),
um 1970 (Fritz Gühring)
und Mitte der achtziger Jahre.*

Die alten Möglinger Trachten

Martha Schüle; bearbeitet von Gertrud Pflugfelder

Vorstellen möchte ich hier ein Trachtenpaar
wie es um die Jahrhundertwende noch Sitte war.
In dieser Gegend hier überall bekannt
als das gute alte Sonntagsgewand.
Wenig Unterschied zwischen Jung und Alt
ließ sich damals fast jede Gestalt:
Bei den Männern Lederhosen und helles Hemd,
dies war Tradition und war keinem fremd.
Echt silberne Knöpfe an der Weste als Zierde,
die trug jeder Mann mit besonderer Würde.
Weiche Lederstiefel dazu mit vielen Falten,
leider sind keine mehr davon erhalten.
Das Käpple bestickt und mit Pelz besetzt,
daher auch nur an Festtagen aufgesetzt.
Die Frauentracht fast immer in dunklen Tönen,
zugeknöpft bis zum Hals waren alle die Schönen.
Ein kleines Häubchen mit Bändern und Spitzen
hatten sie auf ihren langen Haaren sitzen.
Bei älteren Jahrgängen war das Häubchen tabu,
da gehörte das Fahnschäle dazu.
Die Schürze mal gestickt, mal mit Spitzen und Bogen,
ohne sie war man nur halb angezogen.
Eine Arbeitstracht gab es damals auch
oder sagen wir es war so der Brauch.
Bei den Frauen ein Leibrock, der gut ging zu waschen,
rechts und links mit tiefen großen Taschen.
Die Langarmbluse in Spenzerform,
meist dick gefüttert, so war die Norm.
Als Sommerbluse diente das Hemd,
dran störte sich niemand, es war keinem fremd.
Und dann noch die Schürze vorgebunden,
schon war das Figurenproblem verschwunden.
Die Männer im Blauhemd, Hessenhemd, Bauernkittel,
dieses Kleidungsstück hatte auch andere Titel.
Die Woche über trug man's alle Tage,
es war ja so praktisch ohne Frage.
Ging man ins Dorf oder aufs Rathaus geschwind,
wurde einfach umgedreht das Hessenhemd.
Die dreckige Seite nach innen rein,
die saubre nach außen und schon war man fein.
Das schwarze Käpple auf den Kopf dazu,
zum Ausgang fertig war man im Nu.
Das waren die alten Möglinger Trachten,
wie schön, man tut sie noch heute beachten.
Tradition unserer Ahnen und das ist gut,
wenn man dann und wann sich erinnern tut.
An eine längst vergangene Zeit,
sie gerät so nicht in Vergessenheit.
Damals war Möglingen noch sehr klein,
ein Bauerndorf wie konnts anders sein.
Wer denkt noch daran, als wir noch taten walten,
in den alten und jungen Halden.
Als noch fuhren vollbeladene Pferdewagen,
wo heute hohe Häuser im Löscher ragen.
Als im Heuleger noch die Obstbäume blühten,
in den Grabenäckern noch keine Autos hielten
da gab es im Osterfeld noch keine WZG
keinen Wasserturm auf der Stammheimer Höh'
keine Aussiedlerhöfe und Gärtner im Feld,
man wusste noch nichts von verschmutzter Umwelt.
Im Ort kannte jeder des anderen Namen,
bis dann die Leut aus allen Ländern kamen.
Trotzdem dürfen sich alle Möglinger nennen,
wenn wir auch längst nicht mehr alle kennen.
Das Rad der Zeit dreht sich immer weiter,
manchmal trübe und manchmal heiter.
Drum rufen wir Euch allen zu,
seid nett und gebt Euer Bestes dazu,
dass wir unseren guten Ruf behalten
im Sinne der Jungen, im Sinne der Alten.

Jahrgang 1866 in Möglinger Tracht und damaliger Mode. Obere Reihe rechts Christian Mauch, zweiter v.r. Kronenwirt Gottlob Kienzle. Untere Reihe v.r.: Gottlob Pflugfelder (Schleswiger Enkel), Friedrich Häcker, Wilhelm Motz, NN Pflugfelder (Stöffele).

Volkstanzgruppe des Landfrauenvereins Möglingen beim Straßenfest 1985 in den wiederbelebten Trachten.

Die Möglinger Vereine

Alphabetisch nach Angaben der Vereine

Abenteuerspielplatz Möglingen

Ein Paradies für Kinder zu schaffen, d. h. einen Freiraum für Kinder zu errichten, in dem sie aus dem Alltag mit vielen Geboten und Verboten ausbrechen können.
Auf Einladung der Gemeinde haben die Initiativgruppe, die Verwaltung, Gemeinderatsfraktionen, Elternbeiräte, Bürgerinitiative Löscher und weitere Vertreter verschiedene Spielplätze in Pforzheim und Stuttgart besichtigt. Damaliges Fazit: Das Beispiel der Jugendfarm Stuttgart-Möhringen, mit Spielhaus, Tieren, Bauspielplatz und großem Freibereich wäre anzustreben. Der ideale Kinderspielplatz.

- 7. 5. 1974 Gründungsversammlung des Vereins. Es werden als 1. Vorsitzender Jochen Wirth und als 2. Vorsitzende Dr. Elke Schulz-Hanßen gewählt.
- 10. 7. 1974 Erarbeitung einer Vereinssatzung mit deren Eintragung ins Vereinsregister.
- 30. 9. 1978 Eröffnung des Platzes.
- Ende 1979 Es wurden die ersten Zivis eingestellt.

Das Gebiet zwischen Wohngebiet Löscher und Naherholungsgebiet Asperg konnte als Standort für den Abi gewonnen werden. Weit genug von den Wohnungen entfernt um Lärmbelästigungen zu vermeiden, trotzdem nahe genug um von allen Kindern erreichbar zu sein.
Das Genehmigungsverfahren für die Anlage im Außenbereich der Gemeinde dauerte trotz bester Unterstützung der Behörden über zwei Jahre.
Es dauerte dann nochmals ein weiteres Jahr, bis die Gemeinde das in Einzelparzellen zersplitterte Gelände erwerben konnte.
Die Bebauung des Geländes wurde von der Gemeinde und dem Verein in Zusammenarbeit geleistet. Die Gemeinde vergab die Planierung, Wegenetz und Kanalisation an eine Fachfirma.
Alle anderen Arbeiten wurden von Müttern und Vätern aus der Bevölkerung und den Mitgliedern in ehrenamtlicher Arbeit geleistet. Das Gelände wurde mühevoll von Hand mit 300 m Zaun eingefasst, eine ehemalige Baubaracke als Spielhaus errichtet, ein Pferdestall mit Heuschober gebaut, die sanitären Einrichtungen wurden erstellt, eine Reitbahn und Pferdekoppel eingefasst, ein Kleingärtchen angelegt, und ein Kleintierstall gebaut.
Alles in allem wurden an sieben Wochenenden und an Feierabendaktionen weit über 2000 Arbeitsstunden geleistet. An den Samstagen waren bis zu 40 Erwachsene mit Material und Handwerkszeug mit Eifer dabei den Abi aufzubauen.
Am 30. 9. 1978 war es dann endlich soweit, der Abi öffnete um 15 Uhr seine Tore.
Die Entwicklung des Abis ist natürlich nicht stehengeblieben, es sind neue Gebäude entstanden, wie z. B. der Pavillon, der Holzschuppen, das Büro, der Materialraum, der Hühnerstall, der Hasenstall und das Strohlager.
Anfänglich wurde der Platz von einer Erzieherin mit 75 % Stelle und zwei Zivis betreut.
Durch die kontinuierliche Steigerung der Besucherzahlen wurde auch der Bedarf an Betreuung größer. Es wurde zusätzlich eine 50 % Stelle eingerichtet.
Darüber hinaus wird das Team, von in der Ausbildung befindlichen Erzieher/innen, die ihr

Praktikum bzw. Anerkennungsjahr auf dem Platz absolvieren, unterstützt. Dadurch ergibt sich für das Abi-Team eine willkommene Entlastung und gleichzeitig wird den Praktikanten/innen eine sehr praxisnahe Ausbildung vermittelt.

Die organisatorischen Aufgaben werden in Zusammenarbeit mit dem Vorstand, den Betreuern, den Zivis und den Mitgliedern bewältigt.

Darüber hinaus arbeitet das Betreuer-Team und der Vorstand eng mit dem Kreisjugendring und dem Bund der Jugendfarmen zusammen. Es ergeben sich daraus Möglichkeiten Erfahrungen und wertvolle Tips auszutauschen, die den jeweiligen Plätzen zu gute kommen. Der Abenteuerspielplatz Möglingen hat bei diesen Verbänden seit jeher einen guten Ruf. Der finanzielle Rahmen musste in den letzten 25 Jahren der Entwicklung des Platzes angepasst werden.

Diese Kosten werden vor allem von der Gemeinde, durch Mitgliedsbeiträge, Festeinnahmen und Spenden gedeckt.

Durch diese vielfältige Unterstützung wurde der Abi zu dem gemacht, was er heute ist.

Der Abi ist in Möglingen zu einer festen Größe im Gemeindeleben geworden und ist nicht mehr wegzudenken. Er ist ein Vorzeigebeispiel für offene Kinder- und Jugendarbeit.

Arbeiterwohlfahrt-Ortsverein Möglingen

Die AWO feierte 1999 80 Jahre AWO in Deutschland – 30 Jahre AWO in Möglingen
Im Herbst feierte der AWO Ortsverein Möglingen sein 30-jähriges Bestehen.

Der Gründer und der 1. Vorsitzende des Ortsvereins war Karl Schönhoff. Unter dem Vorsitzenden Karl Ilse und der Vorsitzenden Edith Hirsch wurde die AWO ein aktiver und lebendiger Ortsverein mit vielen Mitgliedern. Für die Bürger und Mitglieder war die Begegnungsstätte in der Alten Schule ein begehrter Treffpunkt.

Der Schwerpunkt der Aufgaben der AWO liegt im Engagement für Sozialarbeit und soziale Dienstleistungen. Die AWO ist dabei auf die ehrenamtliche Mitarbeit der Mitglieder angewiesen. Die Anforderungen auf diesen Gebieten werden immer größer. In Zusammenarbeit mit der AWO in Ludwigsburg bietet der Möglinger O. V. folgende Leistungen an: Häusliche Pflege wie Krankenpflege, Altenpflege, Haus- und Familienpflege – Mobile Soziale Dienste, wie Hauswirtschaftliche Versorgung, Kehrwochen, Putzdienste – Essen auf Rädern – Mutter- und Kind-Kuren – Seniorenreisen – Nähschule – Jugendfreizeiten – Reisen – Aus- und Fortbildung.

Gerne nehmen die Bürgerinnen und Bürger die Dienstleistungen des Ortsvereins in Möglingen in Anspruch. Da ist zum Beispiel die Gymnastik die unter fachkundlicher Leitung von Frau Helga Wagner stattfindet. Auch die Fußpflege die regelmäßig im Sozialraum Schwieberdinger Straße 1 durchgeführt wird, findet großen Zuspruch.

Die AWO würde es begrüßen, wenn sich in der Zukunft auch die jüngere Generation für die sozialen Aufgaben der AWO interessieren und einsetzen würde.

Die AWO braucht Menschen weil immer mehr Menschen die AWO brauchen.

Der AWO Vorstand: 1. Vorsitzende: Waltraut Meinholdt, Kassiererin: Edith Hirsch, Schriftführer: Gerd Meinholdt

Bauernverband Ortsverein Möglingen

Der Ortsverein Möglingen ist eine Untergruppe des Bauernverbandes Kreis Ludwigsburg e. V. Ziel des Vereins ist zum einen die Interessenvertretung der Landwirte gegenüber Behörden, Gemeinde usw., zum anderen die Information der Mitglieder durch Versammlungen, Felderrundfahrten und Besichtigungsfahrten.

In früheren Zeiten gab es in Möglingen nur den Ortsobmann. Erst später hat sich daraus dann ein richtiger Verein mit entsprechenden Vereinsorganen entwickelt. Die Ortsobmänner seit Kriegsende waren Albert Pflugfelder, Ri-

Mitglieder des Ortsvereins des Bauernverbandes beim zweiten historischen Dreschfest am 19. August 1996.

chard Strohm, Hermann Seybold, Adolf Seybold, Adolf Pflugfelder, Eberhard Koch und Siegfried Pflugfelder, der bis heute dem Verein vorsteht.

Eine große Aufgabe kam auf den Verein zu, als im Jahre 1958 für Möglingen eine Flurbereinigung auf einer Fläche von 840 ha angeordnet wurde. Die Besitzzuweisung erfolgte 1964. Im Rahmen dieser Flurbereinigung wurden in 3 Gruppen insgesamt 18 landwirtschaftliche Betriebe aus dem Ort ausgesiedelt, um dort Platz für die Ortssanierung zu machen. Die Äcker wurden dabei um die Aussiedlerhöfe arrondiert. Die Möglinger Flurbereinigung wurde damals sogar als vorbildlich in Schulbüchern beschrieben.

In den Siebziger Jahren kam dann eine neue Herausforderung auf den Ortsverein zu. Der geplante Bau einer Schnellbahntrasse quer durch die flurbereinigten Äcker erhitzte die Gemüter. Mit zahlreichen Aktionen, Demonstrationen und der Gründung einer Bürgerinitiative wurde zunächst versucht, den Bau der Trasse zu verhindern. Nachdem dies nicht gelungen war, richtete sich das Augenmerk hauptsächlich darauf, die negativen Folgen für die Landwirtschaft durch eine erneute Flurbereinigung so gering wie möglich zu halten.

Ab 1988 errichtete der Ortsverein mehrere Male einen so genannten »Grünen Pfad«. Anhand von Schildern, die auf den Äckern aufgestellt wurden, konnte sich die Bevölkerung direkt vor Ort über den Anbau im »Langen Feld« informieren.

Im Jahr 1993 fand beim Aussiedlerhof Däuble das *1. Historische Dreschfest* statt, das sich seither im dreijährigen Rhythmus wiederholt. Tausende von Besuchern strömten ins Ammertal, um sich das Flegeldreschen, die Vorführung alter Geräte und Maschinen direkt auf dem Acker oder die Ausstellungen anzusehen. Selbstverständlich kam dabei auch das leibliche Wohl der Gäste nicht zu kurz.

Wie allgemein bekannt ist, befindet sich die Landwirtschaft in schwierigen Zeiten. Immer mehr Betriebe werden aufgegeben oder im Nebenerwerb bewirtschaftet. Dabei bleibt es das Ziel des Ortsvereins des Bauernverbandes, sich für ein Überleben der Landwirtschaft im fruchtbaren *Langen Feld* einzusetzen, trotz aller negativen Einflüsse.

BUND-Ortsverband Möglingen

Bund für **U**mwelt und **N**aturschutz **D**eutschland
Entstehung:
Bereits seit etwa 1983 setzten engagierte BUND-Mitglieder den Gedanken des Natur- und Umweltschutzes in die Tat um, zunächst bis 1986 unter Federführung von Reinhard Kirchknopf, dann von Paul Muras. Der Orts-

verband Möglingen wurde schließlich am 27.1.1989 gegründet. Der Vorstand hatte folgende Zusammensetzung: Vorsitzender Paul Muras, Stellvertreter Peter Hahne, Schriftführer Wolfgang Emmerth, Kassiererin Brigitte Muras, Beisitzer Eckhard Weiss. Als Vorsitzende folgten dann: Wolfgang Emmerth (Mai 91 bis April 97), Thomas Harter (bis Februar 98), derzeitige Vorsitzende ist Brigitte Muras. Die Mitgliederzahl beträgt im Augenblick 30.

Beispiele aus der Arbeit des BUND-Ortsverbandes:

Erste Projekte waren die Bepflanzung am Leudelsbach, entlang des CVJM-Heimes, sowie des Regenrückhaltebeckens Furt I. Es folgten vielseitige Aktivitäten: Begrünung verschiedener Bushaltewartehäuschen; Kunststoffsammelaktion; Vorschläge an die Gemeindeverwaltung zur Fassadenbegrünung öffentlicher Gebäude (z. B. des Rathauses); Beteiligung mit Info-Tisch und Kaffee-/Kuchenverkauf sowie verschiedenen Aktionen: z. B. eine Wiese zieht um, Solarkocher … am Straßenfest; Errichten von Vogelstangen für Greifvögel auf dem langen Feld; Ausstellung Wachstum und Artenschwund; Unterschriftenaktion gegen die geplante Müllverbrennungsanlage, einer der Standorte lag zwischen Möglingen und Markgröningen, Begehungen des Geländes mit Kundgebung, Zusammenarbeit mit der Kreismüllinitiative; Schafpatenschaft für ein Schaf in den Cevennen/Südfrankreich, um die biologische Forstwirtschaft zu unterstützen; Vorschläge an die Gemeindeverwaltung zur ökologischen Ausrichtung von Bebauungsplänen; Beteiligung am Projekt Möglinger Apfelsaft aus Streuobstwiesen; Erstellen von Gutachten nach dem Bundesnaturschutzgesetz im Zusammenhang mit den Regenrückhaltebecken Eselspfad und Binsach.

Ausblick: Schwerpunkt für die Zukunft bildet die Beteiligung an der Lokalen Agenda 21.
Bleibt nur noch eines zu sagen: Der BUND-Ortsverband sucht dringend aktive Unterstützung.

Christlicher Verein Junger Menschen e.V. Möglingen (CVJM)

Viele Jahrzehnte gab es in Möglingen zwei rechtlich selbstständige Vereine für die evangelische Jugendarbeit: das Evangelische Mädchenwerk und den Christlichen Verein Junger Männer. Beide wurden im ersten Jahrzehnt dieses Jahrhunderts gegründet. Sie sind aus dem Pietismus (der »Gemeinschaft«) heraus entstanden. Zum 1. Januar 1984 haben sich die beiden Vereine zum Christlichen Verein Junger Menschen zusammengeschlossen.
Bis nach dem 2. Weltkrieg lag der Schwerpunkt der Vereinsarbeit auf der Verkündigung und dem Umgang mit der Bibel. So ist es verständlich, dass die Vereine – innerlich gefestigt – die schwierigen Zeiten der Weltkriege, der Inflation, der Wirtschaftskrise und der inneren Not während des *Dritten Reiches* gut überstanden. Leider sind aus beiden Kriegen je sieben Vereinsmitglieder nicht zurückgekehrt.
Nach dem letzten Krieg entfaltete sich ein reges Leben. Gegenüber der früheren Arbeit fanden starke Umgruppierungen statt, in deren Folge sich eine große Zahl von Kreisen, Clubs und *Treffs* bildeten, die versuchten, dem Alter und den Neigungen der Einzelnen gerecht zu werden.
Sehr gut entwickelt hat sich die Sparte »Eichenkreuz«-Sport. Er wird hauptsächlich als Breitensport betrieben, aber auch die Leistungen können sich sehen lassen: Vielfach errangen Aktive und Jugendmannschaften des CVJM Möglingen den Titel eines Württembergischen Eichenkreuzmeisters. Im Handball wurden die 1. Mannschaft und die A-Jugend sogar mehrfach Deutscher Eichenkreuzmeister.
Als stabilisierendes Element erwies sich in allen Jahren der bereits kurz nach der Vereinsgründung ins Leben gerufene Posaunenchor. Er hat gegenwärtig etwa 30 aktive Chormitglieder: 20 Jungbläser/innen werden gerade ausgebildet.
Nicht ohne Respekt müssen wir einräumen, dass uns die »Alten«, was die Verwurzelung der Arbeit im christlichen Glauben betrifft, si-

Der Posaunenchor des CVJM im Jahr 1991.

cher ein gutes Stück voraus waren. Es gibt sie aber bei uns noch: junge Menschen, die ihre Aktivität im CVJM als Auftrag unseres Herrn Jesus Christus verstehen.

Der CVJM Möglingen hat gegenwärtig 480 Mitglieder (ab 14 Jahre) und betreut etwa 200 Kinder in verschiedenen Gruppen. – Das Angebot des CVJM:

Mutter-und-Kind-Gruppen, Mini-Jungscharen (4–6 Jahre), Jungscharen (5–13 Jahre), Konfirmanden- und Jugendclubs, offener Jugendtreff Bibelkreis;

Bastelkreise für Kinder und Erwachsene (Tonbrennofen ist vorhanden); Posaunenchor, Bläserausbildung; Sportgruppen: Sport und Spiel für Kinder ab 4 Jahre; Handball und Volleyball für Kinder, Jugendliche und Aktive; Jedermannsport (Volleyball, Basketball).

Neben den regelmäßigen Zusammenkünften während der Woche gibt es das Jahr über einige große Veranstaltungen, die bei der Einwohnerschaft von Möglingen und darüber hinaus reges Interesse finden.

Seit 1980 ist die *Stadtranderholung* in unserem Angebot. Etwa 150 Mädchen und Jungen aus Möglingen und Umgebung werden während zwei Wochen in den Sommerferien im CVJM-Haus betreut und verpflegt.

Beliebt ist der *Flohmarkt mit Rathausbrunnenfest*, der seit 1971 jährlich abgehalten wird. Das vielseitige Angebot – es gibt da »fast alles« zu kaufen – wird in mühseliger Sammelarbeit zusammengetragen. Einschließlich des Rahmenprogramms wie Kinderspielstraße und Jugendgottesdienst sind bei dieser Veranstaltung etwa 200 Vereinsmitglieder aktiv im Einsatz.

Ein Bastelkreis arbeitet fast das ganze Jahr für den *Nikolausmarkt,* der jeweils am Tag vor dem 1. Advent eine große Käuferschar zum Rathaus lockt.

Erwähnenswert ist auch die *Aktion Alte Christbäume.* Zu Beginn des neuen Jahres nimmt der CVJM den Bürgern das Beseitigen der ausgedienten Christbäume ab. Die Erlöse aus Nikolausmarkt und der Christbaumaktion – zusammen jährlich ca. 8 000,– DM – gehen an caritative Einrichtungen in der Nähe und an die CVJM-Bruderschaftshilfe in Nigeria.

Vereinsinterne Veranstaltungen wie Jugendsonntag, Grillfeste, Christfeier, Ski- und Familienfreizeiten, Berg-Wanderwochenende und anderes runden das Programm ab.

Country-Freunde-Möglingen e.V. 1991

Die Country-Freunde-Möglingen haben nun auch schon ein paar Jahre auf dem Buckel. Die Vereinsgeschichte beginnt eigentlich schon ein paar Tage früher. Ich glaube es war 1990. Damals hatten sich eine Handvoll »Freunde der Country-Music« getroffen und mehrere Veranstaltungen besucht. Es machte ihnen soviel Spaß, in einer großen Familie, die ein wenig abseits vom normalen Alltag war, ein wenig von Abenteuer und Lagerfeuer-Romantik zu träumen. Deswegen beschlossen sie, dies alles auch den »Möglingern« möglich zu machen. Allerdings stießen sie auf nicht allzuviel Interesse und begnügten sich damit, Veranstaltungstermine publik zu machen. So geschah es, dass beim jährlichen Indianerlager in Angel Hill City (Leonberg) doch einige Westernfreunde zusammentrafen und beschlossen einen Verein zu gründen. Gesagt, getan, am 25.10.1991 fand die Gründungsversammlung, aus Platzproblemen in Asperg, statt. Im Voraus sei gesagt, dass von den Gründern des Vereins nur noch zwei dabei sind. Es waren schöne aber auch schwierige Zeiten, denn die Menschen waren auf der einen Seite von dem Neuen begeistert, hatten aber nicht genug Begeisterung um für das Neue etwas zu tun. Nach vielen Austritten und Neuzugängen hat sich der Verein zu einer guten Gemeinschaft zusammengefunden. Aus reinen Country-Music-Freunden hat sich ein Verein entwickelt, der so ziemlich alles vertritt was mit der Country-Scene zu tun hat. Viele sagen er hat sich verlaufen, dem ist nicht so. Er gab nur vielen Menschen die Möglichkeit, mal jemand ganz anderer zu sein oder etwas ganz anderes zu tun. Es bildeten sich verschiedene Interessengruppen die zu weitreichenden Verbindungen führten. Bei uns gibt es vom Western-Tanz (Kursanmeldung möglich) über Nord- und Südstaatenanhängern, indianischen Trommel- und Tanzgruppen bis hin zum gemütlichen Zusammensein und der Organisation von eigenen Veranstaltungen fast alles was das Herz begehrt. Unsere erste Westerntanz-Gruppe nahm, nur zum Testen, an einer Meisterschaft teil und belegte auf Anhieb den 3. Platz. Dieser Ansporn führte beim nächsten Versuch zum 2. und ein Jahr darauf zum 1. Platz. Auch die Kindertanzgruppe, die gerade ein wenig pausiert weil eben aus Kindern Große werden, erfreute sich bei vielen Veranstaltungen großer Beliebtheit. Gerade durch die vielseitigen Interessen werden wir teilweise in der Gemeinde selbst nicht mehr so sehr wahrgenommen, d. h. viele Menschen denken es gibt uns gar nicht mehr. Dem ist nicht so, der Wilde Westen, Country-Music und alles drum herum verkörpert irgendwo für jeden Freiheit. Und genau diese Freiheit bestimmt im Großen und

Ganzen das Leben der Country-Freunde-Möglingen e. V. Und ich glaube den Besuchern unserer Veranstaltungen geht es nicht anders. Wo sonst kann man, wie in der Kindheit, John Wayne oder Winnetou sein, ohne schräg angeschaut zu werden? Das alljährliche Straßenfest in Möglingen z. B. – ich glaube ohne Country-Music fehlt etwas. Wir versuchen auch heute noch so viel wie möglich Termine an Interessierte weiterzugeben und freuen uns über jegliche Kontakte die auf dieser Ebene entstehen oder entstanden sind.

Unser Grundsatz ist: Always keep it country! Und wer Interesse gefunden hat, meldet sich unter 07141-240200 / (483143), Fax: 07141-240211, E-mail: countryfreunde@t-online.de oder vielleicht irgendwann unter http:\\www.moeglingen.de und informiert sich näher. Allerdings ist wie gesagt ein gewisses Engagement Voraussetzung obwohl natürlich gegen »Schnupperer« nichts einzuwenden ist. Aber wir haben eben aus den o. a. Entwicklungen gelernt, respektieren auch anfängliche Euphorie aber als Mitglied sollte man schon richtig dabei sein.

Im Namen der Country-Freunde-Möglingen e. V. 1991

Django, 1st president.

Deutsches Rotes Kreuz – Ortsverein Möglingen

Seit Anfang der 60er Jahre betreute der DRK-Ortsverein Schwieberdingen die ca. 50 fördernden Mitglieder in Möglingen und übernahm die in Möglingen anfallenden Sanitätsdienste, die überwiegend zur Absicherung auf dem Sportplatz angefordert wurden. Nach Abschluss von 2 Erste-Hilfe-Lehrgängen in Möglingen, die unter der Regie von Hr. Dr. Hetzel und Hr. Hennefarth DRK-Ausbilder (beide Schwieberdingen) stattfanden meldeten sich spontan 12 Möglinger Bürger/innen, die die Gründung eines *eigenen* Möglinger Ortsvereins vorschlugen. Am 29. 3. 1963 wurde durch Hr. Otto Hönig, damals Bürgermeister der Gemeinde, die Gründungsversammlung des DRK-Möglingen durchgeführt. Bereits im Sommer 1963 wurden alle Aufgaben die an das DRK gestellt werden von der Bereitschaft Möglingen selbst übernommen. Hierzu gehören bis heute vor allem sämtliche Absicherungen im Sanitätsdienst, wie Sportplatzdienste, Brandabsicherungen mit der örtlichen Feuerwehr und die Durchführung von jährlich 2 Blutspendeterminen. Bereits seit Beginn der 70er Jahre wirkt die Bereitschaft Möglingen im Katastrophenschutz des Landkreises Ludwigsburg mit.

Der Ortsverein Möglingen setzt sich aus der Sanitätsbereitschaft, dem Jugendrotkreuz für Kinder ab 6 Jahren und der Gruppe Sozialarbeit zusammen. Vielfach führen unsere Helferinnen und Helfer Dienste im Bereich Sozialarbeit durch, sie besuchen beispielsweise kranke Mitbürger, helfen mit bei der Durchführung von Paketaktionen des Kreisverbandes und unterstützen zahlreiche Projekte im In- und Ausland.

Innerhalb des Jugendrotkreuzes werden Kinder und Jugendliche spielerisch und praktisch an die Aufgaben innerhalb des Verbandes herangeführt und so mit den gesamten Aufgaben des Roten Kreuzes vertraut gemacht. Neben den rotkreuzspezifischen Themen finden innerhalb der Jugendgruppen – Spiel, Spaß und Freizeitangebote jeglicher Art, wie z. B. Kreiszeltlager, Radausfahren, Ferienfreizeiten etc. ihren Platz.

Dieser kurze Auszug aus dem Aufgabengebiet des DRK lässt erkennen, dass für die Mitglieder der Rotkreuzgemeinschaften eine umfassende Aus- und Fortbildung unerlässlich ist. Die Ausbildungen werden vom DRK-Kreisverband Ludwigsburg zentral durchgeführt, während in den wöchentlichen Dienstabenden eine kontinuierliche Fortbildung stattfindet.

Die fördernden Mitglieder, die das DRK mit ihren Beiträgen unterstützen, bilden wie in den meisten anderen Vereinen, das finanzielle Fundament des Vereins. Um auch künftig ein Bestandteil des örtlichen Vereinslebens darstellen zu können brauchen wir Ihre Unterstützung – helfen Sie uns Helfen!

Werden Sie Mitglied in der *Rotkreuzfamilie*, entweder als aktives oder förderndes Mitglied. Die Leiter der jeweiligen Rotkreuzgemeinschaften geben Ihnen gerne weitere Auskünfte oder besuchen Sie zu Ihrer Information unsere Dienstabende, immer Dienstag ab 20 Uhr im Rotkreuzraum Rosenstraße 26.

Förderverein KLEEBLATT-Pflegeheim Möglingen e.V.

Als im Jahre 1992 für unsere betagten Mitbürger die Möglichkeit geschaffen wurde, ihren Lebensabend in vertrauter Umgebung im KLEEBLATT-Pflegeheim in Möglingen zu verbringen, wurde der Förderverein gegründet und zügig aufgebaut.
Durch den Förderverein soll die Einbindung der Bewohner des Pflegeheimes und der betreuten Wohnungen in das Leben der bürgerlichen und der kirchlichen Gemeinden unterstützt und so ihr Lebensabend so weit wie möglich vielfältig bereichert werden.
Der Förderverein will dieses Ziel mit ideellen und finanziellen Mitteln, die durch Mitgliedsbeiträge und zugedachten Spenden, sowie Aktionen des Vereines aufgebracht werden, unterstützen.
Der Verein fördert so in Zusammenarbeit mit der KLEEBLATT-Leitung Aktivitäten aller Art für die Heimbewohner, so z. B. die schon fast traditionellen Frühlings- und Herbstfeste, besinnliche Adventsnachmittage und festliche Veranstaltungen zu Weihnachten. Ökumenische Andachten und Gottesdienste werden wöchentlich angeboten.
Es finden u. a. beliebte Ausflüge der Bewohner in die heimatliche Umgebung, Besuche und Kontakte mit Kindern aus unseren Kindergärten und Möglinger Jugendlichen, Auftritte von Musik- und Gesangsgruppen sowie Ausstellungen örtlicher Künstler statt. Regelmäßige altersgerechte Gymnastik- und Musikstunden erfreuen unsere betagten Heimbewohner.

Es ist dem Förderverein zudem ein besonderes Anliegen, dem in unserem Pflegeheim arbeitenden Personal mit Möglichkeiten der Arbeitserleichterung unsere Anerkennung für ihren schweren und so wichtigen Dienst auszudrücken.
Kontaktpersonen:
1. Vorsitzender: Hans Mäule, Friedrichstraße 4
2. Vorsitzender: Bürgermeister Eberhard Weigele, Rathaus.

Handels- und Gewerbeverein Möglingen e.V.

Der Handels- und Gewerbeverein Möglingen e. V. wurde am 6. Juli 1979 mit den Wurzeln des einstigen Gewerbevereins gegründet. Da dieses 1. Gründungsjahr mangels Zeitzeugen nicht genau festzustellen war, wurden die Jahre vor den zwei Weltkriegen nicht zugerechnet. Somit war es keine Wiederbelebung, sondern eine Neugründung unter neuem Namen. Sinn und Zweck unseres noch *jungen Vereines* (20 Jahre) ist die Pflege der Verständigung, als Bindeglied zwischen der Gemeinde und Gewerbe.
Um auch unsere Leistung darzustellen und eine günstige Basis für Kundenkontakte zu fördern, wurde eine Werbegemeinschaft unter dem Namen *Leistungsverbund Möglingen* im HGV ins Leben gerufen.
Die Aufgaben des Vereins und seiner Tochter LV wurden von Jahr zu Jahr umfangreicher, sodass die ehrenamtliche Tätigkeit der Vorstandschaft zeitweilig in Managerarbeit ausartet.
Die Selbstdarstellung bei der jährlichen Kirbe am 3. Sonntag im Oktober, oder bei zwischenzeitlich drei Leistungsschauen sind Schwerpunkte unserer Vereinstätigkeit und fördern den Kontakt zwischen Mitgliedern und Verbrauchern. Handel, Handwerk, freie Berufe und Industrie etc. sind in unserem Verein organisiert und bieten auf meist hohem Niveau ihre Leistungen an.
1986 haben wir bei der Gründung der ›Fachgruppe örtlicher Bauhandwerker‹ mitgeholfen. Die verschiedenen Engagements unseres

Katholische Arbeitnehmerbewegung (Werkvolk)

Die KAB, früher Werkvolk genannt, ist eine Organisation, in der Arbeitnehmer/innen aller Berufe zusammengeschlossen sind. Die KAB ist keine politische Partei und keine Gewerkschaft.

Ziel der KAB ist, eine politische, soziale und wirtschaftliche Ordnung zu schaffen, die immer mehr im Dienste des Menschen steht. Sie soll dem Einzelnen wie den Gruppen dazu helfen, die ihnen eigene Würde und Eigenständigkeit zu behaupten und zu entfalten.

KAB-Mitglieder sollen so durch Bildungsarbeit befähigt werden, ihr Christentum im Berufsleben zu leben und in diesem Sinne Aufgaben in Betrieb, Gemeinde und Staat zu übernehmen. Die Grundlage dafür bildet die katholische Sozialehre.

Die Möglinger KAB-Gruppe besteht aus 25 Mitgliedern, die sich regelmäßig im Kath. Gemeindezentrum im Roseggerweg treffen, um Veranstaltungen der Fortbildung und des kirchlichen und gesellschaftlichen Lebens zu organisieren und daran aktiv teilzunehmen.

So beteiligt sich die KAB zusammen mit der katholischen Kirche am jährlichen Straßenfest in der Möglinger Ortsmitte mit einem eigenen Festzelt.

Jede/r, der an unserer Arbeit Interesse findet, ist herzlich eingeladen!

Vorsitzende: Birgitte Feiner, Mörikestraße 2, Möglingen, Tel. 48 26 21.

Kleintierzuchtverein Z 355

Das müsste doch gehen einen Kleintierzuchtverein zu gründen, wo doch hier so viel Geflügel und Kaninchen gehalten werden. Dieser Satz von Christian Salzer wurde ausschlaggebend für Ernst Bareither, Adolf Knoss, Jakob Haist, Manfred Haist, Bernhard Emil, Karl Schiek, Herbert Schiek, Fritz Krahnke, Max Stark, Martin Drus, Klaus Burkhardt, Bernd Grein, Hermann Kallis und Harry Gering am 22. März 1958 im Gasthaus zur Krone den Kleintierzuchtverein Möglingen Z 355 zum Leben zu erwecken. Der allererste Vorsitzende wurde Bernhard Emil. Seit dieser Zeit konnte die Mitgliederzahl auf 48 Erwachsene und 6 Jugendliche wachsen. Den Ehrenvorsitz des Kleintierzuchtvereins übernahm Johann Schindler nach 11 Jahren 1. Vorstandschaft.

1975 machte man sich die ersten Gedanken zu einer Zuchtanlage. 1991 war es dann soweit. Unter der Vorstandschaft von Helmut Kallert, konnte in diesem Jahr der erste Spatenstich getätigt werden. In der Zwischenzeit besteht unsere Zuchtanlage aus 8 Häusern mit dazugehörigen Volieren. Öffentlichkeitsarbeit war schon im Gründungsjahr ein Thema für den Verein – und so ist es auch noch heute. Bei unserer alljährlichen Lokalschau präsentieren unsere Mitglieder ihre besten Tiere. Bei dieser Ausstellung werden Kaninchen, Hühner, Tauben und Ziergeflügel vorgestellt. Dies ist natürlich für Kinder eine tolle Sache. Natürlich neh-

men wir auch am Straßenfest teil und sind dort bekannt für unsere *guten Göckele*.
Abschließend ein Satz von Albert Mauthe – Kreisvorsitzender von 1958: *Bei guter Pflege kann das Tier des Menschen Freund und Freude sein.*
1. Vorsitzender: Markus Wulf
Schriftführerin: Eva Muschack.

Landfrauenverein Möglingen

Die Idee von Gräfin Leutrum von Ertingen, die auf dem Lande lebenden Frauen in örtlichen Vereinen zusammenzuschließen mit dem Ziel, ihnen mit Hilfe berufsbezogener, allgemeinbildender und politischer Fortbildung eine bessere Stellung in der Gesellschaft zu ermöglichen, fällt in Möglingen auf fruchtbaren Boden. So gründen 1948 dreißig Frauen im Gasthaus Lamm den Möglinger Ortsverein. Die erste Vorsitzende wird Martha Mauch.
Sind es am Anfang eher hauswirtschaftliche Themen, wie Säuglingspflege, Einmach- und Kochkurse, wandelt sich das Fortbildungsangebot des Möglinger Ortsvereins hin zu ernährungswissenschaftlichen, sozialpolitischen und allgemeinbildenden Themen. Ausflüge und gesellige Veranstaltungen runden das Programm ab. Hinzu kommt eine Gymnastikgruppe, die neben der wöchentlich stattfindenden Gymnastik für die örtlichen Feste Volkstänze einstudiert. Sehr gefragt sind schon bald die hohen Gastgeberqualitäten der Möglinger Landfrauen. So bietet der Verein seit dem Beginn des Straßenfestes 1975 alljährlich neben anderen Leckereien seinen selbst zubereiteten Zwiebelkuchen an, eine Spezialität, die weit über Möglingen hinaus bekannt ist. 1989 kreieren die Landfrauen für das Straßenfest das *Hoaba*-Gebäck und im Jahr 1998 kommen die *Möglinger Flecka* auf die Speisekarte.
Zu Beginn wird keine Vereinschronik geschrieben. Aber es gibt noch Zeugen und einige wenige Dokumente aus den Anfangstagen. 1951 jedenfalls übernimmt Elsa Ziegler von Martha Mauch den Verein. Die erste Niederschrift einer Versammlung ist datiert aus dem Jahr 1964. Zu diesem Zeitpunkt ist Martha Groll schon 6 Jahre 1. Vorsitzende. Sie bleibt es 30 Jahre lang, um dann den Vorsitz an Ilse Giek abzugeben. 1993 übergibt Ilse Giek die Führung an Anneliese Pflugfelder und Christa Ranzinger. Seit 1995 führt Hildegard Holzbauer den Verein.

Dass Landfrau nicht gleich Bäurin ist, spiegeln die Berufe der Mitglieder wieder. So ist die Lehrerin genauso vertreten wie die Hauswirtschaftsleiterin oder die einen landwirtschaftlichen Betrieb führende Bäurin. Dem Strukturwandel wird der Möglinger Landfrauenverein auch dadurch gerecht, dass er das Wissen und die Talente seiner Mitglieder nutzt. Nicht selten sind es Experten aus den eigenen Reihen, die in Möglingen und anderen Regionen interessante Vorträge halten.

Der Verein wird seine Ziele stetig weiter entwickeln und mit seiner täglichen Arbeit Antworten auf aktuelle Zeitfragen geben. Dabei will er eine offene, fröhliche Gemeinschaft moderner Frauen sein, die ihre Türen für alle Frauen offenhält, egal aus welcher Alters- oder Berufsgruppe sie kommen.

Möglinger Schützengilde e.V.

Die Möglinger Schützengilde wurde am 27. Januar 1977 von 30 Schießsportinteressierten gegründet. Viele von ihnen waren schon vorher in einem Schützenverein. Dank der Unterstützung unserer Familie Albert Häcker konnten wir in der Scheuer des landwirtschaftlichen Anwesens in der Asperger Straße Schießstände einrichten. Durch tägliche Trainingsmöglichkeiten nahmen wir mit einer Jugend- und drei Erwachsenenmannschaften an den Rundenwettkämpfen teil. Der Verein wuchs auf 70 Mitglieder an. Durch den Umbau der Scheuer in die heutige Besenwirtschaft »Alte Mühle« musste kurzfristig der Schießsportbetrieb eingestellt werden. Durch die freundschaftlichen Beziehungen zum Schützenverein Schwieberdingen können wir seit einigen Jahren dort zu den üblichen Trainingszeiten (dienstags u. freitags ab 20.00 Uhr und sonntags ab 10.00 Uhr) trainieren und dort auch unsere Wettkämpfe austragen. Dadurch ist es uns gelungen, weitere Mitglieder zu erhalten. An den Rundenwettkämpfen 1999/2000 nimmt die MSG erstmals seit Jahren wieder mit 2 Luftgewehrmannschaften teil. – Auch das Gesellige kommt bei uns nicht zu kurz. Jahresfeier, Sommerfest und Ausflüge stehen auf dem jährlichen Programm.

Schießsportinteressierte können sich jeder Zeit an den Oberschützenmeister der MSG, Hans-Erich Herkommer, Hohenstaufenstr. 21, 71696 Möglingen, Tel. 24 03 13 wenden.

Möglinger Seniorenrat

Im Herbst 1989 wurde auf Initiative der Gemeinde und der evangelischen Kirche der Möglinger Seniorenrat gegründet, um nicht mehr im Berufsleben stehenden Mitbürgern Zusammenkünfte und gemeinsame Aktivitäten zu ermöglichen. Herr Gerhard Schober, Rektor i. R., übernahm damals das Amt des 1. Vorsitzenden, das heute von Renate Heppeler, Teckstraße 109, Möglingen, ausgeübt wird.

Es war von Anfang an vorgesehen, dass jüngere, noch aktive Senioren ein Konzept ausarbeiten, das möglichst viele ältere Menschen anspricht und sowohl auf sportlichem wie auch auf kulturellem Gebiet einbindet. Nach nunmehr 10 Jahren sind wir stolz darauf, dass Senioren der »ersten Stunde« sich auch heute noch ganz maßgeblich für unsere Gemeinschaft einbringen.

Da wir sehr unterschiedliche Sportarten anbieten, fühlen sich trainierte wie auch ungeübte ältere Menschen angesprochen. Es besteht zwischen den einzelnen Gruppen ein guter Kontakt, der dazu führt, dass Alleinstehende nicht vereinsamen und in Notsituationen durch die Gemeinschaft Hilfe finden.

Die sportliche Aktivitäten umfassen folgende Gebiete: Gymnastik für Frauen, Schongymnastik für Männer und Frauen, Gymnastik und Sport für Männer, Tischtennis.

Diese Sportarten werden einmal wöchentlich von zwei Gruppenleitern durchgeführt, die selbst Senioren sind und regelmäßig an Fortbildungsseminaren teilnehmen. Aus dem DRK-Bewegungsprogramm werden außerdem ebenfalls einmal wöchentlich Geselliges Tanzen und Wassergymnastik angeboten. Die im 14-tägigen Wechsel stattfindenden Gruppenwanderungen sowie kleine Radrundfahrten und größere Radtouren erfreuen sich bei den Senioren größter Beliebtheit. An all diesen sportlichen Aktivitäten nehmen ca. 100 ältere Menschen teil.

Auch auf kulturellem Gebiet ist es uns wichtig, die älteren Mitbürger einzubinden. So findet einmal im Monat unser Monatstreff mit selbstgebackenen Kuchen statt, der zu Unterhaltung und zum Gedankenaustausch gedacht ist. Bereichert wurde dieser Nachmittag schon mehrmals durch ortskundige Betriebs- und Firmenbesichtigungen, die ein besonders rühriger Senior für uns organisiert.

Unsere Schulstunde für Erwachsene wird mit Ausnahme der Sommermonate monatlich angeboten und dient der Information und der Weiterbildung zumeist durch Dia-Vorträge zu den Themen: Kultur, Geschichte und fremde Länder. Auch wichtige bauliche Veränderungen, die unseren Wohnort betreffen, wurden uns in diesem Rahmen von unserem Bürgermeister vorgestellt.

Der Senioren-Rosenmontag, den wir vor drei Jahren ins Leben gerufen haben, findet überraschend regen Zuspruch, worauf wir besonders stolz sind. In diesem Jahr durften wir ca. 140 Gäste begrüßen. Neben Darbietungen aus den eigenen Reihen, hat der hiesige Schützenverein mit jeweils zwei Tanzgarden seither unsere Veranstaltungen bereichert, und ein Ein-Mann-Orchester sorgt für die passende Tanzmusik.

Zu einem weiteren Seniorennachmittag laden wir immer im März ein. Auch hier werden die ca. 90–100 Gäste mit selbstgebackenen Kuchen und diversen Getränken bewirtet. Das Programm umfasst neben Liedern zum Mitsingen unterhaltsame kleine Theaterstücke und Sketche. Auch Tanz- und Musikgruppen vom Ort oder aus der näheren Umgebung sorgen für Unterhaltung und bringen Abwechslung ins Leben der älteren Mitbürger.

Mit der Senioren-Weihnachtsfeier beenden wir das kulturelle Angebot für die Senioren. Durch die Bereitschaft hiesiger Vereine, unsere Feier alljährlich mitzugestalten, gelingt es uns immer, ein abwechslungsreiches und preisgünstiges Programm für die ca. 240 Gäste anzubieten.

Damit diese Veranstaltungen überhaupt durchgeführt werden können, bieten viele Frauen und Männer aus den o.g. Sportgruppen bereitwillig und kostenlos ihre Mithilfe an. Alle Leistungen werden ehrenamtlich erbracht. Für unsere Aktivitäten beziehen wir keine öffentlichen Gelder. Die Gemeinde Möglingen stellt uns lediglich die Räumlichkeiten mietfrei zur Verfügung, wofür wir sehr dankbar sind. Unsere Auslagen bestreiten wir aus dem Gewinn durch die Bewirtung und aus Spenden.

Musikverein Möglingen e.V.

Der Musikverein Möglingen wurde am 5. Februar 1922 gegründet mit dem Ziel die Blasmusik zu pflegen und zur geselligen Unterhaltung vor allem innerhalb, aber auch außerhalb der Gemeinde beizutragen.

1933 musste der Verein nach schweren Rückschlägen zwangsweise aufgelöst werden. Sechzehn Jahre später, also 1949, wurde dieser, nachdem man sich einigermaßen von den Kriegswirren erholt hatte, erneut ins Leben gerufen.

In seiner *Hoch-Zeit* – Mitte der achtziger Jahre – zählte das Orchester gut 40 Bläserinnen und Bläser. Die hervorragende Qualität dieses Orchesters gab Anlass im Tonstudio Bauer unter dem Pseudonym *d'Leudels-bachtaler* eine Schallplatte zu produzieren. Selbst die damalige Jugendkapelle zählte ca. 30 Jungaktivisten und war wegen ihrer Leistungsfähigkeit hier in Möglingen, aber auch weit darüber hinaus, ein gern gesehenes und gehörtes Ensemble.

Die immer schnelllebigere Zeit ließ jedoch das Orchester in den letzten Jahren mehr und mehr kleiner werden. So schnell, wie aus beruflichen, oder familiären Gründen die *Aktivisten* in andere Städte, ja sogar ins Ausland verzogen, konnte sich das Orchester aus der Jugendkapelle heraus nicht regenerieren. Probleme mit dem Nachwuchs in einer Zeit der vielfältigsten Freizeitangebote, haben aber auch andere Blasorchester. Aus diesem Grund verschmolz man die Jugendkapellen der Stadtkapelle Asperg und des Musikvereins Möglingen. Zwar wird die Einzelausbildung von beiden Vereinen autark betrieben, die Auftritte jedoch bestreitet man gemeinsam.

Unsere gegenwärtige Stärke liegt in der volkstümlichen Blasmusik. Für die Qualität unserer Musik werden wir weit über Möglingen hinaus immer reichlich mit Beifall belohnt.

Wir fühlen uns jedoch auch allen anderen Musikrichtungen verbunden. Darin liegen auch unsere gegenwärtigen und zukünftigen Anstrengungen begründet. Nämlich um Werbung und Ausbildung von jugendlichen Mitbürgern. Diese sollen es uns ermöglichen, künftig möglichst wiederum allen Hörerwünschen gerecht zu werden.

Die Naturfreunde e.V.

Verband für Touristik und Kultur
Ortsgruppe Möglingen

1979 ergriff Naturfreund Günter Ackermann, die Initiative zu Gründung einer Naturfreunde-Ortsgruppe in Möglingen. Nahezu 100 Personen waren am 21. September 1979 zu einer 1. Informationsveranstaltung über die Naturfreunde ins TV-Heim in Möglingen gekommen. Nachdem sehr großes Interesse an der Gründung einer Ortsgruppe angeklungen war, wurden die Weichen für eine Vereinsgründung gestellt.

Am 14. Dezember 1979 fand im Gasthof Blank in Möglingen die Gründungsversammlung statt. 36 anwesende Interessenten gründeten die neue Naturfreunde-Ortsgruppe und wählten die 1. Vereinsleitung die sich wie folgt formierte: 1. Vorsitzender Günter Ackermann, 2. Vorsitzender Ulrich Meinholdt, Schriftführer

Hildegard Eberlein, Kassier Rolf Haustein, Kassenrevisoren, Hans Heinrich Kohrs, Ursula Schmidt, Hardo Hirsch, Beisitzer Eberhard Busch, Klaus Stocker, Karlheinz Koers, Wanderwart Elfriede Oster, Kindergruppe Renate Ackermann und Karin Meinholdt.

Das Vereinsleben entwickelte und festigte sich sehr schnell. Das Freizeitangebot an die Mitglieder umfasste in der Hauptsache Halbtags- und Tageswanderungen, Familienfreizeiten in Naturfreundehäuser, mineralogische und paläontologische Exkursionen, Bergwanderungen sowie auch Mehrtageswanderungen in landschaftlich sehr reizvollen Regionen unserer Heimat.

Zu einem festen Bestandteil im Vereinsleben gehörte auch der monatliche Vereinsabend im Treffpunkt alte Schule, mit Dia-Vorträgen, Diskussionen zu vielerlei Themen, Geselligkeit und Gesang.

Auch beim Möglinger Straßenfest waren die Naturfreunde in den Anfangsjahren durch Info-Stände, Ausstellungen und Vorträge im Rathaus beteiligt.

Die Kinder- und Jugendgruppe glänzte immer wieder durch ihre vielfältigen Aktivitäten. Über den Zeitraum von über 10 Jahren beteiligten sich zahlreiche Mitglieder beim ehrenamtlichen Hausdienst im Naturfreundehaus »Botenheimer Heide«. Seit dem Bestehen des Vereins zeigten die Möglinger Naturfreunde ein besonderes Engagement bei der Durchführung unterschiedlichster Veranstaltungen für körperbehinderte Kinder der staatlichen Heim-Sonderschule in Markgröningen. Heute im 20. Jahr ihres Bestehens nehmen die Naturfreunde einen festen Platz im Möglinger Vereinsleben ein. Die Aktivitäten sind die gleichen geblieben, nur der persönliche Alterungsprozess hat auch vor den Mitgliedern der Naturfreunde nicht halt gemacht. Deshalb freut sich die große Vereinsfamilie nach wie vor über jeden jüngeren Neuzugang.

Obst- und Gartenbauverein Möglingen e.V.

Ziele des Vereins:
Aufklärung der Mitglieder über die Notwendigkeit der Reinhaltung von Landschaft und Gewässern.

a) Die Mitglieder mit den Werten ideeller und sonstiger Werte des Obst- und Gartenbaues, durch Aufklärung, Schulung und Belehrung vertraut zu machen.
b) Durchführung von Lehrgängen, (Schnittkurse, Fachvorträge) Veranstaltungen und Ausstellungen.
c) Förderung des Liebhaberobstbaues und der Blumenpflege in Haus und Garten.
d) Förderung des Vogelschutzes.
e) Verschönerung des Dorf- und Landschaftsbildes. Hier soll insbesondere die Durchführung von jährlichen Blumenschmuckwettbewerben der Sache förderlich sein.

Vereins-Chronik:
Der Obst- und Gartenbauverein Möglingen e. V. wurde im Februar 1926 von 44 Mitgliedern gegründet. Der damalige Vorstand war Schultheiß Haspel, sein Stellvertreter war Immanuel Moz, Schriftführer und Kassier Paul Pflugfelder. Der Mitgliedsbeitrag betrug 1927 zwei Reichsmark im Jahr und wurde später auf eine Reichsmark herabgesetzt.

Im gleichen Jahr schaffte der Verein eine handbetriebene Karrenspritze an und mietete einen Obstlagerkeller. 1929 folgte mit *Suevia* die 2. Karrenspritze.

Im Jahre 1931 wurde eine Flügelpumpe zum Ablassen des fast in jedem Haushalt hergestellten Gärmostes gekauft. 1932 wurde Immanuel Moz zum 1. Vorstand gewählt. 1933 folgte die Anschaffung einer gebrauchten Motorbaumspritze. Einen bereits luftbereiften Dreiradwagen trug 1935 ein Spritzaggregat. In dieser Zeit wurden über mehrere Jahre *Zwangswinterspritzungen* gegen Schorf und Läuse mit Obstbaumkarbolineum durchgeführt. Pro Jahr ca. $1/3$ der Gemeindefläche.

Ab 1937 hieß der Vereinsvorsitzende Paul Ditting, der bis zu seinem Tode 1965 den Verein mit Liebe, Umsicht und Idealismus führte.

Auszug aus der Generalversammlung 20. Februar 1954:
Der seitherige Spritzenwart Hermann Pflugfelder übergibt sein Amt an Helmut Schober. Der Verein führt wie bisher die Schädlingsbekämpfung durch. Anmeldungen können bei Helmut Schober gemacht werden, doch darf die Spritze nicht ohne den Bedienungsmann aus der Hand gegeben werden. Der Stundenlohn für den Spritzenwart beträgt 1,70 DM. Der Verein bekommt für die Benutzung der Motorspritze 1,– DM pro Stunde.

1954 gab es eine Rekordobsternte, doch die Mitglieder beschweren sich über die zu niedrigen Preise. Ein großes Problem der damaligen Zeit war die Wühlmausplage. Allein 1955 wurden über 6000 Wühlmäuse gefangen und Fangprämien bezahlt, pro Wühlmaus 1,– DM.
Im Laufe der Jahre wurden außerdem Ausflüge, Lichtbildervorträge, Besuche bei Versuchs- und Lehranstalten, Fachvorträge abgehalten.

1960 wurde der 1. Blumenschmuckwettbewerb durchgeführt, der im Laufe der Jahre immer mehr Anhänger fand, wie es die jährlich steigende Anzahl der Teilnehmer und Preisträger zeigte.

Im Sinne der Vereinssatzung führten nun die folgenden Vorsitzenden, Friedrich Künstner, Otto Huchler, Immanuel Moz, Helmut Jopp, Dietrich Diener, Otto Hönig, Heinz Ditting, Ernst Thierer, der mit vielen selbstgedrehten

Filmen Möglingen über viele Jahre farbenprächtig und *menschlich* zeigte, sowie Romeo Schneider den Verein weiter.

Das Vereinsprogramm verlief bis in die heutige Zeit mit jährlich stattfindenden Inhalten wie:

Durchführung des Blumenschmuckwettbewerbs; des Sommer- und Winterschnittkurses; Besuchen der Kreis- und Landesverbandstagungen; Beteiligung am Straßenfest; schriftlichen Veröffentlichungen im Gemeinde-Blättle über Obst- und Gartenbau, Empfehlungen zum Pflanzenschutz, Pflanzenkrankheiten, neue Obstsorten und sonstiges Wissenswertes; Förderung zum Erhalt der Streuobstwiesen durch Neuanpflanzungen mit Hochstämmen; Lehrfahrten zu Versuchsanstalten; sowie Fachvorträgen über Obst- und Gartenbau.

Zukünftig sollen die Mitglieder sowie die Mitbürger der Gemeinde Möglingen über die Themen und Aktivitäten des Obst- und Gartenbauvereins weiter in gewohnter Weise informiert werden.

Philatelistischer Club, Sammlergruppe Möglingen

Im Jahre 1974 wurde die Sammlergruppe Möglingen des Philatelistischen Clubs gegründet. Die Briefmarken- und Münzensammler treffen sich seither einmal im Monat zu Informationen, Vorträgen und Tausch. Auch der gesellige Teil mit mehrtägigen Ausflugsfahrten fehlt nicht.

Die erste Möglinger Briefmarkenausstellung wurde am 13. und 14. Oktober 1979 als Wettbewerbsausstellung im Rang 3 veranstaltet. Dabei kam auch der erste Sonderstempel von Möglingen zum Einsatz, der in der Abbildung das Gemeindewappen in einer Briefmarke zeigt.

Viel Beachtung in Sammlerkreisen von Württemberg fand die Ausstellung *Philatelie und Spiel* am 16. und 17. November 1985. Der dabei von der Deutschen Bundespost verwendete Sonderstempel zeigt in der Abbildung den Dampfzug der Strecke Ludwigsburg–Möglingen–Markgröningen.

Eine weitere Wettbewerbsausstellung am 5. und 6. Oktober 1991 stand unter dem Motto *Philatelie und Kunst*. Postkutschenfahrten vom Bürgerhaus zur Zehntscheuer verbanden zwei Ausstellungsarten. Ein Sonderstempel zeigt einen Landbriefträger mit einer neugierigen Hausfrau. Als Ergänzung hierzu wurde ein Sonderumschlag mit dem *Gruss aus Schwobenland* angeboten. Die gelungenen Ausstellungen mit dem hohen Qualitätsstand brachte der Sammlergruppe Möglingen große Anerkennung in Fachkreisen. Dies wirkte sich auch bei der Ausstellung *Philatelie und Spiel* am 17. und 18. Oktober 1998 aus. Im Bürgerhaus fand eine aufgelockerte Schau mit Modell-Eisenbahnen, Puppen, Münzen und Briefmarken zur Möglinger Kirbe statt. Juroren aus Süddeutschland trafen sich zur Weiterbildung und die Vereinsvorsitzenden aus Nordwürttemberg hielten gleichzeitig ihre Herbsttagung ab. Der verwendete Sonderstempel bei der Poststelle im Bürgerhaus zeigt einen Teddybären und ein Kettenkarussell.

Keineswegs vernachlässigt wird die Jugendarbeit der Briefmarkensammler. Regelmäßig gibt es ein gemeinsames Treffen der Jugendgruppe in Markgröningen. Bei den Straßenfesten beteiligt man sich mit einem Stand und Glücksrad um für das Briefmarkensammeln als »schönste Nebensache der Welt« zu werben.

Die Briefmarken- und Münzensammler treffen sich jeden zweiten Mittwoch im Monat im Nebenzimmer der Gaststätte TV-Heim. Ansprechpartner ist Hans Pendelin.

Reit- und Fahrverein Möglingen e.V.

Der Reit- und Fahrverein Möglingen kann in diesem Jahr auf sein 40-jähriges Bestehen zurückblicken.

Gegründet 1960 von sieben begeisterten Reitsportlern und Pferdefreunden, wuchs der Verein kontinuierlich an und zählt heute 170 Mitglieder.

Ein wichtiger Meilenstein der Vereinsgeschichte war 1980 die Einweihung der vereinseigenen Reithalle. Damit erfüllte sich der Verein zu seinem 20-jährigen Bestehen einen lang ersehnten Wunsch.

Seit 1985 verfügt der Verein über einen Außenreitplatz neben der Reithalle.

In jüngster Zeit wurde die Reitanlage durch einen Anbau an der Ostseite der Reithalle erweitert und renoviert.

Zur Ausbildung von Reiter und Pferd bietet der Reit- und Fahrverein wöchentlich Reitstunden unter der Leitung eines Reitlehrers an.

Ein Höhepunkt im Vereinsleben ist das jährlich im Juli durchgeführte Reitturnier. Diese nun zum 28. Mal stattfindende Veranstaltung auf dem vereinseigenen Turnierplatz im Leudelsbachtal erfreut sich großer Beliebtheit bei Reitern und Zuschauern. Die Weiterführung dieser traditionellen Veranstaltung ist für das Vereinsleben von großer Bedeutung und fördert den Zusammenhalt bei passiven und aktiven Mitgliedern.

Wie groß die Anziehungskraft des Pferdes auf den Menschen unserer Zeit ist, erkennt man daran, dass heute in Möglingen 60 Pferde gehalten werden. Auch die gleichbleibend hohe Anzahl Jugendlicher im Reitverein ist ein deutliches Zeichen dafür, dass das Pferd auch in Zukunft einen Stellenwert als Sportkamerad in unserer Gesellschaft behalten wird.

Schachfreunde Möglingen 1976 e.V.

Die Wurzeln des organisierten Schachspiels in Möglingen gehen bis in das Jahr 1961 zurück. Damals wurde innerhalb des TV Möglingen eine eigene Schachabteilung gegründet. Aufgrund des regen Zulaufs von interessierten Schachspielern hatte man sich dann im Jahre 1976 selbstständig gemacht und den Verein »Schachfreunde Möglingen 1976 e. V.« ins Leben gerufen. Beheimatet war der Schachverein die ersten Jahre in der ehemaligen Gemeindehalle (1976–87). Die Räumlichkeiten waren sehr beengt, sodass man froh war, 1987 in das Bürgerhaus umziehen zu können. Seit 1962 beteiligt sich der Verein erfolgreich an den Verbandsspielen. Waren es 1962 noch zwei Mannschaften konnte man 1975 erstmals vier Möglinger Mannschaften für die Turniere melden. Den bisher größten schachlichen Erfolg erreichte die 1. Mannschaft des Vereins durch den Aufstieg in die Landesliga im Jahr 1998. Ein weiterer Höhepunkt war die Ausrichtung der Württembergischen Einzelmeisterschaft 1989, wodurch der Verein für eine Woche zum Mekka der Schachspieler wurde.

Von Beginn an nimmt die aktive Jugendarbeit innerhalb des Vereins eine zentrale Rolle ein. Bereits 1973 konnte man in Möglingen Jugendlichen Schachunterricht geben. Seit dem Jahr 1981 führen die Möglinger Schachfreunde ein eigenes Jugendturnier durch, wodurch der Verein überregional bekannt wurde. Auch das zweite Turnier, das »Möglinger Open«, hat seinen Ursprung im Jahr 1981. Diese beiden traditionellen Turniere werden auch heute noch immer gerne besucht.

Neben dem eigentlichen Schachbetrieb legen die Schachfreunde Möglingen großen Wert auf die Kameradschaft innerhalb des Vereins. Dies zeigt der Verein nach außen durch die Beteiligung an örtlichen Veranstaltungen, wie z. B. am Straßenfest sowie an der Durchführung von Ausflügen und Gartenfesten in jedem Jahr. Die Schachfreunde Möglingen bestehen zz. aus etwa 30 aktiven Mitgliedern. Das Ziel für die nächsten Jahre wird der weitere Ausbau der Jugendarbeit sowie deren Integration in den Verein sein.

Schützenverein Möglingen e.V.

Gründung: 1. Dezember 1968
Schützenhaus:
Ludwigsburger Str. 86 (bei den Tennisplätzen) eingeweiht am 15. Mai 1999. Es ist ausgestattet mit 10 optoelektronischen (Lichtschrankentechnik) Luftgewehr- und Luftpistolenständen, 8 optoelektronischen Gewehrständen, Realdistanz 50 m, Computersimulation von 100 und 300 m Distanzen, zugelassen für Waffen und Munition bis 7000 Joule, 5 Duell-Pistolenstände auf 25 m, zugelassen für Waffen und Munition bis 1500 Joule. Freianlage für das Bogenschießen in Vorbereitung. Unser Schützenhaus ist bewirtschaftet und bietet seinen Freunden und Mitgliedern Räumlichkeiten für alle möglichen Anlässe.

Schießsportliche Disziplinen:
Luftgewehr und Luftpistole, KK- u- Großkaliber-Gewehr 50 m, Sportpistole KK und Großkaliber.

Karnevalsabteilung Rote Pfeile:
Elferrat Präsident Thomas Peter, Tanzgarden: Rote Fünkchen von 4 bzw. 6–10 Jahre, Weisse Garde von 11–14 Jahre, Grüne Funken ab 15 Jahre.

Schützenmeisteramt:
Oberschützenmeister: Siegfried Heinbach, Grabenäcker Straße 38, 71696 Möglingen, Telefon 0 71 41-24 02 97, 1. Schützenmeister: Siegfried Reutter, Kirchgarten-Straße 17, 71696 Möglingen, Telefon 0 71 41-48 47 13

Unsere Geschichte:
Der Schießsport ist in Möglingen seit langem verankert. Möglingen hatte bis 1945 einen Schützenverein. Den Standort des Schützenhauses des Schützenvereins verrät nur noch die Straßenbezeichnung *Schützenplatz* am Wiesenweg.

Am 1. Dezember 1968 trafen sich junge und alte Freunde des Schießsports und gründeten unseren Schützenverein. Unser Vereinsvermögen bestand zu diesem Zeitpunkt lediglich aus Optimismus und einer großen Bereitschaft, für die Realisierung der Ziele des Schießsports alles einzusetzen und wenn es sein muss, auch neue und andere Wege zu gehen. Dieser Grundidee sind wir bis heute treu geblieben.

Im März 1969 konnten wir im Untergeschoss der Hanfbachschule 10 Schießstände aufbauen und den Schießbetrieb beginnen. Unser 1. Preisschießen veranstalteten wir an Ostern 1969 in der Gemeindehalle. Das Interesse am Schießsport war groß und der Verein konnte sich eines guten Zugangs von Mitgliedern erfreuen. Zur Bereicherung unseres Programms gründeten wir 1970 eine Karnevalsabteilung, unsere *Roten Pfeile*. Mit einer Mini-Tanzgarde begründeten wir den Garde-Tanzsport und besitzen heute 3 namhafte und hochqualifizierte Tanzgarden.

Der Wunsch nach einem Schützenhaus wurde immer größer und gleichzeitig drängte die Gemeindeverwaltung auf einen Ausstieg aus dem Provisorium in der Hanfbachschule. Wir suchten die Markung auf und ab, probierten es mit einer überörtlichen Zusammenarbeit mit Markgröningen, doch am Schluss blieb nur der Weg im Anschluss an das TV-Heim ein »provisorisches« Schützenhaus zu bauen. Die Einweihung war am 28. April 1979.

Das Schützenhaus wurde ein voller Erfolg. Wir konnten unserer Jugend endlich normale Übungsmöglichkeiten, einen Platz zum geselligen Zusammensein und zur Pflege der Kameradschaft bieten. Die Mitgliederzahlen stiegen weiter. 1976/77 stellten wir die 1. Mannschaft für das Kleinkaliber und Sportpistole auf. Wir gründeten 1977 eine Abteilung für das Bogenschießen.

Unseren Roten Pfeilen und seinem Elferrat gelang es das Publikum zu begeistern und gleichzeitig das Leistungsniveau unserer Tanzgarden zu steigern. Am 12. Januar 1986 holten wir mit unseren *Grünen Funken* zum 1. Mal den Titel eines Württembergischen Meisters im Gardetanz. Inzwischen gelang es uns zweimal den 1. Württembergischen Vizemeister insgesamt 11-mal den Württembergischen Meister zu stellen und uns wiederholt für die Deutschen und Süddeutschen Meisterschaften zu qualifizieren.

1984/85 wurde in der Gemeindeverwaltung und im Gemeinderat begonnen sich mit einem Bürgerhaus zu befassen. Die Pläne konkretisierten sich und unser Schützenhaus war im Wege. Es fand sich kein anderer Platz, es musste weichen. Wir mussten es zum 31. Juli 1986 abreißen und mussten wieder zurück in unsere alten provisorischen Übungsräume in der Hanfbachschule. Nach 13 Jahren Standortsuche konnten wir mit dem Bau unseres neuen Schützenhauses 1998 beginnen und es am 15. Mai 1999 einweihen. Es gab viele fleißige Hände, es wurde intensiv gearbeitet und um so dankbarer wurde der Tag der Einweihung herbeigesehnt. Der Verein hat mit seinen Sparten und Abteilungen wieder eine Zukunft.

Singverein Möglingen 1857 e.V.

Der Singverein Möglingen ist mit seiner über 140-jährigen Geschichte der älteste Verein am Ort. Um die Mitte des vorigen Jahrhunderts, als sich die Stürme der Freiheitsbewegung um 1848 gelegt und die Gemüter sich beruhigt hatten, versammelten sich in Stadt und Land Freunde der Musik und des Gesangs, um das deutsche Lied zu pflegen.

Es war im Jahre 1857, als sich 12 wackere Möglinger Männer zusammenfanden, um aus Freude am Gesang einen Verein ins Leben zu rufen. Sie hielten in treuer Kameradschaft zusammen und gaben ihrer Neugründung den schlichten Namen *Singverein*.

Über die Jahrzehnte seit der Gründung hinweg bis zum heutigen Tag war im Grunde genommen eine stete Aufwärtsentwicklung des Vereins zu verzeichnen. Wir sind heute dankbar, dass es in Zeiten der Stagnation und auch bei Rückschlägen immer Menschen gegeben hat, die sich mit Begeisterung dem Chorgesang verschrieben haben. Immer wieder sind unsere Chöre mit außergewöhnlichen Leistungen an die Öffentlichkeit getreten. Dies verdanken wir unserer aktiven Sängerschaft, den tüchtigen Chorleitern und vor allem unserem nie erlahmenden Teamgeist.

Der Singverein Möglingen stellt sich als ein Zusammenschluss vieler gleichgesinnter Menschen dar, die Freude am Singen haben, aber auch aufgehoben sein wollen in einem funktionierenden Verein. Mit an oberster Stelle steht deshalb bei den Vereinsmitgliedern der Wille nach Harmonie und Freundschaft untereinander.

Neben der persönlichen Freude am Chorgesang haben wir es immer als unsere Aufgabe angesehen, unsere Mitmenschen mit Chormusik zu erfreuen. Wir haben dabei stets die Hoffnung im Herzen, unseren geschätzten

Zuhörern die Schönheit des Chorgesangs näher zu bringen und sie dazu zu bewegen, auch in unserer Gemeinschaft mitzusingen.

Nach außen wirkt der Singverein Möglingen als Kulturträger der Musik und des Chorgesangs und in dieser Form gerne auch als Repräsentant der Gemeinde. Hierzu gehören die gesangliche Mitwirkung des Vereins bei vielen Veranstaltungen, Festen und Feierlichkeiten sowohl in der Gemeinde als auch in der näheren und weiteren Umgebung. Beispielhaft seien hier genannt das Straßen- und Löscherfest in Möglingen, wo der Singverein mit seinem großen eigenen Festzelt und der ausgezeichneten Verköstigung einen sehr guten Ruf besitzt. Erwähnenswert ist auch die Weihnachtsfeier des Singvereins, die alljährlich am Samstag vor dem vierten Advent begangen wird und in der neben schönem Chorgesang auch ein Theaterstück in schwäbischer Mundart dargeboten wird.

Diese Vereinsaktivitäten wären ohne engagierte und treue Mitglieder und Helfer nicht möglich, was wir ausschließlich auf das harmonische Zusammenleben und den familiären Umgang miteinander zurückführen.

Der Verein hat derzeit 168 Mitglieder, wovon 88 passiv und 80 aktiv sind. Im Verein bestehen drei Chöre, das sind Gemischter Chor sowie Männer- und Frauenchor. Die Chorproben finden überwiegend im Musikpavillon der Hanfbachschule von 19.30 Uhr bis 22.00 Uhr statt, und zwar immer dienstags, ausgenommen in den jeweiligen Schulferien.

Vorsitzender des Singvereins Möglingen ist Roland Gemeinhardt, Mozartstr. 22 in 71696 Möglingen. Dies ist auch die Kontaktadresse des Singvereins Möglingen.

Skizunft Möglingen e.V.

Die Idee für einen Skiclub hatten einige Handballer aus der AH-Mannschaft des Turnvereins Möglingen. Von der Gemeindeverwaltung wurde diese Initiative unterstützt, weil die Sparte Wintersport in Möglingen nicht vorhanden war. Die Gründungsversammlung am 30. September 1974 im Café Schober wurde zu einem vollen Erfolg. Auf Anhieb trugen sich über hundert Erwachsene in das Gründungsprotokoll ein. Am 10. Oktober 1974 wurde die Skizunft Möglingen e.V. (SZM) unter der Nr. 670 in das Vereinsregister des Amtsgerichts Ludwigsburg eingetragen. Nach drei Monaten hatte die Skizunft schon über 300 Mitglieder.

Bereits im Winter 1974/75 wurden Skiausfahrten organisiert. 1975 folgte die Gründung einer Skischule, die im Oktober 1975 in Möglingen erstmals eine Skibörse durchführte. Der Zulauf zu den Skikursen war in den ersten Jahren riesengroß. In der Regel wurde mit zwei bis drei Bussen ins Allgäu gefahren. Parallel zur Skischule wurde 1975 mit dem Rennlauf begonnen. Besonders im Kinder-, Schüler- und Jugendbereich gab es hervorragende Leistungen. Viele Rennläufer der SZM waren Mitglied der Bezirksmannschaft, einige sogar im SSV- bzw. ARGE Baden-Württemberg-Kader. Sehr erfreulich ist, dass ein erheblicher Teil der ehemaligen Rennläufer heute ausgebildete DSV-Skilehrer sind und unserer Skischule zur Verfügung stehen. Seit 1975 führt die SZM mit Unterstützung der Gemeinde Möglingen die Alpinen Möglinger Meisterschaften durch, eine Breitensportveranstaltung, an der jeder Skifahrer teilnehmen kann.

Der Skizunft stellt sich nach der Gründung die Frage, ob ein Vereinshaus am Ort oder ein Domizil in den Bergen angestrebt wird. Die Wahl fiel auf ein Gebäude in Hüttenberg bei Sonthofen, das für die Dauer von 10 Jahren angemietet wurde. Das erste Möglinger Haus konnte nach aufwendigen Renovierungsarbeiten am 5. November 1977 eingeweiht werden. Es war ein idealer Ausgangspunkt für Wanderungen und Skiausfahrten und ein toller Stützpunkt für die Vereinsarbeit. Leider wurde der Mietvertrag nach 10 Jahren nicht verlängert. So mussten sich die Vereinsverantwortlichen erneut auf die Suche machen. Sie wurden in Grünenbach im Westallgäu, zwischen Isny und Oberstaufen gelegen, fündig. Dort stand eine in den 60er Jahren gebaute Pension zum Verkauf. In 3 Monaten haben die Mitglieder das erworbene Haus in mehr als 4500 Arbeitsstunden auf Hochglanz gebracht. Feierliche Einweihung war am 10. November 1990.

Zwischenzeitlich ist die SZM in Grünenbach heimisch geworden, was angesichts der wunderschönen Gegend und der freundlichen Bevölkerung nicht schwer war. Das zweite Möglinger Haus in Grünenbach bietet bis zu 37 Personen Unterkunft. Es ist ganzjährig nutzbar. Ob Frühjahr, Sommer, Herbst oder Winter. Grünenbach ist immer ein geeigneter Aufenthaltsort und idealer Ausgangspunkt für Wanderungen, Radtouren, Wasser- und Skisport. Seit das Möglinger Haus in Grünenbach zur Verfügung steht, konnte die Vereinsarbeit weiter ausgebaut werden. Auch der nordische Skisport wird jetzt aktiv betrieben. Seit 1992 führt die SZM deshalb auch Möglinger Langlaufmeisterschaften durch.

Was ist die Skizunft Möglingen e. V. heute? Sie ist ein Breitensportverein mit etwa 400 Mitgliedern. Die Freude und Begeisterung am Skilauf, die Kameradschaft, die vielen Arbeitsstunden bei Festen, Veranstaltungen und Baumaßnahmen haben uns zu einem starken Verein gemacht. Begeistern wir unsere Mitglieder und Freunde weiterhin mit uns Sport zu treiben oder auch die Geselligkeit zu pflegen. Unser Angebot ist äußerst vielseitig und steht im Regelfall Vereinsmitgliedern und Nichtmitgliedern offen. Es umfasst Gymnastik, Ballspiele, ein- und mehrtägige Wanderungen und Radtouren, Erwerb des Sportabzeichens, Wasserski, Waldlauf, Walking, alpinen Skilauf, Snowboardfahren, Langlauf, Skiausfahrten, Geselliges (Skatturniere, Theaterspiel, Feste). Besonderen Wert legen wir auf die Jugendarbeit und auch darauf, dass bei allen Aktivitäten der Gemeinsinn gefördert wird.

TV Möglingen 05 e.V

Der TV Möglingen 05 e. V. bietet eine breite sportliche Palette an: fit werden und bleiben, Freude an der Bewegung und am Spiel, Spaß haben, Ausgleich zur beruflichen Belastung, Wettkämpfe bestreiten, sich wohlfühlen in der Gruppe, leistungsorientiert trainieren.

Fußball: Sehr lebhaft geht es beim Training und Spielen der Fußballjugend auf dem Rasen und in der Halle zu. In den unteren Altersklassen spielen Jungen und Mädchen noch zusammen. Bei den Erwachsenen findet man, ob in der 1. oder 2. Mannschaft oder bei den ›Alten Herren‹, schnell Anschluss. Stolz sind die Fußballer/innen auch auf ihre erfolgreiche Frauenmannschaft.

Sehr ausgeprägt sind der Zusammenhalt und die außersportlichen Aktivitäten der Abt. Fußball, die ihre Krönung in den alljährlichen Fußballwochen um Pfingsten herum haben.

Gymnastik: Von Montag bis Freitag findet man immer eine Gymnastikgruppe in den Sporthallen – so zahlreich, und unterschiedlich sind die Angebote: Allround-Gymnastik, Fitness-Gymnastik, Callanetics, Gymnastik für Männer, Aerobic, Senioren-Gymnastik, Wirbelsäulen-Gymnastik. Ausgebildete Übungsleiter/innen sorgen für abwechslungsreiche und attraktive Gestaltung der Übungsstunden. Dank des intensiven Engagements hat der TVM die Plakette für den Gesundheitssport.

Gymnastik-Geräte-Spiele: Für die vier- bis sechsjährigen Kinder steht der Spaß und die Freude an der Bewegung und am Spiel bei diesem sportartübergreifenden Angebot im Vordergrund. Spielen in jeder Form, Bewegungsschulung mit und ohne Geräte, Erlebnis in der Gruppe – alles mit viel Spaß und ohne Druck.

Handball: Die Abteilung ist für ihre ausgezeichnete Jugendarbeit über die Bezirksgrenzen hinaus bekannt. Die Abteilung ist in jeder Altersgruppe, ob männlich oder weiblich, mit einer Mannschaft am Wettbewerb vertreten. Immer wieder gelingt es, in der jeweils obersten Spielklasse des Verbandes mitzuspielen. Mit zwei Frauen- und drei Männermannschaften ist der Handball in Möglingen gut vertreten. Die erste Frauenmannschaft spielt in der dritthöchsten Spielklasse, der Regionalliga. International besetzt ist das alljährliche Pfingstturnier mit etwa 80 Mannschaften.

Herzsportgruppe: Die jüngste Abteilung des TVM hat sich prächtig entwickelt. Die Übungen werden von besonders ausgebildeten Kräften geleitet und von einem Arzt betreut. Geräte zur Messung der Belastung stehen bereit. Über den Sport hinaus werden bereits Treffen, Feste und Wanderungen veranstaltet.

Jedermannsport: Gymnastik und Spiel stehen in dieser Freizeit-Sportgruppe im Vordergrund. Spaß an der gemeinsamen Bewegung spielen für die Frauen und Männer unterschiedlichen Alters eine größere Rolle als die Leistung. Im Sommer kann man für das Erreichen des Sportabzeichens trainieren (Weitsprung, Sprint, Dauerlauf, Hochsprung, Kugelstoßen und Schleuderball).

Judo: Regen Zulauf haben die Jugendkurse des Judosports im TVM. Im Herbst beginnt jeweils ein Anfängerkurs, der im folgenden Jahr mit der Gürtelprüfung abschließt. Erwachsene Judoka sind herzlich willkommen.

Jazztanz: Schülergruppen, eine Jugend- und eine Formationsgruppe üben diese attraktive Mischung zwischen Gymnastik, Rhythmik, Tanz und Gleichklang aus. Im Training wird intensiv an der perfekten Gestaltung der Vor-

Turnverein Möglingen 05 e.V.

Die Riege der verdienten und geehrten VdK-Mitglieder.

stellung gearbeitet. Mit Erfolg nehmen die Gruppen an regionalen und Bundeswettbewerben teil; für viele Veranstaltungen, z. B. das Straßenfest sind sie eine willkommene Attraktion.

Leichtathletik: Für Kinder und Jugendliche ab 6 Jahren bietet der TVM eine leichtathletische Grundschulung in der Stadionhalle bzw. im Stadiongelände an.

Mutter+Kind-Gymnastik: Schon als Kleinkind kann man beim TVM sportlich aktiv sein – mit seinen Eltern. Den Kleinen macht es unter der fachkundigen Übungsleitung soviel Spaß, dass sie mit Begeisterung beim Straßenfest und bei der Kinderweihnachtsfeier auftreten.

Rugby: Der Rugby-Sport hat es schwer in Möglingen – auf dem Sportplatz darf er nicht ausgeübt werden. So muss immer wieder nach neuen Trainings- und Spielmöglichkeiten gesucht werden.

Tischtennis: Die Abteilung bietet Jugend- und Aktiven-Tischtennis im Training und im Wettbewerb. Besonderes Augenmerk gilt der Jugendförderung.

Turnen: Turnen ist in Möglingen überwiegend Breitensport. Freude an der Bewegung und dem Miteinander in der Gruppe stehen im Mittelpunkt. Die Kinder und Jugendlichen nehmen mit viel Engagement, Spaß und Erfolg an Gau-, Landes- und Bundesturnfesten teil. Dabei sind Mannschaftswettkämpfe im Kommen. Ein weiterer Höhepunkt ist die alljährliche Kinderweihnachtsfeier mit einem bestimmten Motto. Das Aushängeschild des Turnens im TVM ist die »Leistungs- und Fördergruppe«, die ihr Können mit Erfolg bei Einzelmeisterschaften, Schauvorführungen und Rahmenprogrammen zeigt.

In dieser Liste könnten der TVM noch mehr Sportarten aufführen, allein das Fehlen an weiteren Trainingszeiten und -möglichkeiten verhindern dies.

Der TV Möglingen 05 e. V. wird im Jahre 2005 hundert Jahre alt, in seinem Wesen ist er jedoch jung und offen geblieben.

**Sozialverband VdK –
Ortsverband Möglingen**

Rund 120 Mitglieder zählt die Möglinger VdK-Familie. Sie gehört zu den circa 1700 Ortsverbänden des Sozialverbandes VdK, der bundesweit 1,1 Mio. und im Land über 150 000 Mitglieder hat.

Ursprünglich als Interessenvertretung der Kriegsopfer 1946 gegründet, fühlen sich heute auch behinderte und chronisch kranke Menschen jeden Alters, Rentner und Senioren, Alleinstehende, Sozialversicherte und fördernde Mitglieder beim VdK zu Hause. Schließlich kann jeder, der unsere Hilfe braucht oder sich sozial engagieren möchte, Mitglied werden und mitwirken.

Der VdK Baden-Württemberg hat sich denn auch in den vergangenen Jahren zum modernen Dienstleistungsverband weiterentwickelt, der neben der sozialpolitischen Interessenvertretung zahlreiche Serviceleistungen für seine Mitglieder bereithält. So verfügen wir über ein recht enges Netz von hauptamtlich besetzten Geschäftsstellen, wo Mitglieder Informationen und Beratung sowie Sozialrechtsschutz erhalten. Ob beim Streit mit dem Versorgungs- oder dem Sozialamt, der gesetzlichen Krankenkasse oder der Rentenversicherung, unsere Sozialrechtsreferenten verhelfen seit vielen Jahren unzähligen Menschen zu ihrem Recht.

Wenngleich wir manches an Sparmaßnahmen der letzten Jahre nicht verhindern konnten, so bewirkten unser fachkundiger Protest und unsere Mitgliederstärke oftmals, dass Gesetzesänderungen im sozialen Bereich entschärft wurden. Trotz Wirtschaftskrise und angespannter Haushaltslage konnte auch Dank unseres stetigen Engagements sogar die eine oder andere Sozialleistung wie beispielsweise die Pflegeversicherung verankert werden.

Hierüber informiert der VdK zugleich im Rahmen öffentlicher Veranstaltungen, die wir auf allen Verbandsebenen sowie in Zusammenarbeit mit anderen Vereinigungen durchführen. Ebenso lädt der Ortsverband Möglingen regelmäßig zu Versammlungen, Info-Nachmittagen oder -Abenden, Weihnachtsfeiern und Ausflügen ein, denn neben der Information und der Beratung werden auch die Geselligkeit und das menschliche Miteinander beim VdK großgeschrieben.

Jeden 3. Freitag im Monat um 15.00 Uhr trifft sich der Ortsverband Möglingen zum gemütlichen Beisammensein im TV-Heim (beim Bürgerhaus).

Interessierte Mitglieder und Nichtmitglieder sind recht herzlich willkommen. Ihr Ansprechpartner im Ortsverband Möglingen:
OV-Vorsitzender Alfred Volz, Haldenweg 35, 71696 Möglingen, Stellv. Vors. Ingrid Schmitz-Kühfuß, Schubertweg 5, 71696 Möglingen.

Wanderfreunde Möglingen e.V.

Mit unentwegten Wandersleuten, davon 3 Frauen und 6 Männer hatte vor 19 Jahren, genau am 25. April 1981, in Möglingen alles begonnen. Diese muntere Schar hatte sich vorgenommen, nicht nur sich, sondern auch ihre Mitbürgerinnen und Mitbürger zur Bewegung an der frischen Luft zu animieren und einen Verein zu gründen. Am 1. Juli 1981 war die offizielle Gründung des Vereins und wenig später der Eintrag im Vereinsregister als *Wanderfreunde Möglingen e. V.* Zum gleichen Zeitpunkt wurde man Mitglied des Deutschen Volkssportverbandes e. V. im IVV. Es folgten 1982 die ersten internationalen Volkswandertage in Möglingen und wurden bis heute fester Bestandteil in der Vereinskultur der Gemeinde. Die zu erwandernde Streckenlänge ist meistens zwischen 10 und 20 km lang. Die Wanderlust der in Baden-Württemberg stationierten Amerikaner führte dazu, dass an den Wandertagen 3000 Teilnehmer keine Seltenheit waren. Trotz des Truppenabzugs kommen immer noch ca. 2000 Wanderer bei dieser Großveranstaltung nach Möglingen, wobei seit 1994 die zwei Volkswandertage auf einen Tag reduziert wurden.

In Folge waren die Wanderfreunde Möglingen mit Wandergruppen in ganz Deutschland unterwegs. Auch verband man meistens einen Vereinsausflug mit einer Wanderung bei befreundeten Vereinen im Ausland.

Der deutsche Volkswanderer ist heutzutage zwischen 30 und 70 Jahren alt. Er tritt vorzugsweise in Gruppen auf und marschiert mehr oder weniger schnell durchs Gelände um anschließend mit Gleichgesinnten noch einige Stunden bei einem zünftigen Vesper zusammen zu sitzen. Es gibt aber auch einen großen Teil von Gelegenheitswanderern, die zumeist aus der näheren Umgebung kommen. Und es gibt die ganz Eingefleischten, die jedes Wochenende auf einem Marsch sind und auch vor einem Marathon nicht halt machen. Es gibt aber nicht nur die Volkswandertage, sondern auch Weitwanderwege mit mehreren Tagen,

Wanderungen im In- und Ausland, Rundwanderwege, Radwanderungen und seit einiger Zeit auch die *Young Walkers Tour*, speziell für den Nachwuchs der Wandervereine ins Leben gerufen.

Auch bei den Wanderfreunden Möglingen wird die Nachwuchsarbeit ganz oben angesiedelt und so ist es nicht verwunderlich, dass auch bei uns eine große Anzahl Jugendlicher mitwandert und auch die Kleinsten schon voller Eifer dabei sind.

Das Vereinsleben in Möglingen gliedert sich in wöchentliche Wanderungen, monatliche Vereinstreffen, Ausflüge und Vereinsfeste, wie zum Beispiel das 1. Maifest und das Hoffest.

Möglinger Originale: Dr alte Bachschäfer, ein Leineweber.

Johannes Rapp, Möglingen

Schneider und Landwirt, geb. 11. 1. 1844 in Lindental bei Welzheim, wurde Schneider und kam 1873 nach Möglingen, nachdem er auf der Walz und an manchen Orten gearbeitet hatte, 1876 verheiratete er sich mit einer geb. Schäfer. 20 Jahre lang betrieb er einen Brot- und Wursthandel, wo er als origineller lieber Mensch, der allerlei Sprüchlein zitieren kann, überall Freunde fand. Er hat bisher nicht weniger als 5 Menschen das Leben gerettet, sodaß wir gelegentlich von ihm ein ausführlicheres Lebensbild entwerfen werden.

Johannes Rapp, Schneider und Landwirt.

Das Wiener Rosele (Rosalia Zeiher) um 1937.

Der Lieba- oder Lippa-Metzger, daneben Frau Sauereisen und Frau Spillmann.

Rückblick in das Möglingen von einst!

Martha Schüle

Die alten Straßen noch, die alten Häuser noch,
wie widerspricht der Liedtext sich beim Rückblick doch.

Heinz Geiger hält in Bildern die Erinnerung wach,
dies mach ich ihm in Worten nach.

Junge Leute müssen längst danach fragen?
Wo fang ich an, wo hör ich auf
es ist doch dies alles der Zeiten Lauf.

Von Dorfidolen, Straßennamen und der Arbeit
möcht ich weitergeben,
dass einiges kann in der Erinnerung weiterleben.

Einige Namen sind's geblieben
andere hab ich aufgeschrieben.
Der Strohma Fritz, dr alt Bach-Schäfer, dr Wenterles Heiner,
dr Stähles Karl, dr Josefles Fritz on dr Motza Wilhelm vo der Reichertsgass
die sen no vo de letzta gwea
mo mer no äll Tag hat em Hessehemd gseha.

Net blos beim Schaffa oder uf em Leiterawaga
hen die Männer des Hessehemd traga,
noa au an de Feiertich, do hen se's eifach omdreht
enna hats jo kein Dreck dra ket.

Andere Orginale seiet net vergessa
was hat blos der Lieba-Metzger für Sprüch älls besessa,
Der Häcker Fritz mit seim heiliga Alleeabaum
on seim kots Krautsalat no'a'mol,
oder der Eiseles Fritz, was war des für'a Dorfidol
domols hats no kei Gmeindeblättle gea
des ist der Büttel Fritz mit seira Schella gwea.

Der Sülzles Schmied, der Langa-Schreiner ond dr Schneider Rapp
der hat'd Hosa dämpft mit Bachhauskohla
ond do hat no nommer 's Strom spara empfohla.

Was billig gwea ist, hat jeder selber gsucht
s'Geld war rar, on ganz selta einer betucht.
S' Bachhaus ond's Milchhäusle des sen Treffpunkt gwea
do hat mer'a nadder no öfter gseha
do hat Zeit no glangt zom'a Schwätzle
derbei hat mancher gfonda sei Schätzle.

A'paar Nama vo Gässla ond Stroßa
noch dene ka mer blos no de Alta froga,
a'gfanga mit em Schlossgarta, d'Furt naus hen mir no Veigala gsucht
do wurd heit Ludwigsburgerstroß Nommer 85 verbucht.

Der Hanfbach, d'Schofgärta, hintern Hühnerhaus d'Lomagrieba
was ist vo dem ällem blieba,
s 'Zwerw egle als Birnbaum-allee
wie war dui en der Blüte ällemol schö.

Der Hohlgrabe, der alt Tammer Weg, s'Häldawegle
ond no manch anders ruhigs Stegle
könnt mer do ufzähla
on no detet emmer no a'paar fehla.

D'Wette, d'sieba Wenkel ons Handwerkergässle
da Katzabuckel nuf zom Roßnagel ens Fässle (Küfer)
dr Maulbronna, dr Weidasatz, dr Geistleng,
s'Häckergässle, d Lammgass
d Bettelgass, d 'Jägergass der Hasaberg
oder da Mühlweg na ens Hirscha Garta
on mit so Nama könnt i'no mei ufwarta.

S'schaffa vo früher soll au net vergessa sei
do hens' mir heut schö, on sehns oft gar net ei.
Schau Morgens beim Kaffee macha, dreht mer's Schalterle, no isch so weit

Feuer macha em Herd, Wasser holen am Bronna des war de gut alt Zeit.
Was war d'Wäsch wäscha für a'Müh on Plog
sehn mir überhaupt, wie gut dergega des heut got?

Von Pflegeleichter-Kleidung hen osere Groß-
mütter nex gwisst
se sen zfrida gwea, hen sowas net vermisst.

Zufridener sen d'Leut au deswega gwea
mer hat kaum Geld ket, ond net so viel ghört
ond gseha.

Uf em Feld hats Schaffa em Frühlengs mit Mist
verrechla a'gfanga
mit Wengert schneida isch weiter ganga.

On dass Okraut net aus der Frucht oba raus
blüht hat
hat mer vo Hand gfelgt,
heut wurd gschwend gspritzt, no isch na
gwelkt.

Angersen on de ersta Zuckerrüba hat mer uf
d'Fürch vo Hand no gsteckt
do isch der Walzertakt, schau en de Kender
worda gweckt.

Des isch ganga Absatz Zehspitz eins zwei drei
des Gschäft got heut mit de Maschina ruck
zuck vorbei.

Heuet on Ernte was hen mir do für Unterschied erlebt
vo Hand mäha, Garba binda, in der Scheura
drescha
wie wer des heut wenns keine Mähdrescher
gebt.

Des Handgschäft gengt gar nemme heut
zu dem fehlet ganz eifach d'Leut
domols hats no Knecht ond Mägt ket em
Flecka
heut ischt net einer mei zom entdecka.

Älles was i'do ufzählt hau, ist eigendlich blos ei
Vordschrittskette
ond net einer von ons det zurück tauscha do
wett 'e

deshalb hör i jetzt uf mit meine alte Sacha
mir versuchet halt aus dem heutige s'beste
zom macha.

A'Sprichwort henke nohenta na,
do ka no jeder selber denka dra:

was glänzt ist für den Augenblick geboren,
das Echte bleibt der Nachwelt unverloren.

Es liegt ein Dorf im Schwabenland in grüner Bäume Kranz,
und ringsum zieht sich weit das Feld in hellem Himmelsglanz;
fern schimmert manche blaue Höhe,
es grüßt der Asperg in der Nähe.
Wie lieblich bist du hingestellt,
du Möglingen im Langen Feld!

Im Frühling hüllt ein Blütenmeer in Duft das Dörflein ein,
im Sommer glänzt der Ähren Gold im warmen Sonnenschein;
des Herbstes reicher Früchtesegen
läßt froh sich alle Hände regen;
kein Wunder, daß es uns gefällt
zu Möglingen im Laagen Feld!

Und in den Häusern schmuck u. traut wohnt ein bewährt Geschlecht,
die Männer stark, die Frauen treu, im Herzen fest und echt;
ihr Fleiß läßt sie Gedeihen schauen,
der Grund ist gläub'ges Gottvertrauen,
und seine Gnad' und Güt' erhält
auch Möglingen im Langen Feld.

Wem solche Heimat ward beschert, bleib ihr in Liebe treu,
er danke dem, der sie ihm gab und täglich schenkt aufs neu.
Ihr sind wir allezeit verbunden
und haben immerdar empfunden:
Mir ist das Liebste auf der Welt
mein Möglingen im Langen Feld.   M. E.

Das Möglinger Heimatlied, gedichtet von Margarete Englert, mit einer Zeichnung aus ihrer Feder.

Anmerkungen

Aus der Vor- und Frühgeschichte Möglingens

Alle nachstehend genannten Werke enthalten Hinweise auf weiterführende, vertiefende Literatur.

[1] Aus der Vielzahl an Werken sei hier, besonders wegen ihrer Breitenwirkung, verwiesen auf: O. Paret: Urgeschichte Württembergs, Stuttgart 1921; Ders.: Württemberg in vor- und frühgeschichtlicher Zeit, Stuttgart 1961.

[2] D. Planck (Hrsg.): Archäologie in Württemberg. Ergebnisse und Perspektiven archäologischer Forschung von der Altsteinzeit bis zur Neuzeit. Festschrift zum 25-jährigen Gründungsjubiläum der Gesellschaft für Vor- und Frühgeschichte in Württemberg und Hohenzollern, Stuttgart 1988; D. Planck, O. Braasch, J. Oexle, H. Schlichtherle: Unterirdisches Baden-Württemberg; 250 000 Jahre Geschichte und Archäologie im Luftbild, Stuttgart 1994; D. Planck (Hrsg.): Archäologie in Baden-Württemberg. Das Archäologische Landesmuseum, Außenstelle Konstanz, Stuttgart 1994; Landesvermessungsamt Baden-Württemberg, Landesdenkmalamt Baden-Württemberg (Hrsg.): Archäologische Denkmäler in Baden-Württemberg. Karte mit Beiheft, Stuttgart 1990.

[3] Landkreis Ludwigsburg (Hrsg.), Vor- und Frühgeschichte im Kreis Ludwigsburg, Ludwigsburg 1993; S. Stork: Vor- und Frühgeschichte in: Der Landkreis Ludwigsburg, Stuttgart 2, 1994 S. 67–94.

[4] Z. B. I. Stork: Zur Vor- und Frühgeschichte der Markung Bietigheim. In: Bietigheim 789–1989. Beiträge zur Geschichte von Siedlung, Dorf und Stadt, Bietigheim-Bissingen 1989 S. 17–110.

[5] Moderne Übersichten zu den Steinzeiten: H. Müller-Beck (Hrsg.): Urgeschichte in Baden-Württemberg, Stuttgart 1983; E. Keefer: Steinzeit. Württembergisches Landesmuseum Stuttgart, Stuttgart 1993.

[6] Übersicht zur Bronze- und Urnenfelderzeit: U. Seidel: Bronzezeit. Württembergisches Landesmuseum Stuttgart, Stuttgart 1995.

[7] Zur Hallstatt- und La-Tène-Zeit allgemein: K. Bittel, W. Kimmig, S. Schiek (Hrsg.): Die Kelten in Baden-Württemberg, Stuttgart 1981; J. Biel: Der Keltenfürst von Hochdorf, Stuttgart 1985.

[8] Zur römischen Epoche: P. Filtzinger, D. Planck, B. Cämmerer (Hrsg.): Die Römer in Baden-Württemberg, Stuttgart 3, 1986; als Inventarband ist O. Paret: Die Römer in Württemberg III, Stuttgart 1932 bis heute wichtig.

[9] Übersichten: R. Christlein: Die Alamannen. Archäologie eines lebendigen Volkes, Stuttgart und Aalen 1978; Archäologisches Landesmuseum Baden-Württemberg (Hrsg.): Die Alamannen. Ausstellungskatalog, Stuttgart 1997; I. Stork: Alamannen und Franken im Landkreis Ludwigsburg. In: Ludwigsburger Geschichtsblätter 47/1993, S. 7–48.

Möglinger Nachbarn und seltsame Heilige – das mittelalterliche Dorf Vöhingen bei Schwieberdingen

[1] Beschreibung des Oberamts Ludwigsburg S. 318.

[2] Heß: Vöhingen S. 70 f.; W. Müller: Die Besiedlungsgeschichte im Kreis Ludwigsburg. In: Hie gut Württemberg. Beilage der Ludwigsburger Kreiszeitung 8. Jg., 8/1957 S. 63 f.; Ders.: Das abgegangene Vöhingen (1959) S. 68 f. und (1960) S. 2 ff.; Ders.: Kirchhof und Kirche von Vöhingen wiederentdeckt. In: Hie gut Württemberg. Beilage der Ludwigsburger Kreiszeitung 11. Jg. 5/1960.

[3] A. Rentschler: Das verlassene Dorf – Vöhingen? In: Seybold Bd. 1.

[4] Müller: Schwieberdingen S. 22 ff. und S. 112 ff. (gleichlautend wie Müller, Anm. 2, 1959, 1960).

[5] H. v. d. Osten: Geophysikalische Untersuchungen in Vöhingen. In: Dorfsterben S. 6 ff.

[6] Zuletzt beschrieben: S. Arnold: Die Ausgrabungen auf der Flur Vöhingen bei Schwieberdingen. In: Dorfsterben S. 13 ff.

[7] Arnold wie Anm. 6 S. 14 f.

[8] Handwörterbuch des deutschen Aberglaubens, Bd. VII, Berlin und Leipzig 1935/1936 S. 974 ff.; Lexikon des Mittelalters, Bd. VII, München 1995 S. 1432 f.

[9] J. Skaarup: Liglammet. In: Skalk Nr. 3. 1977, S. 12 ff. Für diesen Hinweis sei E. di Gennaro herzlich gedankt.

[10] Müller wie Anm. 4 S. 115.

[11] S. Arnold: Die dritte Grabungskampagne auf dem Gebiet der Wüstung Vöhingen, Gemeinde Schwieberdingen, Kreis Ludwigsburg. In: Archäologische Ausgrabungen in Baden-Württemberg 1992, S. 261.

[12] Umfassende Fundzusammenstellung zuletzt von U. Groß: Die Funde. In: Dorfsterben S. 31 ff.

Spolie Hirsch oder: Dass die Götzen ja nichts schaden! Fakten, Hintergründe und Analysen zum Möglinger Viergötterstein

Es gelten die Abkürzungen aus den Richtlinien für Veröffentlichungen zur Ur-, Vor- und Frühgeschichte, Archäologie der römischen Provinzen und Archäologie des Mittelalters (Ber. RGK 71, 1990, S. 996 ff. bzw. 73, 1992).

[1] Die zweite Hälfte des Titels ist dem Festgedicht von K. Schlenker, *Zu der Zabergäu-Versammlung in Güglingen am 3. Mai 1925* entnommen. In: Zeitschrift des Zabergäuvereins 1926, S. 5 ff. Sie bezieht sich zwar konkret auf den im Fundament der Kirche von Güglingen gefundenen, heute im Württembergischen Landesmuseum in Stuttgart befindlichen Viergötterstein (Bauchhenß, Iupitergigantensäulen Nr. 203), lässt sich jedoch von ihrer Grundaussage her durchaus auf einen jeden in sakralen Kontext in Zweitverwendung vermauerten antiken Stein (Spolie) mit Götterdarstellungen übertragen.

[2] So E. Paulus in: Beschreibung des Oberamts Ludwigsburg S. 86.

[3] Inv. Nr. RL 208. Ein Abguss des Blocks kann im Schwieberdinger Ortsmuseum im ehemaligen Pfarrhaus besichtigt werden. – Ausführlicher zum Möglinger Stein: Ronke: … aram et columnam …

[4] Unabhängig von anderen vorgegebenen – und deswegen auch in den Anmerkungen beibehaltenen – Schreibweisen wird hier das etymologisch korrektere *Iuppiter* bevorzugt.

[5] Bauchhenß, Iupitergigantensäulen S. 83 f. u. ö.

[6] Zum Büstenkapitell vom Vöhinger Pfad u. a.: Haug-Sixt S. 696 Nr. 625; Hertlein: Zu älteren Funden des Juppitergigantenkreises. In: Römisch-Germanisches Korrespondenzblatt 1, 1917, S. 101 ff., bes. 10; vgl. auch Oskar Paret: Die Siedlungen des römischen Württemberg. In: Die Römer in Württemberg 3, Stuttgart 1932 S. 330. – Zur Lage des abgegangenen Vöhingen und zu seinen Ortsnamen: W. Müller: Schwieberdingen S. 24.

[7] Ronke: … aram et columnam … Anm. 24 (m. Hinw. auf ältere Lit.). – Nach Adolf Rentschler waren noch 1756 Mauerreste der Kapelle, des *Kirchle*, sichtbar. In: Heimatglocken Nr. 21 v. Dez. 1930 S. 3.

[8] Heimatglocken Nr. 21 v. Dez. 1930 S. 3.

[9] Nach Haug-Sixt 450 f. Nr. 319 Jakob Philipp Hirsch. – Für hilfreiche Auskünfte zur Geschichte der Familie Hirsch bin ich A. Gühring, Möglingen, und R. Zirn, Ludwigsburg, einem Nachfahren des Waschhaus-Erbauers in der 6. Generation, zu herzlichem Dank verpflichtet.

[10] Vgl. auch Müller S. 23.

[11] Deutung als Mithras-Altar in: Heimatglocken Nr. 23 v. Febr. 1931 S. 3. – Veranlasst worden sein mag die Mithras-Interpretation vielleicht angesichts der Darstellung der Minerva mit dem hohen Helm.

[12] G. Haug: Viergöttersteine S. 13 f. Nr. 4. – Diese Lesung vertrat auch F. Hertlein, Juppitergigantensäulen S. 109; 149.

[13] Die von O. Paret zusammengestellte Publikationsliste P. Goesslers: BerRGK 31, 1941, S. 175 – 197. – s. auch die für ihn erstellte *Festschrift für Peter Goessler* (= Tübinger Beiträge zur Vor- u. Frühgeschichte), Stuttgart 1954.

[14] Entnommen aus: Heimatglocken Nr. 23 v. Febr 1931, S. 4. – Anscheinend ohne Berücksichtigung einer Ableserichtung, lässt sich aus der Aufzählung *Iuno und Mercurius, Minerva und Hercules* m. E. wohl auch keine Abfolge entnehmen.

[15] Zusammenfassend zur sog. Normalreihe und zur Ableserichtung der Viergöttersteine: Bauchhenß S. 48.

[16] Säulen zur Abwendung von Unbilden der Witterung wie Blitz- und Hagelschlag errichtet: s. Heimatglocken Nr. 23 v. Febr. 1931.

[17] Stubensandstein aus dem Stromberggebiet: Hertlein wie Anm. 6 S. 101 ff. bes. S. 104.

[18] U. W. Scholz: Zur Erforschung der römischen Opfer. Le sacrifice dans l'antiquité. Entretiens sur l'antiquité classique 27, Genève 1981. – Zur Wiedergabe der Riten der Staatsreligion in der bildenden Kunst I. Scott-Ryberg: Rites of the State Religion in the Roman Art. In: Memoirs Am. Acc. Rome 22, Rome 1955. – Generell zur Religionsgeschichte und -ausübung F. Drexel: Die Götterverehrung im römischen Germanien. In: BerRGK 14, 1922, S. 1 ff. – G. Wissowa: Interpretatio Romana. Römische Götter im Barbarenlande. In: Archiv f. Religionswiss. 19, 1916 – 19, 1 ff.

[19] Zu Iuno: Simon: Götter 94 – 106, 297 – 298. – Speziell zu Iuno auf Viergöttersteinen: G. Wissowa: Iuno auf den Viergöttersteinen. Germania 1, 1917, S. 175 ff.

[20] Aufgrund des Erhaltungszustands des Reliefpaneels kann nicht mehr entschieden werden, worauf genau der Fuß gestellt ist – unter typologischem Aspekt wären Globus, Helm oder Fels vertretbar.

[21] Zu Konturrillen in der provinzialrömischen Kunst z. B. H. Gabelmann, Römische Grabmonumente mit Reiterkampfszenen im Rheingebiet. Bonner Jahrb. 173, 1973, S. 132 ff. bes. 174.

[22] Zur Victoria von Brescia T. Hölscher: Victoria Romana. In: Archäologische Untersuchungen zur Geschichte und Wesensart der römischen Siegesgöttin von den Anfängen bis zum Ende des 3. Jh. n. Chr., Mainz 1967 S. 6 ff. – Allg. zu Victoria als *Göttin aller Tätigkeiten* Simon: Götter S. 240 ff. bzw. 289 f.

[23] Zu Hercules allg. Simon: Götter der Römer S. 72 ff. bzw. 269 ff. – Zur antipodischen Plazierung der Iuno-Hercules-Seiten: Bauchhenß S. 48.

[24] Zu Minerva, einer der rätselhaftesten Gestalten der römischen Götterwelt Simon: Götter S. 168 ff. bzw. S. 281 f.

[25] Zu den zwölf kanonischen Taten (Dodekathlos) des Hercules F. Brommer: Denkmälerlisten zur griechischen Heldensage 1. Herakles, Darmstadt 1971. – Zu Hercules auf Viergöttersteinen Haug:

Viergöttersteine S. 304 ff. bzw. LIMC VI, Zürich 1990 S. 253 ff. – s. v. Hercules (in peripheria orientali) (L. Balmaseda).

26 Anders Goessler (s.o. Anm. 14), der zudem wohl rechtsläufig abgelesen haben wird. Er wird wahrscheinlich Hercules mit Mercur identifiziert haben – eine entsprechende Verwechselung Victoria/Hercules dürfte wohl schwerlich möglich gewesen sein.

27 Vgl. z. B. die diesbezüglichen Angaben im Katalog von Bauchhenß S. 85 ff.

28 Bauchhenß Nr. 391; s. auch V. Roeser in: St. Remigius in Nagold. (= Forsch. Ber. Arch. Mittelalter Baden-Württemberg 9), Tübingen 1986 S. 30 ff. (im Mittelalter umgearbeitetes Hercules-Paneel).

29 Bauchhenß Nr. 403 (m. Hinw. auf A. Dauber: Fundber. Baden 21, 1958, S. 259).

30 Speziell genannt sei hier der Fund einer Iupitergigantensäule in einem Brunnen in Hausen a. d. Zaber: H. Klumbach: Der römische Skulpturenfund von Hausen a. d. Zaber, Kreis Heilbronn. Forschungen und Berichte zur Vor- u. Frühgeschichte Baden-Württemberg Bd. 5, Stuttgart 1973. Vgl. auch den aus einem Brunnen stammenden, heute in den Städt. Museen in Heilbronn aufbewahrten Viergötterstein aus Böttingen, Kr. Heilbronn (Bauchhenß Nr. 85-87). – Zu jüngsten Brunnenfunden einer Iupitergigantensäule E. Schallmayer: Die Jupitergigantensäule aus Mosbach-Diedesheim, Neckar-Odenwald-Kreis. In: Arch. Ausgr. Baden-Württemberg 1986, Stuttgart 1987 S. 174 ff.

31 E. Linckenheld: Heidnische Götterbilder in christlichen Kirchen vornehmlich im Elsaß und in Lothringen. In: Elsaßland – Lothringer Heimat 8, 1928, S. 7 ff. u. ebd. 11, 1931, S. 165 ff. – R. Wiegels: Beobachtungen zu einem römischen Götterbildnis aus Schaafheim-Rodheim (Bachgau). In: Der Odenwald 43, 1996, S. 47 ff.

32 Viergötterstein z. B. in der Funktion eines Weihwasserbeckens;

Bauchhenß, Iupitergigantensäulen Nr. 215 (Heidelberg-Heiligenberg; in Mannheim); manche Viergöttersteine auch als Taufsteine benutzt: P. Noelke: Die Iupitersäulen und -pfeiler in der römischen Provinz Germania inferior. Die Iupitersäulen in den germanischen Provinzen (= Bonner Jahrbuch Beiheft 41), Köln 1981 S. 263 ff. bes. 493 Nr. 211 (aus B-Tongrès-Berg).

33 Vgl. z. B. die alte Forschungsdiskussion um eine römische und/oder einheimische Herkunft der Iupitergigantensäulen: Bauchhenß S. 31 ff.

34 Hierzu ausführlicher Ronke: … aram et columnam … .

35 Bauchhenß, Iupitergigantensäulen 8 f.; 42 ff., bes. aber Verf., … aram et columnam … .

36 Hierzu Ronke: … aram et columnam … S. 145 ff.

37 Bauchhenß (m. Hinw. auf einschlägige Schriftquellen).

Vöhingen im Mittelalter – die geschichtliche Überlieferung

Für die freundliche Unterstützung bei der Archivarbeit danke ich Herrn Dr. Peter Rückert vom Hauptstaatsarchiv Stuttgart.

1 Heß: Vöhingen. Müller: Das abgegangene Vöhingen S. 68 ff. (1959) u. S. 2 ff. (1960). Ders.: Schwieberdingen S. 22 ff.

2 Arnold S. 13 ff.

3 Württembergisches Urkundenbuch Bd. 2 S. 437 f. Nr. A – G. Bossert: Württembergisches aus dem Codex Laureshamensis S. 236 u. 246. Stengel: Urkundenbuch des Klosters Fulda S. 157 ff. Nr. 86. Schmidt: Schriftenreihe der Stadt Vaihingen an der Enz. Bd. 2 S. 20 ff. Vgl. auch W. Feil: Geschichte der Oberamtsstadt Vaihingen a. d. Enz im Rahmen der Landesgeschichte, Vaihinger Geschichtsblätter 1933–1935. Nachdruck als: Schriftenreihe der Stadt Vaihingen an der Enz. Beiträge zur Geschichte, Kultur- und Landschaftskunde Bd. 1, Vaihingen an der Enz 1978 S. 17. Heinrich Gaese: Fuldaer Traditionen und Antiquitäten. In: Hie gut Württemberg 9/1958, S. 75. Karl-Otto Bull: Zur Wirtschafts- und Sozialgeschichte der württembergischen Amtsstadt Vaihingen an der Enz bis zum Dreißigjährigen Krieg. In: Zeitschrift für Württembergische Landesgeschichte 38/1979 S. 98. Arnold 13 f.

4 Arnold S. 13.

5 Das Land Baden-Württemberg Bd. 3 S. 394, 437, 465.

6 Heß: Vöhingen S. 71. Müller (1959) wie Anm. 1 S. 68. Ders.: Schwieberdingen S. 24. Das Land Baden-Württemberg Bd. 3 S. 377. Arnold S. 20 f.

7 HStAS: A 602 WR 14208. Dazu: Württembergische Regesten von 1301 bis 1500, I Altwürttemberg, 2. Teil, Stuttgart 1916 S. 569 Nr. 14208. Heß: Vöhingen S. 71. Müller (1959) wie Anm. 1 S. 68. Ders.: Kirchhof und Kirche von Vöhingen wiederentdeckt. Ein kleiner Forschungsbericht. In: Hie gut Württemberg 11/1960 S. 39. Ders.: Schwieberdingen S. 24. Das Land Baden-Württemberg Bd. 3 S. 453. Arnold S. 20 f.

8 Württembergisches Urkundenbuch Bd. 3 S. 252 ff. Nr. DCCLXVI u. S. 481 ff. Nr. 23. Vgl. auch Lutz Reichardt: Ortsnamenbuch des Stadtkreises Stuttgart und des Landkreises Ludwigsburg (Veröffentlichungen der Kommission für Geschichtliche Landeskunde in Baden-Württemberg, Reihe B, Nr. 101), Stuttgart 1982 S. 160. Arnold S. 14.

9 Württembergisches Urkundenbuch Bd. 9 S. 98 f. Nr. 3566. Vgl. auch Susanne Uhrle: Das Dominikanerinnenkloster Weiler bei Esslingen (1230–1571/92), Tübingen 1969 S. 26, 125 f., 176.

10 HStAS: A 539 U 132. Württembergisches Urkundenbuch Bd. 10 S. 476 f. Nr. 4836.

11 Uhrle wie Anm. 9 S. 125 f., 178.

12 Heß: Vöhingen S. 71. Müller (1960) wie Anm. 1 S. 2. Ders.: Schwieberdingen S. 27 f. Arnold S. 14. Vgl. auch HStAS: H 102/8 Bd. 3 Bl. 237r.

13 HStAS: H 102/8 Bd. 3 Bl. 236vf. Vgl. auch Heß: Vöhingen S. 71. Müller (1959) wie Anm. 1 S. 68.

549

Ders.: Schwieberdingen S. 25. Arnold S. 14.

14 HStAS: H 102/8 Bd. 3 Bl. 236v. Vgl. auch Heß: Vöhingen S. 71. Müller (1960) wie Anm. 1 S. 3. Ders.: Schwieberdingen S. 28. Arnold S. 14.

15 Heß: Vöhingen S. 71. Müller (1959) wie Anm. 1 S. 3. Ders.: Schwieberdingen S. 28.

16 Rapp S. 118 Nr. 262.

17 Zum Folgenden vgl. Anm. 15.

18 Beschreibung des Oberamts Ludwigsburg S. 318. Rapp S. 136 Nr. 294. Heß: Vöhingen S. 71. Müller (1960) wie Anm. 1 S. 3. Ders.: Schwieberdingen S. 28.

19 HStAS: A 602 WR 14208. Vgl. dazu: Württembergische Regesten wie Anm. 7 S. 569, Nr. 14208. Heß: Vöhingen S. 71. Müller (1959) wie Anm. 1 S. 68. Ders.: Schwieberdingen S. 25. Das Land Baden-Württemberg Bd. 3 S. 453. Arnold S. 14.

20 Heß: Vöhingen S. 71. Müller (1959) wie Anm. 1 S. 68 f. Ders.: Schwieberdingen S. 25. Arnold S. 14.

21 Arnold S. 14.

22 Raisch S. 79. Vgl. auch Heß: Vöhingen S. 71. Müller (1960) wie Anm. 1 S. 3. Ders.: Schwieberdingen S. 28. Arnold S. 14. Raisch S. 36, 38. Reichardt wie Anm. 8 S. 160. Arnold S. 14.

23 HStAS: A 602 WR 8795. Vgl. auch Württembergische Regesten wie Anm. 7 S. 337 Nr. 8795. Heß: Vöhingen S. 71. Müller (1959) wie Anm. 1 S. 3. Ders.: Schwieberdingen S. 28. Arnold S. 14.

24 HStAS: A 602 WR 8800. Vgl. auch Württembergische Regesten wie Anm. 7 S. 337 Nr. 8800.

25 Heß: Vöhingen S. 71. Müller (1960) wie Anm. 1 S. 3.

26 Mögliche Gründe s. bei: Heß: Vöhingen S. 71. Müller (1960) wie Anm. 1 S. 3 f. Ders.: Schwieberdingen S. 29 f.

Der Streit um die Vöhinger Markung in der Neuzeit

1 Das Land Baden-Württemberg Bd. III S. 453.

2 Heimatglocken Nr. 21 v. Dezember 1930 u. Nr. 23 v. Februar 1931.

3 Heß: Vöhingen.

4 Müller: Schwieberdingen S. 22 ff., Münchingen S. 164 ff.

5 Heimatglocken Nr. 23 v. Februar 1931; Müller: Schwieberdingen S. 25.

6 HStAS A 261 Bü. 1179.

7 Heß: Vöhingen; Müller: Schwieberdingen S. 25 f.

8 Heyd S. 190.

9 Müller Schwieberdingen S. 23 ff.

10 Heimatglocken Nr. 21 v. Dezember 1930; Müller: Schwieberdingen S. 27.

11 Heß: Vöhingen.

12 HStAS A 206 Bü. 2088.

13 HStAS A 303 Bd. 9102.

14 HStAS A 261 Bü. 1179.

15 Heß: Vöhingen.

16 HStAS A 261 Bü. 1179.

17 HStAS A 261 Bü. 998.

18 HStAS A 261 Bü. 1179.

19 Ebd.

20 Ebd., vgl. auch Bü. 1017.

21 HStAS A 284/33 Bü. 82.

22 Heyd S. 190.

23 HStAS A 284/33 Bü. 87.

24 HStAS A 288 Bü. 4733.

25 GA: A 4639.

26 Heß: Vöhingen.

Möglingen im Mittelalter und zu Beginn der frühen Neuzeit

1 Vgl. die Angaben in: Das Land Baden-Württemberg, Bd. 3 S. 352 ff.

2 Sauer: Die ersten urkundlichen Nennungen S. 24.

3 Vgl. Sigel: Das evangelische Württemberg, Bd. 5 S. 439.

4 Wiedergegeben in Anlehnung an die Edition von Haid S. 66. Die bei Haid anzutreffenden Abkürzungen sind jedoch aufgelöst, die Zeichensetzung und Großschreibung an einzelnen Stellen abgeändert. – Zum folgenden ebd. S. 3 ff. und eingehend Sauer: Die ersten urkundlichen Nennungen S. 28 ff.

5 Erzbischöfliches Archiv Freiburg im Breisgau Ha 56.

6 Sauer: Die ersten urkundlichen Nennungen S. 28.

7 Vgl. Haid S. 64–68.

8 Das Land Baden-Württemberg, Bd. 3 S. 439.

9 Vgl. in allen Einzelheiten Sauer: Die ersten urkundlichen Nennungen S. 24–27.

10 Hermann und Adolf Seybold: Die Möglinger Madenburg und die Madelhanne. In: Sonderbeilage zum Mitteilungsblatt Möglingen 1979/9 S. 1–4, haben den 1627 erstmals belegten Namen Madenburg für eine »Behausung« mit dem Burgstall und der früheren Möglinger Burg in Verbindung gebracht, bei der es sich ihrer Ansicht nach um eine Wasserburg gehandelt haben muss. Mangels Quellen bleibt dies freilich alles unbewiesen.

11 Altwürttembergische Urbare S. 131.

12 Vgl. Gräf: Kunst- und Kulturdenkmale S. 214.

13 Vgl. Das Land Baden-Württemberg, Bd. 3 S. 439.

14 Seeliger-Zeiss/Schäfer Nr. 16.

15 Otto, Die Pfarrkirche St. Pankratius S. 54. Nach Sigrid Thurm besitzt die Glocke allerdings Eigentümlichkeiten einer Gruppe von Glocken, die ein umherziehender Wandergießer in der 1. Hälfte des 14. Jahrhunderts geschaffen hat; vgl. mit weiterer Literatur Die Inschriften des Landkreises Ludwigsburg Nr. 16, wo als Datierung Markus Otto folgend das 13. Jahrhundert, wenn auch mit Fragezeichen angegeben ist. Zur Pfarrkirche siehe auch Markus Otto: Die Pfarrkirche St. Pankratius und ihre Kunstwerke.

16 Vgl. Otto: Die Pfarrkirche St. Pankratius S. 41; Sauer: Die ersten urkundlichen Nennungen S. 28 – Otto, ebd., weist darauf hin, dass der heilige Pankratius als Kirchen-, Kapellen- und Altarheiliger besonders häufig vorkommt.

17 HStAS: A 601 U 109; vgl. WUB 10 S. 452 und Regesten der Markgrafen von Baden Nr. 629.

18 Heß: Die Möglinger Höfe S. 59 f., ihm folgend Sauer: Die ersten urkundlichen Nennungen S. 34.

19 Zu weit geht aber sicherlich die Formulierung bei Römer: Bietig-

heim S. 49 von der badischen Hälfte Möglingens.
20 Zu folgendem vgl. Das Land Baden-Württemberg, Bd. 3 S. 362.
21 Stadtarchiv Esslingen WUP 142; WUB 8 S. 141; Urkundenbuch der Stadt Esslingen 1 Nr. 142, S. 35 f. – Vgl. auch die vollständige Übersetzung bei Sauer: Die ersten urkundlichen Nennungen S. 31.
22 Grundlegend mit allen Details: Haug: Das St.-Katharinen-Hospital; zum Möglinger Besitz ebd., S. 7, 38 ff., 102 ff.
23 Raisch: Das Esslinger Urbar von 1304.
24 Ebd. S. 40.
25 Ebd. S. 81.
26 Müller: Zur Geschichte unseres Ortes S. 20 nimmt mit Heß: Die Möglinger Höfe S. 60 ff. an, dass der Hof mit jenem gleichzusetzen ist, den 1402 Aberlin Riem und 1474 dann Klaus Hertlin und Auberlin Rott innehatten.
27 Römer: Markgröningen, Bd. 1 S. 246 f.; Das Land Baden-Württemberg, Bd. 3 S. 362 und 377.
28 Vgl. unten.
29 HStAS: A 602 WR 6481.
30 HStAS: A 602 WR 4668. Vgl. auch Sauer: Die ersten urkundlichen Nennungen S. 34 f.
31 Vgl. oben.
32 Sauer: Die ersten urkundlichen Nennungen S. 35.
33 HStAS: A 602 WR 10 699 und 10 703.
34 Allgemein zum Urbar, das nicht vor dem 21. Juli 1351 verfasst sein kann, vgl. die Einleitung von Karl Otto Müller zu seiner Ausgabe Altwürttembergische Urbare S. 11*f.
35 Altwürttembergische Urbare S. 131.
36 Zum Ertrag vgl. auch die tabellarischen Zusammenstellungen aus dem Urbar von ca. 1350 ebd. S. 132*f., S. 178* – 181*.
37 Ebd. S. 131 f.
38 Vgl. Altwürttembergische Urbare S. 71*.
39 Vgl. ebd.
40 Zur Entwicklung des Steuerwesens in Württemberg im Mittelalter siehe jetzt Keitel; älter, aber immer noch grundlegend: Ernst: Die direkten Staatssteuern.
41 Altwürttembergische Urbare S. 326. Zur Quelle, einem Einkünfterverzeichnis des Amts bzw. der Vogtei Marbach, siehe unten.
42 Das Verzeichnis von 1380 beschränkt sich auf die allgemeine Steuer und die vom ganzen Dorf zu entrichtenden Abgaben.
43 Vgl. oben.
44 Urkundenbuch der Stadt Esslingen, Bd. 2, Nr. 1244 S. 53.
45 Zum folgenden, teils mit weiteren Einzelheiten zur Größe der Höfe und zu den auf ihnen liegenden Lasten, Müller: Zur Geschichte unseres Ortes S. 20 – 22.
46 HStAS: A 602 WR 1995.
47 HStAS: A 602 WR 8823.
48 Zum folgenden mit weiteren Einzelheiten vgl. auch Kluge: Der Heiliggeisthospital S. 22 ff.
49 HStAS: A 602 WR 1774.
50 HStAS: A 321 U 4.
51 HStAS: A 602 WR 10 657 und WR 10 708.
52 Ebd. WR 10 680 und 10 726.
53 Urkundenbuch der Stadt Esslingen, Bd. 2, Nr. 1480 S. 189.
54 HStAS: A 602 WR 8833.
55 Ebd. WR 8824.
56 Ebd. WR 8855.
57 Ebd. WR 8762.
58 Müller: Zur Geschichte unseres Ortes S. 22.
59 HStAS: A 526 Bü. 5; freundlicher Hinweis von Herrn Albrecht Gühring.
60 Vgl. Das Land Baden-Württemberg, Bd. 3 S. 439.
61 HStAS: A 602 WR 8858.
62 Vgl. unten das Zitat.
63 Urkundenbuch der Stadt Stuttgart, Nr. 217 S. 94.
64 LKA: A 29 Bü. 2882; freundlicher Hinweis von Herrn Albrecht Gühring.
65 HStAS: A 602 WR 8861.
66 Ebd. WR 8762.
67 Ebd. WR 8858
68 Krebs: Die Annatenregister, S. 113.
69 Vgl. Sauer: Die ersten urkundlichen Nennungen S. 28 – 31 unter Bezugnahme auf Krebs: Die Annatenregister, hier S. 115.
70 HStAS: WR 6487.
71 Zum Begriff vgl. Fischer: Schwäbisches Wörterbuch, Bd. 6.1 Sp. 1068 f.
72 HStAS: A 602 WR 8744. Vgl. auch Regesten zur Geschichte der Herren von Urbach, Nr. 157 S. 33.
73 Ebd.
74 HStAS: A 602 WR 8745. Die Urkunde ist kopial überliefert (HStAS: H 101 Bd. 1079a).
75 HSTAS: A 602 WR 1902.
76 Vgl. Beschreibung des Oberamts Ludwigsburg S. 281, sowie Stälin: Wirtembergische Geschichte, Bd. 3 S. 458 f. Zur Teilung allgemein vgl. auch Mertens. In: Handbuch der baden-württembergischen Geschichte, Bd. 2 S. 49.
77 Das Land Baden-Württemberg, Bd. 3 S. 435.
78 Altwürttembergische Urbare S. 131 ff.; vgl. oben.
79 Altwürttembergische Urbare S. 326.
80 Vgl. Blessing: Einteilung Württembergs in Ämter S. 1.
81 So in der im folgenden angesprochenen Schatzung von 1448; vgl. Ernst: Die direkten Staatssteuern S. 110.
82 Alle folgenden Angaben nach HStAS: A 54 a St. 9.
83 Zu den Schatzungen und den Schatzungsbüchern vgl. eingehend Ernst: Die direkten Staatssteuern, hier besonders II S. 80, 87 und S. 109 mit Anm. 1.
84 Ebd. II S. 90 f.
85 Ebd. II S. 87.
86 Zur Mühle und ihrer weiteren Geschichte vgl. auch Hermann und Adolf Seybold: Die ehemalige Möglinger Mühle. In: Sonderbeilage zum Mitteilungsblatt der Gemeinde Möglingen 1980/5 S. 1 – 4. Diesem Beitrag zufolge ist die Mühle 1453 erstmals belegt (ohne Quellenangabe). Das Schatzungsbuch ist aber ein paar Jahre älter.
87 Vgl. für Tamm z. B. Sauer: Tamm S. 54.
88 Die Zahl der Haushaltsvorstände wird dabei mit einem Multiplikationsfaktor, der zwischen 3 und 4 liegt, multipliziert, die Zahl der Knechte und Mägde dann addiert. Eine ähnliche Berechnung für Tamm bei Sauer: Tamm S. 54. Zum Multiplikationsfaktor allgemein vgl. Trugenberger: Quellen zur bevölkerungsstatistischen Regionalstruktur S. 33; zum Verfahren vgl. auch unten.

551

89 Der Verfasser beabsichtigt, die Angaben in Verbindung mit einer Edition in einer separaten Veröffentlichung näher zu untersuchen.
90 Ernst: Die direkten Staatssteuern, II S. 110. Vgl. auch HStAS: WR 2085, wo für Möglingen ein zu versteuerndes Gesamtvermögen in entsprechender Höhe aus den Jahren 1464/65 überliefert ist.
91 Vgl. Sauer: Tamm S. 55.
92 Vgl. Mertens. In: Handbuch der baden-württembergischen Geschichte, Bd. 2 S. 55.
93 Zum Folgenden: Württemberg im Spätmittelalter S. 82.
94 HStAS: A 54a St. 187.
95 Lesung unsicher.
96 Leere Fässer.
97 Lesung unsicher.
98 HStAS: A 54a St. 187.
99 HStAS: A 602 WR 2096. Gedruckt bei Reyscher, Bd. 12 S. 1–3; zur Überlieferung vgl. auch Württemberg im Spätmittelalter S. 82.
100 Zum württembergischen Wehrwesen in dieser Zeit vgl. Württemberg im Spätmittelalter S. 90.
101 HStAS: A 28a M 35. In der Vorlage sind die Namen in einer Spalte aufgelistet.
102 Lesung unsicher.
103 HStAS: A 28a M 75.
104 Durch einen Schreibfehler in der Vorlage fehlerhaft: *XL* statt *LX*.
105 Vgl. Sauer: Tamm S. 57.
106 HStAS: A 28a M 133.
107 Zum Folgenden: Württemberg im Spätmittelalter S. 87.
108 HStAS: A 44 U 256.
109 Ebd. U 1468.
110 Alle folgenden Angaben aus dem Urbar nach: Altwürttembergische Lagerbücher, Bd. 5 S. 170–175.
111 Deutsches Rechtswörterbuch, Bd. 3 Sp. 672.
112 Altwürttembergische Lagerbücher, Bd. 5 S. 175.
113 HStAS: H 101 Bd. 1076.
114 Altwürttembergische Lagerbücher, Bd. 5 S. 137.
115 Vgl. die soeben erschienene Dissertation von Keitel.
116 Vgl. dazu ebenfalls Keitel.
117 Stadtarchiv Esslingen, Katharinenhospital, F 9.
118 Dieser ist vermutlich identisch mit jenem *Cleinhans*, der 1448 ein besonders hohes Vermögen zu versteuern hatte; vgl. oben.
119 HStAS: A 602 WR 7868.
120 Otto: Die Pfarrkirche St. Pankratius S. 44.
121 Gräf S. 217.
122 Ebd.
123 HStAS: H 102/48 Bd. 5. Die Datierung ist unsicher.
124 Vgl. Trugenberger: Quellen zur bevölkerungsstatistischen Regionalstruktur S. 34.
125 Im einschlägigen Bestand HStAS: A 54a fehlen die Listen für das Amt Gröningen mit einer ganzen Reihe von Listen anderer Ämter, die sich nicht erhalten haben.
126 Sie hatte früher die Signatur A 54a St. 84. – Möglicherweise lag sie der Namensliste zugrunde, die Adolf Rentschler. In: Heimatglocken 71/1935 S. 4 aus einem – so Rentschler – Lagerbuch von 1538 im Hauptstaatsarchiv mitgeteilt hat. Ein Urbar von 1538 gibt es jedoch nicht; die Aufstellung zur Türkensteuer, die verbrannt ist, war Teil einer Serie entsprechender Unterlagen, die dem Findbuch zufolge 1538 eingesetzt hatte. – Rentschler hat aus dieser Liste u.a. mitgeteilt, dass 1538 Jörg Schmautz Schultheiß war und ihm als Mitglieder des Gerichts (*Gerichtsverwandte*) Otmar Fuchs, Hans Gaimer, jung Claß und Kilian Kelberer zu Seite standen.
127 Eine intensive Auswertung der Steuerlisten für das Amt Vaihingen bei Bull: Zur Wirtschafts- und Sozialgeschichte S. 122 ff.
128 Vgl. Bull: Wirtschafts- und Sozialgeschichte, sowie ders.: Die durchschnittlichen Vermögen.
129 Vgl. Trugenberger: Quellen zur bevölkerungsstatistischen Regionalstruktur.
130 Dazu jetzt eingehend Schmauder: Württemberg im Aufstand.
131 Sauer: Tamm S. 22.
132 Von Martens S. 172 ff.; Heyd S. 161; Bolay: Chronik der Stadt Asperg S. 34; Sauer: Tamm S. 58.
133 Inv. Nr. KdZ 31.
134 Römer: Markgröningen, Bd. 1 S. 235 ff.; ders.: Dürer am Hohenasperg. In: Ludwigsburger Zeitung 52/1930; ders.: Aus der Ernte des Dürerjahres 1928. Literarisches Sonderheft der Kunstzeitschrift Cicerone. Oktober 1929.
135 Römer: Markgröningen, Bd. 1 S. 236.
136 Ebd., S. 235 mit weiteren Einzelheiten zur Reise Dürers.
137 Vgl. auch Römer: Bietigheim S. 83.
138 Vgl. ebd. S. 237.
139 Sauer: Tamm S. 58.
140 Vgl. oben.
141 Vgl. Römer: Markgröningen, Bd. 1 S. 243.
142 Zu Gabelkover vgl. Allgemeine Deutsche Biographie, Bd. 8, Leipzig 1878 S. 290 f.
143 WLB Cod. Hist. Fol. 22 S. 859.
144 Handschriftenbeschreibung bei Wilhelm von Heyd: Die Historischen Handschriften der Königlichen öffentlichen Bibliothek in Stuttgart, Bd. 1.1, Die Handschriften in Folio, Stuttgart 1889 S. 12.
145 Zitiert nach der Abbildung bei Seybold, Bd. 1 S. 97.
146 Dies ergab eine Überprüfung der bei Gabelkover, S. 100, verzeichneten Urkunden.
147 Gerade auf den Seiten, auf denen Gabelkover unsere Geschichte mitteilt, finden sich einige andere Notizen, zu denen Gabelkover seine Quellen nicht angibt. Möglicherweise wäre hier bei weiteren Forschungen anzusetzen. Die Aussicht, die Quelle zu verifizieren, ist jedoch relativ gering.
148 Vgl. oben.
149 Aus der Fülle der Literatur sei hier nur verwiesen auf Bossert: Der Bauernoberst Matern Feuerbacher, und Hans-Martin Maurer: Der Bauernkrieg als Massenerhebung, mit detaillierten Beschreibungen der Geschehnisse.
150 Heyd S. 77.
151 Vgl. auch Sauer: Tamm, S. 61.
152 Heyd S. 76 f.
153 Vgl. Sauer: Tamm, S. 60.
154 Vgl. Mertens. In: Handbuch der baden-württembergischen Geschichte, Bd. 2 S. 108 ff. sowie Eike Wolgast, ebd., Bd. 1.2 S. 196 f.
155 Vgl. Bossert: Interim, und Mertens. In: Handbuch der baden-württembergischen Geschichte, Bd. 2 S. 110.
156 Zu den Verhältnissen rund um den Asperg vor diesem Hintergrund vgl. Bolay: Chronik von As-

157 Zur Reformation in Württemberg vgl. Mertens. In: Handbuch der baden-württembergischen Geschichte, Bd. 2 S. 102 ff.
158 HStAS: H 102/48 Bd. 2 und Bd. 3.
159 Adolf Rentschler: Aus der Heimat. In: Heimatglocken 20/1930 S. 4. Auf welcher Quelle diese Angabe beruht ist hier nicht angegeben. Bei Bossert: Die württembergischen Kirchendiener S. 25 ist Rößle nicht genannt. Jedoch ist sein Name mit den Daten 1505–1535 im persönlichen Exemplar Bosserts, das aus seiner Bibliothek im Stadtarchiv Marbach am Neckar erhalten ist, ergänzt. Möglicherweise haben Rentschler und Bossert Informationen aus dem Archiv des Spitals Stuttgart verwertet, das im Zweiten Weltkrieg im Stadtarchiv Stuttgart verbrannt ist (freundliche Mitteilung von Herrn Albrecht Gühring und Herrn Heinrich Raiser, beide Möglingen). Das Enddatum 1535 kann aber auch auf dem Lagerbuch 1535 basieren, wobei es durchaus in Betracht zu ziehen ist, dass die Amtszeit Rößles länger währte.
160 HStAS: H 102/48 Bd. 2 und Bd. 3. Ein undatiertes Zinsbuch der Frühmesse ist in HStAS: H 121 Bd. 121 erhalten.
161 Vgl. oben.
162 Vgl. im Folgenden.
163 Dass es sich um den Nachfolger Kegels handelt, ergibt sich daraus, dass die Türkensteuerliste auf den 1. Januar 1545 datiert ist.
164 LKA: A 29 Bü. 2882. Vgl. dazu auch die kurze Notiz bei Rauscher: Mittelalter und Reformation S. 202.
165 Beides ebenfalls im LKA: A 29 Bü. 2882, zu beidem ebenfalls eine knappe Notiz bei Rauscher (wie vorige Anm.). Der Fall des Lienhart Hall ist auch kurz erwähnt bei Römer: Markgröningen, Bd. 1 S. 271.
166 LKA: A 29 Bü. 2882.
167 So genannt nach Caspar von Schwenckfeld (1489–1561).
168 Zu dieser Bewegung vgl. Clasen: Die Wiedertäufer im Herzogtum Württemberg, wo der Fall des Lienhart Hall nicht erwähnt ist, und Eike Wolgast. In: Handbuch der baden-württembergischen Geschichte, Bd. 1. 2 S. 235 ff. Vgl. auch Müller: Erdmannhausen S. 61, wo Hall erwähnt ist.
169 Meint: Berufs.
170 Vgl. jeweils oben.
171 Rauscher: Visitationsakten, Bd. 1 S. 39.
172 Beschreibung des Oberamts Cannstatt S. 518 f.
173 1548 schreibt Schäfer, er habe die Pfarrei nun eine gute Zeit lang versehen (siehe unten). Bei dieser Formulierung ist eher von ein paar Jahren als von Jahrzehnten auszugehen, so dass von einem Amtsantritt in den Vierzigern auszugehen ist. Ohne weitere Quellen mit präzisen Daten, lässt er sich jedoch nicht näher präzisieren. Adolf Rentschler, Aus der Heimat. In: Heimatglocken 20/1930 S. 4 datiert seine Tätigkeit in Möglingen auf 1541–1549, jedoch ist auch hier unsicher, auf welche Quelle er sich stützt. Vgl. auch Sigel: Das evangelische Württemberg, Bd. 5 S. 440, bei dem die Möglinger Amtszeit offen gelassen ist, sowie Bossert: Die württembergischen Kirchendiener S. 25, der nur das Enddatum 1549 angibt. Schäffer war allerdings bereits 1548 ausgeschieden, wie sich aus dem im Folgenden zitierten Schreiben ergibt.
174 Zum folgenden vgl. Beschreibung des Oberamts Cannstatt S. 518.
175 LKA: A 29 Bü. 2882.
176 Bossert: Interim S. 166.
177 Beschreibung des Oberamts Cannstatt Cannstatt S. 518.
178 Einzelheiten bei Bossert: Interim S. 49; vgl. auch Bolay: Chronik der Stadt Asperg S. 45 ff.; Sauer: Tamm S. 69.

Vom Regierungsantritt Herzog Christophs bis zum Ausbruch des Dreißigjährigen Krieges (1550–1618)

1 Römer: Markgröningen 1550 S. 6–10.
2 GA: B 1365.
3 Das Land Baden-Württemberg Bd. III S. 436. Da beide Bezeichnungen noch lange Zeit wechseln, wird aus Gründen der Einheitlichkeit im Folgenden stets »Markgröningen« verwendet.
4 HStAS: A 4 Bü. 1.
5 Markgröningen 779–1979 S. 42.
6 HStAS: A 4 Bü. 2.
7 HStAS: A 348 Bü. 6.
8 Klemm S. 17.
9 Sauer: Tamm S. 70; Römer: Markgröningen 1550 S. 2.
10 Paret S. 127.
11 Pfeilsticker § 2445.
12 HStAS: H 101 Bd. 1079a.
13 GA: B 85.
14 Sauer: Tamm S. 87; HStAS: A 348 Bü. 6.
15 Sauer: Tamm S. 106 f.
16 Württembergisches Städtebuch, Stuttgart 1962, S. 159.
17 Das Königreich Württemberg Bd. 1 S. 443; Heß S. 59 ff.; Müller: Zur Geschichte unseres Ortes S. 18–22.
18 Seybold/Rentschler: Möglingen und seine Dorfkirche S. 4.
19 Seybold Bd. 1 S. 60 u. 73 ff. (nach HStAS H 101 Bd. 1079a).
20 HStAS: A 248 Bü. 1344.
21 Heß S. 59 ff.
22 HStAS A 348 Bü. 13.
23 HStAS: A 206 Bü. 2073.
24 Kluge S. 24; vgl. HStAS: A 206 Bü. 2090.
25 HStAS: A 206 Bü. 2073.
26 Klemm S. 3.
27 HStAS: H 102/48 Bd. 16.
28 PA: Taufbuch 1558–1704.
29 HStAS: H 101 Bd. 1079a.
30 HStAS: H 102/72 Bd. 30.
31 PA: Taufbuch 1558–1704 Jg. 1567 ff.
32 HStAS: H 102/11 Bd. 6.
33 HStAS: A 284/33 Bü. 115 u. A 468a Bd. 10.
34 PA: TB 1558–1704 Jg. 1569 u. Ehebuch 1566–1703 Jg. 1580.
35 HStAS A 42 Bü. 6 Nr. 41 u. 48.
36 HStAS H 102/48 Bd. 24.
37 GA: B 1365.
38 PA: Taufbuch 1558–1704 Jg. 1575.
39 Heyd S. 89.
40 PA: Taufbuch 1558–1704 u. Ehebuch 1566–1703.
41 HStAS: B 4a Bd. 1.
42 GA: B 1365.
43 PA: Ehebuch 1566–1703.
44 HStAS: A 298 WLE 38 f.

45 HStAS: H 102/11 Bd. 6 (Abschrift eines Hofbriefs von 1535).
46 LKA: A 29 Bü. 2882.
47 HStAS: H 102/48 Bd. 16.
48 HStAS: H 107/8 Bd. 1.
49 LKA: A 29 Bü. 2882.
50 HStAS: H 101 Bd. 1079a.
51 HStAS: A 281 Bü. 100.
52 HStAS: A 4 Bü. 2.
53 LKA: A 12 Bd. 54.
54 HStAS: A 303 Bd. 9102.
55 HStAS: H 102/68 Bd. 6.
56 HStAS: A 348 Bü. 6.
57 LKA: A 29 Bü. 2882.
58 LKA: A 1 Bd. 3.
59 LKA: A 29 Bü. 2882.
60 HStAS: A 348 Bü. 6.
61 LKA: A 12 Bd. 54.
62 Beschreibung des Oberamts Leonberg S. 407.
63 Wein Bd. 2 S. 66.
64 Paret S. 372.
65 Mitteilungsblatt v. 13. 6. 1979.
66 HStAS: A 249 Bü. 1675.
67 Römer: Markgröningen 1550 S. 120.
68 HStAS: H 107/8 Bd. 1.
69 HStAS: A 28a.
70 Fritz: Das Maulbronner Landesaufgebot S. 112 ff. u. 140.
71 Sauer: Tamm S. 79.
72 HStAS: A 28a M 151.
73 Sauer: Tamm S. 79.
74 HStAS: A 28a M 361.
75 Paret S. 137.
76 Decker-Hauff: Geschichte der Stadt Stuttgart Bd. 1 S. 219; zur Geschichte von Kloster und Hospital vgl. Gustav Wais: Die St. Leonhards-Kirche und die Hospitalkirche zu Stuttgart, Stuttgart 1956; Paul Sauer: 500 Jahre Hospitalkirche (Veröffentlichungen des Archivs der Stadt Stuttgart Bd. 62), Stuttgart 1993; NN Fritz: Die Liebestätigkeit der württembergischen Gemeinden von der Reformationszeit bis 1650 (Fortsetzung). In: Blätter für württembergische Kirchengeschichte Jg. 18, Stuttgart 1914, S. 71–84. Fritz konnte noch die im Zweiten Weltkrieg verbrannten Akten des Spitals auswerten.
77 Sauer: Geschichte der Stadt Stuttgart Bd. 3 S. 269.
78 LKA: A 29 Bü. 2882.
79 HStAS: H 101 Bd. 1079a.
80 NN Fritz: wie Anm. 76, hier S. 73.
81 LKA: A 1 Bd. 6.
82 Heß S. 59 ff.; Seybold Bd. 1 S. 67–70.
83 PA: Taufbuch 1558–1704.
84 HStAS: A 206 Bü. 2086.
85 HStAS: H 102/68 Bd. 6.
86 HStAS: H 102/48 Bd. 16.
87 LKA: A 12 Bd. 54.
88 LKA: A 1 Bd. 6.
89 LKA: A 1 Bd. 9; HStAS: A 284/33 Bü. 115.
90 HStAS: A 284/33 Bü. 115.
91 Beschreibung des Oberamts Ludwigsburg S. 85 f.
92 LKA: A 1 Bd. 1.
93 Römer: Markgröningen 1550 S. 30.
94 PA: Taufbuch 1558–1704, Ehebuch 1566–1703.
95 HStAS: H 102/48 Bd. 16.
96 LKA: A 12 Bd. 54.
97 NN Rauscher: Das altwürttembergische Kirchengut und die in fremder Besoldung stehenden Pfarreien. In: Blätter für württembergische Kirchengeschichte Jg. 29, Stuttgart 1925, S. 215 f.
98 Sigel: Schulmeister, Johannes.
99 Sigel: Wild Wolfgang; vgl. Gustav Bossert: Die Gründung der Pfarrei Musberg. In: Blätter für württembergische Kirchengeschichte Jg. 17, Stuttgart 1913 S. 173 f.; Heimatglocken Nr. 37 v. April 1932.
100 PA: Taufbuch 1558–1704.
101 LKA: A 29 Bü. 2882.
102 Sigel: Weckmann.
103 LKA: A 29 Bü. 2882.
104 HStAS: A 526 Bü. 5.
105 PA: Taufbuch 1558–1704 Jg. 1567.
106 Frdl. Mitteilung Pfarrer Kurt Leitlein, Möglingen.
107 Sigel: Lechner; Baden-Württembergisches Pfarrerbuch Nr. 1582, PA: Taufbuch 1558–1704 u. Ehebuch 1566–1703.
108 LKA: A 1 Bd. 3.
109 HStAS: A 281 Bü. 873.
110 LKA: A 29 Bü. 2882; HStAS A 302 Bd. 9102; Heimatglocken Nr. 37 f. v. April/Mai 1932.
111 Sigel: Lechner.
112 Decker-Hauff: Die geistige Führungsschicht Württembergs S. 67.
113 PA: Taufbuch 1558–1704.
114 Seeliger-Zeiss/Schäfer S. 351; Seybold/Rentschler: Möglingen und seine Dorfkirche S. 15.
115 PA: Taufbuch 1558–1704.
116 Otto: Die Pfarrkirche St. Pankratius in Möglingen S. 245–262.
117 HStAS: H 102/48 Bd. 16.
118 LKA: A 1 Bd. 14.
119 LKA: A 1 Bd. 15.
120 HStAS: A 206 Bü. 191.
121 Otto: Die Pfarrkirche St. Pankratius in Möglingen S. 245–262.
122 Otto: Nachreformatorische Gemälde S. 70 ff.; Ders.: Die Pfarrkirche St. Pankratius in Möglingen S. 258 ff.; Seeliger-Zeiss/Schäfer S. 315 ff. Zu den Emporengemälden vgl. auch: Blätter für Württembergische Kirchengeschichte Jg. 64, Stuttgart 1964, S. 131; ebd. Jg. 76, Stuttgart 1976, S. 48; ebd. 90. Jg., Stuttgart 1990 S. 105.
123 HStAS: H 102/48 Bd. 16.
124 HStAS: H 102/48 Bd. 24 u. 30.
125 HStAS: A 303 Bd. 9102.
126 Kluge S. 22–26 u. 41; Heß S. 59 ff.
127 HStAS: A 284/33 Bü. 33; Heß S. 59 ff.
128 HStAS: H 102/68 Bd. 6.
129 HStAS: A 4 Bü. 3.
130 HStAS: A 349 U 40 u. A 284/33 Bü. 78.
131 HStAS: A 206 Bü. 2087.
132 HStAS: H 102/1 Bd. 109.
133 Heß S. 59 ff.
134 HStAS: H 102/11 Bd. 5.
135 HStAS: H 102/11 Bd. 6.
136 Heß S. 59 ff.
137 HStAS: H 102/48 Bd. 16; Heß S. 61.
138 HStAS: H 102/47 Bd. 6.
139 Wie Anm. 135.
140 Heß S. 59 ff.
141 HStAS: H 107/8 Bd. 1.
142 Wie Anm. 138.
143 HStAS: H 102/72 Bd. 30.
144 Ebd. Bd. 48.
145 HStAS: A 525 Bü. 11 (Abschrift Erblehenrevers in HStAS H 102/73 Bd. 48 S. 347); Repertorium A 405.
146 Heß S. 59 ff.
147 Rielingshausen S. 108.
148 LKA: A 12 Bd. 54.
149 Ebd.
150 HStAS: H 102/48 Bd. 16; Heß S. 61.
151 HStAS: A 349 Bü. 16.
152 HStAS: A 4 Bü. 3.
153 Abschrift eines Vertrags in: HStAS: H 101 Bd. 1079a.
154 Ebd.

155 HStAS: A 44 U 1468.
156 LKA: A 3 Bd. 1; vgl. Blätter für württembergische Kirchengeschichte 4. Jg., Stuttgart 1900, S. 122.
157 LKA: A 29 Bü. 2882.
158 LKA: A 12 Bd. 54.
159 PA: Taufbuch 1558–1704.
160 LKA: A 12 Bd. 3.
161 PA: Taufbuch 1558–1704.
162 Stein S. 201.
163 LKA: A 1 Bd. 1–4.
164 LKA: A 1 Bd. 7–9.
165 LKA: A 1 Bd. 14.
166 LKA: A 1 Bd. 15; PA: Taufbuch 1558–1704 Jg. 1590.
167 LKA: A 12 Bd. 3.
168 Ebd.
169 GA: B 1365.
170 PA: Taufbuch 1558–1704 Jg. 1594.
171 LKA: A 12 Bd. 3.
172 PA: Taufbuch 1558–1704.
173 HStAS: A 281 Bü. 100.
174 HStAS: A 281 Bü. 873.
175 PA: Taufbuch 1558–1704 Jg. 1605–1615.
176 LKA: A 29 Bü. 2882.
177 LKA: A 12 Bd. 3.
178 HStAS: A 206 Bü. 2092.
179 HStAS: H 102/48 Bd. 16.
180 HStAS: H 101 Bd. 1079a.
181 HStAS: H 102/47 Bd. 6.
182 vgl. dazu: Hermann *Seybold* jr: Der Möglinger Weinbau. In: Mitteilungsblatt v. 26. 4. 1984.
183 GA: B 1365.
184 Schwelin S. 353 f.
185 HStAS: H 102/68 Bd. 6.
186 PA: Taufbuch 1558–1704 Jg. 1560.
187 HStAS: A 298 WLE 8.
188 HStAS: A 348 Bü. 5.
189 HStAS: H 109 Bd. 3 u. A 348 Bü. 6.
190 HStAS: A 206 Bü. 2088.
191 Zum Leonberger Forst siehe auch: Beschreibung des Oberamts Leonberg S. 336 ff. u. Rudolf *Kieß*: Die Rolle der Forsten im Aufbau des württembergischen Territoriums im 16. Jahrhundert (Veröffentlichungen der Kommission für geschichtliche Landeskunde in Baden-Württemberg Reihe B Bd. 2), Stuttgart 1958 S. 70 f.
192 HStAS: H 107/8 Bd. 1.
193 Paret S. 371.
194 Wein Bd. 2 S. 40.
195 HStAS: H 107/8 Bd. 1; Beschreibung des Oberamts Leonberg S. 348.
196 HStAS: H 107/8 Bd. 1.
197 GA: B 1365; Taufbuch 1558–1704.
198 Bolay S. 48.
199 Römer: Markgröningen 1550 S. 49; Heyd S. 89.
200 PA: Taufbuch 1558–1704 Jg. 1566.
201 PA: Taufbuch 1558–1704 Jg. 1560.
202 HStAS: A 303 Bd. 9102.
203 HStAS: H 102/48 Bd. 16.
204 PA: Taufbuch 1558.
205 HStAS: A 28a M 282.
206 HStAS: H 101 Bd. 1079a.
207 Taufbuch 1558–1704.
208 HStAS: A 298 WLE 8; Nennungen der Müller aus: HStAS: A 348 Bü. 6 u. GA: B 1365.
209 HStAS: A 298 WLE 8.
210 GA: B 1365; HStAS H 102/48 Bd. 24.
211 Hermann und Adolf *Seybold*: Die ehemalige Möglinger Mühle. In: Sonderbeilage zum Mitteilungsblatt v. 8. 1. 1980.
212 HStAS: A 348 Bü. 6.
213 HStAS: A 281 Bü. 873.
214 Dehlinger § 34.
215 HStAS: H 101 Bd. 1079a.
216 HStAS: A 281 Bü. 100.
217 Heyd S. 92.
218 Sauer: Geschichte der Stadt Stuttgart, Bd. 2 S. 112.
219 HStAS: A 38 Bü. 20.
220 HStAS: A 38 Bü. 21.
221 Paret S. 138.
222 LKA: A 12 Bd. 54.
223 LKA: A 1 Bd. 15.
224 HStAS: A 281 Bü. 100 f.
225 HStAS: A 281 Bü. 872 f.
226 HStAS: H 102/48 Bd. 16.
227 LKA: A 12 Bd. 54.
228 Paret S. 133.
229 HStAS: A 298 WLE 8; vgl. auch HStAS A 249: Bü. 1660 zum Loskauf von der Leibeigenschaft 1676.
230 HStAS: A 298 WLE 38 f.
231 HStAS: A 468a Bd. 10 u. 13.
232 HStAS: B 4a Bd. 2.
233 Ebd. Bd. 1.
234 PA: Taufbuch 1558–1704.
235 PA: Taufbuch 1558–1704, Ehebuch 1566–1703, Seelenbuch 1780.
236 vgl. dazu: Albrecht *Gühring*: Die Bevölkerung von Zazenhausen. In: 1200 Jahre Zazenhausen 788–1988. Stuttgart 1988 S. 71 ff.
237 PA: Taufbuch 1558–1704.
238 PA: Taufbuch 1558–1704 u. Ehebuch 1566–1703. Deutungen aus: Hans Bahlow: Deutsches Namenslexikon, München 1967 u. Josef Karlmann Brechenmacher: Deutsche Sippennamen, Görlitz 1936.
239 PA: Taufbuch 1558–1704 u. Ehebuch 1566–1703.
240 HStAS: A 28a M 35 u. 75.
241 HstAS: H 102/48 Bd. 5.
242 HStAS: A 54a St. 136.
243 PA: Taufbuch 1558–1704 Jg. 1650; HStAS: A 303 Bd. 9108.
244 PA: Taufbuch 1558–1704.
245 HStAS: A 28a M 151.
246 HStAS: H 102/48 Bd. 16.
247 HStAS: H 101 Bd. 1079a.
248 HStAS: A 28a M 193.
249 Theurer EQ u. GQK; Seybold Bd. 1 S. 67.
250 Osswell S. 262.
251 Altwürttembergische Lagerbücher S. 156 ff., 173, 368, 370.
252 HStAS: A 28a M 75.
253 HstAS: H 102/48 Bd. 5.
254 HStAS: A 54a St. 136.
255 HStAS: A 28a M 133.
256 HStAS: A 28a M 151.
257 Kienzle: »Bauernmillionär« Minner S. 36.
258 PA: Taufbuch 1558–1704.
259 HStAS: A 206 Bü. 2086.
260 HStAS: H 102/48 Bd. 16.
261 HStAS: H 101 Bd. 1079a.
262 HStAS: B 4a Bd. 2.
263 Frdl. Mitteilung von Herrn Friedrich Wollmershäuser, Oberdischingen, v. 25. 1. 2000.
264 HStAS: B 4a Bd. 2.
265 HStAS: A 28a M 361.
266 LKA: A 29 Bü. 2882.
267 GA: B 1365.
268 Theurer EQ; GA: B 1365 (Einträge der Jahre 1594, 1603, 1605 und 1624).
269 Wollmershäuser wie Anm. 269.
270 HStAS: A 348 Bü. 13.
271 PA: Taufbuch 1558–1704.
272 PA: Taufbuch 1558–1704 u. Ehebuch 1566–1703 Jg. 1582.
273 B 1365 Kaufbuch Jg. 1599.
274 HStAS: A 303 Bd. 9102.
275 Wollmershäuser wie Anm. 269.
276 Theurer GQK.
277 Faber Stiftung 64 § 30 f.

278 Frdl. Mitteilung von Frau Maria *Heitland*, Garmisch-Partenkirchen, v. 26. 3. 2000; wie Anm. 285; Pfeilsticker §§ 1139, 1222, 1423.
279 GA: B 1365.
280 Wollmershäuser wie Anm. 269
281 PA: Seelenregister 1780 u. dort beigelegte Notizen.
282 Frdl. Mitteilung von Frau Maria *Heitland*, Garmisch-Partenkirchen, v. 26. 3. 2000; Schwäbischer Merkur 1899 S. 2115.
283 Kluge S. 24 f.
284 HStAS: A 28a M 35 u. 75 u. A 54a St. 136.
285 HStAS A 348 Bü. 13.
286 HStAS: A 28a M 193.
287 PA: Ehebuch 1566–1703.
288 Becker. S. 16 (Fehler besonders in den ersten Generationen).
289 PA: Taufbuch 1558–1704 Jg. 1570 (Vater: Mathis).
290 HStAS: A 468a Bd. 13; PA: Taufbuch 1558–1704, Ehebuch 1566–1703, Totenbuch 1626 ff.
291 Becker 297 S. 13 ff. u. 45 ff.
292 GA: B 1365 Kaufbuch.
293 Ebd.; PA: Totenbuch 1626 ff. Jg. 1633.
294 PA: Taufbuch 1558–1704, Ehebuch 1566–1703, Totenbuch 1626 ff.
295 Becker S. 7.
296 HStAS: A 28a M 75.
297 HStAS: A 54a St. 136.
298 HStAS: A 28a M 133, 151, 193.
299 PA: Ehebuch 1566–1703 Jg. 1568.
300 HStAS: A 28a M 151 u. 193.
301 PA: Taufbuch 1558–1704 Jg. 1560 u. 1569.
302 HStAS: H 101 Bd. 1079a.
303 PA: Taufbuch, Ehebuch 1566–1703.
304 PA: Taufbuch 1558–1704, Ehebuch 1566–1703.
305 HStAS: B 4a Bd. 1.
306 GA: B 1365.
307 PA: Totenbuch 1626 ff. Jg. 1635 u. 1649.
308 HStAS: H 102/48 Bd. 5.
309 GA: B 1365.
310 vgl. Hansmartin *Decker-Hauff*: Die Entstehung der altwürttembergischen Ehrbarkeit 1250–1534, Dissertation (maschinenschriftlich), Wien 1946.
311 PA: Taufbuch 1558–1704 Jg. 1686.
312 HStAS H 101 Bd. 1079a.
313 HStAS: A 28a M 35.
314 Altwürttembergische Lagerbücher S. 176.
315 HStAS H 102/48 Bd. 16.
316 HStAS: A 28a M 193.
317 HStAS: H 101 Bd. 1079a.
318 PA: Taufbuch 1558–1704 Jg. 1586.
319 HStAS: A 28a M 151.
320 HStAS: A 468a Bd. 10 u. 13.
321 PA: Taufbuch 1558–1704 u. Ehebuch 1566–1703.
322 HStAS: A 468a Bd. 10 u. 13.
323 PA: Ehebuch 1566–1703 Jg. 1596.
324 PA: Seelenregister 1780 u. beigelegte Notizen.
325 Ritz S. 89.

Krieg und Frieden im 17. Jahrhundert (1618–1692)

1 Rielingshausen S. 86.
2 Römer: Markgröningen 1550 S. 61.
3 PA: Totenbuch 1626–1693.
4 HStAS: A 302 Bd. 9104.
5 PA: Totenbuch 1626–1693.
6 Römer: Markgröningen 1550 S. 68 f.
7 PA: Totenbuch 1626–1693.
8 Ebd.
9 Römer: Markgröningen 1550 S. 69.
10 Ebd. S. 72; Paret S. 144 f.
11 Martens S. 380. Er nennt den 19., aber wohl nach alter julianischer Datierung. Nach neuer Datierung wäre es der 9.
12 HStAS: A 261 Bü. 998.
13 Bilfinger S. 231. Die Datierungen des 1799 erstmals gedruckten Berichts von Bilfinger wurden wohl vom damaligen Herausgeber dem gregorianischen Kalender, der seit 1699 in Württemberg galt, angeglichen und werden so übernommen.
14 Ebd. S. 213.
15 Ebd. S. 223.
16 Ebd. S. 207, 225, 231, 238, 239, 252, 255, 260, 265, 269, 275, 286, 288.
17 Bolay S. 64; Sauer: Tamm S. 116.
18 Bilfinger S. 247.
19 Ebd. S. 271–273.
20 Ebd. S. 277–281.
21 Ebd. S. 290 f.
22 Ebd. S. 307 f.
23 Ebd. S. 311, 313.
24 Ebd. S. 323.
25 Römer: Markgröningen 1550 S. 74 f.
26 PA: Totenbuch 1626–1693.
27 PA: Taufbuch 1558–1704.
28 PA: Totenbuch 1626–1693.
29 HStAS: A 202 Bü. 2233.
30 Ebd. Bü. 2068 f.
31 Schwelin S. 498 f.
32 Paret S. 148.
33 PA: Totenbuch 1626–1693.
34 Sauer: Tamm S. 129 ff.; HStAS: A 202 Bü. 973; Heyd S. 105 ff.
35 Ebd.
36 HStAS: L 6 Bü. 598.
37 Sauer: Tamm S. 131; HStAS A 261 Bü. 998.
38 HStAS: A 284/33 Bü. 131.
39 Bentele S. 241, 244.
40 HStAS: A 261 Bü. 1004.
41 PA: Totenbuch 1626–1693.
42 A 298 WLE 44.
43 HStAS A 202 Bü. 973.
44 Römer: Markgröningen 1550 S. 93; Fritz/Schurig S. 93; Wunder S. 120 ff.
45 Wunder S. 127, 130 f., 135 f.
46 Bolay S. 86.
47 PA: Taufbuch 1558–1704.
48 Schübelin: S. 14–35; Beschreibung des Oberamts Ludwigsburg S. 83.
49 Lebensdaten aus: PA: Taufbuch 1558–1704, Ehebuch 1566–1703, Totenbuch 1626–1693.
50 GA: B 1365.
51 Taufbuch 1558–1704.
52 Freundl. Mitteilung von Herrn Heinrich Raiser, Möglingen.
53 PA: Taufbuch 1558–1704, Ehebuch 1566–1703, Totenbuch 1626–1693.
54 PA: Taufbuch 1558–1704 u. HStAS: A 206 Bü. 2090 (er gibt als seinen Vater Georg Heger an).
55 Ihre erste Nennung Taufbuch 1558–1704.
56 PA: Totenbuch 1626–1693.
57 HStAS: A 303 Bd. 9108.
58 PA: Taufbuch 1558–1704.
59 HStAS: A 213 Bü. 4763.
60 HStAS: A 303 Bd. 9110; PA: Taufbuch 1558–1704, Ehebuch 1566–1703.
61 GA: B 1365.
62 GA: B 95.
63 PA: Totenbuch 1626–1693.
64 LKA: A 1 Bd. 20.

65 PA: Ehebuch 1566–1703.
66 Ebd. u. Totenbuch 1626–1693.
67 HStAS: A 213 Bü. 4763.
68 PA: Totenbuch 1626–1693.
69 HStAS: A 249 Bü. 1660.
70 LKA: A 1 Bd. 17.
71 Ebd. Bd. 33.
72 PA: Taufbuch 1558–1704 u. Totenbuch 1626–1693.
73 LKA: A 1 Bd. 29.
74 LKA: A 1 Bd. 31.
75 PA: Ehebuch 1566–1703.
76 LKA: A 1 Bd. 29 f.
77 Ebd. Bd. 33.
78 HStAS: A 288 Bü. 4743.
79 GA: B 1365.
80 Lebensdaten aus Sigel.
81 Sigel: Lechner.
82 GA: B 1365.
83 Sigel: Schnirring.
84 LKA: DA Ludwigsburg Bü. 139.
85 LKA: A 29 Bü. 2882.
86 Sigel: Hahl.
87 Sein erster Eintrag im Totenbuch datiert vom 20. Juni 1648.
88 LKA: DA Ludwigsburg Bü. 139.
89 LKA: A 29 Bü. 2882.
90 PA: Totenbuch 1626–1693.
91 LKA: DA Ludwigsburg Bü. 139.
92 LKA: A 29 Bü. 2882.
93 Sigel: Schweizer.
94 HStAS: A 281 Bü. 874 f.
95 H. A. Dieterich S. 33.
96 LKA: A 1 Bd. 20.
97 Ebd. Bd. 26.
98 Ebd. Bd. 31.
99 HStAS: A 281 Bü. 876.
100 PA: Ehebuch 1566–1703.
101 Karl-Heinz Fischötter u. a.: Die Ahnen des Philosophen Friedrich Wilhelm Joseph von Schelling (= Südwestdeutsche Ahnenlisten und Ahnentafeln Bd. 1), Stuttgart 1999 S. 27.
102 LKA: A 12 Bd. 3.
103 PA: Taufbuch 1558–1704; LKA: A 1 Bd. 17.
104 Heimatglocken Nr. 19 v. Oktober 1930.
105 LKA: A 12 Bd. 3.
106 GA: B 1365; PA: Taufbuch 1558–1704.
107 PA: Totenbuch 1626–1693; Theurer EQ.
108 HStAS: A 303 Bd. 9106.
109 Gühring: Ahnentafel.
110 PA: Taufbuch 1558–1704, Totenbuch 1626–1693.
111 LKA: A 1 Bd. 19 f.
112 HStAS: A 281 Bü. 874.
113 LKA: A 1 Bd. 21 f.
114 GA: B 709.
115 LKA: A 1 Bd. 25.
116 PA: Totenbuch 1626–1693, Ehebuch 1566–1703.
117 HStAS: A 303 Bd. 9107.
118 PA: Totenbuch 1626–1693.
119 LKA: A 1 Bd. 26 f.
120 PA: Taufbuch 1558–1704.
121 LKA: A 1 Bd. 28–32.
122 Ebd. Bd. 33.
123 PA: Ehebuch 1566–1703.
124 HStAS: A 526 Bü. 5.
125 HStAS: A 281 Bü. 876; Ritz S. 142.
126 HStAS: A 526 Bü. 5.
127 LKA: A 1 Bd. 20, 22–24, 26–33; HStAS: A 281 Bü. 874–876.
128 Sauer: Tamm S. 129 ff.
129 HStAS: A 261 Bü. 998.
130 Schwelin S. 497 u. 518.
131 HStAS: A 303 Bd. 9106.
132 HStAS: A 261 Bü. 999.
133 GA: B 1365.
134 HStAS: A 249 Bü. 1660.
135 PA: Taufbuch 1558–1704.
136 PA: Ehebuch 1566–1703 u. Totenbuch 1626–1693.
137 HStAS: A 302 Bd. 8165.
138 GA: B 709.
139 PA: Totenbuch 1626–1693.
140 HStAS: A 213 Bü. 4763.
141 Ebd. Bü. 4774.
142 GA: B 709.
143 GA: B 1365.
144 HStAS: A 206 Bü. 2090.
145 Ebd. Bü. 2118.
146 Ebd. Bü. 2090.
147 Ebd. Bü. 2118.
148 HStAS: A 302 Bd. 8165.
149 HStAS: A 303 Bd. 9015 ff.
150 HStAS: A 284/13 Bü. 34 u. 111.
151 GA: B 1365.
152 HStAS: A 468 Bd. 434.
153 HStAS: H 102/73 Bd. 61 S. 336.
154 GA: B 1365.
155 Kluge S. 69 f.
156 GA: B 1365.
157 HStAS: A 284/33 Bü. 9.
158 Heyd S. 107.
159 Gühring: Ahnentafel.
160 HStAS: A 213 Bü. 1661 u. A 249 Bü. 1661.
161 GA: B 95; HStAS: A 348 U 23 u. Bü. 13; Paret S. 305; Sauer: Tamm S. 228; Beschreibung des Oberamts Leonberg S. 350.
162 HStAS: A 206 Bü. 2089.
163 Ebd. Bü. 3125.
164 HStAS: A 348 Bü. 13.
165 Beschreibung des Oberamts Leonberg S. 826.
166 HStAS: H 107/8 Bd. 5.
167 GA: B 1365; PA: Taufbuch 1558–1704 u. Totenbuch 1626–1693.
168 PA: Totenbuch 1626–1693.
169 HStAS: A 261 Bü. 998.
170 GA: B 709; PA: Taufbuch 1558–1704, Ehebuch 1566–1703 u. Totenbuch 1626–1693; HStAS: A 213 Bü. 4763.
171 PA: Taufbuch 1558–1704, Ehebuch 1566–1703 u. Totenbuch 1626–1693; GA: B 709; HStAS A 213 Bü. 4763.
172 PA: Familienregister Bd. 1.
173 HStAS: A 302 Bd. 8165.
174 PA: Taufbuch 1558–1704, Ehebuch 1566–1703; GA: B 1365.
175 Sauer: Tamm S. 119.
176 PA: Taufbuch 1558–1704, Ehebuch 1566–1703 u. Totenbuch 1626–1693.
177 HStAS: A 261 Bü. 998.
178 Ebd.
179 PA: Totenbuch 1626–1693.
180 HStAS: A 284/33 Bü. 131.
181 HStAS: A 261 Bü. 998.
182 PA: Totenbuch 1626–1693.
183 PA: Taufbuch 1558–1704, Ehebuch 1566–1703 u. Totenbuch 1626–1693.
184 HStAS: A 213 Bü. 4763.
185 PA: Taufbuch 1558–1704 u. Totenbuch 1626–1693.
186 HStAS: A 281 Bü. 874.
187 Ebd.
188 HStAS: A 213 Bü. 4763.
189 Ebd. Bü. 4774. *Krommholz*, also Krummholz, bezeichnet im mundartlichen Gebrauch den Wagnergesellen. Vgl. dazu: Hermann Fischer: Schwäbisches Wörterbuch).
190 Rielingshausen S. 150 f.
191 LKA: DA Ludwigsburg Bü. 139.
192 Bilfinger S. 309.
193 Beschreibung des Oberamts Leonberg S. 278 f.
194 HStAS: A 302 Bd. 8167.
195 PA: Taufbuch 1558–1704.
196 HStAS: A 302 Bd. 8166.
197 PA: Totenbuch 1626–1693.
198 PA: Taufbuch 1558–1704 u. Ehebuch 1566–1703.
199 PA: Totenbuch 1626–1693.
200 GA: B 1365.
201 PA: Taufbuch 1558–1704 u. Totenbuch 1626–1693; HStAS: A 281 Bü. 876.
202 PA: Totenbuch 1626–1693.
203 LKA: A 1 Bd. 17.

204 Sauer: Tamm S. 131; HStAS A 261 Bü. 998.
205 LKA: A 1 Bd. 19.
206 HStAS: A 281 Bü. 874.
207 Wie Anm. 204.
208 LKA: A 1 Bd. 20, 24 u. 28.
209 HStAS: A 213 Bü. 4763.
210 LKA: A 1 Bd. 30.
211 HStAS: A 213 Bü. 4774.
212 LKA: A 1 Bd. 32 f.
213 HStAS: A 281 Bü. 876.
214 GA: B 709.
215 HStAS: A 261 Bü. 998.
216 HStAS: A 213 Bü. 4763 u. 4774.
217 HStAS: A 302 Bd. 8167 f.
218 wie Anm. 216.
219 HStAS: A 302 Bd. 8167.
220 GA: B 1365.
221 Seybold Bd. 2 S. 146 nach Kaufbuch 1820 S. 77.
222 HStAS: A 249 Bü. 1660 u. A 302 Bd. 8167; GA: B 85 und B 95; vgl. auch Ritz S. 65.
223 Ebd.
224 PA: Ehebuch 1566–1703.
225 PA: Taufbuch 1558–1704.
226 PA: Taufbuch 1558–1704 u. Ehebuch 1566–1703, GA: B 709 (Einträge von Martini bis Martini, immer das erste Jahr wurde gewählt).
227 HStAS: A 249 Bü. 1660.
228 PA: Ehebuch 1566–1703.
229 Ebd.; GA: B 709.
230 Frdl. Mitteilung von Herrn Konstantin Huber, Kreisarchiv Enzkreis, Pforzheim; aus: Staatsarchiv Zürich A 103 Nr. 185 (Abwesenheitsverzeichnis Bülach/ZH 1680).
231 PA: Totenbuch 1626–1693.
232 PA: Taufbuch 1558–1704 Jg. 1654.
233 PA: Ehebuch 1566–1703.
234 HStAS: A 249 Bü. 1660.
235 Wie Anm. 233.
236 GA: B 709.
237 Wie Anm. 233.
238 Theurer EQ.
239 Altwürttembergische Lagerbücher S. 342–350.
240 Walter *Fuchs*: Ahnenliste Hans-Eberhard Günther Fuchs. In: Südwestdeutsche Blätter für Familien- und Wappenkunde Bd. 15 Heft, Stuttgart 1977 S. 219.
241 PA: Taufbuch 1704–1794; GA: B 875.
242 PA: Familienregister Bd. 1 S. 180.
243 PA: Seelenbuch 1780 S. 35.
244 PA: Familienregister Bd. 3, angelegt 1896. Im Register werden vier Familien Motz und zwei Familien Moz aufgeführt; vgl. auch Heimatglocken Nr. 52 v. Juli 1933.
245 Ritz S. 77 u. 384.
246 PA: Taufbuch 1558–1704.
247 GA: B 709.
248 Heimatglocken Nr. 73 f. v. April/Mai 1935.
249 Heimatglocken Nr. 12 v. März 1930.
250 GA: B 875; PA: Tauf-, Ehe- und Totenbuch 1704–1794.
251 PA: Familienregister Bd. 1, Seelenbuch um 1780, Ehe- und Totenbuch 1704–1794; Möglingen und seine Dorfkirche S. 15 f.
252 GA: B 694; PA: Taufbuch 1704–1794, Familienregister Bd. 1, Seelenbuch 1780 sowie beiliegende genealogische Notizen; HStAS: A 582 Bü. 715; Taufbuch.
253 PA: Seelenregister 1780 S. 194, Familienregister Bd. 1, Tauf- und Ehebuch 1704–1794.

Im Sog von Ludwigsburg (1693–1762)

1 Wunder S. 171; Fritz/Schurig S. 55.
2 Bei Heyd irrtümlich März, der Übergang fand aber im Mai statt.
3 Heyd S. 113 f.
4 Römer: Markgröningen 1550 S. 97.
5 PA: Taufbuch 1558–1704 u. 1704–1794.
6 PA: Ehebuch 1566–1703.
7 PA: Totenbuch 1626–1693.
8 HStAS: A 281 Bü. 876.
9 L A: A 1 Bd. 34 u. 37.
10 Beschreibung des Oberamts Heilbronn S. 202.
11 HStAS: A 202 Bü. 2233.
12 HStAS: A 202 Bü. 2030; Martens S. 545; Beschreibung des Oberamts Ludwigsburg S. 276; Römer: Markgröningen 1550 S. 100.
13 Martens S. 544.
14 Römer: Markgröningen 1550 S. 98.
15 Gühring: So ist die wehrte Statt S. 13 ff.
16 Römer: Markgröningen 1550 S. 97.
17 Das Schreiben datiert vom 20. Juli, jedoch galt damals in Württemberg noch der julianische Kalender. Der 1582 zunächst in den katholischen Staaten eingeführte gregorianische Kalender ließ 10 Tage ausfallen und führte die Schaltjahre ein, um die astronomische Jahreslänge zu korrigieren und zu gewährleisten. Wir richten uns stets nach dem gregorianischen Kalender.
18 HStAS: A 202 Bü. 2041.
19 Fritz/Schurig S. 98; Steinhofer S. 716.
20 Wunder S. 174 ff.
21 Fritz/Schurig S. 70.
22 HStAS: A 202 Bü. 973; Sauer: Tamm S. 148 f.
23 Heyd S. 116.
24 HStAS: A 29 Bü. 166.
25 Ebd.
26 HStAS: A 261 Bü. 998.
27 Sauer Tamm S. 146; HStAS: A 202 Bü. 2050.
28 HStAS: A 202 Bü. 2077.
29 PA: Taufbuch 1558–1704.
30 PA: Taufbuch 1558–1704 u. Totenbuch 1704–1794.
31 GA: B 709.
32 GA: B 352.
33 GA: B 120.
34 GA: B 875 S. 41bf.
35 Ebd. S. 97bf.
36 GA: B 122.
37 GA: B 875.
38 Ebd. S. 55 ff. u. 57 b.
39 PA: Totenbuch 1704–1794.
40 PA: Seelenbuch um 1780.
41 GA: B 875.
42 GA: B 376.
43 Schübelin.
44 Schübelin; Beschreibung des Oberamts Ludwigsburg S. 83 f.; Heyd S. 124–133; Römer: Markgröningen 1550 S. 112 u. 127; Paret S. 157 u. 161; vgl. HStAS: A 249 Bü. 1430.
45 LKA: A 1 Bd. 46.
46 HStAS: A 249 Bü. 1434.
47 Wie Anm. 44.
48 Bietigheim S. 395; Sauer: Tamm S. 172; Römer: Markgröningen 1550 S. 119 u. 121; Paret S. 161.
49 HStAS: A 261 Bü. 1003.
50 HStAS: A 261 Bü. 1180.
51 HStAS: A 284/33 Bü. 87.
52 GA: B 320.
53 GA: B 144.

54 HStAS: A 557 Bü. 66 ff.
55 PA: Totenbuch 1704–1794; vgl. Pfeilsticker § 882.
56 Pfeilsticker § 3179; PA: Seelenbuch 1780.
57 GA: B 751 u. B 320.
58 PA: Totenbuch 1626–1693 u. 1704–1794.
59 PA: Ehebuch 1566–1703; Pfeilsticker § 2572.
60 PA: Ehebuch 1704–1794; vgl. Pfeilsticker § 3041.
61 PA: Totenbuch 1704–1794.
62 PA: Taufbuch 1558–1704 u. 1704–1794.
63 PA: Ehebuch 1566–1703.
64 GA: B 352.
65 LKA: A 1 Bd. 62.
66 LKA: A 1 Bd. 68.
67 GA: B 875.
68 PA: Ehebuch 1566–1703 u. Totenbuch 1704–1794.
69 GA: B 875; PA: Taufbuch 1704–1794.
70 PA: Familienregister Bd. 1, Seelenbuch 1780, Ehe- und Totenbuch 1704–1794; Seybold/Rentschler: Möglingen und seine Dorfkirche S. 15 f.
71 GA: B 603.
72 Klemm S. 9 ff.
73 HStAS: A 213 Bü. 4783.
74 GA: B 744.
75 Klemm S. 12 ff.
76 GA: B 603.
77 GA: B 352.
78 Ebd.
79 Klemm S. 14 ff.
80 LKA: A 1 Bd. 78.
81 GA: B 875.
82 GA: B 352.
83 GA: B 875 S. 2 f., 6 b u. 8.
84 GA: B 352.
85 GA: B 875 S. 35 b.
86 Ebd. S. 59 b ff.
87 Ebd. S. 73.
88 PA: Ehebuch 1704–1794.
89 LKA: A 1 Bd. 85.
90 Klemm S. 12 ff.
91 GA: B 352.
92 GA: B 875.
93 GA: B 753.
94 Beschreibung des Oberamts Ludwigsburg S. 276; Römer: Markgröningen 1550 S. 100.
95 GA: B 352.
96 GA: B 120.
97 GA: B 875.
98 GA: B 1365.
99 GA: B 875 S. 56 b f.
100 GA: B 119 u. B 751.
101 GA: B 95.
102 HStAS: H 118 Bd. 32.
103 GA: B 352.
104 GA: B 122 u. B 875.
105 GA: B 318.
106 HStAS: A 261 Bü. 1003.
107 GA: B 319; vgl. auch HStAS A 261 Bü. 1003.
108 GA: B 875.
109 Ebd.
110 GA: B 119.
111 GA: B 1399.
112 GA: B 875 S. 23 b.
113 GA: B 875.
114 GA: B 352.
115 GA: B 875 S. 26 a u. b.
116 Ebd. S. 90 b f.
117 PA: Reskriptenbuch 1727–1758.
118 LKA: A 1 Bd. 34.
119 Ebd. Bd. 46.
120 Schübelin; Heyd S. 199 f.; Beschreibung des Oberamts Ludwigsburg S. 86.
121 LKA: A 1 Bd. 52 u. 69.
122 PA: Taufbuch 1558–1704.
123 LKA: A 1 Bd. 62.
124 PA: Totenbuch 1704–1794.
125 PA: Reskriptenbuch 1727–1758.
126 PA: Totenbuch 1626–1693.
127 PA: Reskriptenbuch 1727–1758.
128 LKA: A 1 Bd. 79.
129 GA: B 875.
130 HStAS: A 288 Bü. 3708.
131 GA: B 744.
132 GA: B 320.
133 GA: B 1161 Heiligenrechnung Lichtmess 1755/56.
134 HStAS: H 102/48 Bd. 32.
135 Sigel: Ludwig Schweizer.
136 LKA: DA Ludwigsburg Bü. 139.
137 LKA: A 1 Bd. 34 f.
138 Sigel: Ludwig Schweizer.
139 Frdl. Mitteilung von Herrn Heinrich Raiser, Möglingen, aus: Seybold/Rentschler: Möglingen und seine Dorfkirche S. 8.
140 Sigel: Christoph Jakob Schweizer.
141 Sigel: Conz.
142 z. B. LKA: A 1 Bd. 65 ff.
143 LKA: A 1 Bd. 62.
144 GA: B 1357.
145 Georgii S. 126; Pfeilsticker § 3443.
146 Sigel: Beurlin.
147 LKA: A 29 Bü. 2882 u. DA Ludwigsburg Bü. 139.
148 LKA: A 1 Bd. 83.
149 Ebd. Bd. 90 f.
150 PA: Totenbuch 1704–1794.
151 Beschreibung des Oberamts Ludwigsburg S. 276; Seybold/Rentschler: Möglingen und seine Dorfkirche S. 12 f.; Fischer: Möglingen und seine Glocken.
152 HStAS: A 288 Bü. 2274.
153 Ebd. Bü. 2343.
154 GA: B 875 S. 53 f.
155 HStAS: A 288 Bü. 2344.
156 Ebd. Bü. 2345.
157 GA: B 875.
158 Beil. zum Ev. Gemeindeblatt für Württemberg v. Oktober 1970.
159 PA: Totenbuch 1704–1794.
160 GA: B 319 u. B 320.
161 LKA: A 1 Bd. 56.
162 HStAS: A 288 Bü. 4771.
163 Ebd. u. LKA: A 1 Bd. 77 f.
164 GA: B 1460.
165 LKA: A 1 Bd. 90.
166 PA: Ehebuch 1566–1703; LKA: A 1 Bd. 34.
167 LKA: A 1 Bd. 35 u. 41.
168 LKA: A 1 Bd. 59.
169 Ebd. Bd. 40 f.
170 Ebd. Bd. 45.
171 Ebd. Bd. 49 f.
172 Ebd. Bd. 60.
173 Ebd. Bd. 62 f.
174 PA: Totenbuch 1704–1794.
175 LKA: A 1 Bd. 65.
176 Ebd. Bd. 67.
177 HStAS: A 281 Bü. 880.
178 GA: B 603.
179 LKA: A 1 Bd. 89.
180 PA: Totenbuch 1704–1794.
181 LKA: A 1 Bd. 92.
182 PA: Ehebuch 1704–1794.
183 HStAS: A 213 Bü. 9982.
184 GA: B 875.
185 GA: B 119.
186 HStAS: A 288 Bü. 2304.
187 LKA: A 1 Bd. 34, 35, 37, 46, 52, 62, 72, 81, 92.
188 Ebd. Bd. 42.
189 Ebd. Bd. 56.
190 HStAS: A 288 Bü. 4771.
191 LKA: A 1 Bd. 82.
192 PA: Reskriptenbuch 1727–1758.
193 LKA: A 1 Bd. 90.
194 GA: B 1358.
195 HStAS: A 261 Bü. 1004.
196 Ebd. Bü. 998 u. 1003; vgl. auch GA: B 319.
197 HStAS: H 102/72 Bd. 75.
198 HStAS: H 101 Bd. 1091.
199 HStAS: H 102/48 Bd. 32.
200 HStAS: H 120 Bd. 15.
201 HStAS: A 284/33 Bü. 41.
202 HStAS: A 249 Bü. 1358.
203 Ebd. Bü. 1688.
204 Ebd. Bü. 1708.
205 GA: B 875 S. 125 b ff.

206 GA: B 320.
207 Sauer: Geschichte der Stadt Stuttgart, Bd. 2 S. 243.
208 HStAS: A 29 Bü. 166.
209 Sauer: Tamm S. 268.
210 HStAS: A 297 Bd. 3544.
211 Rielingshausen S. 205 f.
212 GA: B 95.
213 GA: A 4576.
214 GA: B 95.
215 GA: B 875 S. 1 f.
216 GA: B 352.
217 GA: B 95.
218 HStAS: H 107/8 Bd. 6.
219 GA: B 753.
220 HStAS: A 261 Bü. 1018.
221 Ebd. Bü. 1002.
222 GA: B 875 S. 90.
223 Schübelin; Römer: Markgröningen 1550 S. 113.
224 Sauer: Tamm S. 274.
225 HStAS: A 228 Bü. 713.
226 HStAS: A 261 Bü. 1003.
227 GA: B 875; PA: Totenbuch 1704–1794 (1752).
228 HStAS: A 261 Bü. 1003.
229 PA: Seelenbuch 1780.
230 GA: B 352.
231 GA: B 875 S. 96b.
232 GA: B 751.
233 PA: Ehebuch 1566–1704, Seelenbuch um 1780, Familienregister Bd. 1.
234 PA: Seelenregister 1780 S. 194, Familienregister Bd. 1, Tauf- und Ehebuch 1704–1794.
235 GA: B 709; PA: Totenbuch 1626–1693 u. 1704–1794, Ehebuch 1704–1794.
236 HStAS: A 261 Bü. 1003.
237 GA: B 319.
238 Hermann und Adolf Seybold: Das hiesige Backhaus und die Salpeterhütte. In: Mitteilungsblatt v. 19. 5. 1983 bzw. in: Seybold Bd. 2 S. 247.
239 PA: Totenbuch 1704–1794.
240 GA: B 751.
241 GA: B 320.
242 Sauer: Tamm S. 276.
243 PA: Seelenbuch 1780.
244 HStAS: A 302 Bd. 8174.
245 Ebd. Bd. 8175.
246 GA: B 1402.
247 GA: B 1160.
248 GA: B 875.
249 GA: B 319.
250 GA: B 709; PA: Totenbuch 1704–1794.
251 HStAS: A 261 Bü. 1181.
252 Schulz: Die Mühlen im Landkreis Ludwigsburg S. 93 u. 261.
253 HStAS: A 206 Bü. 2142 u. A 249 Bü. 1676; Kleemann: Die erste Wasserversorgung.
254 HStAS: A 261 Bü. 1181; GA: B 751.
255 HStAS: A 206 Bü. 2148.
256 PA: Ehebuch 1704–1794.
257 GA: B 144.
258 GA: B 875.
259 GA: B 94 u. B 875.
260 GA: B 94.
261 GA: B 751.
262 PA: Tauf- und Totenbuch 1704–1794.
263 GA: B 875 S. 43 u. 46 f.
264 Seybold Bd. 2 S. S. 162.
265 GA: B 352.
266 GA: B 122.
267 GA: B 875.
268 Sauer: Tamm S. 280.
269 PA: Reskriptenbuch 1727–1758.
270 GA: B 875.
271 HStAS: A 261 Bü. 1003.
272 Ebd. Bü. 998.
273 PA: Reskriptenbuch 1727–1758.
274 GA: B 875 S. 1.
275 LKA: A 1 Bd. 52.
276 Ebd. Bd. 70.
277 PA: Reskriptenbuch 1727–1758.
278 GA: B 875.
279 HStAS: A 209 Bü. 1536.
280 Sauer: Tamm S. 187.
281 PA: Reskriptenbuch 1727–1758.
282 Markgröningen 779 S. 51 f.
283 PA: Totenbuch 1704–1794.
284 PA: Tauf- u. Totenbuch 1704–1794.
285 GA: B 709.
286 GA: B 875.
287 PA: Ehe- u. Totenbuch 1704–1794.
288 PA: Seelenbuch 1780.
289 PA: Totenbuch 1704–1794.
290 GA: B 352.
291 GA: B 122.
292 GA: B 376.
293 HStAS: A 281 Bü. 876.
294 LKA: A 1 Bd. 34 f.
295 Ebd. Bd. 37.
296 Ebd. Bd. 42.
297 Ebd. Bd. 46.
298 Ebd. Bd. 52.
299 Ebd. Bd. 62.
300 Ebd. Bd. 72.
301 Ebd. Bd. 81.
302 Ebd. Bd. 92.
303 GA: B 709.
304 PA: Seelenbuch 1780.
305 PA: Familienregister Bd. 1.
306 HStAS: A 213 Bü. 4783.
307 PA: Reskriptenbuch 1727–1758.
308 GA: B 875 S. 7.
309 GA: B 709.
310 GA: B 875 S. 20.
311 GA: B 875.
312 PA: Ehebuch 1704–1794; Seelenbuch 1780.
313 GA: B 709.
314 PA: Ehebuch 1704–1794; Heimatglocken Nr. 114 v. September 1938.
315 PA: Ehebuch 1704–1794.
316 GA: B 709.
317 Heimatglocken Nr. 79 v. Oktober 1935.
318 Heimatglocken Nr. 91 v. Oktober 1936.
319 GA: B 709.
320 Heimatglocken Nr. 120 f. v. März/April 1939.
321 Heimatglocken Nr. 88 v. Juli 1936.
322 PA: Seelenbuch 1780.
323 Heimatglocken Nr. 88 v. Juli 1936.
324 PA: Ehebuch 1704–1794; Seelenbuch 1780.

Erste Jahrzehnte im Amt Ludwigsburg (1762–1805)

1 HStAS A 302 Bd. 7835 u. A 372 Bü. 8.
2 HStAS: L 6 Bü. 565.
3 LKA: A 1 Bd. 95.
4 HStAS: A 8 Bü. 87.
5 GA: B 603.
6 Schübelin; Beschreibung des Oberamts Ludwigsburg S. 84; HStAS: A 202 Bü. 974 u. A 372 Bü. 8.
7 HStAS: A 243a Bü. 9.
8 GA: B 875.
9 GA: B 94.
10 Paret S. 372.
11 GA: B 20.
12 GA: B 29.
13 HStAS: A 213 Bü. 6396.
14 PA: Seelenbuch 1780.
15 vgl. Johannes Prinz: Das württembergische Kapregiment 1786–1808, Stuttgart 1932.
16 vgl Seybold Bd. 1 S. 131.
17 Martens S. 649.
18 GA: B 19.
19 PA: Totenbuch 1795–1807.
20 GA: B 19.
21 PA: Reskriptenbuch 1797–1818.

22 GA: B 19; Bolay S. 172.
23 Heyd S. 169.
24 GA: B 19.
25 GA: B 694.
26 PA: Seelenbuch 1780.
27 Heyd S. 170 ff.
28 GA: B 603.
29 GA: B 694 u. B 603.
30 PA: KKP 1805–1829; vgl. auch Albert *Kleemann*: Der Weinbau in früheren Zeiten. In: Hie gut Württemberg Jg. 23, 1972 S. 12 ff.
31 HStAS: A 241 Bü. 1224.
32 Klemm S. 6 ff.
33 PA: Totenbuch 1704–1794.
34 Seybold/Rentschler: Möglingen und seine Dorfkirche S. 15 f.
35 LKA: DA Ludwigsburg Bü. 139.
36 PA: Seelenbuch 1780 u. Totenbuch 1704–1794.
37 PA: Seelenbuch 1780.
38 GA: B 29.
39 PA: Totenbuch 1795–1807.
40 GA: B 694; PA: Seelenbuch 1780 sowie beiliegende genealogische Notizen u. Familienregister Bd. 1; HStAS: A 582 Bü. 715.
41 GA: B 753.
42 GA: B 20.
43 GA: B 19.
44 GA: B 875.
45 HStAS: A 8 Bü. 87.
46 GA: B 875 u. B 603.
47 GA: B 19.
48 GA: B 694.
49 HStAS: A 8 Bü. 87.
50 GA: B 694.
51 HStAS: A 247 Bü. 227 u. A 302 Bd. 7837.
52 GA: B 20.
53 PA: Reskriptenbuch 1758–1796.
54 LKA: A 1 Bd. 95.
55 Beschreibung des Oberamts Ludwigsburg S. 86; LKA: A 29 Bü. 2886; LKA: DA Ludwigsburg Bü. 139.
56 Sigel: Beurlin u. Christian Friedrich Hildenbrand.
57 PA: Seelenbuch 1780.
58 LKA: A 1 Bd. 98.
59 Ebd. Bd. 116, 118, 121–123.
60 Sigel: Amandus Heinrich Hildenbrand.
61 LKA: A 1 Bd. 124 f.
62 HStAS: A 213 Bü. 9443.
63 LKA: A 1 Bd. 130.
64 Ebd. Bd. 136.
65 Ebd. Bd. 95–136.
66 PA: KKP 1767–1783; HStAS: A 288 Bü. 3663
67 Ebd.
68 Kleemann: Beiträge zur Orgelbaugeschichte S. 47.
69 PA: KKP 1767–1783.
70 Ebd.
71 Otto: Die Pfarrkirche St. Pankratius S. 45.
72 Seybold/Rentschler: Möglingen und seine Dorfkirche S. 15.
73 PA: KKP 1783–1804; HStAS: A 288 Bü. 3678.
74 PA: KKP 1783–1804; GA: B 1402; HStAS A 288 Bü. 3663.
75 HStAS: A 288 Bü. 4771.
76 GA: B 1460.
77 Wie Anm. 74.
78 GA: B 29 u. B 1460; HStAS A 288 Bü. 4771
79 LKA: A 1 Bd. 98.
80 PA: Seelenbuch 1780 u. Familienregister Bd. 1.
81 LKA: A 1 Bd. 95–131.
82 Ebd. Bd. 131.
83 wie Anm. 79.
84 LKA: A 1 Bd. 95.
85 Ebd. Bd. 131.
86 PA: KKP 1767–1783.
87 LKA: A 1 Bd. 98.
88 PA: KKP 1805–1829.
89 LKA: A 1 Bd. 99.
90 PA: Reskriptenbuch 1758–1796.
91 GA: B 875; HStAS A 288 Bü. 4771. Vgl. auch HStAS: A 213 Bü. 3893 u. 3953.
92 LKA: A 1 Bd. 101 f.
93 wie Anm. 90.
94 GA: B 753.
95 HStAS A 288 Bü. 4771, KKP 1805–1829 (1805).
96 LKA: A 1 Bd. 134.
97 PA: KKP 1805–1829.
98 Ebd.
99 HStAS: A 304 Gröningen Bd. 5 S. 291 u. 316.
100 HStAS: A 202 Bü. 921.
101 Ebd. u. A 284/13 Bü. 34.
102 HStAS: A 284/33 Bü. 35 f.
103 Ebd. Bü. 132.
104 HStAS: A 304 Gröningen Bd. 6 S. 2.
105 HStAS: A 284/33 Bü. 1.
106 HStAS: A 304 Ludwigsburg Bd. 4 S. 18 u. A 284/33 Bü. 49.
107 HStAS: A 213 Bü. 4374.
108 HStAS: A 372L Bü. 25 u. A 213 Bü. 9981.
109 Ebd.
110 HStAS: A 288 Bü. 4773.
111 HStAS: A 213 Bü. 9982.
112 Ebd. Bü. 10231.
113 HStAS: A 8 Bü. 87.
114 GA: B 29.
115 GA: B 694.
116 GA: B 875.
117 GA: B 753.
118 PA: Totenbuch 1795–1807 u. Familienregister Bd. 1.
119 GA: B 694.
120 HStAS: H 107/10 Bd. 1.
121 HStAS: A 304 Ludwigsburg Bd. 4 S. 127 ff.; Paret S. 371.
122 HStAS: A 558 Bü. 22.
123 GA: B 753.
124 GA: B 603.
125 HStAS: A 227 Bü. 1472.
126 GA: B 694.
127 Seybold Bd. 2 S. 147.
128 GA: B 29 u. A 3881.
129 PA: Familienregister Bd. 1.
130 Ebd. Bd. 2.
131 PA: Totenbuch 1704–1794.
132 Seybold Bd. 2 S. 147.
133 PA: Seelenbuch 1780 S. 33 und Familienregister Bd. 2 S. 125.
134 PA: Totenbuch 1704–1794.
135 PA: KKP 1783–1804.
136 GA: B 94.
137 GA: B 875.
138 PA: Seelenbuch 1780.
139 GA: B 751.
140 GA: A 4855.
141 PA: Ehebuch 1704–1794.
142 GA: A 514.
143 GA: A 498.
144 PA: Familienregister Bd. 1 u. Seelenbuch 1780.
145 GA: A 1056.
146 GA: A 1090.
147 PA: Ehe- und Totenbuch 1704–1794.
148 GA: A 530.
149 GA: A 45.
150 Ebd.
151 Ebd.
152 PA: Familienregister Bd. 1 S. 92.
153 GA: A 1115.
154 Rielingshausen S. 227.
155 PA: KKP 1767–1783.
156 PA: Reskriptenbuch 1758–1796.
157 GA: B 1402.
158 GA: B 19.
159 PA: KKP 1767–1783.
160 Ebd.
161 Ebd.
162 HStAS: A 213 Bü. 8011.
163 GA: B 29.
164 GA: B 694.
165 PA: KKP 1767–1783.
166 Ebd.
167 PA: Familienregister Bd. 2 S. 56 u. Seelenbuch 1780 S. 62.
168 PA: KKP 1783–1804.

169 PA: Ehebuch 1704–1794.
170 PA: Totenbuch 1704–1794.
171 PA: KKP 1767–1783 u. Seelenbuch 1780 S. 10.
172 PA: Familienregister Bd. 1; GA: A 4855 u. B 309.
173 GA: A 1009.
174 GA: B 603.
175 PA: Totenbuch 1704–1794 u. 1795–1807.
176 PA: KKP 1767–1783.
177 HStAS: A 288 Bü. 3619.
178 PA: KKP 1783–1804.
179 Pfeilsticker § 2570, dort soll er allerdings erst ab März 1793 im Amt gewesen sein.
180 PA: KKP 1783–1804.
181 GA: B 603.
182 PA: KKP 1767–1783.
183 Ebd.
184 PA: Totenbuch 1704–1794.
185 PA: Reskriptenbuch 1758–1796 S. 133b ff.
186 PA: Totenbuch 1795–1807.
187 PA: Reskriptenbuch 1758–1796 S. 133b ff.
188 PA: Totenbuch 1704–1794.
189 Ebd.
190 LKA: A 1 Bd. 95.
191 Ebd. Bd. 102.
192 Ebd. Bd. 105.
193 Ebd. Bd. 112.
194 Ebd. Bd. 122.
195 Ebd. Bd. 131.
196 Ebd. Bd. 136.
197 Ebd. Bd. 95.
198 Ebd. Bd. 131.
199 Ebd. Bd. 136.
200 HStAS: A 8 Bü. 95.
201 HStAS: A 8 Bü. 87.
202 vgl. Heimatglocken 12 f. v. März/April 1930.
203 PA: Seelenbuch 1780 u. Familienregister Bd. 1 u. 2.
204 GA: A 4855.
205 Zur Familie Giek als Schultheißen über mehrere Generationen in Schöckingen vgl. Friedrich *Freiherr von Gaisberg-Schöckingen*: Die Schultheißen von Schöckingen. In: Südwestdeutsche Blätter für Familien- und Wappenkunde Bd. 21 Heft 7 v. März 1996, S. 307 f.
206 PA: Seelenbuch 1780 u. Familienregister Bd. 1.
207 Frdl. Mitteilung Frau Beck, BMA Möglingen.
208 PA: Seelenbuch 1780.
209 PA: Familienregister Bd. 1.
210 Heinrich *Raiser*, Möglingen: Auswanderer aus Möglingen, handschriftlich 1999.
211 Miller S. 174, 178.
212 Wie Anm. 204 und Seybold Bd. 3 S. 314.
213 PA: Seelenbuch 1780.
214 Heimatglocken Nr. 12 u. 13 v. März/April 1930; Seybold Bd. 2 S. 209–213; PA: Familienregister Bd. 1.

Aus der Geschichte der Gemeindeverwaltung

1 Klemm S. 10.
2 GA: B 145 Bl. 254.
3 Die zu Beginn des Jahres 1819 im Amt befindlichen Magistratsmitglieder haben auch Ende 1819 das Protokoll (B145) unterschrieben.
4 GA: Möglingen B 145.
5 GA: B 145 Blatt 194.
6 Gemeindeedikt vom 1. 3. 1822 § 9 RegBl. S. 131 ff.
7 GA: B 145 Bl. 263.
8 RegBl. 1849 Seite 277 ff.
9 GA: Verzeichnis der Gemeinderäte 1849/78 bei A 4838.
10 Im Gemeinderatsprotokoll 1849 (B146) haben am 2. Juli 1849 die gleichen 8 Gemeinderäte unterschrieben, die am 4. 9. 1849 gewählt wurden.
11 RegBl. 1885 S. 257 ff.
12 Waibel S. 139.
13 GA: A 4838.
14 GA: A 4838 (Gemeinderatsverzeichnis 1849/78 und 1878/1903 u. A 5158 (1903/32).
15 VO vom 7. 6. 1817 RegBl. S. 309 ff.
16 GA: B 145 S. 173b.
17 GA: A 4837.
18 Gesetz vom 21. Mai 1891.
19 StAL: F 181 I Bü 29a.
20 Dieses Verzeichnis wurde erstellt aufgrund der Gemeinderatsverzeichnisse im Gemeindearchiv Möglingen (A 4838 u. A 5158) und im Staatsarchiv Ludwigsburg F 181 II Bd. 10.

Möglingen im Königreich Württemberg (1806–1871)

1 Nipperdey S. 69–79; Weller/Weller S. 207–214; Baden und Württemberg im Zeitalter Napoleons, Band 2, Aufsätze, Stuttgart 1987; Sauer: Der schwäbische Zar.
2 Weller/Weller S. 213; Königlich württembergisches Hof und Staatshandbuch 1813, S. 300.
3 Weller/Weller S. 213–215; Günter Cordes: Das württembergische Heerwesen zur Zeit Napoleon S. In: Baden und Württemberg im Zeitalter Napoleons, Band 2, Aufsätze, Stuttgart 1987, S. 275–296.
4 PA: KKP 1805–1829 Bl. 79.
5 Cordes S. 280; Seybold Bd. 1 S. 136–137; GA: B 93 Bl. 107, 140–141 u. B 146 Bl. 22–23.
6 Weller/Weller S. 214–215; GA: B 93 Bl. 170, 189–190, 304–307, 311–312.
7 GA: B 145 Bl. 36–39, 42–43, 47, 213.
8 GA: B 145 Bl. 62, 100, 111; PA: KKP 1805–1829, Bl. 71–73.
9 Weller: Sozialgeschichte Südwestdeutschlands S. 107–111; PA: KKP 1805–1829, Bl. 98. Nach dem Tod von Königin Katharina 1819 wollten die Möglinger *die zum Denkmal der verewigten Königin eingegangene Kollekte zu einem hier, in diesem Ort, zu errichtenden Denkmal verwenden, etwa zu einer Orgel in die Schule, die, mit einer passenden Inschrift versehen, das Andenken unserer allgemein geliebten Landesmutter zu erhalten geschickt wäre*. Ob dieser Beschluss zur Ausführung gelangte, ist den Unterlagen nicht zu entnehmen.
10 GA: B 145 Bl. 122–123; PA: KKP 1805–1829 Bl. 79–80.
11 GA: B 145 Bl. 128, 138–141, 149–151, 154–156, 177–178; PA: KKP 1805–1829 Bl. 81, 83–84, 88–91; Seybold Bd. 2 S. 170–171.
12 GA: B 145 Bl. 129–135.
13 Weller/Weller S. 213; Sauer: Reformer auf dem Königsthron S. 150.
14 Seybold Bd. 2 S. 287; GA: B 145 Bl. 147–148 und 179; PA: KKP 1805–1829 Bl. 31.

15 Weller/Weller S. 229–230; GA: B 145 Bl. 142.
16 GA: B 145 Bl. 133, 326–327.
17 GA: B 699 Bl. 190–192; B 146 Bl. 193.
18 StAL: F 181 I Bü 29a; GA: B 715 Bl. 46–47.
19 StAL: F 181 I Bü 29 a und 171; LKA: A 29 Bü 2886; Paul Dorsch: Kriegszüge der Württemberger im 19. Jahrhundert, Calw und Stuttgart 1913, S. 126–131. Im Juli 2000 übeließ Wolfgang Läpple, Stadtarchiv Ludwigsburg, dem Gemeindearchiv Möglingen Aufzeichnungen des Schultheißen Ziegler, beginnend 1834.
20 Beschreibung des Oberamts Ludwigsburg S. 277; Seybold Bd. 2 S. 286; DA: Bü 139.
21 GA: B 714 Bl. 111; StAL: F 181 I Bü 171.
22 GA: A 4415.
23 GA: B 93 Bl. 175–178, 192, 241; B 715 Bl. 87, 196, 217; B 699 Bl. 115; StAL: F 181 I Bü 171.
24 GA: B 145 Bl. 21–22, 28–29.
25 GA: B 713 Bl. 177; B 714 Bl. 1, 36, 57–59.
26 Beschreibung des Oberamts Ludwigsburg S. 276; Seybold Bd. 2 S. 244–246; GA: B 715 Bl. 54–55, 158–159, 162, 167, 227–228, 230, 258.
27 Schäfer: Zu erbauen und zu erhalten S. 203; LKA: A 29 Bü 2886; DA: Bü 139.
28 Sigel: Buchstabe H; HStAS: A 281 Bü 795.
29 Sigel: Buchstabe B; DA: Bü 139; PA: KKP 1805–1829 Bl. 86. Die Predigt von Pfarrer Breuning zum Reformationsjubiläum 1817 ist noch vorhanden.
30 Sigel: Buchstabe S; DA Bü 139.
31 Sigel: Buchstabe W; LKA: A 27 Bü 3413 u. A 29 Bü 2886.
32 PA: KKP 1833–1845 Bl. 24–25; KKP 1805–1829 Bl. 18.
33 Weller S. 133; GA: B 1147 Bl. 1, 8; PA: KKP 1805–1829 Bl. 2426.
34 Sauer: Uns rief das Heilige Land; Seybold Bd. 2 S. 324–330; HStAS: A 281 Bü 795; LKA: A 29 Bü 2886; DA: Bü 139.
35 GA: B 1147 Bl. 37, 39, 43, 47–48, 52, 63–64, 70–72; PA: KKP 1805–1829 Bl. 45, 51.
36 Beschreibung des Oberamts Ludwigsburg S. 276; GA: B 713 Bl. 106; B 714 Bl. 1, 23–24; B 1147 Bl. 1921, 2325, 2327, 2930; PA: KKP 1829–1833, Bl. 78, 64–66, 90–92; StAL: F 181 I Bü 171.
37 PA: KKP 1805–1829 Bl. 34, 15–16.
38 Burkhardt: S. 4; PA: KKP 1805–1829 Bl. 19, 39, 70, 109, 116; KKP 1833–1845 Bl. 29–31; GA: B 145 Bl. 179, 184; HStAS: A 281 Bü 795.
39 PA: KKP 1805–1829 Bl. 117, 124, 174, 184.
40 GA: B 1147 Bl. 4143, 5356; PA: KKP 1833–1845, Bl. 255, 257–259, 269–271.
41 GA: B 1147 Bl. 40, 66–67 u. A 4833; PA: KKP 1845–1859 Bl. 23–26, 33, 147, 341–342.
42 PA: KKP 1859–1882 Bl. 198, 222–223, 441; GA: A 5045 u. B 692 Bl. 11.
43 Beschreibung des Oberamts Ludwigsburg S. 278–279.
44 Ebd. S. 279–280; GA: B 699 Bl. 93–94, 119–120.
45 Seybold Bd. 2 S. 178; GA: B 716 Bl. 44–45; B 713 Bl. 73–74, 145; B 714 Bl. 25, 36–37, 112, 123–124, 138–139, 148, 201, 241; B 715 Bl. 114, 128–130, 182, 265, 288, 334–335, 349; A 4405.
46 GA: B 715 Bl. 15–16, 251; B 699 Bl. 124–125.
47 GA: B 146 Bl. 25–26, 35, 94, 186–187; B 692 Bl. 147, 252; B 703 Bl. 21–22, 24; B 704 S. 111–112, 269–271, 277–278, 383–384.
48 GA: B 699 Bl. 192, 358; B 146 Bl. 13–14, 47–48.
49 Nipperdey S. 595–670; Weller/Weller S. 235–237.
50 GA: B 146 Bl. 27–31, 46–47.
51 Weller/Weller S. 236–237; GA: B 146 Bl. 210.
52 Hippel.
53 GA: B 146 Bl. 79; B 218; StAL: F 181 I Bü 109; LKA: A 29 Bü 2886.
54 GA: B 145 Bl. 293–294, 316–317; StAL F 181 I Bü 57; LKA: A 29 Bü 2886.
55 StAL F 181 I Bü 61.
56 GA: B 713 Bl. 95–96; B 699 Bl. 78.
57 GA: B 146 Bl. 40–41, 79, 82–83, 115–116, 146–147, 211–212; B 218 Bl. 14; StAL F 181 I Bü 109. Im März 1877 war der Einzug der Ablösungsgelder des Großen Zehnten und des Weinzehnten beendet. Vgl. GA: B 692 Bl. 164.
58 GA: B 218 Bl. 58; A 4740; StAL F 181 I, Bü 109.
59 StAL: F 181 Bü 124; F 98 Bd. 594; HStAS: A 526 Bü 5; LKA: A 29 Bü 2884; GA: A 4759; A 4601.
60 GA: B 218 Bl. 911; StAL F 181 I Bü 109; F 98 Bd. 594.
61 StAL: F 181 I Bü 80; GA: A 4450, A 4951; Seybold Bd. 2 S. 193 f. und 196–199.
62 Zur Auswanderung im 19. Jahrhundert vgl. Max Miller: Die Auswanderung der Württemberger nach Westpreußen und dem Netzegau 1776–1786, Stuttgart 1935; Aufbruch nach Amerika, hrsg. von Günter Moltmann, Tübingen 1979; Karl Stumpp: Die Auswanderung aus Deutschland nach Russland in den Jahren 1763–1862, Tübingen 1974.
63 GA: B 713 Bl. 171–172 u. A 2482; Seybold Bd. 2 S. 314–315.
64 Weller/Weller S. 242; GA: B 146 Bl. 24 u. 51; Seybold Bd. 2 S. 317–321.
65 Weller/Weller S. 242; GA: B 146 Bl. 150, 153, 172–173, 180.
66 GA: B 146 Bl. 51, 70, 85–87.
67 GA: A 2514 u. 2518.
68 GA: A 4013.
69 GA: A 2427, A 2454, A 3994; Seybold Bd. 2 S. 286 und Bd. 3 S. 317–323.
70 Seybold Bd. 2 S. 315–330; GA: B 692 Bl. 54, 56–58, 60, 62, 70, 95–96.
71 Heinrich Raiser: Auswanderungsliste, zusammengestellt u. a. nach Angaben von Seybold Bd. 2. S. 314–330, ergänzt aus den Gemeinderatsprotokollen.

Möglingen im Kaiserreich (1871–1918)

1 Weller/Weller S. 261–262; Seybold Bd. 2 S. 203; GA: B 692 Bl. 49–50, 58, 64–65, 67 u. A 4779; PA: KGP 1851–1894 Bl. 155, 156.
2 GA: B 704 S. 47 u. B 693 S. 264–265.

[3] GA: B 692 Bl. 71; B 703 Bl. 200–201.
[4] GA: B 692 Bl. 88, 101–102, 138–139, 156–157.
[5] GA: B 692 Bl. 117, 188–189 u. A 4779.
[6] StAL: F 181 I Bü 318–318a; GA: B 703 Bl. 273; Chronik S. 25 u. 28.
[7] GA: B 692 Bl. 136, 221; B 704, S. 385–392; A 3585; LKA: A 29 Bü 2886.
[8] GA: B 692 Bl. 233, 260–261; B 703 Bl. 32–36; B 693, S. 346–348; A 4838 u. 5158.
[9] GA: B 704, S. 266–269, 310311, 607–608; B 693, S. 203–205, 278–280; Seybold Bd. 2 S. 233–235.
[10] StAL: F 181 I Bü 29 a; GA: B 692 Bl. 123–124; LKA: A 29, Bü 2886.
[11] StAL: F 181 I Bü 50; GA: B 692 Bl. 267; B 703 Bl. 19, 283–286; LKA: A 29 Bü 2886.
[12] STAL: F 181 III, Bü 455; LKA: A 29, Bü 2886; Seybold Bd. 2 S. 287.
[13] GA: B 704 S. 41, 56–57, 62–64, 75–81, 108, 135–138, 180–181; A 4587.
[14] GA: B 692 Bl. 13 u. B 703 Bl. 3738; LKA: A 29 Bü 2886.
[15] GA: B 692 Bl. 307, 228, 279–281, 316; B 703 Bl. 236–237.
[16] StAL: F 181 III Bü 143a; LZ v. 17. 6. 1903, 261. 1907 u. 13. 1. 1912.
[17] GA: B 692 Bl. 104–105, 208; B 703 Bl. 62–67, 139–142; B 704 Bl. 23–24, S. 665–667; B 693, S. 430–431; A 4967; A 4469; A 4796.
[18] StAL: F 181 I Bü 191; GA: B 692 Bl. 162–163.
[19] StAL: F 181 I Bü 191.
[20] Hydraulischer Widder (Stoßheber): Wasserhebungsmaschine, bei welcher in einer wenig geneigten Röhre fließendes Wasser, plötzlich in seiner Bewegung gehemmt, durch den Stoß das Ventil zu einem Steigrohr öffnet und emporsteigt, bis das Gleichgewicht hergestellt ist, worauf das Spiel von neuem beginnt. Vgl. Meyers Hand-Lexikon des allgemeinen WissenS. Erste Hälfte, Leipzig und Wien 4, 1890 S. 617.
[21] StAL: F 181 I Bü 191; GA: B 692 Bl. 194.
[22] StAL: F 181 I Bü 191.
[23] GA: B 692 Bl. 208–209.
[24] GA: B 703 Bl. 26, 83–84; B 704 Bl. 121–125.
[25] GA: B 704 S. 411–415, 421–424, 467–469, 507–511; A 4722.
[26] GA: B 704 S. 520–524, 574–577, 600–602, 649–650, 656–657, 665–667; A 4722; Chronik S. 30; StAL: F 181 III Bü 318.
[27] GA: B 704 S. 93–94, 150–151, 154–155, 214–215, 230–233; A 4556.
[28] GA: B 693, S. 79, 44–46, 52–56, 79–80; A 4556; StAL: F 181 III Bü 871.
[29] GA: B 693 S. 231–233, 295–296, 401–405, 416–417; A 4556; StAL: F 181 III Bü 871.
[30] GA: B 693 S. 424–427, 461–465, 509–511, 539–541, 572–574, 588–589; A 4556.
[31] GA: B 693 S. 247–248, 267–268, 276; A 4707; Chronik S. 34.
[32] GA: A 4707; LZ v. 4. 8. 1911.
[33] GA: B 692 Bl. 281–282;
[34] GA: B 703 Bl. 200, 223; B 704 S. 220–221; B 693 S. 159–160; A 4748.
[35] GA: B 692 Bl. 122–123, 173; B 704 S. 95–96, 534–538; B 693 S. 218–220, 317–319.
[36] GA: B 704 S. 207–209, 399–402, 416–418, 566–570; B 693 S. 37.
[37] LKA: A 29 Bü 2886; PA: KGP 1851–1894 Bl. 157.
[38] LKA: A 29 Bü 2886; PA: KGP 1851–1894 Bl. 186, 253–254.
[39] LKA: A 29 Bü 2886; PA: KGP 1851–1894 Bl. 318.
[40] LKA: A 29 Bü 2886; PA: KGP 1895–1911 S. 291–292, 351; Chronik S. 8 u. 36.
[41] GA: B 692 Bl. 74; B 1147 Bl. 121–122, 124, 127, 166; PA: KKP 1859–1882 Bl. 264, 266; KKP 1883–1892 Bl. 20; KGP 1851–1894 Bl. 235–237.
[42] PA: KGP 1851–1894 Bl. 250; KGP 1895–1911, S. 47–48, 50–54.
[43] PA: KGP 1851–1894 Bl. 314, 318–321, 328–329, 333–334, 346–348, 352.
[44] PA: KGP 1895–1911 S. 13, 14–17, 19–25, 28–30, 33, 36–38, 43–46.
[45] PA: KGP 1895–1911 S. 73–77, 103–104, 110–112, 118–119, 121–125, 131–132, 135, 141–142, 147–148; GA: B 704 S. 187–188.
[46] PA: KGP 1895–1911, S. 357; KGP 1912–1950 S. 25.
[47] GA: B 1147 Bl. 173–180; B 25 Bl. 100; PA: KGP 1851–1894 Bl. 64, 70, 87, 270–271, 288–289, 294–297.
[48] LKA: A 29 Bü 2886.
[49] LKA: A 29 Bü 2886; GA: B 692 Bl. 169, 200–201, 210, 254, 256–257, 277; B 703 Bl. 45; B 704 S. 436–437; B 1147 Bl. 125.
[50] PA: KKP 1859–1882 Bl. 342–343
[51] LKA: A 29 Bü 2886; GA: B 703 Bl. 243–244, 252; B 704 Bl. 33–34; B 693 S. 46–47, 169–170; A 4602.
[52] GA: B 692 Bl. 77, 109–110, 263; B 704, S. 333–337.
[53] GA: B 692 Bl. 132–134, 148–149, 161; A 4601.
[54] GA: B 692 Bl. 39–40, B 703 Bl. 258–259; B 704 S. 541–543 u. 547–549; A 4602.
[55] PA: KKP 1845–1859 Bl. 33–34; KKP 1859–1882 Bl. 43–44, 120–121, 127, 130, 134, 194–195, 233; StAL F 181 III Bü 418.
[56] GA: B 703 Bl. 20–21, 147–148, 160–161, 186; PA: KGP 1851–1894 Bl. 220.
[57] GA: B 703 Bl. 280–281; B 704 S. 500; B 693 S. 176–178; A 4602.
[58] LKA: A 29 Bü 2886; GA: B 704 S. 643–645; B 693 S. 143–144, 212–215; Chronik S. 4, 27–28.
[59] GA: B 692 Bl. 36; B 703 Bl. 180–181, 267; B 704 S. 199, 325–328, 393–395; B 693 S. 64–65, 72–75, 112–113, 130–132.
[60] GA: B 692 Bl. 165; B 703 Bl. 912, 124–125, 203; B 704 S. 53–54,88; Seybold Bd. 2 S. 227–229.
[61] GA: A 4746; Seybold Bd. 2 S. 227–230.
[62] 125 Jahre Singverein Möglingen S. 917.
[63] PA: KGP 185–194 Bl. 339–341.
[64] GA: B 704 S. 586–587, 633–635; B 693 S. 60–62, 238–239, 249–250; A 5143.
[65] Seybold Bd. 2, S. 304–305.

66 GA: B 693 S. 515–516, 519–522; Cronik S. 3945; dtv – Atlas zur Weltgeschichte, Bd. 2, München 21, 1986 S. 122–123; Seibold Bd. 3 S. 344.
67 GA: B 693 S. 527, 601–603.
68 GA: B 693 S. 562–564.
69 LKA: A 29 Bü 2886.
70 PA: KGP 1912–1950 S. 59–60, 73, 75; LKA: A 29 Bü 2886.
71 Seibold Bd. 3 S. 344; dtv – Atlas zur Weltgeschichte, Bd. 2, München 21, 1986 S. 129–131.

Die Zeit der Weimarer Republik und der nationalsozialistischen Herrschaft (1919–1945)

1 Hermann Seybold jr.: Möglingen im Wandel der Zeiten. In : Mitteilungsblatt v. 17. 5. 1984.
2 Frdl. Mitteilung Heinrich Raiser, Möglingen.
3 Paret S. 202.
4 Chronik.
5 GA: B 693.
6 PA: KGR 1912–1950.
7 GA: B 706.
8 GA: B 706; PA: KGR 1912–1950;Chronik. Vgl. auch Ludwigsburger Geschichtsblätter 46/1992 S. 135 f.
9 LKA: A 29 Bü. 2886.
10 GA: A 4534.
11 GA: A 4532; LZ (Sonderblatt) v. 7. 6. 1920.
12 Chronik.
13 PA: KGR 1912–1950.
14 GA: A 2380.
15 PA: KGR 1912–1950.
16 vgl. Noetzel Bd. 2 S. 10 ff.
17 GA: A 4521.
18 GA: A 4525. Prozentzahlen ermittelt von Klaus Herrmann, Ludwigsburg.
19 GA: A 4523.
20 GA: A 4519.
21 GA: A 4518.
22 GA: A 4517.
23 Heimatglocken Nr. 49 v. April 1933.
24 GA: A 4515.
25 GA: A 4513.
26 GA: A 4512.
27 LZ v. 19. 4. 1933; GA: B 705.
28 GA: B 705.
29 Heimatglocken Nr. 50 v. Mai 1933.
30 Heimatglocken Nr. 58 v. Januar 1934.
31 Heimatglocken Nr. 62 v. Mai 1934, vgl. auch Nr. 94 v. Januar 1937.
32 GA: A 4662.
33 LZ v. 7. 6. 1933; GA: B 705.
34 GA: B 705.
35 Noetzel Bd. 2 Anm. 68.
36 LZ v. 16. 1. 1934.
37 GA: A 4662
38 StAL: EL 903/1 Bü. 560.
39 Ebd.
40 Ebd.; Standesamt Möglingen: Sammelakten zum Sterbebuch 1943 u. 1947, Seybold Bd. 3 S. 345 f.
41 GA: A 4662.
42 PA: Familienregister Bd. 3 S. 147.
43 StAL: EL 902/15 Az. 30/34/170.
44 GA: A 4662; StAL: EL 902/15 Az. 30/34/62 u. EL 903/1 Bü. 560.
45 LZ v. 28. 6. ,7. 11. u. 28. 11. 1933.
46 StAL: EL 903/1 Bü. 560.
47 GA: A 4662; StAL: EL 902/15 Az. 30/34/62.
48 GA: B 705.
49 LZ v. 7. 11. 1933.
50 GA: B 705.
51 LZ v. 16. 1. 1934; Heimatglocken Nr. 59 v. Februar 1934.
52 Heimatglocken Nr. 60 v. März 1934.
53 GA: B 705.
54 Öttinger S. 6.
55 GA: B 705.
56 Heimatglocken Nr. 43 vom Oktober 1932; PA: Familienregister Bd. 4 S. 78.
57 StAL: EL 903/1 Bü. 560.
58 StAL: EL 903/1 Bü. 75; GA: A 4662 u. A 4685.
59 Chronik.
60 Heimatglocken Nr. 51 v. Juni 1933.
61 LZ v. 28. 6. 1933.
62 LZ v. 4. 10. 1933.
63 Heimatglocken Nr. 57 v. Dezember 1933.
64 L Z v. 3. 5. 1934; Heimatglocken Nr. 63 v. Juni 1934.
65 GA: B 705.
66 Heimatglocken Nr. 77 v. August 1935.
67 Heimatglocken Nr. 78 v. September 1935.
68 Interview mit einer Möglinger Zeitzeugin (Name der Redaktion bekannt).
69 StAL: EL 903/1 Bü. 560.
70 Dem Verfasser übergeben von Frau Martha Schüle, Möglingen.
71 Öttinger S. 5 f.
72 GA: A 4676.
73 Heimatglocken Nr. 127 v. Oktober 1939.
74 Öttinger S. 7.
75 LZ v. 1. 11. 1940.
76 LZ v. 4. 11. 1940.
77 GA: B 22.
78 LZ v. 22. 4. 1942; GA: B 22.
79 GA: B 22.
80 LZ v. 15. 3. 1944; GA: B 22.
81 GA: A 4676.
82 Standesamt Möglingen: Sammelakten zum Sterbebuch 1941
83 Ebd.; PA: Familienregister Bd. 3 S. 81; GA: A 4685.
84 GA: A 4684, 4682, 4681, 4684, 4693.
85 Seybold Bd. 3 S. 346.
86 GA: B 759.
87 PA: Familienregister Bd. 2 S. 136b.
88 GA: A 4642.
89 PA: Familienregister Bd. 3 S. 37; Heimatglocken Nr. 138 v. September 1940.
90 Müller: Stuttgart S. 390.
91 GA: A 4642; PA: Familienregister Bd. 2 S. 152b; vgl. Heimatglocken Nr. 139 v. Oktober 1940: Die Todesnachricht kam von *auswärts*.
92 Standesamt Möglingen: Beilagen zum Familienregister Nr. 1262 u. 1267
93 Interview mit einer Möglinger Zeitzeugin (Name der Redaktion bekannt).
94 Sauer: Württemberg S. 399, 406 ff.; Müller Stuttgart S. 386 ff.
95 Sauer: Württemberg S. 409.
96 StAL: E 902/15 Az. 30/34/170.
97 GA: A 4680 u. B 1393.
98 GA: A A 4671, 4675 u. B 23 (28. 4. 1940).
99 GA: A 4689.
100 GA: A 4686.
101 StAL: FL 20/12 I Bü. 11525.
102 GA: A 4943.
103 GA: A 4680 u. B 1393.
104 GA: A 5143; Bauakte des Stalls in StAL: F 181 II Bü. 519.
105 StAL: FL 20/12 I Bü. 11555.
106 GA: Az. 361. 21.
107 GA: A 4691.
108 GA: B 23.
109 GA: A 4671.
110 Heimatglocken Nr. 135 v. Juni 1940.
111 GA: A 4693.
112 GA: B 22.

113 GA: Fortschreibung der Wohnbevölkerung Januar 1941 bis Dezember 1945.
114 StAL: EL 902/15 Az. 30/34/62.
115 GA: B 22.
116 GA: A 4675.
117 GA: A 4681.
118 GA: B 22.
119 Chronik; Hermann Seybold jr.: Möglingen im Wandel der Zeiten. In: Mitteilungsblatt v. 30. 5. 1984.
120 GA: A 4673.
121 StAL: FL 20/12 II Bü. 365.
122 Chronik.
123 StAL: FL 20/12 I Bü. 11566.
124 GA: B 22.
125 Chronik.
126 GA: A 4673.
127 StAL: FL 20/1 II Bü. 365; vgl. auch Chronik.
128 GA: B 22.
129 Leibbrand S. 120 f.
130 Ebd.; Blumenstock S. 6.
131 Chronik; Standesamt Möglingen: Sammelakten zum Sterbebuch 1945; PA: Familienregister Bd. 4 S. 63.
132 Interview mit einer Möglinger Zeitzeugin (Name der Redaktion bekannt).
133 Sauer: Württemberg S. 442; Bez S. 169; Noetzel Bd. 1 S. 67.
134 Chronik.
135 StAL: EL 903/1 Bü. 560; Interview mit einer Möglinger Zeitzeugin (Name der Redaktion bekannt).
136 Blumenstock S. 216.
137 GA: A 4673.
138 StAL: EL 902/15 Az. 30/34/62.
139 Chronik.
140 Ebd.
141 GA: A 4673.
142 StAL: EL 903/1 Bü. 560.
143 Blumenstock S. 216; HStAS: J 170 Bü. 11.
144 GA: B 22.
145 Chronik.
146 Seybold Bd. 3 S. 345 ff.; Heinrich Raiser, Möglingen: Liste der Gefallenen.
147 vgl. Paret S. 203.
148 GA: B 705.
149 GA: B 706 (September 1923).
150 StAL: Repertorium F 181 III S. 4.
151 GA: B 706.
152 GA: B 705 (s. Sitzung 6. 9. 1928).
153 GA: B 706.
154 Ebd.
155 GA: B 705.
156 GA: A 4662.
157 StAL: F 181 III Bü. 454.
158 GA: A 4671 u. A 4688.
159 GA: A 4065.
160 GA: A 4682.
161 GA: A 4681.
162 GA: A 4073.
163 GA: B 693.
164 GA: B B 693 u. 705.
165 PA: Familienregister Bd. 4 S. 181; Heimatglocken Nr. 118 v. Januar 1939.
166 GA: A 5126.
167 Chronik.
168 GA: B 706.
169 GA: B 705.
170 GA: A 5115.
171 GA: A 4673.
172 GA: B 693.
173 GA: B 706.
174 GA: B 705.
175 Ebd.
176 GA: A 4517.
177 GA: A 4789.
178 GA: B 705.
179 LZ v. 27. 4. 1933; GA: A 4789.
180 GA: B 705.
181 LZ v. 20. 6. 1933.
182 LZ v. 23. 6. 1933; GA: A 4789 u. B 705.
183 LZ v. 21. 11. 1993; GA: B 705.
184 GA: A 4798.
185 GA: B 705; StAL: F 181 II Bd. 10 (freundlicher Hinweis von Herrn Klaus Herrmann, Ludwigsburg).
186 GA: A 4789.
187 GA: B 705.
188 GA: A 4696.
189 StAL: EL 902/15 Az. 30/34/62.
190 GA: A 4683.
191 GA: B 689.
192 GA: B 1393.
193 Chronik.
194 GA: B 1393 u. B 705.
195 GA: A 5126.
196 GA: B 705 u. A 4587.
197 GA: B 693.
198 GA: B 706.
199 GA: A 4699 u. A 4695.
200 StAL: F 181 II Bü. 544.
201 GA: B 705.
202 GA: A 4695.
203 GA: A 4699, Originalvertrag von 1910 in A 4678.
204 GA: A 4673.
205 GA: B 705 S. 534 f.
206 GA: B 1393.
207 GA: A 4699
208 700 Jahre S. 71.
209 Ebd.;GA: B 705.
210 GA: B 705.
211 GA: A 4402.
212 Chronik.
213 700 J. S. 65 f.
214 GA: B 705.
215 LZ v. 27. 5. 1936.
216 GA: A 4402.
217 Chronik; Hermann Seybold jr.: Möglingen im Wandel der Zeiten. In: Mitteilungsblatt v. 30. 5. 1984; Heimatglocken Nr. 14 v. Mai 1930, Nr. 45 v. Dezember 1932, Nr. 78 v. September 1935, Nr. 118 v. Januar 1939.
218 GA: B 706.
219 GA: B 705.
220 GA: B 22.
221 Chronik.
222 Michels S. 64.
223 GA: B 705.
224 LZ v. 21. 10. 1933.
225 GA: B 705.
226 GA: A 4406.
227 LZ v. 19. 4. 1933.
228 Chronik.
229 GA: B 706.
230 GA: B 705.
231 GA: A 4695.
232 Heimatglocken Nr. 81 v. Dezember 1935.
233 Öttinger S. 5.
234 LZ v. 7. 11. 1938; GA: A 4700.
235 LZ v. 9. 11. 1938.
236 LZ v. 5. 11. 1938.
237 GA: A 4690.
238 GA: B 22.
239 Chronik; aus: Heimatglocken.
240 Chronik.
241 GA: B 706.
242 GA: A 4681.
243 GA: B 705.
244 Möglingen und seine Dorfkirche S. 5.
245 Chronik.
246 PA: KGR 1912–1950; LKA: DA Ludwigsburg Bü. 139 f.
247 LKA: A 29 Bü. 2886.
248 Michels S. 25 u. 52.
249 Chronik.
250 Sigel: Lechler.
251 PA: Familienregister Bd. 3 S. 34.
252 LKA: A 29 Bü. 2886.
253 GA: B 705.
254 StAL: EL 902/15 Az. 30/34/170
255 PA: Familienregister Bd. 3 S. 34 u. KGR 1912–1950. Vgl. auch: Familienbuch der Nachkommen des M. Johann Christoph Friedrich Lechler, Korntal 1921.
256 PA: KGR 1912–1950.
257 Sigel: Rentschler

258 Frdl. Leihgabe von Frau Benkiser über Frau Martha Schüle geb. Öttinger, Möglingen.
259 GA: B 705.
260 PA: KGR 1912–1950.
261 Ebd.
262 LKA: A 29 Bü. 2886.
263 LZ v. 15.11.1933.
264 Schäfer Bd. 3 S. 359.
265 Möglingen und seine Dorfkirche S. 8.
266 PA: KGR 1912–1950.
267 Ebd.
268 Ebd.
269 Schäfer Bd. 3 S. 357 ff.
270 PA: KGR 1912–1950.
271 Ebd.
272 Ebd.
273 Ebd.
274 GA: A 4684.
275 PA: KGR 1912–1950.
276 Ebd.
277 PA: KGR 1912–1950; GA: B 1393
278 PA: KGR 1912–1950.
279 Ebd.
280 Ebd.; Möglingen und seine Dorfkirche S. 12; StAL: FL 20/12 I Bü. 11508; Chronik.
281 Heimatglocken Nr. 130 v. Januar 1940.
282 Heimatglocken Nr. 144 v. März 1941.
283 Heimatglocken Nr. 130 v. Januar 1940.
284 PA: KGR 1912–1950.
285 LKA: A 29 Bü. 2886; Möglingen und seine Glocken.
286 PA: KGR 1912–1950.; Möglingen und seine Glocken; Chronik.
287 Ebd.
288 PA: KGR 1912–1950.
289 Chronik.
290 GA: B 705.
291 GA: B 706.
292 Chronik.
293 PA: KGR 1912–1950.
294 PA: Familienregister Bd. 3 S. 158.
295 PA: KGR 1912–1950.
296 Chronik.
297 StAL: FL 200/13 Bü. 353; GA: B 706.
298 GA: B 705.
299 PA: Familienregister Bd. 3 S. 99; Chronik.
300 GA: B 705.
301 Heimatglocken Nr. 60 v. März 1934.
302 PA: KGR 1912–1950; vgl. Noetzel Bd. 1 S. 46.
303 StAL: FL 200/13 Bü. 353.
304 Chronik.
305 GA: A 4662.
306 StAL: FL 200/13 Bü. 353; Chronik.
307 GA: A 4698.
308 Chronik.
309 Ebd.; GA: A 4678.
310 GA: A 3817.
311 Chronik.
312 GA: B 693.
313 GA: A 3817.
314 GA: B 705.
315 GA: A 4698.
316 PA: KGR 1912–1950.
317 Chronik.
318 Ebd.; Hermann Seybold jr.: Möglingen im Wandel der Zeiten. In: Mitteilungsblatt v. 7. 6.1984.
319 StAL: FL 200/13 Bü. 353; GA: B 706.
320 GA: B 706.
321 StAL: FL 200/13 Bü. 353; GA: B 705.
322 GA: B 705.
323 Chronik.
324 vgl. GA: Findbuch S. 12 ff.
325 GA: B 706 u. B 705 S. 272 u. 362.
326 GA: A 4693 u. A 4692; Findbuch S. 15 f.
327 GA: B 706.
328 GA: B 705.
329 GA: B 22.
330 Michels S. 66 f.
331 LZ v. 3. 5.1934.
332 Frdl. Mitteilung v. Frau Martha Schüle geb. Öttinger.
333 Paret S. 226.
334 Michels S. 54.
335 GA: A 5126.
336 GA: A 4901 u. B 705.
337 Michels S. 58 f.
338 Paret S. 226 f.
339 GA: B 705.
340 Chronik.
341 Paret S. 226 ff.
342 GA: A 4406.
343 LZ v. 19. 4.1933.
344 Heimatglocken Nr. 87 v. Juni 1936.
345 GA: A 4679.
346 GA: A 4690.
347 GA: A 4746.
348 Paret S. 229.
349 GA: B 705.
350 GA: B 1393.
351 GA: B 705.
352 LZ v. 23. 5.1936.
353 Paret S. 236.
354 GA: B 706.
355 GA: B 705.
356 GA: A 4673 u. B 705.
357 GA: B 705.
358 Michels S. 59.
359 Chronik.
360 Paret S. 231.
361 GA: B 705.
362 Heimatglocken Nr. 64 v. Juli 1934; Möglingen in Bildern.
363 GA: B 705.
364 GA: A 4073.
365 GA: B 705.
366 Chronik.
367 GA: B 705.
368 GA: B 705 u. A 4693.
369 LKA: A 29 Bü. 2886.
370 GA: A 5126.
371 Paret S. 238.
372 GA: B 705 S. 627.
373 GA: A 4407.
374 GA: A 4406.
375 GA: A 4866.
376 Chronik.
377 PA: Familienregister Bd. 2 S. 134 b.
378 GA: A 4088 u. 4944.
379 GA: A 5073.
380 Seybold Bd. 2 S. 162.
381 GA: A 5073.
382 GA: B 705 S. 627.
383 Paret S. 243.
384 PA: Familienregister Bd. 2 S. 187.
385 GA: B 706.
386 GA: B 1393.
387 GA: Az. 361. 21.
388 GA: B 1393.
389 GA: A 5126.
390 GA: B 1393.
391 Ebd.
392 GA: B 705.
393 GA: B 1393.
394 GA: Az. 361. 21.
395 StAL: FL 20/12 I Repertorium.
396 Heimatglocken Nr. 143 v. Februar 1941; GA: B 1393 u. Az. 361. 21; StAL: FL 20/12 I Repertorium.
397 GA: A 4607.
398 GA: A 5126.
399 PA: KGR 1912–1950.
400 GA: A 5126.
401 GA: A 4607.
402 GA: A 5126.
403 GA: B 705.
404 StAL F 181 III Bü. 605.
405 Michels S. 63.
406 LZ v. 21.11.1933.
407 GA: B 705.
408 GA: B 706 u. A 4129.
409 GA: B 706.
410 GA: B 705.
411 StAL: F 181 II Bü. 531 f.; Repertorium FL 20/12 I.
412 GA: B 705.
413 Ebd.

414 PA: KGR 1912–1950.
415 GA: B 706.
416 GA: B 705.
417 GA: B 706.
418 PA: KGR 1912–1950.
419 Chronik.
420 Festschrift Singverein S. 17.
421 StAL FL 200/13 Bü. 353.
422 Festschrift Singverein S. 18.
423 PA: KGR 1912–1950.
424 Festschrift CVJM.
425 GA: B 705.
426 Festschrift CVJM.
427 PA: KGR 1912–1950.
428 LKZ v. 24. 7. 1999.
429 LKA: A 29 Bü. 2886.
430 Heimatglocken Nr. 95 v. Februar 1937.
431 PA: KGR 1912–1950.
432 Chronik.
433 Festschrift Musikverein.
434 GA: B 706.
435 GA: B 705.
436 Festschrift Musikverein.
437 GA: B 705.
438 StAL: EL 902/15 Az. 30/34/62.
439 LZ v. 21. 3. 1933.
440 GA: A 4661.
441 GA: A 5143 u. B 705.
442 GA: B 705.
443 GA: B 705; LZ v. 15. 2. 1933.
444 GA: A 5143.
445 GA: B 705.
446 Ebd.
447 ebd.
448 ebd. S. 627.
449 GA: A 4699.
450 GA: A 4679.
451 Chronik.
452 LZ v. 15. 11. 1933.
453 GA: A4695.
454 Chronik.
455 GA: A 4679.
456 GA: B 705.
457 GA: B 759.
458 Heimatglocken Nr. 10 v. Januar 1930.
459 PA: Familienregister Bd. 4 S. 106; Heimatglocken Nr. 66 v. September 1934.
460 PA: Familienregister Bd.§ S. 31 u. Bd. 4 S. 18

Die Entwicklung der Gemeinde seit 1945

1 Schmierer S. 142.
2 GA: A 4073.
3 Tamm S. 503 f.
4 Interview mit Frau Martha Schüle, Möglingen, im März 2000.
5 GA: A 4073.
6 GA: B 22.
7 GA: B 22; A 4073.
8 GA: A 4073.
9 Interview mit Frau Martha Schüle, Möglingen, im März 2000.
10 Chronik.
11 Standesamt Möglingen: Sammelakten zum Sterbebuch 1945; Läpple S. 142.
12 GA: B 22.
13 Ebd.
14 Öttinger S. 53 ff.
15 GA: B 22.
16 GA: A 4662.
17 GA: A 4718.
18 StAL: EL 903/1 u. 902/15; vgl. Ulrich *Müller*: Die Internierungslager in und um Ludwigsburg 1945–1949. In: Ludwigsburger Geschichtsblätter 45/1991 S. 171–195.
19 GA: A 4662.
20 GA: B 22.
21 Chronik.
22 Ebd.
23 GA: B 22
24 GA: A 5143
25 GA: o. S. (GRP Bd. II 1946–1951).
26 GA: B 22.
27 StAL: FL 20/12 II Bü. 28.
28 GA: A 5958.
29 GA: B 22.
30 Schmierer S. 145 f.
31 GA: A 5958.
32 GA: B 22 u. A 4662; StAL: FL 20/12 II Bü. 28.
33 GA: A 5958.
34 Chronik.
35 GA: o. S.(GRP Bd. II 1946–1951).
36 Häcker S. 36.
37 Schmierer S. 147.
38 GA: o.S.(GRP Bd. II 1946–1951).
39 Die Eingliederung S. 81.
40 Ebd. S. 162.
41 Ebd. S. 193.
42 Frdl. Mitteilung von Herrn Herbert Maier, BMA Möglingen; Die Eingliederung S. 201; LKZ v. 12. 4. 2000.
43 Standesamt Möglingen: Familienregister; PA: Familienregister Bd. 4 ff.
44 Die Eingliederung S. 60–63.
45 StZ v. 23. 6. 1975.
46 LKZ v. 21. 6. 1975.
47 GA: B 22.
48 GA: A 4073.
49 PA: Familienregister Bd. 3 S. 87.
50 GA: A 4073.; StAL FL 20/12 II Bü. 815; Lebensdaten aus: PA: Familienregister Bd. 4 S. 59.
51 GA: A 4073.
52 Hermann Seybold jr.: Möglingen im Wandel der Zeiten. In: Mitteilungsblatt v. 7. 6. 1984.
53 GA: A 4073.
54 Ebd.; StAL FL 20/12 II Bü. 816; Lebensdaten Köhnlein, Holler und Hanselmann: Frdl. Mitteilung von Frau Heike Lünow, Standesamt Möglingen.
55 StAL FL 20/12 II Bü. 815.
56 StAL FL 20/12 II Bü. 816; Lebensdaten Pflugfelder: PA: Familienregister Bd. 3 S. 167.
57 GA: A 4057 Sitzungen des Gemeinderats.
58 GA: o. S. (GRP Bd. II 1946–1951).
59 GA: Ebd. u. A 5069.
60 GA: A 4073.
61 GA: A 4661
62 GA: A 4073.
63 Schwab.
64 Chronik.
65 GA: A 4661
66 StAL: FL 20/12 II Bü. 28; GA: A 5142.
67 GA: A 4696.
68 Wie Anm. 52.
69 GA: A 4073.
70 GA: B 22.
71 GA: B 22 u. o. S. (Gemeinderatswahl 27. 1. 1946).
72 GA: A 4057.
73 GA: o. S. (GRP Bd. II 1946–1951).
74 GA: o. S. (Gemeinderatswahl 27.01.1946).
75 GA: wie Anm. 73; Chronik.
76 Die Eingliederung S. 162.
77 Chronik; Schwab; GRP nö 1966–1968; frdl. Mitteilung von Herrn Herbert Maier, BMA Möglingen.
78 LKZ v. 1. 4. 2000.
79 Wie Anm. 77.
80 GA: o. S. (GRP Bd. II 1946–1951), A 4073, o. S. (Gemeinderatswahl 27.1.1946); Chronik; Schwab; Adressenhandbuch; Seybold Bd. 3 S. 438; frdl. Mitteilung BMA Möglingen (Liste Gemeinderräte bis 1971, Wahlen ab 1975). Besonderer Dank gebührt Herrn Klaus Herrmann, Ludwigsburg, für das überarbeiten der Liste.
81 GA: A 5069.

82 LKZ v. 16. 2. 1984.
83 LKZ 28. 3. 1989.
84 LKZ v. 15. 2. 1991; Häcker S. 37; frdl. Mitteilung von Herrn Herbert Maier, BMA Möglingen.
85 LKZ v. 15. 2. 1991.
86 LKZ v. 11. 1. u. 16. 1. 1999.
87 LKZ v. 21. 3. 1991.
88 LKZ v. 18. 1. 1999.
89 LKZ v. 11. 1. 1999 u. frdl. Mitteilung BMA Möglingen v. 2. 5. 2000.
90 Schwab.
91 Michel S. 96.
92 Frdl. Mitteilung von Herrn Herbert Maier, BMA Möglingen, v. 21. 3. 2000.
93 Chronik; Schwab.
94 LKZ v. 16. 12. 1999.
95 Wie Anm. 92.
96 Sauer: Tamm S. 526.
97 StZ v. 20. 1. 1999.
98 GA: Az. 006. 40.
99 Wie Anm. 92 u. 98.
100 Chronik; StAL: FL 20/12 I Bü. 11594.
101 GA: A 4057.
102 GA: A 4073.
103 Chronik.
104 Michel S. 97.
105 Ebd. S. 75.
106 Schulz S. 310.
107 GA: A 5070; Chronik.
108 GR: GRP nö 1963.
109 GR: GRP nö 1966–1968.
110 Häcker S. 37; Gemeinde Möglingen Wegweiser.
111 GA: Az. 006. 40.
112 Gemeinde Möglingen Wegweiser.
113 LKZ v. 1. 4. 2000.
114 GA: A 5070; Schwab.
115 Michel S. 96.
116 GR: GRP nö 1966–1968.
117 GR: GRP nö 1969–1970.
118 Häcker S. 37.
119 Gemeinde Möglingen Wegweiser; Schulz S. 310; LKZ v. 6. 12. 1986 u. 2. 12. 1989.
120 Kommunal Bauten Nr. 23/ [1994] S. 31 f.
121 Wie Anm. 92.
122 GA: B 22.
123 700 J. S. 67.
124 Ebd. S. 71.
125 Michel S. 77.
126 700 J. S. 67 f.
127 Müller: Einer für alle S. 37 f.
128 Ruhland S. 11 u. LKZ v. 9. 5. 2000.
129 LKZ v. 7. 2., 9. 5. u. 15. 5. 2000.
130 Häcker S. 36.
131 Ruhland S. 11.
132 Schwab.
133 GA: A 5070.
134 StAL: FL 200/13 Bü. 353.
135 Schwab.
136 Häcker S. 37; Gemeinde Möglingen Wegweiser.
137 Chronik.
138 Schulz S. 310.
139 Ruhland S. 11.
140 Hermann Seybold jr.: Möglingen im Wandel der Zeiten. In: Mitteilungsblatt v. 14. 6. 1984.
141 Chronik.
142 Asperg S. 513.
143 LKZ v. 6. 5. 1998 u. 4. 5. 2000.
144 GA: o. S.(GRP Bd. II 1946–1951).
145 Chronik.
146 Schwab.
147 Gemeinde Möglingen Wegweiser.
148 LKZ September 1985.
149 GA: A 5070 u. o. S.(GRP Bd. II 1946–1951).
150 GA: B 689.
151 Telefonbuch Ludwigsburg 1999/2000.
152 GA: B 22.
153 Chronik.
154 Ebd.; Asperg S. 503.
155 Schwab.
156 Häcker S. 37.
157 Michel S. 94.
158 Chronik.
159 Schwab.
160 StZ v. 25. 1. 2000.
161 LKZ v. 19. 2. 1982.
162 LKZ v. 7. U. 8. 5. 1999, StZ v. 8. 5. 1999.
163 StZ v. 30. 6., 9. 7. u. 28. 8. 1999; LKZ v. 9. 7. u. 27. 8. 1999.
164 LKZ v. 8. u. 13. 10. 1999.
165 LKZ v. 12. 2. 2000.
166 Michel S. 74.
167 Ebd. S. 94
168 LKZ v. 12. 12. 1998 u. 25. 3. 1999; StZ v. 4. 2. 1999.
169 LKZ v. 29. 9. 1999.
170 LKZ v. 24. 3. 2000.
171 Herbert Saar 303.
172 Mitteilungsblatt v. 3. 5. 1984.
173 LKZ v. 26. u. 30. 6. 1986.
174 StZ v. 2. 10. 1985.
175 LKZ v. 12. 3. 1987.
176 Frdl. Mitteilung von Herrn Herbert Maier, BMA Möglingen, v. 21. 3. 2000.
177 Michel S. 74.
178 LKZ v. 5. u. 12. 2. 2000.
179 Amtliches Fernsprechbuch für den Bezirk der Oberpostdirektion Stuttgart, Stuttgart 1950.
180 Michel S. 74.
181 Ebd. S. 84.
182 GA: A 5070.
183 LKZ v. 13. 3. 1999.
184 Chronik.
185 Südwestdeutsche Blätter für Familien- und Wappenkunde Jg. 3 Heft 1, Stuttgart 1951.
186 Sigel: Rentschler.
187 GR: GRP nö 1966–1968. (Sitzung 4. 10. 1966).
188 GR: GRP nö 1966–1968.
189 Kreis- und Gemeindewappen S. 99.
190 Beschreibung des Oberamts Ludwigsburg S. 280.
191 GA: o. S.(GRP Bd. II 1946–1951).
192 GA: A 5068.
193 Chronik.
194 Schulz S. 310.
195 Wie Anm. 176.
196 Chronik.
197 Schwab.
198 GA: Az. 353. 1.
199 Gemeinde Möglingen Wegweiser.
200 GA: A 5070.
201 StZ v. 21. 3. 1998.
202 Schulz S. 310.
203 LKZ v. 17. 7. 1998 u. 17. 5. 1999.
204 Schwab.
205 PA: Familienregister Bd. 4 S. 25.
206 Chronik.
207 Gemeinde Möglingen Wegweiser; Schulz S. 310.
208 LKZ v. 25. 1. 2000.
209 LKZ v. 17. 3. 1998.
210 LKZ v. 1. 4. 2000.
211 Regelmäßige Mitteilungen in den Möglinger Nachrichten.
212 Das Land Baden-Württemberg Bd. III S. 369 ff.
213 Chronik.
214 Die Eingliederung S. 157.
215 Chronik.
216 Chronik; Schwab; Frdl. Mitteilung von Frau Brigitte Beck, BMA Möglingen.
217 StZ v. 24. 11. 1972.
218 Adressenhandbuch: Vorwort.
219 PA: Familienregister Bd. 2 S. 111–113.
220 LKZ v. 25. 11. 1985; PA: Familienregister Bd. 1 S. 92 b – 93 b.
221 ausgewertet aus: Heinrich Raiser: Auswanderer aus Möglingen, Möglingen 1999 (handschriftlich).
222 Schwab.
223 Frdl. Mitteilung von Frau Brigitte Beck, BMA Möglingen.

224 Chronik.
225 Chronik; Möglingen und seine Glocken.
226 Frdl. Mitteilung Kath. Pfarramt Möglingen; Adressenhandbuch S. 16 f.; Häcker S. 37.
227 GA: Az. 372. 26; Mitteilungsblatt v. 9. u. 16. 2. 1978; Frdl. Mitteilung Kath. Pfarramt Möglingen.
228 Möglinger Gemeindeblatt Ostern 1998.
229 Frdl. Mitteilung Kath. Pfarramt Möglingen; Möglinger Gemeindeblatt Frühjahr 1998.
230 Frdl. Mitteilung Kath. Pfarramt Möglingen.
231 LKZ v. 14. 2. 2000; Frdl. Mitteilung Kath. Pfarramt Möglingen.
232 StAL: FL 20/12 I Bü. 11615.
233 Möglingen und seine Dorfkirche S. 8.
234 GA: A 4073.
235 Tamm S. 552.
236 Schwab.
237 Gemeinde Möglingen Wegweiser.
238 Ebd.
239 Schwab., Frdl. Mitteilung von Frau Brigitte Beck, BMA Möglingen.
240 GA: A 4073.
241 Chronik.
242 Häcker S. 37.
243 Das Land Baden-Württemberg Bd. III S. 439.
244 Schulz S. 310.
245 Gemeinde Möglingen Wegweiser.
246 StAL: FL 200/13 Bü. 353.
247 Chronik.
248 GA: o. S.(GRP Bd. II 1946 – 1951).
249 Chronik.
250 PA: Familienregister Bd. 2 S. 119b.
251 Chronik.
252 Wie Anm. 246.
253 Chronik; Schwab.
254 LKZ v. 22. 12. 1988.
255 GA: Az. 211. 11.
256 LKZ v. 30. 6. 1992.
257 LKZ 15. 10. 1992.
258 StAL: FL 200/13 Bü. 353.
259 StAL: FL 20/12 I Bü. 11700.
260 Chronik.
261 Häcker S. 37.
262 Wie Anm. 246.
263 Häcker S. 37.
264 Gemeinde Möglingen Wegweiser.
265 Chronik; Schwab.
266 Adressenhandbuch S. 12.
267 GA: Az. 006. 40.
268 Wie Anm. 176.
269 Michel S. 75.
270 Chronik.
271 Das Land Baden-Württemberg Bd. III S. 439.
272 Schulz S. 310.
273 Chronik.
274 GA: A 4810 Baulandumlegungen.
275 GA: Findbuch S. 16 – 19; Frdl. Mitteilung BMA Möglingen; Das Land Baden-Württemberg Bd. III S. 439.
276 Gemeinde Möglingen Wegweiser.
277 LKZ v. 29. 11. 1997 u. StZ v. 13. 12. 1997.
278 Flächennutzung und Nutzungsentscheidungen.
279 Wie Anm. 176.
280 StZ v. 24. 11. 1972.
281 Wie Anm. 278.
282 Chronik.
283 Ebd.; StAL: FL 20/12 I Bü. 11643 u. 11759.
284 Chronik.
285 StAL: FL 20/12 I Bü. 12144.
286 LKZ v. 1. 7. 1999.
287 Mitteilungsblatt v. 17. 5. 1984.
288 LKZ v. 8. 5. 1989.
289 Möglingen und seine Dorfkirche S. 4.
290 GA: A 5142.
291 Telefonbuch Ludwigsburg/Gelbe Seiten 1999/2000.
292 GA: B 22.
293 GA: A 5142.
294 Das Land Baden-Württemberg Bd. III S. 439.
295 Adressenhandbuch.
296 Wie Anm. 291.
297 Flächennutzung und Nutzungsentscheidungen.
298 GA: Az. 361. 21.
299 GA: A 4073.
300 Wie Anm. 298.
301 StAL: FL 20/12 I Findbuch; Chronik.
302 Chronik.
303 PA: Familienregister Bd. 3 S. 130.
304 Chronik.
305 Wie Anm. 298.
306 Schwab.
307 Wie Anm. 298.
308 LKZ v. 14. 1. 2000.
309 Weingärtner-Zentralgenossenschaft Festschrift.
310 Mayer S. 394.
311 Schulz S. 310.
312 LKZ v. 30. 4./1. 5. 1998.
313 Marbacher Zeitung v. 14. 5. 1999.
314 GR: GRP nö 1969 – 1970.
315 LKZ v. 5. 7. 1991.
316 GA: Findbuch S. 17 f.; Frdl. Mitteilung BMA Möglingen.
317 Schulz S. 310.
318 GA: Az. 006. 40.
319 Das Land Baden-Württemberg Bd. III S. 439.
320 LKZ v. 16. 5. 1998; Danach war das rund sieben Hektar große Areal seit 20 Jahren umkämpft.
321 Frdl. Mitteilung von Herrn Herbert Maier, BMA Möglingen.
322 LKZ v. 20. 1. 2000.
323 GA: B 22.
324 Chronik.
325 Schwab.
326 Möglingen und seine Dorfkirche S. 5.
327 Hermann Seybold jr.: Der Möglinger Weinbau. In: Mitteilungsblatt v. 26. 4. 1984.
328 Michel S. 101.
329 Das Land Baden-Württemberg Bd. III S. 439.
330 Frdl. Mitteilung BMA Möglingen.
331 Chronik.
332 Michel S. 101 f.
333 Frdl. Mitteilung BMA Möglingen.
334 GA: o. S.(GRP Bd. II 1946 – 1951).
335 LKZ v. 4. 7. 1984.
336 LKZ v. 5. 7. 1989.
337 Schwab.
338 LKZ v. 23. 8. 1993.
339 Seybold Bd. 3 S. 371.
340 Schwab.; GA: GRP nö 1963.
341 GR: GRP nö 1964 – 1965.
342 GR: GRP nö 1966 – 1968.
343 StZ v. 15. 2. 1995.
344 Wie Anm. 341.
345 Müller: Aussiedelhöfe s. 33.
346 Wie Anm. 342.
347 GA: Az. 006. 40; Das Land Baden-Württemberg Bd. III S. 439.
348 Michel S. 102.
349 Müller: Aussiedelhöfe S. 26 f. u. 33 f.
350 Müller: Zur Geschichte unseres Ortes S. 23.
351 StZ v. 24. 11. 1972.
352 Flächennutzung und Nutzungsentscheidungen.
353 Michel S. 102.
354 Ebd. S. 110.
355 GR: GRP nö 1964 – 1965.
356 Neue Ortsmitte von Möglingen; LKZ v. 30. 6. 1984.
357 Saar S. 303.
358 LKZ v. 20. 7. 1984.
359 Ebd.
360 LKZ v. 31. 10. 1986.

361 Adolf Seybold: Unsere Möglinger Heimat. In: Möglinger Nachrichten v. 26. 3. 1992.
362 Möglingen und seine Dorfkirche S. 5.
363 Schulz S. 309 f.
364 LKZ v. 8. 11. 1997.
365 LKZ v. 16. 12. 1999, 17. 1. 2000, 12. 2. 2000.
366 Möglinger Nachrichten v. 30. 3. 2000.

Möglinger Marginalien

1 Hie gut Württembert Jg. 32, Nr. 11/12 v. 24. 12. 1981 und Folgenummer.
2 GA: B 653 S. 132.
3 GA: B 719.
4 GA: o. S. (Gerichtsprotokoll).
5 GA: B 657 S. 230 u. 341.
6 GA: B 679 S 16 b f.
7 GA: B 13 S. 25.
8 GA: B 699 u. 715.
9 GA: B 664.
10 Ebd.
11 GA: B 783 S. 317.
12 GA: B 664.
13 Ebd.
14 GA: B 146.
15 GA: A 4613.
16 GA: B 651.
17 GA: B 666.
18 NEUES FAMILIENBLATT Nr. 44 vom Sonntag, den 3. Nov. 1895.
19 Hie gut Württemberg Jg. 47, Nr. 2 v. 25. 5. 1996.
20 GA: B 714.
21 GA: B 715.
22 Vgl.: Sauer: Tamm.
23 Seybold Bd. 2 S. 244-246; GA: B 715.
24 Ebd.
25 Ebd.
26 Ebd.
27 Ebd.
28 Ebd.
29 GA: B 692.
30 GA: B 706.
31 GA: B 93.
32 GA: B 145.
33 GA: B 874.
34 GA: B 719.
35 GA: B 874 u. 716.
36 GA: B 713.
37 GA: B 715.
38 Ebd.
39 Ebd.
40 GA: B 315.
41 GA: B 899.
42 Ebd.
43 Gemeinderatsprotokoll vom 19. 7. 1954 u. 16. 8. 1954.
44 Gemeinderatsprotokoll 5. 4. 1955, 14. 8. 1955 u. 2. 11. 1955.
45 Hie gut Württemberg Jg. 33, Nr. 11/12 v. 24. 12. 1982.
46 Erstmals veröffentlicht in Hie gut Württemberg Jg. 30, Nr. 1/2/3 v. 24. 2. 1979; hier überarbeitet von Albrecht Gühring.
47 Dr. Bollacher in Hie gut Württemberg April 1968.
48 Bernhard Losch: Steinkreuze in Württemberg.
49 Losch S. 33.
50 Losch S. 71.
51 Willi Müller HGW 1979.
52 GA: B 94, B 657, B 680, B 1365.
53 HStAS: H 101 Bd. 1076.

Lagerhaus der ehemaligen Genossenschaftsbank Möglingen Parkweg 2. Entladung eines Eisenbahnwaggons direkt auf Fuhrwerke um 1954. Im Hintergrund die noch unbebauten Gebiete Albert-Kleinheinz-Straße und Panoramaweg.

Die Genossenschaftsbank Möglingen 1954. Der ausgebaute Pferdestall – ein Zimmer mit 5 qm – war von Ende 1949 bis Ende 1960 das Domizil der Bank in der Münchinger Straße Links steht Geschäftsführer Alfred Volz (vgl. S.445).

Verzeichnis der Autoren

Hauptautoren:

Dr. Susanne Arnold, Stuttgart, arbeitet seit 1988 als Konservatorin für Mittelalterarchäologie, Bauarchäologie/Bauforschung für den Regierungsbezirk Stuttgart beim Landesdenkmalamt Baden-Württemberg. Neben den langjährigen Grabungen auf der Flur Vöhingen zwischen Möglingen und Schwieberdingen hat sie mehrere kleine archäologische Untersuchungen im Kreis Ludwigsburg initiiert.

Rolf Bidlingmaier, Diplom-Archivar (FH), Bempflingen, leitet seit 1988 das Stadtarchiv in Metzingen. Er ist Schriftleiter des Vereins für Familien- und Wappenkunde in Württemberg und Baden e. V. Neben Veröffentlichungen zur Stadtgeschichte Metzingen stammen zahlreiche Publikationen zur Kunst-, Familien- und Landesgeschichte aus der Feder des Autors, darunter Beiträge zu den Ortschroniken von Bempflingen, Holzgerlingen, Riederich und Frickenhausen.

Prof. Dr. Gerd Brucker, Möglingen, lehrt an der Pädagogischen Hochschule Weingarten Biologie. Seine wissenschaftlichen Arbeits- und Forschungsschwerpunkte schlugen sich in zahlreichen Büchern und Abhandlungen zur Bodenbiologie und Ökologie nieder. Außerdem arbeitete er an verschiedenen heimatkundlichen Projekten mit (Kennzeichen LB, eine Heimatkunde für den Kreis Ludwigsburg; Exkursionsführer für den Kreis Ludwigsburg; Heubach und der Rosenstein).

Albrecht Gühring, Diplom-Archivar (FH), Möglingen, leitet nach Tätigkeit im Hauptstaatsarchiv Stuttgart seit 1990 das Stadtarchiv Marbach am Neckar und wirkt ehrenamtlich als Vorstandsmitglied des Historischen Vereins für Stadt und Kreis Ludwigsburg e. V. und des Vereins für Familien- und Wappenkunde in Württemberg und Baden e. V. Er ist Verfasser zahlreicher Publikationen zur Orts-, Familien- und Landesgeschichte sowie biographischer Veröffentlichungen, darunter Beiträge zu den Ortschroniken von Stammheim, Rielingshausen und Zazenhausen, aber auch vieler Publikationen zur Marbacher Stadtgeschichte.

Klaus Herrmann, Ludwigsburg, Dipl. Verwaltungswirt (FH) und Landtagsabgeordneter, ist nebenamtlich Leiter des Stadtarchives in Gerlingen. Er ist Mitautor der Gerlinger Heimatbücher von 1983 und 1996 und Verfasser zahlreicher Beiträge zur Ortsgeschichte, insbesondere über die politische Entwicklung und frühere Gemeinderäte. Seit 1979 ist er Vorstandsmitglied im Verein für Heimatpflege Gerlingen e. V.

Joachim Jehn, Stuttgart-Degerloch, stud. phil., studiert seit 1996 Mittelalterliche Geschichte, Archäologie des Mittelalters und der Neuzeit, Ur- und Frühgeschichte, Klassische Archäologie sowie Bauforschung und Baugeschichte in Tübingen und Bamberg. Seit 1998 beschäftigt er sich mit Forschungen zur Geschichte des abgegangenen Dorfes Vöhingen.

Dr. Robert Kretzschmar, Ingersheim ist nach langjähriger Tätigkeit am Staatsarchiv Ludwigsburg und bei der Landesarchivdirektion Baden-Württemberg seit 1998 Leiter des Hauptstaatsarchivs Stuttgart. Ehrenamtlich engagiert er sich als stellv. Vorsitzender des Württembergischen Geschichts- und Altertumsvereins e. V.

sowie als Vorstandsmitglied im Historischen Verein für Stadt und Kreis Ludwigsburg e. V. Er ist als Verfasser zahlreicher historischer, regional- und ortsgeschichtlicher sowie archivfachlicher Publikationen hervorgetreten.

Ruth Mäule, Möglingen, war seit ihrer Konfirmation ehrenamtlich, dann über viele Jahre auch hauptamtlich in der evangelischen Jugendarbeit im Bezirk Ludwigsburg und auf Landesebene engagiert; später im PR-Bereich der württembergischen Landeskirche. Auch im Ruhestand ist sie noch für die Kirchengemeinde tätig: im Besuchsdienst, der Erwachsenen- und Seniorenarbeit, der Gottesdienste im Pflegeheim und in der Ökumene am Ort.

Heinrich Raiser, Möglingen, Sachbearbeiter, beschäftigt sich seit vielen Jahren intensiv mit der Möglinger Orts- und Heimatgeschichte. Daneben gilt sein reges Interesse der Familien- und Auswandererforschung.

Dr. Jutta Ronke, Stuttgart, ist als Konservatorin beim Landesdenkmalamt Baden-Württemberg, Abteilung Archäologische Denkmalpflege, mit der Bearbeitung von Neufunden aus dem Bereich provinzialrömischen Kunstschaffens im heutigen Baden-Württemberg bzw. der Aufarbeitung entsprechenden bekannten Materials befasst. Forschungs- und Interessenschwerpunkte sind die Provinzialkultur (besonders Geschichte des Wohnens in der Provinz), provinzialrömische Skulptur, standesspeziifische Kunst und Antikenrezeption.

Adolf Seybold †, Möglingen, Landwirt, wuchs mit drei Geschwistern im landwirtschaftlichen Betrieb seiner Eltern auf. Seine frühen Aktivitäten gehörten dem Reitsport und der Landjugend. Über mehr als zwei Jahrzehnte war er Mitglied im Gemeinderat und fast gleichzeitig Aufsichtsratsmitglied bei der Möglinger Bank. Vom Gemeindetag Baden-Württemberg erhielt Seybold die Medaille für Verdienste um Bürger und Gemeinde. Adolf Seybold beschäftigte sich mit seinem Vater Hermann sen. und seinem Bruder Hermann jun. jahrzehntelang mit der Möglinger Heimatgeschichte und ist Autor mehrerer Aufsätze. Ein schwerer Betriebsunfall machte seinen Forschungen, auch zu diesem Buch, ein jähes Ende. Er verstarb im März 2000.

Dr. Ingo Stork, Bietigheim, ist beim Landesdenkmalamt Baden-Württemberg Leiter des Referates für vor- und frühgeschichtliche Archäologie im Regierungsbezirk Stuttgart. Seit 1980 betreut er als Gebietskonservator unter anderem den Landkreis Ludwigsburg, in dem er zahlreiche Ausgrabungen durchgeführt und darüber in vielen Publikationen berichtet hat.

Autoren kleinerer Beiträge:

Friedrich Freiherr von Gaisberg-Schöckingen, Landwirt, Ditzingen.
Gerhard Giek, Landwirt, Möglingen.
Otto Salzert †, Rennfahrer, aus Möglingen gebürtig.
Martin Schreiber, Diplom-Ingenieur, Neckarrems, Gde. Remseck a. N.
Martha Schüle, Hausfrau, Möglingen.
Prof. Dr. Erich Schulze, Asperg.
Manfred Wagner, Verwaltungsdirektor i. R., Assessor, Freiberg a. N.

Abürzungen und Zeichen

Abb.	Abbildung	Mio	Million
Anm.	Anmerkung	n. Chr.	nach Christi Geburt
Az.	Aktenzeichen	NN	Name unbekannt
BdM	Bund deutscher Mädel	nö	nichtöffentlich
Bd.	Band	Nr.	Nummer
Bearb.	bearbeitet, Bearbeiter	NSDAP	Nationalsozialistische Deutsche Arbeiterpartei
Bl.	Blatt		
BMA	Bürgermeisteramt	NSV	Nationalsozialistische Volkswohlfahrt
Bü.	Büschel		
ca.	circa	o. S.	ohne Signatur
DA	Dekanatsarchiv Ludwigsburg	PA	ev. Pfarrarchiv Möglingen
DAF	Deutsche Arbeitsfront	PG	Parteigenosse (der NSDAP)
Ders.	Derselbe	RM	Reichsmark
DVP	Deutsche Volkspartei	s.	siehe (o. oben, u. unten)
Ebd.	Ebenda	S.	Seite
f.	folgende (Seite)	SA	Sturmabteilung
ff.	folgende (Seiten)	sog.	so genannt
fl	Gulden	Sp.	Spalte
FR	Familienregister	SPD	Sozialdemokratische Partei Deutschland
GA	Gemeindearchiv Möglingen		
geb.	geboren	SS	Schutzstaffel
gen.	genannt	StAL	Staatsarchiv Ludwigsburg
gest.	gestorben	StZ	Stuttgarter Zeitung
GRP	Gemeinderatsprotokoll	U	Urkunde
h	Heller	u.a.	unter anderem
Hg./Hrsg.	Herausgeber bzw. herausgegeben	v. Chr.	vor Christi Geburt
HJ	Hitlerjugend	verh.	verheiratet
HStAS	Hauptstaatsarchiv Stuttgart	vgl.	vergleiche
Inv. Nr.	Inventar Nummer	WLB	Württembergische Landesbibliothek
KGR	Kirchengemeinderatsprotokoll		
KKP	Kirchenkonventsprotokoll	WR	Württembergische Regesten
LKA	Landeskirchliches Archiv Stuttgart	z. B.	zum Beispiel
LKZ	Ludwigsburger Kreiszeitung	℔	Pfund
LZ	Ludwigsburger Zeitung	ß	Schilling
M	Musterungsliste	x	Kreuzer

Maße, Münzen und Gewichte
(nach Sauer: Affalterbach S. 411 f.)

a) Längen- und Flächenmaße

Württemberg 1557
1 Linie = 0,197 cm.
1 Zoll = 12 Linien = 2,375 cm.
1 Fuß = 12 Zoll = 28,65 cm.
1 Rute = 16 Fuß oder Werkschuh = 4,58 m.
1 Elle = 0,614 m.
1 Quadratfuß = 0,082 qm.
1 Quadratrute = 256 Quadratfuß = 21,01 qm.
1 Morgen = 150 Quadratruten = 31,52 ar.
1 Jauchert, 1 Mannsmahd, 1 Tagwerk = 1½ Morgen = 47,27 ar.

Württemberg 1806
1 Linie = 0,2865 cm.
1 Zoll = 10 Linien = 2,86 cm.
1 Fuß = 10 Zoll = 28,65 cm.
1 Rute = 10 Fuß = 2,864 m.
1 Elle = 0,614 m.
1 Meile = 2600 Ruten = 7,4487 km.
1 Morgen = 384 Quadratruten = 31,52 ar.

b) Gewichte

1 Richtpfennig = 0,913 g.
1 Quentle = 4 Richtpfennig = 3,65 g.
1 Lot = 4 Quentle = 14,61 g.
1 Pfund = 32 Lot = 467,58 g.
1 (leichter) Zentner = 100 Pfund = 46,76 kg.
Seit 1833 bürgerte sich das »Zollpfund« zu 500 g ein. 1857 wurde es gesetzlich vorgeschrieben.

Damit wurde
1 Lot = 15,625 g.
1 Quentle = 3,906 g.
1 Richtpfennig = 0,976 g.

c) Hohlmaße

1. Getreide
1 Scheffel = 8 Simri = 1,772 hl.
1 Simri = 4 Vierling (oder Imi) = 22,153 l.
1 Vierling = 2 Achtel = 5,538 l.
1 Achtel = 2 Meßle = 2,769 l.
1 Meßle = 2 Eckle = 1,384 l.
1 Eckle = 4 Viertele = 0,692 l.
1 Viertele = 0,173 l.

2. Flüssigkeiten
1 Fuder = 6 Eimer = 17,635 hl.
1 Eimer = 16 Imi = 2,939 hl.
1 Imi = 10 Maß = 18,370 l.
1 Maß = 4 Schoppen = 1,837 l.
1 Schoppen = 0,459 l.

d) Münzen

Hellerwährung: 1 Pfund (℔) Heller = 20 Schilling (ß) = 240 Heller (h).
Guldenwährung: 1 Gulden (fl) = 15 Batzen = 60 Kreuzer (x).
1 Pfund Heller = 43 Kreuzer.
Markwährung: 1 Mark = 100 Pfennig.
1 Gulden = 1,71 Mark } Umrechnung 1875.
1 Kreuzer = 2,86 Pfennig

Haller Pfennig (Heller)
(13.–14. Jahrh.)

Ältester württembergischer Schilling
(= 12 Heller, Ende 14. Jahrh.)

Schilling Eberhards im Bart (1494, erste mit Jahrzahl versehene württembergische Münze)

Pfennig Eberhards im Bart

Goldgulden Herzog Ulrichs (um 1500, erste württembergische Goldmünze)

Taler Herzog Ulrichs (1507, erstes württemb. Talergepräge, Vorderseite)

Goldgulden Kaiser Karls V. (1520, Österreichische Okkupation)

Kreuzer Herzog Christophs, (erster württemb. Kreuzer ohne Jahrzahl)

Groschen Herzog Christophs (1554, erster württemb. Groschen)

Gulden Herzog Ludwigs (= 60 Kreuzer, 1572)

Gulden aus dem Bergwerk St. Christophstal (1573, Vorderseite)

Dukat Herzog Friedrichs I. (1603, erster württemb. Dukat)

Hirschgulden Herzog Johann Friedrichs (1622, Kipperzeit)

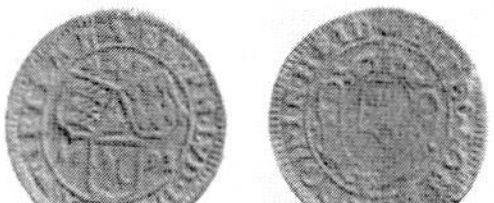

Batzen Herzog Eberhard Ludwigs (1693) (= 4 Kreuzer, erster württemb. Batzen)

Goldgulden Herzog Eberhard Ludwigs (ohne Jahrzahl)

Karolin Herzog Eberhard Ludwigs (Eberhard d'or, 1731)

Konventionstaler Herzog Karl Eugens (1759, Vorderseite)

Kronentaler König Friedrichs I. (1810)

Quellen und Literatur

Ungedruckte Quellen

a) Hauptstaatsarchiv Stuttgart (HStAS)

A 4	Statistik und Topographie
A 8	Kabinett: Herzog Carl Eugen
A 28	Kriegsakten I
A 28a	Muster-Register
A 38	Landesordnung
A 42	Landrecht
A 44	Urfehden
A 54a	Steuerlisten
A 202	Geheimer Rat: Akten
A 206	Oberrat: Ältere Ämterakten
A 209	Oberrat: Kriminalakten
A 213	Oberrat: Jüngere Ämterakten (Spezialakten)
A 227	Oberrat: Forst, Wald und Jagd
A 228	Oberrat: Handwerker
A 243a	Fruchtdeputation
A 247	Straßenbauakten
A 248	Rentkammer: Generalakten
A 249	Rentkammer: Ämterakten (Spezialakten)
A 261	Steuereinschätzung
A 281	Kirchenvisitationsakten
A 282	Kirchenrat: Verschlossene Registratur
A 284	Kirchenrat: Ämterregistratur
A 288	Heiligendeputation
A 297	Weltliche Zins- und Haischbücher
A 298	Weltliche Leibeigenenbücher
A 302	Weltliche Ämterrechnungen
A 303	Geistliche Ämterrechnungen
A 304	Reskripten- und Berichtsbücher der Bezirksämter
A 306	Amtsprotokolle
A 348 u. 348L	Markgröningen W
A 349 u. 349L	Markgröningen G
A 372 u. 372L	Ludwigsburg W und G
A 468	Geistliche Zins- und Haischbücher
A 468a	Geistliche Leibeigenenbücher
A 526	Dominikanerkloster bzw. Spitalverwaltung Stuttgart
A 557	Forstamt Leonberg
A 558	Forstamt Ludwigsburg
A 582	Stadt und Amt Marbach
B 4a	Neuwürttembergische Leibeigenenbücher
H 101	Altwürttembergische weltliche Lagerbücher
H 102	Lagerbücher der altwürttembergischen Klöster und Klosterämter
H 107	Altwürttembergische Lagerbücher der (weltlichen) Forstverwaltungen
H 109	Lagerbücher der rentkammerlichen Schäfereiverwaltung
H 118	Weidlagerbücher
H 120	Lagerbücher von Gemeinden und Spitälern
L 6	Landständisches Archiv: Materienregistratur

b) Staatsarchiv Ludwigsburg (StAL)

EL 902/15	Spruchkammer Ludwigsburg
EL 903	Spruchkammern Interniertenlager 72 Ludwigsburg-Krabbenlochkaserne
F 98	Amtsgrundbücher
F 181	Oberamt Ludwigsburg
FL 20/12	Landratsamt Ludwigsburg

c) Landeskirchliches Archiv Stuttgart (LKA)

A 1	Synodusprotokolle
A 3	Konsistorialprotokolle
A 12	Diener- und Stellenbücher
A 27	Personalakten der Pfarrer
A 29	Ortsakten der Pfarrei Möglingen
o. S.	Dekanatsarchiv Ludwigsburg

d) Gemeindearchiv Möglingen (GA)

Bände

B 13	Steuerbuch Bd. 12 1836	
B 19	Gerichtsprotokoll 1798/1801	
B 20	Gerichtsprotokoll 1782/88	
B 22	Bekanntmachungsbuch 1941/53	
B 29	Gerichtsprotokoll 1788/98	
B 85	Kellereilagerbuch Markgröningen um 1700 mit Abschriften 1578/1677	
B 93	Gerichtsprotokoll 1810/14	
B 94	Kaufbuch 1758/71	
B 95	Gemeines Fleckenbuch 1698	
B 119	Bürgermeisterrechnung 1750/51	
B 120	Bürgermeisterrechnung 1735/36	
B 122	Bürgermeisterrechnung 1740/41	
B 144	Kaufbuch 1743/58	
B 145	Gerichtsprotokoll 1814/21	
B 146	Gemeinderatsprotokoll 1847/57	
B 218	Zehntablösungsurkunden 1850/52	
B 309	Verzeichnis Inventuren und Teilungen 1700/1844	
B 315	Verzeichnis der Anteile der Wälder auf Münchinger Markung 1838	
B 318	Bürgermeisterrechnung 1745/46	
B 319	Steuerbuch alt Teil 1 1725, revidiert 1732	
B 320	Steuerbuch alt Teil 2 1739	
B 352	Bürgermeisterrechnung 1730/31	
B 376	Bürgermeisterrechnung 1761/62	
B 386	Gebäudekataster 1828/32	
B 603	Bürgermeisterrechnung 1764/65	
B 651	Kaufbuch 1866/73	
B 653	Kaufbuch 1800/1811	
B 657	Kaufbuch 1815/18	
B 664	Schultheißenamtsprotokoll 1835/52	
B 666	Feuerversicherungsbuch 1883/1912	
B 679	Kaufbuch 1827/34	
B 680	Kaufbuch 1758/71	
B 689	Feuerversicherungsbuch 1914–1957	
B 692	Gemeinderatsprotokoll 1868/84	
B 693	Gemeinderatsprotokoll 1906/1919	
B 694	Geburtentagebuch der Hebamme 1801/05	
B 699	Gemeinderatsprotokoll 1839/47	
B 703	Gemeinderatsprotokoll 1884/94	
B 704	Gemeinderatsprotokoll 1894/1906	
B 705	Gemeinderatsprotokoll 1925/1935	
B 706	Gemeinderatsprotokoll 1919/1924	
B 709	Bürgerbuch um 1650/1870	
B 713	Gemeinderatsprotokoll 1828/30	
B 714	Gemeinderatsprotokoll 1830/34	
B 715	Gemeinderatsprotokoll 1834/39	
B 716	Gemeinderatsprotokoll 1826/28	
B 719	Schultheißenamtsprotokoll 1821/35	
B 743	Lagerbucherneuerung des heiligen Pankratius 1703	
B 751	Steuerbuch Bd. II um 1750/1850	
B 753	Steuerbuch Bd. I um 1750/1850	
B 759	Verzeichnis der außerhalb der Gemeinde wohnenden Bürger 1905/30	
B 783	Kaufbuch 1834/41	
B 874	Gemeinderatsprotokoll 1821/26	
B 875	Gerichtsprotokoll 1724/68	
B 1147	Stiftungsratsprotokoll 1829/91	
B 1160	Heiligenrechnung 1760/61	
B 1161	Heiligenrechnung 1755/56	
B 1244	Gemeindepflegrechnung 1910	
B 1357	Steuerbuch Bd. XVIII 1753/1848	
B 1358	Steuerbuch Bd. IV um 1750	
B 1365	Kaufbuch 1592/1633	
B 1381	Renoviertes Trägereibuch der Güter auf Schwieberdinger Markung 1836	
B 1393	Anmeldeverzeichnis zur Feuerversicherung 1912/51	
B 1399	Haischbuch der Kellerei Markgröningen 1741	
B 1402	Rezessbuch der Heiligenpflege 1749/1837	
B 1460	Steuerbuch Bd. V um 1750	
B 1461	Gerichtsprotokoll 1782/88	
o. S.	Gemeinderatsprotokoll Bd. II 1946/51	
o. S.	Gemeinderatsprotokoll nichtöffentlich 1963/1970	
o. S.	Familienregister und Beilagen des Standesamtes	
o. S.	Chronik der Gemeinde Möglingen 1896–1958. Geführt von Schultheiß G. Pflugfelder, Oberlehrer Karl Kurz und Oberlehrer a. D. Otto Schwab	
o. S.	Otto Schwab: Chronik der Gemeinde Möglingen 1959–1963	

Akten

A 2380	Beilagen zur Gemeindepflegrechnung 1923
A 3585	Beilagen zur Gemeindepflegrechnung 1910
A 3817	Beilagen zur Gemeindepflegrechnung 1918
A 4057	Sitzungen des Gemeinderats
A 4065	Beilagen zur Gemeindepflegrechnung 1940
A 4073	Beilagen zur Gemeindepflegrechnung 1945
A 4088	Beilagen zur Gemeindepflegrechnung 1940
A 4195	Baugesuch Turnverein 1910
A 4265	Baugesuch ev. Kirchengemeinde 1898
A 4402	Feuerwehr 1936/43
A 4405	Vermögensverwaltung
A 4406	Gewerbesteuerkataster 1922/27
A 4407	Gewerbesteuerkataster 1911/21
A 4512	Volksabstimmung und Reichstagswahl 1938
A 4513	Reichstagswahl 1936
A 4515	Volksabstimmung und Reichstagswahl 1933
A 4517	Reichstagswahl 5. 3. 1933
A 4518	Reichstagswahl 6. 11. 1932
A 4519	Reichstagswahl 3. 7. 1932
A 4521	Reichspräsidentenwahlen 1932
A 4523	Reichstagswahl 1930
A 4525	Reichs- und Landtagswahl 1928
A 4556	Bau einer Straße zum geplanten Bahnhof 1896/1914
A 4576	Kapital- und Einkommensteuer
A 4587	Rathausumbauten 1895/1931
A 4601	Schulmeisterwohnung 1875/76
A 4602	Schulen 1882/1934
A 4607	Erwerbslosenfürsorge 1919/34
A 4642	Geisteskranke 1935/39
A 4661	Wahl zum Gemeinderat 1945/46
A 4662	Mitglieder der NSDAP 1945/46
A 4671	Beilagen zum Gemeinderatsprotokoll 1940
A 4675	Beilagen zum Gemeinderatsprotokoll 1940
A 4676–4678	Beilagen zum Gemeinderatsprotokoll 1939
A 4679	Beilagen zum Gemeinderatsprotokoll 1940
A 4680–4682	Beilagen zum Gemeinderatsprotokoll 1942
A 4683–4688	Beilagen zum Gemeinderatsprotokoll 1941
A 4689–4690	Beilagen zum Gemeinderatsprotokoll 1940
A 4691	Beilagen zum Gemeinderatsprotokoll 1943
A 4692–4693	Beilagen zum Gemeinderatsprotokoll 1942
A 4695–4699	Beilagen zum Gemeinderatsprotokoll 1939
A 4700	Beilagen zum Gemeinderatsprotokoll 1938
A 4707	Stromversorgung 1906/35
A 4718	Pflichteinsatz der ehemaligen NSDAP-Mitglieder 1945
A 4722	Wasserversorgung der Gemeinde 1903/28
A 4746	Weinbauerträge 1888/1927
A 4759	Zehntablösung 1849/61
A 4789	Neubildung des Gemeinderats 1933
A 4796	Feuerwehr 1853/1932
A 4798	Beilagen zum Gemeinderatsprotokoll 1931/38
A 4810	Baulandumlegungen
A 4855	Geburts- und Mannrechtsbriefe 1758/1873
A 4837	Bürgerausschusswahlen 1870–1918
A 4838	Gemeinderatswahlen 1882–1899; Gemeinderatsverzeichnis 1849/78, 1878/1903
A 4866	Baugesuch Konsum- und Sparverein 1928
A 4901	Baugesuch August Brosi 1925
A 4943	Beilagen zur Gemeindepflegrechnung 1941
A 4944	Beilagen zur Gemeindepflegrechnung 1938
A 4950	Gefällablösungen 1839/66
A 4967	Feuerlöschordnung 1831
A 5045	Erweiterung des Schulhauses 1868/70
A 5068	Verleihung und Herstellung von Dienstsiegeln 1967/74
A 5069	Zusammenstellung der Dienstzeiten von Bürgermeister Hönig
A 5070	Zusammenstellung der Beschlüsse des Gemeinderats seit 1946
A 5073	Gaststättenverzeichnis 1932

A 5115	Verzeichnis der Mitarbeiter der Verwaltung 1938
A 5125	Beschreibung und Instandhaltung der Lehrerdienstwohnungen 1908/60
A 5126	Aufbau und Gliederung der Ortsschulen 1927/34
A 5142	Staatsaufsicht
A 5143	Bau und Benutzung der Turnhalle 1910/49
A 5149	Listen der Gefallenen und Vermissten
A 5158	Gemeinderatsverzeichnis 1903/32
A 5958	Evakuierte und Flüchtlinge 1945/49
A 4613	Mühlen 1757/1896
o. S.	Gemeinderatswahl 27.1.1946

Registratur der Gemeinde seit ca. 1965
Inventuren und Teilungen
Pflegschaftsakten

e) Evangelisches Pfarrarchiv Möglingen (PA)

Tauf-, Ehe- und Totenbücher 1558/1566/1626–1807
Seelenbuch um 1780
Familienregister Bd. 1–4
Kirchenkonventsprotokolle 1767–1892
Pfarr- und Kirchengemeinderatsprotokolle 1851–1950
Reskriptenbücher 1727–1818

2. Gedruckte Quellen und Literatur

125 Jahre Singverein Möglingen, Möglingen 1982.
700 Jahre Möglingen. 100 Jahre Freiwillige Feuerwehr Möglingen. Möglingen 1975.
Adressenhandbuch Industrie Handel Gewerbe Gemeinde Möglingen. Möglingen 1970/71.
Altwürttembergische Lagerbücher aus der österreichischen Zeit. Bd. 5. Bearb. von Thomas Schulz. (Veröffentlichungen der Kommission für geschichtliche Landeskunde in Baden-Württemberg A 27). Stuttgart 1989.
Altwürttembergische Urbare aus der Zeit Graf Eberhards des Greiners (1344–1392). Bearb. von Karl Otto *Müller* (Württembergische Geschichtsquellen 23). Stuttgart-Berlin 1934.
Baden und Württemberg im Zeitalter Napoleons. Katalog. 2 Bde. Stuttgart 1987.

Bauchhenß, G.: Die Iupitergigantensäulen in der römischen Provinz Germania superior. Die Iupitersäulen in den römischen Provinzen. In: Beiheft zum Bonner Jahrbuch 41. Köln 1981 S. 3–262.
Bahlow, Hans: Deutsches Namenslexikon. München 1967.
Becker, Elise: Die schwäbischen Familien Kienzle. Fellbach 1937/38.
Bentele, Günther: Protokolle einer Katastrophe. Zwei Bietigheimer Chroniken aus dem Dreißigjährigen Krieg (Schriftenreihe des Archivs der Stadt Bietigheim-Bissingen Bd.1). Bietigheim-Bissingen 1984.
Beschreibung des Oberamts Cannstatt. Stuttgart 1895.
Beschreibung des Oberamts Heilbronn. 2 Bde. Stuttgart 1901.
Beschreibung des Oberamts Leonberg. Stuttgart 2,1930.
Beschreibung des Oberamts Ludwigsburg. Stuttgart 1859.
Bietigheim 789–1989. Beiträge zur Geschichte von Siedlung, Dorf und Stadt. Bietigheim-Bissingen 1989.
Bilfinger, Wendel: Wahrhaffte Beschreibung, was sich mit der namhafften Vöstung Hohen-Asperg, deroselben Plocquierung, Beläderung und endtlichen Übergaab von dem Augusto des 1634 Jars bis zum Augusto folgenden 1635 Jars fürnämblich zugetragenn. In: Johann Christoph *Schmidlin*: Beyträge zur Geschichte des Herzogthums Wirtemberg. Erster Teil. 1780. S.197–380.
Blessing, Elmar: Einteilung Württembergs in Ämter um 1525. In: Historischer Atlas von Baden-Württemberg. Erläuterungen. Beiwort zur Karte VI, 10.
Bolay, Theodor: Chronik der Stadt Asperg. Bietigheim-Bissingen 1978.
Bossert, Gustav: Das Interim in Württemberg, Halle 1895
Bossert, Gustav, Der Bauernoberst Matern Feuerbacher. In: Württembergische Jahrbücher für Statistik und Landeskunde 1923/24, S. 81–102, und 1925/26, S.1–35.
Bossert, Gustav: Die württembergischen Kirchendiener bis 1556. In: Blätter für württembergische Kirchengeschichte 9/1905.
Brechenmacher, Josef Karlmann: Deutsche Sippennamen Teil I–V. Görlitz 1936.
Bull, Karl-Otto: Zur Wirtschafts- und Sozialgeschichte der württembergischen Amtsstadt Vaihingen an der Enz bis zum Dreißigjährigen Krieg. In: Zeitschrift

für württembergische Landesgeschichte 38/1979 S. 97–140.

Burkhardt, Felix: Ein altes Lehrergeschlecht aus Möglingen. (Lehrerfamilie Hartmann). In: Hie gut Württemberg Jg. 5/1954, S. 4.

Clasen, Claus-Peter: Die Wiedertäufer im Herzogtum Württemberg und in benachbarten Herrschaften. Ausbreitung, Geisteswelt und Soziologie (Veröffentlichungen der Kommission für geschichtliche Landeskunde in Baden-Württemberg B 32). Stuttgart 1965.

Das Königreich Württemberg Bd. 1. Stuttgart 1904.

Das Land Baden-Württemberg. Amtliche Beschreibung nach Kreisen- und Gemeinden. Band III. Stuttgart 1978, S. 352 ff.

Decker-Hauff, Hansmartin: Geschichte der Stadt Stuttgart Bd. 1. Von der Frühzeit bis zur Reformation. Stuttgart 1966.

Decker-Hauff, Hansmartin: Die geistige Führungsschicht Württembergs. In: Beamtentum und Pfarrerstand 1400 bis 1800 (Deutsche Führungsschichten in der Neuzeit 5). Limburg/Lahn 1972.

Dehlinger, Alfred: Württembergs Staatswesen Bd. I–II. Stuttgart 1951.

Der Kreis Ludwigsburg. Hrsg. von Ulrich *Hartmann*. Stuttgart ²1994.

Deutsches Rechtswörterbuch, Bd. 3. Weimar 1935–1938, Sp. 672.

Die Annaten-Register des Bistums Konstanz aus dem 15. Jahrhundert. Bearb. von Manfred *Krebs*. In: Freiburger Diözesan-Archiv 76/1956.

Die Eingliederung der Vertriebenen im Landkreis Ludwigsburg. Hrsg. vom Landkreis Ludwigsburg. Ludwigsburg 1985.

Die Inschriften des Landkreises Ludwigsburg. Gesammelt und bearb. von Anneliese *Seeliger-Zeiss* und Hans Ulrich *Schäfer* (Die Deutschen Inschriften 25). Wiesbaden 1986.

Dieterich, H. A.: Geschichte von Pflugfelden. In: Ludwigsburger Geschichtsblätter 10/1926.

Dorfsterben … Vöhingen und was davon blieb. Katalog. Stuttgart 1998.

Dorsch, Paul: Kriegszüge der Württemberger im 19. Jahrhundert. Calw und Stuttgart 1913.

Ehmer, Hermann: Valentin Vannius und die Reformation in Württemberg (Veröffentlichungen der Kommission für geschichtliche Landeskunde in Baden-Württemberg B 81). Stuttgart 1976.

Ernst, Viktor, Die direkten Staatssteuern in der Grafschaft Württemberg. In: Württembergische Jahrbücher für Statistik und Landeskunde Jg. 1904, I S. 56–90, II S. 78–119.

Faber, Ferdinand Friedrich: Die württembergischen Familienstiftungen. Neudruck mit Berichtigungen von Adolf *Rentschler*. Stuttgart 1940.

Fischer, Hermann: Schwäbisches Wörterbuch. Band 6. 1. Tübingen 1924.

Fritz, Gerhard und *Schurig*, Roland: Der Franzoseneinfall 1693 in Südwestdeutschland (Historegio 1). Remshalden-Buoch 1993.

Fritz, Gerhard: Das Maulbronner Landesaufgebot im 16. und frühen 17. Jahrhundert. In: Konstantin *Huber* und Jürgen H. *Staps* (Hrsg.): Die Musterungslisten des württembergischen Amtes Maulbronn (Schriftenreihe des Kreisarchivs Enzkreis 5). Pforzheim 1999.

Georgii-Georgenau, Eberhard von: Biographisch-Genealogische Blätter aus und über Schwaben. Stuttgart 1879.

Gräf, Ulrich: Kunst- und Kulturdenkmale im Kreis Ludwigsburg. Stuttgart 1986.

Gühring, Albrecht: So ist die wehrte Statt ein öder Aschen-Hauffen. Der Marbacher Stadtbrand im Jahr 1693 (Schriften [des Marbacher Schillervereins e. V.] zur Marbacher Stadtgeschichte 7). Marbach am Neckar 1993.

Häcker, Friedrich: Das kommunale Geschehen von 1945–1975. In: 700 Jahre Möglingen (s. o.) S. 36 f.

Haid, W. (Hrsg.): Liber decimationis cleri Constanciensis pro Papa de anno 1275. In: Freiburger Diöcesan-Archiv 1 1865.

Handbuch der baden-württembergischen Geschichte, Bd. 1. 2. Stuttgart 2000. Bd. 2. Stuttgart 1995.

Handbuch der Historischen Stätten Baden-Württemberg. Stuttgart ²1980.

Haug, F.: Die Viergöttersteine. In: Westdeutsche Zeitschrift 10/1891 S. 9 ff., 125 ff., 295 ff.

Haug, Werner: Das St.-Katharinen-Hospital der Reichsstadt Esslingen. Geschichte, Organisation, Bedeutung (Esslinger Studien 1) 1965.

Heimatbuch der Stadt Steinheim an der Murr. Steinheim 1980.

Heimatglocken. Evangelisches Gemeindeblatt von Möglingen. Hrsg. von Adolf *Rentschler*. 146 Ausgaben von April 1929–Mai 1941.

Heß, Gerhard: Die Möglinger Höfe rund um die Leidelsbachquelle. In: Hie gut Württemberg Jg. 2/1951 S. 59–61.

Heß, Gerhard: Vöhingen – das verschwundene Dorf. In: Hie gut Württemberg Jg. 1/1950 S. 70 f.

Heyd, Ludwig Friedrich: Geschichte der vormaligen Oberamts-Stadt Markgröningen. Stuttgart 1829.

Hippel, Wolfgang von: Die Bauernbefreiung im Königreich Württemberg. 2 Bde. Boppard 1977.

Keitel, Christian, Herrschaft über Land und Leute. Leibherrschaft und Territorialisierung in Württemberg 1246–1593 (Schriften zur südwestdeutschen Landeskunde 28). Leinfelden-Echterdingen 2000.

Kienzle, Reinhold: »Bauernmillionär« Minner und »Tagebuchschreiber« Jehle aus Kornwestheim. Kornwestheim 1990.

Kleemann, Gotthilf: Beiträge zur Orgelbaugeschichte des Kreises Ludwigsburg (5. Folge). In: Hie gut Württemberg Jg. 22/1971.

Klemm, Fritz: Die württembergische Gemeindeverfassung von 1822 und ihre Vorläufer. Dissertation Tübingen 1976.

Kluge, Helmut, Der Heiliggeisthospital zu Schorndorf. Marbach 1936.

Krebs, Manfred: Die Annatenregister des Bistums Konstanz und ihre Bedeutung für die württembergische Kirchengeschichte. In: Zeitschrift für württembergische Landesgeschichte 13/1954 S. 109–119.

Kreis- und Gemeindewappen in Baden-Württemberg. Bd. 1 Regierungsbezirk Stuttgart. Stuttgart 1987.

Läpple, Wolfgang: Ludwigsburg in den ersten Jahren nach dem 2. Weltkrieg. In: Ludwigsburger Geschichtsblätter 45/1991.

Markgröningen 779 bis 1979. Verfasst von Erich *Tomschik*. Markgröningen 1979.

Martens, Karl von, Geschichte der innerhalb der gegenwärtigen Gränzen des Königreichs Württemberg vergefallenen kriegerischen Ereignisse vom Jahr 15 vor Christi Geburt bis zum Friedensschlusse 1815. Stuttgart 1847.

Maurer, Hans-Martin, Der Bauernkrieg als Massenerhebung. Dynamik einer revolutionären Bewegung. In: Bausteine zur geschichtlichen Landeskunde von Baden-Württemberg, Stuttgart 1979, S. 255–295.

Mayer, Albert: Die Landwirtschaft. In: Der Landkreis Ludwigsburg (s. o.) S. 390–400.

Miller, Max: Die Auswanderung der Württemberger nach Westpreußen und dem Netzegau 1776–1786. Stuttgart 1935.

Mitteilungsblatt der Gemeinde Möglingen.

Möglingen und seine Dorfkirche. Hrsg. von Hermann *Seybold* jr. und Adolf *Rentschler*. Markgröningen [um 1946].

Möglingen und seine Glocken. Verantwortlich Immanuel *Fischer*. Markgröningen 1948.

Möglinger Nachrichten.

Moltmann, Günter (Hrsg.): Aufbruch nach Amerika. Tübingen 1979

Müller, Willi: Aussiedelhöfe im Kreis Ludwigsburg. In: Hie gut Württemberg Jg. 20/1969 S. 33.

Müller, Willi: Schwieberdingen. Das Dorf an der Straße. Schwieberdingen 1961.

Müller, Willi, Zur Geschichte unseres Ortes. In: 700 Jahre Möglingen (s. o.) S. 10–23.

Müller, Willi: Die Wiedertäufer-Bewegung in unserem Kreis. In: Hie gut Württemberg Jg. 2/1951 S. 61–62.

Neue Ortsmitte von Möglingen. Zur Einweihung am 21. und 22. Juli 1984.

Nipperdey, Thomas: Deutsche Geschichte 1800 bis 1866, München 1983.

Noetzel, Karen Eva: Asperg und das Deutsche Thema. Bd. 1 Antisemitismus in Asperg. Bd. 2 Vom Hinterhof an die Macht. Bietigheim-Bissingen o. J.

Öttinger, Hermann: Einbahnstraße – Erlebnisse über Jugend, Krieg und Gefangenschaft. Selbstverlag 1983.

Ossweil. Vom schwäbischen Bauerndorf zum Ludwigsburger Stadtteil. Murr 1992.

Otto, Markus, Die Pfarrkirche St. Pankratius. In: 700 Jahre Möglingen (s. o.) S. 41–56.

Otto, Markus, Die Pfarrkirche St. Pankratius in Möglingen und ihre Kunstwerke. Ein Beitrag zur Denkmalpflege im Kreis Ludwigsburg. In: Ludwigsburger Geschichtsblätter 24/1972 S. 245–262.

Otto, Markus: Nachreformatorische Gemälde in den Kirchen des Kreises Ludwigsburg. In: Ludwigsburger Geschichtsblätter 17/1965 S. 70–92.

Pädagogische Hochschule Ludwigsburg Fach Geographie. Geländepraktikum im Sommersemester 1975 bei Prof. Dr. G. *Fuchs*. Thema: Möglingen: Flächennutzung und Nutzungsentscheidungen. In: Seybold Bd. 3 (s. u.) S. 374 ff.

Paret, Oskar (Hrsg.): Ludwigsburg und das Land um den Asperg. Ludwigsburg 1934.

Paret, Oskar: Urgeschichte Württembergs. Stuttgart 1921.

Paret, Oskar: Württemberg in vor- und frühgeschichtlicher Zeit. Stuttgart 1961.

Pfeilsticker, Walther: Neues württembergisches Dienerbuch. 3 Bde. Stuttgart 1957, 1963, 1975.

Planck, Dieter (Hrsg.): Archäologie in Baden-Württemberg. Stuttgart 1988.

Raisch, Herbert: Das Esslinger Urbar von 1304. Lagerbuch Nr. 1 des Spitals St. Katharina in Esslingen (1304 bis nach 1334) (Esslinger Studien 2) 1966.

Rauscher, Julius: Mittelalter und Reformation im Archiv des Ev. Oberkirchenrats Stuttgart. In: Blätter für württembergische Kirchengeschichte 36/1932 S. 188–208.

Rauscher, Julius: Württembergische Visitationsakten, Bd. 1 (Württembergische Geschichtsquellen 22) Stuttgart 1932.

Regesten der Markgrafen von Baden und Hachberg 1050–1515. Bearb. von Heinrich *Witte*, Bd. 3, 1907.

Regesten zur Geschichte der Herren von Urbach. Bearb. von Robert *Uhland* (Veröffentlichungen der Staatlichen Archivverwaltung Baden-Württemberg 5). Stuttgart 1958.

Rentschler, Adolf: Das Vöhinger Feld und Kirchlein In: Heimatglocken. Evangelisches Gemeindeblatt für Möglingen 21/1930 u. 23/1931.

Reyscher, August Ludwig: Sammlung der württembergischen Gesetze. Bd. 12. Tübingen 1841.

Rielinghausen. Vom fränkischen Adelssitz zum Marbacher Stadtteil. Marbach am Neckar 1996.

Ritz, Albrecht: Gestalten und Ereignisse aus Beihingen am Neckar. Ludwigsburg 1939.

Römer, Hermann: Geschichte der Stadt Bietigheim an der Enz. Stuttgart 1956.

Römer, Hermann: Markgröningen im Rahmen der Landesgeschichte. Bd. 1. Markgröningen 1933.

Römer, Hermann: Markgröningen im Rahmen der Landesgeschichte 1550–1750 (Ludwigsburger Geschichtsblätter 11). Ludwigsburg 1930.

Sauer, Paul: Der schwäbische Zar. Friedrich, Württembergs erster König, Stuttgart 1984.

Ronke, Jutta: … aram et columnam pro se et suis … Der Möglinger Viergötterstein und Verwandtes. Römische Volkskunst und bürgerliches Selbstverständnis? I. Fundbericht Baden-Württemberg 23 (2000) S. 129–158.

Ruhland, Roland: Sonderbeilage [der Möglinger Nachrichten v. 3.7.1986] zum 80-jährigen Bestehen der öffentlichen Wasserversorgung.

Saar, Herbert: Wissenswertes aus den Städten und Gemeinden des Kreises. Möglingen. In: Der Kreis Ludwigsburg. Hrsg. von Ulrich *Hartmann*. Stuttgart/Aalen 1977 S. 302 f.

Sauer, Paul, Die ersten urkundlichen Nennungen von Möglingen. In: 700 Jahre Möglingen (s. o.) S. 24–35.

Sauer, Paul: Geschichte der Stadt Stuttgart. Bd. 2 Von der Einführung der Reformation bis zum Ende des 17. Jahrhunderts. Stuttgart 1993.

Sauer, Paul: Geschichte der Stadt Stuttgart. Bd. 3 Vom Beginn des 18. Jahrhunderts bis zum Abschluß des Verfassungsvertrags für das Königreich Württemberg 1819. Stuttgart 1995.

Sauer, Paul: Reformer auf dem Königsthron. Wilhelm I. von Württemberg. Stuttgart 1997.

Sauer, Paul: Tamm. Geschichte einer Gemeinde. Ulm 1980.

Sauer, Paul: Uns rief das Heilige Land. Die Tempelgesellschaft im Wandel der Zeit. Stuttgart 1985.

Schäfer, Gerhard: Zu erbauen und zu erhalten das rechte Heil der Kirche. Stuttgart 1984.

Schmierer, Wolfgang: Der Landkreis Ludwigsburg von 1945 bis zur Gegenwart. In: Der Landkreis Ludwigsburg (s. o.) S. 142–161.

Schübelin, NN: Die staatliche Entwicklung des Oberamtsbezirks Ludwigsburg. In: Ludwigsburger Geschichtsblätter 7/1913 S. 14–35.

Schulz, Thomas: Die ehemaligen Lateinschulen im Kreis Ludwigsburg. Ludwigsburg 1995.

Schulz, Thomas: Die Mühlen im Landkreis Ludwigsburg (Mühlenatlas Baden-Württemberg 3). Remshalden-Buoch 1999.

Schulz, Thomas: Wissenswertes aus den Städten und Gemeinden. Möglingen. In: Der Landkreis Ludwigsburg (s. o.) S. 309 f.

Schwelin, Narcisus: Würtembergische kleine Chronika. Stuttgart 1660.

Seybold, Hermann jun., nach Forschungen seines Vaters Hermann Seybold sen. [einzelne Beiträge von Adolf Seybold]: Möglingen im Rahmen der Heimatgeschichte. 3 Bde. Maschinenschrift. Möglingen 1946–1984.

Sigel, Christian: Das evangelische Württemberg, seine Kirchenstellen und Geistlichen von der Reformation an bis auf die Gegenwart, Maschinenschrift. Teil I–XIV. Stuttgart 1910–1932.

Simon, E: Die Götter der Römer. München 1990.

Stälin, Christoph Friedrich von: Wirtembergische Geschichte. Bd. 3. Stuttgart 1856.

Steinhofer, Johann Ulrich: Ehre des Herzogtums Wirtenberg in seinen Durchlauchigsten Regenten oder Neue Wirtenbergische Chronik. Tübingen 1744.

Stork, Simone: Vor- und Frühgeschichte. In: Der Kreis Ludwigsburg (s. o.) S. 67–94.

Stumpp, Karl: Die Auswanderung aus Deutschland nach Rußland in den Jahren 1763–1862. Tübingen 1974.

Theurer, Andreas: Ahnenliste Andreas, Maschinenschrift. [Tübingen 1997].

Trugenberger, Volker: Quellen zur bevölkerungsstatistischen Regionalstruktur des schwäbisch-fränkischen Raumes im späten Mittelalter und der frühen Neuzeit (bis 1648). In: *Andermann*, Kurt u. *Ehmer*, Hermann, Bevölkerungsstatistik an der Wende vom Mittelalter zur Neuzeit (Oberrheinische Studien 8) Sigmaringen 1990, S. 27–46.

Urkundenbuch der Stadt Esslingen. Bearb. Von Adolf *Diehl*. Bd. 1 (Württembergische Geschichtsquellen 4). Stuttgart 1899.

Urkundenbuch der Stadt Esslingen. Band 2. Bearb. von Adolf *Diehl* (Württembergische Geschichtsquellen 7). Stuttgart 1905.

Urkundenbuch der Stadt Stuttgart. Bearb. von Adolf *Rapp* (Württembergische Geschichtsquellen 13). Stuttgart 1912.

Wein, Gerhard: Die mittelalterlichen Burgen im Gebiet der Stadt Stuttgart. Bd. 2 (Veröffentlichungen des Archivs der Stadt Stuttgart 21). Stuttgart 1971.

Weller, Arnold: Sozialgeschichte Südwestdeutschlands. Stuttgart 1979.

Weller, Karl u. *Weller*, Arnold: Württembergische Geschichte im südwestdeutschen Raum. Stuttgart 1981.

Wirtembergisches Urkundenbuch. Bd. 10. Stuttgart 1909.

Wunder, Bernd: Frankreich, Württemberg und der Schwäbische Kreis während der Auseinandersetzungen über die Reunionen (1697–1697). (Veröffentlichungen der Kommission für geschichtliche Landeskunde in Baden-Württemberg B 64). Stuttgart 1971.

Württemberg im Spätmittelalter. Katalog. Bearb. von Joachim *Fischer*, Peter *Amelung* und Wolfgang *Irtenkauf*. Stuttgart 1985.

Württembergische Regesten von 1301–1500. I. Altwürttemberg 1.–3. Teil. Hrsg. vom Hauptstaatsarchiv Stuttgart 1916–1940.

Württembergisches Städtebuch. Hrsg. von Erich *Keyser*. Stuttgart 1962.

Literaturhinweise oder geringfügig benutzte Quellen sind in den Anmerkungen aufgeführt.

Abbildungsnachweis

Wir danken allen Personen und Institutionen (ohne Ortsangabe: Möglingen), die ihre Fotografien zur Verfügung stellten, recht herzlich. Alle nicht aufgeführten Abbildungen wurden von der Gemeinde Möglingen oder den jeweiligen Vereinen zur Verfügung gestellt (Angaben: Seitenzahlen; m = mitte, o = oben, u = unten):

Arnold, Susanne, Stuttgart: 36, 37, 38, 40, 41
Bildarchiv Möglingen, Heinz Geiger: Einband vorne, 14, 56, 60, 80, 85o, 111, 115, 144, 175, 187, 193, 207, 211, 223, 252, 254, 275, 296, 308, 310, 313, 317, 318u, 328, 330, 333o, 334, 349, 353o, 361, 368o/u, 369, 370, 371, 374, 375, 421, 422, 423u, 426, 428, 434, 435, 441o, 443u 444, 458o, 460, 474, 479, 492, 498, 518u, 523, 544
Blank, Else: 302, 345u,
Brosi, Werner: 362, 367, 383, 385, 386, 394, 423o, 453
Brucker, Prof. Dr. Gerd: 15, 16, 17, 18, 19, 20o, 22, 24
Cersowsky, Rudolf: 416
Erzbischöfliches Archiv Freiburg: 58
Ev. Pfarramt Möglingen: 104, 132, 140, 164 (Aufnahmen: Gühring), 249, 306, 356
Foto-Erlewein, Marbach a. N.: 12
Giek, Gerhard: 339, 516o
Gühring, Albrecht (teils nach Vorlagen aus dem Gemeindearchiv): 81u, 106, 160, 176, 180, 196, 220, 232, 235, 248, 286, 307, 322, 401, 405, 410, 429, 490, 506, 515, 516u
Gühring, Fritz: 20u, 455, 516m
Hauptstaatsarchiv Stuttgart: 61, 63 (A 44 U 4668), 66 (H 101/2 Bd. 1), 70 (A 602 U 8833), 73 (N 1 Nr. 70 Bl. 13), 77 (A 28a M 75), 78 (H 101 Bd. 1076), 79 (A 44 U 1468), 98, 101u. 103 (A 284/33 Bü. 115), 110 (102/48 Bd. 24), 136 (= Einband hinten), 146, 147o (A 348 U 23), 151 (A 348 Bü. 5), 168 (L 6 Bü. 22. 8. 7), 172 (H 102/48 Bd. 32), 182 (A 288 Bü. 2345), 214 (A 288 Bü. 4771)
Haus der Geschichte, Stuttgart (Metz-Archiv): 64 (Nr. 269152), 128, (269154), 441u, 443o, 449, 486
Hessisches Staatsarchiv Marburg: 50 (K 425 Bd. 1)
Aerofoto Hirblinger: 418f., 450f.
Kath. Pfarramt Möglingen: 436, 437
Landesbildstelle Württemberg, Stuttgart: 94, 116, 123, 147u, 162, 205, 239, 257, 261
Landesdenkmalamt Baden-Württemberg: 42
Landeskirchliches Archiv Stuttgart: 89 (A 29 Möglingen), 209
Landesvermessungsamt Stuttgart und Bietigheim-Bissingen: Einband innen, 52, 54, 202, 204, 246 f.
Lörcher, Hildegard: 280, 266, 382
Mäule, Ruth: 355, 462, 464, 468, 469, 472, 481
Otto, Markus, Bietigheim-Bissingen: 90, 476
Pflugfelder, Lotte: 155
Pflugfelder, Rudolf: 227, 283, 318o, 363, 404, 496
Schmitt, Hedwig: 400
Schüle, Martha: 107, 184, 190, 333 rechts, 338, 357, 360, 368m, 380u, 518o, 546
Seybold, Adolf: 81o, 125, 500, 503, 507, 509, 511
Staatliche Museen Preußischer Kulturbesitz Berlin: 83
Staatsarchiv Ludwigsburg: 236 (F 181 I Bü. 29a), 341 (EL 903/1 Bü. 560 Nr. 34)
Stadtarchiv Esslingen: 62
Stadtarchiv Ludwigsburg: 325 rechts, 332, 333 links, 335, 342, 353u, 403

Stadtarchiv Marbach a. N.: 59, 68, 75, 84, 100, 119, 130, 135, 139, 156, 170, 265, 303, 325 links
Stork, Dr. Ingo, Bietigheim: 29, 30, 32
Strähle Luftbild, 73614 Schorndorf: 372, 484
Volz, Alfred: 572

Wagner, Manfred, Freiberg a. N.: 388, 390, 393
Württembergische Landesbibliothek Stuttgart: 92
Württembergisches Landesmuseum Stuttgart: 46, 47

Orts- und Personenregister

Bei Gemeinden, deren Kreiszugehörigkeit ermittelt werden konnte, sind die Landkreise entsprechend ihrer offiziellen Abkürzung angegeben. *Möglingen, Deutschland, Deutsches Reich, Württemberg* und *Baden-Württemberg* sind nicht aufgeführt. Indiziert wurden die Seiten 15 bis 546 und 572.

Aalen, AA 237
Abel 250
Abele 121, 122
Abstatt, HN 462
Acker 158
Ackermann 531, 532
Adamisch 405
Ade 191, 192, 226, 267
Adelberg, GP 68, 109, 144, 215, 228, 488
Äschi, Kanton Bern, Schweiz 158
Affolterin, von 158, 159
Afrika 395
Aichelberger 470
Aichelin 157
Aidlingen, BB 229, 274
Akron, USA 277, 278
Alber 230, 267, 321, 340, 365, 374, 399
Albersweiler 122
Albreht 67
Aldingen, Gde. Remseck a. N., LB 201, 206, 208, 286, 343
Aldingen, von 51
Alexander 76
Alexander der Große 21
Alfdorf, WN 230
Algier 398
Allenstein, Ostpreußen 396
Allmersbach 158, 230
Alpirsbach, FDS 159
Altdorf, BB 51
Altdorf, ES 228

Altensteig, CW 471
Althengstett, CW 230
Altorff, Kanton Zürich, Schweiz 151
Amerika 267, 270, 271, 274, 278, 381
Amerika, Nordamerika, Südamerika, USA 217, 229, 243, 260–264, 267–275, 277, 278, 279, 280, 381, 434, 481
Amsterdam, Niederlande 159
Andelfingen, Schweiz 152
Andersen 464
Andler 202
Ann Arbor, USA 262
Annaberg, Erzgebirge 397
Anweil, von 118
Apeldoorn, Holland 398
Appenzeller 194
Ardennen, Belgien 509
Argentinien 277, 279, 432
Arnold 149, 158, 194, 226, 286, 472
Asperg, Grafen von 60, 61, 63, 64, 82
Asperg, LB 15, 18, 22, 30, 34, 36, 50, 57, 58, 63, 71–76, 83, 84, 86–88, 90–93, 97, 99, 103, 106, 109, 112, 117, 122, 123, 127, 129, 130–133, 135–138, 146, 153, 158, 160, 163–166, 169, 176, 196–198, 201, 208, 216, 228, 230, 268, 291, 296, 299, 300, 304, 312, 319, 327, 343, 346, 351, 352, 361, 366, 376–378, 406, 420, 421, 425, 438, 440, 443, 445, 482, 486, 490, 492, 493, 499, 502, 519
Asperglen, Gde. Rudersberg, WN 108
Athen, Griechenland 30
Atten, Frankreich 395
Aufhausen 157
Augsburg, Stadt 32, 132
Auler 437
Auracher 95–97, 112, 117, 149, 153
Aurich, Stadt Vaihingen a.d. Enz, LB 120, 122, 199

Aurnheim 123
Auschwitz 384
Außlingen 122
Australien 434
Avezug bei Albert 321
Ay 158,

Baach, Stadt Winnenden, WN 287
Babic 437
Bacchos 36, 50
Backnang, WN 142, 164, 167, 193, 194, 328, 431
Bad Buchau, BC 28
Bad Cannstatt, Stkr. Stuttgart 32, 34, 58, 80, 88, 89, 96, 105, 122, 124, 133, 158, 170, 201, 203, 205, 219, 229, 279, 338, 389, 393, 488, 505, 506, 508
Bad Ems 281
Bad Friedrichshall, HN 29
Bad Herrenalb, CW 471
Bad Homburg 409
Bad Kissingen 395
Bad Liebenzell, CW 488
Bad Mergentheim, TBB 29, 239
Bad Nauheim 345
Bad Schussenried, BC 27
Bad Urach, RT 31, 72, 74, 117, 228
Bad Wildbad, CW 105, 170
Bad Wimpfen, HN 32
Bad Wurzach, RV 340, 341
Bade 464
Baden, Markgrafen von u. Markgrafschaft 60, 61, 64, 65, 82, 163, 165, 257
Baden-Baden, Stkr. 126, 336
Baden-Durlach, Markgrafschaft 197
Bader 130, 309
Bäumle 267
Bahlinger 153, 154, 158
Bahret 462, 476
Baitinger 377
Balkan 260, 317
Bangerter 375, 445
Banischewka 396
Banttlin 158
Banz 157
Barchet 225
Bareither 230, 237, 267, 347, 348, 374, 410, 412, 470, 527

Barfuss, Barfuß 364, 395,
Basel, Schweiz 277, 278
Bässler 412
Bastogne, Frankreich 511
Bauer 157, 373, 375, 380, 395, 412
Bauer-Oppelland 412, 416,
Baumann 158, 260, 267, 409, 417
Baumgärtner 438
Bayern, Südbayern 28, 122, 153, 167, 197, 433
Beaumont bei Lille, Frankreich 321
Bebenhausen, Stadt Tübingen, TÜ 35, 50, 51
Becher 204
Bechtle, Bechtlin, (Pechtle) 121, 122, 141, 142, 157
Beck (Peck) 87, 120, 121, 122, 153, 157, 158, 321
Beckbissinger 253
Beigl 437
Beihingen, Stadt Freiberg a. N., LB 72, 99, 127, 138, 158, 160, 165, 169, 178, 183, 208, 228, 493
Beil 287
Beilstein, HN 122
Beinstein, Stadt Waiblingen, WN 230
Beißer 174
Beister 191
Beller 439, 440
Bellon 265, 305, 306, 308, 309, 311
Bellow 267
Benkiser 186, 198, 234, 235, 237, 242, 244, 267, 268, 347, 400, 483
Benningen, LB 32, 65, 72, 170, 201, 208, 301, 492, 493
Bentelin 148
Bentz 67, 69
Beresina 241
Berg, aufgegangen in Stuttgart-Ost, Stkr. Stuttgart 75
Berlichingen, von 209
Berlin 83, 122, 298, 335, 398
Bern, Schweiz 158
Berner 378
Bernhauer 437
Bernhausen, Stadt Filderstadt, ES 122
Bernthaler 437
Bertschinew/Bertischew, Ukraine 397
Bertz 230, 345, 346, 371, 374, 395, 487

Besigheim, LB 60, 122, 125, 135, 158, 193, 352
Bessarabien 267, 272, 408
Besserer 69
Besymjannoje 398
Betzler 122
Beuchlin 115, 122
Beurlen (Peyrlen), Beurlin 122, 141, 142, 158, 180, 181, 183, 208, 209
Beutelsbach, Stadt Weinstadt, WN 58
Beyl 267
Bezgenriet, Stadt Göppingen, GP 227
Biberach, BC oder Stkr. Heilbronn 158
Bibersfeld, Stadt Schwäbisch Hall, SHA 105
Bibra 163
Bickel 151
Bickelsberg, Stadt Rosenfeld, BL 230
Biedermann 112
Biersch, Schlesien 158
Bietigheim, Stadt Bietigheim-Bissingen, LB 71, 72, 83, 99, 100, 103, 110, 122, 135, 141, 144–146, 157, 158, 165, 170, 190, 193, 215, 299, 344, 353, 456
Big Spring, USA 262
Bildenstein 122
Bilfinger 131
Billenstein 133, 134
Bindele 122
Binkelmann 122
Birhtel 67
Birk 439
Birkicht 237, 329, 331, 345, 347, 348, 351, 354, 374, 395, 408, 412, 416, 445
Birklein = Birkhof, SHA 230
Birkmannsweiler, Stadt Winnenden, WN 219
Biß (Piß) 95, 96, 122, 145
Bissingen, Stadt Bietigheim-Bissingen, LB 71, 72, 74, 76, 91–94, 100, 103, 112, 113, 122, 130, 133–136, 138, 143, 149, 151, 164–166, 169, 178, 190, 201, 203, 208, 230, 372, 493
Bissinger 230, 349, 356, 358, 374, 395, 398
Bittenfeld, Stadt Waiblingen, WN 142, 183, 488
Bittner 437
Bitzer 482
Bjelgorod 397
Blank 158, 160, 171–173, 186, 188, 203, 207, 215, 220, 231, 234, 235, 237, 244, 245, 257, 267, 284, 347, 348, 356, 368, 374, 380, 390, 395, 398, 409, 411, 412, 416, 417, 454, 483, 487
Blass 395
Blaubeuren, UL 113, 170
Blind 395
Blödner 54
Blomenstill, Blumenstiel, Blumenstihl 76, 121, 149
Blum 462, 478
Blumenstein, Kanton Bern, Schweiz 159
Bochterle 359
Bockwoldt 395
Böblingen, BB 51, 500
Böckingen, Stkr. Heilbronn 32
Böhem 132
Böhler 208
Böhmen 33, 204
Böhmler 280,
Böhringsweiler, WN 230
Bönnigheim, LB 455, 488
Böpple 227
Bofinger 253, 365
Bohnenberger 464, 476
Boll 130
Bolli 153, 159
Bolz 437
Bondorf, BB 158
Boniswil, Schweiz 158
Bonlanden a.d. Fildern, Stadt Filderstadt, ES 227
Bonn 40
Bonstein 123
Bopfingen, AA 31
Borodino, Bessarabien 241, 272
Bossert 87
Boston, USA 277
Botnang, Stkr. Stuttgart 116
Bousberque 321
Boxleitner 384
Braasch 35
Brackenheim, HN 158, 224
Bräckle 445
Brandenburg 129
Brandenburg, von 107
Brandmatt, OG 471

Brauchat (abgegangen) 72
Braun 149, 155, 178, 195, 204, 412, 437
Brechtl 364
Breneker/Brecker 158, 159
Brenner 230, 323, 364, 395, 439
Brescianello 171
Brest 397
Brett 171
Brettach, HN 416
Breuning 157, 249
Brjansk, Russland 395
Bromberg, Posen 276, 397
Brookly, USA 275
Brosi 230, 321, 338, 339, 366, 367, 383, 386, 390, 391, 424, 454
Bross 412
Brotbeck 74, 80, 97, 143
Bruchsal, KA 205, 226
Brüllmann 323
Buchenroth 308
Buchhalter 203, 267, 483, 484
Buck & Kensing 435
Budapest 396
Bühlauer 192, 224, 225
Bühler 211, 330
Bühlmeyer 313, 359
Bülach bei Zürich, Schweiz 159
Buhlbronn, Stadt Schorndorf, WN 108
Bulach, wohl Neu- oder Altbulach, CW 122
Bull 82
Buoch, Gde. Remshalden, WN 40
Burgard 424, 445
Burgetz 186
Burgund 30
Burkhard(t) 121, 122, 158, 361, 366, 375, 409, 417, 445, 445, 482, 527
Busch 532

Caesar 31
Callot 135
Calw, CW 122
Calw, Grafen von 49, 50
Cardter/Kartter 158, 159
Ceelen 436, 437
Champigny, Frankreich 281
Charkow, Russland 397
Chenée, Frankreich 510

Cherburg, Frankreich 396
Christlieb 305, 309
Chrudim Schlatinina 397
Ciopleni 395
Clain 67
Claudius 181
Claus 74, 76, 78
Cleinhans 74
Cleß 141, 158
Cleß 163
Cleversulzbach, Stadt Neuenstadt am Kocher, HN 106
Colbert 164
Conrade, Conrat 67, 73, 74, 76
Contzlin s. Kienzle
Conz 171, 180, 181, 182, 191, 195–197
Cordes 430
Corjera 397
Crösus, Cresus s. Kress
Cruse 67
Currifex 68
Czech 412, 437
Czogolin, Bezirk Bromberg, Posen 229

Dachau 332
Däfern, WN 230
Däschler 346
Däuble 412, 416, 433, 454, 521
Dagersheim, Stadt Böblingen, BB 122
Daimler 141, 357, 505–511
Danzer 248, 492, 493
Danzig 408
Darmbach 209
Darmsheim, Stadt Sindelfingen, BB 198
Dauß 149, 153, 158
Dautel 476
Davensport, USA 279, 381
Deeg, Deg 120, 122
Degerloch, Stkr. Stuttgart 51, 202, 389,
Deiblin 153
Deizisau, ES 158
Dengen (Thingen), von 113, 123
Denkendorf, ES 228
Dettenhausen, TÜ 199
Dettweiler bei Zabern, Elsass, Frankreich 194
Deublin 158
Deuring 374

Deusser 122
Deutsche Demokratische Republik 431
Diebendörffer 151, 158
Dieffenbach 137, 141, 142
Diener 533
Dieppe, Frankreich 511
Diesenhofen, Schweiz 278
Dietiger, Dieting, Dietischer, Dittinger 149, 150, 151, 154, 160, 172, 173
Dietz 437
Dinkelsbühl, Landkreis Ansbach 123, 224
Diringer 154
Dischingen, abgegangene Burg bei Weilimdorf, Stkr. Stuttgart 116
Dischingen, von 116
Distelbarth 177,
Ditting 230, 234, 237, 248, 257, 267, 332, 345, 347, 356, 364, 365, 373, 380, 381, 395, 408, 410–412, 445, 485, 533
Ditzingen, LB 58, 97, 121, 122, 126, 129, 133, 136, 148, 157, 158, 201, 208, 340, 433
Dobel 180
Dobler 146, 286
Doblinger 449
Dochtermann 438
Dock[enwadel], Dokkenwadel 70, 121, 122, 219, 228, 260, 264, 267, 315, 321, 370, 381
Doctor 113
Döbele 193
Döffingen, Gde. Grafenau, BB 140
Döinck 437
Dörrfuß 358, 359, 360, 365, 434
Dolginemo-Gschatzk 396
Dollinger 149, 158, 191
Dolmetsch 158, 307, 308, 309
Dombrowski 467
Donauwörth, Landkreis Donau-Ries 105, 204
Donner 178, 197, 225
Dornbrunn, Provinz Posen 267, 268, 272, 276, 277, 381
Dossenbach 257
Dreher 146,
Droll 141, 142
Drus 527
Duchowschtsching, Russland 335, 397
Dürer 57, 83
Dürmeier 424

Duesterberg 326
Duisburg 338
Durlach, Stkr. Karlsruhe 241

Ebenrode, Ostpreußen 398
Eberdingen, LB 126, 157, 158
Eberhard 157
Eberlein 437, 532
Eberlin 122, 149, 153, 154, 156
Eberstadt 171, 470
Echi 154
Echterdinger 76, 121, 122
Eckerlin 122
Eckstein 229, 260, 268
Edelin 158
Eder 439,
Effringen, Stadt Wildberg, CW 489
Eglosheim, Stadt Ludwigsburg, LB 71, 72, 76, 84, 91–94, 103, 112, 122, 127, 131–134, 136, 138, 143, 149, 157, 165, 169, 170, 178, 190, 201, 208, 217, 226, 228, 236, 237, 285, 298, 301, 343, 365, 435, 493
Ehli 158
Ehmann 291, 294
Ehrenstein, Gde. Blaustein, UL 157
Eichert 425
Eisele 16, 330, 339, 345, 354, 356, 395
Eisen 148
Eisenburg = Altsachsenheim, abgegangene Burg, Stadt Sachsenheim, LB 91
Eisenmann 149, 157
Elba 241
Ellwangen, AA 239
Ellwanger 413, 439
Ellwein 158
Elsass, Elsass-Lothringen 33, 36, 371
Eltingen, Stadt Leonberg, BB 123
Emil 527
Emle, Emlin s. Imlin
Emmerth 413, 522
Endersbach, Stadt Weinstadt, WN 105, 222, 228
Endriss 237
Engelhard(t) 74, 95, 97, 157, 435, 436
England 167, 204, 267, 317
Englert 321, 329, 336, 357, 364, 370, 546
Englisch 437

Engstedte 122
Ensingen, Stadt Vaihingen a.d. Enz, LB 27, 194
Ensle 395
Enßlin 197
Entringen, Gde. Ammerbuch, TÜ 199
Enzweihingen, Stadt Vaihingen a.d. Enz, LB 122, 171, 298, 299
Epller 154
Epplin 135
Eptlin 122
Erkenbrechtsweiler, ES 228, 470
Erlachhof, abgegangen bei Ludwigsburg, LB 137
Erligheim, LB 499
Ernst 130
Essig 364
Esslingen a. N., ES 61, 63, 64, 67, 74, 80, 95, 115, 135, 144, 145, 153, 159, 180, 501
E(t)zel 211, 296
Euchner 268, 287
Exner 360

Faber 155
Fackh 149, 153, 158
Falch 395
Fas 437
Faulhaber 413, 437
Feckele 122
Fehrer 268
Feigel 105
Fein 122
Feiner 121, 122, 527
Felb 122
Fellbach, WN 19, 164, 506, 507, 508
Feßler 118
Fetzer 12
Feeurbach, Stkr. Stuttgart 58, 67, 98, 99, 118, 212, 217, 225, 319, 393
Fichter, Fiechter 192, 224
Figel 268
Findling 121, 122
Fink 121, 122, 183, 184, 199, 212, 222, 227
Finnland 398
Fischer 121, 122, 229, 268, 434, 437, 439, 462, 510
Fißlerhof, Gde. Tamm, LB 146
Flacht, Gde. Weissach, BB 97, 151

Fleckenstein, Graf von 141
Florus 228, 231, 234, 237, 243, 321, 356, 370, 374, 380, 395, 400, 445
Fock 436, 437
Föll 413, 416
Fontoy 321
Forstner 230, 321, 323, 352, 359, 395, 413
Fraas 31
Fränkel 296, 297, 313
Franck 309, 367
Frank 122, 365, 439
Frankenberg/Eder 396
Frankenthal 350
Frankfurt a.d. Oder 398
Frankfurt a. M. 307
Frankreich 26, 122, 124, 167, 203, 204, 205, 240, 241, 245, 257, 272–274, 277, 281, 317, 395, 396, 434, 511, 512
Franz 158, 160, 191, 192, 210, 214
Frauenberg, abgegangene Burg bei Feuerbach, Stkr. Stuttgart 99
Frauenberg, von 51, 67, 95, 108
Fredeburg 397
Freiberg a. N., LB 421
Freiburg i. Br., Stkr. 58, 257, 336
Freitag 364, 370, 395, 439
Frenkel 422
Freudental, LB 216
Freund 437
Frey 113, 114, 158, 159, 228, 268, 330, 331, 356, 359, 381
Freytag 398
Frieß 148
Frile 122
Fritz 76, 99, 133, 153, 158, 159, 194, 488
Frölich 68
Fromeless bei Lille 321
Fröschle 462, 464, 469, 475
Frundsberg, von 83
Fruth 462, 464, 475
Fry 76
Fuchs 76, 78, 95, 121, 122
Fuchshof, abgegangen bei Ludwigsburg, LB 137, 169
Fürner 158
Fürst 119
Fürstenort, Kaukasus 381

Fulda 49
Fuldner 96
Funke 392, 393

Gabelkover 84, 85, 86
Gablenberg, aufgegangen in Stuttgart-Ost, Stkr. Stuttgart 74
Gabler 158
Gadner 98
Gänßschopf 141, 142
Gaißer 82
Galizien 396
Gallas 133
Gammertingen, SIG 157
Garski 437
Garsten, Österreich 270
Gauch 433
Gauger 287
Gaupp 211
Gehring 354
Gehweiler 495
Geier 395
Geiger 125, 194, 378, 395, 464, 545
Geisingen a. N., Stadt Freiberg a. N., LB 72, 146, 169, 199
Geisler 157
Geislingen a.d. Steige, GP 122, 340, 397
Geissach 158
Geist 268
Gela, Sizilien 395
Geller 115
Gemeinhardt 413, 416, 464, 538
Gemmrigheim, LB 194
Gengenbach, OG 241
Genkingen, Gde. Sonnenbühl, RT 137, 138, 141, 150, 159
Gentner 149, 158
Geradstetten, Gde. Remshalden, WN 68, 104, 108, 215
Gering 527
Gerlingen, LB 51, 71, 100, 122, 129, 217, 433
Germignan, Girondo 395
Gernsbach 257
Gerstle, Gerstlin 149, 153, 154, 160, 163, 178, 192, 195, 198, 199, 226, 250, 268
Geyer 105
Giek 26, 220, 221, 228, 235, 237, 244, 260, 268, 335, 339, 347, 348, 371, 424, 454, 483, 516, 528
Giengen a.d. Brenz, HDH 158
Giesendörfer 180
Girrbach 409
Gisterer 207
Gladi 149
Glattfelden, Kanton Zürich, Schweiz 158
Glattfelder, Klopffelder 153, 158, 159
Gla(t)zle 199, 340, 356, 373, 399
Glockmüller 122
Glöckner 69
Glück 220
Gnadental, Bessarabien 267
Gnapper 74, 76, 96
Gnistin 61, 62
Gochsheim, Stadt Kraichtal, KA 142, 212
Göggingen, Gde. Krauchenwies, SIG 123
Göppingen, GP 148, 157
Gössler 44
Göttelfingen 159
Göttingen im Thurgau, Schweiz 158
Göttling 230
Götz 209, 210
Göggerle 437
Gogolin, Provinz Posen 276
Goldbach 123
Goll 230
Goller 137
Gorgast, Oderbruch 396
Gorkina, Westsibirien 398
Graben, Gde. Graben-Neudorf, KA 193
Grafeneck, RT 336
Graff 158, 159
Grawe 437
Gregor X., Papst 58
Grein 527
Gretzinger 105
Griechenland 21
Grimm 153, 158, 159
Grimminger 378
Grobe 329, 330, 363, 364
Gröningen 122
Gröningen, von 52
Gröninger 230
Grötzinger 157
Groll 234, 237, 318, 374, 375, 398, 528

Gromerbach 122
Gronau, Gde. Oberstenfeld, LB 219
Groningen (Gröningen bei Crailsheim?) 157
Groß 195
Großbottwar, LB 164, 228, 230, 492, 499
Großen Rühen 135
Großgartach, Gde. Leingarten, HN 27
Großhaupt 195
Großheppach, Stadt Weinstadt, WN 313
Großingersheim, Gde. Ingersheim, LB 190, 194, 217, 499
Großröhrsdorf 431
Großsachsenheim, Stadt Sachsenheim, LB 76, 78, 91, 159, 135, 137, 193, 404, 417
Grün 395
Grünenbach, Stadt Leutkirch, RV 538
Grunbach, Gde. Remshalden, WN 58, 108
Gruppenbach s. Untergruppenbach, HN
Gsell 122, 153, 158
Güglingen, HN 416
Gühring 20, 35, 455, 516
Gültlingen, von 72
Gündelin 157
Günzler 209
Gulde 398
Gumpper 158
Gündelbach, Stadt Vaihingen a.d. Enz, LB 488
Gustav Adolf von Schweden 129
Gutmann 464
Guttenberger 89, 90
Gymer 76

Haag 192, 486
Haan 95
Haas 224, 231, 268
Habkern, Schweiz 470
Habsheim, Kanton Basel, Schweiz 159
Hack s. Häcker
Hadamar 336
Häcker, Hack, Heckel, Hecker, Heger, Höger 76, 97, 110, 112, 117, 120–122, 124, 137, 145, 148, 153, 154, 157, 168, 178, 192, 193, 216, 237, 330–332, 334, 347, 355, 373, 396, 413, 416, 424, 430, 472, 474–476, 491, 518, 529
Hägele, Hegele, Hegelin 121, 122, 158
Härle 437

Härlin 149
Häußler 216
Hafner 157
Hagel 149, 153, 154, 161, 168, 169, 186
Hahl 139, 140, 141
Hahn 141, 211, 374, 410, 413, 454, 470
Hahne 522
Hahs 500
Haider 122
Haifa, Israel 264, 279
Haisch 488
Haist 396, 527
Hall 88
Haller 346, 359, 360, 495
Hallstatt in Oberösterreich 29
Hamburg 261, 352
Hamm 158
Hammer 230, 345, 346, 358, 398
Hannover 352
Hansel 76
Hanselmann 406, 409, 410, 411, 413
Hanweiler, Stadt Winnenden, WN 230
Harder von Sachsenheim 60, 65
Harrer 408, 410
Harrer 437
Harsch 192, 225
Hartenbauer 488
Harteneck, Stadt Ludwigsburg, LB 169
Harter 522
Harthausen, Stadt Filderstadt, ES 122
Hartmann 67, 158, 174, 183, 212, 213, 215, 244, 251, 252, 253, 262, 268, 269, 298, 355, 381, 437, 489
Haselfeld 158
Haslachmühle 471
Haspel 327, 343, 344, 345, 347, 348, 350, 359, 374, 376, 377, 378, 408, 409, 413, 430, 494, 533
Hauff 106, 141, 178
Haug 44, 141, 192, 198, 374
Haugnigen 120
Hausen a.d. Zaber, ‚Stadt Brackenheim, HN 42
Hauser 194
Haustein 532
Havelka 437
Havestadt 298
Haynolt 67

Heberg, Grafschaft Öttingen 122
Heberger 158
Hebsack, Gde. Remshalden, WN 108
Hechingen, SIG 384
Hecht 437
Heckel, Hecker s. Häcker
Hederle 122
Heffle 122
Hegel 285
Hegenach 67, 68
Hegenlohe, Gde. Lichtenwald, ES 181
Heger, Höger s. Häcker
Heidelberg, Stkr. 136, 138, 163
Heidenheim, HDH 206
Heidenreich 269
Heideweiler/Ober-Elsaß, Frankreich 321
Heilbronn, Stkr. 27, 157, 163, 164, 208, 243, 297, 352, 407, 416, 489
Heilig 396
Heim 122
Heimerdinger 151
Heimsheim, PF 158
Heinbach 536
Heinich 437
Heiningen, GP 159
Heinlesmühle, WN 416
Heinrich 157, 413, 437
Heintz 74
Helfenstein, von 100
Heller 188
Helmle 374, 396, 413, 417
Hemmingen, LB 122, 123, 147, 148, 157, 158, 230
Hemmingen, von 62
Henkstett 122
Hennefarth 525
Henning 413
Henningsen 413, 416
Heppeler 529
Herb 470
Herbertingen, SIG 123
Hercules 44, 45, 47
Herkommer 529
Hermann 67, 88, 122, 149, 157
Herodot 31
Herrenberg, BB 122, 123, 367
Herrlinger 308

Herrmann 412
Herter von Herteneck 67, 68, 95, 110
Hertle 96, 97, 121
Hertlieb 59, 67, 68, 120, 121, 122, 124
Hesing 500
Heslach, aufgegangen in Stuttgart-Süd, Stkr. Stuttgart 122
Heß 35, 53, 359
Hesse 437
Hessen, Landgrafen von 86
Hesterleder 121
Hetzel 525
Heuchlingen 122, 150
Heuchneck (Hoheneck), von 127
Heuneburg, abgegangene Burg bei Hundersingen, Gde. Herbertingen, SIG 30
Heuschel 122
Heutingsheim, Stadt Freiberg a. N., LB 72, 95, 130, 138, 169, 178, 208, 377, 493
Hexengrund bei Gotenhafen 396
Heyd 181
Hidt 122
Hieber 288
Hiesinger 21, 22, 413
Hildenbrand 203, 206, 208, 209, 215, 219, 249
Hildinger 178, 184, 189, 262, 269, 273
Hiller 309–312, 413, 416
Hillig 464
Hindenburg 326
Hirrweiler, Stadt Löwenstein, HN 158, 160, 191
Hirsau, Stadt Calw, CW 57
Hirsch 16, 44, 48, 202, 203, 206, 207, 211, 223, 228, 233, 234, 236, 237, 240, 244, 245, 255, 284, 285, 337, 347, 348, 362, 370, 378–380, 413, 434, 458, 520, 532
Hirschlanden, Stadt Ditzingen, LB 199
Hirschmann 97, 137, 149, 150, 152–154, 156, 157, 190, 227
Hirth 193, 194, 396
Hissingen 123
Hitler 325, 326, 327, 334, 344, 347, 348, 392
Hittlingen 122
Hoboken, New York, USA 269
Hochdorf a.d. Enz, Gde. Eberdingen, LB 30, 78, 123, 151, 157, 197, 287
Höen, Kanton Zürich, Schweiz 158
Höfingen, Stadt Leonberg, BB 70, 100, 110, 157

Höfingen, Truchsessen von 70
Höger s. Häcker
Hölzern, Gde. Eberstadt, HN 122
Hönes 230, 317, 321, 370, 374
Hönig 401, 409, 416, 430, 432, 434, 496, 499, 525, 533
Höpfigheim, Stadt Steinheim a.d. Murr, LB 164, 230
Höruff 139, 148
Hörz 360
Hößlinswart, Gde. Berglen, WN 194
Hofacker 413
Hofen, Mühlhausen, Stkr. Stuttgart 122
Hofeneck 122
Hoffmann 250
Hofmeister 269
Hohenasperg s. Asperg
Hoheneck, Stadt Ludwigsburg, LB 60, 82, 126, 133, 169, 201, 207, 216, 223, 228, 343, 493
Hohenheim, Stkr. Stuttgart 367
Hohenlohe, Fürsten von 239
Hohenrechberg, Rechberg, Stadt Schwäbisch Gmünd, AA 122
Hoiler 143, 158
Hol(l)inger 158, 159, 197
Holdermann 114, 117, 149
Holexa 398
Holland 26, 167
Holler 409, 411
Holzbauer 528
Holzgerlingen, BB 51
Holzner 197
Honau, Gde. Lichtenstein, RT 105
Hongkong, China 269
Honold 191
Horlachen 330
Hornich 439
Huchler 533
Hu(e)ber 158
Hüttel 477
Hummel 195, 286, 305, 306, 312, 313
Husch, Rumänien 396
Huss 413

Ihlinger 143
Illingen, PF 122, 203, 219
Ilse 520

Ilsfeld, HN 105
Imle, von 126
Imlin, Imle, Emlin, Emle, Jemlin, Jemle, Ymlin 95, 97, 101, 108, 113, 115, 117, 121, 124–126, 138, 148, 157, 158, 173, 186, 199
Immenhausen, Gde. Kusterdingen, TÜ 158
Ingersheim, LB 49, 106, 110, 113, 190
Ingolstadt, Stadt 105
Innsbruck, Tirol, Österreich 159
Insel Hela 395
Iowa, USA 279
Ischieskowno 397
Islobada-Juchow, Südrussland 396
Isny, RV 538
Italien 30, 31, 396
Ittingshausen, abgegangen bei Hoffeld, Degerloch, Stadtkreis Stuttgart 50
Iuno 44, 45, 47
Iuppiter 44

Jäckh 228, 264, 269, 321, 371, 374, 396, 492, 494,
Jäger 264, 269, 341, 364, 403
Jagsthausen, HN 439,
Jaiser 191,
Janer 67,
Janke 398,
Jaspert 431,
Jassi, Rumänien 398
Jaus 269, 284, 321, 410, 413,
Jedelfingen 157,
Jegros, Paraguay 274, 280,
Jemle, Jemlin s. Imlin
Jehn 35,
Jenatzy 510
Jenik 413, 437
Jerusalem, Israel 274,
Jopp 121, 149, 158, 160, 161, 172, 173, 174, 178, 191, 192, 203, 215, 222, 231, 269, 321, 356, 358, 366, 368, 396, 483, 484, 495, 533
Joß 122
Jouss 76
Judex 413, 416
Jugoslawien 408
Jung 97, 121, 153, 154
Junghans 148, 151

Käferlen 193, 194, 219
Källin 71
Käs 71, 8
Kaim, Keim 117, 130, 149, 152, 153, 157
Kaisersbach, WN 343
Kaklow 395
Kalifornien, USA 264
Kallert 527
Kallis 527
Kaltental, Stuttgart-Süd, Stkr. Stuttgart 157
Kaltental, von 92
Kanada 434
Kapper 392
Karger 437
Karl V., Kaiser 84, 86
Karlsruhe, KA 385
Karpathen 398
Kassel 352
Katter 154
Kauderer 285
Kaufbeuren 437
Kaufmann 435, 436
Kauhl 396
Kaukasus, Kaukasien 260, 275, 276, 278, 381
Kaul 137, 149, 150, 153, 156, 158, 168, 174, 179, 192, 197, 205, 207, 226, 229, 250, 483, 495
Kaunas, Litauen 395
Kausler 141, 158
Kaut(t) 154, 158, 174, 483
Kauz 498
Keck 157, 398
Kegel 82, 87
Kehl, OG 203
Keil 288, 410
Keim 163
Keller 153, 158, 159, 191, 269, 285, 305, 306, 311, 464
Kelm 125, 396, 408, 413, 431, 480
Kempten (Allgäu), Stadt 123, 158
Keppler 434, 462
Kern 76, 95, 97, 120, 127, 396
Kerner 141
Kesseler 424
Kettenacker 121, 122
Keym 76
Kieffer 149

Kienzle, Contzlin 76, 95, 108, 117, 121, 124, 126, 137, 145, 146, 149, 153, 154, 157, 172–174, 179, 186, 195, 203, 207, 215, 220, 224, 225, 234, 235, 237, 244, 260, 262, 269, 284, 285, 321, 347, 373–375, 380, 381, 487
Kienzler 286
Kies 122
Kieser 76, 77, 162, 167
Kilberg 158
Kindling/Kindel 158
Kingen 123
Kinzler 299
Kipp 269
Kirchberg a.d. Murr, WN 72
Kirchentellinsfurt, TÜ 198, 199, 221
Kirchheim unter Teck, ES 143, 163
Kischaner, Rumänien 399
Klank 396
Kleber 482
Kleemann 430, 439, 440
Klein, Schanzlin & Becker 350
Kleinaspach, Gde. Aspach, WN 230
Kleinhans 80, 133
Kleinheinz 230, 317, 330, 331, 337, 351, 355, 372, 374–376, 378, 396, 406, 434, 448, 449, 467, 472, 473, 468
Kleinheusler 74
Kleiningersheim, Gde. Ingersheim, LB 199, 221, 229, 230
Kleinsachsenheim, Stadt Sachsenheim, LB 76, 78, 91
Klett 171, 178, 192
Klimoff 396
Klingenberg 163
Klingenfuß 464
Klingenmaier 227
Klingler 158
Klopffelder s. Glattfelder
Knapp 158
Knappenberg 471
Kniebiel 158
Knielingen, Stkr. Karlsruhe 158, 159
Kniestedt 95
Knödler 122
Knoll 228, 250, 263, 264, 270, 312, 350, 483
Knoss, Knoos, Knoß 174, 182, 192, 194, 198,

199, 202, 203, 208, 210, 212, 231, 234, 238, 260–262, 270, 347, 374, 396, 484, 485, 527
Koch 95, 96, 121, 122, 187, 230, 238, 347, 348, 356, 380, 396, 398, 400, 457, 464, 521
Köhl 472
Köhnlein 408, 409, 410
Köln, Stadt 40
Köngen, ES 32
König 270
Königsbronn, HDH 179
Körner 158
Körs 532
Köhle 491
Kohler 437
Kohrs 532
Ko(h)ler 137, 149, 191
Kokabi 38
Kolb 305
Koller 468
Kollin 78
Konstanz, KN 33, 57, 58, 70
Kopetzki 462
Kopp 229, 260, 270, 360
Koppenhöfer 374, 445, 494, 495
Korb, WN 225
Korn 180, 192
Korntal, Provinz Posen 271–274, 276–278, 280,
Korntal, Stadt Korntal-Münchingen, LB 305
Korntal-Münchingen, LB 370, 454
Kornwestheim, LB 40, 72, 74, 106, 115, 122–124, 126, 157, 158, 165, 169, 176, 188, 189, 193, 198, 201, 203, 208, 211, 216, 228, 297, 304, 313, 319, 343, 371, 372, 383, 384, 387, 388, 393, 420, 427, 433, 438, 454, 493, 497, 501, 503
Koslowitschi 396
Krämer 121, 122, 157, 161, 173
Kraf(f)t 112, 122, 126
Krahnke 527
Krasnodar 397
Krassjoje 397
Krause 411, 413
Krehl 270
Krelen 158
Krell 396

Krems, Österreich 157
Kreppeneck 250, 270
Kress, Crösus, Cresus 77, 79, 112, 113
Kreßbronn 471
Kretzmeyer 146
Krill 120
Kröwelsau, abgegangene Burg bei Merklingen, Stadt Weil der Stadt, BB 74
Kröwelsau, von 51
Kroll 228, 270, 346, 485
Kromer 271, 287
Kropp 413
Krössinger 413, 416
Krumm 287
Krupp 507
Kübler 148, 157, 437
Kühfuss 398
Kühnel 437
Küning 67, 69
Künkele 488
Künlin 499
Künstner 228, 237, 238, 244, 254, 257, 271, 281, 290, 347, 348, 350, 396, 444, 533
Küntzler 158
Künzelsau, KÜN 286
Kürner 197
Kuhlo 379
Kummer 158
Kunftmüller 157
Kunibert, Graf 49, 50
Kurz 310, 317, 321, 324, 329, 349, 356, 362–364, 379, 430, 467, 476, 468
Küstrin 395

La Boiselle 321
Ladenburg, HD 43
Ladner 153, 158, 160, 167, 186, 199, 207, 215, 225, 229, 260, 271, 279, 380, 396, 490, 491
Laißlin 488, 489
Lang 191, 196, 197, 248, 357, 362, 364, 378, 439, 475
Lang Grove, USA 279
Lauda, Stadt Lauda-Königshofen, TBB 360
Lauer 171, 196, 197, 211, 483
Lauffen a. N., HN 86, 141, 164
Lausmann 411, 413
Lautenschlager 321, 323, 509, 512

Lauterbach 141, 142
Lautern, Gde. Heubach, AA 157
Le Mans, Frankreich 512
Lechler 305, 306, 313, 319, 321, 323, 355, 356, 357, 377, 378
Lechner 101, 102, 104, 105, 106, 127, 139
Ledeghem 321
Lederlin 121
Leger 182
Lehmann 414
Leibius 174
Leiprecht 435
Leitlein 462, 464, 469
Leitner 392
Lenk 93, 364
Lennen 437
Lenz 437
Leonberg, BB 70, 115, 133, 147, 151, 208, 217, 255, 524
Leonhard, Leonhart 74, 224
Leple 122
Leserlin 95, 101, 121
Leutrum von Ertingen, Grafen 528
Leydig 499
Lieb 323, 413
Liebler 153, 158
Lienhart 74
Liepmann 71
Lillich 229, 230, 238, 266, 280, 295, 321, 347, 350, 356, 382, 398
Limburg 336
Lindau (Bodensee), Stadt 153
Linder 159, 167
Lindner 158
Lindt 133
Linggen 67
Link 413
Linke 67
Litauen 395
Livius 31
lmenau 431
Löchgau, LB 72, 204
Lörcher 20, 192, 370, 455, 496
Lomersheim, Stadt Mühlacker, PF 105, 180
Lomprich 437
London, England 267
Longwy 321

Lonsingen, Gde. St. Johann, RT 191
Lorch, AA 122, 181
Lorenz 488
Lorge, de 163
Lorsch, Lkr. Bergstraße 57
Loßmann 122
Lucia 113
Ludwig 378
Ludwig, Ludovicus 112
Ludwig XIV. von Frankreich 163
Ludwigsburg, LB 15, 16, 27, 43, 57, 168–170, 173, 177, 178, 190, 193, 201–203, 205, 208, 209, 215–217, 224–226, 228, 231, 237, 239–241, 243–245, 248, 250, 255, 258, 265, 281, 283, 285, 286, 291, 297–302, 304, 307, 309, 318, 319, 322, 324, 328–330, 339, 341, 343, 344, 346, 348, 351–354, 356–359, 362–367, 369, 370, 372, 376, 377, 381, 383, 384, 386, 388, 390, 396, 403, 404, 416, 420, 425, 427, 428, 432, 433, 435, 438, 444, 449, 454–456, 484, 491, 492, 497, 499, 504, 520, 525, 534
Lussi 354
Luther, Luthardt 126
Lutz 95, 122, 149, 158, 217, 398
Lux 76
Luy 271
Lyon 58

Machtolf 122
Mack 122
Männer 158
Mäschle 475
Mäule, Meule 122, 216, 470, 472, 475, 526
Mäurle 158
Magdeburg 367
Magino 413
Magstadt, BB 122, 126
Maichingen, Stadt Sindelfingen, BB 114, 123, 140
Maier, Mayer, Mayger, Majer, Meyer 67, 76, 122, 149, 153, 157, 158, 168, 174, 182, 192, 229, 248, 257, 262, 271, 311, 363, 378, 413, 435, 436, 472, 483, 484, 493
Mainka 437
Mainz 32, 36
Maisch 191, 210, 224, 374

Majer s. Maier
Makeicha, Russland 397
Malek 462
Malyje-Wiski 397
Mangalur, Indien 279
Mann 95–97, 120, 122, 191, 207, 219, 234, 235, 238, 244
Mannheim, Stkr. 428
Manz 122
Marbach a. N., LB 68, 70, 72, 74–76, 104, 120, 133, 164, 165, 167, 169, 170, 201, 328, 352, 381, 455
Marhofer 396
Marialanzendorf bei Wien, Österreich 396
Mario 510
Markgröningen, LB 16, 21, 23, 49, 51, 53–55, 69, 71–78, 82–84, 86–88, 91–100, 103, 104, 106, 108–111, 115–120, 122, 126, 129–131, 133–136, 138, 141, 143–146, 149, 151, 152, 155–158, 163–167, 169, 170, 172–174, 176–178, 182, 187, 188, 190, 193, 194, 197–199, 201–205, 211, 215, 219, 224, 226, 230, 285, 291, 298–300, 304, 308, 312, 319, 339–341, 351, 366, 417, 421, 427, 428, 440, 492, 493, 498, 499, 500, 501, 534
Markt Pissingen 122
Marquard(t) 335, 396, 488, 489
Marten 132
Mast 135, 158
Mauch 229, 230, 260, 262, 271, 345, 378, 413, 417, 444, 489, 528
Mauer, Hof, Stadt Korntal-Münchingen, LB 137, 169
Mauk 489
Maulbronn, PF 120, 127, 139, 208, 219
Maurer 121, 122, 149, 158, 195
Mauthe 413, 416, 431, 439, 510, 528
Maximilian I, Kaiser 77
Maybach 505, 510
Mayenneville 321
Mayer s. Maier
Mayer-Sauereisen 277
Maykitscher 122
Mayr 437
McCormick 514
Mechler 383

Mecklenburg 33, 132
Meimsheim, Stadt Brackenheim, HN 224
Meinholdt 414, 520, 531, 532
Meixner 437
Mélac 135
Meltedingen, Durchlerische (wohl Durlachische) Herrschaft 159
Memmingen 112
Memphis, USA 264
Menchsper 122
Menner 150, 151, 153, 158
Mergenthaler 158, 230, 355, 379, 380, 414, 416, 472, 468
Merkelbach 435, 436
Merkur 45
Merseburg 27
Merz 271
Messerschmied 396
Metternich 241
Metterzimmern, Stadt Bietigheim-Bissingen, LB 76, 78, 91, 137
Metzger 121, 122, 137, 145, 263, 398,, 468
Metzingen, RT 122, 262
Meyer s. Maier
Michael 159
Michaelsberg bei Untergrombach, Stadt Bruchsal, KA 27
Michajowka, Russland 396
Michel 138, 153, 159, 195, 456
Michelbach 230
Michelfelder 230
Michigan, USA 279
Miedelsbach, Stadt Schorndorf, WN 108
Mieschke 398
Migridowka, bei Stalino 398
Miltenberg 32
Minerva, Gottheit 44, 45, 47
Minner 124
Minnesota, USA 262, 263
Minsingen, Kanton Bern, Schweiz 158
Minsk, Russland 395
Mirowaja bei Tomokowka 397
Mithras, Gottheit 44
Mitschelin 95
Möglingen, von 74
Möhle 360
Möhringen, Stkr. Stuttgart 519

Mönchhof 471
Mörike 226
Mörleth 178
Mössingen, TÜ 199
Möhrer 445
Moll 392
Mollekopf 364
Moltke, von 281
Monbachtal, Stadt Bad Liebenzell, CW 470
Monchy bei Arras, Frankreich 321
Monrepos, Schloß u. Domäne, Stadt Ludwigsburg, LB 285, 393
Montclar 135, 136
Moriquem 226
Morlock 311
Moser 159, 206
Moskau, Russland/GUS 241
Mo(t)z 21, 137, 150, 153, 154, 157, 160, 171–174, 176, 178, 186, 192, 195, 203, 221, 224, 226, 227, 229, 234, 238, 240, 243, 272, 321, 341, 354–356, 380, 396, 410, 414, 444, 484, 516, 518, 533
Mstislawl 335
Müdlung Mitlingen, Mitlengen, Mitlorn im Reuckgau, (Bistum Mainz) 123
Mühe 159
Mühlacker, PF 351
Mühlen bei Underseben, Kanton Bern, Schweiz 158
Mühlhausen a.d. Enz, Stadt Mühlacker, PF 180
Mühlhausen, Stkr. Stuttgart 158, 203
Mühlhausen/Elsaß, Frankreich 321
Müller 25, 35, 38, 53, 81, 112, 120–122, 135, 253, 262, 263, 321, 323, 336, 345, 364, 369, 370, 378, 379, 396, 432, 454, 455, 501
Müllerheim, Stadt Korntal-Münchingen, LB 370
Müller-Pressel 364
München 393
Münchingen, Stadt Korntal-Münchingen, LB 53, 54, 58, 61, 72, 74, 76, 78, 86, 91, 92, 94, 99, 100, 103, 114, 116, 118, 119, 122, 124, 133, 134, 136–138, 143, 149, 157, 159, 161, 163, 165, 169, 176, 178, 190, 201, 203, 207, 208, 217, 220, 222, 224, 230, 255, 263, 300, 340, 369, 370, 495, 497
Münchingen, von 51, 80, 120

Münsingen, RT 68, 336
Münster in Westfalen 133
Münster, Stkr. Stuttgart 58, 123, 180, 367
Mull 76
Müllner 437
Mulzet 398
Mundelsheim, LB 125
Munz 228, 234, 238, 272, 323, 375, 417, 427, 445
Muras 414, 416, 521, 522
Muren 76
Murr, LB 72, 78, 416
Murrhardt, WN 105, 197
Musberg, Stadt Leinfelden-Echterdingen, ES 105
Muschak 528
Musenberger 203
Muth 17
Mutschler 414

Nägele, Nägelin 157, 210, 219
Nagel 439
Nagold, CW 45, 470
Nanz 157
Napoleon Bonaparte, Kaiser 205, 240, 241
Napoleon III., Kaiser von Frankreich 281
Neckarburken, Gde. Elztal, MOS 32
Neckargröningen, Gde. Remseck am Neckar, LB 126, 159, 170, 201, 208, 343, 493
Neckarrems, Gde. Remseck am Neckar, LB 158, 201, 208
Neckarsulm, HN 367
Neckartenzlingen, ES 230
Neckarweihingen, Stadt Ludwigsburg, LB 82, 127, 157, 169, 201, 208, 340, 420, 493
Neff 205, 262, 272, 308
Nefzer 398, 444
Negelin 159
Neher 148
Nellingen a.d. Fildern, Stadt Ostfildern, ES 122
Netsch 414
Nettuno, Italien 396
Neu 51
Neubauer 396, 398
Neubulach, CW 470, 471
Neuenmühl 123
Neuffer 122, 262, 272

Neuhausen a.d. Erms, Stadt Metzginen, RT 230, 505
Neukirchen bei Troppau 398
Neunstetten, Stadt Krautheim, KÜN 209
Neutomischel, Provinz Posen 268
New Orleans, USA 277
New York, USA 268, 269, 272, 273, 275, 277, 278, 381
Neys 240
Nickel 384, 388, 392
Nicolai 180
Nicolaus 174, 183, 184, 185
Niederhofen, Stadt Schwaigern, HN 230
Niedersachen 499
Niederstetten, TBB 274
Niefer 414
Niefern, Gde. Niefern-Öschelbronn, PF 45, 157
Niort, Frankreich 396
Nippenburg, Gde. Schwieberdingen, LB 52, 91, 137
Nippenburg, von 51, 53, 54, 72, 92, 120, 147
Nö Slobozia, Gancasa 396
Nocker 114, 141
Nördlingen, Lkr. Donau-Ries 121, 129, 130, 132, 133
Nördlinger (Nerlinger) 122
Nordamerika s. Amerika
Nordheim, HN 31
Norwegen 434
Nothaft 68
Noz 142, 231, 272, 491
Nübler 157
Nürnberg 83
Nürtingen, ES 142, 170, 223
Nussdorf, Gde. Eberdingen, LB 122

Oakland, USA 269
Obach 239
Oberacker 228, 234, 236, 238, 272, 273, 285, 321, 347, 374, 396, 398, 411, 414, 497, 498
Oberalfingen, Hofen, Stadt Aalen, AA 122
Oberbaldingen, Stadt Bad Dürrheim, VS 158
Oberberken, Stadt Schorndorf, WN 228
Oberdorfer 344
Oberjettingen, Gde. Jettingen, BB 157
Oberlenningen, Gde. Lenningen, ES 122
Obermüller 439, 440

Oberriexingen, LB 122, 201, 208, 228, 298
Oberrot, SHA 183
Oberschlesien 384
Obersontheim, SHA 499, 500
Ochsenbock 122
Ochsner 197
Odessa, Russland 260, 268, 271, 279
Öster 159
Österreich 159, 167, 203–205, 239, 240, 270, 274, 278, 281, 320, 396
Österreicher 186, 191, 192, 194, 195, 198, 204, 206, 207, 217, 220, 227, 231, 273, 381
Öttinger 190, 217, 228, 262, 273, 321, 323, 333, 334, 357, 405, 424
Offingen (Gde. Uttenweiler, BC?) 122
Ohno 356, 367
Ohrenbach, Stadt Künzelsau, KÜN 286
Oklahoma, USA 381
Oppenheimer 170
Orel, Russland 397, 398
Orivilliers 322
Ormoy (Ormies) 322
Orscha 396, 398
Osnabrück 133
Osowic (Ossowiek) 321
Oßweil, Stadt Ludwigsburg, LB 72, 76, 91, 92, 103, 119, 122–124, 130, 137, 138, 143, 149, 157, 164–166, 169, 170, 178, 188, 190, 201, 208, 228, 343, 493
Osten, van der 35
Oster 532
Ostindien 203, 279
Ostpreußen s. Preußen
Oswald 121, 122
Otgar, Erzbischof von Mainz 36
Oth 122
Ott 197, 202, 207, 225, 437
Ottmarsheim, Stadt Besigheim, LB 492
Ottmarsweyer 159
Otto 106, 107, 210

Palaikai 396
Palästina 250, 264, 269, 270, 274, 276, 279
Palfy 163
Pankratius 60
Pappenheim, Graf von 131
Paracolls 437

Paraguay 265, 274, 280
Paret 202
Paris, Frankreich 229, 274, 277
Parkummune, Russland 398
Patting 396
Paulus 43
Pawlowka, Russland 398
Peiker 437
Pendelin 534
Perhes 321
Peronne 321
Petermann 189, 191
Petz 121, 122
Peuvillers bei Verdun 321
Pfähler 273, 284, 313, 365
Pfaffenhofen a.d. Roth, Lkr. Neu-Ulm 122, 159
Pfalz 84, 257, 371
Pfalz-Birkenfeld 161
Pfeffer 396
Pfeffingen bei Balingen 398
Pfeil 414
Pfizer 157
Pflaumer zu Helfenberg, von 135
Pflüger 462, 469
Pflugfeld, von 95, 97, 121, 127
Pflugfelden, Stadt Ludwigsburg, LB 15, 30, 58, 72, 74, 76, 78, 83, 86, 91, 92, 94, 99, 103, 105, 108, 112, 118, 122, 123, 127, 130, 132–134, 137, 138, 142, 143, 145, 146, 149, 151, 158, 159, 161, 162, 165, 169, 170, 176, 178–180, 194, 201, 208, 228, 258, 283, 298, 302, 343, 351, 355, 366, 489, 491, 493, 497, 501, 503, 504
Pflugfelder 54, 69, 95, 105, 117, 121, 124, 127, 130, 137, 140, 144, 146, 148, 150, 152–155, 157, 168, 171–174, 177, 178, 186, 188, 190–192, 197, 198, 203, 207, 212, 215, 220, 223, 226–228, 234–238, 243, 244, 257, 261, 262, 264, 265, 273–275, 283–286, 288, 295–297, 299, 301, 318, 322, 323, 331, 337, 345, 347–350, 355, 356, 358, 363, 373, 374, 378, 380, 396–398, 404, 409, 411, 414, 417, 424, 430, 445, 454, 464, 474, 482, 483, 485, 487, 488, 518, 520, 521, 528, 533
Pflummern, Stadt Riedlingen, BC 230
Pforzheim, Stkr. 136, 298

Pfuderer 315, 350, 370
Philadelphia, USA 264, 267, 269, 272–274, 279
Philippsburg, KA 163, 204
Pilatus 107
Pirkheimer 83
Pirmasens 376
Pirogowa 398
Pittsburg, USA 271
Plattenhardt, Stadt Filderstadt, ES 114
Pleidelsheim, LB 100, 158, 164, 165, 180
Plieningen, Stkr. Stuttgart 51, 122, 462
Plieninger 390
Plocher 496
Plougrescant 397
Plüderhausen 163
Podolien 229
Podolien 279
Pol 121, 122
Polen 26, 278, 334, 346, 395, 396, 397, 407, 408
Polen, s. a. Preußen
Pommern 407
Poppenhausen, TBB 360
Poppenweiler, Stadt Ludwigsburg, LB 58, 122, 123, 158, 170, 188, 201, 208, 229, 420, 435, 493
Porta 159
Posch 122
Posen 229, 265, 267, 268, 271, 272, 273, 274, 276–278, 280, 381, 395, 397
Pracht 121, 122
Prag, Tschechische Republik 381
Prag-Reuth 396
Preisendanz 464
Preißing 330, 331
Preskowino 397
Preßburg 239
Preußen, Könige von 177
Preußen, Ostpreußen, Westpreußen, Preußisch-Polen 205, 229, 240, 260, 268, 270, 271, 277, 281, 396, 407
Prevorst, Gde. Oberstenfeld, LB 219
Probst 256, 495
Püller 157
Pulverdingen, von 52
Pulvermüller 487
Pur 76

Radelstetten 471
Räpple 143
Räth 72
Rahmaier 154
Raiser 157, 192, 198, 199, 221, 231, 238, 252, 260, 275, 276, 347, 358, 365, 374, 397
Raiß 229, 276
Raix 157
Ramlinsburg bei Basel, Schweiz 269
Ranzinger 437, 528
Rapp 122, 374, 492, 494, 544
Rau 157, 159, 167, 168, 191, 192
Rauleder 121, 122
Rayher 231
Rebitzer 411, 414
Regensburg 113
Regensdorf, Kanton Zürich, Schweiz 158
Reichenbach a.d. Fils, GP 409
Reichenberg, von 65
Reichert 96, 97, 120, 121, 124, 127, 137, 138, 142, 149, 150, 153, 154, 157, 163, 167, 168, 172, 173, 178, 183, 186, 187, 191, 192, 197, 198, 201, 203, 204, 217, 224, 226, 234, 235, 238, 240, 242, 244, 264, 276, 322, 323, 351, 369, 371, 374, 397, 398, 409–411, 414, 417, 483, 487, 491, 495
Reichle 230, 236, 237, 285
Reick 260, 276
Reiff 414, 470
Reimold 346, 378
Rein 149, 150, 153, 159, 192
Reinhard, Reinhart 174, 178
Reiter 152, 154
Remeld 76
Remshalden, WN 499
Renckenberger 182
Renhardsweiler, Stadt Saulgau, SIG 159
Renningen, Stadt, BB 71, 100, 126, 159
Rentschler 35, 53, 87, 141, 229, 326, 327, 331, 340, 355, 357–359, 381, 430, 434, 467
Rentz 184
Repitz 398
Retschniga 395
Rettenbacher 409
Reuss 197
Reuter 157
Reutlingen, RT 239

Reutter 536
Rhein, Pfalzgrafen bei 69
Rheinfelden (Baden), LÖ 133
Rhus 167
Richt 114
Richter 414, 437
Rieben 76
Riecker 397
Ried 122
Riedel 374, 411, 414, 416
Riedhausen, RV 123
Riedlingen, BC 31
Rieger 122, 152, 194, 219
Rielingshausen, Stadt Marbach a. N., LB 72
Riem 67, 74
Riencouot bei Cambray 321
Riepp 97
Ries 414, 437
Riet, Stadt Vaihingen a.d. Enz, LB 160, 198, 228
Riexingen, von 52
Ringele 122
Ripfingen/Riffingen 123
Riss, Riß 122, 143
Rockenbauch 153, 154, 159, 178
Roder 122
Röhrich 230, 238, 317, 329, 335, 345, 347, 356, 414, 487
Römer 257
Römpp 391
Rösch 40, 112
Röse 414, 416, 437
Rössle, Rößle 87, 470
Röthle 470
Roggendorf 437
Rohrbach 500
Rohrdorf, Gde. Eutingen im Gäu, FDS 357
Roll 157
Roller 276, 489, 490
Romishorn im Thurgau, Schweiz 158
Rommel 276, 277, 29
Rommelshausen, Gde. Kernen im Remstal, WN 158
Rosenberg 332
Rosenfeld, BL 158
Rosenheim 105
Rosenstock 392, 409

605

Ross 397
Rossier 181
Rossnagel, Roßnagel 141, 142, 183, 203, 228, 234, 235, 238, 244, 275, 277, 284, 290, 297, 345, 374, 375, 378, 409, 445
Rotfelden, CW 305
Rothacker 230
Rothenburger 203
Rottacker, Rothacker 159, 178, 192, 217
Rottalben 149
Rottenburg a. N., TÜ 437
Route 67
Rshew, Rußland 398
Ruder 437
Rübel 277
Rühle 414
Ruf 423
Ru(o)ff 76, 143, 153, 159
Ruit a.d. Fildern, Stadt Ostfildern, ES 158
Rumänien 431
Rumänien 407
Rumänien 396
Rumänien 398
Rumänien 399
Rüschwag, Frankreich 277
Russland 204, 205, 221, 240, 268, 275, 276, 278, 279, 317, 322, 335, 381, 395–399
Rutesheim, BB 122, 123, 126, 137
Rutsch 151

Saarlautern 398
Saaß 219, 488
Sachsen 129, 203, 257, 431
Sachsenheim s. Großsachsenheim
Sachsenheim, von 60
Sachsen-Weimar, Herzöge von 256
Sadhahn 123
Sagyverona bei Salgotarjam, Ungarn 397
Salzburg 153
Salzer 230, 277, 345, 356, 358, 397, 432, 494, 505, 506–509, 511, 512, 527
Saniki, Preußisch-Polen 229
Santa Fe, Argentinien 279
Santiago de Chile, Chile 275, 277
Saparoshie bei Dnjepropetrowsk 395
Saporoshjo, Russland 397
Sargans, Schweiz 278

Sarona, Israel 270, 274
Sattelmaier 414
Sauer 57, 58, 134, 404
Sauereisen 277, 411, 414, 472, 544
Saulgau, SIG 157
Saxenheimer 157
Schab 474
Schaber 95, 97, 110
Schachen bei Lindau am Bodensee 158
Schäf(f)er, Scheffer 76, 87–89, 95–97, 109, 121, 123, 134, 137, 156, 157, 192, 196, 198, 261, 277, 335, 364, 380, 397, 398
Schaffhausen, Schweiz 159, 269
Schafhausen, Stadt Weil der Stadt, BB 123
Schafhof, abgegangen bei Ludwigsburg/Kornwestheim, LB 122, 169
Schantz 123
Schaub 152
Schaude 439
Schaudi 123
Schaupp 129, 137, 141, 142, 153, 154, 156, 157, 172, 173, 186, 188, 195
Scheble 76
Schedel 180,
Scheerle 169
Scheffer s. Schäfer
Schellberg 384
Schelling 141
Schenk von Winterstetten 68, 95, 108
Scheps 167
Schertlin von Burtenbach 145, 148
Scheubthürn 123
Scheuffelin 157
Scheuhing, Scheyhing 121, 123, 129, 146, 149
Schick 238, 397
Schieber 97, 123, 127
Schiek 323, 347, 409, 410, 415, 432, 527
Schilling 168, 192
Schindler 527
Schirach, von 332
Schitt 138
Schleeweiss 409
Schleicher 437
Schlesien 396, 407
Schleswig-Holstein 433
Schlettstadt, von 51
Schlichemair 123

Schlichter 123
Schlosser 121, 123
Schlüsselburg 397
Schmalstein 76
Schmalzried 161, 207, 222
Schmautz 76, 95, 96, 97, 108, 117, 223, 245,
Schmid(t) 26, 35, 39, 76, 78, 113, 121–123, 141, 149, 150, 153, 159, 167, 168, 192, 226, 277, 279, 311, 312, 373, 532
Schmiden 122
Schmidgall 335
Schmitt 202
Schmitz-Kühfuß 542
Schmohl 294, 312
Schmotz 78
Schnait 157
Schnaithmann 399, 439
Schneider 67, 76, 78, 260, 277, 285, 286, 399
Schneller 76, 95, 108
Schnepff 156
Schnirring 129, 139, 141, 142, 157
Schober 157, 191, 198, 199, 277, 296, 373, 374, 375, 397, 415, 439, 440, 486, 529
Schöckingen, Stadt Ditzingen, LB 122, 126, 158, 182, 220, 221, 228
Schöffel 230
Schöffer 195
Schönaich, BB 140
Schönberg bei Riga 397
Schönhoff 520
Schönwalter 159, 173, 192
Schokwibelin 67
Schopfloch 230, 285
Schorndorf, WN 58, 68, 69, 96, 105, 108, 109, 115, 135, 144, 145, 188, 217, 433, 506, 507, 508
Schratthirn 148
Schreiber 121, 123
Schröder 483, 487
Schropp 155
Schübele 123
Schübelin 169
Schüle 228, 234, 238, 257, 277, 284, 312, 338, 356, 357, 366, 368, 373, 380, 404, 505
Schüz 216
Schuhmacher 68, 74, 76, 78, 117, 229
Schulmeister 105

Schulte 437
Schultheiß 74, 121, 123
Schulz-Hanßen 415, 519
Schupp 415
Schwab 295, 406, 430, 438, 439, 444
Schwabbach in der Markgrafschaft Ansbach 150
Schwäbisch Hall 398
Schwäbisch Gmünd 163
Schwäbisch Hall, SHA 105, 203, 499
Schwarz 277, 355, 381, 488
Schweden 129, 499
Schwedtschikowy 397
Schwei(t)zer 113, 138, 139, 141
Schweickart 127
Schweiker 117
Schweiz 148, 153, 158, 159, 268, 269, 277, 278, 279, 434
Schweizer 167, 180, 475
Schwemmer 439, 440
Schwenghammer 159
Schwerdtle 417
Schwerin 132
Schwieberdingen, LB 16, 27, 33, 35, 40, 49, 53–55, 72, 74, 76, 78, 82, 86, 91, 92, 94, 99, 103, 115, 122, 133, 134, 137, 138, 143, 149, 151, 157, 159, 161, 164, 165, 169, 173, 177, 178, 190, 197, 201, 203, 208, 228, 230, 248, 273, 274, 291, 298, 302, 304, 339–341, 343, 351, 365, 421, 439, 440, 484, 493, 499, 501, 502, 525
Schwieberdingen, von 121
Schwilk 112
Schwindelin 76, 78, 151
Sedan, Frankreich 281
Seibert 364
Seifritz 397, 409
Seitter 253
Seitz 397
Sergios 36, 50
Sersheim, LB 137
Seubald 123
Seybold 16, 26, 28, 34, 95, 192, 200, 217, 219, 222, 228, 234, 235, 238, 244, 245, 248, 254, 257, 285, 287, 347–351, 369, 371, 373, 374, 411, 415, 430, 432, 433, 485, 502, 521
Seyffer 364

Seyfrid 191
Siegelhausen, Stadt Marbach a. N., LB 455
Sigle 191, 193
Sigloch 78, 126
Sigmaringen, SIG 384
Sigwart 249, 258
Silber 149, 159
Silcher 399
Simmendinger 371, 497
Sindelfingen, BB 123
Sinnicolau Mare, Rumänien 431
Sinsheim, HD 136
Sizilien 395
Sizler 212
Skalnik, Galizien 396
Slavisch Brod 395
Slowakei 395
Smolensk 241, 335
Smolensk 335
Sollnicken, Ostpreußen 396
Solothurn, Schweiz 279
Somaisne 321
Sommerhart 157
Sonntag 298
Sontheim a.d. Brenz, HDH 123
Späth 397
Speyer 51, 58, 191
Spiegel 67
Spiegelberg, WN 219, 439
Spieß 277, 278
Spillmann 230, 322, 323, 350, 356, 397, 415, 483, 489, 544
Spittaller 67
Sponeck, Grafen von 219
Sprentz 123
Ssinjawino 397, 398
St. Chretienne bei Metz, Frankreich 396
St. Louis, USA 267, 280
Stäb 123
Stähle 16, 210, 224, 225, 228, 262, 278, 339, 356, 380, 397, 400, 423, 445, 483
Stalingrad, Russland 397, 398
Stammheim, Stkr. Stuttgart 27, 31, 55, 74, 80, 89, 99, 112, 114, 130, 138, 163, 169, 176, 178, 195, 208, 224, 240, 243, 255, 256, 258, 301, 304, 339, 340, 343, 351, 366, 370, 387, 388, 425, 427, 454, 489, 496, 497, 501, 503

Stammheim, von 95, 116, 145
Stanger 422
Stark 527
Stecher 347
Steekhbein, Kanton Zürich, Schweiz 158
Steinegg, Burg 470, 471
Steinenbronn Uracher Amt 158, 160
Steinheim a.d. Murr, LB 72, 133
Steinheim am Albuch, HDH 228
Sternenfels, ,PF 122
Stetten im Remstal, Gde. Kernen im Remstal, WN 67
Stettner 313, 345, 359
Steuchele 123
Stielau 437
Stirnbrand 257
Stix 437
Stocker 532
Stockheim, von 54, 55
Stöckigt 415
Stöckle 357
Stöffelmaier 435, 436
Stoll 397
Stralsund 159
Straraja-Ostrade 395
Straßburg, Frankreich 33, 229, 272, 273, 274, 510
Straub 312
Strauß 462
Streich 355, 363, 364
Streichen, Stadt Balingen, BL 149
Striegau, Schlesien 396
Strobel 76
Strohm 109, 228, 238, 278, 335, 348, 350, 368, 374, 379, 380, 397, 411, 415, 454, 487, 521
Strohmaier, Strohmayer 174, 191, 199, 204, 207, 210, 221, 225, 278, 415
Strümpfelbrunn, Gde. Waldbrunn, MOS 471
Stüdlin 159
Stuhlweissenburg 395
Stumm 149, 150, 153, 159, 191
Stuttgart, Stkr. 20, 43, 51, 53–55, 58, 60, 70, 71, 72, 75–77, 81, 82, 85, 87, 98, 100–102, 104, 105, 108, 111, 113, 114, 117, 118, 122, 123, 126, 135, 138, 139, 141–145, 148, 151, 156, 158, 159, 165, 169, 171, 179, 181, 183,

185, 187, 188, 197, 201, 204, 206, 208–215, 222, 230, 251–253, 258, 259, 297, 304, 319, 322, 330, 344, 348, 352–354, 360–362, 384, 392, 393, 407, 416, 427, 431, 444, 454, 462, 489, 497, 510
Sudetenland 407
Südafrika 434
Südamerika s. Amerika
Südaustralien 267
Sülzle 16, 230, 278, 322, 356, 370, 374, 397, 409, 417, 490,
Süßen, GP 148, 163
Sulzbach a.d. Murr, WN 157, 219
Suterin 67
Sutter 59
Svoyen, von 167
Syffer Hans 78

Taigel 192, 260, 278
Tailfingen, Stadt Albstadt, BL 150
Talheim, HN 27
Tambor, Russland 396
Tamm, LB 15, 71, 72, 76, 82–84, 89, 91–94, 100, 103, 112, 116, 122, 130–134, 137, 138, 143, 146, 149, 157, 158, 165, 169, 178, 188, 190, 192, 201, 208, 216, 217, 228, 420, 421, 440, 445, 491–493, 499,
Teg 123
Teichler 97, 110
Teiffel 159
Teubler 123
Teusser 123
Thälmann 326
Thaler 436
Thazhathupuram 435
Theninger 123
Thetesen 123
Theurer 439, 440
Thiegvaz bei Albert 321
Thiel 397
Thierer 533
Thierfelder 403
Thorn, Russland 395
Thüringen 431
Thullner 437
Thumacz, Galizien 321
Thurgau, Schweiz 278

Tichy 204
Tiefenbach, abgegangener Hof bei Asperg, LB 83
Tirol, Österreich 167, 508
Töpfer 424
Torhacker 177
Torretta, Italien 395
Traben-Trarbach 158, 161
Trautmann 149
Trautwein 151
Trefz 335, 348
Treiber 159
Trölsch 364
Trucksess, Truckseß 205, 262, 263, 278
Tschechoslowakei 334, 432
Tscheljabinsk, Ural 395
Tschepal 397
Tucher 83
Tübingen, Pfalzgrafen von 61, 62, 63
Tübingen, TÜ 77, 123, 136, 196, 199, 214
Tüchle 437
Tutenheim bei Germersheim in der Pfalz 123

Udert 411, 415
Ütze 67
Uhlbach, Obertürkheim, Stkr. Stuttgart 105
Ukraine, GUS 275, 276
Ulm, Stkr. 285, 360, 407
Ulmer 370
Ulrich 159, 220, 462, 476, 478
Ungarn 124, 271, 397, 407
Unkel 230
Unterböbingen, Gde. Böbingen a.d. Rems, AA 122
Untergruppenbach, HN 164
Unterjesingen, Stadt Tübingen, TÜ 471
Untermberg, Stadt Bietigheim-Bissingen 78, 91
Unterriexingen, Stadt Markgröningen, LB 72, 78, 122, 157, 170, 178, 183, 201, 208, 298, 341, 499
Untertürkheim, Stkr. Stuttgart 159, 167
Unterweissach, Gde. Weissach im Tal, WN 194
Urbach, von 67, 68, 71, 72, 95
USA s. Amerika

Vaihingen a.d. Enz, LB 49, 50, 97, 103, 120, 157, 160, 193, 194, 198, 199, 227, 298, 299, 341, 357, 403, 404

Vaihingen a.d. Fildern, Stkr. Stuttgart 49, 51
Varenbühler 229, 278
Varnbühler, von 229
Vasle 321
Vaux, Feste bei Verdun, Frankreich 321
Veittinger 364
Velm 375, 397, 445
Velte 495
Venedig, Italien 141
Versailles, Frankreich 281
Victoria 44, 45, 47
Viesel 488
Vilhacker 76
Villingen, Stadt Villingen-Schwenningen, VS 129
Vilner 97
Vimppelin 145
Vischer 370
Visconti 72
Vöhingen, abgegangen bei Schwieberdingen, LB 18, 33, 35–45, 48–55, 99, 104, 179, 180, 184
Völ(l)m, Völmlin 95, 121, 123, 228, 234, 238, 261
Vömel 415, 416
Vogel 76, 154
Vogt 157, 437
Volland 88
Volz 415, 445, 542, 572
Vorwerk Sadke, Amt Nakel 229, 268, 271

Wachenheim in der Pfalz 135
Wachtel 70
Wacker 305
Wächter 120
Wälde, Gde. Betzweiler-Wälde, FDS 470
Wagenmann 249, 253, 259
Wagner 137, 149, 153, 157, 159, 171, 192, 230, 248, 262, 276, 279, 284, 304, 335, 359, 370, 374, 397, 415, 464, 468, 475, 478, 520
Wahl 143, 397
Waibel 275, 416, 417, 433, 501
Waiblingen, WN 58, 109, 122, 170, 201, 215, 227
Walcker 250, 307
Waldburg, Fürsten von 239

Waldhausen 157
Waldow, von 130
Walheim, LB 32, 43, 158, 228
Wallasser, Walser 121, 123
Wallbrunn, von 55
Wallisch 437
Walt(t)er 153, 154, 159, 168, 174, 230, 238, 250, 347, 356, 373, 417
Waltz 123
Warmbronn, Stadt Leonberg, BB 157
Warschau 398
Wart 305
Wasserburg in Bayern 158
Waterloo 241
Weber 76
Weckmann 105
Wegmer 415
Wegner 123
Weick 193, 489
Weickmann 415
Weidle 397
Weigele 416, 417, 420, 425, 427, 526
Weil 71
Weil auff dem Raffzerfeld, Kanton Zürich, Schweiz 158
Weil der Stadt, BB 122, 239
Weil, Gebiet Churgau, Schweiz 194
Weiler 158
Weiler = Weil, Stadt Esslingen, ES 51
Weiler a.d. Zaber, Gde. Pfaffenhofen, HN 158
Weiler, Stadt Schorndorf, WN 217
Weilheim a.d. Teck, ES 122
Weilimdorf, Stkr. Stuttgart 112, 116, 123, 132, 146, 148, 157–159, 160, 177, 190, 217, 228, 230, 389, 454
Weinheim, HD 159
Weinmann 260, 279
Weinsberg, HN 141, 336, 409
Weiss, Weiß 130, 230, 238, 328–330, 331, 334, 335, 348, 357, 374, 415, 522
Weissach im Tal, WN 470
Weissach, BB 122, 151, 219, 228
Weißenburg im Elsass, Frankreich 36, 50, 57
Weissert 278
Weißschuh 438
Weizäcker 488
Weizsäcker, von 299

Weller 262, 415,
Welling 51
Welschland s. Frankreich
Welzheim, WN 32, 171, 343
Werner 153, 173, 323, 415
Wernher 76
Werschetz, Jugoslawien 321
Westafrika 305
Westen, von 127
Westermayer 103, 104, 105
Westpreußen s. Preußen
Westroosebeke 321
Wetzel 462
Weyhardt 149, 153, 159, 191
Widmaier 126, 415, 416
Widmann 121, 123, 501
Wiedmer 398
Wien, Österreich 274, 506
Wien, van 344
Wiernsheim, PF 228
Wiesbaden 322
Wild 105, 157, 415
Wildberg, CW 142, 489
Wilhart 74
Wilhelm I., Deutscher Kaiser 281
Wilhelm II., Deutscher Kaiser 283
Wilhelma, Israel 276
Wilhelmshof, Stadt Bietigheim-Bissingen, LB 146
Willging 415
Windgassen 392
Winnenden, WN 58, 158, 164, 167, 219, 287
Winter 398
Winter 415
Winterbach, WN 108, 157
Winterle 398
Wintter 171
Wintterle 228, 262, 279, 302, 318, 322, 329, 374, 380
Wintterlin 18, 149, 160, 161, 169, 171, 173, 174, 177, 188, 191, 195, 196, 198, 203, 206, 207, 210, 211, 220, 222, 234, 238, 244, 250, 279, 356, 381, 410, 411, 415, 434, 483
Winzerhausen, Stadt Großbottwar, LB 305
Wirth 415, 416, 519
Wissin 74
Wisskirchen 415

Witebsk, Russland 397
Wittenberg 105
Wittmann 415, 445
Wjasma, Russland 398
Wölfflin 139
Wörner 262, 279
Wörth 281
Wohlfarth 192
Wolfangel 279
Wongrowith, Posen 395
Woronesch, Russland 396
Wünsch 173, 190, 197
Würger 227
Würth 117, 148–151, 153, 157, 161, 177, 186, 191, 192, 195, 203, 215, 219, 231, 241, 260, 279, 484, 485, 495
Württemberg, Grafen von 59, 64, 65, 67, 68, 70–72, 76, 80, 100
Württemberg, Herzöge von 53, 57, 83–88, 91, 93, 101, 103, 107, 108, 112, 113, 118, 120, 129, 137–140, 156, 168–170, 178, 182, 193, 198, 201–204, 209, 212, 215, 217, 224, 228
Württemberg, Könige von 24, 233, 239, 240–244, 249, 255–257
Württemberg, Kurfürsten von 205
Würtz 195
Würzburg 332
Wüstenrot, HN 305
Wulf 528
Wunnenstein, abgegangene Burg bei Winzerhausen, Stadt Großbottwar, LB 86
Wurm 327
Wurmlingen, Stadt Rottenburg a. N., TÜ 122
Wurst 335
Wurster 398
Wytschäte 321

Yemlin s. Imlin
Ypern 321

Zahn 219, 279
Zaiser 167
Zatloukal 415
Zazenhausen, Stkr. Stuttgart 169, 228, 363
Zehner 475
Zeiher 544

Zeitter 230, 374, 415
Zeitvogel 415
Ziegelbauer 437
Ziegler 207, 224, 236, 245, 257, 264, 279, 280, 285, 322, 323, 330, 355, 356, 358, 365, 374, 378, 381, 398, 409, 417, 493
Ziegler 437
Zillebeke 321
Zimmermann 437

Zirn 370, 415
Znin, Provinz Posen 277
Zoller 361
Zürich, Schweiz 278
Zürich-Albisrieden, Schweiz 277
Zuffenhausen, Stkr. Stuttgart 169, 170, 201, 206, 208, 228, 297, 298, 454
Zweigle 398

Mühlweg

Brühl

altenka...

ger

Han

Möglingen

...orf

...lde

Kirchäcker